한권으로 끝내기

전과목 이론 + 모의고사 + 기출문제

세무회계 2·3급

시대에듀

新2025 시대에듀 hoa 세무회계 2급, 3급
전과목 이론 + 모의고사 + 기출문제 한권으로 끝내기

Always with you

사람의 인연은 길에서 우연하게 만나거나 함께 살아가는 것만을 의미하지는 않습니다.
책을 펴내는 출판사와 그 책을 읽는 독자의 만남도 소중한 인연입니다.
시대에듀는 항상 독자의 마음을 헤아리기 위해 노력하고 있습니다. 늘 독자와 함께하겠습니다.

자격증 · 공무원 · 금융/보험 · 면허증 · 언어/외국어 · 검정고시/독학사 · 기업체/취업
이 시대의 모든 합격! 시대에듀에서 합격하세요!
www.youtube.com ➔ 시대에듀 ➔ 구독

PREFACE 머리말

세무회계(Tax Accounting)란 기업회계기준을 통해 산출한 기업이익을 세금납부를 위한 세법상 과세소득으로 측정 또는 조정하는 과정을 말한다. 간단히 말해 법인세, 소득세 등 각종 세금을 얼마나 내야 하는지를 파악하기 위해 기업회계를 세법상 기준에 맞춰 수정(세무조정)하는 것을 말한다. 기업을 경영하는 경영자 입장에서 회사의 성과평가와 재무상태를 담당하는 회계파트와, 납세의무자로서 과세관청과의 긴밀한 협조 가운데 정확한 세금신고와 납부를 담당하는 세무파트를 모두 아우를 수 있는 세무회계 전문가를 애타게 필요로 하고 있지만 그 공급은 턱없이 부족한 게 현실이다. 이러한 시대적 요구에 부응하고자 10여년 전부터 매년 실시되고 있는 한국세무사회 주관 국가공인 세무회계 자격증은 세무회계 전문가의 양성과 취업이라는 두 마리 토끼를 잡는 데 있어 훌륭한 제도로 정착되고 있다. 세무회계 자격증은 오래전부터 세무업무 종사자들에게 인정받아 온 세무분야의 고급자격증이다. 이 시험은 전산세무나 전산회계처럼 전산능력은 테스트하지 않는 대신 세법지식을 깊고 넓게 측정하는 것을 목표로 하고 있으며, 회계원리나 중급회계 등의 회계 관련 선행학습을 필요로 한다.

간략하게 **세무회계 2급 공부방법**을 소개하면, **부가가치세법을 먼저 학습한 후**(부가가치세법은 회계지식이 필요 없으므로 접근이 용이하기 때문) **법인세를 학습하되, 법인세는 중급회계를 어느 정도 학습한 후 볼 것을 추천**한다. 왜냐하면 법인세법은 기업이 회계처리한 내용을 기초로 세법과의 차이를 조정하는 세무조정이 근간이므로 중급회계에 대한 이해가 있어야 법인세법의 이해가 빠르고 기억에 오래 남을 것이다. 회계의 이해 없이 억지로 암기한다면 그 스트레스와 기억의 휘발성으로 인해 학습효과가 떨어질 것이다.

소득세는 법인세를 본 후에 학습하도록 한다. 사업소득, 의제배당, 부당행위계산부인 등 법인세와 비슷한 것이 많아 비교하면서 학습하는 것이 효율성을 도모하기 때문이다. **마지막으로 국세기본법을 보는 것이** 좋은데 이는 내용도 다른 법에 비해 적고 세법 전체를 아우르는 사항이 많다보니 개별세법을 학습한 후에 봐야 이해가 빠를 것으로 판단된다. 물론 개인적인 차이로 인해 굳이 위와 같은 순서를 지키지 않아도 되지만, 처음 이 시험에 도전하는 분이라면 괜찮은 방법이라 생각된다. 세법 1부는 법인세법과 부가가치세법, 세법 2부는 국세기본법과 소득세법으로 구성되어 있으며(본서도 동일한 순서로 구성되어 있다) 각 시험당 객관식 25문제가 출제된다. 최근 들어 세법의 세부적이고 지엽적인 부분까지 출제하기 때문에 매우 까다로운 추세이며, **특히 부가가치세와 소득세는 상당히 깊고 넓게 출제되므로 치밀하게 준비**해야 한다. 다만, 법인세는 세법 자체가 워낙 난해하고 방대하므로 기출문제를 통한 유형파악과 최근 개정세법 중 중요한 내용 위주로 준비하면 좋을 것 같다.

자격증이 모든 것을 보장하는 것은 아닐 것이다. 실제로 시험을 준비하는 가운데 공부한 내용들이 완벽하게 자기 것으로 소화되었을 때만이 실제시험에서도 틀리지 않는 것이며, 단순한 암기나 문제풀이 반복에 의한 시험 준비는 자칫 수험기간의 장기화와 포기를 자초할 수 있는 위험한 생각이라는 것을 깨달아야 할 것이다. 설사 운 좋게 합격한다 하여도 실무에 들어가서는 사상누각이 될 수 있다는 것을 명심하였으면 좋겠다. 다시 말해, 합격을 위한 공부가 아닌 실무에서 적용하기 위한 공부라는 것을 잊지 않았으면 좋겠다.

본 교재가 완성되도록 물심양면으로 도움을 주신 시대에듀 이해욱 전무님과 편집부 등 관계자 여러분께 심심한 감사의 마음을 전하며, 힘들 때마다 조언과 격려로 힘을 실어 주신 세무법인 위드 김원현, 이창직, 김준혁 세무사님들께도 감사의 말씀 전합니다. 마지막으로, 집필한다는 핑계로 많은 시간을 함께 해주지 못한 두 아들과 아내에게 감사의 마음을 전합니다.

이 책을 공부하시는 모든 분들이 시험합격과 취업 그리고 실무능력배양의 모든 소원 성취하시길 간절히 기도합니다.

연구실에서 저자 올림

자격시험 안내

◆ 시험시간 및 과목

종목	시험시간	시험과목	응시자격
세무회계 2급	80분	세법 1부, 세법 2부	제한 없음
세무회계 3급	60분		

◆ 2025년 시험일정

회차	원서접수	장소공고	시험일자	합격자 발표
제115회	01.02~01.08	02.03~02.09	02.09(일)	02.27(목)
제116회	03.06~03.12	03.31~04.05	04.05(토)	04.24(목)
제117회	05.02~05.08	06.02~06.07	06.07(토)	06.26(목)
제118회	07.03~07.09	07.28~08.02	08.02(토)	08.21(목)
제119회	08.28~09.03	09.22~09.28	09.28(일)	10.23(목)
제120회	10.30~11.05	12.01~12.06	12.06(토)	12.24(수)

※ 시험일정은 시행처의 사정에 따라 변동될 수 있습니다. 자세한 정보는 한국세무사회 국가공인자격시험 홈페이지(license.kacpta.or.kr)로 접속하여 확인하여 주십시오.

◆ 평가방법 및 합격기준

종목	시험시간	시험일정
세무회계 2급	세법 1·2부 각각 객관식 25문항	합산평균 60점 이상
세무회계 3급	세법 1·2부 각각 객관식 20문항	

※ 세무회계 2급, 3급 모두 객관식 4지선다형이며, 세법 1부 또는 2부의 점수가 40점 미만인 경우 과락으로 불합격 처리됩니다.

◆ 시험장소

서울, 부산, 대구, 광주, 대전, 인천, 강릉, 울산, 춘천, 원주, 안양, 안산, 수원, 평택, 성남, 고양, 의정부, 청주, 충주, 제천, 천안, 당진, 포항, 경주, 구미, 안동, 창원, 김해, 진주, 전주, 익산, 순천, 목포, 제주

※ 상기지역은 상설시험장이 설치된 지역이나 응시인원이 일정 인원에 미달할 때는 인근지역을 통합하여 실시함
※ 상기지역 내에서의 시험장 위치는 응시원서 접수결과에 따라 시험시행일 일주일 전부터 한국세무사회 국가공인자격시험 홈페이지에 공고함

평가범위

급수	구분		평가범위	세부내용
2급	1부	법인세법	각 사업연도 소득, 과세표준 및 세액계산, 익금과 손금, 신고 및 납부, 손익의 귀속사업연도, 자산/부채의 평가, 가산세, 원천징수, 토지 등 양도소득에 대한 법인세	법인의 각 사업연도 소득금액의 계산과 과세표준의 계산 및 가산세 제도를 측정
		부가가치세법	과세대상 및 납세의무자, 과세거래, 영세율 적용과 면세, 신고와 납부 및 세액의 계산, 간이과세	영세율과 면세대상 및 과세표준과 세액의 계산방법을 측정
	2부	국세기본법	국세의 종류 및 용어, 국세부과의 원칙, 세법적용의 원칙, 납세의무의 성립/확정/승계/납부의무의 소멸, 국세부과의 제척기간, 국세징수권의 소멸시효, 제2차 납세의무 및 연대납세의무, 수정신고, 경정청구, 심사/심판청구	국세기본법 전 항목에 대하여 측정
		소득세법	소득의 종류와 소득금액, 사업소득금액의 계산, 세액공제, 소득금액계산의 특례, 소득공제, 종합소득/퇴직소득/양도소득의 과세표준과 세액계산, 원천징수(조세특례제한법 포함), 가산세	소득별 소득금액의 계산과 과세표준 및 원천징수와 가산세 제도를 측정
3급	1부	법인세법	납세의무자, 사업연도와 납세지, 익금과 손금의 불산입항목, 과세표준과 세액의 계산, 각 사업연도의 소득, 신고 및 납부	법인의 각 사업연도 소득금액 계산 요령(익금과 손금항목을 중심으로)을 측정
		부가가치세법	납세의무자, 과세대상, 사업자등록, 재화와 용역의 공급, 거래시기, 초보적인 과세표준의 금액과 세액의 계산, 세금계산서, 신고와 납부, 가산세, 간이과세	과세와 면세의 유형, 과세표준의 계산 및 신고요령, 과세유형별 신고·납부세액의 계산을 측정
	2부	소득세법	납세의무자, 과세소득의 범위, 과세표준과 양도소득금액의 계산(초보적), 소득공제, 세액계산, 가산세, 원천징수, 과세표준의 신고와 자진납부	소득유형별 소득금액의 계산 요령과 과세표준 및 세액의 계산을 측정

합격자 발표

해당 회차별 발표일에 한국세무사회 국가공인자격시험 홈페이지를 통해 발표

hoa 200% 활용법

더알아두기를 활용하라.

본서는 방대한 세무회계의 수험범위 중 실제 시험에 출제되는 핵심이론만을 수록하였으며, 그 중 심화학습이 필요한 이론을 더알아두기로 정리하였습니다.

단원별 기출문제로 점검하라.

단원별 이론학습 후 해당 기출문제를 다수 수록하여 이론에 대한 이해도를 체크하고 주관처의 문제출제 방식도 자연스럽게 체득할 수 있도록 구성하였습니다.

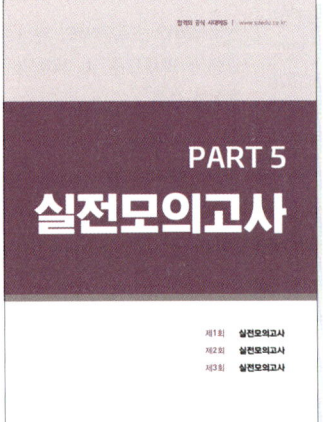
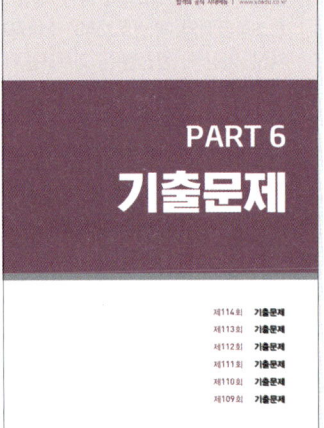

모의고사와 기출문제로 평가하라

최신 기출문제 6회분과 빈출유형으로 구성된 실전모의고사 3회분을 수록하여 실제 시험에 대비하도록 구성하였습니다. 풀이 후 오답노트 정리를 꼭 하시길 바랍니다.

단기합격 필살전략

합격의 공식 Formula of pass | 시대에듀 www.sdedu.co.kr

❶ 학습에도 순서가 있다.

부가가치세법을 먼저 학습한 후(부가가치세법은 회계지식이 필요 없으므로 접근이 용이하기 때문) 법인세를 학습하되, 법인세는 재무회계를 어느 정도 학습한 후 볼 것을 추천합니다. 왜냐하면 법인세법은 기업이 회계처리한 내용을 기초로 세법과의 차이를 조정하는 세무조정이 근간이므로 재무회계에 대한 이해가 있어야 법인세법에 대한 이해가 빠르고 기억에 오래 남을 것입니다. 소득세는 법인세를 본 후에 학습하도록 합니다. 사업소득, 의제배당 등 법인세와 유사한 내용이 많아 비교하면서 학습하는 게 효율성을 증진시킬 수 있기 때문입니다. 마지막으로 국세기본법을 보는 것이 좋은데 이는 내용도 다른 법에 비해 적고 세법 전체를 아우르는 사항이 많다보니 개별세법을 학습한 이후에 봐야 이해가 빠를 것으로 판단됩니다.

❷ 실전모의고사와 기출문제를 실전처럼 풀어라.

정해진 시간에 직접 문제를 풀어야 합니다. 머리로는 핵심이론을 이해하고 있어도 실제로는 풀이가 이루어지지 않는 경우가 많습니다. 또한 천천히 풀면 가능하지만 시간이 정해져 긴장하면 틀리는 문제들도 있습니다. 실제 시험에 출제된 기출과 그 기출유형분석으로 만들어진 실전모의고사 및 최근 기출문제 6회분을 시험과 동일한 조건에서 풀어봄으로 이론을 정확하게 이해했는지를 스스로 확인할 수 있으며 취약 부분을 파악하여 보완할 수 있습니다. 문제는 최대한 많이 다루시고 반복하여 숙지하시길 권합니다. 결국 합격은 기출문제와 시험에 나오는 유형의 문제를 많이 다룬 사람이 쟁취하기 쉽습니다. 실전모의고사 3회분과 최근 기출문제 6회분을 완벽하게 이해하셔서 합격하시길 바랍니다.

❸ 전략을 가지고 시험에 임하라.

세무회계 시험은 한국세무사회 주관 국가공인시험 중 유일하게 과락이 있는 시험입니다. 보통 과락이 있는 시험들이 어렵다는 편견을 가지고 계신 분들이 많지만 세무회계의 합격점이 한국세무사회 주관의 다른 시험들보다 10점 낮은 합계평균 60점이므로 학습의 균형감을 잃어버리지 않으면 생각보다 합격이 어렵지 않은 시험입니다. 잘 알고 재미있는 부분의 학습보다는 잘 모르지만 간단한 부분의 학습을 통하여 1부와 2부의 균형감을 잡은 후 전략적 강화부분을 선택하여 학습하는 것을 추천합니다.

이 책의 차례

제1편　법인세법

- 제1장 법인세법 총칙 · · · · · · · · · · · · · · · 003
- 제2장 법인세법의 계산구조 · · · · · · · · · · 025
- 제3장 소득처분 · · · · · · · · · · · · · · · · · · · 035
- 제4장 익금과 익금불산입 · · · · · · · · · · · 050
- 제5장 손금과 손금불산입 · · · · · · · · · · · 067
- 제6장 손익의 귀속시기 · · · · · · · · · · · · · 093
- 제7장 기업업무추진비 · · · · · · · · · · · · · 106
- 제8장 기부금 · 120
- 제9장 지급이자 · · · · · · · · · · · · · · · · · · · 132
- 제10장 자산의 취득가액과 자산·부채의 평가기준 · · · 143
- 제11장 감가상각자산의 감가상각 · · · · · · 158
- 제12장 충당금과 퇴직부담금 · · · · · · · · · 177
- 제13장 대손금과 대손충당금 · · · · · · · · · 181
- 제14장 기타 충당금 · · · · · · · · · · · · · · · · 192
- 제15장 준비금 · 197
- 제16장 부당행위계산의 부인 · · · · · · · · · 201
- 제17장 과세표준 및 산출세액의 계산 · · · 213
- 제18장 차감납부세액 · · · · · · · · · · · · · · · 227
- 제19장 최저한세 · · · · · · · · · · · · · · · · · · 239
- 제20장 법인세의 납세절차 · · · · · · · · · · · 243
- 제21장 비영리법인의 법인세 · · · · · · · · · 266
- 제22장 청산소득에 대한 법인세 · · · · · · · 271
- 제23장 외국법인의 법인세 · · · · · · · · · · · 276

제2편　부가가치세법

- 제1장 부가가치세법 총칙 · · · · · · · · · · · 283
- 제2장 과세거래 · · · · · · · · · · · · · · · · · · · 312
- 제3장 영세율과 면세 · · · · · · · · · · · · · · · 337
- 제4장 과세표준과 세액의 계산 · · · · · · · 357
- 제5장 납부세액의 계산 · · · · · · · · · · · · · 374
- 제6장 거래징수와 세금계산서 · · · · · · · · 398
- 제7장 신고·납부·환급 · · · · · · · · · · · · · 415
- 제8장 간이과세 · · · · · · · · · · · · · · · · · · · 434

제3편　국세기본법

- 제1장 국세기본법의 총칙 · · · · · · · · · · · 451
- 제2장 국세부과원칙과 세법적용원칙 · · · 481
- 제3장 납세의무의 성립·확정·소멸 · · · · 493
- 제4장 조세채권의 확보 · · · · · · · · · · · · · 517
- 제5장 과 세 · 542
- 제6장 국세환급금과 국세환급가산금 · · · 562
- 제7장 조세불복제도 · · · · · · · · · · · · · · · 571
- 제8장 납세자의 권리 · · · · · · · · · · · · · · · 588
- 제9장 보 칙 · 604

제4편　소득세법

- 제1장 소득세법 총설 · · · · · · · · · · · · · · · 611
- 제2장 종합소득세 · · · · · · · · · · · · · · · · · 633
- 제3장 종합소득세 신고·납부 · · · · · · · · · 771
- 제4장 퇴직소득세 · · · · · · · · · · · · · · · · · 799
- 제5장 양도소득세 · · · · · · · · · · · · · · · · · 810

제5편　실전모의고사

- 제1회 실전모의고사 · · · · · · · · · · · · · · · 835
- 제2회 실전모의고사 · · · · · · · · · · · · · · · 852
- 제3회 실전모의고사 · · · · · · · · · · · · · · · 869

제6편　기출문제

- 제114회 기출문제 · · · · · · · · · · · · · · · · 887
- 제113회 기출문제 · · · · · · · · · · · · · · · · 900
- 제112회 기출문제 · · · · · · · · · · · · · · · · 914
- 제111회 기출문제 · · · · · · · · · · · · · · · · 927
- 제110회 기출문제 · · · · · · · · · · · · · · · · 941
- 제109회 기출문제 · · · · · · · · · · · · · · · · 954
- 기출문제 정답 및 해설 · · · · · · · · · · · · · 966

※ 2025년 3월 기준세법이 적용되었습니다.

PART 1
법인세법

제1장	법인세법 총칙	제12장	충당금과 퇴직부담금
제2장	법인세법의 계산구조	제13장	대손금과 대손충당금
제3장	소득처분	제14장	기타 충당금
제4장	익금과 익금불산입	제15장	준비금
제5장	손금과 손금불산입	제16장	부당행위계산의 부인
제6장	손익의 귀속시기	제17장	과세표준 및 산출세액의 계산
제7장	기업업무추진비	제18장	차감납부세액
제8장	기부금	제19장	최저한세
제9장	지급이자	제20장	법인세의 납세절차
제10장	자산의 취득가액과 자산·부채의 평가기준	제21장	비영리법인의 법인세
		제22장	청산소득에 대한 법인세
제11장	감가상각자산의 감가상각	제23장	외국법인의 법인세

남에게 이기는 방법의 하나는 예의범절로 이기는 것이다.

- 조쉬 빌링스 -

PART 1 법인세법
법인세법 총칙

01 법인세의 개요

1 법인세의 의의

법인은 자연인과는 달리 법에 의해 권리, 능력이 부여되는 사단과 재단을 말한다. 이런 사단과 재단이 법인격을 취득하기 위해서는 법률규정에 의해 설립등기를 선행해야 하며 법인사업자등록을 신청해야 한다. 법인세는 법인을 납세의무자로 하여 법인이 얻은 소득을 과세대상으로 하는 조세이다. 원래, 소득세는 법인소득세와 개인소득세로 구분되는데, 우리나라 세법에서는 개인소득에 대한 소득세를 소득세라 하고, 법인소득에 대한 소득세를 법인세라고 한다.

2 법인세의 특징

현행 우리나라의 법인세는 다음과 같은 특징이 있다.
① 법인세는 순자산증가설을 채택하고 있다. 따라서, 계속·반복적인 소득뿐만 아니라 일시·우발적인 소득까지도 과세하고 있으며, 소득원천설을 따르는 개인소득세와 확연한 차이를 보인다.
② 법인세는 국세이며, 일반적인 재정에 사용되는 보통세에 해당한다.
③ 법인세는 담세자와 납세의무자가 동일한 직접세이다.
④ 법인세는 종합과세되는 조세이다.
⑤ 법인세는 납세의무자가 자신의 과세표준과 세액을 과세관청에 신고할 때 납세의무가 성립하는 신고납세제도 세목이다.

3 납세의무자

법인세법상 납세의무자는 내국법인과 국내원천소득이 있는 외국법인이다. 다만, 국세기본법에 의해 법인으로 보는 단체는 비영리내국법인으로 보아 법인세법을 적용한다.

내국법인	국내에 본점이나 주사무소 또는 사업의 실질적 관리장소를 둔 법인
외국법인	외국에 본점 또는 주사무소를 둔 법인(국내에 사업의 실질적 관리장소가 소재하지 않는 경우에 한한다)
영리법인	주식·합명·합자·유한회사와 같이 영리를 목적으로 하는 법인을 말하며, 영업활동으로 얻은 이익을 주주 등 구성원들에게 분배한다.
비영리법인	학술, 종교, 자선 등 영리목적이 아닌 사업을 영위하는 법인을 말한다. 비영리법인도 영리사업을 할 수 있으나 그 이익을 구성원들에게 분배할 수 없고, 고유목적사업에만 사용해야 한다.

4 과세소득의 유형별 납세의무자

(1) 영리법인과 비영리법인의 각 사업연도 소득
① 영리내국법인은 당해 법인에 귀속되는 모든 소득에 대하여 그 과세소득의 발생 원천에 관계없이 각 사업연도의 소득에 대한 법인세를 납부할 의무를 가진다.
② 비영리내국법인은 법에서 열거하는 일정한 수익사업에서 발생하는 소득에 한하여 법인세를 납부할 의무를 가진다.

(2) 내국법인과 외국법인의 각 사업연도 소득
내국법인과 외국법인은 법인 소득의 발생원천에 따라 차이가 있는데, 내국법인은 국내외 모든 소득에 대해서 법인세 납세의무를 지게 되나(무제한 납세의무자), 외국법인은 일정한 국내원천소득에 대해서만 법인세 납세의무를 지게 된다(제한 납세의무자).

(3) 내국법인과 외국법인의 청산소득
① 청산소득에 대한 법인세 납세의무는 오로지 영리내국법인만 그 의무를 지게 된다.
② 비영리법인은 해산으로 인한 잔여재산의 분배가 이루어지지 않기 때문에(보통 다른 비영리법인이나 국가에 귀속시킴) 청산소득을 과세하지 않으며, 외국법인의 경우에는 해산이 본점소재지인 외국에서 행해지기 때문에 청산소득에 대한 법인세를 부과할 수 없다.

(4) 국가·지방자치단체(비과세법인)
국가나 지방자치단체(지방자치단체조합 포함)는 원칙적으로 법인세 납세의무를 부담하지 않는다(비과세법인). 다만, 외국의 국가나 지방자치단체는 비영리외국법인으로 보므로 수익사업에 대한 각 사업연도소득과 토지 등 양도소득에 대해 납세의무를 지게 된다.

구 분		각 사업연도 소득	청산소득	토지 등 양도소득	미환류소득
내국법인	영리법인	국내·외의 모든 소득	○	○	○
	비영리법인	국내·외의 일정한 수익사업소득	×	○	×
외국법인	영리법인	국내원천소득	×	○	×
	비영리법인	국내원천 일정한 수익사업소득	×	○	×
국가·지방자치단체[주]		×			

*주) 외국의 정부·지방자치단체는 비영리외국법인에 포함된다.

5 법인세의 과세대상소득

법인의 과세소득에는 다음과 같이 4가지가 있으며, 각 소득 유형별로 달리 과세된다.
① 매 사업연도마다 법인의 순자산 증가에 대하여 부과하는 각 사업연도 소득
② 법인의 비업무용부동산 등을 양도함에 따라 발생하는 차익에 대하여 추가로 과세하는 토지 등 양도소득
③ 법인이 청산 또는 분할·합병으로 인하여 해산함에 따라 발생하는 청산소득
④ 일정한 법인(상호출자제한기업집단 소속 법인)이 기업소득 중 일정액을 투자, 임금 등으로 환류하지 않은 미환류소득

이하에서 각 과세소득에 대해 살펴보고자 한다.

(1) 각 사업연도 소득

① 각 사업연도 소득이란 계속기업의 과세소득을 산출하기 위해 인위적으로 구분한 한 사업연도에 속하는 익금총액에서 손금총액을 차감하여 계산한 금액을 말한다. 이는 순자산증가설의 입장에서 법인의 과세소득을 파악하는 것이며, 실무상으로는 기업회계의 당기순이익을 기초로 기업회계와 세무회계의 차이를 조정하는 세무조정에 의해 각 사업연도 소득을 산출하게 된다.
② 법인은 각 사업연도의 소득에 대한 법인세를 매 사업연도마다 신고·납부한다. 따라서, 각 사업연도의 소득은 가장 기본적인 법인의 과세소득으로 볼 수 있다.

(2) 토지 등 양도소득

법인의 부동산투기 방지를 위해 국가·지방자치단체(지방자치단체조합 포함)를 제외한 모든 법인(국세기본법에 의해 법인으로 보는 단체를 포함)이 일부 지가급등 지역에 소재한 토지 등의 양도차익에 대해 각 사업연도 소득에 대한 법인세에 추가하여 과세하는 소득이다.

(3) 청산소득

① 청산소득이라 함은 영리내국법인이 해산, 합병 및 분할에 의하여 법인격이 소멸됨에 따라 그 잔여자산가액 또는 합병·분할 대가가 자기자본 총액을 초과함으로써 발생하는 소득을 말한다.
② 청산소득은 각 사업연도 소득으로 법인세 계산 시 착오 또는 누락 등에 의하여 과세소득으로 포착되지 아니한 소득에 대하여 과세하는 동시에 법인의 순자산증가설에 의해 과세할 수 없었던 미실현자산평가차익에 대해 과세되는 것이다.

(4) 미환류소득

① 미환류소득이란 상호출자제한기업집단에 속하는 법인이 기업소득 중 일정액을 투자나 임금 등으로 환류하지 않은 소득을 말한다.
② 이는 대규모 기업들의 투자 활성화와 고용증대를 위한 것으로 기업소득이 가계소득으로 흘러 들어가지 않는 미환류소득에 대해 2025년까지 한시적으로 일반법인세에 추가하여 납부하여야 한다.

구 분	각 사업연도 소득	토지 등 양도소득	미환류소득	청산소득
의 의	계속적인 기업활동을 통해 각 사업연도에 얻은 소득	주택·비사업용토지를 양도함으로 발생하는 소득	대규모기업의 기업소득 중 미환류소득	해산·합병·분할로 인하여 청산할 때 발생하는 소득
세 율	• 2억원 이하분 : 9% • 200억원 이하분 : 19% • 3,000억원 이하분 : 21% • 3,000억원 초과분 : 24%	국내소재 주택·비사업용토지 양도 시 • 등기자산 : 10% • 미등기자산 : 40%	20%	• 2억원 이하분 : 9% • 200억원 이하분 : 19% • 3,000억원 이하분 : 21% • 3,000억원 초과분 : 24%
신고 납부	각 사업연도 종료일이 속하는 달의 말일로부터 3월 이내			잔여재산가액확정일(합병·분할등기일)로부터 3월 이내

02 사업연도

1 사업연도

기업은 계속해서 소득이 발생하지만, 과세를 위해서는 일정한 기간단위를 정해야 한다. 이처럼 법인의 소득을 계산하는 1회계기간을 '사업연도'라 한다.

(1) 본래의 사업연도

① 법인세법상 '사업연도'는 법령 또는 정관 등에서 정하는 1회계기간을 말하며, 그 기간은 원칙적으로 최장 1년을 초과할 수 없다. 원칙적으로 회사는 법인의 정관에서 각 사업연도를 정할 수 있으나, 특정한 업종에 대하여 관련 법령 등에서 사업연도를 특별히 지정하는 경우가 있는 경우에는 이러한 법령상의 사업연도가 법인세법상 사업연도가 된다.
② 법령 또는 법인의 정관상에 사업연도가 규정되어 있지 않은 법인은 따로 사업연도를 정하여 법인설립신고 또는 사업자등록과 함께 납세지 관할 세무서장에게 신고를 하여야 한다.
③ 만약, 법령 또는 정관상에 사업연도가 명시되지 않은 법인이 사업연도를 신고하지 아니한 경우에는 일률적으로 매년 1월 1일부터 12월 31일까지를 그 법인의 사업연도로 본다.

위의 내용은 내국법인과 국내에 사업장이 있는 외국법인에 적용한다. 결국, 본래의 사업연도는 다음과 같은 순서로 적용한다.

1순위	관련 법령, 정관에서 정하는 1회계기간을 사업연도로 하되, 1년 초과 불가
2순위	법령, 정관에서 정하지 않고 법인설립신고 또는 사업자등록과 함께 신고하는 경우 : 신고내용대로 사업연도 적용
3순위	법령 또는 정관에도 정하지 않고, 별도로 신고도 하지 않은 경우 : 1월 1일 ~ 12월 31일을 사업연도로 간주

2 법인의 최초 사업개시일

(1) 원 칙
① 내국법인의 경우 : 내국법인의 경우에는 설립등기일을 최초의 사업연도 개시일로 한다.
② 외국법인의 경우 : 외국법인의 경우에는 국내사업장을 가지게 된 날(국내사업장이 없는 경우에는 국내원천 부동산소득 또는 양도소득이 최초로 발생한 날)을 최초의 사업연도 개시일로 한다.

(2) 예외(최초 사업연도의 개시일 전에 손익이 발생한 경우)
최초 사업연도의 개시일 전에 생긴 손익을 사실상 그 법인에 귀속시킨 것이 있는 경우 최초 사업연도의 기간이 1년을 초과하지 않는 범위 내에서 이를 당해 법인의 최초 사업연도의 손익에 산입할 수 있다(단, 조세포탈의 우려가 없는 경우에 한한다). 이 경우 최초 사업연도의 개시일은 당해 법인에 귀속시킨 손익이 최초로 발생한 날로 한다.

3 사업연도 변경

① 사업연도를 변경하고자 하는 법인은 그 법인의 직전 사업연도 종료일로부터 3개월 이내에 납세지 관할 세무서장에게 이를 신고하여야 한다. 기한 내 신고를 하지 아니한 경우에는 그 법인의 사업연도는 변경되지 아니한 것으로 본다.
② 신설법인은 최초 사업연도가 경과하기 전에는 사업연도를 변경할 수 없다.
③ 사업연도가 변경된 경우에는 종전의 사업연도의 개시일부터 변경된 사업연도의 개시일 전일까지의 기간에 대하여는 이를 1사업연도로 한다. 다만, 그 기간이 1개월 미만인 경우에는 변경된 사업연도에 이를 포함한다. 이 경우 예외적으로 사업연도가 1년을 초과할 수 있다.

4 사업연도 의제

법인의 사업연도 중에 해산, 합병, 분할 등의 특수한 사정이 발생하는 때에는 기존의 법령 및 정관에서 정한 사업연도나 신고한 사업연도를 그대로 적용하기가 곤란하다. 따라서 본래의 사업연도에도 불구하고 그 각각의 사유발생일을 기준으로 별도의 획일적인 사업연도 범위를 규정할 필요가 있으며 이를 사업연도의 의제라 한다.

(1) 내국법인이 해산한 경우
내국법인이 해산한 경우에는 ① 그 사업연도 개시일부터 해산등기일까지의 기간과 ② 해산등기일의 다음 날부터 그 사업연도 종료일까지의 기간을 각각 1사업연도로 의제한다.

(2) 합병·분할에 의해 소멸한 경우

내국법인이 사업연도 중에 합병 또는 분할에 의해 해산한 경우에는 그 사업연도 개시일부터 합병등기일 또는 분할등기일까지의 기간을 그 해산한 법인의 1사업연도로 의제한다.

> **예** 12월말 결산법인인 A법인이 2월 16일에 합병등기를 하고 소멸하였다면, A법인은 해당 연도에 1월 1일부터 2월 16일까지가 하나의 사업연도에 해당한다. 따라서, 1월 1일부터 2월 16일까지의 사업연도에 대한 결산을 하고, 2월 16일이 속하는 달의 말일부터 3개월이 되는 날(5월 31일)까지 '각 사업연도소득에 대한 법인세신고'를 마쳐야 한다.

(3) 계속등기를 하는 경우

청산 중에 있는 내국법인이 상법 규정에 의해 사업을 계속하는 경우에는 그 사업연도 개시일부터 계속등기일까지의 기간과 계속등기일의 다음 날부터 그 사업연도 종료일까지의 기간을 각각 1사업연도로 의제한다.

(4) 연결납세방식 적용 법인의 사업연도 의제

내국법인이 사업연도 중에 연결납세방식을 적용받는 경우에는 그 사업연도 개시일부터 연결사업연도 개시일의 전일까지의 기간을 1사업연도로 본다.

(5) 조직변경 시

상법 기타 법령규정에 의하여 그 조직을 변경(예 합명회사에서 주식회사로 변경)한 경우 조직변경 전의 법인해산 등기 또는 조직변경 후의 법인설립 등기에 관계없이 당해 법인의 사업연도는 조직변경 전 사업연도가 계속되는 것으로 한다.

5 외국법인의 사업연도 의제

(1) 국내사업장이 있는 외국법인

국내사업장이 있는 외국법인이 사업연도 중에 당해 국내사업장을 가지지 않게 된 경우에는 사업연도 개시일부터 당해 국내사업장을 가지지 않게 된 날까지의 기간을 1사업연도로 한다.

(2) 국내사업장이 없는 외국법인

국내사업장이 없는 외국법인이 부동산소득, 자산·권리양도소득이 발생하지 않게 되어 납세지 관할 세무서장에게 이를 신고한 경우에는 사업연도 개시일부터 그 신고일까지의 기간을 1사업연도로 한다. 이때, 그 소득이 최초로 발생하게 된 날부터 1월 이내에 납세지 관할 세무서장에게 이를 신고하여야 한다.

03 납세지

납세지란 납세의무자가 세법에 의해 납세의무를 이행하고 과세권자가 권리를 행사하는 기준이 되는 장소를 말한다. 즉, 납세지는 법인세에 관한 각종 신고·신청·납부 등을 하게 되는 관할 세무서를 결정할 때 기준이 되는 장소를 의미한다. 따라서, 법인세는 납세지를 관할하는 관할 세무서장 또는 지방국세청장이 과세하게 된다.

1 법인유형별 납세지

구 분	법인세의 납세지
내국법인	법인의 등기부상의 본점 또는 주사무소의 소재지(국내에 본점 또는 주사무소가 소재하지 않는 경우에는 사업의 실질적 관리장소의 소재지)
외국법인	① 국내사업장이 있는 경우 : 국내사업장의 소재지(2 이상의 국내사업장이 있는 경우에는 주된 사업장*주)의 소재지) ② 국내사업장이 없는 경우로서 부동산소득, 자산·권리 양도소득이 있는 경우 : 당해 부동산 등의 소재지

*주) 주된 사업장 : 직전 사업연도의 사업수입금액이 가장 많은 사업장 또는 부동산의 소재지

2 원천징수한 법인세의 납세지

원천징수한 법인세의 납세지는 해당 원천징수의무자의 소재지로 한다. 이는 구체적으로 다음의 장소를 말한다.

구 분	납세지
원천징수 의무자가 개인인 경우	① 거주자인 개인 : 원천징수하는 개인의 사업장의 소재지(사업장이 없는 경우에는 주소지 또는 거소지) ② 비거주자인 개인 : 원천징수하는 국내사업장의 소재지(국내사업장이 없는 경우에는 당해 비거주자의 거류지 또는 체류지)
원천징수 의무자가 법인인 경우	① 법인의 소득을 지급하는 자가 법인인 경우에는 해당 법인의 본점 등의 소재지가 납세지가 되는 것이 원칙(법인으로 보는 단체의 경우 그 단체의 법인세 납세지) ② 예외적으로 법인의 지점이나 영업소 기타 사업장이 독립채산제에 따라 독자적으로 회계사무를 처리하는 경우에는 그 사업장의 소재지 특례 : 법인이 지점·영업소 기타 사업장에서 지급하는 소득에 대한 원천징수세액을 본점 등에서 전자계산조직 등에 의하여 일괄 계산하는 경우로서 국세청장의 승인을 받은 경우와 「부가가치세법」에 따라 사업자단위로 관할 세무서장에게 등록한 경우에는 해당 법인의 본점 등을 해당 소득에 대한 법인세 원천징수세액의 납세지로 할 수 있다.

제1장 법인세법 총칙 **9**

3 납세지 지정

① 관할 지방국세청장은 법률에서 정한 다음의 일정한 경우로서 납세지가 그 법인의 납세지로서 부적당하다고 판단되는 때에는 원칙적인 납세지에도 불구하고 그 납세지를 지정할 수 있다.
   ㉠ 내국법인의 본점 등의 소재지가 등기된 주소와 동일하지 아니한 경우
   ㉡ 2 이상의 국내사업장을 가지고 있는 외국법인의 경우로서 주된 사업장의 소재지를 판정할 수 없는 경우
   ㉢ 내국법인의 본점 등의 소재지가 자산 또는 사업장과 분리되어 있어 조세포탈의 우려가 있다고 인정되는 경우

② 지방국세청장(새로이 지정될 납세지가 관할을 달리하는 경우에는 국세청장)이 납세지를 지정한 때에는 당해 법인의 사업연도 종료일부터 45일 이내에 통지하여야 한다. 만일, 기한 내 미통지한 경우에는 종전의 납세지를 그 법인의 납세지로 한다.

4 납세지 변경신고

① 법인은 그 납세지가 변경된 경우 그 변경된 날부터 15일 이내에 대통령령이 정하는 바에 따라 변경 후의 납세지 관할 세무서장에게 이를 신고하여야 한다. 납세지의 변경신고를 받은 세무서장은 그 신고받은 내용을 변경 전의 납세지 관할 세무서장에게 통보하여야 한다.

② 납세지 변경사유가 발생하였음에도 불구하고 신고가 없는 경우에는 종전의 납세지를 그 법인의 납세지로 한다.

③ 신고기한을 경과하여 변경신고를 한 경우에는 변경신고를 한 날부터 그 변경된 납세지를 당해 법인의 납세지로 한다.

더알아두기

연결납세제도
- 연결납세제도(Consolidated Tax Return)란 모법인과 자법인을 하나의 법인으로 보아 법인세를 과세하는 제도이다. 종전에 우리나라에서는 법인을 과세단위로 과세하는 개별납세제도(Separate Tax Retern)를 시행하였다. 기업의 사업형태에 따른 조세의 부담의 차이를 해소하여 과세형평을 유지하고 법인세제를 선진화하기 위하여 2010년부터 연결납세제도를 시행하였다.
- 연결납세제도를 적용받으려면 국세청장의 승인을 받아야 한다. 연결납세제도를 적용받기 시작하면 그 사업연도를 포함하여 5년 이내에는 연결납세제도의 적용을 포기할 수 없다.

연결법인의 납세의무
- 연결법인의 각 사업연도 소득은 각 연결사업연도의 소득으로 한다.
- 연결법인은 각 연결사업연도의 소득에 대한 법인세와 각 연결법인의 토지 등 양도소득에 대한 법인세를 연대하여 납부할 의무가 있다.

제1장 단원별 기출문제

01 다음 중 법인세법에 대한 설명으로 가장 잘못된 것은? [108회]

① 내국법인이란 본점, 주사무소 또는 사업의 실질적 관리장소가 국내에 있는 법인을 말한다.
② 외국법인이란 사업의 실질적인 관리장소가 국내에 있지 않으면서 본점 또는 주사무소가 외국에 있는 단체를 말한다.
③ 국내원천소득이 있는 외국법인은 법인세 납세의무가 없다.
④ 내국법인 중 국가와 지방자치단체는 그 소득에 대한 법인세를 납부할 의무가 없다.

해설
국내원천소득이 있는 외국법인은 법인세를 납부할 의무가 있다.

02 다음 중 법인세법상 사업연도에 관한 내용으로 가장 옳지 않은 것은? [107회]

① 사업연도는 법령 또는 법인의 정관 등에서 정하는 1회계기간으로 한다.
② 법령 또는 정관 등에 사업연도에 관한 규정이 없는 법인은 따로 사업연도를 정하여 신고하여야 한다.
③ 신고를 하지 아니한 경우에는 매년 1월 1일부터 12월 31일까지를 그 법인의 사업연도로 한다.
④ 사업연도를 변경하려는 법인은 해당 사업연도 종료일로부터 3개월 이내에 이를 신고하여야 한다.

해설
사업연도를 변경하려는 법인은 그 법인의 직전 사업연도 종료일부터 3개월 이내에 납세지 관할 세무서장에게 이를 신고하여야 한다.

03 다음 중 법인세법상 법인세가 과세되는 소득으로 잘못된 것은? [107회]

① 영리내국법인의 국외원천소득
② 비영리내국법인의 청산소득
③ 영리외국법인의 국내 토지 등 양도소득
④ 비영리외국법인의 국내 토지 등 양도소득

해설
비영리내국법인은 청산소득에 대한 법인세 납세의무가 없다.

정답 01 ③ 02 ④ 03 ②

04 다음 중 법인세법에 대한 설명으로 잘못된 것은? [106회]

① 내국법인의 최초 사업연도 개시일은 설립등기일로 한다.
② 비영리내국법인은 청산소득과 토지 등 양도소득에 대한 법인세 납세의무를 진다.
③ 법인의 사업연도는 원칙적으로 1년을 초과하지 못한다.
④ 각 사업연도 소득에 대한 현행 법인세율은 4단계 초과누진세율 구조이다.

해설
비영리내국법인은 각 사업연도의 소득과 토지 등 양도소득에 대하여만 법인세 납세의무를 진다.

05 다음 중 법인세법상 납세지에 대한 설명으로 옳지 않은 것은? [106회]

① 외국법인은 국내사업장의 소재지를 납세지로 하고 둘 이상의 국내사업장이 있는 경우에는 주된 사업장의 소재지를 납세지로 한다.
② 내국법인은 그 법인의 등기부에 따른 본점이나 주사무소의 소재지를 납세지로 한다.
③ 관할 지방국세청장은 납세지가 그 법인의 납세지로 적당하지 않다고 인정되는 경우 납세지를 지정할 수 있다.
④ 법인은 납세지가 변경된 경우에는 그 변경된 날부터 25일 이내에 변경 후의 납세지 관할 세무서장에게 이를 신고해야 한다.

해설
법인은 납세지가 변경된 경우 그 변경된 날부터 15일 이내에 변경 후의 납세지 관할 세무서장에게 이를 신고하여야 한다.

06 다음 중 법인세법상 납세의무자가 아닌 것은? [105회]

① 내국법인 중 영리법인
② 국내원천소득이 있는 외국법인
③ 내국법인 중 국가와 지방자치단체
④ 국내원천소득이 있는 내국법인 중 비영리법인

해설
내국법인 중 국가와 지방자치단체(지방자치단체조합을 포함한다)는 그 소득에 대한 법인세를 납부할 의무가 없다.

07 다음 중 법인세법상 납세지에 관한 설명으로 틀린 것은? [104회]

① 법인은 납세지가 변경된 경우 그 변경된 날부터 15일 이내에 변경 후의 납세지 관할 세무서장에게 이를 신고하여야 한다.
② 납세지 변경신고를 하지 아니한 경우에는 종전의 납세지를 그 법인의 납세지로 한다.
③ 신고기한을 경과하여 변경신고를 한 경우에는 다음 사업연도부터 변경된 납세지를 그 법인의 납세지로 한다.
④ 외국법인이 납세지를 국내에 가지지 아니하게 된 경우에는 그 사실을 납세지 관할 세무서장에게 신고하여야 한다.

> **해설**
> 납세지가 변경된 법인이 신고기한을 경과하여 변경신고를 한 경우에는 변경신고를 한 날부터 그 변경된 납세지를 당해 법인의 납세지로 한다.

08 다음 중 법인세법상 사업연도에 대한 설명으로 가장 옳지 않은 것은? [104회]

① 내국법인이 사업연도 중에 합병에 따라 해산한 경우에는 그 사업연도 개시일부터 합병등기일까지의 기간을 그 해산한 법인의 1사업연도로 본다.
② 외국법인의 최초사업연도의 개시일은 국내에 사업자등록을 신청한 날이다.
③ 사업연도는 법령이나 법인의 정관 등에서 정하는 1회계기간으로 한다. 다만 그 기간은 1년을 초과하지 못한다.
④ 사업연도를 변경하려는 법인은 그 법인의 직전 사업연도 종료일부터 3개월 이내에 납세지 관할 세무서장에게 신고하여야 하며, 이 기한까지 신고하지 아니한 경우에는 사업연도가 변경되지 아니한 것으로 본다.

> **해설**
> 외국법인의 최초사업연도의 개시일은 국내사업장을 가지게 된 날(국내사업장이 없는 경우에는 국내원천 부동산소득 또는 국내원천 부동산등 양도소득이 최초로 발생한 날)로 한다.

09 다음 중 법인세법상 납세의무자에 대한 설명으로 가장 옳지 않은 것은? [103회]

① 영리외국법인은 청산소득에 대한 법인세 납세의무가 없다.
② 내국법인 중 국가와 지방자치단체는 그 소득에 대한 법인세를 납부할 의무가 없다.
③ 외국법인은 비사업용토지의 양도소득에 대해 법인세 납세의무가 있다.
④ 외국정부와 외국의 지방자치단체는 국내원천소득에 대한 법인세 납세의무가 없다.

> **해설**
> 외국정부나 지방자치단체는 비과세 법인이 아니며, 각 사업연도의 국내원천소득(수익사업에 한정)에 법인세 납세의무가 있다.

정답 07 ③ 08 ② 09 ④

10 다음 중 법인세법상 납세지에 대한 설명으로 옳지 않은 것은? [102회]

① 외국법인은 국내사업장의 소재지를 납세지로 하고 둘 이상의 국내사업장이 있는 경우에는 주된 사업장의 소재지를 납세지로 한다.
② 내국법인은 그 법인의 등기부에 따른 본점이나 주사무소의 소재지를 납세지로 한다.
③ 관할 지방국세청장은 납세지가 그 법인의 납세지로 적당하지 않다고 인정되는 경우 납세지를 지정할 수 있으며, 그 법인의 해당 사업연도 종료일부터 60일 이내에 해당 법인에게 알려야 한다.
④ 법인은 그 납세지가 변경된 경우 그 변경된 날부터 15일 이내에 변경 후의 납세지 관할 세무서장에게 이를 신고해야 한다.

해설
45일 이내

11 ㈜대한은 2022년 5월 10일에 사업연도 변경신고를 하였다. 법인세법상 사업연도로 옳은 것은? [102회]

- 변경 전 사업연도(제1기) : 2021년 1월 1일 ~ 2021년 12월 31일
- 변경하려는 사업연도 : 7월 1일 ~ 다음 연도 6월 30일

① 제2기 : 2022년 1월 1일 ~ 2022년 5월 10일
② 제2기 : 2022년 1월 1일 ~ 2022년 12월 31일
③ 제3기 : 2022년 5월 11일 ~ 2022년 12월 31일
④ 제3기 : 2022년 7월 1일 ~ 2023년 6월 30일

해설
사업연도를 변경하려는 법인은 그 법인의 직전 사업연도 종료일부터 3개월 이내에 납세지 관할 세무서장에게 신고하여야 하며, 기한까지 아니한 경우에는 그 법인의 당해 사업연도는 변경되지 아니한 것으로 본다.

12 다음 중 법인세법상 납세지에 대한 설명으로 가장 옳지 않은 것은? [101회]

① 내국법인의 납세지는 그 법인의 등기부에 따른 본점이나 주사무소의 소재지이다.
② 외국법인의 법인세 납세지는 원칙적으로 국내사업장의 소재지이다.
③ 관할 세무서장은 납세지가 그 법인의 납세지로 적당하지 않을 경우 그 납세지를 지정할 수 있다.
④ 법인은 납세지가 변경된 경우 그 변경된 날로부터 15일 이내에 관할 세무서장에게 신고하여야 한다.

해설
관할 지방국세청장이나 국세청장이 납세지를 지정할 수 있다.

13 다음 중 법인세법상 청산소득에 대한 납세의무자에 해당하는 것은? [100회]

① 영리내국법인
② 국내원천소득이 있는 외국법인
③ 비영리내국법인
④ 국가 및 지방자치단체

> **해설**
> 영리내국법인의 경우 청산소득에 대하여 법인세 납세의무가 있다.

14 다음 중 법인세법상 사업연도에 대한 설명으로 틀린 것은? [100회]

① 법령이나 정관 등에 사업연도에 관한 규정이 없는 경우로서 따로 사업연도를 정하여 신고하지 않은 경우 매년 1월 1일부터 12월 31일까지를 사업연도로 한다.
② 사업연도를 변경하려는 법인은 직전 사업연도 종료일부터 3개월 이내에 납세지 관할 세무서장에게 신고하여야 한다.
③ 법인은 1년을 초과하지 않는 범위라도 법령이나 법인의 정관으로 사업연도를 임의로 정할 수 없다.
④ 사업연도가 변경된 경우에는 종전의 사업연도 개시일부터 변경된 사업연도 개시일 전날까지의 기간을 1사업연도로 한다.

> **해설**
> 사업연도는 법령이나 법인의 정관 등에서 정하는 1회계기간으로 한다. 다만, 그 기간은 1년을 초과하지 못한다.

15 다음 중 법인세법상 납세지에 대한 설명으로 옳지 않은 것은? [100회]

① 관할 지방국세청장은 일정한 경우 납세지를 지정할 수 있다.
② 내국법인의 납세지는 그 법인의 등기부에 따른 본점이나 주사무소의 소재지로 한다.
③ 국내사업장이 없는 외국법인으로서 국내원천 부동산 등 양도소득이 있는 경우 법인세 납세지는 각각 그 자산의 소재지로 한다.
④ 법인은 납세지가 변경된 경우에는 변경 전 15일 이내에 변경 전의 납세지 관할 세무서장에게 납세지 변경신고를 하여야 한다.

> **해설**
> 법인은 납세지가 변경된 경우에는 그 변경된 날부터 15일 이내에 변경 후의 납세지 관할 세무서장에게 납세지 변경신고를 신고하여야 한다.

정답 13 ① 14 ③ 15 ④

16 다음 중 법인세법상 납세지에 대한 설명으로 가장 옳지 않은 것은? [99회]

① 납세지는 관할 세무서장이 지정할 수 없다.
② 납세지변경신고 여부와 관계없이 변경된 납세지를 그 법인의 납세지로 한다.
③ 외국법인은 국내사업장이 있는 경우 그 소재지로 한다.
④ 법인세는 납세지를 관할하는 세무서장 또는 지방국세청장이 과세한다.

해설
납세지변경신고를 하지 않은 경우에는 종전의 납세지를 그 법인의 납세지로 한다.

17 다음 중 법인세법상 사업연도에 대한 설명으로 가장 옳지 않은 것은? [99회]

① 사업연도에 대한 신고를 하지 않은 경우에는 매년 1월 1일 ~ 12월 31일로 한다.
② 내국법인의 경우 신설법인의 최초 사업연도 개시일은 설립등기일이다. 단, 설립등기일 전 생긴 손익을 최초 사업연도의 손익에 산입한 경우 최초 손익발생일을 개시일로 한다.
③ 법령이나 정관에서 정하는 1회계기간으로 한다.
④ 사업연도를 변경하려는 법인은 직전 사업연도 종료일 이전 3개월 이내 신고하여야 한다.

해설
사업연도를 변경하려는 법인은 직전 사업연도 종료일부터 3개월 이내 신고하여야 한다.

18 다음 중 법인세법상 납세의무와 사업연도에 관한 설명으로 틀린 것은? [98회]

① 내국법인 중 국가 및 지방자치단체는 법인세 납세의무가 없다.
② 사업연도는 정관 등에서 정하는 1회계기간으로 하되, 1년 미만 또는 1년을 초과하는 것은 허용되지 아니한다.
③ 최초 사업연도의 개시일은 원칙적으로 설립등기일이다.
④ 사업연도를 변경하려는 법인은 그 법인의 직전 사업연도 종료일부터 3개월 이내에 납세지 관할 세무서장에게 신고하여야 한다.

해설
사업연도는 1년을 초과하지 아니하는 범위 내에서 설정할 수 있다. 1년 미만은 가능하다.

19 다음 중 법인세법상 과세소득 범위에 해당하지 않는 것은? [98회]

① 외국법인은 국내 비사업용토지의 양도소득에 대하여 법인세 납세의무가 있다.
② 비영리외국법인의 모든 국내원천소득은 과세소득에 해당한다.
③ 비영리내국법인은 주식의 양도로 인하여 생기는 수입에 대하여 법인세 납세의무가 있다.
④ 영리내국법인이 해산한 경우 청산소득금액에 대한 납세의무가 있다.

해설
비영리외국법인의 각 사업연도의 국내원천소득은 수익사업에서 생기는 소득으로 한정한다.

20 다음 중 법인세법상 납세의무와 과세소득에 대한 설명으로 가장 옳지 않은 것은? [97회]

① 외국법인은 비사업용토지의 양도소득에 대해 법인세 납세의무가 있다.
② 국내에 사업의 실질적 관리장소가 없고 본점 또는 주사무소가 외국에 있는 경우로서 구성원이 유한책임사원으로만 구성된 단체는 외국법인에 해당한다.
③ 국세기본법상 법인으로 보는 단체는 법인세법상 비영리내국법인으로 본다.
④ 비영리내국법인은 청산 시 일정한 청산소득에 대해 법인세 납세의무가 있다.

해설
비영리내국법인은 청산소득에 대해 법인세 납세의무가 없다.

21 다음 중 법인세법상 법인의 소득에 대한 설명으로 옳지 않은 것은? [96회]

① 손금의 범위에는 잉여금의 처분을 포함한다.
② 익금이란 순자산을 증가시키는 거래로 인하여 발생하는 수익을 의미한다.
③ 현행 법인세법은 열거되지 않은 소득이라도 순자산증가액을 과세소득으로 본다.
④ 각 사업연도의 소득은 그 사업연도에 속하는 익금의 총액에서 손금의 총액을 뺀 금액으로 한다.

해설
해당 법인의 순자산을 감소시키는 거래로 인하여 발생하는 손실 또는 비용의 금액으로 한다. 다만, 자본 또는 출자의 환급, 잉여금의 처분을 제외한다.

정답 19 ② 20 ④ 21 ①

22

다음 중 법인세법상 납세지에 관한 설명으로 옳지 않은 것은? [95회]

① 법인은 그 납세지가 변경된 경우 그 변경된 날부터 30일 이내에 변경 후의 납세지 관할 세무서장에게 신고하여야 한다.
② 내국법인의 납세지는 그 법인의 등기부에 따른 본점이나 주사무소의 소재지이다.
③ 외국법인의 납세지는 국내사업장의 소재지이다.
④ 원천징수한 법인세의 납세지는 해당 원천징수의무자의 소재지로 한다.

해설
법인은 납세지가 변경된 경우 그 변경된 날부터 15일 이내에 대통령으로 정하는 바에 따라 변경 후의 납세지 관할 세무서장에게 이를 신고하여야 한다.

23

다음 중 법인세법상 사업연도에 관한 설명으로 옳지 않은 것은? [94회]

① 사업연도는 법령이나 정관 등에서 정하는 1회계기간으로 하며, 예외적으로 1년을 초과할 수 있다.
② 내국법인(법인으로 보는 단체 제외)의 경우 최초 사업연도 개시일은 설립등기일이다.
③ 사업연도를 변경하려는 법인은 그 법인의 직전 사업연도 종료일부터 3개월 이내에 납세지 관할 세무서장에게 신고하여야 한다.
④ 법인의 사업연도를 법령에 따라 신고하여야 하는 법인이 그 신고를 하지 아니한 때는 매년 1월 1일부터 12월 31일까지를 그 법인의 사업연도로 한다.

해설
회계기간은 1년을 초과하지 못한다.

24

다음 중 법인세법상 과세대상이 아닌 것은? [93회]

① 비영리내국법인의 국외원천 수익사업소득
② 영리내국법인의 청산소득
③ 영리외국법인의 국내원천 모든 소득
④ 영리외국법인의 청산소득

해설
영리외국법인의 경우 국내원천 모든 소득과 토지 등 양도소득에 대하여만 과세한다.

25 다음 중 법인세법상 납세지에 관한 설명으로 가장 옳지 않은 것은? [93회]

① 관할 세무서장은 납세지를 지정할 수 없다.
② 국내사업장이 없는 외국법인으로서 국내원천소득 중 부동산소득이 있는 외국법인의 납세지는 해당 외국법인이 신고하는 장소를 납세지로 한다.
③ 법인의 납세지가 변경된 경우 변경 후의 납세지 관할 세무서장에게 변경신고를 하여야 한다.
④ 법인으로 보는 단체로서 주된 소득이 부동산임대소득인 경우에는 해당 부동산 소재지를 납세지로 한다.

해설
각각 그 자산의 소재지로 한다.

26 다음 중 법인세법상 납세의무에 관한 설명으로 틀린 것은? [91회]

① 내국비영리법인은 청산소득에 대한 법인세 납세의무가 없다.
② 외국비영리법인은 국내 토지 등 양도소득에 대하여 납세의무를 진다.
③ 내국영리법인은 국내원천소득에 대하여만 법인세 납세의무가 있다.
④ 국세기본법에 따라 법인으로 보는 법인 아닌 단체는 법인세법상 납세의무자에 포함된다.

해설
내국영리법인은 국내·외 원천소득에 대하여 법인세 납세의무가 있다.

27 다음 중 법인세법상 납세지에 대한 설명으로 잘못된 것은? [91회]

① 내국영리법인의 납세지는 등기부에 따른 본점 소재지로 한다.
② 내국비영리법인의 납세지는 등기부에 따른 주사무소의 소재지로 한다.
③ 국내에 본점 또는 주사무소가 없는 내국법인의 경우에는 사업을 실질적으로 관리하는 장소의 소재지로 한다.
④ 외국법인의 납세지는 국세청장이 지정하는 장소로 한다.

해설
외국법인의 법인세 납세지는 국내사업장이 있는 경우 그 소재지, 둘 이상의 국내사업장이 있는 경우 주된 사업장의 소재지, 국내사업장이 없는 외국법인으로서 국내원천 부동산소득 또는 국내원천 부동산등 양도소득이 있는 경우 각각 그 자산의 소재지로 한다.

정답 25 ② 26 ③ 27 ④

28 다음 중 법인세법상 납세의무와 사업연도에 관한 설명으로 옳지 않은 것은? [90회]

① 외국에서 주된 영업을 하는 영리법인은 국내에 본점이나 주사무소 또는 사업의 실질적 관리장소를 두고 있다 하더라도 내국법인으로 분류될 수 없다.
② 사업연도는 법령이나 법인의 정관 등에서 정하는 1회계기간으로 한다. 다만, 그 기간은 1년을 초과하지 못한다.
③ 사업연도를 변경하려는 법인은 그 법인의 직전 사업연도 종료일부터 3개월 이내에 납세지 관할 세무서장에게 신고하여야 한다.
④ 내국법인 중 국가와 지방자치단체는 그 소득에 대한 법인세를 납부할 의무가 없다.

해설
외국에서 주된 영업을 하는 영리법인이라도 본점이나 주사무소 또는 사업의 실질적 관리장소가 국내에 있는 경우라면 내국법인으로 분류한다.

29 다음 중 법인세법상 과세대상소득이 아닌 것은? [90회]

① 영리내국법인의 토지 등 양도소득
② 영리내국법인의 각 사업연도 소득
③ 비영리외국법인의 수익사업에서 발생하는 국내원천소득
④ 비영리내국법인의 청산소득

해설
비영리내국법인의 청산소득은 과세하지 않는다.

30 다음 중 법인세법상 사업연도에 관한 설명으로 가장 옳지 않은 것은? [88회]

① 사업연도를 변경하려는 법인은 그 법인의 직전 사업연도 종료일부터 3개월 이내에 납세지 관할 세무서장에게 신고하여야 한다.
② 법령에 따라 사업연도가 정하여지는 법인의 경우 관련 법령의 개정에 따라 사업연도가 변경된 경우에도 변경신고를 해야만 한다.
③ 사업연도는 법령이나 정관 등에서 정하는 1회계기간으로 한다.
④ 내국법인(법인으로 보는 단체 제외)의 경우 최초 사업연도 개시일은 설립등기일이다.

해설
법령에 따라 사업연도가 정하여지는 법인의 경우 관련 법령의 개정에 따라 사업연도가 변경된 경우에는 직전 사업연도 종료일부터 3개월 이내에 납세지 관할 세무서장에게 신고를 하지 아니한 경우에도 그 법령의 개정 내용과 같이 사업연도가 변경된 것으로 본다.

31 다음 중 법인세법상 사업연도에 관한 설명으로 가장 옳지 않은 것은? [87회]

① 최초 사업연도의 개시일은 내국법인의 경우 설립등기일로 한다.
② 조직변경으로 인한 해산등기의 경우에도 사업연도가 변경된다.
③ 잔여재산가액이 청산 중에 있는 사업연도에 확정된 경우 그 사업연도 개시일부터 잔여재산가액이 확정된 날까지의 기간을 1사업연도로 본다.
④ 사업연도 중에 합병에 따라 해산한 경우에는 그 사업연도 개시일부터 합병등기일까지의 기간을 그 해산한 법인의 1사업연도로 본다.

> **해설**
> 조직변경으로 인한 해산등기에 관계없이 당해 법인의 사업연도는 조직변경 전 사업연도가 계속되는 것으로 한다.

32 다음 중 법인세법상 납세의무자에 관한 설명으로 가장 옳지 않은 것은? [85회]

① 내국법인은 국내원천소득뿐 아니라 국외원천소득에 대하여도 각 사업연도의 소득에 대한 법인세 납세의무를 진다.
② 외국법인은 외국에 본점 또는 주사무소를 둔 법인을 말한다.
③ 비영리내국법인은 국내외 원천소득 중 일정한 수익사업에서 발생한 소득에 대하여만 법인세 납세의무가 있다.
④ 내국법인 중 국가·지방자치단체는 수익사업에서 발생한 소득에 대하여만 과세한다.

> **해설**
> 국가·지방자치단체는 법인세를 납부할 의무 없음

33 다음 중 법인세법상 사업연도에 관한 설명으로 가장 옳은 것은? [84회]

① 사업연도는 법령이나 법인의 정관 등에서 정하는 1회계기간으로 하되, 그 기간은 1년 미만은 허용하지 아니한다.
② 최초 사업연도의 개시일은 내국법인의 경우 설립등기일로 한다.
③ 사업연도를 변경하려는 법인은 그 법인의 직전 사업연도 종료일부터 1개월 이내에 납세지 관할 세무서장에게 신고하여야 한다.
④ 내국법인이 폐업하는 경우에 사업연도는 그 사업연도 개시일부터 폐업일까지로 한다.

[정답] 31 ② 32 ④ 33 ②

34 다음 중 법인세법상 원천징수대상 소득에 해당되는 것은? [83회]

① 일반법인에게 귀속되는 비영업대금이익
② 법인세가 부과되지 아니하거나 면제되는 소득
③ 신고한 과세표준에 이미 산입된 미지급 소득
④ 법령 또는 정관에 의하여 비영리법인이 회원 또는 조합원에게 대부한 융자금과 비영리법인이 당해 비영리법인의 연합회 또는 중앙회에 예탁한 예탁금에 대한 이자수입

해설
비영업대금이익은 원천징수대상 소득

35 다음 중 법인세법상 사업연도에 관한 설명으로 옳지 않은 것은? [82회]

① 외국법인의 최초 사업연도 개시일은 국내에 국내사업장을 가지게 된 날로 한다.
② 내국법인의 최초 사업연도 개시일은 원칙적으로 사업자등록신청일이다.
③ 사업연도는 1년을 초과할 수 없다.
④ 사업연도를 변경하고자 하는 법인은 그 법인의 직전 사업연도 종료일부터 3월 이내에 납세지 관할 세무서장에게 신고하여야 한다.

해설
법인설립등기일이다.

36 다음 중 법인세법상 설명으로 옳은 것은? [80회]

① 내국법인이 사업연도 중 분할합병에 따라 해산한 경우 그 사업연도 개시일부터 분할합병등기일까지의 기간을 그 해산한 법인의 1사업연도로 본다.
② 법인의 최초 사업연도의 개시일은 사업자등록일이다.
③ 사업연도는 정관 변경을 통하면 1년을 초과하여 변경이 가능하다.
④ 사업의 수익이 사실상 귀속되는 법인과 법률 형식상 귀속되는 법인이 다른 경우 법률에 따라 형식에 맞게 귀속되는 법인에 수익이 귀속된다.

34 ① 35 ② 36 ① 정답

37 다음 중 법인세법상 납세지에 관한 설명으로 가장 잘못된 것은? [80회]

① 내국법인의 법인세 납세지는 그 법인의 등기부에 따른 본점이나 주사무소의 소재지(국내에 본점 또는 주사무소가 있지 아니하는 경우에는 사업을 실질적으로 관리하는 장소의 소재지)로 한다.
② 비영리내국법인은 주된 사업장소재지를 납세지로 한다
③ 합병 또는 분할로 소멸하는 법인의 원칙적인 납세지는 합병 또는 분할 전 피합병법인 등의 납세지로 할 수 있다.
④ 국내사업장이 없는 외국법인으로서 부동산소득 또는 양도소득이 있는 외국법인의 경우에는 각각 그 자산의 소재지로 한다.

해설
비영리내국법인의 법인세 납세지는 그 법인의 등기부에 따른 주사무소의 소재지이다.

38 다음 중 법인세법상 설명으로 틀린 것은 몇 개인가? [79회]

> 1. 내국법인의 법인세 납세지는 법인 등기부에 따른 본점 소재지만 가능하다.
> 2. 관할 세무서장은 해당 법인의 납세지로 적당하지 아니하다 인정되는 경우 그 납세지를 지정할 수 있다.
> 3. 외국법인은 납세지를 국내에 가지지 않게 되는 경우 그 사실을 관할 세무서장에게 신고해야 한다.

① 1개 ② 2개
③ 3개 ④ 답 없음

해설
1. 주사무소 소재지도 가능
2. 지방국세청장, 국세청장만 가능

39 다음 중 법인세법상 납세의무에 대한 설명으로 가장 틀린 것은? [78회]

① 영리내국법인은 그 소득에 대한 법인세를 납부할 의무가 있다.
② 외국법인은 국내원천소득이 있을지라도 법인세는 외국 본점에서만 납부한다.
③ 국가와 지방자치단체는 내국법인이지만 법인세가 부과되지 않는다.
④ 소득세법상 비거주자는 법인세법에 따라 원천징수하는 법인세를 납부할 의무가 있다.

정답 37 ② 38 ② 39 ②

40 다음 중 법인세법상 청산소득에 대한 법인세 납세의무가 있는 경우는? [77회]

① 외국법인
② 비영리법인
③ 해산에 의해 소멸하는 영리내국법인
④ 상법에 의하여 조직을 변경하는 경우의 법인

해설
영리법인은 청산소득에 대하여 납세의무가 있다.

41 다음 법인세법상 사업연도에 관한 설명으로 틀린 것은? [77회]

① 사업연도는 법령이나 법인의 정관 등에서 정하는 1회계기간으로 하며, 그 기간은 1년을 초과하지 못한다.
② 내국법인이 사업연도 중에 연결납세방식을 적용받는 경우에는 그 사업연도 개시일부터 연결사업연도 개시일의 전날까지의 기간을 1사업연도로 본다.
③ 내국법인이 사업연도 중에 합병이나 분할에 따라 해산한 경우에는 그 사업연도 개시일부터 합병등기일 또는 분할등기일까지의 기간을 그 해산한 법인의 1사업연도로 본다.
④ 사업연도를 변경하려는 법인은 그 법인의 직전 사업연도 종료일로부터 6개월 이내에 납세지 관할 세무서장에 이를 신고하여야 한다.

해설
사업연도를 변경하려는 법인은 그 직전 사업연도 종료일부터 3개월 이내에 신고하여야 한다.

42 다음 법인세법상 용어의 정의 중 가장 옳지 않은 것은? [74회]

① 내국법인이란 국내에 본점이나 주사무소 또는 사업의 실질적 관리장소를 둔 법인을 말한다.
② 사업연도란 1월 1일부터 12월 31일을 말한다.
③ 외국법인이란 외국에 본점 또는 주사무소를 둔 단체로서 일정기준에 해당하는 법인을 말한다.
④ 비영리외국법인이란 외국법인 중 외국의 정부·지방자치단체 및 영리를 목적으로 하지 아니하는 법인을 말한다.

해설
사업연도란 법인의 소득을 계산하는 1회계기간을 말한다.

40 ③ 41 ④ 42 ②

PART 1 법인세법

법인세법의 계산구조

01 법인세 계산구조

	결산서상 당기순이익
(+)	익금산입·손금불산입
(−)	손금산입·익금불산입
	차가감소득금액
(+)	기부금한도초과액
(−)	기부금한도초과이월액손금산입
	각 사업연도 소득금액
(−)	이월결손금
(−)	비과세소득
(−)	소득공제
	과세표준
(×)	세 율
	산출세액
(−)	공제감면세액
	차감세액
(+)	가산세액
(−)	중간예납세액
(−)	수시부과세액
(−)	원천납부세액
(+)	감면분추가납부세액
	차감납부할세액

02 세무조정

1 세무조정의 의의

세무조정이란 기업회계에 따라 작성된 결산서의 당기순이익과 세법규정에 따라 산출된 각 사업연도 소득금액의 차이를 조정하기 위한 작업을 말하는데, 좀 더 정확히는 회계상의 당기순이익에서 세무조정이라는 중간과정을 통해 세법상의 각 사업연도 소득금액을 계산하는 과정을 말한다.

만약 각 사업연도 소득을 계산하기 위해 세무상 익금과 손금을 별도로 구분하여 장부를 작성할 경우, 이를 위해서는 이중장부 작성 등 많은 불편이 따르게 될 것이다. 이에 착안하여 보다 간편하게 하기 위해 기존의 기업회계 장부를 근간으로 법인세를 계산하는 방식인데, 이러한 방식이 가능한 것은 기업회계상 수익과 세무상 익금이, 기업회계상 비용과 세무상 손금이 유사하기 때문이다.

2 세무조정의 유형

이러한 세무조정은 크게 다음과 같이 4가지 유형이 존재하는데 그 효과는 다시 회계상 이익에 가산하여 각 사업연도 소득을 증가시키는 것(익금산입·손금불산입)과 회계상 이익에 차감하여 각 사업연도 소득을 감소시키는 것(손금산입·익금불산입)의 두 가지 유형으로 분류된다.

기업회계(결산서 내용)	세무조정	세무회계(법인세법 내용)
수 익	(+)익금산입, (−)익금불산입	익금총액
(−)		(−)
비 용	(+)손금산입, (−)손금불산입	손금총액
(=)		(=)
결산서상 당기순이익		각 사업연도 소득금액

① **익금산입** : 결산서에 수익으로 계상되어 있지 않지만 법인세법상 익금에 해당하는 것으로 이를 각 사업연도 소득금액에 가산함
② **손금산입** : 결산서에 비용으로 계상되어 있지 않지만 법인세법상 손금에 해당하는 것으로 이를 각 사업연도 소득금액에서 차감함
③ **익금불산입** : 결산서에 수익으로 계상되어 있으나 법인세법상 익금에 해당하지 않는 것으로 이를 각 사업연도 소득금액에서 차감함
④ **손금불산입** : 결산서에 비용으로 계상되어 있으나 법인세법상 손금에 해당하지 않는 것으로 이를 각 사업연도 소득금액에 가산함

결국, 4가지 유형 중에 익금산입과 손금불산입이 각 사업연도 소득금액을 증가시키는 요인이 되고, 손금산입과 익금불산입이 각 사업연도 소득금액을 감소시키는 요인이 된다.

3 세무조정의 시기와 주체

세무조정은 납세의무자인 법인이 각 사업연도의 소득에 대한 법인세를 신고하는 경우에 이루어지는 것이 보통이다. 세무조정은 그 주체에 따라 다음 3가지로 구분된다.
① 법인 스스로 행하는 자기조정
② 법인 외부의 세무사나 공인회계사가 행하는 외부조정
③ 과세당국이 법인세의 결정 또는 경정과정에서 행하는 정부조정

기업은 원칙적으로 자기조정과 외부조정을 선택할 수 있으나 기획재정부장관이 외부조정계산서를 첨부하여야 할 법인으로 지정한 경우에 자기조정을 하게 되면 무신고로 보아 가산세를 부과한다.

03 결산조정과 신고조정

1 개 념

① '결산조정(임의조정)'이란 익금 또는 손금을 기업회계상 결산서에 수익 또는 비용으로 계상하여 과세소득에 반영하는 것을 말한다. 이는 세무조정을 통해 익금이나 손금에 반영할 수 없고 오로지 회계상 장부에 반영하는 것만 허용된 사항이다. 그에 비해 '신고조정'이란 결산서에 수익 또는 비용으로 계상되지 않은 익금 또는 손금을 세무조정에 의해 과세소득에 반영하는 것을 말한다.
② 결산조정은 법인이 손금의 산입시기를 임의로 선택할 수 있으므로, 이러한 이유로 결산조정을 임의조정이라고도 한다.
③ 결산조정은 엄밀한 의미에서 결산절차와 관련된 사항이기 때문에 세무조정이라 볼 수 없다. 따라서, 좁은 의미의 세무조정은 '신고조정'만을 가리킨다.
④ 손금과 관련하여 신고조정사항은 결산조정과는 달리 법인이 임의로 손금의 산입시기를 선택할 수 없는 사항이 된다. 따라서 법인이 신고조정사항을 장부에 과소·과대 계상한 경우에는 반드시 세무조정을 하여야 한다.

2 경정청구

(1) 결산조정사항

법인이 비용을 누락한 경우에 결산조정사항은 해당 사업연도에 비용으로 경정청구할 수 없고 이후 사업연도에 비용으로 계상하여 손금인정 받아야 한다.

(2) 신고조정사항

법인이 손익귀속시기를 선택할 수 없기 때문에 비용을 누락한 사업연도 이후에 비용으로 계상하는 것이 아니라 오로지 경정청구를 통해서만 비용을 인정받을 수 있다.

구 분	상 황	세무상 처리
결산조정사항	손금항목 중 일부(임의조정)	① 해당 사업연도 손금불인정 ② 경정청구 불가, 이후 사업연도 비용계상
신고조정사항	모든 익금항목	① 해당 사업연도에 반드시 세무조정 ② 누락한 경우 수정신고
	손금항목 중 일부(강제조정)	① 해당 사업연도에 반드시 세무조정 ② 누락한 경우 경정청구

3 결산조정사항과 신고조정사항

결산조정사항은 객관적인 외부거래 없이 그 손금산입 여부가 법인 자신의 의사에 맡겨져 있는 사항들. 즉, 그 손금산입이 강제되지 않는 사항들이다(회계상 내부거래에 해당). 그에 비해 신고조정사항은 객관적인 외부거래로 인해 반드시 익금 또는 손금에 산입하여야 할 사항들. 즉, 그 익금손금산입이 강제되는 사항들이다. 법률은 모든 익금항목과, 대부분의 손금항목을 신고조정사항으로 규정해 두었다. 다만, 예외적으로 몇 가지 손금사항만 결산조정사항으로 규정하였는데, 그 범위는 다음과 같다.

구 분	결산조정사항	비 고
충당금·준비금	① 대손충당금·구상채권상각충당금	퇴직부담금(퇴직연금충당금)의 손금산입은 신고조정사항이다.
	② 일시상각충당금(또는 압축기장충당금)	신고조정 가능
	③ 법인세법상 준비금(보험업법인의 책임준비금·비상위험준비금·해약환급금준비금과 비영리법인의 고유목적사업준비금)과 조세특례제한법상 손실보전준비금 등	잉여금처분에 의한 신고조정 가능
자산의 평가	① 감가상각비	국제회계기준을 적용하는 회사의 경우 법에서 정하는 경우에는 신고조정 허용 감가상각의제 대상 법인의 의제상각액과 업무용 승용차의 감가상각비는 신고조정사항(강제사항)이다.
	② 채권의 대손금	소멸시효완성분 등 특정한 채권의 대손금은 신고조정사항
	③ 감가상각자산의 즉시상각	해당 사유가 발생한 날이 속하는 사업연도에만 손금산입 가능함
	④ 재고자산·유형자산 및 주식 등의 평가손실	
	⑤ 소액미술품의 취득가액 즉시 손금산입	

법률상 결산조정으로 명시한 사항은 원칙적으로 법인의 장부에 반영하여야만 비용으로 인정되는 것이다. 그러나 예외적으로 임의사항이면서도 신고조정이 가능한 예외항목이 3가지 있는데, 이들은 본래 결산조정사항이지만 기업회계에서 이들을 인정하고 있지 않아 정책적으로 특별히 신고조정을 허용하는 특례규정을 택하고 있다.

- 일시상각충당금(또는 압축기장충당금)
- 조세제한특례법에 의한 준비금
- 조세제한특례법에 의한 비상위험준비금(보험업 법인)

제2장 단원별 기출문제

01 다음 중 법인세법상 결산에 반영하지 않은 경우에는 손금으로 계상할 수 없는 항목으로만 묶인 것은? [106회]

> 가. 화재로 파손된 고정자산의 평가손실
> 나. 업무용승용차의 감가상각비
> 다. 퇴직연금충당금
> 라. 채무자의 파산으로 회수할 수 없는 채권

① 가, 나
② 가, 라
③ 나, 다
④ 나, 라

해설
나, 다는 강제 신고조정사항이며, 화재 등으로 인한 고정자산의 평가손실과 채무자의 파산으로 회수할 수 없는 채권은 그 사유가 발생한 사업연도에 손비로 계상하여야 손금으로 인정된다.

02 다음 중 법인세법상 세무조정이 필요 없는 것으로 옳은 것은? [105회]

① 한도액을 초과하여 기업업무추진비를 계상한 경우
② 신호위반 과태료를 세금과공과로 계상한 경우
③ 직전 연도에 납부한 법인세법상 손금 항목인 제세공과금을 당해연도에 환급받고 잡이익으로 계상한 경우
④ 자산을 무상으로 취득하고 회계처리를 하지 않은 경우

해설
손금에 산입된 금액이 환입된 경우는 수익이나, 장부상에 잡이익으로 계상한 경우에는 별도의 세무조정이 필요하지 않다.

03 다음 중 법인세법에 따른 결산조정사항에 해당하는 것은? [104회]

① 업무용승용차의 감가상각비의 손금산입
② 소멸시효 완성분 대손금의 손금산입
③ 파손으로 인한 재고자산평가손실의 손금산입
④ 감가상각의제 대상 법인의 의제상각액

해설
파손·부패 등의 사유로 정상가격으로 판매할 수 없는 재고자산의 장부가액을 해당 감액사유가 발생한 사업연도에 당해 재고자산을 사업연도종료일 현재 처분가능한 시가로 평가한 가액으로 감액하고, 그 감액한 금액을 해당 사업연도의 손비로 계상할 경우, 손금으로 산입할 수 있다.

정답 01 ② 02 ③ 03 ③

04 다음 중 법인세법상 결산서에 비용 계상한 경우에 한하여 손금으로 인정되는 것은? [102회]

① 채무자의 파산으로 회수할 수 없는 채권의 대손금
② 업무용승용차의 감가상각비
③ 일시상각충당금
④ 외부감사인의 회계감사를 받는 비영리법인의 고유목적사업준비금

해설
채무자의 파산 등으로 회수할 수 없는 채권의 대손금은 해당 사유가 발생하여 손금으로 계상한 날이 속하는 사업연도의 손금으로 한다. 따라서 결산서상 비용으로 처리하지 않았다면 신고조정에 의하여 손금산입할 수 없다.

05 다음 중 법인세법상 결산조정사항으로 짝지어져 있는 것은? [101회]

> 가. 업무용승용차의 감가상각비의 손금산입
> 나. 법률에 따른 회생계획인가의 결정에 따라 회수불능으로 확정된 채권
> 다. 파손으로 인한 재고자산 평가손실의 손금산입
> 라. 소액미술품의 취득가액 즉시 손금산입

① 가 – 다
② 가 – 라
③ 나 – 다
④ 다 – 라

해설
가와 나는 신고조정사항이다.

06 다음 중 법인세법상 법인이 장부에 계상한 경우에만 각 사업연도 소득금액계산 시 손금으로 산입할 수 있는 경우가 아닌 것은? [98회]

① 재판상 화해 등 확정판결에 의하여 회수불능으로 확정된 채권
② 고유목적준비금 설정
③ 취득 즉시 손금산입한 소액미술품의 취득가액
④ 소멸시효가 완성된 채권

해설
소멸시효가 완성된 채권은 강제신고조정 항목이다.

07 다음 중 법인세법상 세무조정에 대한 설명으로 옳지 않은 것은? [97회]

① 결산서상 당기순이익과 법인세법에 따른 소득금액의 차이를 조정하는 과정을 세무조정이라 한다.
② 결산조정사항을 결산서에 반영하지 않은 경우, 차기 이후에 경정청구를 통하여 손금에 산입할 수 없다.
③ 신고조정사항이란 결산서에 과소계상한 경우, 회사의 선택에 따라 세무조정(익금·손금산입)을 할 수 있는 익금 또는 손금항목을 말한다.
④ 결산조정사항이란 결산서에 과소 계상한 경우 세무조정(익금·손금산입)을 할 수 없는 익금 또는 손금항목을 말한다.

> **해설**
> 신고조정사항은 이에 해당하는 수익 또는 비용의 결산서상 금액을 세법상의 익금 또는 손금보다 과소계상한 경우, 반드시 당기에 세무조정(익금·손금산입)을 해야 하는 강제조정 대상이다.

08 다음 중 법인세법상 반드시 장부에 비용을 계상한 경우에만 각 사업연도 소득금액 계산 시 손금으로 산입할 수 있는 경우는 무엇인가? [91회]

① 고유목적사업준비금 설정
② 소멸시효 완성된 채권에 대한 대손금
③ 사채할인발행차금 상각액
④ 파손으로 인한 재고자산의 평가차손

> **해설**
> 재고자산을 파손 또는 부패 등의 사유로 정상가액으로 판매할 수 없는 경우 사업연도 종료일 현재 처분가능한 시가와 취득가액의 차액을 평가손실로 계상한 경우에만 재고자산의 장부가액을 감액할 수 있다.

09 다음 중 법인세법상 결산조정항목이 아닌 것은? [89회]

① 퇴직급여충당금의 설정
② 파손으로 인한 재고자산의 평가차손
③ 법인세액 감면을 받는 경우의 감가상각의제액
④ 시설개체로 인한 생산설비의 폐기손실

> **해설**
> 법인세를 면제받거나 감면받은 경우의 감가상각범위액과 같은 감가상각비는 신고조정사항이다.

정답 07 ③ 08 ④ 09 ③

10 다음 중 법인세법상 대손사유 신고조정사항이 아닌 것은? [88회]

① 채무자의 행방불명으로 회수할 수 없는 채권
② 상법에 의한 소멸시효가 완성된 외상매출금
③ 채무자 파산에 관한 법률에 따른 회생계획인가결정에 따라 회수불능으로 확정된 채권
④ 민사집행법에 의하여 채무자의 재산에 대한 경매가 취소된 압류채권

해설
임의대손사유로 결산조정사항임

11 다음 중 법인세법상 결산서에 수익 또는 비용으로 계상되지 않은 익금 또는 손금을 세무조정에 의하여 과세소득에 반영하는 것에 해당하는 것은? [84회]

① 퇴직급여충당금
② 대손충당금
③ 외부회계감사를 받지 않는 비영리법인의 고유목적사업준비금
④ 대표자 등의 가지급금 인정이자

해설
신고조정사항이다.

12 다음 중 법인세법상 결산조정사항이 아닌 것은? [83회]

① 책임준비금과 비상위험준비금
② 대손충당금의 손금산입
③ 파손으로 인한 재고자산평가손실의 손금산입
④ 소멸시효 완성채권에 대한 대손금의 손금산입

해설
소멸시효 완성분 등 일정한 대손금은 신고조정사항이다.

13 다음 중 법인세법상 반드시 신고조정을 하여야 하는 것은? [82회]

① 대손충당금
② 고유목적사업준비금
③ 퇴직연금부담금
④ 구상채권상각충당금

해설
퇴직연금부담금은 신고조정항목이다.

정답 10 ① 11 ④ 12 ④ 13 ③

14 다음 중 법인세법상 신고조정항목이 아닌 것은? [80회]

① 공사부담금으로 취득한 사업용자산가액의 손금산입
② 대손충당금의 손금산입
③ 보험차익으로 취득한 자산가액의 손금산입
④ 자산의 평가차손의 손금불산입

15 법인세법상 세무조정방법은 결산조정과 신고조정으로 구분된다. 다음 설명 중 틀린 것은? [78회]

① 퇴직급여충당금의 손금산입은 결산조정사항이다.
② 상법에 따른 소멸시효가 완성된 외상매출금 대손금의 손금산입은 신고조정사항이다.
③ 세법상 결산조정이란 익금 또는 손금을 결산서에 수익 또는 비용으로 계상하여 과세소득에 반영한 경우를 말한다.
④ 결산조정사항은 경정청구를 통하여 결산서를 변경할 수 있다.

> **해설**
> 결산이 확정되어 재무제표가 공시된 이후에는 수정신고 및 경정청구를 통해 결산서를 소급하여 변경할 수 없다.

16 다음 중 법인세법상 세무회계와 기업회계와의 차이가 영구적으로 회복되지 않는 것으로 옳지 않은 것은? [77회]

① 기업업무추진비 한도초과액
② 현금매출 누락
③ 외상매출금 누락
④ 벌금 및 과태료

> **해설**
> 외상매출금 누락에 따른 세무조정은 유보로 소득처분하고 유보는 일시적 차이로 추후 반대의 세무조정을 통하여 차이가 조정된다.

17 다음 중 법인세법상 세무조정사항 중 결산조정과 신고조정사항에 대한 구분이 틀린 것은? [74회]

① 채무자의 사망으로 회수할 수 없는 대손충당금의 손금산입 - 결산조정
② 법인세법상 감가상각비의 손금산입 - 결산조정원칙 예외신고조정
③ 일시상각충당금의 손금산입 - 결산조정, 신고조정 모두 허용
④ 천재지변으로 인한 유형자산평가차손 손금산입 - 신고조정

> **해설**
> 천재지변 등의 유형자산평가차손은 결산조정사항이다.

정답 14 ② 15 ④ 16 ③ 17 ④

18 다음 중 법인세법상 결산조정사항과 신고조정사항에 대한 설명으로 옳은 것은? [71회]

① 신고조정사항은 결산상 비용으로 계상할 수 없고 세무조정계산서에서만 손금산입으로 세무조정을 해야 하는 항목을 말한다.
② 퇴직급여충당금과 퇴직연금충당금은 모두 결산조정사항이다.
③ 대손충당금은 결산조정사항이므로 한도미달액은 물론 한도초과액에 대해서도 세무조정을 할 수 없다.
④ 결산조정사항이란 결산서에 과소계상된 경우에 세무조정(손금산입)을 할 수 없는 손금항목을 말한다.

> **해설**
> ① 신고조정사항은 결산상 비용으로 계상할 수 있다.
> ② 퇴직연금충당금은 신고조정사항이다.
> ③ 대손충당금 한도초과액에 대해서 세무조정을 할 수 있다.

19 다음 중 법인세법상 각 사업연도 소득에 대한 법인세 계산 시 세무조정이 필요 없는 사항은? [63회]

① 정기예금이자 발생액을 발생주의에 따라 미수수익으로 계상한 금액
② 기업회계기준에 의해 당기에 설정한 하자보수충당부채
③ 주권상장법인의 주식을 공정가액으로 평가하여 발생한 단기매매증권평가손실
④ 미지급기부금을 회계처리하지 않은 경우

> **해설**
> ① 원천징수되는 수입이자의 귀속시기는 소득세법 시행령 제45조 이자소득 수입시기가 속하는 사업연도로 한다. 따라서 정기예금이자는 원천징수되는 수입이자이므로, 정기예금이자 발생액을 발생주의에 따라 미수수익으로 계상한 경우에는 동 금액을 익금불산입(△유보)하는 세무조정을 하여야 한다.
> ② 하자보수충당부채는 법인세법상 인정되지 않은 충당금이므로 손금불산입(유보)하는 세무조정을 하여야 한다.
> ③ 법인세법상 유가증권의 평가방법은 원가법만 허용되므로 손금불산입(유보)하는 세무조정을 하여야 한다.

20 법인세 세무조정계산서 작성 시 소득금액조정합계표 및 자본금과 적립금조정명세서(을)의 작성과 모두 연관이 있는 것은? [59회]

① 퇴직급여충당금 한도초과액
② 채권자 불분명 사채이자
③ 기업업무추진비 한도초과액
④ 기타자본잉여금으로 계상한 자기주식처분이익

> **해설**
> 소득금액조정합계표 및 자본금과 적립금조정명세서(을)의 작성과 모두 연관이 있는 것은 모두 유보로 처분되는 항목을 가리킨다.

18 ④ 19 ④ 20 ① 정답

CHAPTER 03

PART 1 법인세법

소득처분

01 소득처분의 개념

상법상 기업회계의 당기순이익은 주주총회에서 잉여금처분을 통하여 사외유출(배당, 상여 등)할 금액과 사내유보(준비금 등의 적립)금액을 결정하게 된다. 결산상 당기순이익이 사외유출항목과 사내유보로 구분될 수 있는 것과 마찬가지로 법인세법상 소득처분도 상법상의 이익처분과 유사하게 사외유출과 사내유보로 크게 나누어진다.

법인세 과세표준을 신고하거나 결정 또는 경정함에 있어서 기업회계상 당기순이익과 세무회계상 과세소득과의 차이를 조정하게 되는데, 이 경우 발생하는 각 세무조정항목에 대하여 그 귀속자와 소득의 종류 등을 확정하는 세법상의 절차를 소득처분이라고 한다.

모든 세무조정사항에 대하여는 소득처분이 항상 동반되므로, 세무조정이 없다면 소득처분도 있을 수 없다. 이러한 소득처분은 「소득금액조정합계표」의 '처분'란에 표시되며, 특히 유보사항은 세무상 자본을 계산하기 위해 「자본금과 적립금조정명세서(을)」에 기재하여 사후관리된다.

02 소득처분의 유형

법인세법상 소득처분은 크게 사외유출과 사내유보로 나누어지는데, 세무조정금액이 사외로 유출된 것이 분명한 경우에는 사외유출로 처분하고 사외에 유출되지 않은 경우에는 유보로 처분한다.

사외유출된 금액은 그 귀속자에 따라 주주이면 배당, 임·직원이면 상여, 법인 또는 개인사업자이면 기타사외유출, 그 이외의 경우에는 기타소득으로 처분한다.

사내유보 처분된 금액은 다음 사업연도 이후의 소득금액계산에 영향을 미치는데, 주로 ① 귀속시기의 일시적 차이, ② 자산·부채평가와 관련된 것, ③ 회수가능한 경우(외상매출금 등)의 사유로 발생된다.

[소득처분의 유형]

구 분	외부유출	사내유보	
		회계상 자본 ≠ 세무상 자본	회계상 자본 = 세무상 자본
익금산입·손금불산입	사외유출	유 보	기타(잉여금)
손금산입·익금불산입	–	△유보	기타(잉여금)

1 사외유출

소득처분		귀속자	귀속자의 소득
사외유출	배 당	개인 출자자(임원·사용인 제외)	배당소득(인정배당)
	상 여	임원 또는 사용인(출자자 포함)	근로소득(인정상여)
	기타사외유출	법인 또는 개인사업자(다만, 소득을 구성하는 경우에 한함)	법인의 소득 / 개인의 소득
		기타 세법상 열거된 항목	–
	기타소득	상기 이외의 자(소득세법에 따른 기타소득에 해당하므로 소득세 과세)	기타소득

(1) 개 념

① 세무조정 과정에서 익금에 산입(손금불산입)한 금액은 그 귀속자에게 상여·배당·기타사외유출, 기타소득 중에 하나로 처분한다. 사외유출이란 신고조정에 의해 익금산입·손금불산입한 금액이 기업 외부의 어떤 자에게 귀속된 것으로 인정하는 처분을 말한다. 이때 처분의 귀속을 밝히는 이유는 그 증가된 소득으로 말미암아 귀속자에게 소득세 또는 법인세를 부과하기 위함이다.

② 사외유출은 당기순이익에 가산한 각 사업연도 소득금액이 회사 내부에 남아 있지 아니하고 회사 외부로 유출되어 기업회계와 세무상 순자산가액은 일치한다는 점에서 사내유보와 차이를 보인다.

(2) 세무상 사후관리

앞으로 설명하게 될 사내유보(당해 사업연도 이후의 세무조정 시 반대의 영향을 미친다)와 달리 사외유출의 경우에는 원천징수 이외의 아무런 사후관리가 필요 없게 된다. 즉, 사외유출 처분은 당해 사업연도의 '소득금액조정합계표'에만 영향을 미치고, 차기 이후의 '소득금액조정합계표'에는 영향을 미치지 아니하게 된다.

(3) 유 형

사외유출과 관련된 소득처분의 구체적 유형은 다음과 같다.

① **귀속자가 분명한 경우**

구 분	소득의 귀속자	법인의 원천징수의무	원천징수
배 당	주주(임원 또는 사용인인 주주는 제외)	○	개인주주의 경우 배당소득으로 원천징수함
상 여	임원 또는 사용인	○	근로소득으로 원천징수함
기타사외유출	법인이거나 사업을 영위하는 개인인 경우에는 기타사외유출	×	이미 법인이나 개인의 소득을 구성하므로 원천징수하지 아니함
기타소득	위 이외의 자	○	기타소득으로 원천징수함

② **귀속자가 분명하지 않은 사외유출** : 귀속이 불분명한 경우에는 해당 법인의 대표자에게 귀속된 것으로 보아 대표자에 대한 상여로 처분한다. 그 이유는 귀속자가 불분명한 경우 사외유출소득이 당해 법인의 대표자에게 귀속되었을 개연성이 높고 귀속자를 밝히지 못한 책임을 대표자에게 지움으로써 그 귀속자를 밝히도록 강제하기 위한 것이다. 일단 대표자에 대한 상여로 인정되면 그 소득금액이 현실적으로 대표자에게 귀속되었는지 여부에 관계없이 대표자는 그 상여처분된 소득금액에 대하여 소득세 납세의무를 지게 된다.

③ **추계결정 및 경정의 경우** : 추계조사에 따라 결정된 과세표준과 법인의 결산서상 법인세차감 전 순이익과의 차액도 대표자에 대한 '상여'로 처분한다. 다만, 천재지변·불가항력으로 장부 기타 증빙서류가 멸실되어 추계결정하는 경우에는 '기타사외유출'로 한다. 이 경우 법인이 결손신고를 한 때에는 그 결손은 없는 것으로 본다. 한편, 외국법인에 대한 추계결정·경정하는 경우에 결정된 과세표준과 당기순이익과의 차액은 상여가 아닌 기타사외유출로 처분한다.

④ **법률상 무조건 기타사외유출로 처분하는 사항** : 다음의 세무조정사항은 그 귀속자를 묻지 않고 반드시 기타사외유출로 처분하여야 한다. 이것은 정책상 익금산입·손금불산입하는 사항들로 귀속자에 대한 추가 납세의무를 지우지 아니한다.

㉠ 특례기부금·우리사주조합기부금·일반기부금 손금산입 한도초과액
㉡ 기업업무추진비 손금불산입액(증빙불비 기업업무추진비 제외)
㉢ 채권자 불분명 사채이자 및 수취인 불분명 채권·증권의 이자 중 원천징수세액 상당액
㉣ 업무무관부동산 등과 관련된 지급이자 손금불산입액
㉤ 업무용승용차 임차료 중 감가상각비 상당액 한도초과액(800만원 초과금액)의 손금불산입액, 업무용승용차 처분손실 중 한도초과액(800만원 초과금액)의 손금불산입액
㉥ 임대보증금 등에 대한 간주임대료 익금산입액
㉦ 귀속자가 불분명하여 대표자 상여로 처분한 경우에 있어서 당해 법인이 그 처분에 따른 소득세를 대납하고 이를 손비로 계상하거나 그 대표자와의 특수관계가 소멸할 때까지 회수하지 않음으로써 익금에 산입한 금액
㉧ 불공정자본거래(증자·감자·합병) 등으로 인하여 부당행위계산부인규정의 적용을 받아 익금산입된 금액으로서 귀속자에게 상속세및증여세법에 의하여 증여세가 과세되는 경우
㉨ 외국법인의 국내사업장의 각 사업연도 소득에 대한 법인세 과세표준을 신고하거나 결정 또는 경정 시 익금산입액이 동 외국법인 본점 등에 귀속되는 경우

2 사내유보

세무조정	소득처분		귀속자	귀속자의 소득
익금산입 손금불산입	사내유보	유 보	세무상 잉여금의 증가	-
	잉여금 반영	기 타	자본잉여금 또는 이익잉여금	-
손금산입 익금불산입	사내유보	유 보	세무상 잉여금의 감소	-
	기 타	기 타	유보 이외의 사항	-

유보(△유보)란 세무조정상 익금산입·손금불산입 한 금액의 효과가 사외로 유출되지 아니하고 법인 내부에 남아 있는 것으로 인정하는 처분을 말한다. 법인세법상 사내유보에 관한 명문 규정이 없기 때문에 사외유출을 기준으로 판단하여 사외로 유출되지 아니한 소득금액을 유보로 한다. 사내유보 처분은 다시 당해 세무조정 금액이 결산서상 자본에 비해 세무상 자본을 증감시키는지 여부에 따라, 크게 유보(△유보)와 기타(잉여금)로 구분된다.

유보(△유보)는 세무상 자본을 증감시키기 때문에 사후관리가 필요한 반면, 기타(잉여금)는 세무상 자본을 증감시키지 아니하므로 사후관리가 필요 없다.

기타(잉여금)로 처분되는 사항은 회계상 자본과 관련된 세무조정 또는 이중과세 조정과 관련된 세무조정에서 발생하게 된다.

(1) 유보(△유보)

① **발생원인** : 각 사업연도 소득금액에 가산(차감)하는 세무조정 금액에 대한 소득처분으로 이에 상당하는 금액이 기업내부에 남아 회계상 자본보다 세무상 자본이 증가(감소)하게 되는 소득처분을 유보(△유보)라고 한다.

세무조정	결산서상 자산, 부채, 자본의 상태		소득처분
익금산입·손금불산입	자산 과소계상 부채 과대계상	자본 과소계상	유 보
손금산입·익금불산입	자산 과대계상 부채 과소계상	자본 과대계상	△유보

회계상 자본과 세무상 자본의 차이는 자산과 부채의 차이에서 비롯되므로 사외로 유출되지 않는 것으로서 자산·부채계정에 영향을 미치는 세무조정사항은 모두 유보(△유보)에 해당한다.

② **사후관리** : 사내유보로 처분된 금액은 다음 사업연도 이후의 각 사업연도 소득금액과 청산소득 금액 계산에 영향을 미친다. 이러한 유보 금액은 향후 다시 반대의 차이를 발생시킴으로서 해소된다. 이에 따라 유보(△유보)는 반드시 차기 이후에 반대의 세무조정, 즉 △유보(유보)의 세무조정을 발생시킨다. 이러한 이유로 회계학에서는 유보(△유보)를 기업회계와 세무회계의 일시적 차이라고도 한다. 유보(△유보)금액의 사후관리하기 위한 서식을 「자본금과 적립금조정명세서(을)」이라 하는데, 세무상 자본과 회계상 자본의 차이를 요약 집계한 「자본금과 적립금조정명세서(을)」을 통해서 정확한 세무상 자본 금액을 산출할 수 있고 향후 청산소득을 계산할 때에도 직접 활용될 수 있다.

(2) 기 타

익금산입·손금불산입(또는 손금산입·익금불산입)한 세무조정사항의 효과가 사내에 남아 있음에도 불구하고 회계상 순자산(자산 – 부채)이 적정한 경우에 하는 처분이다.

이 경우에는 사외유출이 일어나지 않았기 때문에 귀속자에 대한 납세의무도 유발되지 않고, 결산서상 자산·부채가 왜곡되지 않았기 때문에 차기 이후에 반대의 세무조정도 유발되지 않는다. 사실상 아무런 기능이 없는 예외적인 소득처분 형태이다.

세무조정	결산서상 자산, 부채, 자본	소득처분
익금산입·손금불산입	적 정	자본을 증가시키지 않음
손금산입·익금불산입	적 정	자본을 증가시키지 않음

기타(잉여금)로 처분되는 사항은 크게 다음과 같이 두 가지 유형으로 나눌 수 있다.
① 회계상 자본(자본잉여금, 이익잉여금, 기타포괄손익 등)과 관련된 세무조정사항
② 이중과세 조정(배당금수입 익금불산입)과 관련된 세무조정사항

이러한 기타의 세무조정은 당기 사업연도 '소득금액조정합계표'에는 영향을 미치나, 차기 이후의 '소득금액조정합계표'에는 영향을 미치지 않는다. 아울러 회사 이외의 자의 소득에 영향을 미치지도 않기 때문에 '원천징수' 의무도 부담하지 않게 된다.

3 세무상 자기자본

세무상 자기자본은 청산소득 계산 시에 주로 사용되며, 자본금과 적립금조정명세서(갑)의 내용을 기초로 다음과 같이 계산한다.

```
  재무상태표상 자기자본  → 재무상태표상 자본금 + 잉여금(잉여금처분에 의한 배당 등 제외)
(+)     유보잔액 합계    → 자본금과 적립금조정명세서(을)의 유보잔액 합계
(−) 손익미계상 법인세 등  → (법인세총부담세액누적액 + 소득할 주민세 + 농어촌특별세) − 손익계산서상 법인세비용
(−)       이월결손금     → 잉여금 한도
        세무상 자기자본
```

사 업 연 도	. . . ~ . . .		자본금과 적립금조정명세서(갑)	법 인 명	
				사업자등록번호	

Ⅰ. 자본금과 적립금 계산서

① 과목 또는 사항		코드	② 기초잔액	당기 중 증감		⑤ 기말잔액	비 고
				③ 감 소	④ 증 가		
자본금 및 잉여금 등의 계산	1. 자본금	01					
	2. 자본잉여금	02					
	3. 자본조정	15					
	4. 기타포괄손익누계액	18					
	5. 이익잉여금	14					
		17					
	6. 계	20					
7. 자본금과 적립금명세서(을)+(병) 계		21					
손익미계상 법인세 등	8. 법인세	22					
	9. 지방소득세	23					
	10. 계(8+9)	30					
11. 차가감계(6+7-10)		31					

Ⅱ. 이월결손금 계산서

1. 이월결손금 발생 및 증감내역

⑥ 사업 연도	이월결손금			⑩ 소급 공제	⑪ 차감계	감소내역				잔 액		
	발생액					⑫ 기공제액	⑬ 당기 공제액	⑭ 보 전	⑮ 계	⑯ 기한 내	⑰ 기한 경과	⑱ 계
	⑦ 계	⑧ 일반 결손금	⑨ 배 분 한도초과 결손금 (⑨=㉕)									
계												

2. 법인세 신고 사업연도의 결손금에 동업기업으로부터 배분한도를 초과하여 배분받은 결손금(배분한도 초과결손금)이 포함되어 있는 경우 사업연도별 이월결손금 구분내역

⑲ 법인세 신고 사업연도	⑳ 동업기업 과세연도 종료일	㉑ 손금산입한 배분한도 초과 결손금	㉒ 법인세 신고 사업연도 결손금	배분한도 초과결손금이 포함된 이월결손금 사업연도별 구분			㉖ 법인세 신고 사업연도발생 이월결손금 해당액(⑧ 일반 결손금으로 계상) ㉑≧㉒의 경우는 "0", ㉑<㉒의 경우는 (㉒-㉑)
				㉓ 합 계 (㉓= ㉕+㉖)	배분한도 초과결손금 해당액		
					㉔ 이월결손금 발생 사업연도	㉕ 이월결손금 (㉕=⑨) ㉑과 ㉒ 중 작은 것에 상당하는 금액	

210mm×297mm[일반용지 70g/㎡(재활용품)]

제3장 단원별 기출문제

01 다음 중 법인세법상 반드시 기타사외유출로 처분하지 않는 것은? [108회]

① 임대보증금 등의 간주익금
② 건설자금에 충당한 차입금의 이자
③ 특수관계인 외의 자에 대한 비지정기부금의 손금불산입액
④ 업무무관자산 등에 대한 지급이자의 손금불산입액

해설
유보처분 대상이다.

02 다음 중 법인세법상 세무상 자기자본총액(순자산)을 알 수 있는 법정서식은 어느 것인가? [108회]

① 법인세과세표준및세액조정계산서[별지 제3호서식]
② 표준재무상태표[별지 제3호의2서식(1)]
③ 소득금액조정합계표[별지 제15호서식]
④ 자본금과적립금조정명세서(갑)[별지 제50호서식(갑)]

해설
세무상 자본을 계산하는 서식이다.

03 다음 중 법인세법상 소득처분에 관한 설명으로 가장 옳지 않은 것은? [107회]

① 유보는 익금에 산입한 금액이 사외로 유출되지 아니한 경우의 소득처분이다.
② 익금에 산입한 금액 중 그 귀속이 불분명하여 대표자에게 상여로 처분한 경우 당해 법인이 그 처분에 따른 소득세 등을 대납하고 이를 손비로 계상함에 따라 익금에 산입한 금액은 기타사외유출로 처분한다.
③ 업무와 관련 없는 차입금에 대한 지급이자를 손금불산입하는 경우, 소득처분은 기타사외유출로 한다.
④ 익금에 산입한 금액 중 사외로 유출된 것이 분명한 경우로서 그 귀속자가 당해 법인의 주주이면서 임원인 경우에는 그 출자임원에 대한 배당으로 처분한다.

해설
귀속자가 임원 또는 직원인 경우에는 그 귀속자에 대한 상여로 처분한다.

정답 01 ② 02 ④ 03 ④

04 다음 중 법인세법상 유보로 처분된 금액을 관리하는 서식은 무엇인가? [107회]

① 소득자료명세서
② 자본금과적립금조정명세서(갑)
③ 자본금과적립금조정명세서(을)
④ 소득금액조정합계표

05 다음 중 법인세법상 세무조정 및 소득처분에 관한 설명으로 가장 옳지 않은 것은? [106회]

① 신고조정사항은 손금산입시기를 조정할 수 없으나, 결산조정사항은 손금산입시기를 조정할 수 있다.
② 익금에 산입한 금액이 사외에 유출되지 아니한 경우에는 유보로 처분한다.
③ 천재지변 또는 기타 불가항력으로 장부 등이 멸실되는 경우를 제외하고 추계조사에 의하여 결정된 과세표준과 법인세비용차감전당기순이익과의 차액은 대표자에 대한 상여로 처분한다.
④ 사외유출된 소득의 귀속자가 주주이며 임원인 경우에는 배당으로 처분한다.

해설
상여로 처분한다.

06 다음 중 법인세법상 소득처분으로 인해 귀속자에게 추가적인 과세가 발생하지 않는 경우는? [105회]

① 출자임원에게 귀속되는 경우
② 주주의 친족에게 귀속되는 경우
③ 귀속자가 불분명한 경우
④ 외국법인에게 귀속되어 국내사업장의 각 사업연도의 소득을 구성하는 경우

해설
기타사외유출로 처분한다.

07 다음 중 법인세법상 기타사외유출로 소득처분되는 것은? [105회]

① 채권자 불분명 사채이자
② 지급받는 자가 불분명한 채권·증권이자
③ 건설자금이자
④ 업무무관자산 등에 대한 지급이자

해설
업무무관자산 등에 대한 지급이자는 손금불산입하고 기타사외유출로 처분한다.

08 다음 중 법인세법상 소득처분에 관한 내용으로 옳지 않은 것은? [104회]

① 기타사외유출로 소득처분되는 경우에는 사후관리가 불필요하다.
② 사외유출된 소득이 주주인 임원에게 귀속된 경우 상여로 처분한다.
③ 개인주주에게 배당으로 소득처분 되는 경우에는 법인에게 소득세 원천징수의무가 발생한다.
④ 유보로 소득처분 되는 경우에는 소득구분계산서 서식에서 관리한다.

해설
법인세법상 유보로 소득처분된 경우에는 자본금과적립금조정명세서(을) 서식에서 관리한다.

09 다음 중 법인세법상 기타사외유출로 소득처분하는 경우가 아닌 것은? [103회]

① 증빙 누락 기업업무추진비의 손금불산입액
② 임대보증금 등의 간주익금
③ 부당행위계산의 부인 규정에 따라 익금에 산입한 금액으로서 귀속자에게 상속세및증여세법에 따른 증여세가 과세되는 금액
④ 기부금 한도초과액의 손금불산입액

해설
증빙 누락분 기업업무추진비는 대표자의 상여로 소득처분한다.

10 다음 중 법인세법상 소득처분에 대한 설명으로 가장 옳지 않은 것은? [102회]

① 익금에 산입한 금액이 사외에 유출되지 아니한 경우에는 사내유보 또는 기타로 처분한다.
② 기부금의 손금산입한도액을 초과하여 익금에 산입한 것은 대표자 상여로 처분한다.
③ 채권자가 불분명한 사채의 이자는 손금에 산입하지 아니하고 대표자 상여로 처분한다.
④ 법인의 자금이 출자 임원에게 귀속된 경우에는 상여로 처분한다.

해설
기부금의 손금산입한도액을 초과하여 익금에 산입한 금액은 기타사외유출로 한다.

정답 07 ④ 08 ④ 09 ① 10 ②

11
법인세법상 다음 자료에 따라 ㈜한국의 토지와 관련된 제2기의 세무조정 및 소득처분으로 옳은 것은? [101회]

> ㈜한국은 제2기에 토지를 50,000,000원에 매입하고 그 취득세 2,000,000원을 지출하면서 취득세를 비용으로 처리하였다.
> 〈회계처리〉 (차) 토 지   50,000,000원   (대) 현 금   52,000,000원
>   세금과공과 2,000,000원

① 〈손금불산입〉 2,000,000원 (유보)
② 〈손금불산입〉 2,000,000원 (기타)
③ 〈손금불산입〉 2,000,000원 (기타사외유출)
④ 세무조정 없음

해설
취득세는 취득원가의 가산항목이다.

12
다음 중 법인세법상 소득처분이 유보가 가능한 것은? [100회]

① 기업업무추진비 한도초과액
② 임대보증금에 대한 간주익금
③ 감가상각부인액
④ 가지급금 인정이자

13
다음 중 법인세법상 소득처분이 기타사외유출에 해당하지 않는 것은? [99회]

① 임대보증금 등의 간주익금
② 사외유출된 금액의 귀속자가 불분명한 경우
③ 업무무관자산에 대한 지급이자의 손금불산입액
④ 천재지변 등으로 장부나 그 밖의 증명서류가 멸실되어 추계하는 경우

해설
귀속이 불분명한 경우에는 대표자에게 귀속된 것으로 보아 상여 처분한다.

14
다음 중 법인세법상 소득처분이 기타사외유출인 것은? [98회]

① 대손충당금 한도초과액
② 기업업무추진비 한도초과액
③ 감가상각비 한도초과액
④ 매출 누락액(귀속자: 임원)

해설
기업업무추진비 한도초과액은 기타사외유출로 처분한다.

정답 11 ① 12 ③ 13 ② 14 ②

15
다음 중 법인세법상 반드시 기타사외유출로 처분하는 경우가 아닌 것은? [96회]

① 업무용승용차 임차료 중 감가상각비 상당액 한도초과액
② 추계에 의해 결정된 과세표준과 결산서상의 법인세비용차감전순이익과의 차액
③ 임대보증금 등의 간주익금
④ 손금불산입한 채권자 불분명 사채이자에 대한 원천징수세액 상당액

해설
추계에 의해 결정된 과세표준과 법인의 재무상태표상의 법인세비용차감전순이익과의 차액은 대표자에 대한 이익처분에 의한 상여로 처분한다. 다만, 천재지변 등으로 장부나 그 밖의 증명서류가 멸실된 경우 등 부득이한 경우 기타사외유출로 처분한다.

16
다음 중 법인세법상 소득처분에 대한 설명으로 옳지 않은 것은? [95회]

① 사외로 유출되었으나 귀속이 불분명한 경우 대표자에 대한 상여로 처분한다.
② 법인의 세무조정사항에 대하여 그 소득의 귀속을 확인하는 것을 소득처분이라고 한다.
③ 모든 세무조정에 대해서는 소득처분이 동반된다.
④ 과세관청이 증빙불비 등의 사유로 추계결정하는 경우 기타사외유출로 소득처분한다.

해설
과세관청이 증빙불비 등의 사유로 추계결정하는 경우 대표자에 대한 상여로 처분한다. 다만, 천재지변 등 부득이한 사유로 추계결정하는 경우에는 기타사외유출로 처분한다.

17
다음 중 법인세법상 세무조정 및 소득처분에 관한 설명으로 가장 옳지 않은 것은? [94회]

① 배당·상여 및 기타소득으로 소득처분하는 경우 소득처분하는 법인에게는 원천징수의무가 있다.
② 익금에 산입한 금액이 사외유출되지 아니한 경우에는 유보로 소득처분한다.
③ 신고조정사항은 손금산입시기를 조정할 수 없으나, 결산조정사항은 손금산입시기를 조정할 수 있다.
④ 법인의 자금이 출자임원에게 귀속된 경우 배당으로 소득처분한다.

해설
출자임원에게 귀속되는 경우 상여로 소득처분한다.

18
다음 중 법인세법상 소득처분에 대한 설명으로 옳은 것은? [93회]

① 소득처분한 금액이 사외로 유출되지 않은 것은 항상 기타로 처리한다.
② 기업업무추진비의 손금산입한도액을 초과하여 익금에 산입한 금액은 유보로 처리한다.
③ 귀속자가 출자임원인 경우에는 그 귀속자에 대한 상여로 소득처분한다.
④ 소득의 귀속자가 불분명한 경우 기타사외유출로 처리한다.

해설
귀속자의 소득처분이 중복되는 경우 출자임원은 상여로 처분한다.

정답 15 ② 16 ④ 17 ④ 18 ③

19 다음 중 법인세법상 사외유출에 대한 소득처분으로 옳지 않은 것은? [92회]

① 사외유출된 금액이 출자임원에게 귀속되는 경우 : 상여
② 출자자인 내국법인이 귀속자이고 사외유출된 금액이 해당 내국법인의 사업소득을 구성하는 경우 : 기타사외유출
③ 사용인인 출자자 : 배당
④ 임원 또는 사용인인 출자자를 포함한 임직원 : 상여

해설
사외유출로 처분된 소득의 귀속자가 출자자일지라도 사용인인 때에는 상여로 소득처분한다.

20 다음 중 법인세법상 소득처분이 유보인 것은? [91회]

① 가지급금 인정이자
② 대손충당금 한도초과액
③ 매출 누락(사외유출됨)
④ 기업업무추진비 한도초과액

해설
대손충당금 한도초과액

21 다음 중 법인세법상 소득처분에 대한 설명으로 잘못된 것은? [90회]

① 세무조정사항에 대하여 그 소득의 귀속을 확인하는 것을 소득처분이라고 한다.
② 유보(△유보)처분은 세무조정의 효과가 사외로 유출되지 않고 사내에 남아 있는 것으로 회계상 순자산과 세무상 순자산의 일시적 차이이다.
③ 사외유출된 소득의 귀속자가 법인인 경우에는 이미 각 사업연도 소득에 포함되어 있으므로 기타사외유출로 처분하고 추가적인 과세는 없다.
④ 기업업무추진비 한도초과로 인한 손금불산입액은 귀속자를 찾아 소득처분하고 귀속자가 분명하지 않은 경우 대표자 상여로 소득처분한다.

해설
기업업무추진비 한도초과는 기타사외유출로 소득처분한다.

22 다음 중 법인세법상 소득의 귀속자에게 사후관리(소득세 부과)를 하지 않는 소득처분은 무엇인가? [89회]

① 배 당
② 상 여
③ 기타사외유출
④ 기타소득

해설
기타사외유출은 이미 각 사업연도 소득 또는 사업소득에 포함되어 있으므로 추가적인 과세는 없음

23
다음 중 법인세법상 소득처분에 대한 설명으로 틀린 것은? [88회]

① 증명서류불비 경비 손금불산입액을 대표자 상여로 소득처분하였다.
② 법인이 자발적으로 수정신고 기한 내에 매출누락 등 부당하게 사외유출된 금액을 회수하고 익금에 산입한 경우 소득처분을 유보로 하였다.
③ 납세지 관할 세무서장으로부터 과세자료 해명통지를 받고 가공경비를 수정신고하고 손금불산입하여 소득처분을 유보로 하였다.
④ 재고자산평가감은 유보로 소득처분하였다.

해설
경정이 미리 있을 것을 안 경우는 귀속자에 따라 소득처분하여야 한다.

24
다음은 법인세법상 소득처분에 대한 설명이다. 옳은 것은? [87회]

① 출자자에게 귀속되는 소득은 상여로 소득처분한다.
② 채권자가 불분명한 사채이자는 대표자 상여로 처분하고 해당 원천징수세액은 기타사외유출로 소득처분한다.
③ 소득처분이 발생하면 항상 차기의 세법상 소득에 영향을 미친다.
④ 주주이면서 임원인 자에게 귀속되는 소득처분은 기타사외유출로 처분한다.

25
다음 중 법인세법상 소득처분의 유형이 다른 것은? [85회]

① 임원에게 무상 대여한 금전에 대한 인정이자
② 감가상각비의 한도초과액
③ 임의적 재고자산평가감
④ 대손충당금의 한도초과액

해설
임원에게 무상 대여한 금전에 대한 인정이자는 상여로 소득처분하고 나머지는 유보 처분이다.

26
다음은 법인세법상 소득처분에 대한 설명이다. 가장 바르게 설명된 것은? [84회]

① 출자자 및 출자임원에게 귀속되는 소득은 모두 상여로 소득처분한다.
② 모든 소득처분은 차기 및 그 이후의 세무상 소득금액에 영향을 미친다.
③ 모든 소득처분은 소득 귀속자의 소득세 또는 법인세 납세의무를 유발한다.
④ 채권자 불분명 사채이자는 대표자 상여로 소득처분하며, 채권자 불분명 사채이자의 원천징수세액 상당액은 기타사외유출로 소득처분한다.

정답 23 ③ 24 ② 25 ① 26 ④

27 다음 중 법인세법상 소득처분의 성격이 다른 것은? [83회]

① 임대보증금 등의 간주익금(추계 아님)
② 업무용승용차처분손실 중 한도초과액
③ 업무무관자산 등에 대한 지급이자
④ 임원퇴직급여의 한도초과액

해설
임원퇴직급여의 한도초과액은 근로소득으로 과세하고 나머지는 기타사외유출로 처분하고 추가과세는 없다.

28 다음 중 법인세법상 소득처분이 다른 것은? [82회]

① 일반기부금 한도초과액
② 기업업무추진비 한도초과액
③ 감가상각비 한도초과액
④ 비지정기부금

해설
유보, 나머지는 기타사외유출이다.

29 다음 중 법인세법상 소득처분사항 중에서 법인의 세무조정 후 차기 이후의 사업연도에 반드시 고려하여야 하는 유보사항은? [81회]

① 지급이자 손금불산입액
② 법인세비용 손금불산입액
③ 대손금 손금불산입액
④ 과태료 손금불산입액

해설
유보처분된 금액은 자본금과 적립금조정명세서에 작성되어 차기 이후 고려하여야 한다. 나머지 항목은 모두 사외유출 항목이다.

30 다음 중 법인세법상 기타사외유출로 소득처분하는 경우가 아닌 것은? [80회]

① 부당행위계산부인에 의하여 익금에 산입한 금액으로서 귀속자에게 상속세 및 증여세법에 의하여 증여세가 과세되는 금액
② 채권자 불분명 사채이자의 원천징수세액
③ 사외유출된 금액의 귀속이 불분명하여 대표자에 대한 상여로 처분한 경우 당해 법인이 그 처분에 따른 소득세 등을 대납하고 이를 손비로 계상함에 따라 익금에 산입한 금액
④ 한 차례의 접대에 지출한 금액이 3만원(경조금 20만원)을 초과하는 기업업무추진비 중 증명서류를 수취하지 아니한 기업업무추진비의 손금불산입액

해설
한 차례의 접대에 지출한 금액이 3만원(경조금 20만원)을 초과하는 기업업무추진비 중 지출증명서류(신용카드매출전표 등)를 수취하지 않으면 손금불산입하고 기타사외유출로 처분하지만, 증명서류를 수취하지 아니한 기업업무추진비의 손금불산입액은 상여로 처분한다(지출증빙불비 기업업무추진비).

27 ④ 28 ③ 29 ③ 30 ④ **정답**

31 ㈜세무는 2023년 5월 1일 주당 10,000원에 취득한 자기주식 1,000주 중, 자기주식 500주를 2023년 10월 31일에 주당 15,000원에 처분하고 다음과 같이 회계처리하였다. 다음 중 법인세법상 올바른 세무조정과 소득처분은? [78회]

> (차변) 현 금　　　　　7,500,000원　　(대변) 자기주식　　　　5,000,000원
> 　　　　　　　　　　　　　　　　　　　　　자기주식처분이익　2,500,000원
> 단, 자기주식처분이익을 자본잉여금으로 회계처리하였다.

① 익금산입　　2,500,000원　기타사외유출
② 익금불산입　2,500,000원　기타
③ 익금산입　　2,500,000원　기타
④ 익금불산입　2,500,000원　기타사외유출

해설
자기주식처분이익은 익금산입, 기타 처분대상임

32 다음 중 법인세법상 소득처분에 관한 설명으로 옳은 것은? [77회]

① 법인의 각 사업연도 종료일이 소득처분을 행하는 시기가 된다.
② 법인세 과세표준을 수정신고하는 때와 결정·경정하는 때의 소득처분의 주체는 과세관청이다.
③ 외국법인의 국내사업장의 각 사업연도의 소득에 대한 법인세의 과세표준을 신고하거나 결정 또는 경정함에 있어서 익금에 산입한 금액이 그 외국법인 등에 귀속되는 소득은 배당 처분한다.
④ 귀속이 불분명하여 대표자에게 상여로 처분된 경우 당해 법인이 그 처분에 따른 소득세 등을 대납하고 이를 비용으로 계상한 경우에는 기타사외유출로 처분한다.

해설
① 법인세의 과세표준을 신고하거나 정부가 법인세의 과세표준을 결정 또는 경정하는 시점이 소득처분을 행하는 시기가 된다.
② 법인세 과세표준을 수정신고하는 때는 당해 법인이며, 결정·경정하는 때의 소득처분의 주체는 과세관청이다.
③ 외국법인의 국내사업장의 각 사업연도의 소득에 대한 법인세의 과세표준을 신고하거나 결정 또는 경정함에 있어서 익금에 산입한 금액이 그 외국법인 등에 귀속되는 소득은 기타사외유출로 처분한다.

33 다음 중 법인세법상 소득처분으로 잘못된 것은? [75회]

① 건물 감가상각비 한도초과액을 손금불산입하고 유보로 처분함
② 기업업무추진비 한도초과액을 손금불산입하고 기타사외유출로 처분함
③ 대손충당금 한도초과액을 손금불산입하고 유보로 처분함
④ 기부금 한도초과액을 손금불산입하고 유보로 처분함

해설
특례·일반기부금 한도초과액은 무조건 기타사외유출로 처분하는 항목임

정답　31 ③　32 ④　33 ④

PART 1 법인세법

익금과 익금불산입

01 익 금

1 개 념

익금이란 당해 법인의 순자산을 증가시키는 거래로 인하여 발생한 수익의 금액을 말한다. 다만, 자본 또는 출자의 납입과 법인세법상 익금불산입항목으로 규정한 것은 제외된다. 법인세법은 순자산증가설에 의하므로 순자산 증가의 원인 및 형태를 불문하여 계속적·반복적이냐, 일시적·우발적이냐를 따지지 않고 순자산을 증가시킨 거래이기만 하면 모두 포함을 시킨다. 여기서, 주주 또는 출자자의 자본 또는 출자의 납입에 대한 법인세법의 예외규정이 있는데 자세한 것은 해당 규정에서 설명하기로 한다.

자본증가에 대한 예외규정 (익금산입/익금불산입)	규 정
순자산을 증가시키는 거래이나 조세정책상 익금불산입항목	① 자본거래로 인한 수익의 익금불산입 ② 평가차익 등의 익금불산입 ③ 수입배당 금액의 익금불산입
순자산을 증가시키는 거래는 아니나 익금산입항목	① 배당금 또는 분배금의 의제 ② 부당행위계산의 부인 ③ 특수관계자인 개인으로부터 유가증권을 시가에 미달하는 가액으로 매입하는 경우 시가와 당해 매입가액의 차액에 상당하는 금액 ④ 간접외국납부세액 공제를 받는 경우 외국법인세액에 상당하는 금액 ⑤ 부동산 임대보증금에 대한 간주익금

2 익금 주요 항목

법인세법 시행령 제11조에서는 수익의 범위를 다음과 같이 예시하고 있다. 원칙적으로 익금은 법인의 순자산을 증가시키는 모든 거래를 의미하나 법인세법은 다음의 유형을 예시하고 있다. 아래 유형은 대표적인 수익항목을 예시한 것에 불과하며 여기에 열거되지 않더라도 모든 순자산증가액은 원칙적으로 익금에 해당한다.

① 매출액(사업수입금액)
② 자산의 양도금액
③ 자기주식 양도금액
④ 자산의 임대료
⑤ 자산의 평가차익

⑥ 자산수증이익과 채무면제이익
⑦ 손금에 산입한 금액 중 환입된 금액
⑧ 이익처분에 의하지 않고 손금으로 계상된 적립금액
⑨ 불균등자본거래로 인하여 특수관계자로부터 분여받은 이익
⑩ 외국자회사의 간접외국납부세액
⑪ 유가증권 저가 매입
⑫ 임대보증금에 대한 간주익금
⑬ 의제배당

(1) 매출액(사업수입금액)

매출액(사업수입금액)이라 함은 한국표준산업분류에 의한 각 사업에서 생기는 수입금액(판매금액·도급금액과 보험료, 법인의 임직원에 대한 재화·용역 등 할인금액 등을 포함하되, 기업회계기준에 의한 매출에누리금액 및 매출할인금액을 제외한다)등 법인이 주목적으로 하는 사업에서 발생된 수입금액을 말한다. 기업회계상 매출과 법인세법상 사업수입금액이 반드시 일치하는 것은 아니나 매우 유사하다.

$$매출액(사업수입금액) = 총매출액 - \boxed{매출에누리, 매출환입, 매출할인}$$

항목 구분		기업회계	법인세법	부가세법
매출에누리		매출차감	수입금액에서 차감	과세표준불포함 (과세표준에서 공제)
매출환입		매출차감	수입금액에서 차감	과세표준불포함 (과세표준에서 공제)
매출할인		매출차감	수입금액에서 차감	과세표준불포함 (과세표준에서 공제)
판매장려금	일정기간 거래실적에 따라 매출액을 감액하는 경우	매출차감	수입금액에서 차감 (미충족 시 기업업무추진비 처리가능)	과세표준에서 불공제
	기타의 경우	판매부대비용 처리	판매관리비 처리	

(2) 자산의 양도금액

위의 사업수입금액에 해당하지 않는 것으로서, 주로 재고자산 이외의 자산(투자자산, 유형자산 및 무형자산 등)의 양도금액을 의미한다. 법인세법에서는 자산의 양도가액 전체를 익금항목으로, 이어 대응하는 양도한 자산의 양도 당시의 장부가액을 손금항목으로 규정(총액주의)하고 있다.

기업회계기준은 순액주의에 의해 계상하고 있으나, 법인세법은 총액주의에 의해 처리하는 것을 원칙으로 하고 있다. 그러나 양자 사이에는 결과적으로 금액의 차이가 없기 때문에 이에 대해서는 세무조정을 하지 않는다.

(3) 자기주식 양도금액

기업회계에서는 자기주식 거래를 자본거래로 보지만, 법인세법에서는 자기주식 처분을 자본거래로 보지 아니하고 과세대상이 되는 손익거래로 본다. 따라서 자기주식을 매각함으로써 생긴 손익은 익금 또는 손금에 산입하게 된다. 이때 자기주식소각손익(감자차익 또는 감자차손)은 자본의 환급성격을 지니게 되므로 익금 또는 손금으로 보지 아니한다.

(4) 자산의 임대료

자산의 임대를 일시적 또는 비영업적으로 영위하여 발생한 임대료 수익의 경우에는 손익계산서상 영업외수익을 구성하게 되는데 법인세법에서 예시하고 있는 임대료는 이를 의미한다. 계속·반복적인 임대료는 사업수익금액에 해당하므로 당연히 매출을 구성한다.

(5) 자산의 평가차익

법인세법상 자산의 평가차익은 익금불산입하는 것을 원칙으로 하되, 다음의 특정 항목에 대해서는 익금에 산입하도록 규정하고 있다.
① 보험업법이나 그 밖의 법률 규정에 의한 유형자산과 무형자산 등의 평가이익은 익금산입이 적용된다.
② 합병 시 발생하는 합병평가차익과 분할 시 분할평가차익은 익금에 산입한다.

(6) 자산수증이익과 채무면제이익

① 무상으로 받은 자산의 가액을 자산수증이익이라 하고, 채무의 면제 또는 소멸로 인한 부채의 감소액을 채무면제이익이라 하는데, 법인세법에서는 모두 법인의 순자산을 증가시키므로 익금에 해당한다.
② 다만, 무상으로 받은 자산의 가액과 채무의 면제 또는 소멸로 인한 부채의 감소액 중 이월결손금의 보전에 충당한 금액은 자본보전 목적의 무상증여에 해당하므로 익금불산입 처리한다. 이때 이월결손금 발생기간은 불문한다.

(7) 손금에 산입한 금액 중 환입된 금액

이미 손금에 산입한 금액이 환입되는 경우에는 그 금액은 순자산을 증가시키므로 익금에 해당한다. 이와 반대로 지출 당시에 손금으로 인정되지 못한 금액이 당해 사업연도에 환입된 금액에 대하여 이중과세 방지를 위해 익금에 산입하지 않는다.

(8) 이익처분에 의하지 않고 손금으로 계상된 적립금액

기업회계상 적립금은 법인의 소득 중 특정한 목적을 위하여 유보한 것으로서 이익처분에 의하여서만 적립할 수 있으므로 원칙적으로 손금으로 인정되지 않는다. 만일 손금으로 계상한 경우에는 그 오류를 수정하기 위해 다시 이를 익금에 가산하여야 한다.

(9) 불균등자본거래로 인하여 특수관계자로부터 분여받은 이익

특수관계자인 법인 간의 합병, 법인의 증자 등 자본거래로 주주인 법인이 특수관계자인 다른 주주에게 이익을 분여한 경우에 이익을 분여한 법인주주에 부당행위계산의 부인대상이 되며, 이익을 분여받은 법인주주에 대하여는 분여받은 이익을 익금에 산입한다. 이 경우 법인주주에 한정하지 아니하고 특수관계자로부터 분여받은 이익이라고 하고 있으므로 특수관계에 있는 개인주주로부터 분여받은 이익도 익금에 산입하여야 할 것이다.

(10) 외국자회사의 간접외국납부세액

내국법인이 외국자회사로부터 받은 배당수입금액에 대응하는 외국자회사의 외국법인세액을 외국납부세액공제를 적용받는 경우에 동 '수입배당금에 대응하는 외국자회사의 법인세액'을 익금에 산입한다.

(11) 특수관계자로부터 유가증권 저가 매입

특수관계에 있는 개인으로부터 유가증권을 시가에 미달하는 가액으로 매입하는 경우에는 당해 매입가액과 시가와의 차액을 익금에 가산한다. 즉, 특수관계에 있는 개인으로부터 유가증권을 시가에 미달하는 가액으로 매입한 경우 그 유가증권의 시가와 매입가액과의 차액에 상당하는 금액은 취득가액에 포함한다. 이는 처분시점에 과세할 경우 상속·증여세를 이연하여 회피할 수 있는 유인을 제거하기 위해 특수관계자인 개인으로부터 유가증권을 저가로 인수하는 경우에는 이를 취득시점에 익금으로 과세한다.

(12) 임대보증금에 대한 간주익금

부동산 등을 임대하고 받는 임대료는 익금에 해당하지만, 임대보증금이나 전세금을 받는 경우 그 금액은 부채에 해당할 뿐 익금이 될 수 없다. 이것은 월세만 받는 납세자와의 과세 형평성이 어긋나기 때문에 법인세법에서는 임대보증금에 대한 정기예금이자 상당액을 임대료로 간주하여 익금에 산입하도록 규정하고 있다.

① 추계결정·경정에 의해 소득금액을 계산하는 경우 : 장부 기타 증빙서류가 없거나 미비하여 소득금액을 계산할 수 없는 경우에는 소득금액을 추정하여 계산하게 되는데, 이것을 추계라고 한다. 이 경우 임대보증금에 대한 수입금액은 다음과 같이 계산한다.

구 분	내 용
간주임대료	당해 사업연도의 전세금 또는 임대보증금의 적수 × $\frac{1}{365}$ × 정기예금이자율
고려사항	㉠ 추계결정·경정 시에는 간주임대료 계산 건설비 상당액 적수와 금융수익을 차감하지 않으며, 주택 및 그 부속토지의 임대를 포함함 ㉡ 윤년의 경우에는 365분의 1 대신 366분의 1을 적용함

② 추계 이외의 경우 : 차입금 과다법인으로서 부동산임대업을 주업으로 하는 영리내국법인 추계결정·경정이 아닌 경우 간주임대료를 익금에 산입하는 경우는 다음의 3가지 요건에 해당하는 때이다.
㉠ 차입금이 자기자본의 2배를 초과하는 법인
㉡ 비영리내국법인을 제외한 내국법인으로서 부동산임대업을 주업으로 하는 법인[주]
㉢ 부동산 등의 임대보증금에서 발생한 수입금액이 정기예금 이자상당액에 미달할 때

[주] 부동산임대업을 주업으로 하는 법인이라 함은 당해 법인의 사업연도 종료일 현재 자산총액 중 임대사업에 사용된 자산가액이 50% 이상인 법인을 말한다.

간주임대료의 계산산식은 다음과 같다.

$$\left[\begin{array}{c}\text{당해 사업연도의}\\\text{보증금 등의 적수}\end{array} - \begin{array}{c}\text{임대용 부동산의}\\\text{건설비 상당액의 적수}\end{array}\right] \times \text{정기예금이자율} \times \frac{1}{365} - \text{금융수익}^{*주}$$

*주) 금융수익 : 당해 사업연도의 임대사업부분에서 발생한 수입이자와 할인료·배당금·신주인수권처분익 및 유가증권처분익의 합계액을 의미한다. 여기서, 유가증권처분익이란 유가증권의 매각익에서 매각손을 차감한 금액을 말하며, 유가증권처분익의 합계액이 부수(−)인 경우에는 '0'으로 하여 계산한다.

(13) 의제배당

의제배당이란 형식상 배당이 아니더라도 사실상 회사의 이익이 주주 등에게 귀속되는 경우에 이를 배당으로 간주하는 제도를 말한다. 세법상 의제배당은 다음과 같이 크게 2가지 유형으로 나눌 수 있다.

① **자본의 감소·해산·합병·분할로 인한 의제배당** : 주식의 소각, 자본의 감소, 사원의 퇴사, 탈퇴 또는 출자의 감소로 인하여 주주·사원 또는 출자자(이하 '주주'라 한다)가 취득하는 금전 기타 재산가액의 합계액이 주주 등이 당해 주식 또는 출자지분(이하 '주식'이라 한다)을 취득하기 위하여 소요된 금액을 초과하는 금액은 익금에 산입한다.

> 의제배당금액
> = [자본감소, 해산, 합병, 분할로 인해 주주 등이 받는 재산가액] − [소멸하는 주식 등의 취득가액]

② **잉여금의 자본전입으로 인한 의제배당(무상주 발급의 경우)** : 기업회계는 잉여금의 자본전입과 주식배당은 배당이 아니라 주주지분의 재분류에 불과하다. 그러나 세법은 잉여금의 자본전입과 주식배당을 원칙적으로 모두 배당으로 의제한다. 다만, 법인세가 과세되지 않은 자본잉여금을 자본전입하는 것은 예외적으로 배당으로 의제하지 아니한다. 이를 표로 요약하면 다음과 같다.

자본전입의 재원	기업회계	세 법
자본잉여금	배당 아님	과세되지 않은 잉여금(세법상 자본잉여금) → 의제배당 ×
		과세된 잉여금(세법상 이익잉여금) → 의제배당 ○
이익잉여금	배당 아님	과세된 잉여금(세법상 이익잉여금) → 의제배당 ○

㉠ **자본잉여금의 자본전입(과세된 자본잉여금)** : 자본잉여금일지라도 이를 전입하여 무상주를 발급할 때 무상주를 발급받는 법인에게 과세될 수 있다. 이러한 자본잉여금의 예로는 합병평가차익, 분할평가차익 등이 있다.

㉡ **자본잉여금의 자본전입(과세되지 않은 자본잉여금)** : 과세되지 않은 자본잉여금(각 사업연도소득금액을 구성하지 않은 자본잉여금)을 자본에 전입할 때, 무상주를 발급받은 법인에게 과세하지 않는 것이 원칙이다. 그러나 다음의 경우에는 과세되지 않은 자본잉여금이라도 의제배당으로 과세한다.

ⓐ 다음의 요건을 하나라도 갖춘 자기주식소각이익을 원천으로 한 무상주를 발급받은 주주에게는 의제배당으로 과세한다.
  • 자기주식의 소각 당시 소각주식의 시가가 취득가액을 초과할 경우
  • 소각일로부터 2년 이내에 자본에 전입하는 자기주식소각이익
ⓑ 채무의 출자전환 시 채무면제이익
ⓒ 상환주식의 주식발행액면초과액

③ 의제배당의 귀속시기 : 의제배당은 다음의 날이 속하는 사업연도에 귀속한다.

구 분	귀속시기
자본금 감소(감자) 등으로 인한 의제배당	주총에서 주식소각, 자본금 감소를 결의한 날
잉여금의 자본전입으로 인한 의제배당	주총에서 잉여금의 자본전입을 결의한 날
해산으로 인한 의제배당	잔여재산가액 확정일
합병/분할로 인한 의제배당	합병등기일/분할등기일

02 익금불산입

익금불산입항목이란 법인의 순자산을 증가시키는 거래로 인하여 발생한 수익이기는 하나, 조세정책상 또는 법인의 자본건실화 등을 위하여 익금에 산입하지 않는 것을 말한다. 법인세법상 익금불산입으로 규정된 항목은 다음과 같다.

자본거래로 인한 익금불산입	① 주식발행액면초과액(출자전환 시 채무면제이익은 제외) ② 주식의 포괄적 교환차익 ③ 주식의 포괄적 이전차익 ④ 감자차익 ⑤ 합병차익과 분할차익 ⑥ 자산수증이익, 채무면제이익 중 이월결손금의 보전에 충당된 금액 ⑦ 출자전환 시 채무면제이익 중 결손금 보전에 충당할 금액 ⑧ 준비금의 감소에 따라 자본준비금을 감액하여 받는 배당
이중과세조정을 위한 익금불산입	① 수입배당금액 익금불산입 ② 이월익금 ③ 법인세 또는 법인지방세의 환급액
그 밖의 익금불산입	① 자산의 평가이익(일정한 평가이익은 제외) ② 부가가치세 매출세액 ③ 국세, 지방세의 과오납금의 환급금에 대한 이자 ④ 조세특례제한법상 익금불산입 특례

이하에서 주요 항목에 대해 구체적으로 살펴보도록 한다.

1 자본거래로 인한 익금불산입

법인세법이 순자산증가설에 따라 법인의 순자산이 증가한 경우 과세하는 것을 원칙으로 할지라도 주주와의 자본거래를 통한 순자산의 증가는 익금에 산입하지 않는다.

(1) 주식발행액면초과액

주식발행액면초과액이란 법인이 액면을 초과하는 주식을 발행한 경우 그 액면가액을 초과하는 금액 또는 무액면주식을 발행하는 경우에 주식의 발행가액 중 자본금으로 계상한 금액을 초과한 금액을 말한다.[주] 그 본질이 상법상의 자본금과 같다고 보기 때문에 기업의 자본 유지를 위해 익금대상에서 제외하고 있다.

> 주식발행초과금 = 발행가액 - 액면가액(또는 자본금으로 계상한 금액)

*주) 무액면주식 도입에 따른 세법 보완 : 개정상법에 따라 무액면주식발행제도를 세법에 적용하여 '주식발행초과액'의 개념을 보완한다.

(2) 감자차익

감자차익이란 자본을 감소하는 경우에 그 감소액이 주식소각, 주금의 반환에 소요된 금액과 결손보전에 충당된 금액을 초과하는 경우에 그 초과금액을 말한다. 기업회계에서는 자본잉여금으로 계상하고 있고, 법인세법에서도 자본건실화 차원에서 익금으로 보지 아니한다.

(3) 합병차익 및 분할차익

① 합병차익 : 합병차익은 합병 시 합병법인이 피합병법인으로부터 승계한 순자산가액이 피합병법인의 주주에게 지급한 합병대가를 초과하는 경우 그 초과액을 의미한다. 이때 발급하는 주식가액은 액면가액으로 평가하여 합병차익을 계산한다.

② 분할차익 : 분할차익은 분할의 경우에 분할신설법인이 분할법인으로부터 승계한 순자산가액이 분할법인의 주주에게 지급한 분할대가를 초과하는 경우 그 초과액을 의미한다. 이때 발급하는 주식가액은 합병과 마찬가지로 액면가액으로 평가하여 분할차익을 계산한다.

(4) 자산수증이익·채무면제이익 중 이월결손금 보전에 충당한 금액

법인세법은 순자산증가설에 의하여 소득금액을 계산하므로 자산수증이익과 채무면제이익은 당연히 익금에 산입된다. 다만, 자산수증이익[주1]과 채무면제이익 중 이월결손금의 보전에 충당한 금액에 대하여 법인세법에서는 자본거래로 인한 자본잉여금의 성격을 가진다고 보아 법인의 익금에 산입하지 않도록 규정하고 있다.

*주1) 자산수증이익으로서 무상으로 지급받은 국고보조금은 제외

주의할 점은 본래 과세표준 계산 시 공제되는 결손금은 15년(10년[주2]) 이내(2009년 1월 1일 전에 개시하는 사업연도 발생분은 5년 이내)의 것만 과세표준에서 공제되지만, 자산수증이익·채무면제이익 중 결손금 보전에 충당되는 것은 그 시기에 제한이 없다. 이는 세무상 이월결손금은 자산수증이익·채무면제이익으로 보전되거나 회사 자체가 소멸해야지만 비로소 소멸하기 때문이다.

*주2) 2020년 1월 1일 전에 개시하는 사업연도 발생분은 10년

2 이중과세조정을 위한 익금불산입

(1) 수익배당금 익금불산입 규정

기업의 과세소득에 대하여 법인세를 과세한 후에 잉여금이 계상되며 이러한 잉여금이 주주에게 배당할 수 있는 재원이 된다. 법인이 잉여금을 재원으로 주주에게 배당할 때 이미 법인세로 과세되었던 소득에 대하여 다시 과세하는 것(법인주주 : 법인세 과세, 개인주주 : 소득세 과세)과 관련하여 '이중과세' 문제가 제기된다.

이러한 이중과세 문제를 해소하기 위하여 개인주주의 경우에는 소득세법에서 배당세액공제제도를 통해 해결하고 있으며, 법인주주의 경우에는 법인세법에서 수입배당금 익금불산입 제도를 통해 해결하고 있다.

[기업형태(지주/일반회사, 상장/비상장법인) 구분없이 지분율에 따라 익금불산입]

지분율	익금불산입률
50% 이상 ~	100%
50% 미만 ~ 20% 이상	80%
~20% 미만	30%

※ 2023년 1월 1일 배당받는 분부터 적용

> **더알아두기**
>
> **기업형태(지주/일반회사, 상장/비상장법인) 및 지분율에 따라 익금불산입 [특례]**
> 2023년 및 2024년 배당받는 분에 대해서는 아래와 같이 종전 규정에 대한 선택을 허용
> - 지주회사가 자회사로부터 받은 배당소득에 대한 익금불산입
>
> | 지주회사의 자회사에 대한 지분비율 | | 익금불산입비율 |
> |---|---|---|
> | 상장, 코스닥 법인 | 40% 이상 | 수입배당금액의 100% |
> | | 30% 이상 ~ 40% 미만 | 수입배당금액의 90% |
> | | 20% 이상 ~ 30% 미만 | 수입배당금액의 80% |
> | 비상장 법인 | 80% 이상 | 수입배당금액의 100% |
> | | 50% 이상 ~ 80% 미만 | 수입배당금액의 90% |
> | | 40%(20%*주)) 이상 ~ 50% 미만 | 수입배당금액의 80% |
>
> *주) 지주회사의 자회사가 벤처기업인 경우에는 40% 대신에 20%를 적용한다.
>
> - 내국법인의 배당소득에 대한 익금불산입
>
> | 피투자회사 | 지분비율 | 익금불산입비율 |
> |---|---|---|
> | 상장, 코스닥 법인 | 100% | 수입배당금액의 100% |
> | | 30% 이상 ~ 100% 미만 | 수입배당금액의 50% |
> | | 30% 미만 | 수입배당금액의 30% |
> | 비상장 법인 | 100% | 수입배당금액의 100% |
> | | 50% 이상 ~ 100% 미만 | 수입배당금액의 50% |
> | | 50% 미만 | 수입배당금액의 30% |
>
> **수입배당금 익금불산입 제외 대상**
> ① 배당기준일 전 3개월 이내 취득한 주식 등의 수입배당금
> ② 지급배당 소득공제를 받은 유동화전문회사, 신탁재산 등으로부터 받은 배당금
> ③ 법인세 비과세, 면세, 감면 법인으로부터 받은 배당금
> ④ 유상감자 시 주식 취득가액 초과 금액 및 자기주식이 있는 상황에서 자본잉여금의 자본전입으로 인해 발생하는 이익
> ⑤ 3% 재평가적립금을 감액하여 받은 배당

(2) 이월익금

'이월익금'이라 함은 각 사업연도의 소득으로 전기 이전에 이미 과세된 소득(법인세법 및 다른 법률에 의한 비과세소득 또는 면세소득을 포함한다)을 다시 당해 사업연도의 익금에 산입한 금액을 말한다. 만일, 전기 이전에 과세되었던 소득을 다시 익금에 산입한다면 이는 이중과세에 해당되므로 이를 방지하기 위해 익금으로 산입하지 아니한다.

(3) 법인세(법인세분 지방소득세 포함) 환급액

조세의 환급금은 당초 국세 또는 지방세가 손금에 산입된 경우에는 익금항목으로, 국세 또는 지방세가 손금불산입된 경우에는 익금불산입항목으로 한다. 법인의 소득에 대하여 부과하는 법인세 역시 손금에 인정되지 않는다. 따라서, 모든 손금불산입되는 조세(법인세 및 법인세에 부가되는 지방소득세·농어촌특별세 등)를 환급받았거나 환급받을 때 동일한 익금불산입된다.

3 그 밖의 익금불산입

(1) 자산의 평가이익

자산의 임의평가이익은 원칙적으로 익금으로 보지 않는다. 다만, 다음의 평가차익은 예외적으로 익금으로 본다.
① 보험업법이나 그 밖의 법률에 의한 유형자산과 무형자산 등의 평가(증액에 한함)
② 투자회사 등이 보유한 자본시장과 금융투자업에 관한 법률에 따른 집합투자재산
③ 금융기관이 보유하는 외화자산 및 부채의 평가차익(통화 관련 파생상품평가이익) 포함

(2) 부가가치세의 매출세액

부가가치세 납세의무자인 사업자가 재화나 용역을 공급하는 경우에는 재화 용역을 공급받는 자로부터 부가가치세를 거래징수하게 되는데, 이를 부가가치세 매출세액이라 한다. 부가가치세 매출세액은 사업자의 소득이 아닌 국가에 납부하여야 하는 부채(예수금)이므로 익금에 산입하지 아니한다.

(3) 국세 또는 지방세의 과오납금의 환급금에 대한 이자

① 납세의무자가 납부한 조세 중 과오납부한 금액이 있거나 세법에 의하여 환급하여야 할 환급세액이 있는 경우 다른 납부할 세액에 충당하고 남은 잔여액은 납세의무자에게 환급하여야 한다. 이때 과오납금에 대해 소정의 이율로 계산한 국세환급가산금 또는 환부이자가 가산되어 환급된다.
② 이때, 환급금에 대한 이자는 국가 및 지방자치단체가 국세 및 지방세를 잘못 징수함에 정책적 보상 차원에서 지급하는 것이므로 여기에 다시 법인세를 부과한다면 그 부담액만큼 보상금의 효과가 줄어들기 때문에, 과오납금의 환급금에 대한 이자에 대해서는 정책상 익금불산입한다.

제4장 단원별 기출문제

01 다음 중 법인세법상 수익의 범위에 해당하지 않는 것은? [108회]

① 국세 과오납금의 환급금에 대한 이자
② 자산의 임대료
③ 무상으로 받은 자산의 가액
④ 손금에 산입한 금액 중 환입된 금액

02 다음 중 법인세법상 익금 항목에 해당하는 것은? [107회]

① 부가가치세 매출세액
② 의제배당수익
③ 증자 시 주식발행액면초과액
④ 감자차익

해설
나머지는 익금불산입 항목이다.

03 다음 중 법인세법상 익금으로 보지 않는 것은? [106회]

① 자산의 양도금액
② 임대보증금 등에 대한 간주익금
③ 무상으로 받은 자산의 가액
④ 부가가치세 매출세액

해설
익금불산입 항목이다.

04 다음 중 법인세법상 추계하는 경우의 간주임대료에 관한 내용으로 가장 옳지 않은 것은? [105회]

① 간주임대료는 정기예금이자율을 적용하여 계산한 금액으로 한다.
② 적수 계산은 임대기간 중 보유한 보증금 등에 대하여 계산한다.
③ 주택과 그 부수토지에 대한 임대보증금은 간주임대료 계산 시 제외된다.
④ 간주임대료 계산 시 건설비 상당액은 고려하지 않는다.

해설
추계하는 경우 간주임대료의 계산은 주택과 그 부수토지에 대한 임대보증금도 포함한다.

[정답] 01 ① 02 ② 03 ④ 04 ③

05 다음 중 법인세법상 열거된 익금불산입 항목에 해당하지 않는 것은? [105회]

① 각 사업연도의 소득으로 이미 과세된 소득
② 국세 또는 지방세의 과오납금의 환급금에 대한 이자
③ 자산수증이익(국고보조금 제외)과 채무면제이익 중 이월결손금 보전에 충당한 금액
④ 보험업법에 따른 유형자산의 평가이익

해설
보험업법에 따른 유형자산의 평가이익은 익금으로 인정되는 항목이므로 익금불산입하지 않는다.

06 다음 중 법인세법상 익금불산입 항목에 해당하는 것은? [104회]

① 자산의 양도금액
② 자기주식처분이익
③ 「보험업법」에 의한 자산의 평가증
④ 지방세 과오납금의 환급금에 대한 이자

해설
국세 또는 지방세의 과오납금의 환급금에 대한 이자는 내국법인의 각 사업연도의 소득금액을 계산할 때 익금에 산입하지 아니한다.

07 다음 중 법인세법상 의제배당에 관한 내용으로 가장 옳지 않은 것은? [104회]

① 「상법」상의 배당은 아니지만, 주주 등이 실질적으로 이와 유사한 경제적 이익을 받게 될 때 세법상 배당으로 본다.
② 자기주식처분이익의 전입으로 수령한 무상주는 배당으로 의제한다.
③ 주주인 내국법인이 취득하는 합병대가가 그 피합병법인의 주식 등을 취득하기 위하여 사용한 금액을 초과하는 금액은 배당으로 본다.
④ 해산으로 인한 의제배당의 귀속시기는 해산등기일이다.

해설
법인의 해산에 따른 의제배당의 귀속시기는 해당 법인의 잔여재산의 가액이 확정된 날이다.

08 다음 중 법인세법상 익금에 대한 설명으로 가장 옳지 않은 것은? [103회]

① 주식발행초과금은 익금에 산입하지 아니한다.
② 무상으로 받은 자산의 가액은 익금에 해당하지 아니한다.
③ 각 사업연도의 소득으로 이미 과세된 소득은 익금불산입한다.
④ 부가가치세의 매출세액은 익금에 산입하지 아니한다.

해설
무상으로 받은 자산의 가액은 익금에 해당한다.

정답 05 ④ 06 ④ 07 ④ 08 ②

09 다음 중 법인세법상 의제배당에 대한 귀속시기로 가장 옳지 않은 것은? [103회]

① 잉여금의 자본금 전입으로 인한 의제배당 : 주주총회에서 잉여금의 자본금 전입을 결의한 날
② 합병으로 인한 의제배당 : 합병등기일
③ 분할로 인한 의제배당 : 분할등기일
④ 해산으로 인한 의제배당 : 해산등기일

해설
해산으로 인한 의제배당의 귀속시기는 잔여재산가액 확정일이다.

10 다음 중 법인세법상 익금에 대한 설명으로 틀린 것은? [102회]

① 국세 과오납금의 환급금에 대한 이자는 익금으로 보지 않는다.
② 이월결손금의 보전에 충당하지 않은 채무면제이익은 익금으로 본다.
③ 자본금의 납입액은 익금으로 본다.
④ 특수관계인인 개인으로부터 저가매입한 유가증권의 시가와 매입가액의 차액은 익금으로 본다.

해설
자본금의 납입액은 익금으로 보지 않는다.

11 다음 중 법인세법상 익금에 해당하는 것은? [101회]

① 부가가치세 매출세액
② 국세의 과오납금 환급금에 대한 이자
③ 자산수증이익 중 이월결손금 보전에 충당된 금액
④ 법인의 해산으로 법인주주가 주식의 취득가액을 초과하여 받는 금액

해설
해산한 법인의 주주등인 내국법인이 법인의 해산으로 인한 잔여재산의 분배로서 취득하는 금전과 그 밖의 재산의 가액이 그 주식 등을 취득하기 위하여 사용한 금액을 초과하는 금액은 배당받았거나 잉여금을 분배받은 금액으로 본다.

12 다음 중 법인세법상 익금에 관한 설명으로 가장 옳지 않은 것은? [99회]

① 자기주식의 양도금액은 익금에 해당하므로, 결과적으로 자기주식처분이익은 익금에 해당한다.
② 법인이 임의로 자산을 평가증한 경우 그 금액은 익금에 해당한다.
③ 일시적으로 자산을 임대하여 발생한 수익은 익금에 해당한다.
④ 법인이 그의 특수관계인인 개인으로부터 유가증권을 저가매입하는 경우에는 매입시점의 시가와 그 매입가액의 차액은 익금에 해당한다.

해설
법인세법에 따른 평가를 제외하고 자산의 평가이익은 각 사업연도의 소득금액을 계산할 때 익금에 산입하지 아니한다.

정답 09 ④ 10 ③ 11 ④ 12 ②

13 법인세법상 의제배당에 해당하지 않는 것은? [99회]

① 법인이 자기주식소각이익을 소각 후 3년이 지나 자본에 전입하는 경우로서 시가가 취득가액을 초과하지 않는 경우
② 이익잉여금 중 이익준비금을 자본에 전입하는 경우
③ 법인 합병 시 주주가 당초 취득금액을 초과하여 잔여재산을 분배받은 경우
④ 자본잉여금 중 주식발행초과금으로 자본전입 시 당초 지분비율을 초과하여 추가 배정받은 경우

해설
법인이 자기주식 소각이익을 소각 후 2년 이내 자본에 전입하거나 시가가 취득가액을 초과하는 경우를 제외하고는 자기주식소각이익 자본전입으로 인하여 수령한 무상주는 의제배당에 해당하지 않는다.

14 다음 중 법인세법상 익금에 관한 설명으로 옳지 않은 것은? [98회]

① 익금은 자본 또는 출자의 납입 및 법인세법에서 규정하는 것은 제외하고 법인의 순자산을 증가시키는 거래로 인하여 발생하는 이익 또는 수입의 금액으로 한다.
② 특수관계인인 개인으로부터 유가증권을 시가보다 낮은 가액으로 매입하는 경우 시가와 그 매입가액의 차액은 익금에 산입한다.
③ 법인세 또는 법인지방소득세의 환급액은 익금에 해당한다.
④ 자기주식의 양도금액은 익금이다.

해설
재산세 등 지출 당시 손금에 산입된 금액이 환급되는 경우에만 익금에 해당하므로 법인세 등은 지출 당시 손금에 산입되지 않았으므로 그 환급액 또한 익금에 해당하지 아니한다.

15 아래의 자료를 이용하여 법인세법상 익금에 해당하는 금액을 구하시오. [97회]

- 주식발행초과금 : 5,000,000원
- 채무면제이익 : 2,000,000원(세무상 이월결손금의 보전에 충당하는 금액 없음)
- 재산세 환급액 : 3,500,000원
- 국세 및 지방세 과오납금의 환급금 이자 : 6,000,000원
- 차량운반구 처분금액 : 5,000,000원

① 3,500,000원
② 5,000,000원
③ 8,500,000원
④ 10,500,000원

해설
- 익금 10,500,000원 = 채무면제이익 2,000,000원 + 재산세 환급액 3,500,000원 + 차량운반구 처분금액 5,000,000원
※ 자산의 양도금액, 무상으로 받은 자산의 가액, 손금에 산입한 금액 중 환입된 금액은 익금 항목이다.
※ 주식발행초과금과 국세 또는 지방세 과오납금의 환급금에 대한 이자는 익금불산입 항목이다.

정답 13 ① 14 ③ 15 ④

16 다음 중 법인세법상 의제배당의 귀속시기로 옳지 않은 것은? [97회]

① 잉여금 자본전입으로 인한 의제배당 : 주주총회에서 결의한 날
② 법인의 해산으로 인한 의제배당 : 해당 법인의 해산등기일
③ 법인의 합병으로 인한 의제배당 : 해당 법인의 합병등기일
④ 법인의 감자로 인한 의제배당 : 해당 법인의 자본감소결의일

> **해설**
> 법인의 해산으로 인한 의제배당은 해당 법인의 잔여재산의 가액이 확정된 날을 이익을 배당받았거나 잉여금을 분배받는 날로 한다.

17 다음 중 법인세법상 익금불산입 항목에 대한 설명으로 옳지 않은 것은? [95회]

① 불공정 자본거래로 인하여 특수관계인으로부터 분여받은 이익은 익금에 산입하지 않는다.
② 법인세는 지출 당시 손금으로 인정받지 못하므로 환급액도 익금에 산입하지 않는다.
③ 이중과세방지를 위하여 지주회사가 자회사로부터 받은 배당소득금액 중 일정금액은 익금에 산입하지 않는다.
④ 자본감소의 경우로서 감소액이 주식의 소각, 주금의 반환에 든 금액과 결손보전에 충당한 금액을 초과한 경우 그 초과금액은 익금에 산입하지 않는다.

> **해설**
> 불공정 자본거래로 인하여 특수관계인으로부터 분여받은 이익은 익금에 산입한다.

18 다음 중 법인세법상 임대보증금의 간주익금에 대한 설명으로 잘못된 것은? [95회]

① 부동산을 임대하고 보증금을 받은 모든 법인은 간주임대료를 계산하여야 한다.
② 간주임대료는 익금에 산입하고 소득처분은 기타사외유출(추계는 제외)로 한다.
③ 기계 등을 대여하고 받는 보증금에 대하여는 간주임대료를 계산하지 아니한다.
④ 간주익금 해당액이 음수(-)인 경우에는 이를 없는 것으로 본다.

> **해설**
> 소득금액을 추계하지 않는 법인은 일정한 요건에 해당하는 법인만 간주임대료 계산을 한다.

정답 16 ② 17 ① 18 ①

19 다음 중 법인세법상 익금에 대한 설명으로 가장 옳지 않은 것은? [94회]

① 특수관계인인 개인으로부터 유가증권을 시가보다 낮은 가액으로 매입한 경우 시가와 매입가액의 차액에 상당하는 금액은 익금이다.
② 모든 자산의 평가이익은 익금산입한다.
③ 주식발행초과금은 익금불산입항목이다.
④ 자산수증이익은 이월결손금 보전에 충당하지 않는 경우 익금에 해당한다.

해설
자산의 평가이익은 익금불산입한다. 단, 「보험업법」이나 그 밖의 법률에 따른 유형자산 및 무형자산 등의 평가(장부가액을 증액한 경우만 해당), 재고자산 등 대통령령으로 정하는 자산과 부채의 평가는 제외한다.

---

20 다음 중 법인세법상 익금에 해당하는 금액은 얼마인가? [92회]

> A 법인은 채무를 출자전환하였다. 채무의 출자전환으로 발행한 주식의 발행가액은 800,000원이며, 시가는 500,000원, 액면가액은 200,000원이다.

① 800,000원 ② 500,000원
③ 300,000원 ④ 200,000원

해설
채무의 출자전환 시 주식의 발행가액 중 시가를 초과하는 금액은 채무면제이익(익금)으로 본다.

---

21 다음 중 법인세법상 익금으로 산입하지 않는 것에 대한 설명으로 옳지 않은 것은? [91회]

① 주식발행초과액은 익금산입하지 않는다.
② 자기주식처분이익은 익금산입하지 않는다.
③ 부가가치세의 매출세액은 익금산입하지 않는다.
④ 지방세 과오납금의 환급금에 대한 이자는 익금산입하지 않는다.

해설
자기주식처분이익은 원칙적으로 익금에 해당한다.

---

22 다음 중 법인세법상 익금불산입이 아닌 것은? [90회]

① 채무면제이익 중 이월결손금 보전에 충당된 금액
② 지출 시 손금으로 인정받지 못한 조세의 환급금
③ 부가가치세 매출세액
④ 법인에 손금산입된 재산세가 환급된 경우 그 금액

19 ② 20 ③ 21 ② 22 ④ [정답]

23 다음 중 법인세법상 익금에 해당하는 것은? [89회]

① 부가가치세 매출세액
② 손금에 산입한 금액 중 환입된 금액
③ 증자 시 주식발행액면초과액
④ 각 사업연도의 소득으로 이미 과세된 소득

> **해설**
> 손금에 산입한 금액 중 환입된 금액은 익금에 해당한다.

24 법인세법상 (ㄱ)은 자본 또는 출자의 납입 및 이 법에서 규정하는 것은 제외하고 해당 법인의 순자산을 증가시키는 거래로 인하여 발생하는 이익 또는 수입의 금액으로 한다. 다음 중 (ㄱ)에 들어갈 것으로 옳은 것은? [88회]

① 익 금
② 손 금
③ 익금불산입
④ 손금불산입

25 법인세법상 익금하는 수익의 범위에 해당하지 않는 것은? [87회]

① 자산의 임대료
② 무상으로 받은 자산의 가액
③ 손금에 산입한 금액 중 환입된 금액
④ 매출할인금액

> **해설**
> 매출에누리금액 및 매출할인금액은 사업수입금액에서 제외한다.

26 다음 중 법인세법상 익금에 대한 내용으로 가장 틀린 것은? [85회]

① 법인이 받은 손해배상금은 익금으로 보지 않는다.
② 법인이 외국납부세액공제를 적용받는 경우 간접외국납부세액은 익금산입한다.
③ 자산의 임의평가차익은 익금으로 보지 않는다.
④ 동업자인 법인이 동업기업으로부터 배분받은 소득금액은 익금으로 본다.

> **해설**
> 법인이 받은 손해배상금은 익금으로 본다.

정답 23 ② 24 ① 25 ④ 26 ①

27 다음 중 법인세법상 익금으로 산입하지 않는 것에 관한 설명으로 가장 옳지 않은 것은? [83회]

① 지방세 과오납금의 환급금에 대한 이자는 익금으로 산입하지 않는다.
② 부가가치세의 매출세액은 익금으로 산입하지 않는다.
③ 자산수증이익은 익금으로 산입하지 않는다.
④ 주식발행액면초과액은 익금으로 산입하지 않는다.

해설
자산수증이익은 법인의 순자산을 증가시키는 거래로 발생하는 수익이므로 원칙적으로 익금에 해당한다.

28 다음 중 법인세법상 익금불산입이 아닌 것은? [82회]

① 자본거래 등으로 인한 수익의 익금불산입
② 이월익금의 익금불산입
③ 지주회사 수입배당금액의 익금불산입
④ 일반 외국법인 수입배당금액의 익금불산입

해설
일반 내국법인 수입배당금액의 익금불산입이다.

29 다음 중 법인세법상 법인으로부터 배당금 또는 분배금을 받은 것으로 보는 금액이 아닌 것은? [80회]

① 법인의 잉여금의 전부를 자본이나 출자에 전입함으로써 취득하는 주식 등의 가액
② 주식의 소각으로 인하여 주주가 취득하는 금전 등 합계액이 주식 등을 취득하기 위해 사용한 금액을 초과하는 금액
③ 법인이 자기주식을 보유한 상태에서 자본전입을 함에 따라 그 법인 외 주주 등인 내국법인의 지분비율이 증가한 경우 증가한 지분비율에 상당하는 주식 등의 가액
④ 자본의 증가로 인하여 주주가 취득하는 금전 등의 합계액 해당 금액

해설
자본의 감소로 인하여 주주가 취득하는 금전 등 합계액이 주식 등을 취득하기 위하여 사용한 금액을 초과하는 경우 그 초과금액을 법인으로부터 이익을 배당받았거나 잉여금을 분배받은 금액으로 본다.

30 다음 중 법인세법상 익금에 대한 설명으로 가장 잘못된 것은? [77회]

① 기업회계기준에 의한 매출에누리금액 및 매출할인금액은 수입금액에 포함되지 아니한다.
② 채무의 면제 또는 소멸로 인하여 생기는 부채의 감소액은 법인의 익금항목이다.
③ 특수관계자인 법인으로부터 유가증권을 시가보다 낮은 가액으로 매입하는 경우 시가와 그 매입가액의 차액에 상당하는 금액은 익금으로 본다.
④ 보험업법이나 그 밖의 법률에 따른 유형자산의 평가이익은 익금으로 인정된다.

해설
특수관계자인 개인으로부터 매입 시만 익금산입 대상임

PART 1 법인세법
손금과 손금불산입

01 손금과 손금불산입

1 개념

손금이란 당해 법인의 순자산을 감소시키는 거래로 인하여 발생하는 손비를 의미한다. 다만, 자본 또는 출자의 환급, 잉여금의 처분 및 법률에서 규정하는 순자산의 감소거래는 제외한다.

또한 법인의 순자산을 감소하더라도 ① 수익(사업)과 관련이 없거나 ② 일반적으로 용인되는 통상적인 것이 아닌 때에는 이를 손금에 산입할 수 없다.

주의할 것은 익금은 순자산증가설에 의해 사업과의 관련 유무를 묻지 않고 법인의 순자산을 증가시킨 모든 거래를 포함하지만, 손금은 그 법인의 사업과 관련하여 발생하거나 지출된 손실 또는 비용에 대해서만 인정한다.

2 손금항목

① 양도한 자산의 양도당시의 장부가액
② 판매한 상품 또는 제품에 대한 원료의 매입가액(기업회계기준에 따른 매입에누리금액 및 매입할인 금액을 제외)과 그 부대비용
③ 판매한 상품 또는 제품의 보관료, 포장비, 운반비, 판매장려금 및 판매수당 등 판매와 관련된 부대비용(판매장려금 및 판매수당의 경우 사전약정 없이 지급하는 경우를 포함)
④ 인건비(단, 임원상여금한도초과액, 임원퇴직한도초과액 등 법률에서 정한 인건비 상당액은 손금불산입, 해당 내국법인이 발행주식총수의 100%를 출자한 해외현지법인에 파견한 임직원의 인건비, 임직원 출산·양육 지원을 위해 공통적으로 적용되는 지급기준에 따라 지급하는 금액, 법인의 임직원에 대한 재화·용역 등 할인금액, 법인이 계열회사에 지급하는 할인금액 포함)
⑤ 유형자산의 수선비
⑥ 유형자산 및 무형자산에 대한 감가상각비
⑦ 특수관계자로부터 자산 양수를 하면서 기업회계기준에 따라 장부에 계상한 자산의 가액이 시가에 미달하는 경우 실제 취득가액(실제 취득가액이 시가를 초과하는 경우에는 시가)과 장부에 계상한 가액과의 차액에 대한 감가상각비 상당액
⑧ 자산의 임차료
⑨ 차입금이자(채권자 불분명 사채이자, 비실명 채권·증권의 이자, 건설자금이자, 업무무관자산 등 지급이자는 손금불산입)

⑩ 회수할 수 없는 부가가치세 매출세액 미수금(부가가치세법에 따라 대손세액공제를 받지 아니한 것에 한정)
⑪ 자산의 평가차손
⑫ 제세공과금
⑬ 영업자가 조직한 단체로서 법인이거나 주무관청에 등록된 조합 또는 협회에 지급한 회비, 광산업의 탐광비(탐광을 위한 개발비를 포함)
⑭ 보건복지부장관이 정하는 무료진료권 또는 새마을진료권에 의하여 행한 무료진료의 가액
⑮ 음・식료품의 제조업・도매업 또는 소매업을 영위하는 내국법인이 해당 사업에서 발생한 잉여식품을 지정하는 자에게 무상으로 기증하는 경우 그 기증한 잉여식품의 장부가액
⑯ 업무와 관련 있는 해외시찰・훈련비
⑰ 「초・중등교육법」, 「직업교육훈련 촉진법」 등에서 열거하는 운영비 또는 수당
⑱ 우리사주조합에 출연하는 자사주의 장부가액 또는 금품
⑲ 광고선전 목적으로 기증한 물품의 구입비용[특정인에게 기증한 물품(개당 3만원 이하의 물품은 제외)의 경우에는 연간 5만원 이내의 금액에 한정함]
⑳ 주권상장법인이 관계회사 임직원에게 주식매수선택권을 부여한 경우, 임직원이 부여 받은 주식매수선택권을 행사하는 경우, 해당 주식매수선택권을 부여한 법인에 그 행사비용으로서 보전하는 금액 및 임직원에게 부여된 해외모법인의 주식매수선택권이 행사되는 경우, 해당 해외모법인에 그 행사비용으로서 보전하는 금액
㉑ 동일기업 소득금액 등의 계산 및 배분 규정에 따라 배부 받은 결손금
㉒ 장식, 환경미화 등의 목적으로 사무실 등 여러 사람이 볼 수 있는 공간에 항상 전시하는 미술품의 취득가액(거래단위별로 1,000만원 이하인 것에 한함)
㉓ 중소기업 및 중견기업이 핵심인력성과보상기금(이른바 내일채움공제)에 부담하는 기여금
㉔ 임원 또는 직원의 사망 이후 유족에게 학자금 등으로 일시적으로 지급하는 금액
㉕ 사내근로복지기금, 공동근로복지기금 등에 출연하는 금품
㉖ 근로자에게 지급하는 출산・양육 지원금
㉗ 그 밖의 손비로서 그 법인에 귀속되었거나 귀속될 금액

3 손금불산입항목

일정한 손비는 순자산 감소임에도 불구하고 손금으로 인정되지 않는데, 법인세법에서 열거한 유형은 다음과 같다.

(1) 대손금

대손요건을 충족한 채권은 손금산입함이 원칙이나, 다음의 채권에 대하여는 대손요건 충족 시에도 대손금으로 손금에 산입할 수 없다.
① 채무보증으로 인한 구상채권
② 대여시점의 특수관계자에 대한 업무무관가지급금

(2) 자본거래 등으로 인한 손비의 손금불산입
① 잉여금의 처분을 손비로 계상(결산을 확정할 때 손비로 계상하는 것)한 금액
② 주식할인발행차금

(3) 세금과공과금
법인이 제세공과금을 납부하는 것은 당해 법인의 순자산을 감소시키는 거래이기 때문에 법인세법상 손금에 해당한다. 그러나 조세정책상 목적으로 다음의 제세공과금에 대해서는 손금으로 인정하지 않는다.
① 법인세 등의 일정한 조세
② 일정한 공과금
③ 벌금·과료·과태료·가산금 및 강제징수비
④ 징벌적 목적의 손해배상금

(4) 자산의 평가차손
자산의 평가차손은 원칙적으로 손금에 산입하지 않는다. 다만, 다음 열거된 것은 결산조정을 원칙으로 손금에 산입할 수 있다.
① 재고자산, 유가증권, 화폐성 외화자산 및 부채 등의 평가손실
② 재고자산, 유형자산, 특정 주식 등에 대한 감액

(5) 감가상각비
유형자산 및 무형자산에 대한 감가상각비는 내국법인이 각 사업연도에 이를 손금으로 계상한 경우에 한하여(결산조정) 상각범위 안에서 당해 사업연도의 소득금액 계산에 있어서 이를 손금에 산입하고, 그 계상한 금액 중 상각범위액을 초과하는 부분의 금액은 손금에 산입하지 않는다.

(6) 기부금
법인이 각 사업연도에 지출한 기부금은 손금에 산입하는 것이 원칙이다. 다만, 비지정기부금과 특례·우리사주조합·일반기부금의 한도초과액은 손금에 산입하지 않는다.

(7) 기업업무추진비
법인이 지출한 기업업무추진비 중 다음의 금액은 손금에 산입하지 않는다.
① 1회의 접대에 지출한 기업업무추진비 (건당) 3만원 초과 적격증빙 미수취분
② 기업업무추진비 한도초과액

(8) 과다경비 등의 손금불산입
다음의 손비 중 과다하거나 부당하다고 인정되는 금액은 손금에 산입하지 않는다.
① 인건비
② 복리후생비

③ 여비 및 교육·훈련비(법인이 임원 또는 직원이 아닌 지배주주 등에게 지급한 여비 또는 교육훈련비는 손금불산입한다)
④ 법인이 다른 법인 등과 공동사업 등을 운영하거나 영위함에 따라 발생되거나 지출된 손비
⑤ 위 사항 외에 법인의 업무와 직접 관련이 적다고 인정되는 경비

(9) 업무와 관련 없는 비용의 손금불산입

(10) 업무승용차 관련 비용의 손금불산입

(11) 지급이자 손금불산입

법인의 지급이자는 손금에 산입하는 것이 원칙이나 다음의 이자비용은 손금에 산입하지 않는다.
① 채권자가 불분명한 사채의 이자
② 비실명 채권·증권의 이자
③ 건설자금이자
④ 업무무관자산 등에 대한 지급이자

02 제세공과금

1 조 세

법인이 업무와 관련하여 제세공과금을 납부하는 것은 당해 법인의 순자산을 감소시키는 거래이기 때문에 당연히 법인세법상 손금에 해당한다. 그러나 여기에는 조세정책 목적상 손금으로 인정하지 않는 경우가 있다.

손금으로 인정되는 조세	손금으로 인정되지 않는 조세
① 재산세(업무용), 종합부동산세, 인지세, 자동차세(업무용), 균등할 지방소득세 등 ② 취득세·등록세 등 → 자산으로 처리한 후 추후 감가상각을 통해 손금인정	① 법인세비용(외국납부세액공제를 적용하지 않는 경우의 외국법인세액 포함) ② 소득할 지방소득세와 각 세법에 규정된 의무불이행으로 인하여 납부하였거나 납부할 세액(가산세 포함) ③ 부가가치세 매입세액 ④ 판매하지 아니한 제품에 대한 반출필의 개별소비세 또는 주세의 미납액 ⑤ 벌금·과료·과태료·가산금 및 강제징수비 ⑥ 연결모법인에 지급하는 연결법인세액 ⑦ 증자 관련 등록세 ⑧ 법령에 의하여 의무적으로 납부하는 것이 아닌 공과금 ⑨ 법령에 의한 의무의 불이행 또는 금지·제한 등의 위반에 대한 제재로서 부과되는 공과금 ⑩ 실제 발생한 손해를 초과하여 지급하는 징벌적 목적의 손해배상금

(1) 법인세 및 소득할 주민세(지방소득세 소득분)

법인세비용은 손금에 산입하지 않는다. 소득에 대한 세금은 원칙적으로 손금에 산입할 수 없기 때문이다. 외국법인세액, 소득할 주민세(지방소득세 소득분) 및 법인세 감면세액에 대한 농어촌 특별세도 같은 이유로 각 사업연도 소득을 계산함에 있어 손금불산입한다. 다만, 균등할 주민세는 손금으로 인정된다.

(2) 농업소득세

법인의 농업소득에 대해서는 법인세와 지방세법에 따른 농업소득세가 동시에 과세되므로, 농업소득세를 손금불산입하고 법인세 산출세액에서 세액공제하여 이중과세 문제를 해결하고 있다.

(3) 부가가치세 매입세액

부가가치세 매입세액이란 납부세액 계산 시 매출세액에서 차감해 주는 항목으로 부채의 차감 항목(또는 자산항목)의 성격이다. 법인이 최종소비자가 되어 부담하는 부가가치세는 매입세액이 공제되지 않기 때문에 부대비용으로 보아 손금인정된다. 다만, 이 경우에도 세법상의 의무불이행으로 인한 경우 또는 사업과 관련 없는 매입세액인 경우에는 손금으로 인정받을 수 없다.

부가가치세법	내 용	손금여부
매입세액공제분	일반적으로 매출세액에서 공제되는 매입세액	손금불산입
매입세액불공제분	사업자의 귀책사유가 없는 경우 ① 면세사업자의 매입세액 ② 비영업용 소형승용차의 구입·임차 및 유지에 관한 매입세액 ③ 기업업무추진비 관련 매입세액 ④ 영수증을 발급받은 경우의 매입세액 ⑤ 간주임대료에 대한 매입세액	손금산입
	사업자의 귀책사유가 있는 경우 ① 세금계산서 미수취·부실기재 매입세액 ② 매입처별세금계산서합계표 미제출·부실기재 매입세액 ③ 사업과 무관한 매입세액 ④ 사업자등록 전 매입세액	손금불산입

(4) 벌금·과료·과태료·가산금 및 강제징수비

벌금·과료(통고 처분에 의한 벌금 또는 과료에 상당하는 금액을 포함)·과태료(과료와 과태금을 포함)·가산금 및 강제징수비는 손금에 산입하지 않는다. 그 이유는 징벌의 효과를 감소시키지 않기 위함이 있으며, 강제징수비를 손금으로 인정하게 되면 법인세 상당액만큼의 강제징수비를 국가가 대신 부담해준 결과가 되기 때문이다.

현행 법인세법상 벌과금의 손금여부에 대한 사례는 다음과 같다.

벌금 등에 해당하는 것(손금불산입)	벌금 등에 해당하지 않는 것(손금산입)
① 법인의 임직원이 관세법을 위반하고 지급한 벌금	① 사계약상 의무불이행으로 인한 지체상금(정부와 납품계약으로 인한 지체상금을 포함하며, 구상권 행사가 가능한 지체상금을 제외함)
② 업무와 관련하여 발생한 교통사고 벌과금	② 보세구역에 장치되어 있는 수출용 원자재가 관세법상의 장치기간 경과로 국고귀속이 확정된 자산의 가액
③ 산업재해보상보험의 규정에 의하여 부과하는 산업재해보상보험료의 가산금	③ 철도화차 사용료의 미납액에 가산되는 연체이자
④ 금융기관의 최저예금지불준비금 부족에 대하여 한국은행법의 규정에 의하여 금융기관이 한국은행에 납부하는 과태금	④ 산업재해보상보험법상의 산업재해보상보험료의 연체금
⑤ 국민건강보험법의 규정에 의하여 징수하는 가산금	⑤ 국유지사용료의 납부지연으로 인한 연체료
⑥ 외국의 법률규정에 의하여 국외에서 납부한 벌과금	⑥ 전기요금의 납부지연으로 인한 연체가산금

2 공과금

공과금은 조세 이외의 강제적 부담금을 가리키는데, 원칙적으로 법인의 순자산을 감소시키므로 손금으로 인정된다. 법인세법은 모든 공과금을 손금산입(포괄주의)하는 것을 원칙으로 하되, 다음의 공과금은 예외적으로 손금불산입한다.
① 법령에 의하여 의무적으로 납부하는 것이 아닌 공과금(임의적 부담금)
② 법령에 의한 의무의 불이행 또는 금지·제한 등의 위반에 대한 제재로서 부과되는 공과금(제재목적의 공과금)

3 징벌적 목적의 손해배상금

법인이 지급한 손해배상금 중 실제 발생한 손해를 초과하여 지급하는 금액은 손금에 산입하지 않는다. 초과로 지급하는 금액을 벌과금과 같은 징벌적 성격으로 판단하기 때문이다.
구체적으로 '손금불산입 대상 손해배상금(징벌적 손해배상금)'이란 다음 중 어느 하나에 해당하는 금액을 말한다.
① 일정한 법률(개인정보 보호법, 공익신고자 보호법 등)의 규정에 따라 지급한 손해배상금 중 실제 발생한 손해액을 초과하는 금액
② 외국의 법령에 따라 지급한 손해배상액 중 실제 발생한 손해액을 초과하여 손해배상금을 지급하는 경우 실제 발생한 손해액을 초과하는 금액

한편 앞의 규정을 적용할 때 실제 발생한 손해액이 분명하지 않은 경우에는 다음의 계산식에 따른다.

$$\text{손금불산입 대상 손해배상금} = A \times \frac{B - 1}{B}$$

- A : 지급한 손해배상금
- B : 실제 발생한 손해액 대비 손해배상금의 배수 상한

4 조합비·협회비의 구분

영업자가 조직한 단체로서 법인이거나 주무관청에 등록된 조합 또는 협회에 지급하는 **일반회비**는 손금에 산입한다. 그러나 법인이 영업자가 조직한 단체로서 법인이거나 주무관청에 등록된 조합 또는 협회에 지급하는 회비 중 **특별회비**와 동 조합 또는 협회 외의 **임의로** 조직된 조합 또는 협회에 지급하는 회비는 일반기부금으로도 보지 아니한다.

조합·협회	회비구분과 세법상 취급	
	일반회비	특별회비
영업자가 조직한 단체(법인) 또는 주무관청에 등록된 조합·협회	전액 손금인정	일반기부금에서 제외
임의로 조직된 단체	일반기부금에서 제외	

03 인건비 및 과다경비 사용

1 개요

'인건비'란 근로의 대가로 지급하는 제반 비용을 말하며, 그 종류에는 급여의 성질인 보수, 급료, 임금, 수당과 임시·추가 급여성격의 상여금, 퇴직급여로서의 퇴직금·퇴직위로금·퇴직연금 및 부가적 급여로서의 복리후생비가 있다.

인건비는 원칙적으로 순자산을 감소시키는 거래이므로 이익처분에 의해서 지급되는 상여를 제외하고는 손금으로 인정되는 것이 원칙이다. 그러나 현행 법인세법에서는 인건비(복리후생비 포함)·여비 및 교육훈련비 등에 대해 과다하거나 부당하다고 인정되는 경우에는 손금불산입하는 내용을 규정하고 있다. 이는 주로 임원에게 지급되는 인건비에 관한 것으로서, 기업경영을 지배하고 배당정책을 총괄하는 임원이 자기에 대한 이익의 분여를 인건비 등으로 위장하여 법인자산의 지나친 사유화를 방지하기 위한 것으로 해석될 수 있다.

인건비 등의 손금인정여부는 다음과 같다.

구 분	사용인	임 원
일반급여	손금인정	• 원칙 : 손금인정 • 예외 : 비상근임원의 보수 중 부당행위계산부인에 해당하는 금액은 손금불산입
	지배주주(특수관계자 포함)인 임직원에게 정당한 사유없이 동일 직위에 있는 지배주주 등 외의 임직원에게 지급하는 금액을 초과하여 보수를 지급한 경우 그 초과금액은 손금불산입	
상여금	손금인정	• 원칙 : 손금인정 • 예외 : 임원에게 급여지급 기준을 초과하여 지급한 경우 그 초과금액은 손금불산입
	임원, 직원에게 이익처분에 의하여 지급하는 상여금은 손금불산입	

퇴직급여	손금인정	• 원칙 : 손금인정 • 예외 : 근로기준법에 의한 일반직원퇴직급여의 2배를 초과하는 경우 그 초과금액은 손금불산입
복리후생비		다음의 열거된 것 및 그와 유사한 성질의 것에 한하여 손금인정 ① 직장체육비 ② 직장문화비(직장회식비를 포함) ③ 우리사주조합의 운영비 ④ 「영유아보육법」에 따라 설치된 직장어린이집의 운영비 ⑤ 「국민건강보험법」 및 「노인장기요양보험법」에 따라 사용자로서 부담하는 보험료 및 부담금 ⑥ 「고용보험법」에 의하여 사용자로서 부담하는 보험료 ⑦ 기타 임원 또는 사용인에게 사회통념상 타당하다고 인정되는 범위 안에서 지급하는 경조사비

2 일반급여

법인이 근로자에게 지급하는 급여, 임금, 보수, 수당 등의 일반급여는 원칙적으로 모두 손금으로 인정된다. 다만, 다음과 같은 예외사항이 있다.

① 합명회사, 합자회사의 노무출자사원에게 지급하는 보수총액

② 부당한 급여

　㉠ 비상근임원에게 지급하는 보수중 부당행위계산부인의 경우에 해당하는 경우

　㉡ 법인이 지배주주 등(특수관계자 포함)인 임원 또는 사용인에게 정당한 사유없이 동일 직위에 있는 지배주주 등[주] 외의 임원 또는 사용인에게 지급하는 금액을 초과하여 보수를 지급한 경우 그 초과금액은 이를 손금불산입한다.

　　[주] '지배주주 등'이란 법인의 발행주식총수 또는 출자총액의 100분의 1 이상의 주식 또는 출자지분을 소유한 주주 등으로서 그와 특수관계에 있는 자와의 소유 주식 또는 출자지분의 합계가 해당 법인의 주주 등으로서 그와 특수관계에 있는 자와의 소유 주식 또는 출자지분의 합계가 해당 법인의 주주 등 중 가장 많은 경우의 해당 주주 등을 말한다.

3 상여금

상여금이란 일반급여 성질의 것 이외에 근로의 대가로서, 법인의 실적과 사용인의 공로 등 기타사유에 의하여 비정기적·임시적으로 지급되는 급여이다. 원칙적으로 상여금도 법인의 순자산을 감소시키므로 손금에 산입되나 다음의 경우에는 손금에 산입하지 않는다.

① 임원에게 지급하는 상여금 중 정관·주주총회·사원총회 또는 이사회의 결의에 따라 결정된 급여지급 기준에 의하여 지급하는 금액을 초과하여 지급한 경우 그 초과금액

② 임원 또는 직원에게 이익 처분에 의하여 지급하는 상여금[주]. 이때 합명회사·합자회사의 노무출자사원에게 지급하는 보수는 이익처분에 의한 상여로 본다.

[주] 종전에 일정한 성과급(우리사주조합을 통하여 자기주식으로 지급하는 성과급, 근로자(임원제외)에게 지급하는 성과배분상여금, 주식매수선택권을 부여받은 자에게 지급하는 금액)은 이익잉여금 처분에 의해 지급하는 경우에도 예외적으로 손금에 산입하였지만 2018년부터 이 규정을 폐지하기로 함. 여기에서 임원이라 함은 다음의 자를 의미한다.
- 법인의 회장, 사장, 부사장, 이사장, 대표이사, 전무이사 및 상무이사 등 이사회의 구성원 전원과 청산인
- 합명회사, 합자회사 및 유한회사의 업무집행사원 또는 이사
- 감 사
- 기타 위에 준하는 직무에 종사하는 자

4 퇴직급여

법인의 임원 또는 사용인의 현실적인 퇴직으로 인해 지급하는 퇴직급여는 이를 전액 손금으로 인정한다. '현실적인 퇴직'이란 실제로 근무관계가 종료되거나 퇴직급여를 지급할만한 일정한 경우도 포함한다. 그 구체적인 내용의 구분은 다음과 같다.

현실적인 퇴직으로 보는 경우	현실적인 퇴직으로 보지 않는 경우
① 사용인이 법인의 임원으로 취임한 때 ② 상근임원이 비상근임원으로 된 때 ③ 조직변경·합병·분할 또는 사업양도에 의하여 퇴직한 때 ④ 「근로자퇴직급여 보장법」에 따라 퇴직급여를 중간정산하여 지급한 때(중간정산시점부터 새로 근무연수를 기산하여 퇴직급여를 계산하는 경우에 한정한다) ⑤ 임원에게 정관에서 위임한 퇴직급여지급규정에 의해 장기 요양 등의 사유로 중간정산하여 퇴직급여를 지급한 때	① 임원이 연임된 경우 ② 법인의 대주주 변동으로 인하여 계산의 편의, 기타 사유로 전사용인에게 퇴직급여를 지급한 경우 ③ 외국법인의 국내지점 종업원이 본점(본국)으로 전출하는 경우 ④ 정부투자기관 등이 민영화됨에 따라 전종업원의 사표를 일단 수리한 후 재채용한 경우 ⑤ 「근로자퇴직급여 보장법」에 따라 퇴직급여를 중간정산하기로 하였으나 이를 실제로 지급하지 아니한 경우

법인세법은 현실적인 퇴직이 아닌 때 퇴직금을 지급한 경우에는 손금으로 인정하지 아니하며, 당해 임원 또는 사용인에 대한 업무무관가지급금으로 보아 특수관계가 소멸할 때까지(현실적인 퇴직이 있을 때까지) 인정이자를 계산하여 세법상 불이익을 받게 된다.

5 임원퇴직금

사용인에 대한 퇴직급여는 손금한도액이 없으나 임원에 대한 퇴직금은 다음의 손금한도액을 초과하여 지급하면 그 초과액은 손금불산입되며 귀속자는 상여 처리된다.

순 서	상 황	손금한도액
1	정관 또는 정관에 위임을 받은 임원퇴직급여 지급 규정에 퇴직급여(퇴직위로금 등을 포함)로 지급할 금액이 정해진 경우에는 그 금액으로 하되 다음의 금액을 초과할 수 없다.	그 정관(위임된 퇴직급여규정이 별도로 있는 경우 그 규정)에 정해진 금액
2	정관에 퇴직급여에 관한 규정이 없는 경우에는 다음의 금액을 한도로 한다.	퇴직 전 1년간 총급여액 × 10% × 근속연수

여기서 총급여액과 근속연수에 대한 적용기준은 다음과 같다.

총급여	소득세법상 비과세소득을 제외하며, 법인의 주주총회·사원총회 또는 이에 준하는 의결기관의 결의에 따라 상여로 받는 소득은 포함하나 법인세법의 소득처분에 따른 상여와 임원상여한도 초과금액은 제외한다.
근속연수	근속연수는 역년에 의하여 계산한 근속연수를 말한다. 이 경우 1년 미만의 기간은 월수로 계산하되, 1개월 미만의 기간은 이를 산입하지 않는다. 이 경우 해당 임원이 사용인에서 임원으로 된 때에 퇴직금을 지급하지 아니한 경우에는 사용인으로 근무한 기간을 근속연수에 합산할 수 있다.

6 복리후생비

법인이 임직원의 복지와 후생 및 사기 증진을 위하여 지출하는 각종의 비용은 복리후생비로서 다음에 열거하는 경우에 한해 손금으로 산입할 수 있다. 이 경우 직원의 범위에는 「파견근로자보호 등에 관한 법률」에 따른 파견근로자를 포함한다.

① 직장체육비
② 직장문화비(직장회식비 포함)
③ 우리사주조합의 운영비
④ 기타 임원 또는 사용인에게 사회통념상 타당하다고 인정되는 범위 안에서 지급하는 경조사비
⑤ 「영유아보육법」에 의하여 설치된 직장보육시설의 운영비
⑥ 「고용보험법」에 의하여 사용자로서 부담하는 보험료
⑦ 「국민건강보험법」 및 「노인장기요양보험법」에 따라 사용자로서 부담하는 보험료 및 부담금

7 유가족 위로금

사용인, 임원의 사망 이후 사내규정에 따라 유가족에게 지급하는 학자금 등 위로금은 손금에 산입한다.

04 업무무관비용

법인의 업무와 관련 없는 비용은 법인의 수익을 창출하기 위하여 지출된 비용이 아니므로 이를 손금에 산입하지 않는다. 법인세법에서 열거한 업무무관비용은 다음과 같다.

① 업무무관자산을 취득·관리함으로써 생기는 비용, 유지비, 수선비 및 이와 관련되는 비용
② 해당 법인이 직접 사용하지 아니하고 다른 사람(비출자임원과 소액주주 등인 임원 및 사용인은 제외)이 주로 사용하고 있는 장소·건축물·물건 등의 유지비·관리비·사용료와 이와 관련되는 지출금
③ 해당 법인의 주주 등(소액주주 등은 제외한다)이거나 출연자의 임원 또는 그 친족이 사용하고 있는 사택의 유지비·관리비·사용료와 이와 관련되는 지출금
④ 업무무관자산을 취득하기 위하여 지출한 자금의 차입과 관련되는 비용

05 업무용승용차 관련 비용

법인에서 사용하는 업무용차량에 대해서는 전액 손금으로 인정하는 것을 원칙으로 하나, 고가차량의 법인명의 등록으로 발생하는 과세형평의 불합리한 부분을 해소하기 위해 업무용승용차 관련 비용 중 업무용 사용금액에 해당하지 않는 금액은 손금불산입한다. 단, 일정 업종의 경우 적용을 제외[주]한다.

*주) 적용 제외대상 : 운수업, 자동차판매업, 자동차임대업(렌트회사), 시설대여업(리스회사), 운전학원업, 장례업 등에서 사업상 수익 창출을 위해 직접적으로 사용하는 승용차, 연구개발을 목적으로 사용하는 자율주행자동차

1 업무용승용차 관련 비용

감가상각비, 임차료, 유류비, 수선비, 보험료, 자동차세, 금융리스부채에 대한 이자비용 등 업무용승용차를 취득·유지함으로써 발생하는 비용

2 업무용 사용금액 계산방법

① 업무전용자동차보험[주1]에 미가입 및 전용번호판[주2] 미부착 시 : 전액 비용 불인정

> *주1) 해당 법인의 임직원 또는 협력업체 임직원이 해당 법인의 업무를 해 운전하는 경우만 보상 대상인 자동차보험으로 해당 사업연도 전체 기간 동안 가입되어 있어야 함(다만, 해당 연도 중 일부기간만 업무전용자동차보험에 가입한 경우에는 가입일수 비율에 의해 손금을 인정함)
> *주2) 법인이 취득하거나 임차하여 사용하는 취득가액이 8,000만원 이상인 업무용승용차는 법인업무용 자동차 등록번호판(연녹색 바탕에 검은색 문자)을 부착해야 비용 인정 가능함

② 업무전용자동차보험에 가입하고 운행기록[주1]을 작성한 경우

$$\text{비용 인정 금액} = \text{업무용승용차 관련 비용} \times \text{업무사용비율}^{주2}$$

> *주1) 사업연도 전체 기간 중 작성하되, 운행기록 양식 등 구체적 사항은 국세청장이 정함
> *주2) 승용차별 운행기록상 업무용 주행거리 ÷ 총 주행거리

③ 업무전용자동차보험에 가입하였으나 운행기록을 작성하지 않은 경우의 업무사용비율

해당 사업연도 관련 비용 범위	업무사용비율
1,500만원[주3] 이하	100%
1,500만원[주3] 초과	1,500만원 ÷ 업무용승용차 관련 비용

이때, 운행기록은 승용차별로 작성·비치하여야 하며 과세관청의 요구가 있을 경우 즉시 제출하여야 한다.

> *주3) 부동산임대업을 주된 사업으로 하는 일정한 요건에 해당하는 내국법인의 경우에는 1,500만원을 500만원으로 하고, 사업연도 중 취득·처분할 경우 보유한 기간에 따라 월할조정한다.

더알아두기

업무용승용차 업무사용금액 산정기준

산정기준		업무사용금액(업무용승용차 관련 비용 × 업무사용비율)
업무전용자동차보험 가입 유무	NO →	업무용승용차 관련 비용 × 0%(원칙)
↓ YES		
운행기록 작성/비치 유무	YES →	업무용승용차 관련 비용 × (업무용 사용거리 / 총 주행거리)
↓ NO		
해당 연도 업무용승용차 관련 비용이 1,500만원 초과 유무	NO →	업무용승용차 관련 비용(1,500만원 이하) × 100%
	YES →	업무용승용차 관련 비용(1,500만원 초과) × (업무용 사용거리 / 총 주행거리)

3 감가상각비(상당액) 업무사용금액 계산방법

업무용 사용금액 중 감가상각비(상당액)은 매년 800만원[주]까지만 손금산입(정액법)하며 초과금액은 이월하여 처리한다.

[주] 부동산임대업을 주된 사업으로 하는 일정한 요건에 해당하는 내국법인의 경우에는 800만원을 400만원으로 한다.

① 감가상각비(상당액) 계산식

$$\text{감가상각비(상당액)}^{주1)} \times \frac{\text{해당 사업연도의 월수}}{12} \times \text{운행기록상 업무사용비율}^{주2)}$$

*주1) 임차료 중 감가상각비 상당액 : 여신전문금융업법에 따라 등록한 시설대여업자로부터 임차한 승용차의 임차료 중 보험료, 자동차세, 수선유지비 등을 제외한 금액

*주2) 운행기록을 작성하지 않은 경우 업무사용비율 계산방법
- 업무용승용차 관련 비용이 1,500만원 이하인 경우 : 100%
- 업무용승용차 관련 비용이 1,500만원 초과인 경우 : 1,500만원 ÷ 업무용승용차 관련 비용

감가상각비	업무용승용차별 감가상각비 × 업무사용비율 − 800만원 = (+)감가상각비 한도초과액 → 손금불산입(유보)
임차료 중 감가상각비 상당액	업무용승용차별 임차료 중 감가상각비 상당액[주3) × 업무사용비율 − 800만원 = (+)임차료 감가상각비 상당액 한도초과액 → 손금불산입(기타사외유출)

*주3) 업무용승용차별 임차료 중 감가상각비 상당액은 다음 구분에 따른 금액을 말함

운용리스 승용차	임차료 중 감가상각비 상당액 = 임차료 − 해당 임차료에 포함되어 있는 보험료·자동차세·수선유지비 단, 수선유지비를 별도로 구분하기 어려운 경우에는 임차료(보험료·자동차세를 차감한 금액)의 7%를 수선유지비로 계산함
렌트 승용차	임차료 중 감가상각비 상당액 = 임차료 × 70%

② 다음 사업연도부터 해당 업무용승용차의 감가상각비(상당액) 업무사용금액이 800만원에 미달하는 경우 그 미달액을 한도로 손금추인한다.

감가상각비 이월액	다음 금액을 손금산입(△유보)한다. 손금산입액 = Min[① 전기 이전 감가상각비 한도초과액 중 잔액, ② 한도미달액(−)]
임차료 중 감가상각비 상당액 이월액	다음 금액을 손금산입(기타)한다. 손금산입액 = Min[① 전기 이전 임차료 감가상각비 상당액 한도초과액 중 잔액, ② 한도미달액(−)]

4 업무용승용차 처분손실의 이월 손금산입 방법

① 업무용승용차를 처분하여 발생하는 손실 중 다음의 한도초과액은 손금에 산입하지 않고, 다음 방법에 따라 이월하여 손금에 산입한다.

> 업무용승용차 처분손실 − 800만원 = (+) 한도초과액 → 손금불산입(기타사외유출)

② ①의 한도초과액은 해당 사업연도의 다음 사업연도부터 이월금액 중 800만원씩 균등하게 손금산입(기타)하되, 남은 금액이 800만원 미만인 사업연도에는 남은 금액을 모두 손금에 산입한다.

> 다음 사업연도 이후 손금산입액(기타) = Min[전기 이전 처분손실 한도초과액 중 잔액, 800만원]

③ 업무용승용차 관련 비용 등을 손금에 산입한 법인은 법인세 과세표준신고와 함께 '업무용승용차 관련비용 등 명세서'를 관할 세무서장에 제출해야 하며, 제출하지 않거나 사실과 다르게 제출한 경우에는 가산세(1%)를 부과한다.

제5장 단원별 기출문제

01 다음 중 법인세법상 장부에 계상을 한 경우에 한하여 손금으로 인정되는 것은? [108회]

① 파손으로 인한 재고자산의 평가차손
② 일시상각충당금
③ 소멸시효가 완성된 채권에 대한 대손금
④ 퇴직연금충당금

해설
파손으로 인한 재고자산의 평가차손은 결산조정사항이다.

02 다음 중 법인세법상 손금항목에 해당하는 것은? [108회]

① 거래징수불이행으로 인한 추징세액
② 세금계산서의 미수취·부실기재분 매입세액
③ 부가가치세법상 면세사업 관련 매입세액불공제액
④ 법인세 감면에 부과된 농어촌특별세

해설
면세 관련 매입세액으로 불공제한 세액은 손금항목이다.

03 다음 중 법인세법상 현실적인 퇴직에 해당하지 않는 것은? [108회]

① 법인의 직원이 해당 법인의 임원으로 취임한 때
② 법인의 임직원이 그 법인의 사업양도에 의하여 퇴직한 때
③ 정관 또는 정관에서 위임된 퇴직급여지급규정에 따라 장기 요양 등 일정한 사유로 그때까지의 퇴직급여를 중간정산하여 임원에게 지급한 때
④ 임원이 연임된 때

해설
나머지는 현실적인 퇴직에 해당한다.

01 ① 02 ③ 03 ④ **정답**

04 다음 중 법인세법상 손금불산입하는 벌과금 등에 해당하는 것은? [107회]

① 업무와 관련하여 발생한 교통사고 벌과금
② 산업재해보상보험료의 연체금
③ 전기요금의 납부지연으로 인한 연체가산금
④ 국유지 사용료의 납부지연으로 인한 연체료

해설
업무와의 관련성 여부와 관계없이 벌금, 과료, 과태료 등은 손금에 산입하지 아니한다.

05 다음 중 법인세법상 손금불산입하는 제세공과금에 해당하지 않는 것은? [106회]

① 법인세 및 법인지방소득세
② 공제대상 부가가치세 매입세액
③ 공장 토지 및 건물에 대한 재산세
④ 장애인고용부담금

해설
법인세와 법인지방소득세 및 부가가치세의 매입세액, 법령에 따른 의무의 불이행 등에 대한 제재로서 부과되는 공과금(장애인고용부담금)은 각 사업연도의 소득금액을 계산할 때 손금에 산입하지 아니한다.

06 다음 중 법인세법상 업무용승용차에 관한 내용으로 가장 옳지 않은 것은? [105회]

① 업무용승용차는 정액법으로 5년간 상각하여야 한다.
② 업무전용자동차보험에 가입하였으나 운행기록 등을 작성하지 않은 경우 업무용승용차 관련 비용은 전액 손금불산입한다.
③ 업무용승용차의 처분손실 중 800만원(부동산임대업이 아닌 경우)을 초과하는 금액은 해당 사업연도의 손금에 산입되지 아니한다.
④ 렌트차량의 경우 연 800만원의 한도를 적용하여 렌트료의 70%를 감가상각비 상당액으로 한다.

해설
운행기록 등을 작성하지 않은 경우 업무사용비율을 산정하여 업무사용금액을 계산한다.

정답 04 ① 05 ③ 06 ②

07 다음 중 법인세법상 손금에 대한 설명으로 옳지 않은 것은? [104회]

① 손금은 자본 또는 출자의 환급, 잉여금의 처분을 제외하고 해당 법인의 순자산을 감소시키는 거래로 인하여 발생하는 손실 또는 비용의 금액으로 한다.
② 법령에 따라 의무적으로 납부하는 공과금은 손금에 산입한다.
③ 해당 법인의 소액주주가 아닌 주주인 임원이 사용하고 있는 사택 유지비는 손금에 산입한다.
④ 업무와 관련하여 발생한 교통사고 벌과금은 손금에 산입하지 아니한다.

해설
해당 법인의 주주 등(소액주주 등은 제외)이거나 출연자인 임원 또는 그 친족이 사용하고 있는 사택의 유지비·관리비·사용료와 이와 관련되는 지출금은 해당 업무와 직접 관련이 없다고 인정되는 지출금액으로서 각 사업연도의 소득금액을 계산할 때 손금에 산입하지 아니한다.

08 다음 중 법인세법상 현실적인 퇴직에 해당하지 않는 경우는 어느 것인가? [104회]

① 법인의 직원이 해당 법인의 임원으로 취임한 경우
② 법인의 임직원이 그 법인의 조직변경에 의하여 퇴직한 경우
③ 임원이 연임된 경우
④ 무주택자인 근로자가 본인 명의로 주택을 구입하기 위해 퇴직급여를 중간정산하여 지급한 경우

09 다음 중 법인세법상 손금에 대한 설명으로 옳지 않은 것은? [103회]

① 손금은 법인세법에서 규정하는 것을 제외하고 법인의 순자산을 감소시키는 거래로 인하여 발생하는 손실 또는 비용의 금액으로 한다.
② 양도한 자산의 양도 당시 장부가액은 손금에 해당한다.
③ 자산의 임차료는 손금에 해당한다.
④ 벌금, 가산금 및 강제징수비는 손금에 해당한다.

해설
벌금 가산금 및 강제징수비는 손금불산입한다.

10 다음 중 법인세법상 업무용승용차에 관한 설명으로 틀린 것은? [103회]

① 정률법 또는 정액법 둘 중 하나를 선택하여 내용연수 5년으로 감가상각하여야 한다.
② 업무전용자동차보험에 가입하지 아니한 경우 관련비용 전액이 손금으로 인정되지 않는다.
③ 운수업에 직접 사용하는 승용자동차는 해당 규정을 적용받지 아니한다.
④ 부동산임대업을 주업으로 하는 법인은 일반법인보다 감가상각비 한도액이 작다.

해설
업무용승용차는 정액법을 상각방법으로 하고 내용연수를 5년으로 하여 계산한 금액을 감가상각비로 하여 손금에 산입하여야 한다.

정답 07 ③ 08 ③ 09 ④ 10 ①

11 다음 중 법인세법상 손금에 대한 설명으로 틀린 것은? [102회]

① 직원에게 급여지급기준을 초과하여 지급하는 상여금은 손금불산입한다.
② 판매한 상품에 대한 원료의 매입가액은 손금으로 본다.
③ 출자의 환급은 손금으로 보지 않는다.
④ 사업용 토지의 재산세는 손금으로 본다.

해설
임원이 아닌 직원의 상여금은 손금으로 본다.

12 다음 중 법인세법상 현실적인 퇴직에 해당하는 경우는? [102회]

① 임원이 연임된 경우
② 외국법인의 국내지점 종업원이 본점(본국)으로 전출하는 경우
③ 임원 또는 직원이 그 법인의 조직변경, 합병, 분할 또는 사업양도에 따라 퇴직하는 경우
④ 정부투자기관 등이 민영화됨에 따라 전 종업원의 사표를 일단 수리한 후 다시 채용한 경우

해설
현실적인 퇴직에 해당한다.

13 다음 중 법인세법상 인건비에 대한 내용으로 가장 옳지 않은 것은? [101회]

① 임직원이 아닌 지배주주 등에게 지급한 여비는 손금에 산입하지 아니한다.
② 합자회사의 노무출자사원에게 지급하는 보수는 손금에 산입한다.
③ 법인의 해산에 의하여 퇴직하는 임원에게 지급하는 해산수당 등은 손금으로 한다.
④ 법인이 그 임원에게 이익처분에 의하여 지급하는 상여금은 손금에 산입하지 아니한다.

해설
합명회사 또는 합자회사의 노무출자사원에게 지급하는 보수는 손금에 산입하지 아니한다(이익처분에 의한 상여로 본다).

정답 11 ① 12 ③ 13 ②

14 다음 중 법인세법상 세금과공과금에 대한 설명으로 가장 옳지 않은 것은? [100회]

① 업무와 관련하여 발생한 교통사고 벌과금은 손금에 불산입한다.
② 외국 법률에 따라 국외에 납부한 벌금은 손금에 불산입한다.
③ 법령에 따라 의무적으로 납부하는 것이 아닌 공과금은 손금에 산입한다.
④ 폐수배출부담금은 전액 손금에 불산입한다.

해설
법령에 따라 의무적으로 납부하는 것이 아닌 공과금은 손금에 산입하지 않는다.

15 다음 중 법인세법상 인건비에 대한 설명으로 가장 옳지 않은 것은? [100회]

① 법인이 지배주주인 직원에게 정당한 사유 없이 동일직위에 있는 그 외 직원에게 지급하는 금액을 초과하여 보수를 지급한 경우 그 초과금액은 손금불산입한다.
② 정관 등에 의하여 결정된 급여지급기준이 없는 경우의 임원상여금은 전액 손금불산입하고 상여로 처분한다.
③ 근로자에 대한 이익처분에 의한 상여금은 손금에 산입한다.
④ 비상근 임원에게 지급된 보수 중 직무 범위 내의 금액은 손금에 산입할 수 있다.

해설
법인이 그 임원 또는 직원에게 이익처분에 의하여 지급하는 상여금은 이를 손금에 산입하지 아니한다.

16 다음 중 법인세법상 법인의 업무용승용차 관련 비용에 관한 설명으로 가장 옳지 않은 것은?(단, 해당 법인은 부동산임대업을 주업으로 하지 아니하며, 업무전용자동차보험에 가입함) [100회]

① 승용차가 업무무관자산에 해당할 경우 전액 손금으로 인정되지 않는다.
② 업무용승용차의 감가상각비의 내용연수는 5년으로 하고, 상각방법은 정률법 또는 정액법으로 하여야 한다.
③ 업무용승용차의 감가상각비가 연간 800만원을 초과할 경우 초과한 금액은 손금불산입하여 차기로 이월한다.
④ 업무용승용차에는 운수업 등에서 수익을 얻기 위하여 사업에 직접 사용하는 승용자동차는 제외한다.

해설
업무용승용차는 정액법을 상각방법으로 하고 내용연수를 5년으로 하여 계산한 금액을 감가상각비로 하여 손금에 산입하여야 한다.

17 다음의 세금과공과 중 법인세법상 손금으로 인정되는 것은? [99회]

① 법인세 및 법인지방소득세
② 반출하였으나 판매하지 아니한 제품에 대한 개별소비세
③ 업무 관련 부동산의 재산세
④ 사업과 관련 없는 부가가치세 매입세액

해설
제세공과금은 법 및 영에서 달리 정하는 것을 제외하고는 손금에 해당한다.

18 다음 중 법인세법상 인건비의 손금산입에 관한 설명으로 옳은 것은? [97회]

① 직원에게 주주총회 결의에 의하여 결정된 급여지급기준을 초과하여 지급한 상여금은 전액 손금산입한다.
② 법인이 직원에게 이익처분에 의해 지급하는 상여금은 손금에 해당한다.
③ 현실적으로 퇴직하지 않은 임원에게 지급한 퇴직금은 지급시점에 기업업무추진비로 본다.
④ 임원에게 지급한 상여금 중 이사회의 결의에 따라 결정된 급여지급기준에 의한 금액을 초과하여 지급하는 금액은 손금으로 인정된다.

해설
① 임원이 아닌 직원에게 급여지급기준을 초과하여 지급한 상여금은 전액 손금으로 인정된다.
② 법인이 그 임원 또는 직원에게 이익처분에 의하여 지급하는 상여금은 이를 손금에 산입하지 아니한다.
③ 법인이 임원 또는 직원에게 지급하는 퇴직급여는 임원 또는 직원이 현실적으로 퇴직하는 경우에 지급하는 것에 한하여 이를 손금에 산입한다.
④ 법인이 임원에게 지급하는 상여금 중 정관·주주총회·사원총회 또는 이사회의 결의에 의하여 결정된 급여지급기준에 의하여 지급하는 금액을 초과하여 지급한 경우 그 초과금액은 이를 손금에 산입하지 아니한다.

19 다음 중 법인세법상 손금에 대한 설명으로 옳지 않은 것은? [96회]

① 일반적으로 손금으로 인정받기 위해서는 법인의 사업과 관련된 것으로 거래증빙에 의하여 입증되어야 한다.
② 법인세법 시행령에 열거된 손비의 범위에 대해서만 손금으로 인정이 가능하다.
③ 법인은 원칙적으로 모든 거래에 관한 증명서류를 과세표준 신고기한이 지난 날부터 5년간 보관해야 한다.
④ 손금 항목이라도 지출된 사업연도에 전액 인정되지 않고, 지출 성격에 따라 비용 배분에 의하여 인식 시기를 달리하는 경우도 있다.

해설
손비는 법인세법 및 다른 법률에서 달리 정하고 있는 것을 제외하고는 그 법인의 사업과 관련하여 발생하거나 지출된 손실 또는 비용으로서 일반적으로 인정되는 통상적인 것이거나 수익과 직접 관련된 것으로 한다. 따라서 열거되지 않아도 순자산감소액은 원칙적으로 손금에 해당한다.

정답 17 ③ 18 ① 19 ②

20 다음 중 법인세법상 업무용승용차에 관한 설명으로 옳지 않은 것은? [96회]

① 업무용승용차를 처분하여 발생하는 손실 중 한도초과액은 손금불산입하고 기타사외유출로 처분한다.
② 업무용승용차란 개별소비세 과세대상인 승용차로서 법에서 열거한 '특정 영업용승용차'를 제외한 것을 말한다.
③ 업무전용자동차보험에 가입하지 않더라도 업무용승용차 관련 비용의 업무사용비율만큼 손금으로 인정 가능하다.
④ 업무용승용차별 감가상각비 중 업무사용비율에 해당하는 금액은 연간 800만원(특정 요건을 충족하는 부동산임대업을 주업으로 하는 내국법인 등은 400만원) 한도 내에서만 손금으로 인정한다.

해설
업무전용자동차보험에 가입하지 아니한 경우 : 전액 손금불인정

21 다음 중 법인세법상 세금과공과금에 대한 설명으로 옳지 않은 것은? [95회]

① 의제매입세액 및 재활용폐자원 등에 대한 매입세액공제액은 해당 원재료의 매입가액에서 공제한다.
② 폐수배출부담금은 전액 손금에 산입하지 않는다.
③ 기업업무추진비 지출에 관련된 매입세액은 전액 손금불산입한다.
④ 세금계산서합계표 미제출로 인하여 공제받지 못한 부가가치세 매입세액은 손금에 산입하지 아니한다.

해설
기업업무추진비 지출에 관련된 매입세액은 기업업무추진비에 합산하여 기업업무추진비 한도액 범위 내에서 손금에 산입한다.

22 다음 중 법인세법상 현실적인 퇴직으로 보지 않는 경우로 옳은 것은? [94회]

① 법인의 직원이 해당 법인의 임원으로 취임한 때
② 법인의 임원 또는 직원이 그 법인의 조직변경, 합병, 분할 또는 사업양도에 의하여 퇴직한 때
③ 법인의 대주주 변동으로 인하여 계산의 편의, 기타 사유로 모든 사용인에게 퇴직급여를 지급한 경우
④ 「근로자퇴직급여 보장법」에 따라 퇴직급여를 중간정산하여 지급한 때(중간정산 시점부터 새로이 근무연수를 기산하여 퇴직급여를 계산하는 경우에 한정한다)

20 ③ 21 ③ 22 ③ **정답**

23 다음 중 법인세법상 경비 등의 손금에 관한 설명으로 가장 옳지 않은 것은? [94회]

① 법인이 해당 법인 외의 자와 출자에 의하여 특정사업을 공동으로 운영하면서 발생하거나 지출한 손비로써 출자비율에 따른 분담금액을 초과하는 금액은 손금에 산입하지 아니한다.
② 법인이 임원 또는 직원이 아닌 지배주주 등에게 지급한 여비 또는 교육훈련비는 손금에 산입한다.
③ 복리후생비 중 고용보험법에 따라 사용자로서 부담하는 보험료는 손금에 산입한다.
④ 불우종업원에게 지급하는 생계비나 학비보조금 등도 인건비로서 손금에 산입한다.

> **해설**
> 법인이 임원 또는 직원이 아닌 지배주주 등(제43조 제8항에 따른 특수관계에 있는 자를 포함한다)에게 지급한 여비 또는 교육훈련비는 해당 사업연도의 소득금액을 계산할 때 손금에 산입하지 아니한다.

24 다음 중 법인세법상 부동산임대업을 주업으로 하지 않는 법인의 업무용승용차 관련 비용에 관한 설명으로 옳지 않은 것은? [94회]

① 업무용승용차에는 배기량 1,000cc 이하인 경차도 포함된다.
② 업무용승용차는 내용연수는 5년, 상각방법은 정액법으로 계산한 금액을 감가상각비로 하여 손금에 산입하여야 한다.
③ 업무용승용차 관련 비용이 1천 5백만원 이하이면서 운행기록 등을 장부에 작성·비치하지 않은 경우 해당 업무용승용차의 업무사용비율은 100%이다.
④ 업무용승용차의 감가상각비 중 업무에 사용한 금액은 연간 800만원을 한도로 손금산입한다.

> **해설**
> 1,000cc 이하 경차는 업무용승용차에 해당하지 않는다.

25 다음 중 법인세법상 손금불산입에 관한 내용 중 옳지 않은 것은? [93회]

① 법인세 또는 지방소득세는 손금불산입한다.
② 반출하였으나 판매하지 아니한 제품에 대한 개별소비세 미납액은 손금불산입한다.
③ 벌금, 과료, 과태료, 가산금 및 체납처분비는 손금불산입한다.
④ 내국법인이 지급한 손해배상금 중 실제 발생한 손해를 초과하여 지급하는 금액은 손해액이 불분명하여도 전액 손금불산입한다.

> **해설**
> 내국법인이 지급한 손해배상금 중 실제 발생한 손해를 초과하여 지급하는 금액 중 실제 발생한 손해액이 분명하지 아니한 경우에는 내국법인이 지급한 손해배상금에 3분의 2를 곱한 금액을 손금불산입 대상 손해배상금으로 한다.

정답 23 ② 24 ① 25 ④

26
다음 중 법인세법상 업무와 관련 없는 비용에 관한 설명으로 옳지 않은 것은? [92회]

① 업무무관자산을 취득하기 위하여 지출한 자금의 차입과 관련된 비용은 손금불산입한다.
② 비출자임원이 주로 사용하는 건물의 유지비 등과 관련된 지출금은 손금불산입한다.
③ 노동조합 및 노동관계조정법을 위반하여 지급하는 급여는 손금불산입한다.
④ 지배주주에게 지급한 여비・교육훈련비는 손금불산입한다.

해설
해당 법인이 직접 사용하지 아니하고 다른 사람(주주 등이 아닌 임원과 소액주주 등인 임원 및 직원은 제외한다)이 주로 사용하고 있는 장소・건축물・물건 등의 유지비・관리비・사용료와 이와 관련되는 지출금은 각 사업연도의 소득금액을 계산할 때 손금에 산입하지 아니한다.

27
다음 중 법인세법상 인건비에 대한 설명으로 가장 옳지 않은 것은? [92회]

① 법인이 지배주주인 직원에게 정당한 사유 없이 동일직위에 있는 그 외 직원에게 지급하는 금액을 초과하여 보수를 지급한 경우 그 초과금액은 손금불산입한다.
② 정관 등에 의하여 결정된 급여지급기준이 없는 경우의 직원상여금은 전액 손금불산입한다.
③ 법에 따라 사용자로서 부담하는 직원의 건강보험료 등은 손금으로 인정한다.
④ 직원이 임원으로 취임한 경우 그 직원에게 지급하는 퇴직급여는 정관 등의 퇴직급여지급규정의 금액을 초과하는 경우에도 손금으로 인정한다.

해설
정관・주주총회・이사회결의에 의하여 결정된 급여지급기준이 없는 경우 임원상여금은 전액 손금불산입하는 것이나 직원상여금은 손금으로 인정한다.

28
다음 중 법인세법상 업무용승용차 관련 비용 손금불산입에 관한 설명 중 잘못된 것은?(단, 부동산임대업을 주된 사업으로 영위하는 법인에 해당하지 않음) [91회]

① 운수업, 자동차판매업 등에서 사업상 수익을 얻기 위하여 직접 사용하는 승용자동차는 업무용승용차 관련 비용 손금불산입 규정을 적용받지 않는다.
② 해당 사업연도의 업무용승용차 관련 비용이 1,500만원을 초과하는 경우로서 업무용자동차 운행기록을 작성하지 않은 경우 업무사용비율은 1,500만원을 업무용승용차 관련 비용으로 나눈 비율로 한다.
③ 업무용승용차의 감가상각비가 800만원을 초과하는 경우 그 초과하는 금액은 해당 사업연도에 손금불산입하고, 다음 사업연도부터 감가상각비가 800만원에 미달하는 경우 그 미달하는 금액을 한도로 손금으로 추인한다.
④ 업무용승용차처분손실로서 1,000만원을 초과하는 금액은 이월하여 손금에 산입한다.

해설
업무용승용차처분손실로서 800만원을 초과하는 금액은 해당 사업연도에 손금불산입하고 다음 사업연도부터 800만원을 균등하게 손금에 산입하되, 남은 금액이 800만원 미만인 사업연도에는 남은 금액을 모두 손금에 산입한다.

26 ② 27 ② 28 ④ 정답

29 다음은 법인세법상 세금과공과금에 대한 설명이다. 옳지 않은 것은? [91회]

① 가산세 및 벌금 등과 법령에 따른 의무의 불이행 또는 금지·제한 등의 위반에 대한 제재로서 부과되는 벌과금 및 과태료는 손금에 불산입한다.
② 기업업무추진비 지출에 관련된 매입세액은 기업업무추진비에 합산하여 기업업무추진비 한도액 범위 내에서 손금에 산입한다.
③ 폐수배출부담금은 전액 손금에 산입한다.
④ 의제매입세액 및 재활용폐자원 등에 대한 매입세액 공제액은 해당 원재료의 취득가액에서 차감한다.

해설
폐수배출부담금은 법령에 따른 의무의 불이행 또는 금지·제한 등의 위반에 대한 제재로서 부과되는 공과금으로 손금에 불산입한다.

30 법인세법상 각 사업연도 소득금액을 계산함에 있어서 손금에 산입되지 않는 것은? [90회]

① 법인지방소득세
② 직원에게 무상으로 제공하는 사택의 유지관리비
③ 국민건강보험법에 따라 직원이 부담하여야 할 보험료를 사용자인 법인이 부담한 금액
④ 업무무관자산을 매각하는 경우의 매각당시 장부가액

해설
법인지방소득세는 손금에 산입되지 않는다.

31 다음은 법인세법상 '업무용승용차 관련 비용의 손금불산입 등 특례'에 관련 내용이다. 이 중 옳지 않은 것은? [89회]

① 운행일지를 작성하지 않은 경우 1대당 업무용승용차 관련 비용은 1,500만원 한도로 손금이 가능하다.
② 9인승 이상인 자동차는 이 규정을 적용받지 않는다.
③ 업무용승용차는 정률법으로 5년간 상각하여야 한다.
④ 부동산임대업을 주된 사업으로 하는 가족법인의 업무용승용차의 승용차별 감가상각비는 400만원을 한도로 한다.

해설
정액법으로 5년간 상각한다.

정답 29 ③ 30 ① 31 ③

32 다음 중 법인세법상 세금과공과로 손금산입가능한 것은? [88회]

① 법인세와 법인지방소득세
② 법인(제조업) 공장 재산세
③ 부가가치세 신고불성실가산세
④ 국민건강보험법에 따라 징수하는 연체금

해설
업무와 관련된 재산세는 세금과공과로 손금산입이 가능하다.

33 다음 중 법인세법상 업무용승용차에 관한 설명으로 옳지 않는 것은?(단, 부동산임대업을 주된 사업으로 하지 아니함) [88회]

① 업무용승용차를 처분하여 발생하는 손실 중 한도초과액은 손금불산입하고 유보처분한다.
② 업무용승용차의 감가상각비는 정액법을 상각방법으로 하고, 내용연수를 5년으로 하여야 한다.
③ 업무전용자동차보험에 가입하지 않은 경우에 업무용승용차 관련 비용 중 업무사용금액은 없는 것으로 본다.
④ 업무용승용차별 감가상각비 중 업무사용비율에 해당하는 금액은 연간 800만원 한도 내에서 손금으로 인정한다.

해설
업무용승용차를 처분하여 발생하는 손실 중 한도초과액은 손금불산입하고 기타사외유출 처분한다.

34 법인세법상 손금불산입 항목에 해당하지 않는 것은? [87회]

① 벌금, 과료(통고처분에 따른 벌금 또는 과료에 상당하는 금액을 포함)
② 법령에 따른 의무의 불이행 또는 금지·제한 등의 위반에 대한 제재로서 부과되는 공과금
③ 내국법인이 보유하고 있는 채권 중 채무자의 파산으로 회수할 수 없는 채권
④ 각 사업연도에 납부하였거나 납부할 법인세

해설
내국법인이 보유하고 있는 채권 중 채무자의 파산으로 회수할 수 없는 채권은 손금이다.

35 다음은 법인세법상 2016년 1월 1일 이후 취득한 업무용승용차의 감가상각에 대한 설명으로 가장 옳지 않은 것은? [87회]

① 업무용승용차의 내용연수는 5년으로 한다.
② 감가상각방법은 정액법만 인정된다.
③ 부동산 임대업을 주된 사업으로 하는 경우 감가상각비 한도는 연간 400만원으로 한다.
④ 결산조정사항이므로 감가상각비를 상각범위액 내에서 정할 수 있다.

해설
신고조정사항이므로 감가상각비가 상각범위액에 미달하는 경우 신고조정으로 강제 상각해야 한다.

36 다음 법인세법상 손금에 관한 설명으로 가장 옳지 않은 것은? [84회]

① 법인이 공여한 형법상 뇌물에 해당하는 가액은 손금에 산입하지 아니한다.
② 임직원(지배주주 등 제외)의 사망 이후 유족에게 학자금 등으로 일시적으로 지급하는 경우 기획재정부령에서 정하는 요건을 충족하는 것은 손금에 해당된다.
③ 우리사주조합에 출연하는 자사주의 장부가액 또는 금품의 가액은 일반기부금으로 보아 한도 내 손금에 산입한다.
④ 법령에 의한 의무불이행 등의 위반에 대한 제재로서 부과되는 공과금은 손금에 산입되지 아니한다.

해설
우리사주조합에 출연하는 자사주의 장부가액 또는 금품의 가액은 일반기부금으로 보아 한도액을 계산하는 것이 아니라 전액 손금산입된다.

37 다음 중 법인세법상 손금산입 대상 조세로 가장 옳지 않은 것은? [83회]

① 법인균등분주민세
② 지방소득세(법인소득분)
③ 업무 관련 건물의 재산세
④ 업무용 트럭 자동차세

38 다음 중 법인세법상 2020년 귀속 법인세 신고 시 알맞은 세무조정은? [81회]

- 차량(5인승 2,000cc 승용차) : 1대
- 운행일지 작성에 따른 업무사용비율 : 100%
- 차량취득가액 : 5천만원(2020년 1월 1일 취득)
- 감가상각방법은 정액법, 내용연수 5년 적용
- 업무전용자동차보험 가입됨
- 결산서상 차량 관련 비용은 차량 감가상각비 1천만원 계상
- 당해 법인은 제조업만 영위하고, 제시된 자료 외의 경비는 없다고 가정

① 손금불산입 2,000,000원 (유보)
② 손금불산입 2,000,000원 (상여)
③ 손금불산입 1,600,000원 (유보)
④ 세무조정 없음

해설
회사계상(1천만원) − 감가상각비한도(800만원 × 업무사용비율) = 손금불산입 200만원 (유보)

정답 36 ③ 37 ② 38 ①

39 다음 중 법인세법상 손금불산입항목에 해당하지 않는 것은? [80회]

① 각 사업연도에 납부하였거나 납부할 법인세
② 벌금, 과료, 과태료, 가산금 및 강제징수비
③ 법령에 따라 의무적으로 납부하는 공과금
④ 법령에 따른 의무의 불이행 또는 금지·제한 등의 위반에 대한 제재로서 부과되는 공과금

해설
법령에 따라 의무적으로 납부하는 것이 아닌 공과금이 손금불산입항목이다.

40 다음 중 법인세법상 손금산입될 수 있는 제세공과금은? [79회]

① 강제징수비
② 자동차세
③ 과태료
④ 벌 금

해설
자동차세는 손금산입

41 다음 중 법인세법상 복리후생비에 해당하지 않는 것은? [79회]

① 직장체육비
② 직장어린이집 운영비
③ 우리사주조합의 운영비
④ 고용보험 근로자 부담분

해설
고용보험 사용자 부담분이 복리후생비이다.

42 다음 중 법인세법상 손금에 대한 설명으로 잘못된 것은? [77회]

① 손금은 법인세법에서 규정하는 것을 제외하고 해당 법인의 순자산을 감소시키는 거래로 인하여 발생하는 손비의 금액을 말한다.
② 법인세법상 손비는 그 법인의 사업과 관련하여 발생하거나 지출된 손실 또는 비용으로서 일반적으로 인정되는 통상적인 것이거나 수익과 직접 관련된 것을 원칙으로 한다.
③ 법인세법 또는 동법 시행령에서 열거되지 않은 비용은 법인의 손금으로 인정되지 않는다.
④ 법인세법상의 손금과 기업회계에서의 비용은 유사하지만 동일하지는 않다.

해설
시행령은 예시에 불과하며 순자산을 감소시키는 거래에서 발생한 것이라면 손금 가능함

39 ③ 40 ② 41 ④ 42 ③ **정답**

CHAPTER 06 손익의 귀속시기

PART 1 법인세법

01 기본개념

현행 법인세법은 기간과세 원칙을 채택하여 사업연도라는 시간적 단위를 기준으로 법인의 소득을 파악하므로 익금과 손금이 어느 사업연도에 귀속하는가 하는 문제가 제기된다. 이에 관해 법인세법은 권리의무확정주의를 채택하고 있다.

이는 각 사업연도의 익금과 손금의 귀속사업연도는 그 익금과 손금이 확정된 날이 속하는 사업연도로 한다는 것이다. 여기서 '확정'이란 익금의 경우에는 권리가 확정된 시점에 확정되고 손금은 의무가 확정된 시점에 확정된다는 의미이다.

법인세법 시행령은 다음의 대표적인 손익에 대해 그 귀속연도를 구체적으로 규정하고 있다.
① 자산의 판매손익 등의 귀속사업연도
② 용역제공 등에 의한 손익의 귀속사업연도
③ 이자소득 등의 귀속사업연도
④ 임대료 등 기타 손익의 귀속사업연도

02 거래유형별 귀속시기

1 자산의 판매손익 등의 귀속사업연도

(1) 원칙

자산의 양도 등으로 인한 익금 및 손금의 귀속사업연도는 다음의 날이 속하는 사업연도로 한다.

거래유형	법인세법상 손익의 귀속시기	K-IFRS
상품·제품의 판매 (부동산 제외)	그 상품 등을 인도한 날	일반적으로 인도기준
상품 등의 시용판매	상대방이 그 상품 등에 대한 구입의 의사를 표시한 날(단, 일정기간 내에 반송하거나 거절의 의사를 표시하지 아니하면 특약 등에 의하여 그 판매가 확정되는 경우에는 그 기간의 만료일)	구매자가 구입의사 표시한 날 또는 재화가 인도된 후 반품기간이 종료된 시점

상품 등 외의 자산의 양도(부동산 포함)	그 대금 청산한 날(단, 대금 청산일 전에 소유권이전등기(등록)일, 인도일 또는 사용수익일이 먼저 도래하는 경우 그 날)	법적 소유권이 이전되는 시점(단, 법적 소유권이 이전되기 전이라도 소유에 따른 위험과 효익이 구매자에게 실질적으로 이전되는 시점)
자산의 위탁매매	수탁자가 그 위탁자산을 매매한 날	수탁자가 제3자에게 재화를 판매한 시점

(2) 장기할부판매의 특례

장기할부조건에 따라 자산을 판매하거나 양도한 경우에는 앞의 일반원칙에 불구하고 특례기준에 의해 손익을 인식할 수 있다. 여기서 '장기할부조건'이라 함은 다음의 두 가지 요건을 모두 충족한 것을 말한다.

- 자산의 판매 또는 양도(국외거래에 있어서는 소유권이전 조건부 약정에 의한 자산의 임대를 포함)로서 판매금액 또는 수입금액을 월부·연부 기타의 지불 방법에 따라 2회 이상으로 분할하여 수입하는 것
- 당해 목적물의 인도일의 다음 날부터 최종의 할부금의 지급기일까지의 기간이 1년 이상인 것

법인이 현재가치인도기준이나 회수기일도래기준에 의하여 결산서상 회계처리한 경우에 한해 아래의 특례규정을 적용한다. 이는 법인세법 장기할부판매손익을 인도시점의 명목가치로 인식하는 경우 발생하는 문제점을 해결하기 위함이다.

① **기업회계기준에 의한 현재가치평가 인식 수용** : 현행 기업회계기준에서는 장기할부매출의 경우 그 매출채권의 현재가치 상당액을 인도시점에 인식하되, 이것을 제외한 이자상당액은 기간의 경과에 따른 유효이자율법에 의해 이자수익(현재가치할인차금)으로 인식한다. 현행 법인세법은 이런 기업회계기준에 따른 현재가치할인차금을 매기 계상한 경우 기업회계와 손익귀속시기로 인한 법인의 세무조정 부담을 경감시켜 주기 위해서 현재가치평가에 대한 세무조정이 발생하지 않도록 매기 이자수익을 인정하고 있다. 즉, 장기할부조건 등에 의하여 자산을 판매하거나 양도함으로써 발생한 채권에 대하여 기업회계기준이 정하는 바에 따라 현재가치로 평가하여 현재가치할인차금을 계상한 경우 당해 현재가치할인차금 상당액은 당해 채권의 회수기간 동안 기업회계기준이 정하는 바에 따라 환입하였거나 환입할 금액을 각 사업연도의 익금에 산입할 수 있다.

② **회수기일도래기준 수용** : 인도 후 장기간 대금을 수령하지 못하는 장기할부판매의 경우 인도시점에 과세할 경우, 납세자 입장에서 대금을 회수하지 못한 상태에서 법인세만 먼저 납부해야 하는 부담이 발생할 수 있다. 법인이 장기할부조건으로 자산을 판매 또는 양도한 경우로서 판매 양도한 자산의 인도일(상품 등 외의 자산은 소유권 이전등기·등록일, 인도일, 사용수익일 중 빠른 날)이 속하는 사업연도의 결산을 확정할 때 해당 사업연도에 회수하였거나 회수할 금액과 이에 대응하는 비용을 각각 수익과 비용으로 계상한 경우에는, 위의 원칙적인 귀속사업연도에 불구하고 그 장기할부조건에 따라 각 사업연도에 회수하였거나 회수할 금액과 이에 대응하는 비용을 각각 해당 사업연도의 익금과 손금에 산입한다. 여기서, '회수한 금액'이란 회수기일이 도래한 금액 중 실제로 회수한 금액을 가리키며, '회수할 금액'이란 회수기일이 도래하였으나 기말 현재 아직 회수하지 못한 금액을 가리킨다.

[할부매출손익의 귀속시기]

구 분	법인세법	K-IFRS
단기할부판매	인도기준	인도기준
장기할부판매	원칙 : 인도기준(명목가치) 예외 ① 결산서에 이자상당액을 기간경과에 따라 이자수익으로 인식할 경우 이를 인정(현재가치평가 수용) ② 결산서에 회수하였거나 회수할 금액으로 수익과 비용을 계상한 경우 이를 인정 ③ 중소기업은 결산서에 인도기준으로 인식한 경우에도 인도시점에 한꺼번에 법인세가 과세되는 것을 방지하기 위해 회수기일도래기준으로 신고조정할 수 있음	원칙 : 인도기준 예외 ① 이자상당액은 기간경과에 따라 이자수익으로 인식 ② 비상장 중소기업 등의 경우에는 회수기일도래기준 적용가능

2 용역제공 등에 의한 손익의 귀속사업연도

(1) 원칙(진행기준)

기업회계기준은 용역매출의 경우 장단기를 불문하고 그 목적물의 건설 등을 완료한 정도(작업진행률)를 기준으로(진행기준) 수익을 인식하는 것을 원칙으로 한다. 단, 비상장 중소기업의 경우 단기용역매출의 경우 인도시점에 수익을 인식할 수 있는 특례가 있다. 현행 법인세법은 용역매출의 경우 장기와 단기로 나누어, 장기용역매출은 기업회계기준과 동일하게 진행기준을 적용하나, 단기용역매출의 경우에는 인도일(용역제공완료일)을 손익의 귀속사업연도로 한다. 다만, 단기용역매출의 경우에도 기업회계기준에 따라 진행기준을 적용한 경우에는 진행기준으로 손익을 인식할 수 있다.

(2) 특례규정(인도기준)

중소기업인 법인이 수행하는 건설 등의 계약기간이 1년 미만인 경우로서 익금과 손금의 귀속사업연도는 원칙적인 진행기준에 불구하고 그 목적물의 인도일이 속하는 사업연도로 할 수 있다(인도기준). 이는 중소기업이 기업회계의 진행기준에 따라 결산서에 수익과 비용을 회계처리한 경우에도 인도기준으로 신고조정할 수 있다는 것이다.

(3) 장기용역매출

① 원칙(진행기준) : 건설 등(도급공사 및 예약매출을 포함)의 계약기간(그 목적물의 건설 등의 착수일부터 인도일까지의 기간)이 1년 이상인 건설 등의 경우 작업진행률을 기준으로 하여 계산한 수익과 비용을 각각 해당 사업연도의 익금과 손금에 산입한다. 이때 법인세법상 인식하게 되는 익금과 손금은 다음과 같이 계산된다.

- 익금(공사수익) = 도급금액 × 작업진행률[주] − 직전 사업연도 말까지의 수입계상액
- 손금(공사원가) = 당해 사업연도에 발생한 총비용

*주) 작업진행률 = $\dfrac{\text{당해 사업연도 말까지 발생한 총공사비누적액}}{\text{총 공사예정비}}$

② 예외 : 인도기준만 허용하는 경우

다음의 작업진행률을 계산할 수 없다고 인정되는 경우에는 그 목적물의 인도일이 속하는 사업연도의 익금과 손금에 각각 산입한다.

㉠ 법인이 비치·기장한 장부가 없거나 비치·기장한 장부의 내용이 충분하지 아니하여 당해 사업연도 종료일까지 실제로 소요된 총공사비누적액 또는 작업시간 등을 확인할 수 없는 경우

㉡ 지급배당 소득공제를 적용받는 유동화전문회사 등에 해당하는 법인으로서 국제회계기준을 적용하는 법인이 수행하는 예약매출의 경우

[용역제공 등에 따른 손익의 귀속시기]

구 분		법인세법	K-IFRS
일반적인 건설	단기건설 등	• 원칙 : 진행기준 • 예외 : 중소기업은 결산서에 진행기준으로 인식한 경우에도 인도기준으로 신고조정할 수 있음	진행기준 (단, 비상장 중소기업은 인도기준·완성기준 적용 가능)
	장기건설 등	• 원칙 : 진행기준(강제)	
분양공사 등 예약매출		• 원칙 : 진행기준(강제) • 예외 : 인도기준(진행률 산정이 불가능한 경우)	인도기준

3 이자소득 등의 귀속사업연도

(1) 이자수익의 귀속시기

① 일반법인의 수입이자 귀속시기

구 분	법인세법	K-IFRS
원 칙	소득세법상 이자소득의 수입시기(실제로 받은 날 또는 받기로 한 날)	발생주의
예 외	기간경과분 미수이자를 이자수익으로 계상한 경우에는 이를 수용하여 해당 연도의 익금처리(다만 원천징수대상 이자소득은 익금에 해당하지 않음 → 대부분이 원천징수대상 소득이므로 거의 발생 안 함)	

② 금융보험업의 수입이자 귀속시기

구 분	법인세법	K-IFRS
원 칙	현금주의(선수입이자 제외)	발생주의
예 외	기간경과분 미수이자를 이자수익으로 계상한 경우에는 이를 수용하여 해당 연도의 익금처리(다만 원천징수대상 이자소득은 익금에 해당하지 않음 → 대부분이 원천징수대상소득이 아니므로 빈번하게 발생)	

(2) 이자비용의 귀속시기

구 분	법인세법	K-IFRS
원 칙	실제로 지급한 날 또는 지급하기로 한 날	발생주의 (기간경과분 이자비용을 인식)
예 외	기간경과분 미지급이자를 이자비용으로 계상한 경우에는 그 계상한 사업연도의 손금으로 인정(단, 차입일로부터 이자지급일이 1년을 초과하는 특수관계인과의 거래에 따른 이자 등은 제외)	

(3) 배당금수익의 귀속시기

법인세법상 배당소득에 대한 수입시기는 소득세법상 수입시기에 해당하는 날이 속하는 사업연도의 익금으로 한다.

4 임대료

자산의 임대로 인한 익금과 손금의 귀속사업연도는 다음과 같이 계약서상의 지급일(계약서에 지급일이 정해지지 않은 경우에는 실제지급일)이 속하는 사업연도로 한다.

구 분	손익의 귀속시기
자산임대로 인한 임대료 수익	• 지급일이 정해진 경우 : 그 지급일 • 지급일이 정해지지 않은 경우 : 그 지급을 받은 날
금전등록기 설치	그 금액이 실제로 수입된 사업연도로 할 수 있다.

다만, 결산을 확정함에 있어서 이미 경과한 기간에 대응하는 임대료 상당액과 이에 대응하는 비용을 당해 사업연도의 수익과 손비로 계상한 경우 및 임대료 지급기간이 1년을 초과하는 경우 이미 경과한 기간에 대응하는 임대료 상당액과 비용은 이를 각각 당해 사업연도의 익금과 손금으로 한다.

임대료 지급기간	법인세법	K-IFRS
1년 이하인 경우	• 원칙 : 계약상 지급일(지급받기로 한 날) • 예외 : 기간경과분을 임대수익으로 인식(발생주의)	발생주의(기간경과분을 임대수익으로 인식)
1년을 초과하는 경우	기간경과분을 임대수익으로 인식(발생주의)	

5 기업회계기준 및 관행의 적용

내국법인의 각 사업연도의 소득금액계산에 있어서 당해 법인이 익금과 손금의 귀속사업연도와 자산·부채의 취득 및 평가에 관하여 일반적으로 공정·타당하다고 인정되는 기업회계의 기준을 적용하거나 관행을 계속적으로 적용하여 온 경우에는 이 법 및 「조세특례제한법」에서 달리 규정하고 있는 경우를 제외하고는 당해 기업회계의 기준 또는 관행에 따른다. 따라서, 익금과 손금의 귀속시기는 세법을 우선 적용하고 만일 세법에 규정이 없는 경우에는 기업회계기준 및 관행을 따르도록 한다.

제6장 단원별 기출문제

01 다음 중 법인세법상 손익의 귀속시기에 관한 내용으로 가장 잘못된 것은? [107회]

① 상품 등의 판매(부동산 제외) : 그 상품 등을 인도한 날
② 장기할부판매 : 잔금을 받은 날
③ 위탁매매 : 수탁자가 그 위탁자산을 매매하는 날
④ 상품 등의 시용판매 : 상대방이 그 상품 등에 대한 구입의 의사를 표시한 날

해설
장기할부판매의 경우 인도기준에 따라 인도일(재고자산 외의 자산은 대금청산일, 소유권이전등기일, 인도일, 사용수익일 중 가장 빠른 날)이 속하는 사업연도를 귀속시기로 한다.

02 다음 중 법인세법상 손익의 귀속시기로 가장 옳지 않은 것은? [106회]

① 물품의 수출 : 수출물품을 계약상 인도하여야 할 장소에 보관한 날
② 시용판매 : 상대방이 구입의사를 표시한 날
③ 위탁판매 : 수탁자가 위탁자산을 판매한 날
④ 증권시장에서 보통거래방식으로 한 유가증권의 매매 : 결제일

해설
매매계약을 체결한 날

03 다음 중 법인세법상 자산의 판매에 따른 귀속시기에 대한 설명으로 가장 틀린 것은? [101회]

① 재고자산의 일반판매 : 그 재고자산을 인도한 날
② 자산의 위탁판매 : 수탁자가 그 위탁자산을 매매하는 날
③ 재고자산의 시용판매 : 상대방이 구입의사표시를 한 날
④ 자산의 장기할부판매 : 잔금을 받은 날

해설
장기할부판매의 경우 인도기준에 따라 인도일(재고자산 외의 자산은 대금청산일, 소유권이전등기일, 인도일, 사용수익일 중 가장 빠른 날)이 속하는 사업연도를 귀속시기로 한다.

01 ② 02 ④ 03 ④ **정답**

04 다음 중 법인세법상 손익의 귀속시기로 옳지 않은 것은? [100회]

① 상품의 판매 : 상품 등을 인도한 날
② 시용판매 : 상대방이 현금을 지급한 날
③ 위탁판매 : 수탁자가 위탁자산을 매매한 날
④ 매출할인 : 약정에 의한 지급기일(약정이 없다면 지급한 날)

해설
시용판매는 상대방이 그 상품 등에 대한 구입의 의사를 표시한 날을 귀속시기로 한다.

05 다음 중 법인세법상 손익의 귀속시기에 대한 설명으로 옳지 않은 것은? [99회]

① 건설 등의 계약기간이 1년 미만인 경우에는 작업진행률로 손익을 계상할 수 없다.
② 임대료 지급기간이 1년을 초과하는 경우 이미 경과한 기간에 대응하는 임대료 상당액과 비용을 각각 해당 사업연도의 익금과 손금으로 한다.
③ 유형자산을 양도하는 경우에는 대금청산일, 소유권이전등기일, 인도일, 사용수익일 중 빠른 날을 귀속 사업연도로 한다.
④ 법인의 해산에 의하여 익금산입하는 의제배당은 그 해산법인의 잔여재산가액 확정일에 수입된 것으로 본다.

해설
건설 등의 제공으로 인한 익금과 손금은 그 목적물의 건설 등의 착수일이 속하는 사업연도부터 그 목적물의 인도일(용역제공의 경우에는 그 제공을 완료한 날)이 속하는 사업연도까지 작업진행률을 기준으로 하여 계산한 수익과 비용을 각각 해당 사업연도의 익금과 손금에 산입한다.

06 다음 중 법인세법상 손익의 귀속시기가 옳지 않은 것은? [96회]

① 상품 판매(부동산 제외)에 따른 손익의 귀속시기는 그 상품을 인도한 날이다.
② 자산의 위탁판매로 인한 손익의 귀속시기는 수탁자가 그 위탁자산을 판매한 날이다.
③ 비상장 중소기업이 제공하는 장기건설용역의 경우 특례로 인도기준을 선택할 수 있다.
④ 자산의 임대 손익으로서 임대료 지급기간이 1년을 초과하는 경우 기간 경과분을 강제로 인식한다.

해설
건설·제조 기타 용역의 제공으로 인한 익금과 손금은 그 목적물의 건설 등의 착수일이 속하는 사업연도부터 그 목적물의 인도일(용역제공의 경우에는 그 제공을 완료한 날)이 속하는 사업연도까지 그 목적물의 건설 등을 완료한 정도를 기준으로 하여 계산한 수익과 비용을 각각 해당 사업연도의 익금과 손금에 산입한다. 다만, 중소기업인 법인이 수행하는 계약기간이 1년 미만인 건설 등의 경우 그 목적물의 인도일이 속하는 사업연도의 익금과 손금에 산입할 수 있다.

정답 04 ② 05 ① 06 ③

07

다음은 ㈜발전의 이자수익에 대한 자료이다. 이에 대한 법인세법상 세무조정으로 올바른 것은? [95회]

> ㈜발전은 1기에 3년만기 정기적금(원리금 만기 일시지급 조건)에 가입하고 이자수익 3,000,000원을 기간 경과에 따라 다음과 같이 회계처리하였다.
> - 1기 : (차) 미수수익 1,000,000원 (대) 이자수익 1,000,000원
> - 2기 : (차) 미수수익 1,000,000원 (대) 이자수익 1,000,000원
> - 3기 : (차) 현 금 3,000,000원 (대) 미수수익 2,000,000원
>   이자수익 1,000,000원

① 1기 : 세무조정 없음
② 2기 : 〈익금산입〉 1,000,000원 (유보)
③ 3기 : 〈익금불산입〉 1,000,000원 (△유보)
④ 3기 : 〈익금산입〉 2,000,000원 (유보)

해설
정기적금의 이자는 실제 수령한 날에 인식한다.
- 1기 : 〈익금불산입〉 1,000,000원 (△유보)
- 2기 : 〈익금불산입〉 1,000,000원 (△유보)
- 3기 : 〈익금산입〉 2,000,000원 (유보)

08

다음 중 법인세법상 손익의 귀속시기에 대한 설명으로 옳은 것은? [94회]

① 계약 등에 의하여 임대료의 지급일이 정하여진 경우에는 실제 지급받은 날을 귀속시기로 한다.
② 상품 등을 시용판매한 경우 그 상품의 인도일을 귀속시기로 한다.
③ 법인세법은 현금주의를 채택하고 있다.
④ 중소기업이 수행하는 계약기간 1년 미만의 단기건설 등의 경우에는 인도일이 속하는 사업연도의 익금과 손금으로 산입할 수 있다.

09

법인세법상 의제배당으로 인한 귀속시기에 대한 설명으로 가장 옳지 않은 것은? [93회]

① 감자·퇴사·탈퇴로 인한 의제배당 : 주식소각·자본감소결의일, 퇴사·탈퇴일
② 해산으로 인한 의제배당 : 해당 법인의 해산등기일
③ 합병으로 인한 의제배당 : 해당 법인의 합병등기일
④ 분할로 인한 의제배당 : 해당 법인의 분할등기일

해설
해산으로 인한 의제배당시의 귀속시기는 잔여재산가액이 확정된 날이다.

10 다음 중 법인세법상 손익의 귀속사업연도와 관련된 내용으로 옳지 않은 것은? [92회]

① 상품 등을 판매한 경우 그 상품 등을 인도한 날이 속하는 사업연도가 그 익금의 귀속사업연도이다.
② 상품 등의 시용판매의 경우 손익의 귀속시기는 상대방이 그 상품 등에 대한 구입의사를 표시한 날로 하는 것이나 일정기간 내에 거절의 의사표시를 하지 아니하여 판매가 확정되는 경우에는 그 기간의 만료일로 한다.
③ 자산의 위탁 매매 시 손익의 귀속시기는 수탁자가 그 위탁자산을 매매한 날이다.
④ 법인이 매출할인을 하는 경우 그 할인금액은 상대방이 대금을 지급한 날이 속하는 사업연도의 매출액에서 차감한다.

해설
법인이 매출할인을 하는 경우 그 매출할인금액은 거래 상대방과의 약정에 의한 지급기일이 속하는 사업연도의 매출액에서 차감한다.

11 다음 중 법인세법상 손익의 귀속사업연도에 관한 설명으로 옳지 않은 것은? [91회]

① 법인세법은 권리의무확정주의를 채택하고 있다.
② 중소기업이 수행하는 계약기간 1년 미만의 단기건설 등의 경우에는 인도기준(완성기준)도 적용할 수 있다.
③ 이자수익의 귀속시기는 실제 받은 날로만 할 수 있다.
④ 상품 등을 시용판매한 경우 구매자가 그 상품 등에 대한 구입의사를 표시한 날을 귀속사업연도로 한다.

해설
이자수익의 수입시기는 소득세법상 이자소득의 수입시기(약정에 의한 지급기일, 무기명 공사채의 이자·할인액, 예금이자 등은 지급을 받은 날)로 하되, 금융보험업을 영위하는 법인의 경우 실제로 수입된 날(선수이자 제외)로 한다. 다만, 발생주의에 따라 기간 경과분 미수이자(원천징수되는 이자 제외) 계상 시 이를 인정한다.

12 다음 중 법인세법상 의제배당의 귀속시기에 대한 설명으로 옳지 않은 것은? [90회]

① 법인의 합병으로 인한 의제배당은 해당 법인의 합병등기일이 속하는 사업연도에 귀속한다.
② 법인의 분할로 인한 의제배당은 해당 법인의 분할등기일이 속하는 사업연도에 귀속한다.
③ 법인의 해산으로 인한 의제배당은 해당 법인의 해산등기일이 속하는 사업연도에 귀속한다.
④ 잉여금의 자본전입으로 인한 의제배당은 주주총회에서 이를 결의한 날이 속하는 사업연도에 귀속한다.

해설
법인의 해산으로 인한 의제배당은 법인의 잔여재산의 가액이 확정된 날이 속하는 사업연도에 귀속한다

정답 10 ④ 11 ③ 12 ③

13 법인세법상 손익의 귀속시기에 관한 설명으로 옳지 않은 것은? [89회]

① 자산을 타인에게 위탁하여 판매하는 경우에는 위탁자가 수탁자에게 위탁자산을 이전한 날이 속하는 사업연도를 그 손익의 귀속사업연도로 한다.
② 법인이 일반기부금을 지출하고 이를 미지급금으로 계상한 경우에는 이를 지출한 사업연도의 기부금으로 본다.
③ 법인이 사채를 발행하는 경우의 사채할인발행차금은 기업회계기준에 의한 상각방법에 따라 이를 손금에 산입한다.
④ 임대료 지급기간이 1년을 초과하는 경우 이미 경과한 기간에 대응하는 임대료 상당액과 비용을 각각 해당 사업연도의 익금과 손금으로 한다.

> **해설**
> 수탁자가 그 위탁자산을 판매한 날이 속하는 사업연도를 그 손익의 귀속사업연도로 한다.

14 법인세법상 익금 및 손금의 귀속사업연도로 가장 옳지 않은 것은? [85회]

① 상품(부동산을 제외한다)·제품 또는 기타의 생산품의 판매 : 그 상품 등을 인도한 날
② 상품 등의 시용판매 : 상대방이 그 상품 등에 대한 구입의 의사를 표시한 날. 다만, 일정기간 내에 반송하거나 거절의 의사를 표시하지 아니하면 특약 등에 의하여 그 판매가 확정되는 경우에는 그 기간의 만료일로 한다.
③ 상품 등 외의 자산의 양도 : 사용수익일
④ 자산의 위탁매매 : 수탁자가 그 위탁자산을 매매한 날

> **해설**
> 상품 등 외의 자산의 양도의 귀속사업연도는 그 대금을 청산한 날 등

15 다음 중 법인세법상 영리내국법인의 자산·부채의 취득 및 평가에 관한 설명으로 가장 옳지 않은 것은? [84회]

① 재고자산으로서 파손, 부패등의 사유로 정상가격으로 판매할 수 없는 것은 장부가액을 감액할 수 있다.
② 제조업을 영위하는 법인이 보유하는 주식을 시가법으로 평가하고 회계상 평가이익을 계상한 경우에는 그 계상한 사업연도의 익금으로 한다.
③ 재고자산의 평가방법을 저가법으로 신고하는 경우에는 시가와 비교되는 원가법을 함께 신고해야 한다.
④ 유형자산이 천재지변으로 인하여 파손·멸실된 경우 결산서에 계상한 경우에 한하여 평가손실을 인정한다.

> **해설**
> 제조업을 영위하는 법인이 보유하는 주식은 원가법으로 평가한다.

16 법인세법상 손익의 귀속시기에 대한 설명이다. 가장 옳지 않은 것은? [83회]

① 법인 배당소득의 귀속사업연도는 소득세법상 배당소득의 수입시기가 속하는 사업연도로 한다.
② 부동산을 양도한 경우에는 대금청산일, 소유권이전등기일, 인도일, 사용수익일 중 빠른 날을 귀속사업연도로 한다.
③ 영수증을 작성·교부할 수 있는 업종을 영위하는 법인이 금전등록기를 설치·사용하는 경우 그 수입하는 물품대금과 용역대가의 귀속사업연도는 그 금액이 실제로 수입된 사업연도로 할 수 있다.
④ 당해 사업연도 종료일까지 실제로 소요된 총공사비누적액 또는 작업시간 등을 확인할 수 없는 경우에는 추계조사방법에 의하여 계산한 수익과 비용을 각각 해당사업연도의 익금과 손금에 산입한다.

해설
인도일이 속하는 사업연도가 귀속시기임

17 다음 중 법인세법상 손익의 귀속시기에 대한 설명으로 가장 옳은 것은? [82회]

① 법인세 원천징수대상인 이자소득에 대하여 결산확정시 기간경과분 미수이자를 수익으로 계상한 경우에는 수익계상한 날이 속하는 사업연도이다.
② 채권, 주식 등 유가증권은 점유에 의해 그 소유권을 인정하므로 이를 양도하는 경우 그 손익의 귀속시기는 원칙적으로 당해 유가증권을 인도하는 날이다.
③ 자산 양도 시 잔금지급일에 어음을 받았다면 그 어음을 교부받은 날이 양도시기가 된다.
④ 장기할부판매의 대상이 되는 자산은 제한이 없으므로 상품 등과 기타의 자산 및 주식을 모두 포함한다.

해설
① 기간경과분 미수이자(법인세가 원천징수되는 이자 등은 제외)를 당해 사업연도의 수익으로 계상한 경우에는 그 계상한 사업연도의 익금으로 한다.
② 상품, 제품 이외의 기타 자산의 양도손익은 양도대금을 청산한 날, 소유권이전등기(등록)일, 인도일, 사용수익일 중 가장 먼저 도래한 날이 귀속시기가 된다.
③ 어음을 받은 경우 그 어음이 실제로 결제된 날이 양도시기가 된다.

정답 16 ④ 17 ④

18 다음 중 법인세법상 손익의 귀속시기에 관한 설명으로 옳은 것은? [78회]

① 자산의 위탁판매의 경우 위탁자가 수탁자에게 인도한 날이 수익의 귀속시기가 된다.
② 주식의 양도시기는 원칙적으로 대금청산일 기준으로 잔금지급일에 어음을 받았다면 그 어음을 받은 날이 대금청산일이 된다.
③ 상품 등의 시용판매손익은 그 상품 등에 대한 구입의 의사를 표시한 날이 속하는 사업연도이다.
④ 수출물품을 계약상 인도하여야 할 장소에 보관한 날이란 계약상 별단의 명시가 없는 한 보세창고 입고일을 말한다.

해설
① 수탁자가 그 위탁자산을 매매한 날이 속하는 사업연도임
② 어음의 경우 실제 결제일이 잔금청산일임
④ 선적완료일을 말함

19 다음 중 법인세법상 손익의 귀속사업연도를 원칙적으로 인도일로 하고 있는 판매의 형태는? [76회]

① 상품·제품의 외상매출
② 상품·제품의 위탁매출
③ 상품·제품의 시용매출
④ 장기도급계약에 의한 건설

해설
상품·제품의 외상매출의 귀속사업연도는 인도일이다.

20 다음 중 법인세법상 손익의 귀속시기 등이 잘못 설명된 것은? [74회]

① 특수관계 있는 개인으로부터 유가증권을 저가양수한 경우 시가와의 차액은 양도 시 법인의 익금에 산입하여야 한다.
② 무상수증이익의 익금 귀속연도는 사실상 당해 증여행위가 이루어진 때가 된다.
③ 채무면제이익 등의 귀속시기는 당해 채무면제가 확정된 날이 속하는 사업연도가 된다.
④ 소멸시효 완성에 따른 채무소멸이익은 그 소멸시효가 완성된 날이 속하는 사업연도의 익금에 산입한다.

해설
특수관계 있는 개인으로부터 유가증권을 저가양수한 경우 시가와의 차액은 취득 시 법인의 익금에 산입하여야 한다.

21 다음은 중소기업이 아닌 비상장법인인 ㈜AA건설의 제3기 사업연도(2020년 1월 1일 ~ 2020년 12월 31일)의 각 사업연도 소득금액 계산 시 반영해야 할 도급공사와 관련된 세무조정 자료이다. ㈜AA건설의 제3기 결산상 법인세비용차감전순이익은 3,000,000원이며 아래의 자료 외의 세무조정사항이 없다고 가정할 때 법인세법상 각 사업연도 소득금액은 얼마인가?(단, ㈜AA건설은 인도기준에 따라 수익과 비용을 인식하고 있다) [74회]

구 분	A현장	구 분	A현장
공사기간	2020년 8월 1일 ~ 2021년 6월 30일	도급금액	12,000,000원
총공사예정원가	10,000,000원	당기공사원가	4,000,000원

① 3,300,000원 ② 3,800,000원
③ 4,200,000원 ④ 5,000,000원

해설
- 공사수익 = 12,000,000 × (4,000,000 / 10,000,000) = 4,800,000원 (익금산입(유보))
- 공사원가 : 4,000,000원 (손금산입 (△유보))
- 각 사업연도 소득금액 = 3,000,000 + (4,800,000 − 4,000,000) = 3,800,000원

22 법인세법상 손익의 귀속시기를 설명한 것 중 틀린 것은? [68회]

① 내국법인의 각 사업연도의 익금과 손금의 귀속사업연도는 그 익금과 손금이 확정된 날이 속하는 사업연도로 한다.
② 임대료 지급기간이 1년을 초과하는 경우 이미 경과한 기간에 대응하는 임대료 상당액과 비용은 이를 각각 당해 사업연도의 익금과 손금으로 한다.
③ 상품(부동산 제외)·제품 또는 기타의 생산품 판매는 상품 등을 인도한 날이 속하는 사업연도로 한다.
④ 법인이 잉여금처분으로 수입하는 배당금은 실제 배당금을 지급받는 날이 속하는 사업연도의 익금에 산입한다.

해설
잉여금처분으로 수입하는 배당금은 잉여금처분결의일이 속하는 사업연도에 익금으로 한다.

정답 21 ② 22 ④

PART 1 법인세법
기업업무추진비

※ 2024년 1월 1일 이후 접대비 명칭을 기업업무추진비로 변경

01 기업업무추진비의 개념과 범위

1 기업업무추진비의 개념

기업업무추진비란 법인의 업무와 관련하여 거래처 등에 지출된 것으로서 교제비, 사례금, 접대비, 기밀비, 기타 명목 여하에 불구하고 이와 유사한 성질의 지출금액을 말한다. 이는 법인의 업무와 관련하여 지출한 금액으로서 손금으로 인정됨이 마땅하나, 소비성 경비로서 사회적으로 권장함이 바람직하지 않고 과다지출 시 법인의 재무구조를 악화시킬 수 있는 원인이 되므로 현행 법인세법에서는 일정한 한도 내에서 손금으로 인정하고 있다.

2 기업업무추진비의 범위

기업업무추진비에 해당하는지의 여부는 거래명칭, 계정과목 등과 관계없이 그 실질적 내용에 따라 판정한다. 그 중요한 판정기준은 다음과 같다.

구 분	내 용
주주, 임직원이 부담하여야 할 기업업무추진비를 법인이 부담한 것	기업업무추진비로 보지 않음 → 이는 결국 업무와 관련이 없는 지출분이므로 직접 손금불산입(배당·상여)한다.
종업원이 조직한 조합 등에 대하여 지출한 복리시설비	① 조합·단체가 법인인 경우 : 기업업무추진비로 봄 ② 조합·단체가 법인이 아닌 경우 : 법인경리의 일부(손금산입)로 봄 예 종업원으로 구성된 노동조합지부에 지출한 보조금
약정에 따라 포기한 채권	① 포기사유가 정당한 경우 : 대손금으로 손금인정 ② 포기사유가 정당하지 아니한 경우 : 기업업무추진비(매출채권) 또는 기부금(기타채권)으로 봄. 단, 채무자가 특수관계자인 경우에는 부당행위계산부인규정을 적용
기업업무추진비 관련 부가가치세 매입세액	기업업무추진비(단, 기부금 관련 부가가치세 매입세액은 기부금으로 봄)
접대목적으로 제공한 자산에 대한 부가가치세 매출세액 부담액	이는 부가가치세법상 재화의 간주공급에 해당하는 사업상 증여에 따른 부가가치세 매출세액으로서 법인세법에서는 이러한 사업상 증여가 업무와 관련성이 있는 경우라면 이를 판매부대비용 또는 기업업무추진비로 본다. 만일 이러한 사업상 증여가 업무와 관련이 없는 기부금에 해당하면 동 사업상 증여에 따른 부가가치세 매출세액은 기부금으로 본다.
회의비	① 통상회의비 : 전액 손금인정 ② 통상회의비를 초과하는 금액 : 기업업무추진비로 봄

02 기업업무추진비로 보지 아니하는 경우

(1) 개 요

법인이 1회의 접대에 지출한 금액이 3만원(경조사비는 20만원)을 초과하는 경우에는 반드시 신용카드 등의 적격증명서류를 사용하여야 한다. 만일 다음의 신용카드 등을 사용하지 아니하고 지출한 금액이 있는 경우에 동 금액은 손금불산입(기타사외유출)한다.

① 신용카드
② 직불카드
③ 외국에서 발행된 신용카드
④ 기명식 선불카드
⑤ 현금영수증
⑥ 계산서 또는 세금계산서
⑦ 매입자발행세금계산서
⑧ 원천징수영수증 : 다만, 다음에 해당하는 기업업무추진비 지출액에 대해서는 적격증명서류가 없어도 위의 손금불산입규정을 적용하지 않는다.
　㉠ 적격증빙을 구비하기 어려운 법소정 국외 지역에서 지출한 것으로서 지출사실이 객관적으로 명백한 다음의 기업업무추진비
　　• 기업업무추진비가 지출된 장소에서 현금 외의 다른 지출수단이 없어 적격증빙서류를 구비하기 어려운 경우의 해당 지출
　　• 농어민(법인은 제외)으로부터 직접 재화를 공급받는 경우의 지출로서 그 대가를 금융회사 등을 통하여 지급한 지출
　㉡ 당해 법인이 직접 생산한 제품 등으로 제공한 것(= 현물기업업무추진비)

(2) 신용카드 등 수취 시 유의사항

① 신용카드는 당해 법인의 명의로 발급받은 신용카드에 국한한다. 따라서 개인명의의 신용카드로 사용한 금액은 신용카드사용 기업업무추진비로 보지 않는다.
② 매출전표 등에 기재된 상호 및 사업장 소재지가 재화 또는 용역을 공급하는 신용카드 등의 가맹점의 상호 및 사업장 소재지와 다른 경우에는 신용카드사용 기업업무추진비로 보지 않는다.

03 기업업무추진비 손금불산입 세무조정 순서

기업업무추진비의 세무조정은 다음 순서에 의한다.

1 1단계 : 손금불산입 직부인

구 분	손금불산입	소득처분
직접부인 기업업무추진비	증빙누락분	손금불산입(대표자 상여)
	적격증빙 미수취[건당 3만원(경조사비 20만원) 초과 영수증 등 비적격증빙 수취 포함]	손금불산입(기타사외유출)

2 2단계 : 기업업무추진비 한도 계산 후 시부인

법인의 기업업무추진비 지출액에서 1단계의 손금불산입된 금액을 제외한 금액이 기업업무추진비 한도액을 초과하는 경우, 동 금액을 손금불산입(기타사외유출)한다.

04 기업업무추진비 한도초과액의 계산

1 개 요

　　　　기업업무추진비 해당액 → 증빙불비기업업무추진비 제외, 손금불산입(대표자 상여 또는 기타사외유출)
(−)　 기업업무추진비 한도액
　　　　기업업무추진비 한도초과액 → 손금불산입(기타사외유출)

각 사업연도에 지출한 기업업무추진비(직접부인된 기업업무추진비는 제외)로서 다음의 한도액[주)]을 초과하는 금액은 손금불산입한다.

*주) 부동산임대업을 주된 사업으로 하는 일정한 요건에 해당하는 내국법인의 경우에는 그 금액에 100분의 50을 곱한 금액을 한도액으로 한다(일반기업에 비해 한도 축소).

> 일반기업업무추진비 한도액 = ① + ②
>
> ① 12,000,000원(중소기업 36,000,000원) × $\dfrac{\text{해당 사업연도 월수}^{*주1)}}{12}$
>
> ② (일반수입금액 × 적용률) + (특정수입금액[*주2)] × 적용률 × 10%[*주3)])

*주1) 월수는 역에 따라 계산하되, 1월 미만의 일수는 1월로 한다.
*주2) 특정수입금액이란 특수관계자와의 거래에서 발생한 수입금액을 말한다.
*주3) 특수관계인 간에는 기업업무추진비를 지출할 필요성이 적은 점을 반영

수입금액 구간별 적용률은 다음과 같다.

수입금액 구간	적용률
100억원 이하	0.3% ($\frac{3}{1,000}$)
100억원 초과 ~ 500억원 이하	3천만원 + 100억원 초과액 × 0.2% ($\frac{2}{1,000}$)
500억원 초과	1억 1천만원 + 500억원 초과액 × 0.03% ($\frac{0.3}{1,000}$)

이때, 법인에 일반수입금액과 특정수입금액이 함께 있는 경우에는 일반수입금액에 대해 해당 수입금액 구간 해당률을 적용한 다음, 특정수입금액에 대해서는 일반수입금액을 초과하는 수입금액구간의 해당률을 적용해야 한다.

2 수입금액

기업업무추진비의 한도액 계산기준이 되는 수입금액은 기업회계에 의하여 계산한 매출액(매출에누리와 환입·매출할인을 차감하고, 부산물매출액·작업폐물매출액은 포함)으로 한다.

3 문화기업업무추진비와 전통시장기업업무추진비가 있는 경우 기업업무추진비 한도액 특례

내국인이 문화기업업무추진비로 지출한 금액에 대해서는 해당 과세연도 소득금액을 계산할 때 위의 일반기업업무추진비 한도액에 다음과 같이 문화기업업무추진비 한도액을 가산한다.

> 기업업무추진비 한도액 = 일반기업업무추진비 한도액 + ① 문화기업업무추진비 한도액 + ② 전통시장 기업업무추진비 한도액
>
> ① 문화기업업무추진비 한도액 : Min[㉠, ㉡]
> ㉠ 문화기업업무추진비 지출액
> ㉡ 일반기업업무추진비 한도액 × 20%
> ② 전통시장기업업무추진비 한도액 : Min[㉠, ㉡]
> ㉠ 전통시장기업업무추진비 지출액
> ㉡ 일반기업업무추진비 한도액 × 10%

여기서 문화기업업무추진비란 다음의 용도로 지출한 금액을 말한다.
① 문화예술진흥법 제2조에 따른 문화예술의 공연이나 전시회 또는 박물관 및 미술관 진흥법에 따른 박물관의 입장권 구입
② 국민체육진흥법 제2조에 따른 체육활동의 관람을 위한 입장권의 구입
③ 영화 및 비디오물의 진흥에 관한 법률 제2조에 따른 비디오물의 구입
④ 음악산업진흥에 관한 법률 제2조에 따른 음반 및 음악영상물의 구입
⑤ 출판문화산업 진흥법 제2조에 따른 간행물의 구입
⑥ 관광진흥법에 따라 문화관광축제의 관람 또는 체험을 위한 입장권 등의 구입
⑦ 관광진흥법 시행령에 따른 관광공연장 입장권의 구입
⑧ 미술품의 구입(취득가액이 거래단위별로 100만원 이하인 것에 한함)

05 기업업무추진비의 세무조정시기

기업업무추진비는 접대행위를 한 시점이 속하는 사업연도의 손금으로 한다(발생주의). 따라서, 접대행위가 일어났으나 아직 미지급된 금액도 그 사업연도의 기업업무추진비로 인정하여 세무조정한다.
반면, 법인이 기업업무추진비를 지출한 사업연도의 손비로 처리하지 않고 이연처리한 경우에도 이를 지출한 사업연도의 기업업무추진비로서 시부인계산한다.

06 기업업무추진비의 평가

1 기업업무추진비의 평가

기업업무추진비를 금전 외의 자산으로 제공한 경우 해당 자산의 가액은 이를 제공할 때의 시가(시가가 장부가액보다 낮은 경우에는 장부가액)에 따른다.

2 현물기업업무추진비

(1) 현물기업업무추진비의 개요

현물기업업무추진비란 법인이 직접 생산한 제품 등을 거래처 등에게 제공하는 것을 말하며, 이러한 현물기업업무추진비는 이를 제공한 때의 시가에 의하여 기업업무추진비를 계산한다.
한편, 현물기업업무추진비의 지출은 부가가치세법상 사업상 증여에 해당하므로 부가가치세를 과세하게 되는데, 법인세법에서는 이 또한 기업업무추진비로 보도록 규정하고 있다.

(2) 현물기업업무추진비와 관련된 세무조정 시 유의사항

현물기업업무추진비와 관련된 세무조정 시 유의사항을 살펴보면 다음과 같다.
① 현물기업업무추진비는 자사제품 등을 거래처 등에게 제공하는 것이기 때문에 현실적으로 신용카드 등을 사용하는 것이 불가능하므로 법인세법에서도 신용카드 등의 사용의무를 규정하지 않고 있다. 따라서 외부에서 선물용 상품 등을 구입하여 거래처 등에게 제공하는 것은 현물기업업무추진비가 아니다.
② 현물기업업무추진비와 관련하여 장부상 매출액으로 회계처리를 한 경우에도 이는 기업회계상 매출액이 아니므로 기업업무추진비 한도액 계산 시 이를 수입금액에 포함시켜서는 안 된다.

07 자산계정 기업업무추진비가 있는 경우의 세무조정

기업업무추진비는 원칙적으로 손비이지만 기업업무추진비의 성격에 따라 건설중인자산 등으로 처리된 경우에도 손비로 계상한 기업업무추진비와 합산하여 시부인계산하여야 한다. 자산으로 계상한 기업업무추진비가 있는 경우의 세무조정은 다음과 같다.

1 기업업무추진비 시부인계산

먼저 비용계상 기업업무추진비와 자산계상 기업업무추진비를 합한 금액을 대상으로 기업업무추진비 시부인계산을 하여 기업업무추진비 한도초과액을 손금불산입(기타사외유출)한다.

2 자산에 대한 세무조정

기업업무추진비 한도초과액이 비용계상 기업업무추진비보다 크지 아니한 경우에는 위 1의 세무조정으로 종료되며, 한도초과액이 비용계상 기업업무추진비보다 큰 경우에는 그 차액만큼 자산(건설중인자산, 유형자산 및 무형자산의 순서로 함)을 손금산입(△유보)한다.

3 사후관리

자산의 손금산입(△유보)금액에 대하여 추후 회사가 상각비를 계상하면, 다음 산식에 의하여 계산한 금액을 손금불산입(유보)하고, 자산의 처분 시에는 처분 당시 잔액을 전액 손금불산입(유보)한다.

$$\text{손금불산입액} = \text{회사가 계상한 상각비} \times \frac{\triangle \text{유보분 잔액}}{\text{당해 연도 감가상각 전 장부가액}}$$

제7장 단원별 기출문제

01 다음 중 법인세법상 기업업무추진비에 대한 설명으로 옳지 않은 것은? [108회]

① 법인이 기업업무추진비를 금전 외의 자산으로 제공한 경우, 해당 자산의 가액은 시가와 장부가액 중 큰 금액으로 평가한다.
② 건당 3만원을 초과한 기업업무추진비(경조금 제외)로서 적격증빙을 수취하지 아니한 경우 손금불산입한다.
③ 내국법인이 1회의 접대에 지출한 경조금은 적격증빙을 수취하지 아니하여도 25만원 이내의 금액은 손금불산입하지 아니한다.
④ 기업업무추진비 지출액 중 손금불산입 대상을 제외한 기업업무추진비는 한도액을 계산하여 한도초과액을 손금불산입하고 기타사외유출로 처분한다.

해설
25만원 → 20만원

02 다음 중 법인세법상 기업업무추진비에 해당하지 않는 것은? [105회]

① 사용인이 조직한 법인인 단체에 지출한 복리시설비
② 거래처와의 통상회의비를 초과하여 과다하게 지출한 금액
③ 사업상 증여 시 법인이 부담한 부가가치세 매출세액
④ 사용인이 부담할 기업업무추진비를 법인이 지출한 비용

해설
사용인이 부담하여야 할 성질의 기업업무추진비를 법인이 지출한 것은 이를 기업업무추진비로 보지 아니한다.

03 다음 중 법인세법상 기업업무추진비에 대한 설명으로 옳지 않은 것은? [103회]

① 기업업무추진비의 귀속시기는 접대행위를 한 날이 속하는 사업연도로 한다.
② 기업업무추진비는 업무를 원활하게 진행하기 위해 불특정 다수에게 지출한 금액을 말한다.
③ 기업업무추진비는 한도 내에서 손금으로 인정된다.
④ 현물기업업무추진비는 제공한 시점의 시가와 장부가액 중 큰 금액으로 산정한다.

해설
불특정 다수에게 지출한 금액은 기업업무추진비가 아닌 광고선전비이다.

04 다음 중 법인세법상 기업업무추진비 및 기부금에 대한 설명으로 틀린 것은? [101회]

① 현물기업업무추진비는 제공 당시 시가가 장부가액보다 낮은 경우 장부가액에 의하여 기업업무추진비를 계산한다.
② 미지급기부금은 지출한 연도의 기부금으로 보는 것이 원칙이다.
③ 법인이 그 직원이 조직한 법인인 조합에 대하여 지출한 복리시설비는 기부금으로 본다.
④ 기업업무추진비 한도초과액은 기타사외유출로 소득처분한다.

해설
법인이 그 직원이 조직한 법인인 조합에 대하여 지출한 복리시설비는 기업업무추진비로 본다.

05 다음 중 법인세법상 기업업무추진비에 대한 설명으로 가장 옳지 않은 것은? [100회]

① 기업업무추진비란 접대, 교제, 사례 또는 그 밖에 어떠한 명목이든 상관없이 이와 유사한 목적으로 지출한 비용으로서 판단은 실질 내용에 따라 판단하여야 한다.
② 기업업무추진비는 한도 내에서 손금으로 인정된다.
③ 기업업무추진비의 귀속시기는 기업업무추진비를 지출한 날로 한다.
④ 불특정 다수에게 지출한 광고선전비는 기업업무추진비가 아니다.

해설
기업업무추진비는 접대행위를 한 날이 속하는 사업연도로 한다.

06 다음 중 법인세법상 기업업무추진비에 대한 설명으로 틀린 것은? [99회]

① 직원이 조직한 법인이 아닌 조합 또는 단체에 복리시설비를 지출하는 금액은 기업업무추진비이다.
② 기업업무추진비 관련 부가가치세 매입세액 불공제액은 기업업무추진비로 본다.
③ 현물기업업무추진비는 제공한 때의 장부가액이 시가보다 높은 경우 장부가액으로 기업업무추진비를 계산한다.
④ 기업업무추진비는 접대행위가 이루어진 사업연도의 손금으로 한다.

해설
법인이 그 직원이 조직한 조합 또는 단체에 복리시설비를 지출한 경우 해당 조합이나 단체가 법인이 아닌 때에는 그 법인의 경리의 일부로 본다.

정답 04 ③ 05 ③ 06 ①

07 다음 중 법인세법상 기업업무추진비에 관한 설명으로 옳지 않은 것은? [96회]

① 적격증빙을 수취하지 아니한 기업업무추진비는 손금불산입하고 대표자의 상여로 처리한다.
② 기업업무추진비를 금전 외의 자산으로 제공한 경우 해당 자산의 가액은 장부가액으로 한다.
③ 사업연도를 무신고한 중소기업(신설법인 및 부동산임대업을 주업으로 하는 특정 법인 제외)의 기업업무추진비 한도액은 최소 3,600만원이다.
④ 약정에 따라 채권의 일부를 포기하는 경우에도 기업업무추진비로 볼 수 있다.

> **해설**
> 법인이 기업업무추진비를 금전 외의 자산으로 제공한 경우 해당 자산의 가액은 제공한 때의 장부가액과 시가 중 큰 금액으로 산정한다.

08 다음 중 법인세법상 기업업무추진비로 보지 않는 것은? [92회]

① 거래처 접대에 지출한 기업업무추진비로서 법인 명의의 신용카드를 사용한 금액
② 주주 또는 출자자나 임원 또는 사용인이 부담하여야 할 성질의 기업업무추진비를 법인이 지출한 경우
③ 별도 약정이나 지급의무가 없는 인력공급업체로부터 파견된 직원에게 지급하는 복리후생비 등의 금액
④ 법인이 그 사용인이 조직한 법인인 조합 또는 단체에 복리시설비를 지출한 경우

> **해설**
> 주주 또는 출자자나 임원 등이 부담하여야 할 성질의 기업업무추진비를 법인이 지출한 경우 그 금액을 손금불산입하여 그 귀속자에게 소득처분하고, 기업업무추진비 한도액 시부인 대상이 되는 기업업무추진비 해당액에 포함하지 아니한다.

09 다음 중 법인세법상 기업업무추진비에 대한 설명으로 잘못된 것은? [90회]

① 법인이 기업업무추진비를 이연처리한 경우에는 이를 지출한 사업연도의 기업업무추진비로 보아 시부인한다.
② 약정에 따라 채권의 전부 또는 일부를 포기한 경우 무조건 기업업무추진비로 본다.
③ 접대행위를 하고 미지급한 상태라 하더라도 접대를 한 날이 속하는 사업연도의 기업업무추진비로 본다.
④ 기업업무추진비를 금전 외의 자산으로 제공한 경우 시가와 장부가액 중 큰 금액으로 평가한다.

> **해설**
> 약정에 따라 채권의 전부 또는 일부를 포기한 경우 업무와 무관한 경우에는 기부금으로 본다.

10 법인세법상 기업업무추진비에 관한 설명으로 옳지 않은 것은? [89회]

① 특수관계인과의 거래에서 발생한 수입금액에 대해서는 수입금액을 기준으로 하는 기업업무추진비 한도액을 일반수입금액에 비해 낮게 정하고 있다.
② 법인이 그 직원이 조직한 법인인 조합 또는 단체에 대하여 지출한 복리시설비는 기업업무추진비로 본다.
③ 기업업무추진비에 해당하는 사업상 증여에 대하여 법인이 부담한 부가가치세 매출세액 상당액은 기업업무추진비로 보지 아니한다.
④ 현물기업업무추진비는 이를 제공한 때의 시가가 장부가액보다 낮은 경우에는 장부가액에 의하여 기업업무추진비를 계산한다.

> **해설**
> 기업업무추진비에 해당하는 사업상 증여에 대하여 법인이 부담한 부가가치세 매출세액 상당액은 기업업무추진비로 본다.

11 다음 중 법인세법상 기업업무추진비로 볼 수 있는 것은? [84회]

① 법인이 아닌 사용인 조직단체에 대한 복리시설비
② 약정에 의한 채권포기액 중 업무관련성이 없는 경우
③ 판매한 상품의 판매장려금
④ 사회통념상 인정될 수 있는 범위를 초과한 회의비

12 다음 중 법인세법상 기업업무추진비에 대한 설명 중 가장 잘못된 것은? [82회]

① 접대행위는 이루어졌으나 그 대금을 미지급한 경우에는 실제로 이를 지급하기 전에는 기업업무추진비로 보지 아니한다.
② 법인이 기업업무추진비를 금전 외의 자산으로 제공한 경우에 당해 자산의 가액은 제공한 때의 시가(시가가 장부가액 보다 낮은 경우에는 장부가액)로 평가한다.
③ 법인이 기업업무추진비를 이연처리한 경우에는 이를 지출한 사업연도의 기업업무추진비로 보아 시부인계산한다.
④ 법인이 특정인에게 기증한 물품(개당 3만원 이하)이 연간 5만원을 초과하는 경우에는 이를 기업업무추진비로 본다.

> **해설**
> 기업업무추진비는 접대행위가 이루어진 사업연도의 손금에 산입한다. 따라서, 접대행위는 이루어졌으나 그 대금을 미지급한 경우에는 실제로 접대한 날이 속하는 사업연도의 기업업무추진비로 본다.

정답 10 ③ 11 ④ 12 ①

13 다음 자료에서 법인세법상 기업업무추진비와 관련해 해야 할 세무조정과 소득처분은? [78회]

> • 회사계상 기업업무추진비 : 20,000,000원
> • 세법상 기업업무추진비 한도액 : 12,000,000원
> • 회사계상 기업업무추진비 중 4,000,000원은 리베이트로 실제 지급 여부가 확인되지 않음

① 손금불산입 8,000,000원 기타사외유출
② 손금불산입 8,000,000원 상여
③ 손금불산입 4,000,000원 기타사외유출
④ 손금불산입 4,000,000원 기타사외유출, 손금불산입 4,000,000원 상여

해설
리베이트 손불/상여, 한도초과액 기타사외유출

14 다음 중 법인세법상 기업업무추진비가 손금불산입되는 것은?(단, 모두 3만원을 초과한다고 가정한다) [77회]

① 계산서에 의한 기업업무추진비
② 세금계산서에 의한 기업업무추진비
③ 지출증빙용 현금영수증에 의한 기업업무추진비
④ 임직원의 개인신용카드에 의한 기업업무추진비

해설
임직원의 개인신용카드에 의한 기업업무추진비는 손금불산입이다.

15 다음 중 법인세법상 기업업무추진비 부인액에 대한 소득처분이 옳지 않은 것은? [76회]

① 증빙누락분 – 대표자 상여
② 건당 3만원 초과 적격증빙 미수취분 – 기타사외유출
③ 법인명의 신용카드가 아닌 종업원카드 사용분 – 유보
④ 직접부인분을 제외한 기업업무추진비 중 기업업무추진비 한도초과액 – 기타사외유출

해설
종업원카드 사용분은 신용카드 사용분에 포함하지 않으므로 직접 부인한다. 따라서, 기타사외유출 등으로 소득처분한다.

16 다음 중 법인세법상 전액 문화기업업무추진비가 아닌 것은?(단, 국내에서 지출한 것으로 가정한다) [74회]

① 출판문화산업 진흥법에 따른 간행물의 구입
② 영화 및 비디오물의 진흥에 관한 법률에 따른 비디오물 구입
③ 국민체육진흥법에 따른 체육활동의 관람을 위한 입장권의 구입
④ 관광진흥법에 따른 공연장의 입장권으로 식사금액이 포함된 관람권 구입

해설
식사금액이 포함된 경우 공연물 관람가격 해당 분만 문화기업업무추진비로 본다.

17 다음 중 법인세법상 기업업무추진비에 대한 설명 중 틀린 것은? [73회]

① 기업업무추진비란 접대비 및 사례비 등 명목과 상관없이 이와 유사한 성질의 비용으로 업무와 관련해 지출한 비용을 말한다.
② 내국법인이 1회의 기업업무추진비용으로 3만원(경조사비 20만원)을 초과하는 경우 세법상 증빙이 있어야 비용으로 인정받을 수 있다.
③ 주주 또는 출자자나 임원 또는 직원이 부담하여야 할 성질의 기업업무추진비를 법인이 지출한 것은 이를 기업업무추진비로 보지 아니한다.
④ 법인이 그 사용인이 조직한 조합 또는 단체에 복리시설비를 지출한 경우 당해 조합이나 단체가 법인인 때에는 이를 기업업무추진비로 보지 않는다.

해설
기업업무추진비로 본다.

18 다음 중 법인세법상 손금으로 인정받을 수 있는 기업업무추진비 한도금액은? [69회]

- 사업연도 : 당해 연도 3월 1일 ~ 당해 연도 12월 31일
- 중소기업이며 당해 연도 매출액은 300억원이다.
- 특수관계자와의 거래는 없으며 3년 전에 설립한 법인이다.

① 50,000,000원   ② 60,000,000원
③ 80,000,000원   ④ 100,000,000원

해설
공제한도 = 3,600만원 × 10/12 + (3,000만원 + 200억원 × 0.002) = 100,000,000원

정답 16 ④ 17 ④ 18 ④

19
법인세법상 영리내국법인의 인건비, 기업업무추진비 및 지급이자에 관한 설명으로 틀린 것은? [66회]

① 비상근임원에게 지급하는 보수는 부당행위계산부인에 해당하는 경우를 제외하고 이를 손금에 산입한다.
② 직원에게 지급하는 상여금은 급여지급기준에 상관없이 전액 손금에 산입한다.
③ 채권자가 불분명한 사채의 이자에 대한 원천징수세액 상당액은 기타사외유출로 소득처분한다.
④ 기업업무추진비를 금전 외의 자산으로 제공한 경우 해당 자산의 가액은 이를 제공할 때의 시가와 장부가액 중 작은 금액으로 평가한다.

해설
현물기업업무추진비는 시가와 장부가액 중 큰 금액으로 평가한다.

20
다음 중 법인세법상 기업업무추진비에 해당하지 않는 것은? [66회]

① 국가나 지방자치단체에 무상으로 기증하는 금품
② 특수관계 없는 거래처에 대하여 거래관계 개선목적을 위해 약정에 따라 채권의 일부를 포기하는 경우
③ 거래처를 대상으로 하는 업무 관련 무상지출
④ 직원이 조직한 법인인 단체에 지출한 복리시설비

해설
국가 등에게 무상으로 기증하는 금품은 기부금이다.

21
법인세법상 기업업무추진비에 대한 한도초과액은? [62회]

(1) 사업연도 : 당해 연도 1월 1일 ~ 당해 연도 12월 31일
(2) 수입금액에 관한 사항
 1. 중소기업임
 2. 매출액(영업수입금액) 500억원(특수관계자와의 거래 없음)
(3) 기업업무추진비 지출액 : 1억 6천 4백만원(적격증빙 모두 수취함)

① 600만원　　② 1,200만원
③ 1,500만원　　④ 1,800만원

해설
- 기본공제 : 3,600만원
- 일반수입금액기준 : (100억원 × 0.003) + (400억원 × 0.002) = 11,000만원
- 기업업무추진비 한도초과액 : 16,400만원 − (3,600만원 + 11,000만원) = 1,800만원

정답 19 ④　20 ①　21 ④

22 다음 중 법인세법상 기업업무추진비 부인액에 대한 소득처분이 옳지 않은 것은? [61회]

① 증빙누락분 : 대표자 상여
② 건당 3만원 초과 적격증빙 미수취분 : 기타사외유출
③ 기업업무추진비 한도초과액 : 기타사외유출
④ 법인명의 신용카드가 아닌 종업원카드 사용분 : 유보

해설
기타사외유출로 소득처분

23 법인세법상 기업업무추진비와 기부금에 대한 설명 중 옳지 않은 것은? [61회]

① 기업업무추진비는 발생주의, 기부금은 현금주의에 의하여 귀속시기를 판단한다.
② 법인이 금전 이외의 자산으로 기업업무추진비를 지출한 경우에는 원칙적으로 그 자산의 장부가액을 기업업무추진비로 본다.
③ 부동산을 기부하여 특례기부금으로 손금산입하는 경우 장부가액으로 평가한다.
④ 천재지변으로 인한 이재민 구호금품은 특례기부금이다.

해설
기업업무추진비를 금전 외의 자산으로 제공한 경우 당해 자산의 가액은 이를 제공한 때의 시가에 의한다.

정답 22 ④ 23 ②

CHAPTER 08 기부금

PART 1 법인세법

01 기부금의 의의와 범위

1 기부금의 의의

기부금이란 법인이 ① 특수관계 없는 자에게 ② 사업과 직접 관계없이 ③ 무상으로 지출하는 재산적 증여의 가액을 말한다. 원래 기부금은 업무와 관련이 없는 지출이므로 손금이 될 수 없지만, 기부금 가운데 기업활동의 원활한 수행을 위해 불가피하게 요구되거나, 사회적으로 바람직한 것 또는 공익성이 있는 것에 대하여는 현행 법인세법에서 일정금액을 손금으로 인정하고 있다.

2 기부금의 범위

(1) 본래의 기부금

기부금은 법인이 특수관계 없는 자에게 사업과 직접 관계없이 무상으로 지출하는 재산적 증여의 가액이다. 특례기부금, 우리사주조합기부금, 일반기부금은 특수관계자에 대한 것도 기부금으로 인정하므로 '특수관계 없는 자에게'라는 표현은 비지정기부금에만 적용된다.

(2) 간주기부금

다음의 경우에는 일정 차액부분에 대해 실질적으로 증여한 것으로 인정하여 이를 기부금으로 간주한다.

① **자산의 매매 시 의제기부금**: 법인이 특수한 관계자 외의 자에게 정당한 사유 없이 자산을 정상가액보다 높은 가액(시가 × 130%)으로 양수하거나 정상가액보다 낮은 가액(시가 × 70%)으로 양도한 경우에는 당해 차액을 기부금으로 본다.

예컨대, 시가 200원인 자산을 300원에 양수한 경우에는 정상가액 260원(= 200원 × 130%)을 초과하는 40원을 기부금으로 의제하고, 시가 200원인 자산을 120원에 양도한 경우에는 정상가액 140원(= 200원 × 70%)에 미달하는 20원을 기부금으로 의제한다.

② **부동산의 무상 또는 저가임대 시 의제기부금**: 법인이 특수관계자 이외의 자에게 사업과 직접 관계없이 부동산을 무상으로 임대하거나 정당한 사유 없이 정상가액보다 낮은 가액으로 임대하는 경우에도 그 차액을 기부금으로 본다.

02 기부금의 구분

기부금은 국가 등에 지출한 특례기부금, 그리고 일반기부금과 비지정기부금으로 구분되는데, 현행 법인세법상 기부금의 종류에 대해서는 다음과 같이 구분하고 있다.

① 법인세법 제24조 제2항의 기부금은 해당 사업연도의 소득금액을 계산할 때 이월결손금(기준소득금액의 80% 한도, 중소기업의 경우 기준소득금액의 100% 한도)을 뺀 후의 소득금액에 50%를 곱하여 산출한 금액을 손금한도액으로 하며, 이에 대한 기부금의 명칭을 '특례기부금'이라 한다.

② 법인세법 제24조 제3항의 기부금은 해당 사업연도의 소득금액을 계산할 때 이월결손금(기준소득금액의 80% 한도, 중소기업의 경우 기준소득금액의 100% 한도과 특례기부금 손금산입액 등을 뺀 후의 소득금액에 10%를 곱하여 산출한 금액을 손금한도액으로 하며, 이에 대한 기부금의 명칭을 '일반기부금'이라 한다.

1 특례기부금

① 국가·지방자치단체에 무상으로 기증하는 금품의 가액
② 국방헌금과 국군장병 위문금품의 가액
③ 천재지변으로 생기는 이재민을 위한 구호금품의 가액
④ 다음의 기관(병원 제외)에 시설비·교육비·장학금 또는 연구비로 지출하는 기부금
　㉠ 사립학교법에 의한 사립학교
　㉡ 비영리교육재단(국립·공립·사립학교의 신축·증설, 시설확충 그 밖에 교육환경 개선을 목적으로 설립된 비영리 재단법인에 한함)
　㉢ 국민 평생 직업능력개발법에 의한 기능대학
　㉣ 평생교육법에 의한 원격대학형태의 평생교육시설
　㉤ 경제자유구역 및 제주국제자유도시의 외국교육기관 설립·운영에 관한 특별법에 의하여 설립된 외국교육기관
　㉥ 산업교육진흥 및 산학협력촉진에 관한 법률에 의한 산학협력단
　㉦ 서울대학교, KDI정책대학원, 한국학중앙연구원 내 한국학대학원, 과학기술연합대학원대학교
　㉧ 「평생교육법」에 따라 전공대학의 명칭을 사용할 수 있는 평생교육시설
⑤ 사회복지공동모금회법에 의한 사회복지공동모금회에 지출하는 기부금(법인이 지출하는 것에 한함)
⑥ 대한적십자사조직법에 의한 대한적십자사가 운영하는 병원
⑦ 「한국장학재단 설립 등에 관한 법률」에 따른 한국장학재단에 대한 기부금

2 일반기부금

(1) 유형 Ⅰ : 고유목적사업비로 지출하는 기부금

다음에 열거하고 있는 비영리법인(단체를 포함)에 대하여 기부금단체의 고유목적사업비로 지출하는 기부금은 일반기부금으로 본다. 여기서 고유목적사업비란 당해 기부금단체에 관한 법령 또는 정관에 규정된 설립목적을 수행하는 사업으로서 수익사업(보건 및 사회복지사업 중 의료업 제외) 외의 사업에 사용하기 위한 금액을 말한다.

① 사회복지법인 예 고아원, 양로원 등
② 유아교육법에 의한 유치원, 영유아보육법에 따른 어린이집, 초·중등교육법 및 고등교육법에 의한 학교, 국민 평생 직업능력개발법에 의한 기능대학, 평생교육법에 의한 원격대학
③ 정부로부터 허가·인가를 받은 학술연구단체, 장학단체, 기술진흥단체
④ 정부로부터 허가·인가를 받은 문화예술단체(문화예술진흥법에 의하여 지정을 받은 전문예술법인 및 전문예술단체 포함) 또는 환경보호운동단체
⑤ 종교의 보급·기타 교화를 목적으로 민법 제32조에 따라 문화체육관광부장관 또는 지방자치단체의 장의 허가를 받아 설립한 비영리법인(그 소속단체 포함)
⑥ 의료법에 의한 의료법인
⑦ 국민건강보험법에 의한 국민건강보험공단
⑧ 민법에 따라 주무관청의 허가를 받아 설립된 비영리법인 또는 '협동조합 기본법'에 따라 설립된 사회적협동조합 중 다음의 요건을 모두 충족한 것으로서 주무관청의 추천을 받아 기획재정부장관이 지정한 법인(지정일이 속하는 연도의 1월 1일부터 6년간 지출하는 기부금에 한함)
　㉠ 수입을 회원의 이익이 아닌 공익을 위하여 사용하고 사업의 직접 수혜자가 불특정 다수일 것
　㉡ 해산 시 잔여재산은 국가·지방자치단체 또는 유사한 목적을 가진 다른 비영리법인에게 귀속되도록 할 것
　㉢ 인터넷 홈페이지를 통하여 연간 기부금 모금액 및 활용실적을 공개한다는 내용이 정관에 기재되어 있을 것
　㉣ 사실상 특정 정당 또는 선출직 후보를 지지·지원하는 등 정치활동을 하지 않을 것
　㉤ 기획재정부장관의 지정기부처 지정이 취소된 경우에는 그 취소된 날부터 5년이 지났을 것

(2) 유형 Ⅱ : 특정 용도 기부금

다음에 열거하고 있는 특정 용도에 지출하는 경우에는 이를 일반기부금으로 본다.
① 유아교육법에 의한 유치원의 장, 초·중등교육법 및 고등교육법에 의한 학교의 장, 국민 평생 직업능력 개발법에 의한 기능대학의 장 또는 평생교육법에 의한 원격대학의 장이 추천하는 개인에게 교육비·연구비·장학금으로 지출하는 기부금
② 공익신탁으로 신탁하는 기부금(상증법 시행령 제14조 제1항 각 호의 요건을 갖춘 것에 한함)
③ 지역새마을사업을 위하여 지출하는 기부금
④ 불우이웃을 돕기 위하여 지출하는 기부금
⑤ 사용자가 노동조합에 재정자립재원으로 지출하는 기부금
⑥ 국민체육진흥기금, 근로자복지진흥기금, 발명진흥기금 또는 과학기술진흥기금으로 출연하는 기부금
⑦ 종교방송을 하는 방송법인에 방송을 위한 건물의 신축비로 지출하는 기부금 등
⑧ 사회적기업육성법에 의한 연계기업이 사회적기업(비영리법인에 한함)에 지출하는 기부금

3 비지정기부금

비지정기부금이란 특례기부금과 일반기부금 이외의 다음과 같은 기부금을 말한다.
① 향우회, 동창회, 종친회, 신용협동조합, 새마을금고 등에 지출한 기부금
② 정치자금기부금

03 기부금의 손금산입 한도

1 기부금의 손금한도액 및 시부인계산

법인이 공익성 기부금을 지출한 경우에는 다음 금액 범위 내에서 해당 기부금을 차례로 손금에 산입한다.

구 분		내 용
특례기부금	손금한도액	[기준소득금액[주1] − 이월결손금(기준소득금액의 80% 한도[주2])] × 50%
	시부인계산	손금한도액 범위 내에서 손금에 산입하며, 한도초과액은 손금불산입(기타사외유출)한다.
우리사주조합기부금	손금한도액	[기준소득금액 − 이월결손금(기준소득금액의 80% 한도[주2]) − 특례기부금 손금산입액] × 30%
	시부인계산	손금한도액 범위 내에서 손금에 산입하며, 한도초과액은 손금불산입(기타사외유출)한다.
사회적기업 일반기부금[주3]	손금한도액	[기준소득금액 − 이월결손금(기준소득금액의 80% 한도[주2]) − 특례기부금 손금산입액 − 우리사주조합기부금 손금산입액] × 20%
	시부인계산	손금한도액 범위 내에서 손금에 산입하며, 한도초과액은 손금불산입(기타사외유출)한다.
일반기부금	손금한도액	[기준소득금액 − 이월결손금(기준소득금액의 80% 한도[주2]) − 특례기부금 손금산입액 − 우리사주조합기부금 손금산입액 − 사회적기업일반기부금] × 10%
	시부인계산	손금한도액 범위 내에서 손금에 산입하며, 한도초과액은 손금불산입(기타사외유출)한다.
비지정기부금		비지정기부금은 전액을 손금불산입(그 기부받은 자에 따라 상여, 배당 또는 기타사외유출)한다.

*주1) 기준소득금액 = 차가감소득금액 + 특례기부금·우리사주조합기부금·일반기부금 지출액
*주2) 중소기업의 경우 기준소득금액의 100% 한도
*주3) 사회적기업은 일반기업과 달리 배분가능한 이익의 2/3 이상을 기부금 지출 등 사회적 목적에 사용하여야 하는데, 이런 사회적 목적사업에 관련된 기부활동을 장려하기 위해 손금산입한도율을 10%에서 20%로 확대하였다.

2 용어설명

(1) 차가감소득금액

차가감소득금액이란 기부금조정명세서상의 시부인계산(특례기부금·일반기부금 시부인계산)을 제외한 모든 세무조정(비지정기부금, 현금주의를 위배한 경우의 세무조정 포함)을 반영한 소득금액을 말한다.

(2) 이월결손금의 범위

기부금 손금한도액 계산 시 차감되는 이월결손금이란 당해 사업연도 개시일 전 15년(10년[주]) 이내에 개시한 사업연도에서 발생한 세무상 이월결손금을 말한다. 즉, 과세표준 계산 시 공제되는 이월결손금과 동일하다.

*주) 2020년 1월 1일 전에 개시하는 사업연도 발생분은 10년

3 기부금 한도초과 이월액의 손금산입

기부금의 한도초과액은 해당 사업연도의 다음 사업연도 개시일부터 다음 기간 이내에 끝나는 각 사업연도에 이월하여, 이월된 각 사업연도의 해당 기부금 한도미달액의 범위에서 그 한도초과액을 손금에 산입한다.

구 분	이월손금 산입기간
특례기부금 한도초과액	10년
우리사주조합기부금 한도초과액	규정 없음
일반기부금 한도초과액	10년

04 기부금의 평가

법인이 기부금을 금전 이외의 자산으로 제공한 경우에 당해 현물기부금의 가액은 시가와 장부가액 중 큰 금액으로 한다. 다만, 특례기부금, 일반기부금(특수관계자에게 기부한 일반기부금은 제외)의 경우에는 장부가액으로 한다.

구 분	현물기부금의 평가
특례기부금, 특수관계가 없는 자에게 기부한 일반기부금	장부가액
특수관계자에게 기부한 일반기부금, 비지정기부금	Max[시가, 장부가액]

05 기부금의 귀속시기

기부금은 그 지출한 날이 속하는 사업연도를 귀속시기로 하고, 기부금의 손금귀속시기는 현금주의에 의한다. 따라서 법인이 기부금을 미지급금으로 계상한 경우에는 실제로 이를 지출할 때까지 기부금으로 보지 아니한다.

이 경우 법인이 기부금의 지출을 위하여 어음을 발행(배서 포함)한 경우에는 그 어음이 실제로 결제된 날에 지출한 것으로 보며, 수표를 발행한 경우에는 당해 수표를 발급한 날에 지출한 것으로 본다.

제8장 단원별 기출문제

01 다음 중 법인세법상 기부금에 관한 설명으로 옳지 않은 것은? [107회]

① 기부금이란 내국법인이 사업과 직접적으로 관련하여 무상으로 지출하는 금액을 말한다.
② 기부금을 미지급금으로 계상한 경우 실제로 이를 지출할 때까지는 당해 사업연도의 소득금액 계산에 있어서 이를 기부금으로 보지 아니한다.
③ 특례기부금을 금전 외의 자산으로 제공한 경우 해당 자산의 가액은 기부했을 때의 장부가액으로 한다.
④ 특수관계인 외의 자에게 정당한 사유 없이 자산을 정상가액보다 낮은 가액으로 양도함으로써 실질적으로 증여한 것으로 인정되는 금액은 기부금으로 본다.

해설
기부금이란 내국법인이 사업과 직접적인 관계없이 무상으로 지출하는 금액을 말한다.

02 다음 중 법인세법상 기부금과 기업업무추진비에 관한 설명으로 옳지 않은 것은? [106회]

① 기업업무추진비는 업무와 관련 있는 지출이며, 기부금은 업무와 관련 없는 지출이다.
② 기업업무추진비는 발생주의, 기부금은 현금주의에 따라 손금 처리한다.
③ 일반기부금의 손금산입 한도 초과액은 해당 사업연도의 다음 사업연도 개시일부터 15년 이내에 끝나는 각 사업연도로 이월하여 그 이월된 각 사업연도의 소득금액을 계산할 때 그 기부금의 손금산입한도액의 범위에서 손금에 산입한다.
④ 기업업무추진비의 손금산입한도액은 수입금액을 기준으로 하나 기부금의 손금산입한도액은 소득금액을 기준으로 한다.

해설
내국법인이 각 사업연도에 지출하는 기부금 중 손금산입한도액을 초과하여 손금에 산입하지 아니한 금액은 해당 사업연도의 다음 사업연도 개시일부터 10년 이내에 끝나는 각 사업연도로 이월하여 그 이월된 사업연도의 소득금액을 계산할 때 그 기부금 각각의 손금산입한도액의 범위에서 손금에 산입한다.

정답 01 ① 02 ③

03 다음 중 법인세법상 기부금 손금산입 한도액이 다른 것은? [104회]

① 사회복지법인에 고유목적사업비로 지출하는 기부금
② 종교단체에 고유목적사업비로 지출하는 기부금
③ 사회복지공동모금회에 지출하는 기부금
④ 유엔난민기구에 지출하는 기부금

해설
사회복지공동모금회에 지출하는 기부금은 특례기부금에 해당하고 나머지는 일반기부금에 해당한다.

04 다음 중 법인세법상 기부금에 대한 설명으로 가장 옳지 않은 것은? [102회]

① 기부금이란 내국법인이 사업과 직접적인 관계없이 무상으로 지출하는 금액을 말한다.
② 국군장병 위문금품의 가액은 100% 한도가 적용되는 기부금이다.
③ 손금으로 인정되지 않은 기부금 손금산입한도 초과액은 이월이 가능하다.
④ 기부금의 귀속시기는 실제 지출한 연도의 손금으로 인정된다.

해설
국방헌금과 국군장병 위문금품의 가액은 50% 한도를 적용받는 기부금이다.

05 다음 중 법인세법상 기부금 중 50% 한도가 적용되는 기부금이 아닌 것은? [98회]

① 국가에 무상으로 기증하는 금품의 가액
② 국군 장병 위문금품의 가액
③ 사립학교법에 따른 사립학교 연구비에 지출하는 기부금
④ 사회복지법에 따른 사회복지법인에 지출하는 기부금

해설
사회복지법에 따른 사회복지법인에 지출하는 기부금은 10% 한도 기부금이다.

06 다음 중 법인세법상 기부금에 대한 설명으로 가장 잘못된 것은? [97회]

① 기부금이란 원칙적으로 해당 법인이 사업과 직접 관계없이 무상으로 지출하는 재산적 증여의 가액을 말한다.
② 국가나 지방자치단체에 무상으로 기증하는 금품의 가액은 50% 한도 기부금에 해당한다.
③ 법인이 기부금을 금전 외의 자산으로 제공한 경우 50% 한도 기부금은 시가와 장부가액 중 큰 금액으로 한다.
④ 기부금은 그 지출한 날이 속하는 사업연도에 귀속한다.

해설
법인이 50% 한도 기부금(특례기부금)에 해당하는 내용을 금전 외의 자산으로 제공한 경우 해당 자산의 가액은 기부했을 때의 장부가액으로 한다.

07 다음 중 법인세법상 50% 한도 기부금에 해당하지 않는 것은? [95회]

① 국방헌금과 국군장병 위문금품의 가액
② 천재지변으로 생기는 이재민을 위한 구호금품의 가액
③ 지방자치단체에 무상으로 기증하는 금품의 가액
④ 의료법에 의한 의료법인에 고유목적사업비로 지출하는 기부 금품의 가액

해설
10% 한도 기부금에 해당한다.

08 다음 중 법인세법상 기부금에 대한 설명으로 가장 옳지 않은 것은? [93회]

① 기부금이란 내국법인이 사업과 직접적인 관계없이 무상으로 지출하는 금액을 말한다.
② 기부금은 지출한 사업연도의 손금으로 한다.
③ 천재지변으로 생기는 이재민을 위한 구호금품의 가액은 기부금으로 본다.
④ 기부금은 한도없이 전액 손금산입된다.

해설
손금산입한도를 초과하는 기부금은 손금에 산입하지 않는다.

정답 06 ③ 07 ④ 08 ④

09 다음 중 법인세법상 기부금에 대한 설명으로 가장 잘못된 것은? [91회]

① 국가나 지방자치단체에 무상으로 기증하는 금품의 가액은 특례기부금에 해당한다.
② 기부금이란 사업과 직접 관련하여 무상으로 지출하는 재산적 증여의 가액을 말한다.
③ 기부금은 그 지출한 날이 속하는 사업연도에 귀속한다.
④ 새마을금고에 지출하는 기부금은 비지정기부금이다.

해설
기부금이란 내국법인이 사업과 직접적인 관계없이 특수관계인 외의 자에게 무상으로 지출하는 금액을 말한다.

10 다음 중 법인세법상 기부금에 대한 설명으로 옳지 않은 것은? [89회]

① 기부금이란 내국법인이 사업과 직접적인 관계없이 무상으로 지출하는 금액을 말한다.
② 특례기부금과 일반기부금은 법인세법상 산출한 손금산입한도액 내에서 손금산입하고, 손금산입한도액을 초과하는 금액은 손금불산입한다.
③ 특례기부금 및 일반기부금의 손금산입 한도초과액은 해당 사업연도의 다음 사업연도 개시일부터 10년간 이월하여 손금산입한도액의 범위 내에서 손금산입한다.
④ 이월기부금을 손금산입할 때에는 해당 사업연도에 지출한 기부금을 먼저 손금에 산입한 후 이월기부금을 손금에 산입한다.

해설
이월기부금을 해당 사업연도에 지출한 기부금보다 먼저 손금에 산입한다.

11 다음 중 법인세법상 기부금에 관한 설명으로 옳지 않는 것은? [88회]

① 기부금이란 특수관계가 있는 자에게 사업과 직접 관련하여 무상으로 지출하는 재산적 증여의 가액이다.
② 우리사주조합기부금 한도초과액은 이월손금산입규정이 없다.
③ 특례기부금, 우리사주조합기부금, 일반기부금에 열거된 이외의 기부금은 모두 비지정기부금에 속한다.
④ 기부금은 그 지출한 날이 속하는 사업연도에 귀속한다.

12 다음 중 법인세법상 일반기부금으로 보지 않는 것은? [87회]

① 사회복지법인에 고유목적사업비로 지출하는 기부금
② 불우이웃을 돕기 위하여 지출하는 기부금
③ 국립대학병원에 시설비·교육비 또는 연구비로 지출하는 기부금
④ 노인장기요양법에 따른 재가장기요양기관에 지출하는 기부금

해설
국립대학병원에 시설비·교육비 또는 연구비로 지출하는 기부금은 특례기부금에 해당한다.

정답 09 ② 10 ④ 11 ① 12 ③

13 다음 중 법인세법상 기부금에 대한 설명으로 가장 잘못된 것은? [85회]

① 기부금이란 특수관계가 없는 자에게 사업과 직접 관계없이 무상으로 지출하는 재산적 증여의 가액을 말한다.
② 국가나 지방자치단체에 무상으로 기증하는 금품의 가액은 특례기부금에 해당한다.
③ 법인이 기부금을 금전 외의 자산으로 제공한 경우 특례기부금은 시가와 장부가액 중 큰 금액으로 한다.
④ 기부금은 그 지출한 날이 속하는 사업연도에 귀속한다.

해설
법인이 기부금을 금전 외의 자산으로 제공한 경우 특례기부금은 기부했을 때 장부가액으로 한다.

14 다음 중 법인세법상 기부금의 성격이 다른 하나는? [83회]

① 천재지변으로 생기는 이재민을 위한 구호금품의 가액
② 평생교육법에 의한 원격대학형태의 평생교육시설에 교육비로 지출하는 기부금
③ 대한적십자사 조직법에 따른 대한적십자사가 운영하는 병원에 교육비로 지출하는 기부금
④ 사회복지법인(고아원)에 지출하는 기부금

해설
④ 일반기부금, ①, ②, ③ 특례기부금

15 당해 연도 1년 동안 지출한 다음의 금액 중 법인세법상 일반기부금의 합계액은 얼마인가? [80회]

- 거주자가 정당에 기부한 정치자금 : 10만원
- 사회복지사업법에 따른 사회복지법인에 기부한 기부금 : 20만원
- 사회복지공동모금회에 기부한 기부금 : 30만원
- 국립대학교에 고유목적사업비로 기부한 기부금 : 40만원

① 50만원 ② 60만원
③ 70만원 ④ 80만원

해설
사회복지사업법에 따른 사회복지법인에 기부한 기부금과 국립대학교에 고유목적사업비로 기부한 기부금만 일반기부금이다.

정답 13 ③ 14 ④ 15 ②

16 ㈜A 대표이사가 졸업한 사립대학교 동문회에 기부한 기부금 3천만원을 실수로 회계장부에 기타보증금(자산)으로 처리한 경우 법인세법상 해야 할 세무조정과 소득처분으로 맞는 것은? [79회]

① 〈손금산입〉 기타보증금 30,000,000원(△유보)
② 〈손금불산입〉 기부금 30,000,000원(기타사외유출)
③ 〈손금산입〉 기타보증금 30,000,000원(△유보), 〈손금불산입〉 기부금 30,000,000원(기타사외유출)
④ 세무조정 없음

해설
비지정기부금은 전액 손금불산입

17 다음 법인세법상 설명 중 괄호에 알맞은 것은? [78회]

> 법인세법상 특례기부금의 손금산입 범위는 아래의 산식에 따라 계산한 금액으로 한다.
> [해당 사업연도 소득금액 − 이월결손금(기준소득금액의 80% 한도)] × (   )

① 100분의 100
② 100분의 70
③ 100분의 50
④ 100분의 30

18 다음 중 기부금 손금산입에 대한 법인세법상 설명으로 틀린 것은? [75회]

① 비지정기부금의 손금불산입액은 대표자 상여로 소득처분한다.
② 기부금 계산 시 기준소득금액은 당기순이익에 특례·우리사주조합·일반기부금 비용계상액을 더하고, 기부금 한도초과액의 손금불산입 및 이월손금산입을 제외한 모든 세무조정을 가감하여 계산한다.
③ 일반기부금의 손금산입한도액은 기준소득금액에서 이월결손금과 특례기부금·우리사주조합기부금 손금산입액을 차감한 금액의 10%로 한다.
④ 일반기부금의 손금산입한도액 초과금액은 해당 사업연도의 다음 사업연도의 개시일부터 10년 이내에 끝나는 각 사업연도에 이월하여 이를 손금에 산입한다.

해설
무조건 기타사외유출로 소득처분한다.

19 다음 중 법인세법상 지출되는 기부금으로 그 구분이 나머지와 다른 항목은? [72회]

① 「사회복지사업법」에 의한 사회복지법인에 고유목적사업비로 지출하는 기부금
② 「의료법」에 의한 의료법인에 고유목적사업비로 지출하는 기부금
③ 「평생교육법」에 따른 전공대학의 명칭을 사용할 수 있는 평생교육시설 및 원격대학 형태의 평생교육시설에 지출하는 시설비·교육비·장학금 또는 연구비
④ 종교의 보급, 그 밖에 교화를 목적으로 「민법」 제32조에 따라 문화체육관광부장관 또는 지방자치단체의 장의 허가를 받아 설립한 비영리법인(그 소속 단체를 포함한다)에 고유목적사업비로 지출하는 기부금

해설
특례기부금 항목임

20 다음 중 법인세법상 기부금의 처리방법에 대한 설명으로 틀린 것은? [68회]

① 법인이 기부금 지출액을 선급금으로 회계처리한 경우 손금산입(△유보)하는 세무조정을 하여야 한다.
② 법인이 기부금을 미지급금으로 계상한 경우 실제로 지출할 때까지 기부금으로 보지 아니한다.
③ 법인이 특례기부금을 가지급금으로 이연계상한 경우에는 이를 그 지출한 사업연도 후의 사업연도의 기부금으로 한다.
④ 수표를 발행한 경우 해당 수표를 교부한 날이 속하는 사업연도의 기부금으로 본다.

해설
그 지출한 사업연도의 기부금으로 하고, 그 후의 사업연도에 있어서는 이를 기부금으로 보지 아니한다.

21 다음은 법인세법상 기부금과 관련한 내용이다. 틀린 것은? [67회]

① 기부금의 귀속시기는 현금주의다. 단, 수표는 교부일을 귀속시기로 한다.
② 새마을금고 등에 지출한 기부금은 비지정기부금이다.
③ 당좌수표를 발행하여 국가에 지급한 기부금 2,000,000원이 판매촉진비 계정에 계상되어 있는 것을 손금불산입하였다.
④ 회사는 정당에 3,000,000원을 기부금으로 당기에 현금으로 지급하여, 손금불산입 기타사외유출로 세무조정하였다.

해설
②, ④ 새마을금고 및 정당에 지출하는 기부금은 비지정기부금이다.
③ 단순한 계정분류 오류이므로 이에 대한 세무조정은 하지 않는다.

정답 19 ③ 20 ③ 21 ③

CHAPTER 09

PART 1 법인세법

지급이자

01 지급이자의 개요

법인에 자본용역에 대한 대가로서 발생하는 금융비용(지급이자)은 당해 법인의 순자산가액을 감소시키므로 당연히 손금에 산입되어야 한다. 그러나 법인세법과 조세특례제한법에서는 여러 가지 정책상의 이유로 지급이자의 손금산입을 제한하고 있다. 이때 동일한 지급이자에 대해서 둘 이상의 손금불산입규정이 동시에 적용되는 경우에는 반드시 다음에 열거된 순서에 의하여 세무조정을 하여야 한다.

부인순서	종 류	손금불산입액	소득처분
①	채권자 불분명 사채이자	해당 이자	대표자 상여[주]
②	비실명 채권·증권이자	해당 이자	
③	건설자금이자 중 특정차입금이자	해당 이자	유 보
④	업무무관자산 등에 대한 지급이자	업무무관자산가액 및 가지급금에 대한 지급이자 상당액	기타사외유출

*주) 단, 원천징수세액 상당액은 '기타사외유출'로 처분한다.

02 채권자 불분명 사채이자

1 개 념

채권자 불분명 사채이자란 다음의 차입금에서 발생한 이자(알선수수료·사례금 등 명칭 여하를 불문하고 사채를 차입하고 지급하는 일체의 금품을 포함한다)를 말한다. 이는 가공차입금에 대한 지급이자의 손금산입을 규제하고 지하경제를 양성화하기 위해 도입된 규정이라 볼 수 있다.
① 채권자의 주소·성명을 확인할 수 없는 차입금
② 채권자의 능력·자산상태로 보아 금전을 대여한 것으로 인정할 수 없는 차입금
③ 채권자와의 금전거래사실·거래내용이 불분명한 차입금

다만, 거래일 현재 주민등록표에 의해 그 거주사실 등이 확인된 채권자가 차입금을 변제받은 후 소재불명이 된 경우의 차입금은 제외한다.

2 소득처분

채권자 불분명 사채이자의 손금불산입액에 대한 소득처분은 귀속자를 알 수 없으므로 대표자 상여로 하되, 원천징수세액 상당액은 국가 또는 지방자치단체에 귀속되므로 기타사외유출로 한다.

03 비실명 채권·증권의 이자(수령자 불분명 채권·증권의 이자)

1 개 념

비실명 채권·증권의 이자란 채권·증권의 발행법인이 직접 그 채권·증권의 이자와 할인액 또는 차익을 지급하는 경우에 그 지급사실이 객관적으로 인정되지 않는 이자와 할인액 또는 차익을 말한다. 이는 채권, 증권의 비실명 거래자에 대한 규제 강화와 금융소득종합과세의 토대 확충을 위해 도입되었다.

2 소득처분

비실명 채권·증권의 이자와 할인액은 전액 손금불산입한다. 이때 그 이자와 할인액에 대한 원천징수세액 상당액은 국가 또는 지방자치단체에 귀속되므로 기타사외유출로 하되, 나머지 이자와 할인액은 귀속자를 알 수 없으므로 대표자 상여로 소득처분한다.

04 건설자금이자

1 의 의

건설자금이자란 법인이 사업용 유형자산 및 무형자산의 매입, 제작, 건설에 소요되는 차입금(자산의 건설에 소요되는지의 여부가 불분명한 차입금은 제외)에 대한 지급이자 또는 이와 유사한 성질의 지출금을 말한다. 현행 법인세법상 건설자금이자는 자본적 지출로 보아 그 취득원가에 가산하도록 하고 있다.

2 건설자금이자의 자본화 적용대상

법인세법과 기업회계상 자본화할 건설자금이자의 대상은 다음과 같다. 이때 법인세법은 기업회계기준과 달리 적용대상이 되는 경우에는 반드시 계상하여야 하는 강제규정임에 유의하여야 한다.

구 분	기업회계기준	법인세법
적용대상	• 원칙 : 기간비용으로 처리 • 예외 : 재고자산(매입, 제작, 건설 등의 기간이 1년 이상 소요되는 경우에 한함)·투자자산·유형자산·무형자산의 취득에 사용된 차입금이자는 당해 자산의 취득원가에 산입할 수 있음	• 유형자산·무형자산 : 적용대상(○) • 재고자산·투자자산 : 적용대상(×)
대상 차입금	특정차입금, 일반차입금	특정차입금

3 건설자금이자의 계산기간

건설자금이자의 계산은 건설을 개시한 날부터 건설이 준공된 날까지로 한다. 여기서 건설이 준공된 날이란 자산의 유형별로 달리 규정하고 있는데, 그 내용은 다음과 같다.
① 토지 : 다음 중 빠른 날(㉠ 대금청산일, ㉡ 사업에 사용하기 시작한 날)
② 건축물 : 다음 중 빠른 날(㉠ 취득일, ㉡ 당해 건축물의 사용개시일)
③ 기타 사업용 유형자산 및 무형자산 : 사용개시일

4 건설자금이자의 세무상 처리

구 분	세무상 처리	법인세법
건설자금의 일부를 운영자금으로 전용한 경우	당기 손금으로 처리	• 유형자산·무형자산 : 적용대상(○) • 재고자산·투자자산 : 적용대상(×)
건설자금의 일시예입에서 발생하는 수입이자	건설자금이자에서 차감	
차입한 건설자금의 연체로 인하여 생긴 이자를 원본에 가산한 경우	• 그 가산한 금액 : 건설자금이자로 처리 • 원본에 가산한 금액에 대한 지급이자 : 당기 손금으로 처리	특정차입금

05 업무무관자산 관련 지급이자

1 의 의

법인이 업무무관자산을 보유하거나 특수관계자에게 명칭여하에 불구하고 업무와 관련이 없는 자금을 대여한 경우에는 지급이자를 손금불산입한다. 이는 차입금이 비생산적인 자산을 취득, 보유하는 데 사용하거나 부동산투기를 목적으로 업무와 관련 없는 부동산을 취득하는 데 사용되는 것을 규제하기 위한 조치이다.

2 적용대상 법인

업무무관자산 관련 지급이자 손금불산입 적용대상 법인은 다음의 자산을 보유하고 있는 모든 법인을 대상으로 한다.
① 업무무관부동산·업무무관동산
② 업무무관가지급금

3 업무무관부동산 등의 범위

(1) 업무무관부동산과 업무무관동산

① **업무무관부동산** : 업무무관부동산이란 다음에 해당하는 부동산을 말한다.
　㉠ 법인이 업무에 직접 사용하지 않는 부동산. 다만, 다음에 정하는 기간(= 유예기간)이 경과하기 전까지의 기간 중에 있는 부동산을 제외한다.
　　ⓐ 건축물 또는 시설물 신축용 토지 : 취득일부터 5년
　　ⓑ 부동산매매업을 주업으로 하는 법인이 취득한 매매용 부동산 : 취득일부터 5년
　　ⓒ 위 ⓐ 및 ⓑ 외의 부동산 : 취득일부터 2년
　㉡ 유예기간 중에 당해 법인의 업무에 직접 사용하지 아니하고 양도하는 부동산. 다만, 부동산매매업을 주업으로 영위하는 법인의 경우를 제외한다.

② **업무무관동산** : 업무무관동산이란 다음에 해당하는 동산을 말한다.
　㉠ 서화 및 골동품. 다만, 장식·환경미화 등의 목적으로 사무실·복도 등 여러 사람이 볼 수 있는 공간에 상시 비치하는 것을 제외한다.
　㉡ 업무에 사용하지 않는 자동차·선박 및 항공기. 다만, 저당권의 실행, 기타 채권을 변제받기 위하여 취득한 선박으로서 3년이 경과하지 아니한 선박 등 법소정 사유가 있는 자동차·선박 및 항공기를 제외한다.
　㉢ 기타 위 ㉠ 및 ㉡의 자산과 유사한 자산으로서 당해 법인의 업무에 직접 사용하지 않는 자산

(2) 업무무관가지급금

업무무관가지급금은 특수관계자에게 지급한 금액으로서 명칭 여하를 불구하고 당해 법인의 업무와 관련이 없는 자금의 대여액(금융기관의 경우에는 주된 수익사업으로 볼 수 없는 자금의 대여액을 포함한다)을 말한다.

다만, 다음 사용에 해당되는 경우에는 업무무관가지급금으로 보지 않는다.

① 소득세법상 지급시기의제규정에 의하여 지급한 것으로 보는 미지급소득에 대한 소득세를 법인이 대납하고 가지급금으로 계상한 경우
② 정부의 허가를 받아 국외에 자본을 투자한 내국법인이 당해 국외투자법인에 종사하거나 종사할 자의 여비·급료·기타 비용을 대신 부담하고 이를 가지급금 등으로 계상한 경우
③ 법인이 당해 법인의 주식 취득에 소요되는 금액을 우리사주조합 또는 그 조합원에게 대여한 경우
④ 국민연금법에 의하여 근로자가 지급받는 것으로 보는 퇴직금전환금
⑤ 소득처분 시 귀속불분명으로 인하여 대표자에게 상여처분한 금액에 대한 소득세를 법인이 납부하고 이를 가지급금으로 계상한 경우
⑥ 사용인에 대한 월정급여액의 범위 안에서의 일시적인 급료의 가불금
⑦ 사용인에 대한 경조사비 또는 학자금(자녀의 학자금 포함)의 대여액
⑧ 중소기업에 근무하는 직원에 대한 주택구입 또는 전세자금의 대여액

4 손금불산입액의 계산

(1) 적용산식

업무무관자산 관련 지급이자 손금불산입액은 다음 산식에 의하여 계산한다.

$$\text{지급이자} \times \frac{\text{업무무관부동산·동산·가지급금의 적수 합계}}{\text{차입금적수}}$$

(2) 유의사항

① **차입금 및 지급이자의 범위**: 지급이자 손금불산입규정을 적용함에 있어 차입금 및 지급이자는 지급이자를 발생시키는 모든 부채와 동 부채에 관련된 지급이자로 한다. 다만, 선순위로 지급이자가 손금불산입된 차입금 및 지급이자는 제외한다.

지급이자 (O)	지급이자 (×)
• 금융어음(= 융통어음)의 할인료 • 금융리스에 의하여 지급하는 리스료 • 사채할인발행차금 상각액	• 상업어음(= 진성어음)의 할인료 • 운용리스에 의하여 지급하는 리스료 • 자산취득으로 생긴 채무에 대한 현재가치할인차금 상각액 • 연지급수입이자 • 기업구매자금대출에 대한 이자

② **자산가액의 계산**: 업무무관부동산·동산의 가액은 취득가액(매입가격 및 부대비용, 건설자금이자, 자본적 지출액을 포함)으로 한다. 한편, 특수관계자로부터 고가매입의 경우 법인세법에서는 부당행위계산부인규정에 의하여 시가를 취득가액으로 하도록 규정하고 있으나, 지급이자 손금불산입규정을 적용하는 경우에는 이와 달리 당해 시가초과액을 포함한 가액으로 하도록 규정하고 있다.

③ **가지급금의 적수계산 시 동일인에 대한 가지급금과 가수금의 병존 시**: 가지급금의 적수계산 시 동일인에 대한 가지급금과 가수금이 함께 있는 경우에는 이를 상계한 금액으로 한다. 다만, 동일인에 대한 가지급금과 가수금의 발생 시에 각각 상환기간 및 이자율 등에 관한 약정이 있어 이를 상계할 수 없는 경우에는 그러하지 아니하다.

제9장 단원별 기출문제

01 다음 중 법인세법상 손금불산입하는 지급이자의 손금부인 순서로 올바른 것은? [103회]

> 가. 비실명 채권의 이자
> 나. 건설자금이자
> 다. 업무무관자산 등에 대한 지급이자
> 라. 채권자불분명 사채이자

① 가>나>다>라
② 나>다>라>가
③ 라>다>나>가
④ 라>가>나>다

해설
지급이자 손금불산입은 다음 순서에 의한다.
- 채권자가 불분명한 사채의 이자
- 지급받은 자가 불분명한 채권·증권의 이자·할인액 또는 차익
- 건설자금에 충당한 차입금의 이자
- 업무무관자산 등에 대한 지급이자계산한 지급이자

02 다음 중 법인세법상 지급이자에 대한 설명으로 가장 옳지 않은 것은? [100회]

① 업무무관가지급금 지급이자 손금불산입을 적용함에 있어 지급이자에는 현재가치할인차금의 상각액을 포함한다.
② 지급이자 손금불산입의 적용순서는 채권자 불분명 사채이자, 비실명채권이자, 건설자금이자, 업무무관자산에 대한 지급이자의 순서로 적용한다.
③ 사업용 유형자산 및 무형자산의 건설 등에 소요되는 차입금에 대한 지급이자의 경우 건설 등이 준공된 후에 남은 차입금에 대한 이자는 각 사업연도의 손금으로 한다.
④ 채권자 불분명 사채이자는 전액 손금불산입하며 이자에 대한 원천징수세액은 기타사외유출로 소득처분하고, 나머지는 상여로 소득처분된다.

해설
업무무관가지급금 지급이자 손금불산입을 적용함에 있어 지급이자에는 현재가치할인차금의 상각액을 포함하지 않는다.

정답 01 ④ 02 ①

03 다음 중 법인세법상 지급이자에 대한 설명으로 옳지 않은 것은? [96회]

① 사업용 유형자산의 매입과 관련된 일반차입금에 대한 지급이자도 자본화를 선택할 수 있다.
② 건설자금이자 자본화 대상 자산은 사업용 유형자산, 무형자산, 투자자산 및 제조 등에 장기간이 소요되는 재고자산을 포함한다.
③ 건설자금 명목으로 차입한 것으로 준공 후 남은 차입금에 대한 이자는 각 사업연도의 손금으로 한다.
④ 차입한 건설자금의 일시예금에서 생기는 수입이자는 자본적 지출금액에서 차감한다.

해설
건설자금에 충당한 차입금의 이자란 그 명목 여하에 불구하고 사업용 유형자산 및 무형자산의 매입·제작 또는 건설에 소요되는 차입금에 대한 지급이자 또는 이와 유사한 성질의 지출금을 말한다. 따라서 투자자산 및 재고자산의 건설 등을 위한 차입금의 지급이자 등은 자본화할 수 없다.

04 다음 중 법인세법상 지급이자에 대한 설명으로 가장 틀린 것은? [93회]

① 건설자금에 충당된 일반차입금의 이자는 해당 자산의 취득원가에 항상 산입하여야 한다.
② 특정차입금의 차입일과 건설개시일 사이에 발생한 이자는 손금으로 처리한다.
③ 채권자가 분명하지 아니한 채권의 이자는 손금으로 산입하지 아니한다.
④ 비실명채권의 이자는 손금불산입하고 대표자 상여로 소득처분한다.

해설
일반차입금의 이자는 자본화를 선택할 수 있다.

05 법인세법상 건설자금이자에 대한 다음 설명 중 옳지 않은 것은? [90회]

① 사업용 유형자산 및 무형자산의 매입 등에 소요되는지의 여부가 분명하지 아니한 차입금의 이자는 법인의 선택에 따라 자본화할 수 있다.
② 건설자금이자의 계상대상에 사업용 유형자산 및 무형자산뿐 아니라 투자자산 및 제조 등에 장기간 소요되는 재고자산을 포함시킨다.
③ 건설자금의 명목으로 차입한 것으로서 그 건설 등이 준공된 후 남은 차입금에 대한 이자는 각 사업연도 손금으로 한다.
④ 차입한 건설자금의 일시예금에서 생기는 수입이자는 원본에 가산하는 자본적 지출금액에서 차감한다.

해설
건설자금이자의 계상대상에는 사업용 유형자산 및 무형자산만 포함된다. 따라서 법인세법에서는 제조기간이 장기간 소요되는 재고자산이나 투자부동산에 대해서는 건설자금이자의 계상대상에 포함하지 아니한다.

06 법인세법상 다음의 지급이자는 손금불산입한다. 손금불산입 순서를 올바르게 나열한 것은? [87회]

① 비실명 채권·증권이자 – 건설자금이자 – 업무무관자산에 대한 지급이자 – 채권자 불분명 사채이자
② 채권자 불분명 사채이자 – 비실명 채권·증권이자 – 건설자금이자 – 업무무관자산에 대한 지급이자
③ 건설자금이자 – 업무무관자산에 대한 지급이자 – 채권자 불분명 사채이자 – 비실명 채권·증권이자
④ 업무무관자산에 대한 지급이자 – 채권자 불분명 사채이자 – 비실명 채권·증권이자 – 건설자금이자

해설
채권자 불분명 사채이자 – 비실명 채권·증권이자 – 건설자금이자 – 업무무관자산에 대한 지급이자

07 다음 중 법인세법상 지급이자 손금불산입에 관한 소득처분 연결이 잘못된 것은? [78회]

① 채권자 불분명 사채이자의 당해 이자분(원천징수세액 상당액) – 기타사외유출
② 비실명 채권·증권이자의 당해 이자분 – 유보
③ 건설자금이자 – 유보
④ 업무무관자산 등에 대한 지급이자 – 기타사외유출

해설
비실명 채권·증권이자의 소득처분은 대표자 상여이다.

08 아래의 경우 법인세법상 지급이자 손금불산입액을 계산할 때 지급이자에 포함되는 금액의 합계액은 얼마인가? [77회]

- 금융어음 할인료 : 100원
- 금융리스료 : 300원(이중 이자상당액은 30원)
- 사채할인발행차금 상각액 : 50원
- 미지급이자 : 100원
- 선급이자 : 200원
- 현재가치할인차금 상각액 : 40원
- 상업어음 할인액 : 80원
- 전환사채 만기보유자에게 지급한 상환할증금 : 200원

① 320원 ② 330원
③ 470원 ④ 480원

해설
금융어음 할인료, 금융리스료의 이자상당액, 사채할인발행차금 상각액, 미지급이자, 전환사채 만기보유자에게 지급한 상환할증금만 포함된다.

정답 06 ② 07 ② 08 ④

09 다음 중 법인세법상 지급이자 손금불산입의 소득처분 시 유보처분하는 항목은?(단 전부 당기에 비용으로 처리되었다) [76회]

① 채권자 불분명 사채이자
② 비실명 채권·증권이자
③ 건설자금이자 중 특정차입금이자
④ 업무무관자산 등에 대한 지급이자

해설
유보처분된다.

10 다음 중 법인세법상 업무무관가지급금에 대한 세무조정 시 고려할 사항이 아닌 것은? [73회]

① 가지급금인정이자 세무조정
② 기부금에 대한 세무조정
③ 대손충당금에 대한 세무조정
④ 지급이자 손금불산입에 대한 세무조정

해설
기부금 세무조정은 업무무관가지급금의 존재여부와는 무관하다.

11 법인세법상 지급이자 손금불산입에 대한 설명 중 잘못된 것은? [71회]

① 채권자가 불분명한 사채이자는 손금불산입하고, 대표자 상여로 처분하되 그에 대한 원천징수세액은 기타사외유출로 처분한다.
② 비실명 채권·증권이자는 손금불산입하고, 대표자 상여로 처분하되 그에 대한 원천징수세액은 기타사외유출로 처분한다.
③ 업무무관자산 등 관련 이자 손금불산입규정은 차입금과다법인인 경우에만 적용한다.
④ 특수관계 없는 자에 대한 가지급금은 업무무관자산 등에 대한 지급이자 손금불산입 규정의 규제대상이 아니다.

해설
법인이 업무무관자산을 취득·보유하고 있거나 특수관계인에게 업무와 관련 없는 가지급금 등을 지급하고 있는 경우 그에 해당하는 지급이자는 이를 손금에 산입하지 않는다. 차입금과다법인이 아닌 경우에도 적용된다.

12 법인세법상 익금의 계산에서 특수관계자에 대한 가지급금의 익금산입이 배제되는 사유에 해당하지 않는 것은? [60회]

① 채권·채무에 대한 쟁송을 한다면 회수가 가능한 경우
② 특수관계인에게 해당 채권과 상계할 수 있는 채무를 지고 있는 경우
③ 특수관계인이 회수할 채권에 상당한 재산을 담보로 제공할 경우
④ 특수관계인의 소유재산에 대한 강제집행으로 채권을 확보하고 있는 경우

13 다음 중 법인세법상 지급이자 손금불산입 규정이 적용되지 않는 것은? [57회]

① 채권자가 불분명한 사채이자
② 건설자금이자
③ 초과인출금에 대한 이자
④ 지급받은 자가 불분명한 채권·증권의 이자

> **해설**
> 소득세법이 적용된다.

14 다음 중 법인세법상 지급이자 손금불산입과 관련된 설명으로 옳은 것은? [48회]

① 토지매입의 경우 건설자금이자의 계산대상기간은 해당 토지의 소유권 이전 등기일까지로 한다.
② 차입한 건설자금의 연체로 인하여 생긴 이자를 원본에 가산한 경우에 해당 가산한 금액은 건설자금이자로 하고, 그 원본에 가산한 금액에 대한 지급이자는 손금으로 처리한다.
③ 채권자 불분명 사채를 차입하면서 지급하는 알선수수료·사례금 등은 이자비용으로 보지 아니하므로 당기의 손금으로 처리한다.
④ 특수관계자에 대한 업무무관가지급금의 경우라도 적정이자를 수령하고 있는 경우에는 지급이자 손금불산입규정을 적용하지 않는다.

> **해설**
> ① 토지매입의 경우 건설자금이자의 계산대상기간은 그 대금을 청산한 날까지로 하되, 대금을 청산하기 전에 해당 토지를 사업에 사용한 경우에는 사업에 사용한 날까지로 한다.
> ③ 채권자 불분명 사채에는 알선수수료·사례금 등 명목 여하를 불문하고 사채를 차입하고 지급하는 모든 금품을 포함한다.
> ④ 가지급금 인정이자 계산 시에는 적정한 이자수령 여부에 따라 익금산입액이 배제될 수 있으나, 지급이자 손금불산입규정의 적용 시에는 적정한 이자수령 여부와 관계없이 반드시 적용시킨다.

정답 12 ① 13 ③ 14 ②

[문 15 ~ 16] 다음의 자료를 이용하여 물음에 답하시오. [44회]

(1) 사업연도 : 2020년 1월 1일 ~ 2020년 12월 31일
(2) 손익계산서상 이자비용과 관련된 세부내역은 다음과 같다.

자금조달방법	이자율	지급이자	적 수
천국캐피탈	16%	1,600,000원	3,650,000,000원
사 채	12%	2,400,000원	7,300,000,000원
국제은행	8%	800,000원	3,650,000,000원
합 계		4,800,000원	14,600,000,000원

(3) 12%의 지급이자 중 1,200,000원은 지급받는 자가 불분명한 사채이자이다.
(4) 2020.12.31 현재 자기자본은 500,000,000원이다.
  (자산총액 10억원, 부채총액 5억원)
(5) 전기이월된 비업무용부동산 10,000,000원이 있다.
(6) 대표이사에게 1월 1일 가지급한 금액 10,000,000원이 있다.

15 법인세법상 업무무관자산 관련 지급이자 손금불산입액을 계산하기 위한 업무무관자산 관련 적수는 얼마인가? [44회]

① 3,640,000,000원
② 3,650,000,000원
③ 7,290,000,000원
④ 7,300,000,000원

해설
(업무무관부동산 1천만원 × 365일) + (대표이사가지급금 1천만원 × 365일) = 73억원

16 업무무관자산 관련 적수를 50억원으로 가정하고 법인세법상 업무무관자산 관련 지급이자 손금불산입액은 얼마인가? [44회]

① 1,643,835원
② 1,843,835원
③ 2,283,952원
④ 2,483,952원

해설
(4,800,000 − 1,200,000) × (5,000,000,000/10,950,000,000$^{주)}$) = 1,643,835
*주) 분모 10,950,000,000원의 구성 = 천국캐피탈 3,650,000,000원 + 국제은행 3,650,000,000원 + 대표이사가지급금 적수 3,650,000,000원 = 10,950,000,000

PART 1 법인세법
CHAPTER 10 자산의 취득가액과 자산·부채의 평가기준

01 자산의 취득가액

1 취득가액의 기본원칙

법인세법은 법인이 매입·제작·교환 및 증여 등에 의하여 취득한 자산의 취득가액은 다음의 가액으로 하도록 규정하고 있다.

구 분	취득가액
타인으로부터 매입한 자산	매입가액 + 취득세·등록세·기타부대비용
자가제조·자가건설	제조원가(건설원가) + 부대비용 → 원재료비·노무비·운임·하역비·보험료·수수료·공과금(취득세와 등록세를 포함한다)·설치비 기타 부대비용의 합계액
현물출자·물적분할에 따라 취득한 자산 : 주식발행법인, 분할신설법인	당해 자산을 취득하여 장부에 계상한 출자가액 또는 승계가액 (시가를 한도로 함)
현물출자·물적분할에 따라 주주가 취득한 주식 등 : 현물출자자, 분할법인	취득 당시의 시가
합병·인적분할에 따라 취득한 자산 등 : 합병법인, 분할신설법인	당해 자산을 취득하여 장부에 계상한 출자가액 또는 승계가액 (시가를 한도로 함)
합병·인적분할에 따라 취득한 자산 등 : 피합병법인의 주주, 분할법인의 주주	신주식가액 = ① + ② + ③ ① 종전 주식의 장부가액 ② 합병·분할로 인한 의제배당금액 ③ 불균등자본거래에 의하여 특수관계자로부터 분여받은 이익
채무의 출자전환으로 취득하는 주식	취득 당시의 시가
기타의 방법(교환·수증)으로 취득한 자산	취득 당시의 시가
단기금융자산 등(기업회계기준상 단기매매금융자산)	매입가액(단, 부대비용은 포함하지 아니한다)
정부로부터 무상으로 할당받은 온실가스배출권	영(0)원

2 취득가액 산정의 특수문제

(1) 저가 · 고가 매입

구 분	취득가액에 포함하는 것	취득가액에 포함하지 않는 것
저가매입	특수관계 있는 개인으로부터 유가증권을 저가로 매입하는 경우 : 그 매입가액과 시가와의 차액	특수관계 없는 일반적인 저가매입의 경우 그 매입가액과 시가와의 차액
고가매입	–	• 특수관계자로부터 고가매입한 경우의 시가초과액 • 특수관계 없는 자로부터 고가매입한 경우 정상가액(시가의 130%)을 초과하는 금액

자산을 시가보다 고가로 매입했을 때 이를 모두 취득원가로 인정해줄 경우 추후 자산양도나 감가상각비 처리 시 고가로 매입한 법인의 과세소득이 부당하게 줄어들 수 있는 문제점이 있다. 이에 따라 법인세법은 자산을 시가보다 고가로 매입한 경우에 그 거래상대방에 따라 시가보다 높게 구입한 금액을 자산의 취득원가에 포함하지 않는다.

우선 거래상대방이 특수관계자인 경우에는 부당행위계산부인에 따라 시가초과액을 취득원가에 포함하지 않는다. 이에 따라 시가초과액을 손금산입(△유보)하는 동시에 부당 행위계산부인액에 대해서는 손금불산입(상여, 배당 등)으로 처리한다. 둘째로 거래상대방이 특수관계자가 아닌 경우에는 의제기부금에 해당하므로 시가의 130%를 초과하는 부분에 대해서는 이를 취득가액으로 보지 않는다.

(2) 자산의 취득과 관련된 이자비용(건설자금이자)

사업용 유형자산 및 무형자산에 대한 건설자금이자는 자산의 취득가액으로 처리하나, 재고자산 및 투자자산에 대한 건설자금이자는 자산의 취득원가에 포함하지 아니하고 손금산입하도록 하고 있다.

(3) 장기연불조건의 매매거래

장기연불조건의 매매거래나 장기금전대차거래에서 발생하는 장기성 채권·채무는 현재가치로 평가하는 것이 K-IFRS상 원칙이다. 그러나 법인세법은 원칙적으로 현재가치평가를 배제하고 명목가치로 인식하는 것을 원칙으로 한다. 다만, 장기연불조건에서 법인이 결산을 확정함에 있어 현재가치로 평가한 경우에는 이를 수용한다.

[장기연불조건 등으로 매입한 자산의 취득가액]

구 분	장기연불조건 등의 매입거래	장기금전대차거래
법인세법	• 원칙 : 명목가액(현재가치할인차금 포함) • 예외 : 현재가치로 평가한 경우 현재가치할인차금을 포함하지 아니함	명목가액 (현재가치 수용하지 아니함)
기업회계	현재가치평가	현재가치평가
세무조정	어느 경우에도 세무조정이 발생하지 아니함	세무조정 발생함[주]

*주) 장기금전대차거래에서 발생하는 채권·채무를 현재가치로 평가하여 명목가액과 현재가치의 차액을 현재가치할인차금으로 계상하여 당기손익으로 처리한 경우 이를 각 사업연도 소득금액 계산상 익금 또는 손금에 산입하지 아니하며, 추후 현재가치할인차금을 상각 또는 환입하면서 이를 이자비용 또는 이자수익으로 계상한 경우에도 각 사업연도 소득금액 계산상 익금 또는 손금에 산입하지 않는다.

3 자산·부채의 평가기준

(1) 기본원칙

내국법인이 보유하는 자산 및 부채의 장부가액을 증액 또는 감액(감가상각을 제외한다)한 경우에는 그 평가일이 속하는 사업연도 및 그 후의 각 사업연도의 소득금액계산에 있어서 당해 자산 및 부채의 장부가액은 그 평가하기 전의 가액으로 한다. 즉, 원칙적으로 평가증과 평가감을 인정하지 않는다는 것이다(원가법).

다만, 다음의 경우에는 그러지 아니하다.

① 「보험업법」이나 그 밖의 법률에 의한 유형자산 및 무형자산의 평가(증액에 한한다)
② 재고자산, 유가증권, 금융기관이 보유하는 외화자산·부채에 대해서는 법인세법 시행령이 정하는 방법에 의하여 평가하여야 한다.
③ 가상자산 : 선입선출법에 따라 평가한다(2025년부터).

(2) 자산의 감액〈원칙 : 자산의 평가손실은 손금으로 인정되지 않음!!〉

다음 중 어느 하나에 해당하는 자산은 그 장부가액을 해당 감액사유가 발생한 사업연도(아래 감액사유 ②번의 경우에는 파손되거나 멸실이 확정된 사업연도를 포함)에 다음의 평가액으로 감액하고, 그 감액한 금액을 손금으로 계상할 수 있다. 즉, 감액사유가 발생한 날이 속하는 사업연도에만 결산조정으로 평가손실을 손금으로 인정한다는 것이다.

감액사유	평가금액
① 재고자산으로서 파손·부패 등의 사유로 인하여 정상가격으로 판매할 수 없는 것[주]	사업연도 종료일 현재 처분가능한 시가
② 유형자산으로서 천재지변·화재·법령에 의한 수용 및 채굴예정량의 채진으로 인한 폐광사유로 인하여 파손 또는 멸실된 것	사업연도 종료일 현재 시가
③ 다음의 주식 등으로서 그 발행법인이 부도가 발생한 경우 또는 「채무자 회생 및 파산에 관한 법률」에 의한 회생계획인가의 결정을 받았거나 「기업구조조정 촉진법」에 의한 부실징후기업이 된 경우의 당해 주식 등 ㉠ 주권상장법인 주식 ㉡ 「중소기업창업 지원법」에 따른 중소기업창업투자회사 또는 「여신전문금융업법」에 따른 신기술사업금융업자가 보유하는 주식 등 중 각각 창업자 또는 신기술사업자가 발행한 것 ㉢ 비상장법인의 주식(특수관계자가 아닌 경우에 한한다)	사업연도 종료일 현재 시가(법인별로 주식가액이 1,000원 미만인 경우에는 1,000원)
④ 주식 등을 발행한 법인이 파산한 경우에 당해 주식 등	사업연도 종료일 현재 시가(1,000원 미만인 경우에는 1,000원)

*주) 재고자산 평가방법을 저가법으로 신고하지 않은 경우에도 장부에 계상한 평가손실을 손금으로 인정한다.

02 재고자산의 평가

재고자산의 총액은 재고수량에 단가를 곱하여 계산되므로 정확한 재고수량의 파악이 전제되어야 한다. 재고수량은 파악방법으로 계속기록법과 실지재고조사법이 있으나, 법인세법은 이에 대하여 아무런 규정을 두고 있지 않다. 그러나 단가의 결정과 관련하여서는 자세한 규정을 두고 있다.

1 재고자산의 평가방법의 선택

재고자산은 법인이 원가법과 저가법 중 하나를 택하여 납세지 관할 세무서장에게 신고한 방법으로 평가한다. 여기서 세법상 원가법으로 인정되는 방법은 다음과 같다.

> ① 개별법, ② 선입선출법, ③ 후입선출법, ④ 총평균법, ⑤ 이동평균법, ⑥ 매출가격환원법(소매재고법)

2 재고자산평가방법의 적용

법인이 재고자산의 평가방법을 선택·적용하는데 있어서 반드시 법인의 모든 재고자산에 대하여 동일한 평가방법을 적용할 필요는 없다. 법인세법상 재고자산의 종류별(제품 및 상품, 반제품, 재공품, 원재료, 저장품)·영업장별·영업의 종목별에 따라 각기 다른 평가방법을 적용할 수 있다.

3 재고자산평가방법의 신고와 변경

(1) 평가방법의 최초 신고

신설법인과 새로 수익사업을 개시한 비영리내국법인이 재고자산의 평가방법으로 최초로 신고하는 경우에는 재고자산 등 평가방법신고서를 납세지 관할 세무서장에게 제출(국세정보통신망에 의한 제출을 포함)하여야 한다. 이 경우 저가법을 신고하는 경우에는 시가와 비교되는 원가법을 함께 신고하여야 한다.

(2) 평가방법의 변경신고

재고자산 평가방법을 변경하고자 하는 법인은 변경할 평가방법을 적용하고자 하는 사업연도의 종료일 이전 3월이 되는 날까지 변경신고를 하여야 한다. 법인이 신고기한을 경과하여 신고한 경우에는 그 신고일이 속하는 사업연도까지는 종전의 평가방법을 적용하고, 그 후의 사업연도에 있어서는 법인이 신고한 새로운 방법에 의해 평가한다.

(3) 평가방법의 무신고와 임의변경

구 분	평가방법
무신고	선입선출법(매매용 부동산은 개별법)
임의변경	Max[① 선입선출법(매매용 부동산은 개별법), ② 당초 신고한 방법에 의한 평가액]

03 유가증권의 평가

법인세법상의 유가증권이란 그 취득에 따라 배당이나 이자를 수취, 매매차익을 얻거나 또는 피투자법인의 경영권의 확보 등을 위한 투자의 대상이 되는 것으로 주식이나 국·공·사채와 같이 배당과 이자의 수준에 따라 항상 그 증권에 표시되어 있는 재산적가치가 변하는 증권을 의미한다.

1 유가증권평가방법

유가증권의 평가는 원칙적으로 원가법만이 인정된다. 법인은 원가법 중 다음의 하나를 택하여 납세지 관할 세무서장에게 신고한 방법으로 평가한다.
① 개별법(채권에 한함)
② 총평균법
③ 이동평균법

구 분	K-IFRS	세무조정
당기손익인식금융자산	공정가액(관련 손익을 당기손익처리)	관련 손익을 부인함
만기보유증권	상각 후 취득원가(유효이자율법)	상각액을 부인함
매도가능증권	공정가액 (관련 손익을 기타포괄손익처리)	세무상 순자산의 유지를 위해 세무조정함

2 유가증권평가방법의 적용

유가증권평가방법의 최초 신고와 변경은 재고자산의 경우와 동일하다.

(1) 평가방법의 최초 신고

당해 법인의 설립일 또는 수익사업개시일이 속하는 사업연도의 법인세 과세표준의 신고기한까지 신고하여야 한다.

(2) 평가방법의 변경신고

유가증권 평가방법을 변경하고자 하는 법인은 변경할 평가방법을 적용하고자 하는 사업연도의 종료일 이전 3월이 되는 날까지 변경신고를 하여야 한다.

(3) 평가방법의 무신고와 임의변경

구 분	평가방법	세무조정
무신고	총평균법	관련 손익을 부인함
임의변경	Max[총평균법, 당초 신고한 방법에 의한 평가액]	세무상 순자산의 유지를 위해 세무조정함

04 외화자산·부채의 평가

외화자산, 부채의 평가는 기말 현재 보유하고 있는 외화자산, 부채에 기말현재의 환율에 의하여 계산한 평가액과 장부상의 차이에 대한 손익에 대한 처리를 말한다.

1 외화환산손익

기업회계기준은 법인이 보유하는 외화자산·부채 중 화폐성 외화자산·부채에 한하여 재무상태표일 현재의 적절한 환율로 환산하고, 동 환산손익을 당기손익으로 처리하도록 규정하고 있다.

(1) 규 정

화폐성 외화자산·외화부채와 환위험 위험회피용 통화선도·통화스왑의 계약내용 중 외화자산 및 부채는 다음에 제시된 방법 중 하나를 선택하여 평가한다.

구 분	내 용
발생일의 환율 적용	취득일 또는 발생일(통화선도·통화스왑은 계약 체결일) 현재의 매매기준율을 적용하여 평가하는 방법
종료일의 환율 적용	사업연도 종료일 현재의 매매기준율을 적용하여 평가하는 방법

취득일 또는 발생일 현재의 환율을 적용하여 평가하는 방법은 취득·발생 이후 환율변동을 반영하지 않는 방법이고, 사업연도 종료일 현재의 환율을 적용하여 평가하는 방법은 매 사업연도마다 환율변동을 반영하는 방법이다. 법인이 '발생일의 환율 적용' 또는 '종료일의 환율 적용'의 평가방법 중 신고한 평가방법은 그 후의 사업연도에도 계속하여 적용하여야 한다. 다만, 신고한 평가방법을 적용한 사업연도를 포함하여 5개 사업연도가 지난 후에는 다른 방법으로 신고하여 변경된 평가방법을 적용할 수 있다.

(2) 평가방법의 적용

① 위 두 가지 평가방법 중 관할 세무서장에게 신고한 방법을 적용하되, 최초로 '종료일의 환율 적용'의 방법을 신고하여 적용하기 이전까지는 '발생일의 환율 적용'의 방법을 적용하여야 하며, '종료일의 환율 적용'의 방법을 신고하여 적용한 경우에는 그 후의 사업연도에도 계속 적용하여야 한다.
② 화폐성 외화자산·외화부채와 환위험회피용통화선도·통화스왑을 평가함에 따라 발생하는 외화환산손익은 해당 사업연도의 익금 또는 손금에 산입한다.

2 외환차손익

외화자산·부채를 상환받거나 상환할 때 발생하는 거래손익은 실현손익이므로 당해 사업연도의 익금 또는 손금에 이를 산입한다.

3 통화 관련 파생상품

법인세법상 통화선도와 통화스왑의 손익 처리는 외화 관련 평가손익의 처리와 같다. 일반법인의 경우에는 통화선도평가이익(손실)은 이를 미실현손익으로 간주하므로 익금불산입(손금불산입)처리하여야 하고, 통화선도거래손익은 실현된 손익이므로 모두 익금과 손금으로 인정한다. 금융기관의 경우에는 통화 관련 평가손익도 실현손익으로 간주하므로 이를 익금과 손금으로 인정한다.

제10장 단원별 기출문제

01 다음 중 법인세법상 제조업을 영위하는 회사가 보유한 주식 및 채권 등 유가증권의 평가방법에 해당하지 않는 것은? [108회]

① 총평균법
② 이동평균법
③ 개별법(채권에 한함)
④ 시가법

해설
투자회사 등이 보유한 집합투자재산은 시가법에 따라 평가한다.

02 다음 중 법인세법상 자산 및 부채의 평가에 대한 설명으로 옳지 않은 것은? [107회]

① 유형자산으로서 천재지변 등의 사유로 파손되거나 멸실된 경우 그 장부가액을 감액할 수 있다.
② 매매목적으로 소유하는 부동산의 평가방법의 무신고 시 선입선출법을 적용한다.
③ 유가증권의 평가방법의 무신고 시 총평균법을 적용한다.
④ 재고자산의 평가방법을 신고한 법인으로서 그 평가방법을 변경하고자 하는 법인은 변경할 평가방법을 적용하고자 하는 사업연도 종료일의 이전 3월이 되는 날까지 신고하여야 한다.

해설
기한 내에 재고자산의 평가방법을 신고하지 아니한 경우로서 매매를 목적으로 소유하는 부동산은 개별법에 의하여 평가한다.

03 다음 중 법인세법상 자산과 부채의 장부가액을 감액할 수 있는 경우가 아닌 것은? [106회]

① 유형자산으로서 천재지변으로 멸실된 경우
② 재고자산으로서 제품의 진부화로 정상가격으로 판매할 수 없는 경우
③ 기술의 낙후로 인하여 생산설비의 일부를 폐기한 경우
④ 주식발행법인이 파산한 경우

해설
재고자산으로서 파손·부패 등의 사유로 정상가격으로 판매할 수 없는 것은 그 장부가액을 감액할 수 있다.

정답 01 ④ 02 ② 03 ②

04
다음은 ㈜한국의 재고자산 평가에 관한 자료이다. 다음 중 ㈜한국의 기말 재고자산에 대하여 적용할 법인세법상 재고자산의 평가방법으로 옳은 것은? [104회]

> 1. 사업연도는 2023.01.01 ~ 2023.12.31이다.
> 2. 당초 신고한 재고자산 평가방법은 총평균법이다.
> 3. 재고자산 평가방법을 2023.12.15에 이동평균법으로 변경신고하고, 변경신고한 방법으로 평가하였다.
> 4. 2023년 기말 재고자산 평가액
>   - 선입선출법 : 50,000,000원
>   - 이동평균법 : 40,000,000원
>   - 총평균법 : 30,000,000원
>   - 후입선출법 : 20,000,000원

① 선입선출법
② 총평균법
③ 이동평균법
④ 후입선출법

해설
기한 내에 재고자산의 평가방법변경신고를 하지 아니하고 그 방법을 변경한 경우 납세지 관할 세무서장이 선입선출법에 의하여 재고자산을 평가한다. 다만, 신고한 평가방법에 의하여 평가한 가액이 선입선출법에 의하여 평가한 가액보다 큰 경우에는 신고한 평가방법에 의한다.
- Max(선입선출법 50,000,000원, 총평균법 30,000,000원)

05
다음 중 법인세법상 재고자산과 유가증권의 평가방법의 신고와 변경에 대한 설명으로 가장 옳지 않은 것은? [102회]

① 신설법인은 법인의 설립일(또는 수익사업 개시일)이 속하는 사업연도의 법인세 과세표준의 신고기한까지 평가방법을 납세지 관할 세무서장에게 제출하여야 한다.
② 평가방법을 신고한 법인으로서 그 평가방법을 변경하려는 법인은 변경할 평가방법을 적용하려는 사업연도의 종료일 이전 3개월이 되는 날까지 변경신고를 해야 한다.
③ 일반적인 재고자산으로서 기한 내에 평가방법을 신고하지 않은 경우의 평가방법은 선입선출법으로 한다.
④ 유가증권 평가방법을 신고하지 않은 경우의 평가방법은 이동평균법으로 한다.

해설
기한 내에 유가증권의 평가방법을 신고하지 않은 경우에는 납세지 관할 세무서장이 총평균법에 의하여 유가증권을 평가한다.

06 다음 중 법인세법상 자산과 부채의 평가방법에 대한 설명으로 가장 옳지 않은 것은? [101회]

① 재고자산의 평가방법을 저가법으로 신고하는 경우에는 시가와 비교되는 원가법을 함께 신고하여야 한다.
② 재고자산(매매목적 부동산 제외) 평가방법을 신고하지 않는 경우에는 선입선출법으로 평가한다.
③ 일반법인이 유가증권 평가방법을 신고하지 않는 경우에는 후입선출법을 적용한다.
④ 개별법은 재고자산을 개별적으로 취득한 가액에 따라 산출한 것을 그 자산의 평가액으로 하는 방법이다.

해설
유가증권을 신고하지 않을 경우에는 총평균법을 적용한다.

07 다음은 법인세법상 자산의 취득과 평가에 대한 내용이다. 가장 옳지 않은 것은? [99회]

① 재고자산의 평가방법 변경신고는 변경할 평가방법을 적용하고자 하는 사업연도 종료일 이전 3개월이 되는 날까지 한다.
② 자산의 교환으로 인한 취득 시의 취득가액은 취득 당시 취득한 자산의 시가로 한다.
③ 원가법 적용 시 제품 진부화의 사유로 정상가액으로 판매할 수 없는 재고자산에 대하여 해당 평가손실을 손비로 계상한 경우에는 그 자산의 장부가액을 감액할 수 있다.
④ 재고자산 평가방법의 최초신고는 설립일이 속하는 사업연도의 법인세 과세표준 신고기한 내에 한다.

해설
재고자산의 파손 또는 부패 등의 사유만 평가손실을 인정하며, 진부화의 사유는 인정되지 않는다.

08 다음 중 법인세법상 자산 및 부채의 평가 등에 관한 설명으로 가장 옳지 않은 것은? [98회]

① 보험업법이나 그 밖의 법률에 따른 자산의 평가이익은 인정한다.
② 재고자산으로서 파손 또는 부패 등의 사유로 정상가액으로 판매할 수 없는 것은 사업연도 종료일 현재 처분가능한 시가로 감액할 수 있다.
③ 법인이 기한 내에 재고자산(유가증권 제외)의 평가방법을 신고하지 않은 경우 후입선출법으로 평가한다.
④ 법인이 기한 내에 유가증권의 평가방법을 신고하지 않은 경우 총평균법으로 평가한다.

해설
법인이 기한 내에 재고자산의 평가방법을 신고하지 않은 경우 선입선출법으로 평가한다.

정답 06 ③ 07 ③ 08 ③

09 다음 중 법인세법상 자산 및 부채의 평가방법으로 옳지 않은 것은? [96회]

① 일반 법인이 유가증권 평가방법을 신고하지 않은 경우 총평균법을 적용한다.
② 재고자산의 평가방법은 원칙적으로 법인이 신고한 방법(원가법 또는 저가법)에 의한다.
③ 기업회계기준에 따라 인식한 외환차손익에 대해서 별도 세무조정이 필요 없다.
④ 매매목적용 부동산의 평가방법을 신고하지 않은 경우 선입선출법을 적용한다.

해설
기한 내에 재고자산의 평가방법을 신고하지 아니한 경우 납세지 관할 세무서장이 선입선출법에 의하여 재고자산을 평가한다. 다만, 매매를 목적으로 소유하는 부동산의 경우에는 개별법으로 한다.

10 다음 중 법인세법상 자산의 취득가액의 계산에 대한 설명으로 잘못된 것은? [95회]

① 타인으로부터 매입한 자산은 원칙적으로 매입가액에 부대비용을 가산한 금액을 취득가액으로 한다.
② 적격합병의 경우 취득가액은 피합병법인의 장부가액으로 한다.
③ 일반적인 채무의 출자전환에 따라 취득한 주식은 취득 당시 시가를 취득가액으로 한다.
④ 정부로부터 무상으로 할당받은 온실가스 배출권은 거래시가를 취득가액으로 한다.

해설
정부로부터 무상으로 할당받은 배출권은 원가를 영(0)으로 하여 인식하여야 한다.

11 다음 중 법인세법상 자산의 취득가액에 대한 설명으로 옳지 않은 것은? [93회]

① 타인으로부터 매입한 자산의 취득가액은 매입가액에 취득세, 등록면허세를 포함한다.
② 특수관계인인 개인으로부터 유가증권을 시가에 미달하는 가액으로 매입하는 경우에는 시가와 매입가액의 차액은 취득가액에 포함한다.
③ 교환으로 취득한 자산의 취득가액은 제공한 자산의 시가로 한다.
④ 단기금융자산의 취득부대비용은 취득가액에 포함되지 않는다.

해설
취득 당시 취득한 자산의 시가로 한다.

12 법인세법상 자산·부채의 평가 등에 관한 설명으로 옳지 않은 것은? [90회]

① 천재지변 또는 화재 등으로 인해 파손되거나 멸실된 유형자산은 사업연도 종료일 현재 시가로 장부가액을 감액할 수 있다.
② 시설개체 또는 기술의 낙후로 인하여 생산설비의 일부를 폐기한 경우에는 당해 자산의 장부가액에서 1천원을 공제한 금액을 폐기일이 속하는 사업연도의 손금에 산입할 수 있다.
③ 재고자산으로서 파손·부패 등의 사유로 정상가격으로 판매할 수 없는 것은 사업연도 종료일 현재 처분가능한 시가로 감액할 수 있다.
④ 보험업법이나 그 밖의 법률에 따라 유형자산 및 무형자산의 평가손실을 평가일이 속하는 사업연도의 손금에 산입할 수 있다.

> **해설**
> 보험업법이나 그 밖의 법률에 따른 유형자산 및 무형자산의 평가는 장부가액을 증액하는 경우에만 해당한다.

13 법인세법상 자산의 평가에 관한 내용 중 장부가액을 감액할 수 있는 경우가 아닌 것은? [88회]

① 유행의 경과로 인하여 가치하락이 발생한 재고자산
② 유형자산으로서 천재지변·화재 등 대통령령으로 정하는 사유로 파손되거나 멸실된 것
③ 주식의 발행법인이 부도가 발생한 경우 해당 법인의 주식
④ 재고자산으로서 파손·부패 등의 사유로 정상가격으로 판매할 수 없는 것

> **해설**
> 유행의 경과로 인하여 가치하락이 발생한 재고자산은 감액사유가 아니다.

14 다음 중 법인세법상 자산의 취득가액에 대한 설명으로 가장 옳지 않은 것은? [85회]

① 특수관계인으로부터 자산을 시가보다 고가로 매입한 경우에는 시가를 취득가액으로 한다.
② 유형자산의 건설자금에 충당한 차입금의 이자는 취득가액에 포함된다.
③ 단기금융자산의 취득부대비용은 취득가액에 포함된다.
④ 특수관계인인 개인으로부터 유가증권을 시가에 미달하는 가액으로 매입한 경우 해당 매입가액과 시가와의 차액은 취득가액에 포함된다.

> **해설**
> 단기금융자산의 취득부대비용은 취득원가에 포함하지 않음

정답 12 ④ 13 ① 14 ③

15 다음 중 법인세법상 재고자산(유가증권 및 부동산 제외) 평가방법을 신고한 법인이 신고한 평가방법과 다른 방법으로 재고자산을 평가하여 신고한 경우 적용되는 평가방법은? [82회]

① 선입선출법
② 당초 적법하게 신고한 평가방법에 의한 평가금액과 선입선출법에 의하여 평가한 금액 중 큰 금액으로 평가한다.
③ 법인이 결산 시 평가한 평가방법에 의한 금액과 선입선출법에 의하여 평가한 금액 중 큰 금액으로 평가한다.
④ 신고한 평가방법

해설
임의변경(신고한 평가방법과 다른 방법으로 평가하거나 기한 내에 평가방법으로 변경신고를 하지 않고 평가방법을 변경한 경우)에는 당초 적법하게 신고한 평가방법에 의한 평가금액과 선입선출법에 의하여 평가한 금액 중 큰 금액으로 평가한다.

16 다음 중 법인세법상 자산의 취득가액에 대한 설명으로 가장 옳은 것은? [82회]

① 특수관계 없는 자로부터 정상가액보다 높은 가액으로 매입한 자산의 정상가액을 초과하는 금액은 취득가액에 포함한다.
② 타인으로부터 저가로 매입한 자산(유가증권 제외)은 시가를 취득가액으로 한다.
③ 물품수입 시 발생하는 '연지급수입이자'는 항상 취득가액에 포함한다.
④ 특수관계자인 개인으로부터 유가증권을 시가보다 낮은 가액으로 매입한 경우에는 그 유가증권의 시가와 매입가액의 차액에 상당하는 금액은 취득가액에 포함한다.

해설
① 특수관계 없는 자로부터 정상가액보다 높은 가액으로 매입한 자산의 정상가액을 초과하는 금액은 취득가액에 포함하지 않는다.
③ 연지급수입이자는 취득부대비용으로 보아 취득가액에 포함하되, 취득가액과 구분하여 지급이자로 계상한 경우에는 취득가액에 포함하지 않는다.
④ 특수관계인인 개인으로부터 유가증권을 시가보다 낮은 가액으로 매입한 경우에는 그 유가증권의 시가와 매입가액의 차액에 상당하는 금액은 취득가액에 포함한다.

17 제8기까지 이동평균법으로 상품을 평가하여 오던 법인이 재고자산평가방법을 총평균법으로 변경하기로 하고 변경신고서를 제9기 12월 1일 제출하고 총평균법으로 평가하였을 경우 제9기의 법인세법상 재고자산평가액은? [81회]

> 1. 당초 평가방법 : 이동평균법
> 2. 제9기 재고자산평가액
>   - 선입선출법 : 70,000,000원
>   - 이동평균법 : 80,000,000원
>   - 총평균법 : 60,000,000원
> 3. 해당 사업연도는 제9기 사업연도(1.1 ~ 12.31)이며 당기말 재고자산은 총평균법으로 평가하였다.

① 80,000,000원 ② 60,000,000원
③ 70,000,000원 ④ 75,000,000원

해설
재고자산평가방법을 기한 후에 변경신고하였으므로 10기부터 변경된다. 따라서 제9기는 Max(선입선출법, 이동평균법) = Max(70,000,000, 80,000,000) = 80,000,000원이 된다.

18 다음 중 법인세법상 자산의 취득가액으로 틀린 것은 무엇인가? [80회]

① 타인으로부터 매입한 자산(금융자산 제외) : 매입가액에 부대비용을 더한 금액
② 자기가 제조한 자산 : 제작원가에서 부대비용을 뺀 금액
③ 단기금융자산 등 : 매입가액
④ 현물출자법인이 피출자법인을 새로 설립하면서 그 대가로 주식 등만 취득하는 현물출자 : 현물출자한 순자산의 시가

해설
자기가 제조한 자산은 제작원가에서 부대비용을 더한 금액이다.

19 다음 중 법인세법상 감액사유가 발생한 날이 속하는 사업연도에 결산조정으로 평가손실을 반영하였다고 하더라도 손금으로 인정될 수 없는 경우는? [79회]

① 신상품의 출시로 인하여 더 이상 판매가 불가능한 상품
② 주식을 발행한 법인이 파산한 경우의 해당 주식
③ 주권상장법인이 발행한 주식으로서 그 발행법인이 부도가 발생한 경우의 해당 주식
④ 공장 화재로 인하여 사업용으로 사용하던 기계장치가 파손된 경우

해설
재고자산은 파손·부패 등의 사유인 경우에만 평가손실을 인정한다.

정답 17 ① 18 ② 19 ①

20 다음 중 법인세법상 자산·부채의 취득 및 평가에서 자산의 취득가액에 가감하는 내용으로 틀린 것은? [79회]

① 유형자산에 대한 자본적 지출액은 취득가액에 가산한다.
② 유형자산의 취득과 함께 국공채를 매입하는 경우 기업회계기준에 따라 매입가액과 현재가치의 차액을 취득가액으로 계상한 금액도 취득가액에 가산한다.
③ 자산의 장기할부취득 시 발생한 채무를 현재가치로 평가하여 계상한 현재가치할인차금은 취득가액에 포함하지 아니한다.
④ 부가가치세법상 의제매입세액과 재활용폐자원 등에 대한 매입세액은 원재료에 가산한다.

해설
원재료에서 차감하여야 한다.

21 법인세법상 유형자산의 평가차손은 원칙상 손금불산입이다. 다만, 일정한 사유로 인하여 파손 또는 멸실된 유형자산의 사업연도 종료일 현재 시가와 장부가액과의 평가차손에 대하여 손금에 산입된다. 다음 중 그 사유가 아닌 것은? [77회]

① 현저한 시가의 하락의 경우
② 천재지변 화재의 경우
③ 법령에 의한 수용 등의 경우
④ 채굴예정량의 채진으로 인한 폐광의 경우

해설
현저한 시가하락의 경우는 해당 사항이 아니다.

22 다음 중 법인세법상 재고자산평가방법의 신고 및 변경신고에 대한 설명으로 틀린 것은? [74회]

① 신설법인은 설립일이 속하는 사업연도의 과세표준신고기한 내에 재고자산평가방법을 신고하여야 한다.
② 매매목적용 부동산에 대한 평가방법을 신고기한 내에 신고하지 아니한 경우에는 개별법으로 평가한다.
③ 재고자산평가방법의 변경에 대해서는 세무서장의 승인이 필요하다.
④ 재고자산평가방법은 법인이 원가법과 저가법 중 선택하여 적용받을 수가 있다.

해설
세무서장에 대한 신고사항이다.

23 다음 중 법인세법상 자산의 취득가액으로 옳지 않은 것은? [72회]

① 타인으로부터 매입한 자산 : 매입가액에 취득세, 등록면허세, 그 밖의 부대비용을 가산한 금액
② 온실가스 배출권의 할당 및 거래에 관한 법률에 따라 정부로부터 무상으로 할당받은 배출권 : 취득 당시 국제거래 시가
③ 물적분할에 따라 분할법인이 취득하는 주식 등의 경우 : 물적분할한 순자산의 시가
④ 자기가 제조·생산·건설 기타 이에 준하는 방법에 의하여 취득한 자산 : 원재료비·노무비·운임·하역비·보험료·수수료·공과금(취득세와 등록세를 포함한다)·설치비 기타 부대비용의 합계액

해설
무상으로 할당받은 배출권의 취득가액은 영(0)원이다.

24 법인세법상 재고자산에 대한 평가방법을 설명하고 있다. 틀린 것은? [70회]

① 재고자산의 평가방법 중 원가법은 개별법, 선입선출법, 후입선출법, 총평균법, 이동평균법, 매출가격환원법이 있다.
② 재고자산의 평가 시 영업장별로 다른 평가방법을 적용할 수는 없다.
③ 재고자산을 저가법으로 신고하는 경우에는 시가와 비교되는 원가법을 함께 신고하여야 한다.
④ 매매목적의 부동산의 재고평가방법을 무신고한 경우에는 개별법을 적용한다.

해설
종류별, 영업장별로 다른 방법평가 가능

25 다음 중 법인세법상 자산별로 평가하는 방법이 틀린 것은? [69회]

① 재고자산에 관한 평가방법을 신고하지 않은 경우 : 선입선출법
② 유가증권에 관한 평가방법을 신고하지 않은 경우 : 총평균법
③ 매매목적으로 소유하고 있는 부동산을 당초 신고한 평가방법 외의 방법으로 평가한 경우 : 선입선출법과 당초 신고한 평가방법 중 큰 금액
④ 평가대상 화폐성외화자산 : 사업연도 종료일 현재의 매매기준율 또는 재정된 매매기준율

해설
매매를 목적으로 소유하는 부동산의 경우에는 개별법으로 한다.

정답 23 ② 24 ② 25 ③

CHAPTER 11 감가상각자산의 감가상각

PART 1 법인세법

01 감가상각의 의의

감가상각이란 감가상각자산의 취득가액에서 잔존가액을 차감한 감가상각 대상 금액을 자산의 내용연수에 걸쳐 합리적이고 체계적인 방법으로 비용을 배분하는 과정을 말한다.

현행 기업회계기준은 감가상각비 계상 시 해당 기업의 업종 또는 상황에 따라 감가상각방법을 달리 적용할 수 있도록 하고 있으며 내용연수와 잔존가액도 합리적인 추정에 의할 수 있도록 규정하고 있다. 그러나 세법은 감가상각비의 손금성을 인정하지만 법인이 자의적으로 감가상각비를 비용으로 계상하는 것을 방지하기 위해 감가상각대상자산과 내용연수, 잔존가액, 상각방법을 모두 규정하고 있으며, 감가상각비의 한도액을 정함으로써 이를 초과하여 계상한 금액은 손금에 산입하지 아니한다.

02 감가상각자산의 범위와 시부인계산

1 감가상각대상자산

(1) 감가상각대상자산의 유형

감가상각 대상이 되는 자산은 토지를 제외한 다음의 유형자산과 무형자산으로 한다.

구 분	범 위
유형자산	① 건축물(건물 및 부속설비와 구축물) ② 차량 및 운반구, 공구, 기구 및 비품 ③ 선박 및 항공기 ④ 기계 및 장치 ⑤ 동물 및 식물 ⑥ 기타 ① ~ ⑤의 자산과 유사한 유형자산
무형자산	① 영업권, 디자인권, 실용신안권, 상표권 ② 특허권, 어업권, 해저광물자원 개발법에 의한 채취권, 유료도로관리권, 수리권, 전기가스공급시설이용권, 공업용수도시설이용권, 수도시설이용권, 열공급시설이용권 ③ 광업권, 전신전화전용시설이용권, 전용측선이용권, 하수종말처리장시설관리권, 수도시설관리권 ④ 개발비 ⑤ 사용수익기부자산가액 ⑥ 주파수이용권 및 공항시설관리권, 항만시설관리권

(2) 감가상각대상자산에 포함되지 아니하는 자산

① 사업에 사용하지 아니하는 것(유휴설비를 제외)[주1]

② 건설 중인 것[주2]

③ 시간의 경과에 따라 그 가치가 감소되지 아니하는 것

④ 금융리스 외의 자산(리스회사가 감가상각함)

[주1] 단기의 운휴자산은 감가상각대상에 포함되나 다음의 유휴설비는 감가상각하지 아니한다.
- 사용 중 철거하여 사업에 사용하지 아니하는 기계 및 장치 등
- 취득 후 사용하지 아니하고 보관 중인 기계 및 장치 등

[주2] 감가상각자산에서 제외되는 건설중인자산에는 설치 중인 자산 또는 그 성능을 시험하기 위한 시운전기간에 있는 자산을 포함한다. 다만, 건설중인자산의 일부가 완성되어 당해 부분이 사업에 사용되는 경우 그 부분은 이를 감가상각자산에 해당하는 것으로 한다.

2 감가상각 시부인계산

(1) 감가상각비의 손금산입방법

법인이 각 사업연도에 감가상각자산의 감가상각비를 손금으로 계상하거나 국제회계기준(K-IFRS)을 적용하는 법인이 신고조정으로 손금에 산입하는 경우에는 다음 방법 중 하나를 선택하여 적용한다.

① 감가상각자산의 장부가액을 직접 감액하는 방법

② 감가상각자산의 장부가액을 감액하지 않고 감가상각누계액으로 계상하는 방법 : 이때 개별 자산별로 계상하되, 개별 자산별로 구분하여 작성한 '감가상각비조정명세서'를 보관하고 있는 경우에는 총액을 일괄하여 감가상각누계액으로 계상할 수 있다.

(2) 시부인계산의 개념

감가상각비의 시부인계산이란 회사가 비용으로 계상한 감가상각비와 세법상 손금한도액인 상각범위액을 비교하여 세무조정하는 것을 말한다. 이때 한 자산의 상각부인액과 다른 자산의 시인부족액은 이를 상계할 수 없으며, 각각 별도로 세무조정하여야 한다. 감가상각비는 원칙적으로 결산조정사항이 원칙이므로 결산서에 손비를 계상하지 않은 경우에는 손금으로 인정받을 수 없다.[주]

[주] 2010년부터 국제회계기준을 적용한 법인은 감가상각비 손금산입 한도 내에서 결산조정으로 미달하게 손금산입한 금액만큼 신고조정으로 손금산입할 수 있다.

(3) 회사계상액에 포함되는 금액

회사가 계상한 감가상각비는 판매비와관리비, 제조간접비로 계상한 금액뿐만 아니라 다음의 금액을 포함한다.

① 법인세법상 취득과 관련하여 지출된 금액을 비용처리하거나 자본적 지출액을 수익적 지출로 처리한 경우 당해 금액(이를 즉시상각의제액이라 한다) : 별도의 절차 없이 회사계상액에 가산하면 된다.

② 전기 이전에 과소계상한 감가상각비를 기업회계기준에 따라 전기오류수정손실로 계상하거나 이익잉여금을 감소시킨 경우 당해 금액 : 전기오류수정손실로 계상한 경우 별도의 절차없이 회사계상액에 가산하지만, 이익잉여금을 감소시킨 경우에는 손금산입(기타)한 후 회사계상액에 가산한다.

③ 감가상각방법을 변경(예 정액법 → 정률법)하여 기업회계기준에 따라 이익잉여금을 감소시킨 경우 당해 금액 : 오류수정분개 중 이익잉여금을 감소시키는 분개와 일치하므로 손금산입(기타)한 후 회사계상액에 가산한다.

④ 진부화 또는 시장가치가 급격히 하락한 자산에 대하여 기업회계기준에 따라 자산감액손실을 계상한 경우 당해 금액 : 별도의 절차 없이 회사계상액에 가산한다.

(4) 시부인액에 대한 세무조정

① **상각부인액** : 법인이 장부상으로 계상한 감가상각비가 세법상의 상각범위액을 초과하는 금액을 상각부인액이라 하며, 동 상각부인액은 손금불산입(유보)한다. 그리고 차기 이후에 시인부족액을 한도로 하여 이를 손금으로 추인한다.[주]

*주) 법인이 결산조정으로 감가상각비를 손금계상하지 않은 경우에도 적용한다.

② **시인부족액** : 법인이 장부상으로 계상한 감가상각비가 세법상 상각범위액에 미달하는 금액을 시인부족액이라 한다. 감가상각비는 결산조정사항이므로 시인부족액은 세무조정을 통하여 손금산입할 수 없으며, 차기 후 사업연도의 상각부인액에도 충당하지 못한다.

3 감가상각 범위액 산정을 위한 요소

(1) 취득가액

① **일반적인 취득가액** : 감가상각자산의 취득가액은 자산의 취득가액에 대한 법인세법의 일반원칙에 의하여 계산한다(10장 자산의 취득가액 참조). 감가상각과 관련하여 특별히 주의하여야 할 자산의 취득원가에 대한 사례는 다음과 같다.

감가상각대상자산에 포함되는 항목	감가상각대상자산에 포함되지 않는 항목
• 자본적 지출 • 법률에 의한 평가차익 • 건설자금이자	• 수익적 지출 • 부당행위계산 의한 시가초과액(고가매입) • 자산의 임의평가증 • 정상가액 초과액(특수관계 없는 자에게 매입한 경우) • 현재가치할인차금을 결산상 계상한 경우 • 자산으로 계상한 복구충당부채

② **자본적 지출과 수익적 지출** : 법인세법상 '자본적 지출'이라 함은 법인이 소유하는 감가상각자산의 내용연수를 연장시키거나 당해 자산의 가치를 현실적으로 증가시키기 위하여 지출한 수선비를 말한다. 이에 반하여 원상회복이나 능률유지를 위해 지출한 수선비는 '수익적 지출'에 해당한다. 수익적 지출의 경우 당해 자산의 취득가액에 가산하지 않고 당해 연도 손금에 산입한다.

법인세법상 자본적 지출과 수익적 지출의 주요 구분사례는 다음과 같다.

자본적 지출(자산에 가산)	수익적 지출(당기 손금)
• 본래의 용도를 변경하기 위한 개조 • 엘리베이터 또는 냉난방장치의 설치 • 빌딩 등에 있어서 피난시설 등의 설치 • 재해 등으로 인하여 멸실 또는 훼손되어 본래의 용도에 이용할 가치가 없는 건축물·기계·설비 등의 복구 • 기타 개량·확장·증설 등 위와 유사한 성질의 것	• 건물 또는 벽의 도장 • 파손된 유리나 기와의 대체 • 기계의 소모된 부속품 또는 벨트의 대체 • 자동차 타이어의 대체 • 재해를 입은 자산에 대한 외장의 복구·도장 및 유리의 삽입 • 기타 조업가능한 상태의 유지 등 위 항목들과 유사한 것

(2) 잔존가액

① **원칙**: 잔존가액이란 자산을 폐기할 때 회수할 수 있을 것이라고 예상되는 금액을 말한다. 법인세법은 감가상각계산의 자의성을 방지하고 투하자본의 조기회수를 통한 기업의 경쟁력 제고를 위해 유형·무형자산을 불문하고 잔존가액을 모두 '0'으로 한다.

② **정률법 상각의 경우**: 다만, 정률법에 의하여 상각범위액을 계산하는 경우에는 취득가액의 100분의 5에 상당하는 금액으로 하되, 그 금액은 당해 감가상각자산에 대한 미상각잔액이 최초로 취득가액의 100분의 5 이하가 되는 사업연도의 상각범위액에 가산한다. 이는 정률법의 경우에는 잔존가액이 '0'이면 상각률을 계산할 수 없기 때문이다.

③ **비망가액**: 감가상각이 종료되는 감가상각자산에 대하여는 취득가액의 100분의 5와 1천원 중 적은 금액을 당해 감가상각자산의 장부가액으로 하고, 동 금액에 대하여는 이를 손금에 산입하지 아니한다. 이런 비망계정 금액은 해당 자산을 처분하는 시점에 손금으로 산입한다.

(3) 내용연수(상각률)

내용연수란 기업에서 자산이 사용가능할 것으로 기대되는 기간을 의미한다. 법인세법은 법인의 자의적인 내용연수 선택에 의한 감가상각범위액 계산의 자의성을 방지하기 위해 자산별 내용연수뿐 아니라 그 내용연수 적용에 따른 상각률까지도 법정화하고 있다. 여기서 주의할 것은 회계상 내용연수와 세법상 내용연수의 의미는 다르다는 것이다. 세법에서의 내용연수는 감가상각자산을 내용연수 내에 반드시 감가상각을 강제하는 것은 아니며, 감가상각자산의 상각범위액을 계산하는 데 필요한 상각률만을 산정하는 데 그 의미가 있다.

① **내용연수표**: 법인세법은 감가상각자산을 크게 시험연구용자산, 무형자산, 건축물 등, 업종별 자산으로 나누어 내용연수에 대한 규정을 두고 있다.

구 분	시행규칙	적용대상	내용연수선택
시험연구용자산	[별표2]	투자세액공제를 받지 않는 시험연구용자산	선택불가
무형자산	[별표3]	무형자산(개발비·사용수익기부자산·주파수이용권 및 공항시설관리권은 제외)	선택불가(단, 개발비는 20년 이내에서 선택가능)
건축물 등	[별표5]	건축물, 차량 및 운반구, 공구, 기구 및 비품, 선박 및 항공기	내용연수범위 내에서 선택가능
업종별 자산	[별표6]	[별표3] 및 [별표5]의 적용을 받는 자산을 제외한 모든 감가상각자산(개발비·사용수익기부자산·주파수이용권 및 공항시설관리권은 제외)	내용연수범위 내에서 선택가능

② **기준내용연수와 신고내용연수**: 기준내용연수란 구조 또는 자산별·업종별로 법인세법 시행규칙에 규정한 특정 내용연수를 말한다. [별표5]의 건축물 등과 [별표6]의 업종별자산은 내용연수범위(기준내용연수 ± 기준내용연수 × 25%) 내에서 내용연수를 선택할 수 있는데, 이때 법인이 선택하여 신고한 내용연수를 신고내용연수라고 한다. 감가상각비 범위액 계산에 있어서는 이러한 내용연수 범위 안에서 법인이 신고한 내용연수에 따른 상각률을 적용한다. 다만, 기한 내에 신고를 하지 아니한 경우에는 기준내용연수와 그에 따른 상각률을 적용한다. 내용연수 신고는 연단위로 하여야 하며, 자산별·업종별로 적용한 신고내용연수 또는 기준내용연수는 그 후의 사업연도에 있어서도 계속하여 그 내용연수를 적용하여야 한다.

③ 내용연수의 특례 및 내용연수의 변경
　㉠ 요건 : 다음에 해당하는 사유가 있는 법인은 특례내용연수의 범위(기준내용연수 ± 기준내용연수 × 50%) 내에서 납세지 관할 지방국세청장의 승인을 얻어 사업장별로 내용연수범위와 다르게 내용연수를 적용하거나, 적용하던 내용연수를 변경할 수 있다.

구 분	특례내용연수 적용사유
내용연수 단축	• 사업장의 특성으로 자산의 부식, 마모 및 훼손의 정도가 현저한 경우 • 영업개시 후 3년이 경과한 법인이 다음 중 하나를 선택하여 산정한 당해 사업연도의 생산설비(건축물 제외) 가동률이 직전 3개 사업연도의 평균가동률보다 현저히 증가한 경우 • 새로운 생산기술 및 신제품의 개발·보급 등으로 기존 생산설비의 가속상각이 필요한 경우
내용연수 연장	경제적 여건의 변동으로 조업을 중단하거나 생산설비의 가동률이 감소한 경우

　㉡ 절차 : 법인이 기준내용연수의 100분의 50을 가감한 범위 안에서 내용연수를 적용(또는 내용연수를 변경)하기 위해서는 일정요건을 갖추어 다음에 정해진 날부터 3월 또는 그 변경할 내용연수를 적용하고자 하는 최초 사업연도의 종료일 이전 3월이 되는 날까지 내용연수승인(변경승인) 신청서를 납세지 관할 세무서장을 거쳐 관할 지방국세청장에게 제출(국세정보통신망에 의한 제출을 포함한다)하여야 한다.
　　ⓐ 신설법인 및 새로 수익사업을 개시한 비영리내국법인 : 그 영업개시일
　　ⓑ 위 ⓐ 외의 법인이 자산별·업종별 구분에 의한 기준내용연수가 다른 감가상각자산을 새로 취득하거나 새로운 업종의 사업을 개시한 경우 : 그 자산 취득일 또는 사업개시일

내용연수승인(변경승인)신청서의 접수일이 속하는 사업연도 종료일 후에 내용연수의 승인 또는 변경승인을 얻은 경우에는 승인 또는 변경승인을 얻은 날이 속하는 사업연도부터 승인 또는 변경승인을 얻은 내용연수를 적용한다.

구 분	신고·신청기한	신청기관
내용연수 신고	• 신설법인과 새로 수익사업을 개시한 비영리내국법인 : 영업개시일이 속하는 사업연도의 법인세 과세표준 신고기한 • 구조 또는 자산별·업종별 구분에 의한 기준내용연수가 다른 감가상각자산을 새로이 취득하거나 새로운 업종의 사업을 개시한 경우 : 그 취득일·개시일이 속하는 사업연도의 법인세 과세표준 신고기한	납세지 관할 세무서장 (승인불필요)
특례내용연수 승인신청 및 변경승인신청	• 위의 법인이 구조 또는 자산별·업종별 구분에 의한 기준내용연수가 다른 감가상각자산을 새로 취득하거나 새로운 업종의 사업을 개시한 경우 : 그 취득일 또는 개시일부터 3월이 되는 날 • 변경할 내용연수를 적용하고자 하는 사업연도의 종료일까지	납세지 관할 세무서장 (납세지 관할 지방국세청장의 승인필요)

　㉢ 내용연수 재변경의 제한 : 내용연수의 변경 사유에 해당하여 내용연수를 변경(재변경을 포함)한 법인은 변경내용연수를 최초로 적용한 사업연도의 종료일부터 3년 이내에는 내용연수를 다시 변경할 수 없다.

④ 중고자산 등에 대한 수정내용연수
  ㉠ 요건 : 다음의 요건을 갖춘 경우 취득한 자산에 대하여 수정내용연수를 적용할 수 있다.
    ⓐ 합병·분할에 의하여 중고자산을 승계한 경우
    ⓑ 기준내용연수의 100분의 50 이상이 경과된 자산(중고자산)을 다른 법인 또는 개인사업자로부터 취득한 경우
  ㉡ 수정내용연수 : 자산의 기준내용연수의 100분의 50에 상당하는 연수와 기준내용연수의 범위 내에서 선택하여 납세지 관할 세무서장에게 신고한 연수(수정내용연수)를 내용연수로 할 수 있다. 이 경우 수정내용연수의 계산에 있어서 1년 미만은 없는 것으로 한다.

4 감가상각방법과 상각범위액 계산

(1) 감가상각방법

구 분		신고 시 상각방법(선택 가능)	무신고 시 상각방법
유형고정자산	건축물	정액법	정액법
	기타의 유형자산	정률법·정액법	정률법
	광업용 유형자산	생산량비례법·정률법·정액법	생산량비례법
무형고정자산	개발비	20년 이내의 기간 동안 정액법	5년간 정액법
	사용수익기부 자산가액	사용수익기간 동안의 정액법	사용수익기간 동안의 정액법
	주파수이용권과 공항시설관리권	사용기간 동안의 정액법	사용기간 동안의 정액법
	기타의 무형자산	정액법	정액법

(2) 감가상각방법의 신고기한·계속성의 원칙

① 감가상각방법의 신고기한 : 감가상각방법을 신고하고자 하는 법인은 위의 구분에 따라 자산별로 하나의 방법을 선택하여 감가상각방법신고서를 다음에 정하는 날이 속하는 사업연도의 법인세 과세표준의 신고기한까지 관할 세무서장에게 제출하여야 한다.
  ㉠ 신설법인과 새로 수익사업을 개시한 비영리법인 : 그 영업을 개시한 날
  ㉡ 법인이 감가상각자산을 새로 취득한 때 : 그 취득한 날
② 계속성의 원칙 : 법인이 신고한 감가상각방법(감가상각방법을 신고하지 아니한 경우에는 무신고 시 감가상각방법)은 그 후의 사업연도에 있어서도 계속하여 당해 감가상각방법을 적용하여야 한다.

(3) 감가상각방법의 변경

① 변경사유 : 다음에 해당하는 사유가 있는 법인은 납세지 관할 세무서장의 승인을 얻어 그 감가상각방법을 변경할 수 있다.
  ㉠ 감가상각방법이 서로 다른 법인이 합병(분할합병 포함)한 때
  ㉡ 감가상각방법이 서로 다른 사업자의 사업을 인수 또는 승계한 때
  ㉢ 외국인투자촉진법의 규정에 의하여 외국투자자가 내국법인의 주식 등을 20% 이상 인수 또는 보유하게 된 때
  ㉣ 해외시장의 경기변동 또는 경제적 여건의 변동으로 인하여 종전의 상각방법을 변경할 필요가 있을 때

② 신청기한 : 당해 변경할 감가상각방법을 적용하고자 하는 최초 사업연도의 종료일까지 납세지 관할 세무서장에게 신청서를 제출하여야 한다.

(4) 특수한 경우의 상각범위액 계산방법

① 신규 취득자산 : 신규 취득자산의 상각범위액 계산은 다음과 같이 한다.

$$\text{신규 취득자산의 상각범위액} = \text{상각범위액} \times \frac{\text{월수}}{12}$$

위의 산식에서 월수는 당해 자산을 사업에 사용한 날부터 당해 사업연도 종료일까지의 월수를 말한다. 이 경우 월수는 역에 따라 계산하되, 1월 미만의 일수는 1월로 한다.

② 자본적 지출이 발생한 경우 : 사업연도 중에 자본적 지출액이 발생한 경우에도 신규 취득자산과는 달리 기존의 상각방법과 내용연수에 따른 상각률을 그대로 적용한다. 한편, 감가상각이 완료된 감가상각자산에 대하여 자본적 지출이 발생한 경우에는 당초 신고한 내용연수에 의한 상각률에 따라 이를 상각한다.

③ 의제사업연도 등이 1년 미만인 경우 상각범위액 : 사업연도의 의제 또는 사업연도의 변경에 따라 사업연도가 일시적으로 1년 미만이 된 경우에는 다음 산식에 의한 금액을 상각범위액으로 한다.

$$\text{상각범위액} = \text{사업연도가 1년인 경우의 상각범위액} \times \frac{\text{당해 사업연도 월수}}{12}$$

이 경우 월수는 역에 따라 계산하되, 1월 미만의 일수는 1월로 한다.

5 즉시상각의제

(1) 즉시상각의제

① **즉시상각의제의 개념** : 법인이 감가상각자산의 취득과 관련하여 지출된 금액과 감가상각자산에 대한 자본적 지출액을 손금으로 계상한 경우에는 이를 감가상각한 것으로 보아 상각범위액을 계산한다. 이를 즉시상각의제라 한다. 즉, 그 금액은 법인이 계상한 감가상각비에 합산되어 시부인계산의 대상이 됨과 동시에, 상각범위액 계산을 할 때 감가상각 기초가액에 합산되어 상각범위액을 증가시키게 된다.

② **즉시상각의제의 예외** : 위의 규정에 불구하고 다음의 경우에는 감가상각 시부인계산 없이 그 자산을 사업에 사용한 사업연도에 손금으로 계상한 경우 손금으로 인정하도록 하는 특례규정을 두고 있다.

구 분	내 용
소액자산의 경우	취득가액이 거래단위별로 100만원 이하인 사업용 자산을 그 사업에 사용한 날이 속하는 사업연도의 손금으로 계상한 경우에는 이를 손금에 산입한다. 다만, 다음 자산은 제외한다. • 그 고유업무의 성질상 대량으로 보유하는 자산 • 그 사업의 개시 또는 확장을 위하여 취득한 자산
소액수선비 등	다음의 지출은 비록 자본적 지출에 해당하는 것이라 할지라도 이를 수익적 지출로 할 수 있다. • 개별 자산별로 수선비로 지출한 금액이 600만원 미만인 경우 • 개별 자산별로 수선비로 지출한 금액)이 직전 사업연도 종료일 현재 재무상태표상 자산가액(취득가액 - 감가상각누계액)의 5%에 미달하는 경우 • 3년 미만의 주기적인 수선을 위하여 지출하는 경우
단기사용자산의 경우	다음의 단기사용자산은 이를 그 사업에 사용한 날이 속하는 사업연도의 손금으로 계상한 것에 한하여 이를 손금에 산입한다. • 영화필름, 공구, 가구, 전기기구, 가스기기, 가정용 기구·비품, 시계, 시험기기, 측정기기 및 간판 • 대여사업용 비디오테이프 및 음악용 콤팩트디스크(CD)로서 개별자산의 취득가액이 30만원 미만인 것 • 어업에 사용되는 어구(어선용구 포함) • 전화기(휴대용 전화기 포함) 및 개인용 컴퓨터(그 주변기기 포함)
생산설비의 폐기 시	다음의 경우에는 결산조정에 의해 장부가액에서 1,000원을 공제한 금액을 폐기일이 속하는 사업연도의 손금에 산입할 수 있다. 이 경우 1,000원은 당해 자산의 처분시 손금에 산입한다. • 시설의 개체·기술의 낙후로 생산설비의 일부를 폐기한 경우 • 사업의 폐지 또는 사업장의 이전으로 임대차계약에 따라 임차 사업장의 원상회복을 위하여 시설물을 철거하는 경우

6 감가상각의제

(1) 개 요

① 각 사업연도의 소득에 대하여 법인세가 면제되거나 감면되는 사업을 영위하는 법인으로서 실제로 법인세를 면제·감면받은 법인이 당해 연도의 상각범위액에 상당하는 감가상각비를 손비로 계상하지 아니하거나 과소계상할 경우 당해 상각범위액까지 감가상각이 이루어진 것으로 의제하는 제도를 감가상각의제라 한다. 이는 조세감면받는 법인이 임의상각제도를 택하고 있는 법인세법의 감가상각비제도를 악용하여 부당한 법인세회피를 방지하기 위해 마련된 강제상각제도이다. 왜냐하면 조세감면받는 사업연도에는 감가상각비를 계상하지 않고 그 후의 사업연도에 감가상각비를 계상함으로써 법인세 부담을 계속해서 감소시킬 수 있기 때문이다. 따라서 그 이후 상각범위액 계산 시 감가상각 의제된 금액만큼은 감가상각비로는 손금인정을 받을 수 없게 된다.

② 법인세 과세표준을 추계결정, 경정을 하는 경우에도 감가상각자산에 대한 감가상각비를 손금에 산입한 것으로 본다.

(2) 감가상각의 의제대상법인

법인세가 면제·감면되는 사업을 영위하는 법인이란 특정사업에서 생긴 소득에 대하여 법인세를 면제·감면받은 법인을 말하며 해당 법인이라 하더라도 실제로 법인세를 면제받거나 감면받지 않은 경우에는 적용하지 아니한다.

(3) 사후관리

위 규정에 의하여 감가상각의제규정이 적용된 사업연도의 다음 사업연도부터 적용되는 정액법과 정률법의 상각범위액 산식은 다음과 같다.

구 분	상각범위액
정률법	상각범위액 = (B/S상 장부가액 + 당기 즉시상각의제액 + 상각부인액 − 의제상각누계액) × 상각률
정액법	상각범위액 = Min[①, ②] ① (B/S상 취득가액 + 즉시상각의제액누계) × 상각률 ② B/S상 장부가액 + 당기 즉시상각의제액 + 상각부인액 − 의제상각누계액

7 감가상각의 기타 문제

(1) 감가상각자산을 양도한 경우 세무조정

① 원칙 : 법인이 감가상각자산을 양도한 경우에는 개별 자산별로 다음과 같이 세무조정한다.

> • 상각부인액이 있는 경우 : 동 금액을 손금산입(△유보)함
> • 시인부족액이 있는 경우 : 세무조정 없이 소멸함

상각부인액이 있는 자산을 양도한 경우에는 장부상 처분이익이 과대계상되기 때문에 그 차이만큼을 손금산입으로 조정해야 한다.

② 자산의 일부 양도 시 : 감가상각자산의 전부가 아닌 일부를 양도한 경우의 감가상각누계액 및 상각부인액(시인부족액)은 다음과 같이 계산한다.

$$\text{해당 감가상각자산 전체의 감가상각누계액 또는 상각부인액(시인부족액)} \times \frac{\text{양도부분의 가액(취득 당시 장부가액)}}{\text{해당 감가상각자산의 전체가액(취득 당시 장부가액)}}$$

(2) 자산평가와 감가상각의 적용순위

① 감가상각과 평가증의 병행 시 적용순위 : 법인이 감가상각자산에 대하여 '감가상각'과 '평가증'을 병행한 경우에는 먼저 감가상각을 한 후 자산의 평가증을 한 것으로 보아 상각범위액을 계산한다.

② 상각부인액의 처리 : 법인이 감가상각자산을 평가증한 경우 상각부인액 중 평가증액까지는 손금에 산입하며, 평가증액을 초과하는 금액은 그 이후의 사업연도에 이월할 상각부인액으로 계산한다.

제11장 단원별 기출문제

01 다음 중 법인세법상 감가상각자산에 대하여 그 사업에 사용한 날이 속하는 사업연도의 비용으로 처리할 수 있는 자산으로 옳지 않은 것은? [108회]

① 영화필름, 공구, 가구, 전기기구 등
② 어업에 사용되는 어구
③ 고유업무의 성질상 대량으로 보유하는 자산
④ 전화기 및 개인용 컴퓨터

해설
고유업무의 성질상 대량으로 보유하는 자산은 그 사업에 사용한 날이 속하는 사업연도의 손비로 산입할 수 있는 자산에서 제외한다.

02 다음 중 법인세법상 감가상각방법에 관한 내용으로 가장 옳지 않은 것은? [107회]

① 건축물의 경우 정액법으로 신고해야 한다.
② 건축물 외의 유형자산(광업용 유형자산 제외)은 정액법 또는 정률법을 선택할 수 있다.
③ 건축물 외의 유형자산(광업용 유형자산 제외)에 대한 상각방법의 신고를 하지 아니한 경우 정액법을 적용한다.
④ 법인이 신고한 상각방법은 그 후의 사업연도에도 계속하여 그 상각방법을 적용하여야 한다.

해설
건축물 외의 유형자산에 대한 상각방법의 신고를 하지 아니한 경우 상각범위액은 정률법에 의하여 계산한다.

03 다음 중 법인세법상 감가상각방법의 변경이 가능한 경우로 옳지 않은 것은? [106회]

① 상각방법이 서로 다른 법인이 합병한 경우
② 상각방법이 서로 다른 사업자의 사업을 인수한 경우
③ 외국투자자가 내국법인의 주식 등을 100분의 10 이상 인수 또는 보유하게 된 경우
④ 해외시장의 경기변동 또는 경제적 여건의 변동으로 인하여 종전의 상각방법을 변경할 필요가 있는 경우

해설
외국투자자가 내국법인의 주식 등을 100분의 20 이상 인수 또는 보유하게 된 경우

정답 01 ③ 02 ③ 03 ③

04 다음 중 법인세법상 열거하고 있는 감가상각자산의 자본적 지출에 해당하지 않는 것은? [105회]

① 엘리베이터 또는 냉난방장치의 설치
② 빌딩 등에 있어서 피난시설 등의 설치
③ 건물 또는 벽의 도장
④ 재해 등으로 인하여 멸실되어 본래의 용도에 이용할 가치가 없는 건축물·기계·설비 등의 복구비용

해설
건물 또는 벽의 도장은 수익적 지출이다.

05 다음 중 법인세법상 감가상각방법을 신고하지 아니한 경우에 적용되는 상각방법이 다른 것은? [104회]

① 건축물
② 광업권
③ 폐기물매립시설
④ 광업용 유형자산

해설
상각방법의 신고를 하지 아니한 경우 건축물은 정액법, 광업권 또는 폐기물매립시설과 광업용 유형자산은 생산량비례법에 의하여 상각범위액을 계산한다.

06 다음 중 법인세법상 손금으로 계상한 경우 감가상각시부인이 필요한 것은? [103회]

① 휴대용 전화기 : 1,100,000원
② 개인용 컴퓨터 : 3,000,000원
③ 건물 비주기적 수선비 : 6,500,000원(건물 자산가액 1억)
④ 간판 : 5,000,000원

해설
법인이 각 사업연도에 지출한 수선비가 개별자산별로 600만원 미만인 경우 즉시상각의제에 해당한다.

07 다음 중 법인세법상 감가상각방법의 무신고 시 적용하는 상각방법에 대한 설명으로 옳지 않은 것은? [102회]

① 건축물의 감가상각방법 무신고 시에는 정액법을 적용한다.
② 광업권의 감가상각방법 무신고 시에는 정률법을 적용한다.
③ 공구 및 비품의 감가상각방법 무신고 시에는 정률법을 적용한다.
④ 광업용 유형자산의 감가상각방법 무신고 시에는 생산량비례법을 적용한다.

해설
광업권의 상각방법을 신고하지 아니한 경우 상각범위액은 생산량비례법에 의하여 계산한다.

정답 04 ③ 05 ① 06 ③ 07 ②

08 다음 중 법인세법상 감가상각제도에 대한 설명으로 틀린 것은? [101회]

① 동물 및 식물은 감가상각 대상 자산이 아니다.
② 토지는 감가상각자산에 해당하지 않는다.
③ 기업회계기준에 따른 금융리스 자산은 리스이용자의 감가상각자산으로 한다.
④ 건설중인자산은 감가상각자산에 포함하지 않는다.

해설
동물 및 식물은 감가상각 대상 유형자산이다.

09 다음 중 법인세법상 감가상각비에 대한 설명으로 가장 옳지 않은 것은? [99회]

① 장기할부조건으로 매입한 고정자산의 경우 대금 청산 여부에 관계없이 고정자산가액 전액을 자산으로 계상하고 감가상각대상자산에 포함한다.
② 기계장치의 감가상각방법은 무신고 시 정액법으로 상각한다.
③ 서화 및 골동품은 감가상각대상자산이 아니다.
④ 내용연수를 법정기한 내에 신고한 법인은 그 신고내용연수를 적용하고, 그 기한 내에 신고하지 아니한 법인은 기준내용연수를 적용한다.

해설
기계장치의 감가상각방법은 무신고 시 정률법으로 상각한다.

10 다음 중 법인세법상 자산의 가치를 현실적으로 증가시키는 자본적 지출에 해당하지 않는 것은? [98회]

① 본래의 용도를 변경하기 위한 개조
② 엘리베이터 또는 냉난방장치의 설치
③ 빌딩 등에 있어서 피난시설 등의 설치
④ 재해를 입은 자산에 대한 외장의 복구

해설
자산의 원상을 회복하는 경우 수익적 지출로 당기 비용처리한다.

11 다음 중 법인세법상 감가상각대상자산에 해당하는 것은? [98회]

① 리스이용자의 금융리스자산
② 건설중인자산
③ 사업에 사용하지 아니하는 차량(유휴설비 제외)
④ 서 화

해설
금융리스자산은 리스이용자의 감가상각자산에 해당한다.

12
아래의 자료에 따른 법인세법상 기계장치 감가상각에 대한 세무조정으로 올바른 것은? [97회]

- 취득가액 : 3,000,000원
- 회계상 감가상각비 : 400,000원
- 세법상 상각범위액 : 600,000원
- 전기이월 상각부인액 : 500,000원

① 손금산입 200,000원(△유보)
② 익금산입 500,000원(유보)
③ 손금산입 500,000원(△유보)
④ 익금산입 200,000원(유보)

해설
- 손금산입 200,000원(△유보) = Min(시인부족액 200,000원, 전기이월 상각부인액 500,000원)
※ 감가상각 한도시부인 = 회사 손비계상액 400,000원 − 세법상 상각범위액 600,000원 = (−)200,000원 → 시인부족액 발생
※ 법인이 상각범위액을 초과해 손금에 산입하지 않는 금액은 그 후의 사업연도에 해당 법인이 손비로 계상한 감가상각비가 상각범위액에 미달하는 경우에 그 미달하는 금액을 한도로 손금에 산입한다. 이 경우 법인이 감가상각비를 손비로 계상하지 않은 경우에도 상각범위액을 한도로 그 상각부인액을 손금에 산입한다.

13
다음은 ㈜행복의 비품에 관한 자료이다. 법인세법상 비품의 처분이익은 얼마인가? [96회]

- 취득가액 : 10,000,000원
- 감가상각누계액 : 7,000,000원
- 상각부인액 : 1,000,000원
- 양도가액 : 5,000,000원

① 1,000,000원
② 2,000,000원
③ 3,000,000원
④ 5,000,000원

해설
- 세법상 장부가액 = 취득가액 10,000,000원 − 감가상각누계액 7,000,000원 + 상각부인액 1,000,000원
  = 4,000,000원
※ 감가상각자산을 양도한 경우 당해 자산의 상각부인액은 양도일이 속하는 사업연도의 손금에 이를 산입한다.
∴ 법인세법상 처분이익 = 양도가액 5,000,000원 − 세법상 장부가액 4,000,000원 = 1,000,000원

14
다음 중 법인세법상 감가상각제도에 대한 설명으로 옳지 않은 것은? [95회]
① 리스자산 중 기업회계기준에 따른 금융리스자산은 리스회사의 감가상각자산으로 한다.
② 감가상각자산에 토지는 제외된다.
③ 감가상각이란 자산의 내용연수에 걸쳐 합리적 방법에 따라 비용을 배분하는 과정이다.
④ 감가상각비의 손금산입은 결산조정사항이나, 일부 신고조정사항도 있다.

해설
금융리스자산은 리스이용자의 감가상각자산으로 하며, 금융리스 외의 리스자산은 리스회사의 감가상각자산으로 한다.

정답 12 ① 13 ① 14 ①

15 다음 중 법인세법상 감가상각대상자산과 감가상각방법을 잘못 연결한 것은? [94회]

① 건축물 외의 유형자산(광업용 유형자산은 제외한다) : 정률법 또는 정액법
② 광업권 : 생산량비례법 또는 정액법
③ 광업용 유형자산 : 생산량비례법 또는 정률법 또는 정액법
④ 건축물 : 정률법 또는 정액법

해설
건축물과 무형자산은 정액법에 의하여 계산한다.

16 다음 중 법인세법상 감가상각대상자산의 자본적 지출에 해당하지 않는 것은? [93회]

① 본래의 용도를 변경하기 위한 개조
② 재해를 입은 자산에 대한 외장의 복구·도장 및 유리의 삽입
③ 엘리베이터 또는 냉난방장치의 설치
④ 빌딩 등에 있어서 피난시설 등의 설치

17 다음 중 법인세법상 감가상각대상자산에 해당하지 않는 것은? [92회]

① 토 지
② 건축물 : 건물 및 그 부속설비, 구축물 등
③ 리스자산 중 금융리스에 해당하는 자산
④ 댐사용권

해설
시간의 경과에 따라 그 가치가 감소하지 않는 자산은 감가상각대상자산에 포함하지 아니한다.

18 다음 중 법인세법상 감가상각제도에 대한 특징 중 틀린 것은? [91회]

① 감가상각 시부인계산은 개별 감가상각자산별로 행한다.
② 감가상각은 그 신고한 상각방법을 변경하지 않는 한 그 후의 사업연도에도 이를 계속하여 적용하여야 한다.
③ 기중 신규 취득한 자산은 월할상각하되, 1개월 미만의 일수는 개월 수에서 제외한다.
④ 정액법은 각 사업연도의 상각범위액이 매년 균등하게 되는 상각방법이다.

해설
1개월 미만의 일수는 1개월로 한다.

15 ④ 16 ② 17 ① 18 ③ **정답**

19 법인세법상 감가상각방법을 신고하지 않은 경우 적용하는 상각방법으로 옳지 않은 것은? [89회]

① 제조업의 기계장치 : 정률법
② 광업권 : 생산량비례법
③ 개발비 : 관련 제품의 판매 또는 사용이 가능한 시점부터 5년 동안 매년 균등액을 상각하는 방법
④ 건축물 : 정률법

해설
건축물은 정액법을 적용한다.

20 다음 중 법인세법상 감가상각자산으로서 성격이 다른 하나는? [87회]

① 기계 및 장치
② 동물 및 식물
③ 구축물
④ 댐사용권

해설
①, ②, ③ 모두 유형자산, ④ 무형자산

21 다음 중 감가상각대상자산과 감가상각방법을 잘못 연결한 것은? [85회]

① 광업권 또는 폐기물 매립시설 - 생산량비례법 또는 정액법
② 기계장치 - 정률법 또는 정액법
③ 건물 - 정액법
④ 영업권 - 정률법

해설
영업권은 무형자산으로서 정액법으로 감가상각한다.

22 다음 중 법인세법상 감가상각대상자산에 포함하는 것은? [84회]

① 건설중인자산
② 토 지
③ 리스이용자의 운용리스자산
④ 단기의 유휴설비자산

해설
유휴설비는 감가상각대상자산이다.

정답 19 ④ 20 ④ 21 ④ 22 ④

23
다음 중 법인세법상 회사가 손금계상한 경우에도 감가상각비 시부인계산을 하여야 하는 것은?

[82회]

① 개별자산별로 수선비로 지출한 금액이 3백만원 미만인 경우
② 취득가액이 거래단위별로 100만원 이하인 감가상각자산으로서 그 고유 업무의 성질상 대량으로 보유하는 자산
③ 3년 미만의 기간마다 주기적인 수선을 위하여 지출하는 비용
④ 어업에 사용되는 어구(어선용구를 포함)

해설
취득가액이 거래단위별로 100만원 이하인 감가상각자산은 소액자산으로 법인이 손금으로 계상하면 전액 손금으로 인정되나, 그 고유 업무의 성질상 대량으로 보유하는 자산은 시부인 대상임

24
다음 중 법인세법상 손금불산입되는 감가상각비는 얼마인가?

[80회]

- 아래 자산의 취득일은 1월 1일이고, 내용연수 5년, 정액법을 적용하여 계산한다.
- 기계장치 구입액 1억원, 취득세 1천만원
- 회사 담당자의 실수로 감가상각비를 3천만원으로 계상

① 0원 ② 800만원
③ 1,000만원 ④ 1,200만원

해설
3천만원 − [(1억원 + 1천만원) / 5년]

25
다음 중 법인세법상 자본적 지출이 아닌 것은?

[79회]

① 본래의 용도를 변경하기 위해 지출한 개조비용 500만원
② 건물의 냉난방장치 설치비용 100만원
③ 건물의 피난시설 설치비용 300만원
④ 건물의 깨진 문틀 수선비용 200만원

해설
600만원 미만 수선비는 자본적 지출에 포함되지 않는다.

26 다음 중 법인세법상 감가상각제도 특징에 관한 설명으로 가장 타당하지 않은 것은? [78회]

① 감가상각비는 특별히 신고조정을 인정하고 있는 경우를 제외하고는 법인이 결산 시 장부에 손금계상하지 아니하면 법인의 손금에 산입할 수 없다.
② 무형자산인 개발비는 법인이 결산 시 장부에 손금계상하지 아니하여도 법인의 손금에 산입할 수 있다.
③ 감가상각자산의 상각범위 내에서는 당해 자산의 내용연수가 경과되어도 감가상각비를 손금산입할 수 있다.
④ 감가상각이란 감가상각자산의 취득원가의 원가배분과정이라 할 수 있다.

해설
개발비도 ①과 동일함

27 다음 중 법인세법상 즉시상각의제액을 시부인계산 없이 전액 손금으로 인정하지 않는 것은?(단, 전부 해당 사업연도에 손금으로 계상하였음) [76회]

① 개별자산별로 수선비로 지출한 금액이 600만원 미만인 경우
② 사업의 개시 또는 확장을 위하여 취득한 100만원 이하의 자산
③ 공구, 가구, 비품
④ 3년 미만의 기간마다 주기적인 수선을 위하여 지출하는 경우

해설
다음의 것을 제외하고 취득가액이 거래단위별로 100만원 이하인 감가상각자산에 대하여는 이를 그 사업에 사용한 날이 속하는 사업연도의 손금으로 계상한 것에 한하여 이를 손금에 산입한다.
• 그 고유 업무의 성질상 대량으로 보유하는 자산
• 그 사업의 개시 또는 확장을 위하여 취득한 자산

28 다음 자료를 통해 법인세법상 올바른 세무조정을 한 것은 무엇인가? [76회]

• 회사계상 감가상각비 : 200,000원
• 세법상 감가상각범위액 : 400,000원
• 전기 상각부인액 : 500,000원

① (손금불산입) 200,000원 (기타사외유출) ② (손금불산입) 200,000원 (유보)
③ (손금산입) 200,000원 (△유보) ④ 세무조정 없음

해설
• 회사계상 감가상각비 200,000원 < 세법상 감가상각범위액 400,000원
• 전기상각부인액 500,000원 중 감가상각비 한도미달액 추인 (손금산입) 200,000원 (△유보)

정답 26 ② 27 ② 28 ③

29 다음 중 법인세법상 수익적 지출로 처리할 수 없는 것은? [74회]

① 개별자산별로 연간 600만원 미만의 수선비용
② 직전 사업연도 종료일 현재 재무제표상 자산가액의 5%에 미달하는 수선비용
③ 재해로 인하여 본래 용도에 이용가치가 없는 정도로 훼손된 기계설비의 복구비용
④ 3년 미만의 기간마다 주기적인 수선을 위하여 지출하는 비용

> **해설**
> 재해로 인하여 본래 용도에 이용가치가 없는 정도로 훼손된 기계설비의 복구비용은 자본적 지출이다.

30 법인세법상 감가상각비 내용연수에 대한 설명 중 틀린 것은? [73회]

① 신고내용연수를 적용할 법인은 내용연수를 법정기한 내에 신고를 해야 한다.
② 신고내용연수를 법정 신고기한 내에 신고하지 않은 법인은 기준내용연수를 적용한다.
③ 신설법인의 경우 내용연수의 신고는 해당 법인의 회계기간 말일까지 해야 한다.
④ 감가상각자산의 내용연수를 변경한 법인이 다시 내용연수를 변경하고자 하는 경우는 변경한 내용연수를 최초 적용한 사업연도 종료일부터 3년이 경과해야 한다.

> **해설**
> 신설법인의 경우 내용연수의 신고는 영업개시일이 속하는 사업연도의 법인세 과세표준 신고기한까지 해야 한다.

31 다음 중 법인세법상 감가상각 자산에 해당될 수 있는 항목으로 가장 적합한 것은? [72회]

① 건설중인자산
② 시간의 경과에 따라 그 가치가 감소되지 아니하는 자산
③ 취득 후 장기간 사용하지 아니하고 보관 중인 기계장치 등
④ 사업에 사용 중 공정의 변경작업의 이유로 일시적으로 사용이 중지 상태인 기계장치

> **해설**
> '사용 중 철거하여 사업에 사용하지 아니하는 기계 및 장치 등'이 감가상각자산에 포함되지 않는다.

29 ③　30 ③　31 ④　**정답**

CHAPTER 12 PART 1 법인세법
충당금과 퇴직부담금

01 충당금의 개요

1 충당금의 의의

기업회계에서 충당부채란 비용이나 손실의 지출시기 또는 그 금액은 불확실하지만 그 의무를 이행하기 위한 자원의 유출가능성이 매우 높고 그 금액을 신뢰성 있게 측정할 수 있는 의무를 말하는데, 예를 들어 제품보증충당부채, 경품충당부채, 반품충당부채, 퇴직급여충당부채 등이 있다. 이는 발생주의에 입각한 합리적인 회계처리의 결과 도출된 산물인 것이다.

그러나 법인세법은 이미 살펴본 바와 같이 손익의 귀속시기에 대해서 권리가 확정되고 의무가 확정된 시점에 익금과 손금으로 인정하는 권리의무확정주의를 채택하고 있으므로 발생주의의 결과물로서 아직 확정되지 않은 의무에 해당하는 충당금은 이를 원칙적으로 인정할 수가 없는 것이다.

다만, 현행 법인세법에서는 기업회계와의 괴리를 최소화하기 위해 모든 기업들에게 공통적으로 적용되는 퇴직급여충당금과 대손충당금, 그리고 조세정책적 목적에서 당해 세법에 제한적으로 열거한 충당금(일시상각충당금 등)에 한해서 일정한 기준에 의하여 법정한 금액을 손금으로 인정하고 있다.

2 법인세법상 충당금의 종류

법인세법상 다음에 한해서 일정금액을 손금으로 인정한다.
① 재고자산평가충당금
② 대손충당금
③ 퇴직급여충당금
④ 일시상각충당금·압축기장충당금
⑤ 구상채권상각충당금

3 법인세법상 충당금의 특징

(1) 법정손금항목

법인세법상 충당금은 실제로는 순자산가액을 감소시키는 거래에서 발생한 것이 아님에도 불구하고 세법에서 특별히 손금으로 인정하는 법정손금에 해당한다.

(2) 결산조정사항

법인세법상 충당금은 장부상 비용처리를 하여야만 법인세법상 한도액 범위 내에서 손금으로 인정되는 결산조정사항이다. 그러나 일시상각충당금과 압축기장충당금에 대해서는 기업회계상 이를 인정하지 않고 있기 때문에 법인세법에서는 이를 신고조정을 통하여 손금인정을 받을 수 있도록 특례규정을 운용하고 있다.

(3) 세무조정
① 손금한도액에 미달하게 계상한 경우 : 세무조정 없음(∵ 결산조정사항이므로)
② 손금한도액을 초과하여 계상한 경우 : 한도초과액을 손금불산입(유보)함

(4) 세법에 열거되지 아니한 충당금

기업회계기준에는 열거되어 있으나 법인세법상 열거되지 아니한 충당금의 경우에는 장부에 계상한 금액 전액을 손금불산입(유보)한다.
① 제품보증충당부채
② 경품충당부채
③ 복구충당부채
④ 하자보수충당부채
⑤ 공사손실충당부채

02 퇴직부담금(= 퇴직보험료)

1 퇴직보험료의 개요

(1) 퇴직연금보험제도의 개관

법인세법에서는 임원과 직원에 대한 퇴직급여의 안정적 보장을 위하여 퇴직급여충당금의 내부적립은 5%(2015년 기준)만 허용하고 나머지는 퇴직연금 등의 납입 또는 부담을 통한 외부적립을 한 경우에 한하여 손금인정해주고 있다. 퇴직연금의 부담금은 임원이나 직원의 퇴직 등을 퇴직급여의 지급사유로 하고 임원이나 직원을 수급자로 하는 연금으로서 법인이 퇴직연금사업자에게 납부하는 부담금이다.

(2) 퇴직연금 제도

퇴직연금 제도에는 확정급여형제도와 확정기여형제도 2가지가 있다.
① **확정급여형 퇴직연금제(DB ; Defined Benefit retirement pension)** : 이는 근로자가 받을 연금액이 사전에 확정되고, 사용자가 부담할 금액은 적립금 운용결과에 따라 변동될 수 있는 연금제도를 말한다. 즉, 근로자가 받을 금액은 일시금 기준으로 현행 퇴직급여와 같으며, 사용자는 동 금액의 지급을 위하여 예상액의 70%(2014년 ~ 2015년) 이상을 사외의 금융기관에 적립·운용한 후 근로자의 수급권 발생 시 지급되는 제도이다. 따라서 사용자는 기금운용수익률 등이 변하는 경우 그에 따른 위험부담을 지게 된다.

② 확정기여형 퇴직연금제(DC ; Defined Contribution retirement pension) : 이는 사용자의 부담금이 사전에 확정되고 근로자가 받을 금액은 적립금 운용실적에 따라 변동될 수 있는 연금제도를 말한다. 즉, 사용자가 연간 임금총액의 1/12 이상의 금액을 노사가 퇴직연금규약에서 선정한 금융기관의 근로자 개인별 계좌에 적립하면 근로자는 금융기관이 선정·제시하는 운용방법을 선택하여 적립금을 운용하는 방식의 제도이다. 이러한 적립금은 사용자로부터 독립되고, 사용자의 기여액이 100% 적립되며 개인별 계좌가 있으므로 근로자가 직장을 옮겨도 계속해서 통산할 수 있으나, 운용방법의 선택·결과에 따라서 연금액이 달라지게 된다.

2 퇴직보험료의 손금한도액

퇴직보험료의 손금한도액은 추계액기준과 예치금기준에 의한 금액 중 작은 금액인데, 이를 산식으로 표시하면 다음과 같다.

> 퇴직보험료 손금한도액 = Min[①, ②] − 이미 손금산입한 부담금(퇴직보험료)[주1]
> ① 추계액기준 = 기말 현재 퇴직급여추계액[주2] − 기말 현재 세무상 퇴직급여충당금 잔액[주3]
> ② 예치금기준 = 기초 퇴직연금운용자산의 잔액 − 기중 감소액 + 기중 납입액(운용수익)

[주1] 기 손금산입 퇴직보험료 = 전기말 현재 손금산입된 퇴직보험료잔액 − 당기 중 퇴사 등으로 인한 퇴직보험료감소액
[주2] 기말 현재 퇴직급여추계액 = Max[㉠ 일시퇴직기준 추계액, ㉡ 보험수리기준 추계액]*
  * 위 ㉠, ㉡의 추계액에는 혼합형(확정기여형+확정급여형) 퇴직연금이 설정된 임원 또는 사용인에 대한 퇴직급여추계액을 포함하여 계산한 다음, 위 ㉠, ㉡의 추계액에서 혼합형(확정기여형) 퇴직연금의 부담금 손금산입액을 차감한다(2016년 2월부터 적용).
    ㉠ 당해 사업연도 종료일 현재 재직하는 임원 또는 사용인(확정기여형 퇴직연금 등이 설정된 자 제외)의 전원이 퇴직할 경우에 지급할 금액
    ㉡ 매 사업연도 말일 현재 급여에 소요되는 비용예상액의 현재가치와 부담금 수입예상액의 현재가치를 추정하여 산정된 금액
[주3] 기말 세무상 퇴직급여충당금 잔액 : 법인세법상 퇴직급여충당금이란 임직원이 퇴직을 할 때 지급하는 퇴직급여를 준비하기 위하여 매 사업연도별 손비로 계상하는 충당금을 말하는데 2016년 1월 1일 이후 개시하는 사업연도부터는 기말 퇴직급여추계액의 0%를 퇴직급여충당금의 손금산입 누적한도로 하므로 2016년부터 퇴직급여충당금에 의한 손금산입제도는 폐지되었다. 따라서 '기말 현재 세무상 퇴직급여충당금 잔액'이란 2015년 이전 사업연도에 손금산입을 위해서 설정한 퇴직급여충당금 중 퇴직급여 지급액과 상계하고 남은 미상계잔액을 말한다.

다만, 근로자퇴직급여 보장법 제19조의 규정에 의한 확정기여형 퇴직연금(DC) 및 동법 제24조의 규정에 의한 개인형 퇴직연금제도(IRP)[주4]의 부담금은 전액 손금에 산입한다.

[주4] 개인형 퇴직연금제도(IRP ; Individual Retirement Pension) : 2012년 7월 26일부터 개인퇴직계좌를 대신하여 신설된 퇴직연금제도로서 가입자의 선택에 따라 적립·운영되며 급여의 수준이나 부담금의 수준이 확정되지 않은 퇴직연금제도를 말한다.

3 퇴직급여 지급 시의 처리

퇴직연금을 손금산입한 법인의 임직원이 퇴직하는 경우 그 퇴직급여 상당액을 다음 순위에 따라 처리한다.

① 퇴직으로 인하여 퇴직연금사업자 등으로부터 지급되는 퇴직일시금 등에 상당하는 퇴직연금충당금 등과의 상계. 다만, 신고조정에 의해 퇴직부담금 등을 손금산입한 경우에는 해당 퇴직일시금상당액 등을 퇴직급여로 계상한 후 그 금액을 손금불산입한다.
② 퇴직급여충당금과의 상계
③ 퇴직급여로 손금산입

제12장 단원별 기출문제

01 다음 중 법인세법상 현실적인 퇴직으로 보는 경우로 가장 옳은 것은? [98회]

① 임원이 연임이 된 경우
② 외국법인의 국내지점 종업원이 본점(본국)으로 전출하는 경우
③ 직원이 임원으로 취임하면서 퇴직금을 지급받은 경우
④ 정부투자기관 등이 민영화됨에 따라 모든 종업원의 사표를 일단 수리한 후 재채용한 경

해설
법인의 직원이 해당 법인의 임원으로 취임할 때 법인이 퇴직급여를 실제로 지급한 경우 현실적인 퇴직으로 본다.

02 다음 중 법인세법상 퇴직금이 손금산입되는 현실적인 퇴직사유가 아닌 것은? [67회]

① 법인의 대주주 변동으로 인하여 계산의 편의, 기타 사유로 전 사용인에게 퇴직급여를 지급한 경우
② 「근로자퇴직급여 보장법」의 규정에 따라 퇴직금을 중간정산하여 지급한 경우
③ 상근임원이 비상근임원으로 된 경우
④ 사용인이 임원으로 취임한 경우

해설
대주주 변동으로 인하여 지급한 경우에는 현실적인 퇴직이 아니다.

03 다음 중 법인세법상 퇴직금과 퇴직급여충당금에 관한 설명으로 틀린 것은? [59회]

① 확정기여형 퇴직연금이 설정된 임원 또는 사용인에 대해서는 퇴직급여충당금을 설정하지 않는다.
② 퇴직급여충당금의 손금산입은 결산조정사항이므로 한도미달액이 발생한다 하더라도 이를 세무조정에 의하여 손금산입할 수 없다.
③ 퇴직급여충당금한도초과액은 차기 이후 퇴직급여를 지급함에 있어서 세무상 퇴직급여충담금을 초과하여 상계할 때 손금산입된다.
④ 지급하는 퇴직급여는 개인별 퇴직급여충당금과 먼저 상계하고 부족액은 당기 손금으로 처리한다.

해설
퇴직급여충당금을 계상한 법인이 퇴직하는 임원 또는 사용인에게 퇴직급여를 지급하는 때에는 개인별 퇴직급여충당금과는 관계없이 퇴직급여충당금과 상계하여야 한다.

정답 01 ③ 02 ① 03 ④

PART 1 법인세법
대손금과 대손충당금

01 대손금

1 대손금의 의의

대손금이란 회수할 수 없는 부실채권을 말하며, 이것은 순자산 감소의 원인이 되므로 원칙적으로 손금으로 인정한다. 다만, 채권의 회수불능기준의 모호성이 존재하므로 법인세법에서는 대손금의 범위를 정하여 엄격하게 적용하고 있다.

대손충당금을 설정하고 있는 법인에 이러한 대손금이 발생하게 되면, 먼저 대손충당금과 상계하고 부족액은 대손상각비를 계상하여 손금에 산입하여야 한다.

2 대손금에 해당하는 채권의 범위

구 분	내 용
대손처리 가능채권	원칙적으로 대손처리할 수 있는 채권의 범위에는 제한이 없다. 따라서 일반적인 매출채권 뿐만 아니라 부가가치세 매출세액 미수금(단, 대손세액공제 받은 것은 제외)도 포함함
대손처리 불능채권	① 대손세액공제를 받은 부가가치세 매출세액 미수금 ② 특수관계자에 대한 업무무관가지급금 ③ 채무보증으로 인한 구상채권[주]

*주) 다만, 다음에 해당하는 채무보증으로 인하여 발생한 구상채권은 대손금으로 손금산입할 수 있다.
  ㉠ 독점규제 및 공정거래에 관한 법률에 의한 소정의 채무보증
  ㉡ 일정한 금융기관이 행한 채무보증
  ㉢ 신용보증사업을 영위하는 법인이 행한 채무보증
  ㉣ 위탁기업이 수탁기업협의회의 구성원인 수탁기업에 대하여 행한 채무보증
  ㉤ 국가를 당사자로 하는 계약에 관한 법률에 의한 공사계약이행보증을 위한 연대보증

3 대손사유

앞에서 살펴본 바와 같이 대손금이란 회수불능채권을 말한다. 현행 법인세법에서는 대손처리의 조작을 통한 과세소득의 감소를 막기 위해 대손처리 요건을 법으로 규정해 놓고 있는데, 이러한 요건을 구분해 보면 다음과 같이 신고조정사항과 결산조정사항으로 나뉠 수 있다.

(1) **신고조정사항**

신고조정사항에 해당하는 채권은 반드시 당해 사유가 발생한 날이 속하는 사업연도의 손금으로 처리하여야 한다. 따라서 법인이 다음의 요건에 해당하는 채권을 보유하고 있으면서 당해 사업연도에 장부상 대손금으로 처리하여 당해 채권을 제각하지 않으면 반드시 세무조정에 의한 손금산입(△유보)을 통하여 당해 채권을 제각시켜야 한다.

① 민법·상법·어음법·수표법에 의하여 소멸시효가 완성된 채권
② 채무자 회생 및 파산에 관한 법률에 의한 회생계획인가의 결정 또는 법원의 면책결정에 따라 회수불능으로 확정된 채권
③ 민사집행법의 규정에 의하여 채무자의 재산에 대한 경매가 취소된 압류채권

(2) **결산조정사항**

결산조정사항에 해당하는 다음의 채권은 법인이 장부상 대손금으로 처리한 날이 속하는 사업연도의 손금으로 인정한다.

① 채무자의 파산·강제집행·형의 집행·사업폐지·사망·실종·행방불명으로 인하여 회수할 수 없는 채권
② 재판상 화해 등 확정판결과 같은 효력을 가지는 것에 따라 회수불능으로 확정된 채권
③ 부도발생일로부터 6월 이상 경과한 어음·수표 및 외상매출금(중소기업의 외상매출금으로서 부도발생일 이전의 것에 한함)
④ 회수기일이 6월 이상 경과한 채권 중 회수비용이 당해 채권가액을 초과하여 회수실익이 없다고 인정되는 채권으로서 30만원(채무자별 채권가액의 합계액을 기준으로 함) 이하의 채권
⑤ 중소기업 외상매출금으로서 회수기일로부터 2년이 경과한 외상매출금 및 미수금
⑥ 채무자와 특수관계에 있는지 여부를 불문하고 채권의 일부를 회수하기 위하여 해당 채권의 일부를 포기하여야 할 불가피한 사유가 있는 경우, 즉 포기사유가 정당한 경우 포기한 동 채권금액[주]

[주] 그러나 포기사유가 정당하지 아니한 경우에는 기업업무추진비(매출채권) 또는 기부금(기타채권)으로 보되, 채무자가 특수관계인인 경우에는 부당행위계산부인규정을 적용한다.

⑦ 물품의 수출 또는 외국에서의 용역제공으로 발생한 채권으로서 무역에 관한 법령에 따라 한국무역보험공사로부터 회수불능이 확인된 경우

한편, 상기의 결산조정사항에 해당하는 채권 중 ③의 경우 저당권이 설정되어 있는 채권은 대손금으로 처리할 수 없다.

4 대손금 회수액의 처리

대손금으로 손금산입한 금액 중 회수된 금액은 회수된 날이 속하는 사업연도의 익금에 산입한다.

5 대손금으로 인식하는 금액

대손요건을 충족한 대상채권의 전액을 대손금으로 한다. 다만, 부도발생일로부터 6월 이상 경과한 어음·수표 및 외상매출금의 경우에는 비망금액으로 1,000원(어음·수표 1매당 1,000원, 외상매출금은 채무자별로 1,000원)을 제외한 금액을 대손금으로 한다.

02 대손충당금

1 대손충당금의 의의

(1) 대손충당금의 개념

법인이 각 사업연도에 발생한 외상매출금 등 채권의 대손가능성에 대비하기 위하여 일정금액을 대손충당금으로 계상한 경우에는 일정한 한도 내에서 해당 사업연도의 소득금액을 계산할 때 이를 손금에 산입할 수 있다. 이러한 대손충당금은 회수불능채권의 추산액으로서 채권에 대한 평가성충당금에 해당한다.

대손충당금은 결산조정사항에 해당하므로 장부에 계상한 것을 전제조건으로 하여 법인세법상 손금한도액 범위 내에서만 손금인정이 되며, 장부에 계상하지 않거나 미달하게 계상한 경우에는 신고조정에 의하여 손금에 산입할 수 없다.

(2) 설정대상채권의 범위

대손충당금의 설정대상이 되는 채권은 다음과 같다.

구 분	내 용
대상 채권	① 외상매출금 : 상품·제품판매가액의 미수액과 가공료·용역 등의 제공에 의한 사업수입금액의 미수액 ② 대여금 : 금전소비대차계약 등에 의하여 타인에게 대여한 금액 ③ 기타 이에 준하는 채권 : 어음상의 채권·미수금·기업회계기준에 의한 대손충당금 설정대상채권 예 진행기준에 의하여 계상된 공사미수금, 유형자산 매각대금 미수금 등
제외 채권	① 대여시점의 특수관계자에 대한 업무무관가지급금[주1] ② 보증채무를 대위변제함으로써 발생한 구상채권[주2] ③ 부당행위계산부인규정을 적용받는 시가초과액에 상당하는 채권 ④ 익금의 귀속시기가 도래하지 아니한 미수이자 ⑤ 차입거래에 해당하는 할인어음

*주1) 특수관계자에 대한 채권이라 할지라도 업무무관가지급금 이외의 채권의 경우에는 대손충당금 설정대상채권이 됨에 유의하여야 한다.
*주2) 다만, 다음에 해당하는 채무보증으로 인하여 발생한 구상채권은 대손충당금 설정대상채권으로 한다.
   ㉠ 독점규제 및 공정거래에 관한 법률에 의한 소정의 채무보증
   ㉡ 일정한 금융기관이 행한 채무보증
   ㉢ 신용보증사업을 영위하는 법인이 행한 채무보증
   ㉣ 위탁기업이 수탁기업협의회의 구성원인 수탁기업에 대하여 행한 채무보증
   ㉤ 국가를 당사자로 하는 계약에 관한 법률에 의한 공사계약이행보증을 위한 연대보증

2 손금산입 한도액

(1) 손금산입방법

대손충당금의 손금산입은 결산조정에 의하며, 기초의 대손충당금 중 대손금과 미상계된 잔액은 전액 익금산입하고, 당해 사업연도의 설정액은 전액 손금산입하는 총액법을 사용하도록 규정하고 있다.

> **더알아두기**
>
> **기업회계기준과 법인세법의 비교**
>
> 대손충당금의 회계처리방법은 총액법과 보충법으로 구분할 수 있다. 여기서 총액법은 대손충당금의 전기말 잔액(= 기중에 대손금 발생 시 동 금액을 제각한 후의 금액을 의미하며, 이하 동일함)은 전액 환입하고, 당기말 대손충당금으로 설정해야 하는 금액은 전액 새로 전입하는 회계처리방법이다. 이에 반하여 보충법은 전기말 잔액을 환입하지 아니하고, 당기말 대손충당금으로 설정해야 하는 금액에서 전기말 잔액을 차감한 금액을 전입하는 회계처리방법이다. 한편, 대손충당금은 회계처리방법에 대하여 기업회계기준은 보충법, 법인세법은 총액법을 적용하도록 규정하고 있다. 이 때 회사가 보충법에 의하여 대손충당금을 회계처리한 경우에는 이를 단순한 기표상의 생략으로 보아 각각을 익금과 손금에 산입한 것으로 본다. 법인세법에서 이와 같이 규정하고 있는 이유는 어떤 방법으로 회계처리하건 과세소득에는 전혀 차이를 가져오지 않기 때문이다.

(2) 손금한도액

구 분	내 용
산 식	손금한도액 = 대손충당금 설정대상채권 잔액 × 설정률
설정률	• 일반법인 : 1% 또는 대손실적률[주1] 중 큰 비율 • 금융기관 : 1% 또는 대손실적률 중 큰 비율[주2]

대손충당금의 손금산입한도액은 다음의 금액으로 한다.

[주1] 대손실적률 = $\dfrac{\text{당기 세무상대손금}}{\text{직전 사업연도 종료일 현재 세무상 채권잔액}}$

[주2] 법 소정 금융기관 등의 경우에는 금융위원회가 기획재정부장관과 협의하여 정하는 대손충당금 적립기준에 따라 적립하여야 하는 금액, 채권잔액의 1% 또는 채권잔액에 대손실적률을 곱하여 계산한 금액 중 큰 금액으로 한다.

3 상계와 환입

(1) 상 계

대손충당금을 계상한 법인에 대손금이 발생한 경우에는 그 대손금은 이미 계상되어 있는 대손충당금과 먼저 상계하여야 한다.

(2) 환 입

당해 연도에 손금산입한 대손충당금 중 대손금과 상계한 후의 대손충당금 잔액은 다음 연도의 소득금액계산상 익금에 산입한다. 법인세법은 이렇게 총액법에 의해 대손충당금을 설정하고 다음 사업연도에 잔액을 환입하는 과정을 매년 되풀이하게 된다.

4 대손충당금의 세무조정

(1) 대손충당금의 세무조정구조

대손충당금의 세무조정구조는 다음과 같다.

　　　　　대손충당금설정액 → B/S상 대손충당금 기말잔액
　(−)　　　　**한도액**
　　　　　　(+)한도초과액 → 손금불산입(유보)
　또는　　 (−)한도미달액 → 세무조정 없음(∵ 결산조정사항이므로)

(2) 대손충당금의 세무조정 시 유의사항

① 설정액 : 대손충당금 설정액은 손익계산서상 비용계상액이 아니라 B/S상 대손충당금 기말잔액으로 한다. 왜냐하면 세무상 대손충당금 설정방법은 총액법에 의하기 때문이다.

② 한도초과액의 처리 : 대손충당금 한도초과액은 손금불산입(유보)하며, 다음 연도에는 동 금액을 손금산입(△유보)한다(자동조정 유형임).

제13장 단원별 기출문제

01 다음 중 법인세법상 결산조정사항에 해당하는 대손금은 무엇인가? [107회]

① 채무자의 파산으로 회수할 수 없는 채권
② 「상법」에 따른 소멸시효가 완성된 채권
③ 법원의 면책결정에 따라 회수불능으로 확정된 채권
④ 「민사집행법」에 따라 채무자의 재산에 대한 경매가 취소된 압류채권

해설
채무자의 파산으로 회수할 수 없는 채권은 대손 사유가 발생하여 법인이 손비로 계상한 날이 속하는 사업연도의 손금으로 한다. 나머지 보기는 모두 대손 사유가 발생한 날이 속하는 사업연도의 손금이다.

02 다음 중 법인세법상 대손충당금 설정 대상 채권에 해당하지 않는 것은? [106회]

① 외상매출금
② 특수관계인에게 해당 법인이 업무와 관련 없이 지급한 가지급금
③ 어음상의 채권
④ 유형자산 등의 매각대금 미수액

해설
채무보증으로 인한 구상채권과 특수관계인에게 해당 법인의 업무와 관련 없이 지급한 가지급금 등의 채권은 대손충당금 설정 대상에서 제외한다.

03 다음 중 법인세법상 충당금에 대한 내용으로 옳지 않은 것은? [103회]

① 동일인에 대한 채권과 채무는 당사자 간 약정이 없는 경우 이를 상계하고 대손충당금을 계상할 수 있다.
② 법인이 기업회계기준에 따라 하자보수충당부채를 설정하였더라도 손금으로 산입하지 아니한다.
③ 퇴직급여충당금을 설정한 법인이 직원에게 퇴직급여를 지급할 때는 개인별 퇴직급여충당금과는 관계없이 지급할 수 있다.
④ 국고보조금을 받은 날이 속하는 사업연도 내에 사업용 자산을 취득한 경우 이를 손금산입할 수 있다.

해설
법인이 동일인에 대하여 매출채권과 매입채무를 가지고 있는 경우에는 당해 매입채무를 상계하지 아니하고 대손충당금을 계상할 수 있다. 다만, 당사자 간의 약정에 의하여 상계하기로 한 경우에는 그러하지 아니하다.

01 ① 02 ② 03 ① **정답**

04 법인세법상 다음의 대손사유 중 신고조정대상에 해당하는 것은? [101회]

① 중소기업의 외상매출금으로서 회수기일이 2년 이상 지난 것
② 회수기일이 6개월 이상 지난 30만원 이하인 소액채권
③ 채무자의 사망으로 인하여 회수할 수 없는 채권
④ 상법에 의한 소멸시효가 완성된 미수금

해설
소멸시효가 완성된 채권은 신고조정사항에 해당한다.

05 다음 중 법인세법상 대손금에 대한 설명으로 가장 옳지 않은 것은? [99회]

① 채무자의 파산으로 인하여 회수할 수 없는 채권은 대손금으로 인정된다.
② 상법에 따른 소멸시효가 완성된 외상매출금은 대손금으로 인정된다.
③ 부도발생일부터 3개월 이상 지난 수표는 대손금으로 인정된다.
④ 민법에 의한 소멸시효가 완성된 대여금은 대손금으로 인정된다.

해설
3개월 → 6개월

06 다음 중 법인세법상 대손금으로 인정되지 않는 것은? [97회]

① 채무보증(대통령령으로 정하는 특정 채무보증 제외)으로 인하여 발생한 구상채권(求償債權)
② 채무자의 파산으로 인하여 회수할 수 없는 채권
③ 법률에 따른 회생계획인가의 결정에 따라 회수불능으로 확정된 채권
④ 법률에 따라 채무조정을 받아 같은 법의 신용회복지원협약에 따라 면책으로 확정된 채권

해설
채무보증으로 인하여 발생한 구상채권은 채무자의 재산 등으로 회수할 수 없는 경우에도 이를 대손금으로 손금에 산입할 수 없고, 대손충당금 설정대상 채권에서도 제외한다.

07 법인세법상 손금으로 인정되는 대손금 중 성격이 다른 하나는? [95회]

① 채무자의 파산, 사업의 폐지 등으로 회수할 수 없는 채권
② 민사소송법상 재판상 화해 등으로 회수불능으로 확정된 채권
③ 특수관계인과의 거래가 아닌 중소기업 외상매출금으로서 거래일부터 2년 경과한 것
④ 채무자의 재산에 대한 경매가 취소된 압류채권(민사집행법)

해설
신고조정사항

정답 04 ④ 05 ③ 06 ① 07 ④

08 다음 자료를 통해 계산한 법인세법상 ㈜무지개의 대손충당금 설정 한도액은 얼마인가? [95회]

> ㈜무지개는 도소매업을 영위하고 있으며, 사업연도는 2023년 1월 1일 ~ 2023년 12월 31일이다.
> - 2022년 말 세무상 대손충당금 설정대상 채권잔액 : 10,000,000원
> - 2023년 대손 발생액 : 90,000원
> - 2023년 말 세무상 대손충당금 설정 대상 채권잔액 : 20,000,000원

① 100,000원 ② 180,000원
③ 200,000원 ④ 300,000원

해설
- 대손실적률 = 2023년 대손 발생액 90,000원 ÷ 2022년 말 채권잔액 10,000,000원 = 0.9%
- ∴ 설정 한도액 = 대손충당금 설정대상 채권잔액 20,000,000원 × Max(1%, 대손실적률 0.9%) = 200,000원

09 다음 중 법인세법상 대손사유가 발생한 날이 속하는 사업연도의 손금에 해당하는 대손사유가 아닌 것은? [94회]

① 상법에 따른 소멸시효가 완성된 외상매출금
② 민사집행법에 따라 채무자의 재산에 대한 경매가 취소된 압류채권
③ 채무자 회생 및 파산에 관한 법률에 따른 회생계획인가의 결정에 따라 회수불능으로 확정된 채권
④ 채무자가 사업상 중대한 위기에 처한 경우의 채권

해설
사업상 중대한 위기가 처한 경우는 대손사유가 아니다.

10 다음 중 법인세법상 대손금에 대한 설명으로 옳지 않은 것은? [92회]

① 대표자에 대한 업무무관가지급금은 대손충당금으로 설정할 수 없다.
② 부가가치세법상 대손세액공제를 받은 부가가치세 매출세액 미수금은 대손불능채권으로 본다.
③ 채무자의 파산, 강제집행 등으로 회수할 수 없는 채권은 법인의 비용 계상 여부와 관계없이 대손사유가 발생한 날이 속하는 손금으로 본다.
④ 내국법인이 보유하고 있는 채권 중 채무자의 파산 등 대통령령으로 정하는 사유로 회수할 수 없는 채권의 금액을 대손금이라 한다.

해설
강제대손사유에 해당하는 경우 비용 계상을 하지 않은 때에도 강제손금산입을 하는 것이나 임의대손사유에 해당하는 경우 손비 계상을 하여야만 손금으로 인정한다.

11 다음 법인세법상 대손금에 대한 설명 중 가장 틀린 것은? [89회]

① 채무자의 행방불명으로 인하여 회수할 수 없는 채권은 해당 사유가 발생한 때 손금으로 계상하여야 대손금으로 인정된다.
② 소멸시효가 완성된 외상매출금은 사유가 발생한 날이 속하는 사업연도의 손금이다.
③ 대여시점의 특수관계인에 대한 업무무관가지급금도 소멸시효가 완성되면 대손금으로 손금산입할 수 있다.
④ 채무보증으로 인하여 발생한 구상채권은 대손금으로 손금산입할 수 없다.

해설
업무무관가지급금은 대손사유가 충족되더라도 손금에 산입할 수 없다.

12 다음 중 법인세법상 대손요건을 충족한 채권이지만 대손금으로 손금에 산입할 수 없는 채권으로 묶인 것은? [85회]

> ㄱ. 채무보증으로 인한 구상채권
> ㄴ. 특수관계자에 대한 업무무관가지급금
> ㄷ. 어음법에 의한 소멸시효가 완성된 어음
> ㄹ. 채무자의 실종으로 회수할 수 없는 채권

① ㄱ, ㄴ ② ㄱ, ㄷ
③ ㄱ, ㄴ, ㄷ ④ ㄱ, ㄷ, ㄹ

13 다음 중 법인세법상 대손금에 대한 대손사유 중 신고조정으로 손금산입이 가능한 사항은? [76회]

① 소멸시효완성채권
② 채무자의 파산, 강제집행 등으로 인하여 회수할 수 없는 채권
③ 부도발생일부터 6개월 이상 지난 수표 또는 어음상의 채권 및 외상매출금(중소기업의 외상매출금으로서 부도발생일 이전의 것에 한정, 저당권 설정하고 있는 경우는 제외)
④ 회수기일을 6월 이상 경과한 채권 중 회수비용이 당해 채권가액을 초과하여 회수실익이 없다고 인정되는 채권으로서 채권합계액 기준 30만원 이하의 채권

해설
소멸시효완성채권은 세무조정사항 중 신고조정사항이다.

정답 11 ③ 12 ① 13 ①

14 다음 중 법인세법상 법인이 대손사유가 발생한 날이 속하는 사업연도에 대손처리를 하여야만 손금으로 인정하는 것은? [73회]

① 상법에 따른 소멸시효가 완성된 외상매출금 및 미수금
② 채무자 회생 및 파산에 관한 법률에 따른 회생계획인가의 결정 또는 법원의 면책결정에 따라 회수불능으로 확정된 채권
③ 채무자의 파산, 강제집행, 형의 집행, 사업의 폐지, 사망, 실종 또는 행방불명으로 회수할 수 없는 채권
④ 민법에 따른 소멸시효가 완성된 대여금 및 선급금

해설
채무자의 파산 등으로 인하여 회수할 수 없는 채권은 해당 사유가 발생하여 손금으로 계상한 날이 속하는 사업연도의 손금으로 산입한다.

15 다음 중 법인세법상 대손금으로 손금에 산입할 수 있는 채권은? [68회]

① 채무보증으로 인하여 발생한 구상채권
② 특수관계인에게 해당 법인이 업무와 관련 없이 지급한 가지급금
③ 부가가치세법에 의하여 대손세액공제를 받은 부가가치세 매출세액 미수금
④ 회수기일이 6개월 이상 지난 채권 중 채권가액이 30만원 이하의 채권

16 다음 중 법인세법상 대손충당금을 설정할 수 없는 것은? [66회]

① 미회수된 유형자산 매각대금
② 상품·제품의 판매가액의 미수액
③ 할인어음, 배서양도한 어음
④ 작업진행률에 의해 계상한 공사미수금

해설
할인어음, 배서양도한 어음은 대손충당금을 설정할 수 없다.

17 다음 중 법인세법상 대손금으로 처리할 수 없는 것은? [65회]

① 회수기일이 6개월 이상 지난 채권 중 채권가액이 30만원 이하의 채권
② 대손세액공제를 받은 부가가치세 매출세액 미수금
③ 채무자의 파산으로 인하여 회수할 수 없는 채권
④ 채무자의 회생 및 파산에 관한 법률에 따른 회생계획인가의 결정 또는 법원의 면책결정에 따라 회수불능으로 확정된 채권

18 법인세법상 결산서에 반영되지 아니한 경우, 반드시 세무조정으로 손금산입하여야 하는 항목은? [65회]

① 기계장치의 감가상각비
② 외상매출금의 대손충당금 전입액
③ 소멸시효가 완성된 매출채권
④ 생산직 직원에 대한 퇴직급여충당금 전입액

> **해설**
> 소멸시효가 완성된 매출채권은 신고조정사항이며, 나머지는 결산조정사항이다.

19 도매업을 영위하는 갑 법인의 대손충당금에 관련된 채권 잔액이 다음과 같은 경우 법인세법상 손금에 산입할 수 있는 대손충당금 금액은? [60회]

> ㉠ 외상매출금 : 20,000,000원
> ㉡ 업무무관가지급금(임원) : 30,000,000원
> ㉢ 받을어음 : 5,000,000원
> ㉣ 지급보증금 : 10,000,000원
> ㉤ 미수금 : 5,000,000원
> ㉥ 해당 사업연도의 대손금 : 900,000원
> ㉦ 직전 사업연도 종료일 현재 대손충당금 설정채권 잔액 : 30,000,000원

① 300,000원 ② 400,000원
③ 500,000원 ④ 900,000원

> **해설**
> (20,000,000원 + 5,000,000원 + 5,000,000원) × Max[1%, 900,000원/30,000,000원]

정답 17 ② 18 ③ 19 ④

CHAPTER 14 기타 충당금

PART 1 법인세법

01 일시상각충당금·압축기장충당금

1 개 요

국고보조금·공사부담금·보험차익은 순자산가액을 증가시키는 거래에서 발생한 것이므로 법인세법상 익금에 해당한다. 그러나 국고보조금 등은 사업용자산의 취득에 사용될 재원인데, 이를 그대로 두게 되면 사업용자산의 취득에 사용될 국고보조금 등의 일부가 법인세로 유출되는 결과를 가져오게 된다. 법인세법에서는 이를 해소하기 위하여 사업용자산 등에 대한 국고보조금·공사부담금·보험차익에 대하여 감가상각자산은 일시상각충당금, 비상각자산은 압축기장충당금의 설정을 통한 손금산입을 허용함으로써 당초 익금산입효과를 제거하여 법인세의 유출을 방지하도록 하였다.

한편, 동 손금산입액은 추후 당해 사업용자산의 감가상각 또는 자산의 처분 시 환입되어 세부담의 증가를 가져온다.

따라서 일시상각충당금제도는 조세감면제도가 아닌 과세를 추후 사업용자산의 감가상각 시 또는 자산의 처분 시로 이연시키는 과세이연제도의 하나로 볼 수 있다.

2 일시상각충당금 등 손금산입의 적용대상

① **국고보조금** : 내국법인이 국고보조금을 지급받아 그 지급받은 날이 속하는 사업연도 종료일까지 사업용 자산(사업용 유형자산 및 무형자산과 석유류)의 취득 또는 개량하고 이에 대한 국고보조금 등을 사후에 지급받은 경우에도 이를 손금에 산입할 수 있다.

② **공사부담금** : 전기사업·도시가스사업·액화석유가스충전사업 등·집단에너지공급사업·초고속정보통신기반구축사업 또는 수도사업을 영위하는 내국법인이 그 사업에 필요한 시설을 하기 위하여 수요자 등으로부터 그 시설을 구성하는 토지 등 유형자산 및 무형자산을 제공받은 경우 또는 금전 등을 제공받아 당해 시설을 구성하는 사업용자산의 취득에 사용한 금액은 이를 손금에 산입할 수 있다.

③ **보험차익** : 유형자산의 멸실·손괴로 인하여 지급받은 보험금으로 그 멸실한 보험대상자산에 대체하여 동일한 종류의 자산을 취득하거나 손괴된 보험대상자산을 개량하는 경우에는 그 자산의 취득 또는 개량에 사용된 보험차익에 상당하는 금액은 이를 손금에 산입할 수 있다. 따라서 이종자산의 취득 시 또는 재고자산의 멸실 등으로 인한 보험차익은 손금에 산입할 수 없음에 유의하여야 한다.

3 사용기한(= 손금산입시기)

일시상각충당금 등의 손금산입시기는 국고보조금 등의 사용기한이며 다음의 시기로 한다.

(1) 국고보조금 등

지급받은 사업연도 개시일부터 1년 이내. 다만, 허가 또는 인가의 지연 등으로 인하여 국고보조금을 기한 내에 사용하지 못한 경우에는 해당 사유가 종료한 날이 속하는 사업연도의 종료일을 그 기한으로 한다.

(2) 공사부담금

지급받은 사업연도의 다음 사업연도 개시일부터 1년 이내. 다만, 공사의 허가 또는 인가의 지연 등으로 인하여 공사부담금을 기한 내에 사용하지 못한 경우에는 해당 사유가 종료한 날이 속하는 사업연도의 종료일을 그 기한으로 한다.

(3) 보험차익

지급받은 사업연도의 다음 사업연도 개시일부터 2년 이내

4 손금산입방법(신고조정 특례)

일시상각충당금과 압축기장충당금은 본래 결산조정사항이므로 법인이 손금인정을 받기 위해서는 이를 장부에 계상하여야 한다. 그러나 일시상각충당금과 압축기장충당금은 기업회계에서 인정하지 않으므로 법인세법에서는 신고조정도 허용하고 있다.

02 구상채권상각충당금

신용보증사업을 영위하는 신용보증기금, 기술신용보증기금 등이 각 사업연도에 구상채권상각충당금을 손금으로 계상한 경우에는 일정금액을 손금에 산입한다.

1 설정대상법인

구상채권상각충당금의 설정대상법인을 살펴보면 다음과 같다.
① 신용보증기금법에 따른 신용보증기금
② 기술신용보증기금법에 따른 기술신용보증기금
③ 농림수산업자신용보증법에 따른 농림수산업자신용보증기금
④ 한국주택금융공사법에 따른 주택금융신용보증기금
⑤ 수출보험법에 다른 한국수출보험공사
⑥ 지역신용보증재단법에 따른 신용보증재단

⑦ 산업재해보상보호법에 따른 근로복지공단
⑧ 주택법에 따른 대한주택보증주식회사
⑨ 사회기반시설에 대한 민간투자법에 따른 산업기반신용보증기금
⑩ 건설산업기본법에 따른 공제조합
⑪ 전기공사공제조합법에 따른 전기공사공제조합
⑫ 산업발전법에 따른 자본재공제조합
⑬ 엔지니어링기술진흥법에 의한 엔지니어링공제조합
⑭ 소프트웨어산업진흥법에 의한 소프트웨어공제조합
⑮ 방문판매 등에 관한 법률에 의한 공제조합

2 손금산입한도액

구상채권상각충당금의 손금산입한도액은 다음과 같다.

$$\text{손금산입한도액} = \text{당해 사업연도 종료일 현재 신용보증잔액} \times \text{Min}[1\%, \text{구상채권발생률}^{*주)}]$$

$${}^{*주)}\ \text{구상채권발생률} = \text{Max}\left[0.2\%, \frac{\text{해당 사업연도에 발생한 구상채권}}{\text{직전 사업연도 종료일 현재 신용보증잔액}}\right]$$

3 손금산입방법

구상채권상각충당금의 손금산입은 결산조정사항이 원칙이지만, 국제회계기준을 적용받는 대한주택보증주식회사는 잉여금처분에 의한 신고조정으로 손금에 산입한다.

4 환 입

손금에 산입한 구상채권상각충당금은 회수할 수 없는 구상채권이 발생한 경우 당해 대손금과 상계하고, 상계한 후의 잔액은 다음 사업연도의 소득금액을 계산할 때 익금에 산입한다.

제14장 단원별 기출문제

01 다음 중 법인세법상 일시상각충당금 및 압축기장충당금에 대한 설명 중 가장 옳지 않은 것은? [75회]

① 감가상각자산은 일시상각충당금을 설정하여 계상한다.
② 국고보조금 등을 손금산입한 사업연도 중에 사업용자산을 반드시 취득하여야 한다.
③ 사업용자산취득자금을 손금에 산입하는 방법은 결산조정, 신고조정 모두가 가능하다.
④ 압축기장충당금은 당해 사업용 자산을 처분하는 사업연도에 이를 전액 익금에 산입한다.

해설
손금산입한 사업연도의 다음 사업연도 개시일부터 1년(보험차익은 2년) 이내에 취득하면 된다.

02 다음 중 법인세법상 일시상각충당금이나 압축기장충당금을 설정할 수 없는 익금은? [60회]

① 국고보조금　　　　　　② 사채발행할인차금
③ 공사부담금　　　　　　④ 보험차익

03 다음 중 법인세법상 인정되지 않는 충당금은 무엇인가? [59회]

① 퇴직연금충당금　　　　② 대손충당금
③ 압축기장충당금　　　　④ 하자보수충당금

해설
법인세법은 권리의무확정주의를 채택하고 있기에 미확정비용인 하자보수충당금을 인정하지 않는다.

04 법인세법상 손금으로 인정되지 않는 준비금 또는 충당금은? [53회]

① 퇴직급여충당금　　　　② 대손충당금
③ 고유목적사업준비금　　④ 수선충당금

해설
수선충당금은 법인세법에서는 손금으로 인정되는 충당금으로 열거되어 있지 않으므로 손금으로 인정되지 않는다.

정답 01 ②　02 ②　03 ④　04 ④

05 법인세법상 충당금의 특징이 아닌 것은? [51회]

① 법인세법상 대손충당금은 결산조정사항이다.
② 세법에 열거된 충당금을 손금한도액에 미달하게 계상한 경우 세무조정사항은 없다.
③ 세법에 열거되지 아니한 충당금을 장부에 계상한 경우 전액 손금불산입하여 기타사외유출로 처분한다.
④ 사업용자산 등에 대한 국고보조금, 공사부담금, 보험차익에 대하여 감가상각자산은 일시상각충당금, 비상각자산은 압축기장충당금의 설정을 통해 손금산입 한다.

해설
유보처분된다.

06 법인세법상 국고보조금과 관련된 일시상각충당금에 대한 설명 중 틀린 것은? [50회]

① 일시상각충당금은 신고조정이 허용되지 않는다.
② 일정요건의 자산 취득에 사용된 국고보조금은 일시상각충당금을 설정하여 손금에 산입하여 과세시점을 이연할 수 있다.
③ 일시상각충당금을 손금에 산입하는 시기는 국고보조금을 지급받는 날이 속하는 사업연도이다.
④ 국고보조금의 경우에는 먼저 사업용자산을 취득하고 이에 대한 국고보조금을 사후에 지급받는 경우도 손금산입의 대상이 된다.

해설
일시상각충당금은 기업회계기준상 인정되지 않으므로 신고조정이 허용된다.

07 현행 법인세법은 법인세법상 익금에 해당함에도 불구하고 법인세부담을 이연시켜줄 목적으로 압축기장충당금 또는 일시상각충당금을 설정할 수 있는 대상을 열거하고 있다. 이에 해당하지 않는 것은? [33회]

① 국고보조금 등으로 취득한 사업용자산가액
② 합병으로 인하여 승계한 피합병법인의 사업용자산가액
③ 공사부담금으로 취득한 사업용자산가액
④ 보험차익으로 취득한 사업용자산가액

정답 05 ③ 06 ① 07 ②

PART 1 법인세법
준비금

01 준비금의 의의

1 준비금의 개념

기업회계에서 준비금은 자본계정 중 자본준비금이나 이익준비금 같은 잉여금의 구성항목일 뿐이다. 그러나 법인세법에서의 준비금은 충당금(충당부채)의 일종이다.

즉, 법인이 준비금을 손금산입하는 사업연도에는 법인세를 감소시켜주고 이후 법인이 준비금을 환입하거나 상계하는 사업연도에 익금산입하여 법인세를 증가시키게 되는 제도이다.

따라서, 법인세법과 조세특례제한법상 준비금제도는 절대적 조세감면제도가 아니라 과세시기를 일정기간 연장해주는 과세이연제도에 불과하다.

현행 법인세법상 준비금은 보험업을 영위하는 법인의 책임준비금·비상위험준비금과 비영리내국법인의 고유목적사업준비금이 있으며, 조세특례제한법상 준비금으로는 신용회복목적회사의 손실보전준비금이 있다.

2 법인세법상 준비금과 조세특례제한법상 준비금의 비교

구 분	법인세법상 준비금	조세특례제한법상 준비금
종 류	• 책임준비금·비상위험준비금(보험업법인) • 고유목적사업준비금(비영리내국법인)	신용회복목적회사의 손실보전준비금
설정근거법	• 보험업법 • 고유목적사업준비금은 법인세법	조세특례제한법
성 격	• 강제규정 • 고유목적사업준비금은 임의규정	임의규정
기업회계측면	책임준비금·비상위험준비금은 기업회계상 인정되나, 고유목적사업준비금은 인정되지 않음	기업회계상 인정되지 않음
손금산입방법	• 원칙: 결산조정 • 예외: 외부회계감사를 받는 비영리법인의 고유목적사업준비금은 잉여금처분에 의한 신고조정 가능	• 원칙: 결산조정 • 예외: 조세특례제한법상 준비금은 기업회계상 인정되지 않으므로 잉여금처분에 의한 신고조정 가능

02 법인세법상 준비금

법인세법상 준비금은 보험업이나 비영리법인과 같은 특수업종을 영위하는 법인의 경우 관계법령에서 강제적으로 설정하도록 규정하고 있으며 이때 준비금의 손금산입은 결산조정으로만 가능하다. 다만, 예외적으로 외감법에 따른 외부감사를 받아야 하는 비영리내국법인은 잉여금처분에 의해 신고조정이 가능하다.

1 책임준비금·비상위험준비금

법인세법상 준비금인 책임준비금·비상위험준비금은 보험업을 영위하는 법인에 한해서 그 설정이 허용되며, 이들 준비금의 구체적 내용을 살펴보면 다음과 같다.

구 분	손금산입범위	환입 및 상계
책임준비금	손금한도액 = ① + ② + ③ ① 보험약관에 의하여 기말 현재 모든 보험계약이 해약된 경우 계약자 또는 수익자에게 지급하여야 할 환급액(해약공제액을 포함한다) ② 기말 현재 보험사고가 발생하였으나 아직 지급하여야 할 보험금이 확정되지 아니한 경우 그 손해액을 감안하여 추정한 보험금 상당액 ③ 금융감독원장이 기획재정부장관과 협의하여 정한 손금산입기준에 따라 적립한 금액	①과 ②는 다음 사업연도에 익금산입하고, ③은 보험계약자에게 배당한 때에 먼저 계상한 것부터 순차로 상계하되 3년이 되는 날이 속하는 사업연도에 남은 잔액을 전액 환입
비상위험준비금	손금한도액 = Min[①, ②] ① 단기손해보험의 보유보험료 × 보험종목별 적립기준율 ② (단기손해보험의 경과보험료 × 50%) - 기말 세무상 준비금 잔액	다음 사업연도 이후 사고별로 10억원(인보험의 경우는 2천만원) 이상 지급 시 기획재정부장관의 승인을 얻어 상계

한편, 법인세법상 책임준비금·비상위험준비금의 손금산입은 결산조정 외에는 허용되지 않고 있다.

2 고유목적사업준비금

(1) 설정대상법인

고유목적사업준비금을 설정할 수 있는 법인은 비영리내국법인(법인으로 보는 단체의 경우에는 지정된 기부금단체와 법령에 의하여 설치된 기금에 한함)에 한한다.

(2) 손금한도액

고유목적사업준비금의 손금한도액은 다음과 같다.

> 고유목적사업준비금 손금한도액 = [비영업대금이익을 제외한 이자소득금액·배당소득금액 × 100%] + [(수익사업소득금액 - 비영업대금이익을 제외한 이자소득금액·배당소득금액 - 이월결손금 - 특례기부금손금산입액) × 50%(80%, 100%)]

(3) 손금산입방법

법인세법상 고유목적사업준비금은 결산조정사항이므로 동 고유목적사업준비금의 손금산입은 결산조정에 의하여야 한다.

그러나 고유목적사업준비금은 위에서 살펴본 책임준비금 등과는 달리 기업회계상 인정되지 않는 준비금이므로 외부회계감사를 받는 비영리법인의 경우에는 잉여금처분에 의한 신고조정을 허용하고 있다.

(4) 상계와 환입

① 상계 : 비영리내국법인이 손금산입한 고유목적사업준비금을 고유목적사업 또는 일반기부금에 지출하는 경우에는 그 금액을 먼저 계상한 사업연도의 고유목적사업준비금부터 순차로 상계하여야 한다. 이 경우 직전 사업연도 종료일 현재의 고유목적사업준비금의 잔액을 초과하여 해당 사업연도의 고유목적사업 등에 지출한 금액은 이를 당해 사업연도에 계상할 고유목적사업준비금에서 지출한 것으로 본다.

② 환입 : 손금에 산입한 고유목적사업준비금의 잔액이 있는 비영리내국법인이 다음 중 어느 하나에 해당하는 경우 그 잔액은 당해 사유가 발생한 날이 속하는 사업연도에 익금산입한다.

㉠ 해산하거나 고유목적사업을 전부 폐지한 때

㉡ 법인으로 보는 단체가 승인취소 또는 거주자로 변경된 때

㉢ 고유목적사업준비금을 손금으로 계상한 사업연도의 종료일 이후 5년이 되는 날까지 고유목적사업 등에 사용하지 아니한 때(5년 내 사용하지 아니한 잔액에 한함)[주]

[주] 고유목적사업준비금의 잔액을 익금산입하는 경우에 다음 산식에 의하여 계산한 이자상당액을 당해 사업연도의 법인세에 가산하여 납부하여야 한다(이자상당액 = 법인세 감소액 × 기간 × 0.03%).

제15장 단원별 기출문제

01 다음은 법인세법상 준비금에 대한 것이다. 다음 중 보험사업을 영위하는 법인만이 설정할 수 있는 준비금이 아닌 것은? [33회]

① 책임준비금
② 비상위험준비금
③ 고유목적사업준비금
④ 계약자배당준비금

01 ③ 정답

PART 1 법인세법
CHAPTER 16 부당행위계산의 부인

01 개요

1 의의

법인의 행위 또는 소득금액의 계산이 특수관계자와의 거래로 인하여 법인의 소득에 대한 조세를 부당히 감소시키는 것으로 인정되는 경우에는, 그 행위 또는 계산에 불구하고 납세지 관할 세무서장 또는 관할 지방국세청장은 법인세법에 의하여 당해 법인의 각 사업연도 소득금액을 계산할 수 있다. 이를 부당행위계산의 부인이라 한다.

이는 법인이 특수관계자와의 거래에 있어 일반적인 거래형식을 취하지 않음으로 조세부담의 부당한 감소를 의도하는 경우에 그 부당행위계산을 부인하고 이를 합리적으로 행위, 계산하여 각 사업연도의 소득금액을 계산하려는 것이다. 이를 통해 조세회피를 방지하고 공평과세(= 조세평등주의)를 실현함과 동시에 거래상대방인 특수관계자에 대해서도 적절한 과세를 함에 있다. 이러한 부당행위계산부인 규정은 개별 세법에 국한하지 않고 일반적 원리의 하나로 작용하고 있다.

02 특수관계자의 요건

부당행위계산부인규정이 적용되기 위해서는 다음의 요건이 모두 충족되어야 한다. 이 경우 당사자의 조세회피의도 유무는 관련이 없다.
① 거래상대방 : 법인세법이 규정한 특수관계자와의 거래일 것
② 거래내용 : 조세부담을 부당히 감소시킨 것으로 인정되는 거래일 것
※ 특정한 거래는 현저한 이익의 분여(시가와 거래가액의 차액이 5% 이상이거나 3억원 이상)가 있어야 할 것

1 특수관계자의 범위 및 판단시기

(1) 특수관계자의 범위

구 분	내 용
1차 관계	① 임원의 임면권의 행사, 사업방침의 결정 등 당해 법인의 경영에 대하여 사실상 영향력을 행사하고 있다고 인정되는 자와 그 친족 ② 주주 등(소액주주를 제외한다)과 그 친족 ③ 법인의 임원·사용인 또는 주주 등의 사용인[주]이나 사용인 외의 자로서 법인 또는 주주 등의 금전 기타 자산에 의하여 생계를 유지하는 자와 이들과 생계를 함께하는 친족
2차 관계	④ ① ~ ③에 규정하는 자가 발행주식총수의 30% 이상을 출자하고 있는 다른 법인 ⑤ ① ~ ③에 규정하는 자와 당해 법인이 이사의 과반수를 차지하거나 출연금(설립을 위한 출연금에 한한다)의 50% 이상을 출연하고 그 중 1인이 설립자로 되어 있는 비영리법인
3차 관계	⑥ ④ 또는 ⑤에 규정하는 자가 발행주식총수의 50% 이상을 출자하고 있는 다른 법인
기타 관계	⑦ 당해 법인에 50% 이상을 출자하고 있는 법인에 50% 이상을 출자하고 있는 법인이나 개인 ⑧ 당해 법인이 기업집단에 속하는 법인인 경우 그 기업집단에 소속된 다른 계열회사 및 그 계열회사의 임원

*주) 주주 등이 영리법인인 경우에는 그 임원을, 비영리법인인 경우에는 그 이사 및 설립자를 말한다.

1차 관계에서 특수관계자에 해당하지 않는 '소액주주'란 발행주식총수의 1%에 미달하는 주식을 소유한 자를 말한다. 그러나 지분비율이 1%에 미달한다 하더라도 당해 법인의 지배주주와 특수관계에 있는 자는 소액주주로 보지 아니한다.

'지배주주'란 법인의 발행주식총수의 1% 이상의 주식을 소유한 주주로서 그와 특수관계에 있는 자와의 소유주식합계가 당해 법인의 주주 중 가장 많은 경우의 당해 주주를 말한다.

(2) 특수관계자의 판단시기

① 부당행위계산부인규정은 그 행위 당시(= 거래 당시)를 기준으로 하여 당해 법인과 특수관계자 간의 거래(특수관계자 외의 자를 통하여 이루어진 거래를 포함한다)에 대하여 이를 적용한다.
② 다만, 불공정합병의 경우에 있어서 특수관계에 있는 법인의 판정은 합병등기일이 속하는 사업연도의 직전 사업연도의 개시일(사업연도 개시일이 서로 다른 법인이 합병한 경우에는 먼저 개시한 날로 함)부터 합병등기일까지의 기간에 의한다.

2 부당행위계산의 유형

현재 법인세법에서 열거하고 있는 부당행위계산의 유형을 크게 두 가지의 유형으로 구분하면 다음과 같다.

구 분	내 용
손익거래	① 자산을 시가를 초과하는 가액으로 매입 또는 현물출자를 받았거나 그 자산을 과대상각한 때 ② 자산을 무상 또는 시가보다 낮은 가액으로 양도 또는 현물출자한 때. 다만, 법인세법 시행령 제19조 [손비의 범위] 제19호의2 각 목 외의 부분에 해당하는 주식매수선택권의 행사에 따라 주식을 양도하는 경우는 제외 ③ 금전, 기타 자산 또는 용역을 무상 또는 낮은 이율·요율이나 임대료로 대부하거나 제공한 때. 다만, 법인세법 시행령 제19조 [손비의 범위] 제19호의2 각 목 외의 부분에 해당하는 주식매수선택권의 행사에 따라 금전을 제공하는 경우 및 사용인과 비출자임원·소액주주임원에게 사택(임차사택 포함)을 제공하는 경우를 제외함 ④ 금전, 기타 자산 또는 용역을 높은 이율·요율이나 임차료로 차용하거나 제공을 받은 때 ⑤ 무수익 자산을 매입 또는 현물출자받았거나 당해 무수익 자산에 대한 비용을 부담한 때 ⑥ 불량자산을 차환하거나 불량채권을 양수한 때 ⑦ 파생상품(선도거래, 선물, 스왑, 옵션 등)에 근거한 권리를 행사하지 아니하거나 그 행사기간을 조정하는 등의 방법으로 이익을 공여하는 때 ⑧ 출연금을 대신 부담한 때 ⑨ 기타 이에 준하는 행위 또는 계산 및 그 외에 법인의 이익을 공여하였다고 인정되는 것이 있는 때
자본거래	① 불공정자본거래(합병·증자·감자)로 인하여 주주 등인 법인이 특수관계자인 다른 주주 등에게 이익을 공여한 때 ② 위 ① 외의 경우로서 증자·감자·합병·분할·상속세 및 증여세법상 전환사채 등에 의한 주식전환 등 법인의 자본을 증가시키거나 감소시키는 거래를 통하여 법인의 이익을 공여하였다고 인정되는 때. 다만 법소정 주식매수선택권의 행사에 따라 주식을 발행하는 경우를 제외함

위의 거래 중 ①~④에 해당하는 다음의 거래는 시가와 거래가액의 차액이 시가의 5%에 상당하는 금액 이상이거나 3억원 이상인 경우에 한하여 부당거래로 본다.

① 자산을 시가를 초과하는 가액으로 매입 또는 현물출자를 받았거나 그 자산을 과대상각한 때
② 자산을 무상 또는 시가보다 낮은 가액으로 양도 또는 현물출자한 때
③ 금전, 기타 자산 또는 용역을 무상 또는 시가보다 낮은 이율·요율이나 임대료로 대부하거나 제공한 때
④ 금전, 기타 자산 또는 용역을 시가보다 높은 이율·요율이나 임차료로 차용하거나 제공을 받은 때

03 부당행위계산부인규정의 적용 시 시가의 개념

(1) 시가의 원칙

부당행위계산부인규정의 적용 시 당해 거래와 유사한 상황에서 당해 법인이 특수관계자 외의 불특정 다수인과 계속적으로 거래한 가격 또는 특수관계가 없는 제3자와의 거래가격이 있는 경우에는 당해 가액을 시가로 한다. 따라서 시가란 특수관계자가 아닌 제3자간의 정상적인 거래에서 적용되거나 적용될 가격·요율·이자율·임대료 및 교환비율 기타 이에 준하는 것을 말한다. 다만, 주권상장법인이 발행한 주식을 한국거래소에서 거래한 경우 해당 주식의 시가는 그 거래일의 한국거래소 최종시세가액을 시가로 한다.

(2) 시가가 불분명한 경우

① 일반적인 거래의 경우 : 시가가 불분명한 경우 일반적인 거래에 적용되는 자산에 대해서는 다음의 순서에 따른 가액을 시가로 본다.

일반적인 자산	주식 또는 출자지분[주2], 가상자산[주3]
〈1순위〉 감정평가업자(감정평가법인과 감정평가사)의 감정가액[주1](감정가액이 2 이상인 경우에는 동 감정가액의 평균액) 〈2순위〉 상속세 및 증여세법상 평가액	상속세 및 증여세법상 평가액

[주1] 종전 감정평가법인에서 납세편의를 높이기 위해 감정평가업자(감정평가법인과 감정평가사(개인))로 확대
[주2] 위에서 설명한 바와 같이 주권상장법인의 주식으로서 매일 매일의 시세가 공시되는 경우에는 시가가 불분명한 경우에 해당하지 아니하는 것이며, 따라서 해당 거래일의 한국거래소 최종시세가액을 시가로 함에 유의하여야 한다.
[주3] 가상자산의 경우에도 감정가액을 인정하지 않음(상증법상 평가방법 : 평가일 전후 1개월의 일평균가격의 평균액)

② 자산(금전 제외) 또는 용역을 제공하거나 제공받은 경우 : 자산(금전 제외) 또는 용역에 대해서는 다음의 가액을 시가로 본다.

구 분	시 가
유형·무형자산을 제공하거나 제공받는 경우	(당해 자산의 시가적수 × 50% − 보증금 등 적수) × $\frac{1}{365}\left(\frac{1}{366}\right)$ × 정기예금이자율
건설 기타 용역을 제공하거나 제공받는 경우	당해 용역의 제공에 소요된 금액(직·간접비) × (1 + 동일·유사 용역 제공거래의 원가가산율[주4])

[주4] 원가가산율 = $\frac{\text{기업회계기준에 의한 매출액} - \text{원가}}{\text{원가}}$

③ 금전차입 및 대여의 경우 : 금전차입 및 대여의 경우에는 당좌대출이자율과 가중평균차입이자율 중 법인이 선택한 이자율(선택하지 아니한 경우에는 당좌대출이자율)을 시가로 한다.

04 부당행위계산부인의 사례

1 자산의 고가양수 · 저가양도

(1) 자산의 고가양수

자산의 고가양수 시 세무상 자산가액은 시가이므로 시가초과액을 손금산입(△유보)한다. 또한 동 금액은 부당행위계산부인규정이 적용되므로 익금산입하고 당해 귀속자에 대하여 소득처분(배당·상여 등)한다.

(2) 자산의 저가양도

자산의 저가양도 시 세무상 양도가액은 시가이므로 양도가액과 시가와의 차액인 시가 미달액을 익금산입하고 당해 귀속자에 대하여 소득처분(배당·상여 등)한다. 한편, 자산의 저가양도는 당해 자산이 기업외부로 유출되는 거래이므로 사후관리를 할 필요가 없다.

2 가지급금 인정이자

(1) 가지급금 인정이자의 개념 및 가지급금의 범위

① 가지급금 인정이자의 개념 : 법인이 특수관계자에게 무상 또는 낮은 이자율로 자금을 대여한 경우에는 가중평균차입이자율 등으로 계산한 이자상당액과 실제 수입이자와의 차액을 익금산입(배당·상여 등)한다.

$$\text{익금에 산입할 금액} = \text{가지급금 인정이자} - \text{실제 수입이자}$$

② 가지급금의 범위 : 가지급금이란 계정과목의 명칭 여하에 불구하고 당해 법인의 업무와 관련 없는 자금의 대여액을 말하는데, 이 중 부당행위계산부인규정이 적용되는 가지급금이란 거래상대방이 특수관계자인 경우에 한한다. 한편, 업무무관부동산 등 지급이자 손금불산입액 계산 시 업무무관 가지급금으로 보지 않는 가지급금은 인정이자계산에서도 제외된다.

(2) 가지급금 인정이자의 계산

① 적용산식

$$\text{가지급금 인정이자} = \text{가지급금 적수} \times \frac{1}{365} (\text{윤년의 경우에는 } \frac{1}{366}) \times \text{이자율}$$

② 가지급금 적수
㉠ 가지급금의 적수계산 시 초일은 산입하고 말일은 불산입한다.
㉡ 동일인에 대하여 가지급금과 가수금이 함께 있는 경우에는 상계 후 잔액에 대하여 인정이자를 계산한다. 다만, 상환기간·이자율 등의 사전약정이 있어 이를 서로 상계할 수 없는 경우에는 상계하지 아니한다.

③ **이자율의 적용방법** : 이자율은 당좌대출이자율과 가중평균차입이자율 중 해당 법인이 선택하는 이자율(선택하지 아니한 경우에는 당좌대출이자율)을 시가로 하되, 금전의 대여의 경우에는 일반적인 시가산정기준에 불구하고 가중평균차입이자율을 시가로 한다. 다만, 다음의 경우에는 당좌대출이자율을 시가로 한다.
  ㉠ 가중평균차입이자율을 적용이 불가능한 일정한 경우
  ㉡ 대여한 날부터 해당 사업연도 종료일까지의 기간이 5년을 초과하는 대여금이 있는 경우 해당 대여금에 한정하여 당좌대출이자율을 시가로 한다.
  ㉢ 해당 법인이 당좌대출이자율을 시가로 선택한 경우 당좌대출이자율을 시가로 하여 선택한 연도와 이후 2개 사업연도는 당좌대출이자율을 시가로 한다(현재 당좌대출이자율 4.6%).

3 사택의 임대

법인이 출자임원(비출자임원·소액주주임원 제외)에게 시가(적정임대료)에 미달하게 사택을 제공한 경우에는 부당행위계산부인규정이 적용되는데, 이 경우에는 법인이 출자임원(비출자임원·소액주주임원 제외)으로부터 수령한 임대료수익과 시가(적정임대료)와의 차액을 익금산입(배당·상여 등)한다. 한편, 법인이 지출하는 출자임원(비출자임원·소액주주임원 제외)이 사용하는 사택의 유지비는 업무무관비용으로 보아 손금불산입(상여)하며, 그 출자임원에게는 소득세가 부과된다.

05 부당행위계산부인의 효과

부당행위계산에 해당하는 경우에 시가와의 차액 등을 익금에 산입한다. 이 경우 이익을 분여받은 특수관계자는 그 귀속자의 구분에 따라 배당·상여·기타사외유출·기타소득으로 처분되며, 그 귀속자는 추가적인 소득세 등의 납세의무를 지게 된다.

제16장 단원별 기출문제

01 다음 중 법인세법상 가지급금인정이자에 관한 내용으로 잘못된 것은? [108회]

① 법인이 특수관계인에게 금전을 무상으로 대여한 경우 인정이자를 익금으로 산입하여야 한다.
② 인정이자 계산 시 시가는 당좌대출이자율을 적용하여 계산한다.
③ 인정이자의 계산은 특수관계가 소멸하는 날까지 적용한다.
④ 동일인에 대하여 가지급금과 가수금이 함께 있는 경우에는 이를 상계한 금액으로 계산한다.

해설
가중평균차입이자율을 시가로 한다. 다만, 일정한 경우 당좌대출이자율을 시가로 한다.

02 다음 중 법인세법상 부당행위계산부인제도에 대한 설명으로 옳지 않은 것은? [105회]

① 특수관계자 이외의 거래는 부당행위계산부인이 적용되지 아니한다.
② 특수관계에 해당하는지 여부는 행위 당시를 기준으로 하여 판단한다.
③ 부당행위계산의 부인규정은 세법뿐 아니라 사법상의 효과도 부인한다.
④ 비영리 내국법인에 대하여도 부당행위계산의 부인규정을 적용할 수 있다.

해설
당사자 간에 이미 이루어진 거래 자체의 사법상의 법률효과가 부인되는 것은 아니다.

03 다음 중 법인세법상 부당행위계산의 부인에 관한 설명으로 옳지 않은 것은? [104회]

① 내국법인의 행위 또는 소득금액의 계산이 특수관계인과의 거래로 인하여 그 법인의 소득에 대한 조세의 부담을 부당하게 감소시킨 것으로 인정되는 경우에 부당행위계산의 부인을 적용한다.
② 부당행위계산을 적용할 때에는 건전한 사회 통념 및 상거래 관행과 특수관계인이 아닌 자 간의 정상적인 거래에서 적용되거나 적용될 것으로 판단되는 가격을 기준으로 한다.
③ 특수관계인에는 발행주식총수 또는 출자총액의 100분의 1에 미달하는 주식을 소유한 주주 등은 해당하지 않는다.
④ 자산을 시가보다 낮은 가액으로 매입한 경우에도 조세의 부담을 부당하게 감소시킨 것으로 인정된다.

해설
자산을 시가보다 높은 가액으로 매입 또는 현물출자받았거나 그 자산을 과대상각한 경우에 조세의 부담을 부당하게 감소시킨 것으로 인정된다.

정답 01 ② 02 ③ 03 ④

04 다음 중 법인세법상 업무무관가지급금에 대한 설명으로 가장 올바르지 않은 것은? [103회]

① 특수관계인에 대하여 금전을 무상 또는 저율로 대부한 경우에 해당한다.
② 대손충당금 설정 대상 채권에서 제외한다.
③ 인정이자율 계산 시 반드시 당좌대출이자율을 적용하여야 한다.
④ 지급이자 손금불산입 대상이 된다.

해설
금전의 대여 또는 차용의 경우에는 기획재정부령으로 정하는 가중평균차입이자율을 시가로 한다.
※ 다음의 경우에는 해당 구분에 따라 기획재정부령으로 정하는 당좌대출이자율을 시가로 한다.
  ㉠ 가중평균차입이자율의 적용이 불가능한 경우로서 기획재정부령으로 정하는 사유가 있는 경우
  ㉡ 대여기간이 5년을 초과하는 대여금이 있는 경우 등 기획재정부령으로 정하는 경우

05 다음 중 법인세법상 부당행위계산부인에 대한 설명으로 옳지 않은 것은? [98회]

① 금전차입의 경우 가중평균차입이자율의 적용이 불가능한 사유가 있는 경우 해당 대여금 또는 차입금에 한정하여 당좌대출이자율을 적용한다.
② 비출자임원에게 사택을 무상으로 제공하는 경우 부당행위계산부인규정을 적용하지 아니한다.
③ 특수관계자가 아닌 제3자와의 거래인 경우에도 조세부담이 부당하게 감소된 것으로 인정될 시 부당행위계산부인이 적용된다.
④ 부당행위계산의 부인규정은 그 행위 당시를 기준으로 적용한다.

해설
내국법인의 행위 또는 소득금액의 계산이 특수관계인과의 거래로 인하여 그 법인의 소득에 대한 조세의 부담을 부당하게 감소시킨 것으로 인정되는 경우에는 그 법인의 행위 또는 소득금액의 계산과 관계없이 그 법인의 각 사업연도의 소득금액을 계산한다.

06 다음 중 법인세법상 부당행위계산의 유형에 해당하지 않는 것은? [97회]

① 자산을 시가보다 높은 가액으로 매입 또는 현물출자 받았거나 그 자산을 과대상각한 경우
② 무수익 자산을 매입 또는 현물출자 받았거나 그 자산에 대한 비용을 부담한 경우
③ 주주 등이나 출연자가 아닌 임원 및 직원에게 사택을 제공하는 경우
④ 출연금을 대신 부담한 경우

해설
주주 등이나 출연자가 아닌 임원(소액주주등인 임원을 포함한다) 및 직원에게 사택(기획재정부령으로 정하는 임차사택을 포함한다)을 제공하는 경우는 조세의 부담을 부당하게 감소시킨 것으로 인정되는 경우에서 제외한다.

07 다음 자료의 설명을 뜻하는 법인세법상 용어로 적당한 것은? [87회]

> 내국법인의 행위 또는 소득금액의 계산이 특수관계인과의 거래로 인하여 그 법인의 소득에 대한 조세의 부담을 부당하게 감소시킨 것으로 인정되는 경우에는 그 법인의 행위 또는 소득금액의 계산과 관계없이 그 법인의 각 사업연도의 소득금액을 계산한다.

① 부당행위계산의 부인
② 지급이자의 손금불산입
③ 과세표준 계산
④ 청산소득의 계산

08 다음 중 법인세법상 인정이자의 계상대상인 가지급금에 해당하는 것은? [81회]

① 대표자에게 상여처분한 금액에 대한 소득세를 법인이 납부하고 이를 가지급금으로 계상한 금액 (특수관계가 소멸될 때까지의 기간에 상당하는 금액에 한한다)
② 사용인에 대한 월정급여액의 범위 안에서의 일시적인 급료의 가불금
③ 무주택종업원에 대한 국민주택 취득자금 대여액
④ 사용인에 대한 경조사비 또는 학자금(자녀의 학자금을 포함한다)의 대여액

해설
법에 열거되어 있지 않는 무주택종업원에게 대한 국민주택 취득자금 대여액은 가지급금으로 본다.

09 다음 중 법인세법상 부당행위계산부인에 대한 설명으로 틀린 것은? [81회]

① 특수관계인과의 거래에만 적용하는 규정이다.
② 법인의 소득에 대한 조세부담을 부당하게 감소시킨 것으로 인정되는 경우 적용하는 규정이다.
③ 자산을 시가보다 높은 가액으로 매입한 경우는 적용하지 않는다.
④ 자산을 무상 또는 시가보다 낮은 가액으로 양도한 경우 적용한다.

해설
자산을 시가보다 높은 가액으로 매입한 경우 적용한다.

10 다음 중 법인세법상 부당행위계산부인 대상이 되지 아니하는 것은? [78회]

① 출자자로부터 건물을 시가(10억원)에 미달한 가액(5억원)으로 매입한 때
② 출자자에게 자산을 시가(10억원)에 미달한 가액(5억원)으로 양도한 때
③ 출자자로부터 불량자산을 차환하거나 불량채권을 양수한 경우
④ 출자자가 부담하여야 할 출연금을 대신 부담한 경우

해설
특수관계자로부터 부동산을 저가 매입한 경우에는 부당행위계산부인 대상에 해당되지 아니함

정답 07 ① 08 ③ 09 ③ 10 ①

11 다음 중 법인세법상 부당행위계산부인제도의 설명으로 잘못된 것은? [76회]

① 부당행위계산부인이 적용되려면 특수관계자와의 거래이어야 한다.
② 부당행위계산의 부인 규정은 법인의 조세부담을 부당하게 감소시킨 것으로 인정되는 경우에 적용한다.
③ 부당행위계산의 부인 규정은 세법뿐 아니라 사법상의 효과도 부인한다.
④ 부당행위계산부인에 따른 부인금액은 조세범처벌법상 이를 사기 기타 부정한 행위로 인한 포탈세액으로 보지 않는다.

> [해설]
> 부당행위계산부인 규정은 사법상 적법·유효한 것으로서, 세법상의 부인에도 불구하고 여전히 사법상의 그 효력이 유지된다.

12 다음 중 법인세법상 부당행위계산의 부인 규정이 적용되지 않는 경우는? [73회]

① 주주의 주금납입액을 대납한 경우
② 출자임원(지분율 0.1%)에게 무상으로 사택을 제공한 경우
③ 임원에게 주택구입자금을 무상대여한 경우
④ 주주로부터 무수익자산을 현물출자 받은 경우

> [해설]
> 소액주주인 임원의 경우 부당행위계산부인 규정이 적용되지 않는다.

13 법인세법상 부당행위계산부인의 규정이 적용되는 요건으로 틀린 것은? [70회]

① 특수관계자 간의 거래이어야 한다.
② 거래 상대방이 납부할 조세의 증감여부와는 무관하다.
③ 조세회피 의사와는 무관하다.
④ 부당한 행위 및 계산이 있어야 한다.

> [해설]
> 납부할 조세가 감소한 경우이어야 한다.

14 다음 중 법인세법상 부당행위계산부인이 적용되지 않는 경우는? [69회]

① 출연금을 대신 부담한 경우
② 무수익 자산을 매입 또는 현물출자받았거나 그 자산에 대한 비용을 부담한 경우
③ 불량자산을 차환하거나 불량채권을 양수한 경우
④ 자산을 시가보다 낮은 가액으로 매입 또는 현물출자받았거나 그 자산을 과대상각한 경우

해설
시가보다 높은 가액으로 매입 또는 현물출자받았거나 그 자산을 과대상각한 경우

15 다음 중 법인세법상 자산을 처분할 때 손금에 산입되는 양도자산의 세무상 장부가액에 포함되지 않는 것은? [66회]

① 합병으로 인하여 취득한 주식을 양도함에 있어서 합병 당시 과세된 의제배당액
② 외화자산을 처분함에 있어서 해당 자산의 보유기간 중 익금산입된 외화평가이익
③ 보험업법이나 기타 법률에 의하여 평가증한 사실이 있는 유형자산을 처분함에 있어서 법률에 따른 평가차익
④ 특수관계인으로부터 시가보다 높은 가액으로 매입한 자산을 처분함에 있어서 매입 당시 부당행위계산으로 부인되었던 매입가액과 시가와의 차액

해설
부당행위계산의 부인에 의한 시가초과액은 자산의 취득가액에 포함되지 않는다.

16 다음 중 법인세법상 부당행위계산부인의 대상이 되지 않는 경우는? [65회]

① 법인이 특수관계인으로부터 무수익자산을 매입한 경우
② 임원으로부터 골프회원권을 무상으로 양도받은 경우
③ 특수관계인으로부터 자산을 시가보다 높은 가액으로 현물출자받은 경우
④ 지배주주와 특수관계에 있는 출자임원(지분율 0.5%)에게 무상으로 사택을 제공한 경우

해설
법인소득이 감소하지 않으므로, 부당행위계산 대상이 아니다.

정답 14 ④ 15 ④ 16 ②

17 다음은 법인세법상 부당행위계산부인과 관련한 시가에 대한 설명이다. 옳은 것은? [64회]

① 시가란 해당 거래와 유사한 상황에서 법인이 특수관계자와 계속적으로 거래한 가격 또는 특수관계자가 아닌 제3자 간에 일반적으로 거래된 가격이 있는 경우 그 가격을 말한다.
② 시가가 불분명한 경우에는 감정평가법인의 감정가액이 있는 경우 그 가액을 말하며, 감정가액이 2 이상인 경우에는 높은 가액을 시가로 본다.
③ 금전의 대여 또는 차용의 경우에는 당좌대출이자율을 원칙적인 시가로 한다.
④ 상장주식의 시가는 한국거래소에서 거래한 경우에 그 거래일의 한국거래소 최종시세 가액을 말한다.

18 법인세법상 가지급금에 대한 설명이다. 옳지 않은 것은? [61회]

① 일반법인의 가지급금이란 명칭 여하에 불구하고 당해 법인의 업무와 관련이 없는 자금의 대여액을 말한다.
② 가지급금 인정이자의 계산은 가지급금의 적수에 인정이자율을 곱한 후 365로 나누어 계산한다.
③ 동일인에 대한 가지급금 등과 가수금이 함께 있는 경우에는 이를 상계하여 계산하지 않는다.
④ 가지급금이라 하더라도 적정이자를 수령하는 경우에는 인정이자의 계산대상이 되지 않는다.

PART 1 법인세법

과세표준 및 산출세액의 계산

01 과세표준

1 과세표준의 계산산식

```
      각 사업연도 소득금액
(−)        이월결손금
(−)        비과세소득
(−)        소득공제
           과세표준
```

법인세 과세표준은 위의 산식처럼 각 사업연도 소득금액에서 이월결손금·비과세소득·소득공제를 차감한 금액으로 한다.

이때 주의해야 할 것은 법인세 과세표준은 각 사업연도 소득금액의 범위 안에서 ① 이월결손금, ② 비과세소득, ③ 소득공제를 순차적으로 공제하여 계산해야 한다는 것이다. 이때 순차적으로 공제한다는 의미는 공제항목 중 각 사업연도 소득금액이 부족하여 해당 사업연도에 공제되지 않을 경우에 이월결손금만 이월되며, 비과세소득과 소득공제는 해당 사업연도에 공제되지 못할 경우 소멸하여 이월되지 않는다는 의미이다.

2 이월결손금

(1) 결손금과 이월결손금

결손금이란 각 사업연도의 손금총액이 익금총액을 초과하는 경우 당해 금액을 말하며, 이월결손금이란 이러한 결손금이 다음 사업연도로 이월된 경우 당해 금액을 일컫는 용어이다.

현행 법인세법은 원칙적으로 결손금을 다음 사업연도로 이월하여 이월공제하는 방법을 취하고 있으나, 중소기업에 대해서는 예외적으로 소급공제도 허용하고 있다.

다만, 「조세특례제한법」에 따른 중소기업과 회생계획을 이행 중인 기업, 경영정상화계획 이행 중인 기업, 학교법인 등 대통령령으로 정하는 법인을 제외한 내국법인의 경우 이월결손금 공제의 범위는 각 사업연도 소득의 100분의 80으로 한다.

(2) 이월결손금공제

① **규정** : 과세표준 계산상 공제되는 이월결손금의 범위는 각 사업연도 개시일 전 15년(10년^{*주}) 이내 (2009년 1월 1일 전 개시하는 사업연도 발생분은 5년 이내)에 개시한 사업연도에 발생한 세무상 결손금으로서 그 후의 각 사업연도의 과세표준 계산을 할 때 공제되지 않은 금액에 한한다. 이 경우 여러 사업연도에 걸쳐 이월결손금이 있는 경우에는 먼저 발생한 사업연도부터 순차로 공제한다.

*주) 2020년 1월 1일 전에 개시하는 사업연도 발생분은 10년

② **적용 배제** : 법인세 과세표준을 추계결정 또는 추계경정하는 경우에는 이월결손금을 공제하지 아니한다. 다만, 천재지변 등으로 장부 기타 증빙서류가 멸실되어 과세표준을 추계하는 경우에는 그러하지 아니하다.

③ **공제대상 이월결손금의 범위**

구 분	내 용
과세표준 계산상 공제된 것으로 보는 것	• 중소기업이 소급공제받은 결손금 • 자산수증익과 채무면제익으로 충당된 이월결손금 • 채무의 출자전환 시 주식의 시가를 초과하여 발행된 금액으로 충당된 이월결손금
과세표준 계산상 소멸하지 않아 공제할 이월결손금에 포함되는 것	• 추계결정·경정 시 공제되지 아니한 이월결손금 • 주식발행초과금, 감자차익 같은 자본잉여금과 이익준비금·재무구조개선적립금 등으로 보전 또는 충당된 이월결손금

(3) 결손금 소급공제

① **의의 및 환급요건** : 중소기업은 각 사업연도에 세무상 결손금이 발생한 경우 그 결손금을 소급공제하여 감소되는 직전 사업연도 법인세액을 환급받고자 신청할 수 있다. 이를 결손금 소급공제에 따른 환급이라 한다. 법인에 결손금이 발생한 경우로서 다음의 요건을 갖춘 경우에는 이월공제를 하는 대신에 동 결손금을 소급공제함으로써 직전 사업연도 법인세를 환급받을 수 있다.

㉠ 중소기업일 것
㉡ 직전 사업연도에 납부한 법인세액이 있어야 할 것
㉢ 결손금이 발생한 당해 사업연도와 그 직전 사업연도의 법인세 과세표준과 세액을 법정신고기한 내에 각각 신고한 경우일 것

② **환급세액의 계산** : 결손금 소급공제에 의한 환급세액은 다음과 같이 계산된다.

> 환급세액 = Min[㉠, ㉡]
> ㉠ 환급대상세액 = 직전 사업연도의 법인세산출세액 − [직전 사업연도의 과세표준 − 소급공제 결손금액] × 직전 사업연도 법인세율
> ㉡ 환급한도액 = 직전 사업연도의 법인세산출세액 − 직전 사업연도의 공제·감면세액

③ **환급세액의 신청** : 환급을 받고자 하는 법인은 과세표준신고기한까지 납세지 관할 세무서장에게 신청하여야 하며, 이러한 신청을 받은 납세지 관할 세무서장은 지체없이 환급세액을 결정하여 환급하여야 한다.

④ **환급세액의 추징** : 법인세를 환급한 후 결손금이 발생한 사업연도에 대한 법인세의 과세표준과 세액을 경정함으로써 결손금이 감소한 경우에는 환급세액 중 그 감소된 결손금에 상당하는 세액과 이자상당액을 당해 결손금이 발생한 사업연도의 법인세로서 추징한다.

㉠ 추징세액의 계산 : 결손금 감소분에 대한 추징세액은 다음과 같이 계산한다.

$$\text{결손금 감소분에 대한 추징세액} = \text{당초환급세액} \times \frac{\text{결손금 감소액}}{\text{소급공제 결손금액}}$$

㉡ 이자상당액의 계산 : 이자상당액은 다음과 같이 계산한 금액으로 한다. 이 경우 기간은 당초 환급세액 통지일의 다음 날부터 추징세액 고지일까지의 일수로 한다.

$$\text{이자상당액} = \text{환급취소세액} \times \text{기간} \times \frac{2.2}{10,000}$$

단, 납세자가 법인세액을 과다하게 환급받은 데 정당한 사유가 있는 때에는 국세환급금 가산금 이자율을 적용한다.

3 비과세소득

비과세소득이란 정책적인 목적 등을 위해 국가가 과세권을 포기한 소득을 말한다. 현행 법인세법상 비과세소득은 공익신탁의 신탁재산에서 생기는 소득만 규정하고 있다.

4 소득공제

소득공제란 이중과세의 조정 및 조세정책적 목적으로 비과세소득과 함께 과세표준 계산상 공제해 줌으로써 세부담을 경감시켜주는 제도를 말한다. 이러한 소득공제는 법인세법과 조세특례제한법에 규정되어 있다.

(1) 법인세법상 소득공제

다음에 해당하는 내국법인이 배당가능이익의 90% 이상을 배당한 경우 동 금액은 당해 사업연도의 소득금액에서 이를 공제한다.

$$\text{소득공제액} = \text{배당한 금액} \geq \text{배당가능이익} \times 90\%$$

여기서 '배당가능이익'이란 다음과 같다.

$$\text{배당가능이익} = \text{기업회계기준상 당기순이익} + \text{이월이익잉여금} - \text{이월결손금} - \text{적립한 이익준비금}$$

이 경우 당기순이익, 이월이익잉여금 및 이월결손금 중 유가증권평가에 따른 손익을 제외하되 투자회사 등의 집합투자재산의 평가손익에 대하여는 그러하지 아니하다.

① 자산유동화에 관한 법률에 따른 유동화전문회사
② 자본시장과 금융투자업에 관한 법률에 따른 투자회사, 투자목적회사, 투자유한회사 및 투자합자회사
③ 기업구조조정투자회사법에 따른 기업구조조정투자회사
④ 부동산투자회사법에 따른 기업구조조정부동산투자회사 및 위탁관리부동산투자회사
⑤ 선박투자회사법에 따른 선박투자회사
⑥ 임대주택법에 따른 특수목적법인
⑦ 문화산업진흥기본법에 따른 문화산업전문회사
⑧ 해외자원개발사업법에 따른 해외자원개발투자회사 및 해외자원개발투자전문회사
⑨ 위 ① ~ ⑧과 유사한 투자회사로서 법소정 요건을 갖춘 법인

(2) 조세특례제한법상 소득공제

조세특례제한법상 소득공제의 유형은 다음과 같다.
① 자기관리 부동산투자회사에 대한 소득공제
② 고용유지중소기업에 대한 소득공제

02 산출세액

1 각 사업연도 소득에 대한 일반적인 법인세 산출세액

(1) 계산구조

각 사업연도 소득에 대한 법인세 산출세액의 계산구조는 다음과 같다.

　　　　과세표준
(×)　　세　율 → 2억원 이하 9%, 200억원 이하 19%, 3,000억원 이하 21%, 3,000억원 초과 24%
　　　　산출세액 → 토지 등 양도소득에 대한 법인세 포함

(2) 세 율

법인세법상 각 사업연도 소득에 대한 법인세 산출세액 계산 시 적용되는 세율은 4단계 초과누진세율이며, 이를 정리하면 다음과 같다.

과세표준	세 율
2억원 이하	과세표준금액의 9%
200억원 이하	18,000,000원 + 2억원을 초과하는 금액의 19%
3,000억원 이하	3,780,000,000원 + 200억원을 초과하는 금액의 21%
3,000억원 초과	62,580,000,000원 + 3,000억원을 초과하는 금액의 24%

(3) 사업연도가 1년 미만인 경우

법인의 사업연도가 1년 미만인 경우에는 다음 산식에 의하여 계산된 세액을 산출세액으로 한다.

구 분	세 율
산 식	산출세액 = [(과세표준 × $\dfrac{12}{\text{사업연도 월수}}$) × 세율] × $\dfrac{\text{사업연도 월수}}{12}$
월수 계산	월수는 역에 따라 계산하되, 1월 미만의 일수는 1월로 한다.
사 례	① 사업연도 : 7월 23일부터 12월 31일까지 ② 과세표준 : 180,000,000원 ③ 산출세액 : [(180,000,000원 × $\dfrac{12}{6}$) × 세율] × $\dfrac{6}{12}$ = 24,200,000원

2 토지 등 양도소득에 대한 법인세

(1) 과세대상 및 비과세

① 과세대상 : 법인이 다음에 해당하는 토지 및 건물을 양도한 경우에는 그 양도소득에 일정세율을 곱하여 산출한 세액을 일반법인세액에 추가하여 납부하여야 한다.

> 토지 등 양도소득에 대한 법인세 = 토지 등 양도소득 × 10(20, 40)%

토지 등 양도소득에 대한 법인세 과세대상을 살펴보면 다음과 같다.

토지 등의 범위	토지 등 양도소득에 대한 법인세	
	일반 토지 등	미등기 토지 등
주택[주1](부수토지 포함) 및 별장	양도소득 × 20%	양도소득 × 40%
주택을 취득하기 위한 권리(입주권, 분양권)	양도소득 × 20%	–
비사업용 토지[주2]	양도소득 × 10%	양도소득 × 40%

*주1) 과세되는 주택에서 제외되는 경우는 다음과 같다.
  - 공공지원 민간임대주택(10년형)
  - 장기일반 민간임대주택(10년형, 건설형)
  - 단기일반 민간임대주택(6년형, 건설형)

*주2) 비사업용 토지 : 다음에 해당하는 토지를 양도한 경우에는 당해 양도로 인하여 발생한 소득(= 토지 등 양도소득)을 과세대상으로 한다. 2009년 3월 16일 ~ 2012년 12월 31일 구입분은 과세 제외
  - 전·답 및 과수원으로서 농업을 주업으로 하지 아니하는 법인이 소유하는 토지
  - 보안림·채종림 등을 제외한 임야
  - 축산업을 주업으로 하는 법인이 소유하는 목장용지 중 기준면적을 초과하는 토지 등

② 비과세 : 다음에 해당하는 토지 등 양도소득에 대하여는 과세대상에서 제외한다. 그러나 미등기 토지 등[주]에 대하여는 그러하지 아니하다.

*주) 미등기 토지 등 : 위에서 '미등기 토지 등'이라 함은 토지 등을 취득한 법인이 그 취득에 관한 등기를 하지 아니하고 양도하는 토지 등을 말한다.
다만, 다음에 해당하는 토지 등은 '미등기 토지 등'으로 보지 아니한다.
  - 장기할부조건으로 취득한 토지 등으로서 그 계약조건에 의하여 양도 당시 그 토지 등의 취득등기가 불가능한 토지 등
  - 법률 규정·법원의 처분에 의하여 양도 당시 취득에 관한 등기가 불가능한 토지 등
  - 비과세대상인 교환 또는 분합되는 토지

㉠ 파산선고에 의한 토지 등의 처분으로 인하여 발생하는 소득
㉡ 법인이 직접 경작하던 농지로서 농지의 교환 또는 분합으로 인하여 발생하는 소득

ⓒ 도시개발법 기타 법률의 규정에 의한 환지처분으로 지목 또는 지번이 변경되거나 체비지로 충당됨으로써 발생하는 소득
ⓓ 법정요건을 갖춘 분할·현물출자·조직변경 및 교환으로 인하여 발생하는 소득
ⓔ 주택을 신축하여 판매(임대주택법에 의한 건설임대주택을 동법에 의하여 분양하는 경우 포함)하는 법인이 그 주택 및 주택부수토지를 양도함으로써 발생하는 소득 등
ⓕ 그 밖에 공공목적을 위한 양도 등 기획재정부령으로 정하는 사유로 인하여 발생하는 소득

(2) 토지 등 양도소득의 계산

① 토지 등 양도소득의 계산산식 : 토지 등 양도소득의 계산산식은 다음과 같다. 다만, 소득세법상 양도소득 계산방식과는 다르게 양도시 양도비용을 차감하지 않는다는 점에 주의해야 한다.

```
     양도가액
(−)  장부가액    → 양도 당시의 세무상 장부가액
     양도소득    (= 과세표준)
```

② 2 이상의 토지 등을 양도한 경우 : 법인이 각 사업연도에 2 이상의 토지 등을 양도한 경우에 토지 등 양도소득은 해당 사업연도에 양도한 자산별로 계산한 금액을 합산한 금액으로 한다. 양도한 자산 중 양도 당시의 장부가액이 양도금액을 초과하는 토지 등이 있는 경우, 그 초과하는 금액(양도차손)을 다음의 양도소득에서 순차로 차감하여 토지 등 양도소득을 계산한다.
㉠ 양도차손이 발생한 자산과 같은 세율을 적용받는 자산의 양도소득
㉡ 양도차손이 발생한 자산과 다른 세율을 적용받는 자산의 양도소득

(3) 토지 등 양도소득의 귀속시기

① 토지 등 양도소득의 귀속시기는 아래의 예약매출을 제외하고는 원칙적으로 대금청산일, 소유권이전 등기·등록일, 인도일·사용수익일 중 빠른 날로 한다.
② 예약매출 시에는 그 계약일에 토지 등이 양도된 것으로 본다. 이 경우의 토지 등 양도소득은 작업진행률을 기준으로 하여 계산한 수익과 비용 중 지가급등지역에 포함되는 기간에 상응하는 수익과 비용을 각각 해당 사업연도의 익금과 손금으로 하여 계산한다.

(4) 토지 등 양도소득에 대한 법인세액의 계산

토지 등 양도소득에 대한 법인세는 과세표준(= 토지 등 양도소득)에 다음 세율을 적용하여 계산한다.

구 분	세 율	
	일반기업	미등기토지 등
법 소정 주택	20%	40%
비사업용 토지	10%	40%
입주권, 분양권	20%	

3 성실신고확인대상 소규모 법인에 대한 법인세

(1) 요 건

다음 ① ~ ③의 요건을 모두 충족하는 법인을 성실신고확인대상 소규모 법인이라 말한다.
① 지배주주 및 특수관계자 지분합계가 전체의 50% 초과인 경우
② 부동산임대업 법인 또는 이자·배당·부동산임대 소득이 수입금액의 50% 이상인 경우
③ 해당 사업연도의 상시근로자 수가 5인 미만인 경우

(2) 세 율

성실신고확인대상 소규모 법인은 다음과 같은 과세표준 구간별 세율을 적용한다.

과세표준	세 율
200억원 이하	19%
200억원 초과 ~ 3,000억원 이하	3,800,000,000원 + 200억원을 초과하는 금액의 21%
3,000억원 초과	62,600,000,000원 + 3,000억원을 초과하는 금액의 24%

제17장 단원별 기출문제

01 다음 중 법인세법상 과세표준에 대한 설명으로 옳지 않은 것은? [106회]

① 과세표준은 각 사업연도 소득금액에서 이월결손금, 비과세소득, 소득공제액을 차례로 공제한 금액으로 한다.
② 비과세소득은 이월공제가 되지 아니한다.
③ 일정 요건을 충족한 중소기업의 경우 과세표준 계산 시 공제되지 아니한 소득공제액의 소급공제가 가능하다.
④ 비과세소득에는 공익신탁의 신탁재산에서 생기는 소득이 있다.

해설
법인세법상 소득공제는 이월공제 및 소급공제를 허용하고 있지 않다.

02 다음 중 법인세법상 과세표준에 관한 내용으로 가장 옳지 않은 것은? [105회]

① 소득금액에서 공제되는 각종 공제액은 이월결손금·비과세소득·소득공제액을 순차로 공제한 금액이 된다.
② 소득공제액이 소득금액을 초과하는 경우 다음 사업연도 이후로 이월하여 공제한다.
③ 이월결손금은 공제 기한 내에 임의로 선택하여 공제받을 수 없다.
④ 이월결손금의 발생연도가 2 이상인 때에는 먼저 발생한 사업연도의 결손금부터 차례대로 공제한다.

해설
비과세소득과 소득공제액은 소득금액의 범위 안에서만 공제하게 되며 이를 초과하는 공제액은 소멸한다.

03 다음 중 법인세 과세표준과 산출세액의 계산에 관한 설명으로 가장 틀린 것은? [101회]

① 비과세소득과 소득공제는 이월공제가 가능하다.
② 법인이 양도하는 별장에 대하여는 토지 등 양도소득에 대한 법인세를 과세한다.
③ 자산수증이익으로 충당된 이월결손금은 각 사업연도 과세표준 계산에 있어서 공제받을 수 없다.
④ 15년(2020년 1월 1일 전에 개시하는 사업연도에 발생한 결손금은 10년) 이내 사업연도에서 발생한 결손금은 과세표준계산 시 공제한다.

해설
비과세소득과 소득공제는 이월공제되지 아니한다.

정답 01 ③ 02 ② 03 ①

04 다음 중 법인세법상 이월결손금에 대한 설명으로 잘못된 것은? [98회]

① 중소기업의 경우 각 사업연도 소득의 100분의 80을 한도로 공제할 수 있다.
② 결손금공제 중 이월공제는 신청을 요건으로 하지 않는다.
③ 무상으로 받은 자산의 가액으로 충당하여 보전할 수 있는 이월결손금은 발생시점에 제한이 없다.
④ 이월결손금은 먼저 발생한 사업연도의 이월결손금부터 순차로 공제한다.

해설
중소기업은 100분의 100을 한도로 한다.

05 다음 중 법인세법상 결손금의 소급공제에 따른 환급제도에 관한 설명으로 옳지 않은 것은? [97회]

① 해당 사업연도에 발생한 결손금은 직전 사업연도의 과세표준을 한도로 차감한다.
② 소급공제에 따른 환급신청을 하지 않은 경우에는 소급공제를 적용하지 아니한다.
③ 과세표준신고기한 내에 결손금이 발생한 사업연도와 환급대상 사업연도의 소득에 대한 법인세 과세표준 및 세액을 각각 신고한 경우에만 적용한다.
④ 세무상 결손금이 발생한 법인은 결손금의 소급공제만 적용받을 수 있다.

해설
1사업연도에서 발생한 결손금을 이월공제하도록 하고 있으나, 중소기업에 한하여 신청에 의한 결손금의 소급공제를 허용하고 있다.

06 다음 중 법인세법상 과세표준의 계산에 대한 설명으로 옳지 않은 것은? [95회]

① 각 사업연도소득금액에서 이월결손금, 비과세소득, 소득공제의 순서로 차감하여 과세표준을 계산한다.
② 결손금 소급공제 한도인 직전 사업연도 법인세액에는 가산세 및 토지등 양도소득에 대한 법인세를 포함한다.
③ 천재지변 등으로 장부나 그 밖의 증명서류가 멸실되어 과세표준과 세액을 추계결정하는 경우 이월결손금 공제가 적용된다.
④ 소급공제받은 결손금은 법인세의 과세표준을 계산함에 있어 이미 공제받은 결손금으로 본다.

해설
결손금 소급공제 한도인 직전 사업연도 법인세액에 가산세 및 토지 등 양도소득에 대한 법인세는 제외한다.

정답 04 ① 05 ④ 06 ②

07 법인세법상 결손금에 대한 설명이다. 가장 옳지 않은 것은? [93회]

① 결손금 소급공제는 중소기업에 한하여 적용가능하다.
② 결손금이 발생한 과세기간의 종료일로부터 15년 이내에 이월결손금공제를 할 수 있다.
③ 천재지변으로 장부나 그 밖의 증명서류가 멸실되어 추계하는 경우에는 결손금이월공제를 적용한다.
④ 중소기업의 경우 각 사업연도 소득금액의 80%를 한도로 결손금을 이월공제한다.

해설
중소기업과 회생계획을 이행 중인 기업 등의 경우는 100분의 100을 한도로 한다.

08 법인세법상 과세표준의 계산에 관한 설명이다. 옳은 것은? [91회]

① 중소기업이 전기 사업연도에 대한 법인세 과세표준과 세액을 신고기한 내에 신고하고, 결손금이 발생한 당기 사업연도에 대한 법인세 과세표준과 세액은 기한 후 신고한 경우 결손금 소급공제를 받을 수 있다.
② 결손금 소급공제 한도인 직전 사업연도법인세액은 가산세를 포함하며 토지 등 양도소득에 대한 법인세는 제외한다.
③ 천재지변 등으로 장부나 그 밖의 증명서류가 멸실되어 과세표준과 세액을 추계결정하는 경우 결손금이월공제가 적용된다.
④ 각 사업연도 소득금액에서 비과세소득, 소득공제, 이월결손금의 순서로 차감하여 과세표준을 계산한다.

해설
③ 법인세의 과세표준과 세액을 추계결정하는 경우 결손금 이월공제를 적용하지 않으나 천재지변 기타 불가항력으로 장부나 그 밖의 증명서류가 멸실되어 추계하는 경우에는 결손금이월공제를 적용한다.
① 법인세 과세표준과 세액의 신고기한 내에 결손금이 발생한 사업연도와 그 직전 사업연도 소득에 대한 법인세 과세표준과 세액을 각각 신고한 경우에 결손금 소급공제를 적용받을 수 있다.
② 결손금 소급공제 한도인 직전 사업연도 법인세 납부세액은 가산세와 감면분 추가납부세액, 토지 등 양도소득에 대한 법인세를 제외한다.
④ 법인세 과세표준은 각 사업연도 소득금액에서 이월결손금, 비과세소득, 소득공제의 순서로 차감하여 계산한다.

09 법인세법상 결손금에 대한 설명으로 옳지 않은 것은? [90회]

① 중소기업의 경우 당해 연도 소득의 100%를 이월결손금(10년 이내 발생분)으로 공제할 수 있다.
② 중소기업의 경우 결손금 소급공제가 가능하다.
③ 자산수증이익으로 충당된 이월결손금은 각 사업연도 과세표준을 계산할 때 공제된 것으로 본다.
④ 이월결손금은 최근에 발생한 사업연도의 결손금부터 공제한다.

해설
이월결손금은 먼저 발생한 사업연도의 결손금부터 순차로 공제한다.

07 ④　08 ③　09 ④ **정답**

10 다음 중 법인세법상 각 사업연도의 소득에 대한 법인세 산출세액에서 기납부세액으로 공제하는 금액이 아닌 것은? [89회]

① 해당 사업연도의 이월결손금
② 해당 사업연도의 중간예납세액
③ 해당 사업연도의 수시부과세액
④ 해당 사업연도에 원천징수세액

해설
이월결손금은 각 사업연도 소득에서 공제한다.

11 법인세법상 각 사업연도 소득에 대한 설명으로 가장 옳지 않은 것은? [87회]

① 내국법인의 각 사업연도의 소득은 그 사업연도에 속하는 익금의 총액에서 그 사업연도에 속하는 손금의 총액을 뺀 금액으로 한다.
② 내국법인의 각 사업연도의 결손금은 그 사업연도에 속하는 손금의 총액이 그 사업연도에 속하는 익금의 총액을 초과하는 경우에 그 초과하는 금액으로 한다.
③ 내국법인의 이월결손금은 각 사업연도의 개시일 전 발생한 각 사업연도의 결손금으로서 그 후의 각 사업연도의 과세표준을 계산할 때 공제되지 아니한 금액으로 한다.
④ 모든 내국법인은 각 사업연도의 소득에서 결손금이 발생하는 경우 직전 사업연도의 소득에서 소급공제를 신청할 수 있다.

해설
중소기업에 해당하는 내국법인이 소급공제에 따른 환급을 신청할 수 있다.

12 다음 중 법인세 과세표준 및 세액을 경정하는 사유로 알맞지 않은 것은? [85회]

① 지급명세서, 매출·매입처별 계산서합계표의 전부 또는 일부를 제출하지 아니한 경우
② 신고내용에 오류 또는 누락이 있는 경우
③ 신용카드가맹점 가입 대상자로 지정받은 법인이 정당한 사유로 인해 신용카드가맹점으로 가입하지 않은 경우
④ 현금영수증가맹점이 정당한 사유 없이 현금영수증의 발급을 거부하거나 사실과 다르게 발급한 경우

13 내국법인의 각 사업연도의 소득에 대한 법인세의 과세표준은 각 사업연도의 소득의 범위에서 (가), (나), (다)을(를) 차례로 공제한 금액으로 한다. 순서대로 나열한 것으로 옳은 것은? [84회]

> 각 사업연도 소득 − (가) − (나) − (다) = 과세표준

① (가) 비과세 소득　　(나) 가산세　　(다) 이월결손금
② (가) 이월결손금　　(나) 소득공제액　　(다) 세액공제액
③ (가) 이월결손금　　(나) 비과세소득　　(다) 소득공제액
④ (가) 소득공제액　　(나) 비과세소득　　(다) 세액공제액

14 다음 중 법인세법상 과세표준 계산 시 이월결손금 공제가 가능한 경우는? [83회]

① 자산수증이익·채무면제이익에 충당된 이월결손금
② 결손금소급공제 적용받은 결손금
③ 특정기업이 출자전환 채무면제이익으로 출자전환 이후 사업연도에 발생하는 결손금의 보전에 충당한 경우
④ 천재지변 등의 사유로 과세표준을 추계결정·경정하는 때

> **해설**
> 법인세 과세표준을 추계결정·경정하는 경우에는 이월결손금 공제규정을 적용하지 않는다. 다만, 천재지변 등으로 장부나 그 밖의 증빙서류가 멸실되어 추계하는 경우에는 그렇지 않다.

15 다음 중 법인세법상 과세표준의 계산에 대한 설명으로 가장 틀린 것은? [82회]

① 과세표준계산상 공제대상이 되는 결손금은 재무상태표상의 결손금으로 한다.
② 비과세소득은 특별한 절차 없이 비과세한다.
③ 각 사업연도에서 공제되는 ㉠ 이월결손금, ㉡ 비과세소득, ㉢ 소득공제액은 반드시 순서를 지켜 순차적으로 공제하여야 한다.
④ 소급공제 결손금액은 당해 사업연도의 결손금으로서 소급공제를 받고자하는 금액을 말하며, 직전 사업연도의 과세표준을 한도로 한다.

> **해설**
> 각 사업연도 소득에 대한 법인세 과세표준 계산 시 공제하는 이월결손금은 당해 사업연도의 개시일 전 15년이내에 개시한 사업연도에서 발생한 세무계산상 결손금이다.

16 다음 자료에서 법인세법상 각 사업연도 소득금액을 계산하면 얼마인가? [81회]

- 결산서상 당기순이익 : 1,000,000원
- 기업업무추진비 한도초과액 : 400,000원
- 퇴직급여충당금 한도초과액 : 100,000원
- 일반기부금 한도초과액 : 300,000원
- 이월결손금 : 100,000원

① 1,700,000원 ② 1,800,000원
③ 1,900,000원 ④ 2,000,000원

해설
1,000,000원 + 400,000원 + 100,000원 + 300,000원 = 1,800,000원

17 다음 중 법인세법상 결손금 및 이월결손금에 대한 설명으로 옳지 않은 것은? [81회]

① 중소기업의 공제대상 이월결손금은 각 사업연도 소득금액의 100% 범위 내에서 공제한다.
② 채무면제이익은 결손금의 발생연도에 관계없이 과세표준 계산상 공제되지 아니한 이월결손금에 충당할 수 있다.
③ 자산수증이익은 10년이 경과한 이월결손금의 보전에는 충당할 수 없다.
④ 세무계산상 결손금이 채무면제이익으로 충당되는 경우 결손금이 공제된 것으로 보아 소멸된다.

18 다음 중 법인세법상 결손금 소급공제 요건에 관한 설명으로 가장 틀린 것은? [80회]

① 직전 사업연도의 법인세액이 있는 법인이어야 한다.
② 조세특례제한법 시행령 제2조 규정에 의한 중소기업에 해당하는 법인이어야 한다.
③ 결손금이 발생한 사업연도의 법인세 과세표준 신고기한까지 소급공제에 의한 환급신청을 하여야 한다.
④ 결손금 소급공제는 경정청구로도 가능하다.

해설
결손금 소급공제는 경정청구로는 불가능하다.

정답 16 ② 17 ③ 18 ④

19 다음 법인세법상 결손금 소급공제에 대한 설명 중 옳지 않은 것은? [79회]

① 모든 내국법인은 각 사업연도에 결손금이 발생한 경우, 그 결손금에 대하여 직전 사업연도의 소득에 대하여 과세된 법인세액을 한도로 환급을 신청할 수 있다.
② 결손금 소급공제를 받으려는 법인은 신고기한까지 납세지 관할 세무서장에 신청하여야 한다.
③ 납세지 관할 세무서장은 신청을 받으면 지체없이 환급세액을 결정하여 환급하여야 한다.
④ 결손금이 발생한 사업연도의 직전 사업연도에 대한 법인세의 과세표준과 세액을 경정함으로써 환급세액이 감소된 경우, 납세지 관할 세무서장은 환급세액에 이자상당액을 가산한 금액을 해당 결손금이 발생한 사업연도의 법인세로 추징한다.

20 다음은 법인세법상 영리내국법인의 법인세 계산구조를 나열한 것이다. 가장 틀린 것은? [77회]

① 차감납부할 세액 = 산출세액 - 공제감면세액 + 가산세 - 기납부세액 + 감면분 추가납부세액
② 과세표준 = 각 사업연도 소득금액 - 공제가능 이월결손금 - 비과세소득 - 소득공제
③ 각 사업연도 소득 = 당기순이익 + 익금산입 - 손금불산입 - 기부금 한도초과액
④ 산출세액합계 = 각 사업연도 소득의 과세표준 × 법인세율 + 토지 등 양도소득에 대한 법인세 + 미환류소득에 대한 법인세

해설
각 사업연도 소득 = 당기순이익 + 익금산입 - 손금산입 + 기부금 한도초과액 - 기부금 한도초과이월액 손금산입

19 ① 20 ③ **정답**

PART 1 법인세법
차감납부세액

01 차감납부세액의 계산구조

법인세 차감납부세액의 계산구조를 요약하면 다음과 같다.

```
            산출세액     → 토지 등 양도소득에 대한 법인세 포함
    (-)    세액감면
    (-)    세액공제
    (+)    가산세
    (+)  감면추가납부세액
            총부담세액
    (-)    기납부세액    → 중간예납세액, 원천징수세액, 수시부과세액
          차감납부할세액
    (-)   경정세액공제   → 사실과 다른 회계처리에 기인한 경정세액공제
          차감납부세액   → 각 사업연도 종료일이 속하는 달의 말일부터 3월 이내 자진신고·납부
```

02 세액감면

1 의 의

현행법상 세액감면제도란 일정 소득에 대해 사후적으로 세금을 완전히 면제해 주거나 일정한 비율만큼 경감해 주는 것을 말한다.

2 세액감면의 종류

현행 법인세법상 세액감면은 없으나 조세특례제한법은 다양한 세액감면을 규정하고 있는데 이것은 다음과 같이 구분된다.

구 분	내 용
일반감면	감면대상소득이 발생하면 시기에 제한없이 감면한다. 예 중소기업특별세액감면, 기술이전소득에 대한 감면 등
기간감면	감면대상소득 최초 발생연도와 그 다음 과세연도 3년 동안 법인세의 50%(또는 100%)를 감면한다. 예 창업중소기업 등에 대한 세액감면, 외국인투자기업에 대한 세액감면 등

(1) 일반감면(기간제한 없이 적용되는 감면)

구 분	대 상	감면률	감면한도 등
중소기업에 대한 특별세액 감면	제조업 등 48개 업종을 영위하는 중소기업으로서 당해 사업에서 발생한 소득	• 수도권 외 도매업 등의 중기업 : 5% • 도매업 등의 소기업 : 10% • 수도권 외 제조업 등의 중기업 : 15% • 수도권 내 제조업 등의 소기업 : 20% • 수도권 외 제조업 등의 소기업 : 30% • 일정요건 만족하는 '성실중소기업' : 위 감면 비율에 1.1을 곱한 감면 비율	• 감면한도 : 1억(고용인원 감소시 1인당 500만원 한도 축소) • 고용증대세제와 사회보험료 세액공제와 중복적용 허용
기타의 세액감면	① 공공차관 도입에 따른 세액감면(조특법 제20조) ② 국제금융거래에 따른 이자소득 등에 대한 세액감면(조특법 제21조) ③ 해외자원개발투자 배당소득에 대한 세액감면(조특법 제22조) ④ 영농조합법인에 대한 세액감면(조특법 제66조 제1항) ⑤ 영어조합법인에 대한 세액감면(조특법 제67조 제1항) ⑥ 산림개발소득에 대한 세액감면(조특법 제102조)		

(2) 기간제한 감면(일정기간만 적용되는 감면)

구 분	대 상	감면내용
창업중소기업 등에 대한 세액감면	수도권 과밀억제권역 외의 지역에서 창업한 중소기업, 창업보육센터 사업자로 지정받은 법인, 창업벤처중소기업, 에너지신기술중소기업	최초로 소득이 발생한 사업연도와 그 후 4년간 50%$^{*주)}$ 감면 *주) 신성장서비스업종 감면율 : 75%, 50%
기타의 세액감면	① 연구개발특구에 입주하는 첨단기술기업 등에 대한 세액감면(조특법 제12조의2) ② 공장 및 본사의 수도권 외의 지역으로의 이전에 대한 임시특별세액감면(조특법 제63조의2) ③ 농공단지입주기업 등에 대한 세액감면(조특법 제64조) ④ 농업회사법인에 대한 세액감면(조특법 제68조 제1항) ⑤ 사회적기업에 대한 세액감면(조특법 제85조의6) ⑥ 제주특별자치도 입주기업에 대한 세액감면(조특법 제121조의8)	

3 감면세액의 계산

(1) 감면세액의 산식

내국법인의 감면소득에 대한 법인세 감면세액은 다른 법률에 특별한 규정이 있는 경우를 제외하고는 다음과 같이 계산한다.

$$\text{감면세액} = \text{법인세 산출세액} \times \frac{\text{감면소득}}{\text{과세표준}}(100\% \text{ 한도}) \times \text{감면비율}$$

① 법인세 산출세액 : 법인세 산출세액은 가산세와 토지 등 양도소득에 대한 법인세를 제외한 금액으로 한다.
② 감면소득 : 법인세 과세표준 계산 시 각 사업연도 소득금액에서 공제한 이월결손금・비과세소득・소득공제액이 있는 경우에는 다음의 금액을 차감한 금액을 감면소득으로 한다.

㉠ 공제액 등이 감면사업 또는 면제사업에서 발생한 경우 : 공제액 전액
㉡ 공제액 등이 감면사업 또는 면제사업에서 발생하였는지 여부가 불분명한 경우 : 공제액 등을 소득금액에 비례하여 안분계산한 금액

4 감면규정 간의 중복적용 배제

동일한 사업장에 대하여 동일한 사업연도에 다음의 감면(공제) 중 둘 이상이 적용될 수 있는 경우에는 그중 하나만을 선택하여 적용받을 수 있다.
① 기간제한 감면
② 중소기업 특별세액감면
③ 외국인투자기업에 대한 세액감면
④ 창업중소기업 세액감면과 통합고용세액공제

03 세액공제

1 세액공제의 개요와 종류

(1) 세액공제의 종류

세액공제란 산출세액에서 일정액을 공제하는 것을 말한다. 현행세법상 세액공제제도는 법인세법과 조세특례제한법에 규정되어 있는데, 이를 분류하면 다음과 같다.

구 분	법인세법상 세액공제	조세특례제한법상 세액공제
종 류	① 외국납부세액공제 ② 재해손실세액공제 ③ 농업소득세액공제 ④ 사실과 다른 회계처리에 기인한 경정세액공제	① 연구・인력개발비세액공제 ② 각종 투자세액공제 ③ 기업의 어음제도 개선을 위한 세액공제 ④ 특허권 등의 취득에 대한 세액공제 ⑤ 전자신고에 대한 세액공제 ⑥ 지급명세서에 대한 세액공제 ⑦ 제3자 물류비용에 대한 세액공제
이월공제	① 외국납부세액공제 : 10년 ② 재해손실세액공제 : 없음 ③ 농업소득세액공제 : 없음 ④ 사실과 다른 회계처리에 기인한 경정세액공제 : 5년	조세특례제한법상 세액공제는 10년간 이월공제
최저한세	–	• 적용 : 연구・인력개발비세액공제(중소기업은 전액, 일반기업은 석・박사 핵심연구인력 인건비분)와 지급명세서에 대한 세액공제는 최저한세 적용대상이 아님

(2) 세액공제와 세액감면의 적용순서

세액공제와 세액감면은 산출세액(토지 등 양도소득에 대한 법인세 및 가산세 제외)을 한도로 적용하며, 세액공제와 세액감면이 동시에 적용되는 경우에는 다음 순서에 따라 적용한다.

> ① 세액감면
> ② 이월공제가 인정되지 아니하는 세액공제
> ③ 이월공제가 인정되는 세액공제
> ④ 사실과 다른 회계처리에 기인한 경정세액공제

2 외국납부세액공제

(1) 외국납부세액공제의 개요

내국법인은 국내외 원천소득을 불문하고 전 세계에서 발생한 소득에 대해 우리나라 법인세의 납세의무를 진다. 따라서 영리내국법인의 경우 국외원천소득에 대해서도 해당 국가 법인세를 과세 당하므로 당해 법인이 국외원천소득에 대한 외국납부세액이 있는 경우에는 국가 간의 이중과세문제가 발생한다. 현재 우리나라에서는 이런 국제적 이중과세를 조정하기 위하여 다음 중 세액공제 방법만 인정하고 있다.
① 세액공제 방법 : 외국납부세액공제규정을 적용받아 산출세액에서 공제받는 방법
② 손금산입 방법 : 외국납부세액을 각 사업연도 소득금액 계산 시 손금산입하는 방법

(2) 외국납부세액의 범위

① **직접외국납부세액(해당 내국법인 자신이 납부한 외국법인세액)** : 직접외국납부세액이란 법인의 국외원천소득에 대하여 외국정부에 의하여 과세된 다음의 세액(가산세 및 가산금은 제외)을 말한다. 이러한 직접외국납부세액을 당해 내국법인이 국외에서 실제로 납부한 세액이므로 조세조약의 체결 여부와 관계없이 무조건 적용대상이 된다.
　㉠ 초과이윤세 및 기타 법인의 소득을 과세표준으로 하여 과세된 세액
　㉡ 법인의 소득을 과세표준으로 하여 과세된 세액의 부가세액
　㉢ 법인의 소득 등을 과세표준으로 하여 과세된 세액과 동일한 세목에 해당하는 것으로서 소득 외의 수입금액 등을 과세표준으로 하여 과세된 세액
② **의제외국납부세액** : 국외원천소득이 있는 법인이 조세조약의 상대국에서 당해 국외원천소득에 대하여 감면받는 법인세 상당액은 당해 조세조약이 정하는 범위 안에서 외국납부세액으로 본다. 이를 의제외국납부세액 또는 간주외국납부세액이라고도 하며, 그 취지는 개발도상국이 자기나라 경제발전을 위해 우리나라 법인의 국외사업장에 대해 법인세를 감면한 경우 그 개발도상국의 법인세 감면효과를 우리나라 법인세 과세에서도 그대로 유지하도록 하기 위함이다.

③ 간접외국납부세액(외국자회사가 납부한 외국법인세액) : 내국법인의 각 사업연도의 소득금액에 외국에 있는 자회사로부터 받는 수입배당금액이 포함되어 있는 경우에 세액공제되는 외국법인세액으로 본다. 내국법인이 해외로 진출하는 방식은 지점형태로 진출하는 방식과 법인설립을 통한 자회사의 형태로 진출하는 방식이 있는데, 이 중 자회사의 형태로 진출한 경우에는 당해 외국자회사가 납부한 법인세 중 내국법인이 수령한 배당금에 대한 법인세 상당액을 계산한 후 동 금액을 내국법인이 납부한 것으로 보아 국가 간 이중과세를 조정하게 되는 것이다. 한편, 간접납부 외국법인세액은 익금으로 간주하여 각 사업연도 소득금액에 합산한다. 이것의 취지는 본래 수입배당금액은 외국자회사의 외국법인세가 차감된 후의 금액인데, 이것을 그 법인세가 차감되기 전의 상태로 복귀시켜 우리나라 법인세를 계산한 후 외국자회사의 법인세를 세액공제해 주어야 외국법인세의 과세효과가 완전히 취소될 수 있다. 간접외국납부세액을 익금으로 간주하는 이유는 여기에 있다.

(3) 외국납부세액공제액

외국납부세액공제액은 다음 산식에 의하여 계산한 금액으로 한다. 이 경우 법인에 국외사업장이 2 이상의 국가에 있는 때의 공제한도는 국가별로 구분하여 이를 계산하는 방법(국가별한도제)을 적용한다.

> 외국납부세액공제액 = Min[①, ②]
> ① 외국납부세액(직접외국납부세액 + 의제외국납부세액 + 간접외국납부세액)
> ② 법인세 산출세액$^{주)}$ × $\dfrac{국외원천소득}{과세표준}$

*주) 토지 등 양도소득에 대한 법인세는 제외함

(4) 이월공제

외국납부세액이 공제한도액을 초과하는 경우 당해 초과액은 당해 사업연도의 다음 사업연도의 개시일부터 10년 이내에 종료하는 각 사업연도에 이월하여 이월된 사업연도의 공제한도 내에서 공제할 수 있다. 단, 공제기간 내 미공제 외국납부세액이월액은 공제기간 종료 다음 과세연도에 손금에 산입한다.

(5) 세액공제의 시기 및 서류의 제출

외국납부세액공제를 적용받고자 하는 내국법인은 법인세 과세표준신고와 함께 외국납부세액 공제세액계산서를 납세지 관할 세무서장에게 제출하여야 한다.

(6) 외국납부세액공제의 배제

원 칙	법인세의 과세표준을 추계결정·경정하는 경우에는 외국납부세액공제를 적용하지 않는다.
예 외	다만, 천재지변 등으로 장부 및 기타 증빙서류가 멸실되어 추계하는 경우에는 그러하지 아니하다.

3 재해손실세액공제

(1) 재해손실세액공제의 의의

법인이 사업연도 중에 천재지변, 기타 재해로 인하여 납세가 곤란하다고 인정되는 경우에는 다음의 금액을 산출세액에서 재해손실세액공제로 공제한다. 다만, 재해손실세액공제를 적용받기 위해서는 재해상실비율이 20% 이상이어야 한다.

> 재해손실세액공제액 = Min[①, ②]
> ① 공제세액 = 공제대상 법인세 × 재해상실비율[주]
> ② 한도액 : 상실된 재산가액

[주] 재해상실비율 = $\dfrac{\text{상실된 자산가액}}{\text{상실 전의 자산총액}}$

(2) 유의사항

① 상실한 자산이 수탁자산 또는 타인소유자산인 경우에 그로 인한 변상책임이 당해 법인에 있는 경우에는 당해 자산은 사업용 총자산가액 및 상실된 자산가액에 포함시킨다. 그러나 변상책임이 없는 경우에는 그러하지 아니하다.

② 재해상실비율은 재해발생일 현재 그 법인의 장부가액에 따라 계산하되, 장부가 소실 또는 분실되어 장부가액을 알 수 없는 경우에는 납세지 관할 세무서장이 조사하여 확인한 재해발생일 현재의 가액에 따라 계산한다.

(3) 신청서의 제출

재해손실세액공제를 적용받고자 하는 법인은 재해발생일로부터 3개월 이내에(또는 당초 신고기한) 납세지 관할 세무서장에게 재해손실세액공제신청서를 제출하여야 한다.

4 사실과 다른 회계처리에 기인한 경정세액공제

(1) 경정세액공제의 개요

일반적으로 경영성과가 좋은 기업은 비자금 조성에 관심을 갖게 되고, 경영성과가 부진한 기업은 이익을 보고하기 위해 분식회계(粉飾會計)를 하게 된다. 이 경우 전자의 경우에는 세무조사 등을 통하여 세액의 추징을 하게 되고, 후자의 경우에는 과세표준과 세액의 과다계상으로 인하여 법인이 국세기본법에 의하여 경정청구를 하게 되면 환급을 해주어야 한다.

(2) 세액공제의 규정

① 규정 : 법인이 자본시장과 금융투자업에 관한 법률에 의한 사업보고서 및 외감법에 의한 감사보고서를 제출함에 있어서 수익 또는 자산을 과다계상하거나 손비 또는 부채를 과소계상하는 등 사실과 다른 회계를 함으로 인하여 당해 내국법인·그 감사인 또는 그에 소속된 공인회계사가 경고·주의 등의 조치를 받은 경우로써 과세표준 및 세액을 과다하게 계상함으로써 경정청구를 하여 경정을 받은 때에는 당해 경정일이 속하는 사업연도의 개시일부터 5년 이내에 종료하는 각 사업연도의 법인세액에서 과다납부한 세액을 순차적으로 공제한다.[주]

*주) 과다납부세액을 감액경정일이 속하는 사업연도부터 각 사업연도의 법인세액에서 계속 공제한다. 단, 다음의 요건을 모두 갖춘 경우에는 과다납부세액의 환급을 제한한다.

[요건]
① 다음 요건을 모두 충족하는 사실과 다른 회계처리하였을 것
  ㉠ 자본시장과 금융투자업에 관한 법률에 따른 사업보고서 및 감사보고서를 제출할 때 수익 또는 자산을 과다계상하거나 손비 또는 부채를 과소계상할 것
  ㉡ 공인회계사 등이 경고 주의 등의 조치를 받을 것
② 국세기본법에 따라 감액청구하여 감액경정을 받을 것

[환급제한 방법]
위 요건을 만족하는 환급제한 대상법인에 대해서는 과다납부한 세액을 환급하지 않고 그 경정일이 속하는 사업연도부터 각 사업연도의 법인세액에서 과다납부한 세액의 20%를 한도로 하여 공제하고, 공제 후 남아 있는 과다납부한 세액은 이후 사업연도에 이월하여 공제한다.

② 유의사항
  ㉠ 경정세액공제의 적용 시 법인이 당해 사실과 다른 회계처리와 관련하여 그 경정일이 속하는 사업연도 이전의 사업연도에 수정신고를 하여 납부할 세액이 있는 경우에는 당해 납부할 세액에서 상기 규정에 의한 과다납부세액을 먼저 공제하여야 한다.
  ㉡ 법인이 동일한 사업연도에 대하여 일반적인 경정청구와 상기의 규정에 의한 경정청구를 함께 하는 경우에는 다음 산식에 의하여 계산한 금액을 그 공제세액으로 한다.

$$\text{환급제한 대상세액} = \text{과다납부한 세액} \times \frac{\text{사실과 다른 회계처리로 인하여 과다계상한 과세표준}}{\text{과다계상한 과세표준의 합계액}}$$

5 조세특례제한법상의 기타 세액공제

(1) 통합고용세액공제(구_고용증대세액공제)

내국(법)인이 제조업, 건설업, 도소매업 등에 필요한 투자를 하는 경우와 투자가 없더라도 고용증가 시 1인당 400만원에서 1,550만원까지를 각 과세연도의 법인세에서 공제한다. 사회보험료 세액공제, 각종 투자세액공제 등과 중복적용이 허용되며, 지원기간은 최대 3년간 적용한다.

(2) 중소기업 고용증가 인원 사회보험료 세액공제

신규 고용에 따른 중소기업의 사회보험료 부담을 완화해주기 위해 고용증가인원별 사회보험료의 일정비율(청년/경력단절여성 : 100%, 신성장서비스업 : 75%, 기타근로자 : 50%)을 2년간 법인세에서 공제한다.

제18장 단원별 기출문제

01 다음 중 법인세법상 재해손실세액공제에 관한 내용으로 가장 잘못된 것은? [108회]

① 법인이 재해로 인하여 자산총액의 30% 이상을 상실하여 납세가 곤란하다고 인정되는 경우 재해손실세액공제가 적용된다.
② 타인 소유의 자산으로서 상실로 인한 변상책임이 법인에게 있는 것은 상실된 자산 가액에 포함한다.
③ 자산상실비율은 재해발생일 현재 그 법인의 장부가액에 따라 계산한다.
④ 재해자산에 대해 수령한 보험금은 상실된 자산의 가액에서 차감하지 아니한다.

[해설]
내국법인이 재해로 인하여 자산총액의 100분의 20 이상을 상실하여 납세가 곤란하다고 인정되는 경우에는 법인세액에 그 상실된 자산의 가액이 상실 전의 자산총액에서 차지하는 비율을 곱하여 계산한 금액(상실된 자산의 가액을 한도)을 그 세액에서 공제한다.

02 다음 중 법인세법상 이월공제가 가능한 세액공제는 무엇인가? [107회]

① 외국납부세액공제
② 재해손실세액공제
③ 배당세액공제
④ 대손세액공제

[해설]
외국정부에 납부하였거나 납부할 외국법인세액이 해당 사업연도의 공제한도금액을 초과하는 경우 그 초과하는 금액은 해당 사업연도의 다음 사업연도 개시일부터 10년 이내에 끝나는 각 사업연도로 이월하여 그 이월된 사업연도의 공제한도금액 내에서 공제받을 수 있다.

03 다음 중 법인세법상 세액공제가 아닌 것은? [105회]

① 통합투자세액공제
② 외국납부세액공제
③ 재해손실세액공제
④ 사실과 다른 회계처리로 인한 경정에 따른 세액공제

[해설]
조세특례제한법상의 세액공제이다.

정답 01 ① 02 ① 03 ①

04 다음 중 법인세법상 세액공제에 대한 설명으로 가장 옳지 않은 것은? [102회]

① 재해손실에 대한 세액공제는 5년간 이월공제가 가능하다.
② 사실과 다른 회계처리로 인한 경정에 따른 세액공제는 이월공제가 가능하다.
③ 외국납부세액공제의 취지는 국제적 이중과세 조정이다.
④ 재해손실에 대한 세액공제를 받으려는 내국법인은 납세지 관할 세무서장에게 신청하여야 한다.

해설
재해손실세액공제는 이월공제 되지 않는다.

05 다음 중 법인세법상 세액공제에 해당하지 않는 것은? [98회]

① 재해손실에 대한 세액공제
② 외국납부 세액공제
③ 연구 및 인력개발비 세액공제
④ 사실과 다른 회계처리로 인한 경정에 따른 세액공제

해설
연구 및 인력개발비 세액공제는 조세특례제한법상 세액공제에 해당한다.

06 다음 중 법인세의 감면에 관한 규정과 세액공제에 관한 규정이 동시에 적용되는 경우 적용순서를 옳게 나열한 것은? [97회]

> 가. 이월공제가 인정되지 아니하는 세액공제
> 나. 각 사업연도의 소득에 대한 세액감면
> 다. 이월공제가 인정되는 세액공제

① 가 > 나 > 다 ② 나 > 가 > 다
③ 가 > 다 > 나 ④ 다 > 나 > 가

해설
법인세의 감면에 관한 규정과 세액공제에 관한 규정이 동시에 적용되는 경우에 그 적용순위는 별도의 규정이 있는 경우 외에는 각 사업연도의 소득에 대한 세액감면(면제 포함), 이월공제가 인정되지 아니하는 세액공제, 이월공제가 인정되는 세액공제의 순서에 따른다.

정답 04 ① 05 ③ 06 ②

07 다음 중 법인세법상 세액공제에 해당하는 것은? [97회]

① 연구 및 인력개발비 세액공제
② 외국납부세액공제
③ 고용을 증대시킨 기업에 대한 세액공제
④ 상가임대료를 인하한 임대사업자에 대한 세액공제

해설
법인세법상 세액공제에는 외국납부세액공제, 재해손실세액공제, 사실과 다른 회계처리로 인한 경정에 따른 세액공제가 있다.

08 다음 중 법인세법상 세액공제에 대한 설명으로 옳지 않은 것은? [96회]

① 재해손실세액공제 적용 시 자산의 가액에는 토지의 가액을 포함한다.
② 외국납부세액공제는 이월공제가 가능하지만, 재해손실세액공제는 이월공제가 허용되지 아니한다.
③ 법인세 과세표준을 추계결정(천재지변 제외)하는 경우 외국납부세액공제를 적용하지 아니한다.
④ 외국납부세액 공제한도금액을 계산할 때 국외사업장이 2 이상의 국가에 있는 경우에는 국가별로 구분하여 이를 계산한다.

해설
내국법인이 각 사업연도 중 천재지변이나 그 밖의 재해로 인하여 자산총액의 100분의 20 이상을 상실하여 납세가 곤란하다고 인정되는 경우에는 법인세액에 그 상실된 자산의 가액이 상실 전의 자산총액에서 차지하는 비율을 곱하여 계산한 금액을 그 세액에서 공제한다. 이 경우 자산의 가액에는 토지의 가액을 포함하지 아니한다.

09 다음 중 법인세법상 외국납부세액공제에 대한 설명으로 옳지 않은 것은? [93회]

① 외국납부세액공제는 국제적 이중과세의 문제를 해결하기 위하여 세액을 조정하는 방법이다.
② 국외사업장이 2 이상의 국가에 있는 경우에는 국가별로 구분하여 공제한도금액을 계산한다.
③ 외국납부세액공제액이 법인세법상 한도를 초과하는 경우 이월공제가 허용되지 아니한다.
④ 외국납부세액공제액은 해당 사업연도의 국외원천소득에 대한 산출세액을 한도로 한다.

해설
해당 사업연도의 다음 사업연도 개시일부터 10년 이내에 끝나는 각 사업연도로 이월하여 그 이월된 사업연도의 공제한도금액 내에서 공제받을 수 있다.

07 ② 08 ① 09 ③ **정답**

10 다음 중 법인세법상 세액공제에 해당하는 것은? [92회]

① 연구·인력개발비세액공제
② 중소기업 등 투자세액공제
③ 고용창출에 대한 세액공제
④ 재해손실에 대한 세액공제

해설
재해손실에 대한 세액공제만 법인세법상 세액공제이며, 나머지는 모두 조세특례제한법상 세액공제이다.

11 다음 중 법인세법상 외국납부세액의 공제한도금액을 계산한 산식으로 맞는 것은? [88회]

> A : 해당 사업연도의 산출세액
> B : 국외원천소득
> C : 해당 사업연도의 소득에 대한 과세표준

① A × B / C
② A × C / B
③ C × A / B
④ C × B / A

12 다음 법인세 신고자료에 의하여 법인세법상 외국납부세액공제액은 얼마인가? [80회]

> • 사업연도 : 20X1년 1월 1일 ~ 12월 31일(12월말 결산법인임)
> • 과세표준 : 800,000,000원(국외과세소득 200,000,000원이 포함된 금액임)
> • 세율은 2억원 이하 9%, 2억원 초과 200억원 이하는 19%임
> • 외국납부세액 : 40,000,000원

① 33,000,000원
② 35,000,000원
③ 37,000,000원
④ 40,000,000원

해설
• 법인세산출세액 계산 = (200,000,000 × 9%) + (600,000,000 × 19%) = 132,000,000원
• 외국납부세액한도액 계산 = 132,000,000 × (200,000,000/800,000,000) = 33,000,000원
∴ 한도액 33,000,000원까지 공제 가능

13 다음 중 법인세법상 감면에 관한 규정과 세액공제에 관한 규정이 동시에 적용되는 경우 별도의 규정이 없는 경우 적용순위로 잘 나열된 것은? [78회]

① 세액감면 – 이월공제 안되는 세액공제 – 이월공제가 인정되는 세액공제 – 사실과 다른 회계처리로 인한 경정에 따른 세액공제
② 사실과 다른 회계처리로 인한 경정에 따른 세액공제 – 이월공제 안되는 세액공제 – 이월공제가 인정되는 세액공제 – 세액감면
③ 이월공제가 인정되는 세액공제 – 이월공제 안되는 세액공제 – 사실과 다른 회계처리로 인한 경정에 따른 세액공제 – 세액감면
④ 세액감면 – 사실과 다른 회계처리로 인한 경정에 따른 세액공제 – 이월공제 안되는 세액공제 – 이월공제가 인정되는 세액공제

해설
세액감면 – 이월공제 안되는 세액공제 – 이월공제가 인정되는 세액공제 – 사실과 다른 회계처리로 인한 경정에 따른 세액공제

14 다음 중 법인세법상 재해손실에 대한 세액공제에 관한 내용 중 가장 틀린 것은? [75회]

① 재해발생일이 속하는 사업연도의 소득에 대한 법인세의 일부를 공제해주는 제도이다.
② 외국법인은 공제불가능하다.
③ 재해 등으로 대통령령으로 정한 자산총액의 20% 이상을 상실한 경우에 가능하다.
④ 세액공제를 받으려는 법인은 납세지 관할 세무서장에게 신청해야 한다.

해설
외국법인도 공제가능

15 다음 세액공제 중 법인에게 적용될 수 없는 세액공제는? [65회]

① 외국납부세액공제
② 재해손실세액공제
③ 기장세액공제
④ 사실과 다른 회계처리로 인한 경정에 따른 세액공제

해설
기장세액공제는 개인사업자만 적용된다.

PART 1 법인세법
최저한세

01 최저한세의 개념 및 적용대상 법인

최저한세는 정책상 조세감면을 적용받는 법인과 조세감면을 적용받지 못하는 법인 간의 과세형평을 유지하고, 조세수입의 감소를 방지하기 위하여 각종 조세감면을 적용받는 법인의 경우에도 과다한 조세감면을 배제함으로써 일정수준 이상의 조세를 부담하도록 하는 제도를 말한다. 현행 세법에서는 이러한 최저한세제도의 적용대상 법인을 다음과 같이 열거하고 있다.

① 내국법인(조합법인은 제외)
② 국내사업장, 부동산소득이 있어 법인세의 신고의무가 있는 외국법인

02 최저한세의 적용방법

최저한세의 계산 및 적용방법을 설명하면 다음과 같다.

구 분	내 용
최저한세의 계산	• 일반기업 → 최저한세 = 조세감면 전 과세표준 × 10%(7%, 12%, 17%) • 중소기업 → 최저한세 = 조세감면 전 과세표준 × 7%
적용방법	• 최저한세 > 감면 후 세액 : 당해 미달세액에 상당하는 부분에 대하여 조세감면 등을 배제하는 조정절차를 거침 • 최저한세 < 감면 후 세액 : 조정절차 없이 종결

[최저한세 세율]

구 분		최저한세율
중소기업		7%
일반기업	조세감면 전 과세표준 100억원 이하분	10%
	100억원 초과 1,000억원 이하분	12%
	1,000억원 초과분	17%

03 최저한세 적용 후 자진납부세액의 계산

최저한세의 적용 후 자진납부세액의 계산구조를 살펴보면 다음과 같다.

	최저한세	
(−)	외국납부세액공제	
(−)	재해손실세액공제	
(−)	농업소득세액공제	
(+)	토지등양도소득에 대한 법인세	
(+)	가산세	
(+)	감면분추가납부세액	
	총부담세액	
(−)	기납부세액	→ 중간예납세액·원천징수세액·수시부과세액
(−)	경정세액공제	→ 사실과 다른 회계처리에 기인한 경정세액공제
	자진납부세액	

04 최저한세의 적용대상이 되는 조세감면

조세감면단계별 최저한세의 적용대상이 되는 조세감면제도로는 다음과 같은 것이 있다.

조세감면단계	적용대상 조세감면
각 사업연도 소득금액 계산단계	조세특례제한법상 특례감가상각비, 익금불산입(공장지방이전 양도차익 익금불산입, 본사지방이전 양도차익 익금불산입)
과세표준 계산단계	조세특례제한법상 비과세 및 소득공제
자진납부세액 계산단계	조세특례제한법상 세액감면 및 세액공제

05 최저한세의 적용대상이 되지 아니하는 조세감면

최저한세의 적용대상이 되지 아니하는 조세감면제도로는 다음과 같은 것이 있다.

구 분	내 용
소득공제	• 기업구조조정증권투자회사의 배당소득공제 • 인적회사에 대한 소득공제
세액감면	• 공공차관도입에 따른 세액감면(조특법 제20조) • 해외자원개발투자 배당소득에 대한 세액감면(조특법 제22조) • 영농조합법인에 대한 세액감면(조특법 제66조) • 영어조합법인에 대한 세액감면(조특법 제67조) • 외국인투자 등에 대한 감면(조특법 제121조의2) 등
세액공제	• 연구·인력개발비세액공제(조특법 제10조) → 중소기업은 전액 최저한세 적용대상이 아니지만, 비중소기업은 석·박사급 핵심연구인력 인건비분도 최저한세 적용대상임 • 지급명세서에 대한 세액공제

이때 주의해야 할 것은 법인세법상 세액공제(외국납부세액공제, 재해손실세액공제, 농업소득세액공제, 사실과 다른 회계처리에 기인한 경정세액공제)에 대해서는 최저한세를 적용하지 아니한다는 것이다.

06 최저한세 적용 시 조세감면의 적용배제 순위

최저한세의 적용 시 배제되는 조세감면제도의 순위는 다음과 같다.

구 분	내 용
신고 시	당해 법인의 선택에 의한다.
경정 시[주]	• 특례감가상각비 • 준비금 • 익금불산입(손금산입) • 세액공제 • 세액감면 • 소득공제·비과세

*주) 납세의무자가 신고한 법인세액이 최저한세액에 미달하여 법인세를 경정하는 경우

제19장 단원별 기출문제

01 다음은 법인세법상 일반적인 기업이 적용하는 최저한세율이다. 잘못된 것은? [62회]

① 감면 전 과세표준 100억원 이하 비중소기업 : 10%
② 감면 전 과세표준 100억원 초과 1,000억원 이하 비중소기업 : 12%
③ 감면 전 과세표준 100억원 이하 중소기업 : 7%
④ 감면 전 과세표준 100억원 초과 1,000억원 이하 중소기업 : 10%

해설
중소기업은 과세표준 상관없이 무조건 7%

02 법인세법상 최저한세에 미달하여 정부가 경정하는 경우에 감면 등을 적용배제하는 순서가 잘 나열된 것은? [61회]

① 손금산입 → 세액공제 → 세액면제·감면 → 소득공제
② 세액공제 → 손금산입 → 소득공제 → 세액면제·감면
③ 소득공제 → 세액공제 → 손금산입 → 세액면제·감면
④ 세액면제·감면 → 손금산입 → 소득공제 → 세액공제

해설
손금산입 → 세액공제 → 세액면제·감면 → 소득공제

01 ④ 02 ①

PART 1 법인세법
법인세의 납세절차

01 사업연도 중도의 신고·납부 등(중간예납·원천징수·수시부과)

1 의 의

법인세는 사업연도가 끝난 후에 법정신고납부기한인 각 사업연도 종료일이 속하는 달의 말일부터 3월 이내에 신고·납부하는 것을 원칙으로 하되, 예외적으로 조세채권의 손실을 미연에 방지하고 세수를 조기에 확보하고자 사업연도 중에도 미리 납부·징수하도록 규정하고 있는데, 중간예납·원천징수·수시부과제도가 이에 해당한다. 이와 같이 사업연도 중에 납부·징수된 중간예납세액·원천징수세액·수시부과세액은 자진납부세액 계산 시 기납부세액으로 공제된다.

```
        총부담세액
(−)     기납부세액  → 중간예납세액·원천징수세액·수시부과세액
        자진납부세액
```

2 중간예납

(1) 개 념

법인세법에서는 각 사업연도의 기간이 6월을 초과하는 법인의 경우에는 당해 사업연도 개시일부터 6월 간을 중간예납기간으로 하여 당해 기간에 대한 법인세를 납부하도록 규정하고 있는데, 이를 중간예납이라 한다.

(2) 중간예납 의무자

중간예납 대상법인은 사업연도가 6월을 초과하는 법인으로 한다.
다만, 다음에 해당하는 법인은 중간예납 제외법인으로 하여 중간예납의무를 지지 않는다.
① 신설법인의 최초 사업연도. 다만, 합병 또는 분할에 의한 신설법인은 최초 사업연도에도 중간예납 의무를 진다.
② 사업연도가 6월 이내인 법인
③ 세무서장이 중간예납기간 중 사업수익금액이 없는 것으로 확인한 휴업법인
④ 국내사업장이 없는 외국법인
⑤ 청산법인
⑥ 사립학교를 경영하는 법인, 국립대학법인
  ※ 산학협력단에 대한 중간예납의무 면제

(3) 중간예납세액의 계산방법

① **계산방법의 선택**: 중간예납세액은 직전 사업연도의 실적을 기준으로 계산하는 방법과 당해 중간예납기간의 실적을 기준으로 계산하는 방법 중 법인이 임의로 선택할 수 있다. 다만, 다음에 해당하는 경우에는 반드시 가결산방법에 의한 중간예납세액을 계산하여야 한다.
  ⊙ 직전 사업연도의 법인세로서 확정된 산출세액이 없는 경우(소득공제를 적용받는 유동화전문회사 등은 제외)
  ⓒ 직전 사업연도의 법인세액이 해당 사업연도의 중간예납기간 만료일까지 확정되지 아니한 경우
  ⓒ 분할신설법인 또는 분할합병의 상대방 법인의 분할 후 최초 사업연도의 경우
  한편, 위 경우를 제외하고 중간예납세액의 납부기한이 지난 때에는 가결산방법을 선택할 수 없다.

② **직전 사업연도의 실적을 기준으로 하는 방법**

$$중간예납세액 = (직전\ 사업연도의\ 법인세산출세액 - 직전\ 사업연도의\ 감면세액 \cdot 원천징수세액 \cdot 수시부과액) \times \frac{6}{직전\ 사업연도\ 월수}$$

③ **가결산방법(중간예납기간의 실적에 의한 중간예납세액)**: 이것은 해당 중간예납기간을 1사업연도로 보고 다음과 같이 계산한 금액을 중간예납세액으로 계산하는 방법이다.

$$중간예납세액 = 중간예납기간의\ 산출세액^{*주)} - 중간예납기간의\ 감면세액,\ 원천징수세액 \cdot 수시부과세액$$

*주) $[\{(중간예납기간의\ 소득금액 - 이월결손금\ 등) \times \frac{12}{6}\} \times 법인세율] \times \frac{6}{12}$

(4) 중간예납세액의 신고 · 납부

① **신고 · 납부**: 중간예납세액은 중간예납기간이 지난 날로부터 2월 이내에 신고 · 납부하여야 한다.
  예 사업연도가 1월 1일부터 12월 31일까지인 12월 결산법인의 경우 6월 30일의 2개월 이내인 8월 31일까지 신고 · 납부하면 된다.

② **분납**: 중간예납세액의 납부할 세액이 1천만원을 초과하는 경우에는 정규 법인세와 같이 분납할 수 있다.

③ **제출서류**: 중간예납세액의 신고 · 납부 시 첨부서류는 다음과 같다.
  ⊙ 재무상태표와 손익계산서(이익잉여금처분계산서 · 결손금처리계산서 제외)
  ⓒ 조정계산서

④ **무신고납부 시**: 납세지 관할 세무서장은 법인이 중간예납세액의 전부 또는 일부를 납부하지 않은 경우에는 당해 미납세액을 납부기한이 지난 날부터 2월 이내에 징수하여야 한다. 다만, 가결산방법에 의하여 중간예납세액을 계산하여야 하는 법인인 경우에는 가결산방법에 의하여 중간예납세액을 결정하여 납부기한이 지난 날부터 3월 이내에 징수하여야 한다. 중간예납세액의 무신고납부 시 적용하는 가산세는 납부 · 환급불성실가산세이며, 신고 관련 가산세는 적용하지 않는다.

⑤ **중간예납의무 적용 배제**: 직전 사업연도의 실적을 기준으로 하는 방법으로 계산한 중간예납세액이 50만원 미만인 중소기업은 중간예납 적용대상에서 제외한다.

3 원천징수

(1) 개 요

다음의 소득금액을 법인에게 지급하는 경우에 그 지급하는 금액의 원천징수세율을 적용한 법인세를 원천징수하여 그 징수일이 속하는 달의 다음 달 10일까지 납세지 관할 세무서장에게 납부하여야 한다.

구 분	원천징수세율
이자소득금액	14%(비영업대금의 이익 : 25%)
집합투자기구로부터의 이익 중 투자신탁의 이익	14%

그러나 다음의 소득에 대하여는 법인세를 원천징수하지 아니한다.
① 법인세가 부과되지 아니하거나 면제되는 소득(공익신탁의 이익)
② 신탁회사의 신탁재산에 귀속되는 소득(채권 등의 이자와 할인액으로써 원천징수되는 것은 제외)
③ 신고한 과세표준에 이미 산입된 미지급소득 등

(2) 원천징수세액의 납부

원천징수의무자는 원천징수 대상소득을 지급하는 때에 원천징수하여 익월 10일까지 정부에 납부하여야 한다.

다만, 직전 연도의 상시 고용인원이 20인 이하인 원천징수의무자(금융 및 보험업을 영위하는 법인은 제외함)로서 원천징수 관할 세무서장으로부터 원천징수세액을 반기별로 납부할 수 있도록 승인을 얻거나 국세청장이 정하는 바에 따라 지정을 받은 자는 그 징수일이 속하는 반기의 마지막 달의 다음 달 10일까지 납부할 수 있다.

(3) 미납된 원천징수납부세액의 징수

① 납세지 관할 세무서장은 원천징수의무자가 당해 징수하여야 할 세액을 징수하지 않았거나 징수한 세액을 기한 내에 납부하지 않은 때에는 지체 없이 원천징수의무자로부터 당해 원천징수하여 납부하여야 할 세액 상당액에 원천징수 불성실가산세를 가산한 금액을 법인세로서 징수하여야 한다.
② 다만, 원천징수의무자가 원천징수하지 않은 경우 납세의무자가 신고납부한 과세표준금액에 당해 원천징수대상금액이 이미 산입되어 있는 때에는 원천징수불성실가산세만을 징수한다.
③ 원천징수세액이 1,000원 미만인 경우에는 당해 법인세를 징수하지 않는다(소액부징수).

4 수시부과

(1) 개요

납세지 관할 세무서장 또는 관할 지방국세청장은 내국법인이 그 사업연도 중에 다음의 일정한 사유로 인하여 법인세포탈의 우려가 있다고 인정되는 경우에는 수시로 그 법인에 대한 법인세를 부과 할 수 있다.

① 일반적인 경우
  ㉠ 신고를 하지 아니하고 본점 또는 주사무소를 이전한 때
  ㉡ 사업부진 기타 사유로 인하여 휴업 또는 폐업상태에 있을 때
  ㉢ 기타 조세를 포탈할 우려가 있다고 인정되는 상당한 이유가 있을 때
② 주한 국제연합군 또는 외국기관으로부터 사업수입금액을 외국환은행을 통하여 외환증서 또는 원화로 수령할 때

(2) 수시부과세액

수시부과를 하는 경우에는 그 사업연도 개시일부터 수시부과사유가 발생한 날까지를 수시부과기간으로 하여 정기분 과세표준의 결정의 경우를 준용하여 다음과 같이 세액을 계산하되, 가산세는 적용하지 않는다.

$$수시부과세액 = (과세표준 \times \frac{12}{수시부과기간의\ 월수} \times 세율) \times \frac{수시부과기간의\ 월수}{12}$$

02 과세표준의 확정신고 · 납부

1 과세표준의 확정신고

(1) 신고기한

납세의무가 있는 법인은 각 사업연도의 종료일이 속하는 달의 말일부터 3월 이내에 법인세 과세표준과 세액을 납세지 관할 세무서장에게 신고하여야 한다. 이 경우 내국법인으로서 각 사업연도 소득금액이 없거나 결손금이 있는 법인의 경우에도 동일하다.

> **더알아두기**
>
> **외부감사에 따른 신고기한 연장(특례)**
> 외부감사가 종결되지 않은 법인의 경우 신고기한을 연장할 수 있다. 단, 연장기한은 1개월이며, 가산이자[주]를 추가로 납부해야 한다.
> *주) 가산이자율 : 국세환급금 이자율 수준

(2) 제출서류

법인세 과세표준 및 세액의 확정신고는 법인세과세표준및세액신고서[별지 제1호 서식]에 다음의 서류를 첨부하여 신고하여야 한다.

① 기업회계기준에 의하여 작성한 재무상태표·손익계산서·이익잉여금처분(결손금처리)계산서
② 세무조정계산서
③ 기타 세무조정계산서 부속서류 및 현금흐름표(외감법대상법인에 한함)

이때, 위 첨부서류 중 ①, ②의 첨부서류를 첨부하지 아니한 경우에는 무신고로 보아 무신고가산세를 적용한다. 다만, 사업소득에 해당하는 수익사업을 영위하지 아니하는 비영리내국법인은 그러하지 아니하다.

2 납 부

(1) 납부기한

법인세 과세표준과 세액을 신고한 내국법인은 자진납부세액을 법정 과세표준 신고기한(각 사업연도 종료일이 속하는 달의 말일부터 3월 이내)까지 정부[납세지 관할 세무서, 한국은행(그 대리점 포함)]에 납부하여야 한다.

(2) 분 납

납부할 세액(가산세 및 감면분 추가납부세액은 제외)이 1천만원을 초과하는 경우에는 다음의 세액을 납부기한이 지난 날로부터 1개월(중소기업의 경우에는 2개월) 이내에 분납할 수 있다.

① 납부할 세액이 2천만원 이하인 때 : 1천만원을 초과하는 금액
② 납부할 세액이 2천만원을 초과하는 때 : 그 세액의 50% 이하의 금액

03 결정·경정

1 결 정

(1) 결정의 사유와 결정기한

법인세는 신고납세제도 세목으로서 과세표준과 세액을 법인이 신고·납부함으로써 납세의무가 종결된다. 다만, 무신고 시는 과세당국이 결정하며, 신고는 하였으나 신고내용에 오류·탈루가 있는 경우에는 과세당국이 경정한다.

납세지 관할 세무서장은 내국법인이 과세표준신고를 하지 않은 때에는 해당 법인의 각 사업연도 소득에 대한 법인세의 과세표준과 세액을 결정한다.

이때, 결정기한은 과세표준신고기한으로부터 1년 이내로 한다. 다만, 국세청장이 따로 조사기간을 정하거나 부득이한 사유로 국세청장의 승인을 얻은 경우에는 그러하지 아니하다.

2 경 정

(1) 경정의 사유와 결정기한

납세지 관할 세무서장은 신고를 한 내국법인이 다음에 해당하는 경우 당해 법인의 각 사업연도의 소득에 대한 법인세의 과세표준과 세액을 경정한다.

① 신고내용에 오류·탈루가 있는 때
② 지급명세서, 매출·매입처별 계산서합계표 또는 매출·매입처별 세금계산서합계표의 전부·일부를 제출하지 아니한 때
③ 다음의 어느 하나에 해당하는 경우로서 시설규모나 업황(業況)으로 보아 신고내용이 불성실하다고 판단되는 경우
  ㉠ 신용카드가맹점 가입대상자로 지정받은 법인이 정당한 사유 없이 신용카드가맹점으로 가입하지 아니한 경우
  ㉡ 신용카드가맹점이 정당한 사유 없이 신용카드에 의한 거래를 거부하거나 신용카드매출전표를 사실과 다르게 발급한 경우
  ㉢ 현금영수증가맹점가입대상자로 지정받은 법인이 정당한 사유 없이 현금영수증가맹점으로 가입하지 아니한 경우
  ㉣ 현금영수증가맹점이 정당한 사유 없이 현금영수증의 발급을 거부하거나 사실과 다르게 발급한 경우
④ 법인이 자본시장과 금융투자업에 관한 법률에 따른 사업보고서 및 외감법에 따른 감사보고서를 제출함에 있어서 수익 또는 자산을 과다계상하거나 손비 또는 부채를 과소계상하는 등 사실과 다른 회계처리를 함으로 인하여 해당 법인·그 감사인 또는 그에 소속된 공인회계사가 경고·주의 등의 조치를 받은 경우로서 과세표준 및 세액을 과다하게 계상한 때

한편, 경정기한은 법인세법에서 규정하지 않고 있다. 왜냐하면 이는 국세기본법상 국세부과권 제척기간의 저촉을 받기 때문이다.

3 결정·경정방법

(1) 원칙 : 실지조사

법인세의 과세표준과 세액을 결정·경정하는 경우에는 장부 기타 증빙서류를 근거로 하여야 한다.

(2) 예외 : 추계조사

다음의 법정사유로 실지조사결정·경정을 할 수 없는 경우에는 추계조사 결정·경정할 수 있다.

① 소득금액을 계산함에 있어서 필요한 장부 또는 증빙서류가 없거나 그 중요한 부분이 미비 또는 허위인 때
② 기장내용이 시설규모·종업원수와 원자재·상품·제품 또는 각종 요금의 시가 등에 비추어 허위임이 명백한 때
③ 기장내용이 원자재사용량·전력사용량·기타 조업상황에 비추어 허위임에 명백한 때

(3) 추계조사결정 · 경정

① **사업수입금액의 추계**: 추계조사결정 · 경정 시 첫 번째 단계는 사업수입금액을 계산하는 것이며, 두 번째 단계는 동 사업수입금액을 기준으로 하여 과세표준을 산정하는 것이다. 여기서 사업수입금액의 추계방식은 동업자권형법 · 입회조사기준에 의한 방법 등 소득세의 사업수입금액과 부가가치세법상 과세표준을 추계하는 방법과 같다. 한편, 상기의 규정에 의하여 사업수입금액을 추계결정 · 경정한 경우에도 법인이 비치한 장부, 기타 증빙서류에 의하여 소득금액을 계산할 수 있는 경우에는 당해 사업연도의 과세표준과 세액은 실지조사에 의하여 결정 · 경정하여야 한다.

② **과세표준의 추계**: 추계조사결정 · 경정 시 과세표준은 기준경비율법 또는 동법자권형법에 의하여 계산하며, 이월결손금공제와 외국납부세액공제를 적용하지 아니한다. 다만, 천재지변, 기타 불가항력으로 장부 · 기타 증빙서류가 멸실되어 추계하는 경우에는 그러하지 아니하다.

04 세액의 징수와 환급

1 징수와 환급

(1) 징 수

납세지 관할 세무서장은 법인이 각 사업연도의 법인세로서 납부하여야 할 세액의 전부 또는 일부를 납부하지 아니한 때에는 당해 미납세액을 납부기한이 지난 날부터 2월 이내에 징수하여야 한다.

(2) 환 급

납세지 관할 세무서장은 법인세의 세액계산의 결과 법인세 기납부세액(중간예납 · 원천징수 · 수시부과세액)이 각 사업연도 소득에 대한 법인세액(가산세 포함)을 초과하는 경우에는 이를 환급하거나 다른 국세 · 가산금 · 강제징수비에 충당하여야 한다.

2 사실과 다른 회계처리에 기인한 경정에 따른 환급

납세지 관할 세무서장 또는 관할 지방국세청장은 사실과 다른 회계처리에 기인한 경정청구에 따른 경정을 함에 있어서 공제 · 감면세액의 적용순서에 따른 공제를 하고 남은 금액(5년간 공제하고 남은 금액이 있는 경우에 당해 금액을 말함)이 있을 때에는 환급금 및 환급가산금을 즉시 지급하여야 한다. 상기의 규정을 적용함에 있어서 당해 내국법인이 해산(합병 또는 분할에 의한 해산 제외)하는 때에는 청산소득에 대한 법인세 납부세액을 먼저 차감하고 남은 금액을 즉시 환급하여야 한다.

05 소규모법인 등에 대한 성실신고확인제도 적용

소규모법인 등에 대한 세원투명성과 과세형평 제고를 위해 2018년부터 성실신고확인제도를 시행한다.

1 확인대상

① 다음의 소규모법인 요건에 해당하는 법인(아래 요건을 모두 충족)
　㉠ 해당 사업연도의 상시근로자 수가 5인 미만
　㉡ 지배주주 및 특수관계자 지분합계가 전체의 50% 초과
　㉢ 부동산임대업 법인 또는 이자/배당/부동산임대소득이 수입금액의 50% 이상인 법인
② 성실신고확인대상인 개인사업자가 법인전환 후*주) 또는 그 전환한 법인으로부터 해당 사업을 인수하여 영위 중인 내국법인

*주) 3년 이내인 법인

2 확인제외 대상

외부감사법에 따라 외부감사를 받은 법인

3 제출의무와 위반 시 제재사항

확인대상에 해당하는 법인은 과세연도가 끝난후 4개월 이내에(1개월 신고기한 연장) 과세표준 및 세액 신고 시 세무사 등이 작성한 성실신고확인서를 제출하여야 하며 이를 위반 시 산출세액의 5%(또는 수입금액의 0.02%)에 해당하는 금액의 미제출가산세를 부과한다.

4 기 타

성실신고확인을 받는 법인은 성실신고확인비용 세액공제(확인비용의 60%, 150만원 한도)를 받을 수 있다.

06 가산세

1 무신고·무기장가산세

구 분	내 용	
사 유	법인(비영리내국법인 제외)이 장부의 비치·기장의무를 이행하지 아니한 경우. 다만, 청산소득에 대한 법인세액이 없는 경우에는 적용하지 아니한다.	
가산세	부정행위로 인한 무신고 (이중장부, 허위증빙, 조세포탈 등)	무신고/무기장가산세 = Max[① 산출세액 × 40%, ② 수입금액 × 0.14%]
	일반무신고	무신고/무기장가산세 = Max[① 산출세액 × 20%, ② 수입금액 × 0.07%]

2 과소신고가산세

구 분	내 용	
사 유	법인(비영리내국법인 제외)이 법정신고기한까지 과세표준신고서를 제출하였으나 신고한 과세표준이 신고하여야 할 과세표준에 미달한 경우	
가산세	부정행위로 인한 과소신고 (이중장부, 허위증빙, 조세포탈 등)	무기장가산세 = Max[① 산출세액 × 40%, ② 수입금액 × 0.14%]
	일반과소신고	무기장가산세 = 산출세액 × 10%

3 원천징수등 납부지연가산세

구 분	내 용
사 유	원천징수의무자가 원천징수세액을 납부하지 아니하거나 미달하게 납부한 경우
가산세	원천징수등 납부지연가산세 = Min[①, ②] ① 미납세액·과소납부분 세액 × 3% + 미납세액·과소납부부분 세액 × 기간[주] × 0.022% ② 미납세액·과소납부분 세액 × 50% (단, 위 ①의 법정납부기한의 다음 날부터 납부고지일까지의 기간에 해당하는 금액의 10%)

*주) 납부기한의 다음 날부터 고지일(납부기한을 경과한 후에 자진납부하는 경우에는 납부일)까지의 일수를 말함

4 주식·출자지분변동상황명세서 불성실가산세

구 분	내 용
사 유	주식·출자지분변동상황명세서를 제출하여야 할 법인이 변동상황명세서를 제출하지 아니하거나 변동상황을 누락하여 제출한 경우 또는 변동상황명세서가 불분명한 경우
가산세	주식·출자지분변동상황명세서 불성실가산세 = 미제출·누락제출·불분명제출한 주식액면금액 × 1%(제출기한 경과 후 1월 이내에 제출하는 경우 0.5%)

5 계산서 불성실가산세

구 분	내 용
사 유	① 계산서 미교부·필요적 기재사항 부실기재 시 ② 매입·매출처별 계산서합계표 미제출·부실기재 시 ③ 매입처별 세금계산서합계표를 기한 내에 제출하지 않거나 제출한 경우로서 부실기재시 ④ 가공 및 위장 계산서 수수 ⑤ 지연발급[주1]
가산세	계산서불성실가산세[주2] = 공급가액 × 2%[주3] 또는 1%(제출기한 경과 후 1월 이내에 제출하는 경우 0.5%)

*주1) 계산서의 발급시기가 지난 후 해당 재화 또는 용역의 공급시기가 속하는 사업연도 말의 다음 달 25일까지 계산서를 발급한 경우
*주2) 다만, 부가가치세법에 의한 세금계산서 관련 가산세가 적용되는 경우는 제외한다.
*주3) 2% 적용 : 계산서 미발급, 가공 및 위장수수

6 지급명세서 제출 불성실가산세

구 분	내 용
사 유	① 법인세법 또는 소득세법의 규정에 의하여 지급명세서를 제출하여야 할 의무가 있는 법인이 제출기한 내에 지급명세서를 제출하지 아니하거나 제출된 지급명세서가 불분명한 경우 ② 근로소득간이지급명세서 미제출하거나 불분명 또는 사실과 다른 경우 ③ 일용근로소득 지급명세서 미제출하거나 불분명한 경우

가산세	① 지급명세서 제출 불성실가산세
	  = 미제출·불분명한 지급금액 × 1%(제출기한 경과 후 3월 이내에 제출하는 경우 0.5%)
	② 근로소득간이지급명세서 제출 불성실가산세
	  = 미제출·불분명한 지급금액 × 0.25%(제출기한 경과 후 3월 이내에 제출하는 경우 0.125%)
	③ 일용근로소득 지급명세서 제출 불성실가산세
	  = 미제출·불분명한 지급금액 × 0.25%(제출기한 경과 후 1월 이내에 제출하는 경우 0.125%)

7 기부금영수증 불성실가산세

구 분	내 용
사 유	기부금영수증 발급자가 기부금영수증을 사실과 다르게 기재하였거나 기부자별 발급명세를 작성·보관하지 아니한 경우
가산세	① 기부금영수증의 경우 : 사실과 다르게 발급된 영수증에 기재된 금액 × 5% ② 기부자별 발급내역의 경우 : 그 작성·보관하지 아니한 금액의 0.2%

8 적격증빙 미수취가산세

구 분	내 용
사 유	법인이 사업자로부터 재화 또는 용역을 공급받고 신용카드매출전표 등·세금계산서 또는 계산서를 수취하지 아니한 경우
가산세	지출증빙 미수취가산세 = 수취하지 아니한 금액 중 손금·필요경비로 인정되는 금액 × 2%

9 현금영수증 발급 불성실가산세

구 분	내 용
사 유	① 현금영수증가맹점으로 가입하지 아니한 경우 ② 현금영수증 발급을 거부하거나 사실과 다르게 발급한 경우 ③ 건당 거래금액 10만원 이상 거래분에 대해 현금영수증 발급의무를 위반하여 현금연수증을 발급하지 않은 경우
가산세	① 가입하지 아니한 각 과세기간의 총수입금액 × 1% ② 건별 발부거부금액 또는 건별로 사실과 다르게 발급한 금액(건별로 발급하여야 할 금액과의 차액) × 5%(건별로 계산한 금액이 5천원에 미달하는 경우는 5천원) ③ 미발급금액 × 20(10)%[주] [주] 착오나 누락으로 거래대금을 받은 날부터 10일 이내 자진신고하거나 현금영수증을 자진발급한 경우 10%

10 신용카드매출전표 미발급가산세

구 분	내 용
사 유	신용카드가맹점이 신용카드매출전표의 발급을 거부하거나 사실과 다르게 발급한 경우
가산세	건별 발부거부금액 또는 건별로 사실과 다르게 발급한 금액(건별로 발급하여야 할 금액과의 차액) × 5%(건별로 계산한 금액이 5천원에 미달하는 경우는 5천원)

11 주주 등 명세서 제출 불성실가산세

내국법인은 설립등기일로부터 2개월 이내에 법인 설립신고서에 '주주 등 명세서'를 첨부하여 납세지 관할 세무서에 제출하여야 한다. 만약 제출하지 않는 경우 다음의 가산세를 징수한다.

> 주주 등 명세서 제출 불성실가산세 = 미제출, 누락제출, 불명분 주식 등의 액면가액 × 0.5%

12 업무용승용차 관련 비용 명세서 미제출·불성실 제출 가산세

구 분	내 용
사 유	업무용승용차 관련 비용을 손금산입하여 신고한 사업자가 해당 명세서 미제출·불성실 제출한 경우
가산세	① 미제출 : 업무용승용차 관련 비용 손금산입액(신고액) × 1% ② 불성실 제출 : 업무용승용차 관련 비용 손금산입액(신고액) 중 명세서상 사실과 다르게 제출한 금액 × 1%

13 가산세 중복적용의 배제

(1) 신고불성실가산세와 무기장가산세의 중복적용 배제

둘 중의 큰 금액에 해당하는 가산세만 적용하고, 만약 가산세액이 같으면 신고불성실가산세만 적용한다.

(2) 예정신고납부 및 중간예납 관련 가산세

예정신고납부(또는 중간예납)의 신고불성실가산세와 납부(환급) 불성실가산세가 부과된 부분에 대해서는 확정신고납부와 관련한 가산세를 부과하지 아니한다.

(3) 원천징수등 납부지연가산세와 납부(환급) 불성실가산세의 중복적용 배제

원천징수등 납부지연가산세가 부과되는 부분에 대해서는 납부(환급) 불성실가산세를 부과하지 아니한다.

(4) 지출증명서류 미수취가산세와 계산서 불성실 발급 가산세의 중복 적용 배제

재화나 용역을 공급받고 세금계산서 등 지출증명서류를 받지 아니한 경우와 재화나 용역을 공급받은 자가 계산서 등을 발급하지 아니한 경우에 대하여 가산세의 중복 적용을 배제한다.

제20장 단원별 기출문제

01 다음 중 법인세법상 중간예납에 대한 설명으로 옳지 않은 것은? [108회]

① 중간예납기간은 해당 사업연도의 개시일부터 6개월이 되는 날까지로 한다.
② 납세지 관할 세무서장은 중간예납기간 중 휴업 등의 사유로 수입금액이 없는 법인에 대하여 그 사실이 확인된 경우라도 중간예납세액에 대한 법인세를 징수하여야 한다.
③ 내국법인이 납부해야 할 중간예납세액이 1천만원을 초과하는 경우에는 분납할 수 있다.
④ 직전 사업연도의 중소기업으로서 직전 사업연도의 산출세액을 기준으로 하는 방법에 따라 계산한 중간예납세액이 50만원 미만인 내국법인은 중간예납세액을 납부할 의무가 없다.

해설
납세지 관할 세무서장은 중간예납기간 중 휴업 등의 사유로 수입금액이 없는 법인에 대하여 그 사실이 확인된 경우에는 해당 중간예납기간에 대한 법인세를 징수하지 아니한다.

02 다음 중 법인세법상 신고와 납부에 대한 설명으로 옳지 않은 것은? [107회]

① 법인세의 납세의무가 있는 내국법인은 각 사업연도 종료일이 속하는 달의 말일부터 3개월 이내에 법인세 과세표준과 세액을 신고하여야 한다.
② 성실신고확인대상 내국법인이 성실신고확인서를 제출하는 경우 각 사업연도 종료일이 속하는 달의 말일부터 4개월 이내에 법인세 과세표준과 세액을 신고하여야 한다.
③ 법인세 과세표준과 세액을 신고할 때 기업회계기준에 따라 작성한 재무상태표를 제출하지 아니한 경우 무신고로 본다.
④ 중소기업인 내국법인이 납부할 세액이 1천만원을 초과하는 경우 그 초과하는 금액은 납부기한이 지난 날부터 3개월 이내에 분납할 수 있다.

해설
중소기업인 내국법인이 납부할 세액이 1천만원을 초과하는 경우에는 납부기한이 지난 날부터 2개월 이내에 분납할 수 있다.

03 다음 중 법인세법상 법인세를 수시부과하는 사유로 옳지 않은 것은? [106회]

① 신고를 하지 아니하고 본점 등을 이전한 경우
② 사업부진 기타의 사유로 인하여 휴업 또는 폐업상태에 있는 경우
③ 조세를 포탈할 우려가 있다고 인정되는 상당한 이유가 있는 경우
④ 납부하여야 할 세액을 기한 내 납부하지 않은 경우

해설
수시부과 사유에 해당하지 아니한다.

04 다음 중 법인세법상 중간예납에 관한 설명으로 옳지 않은 것은? [105회]

① 사업연도의 기간이 6개월을 초과하는 내국법인은 각 사업연도 중 중간예납기간에 대한 법인세액을 납부할 의무가 있다.
② 중간예납기간은 해당 사업연도의 개시일부터 6개월이 되는 날까지로 한다.
③ 중간예납기간이 지난 날부터 2개월 이내에 중간예납세액을 납세지 관할 세무서, 한국은행 또는 체신관서에 납부하여야 한다.
④ 납부할 중간예납세액이 5백만원을 초과하는 경우에는 분납할 수 있다.

해설
납부할 중간예납세액이 1천만원을 초과하는 경우에는 분납할 수 있다.

05 다음 중 법인세법상 신고 및 납부에 대한 설명으로 옳지 않은 것은? [104회]

① 법인세 납세의무가 있는 내국법인은 각 사업연도 종료일이 속하는 달의 말일부터 3개월(성실신고확인서를 제출하는 경우에는 4개월) 이내에 그 사업연도의 소득에 대한 법인세의 과세표준과 세액을 신고하여야 한다.
② 각 사업연도 소득금액이 없거나 결손금이 발생한 경우에도 법인세 신고를 하여야 한다.
③ 내국법인이 납부할 세액이 1천만원을 초과하는 경우에는 납부기한이 지난 날부터 2개월(중소기업의 경우에는 3개월) 이내에 분납할 수 있다.
④ 내국법인의 중간예납기간은 해당 사업연도의 개시일부터 6개월이 되는 날까지로 한다.

해설
내국법인이 납부할 세액이 1천만원을 초과하는 경우에는 납부기한이 지난 날부터 1개월(중소기업의 경우에는 2개월) 이내에 분납할 수 있다.

정답 03 ④ 04 ④ 05 ③

06 다음 중 법인세법상 중간예납의무가 있는 법인에 해당하는 것은? [103회]

① 사업연도가 8개월인 일반내국법인
② 국내 사업장이 없는 외국법인
③ 고등교육법에 따른 사립학교를 경영하는 학교법인
④ 청산법인

> **해설**
> 사업연도가 6개월을 초과하는 내국법인은 중간예납세액을 납부할 의무가 있다.

07 다음 중 법인세법상 신고 및 납부에 대한 설명으로 틀린 것은? [102회]

① 법인세는 신고납세제도를 채택하고 있다.
② 중간예납세액의 경우는 분납할 수 없다.
③ 각 사업연도의 소득금액이 없는 경우에도 신고 의무가 있다.
④ 납세의무 있는 내국법인은 원칙적으로 각 사업연도의 종료일이 속하는 달의 말일부터 3개월 이내에 과세표준과 세액을 신고하여야 한다.

> **해설**
> 내국법인이 납부할 중간예납세액이 1천만원을 초과하는 경우에는 분납할 수 있다.

08 다음 중 법인세법상 수시부과에 대한 설명으로 틀린 것은? [101회]

① 신고를 하지 아니하고 본점 등을 이전한 경우는 수시부과 사유에 해당한다.
② 수시부과의 경우 내국법인은 각 사업연도의 소득에 대하여 수시부과일로부터 1개월 이내에 과세표준과 세액을 신고하여야 한다.
③ 사업부진으로 인하여 휴업 또는 폐업일 경우에도 수시부과 사유에 해당한다.
④ 기타 조세를 포탈할 우려가 있다고 인정되는 상당한 이유가 있을 경우에도 수시부과 사유로 인정된다.

> **해설**
> 수시부과결정일 경우에도 원칙적으로 각 사업연도종료일이 속하는 달의 말일부터 3개월 이내에 관할 세무서장에게 과세표준과 세액을 신고하여야 한다.

정답 06 ① 07 ② 08 ②

09 다음은 법인세법상 중간예납에 대한 설명이다. 가장 옳지 않은 것은? [100회]

① 신설법인(합병·분할의 경우 제외)의 경우 최초 사업연도에는 중간예납세액 납부의무가 없다.
② 중간예납 시 분납은 적용받을 수 없다.
③ 직전 사업연도의 중소기업으로서 직전 사업연도의 납부실적기준으로 계산한 중간예납세액이 50만원 미만인 내국법인은 중간예납의무가 없다.
④ 중간예납세액은 원칙적으로 중간예납기간이 지난 날부터 2개월 이내 납부하여야 한다.

해설
내국법인이 납부할 중간예납세액이 1천만원을 초과하는 경우에는 분납할 수 있다.

10 다음 중 법인세법상 법인세 과세표준 및 세액신고 시 첨부해야 할 필수서류에 해당하지 않는 것은? [100회]

① 재무상태표 및 손익계산서
② 세무조정계산서
③ 이익잉여금처분계산서
④ 합계잔액시산표

해설
법인세의 과세표준과 세액을 신고할 때 그 신고서에 재무상태표, 손익계산서, 이익잉여금처분계산서, 세무조정계산서를 첨부하지 않은 경우 무신고로 본다.

11 다음 중 법인세법상 원천징수에 대한 설명으로 가장 옳지 않은 것은? [99회]

① 원천징수세액이 1천원 미만인 경우에는 해당 법인세를 징수하지 아니한다.
② 원천징수의무자가 납세의무자로부터 법인세를 징수한 경우에는 그 납세의무자에게 원천징수영수증을 발급하여야 한다.
③ 법인은 비영업대금의 이익을 지급할 때 그 지급하는 금액에 100분의 14의 세율을 적용한 금액을 원천징수하여야 한다.
④ 원칙적으로 법인은 원천징수대상 소득을 실제로 지급하는 때 원천징수하여야 한다.

해설
비영업대금의 이익인 경우 100분의 25의 세율을 적용한다.

정답 09 ② 10 ④ 11 ③

12 다음 중 법인세법상 신고 및 납부에 관한 설명으로 틀린 것은? [99회]

① 각 사업연도 종료일이 속하는 달의 말일부터 3개월(성실신고확인 대상 법인의 경우 4개월) 이내에 법인세 과세표준 및 세액을 납세지 관할 세무서장에게 신고하여야 한다.
② 납부할 세액이 1천만원을 초과하는 경우에는 납부기한이 지난 날로부터 1개월(중소기업의 경우 2개월) 이내에 분납할 수 있다.
③ 법인세 신고 시 포괄손익계산서를 첨부하지 않으면 무신고로 본다.
④ 각 사업연도의 소득금액이 없거나 결손금이 있는 법인은 법인세 과세표준을 신고할 의무가 없다.

해설
내국법인으로서 각 사업연도의 소득금액이 없거나 결손금이 있는 법인의 경우에도 적용한다.

13 다음 중 법인세법상 중간예납에 대한 설명으로 옳지 않은 것은? [97회]

① 각 사업연도의 기간이 6개월 이하인 법인은 중간예납세액 납부의무를 지지 않는다.
② 중간예납세액에 대해서도 분납이 허용된다.
③ 내국법인이 납부하여야 할 중간예납세액의 일부를 납부하지 아니한 경우 납부지연가산세가 적용된다.
④ 원칙적으로 내국법인은 중간예납기간이 지난 날부터 3개월 이내에 중간예납세액을 납부하여야 한다.

해설
내국법인은 중간예납기간이 지난 날부터 2개월 이내에 중간예납세액을 대통령령으로 정하는 바에 따라 납세지 관할 세무서, 한국은행(그 대리점을 포함한다) 또는 체신관서에 납부하여야 한다.

14 다음 중 법인세법상 수시부과하는 사유로서 옳지 않은 것은? [96회]

① 신고를 하지 아니하고 본점 등을 이전한 경우
② 사업부진 기타의 사유로 인하여 휴업 또는 폐업상태에 있는 경우
③ 기한 내에 신고를 하지 아니한 경우
④ 기타 조세를 포탈할 우려가 있다고 인정되는 상당한 이유가 있는 경우

해설
기한 내에 신고를 하지 아니한 무신고의 경우 수시부과 사유에 해당하지 아니한다.

15 다음 중 법인세법상 과세표준 등의 신고에 관한 설명으로 옳지 않은 것은? [96회]

① 내국법인은 원칙적으로 각 사업연도의 종료일이 속하는 달의 말일부터 3개월 이내에 그 사업연도의 소득에 대한 법인세의 과세표준과 세액을 납세지 관할 세무서장에게 신고하여야 한다.
② 내국법인이 성실신고확인서를 제출하는 경우에는 각 사업연도의 종료일이 속하는 달의 말일부터 4개월 이내에 그 사업연도의 소득에 대한 법인세의 과세표준과 세액을 납세지 관할 세무서장에게 신고하여야 한다.
③ 내국법인으로서 각 사업연도의 소득금액이 없거나 결손금이 있는 법인의 경우에는 신고하지 않을 수 있다.
④ 납세지 관할 세무서장 및 관할 지방국세청장은 제출된 신고서 또는 그 밖의 서류에 미비한 점이 있거나 오류가 있을 때에는 보정할 것을 요구할 수 있다

> **해설**
> 내국법인으로서 각 사업연도의 소득금액이 없거나 결손금이 있는 법인의 경우에도 적용한다.

16 다음 중 법인세법상 원천징수에 대한 설명으로 옳지 않은 것은? [96회]

① 법인세를 원천징수할 시기는 원칙적으로 원천징수 대상 소득을 실제 지급하는 때이다.
② 원천징수세액이 1천원 미만인 경우 해당 법인세를 징수하지 아니한다.
④ 원천징수의무자가 납세의무자로부터 법인세를 원천징수한 경우 그 납세의무자에게 원천징수영수증을 발급하여야 한다.
④ 이자소득과 배당소득은 법인세 원천징수 대상 소득이다.

> **해설**
> 법인세 원천징수 대상 소득은 소득세법에 따른 이자소득과 집합투자기구로부터의 이익 중 「자본시장과 금융투자업에 관한 법률」에 따른 투자신탁의 이익이다.

17 다음 중 법인세법상 중간예납에 대한 설명으로 틀린 것은? [94회]

① 중간예납기간 중 휴업 등의 사유로 사업수입금액이 없는 것으로 납세지 관할 세무서장이 확인한 휴업법인도 중간예납의 의무가 있다.
② 각 사업연도의 기간이 6월을 초과하는 법인은 해당 사업연도 개시일부터 6월간을 중간예납기간으로 한다.
③ 직전 사업연도의 중소기업으로서 직전 사업연도산출세액을 기준으로 계산한 금액이 50만원 미만인 내국법인은 중간예납세액을 납부할 의무가 없다.
④ 중간예납세액의 계산 방법은 직전 사업연도의 산출세액을 기준으로 계산하거나 해당 중간예납기간의 법인세액을 기준으로 계산하는 방법이 있다.

> **해설**
> 중간예납의무가 없다.

정답 15 ③ 16 ④ 17 ①

18 다음 중 납세의무가 있는 내국법인이 법인세 과세표준신고 시 필수로 제출해야 하는 첨부서류에 해당하는 항목을 모두 고른 것은? [93회]

> ⓐ 기업회계기준을 준용하여 작성한 재무상태표
> ⓑ 기업회계기준을 준용하여 작성한 포괄손익계산서
> ⓒ 기업회계기준을 준용하여 작성한 이익잉여금처분계산서
> ⓓ 세무조정계산서

① ⓐ
② ⓐ, ⓑ
③ ⓐ, ⓑ, ⓒ
④ ⓐ, ⓑ, ⓒ, ⓓ

19 다음 중 법인세 과세표준 및 세액을 경정하는 사유로 가장 옳지 않은 것은? [92회]

① 법인세 과세표준 및 세액의 신고를 하지 않은 경우
② 법인세 과세표준 및 세액의 신고내용에 오류 또는 누락이 있는 경우
③ 법인세 과세표준 및 세액의 신고를 한 법인이 매출·매입처별 계산서합계표의 전부 또는 일부를 제출하지 아니한 경우
④ 신용카드 의무가맹 법인이 미가입함으로써 신고내용이 불성실하다고 판단되는 경우

해설
납세지 관할 세무서장 또는 관할 지방국세청장은 법인이 법인세 과세표준 및 세액 신고를 하지 않은 경우, 그 법인의 각 사업연도의 소득에 대한 법인세의 과세표준과 세액을 결정한다.

20 다음 중 법인세법상 ㉠과 ㉡에 들어갈 용어를 바르게 기재한 것은? [90회]

> 가. 납세지 관할 세무서장은 내국법인이 법인세법에 따른 과세표준과 세액을 신고를 하지 아니한 경우에는 그 법인의 각 사업연도의 소득에 대한 법인세의 과세표준과 세액을 (㉠)한다.
> 나. 납세지 관할 세무서장은 법인세법에 따른 과세표준과 세액을 신고한 내국법인이 신고내용에 오류 또는 누락이 있는 경우에는 그 법인의 각 사업연도의 소득에 대한 법인세의 과세표준과 세액을 (㉡)한다.

① ㉠ 결정, ㉡ 경정
② ㉠ 경정, ㉡ 결정
③ ㉠ 경정, ㉡ 수정
④ ㉠ 결정, ㉡ 수정

18 ④ 19 ① 20 ① **정답**

21
다음 중 법인세법상 중간예납에 대한 설명으로 틀린 것은? [88회]

① 중간예납은 직전 사업연도 산출세액기준으로 하는 방법과 해당 중간예납기간의 법인세를 기준으로 하는 방법이 있다.
② 직전 사업연도의 중소기업으로서 직전 사업연도 법인세 산출세액 기준으로 계산한 중간예납세액이 70만원 미만인 중소기업에 대해서는 중간예납의무를 배제한다.
③ 해당 중간예납기간 만료일까지 직전 사업연도의 법인세액이 확정되지 아니한 경우에는 해당 중간예납 기간의 법인세액을 기준으로 하는 방법으로 계산한다.
④ 납세지 관할 세무서장은 중간예납기간 중 휴업 등의 사유로 수입금액이 없는 법인에 대하여 그 사실이 확인된 경우에는 해당 중간예납기간에 대한 법인세를 징수하지 아니한다.

해설
직전 사업연도 법인세 산출세액 기준으로 계산한 중간예납세액이 50만원 미만인 중소기업에 대해서는 중간예납의무를 배제한다.

22
법인세법상 성실신고 확인대상인 내국법인이 각 사업연도의 종료일이 속하는 달의 말일부터 (㉠)개월 이내에 성실신고확인서를 납세지 관할 세무서장에게 제출하지 아니한 경우에는 법인세 산출세액의 100분의 (㉡)을(를) 가산세로 해당 사업연도의 법인세액에 더하여 납부하여야 한다. 다음 중 (㉠), (㉡)에 들어갈 숫자로 옳은 것은? [87회]

	㉠	㉡		㉠	㉡
①	3	3	②	3	5
③	4	3	④	4	5

해설
확인대상에 해당하는 법인은 과세연도가 끝난후 4개월 이내에 성실신고확인서를 제출하여야 하며 이를 위반 시 산출세액의 5%(또는 수입금액의 0.02%)에 해당하는 금액의 미제출가산세를 부과한다.

23
다음 중 법인세상 중간예납에 대한 설명으로 틀린 것은? [85회]

① 사업연도가 6월 이내인 법인은 중간예납의무가 없다.
② 중간예납기간은 해당 사업연도의 개시일부터 6개월이 되는 날까지로 한다.
③ 고등교육법에 따른 사립학교를 경영하는 학교법인은 중간예납세액을 납부할 의무가 없다.
④ 중간예납세액은 반드시 직전 사업연도의 산출세액을 기준으로 하는 방법으로 계산한다.

해설
중간예납세액은 직전 사업연도의 실적을 기준으로 계산하는 방법과 당해 중간예납기간의 실적을 기준으로 계산하는 방법 중 법인이 임의로 선택할 수 있다.

정답 21 ② 22 ④ 23 ④

24 법인세법상 차감납부할세액의 계산구조를 요약하면 다음과 같다.

> • 법인세 산출세액 − (가) − (나) + (다) = 총부담세액
> • 총부담세액 − (라) = 차감납부할세액

(가), (나), (다), (라)에 들어갈 수 있는 것으로 알맞은 것은? [85회]

① (가) 세액감면   (나) 세액공제   (다) 가산세   (라) 원천징수세액
② (가) 세액공제   (나) 가산세   (다) 중간예납세액 (라) 원천징수세액
③ (가) 가산세   (나) 세액공제   (다) 원천징수세액 (라) 중간예납세액
④ (가) 세액감면   (나) 세액공제   (다) 수시부과세액 (라) 가산세

해설
(가) 세액감면, (나) 세액공제, (다) 가산세, (라) 원천징수세액, 중간예납세액, 수시부과세액이 들어갈 수 있다.

25 다음은 법인세법상 중간예납의무를 지지 않는 법인이다. 이에 해당하지 않는 것은? [84회]

① 각 사업연도의 기간이 6개월 이하인 법인
② 고등교육법에 따른 사립학교를 경영하는 법인
③ 합병으로 신설된 법인의 최초 사업연도
④ 새로 설립된 법인의 최초 사업연도

해설
새로 설립된 법인의 최초 사업연도는 중간예납을 하지 않지만 합병 또는 분할로 신설된 법인의 최초 사업연도는 중간예납을 하여야 한다.

26 다음 중 법인세법상 법인세 과세표준을 신고할 때 필수적 첨부서류에 해당하여 미제출 시 무신고로 보는 서류에 해당하지 않는 것은? [84회]

① 현금흐름표   ② 재무상태표
③ 세무조정계산서   ④ 이익잉여금처분계산서

해설
현금흐름표는 필수적 첨부서류가 아니다.

정답 24 ① 25 ③ 26 ①

27 현행 법인세법에서 중소기업에 대한 조세지원내용이 아닌 것은? [83회]

① 기업업무추진비 한도액의 증액
② 적격증명서류 관련 가산세
③ 결손금 소급공제에 따른 환급
④ 법인세 분납기간의 연장

28 다음 중 법인세법상 과세표준등의 신고에 대한 설명으로 틀린 것은? [82회]

① 납세의무가 있는 내국법인(성실신고확인대상 아님)은 각 사업연도 종료일이 속하는 달의 말일부터 3개월 이내에 신고하여야 한다.
② 각 사업연도의 소득금액이 없거나 결손금이 있는 법인은 적용하지 않는다.
③ 외부감사를 받아야하는 내국법인이 감사가 종결되지 않은 경우에는 신고기한을 1개월의 범위에서 연장할 수 있다.
④ 2년 이내 설립된 법인으로 해당 사업연도 수입금액이 3억원 이상인 법인은 세무사 등으로부터 외부조정을 받아야 한다.

> **해설**
> 각 사업연도의 소득금액이 없거나 결손금이 있는 법인도 적용한다.

29 다음 중 법인세법상 성실신고확인서 제출에 대한 설명으로 틀린 것은? [82회]

① 외부감사를 받은 내국법인은 제출하지 아니할 수 있다.
② 성실신고확인대상 사업자가 내국법인으로 전환한 경우 전환 후 2년간 적용한다.
③ 납세지 관할 세무서장은 성실신고확인서를 보정할 것을 요구할 수 있다.
④ 성실신고확인대상 법인은 법인세의 과세표준과 세액을 각 사업연도 종료일이 속하는 달의 말일부터 4개월 이내에 신고하여야 한다.

> **해설**
> 성실신고확인대상 사업자가 내국법인으로 전환한 경우 전환 후 3년간 적용한다.

정답 27 ② 28 ② 29 ②

30

사업연도가 1월 1일 ~ 12월 31일인 제조업을 영위하는 중소기업인 ㈜A의 법인세 결정세액이 1,500만원인 경우 법인세법상 법인세 분납기한 및 분납세액으로 옳은 것은?(단, 법인세법에서 허용하는 최대의 분납 범위로 한다) [79회]

	분납기한	분납세액
①	익년 4월 30일	500만원
②	익년 4월 30일	750만원
③	익년 5월 31일	500만원
④	익년 5월 31일	750만원

해설
납부세액이 2천만원 이하인 경우 1천만원 초과금액인 500만원만 분납가능하며, 중소기업의 분납기한은 법인세 신고기한으로부터 2개월 이내이다.

31

다음 중 법인세법상 성실신고확인서 제출에 대한 설명으로 옳은 것은? [79회]

① 성실신고확인서를 제출하는 법인의 법인세 과세표준과 세액은 각 사업연도의 종료일이 속하는 달의 말일부터 3개월 이내에 제출하여야 한다.
② 주식회사의 외부감사에 관한 법률에 따라 감사를 받은 내국법인은 제출하지 않아도 된다.
③ 업종 중 부동산임대업을 주업으로 하는 내국법인은 제출하지 않아도 된다.
④ 소득세법상 성실신고 확인대상사업자가 내국법인으로 전환한 경우 매년 성실신고확인서를 제출하여야 한다.

해설
종료일이 속하는 달의 말일부터 4개월 이내에 제출하여야 하며, 주식회사의 외부감사에 관한 법률에 따라 감사를 받은 내국법인은 성실신고확인서를 제출하지 않아도 된다.

32

다음 중 법인세법상 중간예납에 관한 설명으로 가장 옳지 않은 것은? [77회]

① 내국법인으로서 각 사업연도의 기간이 6개월을 초과하는 신설법인은 해당 사업연도 개시일로부터 6개월간을 중간예납기간으로 한다.
② 중간예납세액은 중간예납기간이 지난 날부터 2개월 이내에 납세지 관할 세무서 등에 납부하여야 한다.
③ 중간예납세액이 1천만원을 초과하는 경우에는 분납할 수 있다.
④ 합병에 따라 설립된 합병법인이 설립 후 최초의 사업연도에 중간예납세액을 납부하는 경우에는 피합병법인의 합병등기일이 속하는 사업연도의 직전 사업연도를 직전 사업연도로 본다.

해설
신설법인의 최초 사업연도는 제외한다.

정답 30 ③ 31 ② 32 ①

33 다음 중 법인세법상 중간예납의무를 지는 법인은? [76회]

① 신설법인(합병이나 분할에 의하여 새로 설립된 법인 제외)
② 관할 세무서장에 의해 중간예납기간 중 휴업 등의 사유로 사업수입금액이 없는 것을 확인된 법인
③ 고등교육법에 따른 사립학교를 경영하는 학교법인
④ 이월결손금이 있어 산출세액이 없는 법인

해설
산출세액이 없는 경우에도 신고하여야 한다.

34 다음 중 법인세법상 원천징수의무에 대한 설명으로 옳은 것은? [76회]

① 원칙상 소득을 지급받는 자가 법인이고, 지급하는 자가 비사업자인 개인인 경우 개인은 원천징수의무가 있다.
② 법인이 개인에게 기타소득을 지급하는 경우 원천징수의무는 선택사항이다.
③ 소득을 지급받는 자가 법인이고, 지급하는 자가 사업자인 개인인 경우 개인은 원천징수의무가 없다.
④ 원천징수의무자가 법인인 경우 법인의 본점소재지를 원천징수 납세지로 할 수 있다.

정답 33 ④ 34 ④

CHAPTER 21 비영리법인의 법인세

PART 1 법인세법

01 비영리법인의 납세의무

1 비영리법인의 범위

(1) 비영리내국법인

비영리법인이란 학술, 종교, 자선, 기예, 사교, 기타 영리목적이 아닌 사업을 영위하는 법인을 말하는데, 현행 법인세법에서는 다음에 해당하는 법인을 비영리내국법인으로 규정하고 있다.
① 민법 제32조의 규정에 의하여 설립된 법인
② 사립학교법 기타 특별법에 의하여 설립된 법인으로서 민법 제32조에 규정된 목적과 유사한 목적을 가진 법인(세법이 정하는 조합법인 등이 아닌 법인으로서 그 주주·사원 또는 출자자에게 이익을 배당할 수 있는 법인을 제외한다)
③ 국세기본법 규정에 의한 법인으로 보는 법인격이 없는 단체

2 비영리외국법인

현행 법인세법상 비영리외국법인이란 외국의 정부·지방자치단체 및 영리를 목적으로 하지 않는 법인을 말한다.

3 납세의무의 범위

구 분	각 사업연도 소득	청산소득	토지 등 양도소득
비영리내국법인	수익사업소득	-	과 세
비영리외국법인	국내원천소득 중 수익사업소득	-	과 세

4 과세소득의 범위

구 분	비 고
제조업·건설업 등 수익이 발생하는 각종 사업에서 발생하는 소득	축산업 등 특정 사업소득은 제외
소득세법상 이자소득·배당소득	-

주식·신주인수권·출자지분의 양도로 인한 수입	–
유형자산 및 무형자산의 처분으로 인한 수입	처분일 현재 3년 이상 계속하여 법령 또는 정관에 규정된 고유목적사업(수익사업에 해당하는 사업 제외)에 직접 사용한 유형자산 및 무형자산의 처분으로 인한 수입은 제외
소득세법상 채권·증권의 매도에 따른 채권매매익	–
양도소득세 과세대상자산인 부동산에 관한 권리와 기타 자산의 양도수입	–

02 과세표준과 세액

1 과세표준과 세액의 계산구조

현행 법인세법상 비영리법인의 과세표준과 세액의 계산은 영리법인의 규정을 준용하여 계산하도록 되어 있다.

2 구분경리

비영리법인이 수익사업을 영위하는 경우에는 자산·부채 및 손익을 당해 수익사업에 속하는 것과 비영리사업에 속하는 것으로 각각 구분하여 경리하여야 한다.

이 경우 공통자산과 공통부채, 공통익금과 공통손금에 구분경리방법은 다음과 같다.

구분	내용		
공통자산 공통부채	수익사업과 비영리사업에 공통되는 자산·부채는 이를 수익사업에 속하는 것으로 한다. 그리고 수익사업의 자본금은 수익사업의 자산합계액에서 부채(충당금 포함) 합계액을 공제한 금액으로 한다.		
공통익금 공통손금	① 공통익금		수입금액·매출액 비율로 안분계산
	② 공통손금	업종이 동일한 경우	수입금액·매출액 비율로 안분계산
		업종이 다른 경우	개별손금액 비율로 안분계산

03 비영리법인에 대한 각종 과세특례

현행 법인세법상 비영리법인의 신고·납부절차는 영리법인의 신고·납부절차와 관련된 사항을 준용하도록 규정하고 있다. 다만, 몇 가지 사항에서 차이점이 있는데 이를 살펴보면 다음과 같다.

1 고유목적사업준비금의 손금산입

비영리내국법인은 그 법인의 고유목적사업이나 일반기부금에 지출하기 위하여 고유목적사업준비금을 손금으로 계상하는 경우에는 다음의 일정한 범위에서 이를 손금에 산입한다.

> 손금산입범위액 = 이자·배당소득금액 + (수익사업소득금액 − 이자·배당소득금액 − 이월결손금 − 특례기부금손금산입액) × 50%

2 이자소득에 대한 선택적 분리과세

비영리법인은 이자소득(비영업대금의 이익 제외)과 집합투자기구로부터의 이익에 대하여 과세표준신고를 하지 아니할 수 있다. 이처럼 과세표준신고를 하지 않은 이자소득은 각 사업연도 소득금액에 포함하지 않으며 원천징수로서 납세의무가 종결된다.

3 비영리내국법인의 자산양도소득에 대한 과세특례

수익사업을 영위하지 아니하는 비영리내국법인은 자산양도소득에 대하여 각 사업연도 소득에 대한 법인세를 납부하는 것에 갈음하여, 소득세법상 양도소득세 규정을 준용하여 계산한 과세표준에 양도소득세율을 적용한 금액을 법인세로 납부할 수 있다.

구 분	내 용
적용대상자산	① 토지·건물 ② 특정주식·특정법인의 주식·특정시설물이용권이 부여된 주식 ③ 양도소득세 과세대상 주식 또는 출자지분
과세표준과 세율	과세표준과 세율은 양도소득세 규정을 준용하며, 과세표준은 다음과 같이 계산된다. 과세표준 = 양도가액 − 필요경비 − 장기보유특별공제 − 양도소득기본공제
예정신고	비영리법인이 특례규정을 선택한 경우에는 부동산 등을 양도한 날이 속하는 달의 말일부터 2월이 되는 날까지 양도소득과세표준 예정신고 및 자진납부를 하여야 한다. 이 규정에 의하여 양도소득과세표준 예정신고를 한 비영리내국법인은 법인세의 신고를 한 것으로 본다.

4 기타사항의 특례

(1) 기장의무

비영리법인의 경우에도 기장의무를 지는 것이 원칙이나, 수익사업을 영위하지 아니하는 비영리법인은 기장의무를 지지 않는다. 한편, 기장의무를 지는 비영리법인이 기장을 하지 않은 경우에도 무기장가산세는 적용하지 않는다.

(2) 서류제출의 면제

수익사업을 영위하지 아니하는 비영리법인이 과세표준신고를 하는 경우에는 재무상태표, 손익계산서, 이익잉여금처분계산서 및 세무조정계산서를 첨부하지 않은 경우에도 신고한 것으로 본다.

제21장 단원별 기출문제

01 다음 중 법인세법상 비영리법인의 수익사업에서 생기는 소득에서 제외되는 것은 무엇인가? [88회]

① 예금의 이자소득
② 처분일 현재 3년 이상 계속하여 고유목적사업에 직접 사용한 유형자산의 처분으로 인한 수입
③ 비상장법인의 배당소득
④ 주식의 양도로 인한 수입

해설
유형자산 및 무형자산의 처분으로 인한 수입. 다만, 고유목적사업에 직접 사용하는 자산의 처분으로 인한 대통령령으로 정하는 수입은 제외한다.

02 비영리내국법인인 ㈜세무의 당기소득이 다음과 같다고 가정할 때, 법인세법상 법인세가 부과되는 소득의 합계액은 얼마인가? [80회]

- 수익사업에서 발생한 소득 : 7천만원
- 수익사업용 부동산의 양도차익 : 3천만원
- 청산소득 : 5천만원

① 0원　　　　　　　　　　② 5천만원
③ 1억원　　　　　　　　　④ 1억 5천만원

03 법인세법상 비영리내국법인에 해당하지 않는 것은? [65회]

① 민법에 따라 설립된 법인
② 농업협동조합
③ 국세기본법 따른 법인으로 보는 단체
④ 장애인 고용촉진기업

[정답] 01 ②　02 ③　03 ④

04 다음 중 법인세법상 비영리법인의 수익사업(과세소득)에 해당하지 않는 것은? [43회]

① 배당소득
② 주식·신주인수권 또는 출자지분의 양도로 인한 수입
③ 3년 이상 고유목적사업에 직접 사용하는 유형자산의 처분수입
④ 이자소득

해설
비영리법인의 3년 이상 고유목적사업에 직접 사용한 유형자산 및 무형자산의 처분수입은 수익사업에 해당하지 않는다.

04 ③ 정답

PART 1 법인세법
청산소득에 대한 법인세

01 개요

1 청산소득의 개념

청산소득이란 내국영리법인의 해산·합병 또는 분할 시 잔여재산가액·합병대가 또는 분할대가가 자기자본총액을 초과하는 경우 당해 초과액을 말한다. 청산소득에 대한 과세는 각 사업연도의 소득에 대한 법인세의 불완전함을 보완하기 위한 것으로서, 각 사업연도의 소득에 대한 법인세의 최종 정산의 성격을 갖는다.

2 납세의무자

(1) 본래의 납세의무자

청산소득에 대한 법인세 납세의무자는 해산·합병 또는 분할로 인한 청산소득이 있는 영리내국법인으로 한다. 즉, 청산소득에 대한 법인세 납세의무자는 영리내국법인에 한하며, 비영리법인과 외국법인은 청산소득에 대한 법인세 납세의무를 지지 아니한다.

(2) 납세의무의 확장

① 해산의 경우 : 법인이 해산한 경우 각 사업연도 소득에 대한 법인세 청산소득에 대한 법인세를 납부하지 않고 잔여재산을 분배한 때에는 청산인과 잔여재산의 분배를 받은 자는 각각 당해 분배한 재산가액과 분배받은 재산가액을 한도로 법인세를 연대하여 납부할 책임을 진다.
② 합병·분할의 경우 : 법인이 합병 또는 분할로 인하여 소멸한 경우 합병법인 등은 피합병법인 등이 납부하지 않은 각 사업연도 소득에 대한 법인세 또는 청산소득에 대한 법인세를 납부할 책임을 진다.

3 조직변경에 대한 법인세의 비과세

내국법인이 다음 중 하나의 경우에는 청산소득에 대한 법인세를 과세하지 아니한다.
① 상법 또는 기타의 법률에 의하여 조직변경을 하는 경우
② 특별법에 의하여 설립된 법인이 당해 특별법의 개정 또는 폐지로 인하여 상법상의 회사로 조직변경을 하는 경우
③ 변호사법에 따라 법무법인이 법무법인(유한)으로 조직변경하는 경우, 관세사법에 따라 관세사법인이 관세법인으로 조직변경하는 경우 및 변리사법에 따라 특허법인이 특허법인(유한)으로 조직변경하는 경우
④ 협동조합기본법에 따라 협동조합으로 조직변경을 하는 경우 및 지방공기업법에 따라 지방공사가 지방공단으로 조직변경하거나 지방공단이 지방공사로 조직변경하는 경우

02 청산소득에 대한 과세표준

1 과세표준

(1) 해산의 경우

법인이 해산을 하게 되면 청산인에 의한 청산절차를 거치게 된다. 여기서 청산절차란 법인의 모든 자산을 환가하여 부채를 상환하고 잔여재산이 있으면 이를 주주에게 분배하는 것을 말하는데, 이 경우 잔여재산가액에서 세무상 자기자본총액을 차감한 금액을 청산소득에 대한 과세표준이라 한다.

	잔여재산가액	
(−)	자기자본총액	→ 해산등기일 현재의 자기자본총액을 말함
	청산소득금액	

① **잔여재산가액** : 잔여재산가액은 해산등기일 현재의 자산총액에서 부채총액을 차감한 금액으로 한다. 여기서 자산총액은 해산등기일 현재 자산가액의 합계액으로 하되, 추심할 채권과 환가처분할 자산의 가액은 추심·환가처분한 날 현재의 금액으로 하고, 추심·환가처분 전에 분배한 경우에는 그 분배한 날 현재의 시가에 의한 평가액으로 한다.
② **자기자본총액** : 자기자본총액이란 해산등기일 현재의 자본금과 잉여금의 합계금액에서 이월결손금을 차감한 금액으로 한다.

> 자기자본총액 = 납입자본금 + (잉여금[주] − 이월결손금) + 환급법인세액

*주) 해산등기일 전 2년 이내 잉여금을 자본에 전입한 금액을 잉여금에 포함한다.

(2) 합병(분할)의 경우

합병(분할)의 경우에는 일반적인 해산과 달리 모든 자산과 부채를 포괄적으로 합병법인에 승계시키면서 합병대가를 수령하므로 다음과 같은 산식에 의하여 과세표준을 계산하게 된다.

$$\frac{\text{잔여재산분배액의 합계액}}{(-) \quad \text{자기자본총액}} \rightarrow \text{합병등기일 현재의 자기자본총액}$$
$$\overline{\text{과세표준}}$$

① **합병대가(분할대가)**: 합병대가(분할대가)는 합병으로 인하여 소멸한 법인의 주주 등이 합병법인으로부터 받는 합병교부주식과 합병교부금을 합한 금액으로 한다.

> 합병대가 = 합병교부주식 + 합병교부금

㉠ 합병교부주식의 가액

구 분	가 액
합병평가차익의 과세이연요건 충족 시	Min[액면가액, 시가]
합병평가차익의 과세이연요건 불충족 시	시 가

㉡ **합병교부금**: 합병교부금에는 합병법인이 납부하는 피합병법인의 청산소득에 대한 법인세(동 지방소득세 포함) 및 동 법인세(감면세액 포함)에 부과되는 국세와 합병등기일 전 2년 이내 취득한 포함주식의 취득가액을 포함한다.

② **자기자본총액**: 해산의 경우를 준용한다.

2 청산소득에 대한 법인세

청산소득에 대한 법인세는 청산소득 과세표준에 세율을 곱한 금액으로 한다. 청산소득에 대한 법인세의 세율은 각 사업연도소득에 대한 법인세의 세율과 같다. 왜냐하면 청산소득에 대한 과세는 각 사업연도의 소득에 대한 최종적인 정산이기 때문이다.

03 납세절차

1 확정신고 · 납부

청산소득에 대한 법인세 납부의무가 있는 법인은 다음의 기한 내에 과세표준과 세액을 신고·납부하여야 한다. 이 경우 청산소득금액이 없는 경우에도 과세표준·세액의 확정신고는 하여야 한다.

구 분	신고기한
해산 시	잔여재산가액 확정일로부터 3월 이내
사업의 계속 시	사업계속등기일로부터 3월 이내
합병·분할 시	합병등기일·분할등기일로부터 3월 이내

2 중간신고납부

법인이 아래 사유에 해당하는 때에는 당해 분배한 날 또는 그 1년이 되는 날로부터 1월 이내에 청산소득에 대한 중간신고 및 세액의 납부를 하여야 한다.
① 해산에 의한 잔여재산가액이 확정되기 전에 그 일부를 주주 등에게 분배한 경우
② 해산등기일로부터 1년이 되는 날까지 잔여재산가액이 확정되지 아니한 경우

3 징 수

법인이 청산소득에 대한 법인세를 납부하지 아니한 경우에 납세지 관할 세무서장 또는 관할 지방국세청장은 납부기한이 지난 날로부터 2월 이내에 미납법인세를 징수하여야 한다.

4 가산세

청산소득에 대하여는 각 사업연도의 소득에 대한 법인세의 경우를 준용하고 무신고무기장가산세, 과소신고가산세 및 납부불성실가산세를 적용한다. 다만, 청산소득에 대한 법인세액이 없는 경우에는 그러하지 아니한다.

제22장 단원별 기출문제

01 다음 중 법인세법상 청산소득으로서 과세되지 아니하는 것은? [41회]

① 법에 의한 조직변경으로 인한 청산소득
② 해산에 의한 청산소득
③ 합병에 의한 청산소득
④ 분할에 의한 청산소득

02 다음은 법인세법상 청산소득에 대한 설명이다. 청산소득에 대한 법인세가 과세되는 것은? [40회]

① 상법에 따라 조직변경하는 경우
② 분할에 의하여 소멸하는 영리내국법인의 경우
③ 특별법에 따라 설립된 법인이 해당 특별법의 개정 또는 폐지로 인하여 상법에 따른 회사로 조직변경하는 경우
④ 변호사법에 따라 법무법인이 법무법인(유한)으로 조직변경하는 경우

[정답] 01 ① 02 ②

CHAPTER 23 외국법인의 법인세

PART 1 법인세법

01 개 요

외국법인이란 외국에 본점 또는 주사무소를 둔 법인(국내에 사업의 실질적 관리장소가 소재하지 아니한 경우에 한함)을 말하며, 이러한 외국법인에 대한 납세의무의 범위를 살펴보면 다음과 같다.

구 분	각 사업연도 소득	청산소득	토지 등 양도소득
영리법인	국내원천소득	-	과 세
비영리법인	국내원천소득 중 수익사업소득	-	과 세

02 국내원천소득

1 국내원천소득의 요건

외국법인에 대하여 과세할 수 있는 국내원천소득이 되기 위해서는 다음의 요건이 충족되어야 한다.

구 분	내 용
경제적 활동장소	소득을 발생시키기 위한 경제적 활동이 국내에서 이루어져야 한다.
지급장소	소득을 국가·지방자치단체, 내국법인·거주자, 외국법인·비거주자의 국내사업장으로부터 국내에서 지급받아야 한다. 따라서 외국법인 또는 비거주자로부터 받는 것이나 내국법인·거주자의 국외사업장에서 지급받는 것은 국내원천소득에 해당하지 않는다.

2 국내원천소득의 범위

국내원천소득은 법인세법에 열거된 소득에 한하며, 현행 세법상 열거된 국내원천소득은 다음과 같다.

구 분	내 용
이자소득	국가·지방자치단체, 거주자, 내국법인 등으로부터 지급받는 이자소득 및 기타의 대금의 이자와 신탁의 이익
배당소득	내국법인·법인으로 보는 단체로부터 국내에서 지급받는 배당소득 등
부동산소득	국내소재 부동산·부동산상 권리, 국내에서 취득한 광업권 등의 양도·임대소득
자산임대소득	선박·항공기·등록된 자동차·건설기계 등을 임대함으로 인하여 발생하는 소득

사업소득	국내에서 영위하는 사업으로 인하여 발생하는 소득
인적용역소득	국내에서 일정한 인적용역을 제공하거나 이용하게 함으로 인하여 발생하는 소득
자산권리양도소득	국내소재 자산·권리의 양도소득
사용료 소득	일정한 자산·정보 또는 권리를 국내에서 사용하거나 그 대가를 국내에서 지급하는 경우의 당해 대가
유가증권양도소득	① 내국법인이 발행한 주식 등의 양도소득 ② 외국법인이 발행하는 주식 등(우리나라에 상장된 것에 한함) 및 외국법인의 국내사업장이 발행한 기타의 유가증권의 양도소득
기타의 소득	상기 소득들 이외의 소득 중 법인세법에 열거된 소득

03 과세방법

1 외국법인에 대한 과세방법

구 분		내 용
국내사업장이 있는 외국법인		신고납부(= 종합과세)
국내사업장 없는 외국법인	부동산소득이 있는 경우	신고납부(= 분리과세)
	자산·권리양도소득이 있는 경우	신고납부(= 분리과세)
	기타의 국내원천소득	완납적 원천징수(= 분리과세)

2 국내사업장

국내사업장이란 외국법인이 국내에 사업의 전부 또는 일부를 수행하는 고정된 장소를 가지고 있는 경우 당해 장소를 말한다.

(1) 국내사업장의 범위

구 분	내 용

국내사업장으로 보는 유형	① 지점·사무소 또는 영업소
	② 상점 기타 고정된 판매장소
	③ 작업장·공장 또는 창고
	④ 6월을 초과하여 존속하는 건설장소, 건설·조립·설치공사의 현장 또는 이와 관련되는 감독활동을 수행하는 장소
	⑤ 고용인을 통하여 용역을 제공하는 경우로서 다음에 해당하는 장소
	  ㉠ 용역의 제공이 계속되는 12월 기간 중 합계 6월을 초과하는 기간 동안 용역이 수행되는 장소
	  ㉡ 용역의 제공이 계속되는 12월 기간 중 합계 6월을 초과하지 아니하는 경우로서 유사한 종류의 용역이 2년 이상 계속적·반복적으로 수행되는 장소
	⑥ 광산·채석장 또는 해저천연자원, 기타 천연자원의 탐사 및 채취장소

국내사업장으로 보지 않는 유형	① 외국법인이 자산의 단순한 구입만을 위하여 사용하는 일정한 장소 ② 외국법인이 판매를 목적으로 하지 아니하는 자산의 저장 또는 보관을 위해서만 사용하는 일정한 장소 ③ 외국법인이 광고·선전·정보의 수집과 제공·시장조사 기타 사업수행상 예비적이며 보조적인 성격을 가진 사업활동을 행하기 위하여 사용되는 일정한 장소 ④ 외국법인이 자기의 자산을 타인으로 하여금 가공하게 하기 위해서만 사용되는 일정한 장소

(2) 국내사업장으로 의제하는 경우

① 개요 : 국내사업장이 없는 외국법인이 종속대리인을 두고 사업을 영위하는 때에는 당해 종속 대리인의 사업장 소재지(사업장이 없는 경우에는 주소지 또는 거소지)에 국내사업장을 둔 것으로 본다.

② 종속대리인 : 종속대리인이란 국내에 특정 외국법인을 위하여 계약을 체결할 권한을 가지고 그 권한을 반복적으로 행사하는 자 또는 이에 준하는 다음의 자를 말한다.

　㉠ 외국법인의 자산을 상시 보관하고 관례적으로 이를 배달 또는 인도하는 자
　㉡ 중개인·일반위탁매매인, 기타 독립적 지위의 대리인으로서 주로 특정 외국법인만을 위하여 계약체결 등 사업에 관한 중요한 부분의 행위를 하는 자
　㉢ 보험사업(재보험사업 제외)을 영위하는 외국법인을 위하여 보험료를 징수하거나 국내소재 피보험물에 대한 보험을 인수하는 자

04 과세표준과 세액의 계산

1 종합과세하는 경우

국내사업장을 두거나 부동산소득이 있는 경우에는 내국법인의 규정을 준용하여 다음과 같이 계산한다.

　　　　　　　국내원천소득금액
(−)　　국내원천이월결손금 → 10년 이내 개시한 사업연도 발생분
(−)　　　　　　　비과세소득 → 법인세법·조세특례제한법 등에 의한 비과세소득(상호면세주의 적용)
(−)　　　　　　　외국항행소득
　　　　　　　　　과세표준
(×)　　　　　　　　　세 율 → 2억원 이하 9%, 200억원 이하 19%, 3,000억원 이하 21%, 3,000억원 초과 24%
　　　　　　　　　산출세액

(1) 국내원천소득금액

국내원천소득금액은 내국법인의 각 사업연도 소득금액 계산에 관한 규정을 준용하여 계산한다.

(2) 외국항행소득

선박 또는 항공기의 외국항행으로 인한 소득을 말한다. 다만, 그 외국법인의 본점 또는 주사무소가 있는 외국이 우리나라 법인이 운용하는 선박·항공기에 대하여 동일한 면제를 하는 경우에 한한다.

2 분리과세하는 경우

(1) 자산·권리양도소득

자산·권리양도소득은 다음과 같이 계산한다.

```
          양도가액  → 실지거래가액을 원칙으로 함
     (-)  취득가액  → 실지거래가액을 원칙으로 함
     (-)  양도비용  → 자산을 양도하기 위하여 직접 지출한 비용
          과세표준
     (×)  세  율   → 2억원 이하 9%, 200억원 이하 19%, 3,000억원 이하 21%, 3,000억원 초과 24%
          산출세액
```

(2) 기타의 국내원천소득

국내사업장을 두거나 부동산소득 또는 자산·권리양도소득을 제외한 국내원천소득은 국내원천소득별로 계산한 원천징수세액을 납부함으로써 납세의무가 종결된다.

05 외국법인의 국내사업장에 대한 과세특례(지점세)

1 지점세의 개요

외국법인(비영리법인 제외)의 국내사업장은 우리나라와 당해 외국법인의 거주지국과 체결한 조세조약의 규정에 따라 일정액의 지점세를 각 사업연도 소득에 대한 법인세에 추가하여 납부하여야 한다. 이의 과세취지는 자회사 형태로 국내에 진출하는 외국법인과 지점(국내사업장) 형태로 진출하는 외국법인간의 과세형평을 도모함에 있다.

2 지점세의 계산

구 분	내 용
산 식	지점세 과세대상 소득금액 × 지점세율
과세대상 소득금액	당해 국내사업장의 각 사업연도 소득금액 (-) 일반 법인세 및 소득할 주민세 (-) 과소자본세제에 의한 지급이자 손금불산입액 (-) 당해 국내사업장이 사업을 위하여 재투자할 것으로 인정되는 금액 　　　지점세 과세대상 소득금액
지점세율	지점세율은 배당소득에 대한 원천징수세율(20%)로 하되, 우리나라와 당해 외국법인의 거주지국이 체결한 조세조약에서 따로 정하는 경우에는 그에 따른다.

제23장 단원별 기출문제

01 다음은 법인세법상 외국납부세액에 관한 설명이다. 가장 옳지 않은 것은? [41회]

① 외국정부에 납부하였거나 납부할 외국법인세액이 공제한도를 초과하는 경우 그 초과하는 금액은 당해 사업연도의 다음 사업연도의 개시일부터 5년 이내에 종료하는 각 사업연도에 이월하여 그 이월된 사업연도의 공제한도 범위 안에서 이를 공제받을 수 있다.
② 국외원천소득에 대하여 납부하였거나 납부할 외국법인세액을 각 사업연도의 소득금액 계산에 있어서 손금에 산입하는 방법을 선택할 수 있다.
③ 국외원천소득이 있는 내국법인이 조세조약의 상대국에서 당해 국외원천소득에 대하여 법인세를 감면받은 세액 상당액은 당해 조세조약이 정하는 범위 안에서 세액공제 또는 손금산입의 대상이 되는 외국법인세액으로 본다.
④ 외국정부의 국외원천소득에 대한 법인세의 결정·통지의 지연, 과세기간의 상이 등의 사유로 신고와 함께 제출할 수 없는 경우에는 외국정부의 국외원천소득에 대한 법인세결정통지를 받은 날부터 45일 이내에 외국납부세액공제세액계산서에 증빙서류를 첨부하여 제출할 수 있다.

해설
다음 사업연도의 개시일부터 10년 이내

PART 2
부가가치세법

제1장 부가가치세법 총칙
제2장 과세거래
제3장 영세율과 면세
제4장 과세표준과 세액의 계산
제5장 납부세액의 계산
제6장 거래징수와 세금계산서
제7장 신고 · 납부 · 환급
제8장 간이과세

작은 기회로부터 종종 위대한 업적이 시작된다.

– 데모스테네스 –

부가가치세법 총칙

PART 2 부가가치세법

01 부가가치세의 개념과 특징

1 부가가치세의 기본개념

부가가치란 생산 및 유통의 각 거래단계의 사업자가 독자적으로 새로 창출한 가치의 증가분을 말하는데, 이러한 부가가치에 대해 부과되는 조세를 부가가치세라 한다.

부가가치세는 GNP형, 소득형, 소비형의 세 가지 유형으로 나누어지는데 현재 우리나라는 '소비형' 부가가치세를 채택하고 있다.

2 부가가치세의 성격

부가가치세는 모든 거래단계에서 생성되는 부가가치에 과세하되 그 부담의 전가를 예상하는 다단계 일반소비세이다. 우리나라의 부가가치세는 다음과 같은 성격을 가지고 있다.

① 부가가치세는 각 거래단계에서 창출한 부가가치에 과세하는 다단계 과세방식을 취한다.
② 부가가치세는 그 세부담의 다음 거래단계로의 전가를 예상하는 간접세이다.
③ 부가가치세는 원칙적으로 모든 재화나 용역의 소비행위에 대해 과세하는 일반소비세이다.

이하에서 위의 성격을 통한 구체적 특징에 대해 알아보도록 한다.

3 현행 부가가치세의 주요 특징

(1) 다단계거래세

부가가치세는 재화나 용역이 최종소비자에게 도달할 때까지의 모든 거래단계마다 과세하는 다단계거래세이다.

(2) 간접세

부가가치세는 납세의무자와 담세자가 다른 간접세다. 즉, 납세의무자는 사업자이며 담세자는 최종 소비자이다. 사업자는 재화와 용역을 공급할 때 거래상대방으로부터 부가가치세를 거래징수하고 징수한 세액을 납부함으로써 실질적인 조세부담은 최종소비자에게 전가된다.

(3) 일반소비세

부가가치세는 개별소비세처럼 특정한 재화 또는 용역에 대하여만 과세하는 것이 아니라 원칙적으로 면세항목을 제외한 모든 재화 또는 용역의 공급에 대하여 과세하는 일반소비세이다.

(4) 소비형 부가가치세

사업자는 자기의 사업을 위해 사용될 재화 또는 용역의 공급(자본재 또는 중간재)에 대한 매입세액을 구입한 과세기간에 매출세액에서 공제받도록 하는 소비형 부가가치세를 채택하고 있다.

(5) 소비지국 과세원칙

소비지국 과세원칙이란 재화의 국가 간 이동에 있어서 이중과세를 방지하기 위하여 재화의 생산지국에서는 부가가치세를 과세하지 아니하고 재화의 소비지국에서 과세하는 방식을 말한다. 우리나라의 부가가치세법에서는 이러한 국가 간의 이중과세를 조정하기 위하여 소비지국 과세원칙을 채택하고 있으며, 이와 관련한 규정으로 수출재화 등에 대해서는 영세율을 적용하도록 하고 있으며, 수입재화는 수입자가 사업자인지 여부에 관계없이 세관장이 부가가치세를 거래징수하도록 규정하고 있다.

(6) 전단계세액공제법

전단계세액공제법이란 매출액에 세율을 곱하여 매출세액을 계산한 다음, 매입액에 세율을 곱하여 계산된 매입세액(전단계세액)을 매출세액에서 차감하는 방법으로 부가가치세를 계산하는 방법을 말한다. 현행 부가가치세법은 전단계세액공제법을 채택하고 있으므로 과세대상을 부가가치가 아니라 거래, 즉 재화 또는 용역의 공급과 재화의 수입으로 규정하고 있다.

(7) 면세제도 도입

현행 부가가치세법에서는 세부담의 역진성을 완화하기 위하여 특정 재화 또는 용역의 공급에 대해서는 부가가치세 과세대상에서 제외시키는 면세제도를 운용하고 있다.

4 현행 부가가치세 제도의 이해 : 영세율과 면세

(1) 영세율제도 : 소비지국 과세원칙 구현

현행 부가가치세법에 따른 '영세율'이란 일정한 재화 또는 용역의 공급에 대해 영(0)의 세율을 적용하는 제도이다.

① 영세율제도는 해당거래의 매출세액이 '0'이 되어 창출된 부가가치에 대하여 과세를 하지 않는 것뿐만 아니라 이미 부담한 매입세액을 전액 환급을 통하여 전단계에서 부과한 부가가치세를 모두 반환하는 것과 같은 효과를 가져오게 한다. 따라서 이를 완전면세제도라고 한다.
② 이러한 영세율제도는 대부분 소비지국 과세원칙을 위해서 수출하는 재화에 적용이 된다.

(2) 면세제도 : 부가가치세의 역진성 완화

현행 부가가치세법에 따른 '면세'란 법에서 정한 일정한 재화와 용역에 대해 부가가치세 납세의무를 면제하는 제도를 말한다.

① 면세제도는 특정한 재화 또는 용역의 공급 시 해당 재화 또는 용역의 공급 자체가 과세대상이 아니므로 매출세액은 발생되지 않는다는 점은 영세율제도와 같으나 해당 사업자는 부가가치세법상 납세의무자인 (과세)사업자가 아니기 때문에 해당 공급자가 거래징수당한 매입세액은 영세율제도와는 달리 공제를 해주지 않는다.

② 면세제도는 해당 면세적용단계에서 창출된 부가가치에 대해서만 과세를 하지 않고, 그 전단계에서 창출된 부가가치에 대해서 이미 과세된 부분은 매입세액을 공제해 주지 않음으로써 결국 이를 최종소비자가 부담하게 된다. 따라서 면세제도는 부분면세(또는 불완전면세)효과를 가져온다.

③ 면세제도는 부가가치세 역진성완화를 목적으로 기초생활필수품 등에 적용된다.

02 납세의무자

1 사업자의 요건

부가가치세의 납세의무자는 '사업자'이다. 사업자는 영리목적의 유무에 불구하고 사업상 독립적으로 재화 또는 용역을 공급하는 자이다. 이러한 납세의무자에는 개인·법인(국가·지방자치단체·지방자치단체조합 포함)과 법인격 없는 사단·재단 기타 단체를 포함한다. 또한, 부가가치세를 창출해 낼 수 있는 정도의 사업형태를 갖추고 계속·반복적인 의사로 재화 또는 용역을 공급하는 경우에만 사업성이 인정된다.

(1) 영리성 유무와 관계 없음

부가가치세의 과세기준은 사업자가 얻은 소득에 따라 나누어지는 게 아니라, 그가 창출한 부가가치에 대해 공급받는 자로부터 세액을 거래징수하여 납부하는 조세이므로 부가가치세법상 사업자의 영리성 유무는 과세와 무관하다. 따라서, 부가가치세의 납세의무자에는 법인세법 등에서는 포함이 안 되는 국가·지방자치단체·지방자치단체조합과 법인격 없는 사단·재단 기타 단체도 포함된다. 이는 부가가치세가 간접세로서 사업자가 아닌 최종소비자가 실질적인 세부담을 지기 때문에 사업자의 영리성 여부와는 무관하며, 사업자 간의 경쟁관계에서 중립성을 유지하기 위함이다.

(2) 독립성이 있어야 함

재화 또는 용역의 공급이 사업상 독립적이어야 한다. 이는 인적기준과 물적기준으로 구분할 수 있는데, 인적기준이란 '자기계산' 또는 '자기책임'하에 타인에게 고용 또는 종속되지 않아야 한다는 것이고, 물적기준이란 주된 사업에 부수되는 등 다른 사업의 연장이 아닌 별개의 것이어야 한다.

(3) 계속·반복성 : 사업성이 있어야 함

단순히 한두 번 정도의 재화와 용역을 공급하는 것으로 사업성이 인정될 수는 없으며, 적어도 부가가치를 창출할 수 있을 정도의 사업형태를 갖추고 사회통념상 인정될 수 있는 정도의 계속적 또는 반복적으로 재화 또는 용역을 공급하게 되면 사업성이 있다고 할 수 있다.

2 납세의무자의 구분

구체적으로 사업자는 다음과 같이 구분한다. 부가가치세법상 납세의무자는 일반과세자와 간이과세자로 구분되며, 면세사업자는 부가가치세법상 납세의무자가 아님에 유의하여야 한다.

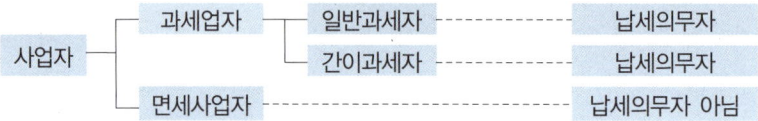

3 재화를 외국으로부터 수입하는 자

재화의 수입에 대하여는 국외의 공급자에게 납세의무를 지울 수가 없기 때문에 세관장(공급하는 자)이 수입자(공급받는 자)로부터 부가가치세를 징수하며, 이때 수입하는 자에게 사업자여부를 따지지 않고 모두에게 과세한다. 따라서, 부가가치세 과세 대상 재화를 수입하는 모든 자는 납세의무자이다.

> **더알아두기**
>
> **특수한 경우 납세의무자 판정**
> ① 위탁매매 등 : 위탁매매 또는 대리인에 의한 매매를 할 때에는 위탁자 또는 본인이 직접 재화를 공급한 것으로 본다.
> ② 신탁재산의 매매 : 신탁재산을 수탁자의 명의로 매매할 때에는 위탁자가 직접 재화를 공급한 것으로 본다.

03 과세기간

1 과세기간

'과세기간'이란 부가가치세의 과세표준 계산의 기준이 되는 기간으로서 다음과 같다.

구 분	과세기간
일반적인 경우	• 제1기 과세기간 : 매년 1월 1일 ~ 6월 30일 • 제2기 과세기간 : 매년 7월 1일 ~ 12월 31일 • 간이과세자의 과세기간 : 매년 1월 1일 ~ 12월 31일
신규사업자인 경우	개시일 ~ 과세기간 종료일
폐업자인 경우	개시일 ~ 폐업일 [폐업으로 간주하는 특수한 경우] • 사업개시 전에 등록한 후 사업을 미개시한 경우 : 등록일(등록신청일) ~ 사실상 그 사업을 개시하지 아니하게 되는 날 • 사업개시 전 등록신청을 한 사업자가 등록일부터 6개월이 되는 날까지 정당한 사유없이 재화와 용역의 공급실적이 없는 때에는 그 6개월이 되는 날에 사업을 개시하지 아니하게 되는 것으로 본다.
합병으로 인한 소멸법인 경우	개시일 ~ 합병등기일
간이과세를 포기한 경우	다음 각 기간을 1과세기간으로 본다. • 당해 과세기간 개시일 ~ 포기신고일이 속하는 달의 말일 • 포기신고일 속하는 달의 다음 달 1일 ~ 당해 과세기간 종료일

2 예정신고기간

각 과세기간의 앞 3월을 '예정신고기간'이라 하며, 각 예정신고기간과 확정신고기간 종료일로부터 25일 이내에 부가가치세를 신고·납부하여야 한다.

구 분	예정신고기간
일반적인 경우	• 1기 : 1월 1일 ~ 3월 31일 • 2기 : 7월 1일 ~ 9월 30일
신규사업자의 경우	• 신규사업자의 경우 : 사업개시일 ~ 해당 예정신고기간의 종료일 • 사업개시 전 등록의 경우 : 등록일(등록신청일) ~ 해당 예정신고기간의 종료일

04 납세지

1 납세지와 사업장

납세지는 관할 관청(관할 세무서)을 결정할 때 기준이 되는 장소를 말한다. 여기서 사업장이란 사업자 또는 그 사용인이 상시 주재하여 거래의 전부 또는 일부를 행하는 장소를 말한다. 부가가치세의 납세지는 원칙적으로 사업장 소재지이다. 따라서 부가가치세는 사업장마다 신고·납부하여야 한다. 회사의 본점과 지점이 있는 경우 각 사업장별로 부가가치세를 신고 납부하여야 하며 이를 '사업장별 과세원칙'이라 한다.

2 사업장의 범위

(1) 사업장의 종류

사업장은 사업자 또는 사용인이 상시 주재하여 거래의 전부 또는 일부를 행하는 장소를 말한다. 사업장을 설치하지 않은 경우에는 사업자의 주소(거소)를 사업장으로 한다. 사업장 외의 장소도 사업자의 신청에 의해 사업장으로 등록할 수 있지만, '무인자동판매기' 사업의 경우에는 그러하지 아니하다.

사업장 종류	사업장
제조업	최종 제품을 완성하는 장소(단, 제품의 포장만을 하거나 용기에 충전만을 하는 장소와 유류의 제조자가 소유·임차한 저유소는 제외)
부동산임대업	부동산의 등기부상 소재지(단, 부동산상의 권리만을 임대 시에는 '업무총괄장소')
통신판매업	통신판매사업자가 상시 주재하여 거래를 행하는 장소
건설업, 운수업, 부동산매매업	• 법인 : 해당 법인의 등기부상 소재지 • 개인 : 업무를 총괄하는 장소
광 업	광업사무소 소재지
무인자동판매기	업무총괄장소
다단계판매업	다단계판매업자의 주된 사업장
비거주자 또는 외국법인	법인세법상 또는 소득세법상 국내사업장

(2) 유사 사업장의 종류

① 하치장 등 : 상품의 단순한 보관·관리만을 위한 장소로서 설치신고를 한 장소. 하치장이나 전시장은 주문이나 업무연락만을 위한 장소이므로 사업장에 해당하지 않는다.

② 직매장 : 사업자가 자기의 사업과 관련하여 생산 또는 취득한 재화를 직접 판매하기 위하여 특별히 판매시설을 갖춘 장소(사업장에 해당한다)

③ 임시사업장 : 기존 사업장을 가지고 있는 사업자가 기존사업장 외에 각종 경기대회·박람회·국제회의·기타 유사한 행사가 개최되는 장소에서 임시로 사업장을 개설하는 경우 그 임시사업장은 기존사업장에 포함되는 것으로 한다. 임시사업장을 개설하고자 하는 자는 임시사업개시일부터 10일 이내에 임시사업장 관할 세무서장에게 임시사업장개설신고서를 제출하여야 하지만 설치기간이 10일 이내인 경우에는 개설신고를 아니할 수 있다.

> **더알아두기**
>
> **사업장을 설치하지 아니한 경우의 사업장**
> ① 만일 사업장을 설치하지 아니한 경우에는 사업자의 주소 또는 거소를 사업장으로 한다.
> ② 이 경우 사업자등록을 하지 아니한 때에는 과세표준과 세액을 결정할 당시 주소 또는 거소를 사업장으로 한다.

3 주사업장총괄납부(사업장별 납부/환급의 예외)

'사업장별 과세원칙'의 예외로 '주사업장총괄납부제도'와 '사업자단위과세제도'가 있다. 이 중 '주사업장총괄납부제도'에 대해 살펴보면 다음과 같다.

① 사업자에게 2 이상의 사업장이 있는 경우에는 납부의 편의를 위하여 주된 사업장 관할 세무서장의 승인을 얻어 주된 사업장에서 일괄하여 납부(환급)할 수 있는데 이를 주사업장총괄납부라 한다. 이는 납부(환급)만 총괄해서 하는 것이지 기타 사업장별로 해야 하는 '사업자등록', '부가가치세의 신고', '세금계산서의 발급 & 수취', '결정·경정' 등은 여전히 각 사업장별로 하여야 한다.

② 주된 사업장은 법인의 본점(주사무소를 포함) 또는 개인의 주사무소로 한다. 다만 법인의 경우에는 지점(분사무소를 포함)을 주된 사업장으로 할 수 있다.

③ 주된 사업장에서 총괄하여 납부하고자 하는 자는 그 납부하고자 하는 과세기간 개시 20일 전에 '주사업장총괄납부승인신청서'를 주된 사업자의 관할 세무서장에게 제출하여야 한다. 다만 다음에 해당하는 자가 각 구분에 따른 기한까지 위의 신청서를 제출한 경우에는 해당 신청일이 속하는 과세기간부터 총괄하여 납부한다.
   ㉠ 신규로 사업을 개시하는 자 : 주된 사업장의 사업자등록증을 받은 날부터 20일 이내
   ㉡ 사업장이 하나이나 추가로 사업장으로 개설하려는 자 : 추가 사업장의 사업개시일부터 20일 이내

④ 주사업장총괄납부를 신청한 사업자가 판매를 목적으로 타사업장으로 반출한 재화의 공급에 대해서는 간주공급으로 보지 아니한다(본래 '직매장반출'은 재화의 '간주공급'이다).

4 사업자단위과세제도(사업장별 신고·납부 예외)

(1) 의 의

2 이상의 사업장이 있는 사업자가 다음의 요건을 모두 갖춘 경우에는 당해 사업자의 본점 또는 주사무소에서 총괄하여 신고·납부할 수 있다. 이 경우 당해 사업자의 본점 또는 주사무소는 각 사업장으로 본다. '주사업장총괄납부'와는 달리 지점(분사무소)은 '사업자단위과세'제도에서는 적용사업장으로 인정받지 못한다는 것을 주의해야 한다.

(2) 신청제도(승인 불필요)
  ① 사업자단위 신고·납부를 하고자 하는 경우 : 그 신고·납부하고자 하는 과세기간 개시 20일 전에 본점 또는 주사무소 관할 세무서장에게 신청하여 등록할 수 있다.
  ② 사업자단위과세사업자는 '사업자등록', '세금계산서(영수증) 발급&수취', '과세표준의 신고·납부(환급)', '결정·경정' 등 일체를 '사업자단위 과세적용 사업장'에서 할 수 있다.
    ※ 사업자단위 과세제도를 신청한 사업자가 판매를 목적으로 타사업장으로 반출한 재화의 공급에 대해서는 간주공급으로 보지 아니한다.
  ③ 사업자단위과세의 포기 : 사업자단위과세사업자가 각 사업장별로 신고·납부하거나 '주사업장총괄납부'를 하고자 하는 경우에는 언제든지 '사업자단위과세포기신고서'를 사업자단위과세 적용 사업장 관할 세무서장에게 제출할 수 있다.

5 주사업장총괄납부 VS 사업자단위과세제도 비교

구 분	주사업장총괄납부	사업자단위과세제도
주사업장	• 법인 : 본점(주사무소) or 지점(분사무소) • 개인 : 주사무소	• 법인 : 본점(주사무소) • 개인 : 주사무소
신고·납부절차	주된 사업장 관할 세무서장에게 총괄납부	총괄사업장 관할 세무서장에게 신고, 납부 등
사업자등록, 세금계산서교부(수취), 과표 및 세액신고, 결정·경정 등	사업장별	총괄사업장에서
납부(환급)	주사업장	총괄사업장에서
포 기	언제든지 포기 가능(단, 각 사업장에서 납부하고자 하는 과세기간 개시 20일 전에 포기신고해야 함)	언제든지 포기 가능(단, 각 사업장에서 납부하거나 주사업장총괄납부하려는 과세기간 개시 20일 전에 포기신고해야 함)

05 사업자등록

사업자등록이란 부가가치세법상 납세의무자인 사업자의 인적사항 등 과세자료를 파악하는데 적합한 사항을 신고하여 관할 세무서 대장에 등재하게 함과 동시에 사업자등록번호를 부여하는 제도를 말한다.

1 등록시기

신규로 사업을 개시하는 자는 사업장마다 '**사업개시일**'로부터 20일 이내에 사업자등록신청서를 사업장 관할 세무서장에게 제출하여야 한다. 그러나 신규로 사업을 개시하고자 하는 자는 사업개시일 전이라도 사업자등록을 할 수 있다.

> **더알아두기**
>
> **사업자등록(간편등록)**
> ① 신청방법 : 기존의 현지방문·서면신청만 인정하는 것에서 '국세정보통신망에 의한 온라인 신청'을 추가 허용함
> ② 사업자등록 신청지 : 관할 세무서 포함, 전국의 모든 세무서에서 신청가능함
> ③ 인허가사업, 각종 폐업신고 : 세무서와 인허가 기관 중 1곳에만 신고하면 됨
>
> **사업개시일**
>
> | 업 종 | 사업개시일 |
> | --- | --- |
> | 제조업 | 제조장별로 재화의 제조 개시일 |
> | 광 업 | 사업장별로 광물의 채취, 채광을 개시한 날 |
> | 부동산임대업 | 임대개시일 |
> | 그 밖의 사업 | 재화 또는 용역의 공급 개시일 |
>
> 사업자등록 시 '사업자등록 신청서'와 다음의 첨부서류가 필요하다.
> ① 법인의 경우에는 법인등기부등본
> ② 법령에 의하여 허가를 받거나 등록 또는 신고를 하여야 하는 사업의 경우에는 사업허가증 사본, 사업등록증 사본 또는 신고필증 사본
> ③ 사업장을 임차한 경우에는 임대차계약서 사본(사업장을 전차한 경우에는 전대차계약서 사본, 임대인의 전대동의서)
> ④ 상가건물 임대차보호법에 의한 상가건물을 임차한 경우 해당 부분의 도면(단, 상가건물의 일부분을 임차하는 경우에 한한다)
> ⑤ 금지금 도·소매업 및 개별소비세 과세유흥장소에의 영업을 영위하려는 경우 자금출처소명서

2 등록증의 교부

세무서장은 그 신청내용을 조사하여 사업자의 인적사항과 기타 필요한 사항을 기재한 사업자등록증을 신청일로부터 2일 이내(공휴일, 토요일, 근로자의 날은 제외)에 신청자에게 교부하여야 한다. 다만, 사업장시설이나 사업현황을 확인하기 위해 기간연장이 필요할 경우 5일 이내에서 연장가능하고 조사한 사실에 따라 사업자등록을 발급할 수 있다.

3 등록거부와 직권등록

① **등록거부** : 사업개시 전 등록신청을 받은 경우로서 신청자가 사업을 사실상 개시하지 않을 것으로 인정되는 때에는 관할 세무서장은 등록을 거부할 수 있다.
② **직권등록** : 관할 세무서장은 사업자가 신청에 의해 등록을 하지 않는 경우에는 조사하여 직권으로 등록시킬 수 있다.

4 미등록 사업자의 불이익

① **등록 전 매입세액 불공제** : 등록신청일 이전의 매입세액은 원칙적으로 불공제한다. 단, 공급시기가 속하는 과세기간이 지난 후 20일 이내에 등록 신청한 경우 등록신청일부터 공급시기가 속하는 과세기간 개시일(1월 1일 또는 7월 1일)까지 역산한 기간 이내에 매입한 부분에 대한 매입세액은 공제할 수 있다.
  예 12월 1일 사업자등록 신청한 경우 해당 과세기간 개시일인 7월 1일부터 12월 1일까지 매입세액 공제 가능
② 미등록/허위등록 가산세 부과

구 분	내 용
적용대상	• 사업자가 사업개시일로부터 20일 이내에 사업자등록을 하지 않은 경우(미등록) • 사업자가 타인명의로 사업자등록을 하고 사업영위하는 경우(허위등록)
가산세액	사업개시일 ~ 사업자등록신청일 전일까지 공급가액 × 1%(허위등록 2%)

5 사업자등록 시 주의사항

① 부가가치세법상 면세사업자는 부가가치세법상 사업자등록의무를 지지 않는다. 따라서, 면세사업자의 사업자 등록은 법인세법 또는 소득세법상 사업자등록신청을 한 것으로 본다.
② 면세사업자가 추가로 과세사업을 영위하게 되어 겸영사업자가 된 경우 사업자등록 정정신고서를 제출한 때에 사업자등록신청을 한 것으로 본다.
③ 다단계판매원의 경우 다단계판매원으로 다단계판매업자에게 등록한 날이 속하는 달의 다음 달 10일까지 등록하여야 한다.

6 사업자등록 정정신고

(1) 사업자등록증의 정정신고 및 재발급

사업자가 다음에 해당하는 경우에는 지체없이 사업자는 사업자등록 정정신고를 하여야 한다.

등록정정 사유	재발급기한
① 상호를 변경하는 때 ② '통신판매업자'가 사이버몰의 명칭 또는 인터넷 도메인이름을 변경하는 때	신청일 당일
③ 법인(또는 1거주자로 보는 법인 아닌 단체)의 대표자를 변경하는 때 ④ 사업의 종류에 변동이 있는 때 ⑤ 사업장(사업자단위과세사업자의 경우 '사업자단위과세적용사업장')을 이전하는 때 ⑥ 상속으로 인하여 사업자의 명의가 변경되는 때 ⑦ 공동사업자의 구성원 또는 출자지분의 변경이 있는 때 ⑧ 임대인, 임대차 목적물·그 면적, 보증금, 차임 또는 임대차기간의 변경이 있거나 새로이 상가건물을 임차한 때 ⑨ 사업자단위과세사업자가 사업자단위과세적용사업장을 변경하는 때 ⑩ 사업자단위과세사업자가 종된 사업장을 신설, 이전하는 때 ⑪ 사업자단위과세사업자가 종된 사업장의 사업을 휴업, 폐업하는 때	신청일로부터 2일 이내

※ 다만, 주소지사업장의 주소지 변경 시, 다음 사유에 대해서는 사업자등록 정정신고 없이 자동 정정을 허용한다.

- 상호 변경
- 상속에 따른 사업자 명의 변경
- 공동사업자의 구성원 또는 출자지분 변경 등
- 사업장 이전(다만, 사전에 주소지를 이전 시 사업장이 함께 이전하는 것에 동의한 경우)

(2) 휴업·폐업 등의 신고

① 등록한 사업자가 휴업 또는 폐업하거나 사업개시 전에 등록한 자가 사실상 사업을 개시하지 아니하게 되는 때에는 지체없이 휴업(폐업)신고서에 사업자등록증을 첨부하여 관할 세무서장에게 제출하여야 한다(관할 또는 그 밖의 모든 세무서장에게 제출가능).

② 폐업일의 기준
  ㉠ 합병으로 인한 소멸법인의 경우 : 합병법인의 변경등기일 또는 설립등기일
  ㉡ 분할로 인하여 사업을 폐업하는 경우 : 분할법인의 분할변경등기일(분할법인이 소멸하는 경우에는 분할신설법인의 설립등기일)
  ㉢ 폐업한 날이 분명한 경우 : 사업장별로 그 사업을 실질적으로 폐업하는 날
  ㉣ 폐업한 날이 분명하지 아니한 경우 : 폐업신고서의 접수일

제1장 단원별 기출문제

01 다음 중 부가가치세법에 따른 부가가치세의 특징에 해당하지 않는 것은? [108회]

① 일반소비세이다.
② 간접세로서 납세의무자는 최종소비자이고, 실제로 부가가치세를 부담하는 자는 사업자이다.
③ 소비형 부가가치세제를 따르고 있으므로 사업자가 납부한 매입세액은 중간재와 자본재의 구분 없이 구입한 과세기간에 공제받을 수 있다.
④ 소비지국과세원칙을 따르고 있다.

해설
납세의무자는 사업자이고, 실제로 부가가치세를 부담하는 자는 최종소비자이다.

02 다음 중 부가가치세법상 사업장에 관한 내용으로 가장 잘못된 것은? [108회]

① 사업장은 사업자가 사업을 하기 위해서 거래의 전부 또는 일부를 하는 고정된 장소이다.
② 자기의 사업과 관련하여 생산하거나 취득한 재화를 직접 판매하는 장소는 사업장으로 본다.
③ 부동산임대업의 사업장은 원칙적으로 그 사업에 관한 업무를 총괄하는 장소이다.
④ 거래처의 관리 또는 기획관리 등 기타업무연락만을 수행하는 장소는 사업장으로 보지 않는다.

해설
부동산임대업의 사업장은 부동산의 등기부상 소재지이다.

03 다음 중 부가가치세법상 사업자등록에 대한 설명으로 옳지 않은 것은? [108회]

① 사업자등록은 사업장 관할 세무서장이 아닌 다른 세무서장에게도 할 수 있다.
② 하치장을 둔 사업자는 하치장을 둔 날부터 20일 이내에 관할 세무서장에게 사업자등록 정정신고를 하여야 한다.
③ 사업자가 사업자등록을 하지 않는 경우에는 사업장 관할 세무서장이 조사하여 등록할 수 있다.
④ 사업자등록의 신청을 받은 사업장 관할 세무서장은 신청자가 사업을 사실상 시작하지 아니할 것이라고 인정될 때에는 등록을 거부할 수 있다.

해설
하치장은 사업장으로 보지 아니하며, 하치장을 둔 사업자는 하치장 설치신고서를 하치장을 둔 날부터 10일 이내에 하치장 관할 세무서장에게 제출하여야 한다.

01 ② 02 ③ 03 ② **정답**

04 다음 중 부가가치세법상 사업자등록에 관한 내용으로 가장 잘못된 것은? [107회]

① 사업자는 사업장마다 사업 개시일부터 20일 이내에 사업자등록을 신청하여야 한다.
② 신규로 사업을 시작하려는 자는 사업 개시일 이전이라도 사업자등록을 신청할 수 있다.
③ 사업자등록 신청을 받은 사업장 관할 세무서장은 사업자등록을 하고, 사업자등록증을 발급하여야 한다.
④ 등록한 사업자는 폐업 등 등록사항이 변경되면 변경일이 속하는 달의 말일까지 신고하여야 한다.

> [해설]
> 등록한 사업자는 휴업 또는 폐업을 하거나 등록사항이 변경되면 지체 없이 사업장 관할 세무서장에게 신고하여야 한다.

05 다음 중 부가가치세법상 과세기간에 대한 설명으로 옳지 않은 것은? [106회]

① 간이과세자의 과세기간은 1월 1일부터 12월 31일까지이다.
② 신규로 사업을 시작하는 자에 대한 최초의 과세기간은 사업개시일부터 그 날이 속하는 과세기간의 종료일까지로 한다.
③ 사업개시일 이전에 사업자등록을 한 경우의 과세기간은 사업개시일부터 그 날이 속하는 과세기간의 종료일까지로 한다.
④ 사업자가 폐업하는 경우의 과세기간은 폐업일이 속하는 과세기간의 개시일부터 폐업일까지로 한다.

> [해설]
> 사업개시일 이전에 사업자등록을 신청한 경우에는 그 신청한 날부터 그 신청일이 속하는 과세기간의 종료일까지로 한다.

06 다음 중 부가가치세법상 사업장에 대한 설명으로 가장 옳지 않은 것은? [106회]

① 광업에 있어서는 광업사무소의 소재지
② 제조업에 있어서는 최종제품을 완성하는 장소. 다만, 따로 제품의 포장만을 하거나 용기에 충전만을 하는 장소는 제외한다.
③ 부동산임대업을 영위하는 사업자의 경우 사업장은 그 사업에 관한 업무를 총괄하는 장소로 한다.
④ 수자원을 개발하여 공급하는 사업에 있어서는 그 사업에 관한 업무를 총괄하는 장소

> [해설]
> 부동산의 등기부상 소재지

[정답] 04 ④ 05 ③ 06 ③

07 다음 중 부가가치세법상 사업자등록에 대한 설명으로 옳지 않은 것은? [106회]

① 신규로 사업을 시작하려는 자는 사업개시일 이전이라도 사업자등록을 신청할 수 있다.
② 사업자가 폐업하는 경우에는 폐업일이 속하는 달의 말일부터 25일 이내에 사업자등록을 말소하여야 한다.
③ 사업장이 둘 이상인 사업자는 사업자 단위로 해당 사업자의 본점 또는 주사무소 관할 세무서장에게 등록을 신청할 수 있다.
④ 사업자는 사업자등록의 신청을 사업장 관할 세무서장이 아닌 다른 세무서장에게도 할 수 있다.

해설
사업자가 폐업한 경우에는 지체 없이 사업자등록을 말소하여야 한다.

08 다음 중 부가가치세의 특징에 해당하지 않는 것은? [105회]

① 우리나라 부가가치세는 소비형 부가가치세이다.
② 우리나라 부가가치세는 국세이다.
③ 우리나라 부가가치세는 단단계거래세이다.
④ 최종소비자가 부담하는 일반소비세에 해당한다.

해설
우리나라의 부가가치세는 다단계거래세이다.

09 다음 중 부가가치세법상 사업장 및 사업자등록에 관한 설명으로 가장 옳지 않은 것은? [105회]

① 사업자는 사업장마다 사업 개시일부터 20일 이내에 사업자등록을 신청하여야 한다.
② 신규로 사업을 시작하려는 자는 사업 개시일 이전이라도 사업자등록을 신청할 수 있다.
③ 기존사업장이 있는 사업자가 그 사업장 이외에 임시로 사업장을 개설하는 경우, 그 임시사업장은 기존사업장에 포함되는 것으로 한다.
④ 사업자가 자기의 사업과 관련하여 생산한 재화를 직접 판매하기 위하여 판매시설을 갖춘 장소는 별개의 사업장으로 보지 아니한다.

해설
사업자가 자기의 사업과 관련하여 생산 또는 취득한 재화를 직접 판매하기 위하여 특별히 판매시설을 갖춘 장소를 말하며 이는 별개의 사업장으로 본다.

07 ② 08 ③ 09 ④

10 다음 중 부가가치세법상 주사업장 총괄납부에 관한 설명으로 옳지 않은 것은? [105회]

① 주된 사업장은 법인의 경우 본점만 가능하다.
② 신규로 사업을 시작하는 자의 경우 주사업장 총괄납부 신청 시 신청일이 속하는 과세기간부터 총괄납부한다.
③ 총괄납부하는 경우에도 세금계산서는 각 사업장별로 작성·발급해야 한다.
④ 주된 사업장에서 총괄하여 납부하려는 경우로서 사업장이 하나이나 추가로 사업장을 개설하는 자는 추가사업장의 사업개시일부터 20일까지 주사업장 총괄납부 신청서를 주된 사업장의 관할 세무서장에게 제출하여야 한다.

해설
법인의 경우에는 지점을 주된 사업장으로 할 수 있다.

---

11 다음 중 부가가치세법상 사업자에 대한 설명으로 가장 옳지 않은 것은? [104회]

① 사업자는 일반과세자와 간이과세자로 분류된다.
② 수익사업을 영위하는 비영리법인은 사업자에 해당하지 아니한다.
③ 국가와 지방자치단체도 사업자가 될 수 있다.
④ 면세사업자는 부가가치세법상 납세의무를 지지 아니한다.

해설
사업자란 사업 목적이 영리이든 비영리이든 관계없이 사업상 독립적으로 재화 또는 용역을 공급하는 자를 말한다.

---

12 다음 중 부가가치세법상 사업자 단위 과세에 관한 설명으로 가장 옳지 않은 것은? [104회]

① 사업장이 둘 이상인 사업자는 사업자 단위로 해당 사업자의 본점 또는 주사무소 관할 세무서장에게 등록을 신청할 수 있다.
② 사업장 단위로 등록한 사업자가 사업자 단위 과세 사업자로 변경하려면 적용받으려는 과세기간 개시 20일 전까지 사업자의 본점 또는 주사무소 관할 세무서장에게 변경등록을 신청하여야 한다.
③ 사업자 단위 과세 사업자는 각 사업장을 대신하여 그 사업자의 본점 또는 주사무소의 소재지를 부가가치세 납세지로 한다.
④ 사업자 단위 과세 사업자가 각 사업장별로 신고·납부하려는 경우에는 그 납부하려는 과세기간 개시 30일 전에 사업자 단위 과세 포기신고서를 사업자 단위 과세 적용 사업장 관할 세무서장에게 제출하여야 한다.

해설
사업자 단위 과세 사업자가 각 사업장별로 신고·납부하거나 주사업장 총괄납부를 하려는 경우에는 그 납부하려는 과세기간 개시 20일 전에 사업자 단위 과세 포기신고서를 사업자 단위 과세 적용 사업장 관할 세무서장에게 제출하여야 한다.

정답 10 ① 11 ② 12 ④

13. 다음 중 부가가치세법에 대한 설명으로 가장 옳지 않은 것은? [103회]

① 부가가치세는 면세 대상을 제외한 모든 재화의 소비에 과세하는 일반소비세이다.
② 재화를 수입하는 자는 부가가치세법상 납세의무자가 아니다.
③ 납세의무자와 담세자가 일치하지 않는 간접세에 해당한다.
④ 소비지국 과세원칙을 채택하여 수출하는 재화에는 영세율을 적용한다.

해설
재화를 수입하는 자는 부가가치세법상 납세의무자이다.

14. 다음 중 부가가치세법상 사업자등록에 대한 설명으로 틀린 것은? [103회]

① 사업자등록은 원칙적으로 사업장마다 신청하여야 한다.
② 사업자는 사업 개시일로부터 20일 이내에 사업장 관할 세무서장에게 사업자등록을 신청하여야 한다.
③ 관할 세무서장은 등록한 사업자가 폐업한 경우 지체 없이 사업자등록을 말소해야 한다.
④ 사업자는 사업 개시일 전에는 사업자등록을 신청할 수 없다.

해설
신규로 사업을 시작하려는 자는 사업 개시일 전이라도 사업자등록을 할 수 있다.

15. 다음 중 부가가치세법상 주사업장 총괄 납부에 관한 설명으로 옳지 않은 것은? [103회]

① 사업장이 둘 이상인 개인사업자는 주사업장에서 총괄하여 납부할 수 있다.
② 법인은 지점을 주된 사업장으로 하여 주사업장 총괄 납부를 신청할 수 있다.
③ 주사업장 총괄 납부 사업자는 세금계산서의 발급 및 수취를 주사업장에서 이행할 수 있다.
④ 주된 사업장에서 총괄하여 납부하려는 자는 그 총괄납부하려는 과세기간 개시 20일 전에 신청서를 제출하여야 한다.

해설
주사업장의 총괄납부 사업자는 납부만을 총괄하고 신고, 세금계산서 발급 및 수취는 각 사업장 단위로 이행하여야 한다.

16 다음 중 부가가치세법상 사업장에 대한 내용으로 옳지 않은 것은? [102회]

① 부동산임대업은 부동산의 등기부상 소재지를 사업장으로 한다. 다만 부동산의 권리만을 대여하거나 전기사업자, 전기통신사업자, 한국토지주택공사 등에 해당하는 사업자가 부동산을 임대하는 경우에는 그 사업에 관한 업무를 총괄하는 장소를 사업장으로 한다.
② 제조업에 있어서는 최종제품을 완성하는 장소를 사업장으로 한다. 다만, 따로 제품의 포장만을 하거나 용기에 충전만을 장소는 제외한다.
③ 무인자동판매기를 통하여 재화·용역을 공급하는 사업에 있어서는 무인자동판매기 소재지를 사업장으로 한다.
④ 광업에 있어서는 광업사무소의 소재지를 사업장으로 한다.

해설
무인자동판매기를 통하여 재화·용역을 공급하는 사업은 사업에 관한 업무를 총괄하는 장소를 사업장으로 한다.

17 다음 중 부가가치세법상 세무서장이 사업자등록 정정신고를 받은 당일 사업자등록증을 재발급하여야 하는 경우에 해당하는 것은? [102회]

① 상호를 변경하는 경우
② 상속으로 사업자의 명의가 변경되는 경우
③ 공동사업자의 구성원 또는 출자지분이 변경되는 경우
④ 새로운 사업의 종류를 추가하는 경우

해설
상호를 변경하는 경우와 사이버몰의 명칭 또는 인터넷 도메인이름을 변경하는 경우 세무서장은 사업자등록 정정신고일 당일에 사업자등록증을 정정하여 재발급하여야 한다. 나머지는 사업자등록 정정신고일부터 2일 이내에 재발급한다.

18 다음 중 부가가치세법상 사업자단위 과세제도에 대한 설명으로 가장 옳지 않은 것은? [102회]

① 사업자단위 과세사업자로 적용받으려는 과세기간 개시 20일 전까지 사업자단위로 변경등록을 하여야 한다.
② 사업자단위 과세는 포기 신고할 수 있다.
③ 부가가치세법상 모든 납세의무를 본점 또는 주사무소에서 총괄한다.
④ 사업자단위로 등록 신청한 법인사업자의 경우 지점도 납세지가 될 수 있다.

해설
사업자단위 과세사업자는 각 사업장을 대신하여 그 사업자의 본점 또는 주사무소의 소재지를 부가가치세 납세지로 한다.

정답 16 ③ 17 ① 18 ④

19 다음 중 부가가치세법상 납세지 및 사업자등록에 관한 설명으로 옳지 않은 것은? [101회]

① 사업자등록은 원칙적으로 사업장별로 하여야 한다.
② 사업 개시 후 1개월 이내에 사업자등록을 신청하여야 한다.
③ 사업자단위 과세사업자는 그 사업자의 본점 또는 주사무소에서 총괄하여 신고납부할 수 있다.
④ 계속사업자가 사업자단위로 등록하려면 사업자단위 과세를 적용받으려는 과세기간 개시 20일 전까지 등록해야 한다.

해설
사업개시일로부터 20일 이내에 신청하여야 한다.

20 다음 중 부가가치세법상 사업자등록 정정사유가 아닌 것은? [101회]

① 사업자의 주소를 이전했을 때
② 사업의 종류에 변동이 있는 경우
③ 상속으로 인하여 사업자의 명의가 변경되는 경우
④ 공동사업자의 구성원 또는 출자지분이 변경되는 경우

해설
사업장의 주소를 이전했을 경우 정정사유가 된다.

21 다음 중 부가가치세에 대한 설명으로 틀린 것은? [100회]

① 사업자에 해당하는 자로서 개인, 법인(국가·지방자치단체와 지방자치단체조합을 포함한다), 법인격이 없는 사단·재단 또는 그 밖의 단체는 부가가치세를 납부할 의무가 있다.
② 국제거래되는 상품에 대하여 생산지국 과세원칙을 채택함으로써 수입하는 경우 부가가치세를 과세하지 않는다.
③ 납세의무자와 담세자가 일치하지 않는 간접세이다.
④ 부가가치세는 면세대상을 제외한 모든 재화 또는 용역의 소비에 대하여 과세하는 일반소비세이다.

해설
재화의 수입에 대해서는 소비지국 과세원칙에 따른다.

22
다음 중 부가가치세법상 사업자등록에 대한 설명으로 가장 옳지 않은 것은? [100회]

① 사업자가 사업자등록을 하지 않는 경우에는 사업장 관할 세무서장이 조사하여 등록할 수 있다.
② 사업자는 사업장마다 사업개시일로부터 20일 이내에 사업장 관할 세무서장에게 사업자등록을 신청하여야 한다.
③ 사업자등록을 사업장 관할 세무서장이 아닌 다른 세무서장에게 할 경우에는 신고하지 않은 것으로 본다.
④ 사업을 휴업하는 경우 지체없이 휴업신고를 해야 한다.

해설
다른 세무서장에게 신고할 수 있다.

23
부가가치세법상 주사업장총괄납부에 관한 설명으로 틀린 것은? [100회]

① 법인의 경우 지점을 주된 사업장으로 하여 주사업장총괄납부를 적용할 수 있다.
② 주사업장총괄납부제도는 주된 사업장에서 각 사업장의 신고 및 납부를 총괄하여 할 수 있다.
③ 신규사업자가 총괄납부하려는 경우에는 주된 사업장의 사업자등록증을 받은 날부터 20일 이내에 신청하여야 한다.
④ 수정신고 또는 경정청구 사유가 발생한 때에는 그 사유가 발생한 각 사업장 관할 세무서장에게 수정신고서 또는 경정청구서를 제출하여야 한다.

해설
신고는 사업장별로 하여야 한다.

24
다음 중 부가가치세법에 대한 설명으로 가장 옳지 않은 것은? [99회]

① 국가 및 지방자치단체는 부가가치세 납세의무가 있다.
② 우리나라 부가가치세는 전단계세액공제법으로 부가가치세를 계산한다.
③ 부가가치세는 납세의무자와 담세자가 일치하는 조세이다.
④ 재화를 수입하는 자는 부가가치세 납세의무가 있다.

해설
사업자가 재화 또는 용역을 공급하는 경우에는 부가가치세를 재화 또는 용역을 공급받는 자로부터 징수하여야 한다.

정답 22 ③ 23 ② 24 ③

25 다음 중 부가가치세법상 사업장에 관한 설명으로 틀린 것은? [99회]

① 광업의 경우 광업사무소의 소재지로 한다.
② 부동산임대업의 경우 사업에 관한 업무를 총괄하는 장소로 한다.
③ 사업장이란 사업자가 사업을 하기 위하여 거래의 전부 또는 일부를 하는 고정된 장소를 말한다.
④ 하치장은 원칙적으로 사업장으로 보지 아니한다.

> **해설**
> 부동산임대업의 경우 부동산의 등기부상의 소재지로 한다.

26 다음 중 부가가치세법상 납세의무에 대한 설명으로 가장 잘못된 것은? [98회]

① 청산 중에 있는 내국법인은 계속 등기 여부에 불구하고 사실상 사업을 계속하는 경우 납세의무가 있다.
② 영리 목적 없이 사업상 독립적으로 용역을 공급하는 자도 납세의무자에 해당한다.
③ 사업자가 아닌 자가 부가가치세가 과세되는 재화를 개인적 용도로 사용하기 위해 수입하는 경우 부가가치세 납세의무가 없다.
④ 부가가치세는 납세의무자와 실질적인 담세자가 일치하지 않는 간접세이다.

> **해설**
> 재화를 수입하는 자는 사업자 여부에 불문하고 납세의무가 있다.

27 다음 중 부가가치세법상 납세지에 대한 설명으로 옳지 않은 것은? [98회]

① 부가가치세의 납세지는 각 사업장의 소재지로 한다.
② 재화를 수입하는 자의 납세지는 관세법에 따라 수입을 신고하는 세관의 소재지로 한다.
③ 각종 경기대회나 박람회 등 행사가 개최되는 장소에 개설한 임시사업장도 사업장으로 본다.
④ 사업자가 사업장을 두지 않은 경우 사업자의 주소 또는 거소를 사업장으로 한다.

> **해설**
> 각종 경기대회나 박람회 등 행사가 개최되는 장소에 개설한 임시사업장은 사업장으로 보지 아니한다.

28 다음 중 부가가치세법상 과세기간에 대한 설명으로 잘못된 것은? [98회]

① 신규로 사업을 시작하는 자에 대한 최초의 과세기간은 사업개시일이 속하는 과세기간의 시작일부터 그 날이 속하는 과세기간의 종료일까지로 한다.
② 사업이 법령 개정 등으로 면세사업에서 과세사업으로 전환되는 경우에는 그 과세 전환일을 사업개시일로 한다.
③ 사업자가 폐업하는 경우의 과세기간은 폐업일이 속하는 과세기간의 개시일부터 폐업일까지로 한다.
④ 간이과세자에 관한 규정의 적용을 포기한 일반과세자의 과세기간은 신고일이 속하는 달의 다음 달 1일부터 그 날이 속하는 과세기간의 종료일까지의 기간으로 한다.

해설
신규로 사업을 시작하는 자에 대한 최초의 과세기간은 사업개시일부터 그 날이 속하는 과세기간의 종료일까지로 한다.

29 다음 중 부가가치세법상 사업자등록에 관한 설명으로 잘못된 것은? [97회]

① 법인의 경우 지점을 주된 사업장으로 하여 주사업장총괄납부 신청이 가능하다.
② 증여로 인하여 사업자의 명의가 변경되는 때에는 사업자등록 정정을 하여야 한다.
③ 사업자등록을 하지 않으면 사업자등록 전일까지의 공급가액 합계액의 1% 가산세가 있다.
④ 부가가치세법상 사업자등록은 과세사업자에게만 적용되는 규정이다.

해설
상속으로 사업자의 명의가 변경되는 경우는 사업자등록 정정 대상이지만, 증여로 인한 사업자의 명의변경은 폐업사유이다.

30 다음 중 부가가치세법상 사업장에 관한 설명으로 옳지 않은 것은? [97회]

① 직매장은 사업장으로 보며 하치장은 사업장으로 보지 않는다.
② 부동산임대업은 그 부동산의 등기부상 소재지를 사업장으로 한다.
③ 제조업의 경우 제품의 포장만을 하거나 용기에 충전만을 하는 장소는 사업장이 아니다.
④ 건설업을 영위하는 법인의 사업장은 건설하는 장소이다.

해설
건설업을 영위하는 법인의 사업장은 그 법인의 등기부상 소재지이다.

정답 28 ① 29 ② 30 ④

31 다음 중 부가가치세법상 사업장에 관한 설명으로 잘못된 것은? [96회]

① 광업의 경우 광업사무소의 소재지로 한다.
② 직매장은 사업장으로 보며 하치장은 사업장으로 보지 않는다.
③ 부동산의 권리만을 대여하는 부동산임대업은 부동산의 등기상 소재지를 사업장으로 한다.
④ 건설업 법인의 경우 법인의 등기부상 소재지를 사업장으로 한다.

해설
부동산상의 권리만을 대여하는 경우 그 사업에 관한 업무를 총괄하는 장소를 사업장으로 한다.

32 다음 중 부가가치세법의 특징에 대한 설명으로 가장 옳지 않은 것은? [95회]

① 부가가치세는 공급자가 납부하고 소비자가 부담하는 간접세이다.
② 납세의무자의 부양가족 수, 기초생계비 등 인적사항이 고려되지 않는 물세이다.
③ 세금계산서의 수수로 인하여 근거과세제도를 확립할 수 있다.
④ 수출하는 재화에 대해서는 면세를 적용하므로 수출을 촉진시킨다.

해설
수출하는 재화에 대해서는 영세율을 적용하므로 수출을 촉진시킨다.

33 다음 중 부가가치세 납세의무에 대한 설명으로 잘못된 것은? [95회]

① 사업자가 아닌 자가 부가가치세가 과세되는 재화를 개인용도로 사용하기 위해 수입하는 경우에는 부가가치세 납세의무가 없다.
② 사업자가 부가가치세 과세대상 재화를 공급시 부가가치세를 거래징수하지 못한 경우에도 부가가치세를 납부할 의무가 있다.
③ 사업자등록 없이 부가가치세가 과세되는 용역을 공급하는 사업자의 경우에도 부가가치세를 신고납부할 의무가 있다.
④ 영리목적 없이 사업상 독립적으로 용역을 공급하는 자도 납세의무자에 해당한다.

해설
재화를 수입하는 자는 사업자여부와 용도에 불문하고 부가가치세 납세의무가 있다.

34 부가가치세법상 과세기간에 대한 설명으로 옳지 않은 것은? [95회]

① 신규사업자의 과세기간은 사업개시일부터 그 날이 속하는 과세기간 종료일까지로 한다.
② 법인사업자와 일반과세자인 개인사업자의 과세기간은 다르다.
③ 폐업자의 과세기간은 폐업일이 속하는 과세기간의 개시일부터 폐업일까지로 한다.
④ 간이과세자의 과세기간은 1월 1일부터 12월 31일까지로 한다.

> **해설**
> 법인사업자와 일반과세자인 개인사업자의 과세기간은 같다.

35 다음 중 부가가치세법상 사업자등록 정정사유가 아닌 것은? [95회]

① 개인사업자의 대표자가 변경되는 경우
② 상호를 변경하는 경우
③ 사업의 종류에 변동이 있는 경우
④ 사업장을 이전하는 경우

> **해설**
> 법인의 대표자가 변경되는 경우에만 사업자등록 정정사유에 해당하며 개인사업자의 대표자가 변경되는 경우에는 폐업사유에 해당한다.

36 다음 중 우리나라의 부가가치세법에 대한 설명으로 틀린 것은? [94회]

① 부가가치세는 국가가 과세주체인 조세에 해당한다.
② 일정기간 동안의 매출액에서 매입액을 공제한 잔액에 세율을 적용하여 부가가치세를 계산하는 전단계거래액공제법을 사용하고 있다.
③ 면세대상을 제외한 모든 재화의 소비에 대하여 과세하는 일반소비세에 해당한다.
④ 납세의무자와 담세자가 일치하지 않는 간접세에 해당한다.

> **해설**
> 전단계세액공제법을 채택하여 사용하고 있다.

정답 34 ② 35 ① 36 ②

37 부가가치세법상 사업장에 대한 연결이 가장 옳지 않은 것은? [94회]

① 광업의 경우 광업사무소의 소재지
② 제조업의 경우 최종제품을 완성하는 장소
③ 부동산매매업(법인)의 경우 부동산 등기부상 소재지
④ 건설업(법인)의 법인의 등기부상 소재지

해설
부동산매매업(법인)의 경우 법인의 등기부상 소재지를 사업장으로 한다.

38 부가가치세법상 주사업장총괄납부제도와 사업자단위과세제도에 대한 설명으로 가장 옳지 않은 것은? [94회]

① 주사업장총괄납부제도의 경우 주사업장에서 총괄하여 신고와 납부를 한다.
② 사업자단위과세제도의 경우 부가가치세법상의 모든 의무를 본점에서 총괄한다.
③ 사업자단위과세제도의 경우의 주된 사업장은 본점만 가능하며 지점은 선택이 불가능하다.
④ 주사업장총괄납부제도의 경우 기한 내에 신청만 하면 되며 별도의 승인은 요하지 않는다.

해설
주사업장총괄납부제도의 경우 납부만 주사업장에서 총괄한다.

39 다음 중 부가가치세에 대한 설명으로 옳은 것은? [93회]

> ⓐ 우리나라 부가가치세는 간접세이다.
> ⓑ 우리나라 부가가치세는 생산지국 과세원칙을 적용하고 있다.
> ⓒ 우리나라 부가가치세는 국세가 아닌 지방세이다.
> ⓓ 우리나라 부가가치세는 법으로 열거된 것만 면세로 규정하고 있다.

① ⓐ, ⓑ
② ⓑ, ⓒ
③ ⓒ, ⓓ
④ ⓐ, ⓓ

해설
부가가치세는 국세이며, 소비지국 과세원칙을 적용한다.

37 ③ 38 ① 39 ④ **정답**

40 다음 중 부가가치세법상 과세기간에 대한 설명으로 틀린 것은? [93회]

① 신규사업자가 사업개시일 이전에 사업자등록을 신청한 경우에는 사업자등록증 발급일로부터 과세기간 종료일까지의 기간을 과세기간으로 본다.
② 사업자가 폐업하는 경우의 과세기간은 폐업일이 속하는 과세기간의 개시일부터 폐업일까지로 한다.
③ 간이과세자의 과세기간은 1월 1일부터 12월 31일까지로 한다.
④ 제조업을 신규로 사업개시하는 경우의 사업개시일은 제조를 시작하는 날로 본다.

해설
사업자등록증 신청일로부터 과세기간 종료일까지로 한다.

41 다음 중 부가가치세법상 사업자등록증 정정 시 당일 재발급 사유는? [93회]

① 상속으로 사업자의 명의가 변경되는 경우
② 사업자단위 과세사업자가 종된 사업장을 신설하는 경우
③ 법인이 대표자를 변경하는 경우
④ 통신판매업자가 사이버몰의 도메인이름을 변경하는 경우

해설
통신판매업자가 사이버몰의 명칭 또는 인터넷 도메인이름을 변경하는 경우는 사업자등록증 정정 당일 재발급 사유이다.

42 다음 부가가치세법상 주사업장총괄납부에 관한 설명 중 옳지 않은 것은? [93회]

① 주사업장총괄납부의 주된 사업장은 법인의 경우 본점(주사무소를 포함)만 가능하며, 지점을 주된 사업장으로 할 수 없다.
② 주된 사업장에서 총괄하여 납부하는 사업자가 되려는 자는 그 납부하려는 과세기간 개시 20일 전에 주사업장총괄납부신청서를 주된 사업장의 관할 세무서장에게 제출하여야 한다.
③ 주사업장총괄납부변경신청서를 제출하였을 때는 그 변경신청서를 제출한 날이 속하는 과세기간부터 총괄하여 납부한다.
④ 주사업장총괄납부사업자가 주된 사업장의 이동이 빈번한 경우에 해당하면 관할 세무서장은 주사업장총괄납부를 적용하지 않을 수 있다.

해설
주사업장총괄납부의 주된 사업장은 법인의 경우 본점(주사무소를 포함) 또는 지점(분사무소 포함)을 주된 사업장으로 할 수 있다.

정답 40 ① 41 ④ 42 ①

43 다음 부가가치세법상 납세지에 관한 설명 중 옳지 않은 것은? [92회]

① 사업자의 부가가치세 납세지는 '각 사업장의 소재지'이므로 사업자에 대한 부가가치세는 납세지 관할 세무서장이 과세한다.
② 사업자가 자기의 사업과 관련하여 생산하거나 취득한 재화를 직접 판매하기 위하여 특별히 판매시설을 갖춘 장소를 직매장이라고 하는데 이는 사업장으로 본다.
③ 재화를 보관하고 관리할 수 있는 시설만 갖춘 장소인 하치장도 부가가치세법상 사업장으로 본다.
④ 각종 경기대회나 박람회 등 행사가 개최되는 장소에 개설한 임시사업장은 사업장으로 보지 않으며 기존사업장에 포함되는 것으로 한다.

해설
하치장은 사업장으로 보지 아니한다.

44 다음 중 부가가치세법상 사업자별 과세기간에 대한 설명으로 옳은 것을 모두 고른 것은? [92회]

ⓐ 일반과세자의 1기 : 1월 1일부터 6월 30일까지
ⓑ 간이과세자 : 1월 1일부터 12월 31일까지
ⓒ 4월 1일에 신규로 사업을 시작하는 간이과세자 : 1월 1일부터 12월 31일까지
ⓓ 6월 30일에 폐업한 간이과세자 : 1월 1일부터 12월 31일까지

① ⓐ, ⓑ
② ⓐ, ⓒ
③ ⓑ, ⓒ
④ ⓒ, ⓓ

45 다음 중 부가가치세법상 납세의무에 대한 설명으로 옳지 않은 것은? [92회]

① 영리 목적 없이 사업상 독립적으로 용역을 공급하는 자도 납세의무자에 해당한다.
② 사업자등록 없이 부가가치세가 과세되는 용역을 공급하는 사업자의 경우 부가가치세를 신고 및 납부할 의무가 없다.
③ 법인격이 없는 사단이 재화를 수입하여 부가가치세가 과세되는 재화를 공급하는 경우 부가가치세를 신고 및 납부할 의무가 있다.
④ 사업자가 부가가치세가 과세되는 재화나 용역의 공급 시 부가가치세를 거래징수하지 못한 경우에도 부가가치세를 납부할 의무가 있다.

해설
사업적으로 재화·용역을 공급하는 경우 사업자등록과 무관하게 부가가치세 신고 및 납부의무가 있다.

46 다음 중 부가가치세법상 사업자등록에 대한 설명으로 틀린 것은? [92회]

① 사업자는 사업개시일로부터 20일 이내에 사업장 관할 세무서장에게 사업자등록을 신청하여야 한다.
② 사업장 단위로 등록한 사업자가 사업자 단위 과세 사업자로 변경하려면 사업자 단위 과세 사업자로 적용받으려는 과세기간 개시 20일 전까지 변경등록 신청을 하여야 한다.
③ 사업자등록 신청 전의 매입세액은 원칙적으로 매입세액에서 공제하지 아니한다. 다만, 공급시기가 속하는 과세기간이 끝난 후 20일 이내에 등록을 신청한 경우 역산한 기간 내의 매입세액은 공제 가능하다.
④ 사업자는 폐업하는 경우 폐업일이 속하는 달의 말일로부터 다음 달 25일까지 폐업신고를 하여야 한다.

해설
사업자가 폐업하는 경우 지체 없이 폐업 신고를 하여야 한다.

---

47 다음 중 우리나라 부가가치세의 특징에 대한 설명으로 옳은 것은? [91회]

① 납세의무자의 부양가족 수, 가족 생계비 등의 인적 사항이 고려되는 인세에 해당한다.
② 소비지국 과세원칙을 채택함으로써 수출재화에 대해서는 면세를 적용하여 수출을 촉진한다.
③ 부가가치세는 생산자(사업자)가 납부하고 소비자가 부담하는 간접세이다.
④ 우리나라의 부가가치세법은 매출액에서 매입액을 공제하여 세율을 적용한 값을 납부세액으로 하는 전단계거래액공제법을 채택하고 있다.

해설
③ 부가가치세의 담세자는 최종소비자이지만 납세의무자는 사업자(생산자)로 담세자와 납세의무자가 다른 간접세이다.
① 부가가치세는 사업자가 행하는 재화 또는 용역의 공급, 재화의 수입에 대하여 과세하는 물세이다.
② 재화의 공급이 수출에 해당하는 경우 영세율을 적용하여 완전면세효과를 구현함으로써 수출을 촉진한다.
④ 우리나라의 부가가치세법은 매출액에 세율을 곱하여 계산한 매출세액에서 매입시 징수당한 매입세액을 공제하여 납부세액을 계산하는 전단계세액공제법을 채택하고 있다.

---

48 다음 중 부가가치세법상 사업자등록의 정정사유가 아닌 것은? [91회]

① 상속으로 사업자의 명의가 변경되는 경우
② 공동사업자의 구성원이 변경되는 경우
③ 법인의 대표자를 변경하는 경우
④ 개인사업장을 포괄양수도하는 경우

해설
사업을 포괄양수도하는 경우 양도자는 폐업신고를 하고 양수자는 사업자등록을 하는 것이다.

정답 46 ④ 47 ③ 48 ④

49 우리나라 부가가치세법에 대한 설명 중 가장 잘못된 것은? [90회]

① 세부담의 역진성을 완화하기 위하여 면세제도를 두고 있다.
② 소비지국 과세원칙에 따라 수입재화에는 부가가치세를 과세한다.
③ 사업적으로 공급한 경우에는 사업자등록여부 및 부가가치세 거래징수 여부와 무관하게 부가가치세 납세의무를 진다.
④ 비영리법인은 영리사업을 하여도 부가가치세 납세의무가 없다.

해설
국가, 지방자치단체, 지방자치단체조합도 납세의무가 있다.

50 다음 중 부가가치세법상 납세지 등에 관한 설명으로 가장 옳은 것은? [90회]

① 사업자가 사업장을 두지 아니하면 사업자의 주소 또는 거소(居所)를 사업장으로 한다.
② 재화를 보관하고 관리할 수 있는 시설만 갖춘 장소로서 하치장(荷置場)으로 신고된 장소는 사업장으로 본다.
③ 사업장이 둘 이상인 사업자가 주된 사업장의 관할 세무서장에게 주사업장총괄납부를 신청한 경우에는 주된 사업장에서 부가가치세 과세표준 신고와 납부를 총괄할 수 있다.
④ 주사업장총괄납부 사업자가 되려는 자는 주된 사업장 관할 세무서장에게 승인을 받아야 한다.

해설
② 하치장은 사업장으로 보지 아니한다.
③ 납부만 총괄한다.
④ 승인사항이 아닌 신청사항이다.

51 부가가치세법상 사업자등록에 관한 내용이다. 옳지 않은 것은? [90회]

① 상속으로 인하여 사업자의 명의가 변경될 때 사업자등록을 정정한다.
② 공동사업자의 출자지분이 변경될 때 사업자등록을 정정한다.
③ 증여로 인하여 사업자의 명의가 변경될 때 사업자등록 정정한다.
④ 개인사업자의 대표자를 변경할 때는 사업자등록을 폐업한 후 변경된 대표자는 사업자등록을 신청한다.

해설
증여로 인하여 사업자의 명의가 변경되는 경우는 사업자등록 폐업사유이다.

52 부가가치세에 대한 설명으로 옳지 않은 것은? [89회]

① 부가가치세는 소비지국 과세원칙에 따라 수출품은 영세율을 적용한다.
② 부가가치세는 직접세이다.
③ 부가가치세는 법으로 열거된 것만 면세로 규정하고 있다.
④ 부가가치세는 각 거래단계에서 창출한 부가가치에 과세하는 다단계과세방식을 취한다.

해설
부가가치세는 간접세이다.

53 다음 중 부가가치세법상 사업자등록에 관한 설명으로 옳지 않은 것은? [89회]

① 사업개시일 이전이라도 사업자등록을 신청할 수 있다.
② 사업개시일부터 20일 이내에 신청하여야 한다.
③ 사업자등록 신청 전의 매입세액은 무조건 매입세액 불공제한다.
④ 사업자는 휴업 또는 폐업을 하는 경우 지체 없이 사업장 관할 세무서장에게 신고해야 한다.

해설
공급시기가 속하는 과세기간이 끝난 후 20일 이내에 등록을 신청한 경우 등록신청일부터 공급시기가 속하는 과세기간 기산일까지 역산한 기간 내의 것은 매입세액을 공제한다.

정답 52 ② 53 ③

CHAPTER 02

PART 2 부가가치세법

과세거래

01 부가가치세의 과세대상

부가가치세의 과세대상은 재화의 공급·용역의 공급·재화의 수입의 3가지이다.

1 재화의 범위

재화라 함은 재산적 가치가 있는 모든 유체물과 무체물을 말한다.
① 유체물이란 상품·제품·원료·기계·건물과 기타 모든 유형적 물건
② 무체물이란 열, 동력 등 기타 관리할 수 있는 자연력 및 권리 등으로 재산적 가치가 있는 유체물 이외의 모든 것

2 용역의 범위

용역이라 함은 재화 이외의 재산적 가치가 있는 모든 역무(service) 및 기타 행위를 말하는데, 법에서는 다음과 같이 구체적으로 사업의 범위를 열거하고 있다.
① 건설업
② 숙박 및 음식점업
③ 운수업
④ 통신업
⑤ 금융 및 보험업
⑥ 부동산 및 임대업(전·답·과수원·목장용지·임야 또는 염전임대업을 제외)
⑦ 사업서비스업
⑧ 공공행정, 국방 및 사회보장행정
⑨ 교육서비스업
⑩ 보건 및 사회복지사업
⑪ 오락, 문화 및 운동 관련 서비스업
⑫ 기타 공공, 수리 및 개인서비스업
⑬ 가사서비스업
⑭ 국제 및 외국기관의 사업

3 부수된 재화 또는 용역의 범위

주된 거래인 재화의 공급에 필수적으로 부수되는 재화 또는 용역의 공급은 주된 거래인 재화의 공급에 포함되고, 주된 거래인 용역의 공급에 필수적으로 부수되는 재화 또는 용역의 공급은 주된 거래인 용역의 공급에 포함되는 것으로 본다.

주된 '거래'에 부수하여 공급하는 재화와 용역	① 당해 대가가 주된 거래인 재화 또는 용역의 공급대가에 **통상적으로** 포함되어 공급되는 재화 또는 용역 ② 거래의 관행으로 보아 **통상적으로** 주된 거래인 재화 또는 용역의 공급에 부수하여 공급되는 것으로 인정되는 재화 또는 용역 이들은 별도의 독립된 거래로 보지 않고 주된 거래의 과세·면세여부에 따라 부수공급의 과세·면세여부도 따라간다. * TIP) 주된 것에 따라 면세를 판단한다.	㉠ 음반(과세)에 부수되는 도서(면세) → 과세 ㉡ 도서(면세)에 부수되는 CD(과세) → 면세
주된 '사업'에 부수하여 공급하는 재화와 용역	① 주된 사업과 관련하여 우발적 또는 일시적으로 공급되는 재화 또는 용역 ② 주된 사업과 관련하여 주된 재화의 생산에 필수적으로 부수하여 생산되는 재화 이들은 독립된 사업으로 보지 않으므로, 주된 사업의 과세·면세여부에 따라 부수재화 또는 용역의 과세·면세여부가 결정된다. 그러나 독립된 거래로는 인정하므로 예외적으로 주된거래가 과세사업인 경우 부수재화 또는 용역이 면세대상인 경우 면세를 적용받는다(면세우선). * TIP) 사업하는데 일시적인 것은 봐주자! 주된 거래와 부수거래 중 하나라도 면세가 있으면 면세가 된다.	㉠ 제조업(과세) 건물(과세) 공급 → 과세 ㉡ 제조업(과세) 토지(면세) 공급 → 면세 ㉢ 은행업(면세) 건물(과세) 공급 → 면세 ㉣ 은행업(면세) 토지(면세) 공급 → 면세

4 재화의 수입

부가가치세의 과세대상이 되는 재화나 용역의 공급은 그 공급의 주체가 반드시 사업자이어야 하나 재화의 수입의 경우는 사업자인지의 여부를 불문하고 과세대상이 된다.

02 재화의 공급

1 의 의

① 재화의 공급은 계약상 또는 법률상의 모든 원인에 의하여 대가를 받고 재화를 인도 또는 양도하는 것이며(실질공급), 예외적인 공급의제로 자가공급·개인적 공급·사업상증여·폐업 시 잔존재화 등과 같이 일반적인 거래가 아닌 경우에도 재화의 공급으로 본다(간주공급).
② 위탁매매 또는 대리인에 의한 매매에 있어서는 위탁자 또는 본인이 직접 재화를 공급하거나 공급받은 것으로 본다. 다만 위탁자 또는 본인을 알 수 없는 경우에는 그러하지 아니하다.
③ 매매 또는 그 중개를 사업목적으로 나타내어 부동산을 판매하거나, 사업상의 목적으로 1과세기간 중에 1회 이상 부동산을 취득하고 2회 이상 판매하는 경우 재화를 공급하는 것으로 본다.
④ 창고증권은 재화의 소유권 이전을 수반하므로 재화에 포함됨에 유의하여야 한다.

2 재화공급의 범위

일반적 거래에서 발생한 재화공급의 형태는 다음과 같다.

① **매매계약** : 현금판매·외상판매·할부판매·장기할부판매·조건부 및 기한부판매·위탁판매·기타 매매계약에 의하여 재화를 인도 또는 양도하는 것
② **가공계약** : 자기가 주요자재의 전부 또는 일부를 부담하고 상대방으로부터 인도받은 재화에 공작을 가하여 새로운 재화를 만드는 가공계약에 의하여 재화를 인도하는 것. 다만, 상대방으로부터 인도받은 재화에 주요자재를 전혀 부담하지 아니하고 단순히 가공만 하여 주는 것은 용역의 공급으로 본다.
③ **교환계약** : 재화의 인도대가로서 다른 재화를 인도받거나 용역을 제공받는 교환계약에 의하여 재화를 인도 또는 양도하는 것
④ **기타** : 현물출자, 대물변제, 사적인 이유에 의한 경매 등
⑤ **법률상 원인** : 경매, 수용 등 법률상의 원인에 의하여 재화를 인도 또는 양도하는 것. 그러나 다음의 경우에는 재화의 공급으로 보지 아니한다.
    ⊙ 국세징수법에 의한 공매, 지방세 징수를 위한 공매, 민사집행법에 따른 경매(같은 법에 따른 강제경매, 민법·상법 등 그 밖의 법률에 따른 경매 포함)에 의하여 재화를 인도·양도하는 것은 과세되는 재화의 공급으로 보지 않는다.
    ⓒ 도시 및 주거환경정비법, 공익사업을 위한 토지 등의 취득 및 보상에 관한 법률 등에 따른 수용절차에 있어서 수용대상인 재화의 소유자가 해당 재화를 철거하는 조건으로 그 재화에 대한 대가를 받는 경우 등에는 재화의 공급으로 보지 아니한다.

3 재화의 공급의제

부가가치세법은 본래의 재화의 공급에는 해당하지 않지만 사업자 간 또는 소비자 간 과세형평을 유지하기 위해, 납부환급의 불필요한 절차해소 등을 위해 특별한 경우 재화의 공급으로 의제하는 경우가 있는데 이를 '재화의 공급의제(간주공급)'라 한다.

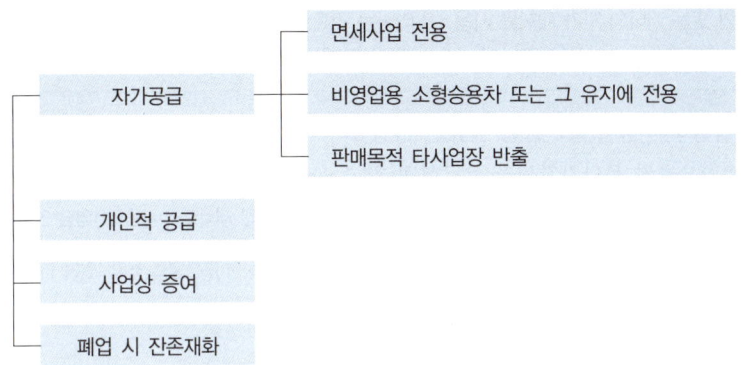

(1) 자가공급

사업자가 자기의 사업과 관련하여 생산하거나 취득한 재화를 자기의 사업을 위하여 직접 사용·소비하는 다음의 경우에는 재화의 공급으로 본다.

면세사업 전용	• 겸영사업자가 과세사업을 위해 생산, 취득한 재화를 면세사업(비과세 사업을 포함)에 사용, 소비하는 경우. 다만, 처음부터 매입세액공제되지 않은 것은 제외한다. • 원래 면세사업에서는 매입세액공제를 받을 수 없는데 사업자가 과세사업과 관련하여 생산하거나 취득하여 매입세액공제를 받은 재화를 면세사업에 사용함으로써 면세사업에서 매입세액공제를 받는 효과를 없애고자 하는 것이다.
비영업용 소형승용자동차 또는 그 유지에의 전용	자기의 본래 사업을 위해 생산, 취득한 재화를 비영업용으로 사용하는 소형승용자동차와 그 유지를 위해 사용, 소비하는 경우 이를 재화의 공급으로 본다.
판매목적 타사업장 반출	• 2 이상의 사업장이 있는 사업자가 자기사업과 관련하여 생산 또는 취득한 재화를 타인에게 직접 판매할 목적으로 다른 사업장에 반출하는 것은 재화의 공급으로 본다. • 다만, '총괄납부승인' 또는 '사업자단위 과세제도' 승인을 얻은 사업자가 총괄납부 또는 사업자단위 과세제도로 신고·납부를 하는 과세기간에 반출하는 것은 재화의 공급으로 보지 아니한다(단, 사업자가 세금계산서를 교부하여 예정·확정 신고한 경우에는 재화의 공급으로 본다). | 구 분 | 내 용 | |---|---| | 일반적인 사업자 | 재화의 공급으로 봄 | | 주사업장총괄납부승인 또는 사업자단위 과세제도의 승인을 받은 사업자 | • 원칙 : 재화의 공급으로 보지 않음 • 세금계산서를 발급한 경우 : 재화의 공급으로 봄 |

(2) 개인적 공급

사업자가 자기의 사업과 관련하여 생산하거나 취득한 재화를 다음과 같이 **사업과 관계없이 사용·소비**하는 것은 재화의 공급으로 본다.

> ① **자기**나 그 **사용인**이 개인적 목적 또는 기타의 목적으로 사용·소비하는 것
> ② 사용인 또는 기타의 자가 재화를 사용·소비하는 것으로서 사업자가 그 **대가를 받지 아니하거나 시가보다 낮은 대가를 받는 경우**(처음부터 매입세액이 공제되지 않은 재화는 재화의 공급으로 보지 아니한다)

개인적 공급을 간주공급으로 보는 이유는 사업자가 매입세액 공제를 받은 후, 이를 개인적인 용도로 사용·소비함으로써 부가가치세를 부담하지 않고 사용·소비하는 것을 방지하기 위함이다.

※ 단, 작업복, 작업모, 작업화, 직장체육비, 직장연예비, 경조사^{*주)}와 관련된 재화로서 사용인 1명당 연간 10만원 이하의 재화는 개인적 공급에서 제외한다.
*주) 경조사를 ㉠ 경조사, ㉡ 설날·추석 ㉢ 창립기념일 및 생일로 구분하여 구분별로 각각 1인당 연간 10만원 한도 적용(10만원 초과 시 공급의제)

(3) 사업상 증여

사업자가 자기의 사업과 관련하여 생산하거나 취득한 재화를 자기의 **고객이나 불특정 다수에게 증여**하는 것은 재화의 공급으로 본다. 이의 취지는 과세사업과 관련하여 생산하거나 취득하여 매입세액 공제를 받은 재화를 타인에게 증여함으로써 최종소비자가 부가가치세의 부담없이 재화를 사용·소비하는 것을 방지하는데 있다. 다만, 다음의 경우는 사업상 증여로 보지 않는다.

> ① 무상견본품, 불특정다수인에게 주는 광고선전물
> ② 처음부터 매입세액이 공제되지 않은 것(매입세액 공제되지 않는 원인은 불문)
> ③ 증여되는 재화의 대가가 주된 거래인 재화의 공급대가에 포함되는 것
> ④ 특별재난지역에 공급하는 물품
> ⑤ 자기적립마일리지 등으로만 전부 결제받고 공급하는 재화

(4) 폐업 시 잔존재화

사업자가 사업을 폐지하는 때 또는 사업개시일 전에 등록한 경우로서 사실상 사업을 개시하지 아니하게 된 때에 그 시점에 잔존하는 재화는 자기에게 공급하는 것으로 본다. 다만, 처음부터 매입세액이 공제되지 않는 것은 재화의 공급으로 보지 않는다. 이의 취지는 과세사업과 관련하여 생산 또는 취득하여 매입세액공제를 받은 재화를 폐업 후에 부가가치세의 부담없이 사용·소비하는 것을 방지하고자 함에 있다. 다만, 다음에 해당하는 잔존재화 등은 폐업 시 잔존재화로 보지 않는다.

> ① 사업자가 사업의 종류를 변경한 경우 변경 전 사업에 대한 잔존재화
> ② 동일 사업장 내에서 2 이상의 사업을 겸영하는 사업자가 그 중 일부 사업을 폐지하는 경우 해당 폐지한 사업과 관련된 잔존재화
> ③ 개인사업자 2인이 공동사업을 영위할 목적으로 한 사업자의 사업장을 다른 사업자의 사업장에 통합하여 공동명의로 사업을 영위하는 경우에 통합으로 인하여 폐지된 사업장의 잔존재화
> ④ 폐업일 현재 수입신고(통관)되지 않은 미착재화
> ⑤ 사업자가 직매장을 폐지하고 자기의 다른 사업장으로 이전하는 경우 해당 직매장의 잔존재화

(5) 재화의 공급의제에서 주의할 점

'직매장반출'의 경우에만 당초 매입세액 공제 여부와 관계없이 언제나 공급으로 의제한다(나머지 모든 경우에는 생산·취득 시 매입세액불공제 된 것은 재화의 공급으로 보지 아니한다).

폐업 시 잔존재화, 자가공급, 개인적 공급, 사업상 증여의 경우 당초에 사업양도자가 매입세액공제를 받은 재화의 경우 사업양수자가 포괄양수한 경우에도 재화의 공급의제로 보고 있음에 유의해야 한다.

4 재화의 공급으로 보지 아니하는 경우

(1) 담보제공

담보제공이란 질권·저당권 또는 양도담보의 목적으로 동산·부동산 및 부동산상의 권리를 제공하는 것을 말한다. 이는 단순히 채권담보의 목적으로 제공됐을 뿐이므로 실질적으로 재화의 공급으로 보기 어렵기 때문이다. 다만, 담보제공된 재화가 채무불이행 등의 사유로 인하여 담보권자 또는 제3자에게 인도되는 경우에는 재화의 공급으로 본다. 이 경우 해당 담보물의 소유자인 채무자가 사업자이면 과세 대상이 되나, 사업자가 아니면 과세대상이 아니다.

(2) 포괄적인 사업양도

포괄적 사업양도는 사업장별로 그 사업에 대한 모든 권리·의무를 포괄적으로 승계시키는 것은 재화 의 공급으로 보지 않는다.*주)

이 경우 그 사업에 관한 권리·의무 중 다음의 것을 포함하지 아니하고 승계시킨 경우에도 당해 사업 을 포괄적으로 승계시킨 것으로 본다(양수자가 승계 받은 사업 이외의 새로운 사업의 종류를 추가하거 나 업종을 변경한 경우에도 재화의 공급으로 보지 아니한다).

① 미수금, 미지급금에 관한 것
② 당해 사업과 직접 관련이 없는 토지·건물에 관한 것으로 기획재정부령이 정하는 것

이와 같은 규정의 취지는 만약 위 규정을 재화의 공급으로 규정하게 되면 사업의 양도자는 부가가치세 매출세액을 거래징수하여 과세당국에게 납부하여야 하는데, 이 경우 동 세액은 사업의 양수자 입장에 서는 사업과 관련하여 거래징수를 당한 매입세액이므로 과세당국에게 매입세액 공제를 신청할 것이고 결국 과세의 실효성이 없이 사업양수자에게 불필요한 자금의 부담만을 주게 될 것이기 때문이다.

*주) 사업의 포괄양도 시 양수자의 부가가치세 대리납부제도 : 사업을 포괄적으로 양도·양수함에 따라(포괄양도 해당 여부가 불분명한 경우 포함) 그 사업을 포괄적으로 양수하는 자가 양도한 자로부터 부가가치세를 징수하여 납부한 경우에는 매입세액을 공제받을 수 있는 재화의 공급으로 보며, 이때 양수자는 부가가치세를 대리납부하여야 한다.

구 분	사업양도의 취급
일반적인 경우	재화의 공급으로 보지 않음 → 세금계산서 발급 × (∴ 사업양수자로 매입세액 공제 ×)
사업양수 시 양수자가 부가가치세를 대리납부 하는 경우	재화의 공급으로 인정함 → 세금계산서 발급 ○ (∴ 사업양수자로 매입세액 공제 ○)

(3) 물납한 재화

사업용 자산을 상속세 및 증여세 및 지방세법 및 종합부동산세법 규정에 의하여 물납하는 경우 재화의 공급으로 보지 아니한다.

(4) 공매·경매에 의한 재화의 양도

다음의 공매 및 경매(강제경매, 담보권실행경매 민법 등 그밖의 법률에 따른 경매 포함)에 따라 재화를 인도 또는 양도하는 것은 재화의 공급으로 보지 아니한다.

> 국세징수법에 의한 공매, 지방세 징수를 위한 공매, 민사집행법에 따른 경매(같은 법에 따른 강제경매, 민법·상법 등 그 밖의 법률에 따른 경매 포함)에 의하여 재화를 인도·양도하는 것

(5) 수용 등 법률상의 원인에 의하여 재화의 소유자가 수용된 재화를 인도 또는 양도

도시 및 주거환경정비법, 공익사업을 위한 토지 등의 취득 및 보상에 관한 법률 등에 따른 수용절차에 있어서 수용대상인 재화의 소유자가 수용된 재화에 대한 대가를 받는 경우 또는 사업시행자의 매도청구에 따라 재화의 인도하거나 양도하는 것은 재화의 공급으로 보지 아니한다.

(6) 신탁재산의 이전

신탁재산의 소유권 이전으로서 다음 중 어느 하나에 해당하는 것은 재화의 공급으로 보지 아니한다. 이는 신탁재산의 관리/처분 등을 위한 형식적인 소유권 이전에 불과하기 때문이다.
① 위탁자로부터 수탁자에게 신탁자산을 이전하는 경우
② 신탁의 종료로 인하여 수탁자로부터 위탁자에게 신탁재산을 이전하는 경우
③ 수탁자가 변경되어 새로운 수탁자에게 신탁재산을 이전하는 경우

03 용역의 공급

1 의 의

용역의 공급이란 계약상 또는 법률상 모든 원인에 의하여 역무를 제공하거나 소유권을 이전하지 아니하고 재화·시설물 또는 권리를 사용하게 하는 것을 말한다. 현행 부가가치세법상 과세되는 용역은 다음에 열거한 사업에 해당하는 모든 역무 및 그 밖의 행위로 규정하고 있다. 용역에 해당하는 사업은 부가가치세법 시행령에 특별한 규정이 있는 경우를 제외하고는 통계청장이 고시하는 해당 과세기간 개시일 현재의 한국표준산업분류표에 의한다.
① 건설업
② 숙박 및 음식점업
③ 운수업
④ 통신업
⑤ 금융 및 보험업
⑥ 부동산업 및 임대업

⑦ 사업서비스업
⑧ 공공행정·국방 및 사회보장행정
⑨ 교육서비스업
⑩ 보건 및 사회복지사업
⑪ 오락, 문화 및 운동 관련 서비스업
⑫ 기타 공공 수리 및 개인서비스업
⑬ 가사서비스업
⑭ 국제 및 외국기관의 사업

2 용역공급의 범위

다음 경우의 거래도 용역의 공급으로 본다.
① 건설업에 있어서 건설업자가 건설자재의 전부 또는 일부를 부담하는 것
② 상대방으로부터 인도받은 재화에 주요자재를 전혀 부담하지 아니하고 단순히 가공만 하여 주는 것
  ※ 주요자재를 전부 또는 일부 부담하여 가공하는 것은 '재화의 공급'이다.
③ 산업상·상업상 또는 과학상의 지식·경험 또는 숙련에 관한 정보를 제공하는 것 **예** 특허권 등의 권리 대여

3 용역의 공급으로 보지 아니하는 경우

(1) 용역의 자가공급(간주공급)

용역의 자가공급은 원칙적으로 과세되지 않으나 당해 용역의 무상으로 자가 공급되어 다른 동업자와의 과세형평이 침해되는 경우는 과세된다. 다만, 구체적으론 현재 명시하지 않고 있다.

(2) 용역의 무상공급

일반적으로 대가를 받지 아니하고 타인에게 용역을 공급하는 것은 용역의 공급으로 보지 아니한다. 다만, 용역의 무상공급 중 특수관계인 간 사업용 부동산 무상임대용역에 대해서는 과세한다.^{*주)}

*주) 특수관계인에게 공급하는 사업용 부동산의 임대용역 중 다음에 대해서는 예외적으로 부가가치세를 과세하지 않는다.
  ① 산학협력단과 대학 간 사업용 부동산의 임대용역
  ② 공공주택사업자와 부동산투자회사 간 사업용 부동산의 임대용역

(3) 고용관계에 의한 근로의 제공

고용관계에 의하여 근로를 제공하는 것은 용역의 공급으로 보지 아니한다.

> **더 알아두기**
>
> **해외 오픈마켓 등에서 구매하는 전자적 용역에 대한 과세**
> 국내 개발자와 해외 개발자 간 과세형평을 높이기 위하여 국내소비자가 해외 오픈마켓 등에서 구매하는 게임·음성·동영상 파일 또는 소프트웨어 등 전자적 용역에 대하여 해외 오픈마켓 사업자가 간편하게 사업자등록을 하여 부가가치세를 납부할 수 있도록 하는 제도

04 재화의 수입

재화의 수입은 다음의 물품을 우리나라에 인취하는 것(보세구역을 경유하는 것은 보세구역으로부터 인취하는 것)으로 한다. 여기서 인취하는 것이란 우리나라의 영토 및 우리나라가 행사할 수 있는 권리가 미치는 곳 또는 보세구역 이외의 지역으로 반입하는 것을 말한다.
① 외국으로부터 우리나라에 도착된 물품(외국의 선박에 의하여 공해에서 채집되거나 잡힌 수산물을 포함)
② 수출신고가 수리된 물품. 단, 수출신고를 한 재화로서 선(기)적되지 아니한 것을 보세구역(자유무역지역·관세자유지역 포함)으로부터 인취하는 것은 수입으로 보지 아니한다. 또한, 재화수입의 경우에는 해당 수입자가 사업자인지 비사업자인지를 구분하지 아니하고 모두 과세한다. 왜냐하면 국가 간 재화의 이동에 대해서는 소비지국 과세원칙이 적용되기 때문이다.

05 공급시기

1 의 의

① 부가가치세에 있어서 공급시기는 재화 또는 용역 공급의 귀속시기가 어느 과세기간 내에 포함되는지 여부를 가리는 시간적 기준이다.
② 공급시기는 부가가치세의 거래징수와 세금계산서교부시기를 결정하므로 매우 중요하다.

2 재화의 공급시기

(1) 일반적인 공급시기

재화의 이동이 필요한 경우	재화가 인도되는 때
재화의 이동이 필요치 아니한 경우	재화가 이용가능하게 되는 때
위 이외의 경우	재화의 공급이 확정되는 때

(2) 거래형태에 따른 공급시기

현금판매·외상판매·할부판매	재화가 인도하거나 이용가능하게 되는 때
장기할부판매[주]	대가의 각 부분을 받기로 한 때
반환조건부판매·동의조건부판매 기타 조건부 및 기한부판매	조건이 성취되거나 기한이 경과되어 판매가 확정되는 때
완성도기준지급 또는 중간지급조건부	대가의 각 부분을 받기로 한 때
전력 기타 공급단위를 구획할 수 없는 재화를 계속적으로 공급하는 경우	대가의 각 부분을 받기로 한 때

재화의 공급으로 보는 가공의 경우	가공된 재화를 인도하는 때
자가공급·개인적 공급·사업상 증여	재화가 사용 또는 소비되는 때
폐업에 의한 의제공급	폐업하는 때
무인판매기를 이용하여 재화를 공급	무인판매기에서 현금을 인취하는 때
수출재화	• 내국물품의 국외반출(직수출) 또는 중계무역방식으로 수출하는 경우 : 수출재화의 선(기)적일 • 원양어업 및 위탁판매수출의 경우 : 수출재화의 공급가액이 확정되는 때 • 위탁가공무역 방식으로 수출하거나 외국인도수출의 경우 : 외국에서 당해 재화가 인도되는 때
위탁매매 또는 대리인에 의한 매매	위탁자 또는 본인이 직접 재화를 공급하거나 공급받는 것으로 보고 수탁자 또는 대리인이 재화 등을 공급한 때

*주) 장기할부판매 : 다음과 같이 재화를 공급하고 그 대가를 월부·연부 기타 부불방법에 따라 받는 것을 장기할부판매라 한다.
 • 2회 이상으로 분할하여 대가를 받는 것
 • 당해 재화의 인도일 다음 날부터 최종의 부불금의 지급기일까지의 기간이 1년 이상인 것

3 용역의 공급시기

(1) 일반적인 공급시기

역무를 제공하는 경우	역무 제공이 완료되는 때
재화·시설물 또는 권리를 사용하게 하는 경우	재화·시설물 또는 권리가 사용되는 때

(2) 거래형태에 따른 공급시기

통상적인 용역의 공급	역무의 제공이 완료되는 때
완성도기준지급·중간지급·장기할부 또는 기타 조건부로 용역을 공급하는 경우	대가의 각 부분을 받기로 한 때
부동산임대용역을 공급하는 경우에 간주임대료의 경우와 선수령한 월세 등의 경우	예정신고기간 또는 과세기간의 종료일
둘 이상의 과세기간에 걸쳐 계속적으로 일정한 용역(스포츠센터 시설이용권 등)을 제공하고 그 대가를 선불로 받는 경우	예정신고기간 또는 과세기간의 종료일
기타의 경우	역무의 제공이 완료되고 그 공급가액이 확정되는 때

4 공급시기의 특례

(1) 세금계산서 선발행 시

선발행 세금계산서 특례	사업자가 재화 또는 용역의 공급시기가 도래하기 전에 재화 또는 용역에 대한 대가의 전부 또는 일부를 받고, 이와 동시에 그 받은 대가에 대하여 세금계산서를 교부하는 경우에는 그 발급하는 때를 당해 재화 또는 용역의 공급시기로 본다. (대가수령 = 발급 > 공급시기) ※ 대가를 먼저 받고 공급시기가 되기 전 **다른 과세기간**에 세금계산서를 발급하는 경우도 포함 (대가수령 > 발급 > 공급시기)
나중에 대가를 받는 경우	동시에 대가를 받지 않은 경우라도 세금계산서를 발급하고 7일 이내에 대가를 지급받은 경우에는 발급한 때를 공급시기로 보아 적법한 세금계산서로 인정
	단, 다음의 경우에는 세금계산서 발급일로부터 7일이 지난 후 대가를 받더라도 해당 세금계산서를 발급한 때를 재화/용역의 공급시기로 본다. ㉠ 거래 당사자 간의 **계약서** 등에 대금 청구시기와 지급시기를 따로 적을 것 ㉡ 대금 청구시기와 지급시기 사이의 기간이 30일[주] 이내일 것 *주) 세금계산서 발급 후 **동일 과세기간 이내**에 대가를 받는 경우도 포함

(2) 폐업 시

폐업 전에 공급한 재화 또는 용역의 공급시기가 폐업일 이후에 도래하는 경우(예 장기할부판매)에는 그 폐업일을 공급시기로 본다.

06 공급장소

1 의 의

'공급장소'란 재화 또는 용역이 공급되는 장소를 말하며, 부가가치세의 납세의무가 발생되는 장소가 될 뿐만 아니라 세금계산서 또는 영수증의 교부장소이기도 하다.

2 재화의 공급장소

① 재화의 이동이 필요한 경우 : 재화의 이동이 개시되는 장소
② 재화의 이동이 필요하지 아니한 경우 : 재화가 공급되는 시기에 재화가 소재하는 장소

3 용역의 공급장소

① 원칙 : 역무가 제공되거나 재화·시설물 또는 권리가 사용되는 장소
② 국내외 걸쳐 용역이 제공되는 국제운송의 경우 사업자가 비거주자 또는 외국법인인 때 : 여객이 탑승하거나 화물이 적재되는 장소
③ 전자적 용역의 경우 : 용역을 공급받는 자의 사업장 소재지·주소지·거소지

제2장 단원별 기출문제

01 다음 중 부가가치세법상 용역의 공급에 해당하는 것으로 옳은 것은? [108회]

① 자기가 주요 자재의 일부를 부담하고 상대방으로부터 인도받은 재화를 가공하여 새로운 재화를 만드는 가공계약에 따라 재화를 인도하는 것
② 건설업의 경우 건설사업자가 건설자재 일부를 부담하는 것
③ 재화의 인도 대가로서 용역을 제공받는 교환계약에 따라 재화를 인도하는 것
④ 사업자가 대가를 받지 아니하고 타인에게 용역을 공급하는 것(특수관계인에게 사업용부동산의 무상임대 제외)

해설
건설업의 경우 건설사업자가 건설자재의 전부 또는 일부를 부담하는 것은 용역의 공급으로 본다.

02 다음 중 부가가치세법상 부수공급에 대한 과세 여부의 연결이 잘못된 것은? [108회]

① 은행(면세사업자)이 은행업에 사용하던 건물을 양도하는 경우 : 면세
② 미술학원에서 미술교육용역(면세)에 포함하여 실습자재를 공급하는 경우 : 면세
③ 부동산임대업자가 임대(과세)하던 토지를 양도하는 경우 : 면세
④ 조경공사업체(과세)가 조경공사에 포함하여 수목을 공급하는 경우 : 면세

해설
조경공사의 부수재화로서 과세가 된다.

03 다음 중 부가가치세법상 용역의 공급에 해당하지 않는 것은? [107회]

① 건설업의 경우 건설사업자가 건설자재의 전부 또는 일부를 부담하는 것
② 자기가 주요자재를 전혀 부담하지 아니하고 상대방으로부터 인도받은 재화를 가공하여 단순히 가공만 해주는 것
③ 경매, 수용, 현물출자와 그 밖의 계약상 또는 법률상의 원인에 따라 재화를 인도하거나 양도하는 것
④ 산업상·상업상 또는 과학상의 지식·경험 또는 숙련에 관한 정보를 제공하는 것

해설
경매, 수용, 현물출자와 그 밖의 계약상 또는 법률상의 원인에 따라 재화를 인도하거나 양도하는 것은 재화의 공급으로 한다.

정답 01 ② 02 ④ 03 ③

04 다음 중 부가가치세법상 사업상 증여로서 재화의 공급에 해당하는 것은? [107회]

① 사업자가 자기의 고객 중 추첨을 통하여 당첨된 자에게 재화를 경품으로 제공하는 경우
② 사업을 위하여 대가를 받지 아니하고 다른 사업자에게 인도하거나 양도하는 견본품
③ 「재난 및 안전관리 기본법」의 적용을 받아 특별재난지역에 공급하는 물품
④ 불특정 다수에게 무상으로 배포하는 광고선전용 재화

해설
사업자가 자기생산·취득재화를 자기의 고객이나 불특정 다수에게 증여하는 경우(증여하는 재화의 대가가 주된 거래인 재화의 공급에 대한 대가에 포함되는 경우는 제외한다)는 재화의 공급으로 본다.

05 다음 중 부가가치세법상 재화의 수입에 해당하는 경우는? [106회]

① 국외에서 보세구역으로 재화를 반입하는 경우
② 국내에서 보세구역으로 공급하는 경우
③ 보세구역 내 거래인 경우
④ 보세구역에서 국내로 공급하는 경우

해설
②, ③은 재화 또는 용역의 공급에 해당하고, ①은 재화의 수입에 해당하지 않는다.

06 다음 중 부가가치세법상 용역의 공급으로 과세하지 않는 경우는? [105회]

① 건설업자가 건설자재의 전부 또는 일부를 부담하여 용역을 제공하고 대가를 받는 경우
② 사업자가 사업상의 지식에 관한 정보를 제공하고 대가를 받는 경우
③ 사업자가 사용인의 직무상 부상 또는 질병을 무상으로 치료하는 경우
④ 특수관계인에게 무상으로 사업용 부동산을 임대하는 경우

해설
사업자가 사용인의 직무상 부상 또는 질병을 무상으로 치료하는 경우 용역의 자가공급으로 보아 과세하지 아니한다.

07 다음 중 부가가치세법상 재화의 공급으로 보지 아니하는 특례에 해당하지 않는 것은? [105회]

① 담보의 제공
② 조세의 물납
③ 양수자가 대리납부하는 사업의 양도
④ 신탁재산의 이전

해설
양수자가 대리납부하는 사업의 양도의 경우 재화의 공급으로 인정한다.

08 다음 중 부가가치세법상 공급시기에 관한 내용으로 옳지 않은 것은? [105회]

① 재화의 공급으로 보는 가공의 경우 : 가공이 완료된 때
② 공급시기가 폐업일 이후에 도래하는 경우 : 폐업일
③ 임대보증금에 대한 간주임대료의 경우 : 예정신고기간 또는 과세기간의 종료일
④ 완성도기준지급조건부로 용역을 공급하는 경우 : 대가의 각 부분을 받기로 한 때

해설
재화의 공급으로 보는 가공의 경우로서 재화를 인도하는 경우에는 가공된 재화를 인도하는 때를 공급시기로 한다.

09 다음 중 부가가치세법상 과세하는 타사업장 반출 재화에 해당하는 것은? [104회]

① 자기의 다른 사업장에서 원료 등으로 사용하기 위하여 반출하는 경우
② 주사업장 총괄 납부 사업자가 판매 목적으로 타사업장에 반출하는 경우로서 세금계산서를 발급하고 확정신고한 경우
③ 상품진열 등의 목적으로 자기의 다른 사업장으로 반출하는 경우
④ 판매 목적으로 타사업장에 반출하는 경우로서 사업자 단위 과세 사업자인 경우

해설
- 사업장이 둘 이상인 사업자가 자기의 사업과 관련하여 생산 또는 취득한 재화를 판매할 목적으로 자기의 다른 사업장에 반출하는 것은 재화의 공급으로 본다. 단, 다음의 어느 하나에 해당하는 경우는 재화의 공급으로 보지 아니한다.
  - 사업자가 사업자 단위 과세 사업자로 적용을 받는 과세기간에 자기의 다른 사업장에 반출하는 경우
  - 사업자가 주사업장 총괄 납부의 적용을 받는 과세기간에 자기의 다른 사업장에 반출하는 경우. 다만, 세금계산서를 발급하고 관할 세무서장에게 신고한 경우는 제외한다.

10 다음 중 부가가치세법상 재화의 공급시기로 가장 옳지 않은 것은? [104회]

① 장기할부판매 : 대가의 각 부분을 받기로 한 때
② 사업상 증여 : 재화를 증여하는 때
③ 완성도기준지급조건부 판매 : 그 조건이 성취되거나 기한이 지나 판매가 확정되는 때
④ 폐업 시 잔존재화 : 폐업일

해설
완성도기준지급조건부로 재화를 공급하는 경우 대가의 각 부분을 받기로 한때를 재화의 공급시기로 본다.

정답 08 ① 09 ② 10 ③

11. 다음 중 부가가치세법상 용역의 공급으로 보지 않는 것은? [104회]

① 고용관계에 따라 근로를 제공하는 것
② 건설업의 경우 건설사업자가 건설자재의 전부 또는 일부를 부담하는 것
③ 자기가 주요자재를 전혀 부담하지 않고 상대방으로부터 인도받은 재화를 단순히 가공만 해주는 것
④ 특수관계인에게 사업용 부동산의 임대용역을 공급하는 것

12. 다음 중 부가가치세법상 재화의 공급으로 보지 않는 것은? [103회]

① 재화의 인도 대가로서 다른 용역을 제공 받는 교환계약에 따라 재화를 인도하는 경우
② 차입금을 건물 등으로 변제하는 경우. 다만, 조세의 물납은 제외한다.
③ 민사집행법에 따른 경매의 경우
④ 수용에 따라 재화를 인도하는 경우. 다만, 주거환경정비법, 공익사업법률에 의한 수용은 제외한다.

해설
국세징수법에 따른 공매, 민사집행법에 따른 경매 등은 재화의 공급으로 보지 않는다.

13. 다음 중 부가가치세법상 수출재화의 공급시기로 옳지 않은 것은? [103회]

① 장기할부조건의 수출 : 대가의 각 부분을 받는 때
② 중계무역 방식의 수출 : 수출재화의 선(기)적일
③ 위탁판매수출 : 수출재화의 공급가액이 확정되는 때
④ 외국인도수출 : 외국에서 해당 재화가 인도되는 때

해설
재화를 장기할부조건으로 수출하여도 공급시기는 선(기)적일이다.

14. 다음 중 부가가치세법상 재화에 해당하지 않는 것은? [102회]

① 광업권
② 특허권
③ 저작권
④ 상품권

해설
상품권은 재화로 보지 아니한다.

15 다음은 부가가치세법상 간주공급에 관한 내용이다. 가장 틀린 것은? [102회]

① 사업장이 둘 이상 있는 사업자가 자기의 사업과 관련하여 생산 또는 취득한 재화를 판매할 목적으로 자기의 다른 사업장에 반출하는 경우에는 세금계산서를 발급하지 않는 것이 원칙이다.
② 사업자가 폐업할 때 자기생산·취득재화 중 남아있는 재화는 자기에게 공급하는 것으로 본다.
③ 직장체육비 등 직장연예 및 직장 문화와 관련된 재화를 사용인에게 무상공급하는 경우 재화의 공급으로 보지 않는다.
④ 증여하는 재화의 대가가 주된 거래인 재화공급의 대가에 포함되는 것은 재화의 공급으로 보지 않는다.

해설
사업장이 둘 이상인 사업자가 자기의 사업과 관련하여 생산 또는 취득한 재화를 판매목적으로 자기의 다른 사업장에 반출하는 것은 재화의 공급으로 본다. 다만, 다음의 어느 하나에 해당하는 경우는 재화의 공급으로 보지 아니한다.
1. 사업자가 사업자단위 과세사업자로 적용을 받는 과세기간에 자기의 다른 사업장에 반출하는 경우
2. 사업자가 주사업장 총괄납부의 적용을 받는 과세기간에 자기의 다른 사업장에 반출하는 경우. 다만, 세금계산서를 발급하고 관할 세무서장에게 신고한 경우는 제외한다.

16 다음 중 부가가치세법상 재화의 공급시기에 관한 설명으로 틀린 것은? [102회]

① 재화의 공급으로 보는 가공 : 가공된 재화를 인도하는 때
② 장기할부판매 : 대가의 각 부분을 받기로 한 때
③ 무인판매기를 이용한 재화의 공급 : 재화를 인도하는 때
④ 반환조건부 판매 : 조건이 성취되는 때

해설
사업자가 무인판매기에서 현금을 꺼내는 때를 재화의 공급시기로 본다.

17 다음 중 부가가치세법상 재화의 공급시기에 대한 설명으로 틀린 것은? [101회]

① 재화의 공급으로 보는 가공의 경우 그 가공된 재화를 인도하는 때를 공급시기로 한다.
② 중간지급조건부로 공급한 경우에는 대가의 각 부분을 받기로 한 때를 공급시기로 한다.
③ 반환조건부판매의 경우에는 그 조건이 성취되거나 기한이 지나 판매가 확정되는 때를 공급시기로 한다.
④ 전력이나 그 밖에 공급 단위를 구획할 수 없는 재화를 계속적으로 공급하는 경우에는 그 재화가 인도되거나 이용가능하게 되는 때를 공급시기로 한다.

해설
대가의 각 부분을 받기로 한 때를 공급시기로 한다.

정답 15 ① 16 ③ 17 ④

18 다음 중 부가가치세법상 과세 대상에 해당하지 않는 것은? [101회]

① 소유 중인 재화의 도난으로 인하여 가해자로부터 받은 손해배상금
② 사업자가 아닌 개인이 승용자동차를 수입하는 경우
③ 전기, 가스 등 관리할 수 있는 자연력을 공급하는 경우
④ 게임머니를 실질적 사업조직을 갖추고 계속적, 반복적으로 판매하는 경우

> **해설**
> 대가관계가 없으므로 재화의 공급으로 볼 수 없다.

19 다음 중 부가가치세법상 과세되는 용역의 공급에 해당하는 것은? [100회]

① 특허권의 대여
② 상표권의 양도
③ 전기의 공급
④ 상품권의 양도

> **해설**
> 시설물, 권리 등 재화를 사용하게 하는 것은 용역의 공급에 해당한다.

20 다음 중 부가가치세법상 과세거래로 보지 않는 것은? [99회]

① 현물출자를 위해 재화를 양도하는 경우
② 재화를 양도하는 경우
③ 토지를 공급하는 경우
④ 법률상의 원인에 따라 재화를 인도하는 경우

> **해설**
> 토지의 공급은 부가가치세를 면제한다.

21 다음 중 부가가치세법상 재화의 공급시기에 관한 설명으로 틀린 것은? [99회]

① 재화의 이동이 필요하지 아니한 경우 : 재화가 이용가능하게 되는 때
② 상품권 등을 현금, 외상으로 판매하고 그 후 상품권 등이 현물과 교환되는 경우 : 재화가 실제로 인도되는 때
③ 조건부판매 및 기한부판매의 경우 : 조건이 성취되거나 기한이 지나 판매가 확정되는 때
④ 무인판매기를 이용하여 재화를 공급하는 경우 : 재화가 인도되는 때

> **해설**
> 무인판매기를 이용하여 재화를 공급하는 경우 해당 사업자가 무인판매기에서 현금을 꺼내는 때를 재화의 공급시기로 본다.

18 ① 19 ① 20 ③ 21 ④ **정답**

22 다음 중 부가가치세법상 간주공급에 관한 설명으로 가장 옳지 않은 것은? [99회]

① 사업자가 사업과 관련하여 취득한 재화로서 사업자가 사업의 종류를 변경하는 경우 변경 전 사업에 대한 잔존재화는 폐업 시 잔존재화로 보지 아니한다.
② 사업자가 사업과 관련하여 취득한 재화를 실비변상 목적으로 자기의 사용인에게 무상으로 공급하는 것은 개인적공급으로 보지 않는다.
③ 간주공급은 실질공급과 같이 세금계산서를 교부하여야 한다.
④ 사업자가 사업과 관련하여 취득한 재화를 자기의 다른 사업장에서 원료로 사용하기 위하여 반출하는 경우 자가공급으로 보지 아니한다.

> 해설
> 재화의 간주공급 중 판매목적 타사업장반출의 경우를 제외하고는 세금계산서를 교부하지 않는다.

23 다음 중 부가가치세법상 과세대상인 것은? [98회]

① 음식점 사업자가 종업원에게 무상으로 음식용역을 제공하는 경우
② 재화를 양도담보 목적으로 제공하는 경우
③ 사업자가 취득한 재화(매입세액공제 받음)를 사업과 직접적인 관련 없이 자기의 개인적인 목적으로 사용하는 경우
④ 상속세 및 증여세법에 따라 조세를 물납하는 경우

> 해설
> 재화의 간주공급(개인적 공급)에 해당되어 부가가치세가 과세된다.

24 다음 중 재화의 공급으로 보아 부가가치세 과세대상에 해당하는 것은? [97회]

① 출자자가 자기의 출자지분을 타인에게 양도하는 것
② 조세의 물납
③ 재화를 담보로 제공하는 경우
④ 교환 계약에 따라 재화를 인도하는 경우

> 해설
> 계약상의 원인으로 교환하는 경우 재화의 공급에 해당한다.

정답 22 ③ 23 ③ 24 ④

25 다음 중 부가가치세법상 과세거래에 해당하지 않는 것은?(단, 아래 지문에 해당하는 재화 및 용역의 매입세액은 매입세액공제를 받은 것으로 가정한다) [96회]

① 사업자가 자기의 고객 중 추첨을 통하여 당첨된 자에게 재화를 경품으로 제공하는 경우
② 사업자가 사업용 건물을 현물출자하는 경우
③ 사업자가 사업을 폐업하는 때 잔존하는 재화
④ 사업자가 자기의 사업을 위하여 직접 용역을 공급하는 경우

해설
사업자가 자신의 용역을 자기의 사업을 위하여 대가를 받지 아니하고 공급함으로써 다른 사업자와의 과세형평이 침해되는 경우에는 자기에게 용역을 공급하는 것으로 본다. 이 경우 그 용역의 범위는 대통령령으로 정한다. 다만, 현재 대통령령으로 용역의 자가공급 중 과세 대상으로 정한 바가 없어 용역의 자가공급은 과세거래로 보지 않는다.

26 다음 중 부가가치세법상 재화 및 용역의 공급시기에 대한 설명으로 잘못된 것은? [96회]

① 장기할부판매의 경우는 재화가 인도되거나 이용가능하게 되는 때
② 폐업 시 잔존재화는 폐업하는 때
③ 재화의 이동이 필요한 경우는 재화가 인도되는 때
④ 내국물품의 국외 반출은 수출재화의 선적일 또는 기적일

해설
장기할부판매의 경우 대가의 각 부분을 받기로 한 때를 재화의 공급시기로 본다.

27 다음 중 부가가치세법상 재화의 공급으로 보는 특례(공급의제)에 관한 설명으로 옳지 않은 것은? [95회]

① 간주공급은 실질공급과 같이 세금계산서를 발행하여야 한다.
② 사업자가 사업의 종류를 변경한 경우 변경 전 사업에 대한 잔존재화에 대해서는 과세하지 않는다.
③ 대가를 받지 않고 다른 사업자에게 양도하는 견본품은 과세하지 않는다.
④ 사업을 위해 착용하는 작업복, 작업모 및 작업화를 종업원에게 제공하는 경우 과세하지 않는다.

해설
판매목적 타사업장 반출 외의 간주공급은 세금계산서 발행의무가 없다.

28 다음 중 부가가치세법상 과세 대상에 대한 설명으로 틀린 것은? [94회]

① 사업자가 자기의 과세사업과 관련하여 매입세액 공제를 받고 취득한 재화를 면세사업에 사용하는 경우 재화의 공급으로 본다.
② 재화의 인도대가로 다른 재화를 인도받는 교환계약도 재화의 공급으로 본다.
③ 재화란 재산적 가치가 있는 저작권, 특허권 등을 포함한다.
④ 민사집행법에 따른 경매에 따라 재화를 인도하는 것은 재화의 양도로 본다.

> **해설**
> 경매재화의 공급자는 대부분 체납자 등으로 부가가치세 납부를 기대하기 어렵고, 공급받는 자인 경락인에게는 환급이 이루어지기 때문에 국가 입장에서 손실이 발생하므로 공급으로 보지 않는다.

29 다음 중 부가가치세법상 재화의 수입에 대한 설명으로 옳지 않은 것은? [94회]

① 수출신고가 수리된 물품을 국내에 반입하는 것은 재화의 수입으로 본다.
② 외국 선박에 의하여 공해에서 잡힌 수산물로서 수입신고가 수리되기 전의 것을 국내에 반입하는 것은 재화의 수입으로 보지 아니한다.
③ 수출신고가 수리된 물품으로서 선적되지 아니한 물품을 보세구역에서 반입하는 경우는 재화의 수입으로 보지 아니한다.
④ 외국으로부터 국내에 도착한 물품으로 수입신고가 수리되기 전의 것을 국내에 반입하는 것은 재화의 수입으로 본다.

> **해설**
> 재화의 수입으로 본다.

30 다음 중 부가가치세법상 재화의 공급시기에 관한 설명으로 옳지 않은 것은? [94회]

① 현금판매의 경우 재화가 인도되거나 이용 가능하게 되는 때를 공급시기로 본다.
② 재화의 공급으로 보는 가공의 경우 가공된 재화가 이용 가능하게 되는 때를 공급시기로 본다.
③ 반환조건부 판매의 경우에는 그 조건이 성취되거나 기한이 지나 판매가 확정되는 때를 공급시기로 본다.
④ 사업자가 폐업하기 전에 공급한 재화의 공급시기가 폐업일 이후에 도래하는 경우에는 그 폐업일을 공급시기로 본다.

> **해설**
> 가공된 재화를 인도하는 때를 공급시기로 본다.

정답 28 ④ 29 ② 30 ②

31 다음 중 부가가치세법상 재화의 공급으로 보는 것은? [92회]

① 양도담보의 목적으로 부동산의 권리를 제공하는 경우
② 국세징수법에 따른 공매에 재화를 인도하거나 양도하는 것
③ 현물출자를 위해 재화를 양도하는 경우
④ 도시 및 주거환경정비법 등에 따른 수용절차에서 재화가 수용되어 대가를 받는 경우

해설
재화의 인도 대가로 주식을 받는 경우 재화의 공급으로 본다.

32 다음 중 부가가치세법상 재화 간주공급에 대한 공급시기의 연결로 가장 옳지 않은 것은? [92회]

① 판매 목적으로 다른 사업장에 반출하는 재화 : 재화를 반출하는 때
② 영업 외 용도로 사용하는 개별소비세 과세대상 자동차와 그 유지를 위한 재화 : 재화를 사용하거나 소비하는 때
③ 사업을 위한 증여 : 재화를 증여하는 때
④ 폐업 시 남아 있는 재화 : 재화 판매일

해설
폐업 시 남아 있는 재화의 공급시기는 폐업일이다.

33 다음 중 부가가치세법상 과세대상인 것은? [91회]

① 기술개발을 위하여 시험용으로 재화를 사용·소비하는 경우
② 자가생산한 제품을 홍보 목적으로 불특정 다수에게 무상증여하는 경우
③ 주사업장총괄납부를 하는 사업자가 판매 목적으로 제품을 직매장으로 반출하는 경우(단, 세금계산서 발행은 하지 않음)
④ 회사가 생산한 제품을 직원의 필요에 따라 임의로 무상지급하는 경우

해설
사업자가 자기생산·취득재화를 사업과 직접적인 관계없이 자기의 개인적인 목적이나 그 밖의 다른 목적을 위하여 사용·소비하거나 그 사용인 또는 그 밖의 자가 사용·소비하는 것으로서 사업자가 그 대가를 받지 않거나 시가보다 낮은 대가를 받는 경우는 재화의 공급으로 본다.

31 ③ 32 ④ 33 ④

34 다음 중 부가가치세법상 과세되는 거래는? [90회]

① 휴대폰 판매사업을 하고 있는 김통신씨는 거래처로부터 판매장려금 100만원을 금전으로 수령하였다.
② 휴대폰케이스를 판매하는 이뚜껑씨는 매입세액공제를 받고 구입한 상품인 휴대폰케이스(시가 5만원)를 본인이 사용·소비하였다.
③ 쌀가게를 운영하는 사업자인 유백미씨는 쌀을 식당에 판매하였다.
④ 부동산임대업자인 아무개씨는 사업용건물인 상가를 포괄양도(사업양도)하였다.

해설
① 판매장려금의 수령은 재화·용역이 공급되지 않았으므로 과세거래가 아니다.
③ 쌀(면세)의 공급은 면세대상이다.
④ 사업의 포괄양도는 재화의 공급으로 보지 않는다.

35 다음 중 부가가치세법상 재화 또는 용역의 공급에 해당하지 않는 것은? [89회]

① 재화의 인도 대가로서 다른 재화를 인도받는 교환거래
② 자기가 주요자재의 전부 또는 일부를 부담하는 가공계약에 의한 거래
③ 특허권의 대여
④ 부동산을 담보목적으로 제공하는 경우

36 다음은 부가가치세법상 수입에 대한 설명이다. 이 중 옳지 않은 것은? [89회]

① 법정요건을 충족하는 중소기업은 원재료수입에 대한 부가가치세 납부유예를 신청할 수 있다.
② 수입하는 재화에 대하여는 수입자가 비사업자인 경우에는 부가가치세가 과세되지 않는다.
③ 외국선박에 의하여 공해에서 잡힌 수산물을 우리나라에 반입하는 것은 재화의 수입이다(수입신고 수리되기 전).
④ 수출신고가 수리된 물품으로 선적되지 아니한 물품을 보세구역에서 반입하는 것은 재화의 수입으로 보지 않는다.

해설
사업자여부에 관계없이 부가가치세가 과세된다.

정답 34 ② 35 ④ 36 ②

37 다음 중 부가가치세법상 과세대상인 용역의 공급으로 가장 옳지 않은 것은? [88회]

① 부동산 임대업을 영위하면서 대가를 받고 타인에게 시설물을 임대하는 것은 과세대상이다.
② 고용관계로 근로용역을 제공하는 경우는 과세대상이다.
③ 건설업자가 건설자재를 일부 부담하여 용역을 제공하고 대가를 받는 경우는 과세대상이다.
④ 부동산 임대업을 영위하면서 특수관계인에게 시설물을 무상으로 임대하는 것은 과세대상이다.

> **해설**
> 고용관계에 따라 근로를 제공하는 것은 용역의 공급으로 보지 아니한다.

38 다음 중 부가가치세법상 용역의 공급에 대한 설명으로 가장 옳지 않은 것은? [87회]

① 용역의 공급이란 계약상 또는 법률상의 모든 원인에 따른 것으로 역무를 제공하는 것과 시설물, 권리 등 재화를 사용하게 하는 것을 말한다.
② 전·답·목장용지·임야 또는 염전 임대업은 용역의 공급으로 본다.
③ 자기가 주요자재를 전혀 부담하지 않고 상대방으로부터 인도받은 재화를 단순히 가공만 해주는 것은 용역의 공급으로 본다.
④ 사업자가 대가를 받지 않고 타인에게 용역을 공급하는 것은 용역의 공급으로 보지 않는다.

> **해설**
> 전·답·목장용지·임야 또는 염전 임대업은 용역의 공급으로 보지 아니한다.

39 다음 중 부가가치세법상 재화의 수입에 해당하지 아니하는 것은? [87회]

① 외국으로부터 국내에 도착한 물품으로서 수입신고가 수리되기 전의 것을 국내에 반입하는 것
② 외국선박에 의하여 공해에서 채집되거나 잡힌 수산물로서 수입신고가 수리되기 전의 것을 국내에 반입하는 것
③ 수출신고가 수리된 물품을 국내에 반입하는 것
④ 수출신고가 수리된 물품으로서 선적되지 아니한 물품을 보세구역에서 반입하는 경우

> **해설**
> 수출신고가 수리된 물품으로서 선적되지 아니한 물품을 보세구역에서 반입하는 경우는 재화의 수입에 해당하지 아니한다.

40 부가가치세법상 부수 재화 및 부수 용역의 공급에 대한 설명으로 옳지 않은 것은? [87회]

① 주된 사업과 관련하여 일시 우발적으로 공급되는 재화의 공급은 별도의 공급으로 보지 않는다.
② 주된 사업과 관련하여 주된 재화의 생산 과정에서 필수적으로 생기는 과세대상 재화의 공급의 과세여부는 주된 사업의 과세 여부에 따른다.
③ 거래의 관행상 통상적으로 주된 재화의 공급에 부수적으로 공급되는 것은 주된 재화의 공급에 포함되는 것으로 본다.
④ 해당 대가가 주된 거래의 공급대가에 통상적으로 포함되어 공급되는 재화는 주된 재화의 공급에 포함되는 것으로 본다.

해설
주된 사업에 부수되는 다음의 어느 하나에 해당하는 재화 또는 용역의 공급은 별도의 공급으로 보되, 과세 및 면세 여부 등은 주된 사업의 과세 및 면세 여부 등을 따른다.
1. 주된 사업과 관련하여 우연히 또는 일시적으로 공급되는 재화 또는 용역
2. 주된 사업과 관련하여 주된 재화의 생산 과정이나 용역의 제공 과정에서 필연적으로 생기는 재화

41 부가가치세법상 공급시기에 관한 설명으로 가장 옳지 않은 것은? [85회]

① 현금판매의 경우 : 대금을 받았을 때
② 재화의 이동이 필요한 경우 : 재화가 인도되는 때
③ 재화의 이동이 필요하지 아니한 경우 : 재화가 이용가능하게 되는 때
④ 상품권 등을 외상으로 판매하고 그 후 그 상품권 등이 현물과 교환되는 경우 : 재화가 실제로 인도되는 때

해설
현금판매(외상판매, 할부판매)의 경우 재화가 인도하거나 이용가능하게 되는 때

42 다음 중 부가가치세법상 재화의 공급에 관한 설명으로 가장 옳지 않는 것은? [85회]

① 재화의 공급은 계약상 또는 법률상의 모든 원인에 따라 재화를 인도하거나 양도하는 것으로 한다.
② 사업자가 세금계산서를 발급받지 않고 취득한 재화를 면세사업을 위하여 사용 또는 소비하는 경우 재화의 공급에 해당한다.
③ 질권·저당권 또는 양도담보의 목적으로 동산·부동산 및 부동산상의 권리를 제공하는 것은 재화의 공급으로 보지 않는다.
④ 도시 및 주거환경정비법 등에 따른 수용절차에 있어서 수용대상인 재화의 소유자가 그 재화에 대한 대가를 받는 경우 재화의 공급으로 보지 않는다.

해설
세금계산서를 발급받지 않아 매입세액을 공제받지 못한 재화를 면세사업에 사용하는 경우에는 재화의 공급에 해당하지 않는다.

정답 40 ① 41 ① 42 ②

43 다음 중 부가가치세법상 부가가치세가 과세되는 것은? [84회]

① 주사업장총괄납부를 하는 사업자가 판매의 목적으로 제품을 직매장으로 반출하는 경우
② 기술개발을 위하여 시험용으로 재화를 사용·소비하는 경우
③ 주유소에서 매입한 석유를 주유소의 비영업용소형승용차에 주유하는 경우
④ 화장품제조업을 영위하는 사업자가 광고선전을 목적으로 자기가 생산한 광고선전용 화장품을 대리점을 통하여 불특정 다수인에게 무상으로 증여하는 경우

PART 2 부가가치세법
CHAPTER 03 영세율과 면세

01 영세율

1 의의

영세율제도란 일정한 재화 또는 용역을 공급할 경우에 영(0)의 세율을 적용하여 부가가치세 부담을 완전히 제거하는 제도를 말한다.

① 영세율이란 재화 또는 용역을 공급할 때 과세표준에 적용하는 세율을 0(영)으로 하는 것이므로 매출세액은 항상 0(영)이 된다.
② 전단계세액공제법에 의하여 매출세액에서 매입세액을 공제하여 납부세액을 계산하도록 되어 있으므로 재화나 용역을 공급받을 때 부담한 매입세액은 전액 환급받게 된다.
③ 결국 영세율이 적용되면 해당 영세율이 적용된 거래 이전단계에서 창출된 모든 부가가치에 대해서 과세를 하지 않는 효과를 가져오게 된다. 이러한 이유로 영세율을 완전면세제도라고 한다.
④ 영세율을 적용할 경우 부가가치세를 완전면세하기 때문에 가격의 국제경쟁력이 강화되어 수출을 촉진하게 되고, 수출업자의 매입세액을 조기에 환급해 줌으로써 자금부담을 덜어 수출을 지원하는 효과가 있다.
⑤ 영세율은 소비지국 과세원칙의 구체적 적용방법으로서 국제거래에 대한 이중과세를 방지하기 위한 제도이다.

2 영세율 적용대상

수출하는 재화	① **직수출**: 내국물품(우리나라 선박에 의하여 체포된 수산물 포함)을 외국으로 반출하는 것 ② **대행위탁수출**: 국내의 사업장에서 계약과 대가수령 등 거래가 이루어지는 것으로서 다음에 해당되는 것 • 중계무역방식의 수출 • 위탁판매수출 • 외국인도수출 • 위탁가공무역방식의 수출

	③ 내국신용장[주1]과 구매확인서[주2]에 의하여 국내에서 공급하는 재화 　*주1) 내국신용장 : 수출업자가 국내의 하청업체로부터 수출을 위한 원재료 등을 납품받고자 　　　　　　　할때 당해 수출업자의 신청에 의해 외국환은행에서 개설하는 국내용 신용장 　*주2) 구매확인서 : 수출업자가 무역금융한도초과 등으로 내국신용장 개설이 힘든 경우 외국환 　　　　　　　은행장이 내국신용장에 준해 발급하는 확인서 　　내국신용장과 구매확인서에 의해 공급하는 재화는 공급된 이후 해당 재화를 수출용 　　도에 사용했는지 여부에 불구하고 영세율을 적용한다. ④ 한국국제협력단(KOICA)에 공급하는 재화 ⑤ 사업자가 한국국제보건의료재단에 공급하는 재화
국외에서 제공하는용역	용역의 제공장소가 국외이면 대가의 수취방법이나 거래상대방은 불문한다.
선박 또는 항공기의 외국항행용역	외국항행용역은 선박 또는 항공기에 의하여 여객이나 화물을 국내에서 국외로, 국외에서 국내로 또는 국외에서 국외로 수송하는 것을 말한다. 부수적으로 외국항행사업자가 자기의 승객만이 전용하는 버스를 탑승하게 하거 나 호텔에 투숙하게 하는 것도 영세율에 포함된다.
기타 외화를 취득하는 재화 또는 용역	① 국내에서 비거주자 또는 외국법인에게 공급되는 일정한 재화 또는 용역 　• 국내에서 국내사업장이 없는 비거주자 또는 외국법인에게 공급되는 재화 또 　　는 사업에 해당하는 용역으로서 그 대금을 외국환은행에서 원화로 받는 것 ② 다음의 수출재화임가공용역 　• 수출업자와 직접 도급계약에 의하여 수출재화를 임가공하는 수출재화임가공용 　　역(수출재화염색임가공을 포함). 다만, 사업자가 부가가치세를 별도로 기재 　　한 세금계산서를 교부한 경우에는 그러하지 아니하다. 　• 내국신용장 또는 구매확인서에 의하여 공급하는 수출재화임가공용역 ③ 외국을 항해하는 선박 및 항공기 또는 원양어선에 공급하는 재화 또는 용역 ④ 국내에 주재하는 외국정부기관·국제기구·국제연합군 또는 미국군에게 공급 　하는 재화 또는 용역 등
조세특례제한법상의 영세율 적용대상	① 방위산업물자(경찰의 작전용품 포함) ② 군납석유류 ③ 도시철도건설용역 ④ 국가 또는 지방자치단체에 공급하는 사회간접자본시설 또는 동 시설의 건설용역 ⑤ 농민·어민·임업에 종사하는 자에게 공급(농협·수협·임업의 중앙회를 통하 　여 공급하는 것 포함)하는 농·축산·임·어업용 기자재 : 비료, 농약, 농기계, 　축산업용기자재·임업용기자재·사료(부가가치세가 면제되는 것 제외) 등 ⑥ 장애인용보장구, 장애인용특수정보통신기기 및 장애인의 정보통신기기 이용 　에 필요한 특수소프트웨어

3 영세율 첨부서류

영세율이 적용되는 경우 부가가치세 예정신고 또는 확정신고 시 영세율 적용대상 거래임을 증명하는 서류를 첨부하여 제출하여야 한다.

만약, 영세율 첨부서류를 제출하지 않은 경우에는 영세율은 적용하지만, '영세율과세표준 신고불성실가산세(영세율 과세표준의 0.5%)'가 적용되므로 반드시 첨부하여 제출하여야 한다. 한편, 영세율을 적용하여 재화 또는 용역을 공급한 경우에는 예정신고 또는 확정신고 시 영세율 매출명세서를 제출하여야 한다.

[영세율 첨부서류 예시]

영세율 종류	영세율 첨부서류
수출하는 재화	수출실적명세서, 수출계약서사본, 외국환은행이 발행하는 외화입금증명서
국외 제공 용역	외화입금증명서, 국외제공용역계약서
선박·항공기 외국항행 용역	• 선박 : 외화입금증명서 • 항공기 : 공급가액확정명세서

02 면 세

1 의 의

① 부가가치세법상 면세란 특정한 재화 또는 용역을 공급 및 재화의 수입에 대하여 부가가치세를 면제하는 것을 말한다. 소득에 대한 부가가치세부담의 역진성을 완화시킴과 동시에 최종소비자의 부가가치세 부담을 경감시켜주기 위하여 도입된 것이다.

② 면세의 경우 재화 또는 용역의 공급에 대한 매출세액은 없으나 면세사업자가 부담한 매입세액은 환급되지 아니하는 '부분면세제도'이다. 왜냐하면, 면세가 적용되면 해당 면세가 적용된 거래단계에서 창출된 부가가치에 대해서만 과세를 하지 않는 효과를 가져오게 되고, 그 이전 단계에서 과세된 부가가치세, 즉 면세사업자가 거래징수당한 부가가치세 매입세액은 매입세액공제를 적용받을 수 없어 최종소비자에게 그 부담을 전가시키는 효과를 가져오게 된다. 이러한 이유로 면세를 부분면세제도 또는 불완전면세라고 한다.

2 면세의 적용대상

부가가치세법상 면세대상은 법에 열거된 재화 또는 용역에 한정되므로 어떤 재화 또는 용역의 공급이 면세대상인지의 여부를 판정할 때에는 법에 열거된 면세재화 또는 용역에 정확하게 부합되는 경우에만 면세로 판정하고, 기타의 것은 전부 과세대상으로 보는 것이 바람직하다. 면세를 목적에 따라 분류하면 다음과 같다.

기초생활 필수재화·용역	① • 미가공식료품(국내산/외국산 불문) 　• 국내산 비식용으로 제공하는 농산물·축산물·수산물·임산물 　※ 주의) 미가공식료품은 국산과 수입산을 막론하고 면세하나, 식용으로 제공되지 않는 미가공 농·축·수·임산물은 국산에 대해서만 면세하고 외국산은 면세하지 않는다. ② 수돗물(먹는 생수는 과세) ③ 연탄과 무연탄 ④ 여성용 생리처리 위생용품 ⑤ 여객운송용역(시내버스로 사용되는 전기버스, 수소버스 포함). 단, 항공기·우등고속버스·전세버스·택시·특수자동차·특수선박 또는 고속철도(KTX) 등에 의한 여객운송용역은 과세 ⑥ 주택과 이에 부수되는 토지의 임대용역 : 사업을 위한 주거용 건물은 면세에서 제외하며, 부수토지는 건물이 정착된 면적의 5배(도시지역 외 지역에 있는 토지는 10배)를 초과하지 아니한 것에 한함 [부동산 공급 및 임대용역에 대한 면세여부] | 부동산의 구분		부동산 공급	부동산 임대
---	---	---	---
건물	주택	과세(국민주택은 면세)	면세
	주택 외의 건물	과세	과세
토지	주택 부수토지	면세	면세
	그 이외의 토지		과세	 유의사항 • 겸용주택의 경우로서 만일 임대인이 2인 이상의 임차인에게 임대를 하는 경우에는 임차인별로 각각 면세여부를 판단 • 순수한 토지의 임대와 주택의 임대(겸용주택의 임대 포함) 시 주택의 부수토지를 초과하는 부분의 임대는 과세함 • 주택을 제외한 건물의 임대는 과세
국민후생 관련 재화·용역	① 의료보건용역(수의사 용역 포함)과 혈액(동물의 혈액 포함) : '의료보건용역'에는 의사, 치과의사, 한의사, 조산사, 간호사 또는 수의사가 제공하는 용역은 물론이고, 임상병리사, 치과기공사, 접골사, 안마사가 제공하는 용역, 장의용역, 장기요양기관제공용역, 약사가 제공하는 의약품의 조제용역(약사의 단순한 의약품판매는 과세용역), 정신건강증진사업, 법률에 따라 국가 및 지방자치단체로부터 위탁받은 자가 제공하는 의료보건 용역 포함 다음의 의료용역에 대해 부가가치세를 과세한다. • 의사 등이 제공하는 미용목적의 '쌍꺼풀수술', '코성형수술', '유방확대 및 축소수술', '지방흡입술', '주름살제거술'에 해당하는 용역 • 미용목적의 성형수술, 악안면 교정술 및 일부 피부 관련 시술 등의 진료용역에 대하여 부가가치세를 과세하도록 전환 • 수의사가 제공하는 용역 중 동물의 진료용역은 가축 및 수산생물을 진료하는 것만 면세대상에 해당하고, 수의사의 '애완동물 진료용역'은 일부 과세한다. ※ 유방재건술과 사회적기업(사회적협동조합)이 직접 제공하는 간병, 산후조리, 보육용역은 면세대상 의료보건용역에 포함

	② 교육용역(무허가·무인가, 주무관청 미등록·미신고 교육용역은 과세) 다음의 교육용역에 대해 부가가치세를 과세한다. • '무도학원'에서 가르치는 교육용역 • '자동차운전학원'에서 가르치는 교육용역 ③ 우표(수집용 우표를 제외)·인지·증지·복권과 공중전화
문화 관련 재화·용역	① 도서(실내 도서열람 및 도서대여용역 포함)·신문(인터넷 신문 포함)·잡지·관보·통신 및 방송(광고는 제외)·중계유선방송 ② 예술창작품·예술행사·문화행사와 아마추어 운동경기 ③ 도서관·과학관·박물관·미술관·동물원 또는 식물원에의 입장
부가가치생산요소	① 토지(토·사·석의 매매는 제외) ② 저술가·작곡가 등이 직업상 제공하는 인적용역 ③ 금융·보험용역(증권업, 보험업, 선물업, 환전업 등)
국가·지방자치단체 등이 공급하는 용역	① 종교·자선·학술·구호 기타 공익을 목적으로 하는 단체가 공급하는 재화 또는 용역 ② 국가·지방자치단체·지방자치단체조합이 공급하는 재화 또는 용역과 정부업무를 대행하는 단체가 공급하는 재화 또는 용역 중 무상으로 제공하는 것 ③ 국가·지방자치단체 또는 지방자치단체조합이 공급하는 일정 재화 또는 용역(우정사업조직에서 부가우편역무 중 택배사업용역, 부동산임대업/도소매업/음식점업/숙박업/골프장 및 스키장 운영업은 과세)
기 타	① 영유아용 기저귀와 분유 ② 종교의식·자선·구호 기타 공익을 목적으로 종교단체 등에 기증되는 일정한 재화의 수입 및 거주자에게 기증되는 소액의 물품 ③ 시내버스, 마을버스용 전기버스 구입 시 부가가치세를 면제함

3 재화의 수입에 대한 면세

다음과 같은 재화의 수입에 대하여는 부가가치세를 면제한다.

① 가공되지 아니한 식료품(식용으로 제공하는 농산물·축산물·수산물과 임산물을 포함) : 본래의 성질이 변하지 아니하는 정도의 1차 임가공을 거쳐 식용으로 제공하는 것으로 세법에서 정하는 것. 다만, 커피두, 코코아두에 대해서는 과세한다.
② 도서·신문·잡지 기타 간행물 및 수제문서·타이프문서의 수입
③ 학술연구단체·교육기관·문화단체 등이 과학·문화·교육용의 촬영된 필름·슬라이드·레코드·테이프, 과학기술의 연구개발에 제공하기 위하여 수입하는 물품·시약 등
④ 종교의식·자선·구호 기타 공익을 목적으로 종교단체 등에 기증되는 일정한 재화의 수입 및 거주자에게 기증되는 소액의 물품
⑤ 외국으로부터 국가·지방자치단체 또는 지방자치단체조합에 기증되는 재화
⑥ 거주자가 수취하는 소액물품으로서 과세가 면세되는 재화
⑦ 여행자 휴대품·별송품 등으로 관세가 면제되거나 간이세율이 적용되는 재화
⑧ 견본품·광고용 물품으로 관세가 면제되는 재화
⑨ 박람회·전시회·영화제 등에 출품하기 위해 무상으로 수입하는 물품으로 관세가 면제되는 재화
⑩ 제조담배로서 판매가격이 200원(20개비당) 이하인 것과 영세율이 적용되지 않는 특수용 담배

4 면세의 포기

(1) 의 의

일정한 면세대상 재화 또는 용역에 대해 사업자의 선택에 따라 면세를 포기할 수 있는데 이를 면세의 포기라 한다. 특히, 면세에 해당하는 자가 영세율의 적용대상이 되는 경우 영세율을 적용받는 것이 더 유리하므로 면세를 포기한다. 면세포기는 사업자에게 조세혜택을 부여하기 위한 것이 아니라 소비자의 부가가치세 부담을 경감시키는 제도이다.

(2) 면세의 포기대상

면세포기는 다음에 해당하는 경우에만 가능하다(부가가치세 시행령에 규정된 것만 포기대상).

> ① 영세율 적용대상이 되는 재화 또는 용역
> ② 공익단체 중 학술연구단체 또는 기술연구단체가 학술연구 또는 기술연구와 관련하여 공급하는 재화 및 용역

①의 경우에는 영세율을 적용받는 것이 유리할 것이고, ②의 경우 거래상대방이 최종소비자가 아닌 일반과세자인 경우에는 환수효과와 누적효과의 발생으로 최종소비자의 세부담이 늘어나게 되어 가격경쟁력에 문제가 발생될 수 있기 때문에 면세포기를 하고 과세적용을 받는 것이 더 유리하게 된다.

(3) 면세포기절차

① 부가가치세의 면세를 포기하고자 하는 사업자는 면세포기신고서를 관할 세무서장에게 신고하고 지체없이 사업자등록을 하여야 한다.
② 신규로 사업을 개시하는 사업자인 경우에는 면세포기신고서를 사업자등록신청서와 함께 제출할 수 있다.
③ 면세되는 2개 이상의 사업 또는 종목을 영위하는 사업자는 면세포기대상이 되는 재화 또는 용역의 공급 중에서 면세포기하고자 하는 재화 또는 용역의 공급만을 별도로 구분하여 면세포기를 할 수 있다.

(4) 면세포기의 효력

면세를 포기하고자 하는 사업자는 관할 세무서장에게 포기신고를 하고, 지체없이 사업자등록을 하여야 한다. 면세포기에는 시기의 제한이 없으며, 언제든지 가능하다. 즉, 과세관청의 승인을 필요로 하지 않는다. 면세를 포기하게 되면 과세사업자로 전환되며 다음의 효력을 가진다.

> ① 과세사업자로서의 권리·의무가 발생한다.
> ② 면세포기신고일로부터 3년간은 부가가치세의 면제를 받지 못한다.
> ③ 매입세액공제를 받을 수 있으므로 환급을 받을 수 있다.
> ④ 3년이 경과한 후 면세적용신고서를 제출하지 아니하면 계속 면세를 포기한 것으로 본다.

03 영세율과 면세의 차이점

구 분	영세율	면 세
목 적	① 수출산업의 지원·육성 ② 소비지국 과세원칙 구현	세부담의 역진성 완화
대 상	수출 등 외화획득 재화·용역	기초생활필수품 등
면세 정도	완전면세 (∵ 영세율적용단계의 부가가치에 대해서는 과세하지 않을 뿐만 아니라 전단계의 부가가치에 대해서는 이미 과세된 것을 모두 환급해주므로)	불완전면세 (∵ 면세적용단계의 부가가치에 대해서는 과세하지 않지만 전단계의 부가가치에 대해서는 이미 과세된 것은 취소하지 않으므로)
과세대상 여부	부가가치세 과세대상에 포함	부가가치세 과세대상에서 제외
납세의무자 여부	부가가치세법상 납세의무자임	부가가치세법상 납세의무자가 아님 (다만, 법인세법과 소득세법상 납세의무자임)
의무이행 여부	영세율 사업자는 부가가치세법상 납세의무자이므로 부가가치세법상 제반의무를 이행하여야 한다.	부가가치세법상 각종 의무를 이행할 필요가 없으나 다음의 협력의무는 있다. ① 매입처별 세금계산서합계표 제출의무 ② 대리납부의무

제3장 단원별 기출문제

01 다음 중 부가가치세법상 영세율 적용 대상이 아닌 것은? [108회]

① 국외에서 제공하는 용역
② 위탁가공무역 방식의 수출
③ 국가, 지방자치단체가 공익단체에 무상으로 공급하는 재화
④ 수출업자와 직접 도급계약에 의하여 수출재화를 임가공하는 수출재화임가공용역

해설
국가, 지방자치단체가 공익단체에 무상으로 공급하는 재화는 면세한다.

02 다음 중 부가가치세법상 면세가 적용되는 것이 아닌 것은? [107회]

① 「은행법」에 따른 은행업무 및 부수업무로서 전자상거래와 관련한 지급대행에 해당하는 금융용역
② 주무관청의 허가 또는 인가를 받은 수학학원에서 제공하는 교육용역
③ 국가 또는 지방자치단체에 유상으로 공급하는 사무실 임대용역
④ 「잡지 등 정기간행물의 진흥에 관한 법률」에 따른 정기간행물(광고는 제외)

해설
국가, 지방자치단체, 지방자치단체조합 또는 대통령령으로 정하는 공익단체에 무상으로 공급하는 재화 또는 용역이 면세 대상이다. 국가 또는 지방자치단체에 유상으로 공급하는 재화 또는 용역은 과세 대상이다.

03 다음 중 부가가치세법상 영세율이 적용되는 거래에 해당하지 않는 것은? [106회]

① 무상으로 외국에 반출하는 과세 대상 재화
② 국외에서 국외로 수송하는 외국항행용역
③ 수출업자가 대행위탁수출을 하고 받은 수출대행수수료
④ 구매확인서에 의해 공급하는 재화

해설
수출대행수수료는 국내에서 공급되는 용역에 대한 대가이므로 10% 세율이 적용된다.

01 ③ 02 ③ 03 ③ [정답]

04 다음 중 부가가치세 면세 대상이 아닌 것은? [106회]

① 작곡가가 인적·물적시설 없이 독립된 자격으로 제공하는 인적용역
② 우정사업조직이 제공하는 우편주문판매를 대행하는 용역
③ 연탄과 무연탄
④ 종교, 자선, 학술, 구호, 그 밖의 공익을 목적으로 하는 단체가 공급하는 일정한 재화 또는 용역

해설
우편주문 판매를 대행하는 용역은 면세에 해당하지 아니한다.

05 다음 중 부가가치세법상 면세가 적용되는 거래로 볼 수 없는 것은? [105회]

① 주택의 임대용역
② 토지의 공급
③ 국민주택의 공급
④ 상가 부수토지 임대용역

해설
주택에 부수되는 토지의 임대용역을 제외한 토지의 용역은 부가가치세가 면제되지 아니한다.

04 다음 중 부가가치세법상 면세포기에 관하여 옳지 않은 것은? [104회]

① 부가가치세의 면세포기를 적용받기 위해서는 그 적용을 받으려는 달의 마지막 날까지 사업장 관할 세무서장에게 신고해야 한다.
② 부가가치세의 면세를 포기하려는 사업자는 면세포기신고서에 의하여 관할 세무서장에게 신고하고, 지체 없이 사업자등록을 해야 한다.
③ 부가가치세의 면세포기신고를 한 사업자는 신고한 날로부터 3년간은 부가가치세의 면제를 받지 못한다.
④ 부가가치세가 면제되는 재화 또는 용역의 공급이 영세율 적용의 대상이 되는 경우와 학술등 연구단체가 그 연구와 관련하여 실비 또는 무상으로 공급하는 재화 또는 용역의 경우는 부가가치세의 면세포기가 가능하다.

해설
면세포기는 시기의 제한이 없으며, 언제든지 포기신고를 할 수 있다.

정답 04 ② 05 ④ 06 ①

07 다음 중 부가가치세법상 면세대상이 아닌 것은? [103회]

① 골동품을 제외한 예술창작품
② 의료보건용역과 혈액
③ 국민주택규모를 초과하는 주거용 건축물을 사업적으로 직영 건설하여 분양, 판매하는 경우
④ 여성용 생리 처리 위생용품

해설
국민주택규모 이내에만 면세한다.

08 다음 중 부가가치세법상 면세포기에 관한 설명으로 가장 옳지 않은 것은? [102회]

① 면세포기신고를 한 사업자는 신고한 날부터 3년간 부가가치세를 면제받지 못한다.
② 면세포기는 관할 세무서장의 승인을 받음으로써 효력이 발생한다.
③ 면세를 포기하고자 하는 사업자는 과세기간 중 언제라도 할 수 있다.
④ 면세되는 둘 이상의 사업 또는 종목을 영위하는 사업자는 면세포기를 하고자 하는 재화 또는 용역의 공급만을 구분하여 면세포기를 할 수 있다.

해설
면세포기는 과세기간 중 언제라도 할 수 있으며, 관할 세무서장의 승인을 요하지 아니한다.

09 다음 중 부가가치세법상 면세가 적용되는 것이 아닌 것은? [101회]

① 토지의 공급
② 가공된 식료품의 공급
③ 도서의 공급
④ 수돗물의 공급

해설
가공된 식료품은 부가가치세를 면제하지 아니한다.

10 다음 중 부가가치세법상 영세율에 관한 설명으로 틀린 것은? [101회]

① 영세율 적용의 목적은 소비지국 과세원칙의 구현에 있다.
② 간이과세자는 영세율을 적용받을 수 없다.
③ 선박 또는 항공기에 의하여 여객이나 화물을 국내에서 국외로 공급할 경우 영세율을 적용한다.
④ 우리나라에 상주하는 외교공관에 재화를 공급할 경우 영세율을 적용한다.

해설
간이과세자도 영세율을 적용한다.

07 ③ 08 ② 09 ② 10 ②

11 다음 중 부가가치세법상 영세율에 관한 설명으로 잘못된 것은? [100회]

① 영세율이란 특정한 재화 또는 용역의 공급에 대하여 영의 세율을 적용하고 그 전 단계에서 부담한 부가가치세를 공제 또는 환급함으로써 부가가치세 부담을 완전히 면제하는 제도를 말한다.
② 영세율 적용대상자는 부가가치세법상 과세사업자가 이행하여야 할 제반의무를 이행하여야 하고 불이행 시에는 가산세 등의 제재를 받는다.
③ 영세율을 적용할 때 사업자가 비거주자 또는 외국법인이면 그 해당 국가에서 대한민국의 거주자 또는 내국법인에 대한 면세적용 여부에 관계없이 영세율을 적용한다.
④ 선박 또는 항공기에 의한 외국항행용역의 공급에 대하여는 영세율을 적용한다.

해설
영세율을 적용할 때 사업자가 비거주자 또는 외국법인이면 그 해당 국가에서 대한민국의 거주자 또는 내국법인에 대하여 동일하게 면세하는 경우에만 영세율을 적용한다.

12 다음 중 부가가치세법상 면세에 대한 설명으로 가장 옳지 않은 것은? [100회]

① 국내 생산 비식용 농산물은 면세한다.
② 의약품 조제용역은 과세하나 의약품 단순판매는 면세한다.
③ 도서의 공급은 면세한다.
④ 수돗물의 공급은 면세한다.

해설
의약품의 조제용역은 면세이다.

13 다음 중 부가가치세법상 영세율 적용대상 거래가 아닌 것은? [99회]

① 내국물품의 국외 반출
② 중계무역방식 등의 수출
③ 내국신용장에 의해 공급하는 재화(금지금은 제외함)
④ 미가공 식료품을 공급하는 경우

해설
미가공 식료품의 공급은 면세로 본다.

정답 11 ③ 12 ② 13 ④

14 다음 중 부가가치세법상 면세사업자에 대한 설명으로 가장 옳지 않은 것은? [99회]

① 면세를 포기하려는 사업자는 관할 세무서장에게 면세포기신고를 해야 한다.
② 면세포기신고를 한 사업자는 다음 달 25일까지 사업자등록을 해야 한다.
③ 면세포기를 한 사업자는 신고한 날로부터 3년간은 면세를 다시 적용받지 못한다.
④ 면세사업자는 재화·용역을 취득하기 위하여 부담한 매입세액을 공제받을 수 없다.

해설
지체없이 사업자등록을 해야 한다.

15 다음 중 부가가치세법상 영세율에 관한 설명으로 옳지 않은 것은? [98회]

① 수출대행업자가 수출품생산업자로부터 받은 수출대행수수료는 영세율 대상이다.
② 면세대상인 재화를 수출하는 경우 영세율 적용을 위해 면세포기를 할 수 있다.
③ 간이과세자도 영세율을 적용받을 수 있다.
④ 영세율을 적용받는 사업자는 조기환급을 신청할 수 있다.

해설
수출대행수수료는 국내거래로서 10% 과세대상이다.

16 다음 중 부가가치세법상 면세에 관한 설명으로 잘못된 것은? [98회]

① 국가가 공급하는 고속철도에 의한 여객운송용역은 면세이다.
② 금융업자가 면세사업에 사용하던 건축물 양도하는 경우 면세에 해당한다.
③ 토지의 공급은 면세이고, 토지임대용역(주택 관련 제외)의 공급은 과세이다.
④ 면세사업자는 재화 또는 용역을 공급받으면서 매입세액은 부담하여야 한다.

해설
국가, 지방자치단체 또는 지방자치단체조합이 공급하는 고속철도에 의한 여객운송용역은 부가가치세 면세대상에서 제외한다.

17 다음 중 부가가치세법상 면세대상 재화 또는 용역에 해당하지 않는 것은? [97회]

① 주택과 그 부수토지(범위 내)의 임대용역
② 신문, 잡지
③ 수돗물
④ 항공기에 의한 여객운송용역

해설
시내버스, 시외버스, 일반철도 등의 대중교통수단에 의한 여객운송용역은 기초생활필수품으로서 부가가치세를 면제하지만, 항공기 등에 의한 여객운송 용역은 부가가치세를 면제하는 여객운송 용역에서 제외한다.

18 다음 중 부가가치세법상 영세율에 대한 설명으로 잘못된 것은? [96회]

① 영세율은 원칙적으로 거주자 또는 내국법인에 대하여 적용하며, 비거주자 또는 외국법인의 경우는 상호주의에 의한다.
② 선박 또는 항공기에 의한 외국항행용역의 공급은 영세율을 적용한다.
③ 영세율을 적용받는 경우 조기환급이 가능하다.
④ 수출을 대행하고 수출대행수수료를 받는 수출대행용역은 영세율에 해당한다.

> **해설**
> 수출을 대행하고 수출대행수수료를 받는 수출대행용역은 수출품 생산업자의 수출대행계약에 의해 수출업자의 명의로 수출하는 경우에 해당하지 않으므로 영세율 적용대상 용역에 해당하지 않는다.

19 다음 중 부가가치세법상 면세포기에 관한 설명으로 옳지 않은 것은? [96회]

① 면세포기는 시기의 제한이 없으며, 언제든지 포기신고를 할 수 있다.
② 면세포기의 효력은 면세포기신고를 하고, 사업자등록을 한 이후의 거래분부터 적용된다.
③ 부가가치세의 면세포기를 하려면 영세율 적용의 대상이 되는 경우 또는 학술연구단체·기술연구단체가 그 연구와 관련하여 실비 또는 무상으로 공급하는 경우에 해당하여야 가능하다.
④ 면세포기신고를 한 사업자는 신고한 날로부터 언제든 면세사업자를 신청할 수 있다.

> **해설**
> 면세의 포기를 신고한 사업자는 신고한 날부터 3년간 부가가치세를 면제받지 못한다.

20 다음 중 부가가치세법상 면세 및 면세사업자에 대한 설명으로 잘못된 것은? [95회]

① 면세포기를 한 사업자는 신고한 날부터 3년간은 면세를 다시 적용받지 못한다.
② 면세사업자도 매입세금계산서합계표 제출의무가 있다.
③ 주택 부수토지임대용역은 면세대상이지만 그 외의 토지임대용역은 과세대상(비과세 제외)이다.
④ 국민주택규모를 초과하는 주택의 임대용역은 과세이다.

> **해설**
> 주택의 임대용역은 규모에 관계없이 면세대상이다. 국민주택규모를 초과하는 주택의 공급에 대해서 과세한다.

정답 18 ④ 19 ④ 20 ④

21
부가가치세법상 영세율과 면세에 대한 설명으로 옳지 않은 것은? [94회]

① 가공하지 않은 비식용농산물은 국산과 수입산 모두 부가가치세 면세대상이다.
② 구매확인서에 의해 공급되는 재화도 영세율적용이 가능하다.
③ 면세포기신고를 한 사업자는 면세포기신고일로부터 3년간 부가가치세를 면제받지 못한다.
④ 은행업법에 의한 은행업은 부가가치세 면제대상이다.

해설
가공하지 않은 비식용농산물은 국산만 부가가치세 면세대상이다.

22
다음 중 부가가치세법상 영세율에 대한 설명으로 옳지 않은 것은? [93회]

① 간이과세자도 영세율을 적용할 수 있다.
② 선박 또는 항공기에 의한 외국항행용역의 공급에 대하여는 영세율을 적용한다.
③ 사업자가 대한적십자사에 공급하는 재화는 모두 영세율을 적용한다.
④ 부가가치세 부담을 완전히 면제하는 완전면세제도이다.

23
다음 중 부가가치세법상 면세대상 재화 또는 용역에 해당하지 않은 것은? [92회]

① 토 지
② 택시운송용역
③ 무연탄
④ 복 권

해설
택시운송용역은 부가가치세 과세대상 용역이다.

24
다음 중 부가가치세법상 영세율과 면세제도에 대한 설명으로 잘못된 것은? [91회]

① 면세를 포기하는 경우 포기신고일이 속하는 과세기간 종료일로부터 3년간은 면세를 적용받을 수 없다.
② 영세율은 완전면세제도이고, 면세는 불완전면세제도라 칭한다.
③ 면세사업자는 부가가치세법상 사업자는 아니지만 매입처별세금계산서합계표제출과 같은 협력의무는 있다.
④ 국내거래일지라도 기한 내에 개설된 내국신용장이 있다면 영세율 적용이 가능하다.

해설
면세의 포기를 신고한 사업자는 신고한 날부터 3년간 부가가치세를 면제받지 못한다.

정답: 21 ① 22 ③ 23 ② 24 ①

25 다음 중 부가가치세법상 영세율이 적용되지 않는 것은? [90회]

① 국외에서 행하는 건설용역
② 중계무역 방식의 수출
③ 금지금을 제외한 내국신용장 또는 구매확인서에 의하여 공급하는 재화
④ 선박 또는 항공기를 이용하여 국내에서 국내로 항행하는 용역의 공급

해설
외국항행용역만이 영세율 적용된다.

26 다음 중 부가가치세법상 면세의 포기와 관련하여 틀린 것은? [90회]

① 면세포기는 세무서장의 승인을 요한다.
② 면세포기신고를 한 사업자는 신고한 날부터 3년간은 부가가치세를 면제받지 못한다.
③ 면세되는 2 이상의 사업을 영위하는 경우 포기하고자 하는 재화 또는 용역의 공급을 구분하여 면세를 포기할 수 있다.
④ 면세포기신고서를 제출하고 지체없이 사업자등록을 하여야 한다.

해설
면세포기는 사업자의 포기신고로써 족하고, 별도로 과세관청의 승인을 요하지 아니한다.

27 다음 부가가치세법상 영세율과 면세를 설명한 내용 중 옳지 않은 것은? [89회]

① 영세율 적용대상자는 과세사업자이다.
② 면세사업자는 면세포기를 하여야만 영세율을 적용받을 수 있고, 간이과세자는 간이과세포기를 하여야만 영세율 적용을 받을 수 있다.
③ 영세율은 부가가치세 매입세액 공제가 가능한 '완전면세제도'인 반면, 면세는 부가가치세 매입세액을 공제받을 수 없는 '부분면세제도'이다.
④ 영세율 사업자는 부가가치세법이 요구하는 각종 협력의무를 이행하여야 한다.

해설
간이과세자는 과세사업자이므로 영세율을 적용받을 수 있다.

정답 25 ④ 26 ① 27 ②

28 다음 중 부가가치세법상 면세에 대한 설명으로 옳지 않은 것은? [88회]

① 면세의 포기를 신고한 사업자는 신고한 날부터 3년간 부가가치세를 면제받지 못한다.
② 은행업에 관련된 소프트웨어의 판매·대여 용역은 부가가치세가 면제된다.
③ 지방자치단체에 무상으로 공급하는 재화에 대하여는 부가가치세가 면제된다.
④ 면세를 포기하려는 사업자는 면세포기신고서를 관할 세무서장에게 제출하고, 지체 없이 사업자등록을 하여야 한다.

> **해설**
> 기업합병 또는 기업매수의 중개·주선·대리, 신용정보서비스 및 은행업에 관련된 전산시스템과 소프트웨어의 판매·대여 용역은 금융·보험 용역으로 보지 아니한다.

29 다음 중 부가가치세법상 면세에 해당하지 않은 것은? [87회]

① 쌀
② 도 서
③ 고속버스 운송용역
④ 수돗물

> **해설**
> • 여객운송 용역. 다만, 다음의 어느 하나에 해당하는 여객운송 용역으로서 대통령령으로 정하는 것은 제외
> – 항공기, 고속버스, 전세버스, 택시, 특수자동차, 특종선박(特種船舶) 또는 고속철도에 의한 여객운송 용역

30 다음 중 부가가치세법상 면세에 관한 설명으로 가장 옳지 않은 것은? [85회]

① 면세의 포기를 신고한 사업자는 신고한 날부터 3년간 부가가치세를 면제받지 못한다.
② 지방자치단체에 무상으로 공급하는 재화에 대하여는 부가가치세가 면제된다.
③ 은행업을 영위하는 사업자의 소프트웨어 판매·대여용역은 부가가치세가 면제된다.
④ 면세를 포기하려는 사업자는 면세포기신고서를 관할 세무서장에게 제출하고, 지체 없이 사업자등록을 하여야 한다.

28 ② 29 ③ 30 ③ 정답

31 다음 중 부가가치세법상 영세율과 면세에 대한 설명으로 틀린 것은? [84회]

① 영세율은 소비지국 과세원칙의 구체적 적용방법으로서 국제거래에 대한 이중과세를 방지하기 위한 제도이다.
② 부가가치세법상 면세가 적용되면 면세가 적용된 거래 이전단계에서 창출된 모든 부가가치에 대해서 과세를 하지 않는 효과를 가져오게 되므로 우리나라는 완전면세제도를 채택하였다.
③ 면세대상은 법에 열거된 재화 또는 용역에 한정된다.
④ 국외에서 공급하는 용역에 대하여는 영세율을 적용한다.

32 부가가치세법상 면세에 관한 내용 중 가장 옳지 않은 것은? [83회]

① 부가가치세가 면제되는 재화를 수출하는 사업자가 면세를 포기하면 해당 수출 재화에 대해 영세율을 적용받을 수 있다.
② 국가에 공급하는 재화에 대해서 유상으로 공급하면 부가가치세가 면제된다.
③ 면세사업자도 부가가치세가 과세되는 재화 또는 용역을 공급받는 때에는 부가가치세를 부담한다.
④ 사업자가 주택임대용역을 공급하면 면세이다.

> **해설**
> 국가에 공급하는 재화는 무상으로 공급해야 부가가치세가 면제된다.

33 다음 중 부가가치세법상 부가가치세가 과세되는 것은? [82회]

① 주사업장총괄납부 사업자가 제품에 대한 세금계산서를 발급하지 않고 직매장에 제품을 반출하는 경우
② 제조업을 영위하는 사업자의 공장용 건물이 법률규정에 따라 수용되는 경우
③ 사업자가 그가 납부하여야 할 상속세를 상가 건물로 물납하는 경우
④ 연탄사업자가 토지를 공급하는 경우

> **해설**
> 수용도 재화의 공급에 해당함. 나머지 보기는 모두 면세 또는 재화의 공급에 해당하지 않음

정답 31 ② 32 ② 33 ②

34 다음 중 부가가치세법상 면세의 포기와 관련하여 맞는 것은? [80회]

① 모든 재화 및 용역의 공급에 대해 면세를 포기할 수 있다.
② 면세를 포기하려는 사업자는 면세포기신고서를 관할 세무서장에게 제출하고, 지체 없이 사업자등록을 하여야 한다.
③ 면세포기는 과세사업종료일로부터 20일 전에 하여야 한다.
④ 면세포기를 신고한 사업자는 신고한 날부터 2년간은 면세를 적용받지 못한다.

해설
① 일정한 재화 또는 용역으로서 대통령령으로 정하는 것에 대해서만 면세를 포기할 수 있다.
③ 면세포기에는 시기의 제한이 없으며, 언제든지 가능하다.
④ 면세포기를 신고한 사업자는 신고한 날부터 3년간은 면세를 적용받지 아니한다.

35 다음 중 부가가치세법상 재화의 수입에 대하여 부가가치세가 면세되지 않는 것은? [78회]

① 외국으로부터 국가·지방자치단체 또는 지방자치단체조합에 기증되는 재화
② 이사, 이민 또는 상속으로 수입하는 재화로서 관세가 면세되는 재화
③ 수입하는 상품의 견본과 광고용 물품으로서 관세가 면세되는 재화
④ 식용으로 제공되지 아니하는 농산물, 축산물, 수산물과 임산물

해설
식용으로 제공되지 아니하는 농산물, 축산물, 수산물과 임산물은 과세임

36 다음 중 부가가치세법상 영세율에 대한 설명으로 옳지 않은 것은? [78회]

① 영세율제도는 매출세액이 '0'원이 되고 전단계매입세액을 전액 공제받는다는 점에서 매출세액만 면제되고 매입세액은 공제되지 않는 면세와 다르다.
② 수출하는 재화에 대하여 영세율 적용은 거주자 또는 비거주자, 내국법인, 외국법인 불문하고 모두 영세율적용을 받는다.
③ 영세율을 적용받는 사업자도 사업자등록, 신고의무 등 부가가치세법상의 모든 의무를 이행하여야 한다.
④ 영세율제도는 생산수출국과 수입소비국에서 각각 부가가치세가 과세되어 이중과세되는 것을 방지하기 위한 것이다.

해설
영세율제도는 거주자 또는 내국법인에게 적용되고, 비거주자 또는 외국법인은 상호주의에 따른다.

34 ② 35 ④ 36 ②

37 다음 중 부가가치세법상 면세되는 주택의 임대에 대한 설명으로 옳지 않은 것은? [78회]

① 겸용주택의 경우 주택면적이 주택 이외의 건물면적보다 큰 경우에는 그 전부를 주택으로 본다.
② 주택면적이 주택 이외의 건물면적보다 작거나 같은 경우에는 주택 이외의 사업용 건물부분은 주택의 임대로 보지 아니한다.
③ 겸용주택 임대의 경우 건물면적과 관계없이 무조건 주택부분에 해당하는 부분만 면세한다.
④ 주택부분 임대는 국민주택 미만 및 초과분 모두에 대하여 면세한다.

해설
겸용주택의 경우 주택면적이 주택 이외의 건물면적보다 큰 경우에는 그 전부를 주택으로 본다.

38 다음 중 부가가치세법상 영세율이 적용되지 않는 경우는? [77회]

① 내국물품을 외국으로 반출하는 경우
② 우리나라에 상주하는 미합중국군대에 재화를 제공한 경우
③ 국내사업장이 있는 비거주자에게 재화를 제공하고 대금을 원화로 받는 경우
④ 수출업자와 직접도급계약에 의하여 수출재화를 임가공하는 용역의 경우

해설
국내사업장이 없는 비거주자에게 재화를 제공하는 경우 영세율을 적용받음

39 다음 중 부가가치세법상 면세포기대상에 해당하지 않는 것은? [77회]

① 주택과 이에 부수되는 토지의 임대 용역
② 저술가·작곡가나 그 밖의 자가 직업상 제공하는 인적 용역
③ 수출하는 재화
④ 의료보건 용역 및 교육 용역

해설
의료보건 용역 및 교육 용역은 부가가치세법에서 면세포기 대상으로 규정하고 있지 않음(열거되어 있음)

정답 37 ③ 38 ③ 39 ④

40 다음 중 부가가치세법상 영세율제도에 관한 설명으로 잘못된 것은? [76회]

① 영세율 사업자도 사업자등록의무, 부가가치세의 신고·납부 의무가 있다.
② 영세율 적용대상 거래 중 직수출하는 재화에 대하여는 세금계산서 발급의무를 면제하고 있다.
③ 영세율 적용 사업자가 재화 또는 용역을 구입하는 때에는 영세율을 적용받게 된다.
④ 영세율을 적용받는 사업자는 부가가치세 환급에 있어서 조기환급을 신청할 수 있다.

해설
영세율 적용 사업자라 할지라도 매입 시 특정요건 해당 시만 영세율을 적용받게 됨

41 다음 중 부가가치세법상 부동산의 공급 및 임대에 대한 과세구분이 맞는 것은 어느 것인가? [76회]

① 주택의 공급(국민주택규모 이하의 주택이 아님) – 면세
② 상가용건물의 임대 – 면세
③ 국민주택규모 초과 주택임대 – 과세
④ 상업용건물에 딸린 토지임대 – 과세

해설
주택과 부수토지의 임대용역은 면세이며, 상업용건물의 부수토지임대는 과세이다. 주택의 공급은 과세대상이나 국민주택과 해당 주택의 건설용역은 면세이다.

42 다음 중 부가가치세법상 영세율과 면세에 대한 설명으로 가장 옳지 않은 것은? [75회]

① 면세사업자는 부가가치세법상 납세의무자에 해당하지 않는다.
② 면세재화를 수출하는 경우 면세를 포기하지 않은 경우 영세율을 적용받을 수 없다.
③ 영세율사업자는 매입세액을 환급받을 수 있다.
④ 영세율적용사업자 및 면세사업자는 모두 세금계산서 발급 의무가 없다.

해설
영세율적용사업자는 세금계산서 발급 의무가 있다.

PART 2 부가가치세법
과세표준과 세액의 계산

01 과세표준

1 의 의

(1) 부가가치세 과세표준

① 과세표준이란 부가가치세 세액산출의 기초가 되는 과세대상의 수량 또는 가액을 말한다. 재화 또는 용역의 공급에 대한 부가가치세의 과세표준은 '공급가액'으로 한다. 즉, 공급가액은 '매출액'을 말한다. 공급가액에 부가가치세가 포함된 것은 '공급대가'라고 한다.

> 공급가액(매출액) 1,000,000원 + 부가가치세 100,000원 = 공급대가 1,100,000원

② 공급가액은 부가가치세를 포함하지 않은 금액으로 여기에는 개별소비세, 교통세, 주세, 교육세 및 농어촌특별세를 포함한다. 구체적으로 공급가액에는 다음의 금액이 포함된다.
  ㉠ 할부판매 또는 장기할부판매의 경우 이자상당액
  ㉡ 대가의 일부로 받는 운송비·포장비·하역비·운송보험료·산재보험료 등
  ㉢ 개별소비세, 주세, 교통·에너지·환경세가 과세되는 재화 또는 용역의 경우에는 해당 개별소비세, 주세, 교통·에너지·환경세와 이에 대하여 부과되는 교육세·농어촌특별세

③ 이때 금전 이외의 대가를 받은 경우에 자기가 공급한 재화 또는 용역의 시가에 의하고, '특수 관계자와의 거래에서 부당히 낮은 대가'를 받거나 '폐업 시 잔존 재화'에 대해서도 그 시가를 과세표준으로 한다.

(2) 부가가치세 과세표준의 계산식

일반적인 과세표준 계산식은 다음과 같다.

     공급가액
(+) 과세표준에 포함하는 것(가산)
(−) 과세표준에 포함하지 않는 것(차감)
(=) 과세표준

02 과세표준의 계산

(1) 공급가액의 범위
① 부가가치세의 과세표준인 공급가액의 결정

구 분	공급가액
금전으로 대가를 받는 경우	받은 대가
금전 이외의 대가를 받는 경우	자기가 공급한 재화 또는 용역의 시가
부당하게 낮은 대가를 받는 경우	자기가 공급한 재화 또는 용역의 시가
대가를 받지 아니한 경우	자기가 공급한 재화의 시가(용역은 제외[주])
폐업하는 경우	폐업 시 남아 있는 재화의 시가

*주) 용역의 무상공급은 원칙적으로 과세대상이 아니지만, 특수관계자 간 사업용 부동산 무상임대용역에 대해서는 시가로 과세한다.
※ 시가의 기준 : '시가'는 사업자가 특수관계 외의 자와 당해 거래와 유사한 상황에서 계속적으로 거래한 가격 또는 제3자간에 일반적으로 거래된 가격을 말한다.

(2) 과세표준에 포함하는 금액

- 현물로 받는 경우에는 자기가 공급한 재화 또는 용역의 시가
- 장기할부판매 또는 할부판매의 이자상당액
- 대가의 일부로 받은 운송비·포장비·하역비·운송보험료·산재보험료 등
- 개별소비세·교통세·주세·교육세 및 농어촌특별세 상당액

(3) 과세표준에 포함되지 않는 금액

- 매출에누리액, 매출환입액
- 재화 또는 용역 공급 후 그 공급가액에 대한 할인액(매출할인액)
- 공급받는 자에게 도달하기 전에 파손·훼손 또는 멸실된 재화의 가액
- 반환조건부 용기대금·포장비용(반환조건인 경우)
- 재화 또는 용역의 공급과 직접 관련이 없는 국고보조금과 공공보조금
- 공급대가의 지연지급으로 인하여 지급받는 연체이자
- 용기 또는 포장의 회수를 보장하기 위해 받는 보증금
- 용역대가와 구분하여 받는 봉사료(수입금액에 포함한 것은 제외)

(4) 과세표준에서 공제하지 아니하는 금액

재화 또는 용역을 공급한 후의 그 공급가액에 대한 '대손금', '판매장려금', '하자보증금'은 과세표준에서 공제하지 아니한다. 따라서 이를 차감하기 전의 금액을 과세표준으로 한다.

대손금	• 채무자의 파산 등으로 인한 대손금은 과세표준에서 공제하지 아니한다. • 대손금은 과세표준에서 공제하지 아니하나, 일정한 요건을 구비한 경우에는 대손금에 포함된 부가가치세를 매출세액에서 공제한다(대손세액공제).
판매장려금	판매장려금을 지급하는 경우에는 과세표준에서 공제하지 아니하나, 현물로 지급하는 경우에는 사업상 증여에 해당함으로 해당 재화의 시가를 별도로 과세표준에 산입한다.
하자보증금	완성도기준지급 또는 중간지급조건부로 재화 또는 용역을 공급하고 계약에 따라 대가의 각 부분을 받을 때 일정금액을 하자보증을 위하여 공급받는 자에게 보관시키는 하자보증금은 과세표준에서 공제하지 아니한다.

(5) 마일리지로 결제 받은 경우 과세표준

재화 또는 용역을 공급하고 마일리지·포인트 등으로 대가의 전부 또는 일부를 결제 받은 경우 어떤 마일리지·포인트를 사용했느냐에 따라 과세표준이 다음과 같이 계산된다.

고객이 자기적립 마일리지·포인트 등을 사용한 경우	재화 또는 용역을 공급한 사업자는 해당 마일리지, 포인트 등의 가액을 제외한 순수 결제금액만을 과세표준으로 한다.
고객이 제3자(카드사, 통신사 등) 적립 마일리지·포인트 등을 사용한 경우	재화 또는 용역을 공급한 사업자는 고객으로부터 결제받은 금액에 마일리지 상당액을 더한 금액. 즉, 해당 재화 또는 용역의 시가가 과세표준이 된다.

(6) 거래형태별 과세표준

외상판매·할부판매의 경우	공급한 재화의 총가액
장기할부판매^{*주1)}·완성도기준지급 및 중간지급조건부^{*주2)}의 경우	계약에 따라 받기로 한 대가의 각 부분
직매장 등에 재화 반출을 재화의 공급으로 보는 경우	직매장 등에 재화 반출을 재화의 공급으로 보는 경우에는 취득가액을 과세표준으로 한다. 그러나 취득가액에 일정액을 가산하여 공급한 때에는 그 공급가액을 과세표준으로 한다.
개별소비세 등이 부과되는 재화의 공급의 경우	개별소비세·주세·교통세가 부과되는 재화에 대하여는 개별소비세·주세·교통세의 과세표준에 당해 개별소비세·주세·교통세·농어촌특별세 상당액을 합계한 금액
공급의제에 대한 과세표준	① 감가상각자산이 아닌 경우 • 원칙 : 직매장 반출을 제외한 비상각자산의 공급의제의 과세표준은 시가로 한다. • 예외 : 자가공급 중 **직매장 반출**은 취득가액을 과세표준으로 하되, 해당 취득가액에 일정액을 가산하여 공급하는 경우에는 해당 공급가액으로 한다. ② 감가상각자산의 경우 • 원칙 : 감가상각자산의 공급의제 시 과세표준은 취득가액을 기준으로 다음 산식에 의하여 계산한 금액으로 한다. | 구 분 | 과세표준 | |---|---| | 건축·구축물 | 취득가액 × {1 − (5% × 경과된 과세기간 수)} | | 기 타 | 취득가액 × {1 − (25% × 경과된 과세기간 수)} |

공급의제에 대한 과세표준	• 감가상각자산을 면세사업에 일부 전용한 경우(면세사업 전용)	
	구 분	과세표준
	계산산식	과세표준 = 취득가액 × (1 − 감가율 × 경과된 과세기간의 수) × $\dfrac{면세공급가액}{총공급가액}$(면세비율)
	유의사항	− 이때 면세비율은 면세사업에 일부 전용한 날이 속하는 과세기간의 공급가액을 기준으로 계산한다. − 면세비율이 5% 미만인 경우에는 과세표준이 없는 것으로 본다.
재화를 수입하는 경우	과세표준 = 관세의 과세가격 + 관세 + 개별소비세·주세 + 교통·에너지·환경세 + 교육세·농어촌특별세	
외화의 환산	재화 또는 용역을 공급하고 대가를 외국통화 기타 외국환으로 받은 때에는 다음 금액을 그 대가로 한다. ① 재화 또는 용역의 공급시기 도래 전에 원화로 환가한 경우에는 그 환가한 금액 ② 재화 또는 용역의 공급시기 이후에 그 대가를 외국통화 기타 외국환의 상태로 보유하거나 지급받는 경우에는 당해 공급시기의 외국환거래법에 의한 선적일의 기준환율 또는 재정환율에 의하여 계산한 금액	

*주1) 장기할부판매 : 재화를 먼저 공급한 후 그 대가를 2회 이상 분할하여 할부로 받고, 재화의 인도일의 다음 날부터 최종할부금 지급기일까지 기간이 1년 이상인 판매

*주2) 중간지급조건부 판매 : 재화가 인도되기 전에 계약금 이외의 대가를 2회 이상 분할하여 지급받고(계약금, 중도금, 잔금), 계약금을 받기로 한 날의 다음 날부터 재화를 인도하는 날까지의 기간이 6개월 이상인 판매

03 과세표준 계산의 특례

1 공통사용재화를 공급하는 경우 과세표준

(1) '과세사업과 면세사업을 겸영하는 사업자'가 두 사업에 공통으로 사용되는 재화를 공급(매각)하는 경우

'과세사업과 면세사업을 겸영하는 사업자'가 두 사업에 공통으로 사용되는 재화를 공급(매각)하는 경우에 그 과세표준은 공급가액비율에 의하여 안분계산한다.

$$과세표준 = 당해 재화의 공급가액 \times \dfrac{직전\ 과세기간의\ 과세공급가액}{직전\ 과세기간의\ 총공급가액}$$

(2) 공통매입세액을 예정사용면적비율로 안분계산한 재화를 공급하는 경우

다음의 경우에는 공급가액비율로 안분계산하지 아니하고 사용면적비율을 적용하여 안분계산한다. 즉, 당초 공통매입세액을 면적비율로 안분계산한 경우에는 해당 공통사용재화의 공급 시 과세표준을 계산하는 경우에도 면적비율로 안분계산하는 것이 합리적이다.

① 예정사용면적의 비율로 공통매입세액을 안분계산한 재화
② 확정사용면적의 비율로 공통매입세액을 안분계산한 재화
③ 정산 또는 증가된 면세 사용면적비율로 재계산한 재화

$$\text{과세표준} = \text{당해 재화의 공급가액} \times \frac{\text{직전 과세기간의 과세사용면적}}{\text{직전 과세기간의 총사용면적}}$$

(3) 안분계산 제외

다음의 경우에는 당해 재화의 공급가액 전액을 과세표준으로 한다.

① 직전 과세기간의 총 공급가액 중 면세공급가액이 5% 미만인 경우(단, 해당 재화의 공급가액이 5천만원 이상인 경우에는 제외한다)
② 재화의 공급가액이 50만원 미만인 경우
③ 신규로 사업을 개시하여 직전 과세기간이 없는 경우

2 토지와 건물을 일괄 공급하는 경우의 과세표준

① **실지거래가액에 의한 안분계산**: 사업자가 토지와 그 토지에 정착한 건물 및 기타 구축물 등을 함께 공급하는 경우에 그 건물 등의 공급가액은 원칙적으로 '실지거래가액'에 의한다.
② **구분이 불분명한 경우 안분계산**: 토지의 가액과 건물 등의 '실지거래가액'의 구분이 불분명한 경우에는 다음에 정하는 바에 의한다.

구 분		안분계산방법
[1단계] 감정평가액이 있는 경우		감정평가액[주]
[2단계] 감정평가액이 없는 경우	기준시가가 모두 있는 경우	기준시가
	하나 이상의 자산이 기준시가가 없는 경우	① 장부가액(장부가액 없는 경우 취득가액) ② ① 적용 후 기준시가가 있는 자산만 기준시가로 안분 계산
위의 방법을 적용할 수 없거나 적용 곤란한 경우		국세청장의 정하는 바에 따라 안분

*주) 감정가액: 공급시기가 속하는 과세기간 직전 과세기간 개시일부터 공급시기가 속하는 과세기간의 종료일까지 감정평가업자가 평가한 감정가액을 말한다.

한편, 실지거래가액으로 구분한 토지와 건물 등의 가액이 위의 방법에 따라 안분계산한 금액과 30% 이상 차이가 있는 경우에도 위의 방법에 따라 안분계산한 금액을 건물 등의 공급가액으로 한다(다만, 사업자가 구분한 실지거래가액을 인정할 만한 사유가 있는 경우는 제외).

3 부동산 임대용역의 과세표준

(1) 일반적인 과세표준

부동산 임대용역의 과세표준은 '임대료', '관리비', '간주임대료의 합계액'을 합하여 계산한다. 이때 관리비는 보험료·수도료·공공요금은 포함하지 아니하며 간주임대료 계산은 다음 산식에 의한다.

> 간주임대료 = 임대보증금·전세금 × 1년 만기 정기예금이자율 × 과세대상기간의 일수/365(윤년은 365)

※ 보증금 등의 적수는 전세금 등의 과세대상기간의 임대일수를 곱하여 계산한다.
※ 2개 과세기간 이상의 부동산임대용역을 공급하고 그 대가를 선불 또는 후불로 받는 경우에는 다음 산식과 같이 총계약기간에서 해당 과세기간 임대월수만큼 안분하여 임대료를 계산한다. 이때, 임대료의 공급시기는 예정신고기간 종료일 또는 과세기간 종료일로 한다.

$$\text{과세표준(임대료)} = \text{선불·후불로 받은 임대료 총액} \times \frac{\text{해당 과세기간 중 임대월수}}{\text{총 임대 계약기간의 월수}}$$

(2) 과세되는 부동산임대용역과 면세되는 주택임대용역을 함께 공급하는 경우

과세되는 부동산임대용역과 면세되는 주택임대용역을 함께 공급하여(예 토지, 건물 등을 임대 + 주택 및 주택부수토지 임대) 과세와 면세의 임대구분이나 임대료의 귀속이 불분명한 경우에는 다음의 순서에 의해 과세표준을 계산한다.

구 분	계산식
① 건물분 임대료	(임대료 + 간주임대료) × (건물가액 / (토지가액 + 건물가액))
② 토지분 임대료	(임대료 + 간주임대료) × (토지가액 / (토지가액 + 건물가액))
③ 과세분 건물임대료	건물임대료(①) × (과세되는 건물임대면적 / 총건물임대면적)
④ 과세분 토지임대료	토지임대료(②) × (과세되는 토지임대면적 / 총토지임대면적)

※ 여기서 '토지가액', '건물가액'은 예정(확정)신고기간 종료일 현재 소득세법상 기준시가이다.

04 세 율

일반과세자의 경우는 과세표준(공급가액)의 10%이며, 간이과세자의 경우는 당해 과세기간의 과세표준(부가가치세를 포함한 공급대가)에 업종별 부가가치세율을 곱한 금액에 10%의 세율을 곱하여 납부할 부가가치세를 계산한다. 부가가치세는 세율구조가 간편하나, 조세부담이 역진적이라는 단점이 있다.

제4장 단원별 기출문제

01 다음 중 부가가치세법상 공급가액에 포함하는 것은? [108회]

① 장기할부판매 또는 할부판매 경우의 이자상당액
② 공급에 대한 대가의 지급이 지체되었음을 이유로 받는 연체이자
③ 환입된 재화의 가액
④ 공급받는 자에게 도달하기 전에 파손・훼손되거나 멸실한 재화의 가액

02 다음 중 부가가치세법상 공급가액에 포함되는 것은? [107회]

① 대가의 일부로 받는 운송비・포장비・하역비
② 공급받는 자에게 도달하기 전에 멸실된 재화의 가액
③ 재화 또는 용역의 공급과 직접 관련되지 않은 국고보조금
④ 공급조건에 따라 통상의 대가에서 일정액을 직접 깎아 주는 금액

03 다음 중 부가가치세법상 재화의 공급에 대한 과세표준으로 옳지 않은 것은? [107회]

① 폐업하는 경우 : 폐업 시 남아있는 재화의 시가
② 특수관계인에게 재화를 공급하고 아무런 대가를 받지 아니한 경우 : 공급한 재화의 시가
③ 금전으로 대가를 받는 경우 : 그 대가
④ 금전 외의 대가를 받는 경우 : 자기가 공급받은 재화의 시가

해설
금전 외의 대가를 받는 경우 : 자기가 공급한 재화 또는 용역의 시가

정답 01 ① 02 ① 03 ④

04 다음 자료에 의한 부가가치세 과세표준은 얼마인가?(단, 모든 금액은 공급가액이다) [106회]

- 외상매출액 : 100,000,000원(매출할인 3,000,000원이 차감된 금액임)
- 하치장으로 반출한 금액 : 5,000,000원(시가 : 7,000,000원)
- 비영업용소형승용차 매각액 : 10,000,000원(취득 시 매입세액공제를 받지 못함)
- 폐업 시 잔존재화 : 3,000,000원(시가 : 5,000,000원)

① 125,000,000원
② 122,000,000원
③ 115,000,000원
④ 105,000,000원

해설
부가가치세 과세표준 = 외상매출액 100,000,000원 + 비영업용소형승용차 매각액 10,000,000원 + 하치장 반출액 5,000,000원 = 115,000,000원

05 다음 중 부가가치세의 과세표준에 관한 설명으로 옳지 않은 것은? [105회]

① 재화의 수입에 대한 부가가치세의 과세표준은 관세의 과세가격과 관세, 개별소비세 등의 합계액으로 한다.
② 매출환입과 매출에누리 및 매출할인은 과세표준에 포함하지 않는다.
③ 하자보증을 위하여 공급받은 자에게 보관시키는 하자보증금은 과세표준에서 공제한다.
④ 재화 또는 용역의 공급과 직접 관련되지 아니하는 국고보조금과 공공보조금은 과세표준에 포함하지 아니한다.

해설
하자보증금은 과세표준에서 공제하지 아니한다. 따라서 이를 차감하기 전의 금액을 과세표준으로 한다.

06 다음 중 부가가치세법상 과세표준에 포함되는 것으로 옳은 것은? [104회]

① 대가의 지급 지연으로 인하여 받는 연체이자
② 환입된 재화의 가액
③ 공급받는 자에게 도달하기 전에 파손된 재화의 가액
④ 장기할부판매의 이자상당액

해설
장기할부판매 또는 할부판매의 이자상당액은 과세표준에 포함한다.

07 다음 중 부가가치세법상 과세표준에 포함되는 것은? [103회]

① 할부판매의 이자 상당액
② 공급받는 자에게 도달하기 전에 파손 또는 훼손되거나 멸실한 자산의 가액
③ 재화 및 용역의 공급과 직접 관련되지 않는 국고보조금과 공공보조금
④ 공급에 대한 대가의 지급이 지체되었음을 이유로 받는 연체이자

> **해설**
> 할부판매의 이자 상당액, 대가의 일부로 받는 운송비 등은 공급가액에 포함한다.

08 다음 중 부가가치세법상 공급가액에 포함되는 것은? [102회]

① 장기할부판매 경우의 이자상당액
② 반환조건으로 공급한 용기대금
③ 대가지급의 지체로 받는 연체이자
④ 대가를 약정기일 전에 지급받아 당초 가액에서 할인해 준 금액

> **해설**
> 장기할부판매 또는 할부판매 경우의 이자상당액은 공급가액에 포함된다.

09 일반과세사업을 영위하던 개인사업자가 2022년 7월 5일에 사업을 폐업하였다. 폐업시점에 사업장 내에 잔존하는 재화의 내역이 다음과 같을 때 부가가치세법상 과세표준 금액은 얼마인가? [101회]

> [기계장치]
> • 2021년 5월 5일 20,000,000원에 구입
> • 폐업 당일 중고시세 : 12,000,000원
> • 폐업 당일 감정가액 : 10,000,000원

① 3,000,000원
② 2,500,000원
③ 5,000,000원
④ 10,000,000원

> **해설**
> 20,000,000원 × (1 − 25/100 × 3) = 5,000,000원

정답 07 ① 08 ① 09 ③

10 다음 중 부가가치세법상 과세표준에 대한 설명으로 가장 옳지 않은 것은? [100회]

① 부가가치세의 과세표준은 해당 과세기간에 공급한 재화 또는 용역의 공급가액을 합한 금액이다.
② 금전 외의 대가를 받는 경우에는 자기가 공급한 재화 또는 용역의 시가를 과세표준으로 한다.
③ 공급대가는 부가가치세를 포함하지 않은 금액이다.
④ 세액이 별도로 표시되지 않은 경우는 거래금액의 100/110을 과세표준으로 한다.

해설
공급대가는 부가가치세가 포함된 대가를 말한다.

11 다음 중 부가가치세법상 과세표준에 관한 설명으로 옳지 않은 것은? [99회]

① 재화 또는 용역의 공급에 대한 부가가치세의 과세표준은 해당 과세기간에 공급한 재화 또는 용역의 공급가액을 합한 금액으로 한다.
② 재화 등을 공급하고 금전 외의 대가를 받는 경우에는 그 대가의 시가를 과세표준으로 한다.
③ 특수관계인에게 재화를 공급하면서 대가를 받지 아니한 경우 그 재화의 시가를 과세표준으로 한다.
④ 재화의 수입에 대한 과세표준은 그 재화에 대한 관세의 과세가격과 관세 등을 포함한다.

해설
금전 외의 대가를 받는 경우 : 자기가 공급한 재화 또는 용역의 시가

12 다음 중 부가가치세법상 공급가액에 대한 설명으로 틀린 것은? [98회]

① 금전 외의 대가로 받는 경우 : 자기가 공급한 재화 또는 용역의 시가
② 폐업할 때 남아 있는 재화 : 폐업할 때 남아 있는 재화의 취득가액
③ 수입재화 : 관세의 과세가격과 관세, 개별소비세, 주세, 교육세, 농어촌특별세 및 교통·에너지·환경세의 합계액
④ 특수관계인에게 공급하는 사업용부동산의 무상임대용역 : 공급한 용역의 시가

해설
폐업할 때 남아 있는 재화의 공급가액은 폐업할 때 남아 있는 재화의 시가를 공급가액으로 한다.

13 다음 중 부가가치세법상 과세표준에 포함되는 공급가액에 관한 설명으로 옳지 않은 것은?
[97회]

① 계약 등에 의해 확정된 공급대가의 지급 지연으로 인하여 지급받는 연체이자는 소비대차 전환 여부와 관계없이 공급가액에 포함한다.
② 재화를 공급한 후의 그 공급가액에 대해 지급하는 장려금은 과세표준에서 공제하지 않는다.
③ 대가를 외국통화나 그 밖의 외국환으로 받는 경우로서 공급시기가 되기 전에 원화로 환가한 경우에는 그 환가한 금액을 공급가액으로 한다.
④ 할부판매의 이자상당액은 과세표준에 포함하는 공급가액이다.

해설
계약 등에 의해 확정된 공급에 대한 대가의 지급이 지체되었음을 이유로 받는 연체이자는 소비대차 전환 여부와 관계없이 공급가액에 포함하지 않는다.

14 다음 중 부가가치세 과세표준에 대한 설명으로 잘못된 것은?
[96회]

① 재화를 공급한 후 공급받는 자에게 지급하는 장려금은 과세표준에서 공제하지 않는다.
② 공급받는 자에게 도달하기 전에 파손되거나 훼손되거나 멸실한 재화의 가액은 과세표준에 포함하지 않는다.
③ 자기적립마일리지 등으로 대금의 전부 또는 일부를 결제받은 금액은 과세표준에서 제외한다.
④ 하자보증금은 과세표준에서 공제한다.

해설
하자보증금은 예치금에 불과하기 때문에 과세표준에서 공제하지 않는다.

15 ㈜발전은 택시와 시내버스운송사업에 공통으로 사용하고 있던 수리설비를 2021년 5월 31일에 8,000,000원(공급가액)에 매각하였다. ㈜발전의 공급가액 명세가 다음과 같을 때 2021년 1기 확정 부가가치세 과세표준에 포함되는 공통수리설비의 공급가액은 얼마인가?
[95회]

과세기간	택 시	시내버스	합 계
2020년 제1기	2억원	6억원	8억원
2020년 제2기	3억원	5억원	8억원
2021년 제1기	4억원	4억원	8억원

① 1,500,000원
② 2,000,000원
③ 3,000,000원
④ 4,000,000원

해설
8,000,000원 × 직전 과세기간의 과세공급가액 3억원/총공급가액 8억원

정답 13 ① 14 ④ 15 ③

16 다음 중 부가가치세법상 과세표준에 대한 설명으로 틀린 것은? [94회]

① 재화를 공급하고 금전 외의 대가를 받은 경우에 과세표준은 공급한 재화의 시가로 한다.
② 특수관계인 외의 자에게 재화를 시가보다 낮은 가액으로 공급한 경우의 과세표준은 그 시가로 한다.
③ 사업자가 재화를 공급받는 자에게 지급하는 판매장려금(금전)은 과세표준에서 공제하지 않는다.
④ 대가의 일부로 받는 운송보험료, 산재보험료, 운송비, 포장비, 하역비 등도 과세표준에 포함한다.

해설
특수관계인 외의 자에게 저가로 공급한 경우에도 거래금액을 과세표준으로 한다.

17 다음 중 부가가치세법상 과세표준에 포함하여야 하는 것은? [93회]

① 매출환입 및 매출할인
② 장기할부판매 조건으로 판매한 재화의 이자상당액
③ 공급받는 자에게 도달하기 전에 파손된 재화의 가액
④ 재화·용역의 공급과 직접 관련되지 않는 국고보조금

해설
장기할부판매 조건으로 판매한 재화의 이자상당액은 과세표준에 포함한다.

18 다음 중 부가가치세법상 공급가액에 포함하지 않는 것은? [92회]

① 공급대가를 현물로 받는 경우 자기가 공급한 재화 또는 용역의 시가
② 장기할부판매 또는 할부판매 경우의 이자상당액
③ 대가의 일부로 받는 운송비·포장비·하역비 등
④ 재화 또는 용역의 공급과 직접 관련되지 아니하는 국고보조금과 공공보조금

해설
재화 또는 용역의 공급과 직접 관련 없는 국고보조금과 공공보조금은 공급가액에 포함하지 아니한다.

19 ㈜이현은 수출을 하고 그에 대한 대가를 외국통화로 수령하였다. 이 경우 부가가치세법상 공급가액으로 올바르지 않은 것은? [91회]

① 공급시기 이후에 대가를 수령한 경우 그 공급가액은 공급시기의 기준환율 또는 재정환율로 환산한 가액으로 한다.
② 공급시기 이전에 대가를 수령하여 공급시기 도래 전에 환가한 경우 그 공급가액은 공급시기의 기준환율 또는 재정환율로 환산한 가액으로 한다.
③ 공급시기 이전에 대가를 수령하여 공급시기 도래 이후 환가한 경우 그 공급가액은 공급시기의 기준환율 또는 재정환율로 환산한 가액으로 한다.
④ 공급시기 이전에 대가를 수령하여 공급시기 도래 이후 계속 외국환 상태로 보유 중인 경우 그 공급가액은 공급시기의 기준환율 또는 재정환율로 환산한 가액으로 한다.

해설
공급시기가 되기 전에 대가를 수령하여 원화로 환가한 경우 그 환가한 금액을 공급가액으로 하고, 공급시기 이후에 외국통화나 그 밖의 외국환 상태로 보유하고 있거나 지급받은 경우 공급시기의 기준환율 또는 재정환율에 따라 환산한 가액을 공급가액으로 한다.

20 부동산임대사업자(개인)인 김주인씨는 2021년 1월 1일에 1년치 임대료 12,000,000원(부가가치세 제외)을 선불로 받았다. 2021년 1기 확정신고 시 부동산임대소득의 부가가치세법상 과세표준은 얼마인가?(단, 월 임대료는 1,000,000원이고, 임대보증금은 없다) [90회]

① 12,000,000원
② 6,000,000원
③ 3,000,000원
④ 0원

해설
12,000,000 × 6/12 = 6,000,000원

21 부가가치세법상 과세·면세 겸영사업자에 대한 설명으로 가장 옳지 않은 것은? [85회]

① 재화를 공급하는 날이 속하는 과세기간에 신규로 사업을 시작하여 직전 과세기간이 없는 경우 안분 계산을 생략하고 해당 재화의 공급가액 전부를 과세표준으로 한다.
② 공통매입세액이란 과세사업과 면세사업을 겸영하는 사업자의 매입세액 중 과세사업과 면세사업에 공통으로 사용되어 실지귀속을 구분할 수 없는 매입세액을 말한다.
③ 당해 재화 매입 시 공통매입세액을 공급가액 비율로 안분 계산한 경우에 당해 재화 공급 시 과세표준은 사용면적비율로 안분 계산할 수 없다.
④ 해당 과세기간의 면세공급가액 비율이 5% 미만인 경우에는 항상 공통매입세액 안분 계산을 생략한다.

해설
해당 과세기간의 면세공급가액 비율이 4%인 경우라도 해당 과세기간의 매입세액 합계액이 500만원 이상인 경우라면 안분 계산을 해야 한다.

정답 19 ② 20 ② 21 ④

22 다음 중 부가가치세법상 거래형태별 과세표준에 관한 설명으로 맞는 것은? [84회]

① 직매장 등의 재화반출에서 취득가액에 일정액을 가산하여 공급한 경우에도 취득가액만 과세표준으로 한다.
② 통상적으로 용기 또는 포장을 해당 사업자에게 반환할 것을 조건으로 그 용기대금과 포장비용을 공제한 금액을 공급하는 경우에는 그 용기대금과 포장비용은 공급가액에 포함한다.
③ 외상판매, 할부판매의 경우 공급한 재화의 총가액을 과세표준으로 한다.
④ 개별소비세가 부과되는 재화에 대하여는 각 재화의 공급가액만 과세표준으로 하고 개별소비세는 합산하지 아니한다.

23 다음 중 부가가치세법상 과세표준에 대한 설명으로 가장 옳지 않은 것은? [83회]

① 폐업 시 남아 있는 재고자산은 그 재고자산의 시가에 따라 과세표준을 산정한다.
② 재화를 공급한 후의 공급가액에 대한 장려금은 과세표준에서 공제하지 않는다.
③ 공급받는 자에게 도달하기 전에 파손된 재화의 가액은 과세표준에 포함한다.
④ 대가를 외국통화나 그 밖의 외국환으로 받는 경우로서 공급시기가 되기 전에 원화로 환가한 경우 그 환가한 금액을 공급가액으로 한다.

해설
공급받는 자에게 도달하기 전에 파손된 재화의 가액은 과세표준에 포함하지 아니한다.

24 다음 중 부가가치세법상 당기에 A사의 과세되는 과세표준의 합계액은?(단, A사는 면세매출이 없음) [82회]

> 1. 당기 국내 매출액 : 1,000원
> 2. 당기 매출할인 : 100원(위 매출액에 미포함)
> 3. 외국으로 직수출액 : 500원

① 1,000원　　　　　　　　　　② 1,400원
③ 1,500원　　　　　　　　　　④ 1,600원

해설
당기 국내 매출액 + 외국으로 직수출액 = 1,500원
※ 매출할인은 과세표준에 포함되지 않음

22 ③　23 ③　24 ③

25
다음 중 부가가치세법상 공급가액 계산의 특례에 관한 설명으로 옳지 않은 것은? [82회]

① 과·면세 등 겸영사업자가 과·면세 공통사용재화의 공급 시 직전기에 휴업 등으로 직전기 공급가액이 없는 경우에는 그 재화를 공급한 날에 가장 가까운 과세기간의 공급가액으로 안분 계산한다.
② 토지와 건물을 함께 공급하는 경우에 그 건물 등의 공급가액은 실지거래가액에 의한다.
③ 토지와 건물을 함께 공급하는 경우에 토지와 건물의 가액이 불분명한 경우에는 감정가액, 기준시가 등의 방법을 순차적으로 적용하여 안분 계산한다.
④ 직전기의 공급가액이 없는 경우에는 당해 과세기간의 매입가액을 기준으로 안분 계산한다.

해설
휴업 등으로 인하여 직전 과세기간의 공급가액이 없을 때에는 그 재화를 공급한 날에 가장 가까운 과세기간의 공급가액으로 계산한다.

26
다음 자료는 A법인이 2018년 6월 20일 폐업 시 잔존재화이다. 이 자료를 통해 부가가치세법상 과세표준금액을 계산하면 얼마인가?(단, 아래는 부가가치세 제외 금액이다) [79회]

자산종류	취득일	취득원가	시 가
기계장치	2017.1.29	50,000,000원	40,000,000원
토 지	2016.12.29	500,000,000원	600,000,000원

① 25,000,000원
② 40,000,000원
③ 50,000,000원
④ 640,000,000원

해설
기계장치[50,000,000 × (1 − 25% × 2)] + 토지[면세] = 25,000,000

27
다음 중 부가가치세법상 공급가액 계산특례에 관한 설명으로 옳지 않은 것은? [77회]

① 과세·면세 공통사용재화를 공급하는 경우 원칙적으로 직전 과세기간의 공급가액을 기준으로 공급가액을 안분계산한다.
② 직전기에 휴업 등으로 인하여 직전 과세기간이 없는 경우에는 그 재화를 공급한 날에 가장 가까운 과세기간의 공급가액에 의하여 계산한다.
③ 면세 토지와 과세되는 건물 등을 함께 공급하는 경우에 그 건물 등의 공급가액은 실지거래가액이 불분명하면 감정가액, 기준시가 등의 방법을 순차적으로 적용하여 공급가액을 안분 계산한다.
④ 재화를 공급하는 날이 속하는 과세기간에 신규로 사업을 시작하여 직전 과세기간이 없는 경우 원칙적으로 당해 과세기간의 공급가액을 기준으로 공급가액을 안분 계산한다.

해설
재화를 공급하는 날이 속하는 과세기간에 신규로 사업을 시작하여 직전 과세기간이 없는 경우 해당 재화의 공급가액 전부를 과세표준으로 한다.

정답 25 ④ 26 ① 27 ④

28 다음 중 부가가치세법상 과세표준에 대한 설명으로 가장 옳지 않은 것은? [76회]

① 장기할부판매에 따른 이자상당액은 과세표준에 포함한다.
② 폐업 시 남아 있는 재화는 그 재화의 장부가액에 따라 과세표준을 산정한다.
③ 공급받는 자에게 도달 전에 파손된 재화의 가액은 과세표준에 포함하지 않는다.
④ 사업자가 재화를 공급하고 대가로 받은 금액에 부가가치세 포함 여부가 분명하지 않은 경우 그 대가로 받은 금액에 110분의 100을 곱한 금액을 공급가액으로 한다.

해설
폐업 시 남아 있는 재화는 그 재화의 시가에 따라 과세표준을 산정한다.

29 다음 중 부가가치세법상 거래유형별 과세표준에 대한 설명으로 옳지 않은 것은? [75회]

① 외상판매 및 할부판매인 경우 – 공급한 재화의 총가액
② 위탁가공무역 방식으로 수출하는 경우 – 위탁가공계약에 의하여 수출한 가공비
③ 장기할부판매의 경우 – 계약에 따라 받기로 한 대가의 각 부분
④ 완성도기준지급 중간지급조건부의 경우 – 계약에 따라 받기로 한 대가의 각 부분

해설
위탁가공무역 방식으로 수출하는 경우에는 완성된 제품의 인도가액을 과세표준으로 한다.

30 다음 자료에서 계산된 부가가치세법상 재화의 공급가액은 얼마인가? [75회]

1. 재화의 공급가액 : 외국환 표시가액 : $500,000
2. 기준환율
   • 매출 당시 기준환율(2018년 1월 10일) : $1:1,300원
   • 실제 환가할 때 기준환율(2018년 2월 12일) : $1:1320원

① 660,000,000원
② 630,000,000원
③ 640,000,000원
④ 650,000,000원

해설
500,000 × 1,300 = 650,000,000원
※ 공급시기 후 환가한 경우에는 공급시기의 기준환율을 적용하고, 공급시기 전 환가한 경우에는 그 환가한 금액으로 한다.

31 다음 자료에 의할 때 부가가치세법상의 매출세액은 얼마인가?(단, 아래 금액은 부가가치세가 포함되지 않은 금액이다) [74회]

> ㄱ. A업체에 상품 20,000,000원을 판매함
> ㄴ. A업체에 판매한 상품에 매출할인 2,000,000원이 발생됨
> ㄷ. B업체에 시가 500,000원짜리 견본품을 제공함(단, 대가 수령)
> ㄹ. 비영업용 소형승용차를 8,000,000원(장부가액 3,000,000원)에 매각
> ㅁ. 일반과세사업자로서 영세율과 면세매출은 없다.

① 2,100,000원
② 2,150,000원
③ 2,600,000원
④ 2,650,000원

해설
(20,000,000 − 2,000,000 + 500,000 + 8,000,000) × 10% = 2,650,000

---

32 ㈜AA운수는 관광버스운수사업에 사용하던 건물을 2018년 12월 1일부터 시내버스 운수사업에 사용하게 되었다. 다음 자료에 의하여 건물의 면세전용에 따른 부가가치세법상 과세표준을 계산하면 얼마인가? [74회]

> • 건물의 취득일자 : 2017년 10월 8일
> • 건물의 장부상 취득가액 : 500,000,000원
> • 건물의 감가상각비 : 150,000,000원
> • 면세전용일 현재의 시가 : 480,000,000원

① 440,000,000원　　② 350,000,000원
③ 480,000,000원　　④ 450,000,000원

해설
간주시가 = 500,000,000 × (1 − 5% × 2) = 450,000,000

정답 31 ④　32 ④

CHAPTER 05 납부세액의 계산

PART 2 부가가치세법

01 매출세액의 계산구조

매출세액은 일정기간(예정신고기간 또는 과세기간)의 재화 또는 용역의 공급가액의 합계액. 즉, 과세기간의 과세표준에 세율을 적용하여 계산한다.

> 매출세액 = (과세표준 × 세율) + 예정신고누락분 ± 대손세액

02 매입세액의 계산구조

1 매입세액공제 일반

'매입세액'이란 재화 또는 용역을 공급받는 자(매입자)가 공급을 받을(매입) 때에 그 공급자에게 거래징수 당한 부가가치세액을 말한다.

2 공제받을 수 있는 매입세액

공제대상 매입세액은 자기의 사업을 위하여 사용되었거나 사용될 재화·용역의 공급 또는 재화의 수입에 대한 세액이다. 물론 매입세액이 공제되기 위해서는 발급받은 세금계산서에 의하여 매입거래사실이 확인되어야 한다. 이때 매입세액 공제시기는 사용된 것뿐만 아니라 사용되지 않아 재고자산으로 보관하고 있는 분에 대해서도 매입세액으로 공제되는 것으로 규정하고 있으므로 부가가치세법상 매입세액의 공제시기는 매입시점임을 알 수 있다.

그런데 이처럼 미사용분에 대해서 공제를 적용받은 후 추후 사업을 위하여 사용하게 되면 아무런 문제가 없으나 특정한 경우, 즉, 면세사업에 전용하거나 개인적소비의 목적 등으로 사업과 관련 없이 사용하게 되면 당초 매입세액공제를 적용하지 않아도 될 것에 대하여 매입세액 공제를 허용하게 되는 불합리한 결과가 초래된다. 현행 부가가치세법에서는 이러한 불합리한 결과를 막기 위해 다음의 제도를 운용하고 있다.

- 재화의 공급의제(간주공급) : 면세전용, 개인적 공급
- 공통매입세액의 안분계산 후 납부·환급세액의 재계산제도

구체적으로 공제받을 수 있는 매입세액은 다음과 같다.
① 매입처별 세금계산서합계표상의 매입세액
② 신용카드매출전표 등 수령명세서(신용카드매출전표, 직불카드영수증, 기명식선불카드영수증)
③ 의제매입세액
④ 재활용폐자원 등 매입세액
⑤ 재고매입세액
⑥ 변제대손세액
⑦ 과세사업전환매입세액
⑧ 공급시기가 속한 과세기간의 확정신고기한이 지난 후 세금계산서를 발급받았더라도 발급일이 당초 확정신고기간 다음 날부터 1년 이내에 수정신고·경정청구를 하거나 결정·경정하는 경우 매입세액(가산세 있음)
⑨ 위탁매매 등과 관련된 사항을 세금계산서에 잘못 적은 경우

3 공제받을 수 없는 매입세액

다음의 일정한 매입세액은 실제로 거래징수당한 경우에도 매출세액에서 공제될 수 없는데 그 내용은 다음과 같다.
① 세금계산서 미수취, 필요적 기재사항 미기재분, 사실과 불부합하는 매입세액
② 매입처별 세금계산서합계표 미제출, 불명분 매입세액
③ 사업과 관련 없는 지출
④ 개별소비세법 제1조 제2항 제3호의 자동차 구입 및 유지(단, 9인 이상 승용/승합, 화물차 가능)
⑤ 기업업무추진비 관련 매입세액
⑥ 면세사업과 관련된 분
⑦ 토지 관련 매입세액
⑧ 공통매입세액 중 면세사업 관련 부분
⑨ 등록 전 매입세액
⑩ 대손처분받은 세액
⑪ 납부(환급)세액 재계산분 등

(1) 세금계산서 미수령·필요적 기재사항 불명분 매입세액

세금계산서를 발급받지 않은 경우 또는 수령한 세금계산서에 필요적 기재사항이 기재되지 않았거나 사실과 다른 경우에는 매입세액은 공제되지 않는다. 다만, 다음 중 하나에 해당하는 경우에는 예외적으로 매입세액공제가 허용된다.

① 사업자등록을 신청한 사업자가 사업자등록증 발급일까지의 거래에 대하여 해당 사업자 또는 대표자의 주민등록번호를 기재하여 발급받은 세금계산서의 경우
② 발급받은 세금계산서의 필요적 기재사항 중 일부가 착오로 기재되었으나 해당 세금계산서의 그 밖의 필요적 기재사항 또는 임의적 기재사항으로 보아 거래사실이 확인되는 경우
③ 재화 또는 용역의 공급시기 이후에 발급받은 세금계산서로서 해당 공급시기가 속하는 과세기간에 대한 확정신고기한까지 발급받은 경우(다만, 매입처별 세금계산서합계표 불성실가산세는 부과됨)
④ 전자세금계산서 발급대상 사업자로부터 적법하게 발급받은 전자세금계산서로서 국세청장에게 전송되지 아니하였으나 발급한 사실이 확인되는 경우
⑤ 전자세금계산서 외의 세금계산서로서 재화나 용역의 공급시기가 속하는 과세기간에 발급받았고, 그 거래사실도 확인되는 경우

(2) 매입처별 세금계산서합계표의 미제출·부실기재분 매입세액

다음에 해당하는 경우에는 매입세액을 공제받을 수 없다.
① 매입처별 세금계산서합계표를 제출하지 아니한 경우
② 제출한 매입처별 세금계산서합계표의 기재사항 중 거래처별 등록번호 또는 공급가액의 전부 또는 일부가 기재되지 아니하였거나 사실과 다르게 기재된 경우

다만, 다음의 경우에는 매입세액공제가 예외적으로 가능하다.

구 분	내 용	비 고
거래사실 확인 시	발급받은 세금계산서에 대한 매입처별 세금계산서합계표의 거래처별 등록번호 또는 공급가액이 착오로 사실과 다르게 기재된 경우로서 발급받은 세금계산서에 의하여 거래사실이 확인되는 경우에는 매입세액공제를 받을 수 있다.	가산세 없음
수정신고 시	발급받은 세금계산서에 대한 매입처별 세금계산서합계표 또는 신용카드매출전표수령명세서를 국세기본법에 의하여 과세표준수정신고서와 함께 제출한 경우에는 매입세액공제를 받을 수 있다.	
경정청구 시	발급받은 세금계산서에 대한 매입처별 세금계산서합계표 또는 신용카드매출전표수령명세서를 국세기본법에 의하여 경정청구서와 함께 제출하여 경정기관이 경정하는 경우에는 매입세액공제를 받을 수 있다.	
기한 후 신고 시	발급받은 세금계산서에 대한 매입처별 세금계산서합계표 또는 신용카드매출전표수령명세서를 국세기본법에 의한 기한 후 과세표준신고서와 함께 제출하여 경정기관이 경정한 경우에는 매입세액공제를 받을 수 있다.	
경정기관의 확인을 거친 경정청구	경정에 있어서 사업자가 발급받은 세금계산서 또는 신용카드매출전표 등을 경정기관의 확인을 거쳐 정부에 제출하는 경우에는 매입세액공제를 받을 수 있다. 다만, 이 경우에는 매입처별 세금계산서합계표 불성실가산세가 부과된다.	가산세 있음

(3) 기타 불공제되는 매입세액

앞에서 살펴본 (1) 세금계산서 미수령·필요적 기재사항 불분명분 매입세액, (2) 매입처별 세금계산서합계표의 미제출·부실기재분 매입세액 이외에 매입세액이 공제되지 않는 항목들을 살펴보면 다음과 같다.

구 분	비 고
사업과 직접 관련 없는 지출에 대한 매입세액	• 법인세법과 소득세법상 업무무관비용 • 법인세법에 따른 공동경비 중 분담기준금액 초과금액
비영업용 소형승용차와 관련된 매입세액	비영업용 소형승용차가 사업을 위해 사용될 수도 있지만 개인적 편의를 위해 사용되는 경우도 많아 정책상 일률적으로 공제를 허용하지 않고 있다.
기업업무추진비 및 이와 유사한 비용과 관련된 매입세액	단순히 임직원 개인적인 목적으로 사용 경우도 많아 일률적으로 불공제함
면세사업 관련 매입세액	-
토지 관련 매입세액	토지의 취득, 조성 등을 위한 매입세액. 이때 해당 토지가 과세사업에 사용된 경우에도 일률적으로 매입세액 불공제함
사업자등록을 하기 전의 매입세액	사업자등록신청 하기 전의 매입세액은 원칙적으로 불공제함

※ 단, 등록신청일부터 공급시기가 속하는 과세기간개시일(1월 1일 또는 7월 1일)까지 역산한 기간 내의 것은 공제 가능

(4) 의제매입세액공제

① 취지와 공제율 : 사업자가 면세농산물 등을 원재료로 하여 부가가치세 과세대상인 재화나 용역을 공급하는 경우 다음의 의제매입세액공제를 받을 수 있다. 이는 면세농산물 등에 대해 세금계산서 없이도 일정한 금액을 매입세액으로 의제하여 공제함으로써 환수효과와 누적효과를 제거 또는 완화함으로써 부가가치세의 경제효율 왜곡을 시정하기 위함이다. 즉, 면세적용단계의 다음 거래단계에 과세를 적용하게 되면 이러한 환수효과와 누적효과로 인하여 결국 최종소비자는 창출된 부가가치의 10%보다 더 많은 부가가치세를 부담하게 되는 결과가 발생하므로, 현행 부가가치세법에서는 이러한 세액의 환수효과와 누적효과를 완화시키기 위하여 일정금액을 의제매입세액으로 공제하도록 규정하고 있는 것이다.

$$의제매입세액 = 면세농산물 등의 매입가액 \times 의제매입세액 공제율^{*주)}$$

*주) 의제매입세액 공제율

일반적인 경우의 유흥주점(개별소비세 과세유흥장소)	2/102
법인 음식점, 제조업자(과자점업, 도정업, 제분업, 떡방앗간을 운영하는 개인에 한정)	6/106
개인 음식점	8/108 (9/109)*
제조업자(중소기업·위 제조업자를 제외한 개인)	4/104

*개인음식점업자 중 연매출 4억원 이하인 자의 공제율을 2026년까지 9/109로 상향적용함

> **더알아두기**
>
> **환수효과와 누적효과**
> - 환수효과 : 면세적용단계에서 과세하지 않았던 부가가치세가 다음 거래단계의 과세로 인하여 다시 국고로 환수하게 되는 현상
> - 누적효과 : 해당 면세적용단계 이전 단계에서 이미 과세된 부분에 대하여 재차 과세되는 현상

② 요 건
  ㉠ 사업자등록을 필한 '일반과세자'에 한해 적용한다. 따라서, 미등록사업자, 면세사업자는 적용되지 아니한다.
  ㉡ 면세농산물 등을 원재료로 하여 제조·가공한 재화 또는 용역의 공급이 부가가치세법상 '과세사업'에 사용되어야 한다.
  ㉢ 면세포기에 의하여 영세율이 적용되는 경우에는 의제매입세액공제를 적용하지 않는다. 이는 의제매입세액공제는 면세로 공급받은 농산물 등을 원재료로 하여 제조·가공이 되어야 하는 것을 필수적 요건으로 하는데 영세율이 적용된다는 것은 원생산물 그대로 수출하는 경우이므로 의제매입세액공제를 적용할 여지가 없는 것이다.
  ㉣ '의제매입세액 공제신고서'와 '매입처별 계산서합계표', 또는 '신용카드매출전표등 수령명세서'를 관할 세무서장에게 제출하여야 한다. 다만, '제조업' 사업자가 농어민으로부터 직접 면세농산물 등을 공급받은 경우에는 '의제매입세액 공제신고서'만을 제출할 수 있다.

③ 의제매입세액의 계산
  ㉠ 일반과세자 : 일반과세자의 의제매입세액은 다음과 같이 계산한다.

  $$\text{의제매입세액} = \text{면세농산물 등의 매입가액} \times \frac{2}{102} \left(\text{개인음식점업 } \frac{8}{108} \left(\frac{9}{109}\right), \text{법인음식점업, 개인특정제조업자 } \frac{6}{106}, \text{제조업자 } \frac{4}{104}\right)$$

  ※ 매입가액 : 의제매입세액 계산 시 면세농산물 등의 매입가액은 운임·보험료 등의 부대비용을 제외한 가액을 말하며, 수입농산물 등의 경우에는 관세의 과세가격을 말한다.

  ㉡ 겸영사업자 : 해당 사업자가 사업과 면세사업을 겸영하는 경우에는 해당 원재료의 실지귀속에 따라 의제매입세액 대상여부를 결정한다. 이 경우 실지귀속이 불분명한 경우에는 다음과 같이 해당 과세기간의 과세공급가액비율을 적용하여 의제매입세액을 계산한다. 다만, 해당 과세기간의 총공급가액 중 면세공급가액이 5% 미만인 경우에는 안분계산을 생략하고 매입가액 전액에 대하여 의제매입세액 공제율을 적용한다.

  $$\text{의제매입세액} = \text{면세농산물 등의 매입가액} \times \frac{\text{과세공급가액(해당 과세기간)}}{\text{총공급가액(해당 과세기간)}} \times \frac{2}{102} \left(\frac{8}{108}, \frac{9}{109}, \frac{6}{106}, \frac{4}{104}\right)$$

④ 의제매입세액의 재계산 : 의제매입세액을 공제한 면세농산물 등을 다음과 같이 사용·소비하는 경우에는 이미 공제한 의제매입세액을 재계산하여 납부세액에 가산하거나 환급세액에서 공제한다.
  ㉠ 면세농산물 등을 그대로 양도·인도한 경우
  ㉡ 면세농산물 등을 면세사업 또는 개인적 공급·사업상 증여 등을 위하여 사용·소비하는 경우

⑤ 의제매입세액공제 한도 : 면세농수산물 등의 의제매입세액 공제와 관련하여 2025년 12월 31일까지 과세표준에 다음의 비율을 공제율에 곱한 금액을 공제한도로 하여 공제한다.

구 분	과세기간(6개월)별 규모	공제한도	
		음식점업	기타업종
개인사업자	1억원 이하	매출액의 75%	매출액의 65%
	1억원 초과 ~ 2억원 이하	매출액의 70%	
	2억원 초과	매출액의 60%	매출액의 55%
법인사업자		매출액의 50%	

(5) 대손세액공제

① 취지와 대손세액공제액 : 사업자가 거래상대방의 부도, 파산, 상법 등의 소멸시효 완성, 기타 대손요건의 사유로 거래대금은 물론 부가가치세를 회수 불가능하게 되어서 대손처리한 경우 당초 부가가치세를 거래징수하지 못하였음에도 불구하고 납부하는 불합리한 점을 시정하기 위해 일정요건을 만족할 경우 거래징수하지 못한 당해 세액을 매출세액에서 차감할 수 있도록 한 규정을 '대손세액공제'라고 한다. 이러한 대손세액공제제도는 거래상대방의 파산 등으로 인하여 거래징수하지 못한 부가가치세를 매출세액에서 차감토록 함으로써 사업자의 세부담을 적정화시키고, 거래상대방인 공급받는 자에 대해서는 해당 대손세액을 공제되는 매입세액에서 차감함으로써 이미 공제받은 매입세액을 납부하게 하는 효과를 가져온다. 부가가치세법상 대손세액공제를 적용받을 수 있는 사유는 법인세법과 소득세법상 대손사유와 일치한다.

대손세액공제액은 다음과 같다.

$$\text{대손세액} = \text{대손금액(공급대가 : 부가가치세 포함)} \times \frac{10}{110}$$

② 대손사유

- 상법 등의 소멸시효가 완성된 채권
- 부도발생일로부터 6개월 이상 경과한 어음, 수표, 중소기업의 외상매출금
- 채무자의 파산, 강제집행, 사망/실종 등으로 회수할 수 없는 채권
- 회수기일이 6개월 이상 지난 30만원 이하 소액채권

③ 대손확정시기 : 재화 또는 용역의 공급일로부터 10년이 지난 날이 속하는 과세기간에 대한 확정신고기한까지 대손세액공제대상이 되는 사유로 인해 확정되는 대손세액이어야 한다.

> 예 2013년 2월 4일 공급일인 경우 → 대손세액공제 가능 확정신고기한은 2023년 7월 25일이다(10년째되는 날이 2023년 2월 4일이므로).

④ 대손확정기한 : 부가가치세법상 대손세액공제는 예정신고 시에는 적용하지 않으며, 확정신고 시에만 적용한다.

(6) 겸영사업자 공통매입세액 안분계산

일반적으로 과세사업과 면세사업을 겸영하는 겸영사업자의 매입세액은 과세사업에 관련된 경우에는 매입세액공제가 가능하지만, 면세사업에 관련된 것은 매입세액공제가 불가능하다. 만약, 매입세액 중 과세사업과 면세사업의 관련성 구분이 불분명한 경우가 발생되는데 이를 '공통매입세액'이라 하며 안분계산을 통해 면세사업 관련 공통매입세액은 불공제 처리해야 한다. 이러한 공통매입세액은 안분계산을 통하여 면세사업분을 계산하고, 동 금액을 매입세액불공제분으로 한다.

① **안분계산방법** : 공통매입세액 중 면세사업에 관련된 매입세액은 공통사용재화를 구입한 과세기간의 예정신고 또는 확정신고 시에 다음과 같이 계산한다.

$$\text{면세사업 관련 매입세액(매입세액 불공제액)} = \text{공통매입세액} \times \left(\frac{\text{해당 과세기간 면세공급가액}^{*주)}}{\text{해당 과세기간 총공급가액}}\right)$$

*주) 면세사업등에 대한 공급가액과 과세표준에 포함되지 않은 국고보조금과 공공보조금의 합계액을 말한다.

※ 당해 과세기간에 구입한 공통사용재화를 당해 과세기간에 다시 공급하는 경우 안분계산 시 해당 과세기간의 가액이 아닌 '직전 과세기간'의 가액으로 안분계산한다.

※ 해당 과세기간 중 과세사업과 면세사업의 공급가액이 없거나 어느 한 사업의 공급가액이 없는 경우에 공통 매입세액 안분계산은 다음 순서에 의한다.
- 원칙 : ① 매입가액비율 → ② 예정공급가액비율 → ③ 예정사용면적비율
- 건물신축 시 : ① 예정사용면적비율 → ② 매입가액비율 → ③ 예정공급가액비율

② **안분계산의 생략** : 다음의 경우에는 안분계산을 하지 않고 공통매입세액 전액을 공제받는 매입세액으로 한다.
  ㉠ 해당 과세기간의 면세공급가액비율이 5% 미만인 경우. 다만, 공통매입세액이 5백만원 이상인 경우는 제외한다.
  ㉡ 해당 과세기간 공통매입세액 합계액이 5만원 미만인 경우
  ㉢ 해당 과세기간에 신규로 사업을 개시하여 직전 과세기간이 없는 경우

③ **공통매입세액의 정산** : 다음 3가지 유형으로 정산한다. 실지귀속을 구분할 수 있다면 실지귀속에 따라 과세사업에 사용되는 부분만 매입세액공제를 적용한다. 즉, 실제사용면적이 구분되어 있다면 안분계산방법을 애초부터 적용하는 것이 아니라 실제사용면적에 따라 매입세액공제를 받는다.

구 분	정산 시기
예정신고 시 공통매입세액 안분계산	확정신고 시 한 과세기간(6개월) 전체 면세비율로 정산 (필수)
건물·구축물과 감가상각자산의 공통매입세액 안분	공통매입세액 안분계산하여 매입세액을 공제한 후에 면세비율 5% 이상 증감이 발생하는 과세기간의 확정신고 시 정산
과세사업과 면세사업 공급가액이 없거나 어느 한 사업의 공급가액이 없는 경우	• 면세매입가액, 예정공급가액 안분계산 후 → 확정공급가액으로 정산 • 예정사용면적의 비율로 안분계산 후 → 확정사용면적으로 정산

④ 안분계산 시 유의사항
  ㉠ 예정신고기간 중에 공급받은 공통사용재화의 경우 : 예정신고기간 중에 공급받은 공통사용재화에 대한 공통매입세액의 안분은 예정신고기간의 면세비율에 의하여 안분계산하고, 확정신고를 하는 때에 정산한다.
  ㉡ 과세기간 최종 3월의 기간 중에 공급받은 공통사용재화의 경우 : 과세기간 최종 3월의 기간 중에 공급받은 재화의 공통매입세액의 경우에는 해당 과세기간의 공급가액에 의한 면세비율을 적용하여 안분계산하면 종결된다.

(7) 납부세액 재계산

앞에서 살펴봤던 겸영사업자의 공통매입세액 정산 중 매입세액을 안분계산하여 공제한 후 면세비율이 일정비율 이상 증감이 일어날 경우 당초 공제한 매입세액을 조정해 주어야 하는데 이를 '납부세액의 재계산'이라 한다.

① 재계산 요건 : 납부세액 재계산은 다음의 경우에만 적용한다.
  ㉠ 공통사용재화일 것 : 당초 공통매입세액 안분하여 공제받은 재화이어야 한다.
  ㉡ 감가상각자산일 것 : 재계산의 대상은 반드시 감가상각자산이어야 한다.
  ㉢ 면세비율이 5% 이상 증감할 것 : 총공급가액에 대한 면세공급가액 비율(총사용면적에 대한 면세사용면적 비율)이 해당 취득일에 계산한 면세비율보다 5% 이상 차이가 날 경우

② 재계산 방법 : 다음의 금액을 납부세액에 가산하거나 공제한다. 단, 납부세액(환급세액)의 재계산은 확정신고 시에만 가능하다.

> 공통매입세액 × (1 − 감가율*주) × 경과된 과세기간의 수) × 증가, 감소된 면세비율

*주) 건물, 구축물의 경우 = 5%, 기타감가상각자산의 경우 = 25%

③ 적용배제
  ㉠ 감가상각자산이 재화의 공급의제(간주공급)에 해당하는 경우 납부세액의 재계산을 배제한다.
  ㉡ 공통사용재화의 공급에 해당하여 부가가치세가 과세된 경우에는 재계산을 배제한다.

(8) 면세사업용 감가상각자산 과세사업용 전환 시 매입세액공제

① 안분계산방법 : 겸영사업자가 면세사업에 전용하던 매입세액공제가 되지 아니하던 감가상각자산을 어느날 과세사업에 사용하거나 소비하는 때에는 다음의 금액을 그 과세사업에 사용하거나 소비하는 날이 속하는 과세기간의 매입세액으로 공제할 수 있다.

> 공제액 = 면세 매입세액불공제액 × (1 − 상각률*주) × 경과된 과세기간의 수)

*주) 건물, 구축물의 경우 = 5%, 기타감가상각자산의 경우 = 25%

② 안분계산의 생략 : 과세비율이 5% 미만인 경우에는 공제세액이 없는 것으로 본다.

③ **공제세액의 정산** : 공제되는 매입세액을 매입가액비율·예정공급가액비율·예정사용면적비율로 안분계산한 경우에는 공급가액 또는 사용면적이 확정되는 과세기간에 다음 산식에 의하여 정산한다.

구 분	가산 또는 공제되는 세액
가액비율로 안분계산 시	공제가능 매입세액 × (1 − $\dfrac{\text{확정되는 과세기간의 면세공급가액}}{\text{확정되는 과세기간의 총 공급가액}}$) − 기공제세액
면적비율로 안분계산 시	공제가능 매입세액 × (1 − $\dfrac{\text{확정되는 과세기간의 면세사용면적}}{\text{확정되는 과세기간의 총사용면적}}$) − 기공제세액

④ **공제시기** : 면세사업 감가상각자산의 과세사업 사용 시 매입세액공제규정은 예정신고 시에는 적용하지 않고 확정신고 시에만 적용된다.

03 납부세액의 계산구조

간이과세자를 제외한 사업자가 납부하여야 할 부가가치세의 납부세액은 자기가 공급한 재화 또는 용역에 대한 매출세액에서 매입세액을 공제한 세액으로 한다. 여기서 당해 단계에서 재화 등에 대한 매출세액보다 당해 단계 이전에서 과세된 매입세액이 더 클 경우 환급세액이 발생하게 된다.

```
            매출세액
   (−)      매입세액  → (공제대상 매입세액 − 불공제대상 매입세액 ± 기타)
            납부세액
   또는    (△)환급세액
```

04 차가감납부세액의 계산구조

```
            납부세액
   (−)      공제세액  → (신용카드매출전표 발행세액공제, 전자신고 세액공제, 전자세금계산서 발급·전송에 대한
   (+)      가산세         세액공제, 예정신고고지세액)
         차가감납부(환급세액)
```

※ 가산세는 확정신고 시에만 적용하나 공제세액 중 신용카드매출전표 발행세액공제는 예정신고 시·확정신고 시 모두 적용한다.

(1) 신용카드매출전표 발행세액공제

직전 연도 공급가액이 일정규모 이하인 개인과세자 중 신용카드매출전표(직불카드영수증, 현금영수증, 판매대행중개자가 제출하는 월별 거래명세 등 포함)를 발행하거나 전자화폐로 대금결제를 받는 경우에 다음의 신용카드매출전표 발행세액공제를 적용받을 수 있다.

> 세액공제액 = Min[①, ②]
> ① 발행금액 또는 결제금액 × 1.3%(2027년부터 1.0%)
> ② 연간 1,000만원(2027년부터 500만원)

※ 법인사업자와 직전 연도 공급가액 합계액이 10억원 초과 개인사업자는 공제불가
※ 연매출 10억원 이하 개인사업자만 적용

이 경우 공제받을 금액이 해당 금액을 차감하기 전의 납부할 세액을 초과하는 때에는 그 초과하는 부분은 없는 것으로 본다.

(2) 전자신고에 대한 세액공제

조세특례제한법상 납세자가 세무대리인을 통하지 않고 직접 전자신고방법으로 부가가치세 확정신고를 하는 경우 해당 납부세액에서 1만원을 공제하거나 환급세액에 가산한다.

※ 법인도 적용 가능
※ 예정신고때에는 공제 불가능

(3) 전자세금계산서 발급에 대한 세액공제

직전 연도 사업장별 재화·용역의 공급가액 합계액(총수입금액)이 3억원 미만인 개인사업자가 전자세금계산서를 발급일의 다음 날까지 국세청장에게 전송한 경우, 발급 건당 200원으로 연간 100만원까지 부가가치세에서 세액공제한다(2027년 12월 31일까지).

(4) 예정신고미환급세액

부가가치세법상 환급세액을 확정신고기한 경과 후 30일 이내에 환급하도록 규정하고 있으므로, 조기환급을 제외한 예정신고기간 때 환급세액은 예정신고 때 환급하지 아니하고 확정신고 시 공제세액의 '예정신고 미환급세액'으로 하여 납부할 세액에서 공제한다.

(5) 예정고지세액

개인사업자들은 각 예정신고기간마다 직전 과세기간 납부세액의 50% 상당하는 금액을 예정신고기한 내에 징수고지하고 있다. 개인사업자가 징수고지된 납부세액을 해당 기간에 납부하였을 경우 해당 금액을 확정신고 시 공제한다.

제5장 단원별 기출문제

01 다음 중 부가가치세법상 매입세액불공제 항목에 해당하지 않는 것은? [108회]

① 사업과 직접 관련이 없는 지출에 대한 매입세액
② 면세사업 등에 관련된 매입세액
③ 토지의 자본적 지출에 관련된 매입세액
④ 재화의 공급시기 이후에 발급받은 세금계산서로서 해당 공급시기가 속하는 과세기간에 대한 확정신고기한까지 발급받은 매입세액

02 다음 중 부가가치세법상 대손세액공제에 대한 설명으로 옳지 않은 것은? [108회]

① 대손세액공제는 대손사유가 발생한 예정신고기간 또는 확정신고기간에 적용한다.
② 대손세액은 대손금액에 110분의 10을 곱한 금액으로 한다.
③ 대손세액공제는 사업자가 부가가치세 과세대상 재화 또는 용역을 공급한 후 그 공급일부터 10년이 지난 날이 속하는 과세기간에 대한 확정신고기한까지 대손사유가 발생한 경우 적용받을 수 있다.
④ 사업자가 대손금액을 회수한 경우에는 그 회수한 대손금액에 대한 대손세액을 회수한 날이 속하는 과세기간의 매출세액에 더한다.

해설
대손세액공제는 확정신고 시에 가능하다.

03 다음 중 부가가치세법상 공통매입세액에 대한 설명으로 가장 잘못된 것은? [107회]

① 과세사업과 면세사업 등에 관련된 매입세액의 계산은 실지귀속에 따라 한다.
② 공통매입세액이 5만원 미만인 경우의 매입세액은 안분계산하지 않고 전액 불공제한다.
③ 사업자단위 과세사업자 공통매입세액은 사업장별로 안분계산 후 본점에서 합산하여 신고·납부한다.
④ 예정신고하는 때에는 예정신고기간의 면세공급가액의 비율에 따라 안분계산하고 확정신고하는 때 정산한다.

해설
해당 과세기간 중의 공통매입세액이 5만원 미만인 경우의 매입세액은 공통매입세액의 안분계산을 생략하고 전액 공제되는 매입세액으로 한다.

04 다음 중 부가가치세법상 의제매입세액의 공제에 대한 설명으로 옳지 않은 것은? [107회]

① 사업자가 면세농산물 등을 원재료로 하여 제조·가공한 재화 또는 창출한 용역의 공급에 대하여 부가가치세가 과세되는 경우 매입세액이 있는 것으로 보아 공제할 수 있다.
② 음식점을 영위하는 법인사업자는 6/106 공제율을 적용한다.
③ 음식점을 영위하는 개인사업자의 과세표준이 1억원 이하인 경우 과세표준의 65/100을 곱한 금액을 한도로 의제매입세액공제를 적용한다.
④ 의제매입세액공제를 받은 농산물 등을 그대로 양도하는 경우에 공제한 금액을 납부세액에서 가산하여야 한다.

해설
음식점을 영위하는 개인사업자의 과세표준이 1억원 이하인 경우 과세표준의 75/100을 곱한 금액을 한도로 의제매입세액공제를 적용한다.

05 다음 중 부가가치세법상 의제매입세액에 대한 설명으로 옳지 않은 것은? [106회]

① 의제매입세액의 공제시기는 면세농산물 등을 사용한 날이 속하는 과세기간으로 한다.
② 신용카드로 농산물 등을 구입한 경우에도 의제매입세액공제가 가능하다.
③ 제조업을 경영하는 법인 중소기업의 의제매입세액 공제율은 104분의 4로 한다.
④ 의제매입세액을 공제한 면세농산물 등을 그대로 양도한 경우에는 그 공제한 금액을 납부세액에 가산하거나 환급세액에서 공제하여야 한다.

해설
의제매입세액의 공제시기는 면세농산물 등을 매입한 날이 속하는 과세기간으로 한다.

06 다음 중 부가가치세법상 매출세액에서 공제할 수 있는 매입세액으로 옳은 것은? [106회]

① 사업과 직접 관련 없는 매입세액
② 거래처 선물용 물품 구입비용에 대한 매입세액
③ 영수증에 필요적 기재사항을 기재하여 수취한 물품 구입에 대한 매입세액
④ 수입재화로서 세관장으로부터 수취한 수입세금계산서의 매입세액

해설
수입재화에 대하여 세관장으로부터 수취한 수입세금계산서의 매입세액은 공제가 가능하다.

정답 04 ③ 05 ① 06 ④

07 다음 중 부가가치세법상 공제하지 않는 매입세액에 해당하지 않는 것은? [104회]

① 토지의 조성을 위한 자본적 지출에 대한 매입세액
② 기업업무추진비 관련 매입세액
③ 일반과세자가 면세사업자에게 공급한 재화에 대응하는 원재료 매입가액에 대한 매입세액
④ 비영업용 개별소비세 과세 대상 소형승용차의 구입에 관련된 매입세액

해설
공급하는자가 일반과세자이므로 과세 공급이며, 이에 대응하는 원재료도 매입세액공제 가능하다. 즉, 공급받는자가 면세사업자인 것은 고려대상이 아니다.

08 다음 중 부가가치세법상 의제매입세액공제율에 관한 설명으로 옳지 않은 것은? [104회]

① 음식점을 경영하는 법인사업자 : 6/106
② 음식점을 경영하는 해당 과세기간 과세표준 2억 이하인 개인사업자 : 9/109
③ 음식점을 경영하는 해당 과세기간 과세표준 2억 초과인 개인사업자 : 8/108
④ 제조업 중 떡방앗간을 경영하는 개인사업자 : 4/104

해설
과자점업, 도정업, 제분업 및 떡류 제조업 중 떡방앗간을 경영하는 개인사업자의 의제매입세액공제율은 6/106이다.

09 다음 중 부가가치세법상 매입세액불공제 대상에 해당하지 아니하는 것은? [103회]

① 면세 관련 매입세액
② 기업업무추진비 관련 매입세액
③ 개별소비세 과세 대상 자동차의 구입에 관련된 매입세액
④ 복리후생비 관련 매입세액

해설
복리후생과 관련된 매입세액은 불공제 대상이 아니다.

10 다음 중 부가가치세법상 납부세액 계산 시 매입세액을 공제받을 수 있는 대상은? [102회]

① 소득세법상 한도 내 기업업무추진비 지출액
② 국가, 지방자치단체에 기부금 지출액
③ 공장증축을 위한 공장부지조성과 관련된 공사대금 지출액
④ 해당 과세기간에 매입한 상품 매입대금 지출액

해설
부가가치세법상 매입세액은 매입한 시점의 과세기간에 매입세액 공제가 가능하다(기업업무추진비, 기부금, 토지 관련 비용은 매입세액 불공제 대상이다).

11 다음 중 부가가치세법상 의제매입세액에 대한 설명으로 옳지 않은 것은? [101회]

① 사업자가 면세농산물 등을 원재료로 하여 제조·가공한 재화 등이 과세되는 경우에 적용한다.
② 외국으로부터 수입한 농산물도 의제매입세액공제 대상이다.
③ 의제매입세액공제를 받은 자가 그 농산물을 면세사업의 목적으로 사용하는 경우 공제한 의제매입세액은 추징된다.
④ 제조업을 영위하는 사업자가 농어민으로부터 면세농산물 등을 직접 공급받는 경우 의제매입세액공제를 받을 수 없다.

해설
제조업을 영위하는 사업자가 농어민으로부터 면세농산물 등을 직접 공급받는 경우 의제매입세액공제를 받을 수 있다.

12 다음 중 부가가치세법상 매입세액공제가 가능한 것은? [101회]

① 세금계산서를 발급받지 않은 경우의 매입세액
② 기업업무추진비 및 이와 유사한 지출에 관련된 매입세액
③ 사업과 직접 관련이 없는 지출에 대한 매입세액
④ 개별소비세 과세 대상이 아닌 자동차의 구입에 관한 매입세액

해설
개별소비세 과세대상에 따른 자동차의 구입과 임차 및 유지에 대한 매입세액은 공제하지 아니한다.

13 다음 중 부가가치세법상 대손세액공제에 대한 설명으로 잘못된 것은? [100회]

① 사업자가 과세되는 재화를 공급한 후 그 공급일부터 5년이 지난 날이 속하는 과세기간에 대한 확정신고 기한까지 대손금으로 인정되는 사유로 확정되는 대손세액으로 한다.
② 예정신고 시 대손세액공제를 한 경우에는 과소신고가산세 또는 초과환급신고가산세가 적용된다.
③ 대손세액을 공제받은 사업자가 대손금액의 전부 또는 일부를 회수한 경우에는 그 대손금액에 관련된 대손세액을 회수한 날이 속하는 과세기간의 매출세액에 가산한다.
④ 대손세액공제를 적용받고자 하는 사업자는 대손금액이 발생한 사실을 증명하는 서류를 제출하여야 한다.

해설
대손세액공제의 범위는 사업자가 부가가치세가 과세되는 재화 또는 용역을 공급한 후 그 공급일부터 10년이 지난 날이 속하는 과세기간에 대한 확정신고기한까지 대손금으로 인정되는 사유로 확정되는 대손세액으로 한다.

정답 11 ④ 12 ④ 13 ①

14 다음 중 부가가치세법상 의제매입세액에 관한 설명으로 잘못된 것은? [100회]

① 면세를 포기하고 영세율을 적용받는 경우에도 의제매입세액공제를 적용받을 수 있다.
② 의제매입세액은 면세농산물 등을 공급받은 날이 속하는 예정신고 또는 확정신고기간의 매입세액으로 공제된다.
③ 의제매입세액의 공제대상이 되는 원재료의 매입가액은 운임 등의 부대비용을 제외한 매입원가로 한다.
④ 제조업을 영위하는 사업자도 의제매입세액 공제를 적용받을 수 있다.

해설
면세를 포기하고 영세율을 적용받는 경우는 제외한다.

15 다음 중 부가가치세법상 공제대상 매입세액에 해당하는 것은? [99회]

① 기업업무추진비 및 이와 유사한 비용
② 면세사업 등을 위한 투자와 관련된 비용
③ 비영업용 소형승용차 임차 및 유지에 관한 비용
④ 토지 임차를 위한 비용

해설
토지 임차를 위한 비용은 부가가치가 창출되는 비용으로 보아 과세되고 매입자는 매입세액공제가 가능하다.

16 다음 중 부가가치세법상 의제매입세액공제에 대한 설명으로 가장 옳지 않은 것은? [99회]

① 의제매입세액공제를 받은 면세농산물 등을 그대로 판매하는 경우 판매가액을 부가가치세의 과세표준에 가산한다.
② 공제대상 원재료의 매입가액은 운임 등의 부대비용을 제외한 매입원가로 한다.
③ 의제매입세액은 원칙적으로 면세농산물 등을 공급받은 날이 속하는 예정 또는 확정신고기간의 매출세액에서 공제한다.
④ 수입되는 면세농산물의 수입가액은 관세의 과세가격으로 한다.

해설
의제매입세액의 공제를 받은 면세농산물 등을 그대로 판매하는 경우 해당 원재료 부분의 의제매입세액을 납부세액에 가산하거나 환급세액에서 공제하여야 한다.

정답 14 ① 15 ④ 16 ①

17 다음 중 부가가치세법상 도매업을 영위하는 개인사업자 다팜물산의 부가가치세 확정신고 시 공제받을 수 있는 매입세액을 고르시오. [98회]

① 간이과세자(직전 연도 공급대가의 합계액 4,800만원 미만)로부터 발급받은 세금계산서상 매입세액
② 세금계산서 대신에 교부받은 거래명세표상의 매입세액
③ 사업자등록을 신청하였으나 교부일까지의 거래에 대해 대표자의 주민등록번호를 기재하여 발급받은 세금계산서상 매입세액
④ 소나타(2,000cc, 5인승 승용차)를 매입하고 발급받은 세금계산서상의 매입세액

해설
사업자등록을 신청한 사업자가 사업자등록증 발급일까지의 거래에 대하여 해당 사업자 또는 대표자의 주민등록번호를 적어 발급받은 경우 사실과 다른 세금계산서로 보지 아니하고, 매입세액공제가 가능하다.

18 다음 중 부가가치세법상 의제매입공제액 공제특례의 공제율로 옳은 것은? [98회]

① 음식점을 경영하는 법인사업자 : 109분의 9
② 개별소비세법에 따른 과세유흥장소 경영자 : 102분의 2
③ 제조업 중 도정업을 경영하는 개인사업자 : 103분의 3
④ 해당 과세기간의 과세표준이 1억원인 음식점을 경영하는 개인사업자 : 104분의 4

해설
① 109분의 9 → 106분의 6
③ 103분의 3 → 106분의 6
④ 104분의 4 → 109분의 9

19 다음 중 부가가치세법상 납부세액 또는 환급세액 재계산에 관한 설명으로 옳지 않은 것은? [98회]

① 재계산의 대상이 되는 자산은 감가상각자산으로 한정하며, 이는 과세사업과 면세사업에 공통으로 사용되고 있는 것이어야 한다.
② 재계산은 해당 과세기간의 면세비율과 해당 감가상각자산의 취득일이 속하는 과세기간에 적용하였던 면세비율이 10% 이상 차이가 나는 경우에만 적용한다.
③ 예정신고 시에는 재계산을 적용하지 아니한다.
④ 공통사용재화를 공급하는 경우 해당 감가상각자산을 공급한 날이 속하는 과세기간에는 재계산을 하지 아니한다.

해설
감가상각자산에 대하여 공통매입세액의 안분계산에 따라 매입세액이 공제된 후 공통매입세액 안분기준에 따른 비율과 감가상각자산의 취득일이 속하는 과세기간(그 후의 과세기간에 재계산한 때는 그 재계산한 과세기간)에 적용되었던 공통매입세액 안분기준에 따른 비율이 5% 이상 차이가 나면 대통령령으로 정하는 바에 따라 납부세액 또는 환급세액을 다시 계산하여 해당 과세기간의 확정신고와 함께 관할 세무서장에게 신고·납부하여야 한다.

정답 17 ③ 18 ② 19 ②

20 다음 중 부가가치세법상 매입세액공제에 관한 설명으로 옳지 않은 것은? [97회]

① 예정신고 시 누락한 매입세액은 확정신고 시 포함하여 신고하면 매입세액공제가 가능하다.
② 재화 또는 용역의 공급시기 이후에 발급받은 세금계산서로서 해당 공급시기가 속하는 과세기간에 대한 확정신고기한까지 발급받은 경우 매입세액공제가 허용되지 않는다.
③ 토지의 가치를 현실적으로 증가시켜 토지의 취득원가를 구성하는 비용에 관련된 매입세액은 공제하지 않는다.
④ 면세사업 등에 관련된 매입세액금액은 공제되지 않는다.

해설
재화 또는 용역의 공급시기 이후에 발급받은 세금계산서로서 해당 공급시기가 속하는 과세기간에 대한 확정신고기한까지 발급받은 경우 매입세액공제를 허용한다.

21 다음 중 부가가치세법상 겸영사업자의 공통매입세액 재계산에 대한 설명으로 잘못된 것은? [97회]

① 과세사업과 면세사업에 공통으로 사용된 자산으로서 감가상각자산에 한정한다.
② 공통매입세액의 재계산은 예정신고와 확정신고 시 적용한다.
③ 재화의 공급의제에 해당하는 경우 적용을 배제한다.
④ 감가율은 건물·구축물의 경우 5%, 기타 감가상각자산의 경우 25%로 한다.

해설
감가상각자산에 대하여 공통매입세액의 안분계산에 따라 매입세액이 공제된 후 공통매입세액 안분기준에 따른 비율과 감가상각자산의 취득일이 속하는 과세기간(그 후의 과세기간에 재계산한 때는 그 재계산한 과세기간)에 적용되었던 공통매입세액 안분기준에 따른 비율이 5% 이상 차이가 나면 납부세액 또는 환급세액을 다시 계산하여 해당 과세기간의 확정신고와 함께 관할 세무서장에게 신고·납부하여야 한다.

22 다음 중 부가가치세법상 과세사업과 면세사업에 공통으로 사용되는 매입세액을 안분계산하지 않고 전액 공제하는 사유가 아닌 것은? [96회]

① 해당 과세기간의 총공급가액 중 면세공급가액이 5% 미만이면서 공통매입세액이 5백만원 미만인 경우
② 공통사용재화를 매입한 과세기간과 동일한 과세기간에 공급한 경우
③ 해당 과세기간 중의 공통매입세액 합계액이 5만원 미만인 경우
④ 신규로 사업을 개시한 해당 과세기간에 매입한 공통사용재화를 해당 과세기간에 매각하여 과세표준 안분계산을 생략한 경우

해설
과세사업과 면세사업 등에 공통으로 사용되는 재화를 공급받은 과세기간 중에 그 재화를 공급한 경우 그 재화에 대한 매입세액의 안분 계산은 직전 과세기간의 공급가액을 기준으로 한다.

23 다음 중 부가가치세법상 대손세액공제와 관련된 설명으로 옳지 않은 것은? [96회]

① 대손세액공제는 확정신고 시에 가능하다.
② 어음의 부도발생일로부터 6개월이 지난 경우라면 채무자의 재산에 대하여 저당권을 설정하고 있더라도 대손세액공제를 받을 수 있다.
③ 대손금을 회수한 경우 회수한 날이 속하는 과세기간의 매출세액에 가산한다.
④ 대여금에 대해서는 대손세액공제를 적용할 수 없다.

해설
부도발생일부터 6개월 이상 지난 수표 또는 어음상의 채권으로서 채무자의 재산에 대하여 저당권을 설정하고 있는 경우에는 대손세액공제를 적용받을 수 없다.

---

24 다음 중 부가가치세법상 납부세액에 관한 설명으로 옳지 않은 것은? [96회]

① 매입처별세금계산서합계표를 제출하지 아니한 경우의 세금계산서 수령분 매입세액은 원칙적으로 매출세액에서 공제하지 아니한다.
② 토지조성을 위한 자본적 지출에 관련된 매입세액으로서 토지취득 및 형질변경 등에 관련된 것은 매출세액에서 공제하지 아니한다.
③ 법에 따른 매입자발행세금계산서에 기재된 매입세액은 공제대상 매입세액으로 본다.
④ 일반과세자가 간이과세자로 변경되면 변경 당시의 재고품에 대해 일정부분 매입세액공제를 받을 수 있다.

해설
일반과세자가 간이과세자로 변경되는 경우 과세유형 변경일 현재 법에서 정한 재고품, 건설중인자산, 감가상각자산에 대하여 일정 금액을 납부세액에 더하여 납부한다.

---

25 다음의 자료는 일반과세자인 김한세(음식점업)씨의 2021년 1기 과세기간에 대한 세금계산서 수취내역이다. 부가가치세법상 공제받을 수 있는 매입세액의 합계액은 얼마인가? [96회]

내 역	매입세액
• 01월 01일 : 세무대행 수수료	500,000원
• 01월 15일 : 배달용 오토바이(125cc 이하) 유류대금	10,000원
• 02월 06일 : 종업원 회식비	300,000원
• 03월 05일 : 거래처 접대대금	100,000원
• 05월 08일 : 개별소비세 과세 대상 자동차 구입대금	10,000,000원

① 510,000원 ② 810,000원
③ 910,000원 ④ 10,910,000원

해설
세무대행 수수료 500,000원 + 배달용 오토바이 유류대금 10,000원 + 종업원 회식비 300,000원
※ 개별소비세법 과세 대상 자동차(운수업, 자동차판매업 등의 업종에 직접 영업으로 사용되는 것 제외)의 구입과 임차 및 유지에 관한 매입세액과 기업업무추진비 및 이와 유사한 비용의 지출에 관련된 매입세액은 매출세액에서 공제하지 않는다.

정답 23 ② 24 ④ 25 ②

26 부가가치세법상 의제매입세액공제에 대한 설명으로 옳지 않은 것은? [95회]

① 수입되는 면세농산물의 매입가액은 관세의 과세가격으로 한다.
② 공제대상이 되는 원재료의 매입가액은 운임 등의 부대비용을 제외한 매입원가로 한다.
③ 면세농산물 등을 원재료로 하여 제조 또는 가공한 재화 또는 창출한 용역의 공급이 과세되는 경우에 적용된다.
④ 면세농산물 등을 공급받는 날이 속하는 과세기간의 확정신고시에만 공제가 가능하다.

해설
의제매입세액은 확정신고뿐 아니라 예정신고시에도 적용이 가능하다.

27 다음 중 부가가치세법상 의제매입세액공제의 공제율로 틀린 것은? [94회]

① 개별소비세법에 따른 과세유흥장소의 경영자 : 102분의 2
② 과세기간의 과세표준이 1억원인 음식점을 경영하는 개인사업자 : 108분의 8
③ 제조업 중 떡방앗간을 경영하는 개인사업자 : 106분의 6
④ 음식점을 경영하는 법인사업자 : 106분의 6

해설
음식점을 경영하는 개인사업자는 과세기간별 과세표준 2억원 이하인 경우에는 109분의 9를 적용한다.

28 다음 중 부가가치세법상 공제대상 매입세액에 해당하는 것은? [94회]

① 토지의 취득 및 형질변경, 공장 부지 및 택지의 조성 등에 관련된 매입세액
② 기업업무추진비 및 이와 유사한 비용의 지출에 관련된 매입세액
③ 공급시기가 속하는 과세기간이 끝난 후 20일 이내에 사업자등록을 신청한 경우 등록신청일부터 공급시기가 속하는 과세기간 기산일까지 역산한 기간 내의 매입세액
④ 개별소비세법에 따른 자동차(운수업, 자동차판매업 등 업종에 직접 영업으로 사용되는 것은 제외한다)의 구입과 임차 및 유지에 관한 매입세액

29 다음 중 부가가치세법상 겸영사업자의 안분계산에 대한 설명으로 틀린 것은? [93회]

① 과세사업과 면세사업에 공통으로 사용할 재화를 매입한 경우 과세사업분에 해당하는 매입세액만을 공제받아야 한다.
② 매입세액공제된 재화를 과세사업에 사용하다 면세사업으로 전용하는 경우 면세사업으로 전용한 것에 대하여 부가가치세를 납부하여야 한다.
③ 매입세액공제된 재화를 과세사업에 사용하다 면세사업으로 전용하는 경우 세금계산서를 발급하여야 한다.
④ 면세사업용으로 사용하던 재화를 과세사업으로 전용하는 경우 과세전환에 따른 매입세액을 계산하여 공제받을 수 있다.

해설
간주공급의 경우 세금계산서 발급 의무가 면제된다.

30 다음 중 부가가치세법상 공제되지 아니하는 매입세액에 해당하지 않는 것은? [92회]

① 기업업무추진비 및 이와 유사한 비용의 지출에 관련된 매입세액
② 비영업용 개별소비세 과세대상 자동차의 구입에 관한 매입세액
③ 토지의 조성 등을 위한 자본적 지출에 관련된 매입세액
④ 사업자가 자기의 사업을 위하여 사용할 목적으로 수입하는 재화의 수입에 대한 부가가치세액

해설
공제하는 매입세액에 해당한다.

31 다음 중 부가가치세법상 대손세액공제에 대한 설명으로 가장 옳지 않은 것은? [92회]

① 공급하는 자는 대손확정 시 확정된 날이 속하는 과세기간의 매출세액에서 이를 차감한다.
② 공급받는 자는 대손확정 시 확정된 날이 속하는 과세기간의 매입세액에서 이를 차감한다.
③ 공급하는 자는 대손금을 회수한 경우 회수한 날이 속하는 과세기간의 매출세액에 가산한다.
④ 공급받는 자는 대손금을 변제한 경우 변제한 날이 속하는 과세기간의 매입세액에서 이를 차감한다.

해설
공급하는 자가 대손세액공제를 받은 대손금을 공급받는 자가 변제한 경우 공급받는 자는 그 대손금을 변제한 날이 속하는 과세기간의 매입세액에 이를 가산한다.

정답 29 ③ 30 ④ 31 ④

32 다음 중 부가가치세법상 겸영사업자가 공통으로 사용한 재화를 공급시 과세표준 안분계산을 생략하는 경우가 아닌 것은? [91회]

① 재화의 공급단위별 공급가액이 50만원 미만인 경우
② 해당 과세기간에 폐업한 경우
③ 재화를 공급하는 날이 속하는 과세기간에 신규로 사업을 시작하여 직전 과세기간이 없는 경우
④ 재화를 공급한 날이 속하는 과세기간의 직전 과세기간의 총공급가액 중 면세공급가액이 5% 미만인 경우(단, 해당 재화의 공급가액은 5,000만원 미만임)

해설
폐업한 경우는 과세표준 안분계산 생략의 사유가 아니다.

33 다음 자료는 일반과세자인 ㈜이현(음식점업)의 2021년 1기 예정신고기간에 대한 세금계산서 수취내역이다. 부가가치세법상 공제받을 수 있는 매입세액은 몇 원인가? [91회]

내 역	매입세액
• 1월 11일 : 음식원재료인 면세농산물 가공을 위한 기계구입비	5,400,000원
• 1월 15일 : 카니발(7인승) 유류대금	300,000원
• 2월 6일 : 종업원 회식비	500,000원

① 500,000원
② 5,400,000원
③ 5,900,000원
④ 6,200,000원

해설
기계구입비 5,400,000원 + 종업원 회식비 500,000원
※ 개별소비세 과세대상 자동차의 유지를 위한 매입세액은 불공제 대상이다.

34 부가가치세법상 납부세액 또는 환급세액 재계산에 대한 설명 중 옳지 않은 것은? [91회]

① 납부세액 또는 환급세액의 재계산은 감가상각자산에 한하여 적용한다.
② 납부세액 또는 환급세액의 재계산 대상 매입세액은 당초 매입세액 공제 또는 안분계산의 대상이 되었던 매입세액에 한정한다.
③ 납부세액 또는 환급세액의 재계산액은 예정신고와 확정신고와 함께 신고·납부한다.
④ 과세사업에 사용하던 감가상각자산이 간주공급에 해당하는 경우에는 재계산을 적용하지 아니한다.

해설
납부세액 또는 환급세액의 재계산액은 확정신고와 함께 신고·납부하고, 예정신고 시에는 적용하지 않는다.

35 다음 중 부가가치세법상 매입세액공제 대상인 것은? [90회]

① 거래처에 접대용으로 제공할 제품을 제조하는 지출과 관련된 매입세액
② 사업과 직접 관련이 없는 지출에 대한 매입세액
③ 면세사업과 관련한 매입세액
④ 렌터카사업을 위한 소형승용자동차의 구입에 관한 매입세액

해설
렌터카사업에 사용하기 위해 취득한 영업용 차량에 대해서는 매입세액공제 가능하다.

36 부가가치세법상 의제매입세액공제에 대한 설명으로 옳지 않은 것은? [89회]

① 면세포기에 의한 영세율사업자는 의제매입세액공제를 적용하지 않는다.
② 의제매입세액 계산 시 면세농산물 매입가액은 운임료를 포함한 가액이다.
③ 수입농산물의 경우에는 관세의 과세가격이 매입가액이다.
④ 제조업을 영위하는 사업자가 농어민으로부터 면세농산물을 직접 공급받은 경우에는 의제매입세액 공제신고서만 제출한다.

해설
의제매입세액의 공제대상이 되는 원재료의 매입가액은 운임 등의 부수비용을 제외한 매입원가로 한다.

37 다음 중 부가가치세법상 매입세액공제에 관한 설명으로 옳지 않은 것은? [88회]

① 사업자등록을 신청한 사업자가 사업자등록증 발급일까지의 거래에 대하여 대표자 주민번호로 발급받은 경우에 매입세액공제가 허용된다.
② 재화 또는 용역의 공급시기 이후에 발급받은 세금계산서로서 해당 공급시기가 속하는 과세기간에 대한 확정신고기한까지 발급받은 경우에 매입세액공제가 허용된다.
③ 토지의 취득 및 형질변경, 공장부지 및 택지의 조성 등에 관련된 매입세액은 공제가 허용된다.
④ 법인세법에 따른 공동경비 중 분담기준금액을 초과하는 금액에 대한 매입세액은 공제되지 않는다.

해설
토지의 조성 등을 위한 자본적 지출에 관련된 매입세액은 공제하지 않는다.

정답 35 ④ 36 ② 37 ③

38 다음 중 부가가치세법상 의제매입세액공제 대한 설명으로 틀린 것은? [88회]

구 분	공제율
① 음식점업을 영위하는 개인사업자(과세표준 2억원 이하)	2/102
② 떡방앗간을 영위하는 개인사업자	6/106
③ 과자점업을 영위하는 개인사업자	6/106
④ 유흥주점을 영위하는 개인사업자	2/102

해설
과세기간별 과세표준 2억원 이하인 개인음식점사업자는 공제율 9/109 적용

39 다음 중 부가가치세법상 일반과세자의 경우 매입세액공제 대상에 대한 설명으로 가장 옳지 않은 것은? [87회]

① 직원들의 야유회와 관련된 매입세액을 공제하였다.
② 백화점에서 거래처의 추석선물로 구입한 홍삼 선물세트의 매입세액을 공제하였다.
③ 직원들에게 무상으로 제공하는 작업복 관련 매입세액을 공제하였다.
④ 사업과 관련하여 구입한 자동차 마티즈 매입세액을 공제하였다.

해설
기업업무추진비는 공제되지 아니한다.

40 다음 중 부가가치세법상 대손세액공제의 범위에 해당하지 않는 것은? [87회]

① 재화를 공급받은 업체가 파산하였을 때
② 법원의 회생계획인가 결정에 따라 채무를 출자전환하는 경우
③ 상법에 따른 소멸시효가 완성된 외상매출금 및 미수금
④ 재화를 공급받은 업체가 경영악화로 세무서에 체납이 있는 경우

38 ① 39 ② 40 ④ 정답

41 다음 중 부가가치세법상 공통매입세액의 재계산에 관한 설명으로 옳지 않은 것은? [87회]

① 재계산의 대상이 되는 자산은 감가상각자산이다.
② 당초 매입세액공제 또는 공통매입세액 안분계산의 대상이 되었던 매입세액이어야 한다.
③ 재계산은 해당 과세기간의 면세비율과 해당 감가상각자산의 취득일이 속하는 과세기간에 적용하였던 면세비율 간의 차이가 10% 이상인 경우에만 적용한다.
④ 과세사업에 제공하던 대상자산이 자기생산·취득재화의 공급의제에 해당하는 경우에는 재계산을 하지 않는다.

해설
재계산은 해당 과세기간의 면세비율과 해당 감가상각자산의 취득일이 속하는 과세기간에 적용하였던 면세비율간의 차이가 5% 이상인 경우에만 적용한다.

42 다음 중 부가가치세법상 공제받을 수 없는 매입세액에 해당하지 않는 것은? [85회]

① 기업업무추진비 관련 매입세액
② 사업과 관련된 기계장치 매입세액
③ 토지 관련 매입세액
④ 세금계산서 미수취한 건물 매입세액

해설
기계장치는 매입세액공제 가능하다.

정답 41 ③ 42 ②

CHAPTER 06

PART 2 부가가치세법

거래징수와 세금계산서

01 거래징수

사업자가 재화 또는 용역을 공급하는 경우에 과세표준의 10%에 해당하는 부가가치세를 공급받는 자로부터 징수하여야 하는데, 이를 '거래징수'라 한다. 여기서 사업자란 부가가치세법상 납세의무자인 사업자, 즉, 과세사업자를 의미하므로 면세사업자는 거래징수의무가 없다.

거래징수는 공급받는 자와는 관련이 없으므로 과세되는 재화·용역을 공급하는 사업자는 당해 공급받는 자가 과세사업자·면세사업자·최종소비자인지를 구분하지 아니하고 거래징수의무를 진다.

02 세금계산서

1 의 의

① 세금계산서란 부가가치세가 과세되는 재화 또는 용역을 공급한 사업자가 이를 공급받은 자로부터 부가가치세를 거래징수하고, 그 거래내용과 거래징수 사실을 증명하기 위하여 교부하는 증서를 말한다.
② 세금계산서는 기장에 있어 기초적인 증빙자료가 됨은 물론이고 매입세액공제 증빙으로서의 기능, 과세자료로서의 기능, 송장·영수증·회계처리 증빙으로서의 기능을 갖는다.
③ 세금계산서의 종류

세금계산서	일반과세자와 간이과세자(신규사업자와 직전 연도의 공급대가 합계액이 4,800만원 미만인 사업자 제외)가 발급하는 세금계산서
영세율 세금계산서	영세율(0%)이 적용되는 사업자가 발급하는 세금계산서
수입세금계산서	재화의 수입에 대해 세관장이 10% 과세하여 통관 시 발급하는 세금계산서
계산서	면세사업자가 공급받는 자에게 교부하는 것
영수증	일반과세자 중 주로 최종소비자에게 재화 등을 공급하는 소매업을 영위하는 사업자가 교부하는 것

※ 면세사업자는 세금계산서를 발급할 수 없고, 계산서 또는 영수증만 발급할 수 있다.

[세금계산서 양식]

	세금계산서(공급자보관용)	책번호 □ 권 □ 호 일련번호 □□ - □□□□

공급자	등록번호			공급받는자	등록번호	
	상호(법인명)		성명(대표자)		상호(법인명)	성명(대표자)
	사업장 주소				사업장 주소	
	업 태		종 목		업 태	종 목

작 성	공 급 가 액	세 액	비 고
연 월 일 빈칸수	백 십 억 천 백 십 만 천 백 십 일	십 억 천 백 십 만 천 백 십 일	

월	일	품 목	규격	수량	단가	공 급 가 액	세 액	비 고

합 계 금 액	현 금	수 표	어 음	외상 미수금	이 금액을	영수 청구 함

2 전자세금계산서

법인사업자와 직전 연도 사업장별 재화/용역의 과세 공급가액(면세공급가액 포함)의 합계액이 8천만원[주] 이상인 개인사업자가 다음에 정한 전자적 방법으로 세금계산서를 발급하여야 한다. 이는 종이세금계산서의 작성, 신고 및 보관에 많은 비용이 소요되고 허위세금계산서의 유통을 방지하고자 법인사업자가 2011년부터 공급하는 분부터 세금계산서의 발급 및 발급명세의 전송을 의무화하고 이를 위반할 경우에는 가산세를 부과하도록 했다.

개인사업자의 경우 직전 연도 공급가액의 합계액이 8천만원[주] 이상인 사업자는 다음 연도 2기부터 전자세금계산서를 의무발행 하여야 한다. 납세지 관할 세무서장은 '전자세금계산서 의무발급 개인사업자'에게 의무발급 과세기간 시작 전 1개월 전까지 해당 내용을 통지하여야 한다.

*주) 2024년 7월 1일 기준 최초로 전자세금계산서 의무발급 사업자가 되면 그 이후 직전 연도의 재화/용역의 공급가액(면세공급가액 포함)이 기준금액(8천만원) 미만이 된 경우에도 계속해서 전자세금계산서 의무발급 개인사업자로 본다.

(1) 발급명세 전송의무

법인사업자와 복식부기의무자인 개인사업자가 전자세금계산서를 발급하였을 경우에는 그 발급일의 (공급일 다음 달 10일) 다음 날까지 전자세금계산서 발급명세를 국세청장에게 전송하여야 한다. 전자세금계산서 발급명세를 전송한 경우에는 매출·매입처별 세금계산서합계표를 제출하지 않아도 되며, 5년간 세금계산서 보존의무가 면제된다.

※ 다만, 전자세금계산서 전산매체 제출 사업자(전기, 전자통신, 도시가스, 방송사업자 등)는 공급일 다음 달 11일까지 전송하여야 한다.

(2) 전자세금계산서 발급명세 미전송·지연전송가산세

지연전송	전자세금계산서 발급명세를 전송기한(발급한 날의 다음 날까지) 전송하지 않고, 공급시기가 속하는 과세기간에 대한 확정신고기한까지(예 1월 25일, 7월 25일) 전송한 경우 → 공급가액 × 0.3%
미전송	위의 기한까지 전송하지 않은 경우 → 공급가액 × 0.5%

> **더알아두기**
>
> **전자세금계산서와 종이세금계산서의 비교**
>
> | 구 분 | 전자세금계산서 | 종이세금계산서 |
> |---|---|---|
> | 전송 제출 의무 | 발급일의 다음 날까지 | 신고 시 합계표 제출 |
> | 미발급(지연발급)가산세 | 공급가액의 2%(1%)
※ 전자세금계산서 대신 종이세금계산서 발급 시 : 1% | 공급가액의 2%(1%) |
> | 미전송(지연전송)·
미제출(지연제출)가산세 | 공급가액의 0.5%(0.3%) | 공급가액의 0.5%(0.3%) |
> | 발급명세 전송 시 혜택 | • 매출·매입처별 세금계산서합계표 제출의무 및 세금계산서 보존의무 면제
• 전자세금계산서 발급/전송에 대한 세액공제 : 발급 건당 200원(한도 연간100만원) [2024년 말까지] | 없 음 |

3 수정세금계산서

사업자가 세금계산서를 발급한 후 그 기재사항에 관하여 착오나 정정 등의 사유가 발생한 경우에는 수정세금계산서를 발급할 수 있다. 수정사유는 다음과 같다.

일반적인 경우	① 다음의 사유의 경우 당초 작성연월일로 수정세금계산서를 발급한다(단, 세무조사의 통지, 세무서장으로부터 과세자료 해명안내, 세금계산서 추적조사 등 거래당사자에 대한 과세당국의 경정이 있을 것을 미리 알고 발급한 경우는 제외).
	   ㉠ 세율 적용을 잘못한 경우(영세율 ↔ 10%)
	   ㉡ 면세 등 발급대상 아닌 거래에 대해 발급한 경우
	   ㉢ 필요적 기재사항이 착오로 잘못 적힌 경우
	   ㉣ 필요적 기재사항이 착오 외의 사유로 잘못 기재된 경우일(확정신고기한 다음 날부터 1년까지 수정발급 허용)
	   ㉤ 착오로 전자세금계산서를 이중으로 발급한 경우
	② 처음 공급한 재화가 환입된 경우 : 재화가 환입된 날을 작성일로 적음
	③ 계약의 해제로 재화/용역이 공급되지 않은 경우 : 계약이 해제된 때에 그 작성일은 계약해제일로 적음

공급가액만이 증감이 있는 경우	당초의 공급가액이 추가되는 금액 또는 차감되는 금액이 발생한 경우 → 그 증감사유 발생한 날로 세금계산서를 수정하여 교부할 수 있다.

구분	내용
재화 또는 용역의 공급 후 내국신용장이나 구매확인서가 개설·발급된 경우	재화 또는 용역을 공급한 후 공급시기가 속하는 과세기간 종료 후 25일(그 날이 공휴일, 토요일인 경우 바로 다음 영업일) 이내에 내국신용장이 개설되었거나 구매확인서가 발급된 경우 → 내국신용장 등이 개설·발급된 때에 그 작성일자는 당초 세금계산서 작성일 자를 기재(비고란에 내국신용장 등의 개설일·발급일을 부기하여 영세율 적용분은 검은색 글씨로 세금계산서를 작성하여 발급)
간이과세자에서 일반과세자로 전환 시	간이과세자에서 일반과세자로 전환 후 과세유형 전환 전에 공급한 재화 또는 용역에 대해 수정세금계산서를 발급하는 경우 → 처음 발급된 세금계산서 작성일을 수정세금계산서의 작성일로 기재

4 세금계산서 기재사항

구 분	기재사항	비 고
필요적 기재사항	① 공급하는 사업자의 등록번호와 성명 또는 명칭 ② 공급받는 자의 등록번호 ③ 공급가액과 부가가치세액 ④ 작성연월일	기재사항의 일부 또는 전부가 기재되지 않거나 사실과 다른 경우 세금계산서로서의 효력을 상실함 • **공급하는 자** : 가산세 대상 • **공급받는 자** : 매입세액불공제
임의적 기재사항	① 공급하는 자의 주소 ② 공급받는 자의 상호·성명·주소 ③ 공급하는 자와 공급받는 자의 업태와 종목 ④ 공급품목 ⑤ 단가와 수량 ⑥ 공급연월일 ⑦ 거래의 종류	세금계산서로서의 효력에 영향을 미치지 않음

※ 비사업자와 거래 시 세금계산서 기재사항 : 재화 또는 용역을 공급받는 자가 사업자가 아닌 경우에는 등록번호에 갈음하여 부여 받은 고유번호 또는 공급받는 자의 주소·성명 및 주민등록번호를 기재하여야 한다.

5 세금계산서의 발급시기

(1) 일반적인 경우
사업자가 재화 또는 용역을 공급하는 때에는 그 공급시기에 세금계산서를 교부하여야 하는 것이 원칙이다.

(2) 발급시기 특례
① 공급시기 전 교부특례

대가수령 없이 발급	• 장기할부판매/장기할부조건부 용역 공급 • 공급단위를 구획할 수 없는 용역을 계속적으로 공급하는 경우(부동산 임대용역) • 전력, 기타 공급단위를 구획할 수 없는 용역의 계속적 공급
대가수령과 동시에 발급	아직 공급시기가 도래하지 않았지만 사업자가 대가를 수령함과 동시에 세금계산서를 발행하는 경우 그 세금계산서를 발급하는 때를 재화와 용역의 공급시기로 본다
발급 후 (7일 이내) 대가 수령	사업자가 재화 또는 용역의 공급시기가 도래하기 전에 세금계산서를 교부하고 그 세금계산서 교부일로부터 7일 이내에 대가를 지급받는 경우에는 정당한 세금계산서를 교부한 것으로 본다.
발급 후 (7일 이후 ~ 30일 이내) 대가 수령	사업자가 세금계산서 교부일로부터 7일이 경과한 후에 대가를 받더라도 다음의 경우에는 정당한 세금계산서를 교부한 것으로 본다. ㉠ 거래 당사자 간 계약서, 약정서 등에 대금 청구시기와 지급시기가 별도 기재될 것 ㉡ 대금 청구시기와 지급시기 사이의 기간이 30일 이내일 것
발급 후 (30일 이후 ~ 동일 과세기간 내)	세금계산서 발급 후 30일 이후 ~ 동일 과세기간 이내에 공급시기가 도래하는 경우에도 정당한 세금계산서를 교부한 것으로 본다(거래 당사자 간 계약서, 약정서 등에 대금 청구시기와 지급시기가 별도 기재될 것). 단, 조기환급을 받기 위해서는 30일 이내에 대가를 지불받아야 한다.
착오로 선발급된 세금계산서	착오로 공급시기 이전 발급된 세금계산서에 대한 매입세액공제 인정 요건은 다음과 같다. ㉠ 세금계산서 발급일로부터 공급시기가 6개월 이내 ㉡ 관할 세무서장이 거래사실 확인 후 결정·경정하는 경우

② 공급시기 후 교부특례 : 사업자의 세금계산서 교부 편의를 위하여 사업자가 다음에 해당하는 경우에는 재화 또는 용역의 공급일이 속하는 달의 다음 달 10일까지 세금계산서를 교부할 수 있도록 하고 있다.
   ㉠ 거래처별로 1역월의 공급가액을 합계하여 당해 월의 말일을 작성연월일로 하여 세금계산서를 교부하는 경우
   ㉡ 거래처별로 1역월 이내에서 거래관행상 정하여진 기간의 공급가액을 합계하여 그 기간의 종료일자를 작성연월일로 하여 세금계산서를 교부하는 경우
   ㉢ 관계증명서류 등에 의하여 실제거래사실이 확인되는 경우로서 당해 거래일자를 작성연월일로 하여 세금계산서를 교부하는 경우

6 세금계산서 교부의무 면제

사업자가 재화 또는 용역을 공급하는 때에는 세금계산서를 교부하여야 하는 것이 원칙이나 다음에 규정하는 재화 또는 용역을 공급하는 경우에는 세금계산서 교부의무를 면제한다.

> ① 택시운송·노점·행상·무인판매기 사업자가 공급하는 재화 또는 용역
> ② 소매업 또는 목욕·이발·미용업 사업자가 공급하는 재화 또는 용역
>   ※ 다만 소매업의 경우에는 공급받는 자가 세금계산서 교부를 요구하지 않는 경우에 한한다.
> ③ 간주공급 : 자가공급, 개인적 공급, 사업상 증여, 폐업 등으로 인하여 재화의 공급으로 보는 경우의 당해 재화
>   ※ 다만 2 이상의 사업장이 있는 사업자가 타인에게 직접 판매할 목적으로 다른 사업에 반출하는 경우는 제외한다(반드시 세금계산서를 발행하여야 함).
> ④ 영세율 거래
>   ※ 단, 내국신용장에 의해 공급하는 재화 등 국내사업자 간의 거래인 경우에는 발급하여야 함
> ⑤ 부동산임대용역 중 전세금 또는 임대보증금 등에 대한 간주임대료
> ⑥ 간이과세자 중 직전 연도 공급대가의 합계액이 4,800만원 미만인 자, 신규로 사업을 시작하는 개인사업자로서 최초의 과세기간에 간이과세자로 적용 중에 있는 자

7 영수증·신용카드매출전표

(1) 영수증

영수증이란 공급받는 자의 사업자등록번호와 부가가치세액을 따로 기재하지 아니한 증명서류를 말한다. 영수증에는 부가가치세가 포함된 금액. 즉 공급대가를 기재하며, 영수증을 교부한 경우에도 공급자는 부가가치세 매출세액을 납부하여야 하나, 공급받는 자는 매입세액을 공제받을 수 없다.
영수증 교부대상 사업자는 다음과 같다.

> ① 간이과세자(세금계산서가 아닌 영수증만 발행하는 경우에 한함)
> ② 최종소비자를 대상으로 하는 일반과세자
> ③ ②의 사업자라 하더라도 공급받는 사업자가 사업자등록증을 제시하고 세금계산서의 교부를 요구하는 때에는 세금계산서를 교부하여야 한다. 그러나 다음의 사업은 세금계산서를 교부할 수 없다.
>   • 목욕·이발·미용업
>   • 여객운송업(전세버스 제외)
>   • 입장권을 발행하여 영위하는 사업

(2) 신용카드매출전표

사업자가 일반과세자(목욕, 이발, 미용업, 여객운송업, 입장권을 발행하여 영위하는 사업자는 제외)로부터 재화 또는 용역을 제공받고, 부가가치세액을 별도로 구분 가능한 신용카드매출전표 등을 교부받은 때에는 그 부가가치세액은 공제할 수 있는 매입세액으로 본다.

8 매입자발행세금계산서

(1) 개 요

부가가치세 납세의무자로 등록한 사업자로서 세금계산서 교부의무가 있는 자(간이과세자 중 세금계산서 교부의무가 있는 자, 영수증 교부대상사업자 중 세금계산서 교부요구시 교부의무가 있는 자 포함)가 세금계산서를 교부하지 않은 경우 또는 부도·폐업, 계약의 해제·변경, 사업자의 행방불명 및 연락두절·휴업이나 그 밖의 부득이한 사유 등으로 매출자가 수정세금계산서 발행이 어려운 경우 그 재화 또는 용역을 공급받는 자(면세사업자 포함)가 관할 세무서장의 확인을 받아 세금계산서를 발행할 수 있는데 이를 '매입자발행세금계산서'라 한다.

매입자발행세금계산서를 발행하려는 자는 다음 절차를 거쳐 발행한다.
① 거래사실의 확인신청 : 재화 또는 용역의 공급시기가 속하는 과세기간의 종료일부터 1년 이내에 거래사실확인신청서에 거래사실을 객관적으로 입증할 수 있는 거래사실입증서류를 첨부하여 신청한다. 단, 거래건당 공급대가가 5만원 이상인 경우로 한정하며, 신청가능금액은 제한이 없다.
② 세무서장의 거래사실의 확인
③ 거래사실 확인결과통지
④ 신청인의 발행·교부 : 신청인은 공급자 관할 세무서장에게 확인한 거래일자를 작성일자로 하여 매입자발행세금계산서를 발행하여 공급자에게 발행한다.

(2) 매입세액 공제요건

위의 절차를 통해 매입세액공제가 가능하게 되는데, 결국 사업자가 매입자발행세금계산서에 의하여 매입세액공제를 받기 위해서는 다음의 요건을 모두 충족하여야 한다.
① 거래사실이 관할 세무서장에 의해 확인이 될 것
② 예정신고 및 확정신고 시 매입자발행 세금계산서합계표를 제출할 것

> **더알아두기**
>
> **매입자발행계산서 제도 도입**
> 공급자가 면세 재화·용역을 공급하고 계산서를 발급하지 아니하는 경우 관할 세무서의 확인하에 매입자가 계산서를 발행하는 제도
>
> **매입자발행계산서의 발행대상 및 방법 등**
> • 발행대상
>   거래 건당 공급가액 5만원 이상
> • 발행절차
>   ① 신청인은 과세기간 종료일로부터 1년 이내에 관할 세무서장에 거래사실확인 신청
>   ② 신청인의 관할 세무서장이 공급자의 관할 세무서장에게 관련 서류 송부(7일 내)
>   ③ 공급자의 관할 세무서장이 거래사실 여부확인 및 통지(신청일 다음 달 말일까지)
>   ④ 신청인은 거래사실이 확인된 경우 매입자발행계산서 발행

9 대리납부제도 : 거래징수의 특례

(1) 대리납부 의의

대리납부란 국내에 사업장이 없는 비거주자 또는 외국법인으로부터 용역 또는 무체물의 공급을 받는 자 등이 그 대가를 지급하는 때에 부가가치세를 징수하여 납부하는 제도를 말한다. 일반적으로 매출세액을 거래징수 하는 자가 부가가치세를 납부하는 것과는 반대로 거래징수 당하는 자가 부가가치세 납부의무를 지게 된다는 점에서 거래징수의 특례라고 할 수 있다.

① 대리납부제도의 적용요건 : 비거주자 또는 외국법인이 국내에서 용역을 제공하는 경우 부가가치세를 거래징수할 수 없다. 따라서, 현행 부가가치세법에서는 다음의 특정의 해당하는 자가 용역을 제공하여 용역의 공급을 받는 자(공급받는 당해 용역을 과세사업에 제공하는 경우에는 제외)가 대가를 지급하는 때에 그 비거주자 또는 외국법인을 대리하여 부가가치세를 자기로부터 거래징수하고 예정신고와 확정신고의 규정을 준용하여 부가가치세 대리납부신고서와 함께 당해 거래징수한 부가가치세를 납부하도록 규정하고 있다.

㉠ 국내사업장이 없는 비거주자 또는 외국법인

㉡ 국내사업장이 있는 비거주자 또는 외국법인이 당해 국내사업장과 관련 없이 용역을 제공하는 경우

다만, 대리납부는 비거주자 또는 외국법인이 국내사업장과 관련 없이 용역을 제공하는 경우에 한한다.

② 대리납부절차

㉠ 대리납부의무자 : 대리납부의무자는 국내사업장이 없는 비거주자 또는 외국법인(국내사업장이 있는 경우에는 당해 국내사업장과 관련되지 않은 용역을 제공하는 비거주자 또는 외국법인)으로부터 부가가치세 과세대상 용역을 공급받는 자로서 당해 용역을 과세사업에 공하지 아니하는 자로 한다. 단, 과세사업자라도 매입세액불공제대상 용역 등을 공급받는 경우에는 대리납부대상자에 해당한다.

㉡ 대리납부세액 : 대리납부세액은 다음 산식에 의하여 계산한 금액으로 한다.

> 대리납부세액 = 지급하는 용역대가 × 10%

만일 용역의 대가를 외화로 지급하는 경우에는 다음에 규정하는 금액을 용역의 대가로 한다.

- 외화로 매입하여 지급하는 경우 : 지급일 현재의 대고객외국환매도율에 의하여 계산한 금액
- 보유 중인 외화로 지급하는 경우 : 지급일 현재의 기준환율 또는 재정환율에 의하여 계산한 금액

㉢ 징수시기 : 대리납부세액은 공급받은 용역대가를 지급하는 때에 징수한다.

㉣ 대리납부방법 : 징수한 대리납부세액은 부가가치세 예정 또는 확정신고의 규정을 준용하여 사업장 또는 주소지 관할 세무서장에게 납부한다.

③ 대리납부불이행가산세 : 대리납부의무자가 대리납부세액을 납부하지 아니한 때에는 관할 세무서장은 미납부세액에 다음의 대리납부불이행가산세를 가산하여 국세징수의 예에 의하여 징수한다.

> 대리납부불이행가산세 = 국세기본법의 원천징수등 납부지연가산세로 통합
>
> ※ 한도 : 대리납부불이행세액 × 10%

제6장 단원별 기출문제

01 다음 중 부가가치세법상 세금계산서 발급의무가 면제되는 경우가 아닌 것은? [108회]

① 무인자동판매기를 이용하여 재화나 용역을 공급하는 경우
② 부동산임대용역 중 간주임대료에 해당하는 부분
③ 택시운송사업자
④ 판매 목적 타사업장 반출로서 공급의제되는 재화

해설
세금계산서 발급의무가 있다.

02 다음 중 부가가치세법상 매입자발행세금계산서에 관한 설명으로 옳지 않은 것은? [107회]

① 매입자발행세금계산서를 발행하려는 자는 해당 재화 또는 용역의 공급시기가 속하는 과세기간의 종료일부터 1년 이내에 관할 세무서장에게 거래사실의 확인을 신청하여야 한다.
② 거래사실의 확인신청 대상이 되는 거래는 거래 건당 공급대가가 10만원 이상인 경우로 한다.
③ 신청을 받은 관할 세무서장은 신청서에 재화 또는 용역을 공급한 자의 인적사항이 부정확하거나 신청서 기재방식에 흠이 있는 경우에는 신청일부터 7일 이내에 일정한 기간을 정하여 보정요구를 할 수 있다.
④ 신청서를 송부받은 공급자 관할 세무서장은 신청인의 신청내용, 제출된 증빙자료를 검토하여 거래사실여부를 확인하여야 한다. 이 경우 거래사실의 존재 및 그 내용에 대한 입증책임은 신청인에게 있다.

해설
거래사실의 확인신청 대상이 되는 거래는 거래건당 공급대가가 5만원 이상인 경우로 한다.

03 다음 중 부가가치세법상 세금계산서 교부 의무가 있는 것은? [107회]

① 부동산임대용역 중 간주임대료에 해당하는 부분
② 사용인 등이 사용·소비하는 개인적 공급
③ 판매 목적 타사업장 반출을 제외한 재화의 공급으로 보는 경우
④ 소매업을 경영하는 자가 공급하는 재화로서 공급받는 자가 세금계산서의 발급을 요구하는 경우

01 ④ 02 ② 03 ④

04 다음 중 부가가치세법상 세금계산서에 대한 설명으로 옳지 않은 것은? [106회]

① 세금계산서의 임의적 기재사항을 누락한 경우에도 세금계산서의 효력에는 영향이 없다.
② 간이과세자도 일정 요건을 충족할 경우 세금계산서 발행이 가능하다.
③ 영수증 발급 대상 사업자는 어떠한 경우에도 세금계산서 발행을 할 수 없다.
④ 토지를 양도하는 것은 세금계산서의 발행대상이 아니다.

해설
영수증 발급 대상 사업자라 하더라도 재화 또는 용역을 공급받는 자가 사업자등록증을 제시하고 세금계산서의 발급을 요구하는 경우로서 대통령령으로 정하는 경우에는 세금계산서를 발급하여야 한다.

05 다음 중 부가가치세법상 필요적 기재사항 등이 착오로 잘못된 경우(경정할 것을 미리 알고 있는 경우 제외)로서 수정세금계산서를 발급하는 경우의 작성월일로 옳은 것은? [105회]

① 착오를 인식한 날
② 당초 작성일
③ 착오 사유 발생일
④ 착오일이 속하는 달의 말일

해설
필요적 기재사항 등이 착오로 잘못 적힌 경우에는 당초 작성일을 작성월일로 하여 발급한다.

06 다음 중 부가가치세법상 세금계산서 발급의무가 있는 경우로 옳은 것은? [104회]

① 무인자동판매기를 이용하여 공급되는 재화
② 부동산임대용역 중 간주임대료
③ 사업상 증여
④ 내국신용장에 의하여 공급하는 재화

해설
내국신용장 또는 구매확인서에 의하여 공급하는 재화는 세금계산서 발급의무의 면제에서 제외한다.

07 다음 중 부가가치세법상 세금계산서 발급 의무가 면제되는 경우가 아닌 것은? [103회]

① 폐업 시 잔존재화
② 부동산임대용역 중 간주임대료
③ 내국신용장에 의하여 수출업자에게 공급하는 재화
④ 신용카드매출전표 등을 발급한 경우의 해당 재화

해설
내국신용장 또는 구매확인서에 의하여 공급하는 재화는 세금계산서 발급의무의 면제에서 제외된다.

정답 04 ③ 05 ② 06 ④ 07 ③

08 다음 중 부가가치세법상 세금계산서에 대한 설명으로 가장 옳지 않은 것은? [102회]

① 법인은 전자세금계산서 의무발급사업자이다.
② 공급연월일은 세금계산서의 필요적 기재사항이다.
③ 면세사업자는 공급받는 자가 요구하는 경우에도 세금계산서를 발급할 수 없다.
④ 임의적 기재사항의 누락은 세금계산서의 효력에 아무런 영향이 없다.

해설
공급연월일은 임의적 기재사항이며 작성연월일이 필요적 기재사항이다.

09 다음 중 부가가치세법상 세금계산서에 관한 설명으로 가장 옳지 않은 것은? [100회]

① 부동산임대용역 중 간주임대료에 해당하는 부분은 세금계산서를 발급하지 아니한다.
② 세금계산서에 작성연월일은 필요적 기재사항이므로 이를 기재하지 않은 경우에는 세금계산서 불성실 가산세 적용대상이다.
③ 전자세금계산서를 발급한 사업자가 국세청장에게 전자세금계산서 발급명세를 전송한 경우에는 세금계산서를 5년간 보존해야 하는 의무가 면제된다.
④ 직전 연도의 사업장별 재화 등의 공급가액의 합계액이 1억원 이상인 개인사업자는 2022년 6월 공급분 세금계산서발급 시 전자세금계산서로 발급하여야 한다.

해설
직전 연도의 사업장별 재화 및 용역의 공급가액(면세공급가액 포함)의 합계액이 2억원 이상(2022년 7월 1일 이후)인 개인사업자를 전자세금계산서 의무발급 개인사업자라 한다.

10 다음 중 부가가치세법상 세금계산서에 관한 설명으로 잘못된 것은? [99회]

① 미등록사업자, 면세사업자, 폐업자는 세금계산서를 발급할 수 없다.
② 휴업하는 사업자도 전력비·난방비 등 사업장 유지관리 등에 따른 세금계산서는 발급받을 수 있다.
③ 미용업을 영위하는 사업자가 재화 또는 용역을 공급하고 신용카드매출전표 등을 발급한 경우에도 상대방의 요구가 있을 때에는 세금계산서를 발급하여야 한다.
④ 세관장은 수입되는 재화에 대하여 부가가치세를 징수할 때에는 수입된 재화에 대한 세금계산서를 수입하는 자에게 발급하여야 한다.

해설
미용, 욕탕 및 유사 서비스업을 경영하는 자가 신용카드매출전표 등을 발급한 경우에는 세금계산서를 발급하지 아니한다.

11 다음 중 부가가치세법상 세금계산서 발급에 대한 설명으로 가장 옳지 않은 것은? [98회]

① 면세사업자는 공급받는 자가 요구하는 경우에도 세금계산서를 발급할 수 없다.
② 기재사항 중 공급받는 자의 성명 또는 명칭이 기재되지 않은 세금계산서는 효력이 없다.
③ 세금계산서는 월별로 합계하여 발행할 수도 있다.
④ 매입자도 법정 요건을 갖춘 경우 세금계산서를 발행할 수 있다.

해설
세금계산서의 공급받는 자의 성명 또는 명칭은 필요적 기재사항이 아니기 때문에 기재되지 않았더라도 세금계산서의 유효한 세금계산서가 된다.

12 다음 중 부가가치세법상 수정세금계산서 발급 사유가 아닌 것은? [97회]

① 처음 공급한 재화가 환입(還入)된 경우
② 계약의 해제로 재화가 공급되지 아니한 경우
③ 착오로 전자세금계산서를 이중으로 발급한 경우
④ 영수증을 발급한 경우

해설
영수증을 발급한 경우에는 당초 세금계산서를 발행하지 않았으므로 수정세금계산서 발급사유에 해당하지 아니한다.

13 다음 중 부가가치세법상 세금계산서 발급의무가 면제되는 경우에 해당하지 않는 것은? [96회]

① 면세사업에 전용되는 자가공급
② 항공기에 의해 외국항행용역을 제공하는 경우
③ 재화를 직접 수출하는 경우
④ 내국신용장에 의해 수출업자에게 재화를 공급하는 경우

해설
내국신용장에 의해 수출업자에게 재화를 공급하는 경우에는 영세율이 적용되더라도 국내 거래이므로 세금계산서 발급 대상 거래이다.

14 다음 중 부가가치세법상 세금계산서의 필요적 기재사항을 모두 고른 것은? [94회]

> 가. 공급하는 사업자의 등록번호 나. 공급하는 사업자의 성명 또는 명칭
> 다. 공급받는 자의 등록번호   라. 공급받는 자의 성명 또는 명칭
> 마. 전송연월일   바. 작성연월일

① 가, 다, 라, 마
② 가, 나, 라, 바
③ 가, 다, 마, 바
④ 가, 나, 다, 바

정답 11 ② 12 ④ 13 ④ 14 ④

15 다음 중 부가가치세법상 세금계산서의 필요적 기재사항이 아닌 것은? [93회]

① 공급하는 사업자의 등록번호와 성명 또는 명칭
② 공급받는 자의 등록번호
③ 공급가액과 부가가치세액
④ 공급하는 자의 주소

해설
공급하는 자의 주소는 임의적 기재사항이다.

16 다음 중 부가가치세법상 세금계산서 발급의무 면제대상이 아닌 것은? [92회]

① 노점 또는 행상을 하는 사람이 공급하는 재화
② 도매업을 영위하는 자가 공급하는 재화
③ 무인자동판매기를 통하여 공급하는 재화
④ 공급받는 자에게 신용카드매출전표 등을 발급한 경우 해당 재화

해설
도매업은 재화의 공급 시 세금계산서를 발급하여야 한다.

17 다음 중 부가가치세법상 세금계산서 발급의무 면제되는 경우가 아닌 것은? [89회]

① 부동산임대료 중 간주임대료
② 택시운송업자
③ 미용업을 영위하는 자
④ 한국국제협력단에 공급하는 재화

해설
한국국제협력단에 공급하는 재화는 영세율세금계산서를 발급해야 한다.

18 다음 중 부가가치세법상 세금계산서를 발급하는 대신 영수증을 발급하는 소비자 대상 사업의 범위에 해당하지 아니하는 것은? [88회]

① 주차장 운영업
② 부동산중개업
③ 주거용 건물 공급업
④ 세무사업

정답 15 ④ 16 ② 17 ④ 18 ④

19 다음 중 부가가치세법상 수정세금계산서에 대한 설명으로 옳지 않은 것은? [88회]

① 계약의 해제로 재화가 공급되지 않은 경우 수정세금계산서를 발급할 수 있다.
② 세무조사의 통지를 받은 경우는 수정세금계산서를 발급할 수 없다.
③ 수정세금계산서를 발급하는 경우는 무조건 지연발급가산세 대상에 해당된다.
④ 착오로 이중세금계산서를 발급한 경우 처음에 발급한 세금계산서의 내용대로 음의 표시를 하여 수정세금계산서를 발급한다.

20 다음 중 부가가치세법상 세금계산서 발급의무가 면제되는 경우가 아닌 것은? [88회]

① 재화를 직접 수출하는 경우
② 내국신용장에 의해 수출업자에게 재화를 공급하는 경우
③ 사업상 증여와 면세사업에 전용되는 자가공급
④ 항공기에 의해 외국항행용역을 제공하는 경우

> **해설**
> 내국신용장에 의해 수출업자에게 재화를 공급하는 경우에는 영세율이 적용되더라도 국내거래이므로 세금계산서 발급대상거래이다.

21 부가가치세법상 세금계산서에 필수적으로 기재되어야 할 내용으로 옳지 않은 것은? [87회]

① 공급하는 사업자의 등록번호와 성명 또는 명칭
② 공급가액과 부가가치세액
③ 작성연월일
④ 공급하는 재화 또는 용역의 품목 및 수량

> **해설**
> 공급하는 재화 또는 용역의 품목 및 수량

22 다음 중 부가가치세법상 수정세금계산서 발급 사유에 해당하지 않는 것은? [87회]

① 세무조사의 통지를 받은 경우로서 과세표준 또는 세액을 경정할 것을 미리 알고 공급가액을 변경하려는 경우
② 처음 공급한 재화가 환입된 경우
③ 계약의 해지 등에 따라 공급가액이 추가되거나 차감되는 금액이 발생한 경우
④ 면세 등 발급대상이 아닌 거래 등에 대하여 발급한 경우

> **해설**
> 필요적 기재사항 등이 착오로 잘못 적힌 경우(다만, 세무조사의 통지를 받은 경우로서 과세표준 또는 세액을 경정할 것을 미리 알고 있는 경우는 제외)에는 수정세금계산서를 발급할 수 있다.

정답 19 ③ 20 ② 21 ④ 22 ①

23 다음 중 부가가치세법상 수정세금계산서 발급 대상이 아닌 것은? [85회]

① 처음 공급한 재화가 환입(還入)된 경우
② 계약의 해제로 재화 또는 용역이 공급되지 아니한 경우
③ 거래처의 파산으로 매출채권을 회수하지 못한 경우
④ 착오로 전자세금계산서를 이중으로 발급한 경우

> **해설**
> 매출채권 회수 여부는 수정세금계산서 발행 대상이 아니다.

24 부가가치세법상 세금계산서에 대한 설명으로 옳은 것은? [84회]

① 사업자가 필요적 기재사항이 착오로 잘못 기재된 세금계산서를 발급한 경우 최초 발급한 세금계산서의 내용대로 음의 표시 또는 붉은색 글씨로 적어 발급하고, 수정하여 발급하는 세금계산서는 검은색 글씨로 작성하여 발급한다. 다만, 과세표준 및 세액을 경정할 것을 미리 알고 있는 경우에는 제외한다.
② 전자세금계산서를 발급일의 다음 날까지 국세청장에게 전송한 경우 세금계산서를 5년간 보존할 의무가 있다.
③ 세금계산서 발급금지 업종 외의 사업을 경영하는 일반과세자가 신용카드 매출전표 등을 발급한 경우에는 세금계산서를 발급해야 한다.
④ 수입 재화에 대해서는 국세청장이 세금계산서를 수입하는 자에게 발급하여야 한다.

25 다음 중 부가가치세법상 세금계산서 제도에 관한 설명으로 가장 옳지 않은 것은? [83회]

① 세금계산서는 거래에 관한 청구서 또는 영수증의 역할을 하며, 공급받는 자가 매입세액공제를 받기 위한 필수적인 자료이다.
② 면세사업자는 공급받는 자가 요구하는 경우에도 세금계산서를 발급할 수 없다.
③ 영수증은 원칙적으로 공급받는 자와 부가가치세액을 따로 기재하지 않으며, 이러한 영수증에는 공급대가 금액으로 표시된다.
④ 공급하는 자와 공급받는 자의 사업자등록번호, 공급가액, 부가가치세액만 기록된 세금계산서도 효력이 인정된다.

> **해설**
> 공급하는 자와 공급받는 자의 사업자등록번호, 공급가액, 부가가치세액 및 작성연월일은 세금계산서의 필요적 기재사항으로서, 필요적 기재사항의 전부 또는 일부가 기재되지 아니하거나 사실과 다른 때에는 사실과 다른 세금계산서로 세금계산서의 효력이 인정되지 아니할 수 있다.

26 다음 중 부가가치세법상 세금계산서 또는 영수증 발급의무가 면제되지 않는 것은? [82회]

① 일반과세자인 부동산 임대업자가 받는 임대보증금에 대한 간주임대료
② 택시운송사업자가 제공하는 용역
③ 총괄납부자가 아닌 사업자가 자기의 사업과 관련하여 생산한 재화를 타인에게 직접 판매할 목적으로 다른 사업장에 반출하는 재화
④ 자기고객에게 무상으로 증여하는 견본품

> **해설**
> 총괄납부자가 아닌 사업자가 자기의 사업과 관련하여 생산한 재화를 타인에게 직접 판매할 목적으로 다른 사업장에 반출하는 재화의 경우는 세금계산서 발급면제 대상이 아님

27 다음 중 부가가치세법상 수정세금계산서 발급에 관한 설명으로 옳은 것은? [82회]

① 수정세금계산서를 발급할 수 있는 자는 반드시 당초 세금계산서를 발급한 공급자이어야 한다.
② 계약의 해지 등에 따라 공급가액에 추가 또는 차감되는 금액이 발생한 경우 증감사유가 발생한 날을 작성일로 적고 추가되는 금액은 붉은색 글씨로, 차감되는 금액은 검은색 글씨로 작성한다.
③ 수정세금계산서를 제출하면 반드시 지연제출 등 가산세가 적용된다.
④ 전자세금계산서의 경우 착오로 이중으로 발급한 경우가 확인되더라도 수정세금계산서를 발급할 수 없다.

28 다음 부가가치세법상 영세율 적용대상 중 세금계산서 교부의무가 있는 경우는? [79회]

① 내국물품의 외국반출
② 내국신용장이나 구매확인서에 의한 재화공급
③ 국외에서 제공하는 용역의 제공
④ 항공기의 외국항행용역

> **해설**
> 내국신용장과 구매확인서에 의한 재화공급은 세금계산서를 교부하여야 한다.

정답 26 ③ 27 ① 28 ②

29 다음은 부가가치세법상 매입자발행세금계산서에 대한 설명이다. 괄호에 알맞은 것은? [79회]

> 부가가치세법상 세금계산서 교부의무가 있는 사업자가 재화 또는 용역을 공급하고 세금계산서 발급시기에 세금계산서를 발행하지 않은 경우, 그 재화 또는 용역을 공급받은 자는 관할 세무서장의 확인을 받아 세금계산서를 발행할 수 있다. 매입자발행세금계산서를 발행하려는 자는 재화 또는 용역의 공급시기가 속하는 과세기간의 종료일부터 (㉮) 이내에 기획재정부령으로 정하는 거래사실확인신청서에 거래사실을 객관적으로 입증할 수 있는 서류를 첨부하여 관할 세무서장에게 거래사실의 확인을 신청하여야 한다. 이때 거래사실의 확인신청 대상이 되는 거래는 거래건당 공급대가가 (㉯) 이상인 경우로 한다.

	㉮	㉯
①	6개월	3만원
②	6개월	5만원
③	1년	3만원
④	1년	5만원

30 다음 중 부가가치세법상 세금계산서에 대한 설명으로 틀린 것은? [78회]
① 세금계산서로서 효력을 인정받으려면 필요적 기재사항이 모두 기재되어야 한다.
② 면세사업자는 세금계산서를 발급할 수 없으며, 발급받을 수도 없다.
③ 수출업자가 해외에 직수출하는 경우 세금계산서 발급의무가 면제된다.
④ 일반과세자라도 세금계산서를 발급할 수 없는 업종이 있다.

[해설]
면세사업자도 세금계산서를 발급받을 수는 있다.

31 다음 중 부가가치세법상 다음 재화와 용역의 공급 중 세금계산서 교부의무가 면제되는 경우가 아닌 것은? [75회]
① 영수증교부대상사업자가 신용카드매출전표 등을 교부한 경우
② 목욕, 이발업, 미용업 역무
③ 총괄납부 미승인된 사업장의 직매장 반출의 경우
④ 부동산임대용역 중 간주임대료

[해설]
총괄납부 미승인 시 세금계산서 교부하여야 한다.

29 ④ 30 ② 31 ③

PART 2 부가가치세법
신고 · 납부 · 환급

01 신고와 납부

1 예정신고와 납부

(1) 개인사업자

예정고지 원칙	사업자는 원칙적으로 예정신고기간에 대한 과세표준과 납부세액 또는 환급세액을 신고·납부하여야 하지만 개인사업자와 영세법인사업자^{*주)}에 대하여는 각 예정신고기간마다 직전 과세기간에 대한 납부세액의 1/2에 상당하는 금액을 결정하여 당해 예정신고기한 내에 고지징수한다. 다만, 다음의 경우에는 예정신고분을 징수하지 아니한다(단, 1천원 미만의 단수 절사). ① 징수하여야 할 금액이 50만원 미만인 경우 ② 해당 과세기간 개시일 현재 간이과세자에서 일반과세자로 변경된 경우 ③ 재난 등의 사유(국세징수법 제13조 제1항)로 납부할 수 없다고 인정되는 경우
예정고지 예외	예정신고를 할 수 있는 경우(선택적 예정신고납부) 다음에 해당하는 개인사업자의 경우는 예정신고기간에 대한 과세표준과 납부세액 또는 환급세액을 신고납부할 수 있다. ① 휴업 또는 사업부진으로 인하여 각 예정신고기간의 공급가액 또는 납부세액이 직전 과세기간의 공급가액 또는 납부세액의 3분의 1에 미달하는 자 ② 각 예정신고기간분에 대하여 조기환급을 받고자 하는 자

*주) 2021년부터 직전 과세기간 공급가액 1억 5천만원 미만인 법인사업자를 예정고지 대상 사업자에 추가

(2) 법인사업자

사업자는 각 예정신고기간에 대한 과세표준과 납부세액(환급세액)을 그 예정신고기간의 종료 후 25일 이내에 납세지 관할 세무서장에게 신고·납부하여야 한다.

• 제1기분 예정신고기간 : 1.1 ~ 3.31   • 제2기분 예정신고기간 : 7.1 ~ 9.30

2 확정신고와 납부

(1) 확정신고기간

사업자는 각 과세기간에 대한 과세표준과 납부세액(환급세액)을 그 과세기간 종료 후 25일(외국법인의 경우도 25일로 통일) 이내에 납세지 관할 세무서장에게 신고하고 당해 납부세액을 납부하여야 한다. 이 경우 예정신고 및 조기환급신고에 의하여 이미 신고한 내용은 확정신고 대상에서 제외한다. 단, 폐업 시 부가가치세 확정신고 납부의 기한은 '폐업일이 속하는 달의 말일부터 25일 이내'에 신고하여야 한다.

- 제1기분 확정신고기간 : 1.1 ~ 6.30
- 제2기분 확정신고기간 : 7.1 ~ 12.31

(2) 확정신고 시 유의사항

① 부가가치세 확정신고대상은 각 과세기간에 대한 과세표준과 납부세액 또는 환급세액으로 한다. 다만, 예정신고 및 조기환급 신고 시 이미 신고한 부분은 확정신고대상에서 제외한다.
② 확정신고 시는 가산세와 공제세액(신용카드매출전표 발행세액공제, 예정신고 미환급세액, 예정고지세액)이 모두 신고대상에 포함된다.

> **더알아두기**
>
> **수출 중소기업의 재화의 수입에 대한 부가가치세 납부의 유예**
> 세관장은 매출액에서 수출액이 차지하는 비율(① 중소기업 : 수출비중 30% 이상 또는 수출액 50억 원 이상, ② 중견기업 : 수출비중 30% 이상) 등 대통령령으로 정하는 요건을 충족하는 중소사업자·중견사업자가 물품을 제조·가공하기 위한 원재료 등 대통령령으로 정하는 재화의 수입에 대하여 부가가치세의 납부유예를 미리 신청하는 경우에는 해당 재화를 수입할 때 부가가치세의 납부를 유예할 수 있다.

02 결정·경정과 수정신고

1 결정·경정

(1) 결정·경정 대상

사업장 관할 세무서장 등은 사업자가 다음에 해당하는 경우에 그 과세기간에 대한 부가가치세의 과세표준과 납부세액 또는 환급세액을 조사에 의해 경정하여야 한다.
① 확정신고를 하지 아니한 때
② 확정신고의 내용에 오류 또는 탈루가 있는 때
③ 확정신고 시 매출·매입처별 세금계산서합계표를 제출하지 아니한 경우 또는 그 합계표의 기재사항의 전부 또는 일부가 기재되지 않았거나 사실과 다르게 기재된 때

④ 기타 다음의 사유로 부가가치세를 포탈할 우려가 있는 때(부가가치세법상 수시부과 사유)
  ㉠ 사업자의 이동이 빈번한 때
  ㉡ 사업장의 이동이 빈번하다고 인정되는 지역에 사업장이 있는 때
  ㉢ 휴업 또는 폐업상태에 있는 때
  ㉣ 신용카드가맹점 가입대상으로 지정된 자가 신용카드가맹점의 가입을 하지 않는 경우로서 신고상황, 사업장소재지역, 사업규모, 영업환경 등 감안 시 신고의 내용이 불성실한 경우
  ㉤ 조기환급 신고의 내용에 오류가 있는 경우

(2) 결정·경정의 방법
① 원칙 : 실지조사경정 – 세금계산서·영수증 기타 증빙을 근거로 한다.
② 예외 : 추계 결정·경정 – 동업자 권형·생산수율 또는 국세청장이 정하는 율

(3) 경정의 제한
국세청장이 정하는 특정업종을 영위하는 사업자로서 동일장소에서 계속하여 5년 이상 사업을 영위한 영수증을 교부할 의무가 있는 자에 대해서는 객관적인 증명자료에 의해 과소신고한 것이 명백한 경우에 한해 경정할 수 있다.

(4) 재경정
실지조사경정 또는 추계경정에 의해 경정한 과세표준과 납부세액 또는 환급세액에 오류 또는 탈루가 있는 것이 발견된 때에는 이를 재경정한다.

2 수정신고

(1) 대 상
당초 예정 또는 확정신고서를 법정기한 내에 제출한 자로서 신고사항에 누락이나 오류가 있어 과소신고하거나 과대환급받은 경우에 수정신고한다.

(2) 수정신고기한
정부가 부가가치세의 과세표준과 납부세액(환급세액)을 결정하여 통지하기 전까지 수정신고를 할 수 있다.

(3) 수정신고방법
수정된 신고서에 수정된 항목 위에다 당초의 과세표준과 세액을 붉은색으로 병기하고 추가자진납부세액을 부기한다.

(4) 수정신고의 효력
과세표준수정신고서를 법정신고기한 경과 후 6개월 이내에 제출한 경우에 한해서 '신고불성실가산세'의 50%를 경감하여 준다.

03 환급

1 의 의

① 부가가치세법상 납부세액을 계산함에 있어 매입세액이 매출세액을 초과하는 경우에 이를 환급세액이라 하며 납세의무자에게 정해진 기간 안에 돌려주어야 한다.
② 부가가치세법상 환급세액은 과세기간별로 환급하는 것이 원칙이다. 그러나 영세율 적용대상인 경우 등 일정한 경우에는 예외적으로 신속하게 환급받을 수 있는 조기환급제도를 두고 있다.

2 환급구분

일반환급	① 과세기간별 환급 : 각 과세기간별로 당해 과세기간에 대한 환급세액을 그 확정신고기한 경과 후 30일 내에 사업자에게 환급하여야 한다. 예정신고기간 때 발생한 환급은 원칙적으로 이를 환급하지 않고 확정신고 시 납부할 세액에서 정산한다. ② 경정에 의한 환급 : 관할 세무서장은 경정에 의하여 추가로 발생한 환급세액을 지체 없이 사업자에게 환급하여야 한다.
조기환급	① 조기환급대상 : 사업장 관할 세무서장은 사업자가 다음 중 하나에 해당하는 경우에 환급세액을 사업자에게 조기환급할 수 있다. • 영세율이 적용되는 때 • 사업설비를 신설·취득·확장 또는 증축하는 때 (감가상각자산만 해당) • 사업자가 재무구조개선계획을 이행 중인 때 ② 조기환급절차 • 예정 또는 확정신고기간별 신고와 환급 : 정부는 사업자가 조기환급대상에 해당하는 경우에 그 환급세액을 각 예정 또는 확정신고기간별로 그 예정 또는 확정신고한 경과 후 15일 이내에 사업자에게 환급하여야 한다. • 영세율 등 '조기환급기간'별 신고와 환급 : 조기환급을 받을 수 있는 사업자가 예정신고기간 중 또는 과세기간 최종 3월 중 매월 또는 매 2월(이를 '조기환급기간'이라 한다)에 '조기환급기간' 종료일로부터 25일 내에 영세율 등 조기환급기간에 대한 과세표준과 환급세액을 정부에 신고하는 경우에는 신고한 조기환급기간별로 당해 신고기한 경과 후 15일 이내에 사업자에게 환급하여야 한다. ③ 조기환급기간 예시

구 분	예정신고기간 중		과세기간 중 최종 3월 중	
	대상기간	신고기한	대상기간	신고기한
매 1월	1.1 ~ 1.31	2.25	4.1 ~ 4.30	5.25
	2.1 ~ 2.28	3.25	5.1 ~ 5.31	6.25
	7.1 ~ 7.31	8.25	10.1 ~ 10.31	11.25
	8.1 ~ 8.31	9.25	11.1 ~ 11.30	12.25
매 2월	1.1 ~ 2.28	3.25	4.1 ~ 5.31	6.25

04 가산세

1 미등록/허위등록 가산세

구 분	내 용
적용대상	① 사업자(전자적용역 공급 간편사업자 포함)가 사업개시일로부터 20일 이내에 사업자등록을 하지 않은 경우(미등록) ② 사업자가 타인명의(배우자 명의, 피상속인의 사업승계 시 제외)로 사업자등록을 하고 사업영위하는 경우(허위등록)
가산세액	①에 해당하는 경우 : 사업개시일 ~ 사업자등록신청일 전일까지 공급가액 × 1% ②에 해당하는 경우 : 사업개시일 ~ 사업자등록신청일 전일까지 공급가액 × 2%

2 세금계산서 불성실가산세

(1) 부실기재

구 분	내 용
적용대상	발급한 세금계산서의 필요적 기재사항의 전부 또는 일부가 기재되지 않았거나 사실과 다른 경우
가산세액	부실기재한 공급가액 × 1%

(2) 세금계산서(신용카드매출전표 등) 미발급, 가공세금계산서, 위장세금계산서 발급·수령 시

구 분	내 용
적용대상	① 공급시기가 속하는 과세기간(공급시기 후 세금계산서 발급특례 규정에 따라 그 과세기간 말의 다음 달 10일)까지 미발급한 경우(미발급)[주] 예 20X3년 7월 ~ 11월 세금계산서를 20X4년 1월 1일 이후 발급하는 경우 또는 20X3년 12월분 세금계산서를 20X3년 1월 11일 이후 발급하는 경우 미발급에 해당(더욱이 매입자는 매입세액공제 불가) • 가공·허위세금계산서 발급 • 가공·허위세금계산서 수취 • 사업자가 아닌 자(비사업자)의 거짓 세금계산서 발급 • 사업자가 아닌 자(비사업자)로부터 재화 또는 용역을 공급받지 않고 세금계산서 수령 시 ② 전자세금계산서 발급의무자가 전자세금계산서를 발급하지 아니하였으나, 종이세금계산서를 발급한 경우
가산세액	① 가공발급/가공수취/비사업자의 발급·수령 × 3% ② 미발급, 사실과 다른, 위장세금계산서상 공급가액 × 2% ③ 전자세금계산서 발급의무자가 종이세금계산서를 발급한 경우 공급가액 × 1% ④ 둘 이상의 사업장을 보유한 사업자가 재화 등을 공급한 사업장이 아닌 자신의 다른 사업장 명의로 세금계산서를 발급한 경우 공급가액 × 1%

[주] 세금계산서 지연발급가산세 : 전자세금계산서 발급시기를 경과한 후 해당 과세기간 이내에 세금계산서를 발급하는 경우 공급가액의 1% 가산세 적용 예 20X3년 7월 ~ 11월 세금계산서를 다음 달 10일까지 발급 못한 경우라도 20X3년 12월 31일까지 발급하면 미발급이 아닌 지연발급에 해당되어 지연발급가산세 1%가 적용되며, 매입자는 매입세액공제가 가능하다.

(3) (전자)세금계산서 발급명세 미전송 시

① 법인사업자 & 개인사업자

구 분	가산세
전자세금계산서 발급명세를 전송기한(발급한 날의 다음 날)까지 전송하지 않고, 공급시기가 속하는 과세기간에 대한 확정신고기한까지 전송 시(지연전송)	공급가액 × 0.3%
위의 기한까지 전송하지 않은 경우(미전송)	공급가액 × 0.5%

3 매출처별세금계산서합계표 불성실가산세

(1) 미제출, 부실기재

구 분	내 용
적용대상	예정신고, 확정신고 시 매출처별세금계산서합계표를 제출하지 아니하거나, 부실기재한 경우
가산세액	미제출 또는 부실기재한 공급가액 × 0.5%

※ 부실기재의 범위 : 매출처별세금계산서합계표의 기재사항 중 거래처별 등록번호 또는 공급가액의 전부 또는 일부가 기재되지 아니하였거나 사실과 다르게 기재된 경우를 말한다. 다만, 기재사항이 착오로 기재된 경우로서 발급한 세금계산서에 의하여 거래사실이 확인되는 경우에는 이를 부실기재로 보지 아니한다.

(2) 지연제출

구 분	내 용
적용대상	예정신고 시 제출해야 할 매출처별세금계산서합계표를 확정신고와 함께 제출 시
가산세액	지연제출한 공급가액 × 0.3%

4 매입처별세금계산서합계표 불성실가산세

① 0.5% 가산세율

구 분	내 용
미제출	매입처별세금계산서합계표를 제출하지 않고 경정 시 경정기관의 확인을 거쳐 매입세액 공제 시
공급가액 과다기재	매입처별세금계산서합계표(또는 신용카드매출전표등 수령명세서)상 공급가액을 사실과 다르게 과다하게 적어 신고한 경우
지연수취	재화 또는 용역의 공급시기 이후 발급받은 세금계산서로서 해당 공급시기가 속하는 과세기간에 대한 확정신고기한까지 발급받은 경우(매입세액공제는 가능)
경정 시 제출	매입처별세금계산서합계표의 미제출, 부실기재로 당초 매입세액 불공제되었다가 추후에 경정기관에 의한 세금계산서 확인을 거쳐 매입세액공제를 받는 경우
가산세액	해당 공급가액 × 0.5%

※ 주의) 지연제출, 수정신고, 경정청구, 기한 후 신고 시 제출하는 경우에도 가산세 있음(매입세액공제 가능)

② 2% 가산세율

구 분	내 용
공급가액 과다기재 수취	사업자가 재화용역을 공급받고 공급가액 과다기재로 공급자에게 과다기재분 공급가액의 2% 가산세가 적용되는 경우
허위수취	사업자가 재화나 용역을 공급받고 실제로 공급하는 자가 아닌 자의 명의로 세금계산서 등을 발급받은 경우
가산세액	해당 공급가액 × 2%

③ 3% 가산세율

구 분	내 용
가공수취	사업자가 재화나 용역을 공급받지 않고 세금계산서 등을 발급받은 경우
가산세액	해당 공급가액 × 3%

5 영세율과세표준신고 불성실가산세

구 분	내 용
적용대상	영세율 과세표준을 무신고하거나, 미달하게 수입금액을 신고한 경우, 또는 '영세율 첨부서류'를 제출하지 않은 경우
가산세액	무신고 또는 미달신고한 과세표준 × 0.5%

6 현금매출명세서 미제출가산세

구 분	내 용
적용대상	전문직 사업자(변호사, 세무사, 건축사, 변리사, 보건업(병의원) 등)와 예식장, 산후조리원, 부동산중개업 등이 현금매출명세서를 제출하지 않거나 누락된 수입금액이 있는 경우
가산세액	미제출 또는 누락신고금액 × 1%

7 가산세의 중복적용 배제

우선 적용되는 가산세	적용 배제되는 가산세
미등록가산세 적용 시	• 세금계산서 불성실가산세 • 전자세금계산서 발급명세 미전송/지연전송가산세 • 매출처별 세금계산서합계표 불성실가산세
세금계산서 불성실가산세 (미발급, 가공, 타인명의 등) 적용 시	• 미등록가산세 • 매출처별 & 매입처별세금계산서 불성실가산세 • 세금계산서 지연수취/과다기재분 가산세 • 세금계산서 경정기관 확인 매입세액공제 가산세
세금계산서 지연발급/미발급 가산세 적용 시	• 전자세금계산서 발급명세 미전송/지연전송가산세 • 세금계산서 불명가산세
공급가액 과다기재 세금계산서 발급·수취 가산세 적용 시	• 사실과 다른 세금계산서 발급가산세

8 가산세의 감면

구 분	감 면	예 외
법정신고기한 지난 후 6개월 이내 수정신고를 한 경우 과소신고가산세(초과환급신고가산세)	가산세액의 50% 감면	경정이 미리 있을 줄 알고 제출한 경우 제외 (단, 6개월 초과 ~ 1년 이내 수정신고 : 20% 감면 1년 초과 ~ 2년 이내 수정신고 : 10% 감면)
법정신고기한 지난 후 1개월 이내 기한 후 신고 시 무신고가산세	가산세액의 50% 감면	1개월 초과 ~ 6개월 이내 기한 후 신고 : 20% 감면
등록, 개설, 신고기한이 지난 후 1개월 이내 등록 등 이행 시	미등록가산세, 매출처별세금계산서합계표 불성실가산세, 매입처별세금계산서합계표 불성실가산세 등 50% 감면	

9 가산세의 한도

다음의 가산세는 그 의무위반의 종류별로 각각 1억원(중소기업은 5천만원)을 한도로 한다. 다만, 고의적으로 위반한 경우에는 한도없이 적용한다.
① 미등록가산세(간이과세자의 미등록가산세 포함)
② 세금계산서불성실 가산세(1% 가산세율)
③ 매출처별세금계산서합계표 불성실 가산세
④ 매입처별세금계산서합계표 불성실 가산세
⑤ 부동산임대공급가액명세서 제출불성실 가산세
⑥ 현금매출명세서제출불성실 가산세

10 국세기본법상 가산세

(1) 신고불성실가산세

구 분		내 용
무신고 가산세	일반무신고	무신고한 납부세액의 20% + 무신고한 영세율과세표준의 0.5%
	부정행위로 인한 무신고	부당하게 무신고한 납부세액의 40%[주] + 무신고한 영세율과세표준의 0.5%
과소신고 (초과환급) 가산세	일반과소신고	과소신고(초과환급)한 납부세액의 10% + 무신고·과소신고한 영세율과세표준의 0.5%
	부정행위로 인한 과소신고	부당하게 과소신고(초과환급)한 납부세액의 40%[주] + 무신고·과소신고한 영세율과세표준의 0.5%

*주) 역외거래에서 발생한 부정행위로 신고하지 않은 경우 : 60%

> **더 알아두기**
>
> 부가가치세의 무신고가산세 적용 시 주의할 사항은 다음과 같다.
> ① 납부의무가 면제되는 간이과세자(해당 과세기간(1년)의 공급대가가 4,800만원 미만인 간이과세자)는 무신고가산세를 적용하지 않는다.
> ② 재화·용역을 공급받은 사업자가 대손세액 상당액을 대손이 확정된 날이 속하는 과세기간의 매입세액에서 차감하지 아니하여 관할 세무서장이 경정하는 경우 대손세액에 상당하는 부분은 무신고가산세를 적용하지 아니한다.
>
> 부가가치세의 과소신고, 초과환급신고가산세는 부가가치세법에 따른 사업자가 아닌 자가 환급세액을 신고한 경우에도 적용한다.
> 예 면세사업자 등이 초과환급세액을 받은 경우 적용

(2) 납부지연가산세

① 지연일수분 = 미납세액·미달납부세액(초과환급세액) × 기간(일수) × $\dfrac{2.2}{10,000}$

② 체납분(납부고지서) = 미납세액(또는 과소납부분 세액) × 3%

제7장 단원별 기출문제

01 부가가치세법상 부가가치세를 포탈할 우려가 있는 경우 과세표준 등을 결정 또는 경정할 수 있다. 이에 해당하지 않는 것은? [108회]

① 납세자가 184일 이상 국외에 체류할 경우
② 사업장의 이동이 빈번한 경우
③ 사업장의 이동이 빈번하다고 인정되는 지역에 사업장이 있는 경우
④ 휴업 또는 폐업상태에 있는 경우

02 다음 중 부가가치세법상 가산세율에 대한 설명으로 가장 옳지 않은 것은? [108회]

① 사업자가 사업개시일부터 20일 이내에 사업자등록을 신청하지 않은 경우 : 2퍼센트
② 타인명의로 사업자등록을 하는 경우 : 2퍼센트
③ 세금계산서의 발급시기가 지난 후 해당 재화 또는 용역의 공급시기가 속하는 과세기간에 대한 확정신고기한까지 세금계산서를 발급하는 경우 : 1퍼센트
④ 세금계산서의 발급시기가 지난 후 해당 재화 또는 용역의 공급시기가 속하는 과세기간에 대한 확정신고기한까지 세금계산서를 발급하지 아니한 경우 : 2퍼센트

> **해설**
> 사업자가 사업개시일부터 20일 이내에 등록을 신청하지 아니한 경우에는 사업개시일부터 등록을 신청한 날의 직전일까지의 공급가액 합계액의 1퍼센트를 납부세액에서 더하거나 환급세액에서 뺀다.

03 다음 중 부가가치세법상 조기환급의 대상에 해당하지 않는 것은? [107회]

① 사업자가 영세율을 적용받는 경우
② 사업자가 사업설비(감가상각자산 등)를 신설·취득·확장 또는 증축하는 경우
③ 사업자가 재무구조개선계획을 이행 중인 경우
④ 사업자가 일정 규모 이상의 재고자산 등을 취득하는 경우

> **해설**
> 납세지 관할 세무서장은 다음의 어느 하나에 해당하여 환급을 신고한 사업자에게 대통령령으로 정하는 바에 따라 환급세액을 조기에 환급할 수 있다.
> 1. 사업자가 영세율을 적용받는 경우
> 2. 사업자가 대통령령으로 정하는 사업 설비를 신설·취득·확장 또는 증축하는 경우
> 3. 사업자가 대통령령으로 정하는 재무구조개선계획을 이행 중인 경우

01 ① 02 ① 03 ④ 정답

04 다음 중 부가가치세법상 신고와 납부에 대한 설명으로 옳지 않은 것은? [106회]

① 부가가치세 예정고지세액이 50만원 미만인 경우에는 징수하지 아니한다.
② 조기환급을 받기 위하여 신고한 사업자는 이미 신고한 과세표준과 납부한 납부세액 또는 환급세액은 신고하지 아니한다.
③ 모든 법인사업자는 예정신고를 하여야 한다.
④ 사업자가 폐업하는 경우에는 과세기간 개시일부터 폐업일까지에 대한 부가가치세 과세표준을 신고하여야 한다.

> **해설**
> 개인사업자와 소규모법인사업자의 경우에는 예정신고하지 아니하고 예정고지세액을 납부할 수 있다.

05 다음 중 부가가치세법상 예정신고 시 적용되는 규정으로 옳은 것은? [105회]

① 대손세액공제
② 조기환급
③ 과세전환 매입세액공제
④ 납부세액 또는 환급세액의 재계산

> **해설**
> 관할 세무서장은 조기환급세액을 각 예정신고기간별로 그 예정신고기한이 지난 후 15일 이내에 예정신고한 사업자에게 환급하여야 한다.

06 다음 중 부가가치세법상 현금매출명세서 제출대상 업종에 해당하지 않는 것은? [103회]

① 부동산중개업
② 병원업
③ 세무사업
④ 미용업

> **해설**
> 미용업은 현금매출명세서 제출대상 업종에 해당하지 않는다.

07 다음 중 부가가치세법상 환급에 대한 설명으로 가장 옳지 않은 것은? [102회]

① 일반환급의 경우 관할 세무서장은 환급세액을 확정신고한 사업자에게 그 확정신고 기한이 지난 45일 이내 환급하여야 한다.
② 사업자가 영세율을 적용받는 경우에는 조기환급을 받을 수 있다.
③ 면세사업자는 환급세액이 발생하지 않는다.
④ 사업자가 재무구조개선계획을 이행하는 경우 조기환급을 받을 수 있다.

> **해설**
> 환급세액은 그 확정신고 기한이 지난 후 30일 이내에 환급하여야 한다.

[정답] 04 ③ 05 ② 06 ④ 07 ①

08

다음 중 부가가치세법상 가산세에 대한 설명으로 틀린 것은? [101회]

① 세금계산서 발급시기가 지난 후 확정신고기한까지 발급하지 않은 경우 : 공급가액의 2%
② 세금계산서 발급시기가 지난 후 확정신고기한까지 발급한 경우 : 공급가액의 1.5%
③ 재화를 공급받지 않고 세금계산서를 발급받은 경우 : 그 세금계산서에 적힌 공급가액의 3%
④ 사업개시일부터 20일 이내 사업자등록을 신청하지 않은 경우 : 공급가액의 1%

해설
공급가액의 1%를 적용한다.

09

다음 중 부가가치세법상 조기환급대상에 해당하지 않는 것은? [101회]

① 신규로 소매업을 개시한 사업자가 지출한 상품대금
② 사업자가 영세율을 적용받는 경우
③ 사업자가 감가상각자산(기계장치)을 취득하는 경우
④ 사업자가 법에서 정한 재무구조계획을 이행 중인 경우

해설
신규로 사업을 개시하여 상품이나 고정자산 대금을 지출한 경우의 환급은 조기환급 대상이 아니다.

10

다음 중 부가가치세법상 신고 및 납부, 환급에 관한 설명으로 옳지 않은 것은? [100회]

① 예정신고를 한 개인사업자는 확정신고 시 예정신고한 과세표준과 납부세액 등은 신고하지 아니한다.
② 재화의 수입에 대한 부가가치세는 세관장에게 납부한다.
③ 사업자만이 대리납부의무자에 해당할 수 있다.
④ 관할 세무서장의 경정에 따라 추가로 발생한 환급세액이 있는 경우에는 지체없이 환급해야 한다.

해설
대리납부 대상 용역 또는 권리를 공급받는 자는 그 대가를 지급하는 때에 그 대가를 받은 자로부터 부가가치세를 징수하여 대리납부할 의무가 있으므로 사업자 여부와는 관계가 없다.

11 다음 중 부가가치세법의 신고 및 납부에 관한 설명으로 옳지 않은 것은? [97회]

① 사업장이 둘 이상인 사업자가 주된 사업장의 관할 세무서장에게 주사업장 총괄납부를 신청한 경우 납부할 세액을 주된 사업장에서 총괄하여 납부할 수 있다.
② 신규로 사업을 시작하거나 시작하려는 자에 대한 최초의 예정신고기간은 사업개시일부터 그 날이 속하는 예정신고기간의 종료일까지로 한다.
③ 예정고지의 경우 간이과세자에서 해당 과세기간 개시일 현재 일반과세자로 변경된 경우에는 징수하지 아니한다.
④ 예정고지세액으로 징수하여야 할 금액이 100만원 미만인 경우에는 징수하지 아니한다.

> [해설]
> 예정고지세액으로 징수하여야 할 금액이 50만원 미만인 경우에는 징수하지 아니한다.

12 다음 중 부가가치세법상 환급에 대한 설명으로 옳지 않은 것은? [95회]

① 일반환급의 경우 예정신고 기한이 지난 후 30일 이내 환급하여야 한다.
② 사업설비를 취득한 경우 조기환급신고를 할 수 있다.
③ 대통령령으로 정하는 재무구조개선계획을 이행 중인 경우 조기환급신고를 할 수 있다.
④ 조기환급신고를 한 부분은 예정신고 및 확정신고대상에서 제외한다.

> [해설]
> 확정신고기한이 지난 후 30일 이내 환급하여야 한다.

13 다음 중 부가가치세법상 환급에 대한 설명으로 틀린 것은? [93회]

① 결정 또는 경정에 의하여 추가로 발생한 환급세액이 있는 경우에는 환급을 결정한 날로부터 30일 이내로 사업자에게 환급하여야 한다.
② 각 과세기간별로 그 과세기간에 대한 환급세액을 확정신고한 사업자에게 그 확정신고기한 지난 후 30일 이내에 환급하여야 한다.
③ 사업자가 사업설비(감가상각자산)를 확장 또는 증축하는 경우에 조기환급을 받을 수 있다.
④ 조기환급을 신청하려는 사업자는 조기환급기간이 끝난 날로부터 25일 이내에 조기환급신고를 하여야 한다.

> [해설]
> 결정에 의하여 발생한 환급세액은 지체없이 환급하여야 한다.

[정답] 11 ④ 12 ① 13 ①

14 부가가치세의 환급에 대한 설명 중 옳지 않은 것은? [91회]

① 일반환급의 경우에는 예정신고시 환급되지 않는다.
② 사업장이 2 이상의 사업자가 한 사업장에서만 조기환급 사유가 발생한 경우 해당 사업장만 조기환급을 신청할 수 있다.
③ 재고자산을 매입한 경우 조기환급을 받을 수 있다.
④ 영세율을 적용받는 사업자는 조기환급을 신청할 수 있다.

해설
사업자가 감가상각자산에 해당하는 사업설비를 신설·취득·확장 또는 증축하는 경우 조기환급을 신청할 수 있다.

15 부가가치세법상 조기환급과 관련한 설명으로 옳지 않은 것은? [90회]

① 예정신고기간에 대한 조기환급세액은 예정신고기한이 지난 후 15일 이내에 환급한다.
② 재고자산을 대량으로 매입하는 경우에는 조기환급신고를 할 수 있다.
③ 사업자가 법에서 정한 재무구조개선계획을 이행 중인 경우 조기환급신고를 할 수 있다.
④ 예정신고 시 조기환급신고부분은 제외하고 신고하여야 한다.

해설
감가상각자산인 경우 조기환급의 대상이 되지만 재고자산은 조기환급신고를 할 수 없다.

16 다음은 부가가치세법상 일반개인사업자의 부가가치세 예정신고 및 납부에 대한 설명이다. 옳지 않은 것은? [89회]

① 직전 과세기간에 납부세액이 없으면 조기환급 대상이 아니어도 예정신고 및 납부를 할 수 있다.
② 조기환급을 받고자 하는 자는 예정신고를 할 수 있다.
③ 사업부진으로 인하여 예정신고기간의 공급가액이 직전 과세기간의 공급가액의 1/3에 미달하는 경우 예정신고 및 납부를 할 수 있다.
④ 원칙적으로 개인사업자는 예정신고의무가 면제된다.

해설
직전 과세기간에 납부세액이 없는 자는 해당되지 않는다.

정답 14 ③ 15 ② 16 ①

17 다음 중 부가가치세법상 조기환급에 관한 설명으로 옳지 않은 것은? [88회]

① 사업자가 영세율을 적용받는 경우에만 조기환급을 받을 수 있다.
② 관할 세무서장에게 조기환급신고를 한 경우에는 해당 조기환급 신고기간이 지난 후 15일 이내에 사업자에게 환급하여야 한다.
③ 예정신고기간 중 매월 또는 매 2월, 과세기간 최종 3개월 중 매월 또는 매 2월을 조기환급기간이라 한다.
④ 일반환급은 그 확정신고기간이 지난 후 30일 이내에 환급하여야 한다.

해설
사업자가 사업설비를 신설·취득·확장 또는 증축하는 경우 또는 사업자가 재무구조개선계획을 이행 중인 경우에 조기환급을 받을 수 있다.

18 부가가치세법상 환급 및 조기환급에 관한 설명으로 가장 옳지 않은 것은? [85회]

① 예정신고기간에 대한 환급세액은 원칙적으로 환급하지 않고 확정신고 시에 납부할 세액에서 정산하도록 되어있다.
② 일반환급은 각 과세기간의 확정신고기한 경과 후 30일 내에 환급한다.
③ 영세율을 적용받거나 사업설비를 취득하는 사유가 있는 경우 조기환급을 신청할 수 있다.
④ 조기환급세액은 영세율이 적용 또는 시설투자에 관련된 공급분에 관련된 매입세액과 국내공급분에 대한 매입세액을 구분하여 사업장별로 해당 매출세액에서 매입세액을 공제하여 계산한다.

해설
조기환급세액은 영세율이 적용 또는 시설투자에 관련된 공급분에 관련된 매입세액과 국내공급분에 대한 매입세액을 구분하지 않고 사업장별로 해당 매출세액에서 매입세액을 공제하여 계산한다.

19 다음 중 부가가치세법상 추계경정 방법으로서 가장 옳지 않은 것은? [82회]

① 동업자 권형에 의한 방법 : 장부의 기록이 정당하다고 인정되고 신고가 성실하여 경정을 받지 아니한 같은 업종과 같은 현황의 다른 사업자와 권형(權衡)에 따라 계산하는 방법
② 상품재고율에 의한 방법 : 국세청장이 업종별로 상품재고율을 조사하여 조사한 상품재고율이 있을 때에는 상품재고율을 적용하여 계산한 생산량에 그 과세기간 중에 공급한 수량의 시가를 적용하여 계산하는 방법
③ 생산수율에 의한 방법 : 국세청장이 업종별로 투입원재료에 대하여 조사한 생산수율(生産收率)이 있을 때에는 생산수율을 적용하여 계산한 생산량에 그 과세기간 중에 공급한 수량의 시가를 적용하여 계산하는 방법
④ 영업효율에 의한 방법 : 국세청장이 사업의 종류·지역 등을 감안하여 사업과 관련된 종업원, 객실, 사업장, 차량, 수도, 전기 등 인적·물적 시설의 수량 또는 가액과 매출액의 관계를 정한 영업효율이 있을 때에는 영업효율을 적용하여 계산하는 방법

해설
상품재고율에 의한 방법은 부가가치세법상 추계방법이 아님

정답 17 ① 18 ④ 19 ②

20 다음 중 부가가치세법상 부가가치세 환급에 대한 설명으로 옳지 않은 것은? [81회]

① 일반환급은 확정신고기한이 지난 후 30일 이내에 환급하여야 한다.
② 조기환급은 예정신고기한, 확정신고기한, 영세율 등 조기환급기한이 지난 후 10일 이내에 환급하여야 한다.
③ 영세율 거래실적이 있는 사업자는 조기환급을 받을 수 있다.
④ 사업설비 투자를 한 사업자는 조기환급을 받을 수 있다.

해설
조기환급금 환급신고기한이 지난 후 15일 이내에 환급하여야 한다.

21 다음 중 부가가치세법상 현금매출명세서 제출대상이 아닌 업종은? [81회]

① 부동산중개업
② 전문서비스업
③ 예식장업
④ 도매업

해설
도매업은 현금매출명세서 제출대상이 아니다.

22 다음 중 부가가치세법상 가산세에 대한 설명으로 틀린 것은? [81회]

① 배우자 명의로 사업자등록을 한 경우 공급가액의 1퍼센트를 가산세로 내야 한다.
② 세금계산서 발급시기가 지난 후 재화의 공급시기가 속하는 과세기간 확정신고기한까지 세금계산서를 발급하는 경우 공급가액의 1퍼센트를 가산세로 내야 한다.
③ 세금계산서의 필요적 기재사항의 일부가 착오로 기재되었으나 나머지 사항으로 보아 거래사실이 확인되는 경우 가산세 대상에 해당되지 않는다.
④ 용역을 공급받고 실제 공급한 자가 아닌 자의 명의로 세금계산서를 발급받은 경우 공급가액의 2퍼센트를 가산세로 내야 한다.

해설
배우자 명의로 사업자등록을 한 경우 타인 명의로 사업자등록을 한 것으로 보지 않는다.

23 다음 중 부가가치세법상 재화의 수입에 대한 부가가치세 납부유예 규정에 대한 설명으로 틀린 것은? [80회]

① 세관장은 법정 요건을 충족하는 중소기업자가 원재료의 수입에 대해 부가가치세 납부유예를 미리 신청하는 경우 해당 재화를 수입할 때 부가가치세의 납부를 유예할 수 있다.
② 중소기업 사업자의 국세가 체납된 경우라도 세관장은 납부유예를 취소할 수 없다.
③ 3년간 계속하여 사업한 중소기업(3년간 처벌 또는 체납 없음)의 경우 직전 연도 공급한 재화 공급 가액 합계액에서 수출액이 차지하는 비율이 30% 이상 되는 경우 신청 가능하다.
④ 관할 세관장은 신청일부터 1개월 이내 납부유예의 승인여부를 결정하여 해당 업자에게 통지하여야 한다.

해설
중소기업 사업자의 국세가 체납된 경우에는 세관장은 납부유예를 취소할 수 있다.

24 다음 중 부가가치세 관련 가산세에 대한 설명으로 가장 옳은 것은? [80회]

① 일반과세 개인사업자가 사업개시일로부터 20일 이내에 사업자등록하지 아니한 때 개시일부터 사업자등록신청일 전날까지 공급가액의 2%를 가산세로 가산한다.
② 법인사업자가 매출처별 세금계산서합계표를 예정신고 시 제출하지 아니하고 확정신고 시 제출(지연제출)하는 경우로서 부실기재에 해당하지 아니하는 경우 공급가액 0.5%를 가산세로 가산한다.
③ 일반과세사업자가 세금계산서 발급대상인 재화 또는 용역을 공급하고 공급시기가 속하는 과세기간에 대한 확정신고기한까지 세금계산서를 발급하지 아니한 때에는 공급가액의 2%를 세금계산서 발급불성실가산세로 가산한다(단, 전자세금계산서 발급대상 아님).
④ 법인사업자가 부가가치세 확정신고 시 납부세액을 과소하게 납부한 때에는 과소납부세액의 5%를 납부불성실가산세로 가산한다.

해설
① 미등록가산세 : 1%
② 공급가액의 0.3%
④ 미납부세액 × 납부일수 × 2.2/10,000

25 다음 중 부가가치세법상 결정 또는 경정사유로 가장 옳지 않은 것은? [80회]

① 국세청장이 정하는 일정기준에 미달하게 신고하는 경우
② 예정신고 또는 확정신고를 하지 아니한 경우
③ 확정신고를 한 내용에 오류가 있거나 내용이 누락된 경우
④ 사업장의 이동이 빈번하다고 인정되는 지역에 사업장이 있어 부가가치세를 포탈할 우려가 있는 경우

정답 23 ② 24 ③ 25 ①

26 다음은 부가가치세법상 과세물품 도매업을 영위하는 ㈜한국의 당해 연도 4분기와 관련된 자료이다. ㈜한국이 당해 연도 부가가치세 제2기 확정신고 시 납부하는 부가가치세는 얼마인가?(아래 자료가 전부라 가정하며, 매입상품은 제1기 과세기간에 100원에 매입하여 모두 매입세액공제를 받았고, 모든 금액은 부가가치세 제외 금액이다) [78회]

> 1. 직수출액 : 10,000원
> 2. 국내 판매 매출액 : 5,000원
> 3. 예정고지세액 : 100원
> 4. 명절을 맞이하여 직원들에게 무상으로 지급한 상품의 시가 : 6,000원

① 1,400원 ② 1,000원
③ 500원   ④ 400원

해설
(국내판매 5,000 + 개인적공급 6,000) × 10% − 예정고지 100 = 1,000원

27 다음 중 일반개인사업자 중 부가가치세법상 예정신고 및 납부를 할 수 있는 경우는 어느 것인가? [78회]

① 직전 과세기간에 대한 납부세액이 없는 자
② 각 예정신고기간분에 대해 조기환급을 받고자 하는 자
③ 각 예정신고기간에 신규로 사업을 개시한 자
④ 주사업장총괄납부 승인을 얻은 자

해설
조기환급을 받으려고 할 때 부가가치세법상 예정신고가 가능함

28 부가가치세법상 다음 자료에 의하여 일반과세자로서 도매업자인 김세무씨의 당해 연도 제2기 확정 신고시 납부할 부가가치세 납부세액을 계산하시오. [76회]

> 1. 기간 : 당해 연도 7월 1일 ∼ 당해 연도 12월 31일
> 2. 총매출액 : 450,000,000원(부가가치세 별도)
> 3. 매출에누리액 : 8,000,000원(부가가치세 별도)
> 4. 상품매입액(세금계산서 수취) : 320,000,000원(공급가액)
> 5. 기업업무추진비 지출(세금계산서 수취) : 12,200,000원

① 11,200,000원 ② 12,300,000원
③ 12,200,000원 ④ 22,200,000원

해설
- 부가가치세과세표준 계산 = 450,000,000 − 8,000,000 = 442,000,000원
- 매출세액 = 442,000,000 × 10% = 44,200,000원
- 매입세액 = 320,000,000 × 10% = 32,000,000원
- 납부할 부가가치세액 = 44,200,000 − 32,000,000 = 12,200,000원
※ 매출에누리액은 과세표준에서 제외하며 기업업무추진비 지출액은 매입세액공제를 받을 수 없다.

정답 28 ③

CHAPTER 08 간이과세

PART 2 부가가치세법

01 간이과세제도의 의의

부가가치세법에서는 연간 거래금액이 일정 규모에 미달하는 개인사업자에 대해서는 영세사업자의 보호와 납세편의를 위해 일반적인 납부세액 계산방법보다 간편한 방식으로 납부의무를 이행하도록 하는 제도를 두고 있는데, 이를 간이과세라 한다.

① 간이과세자의 납부세액은 공급대가에 업종별 부가가치율(15% ~ 40%)을 곱한 금액에 세율을 적용하여 계산한다.
② 납부세액과 마찬가지 논리로 매입세액도 일반과세자와는 달리 전액을 공제받을 수 없고, 공급대가에 일정율(0.5%)을 곱한 금액을 납부세액에서 공제받을 수 있다.
③ 간이과세자의 경우에는 납세부담을 경감하고 납세편의를 제고하기 위하여 과세기간을 1월 1일부터 12월 31일까지로 연장한다.
④ 간이과세자는 예정부과기간 때(1월 1일 ~ 6월 30일) 부가가치세 예정신고의무가 없지만(예정부과·징수), 세금계산서를 발급한 간이과세자는 예정신고기한까지 예정신고를 하여야 한다.
⑤ 간이과세자도 영세율을 적용받을 수 있다.

02 간이과세자의 범위

1 적용대상자

간이과세 사업자는 직전 1년 공급대가(연 매출액)가 1억 400만원 미만인 사업자로서 간편한 절차로 부가가치세를 신고납부하는 개인사업자를 말하며, 간이과세 배제업종 대상지역이 아니어야 한다.

2 적용배제 업종

① 간이과세가 적용되지 않는 다른 사업장을 보유하고 있는 사업자(∵ 세무기장능력 인정)
② 재화의 공급으로 보지 않는 사업의 양도에 따라 일반과세자로부터 양수한 사업('사업의 포괄양수도 사업자')(∵ 원활한 사업의 포괄승계 지원)
③ 사업장 소재지역, 사업의 종류, 규모를 고려하여 국세청장이 정하는 사업(∵ 정책적 중과세 및 과세표준 양성화)

④ 소득세법에 따른 복식부기의무자가 영위하는 사업(∵ 정책적 중과세 및 과세표준 양성화)
⑤ 둘 이상의 사업장이 있는 사업자가 영위하는 사업으로서 그 둘 이상의 사업장의 공급대가의 합계액이 1억 400만원 이상인 경우(∵ 정책적 중과세 및 과세표준 양성화)
⑥ 전문직 사업서비스업
⑦ 부동산임대업, 개별소비세 과세유흥장소 사업자로서 직전 연도 공급대가의 합계액이 4,800만원 이상인 사업자(∵ 정책적 중과세 및 과세표준 양성화)
⑧ 기타 광업, 제조업, 도매업 및 상품중개업, 건설업, 전문과학기술서비스업, 사업시설 관리·사업지원 및 임대서비스업, 전기·가스 및 수도업 등 특수 업종영위하는 사업자

03 간이과세자의 납부세액과 세액공제

1 간이과세자의 과세표준과 세액의 계산

```
           공급대가        → 부가가치세 포함
(×) 해당 업종의 부가가치율  → (15% ~ 40%)
(×)      세율(10%)
           납부세액        → 업종별로 별도 계산 후 합산
(+)      재고납부세액
(−)       세액공제        → 매입세금계산서등에 대한 세액공제, 전자신고 세액공제, 신용카드매출전표발급등
(+)        가산세              에 대한 세액공제, 전자세금계산서 발급세액공제
         차가감납부세액
```

구 분	내 용
납부세액	공급대가 × 부가가치율 × 세율 ※ 간이과세자의 과세표준은 부가가치세를 포함한 공급대가이다.
부가가치율	① 15% : 소매업, 재생용 재료수집 및 판매업, 음식점업 ② 20% : 제조업, 농업·임업 및 어업, 소화물 전문 운송업 ③ 25% : 숙박업 ④ 30% : 건설업, 소화물 전문 운송업 이외의 운수업, 창고업, 정보통신업, 아래 서비스업 이외의 서비스업 ⑤ 40% : 금융 및 보험 관련 서비스업, 전문·과학 및 기술서비스업(인물사진 및 행사용 영상 촬영업 제외), 사업시설 관리·사업지원 및 임대서비스업, 부동산임대업, 부동산 관련 서비스업
세 율	10%

2 간이과세자의 세금계산서 발급

(1) 원칙 : 세금계산서 발급

2024년 7월 1일부터 간이과세자의 기준금액을 1억 400만원으로 조정하면서, 일반과세자에서 간이과세자로 전환되는 경우 세금계산서 발급의무를 유지하기 위해 세금계산서 발급을 의무화한다.

(2) 예외 : 영수증 발급

① 간이과세자 중 신규사업자 및 직전 연도 공급대가 합계액이 4,800만원 미만인 사업자
② 주로 사업자가 아닌 자에게 재화·용역을 공급하는 다음의 사업자 : 소매업, 음식점업, 숙박업, 미용, 욕탕 및 유사 서비스업, 여객운송업 등(단, 소매업, 음식점업, 숙박업은 공급받는 자가 요구하는 경우 세금계산서 발급의무 있음, 위 ①에 해당하지 아니한 자에 한함)

3 세액공제

(1) 매입세금계산서 등의 매입세액공제

간이과세자가 발급받은 세금계산서·부가가치세액이 별도로 기재된 신용카드매출전표(직불카드영수증·기명식 선불카드영수증·현금영수증 포함)를 제출하거나 또는 매입처별 세금계산서합계표·신용카드매출전표 등 수령명세서를 제출하는 때에는 동 세금계산서 등에 의한 공급대가에 일정율(0.5%)을 곱한 금액을 납부세액에서 공제한다.

(2) 신용카드매출전표 발급 등에 대한 세액공제

간이과세자 중 영수증발급 사업자가 신용카드매출전표, 현금영수증 등을 발행 시 다음의 금액을 세액공제한다.

> 세액공제액 = Min[①, ②]
> ① 발급금액·결제금액 × 1.3%[2027년부터 1%]
> ② 연간 1,000만원[2027년부터 500만원]

(3) 전자세금계산서 발급세액공제

간이과세자(영수증만을 발급해야 하는 간이과세자는 제외)가 전자세금계산서를 발급일의 다음 날까지 국세청장에게 전송한 경우, 발급 건당 200원을 부가가치세에서 세액공제한다(2023년 7월 1일 공급분부터 2024년 12월 31일까지).

(4) 전자신고 세액공제

간이과세자가 직접 전자신고방법에 의하여 부가가치세 확정신고를 하는 경우에는 당해 납부세액에서 1만원을 공제한다. 다만, 공제세액이 납부세액에 재고납부세액, 매입세금계산서 등 세액공제, 신용카드매출전표 발행세액공제를 가감한 후의 금액을 초과하는 때에는 그 초과하는 금액은 이를 없는 것으로 본다.

04 간이과세자의 예정신고

간이과세자의 한 과세기간을 6개월에서 1년으로 개정하면서 1월 1일 ~ 6월 30일까지의 기간에 대해 다음과 같은 예정고지와 예정신고를 선택할 수 있도록 하였다.

1 예정고지(원칙)

① 예정고지 대상기간 : 1월 1일 ~ 6월 30일
② 예정고지 납부기한 : 7월 25일 이내
③ 예정고지액 산출 : 일반과세자와 동일(직전 과세기간에 대한 납부세액의 50%)
④ 고지부징수 하는 경우 : 징수하여야 할 금액이 50만원 미만이거나, 일반과세자에서 과세기간 개시일 현재 간이과세자로 변경된 경우

> **더알아두기**
>
> **간이과세자의 예정부과 시 세액공제액의 추가**
> 간이과세자의 세부담이 경감될 수 있도록 예정부과세액 산정 시 납부세액에서 차감하는 세액공제의 범위에 '세금계산서 수취분에 대한 매입세액공제액'을 추가

2 예정신고(예외)

(1) 예정신고 의무

세금계산서를 발급한 간이과세자는 반드시 예정신고기한까지 신고하여야 한다.

(2) 예정신고 가능

대통령령으로 정하는 간이과세자(예정부과기간의 납부세액이 직전 과세기간 납부세액의 1/3에 미달하는 경우)는 예정부과기간의 과세표준과 납부세액을 예정부과기한까지 사업장 관할 세무서장에게 신고할 수 있다.

05 납부의무의 면제

간이과세자의 해당 과세기간(1년)에 대한 공급대가가 **4,800만원** 미만인 경우에는 그 과세기간에 대한 납부의무를 면제한다. 이때에도 법정 기한 내에 사업자등록을 하지 않은 경우에는 미등록가산세는 부과한다.

06 간이과세의 포기

1 규 정

간이과세자(간이과세자로 과세유형이 변경될 일반과세자와 신규로 사업을 시작하는 개인사업자 포함)는 언제라도 간이과세를 포기하고 일반과세를 적용받을 수 있다. 이 경우 간이과세자는 그 포기하고자 하는 달의 전달 마지막 날까지 사업장 관할 세무서장에게 간이과세 포기신고를 하여야 한다.

2 과세기간의 변동

구 분	내 용
간이과세자로서의 과세기간	과세기간 개시일 ~ 포기신고일이 속하는 달의 말일
일반과세자로서의 과세기간	포기신고일이 속하는 달의 다음 달 1일 ~ 과세기간 종료일

3 간이과세의 재적용

간이과세를 포기한 사업자는 그 적용받고자 하는 달의 1일부터 3년이 되는 날이 속하는 과세기간까지는 일반과세를 적용받아야 한다. 따라서 동 기간(단, 2024년 7월 1일 이후 신고분부터 3년 이내라도 포기신고의 철회 가능)이 경과한 후 다시 간이과세를 적용받으려면 당해 적용받고자 하는 과세기간 개시 10일 전까지 간이과세 적용신고를 하여야 한다.

07 간이과세자의 가산세 적용

간이과세자에 대한 가산세적용은 다음과 같다. 간이과세자는 환급세액이 나올 수 없으므로 일반과세자와는 달리 초과환급세액에 대한 신고불성실가산세와 납부·환급불성실가산세를 적용할 여지가 없다.

가산세 종류	가산세
미등록, 허위등록 가산세	• 미등록 : 공급대가 × 0.5% • 허위등록(명의위장등록) : 공급대가 × 1%

세금계산서 관련 가산세	• 세금계산서 발급 관련		
	구 분	가산세액(공급가액의)	
	가공발급	3%	
	미발급	2%	
	위장발급	2%	
	사실과 다른 발급	2%	
	지연발급	1%	
	세금계산서 부실기재	1%	
	전자세금계산서 미전송	0.5%	
	전자세금계산서 지연전송	0.3%	
	• 매출처별 세금계산서합계표 관련		
	구 분	가산세액(공급가액의)	
	미제출	0.5%	
	부실기재	0.5%	
	지연제출	0.3%	
	• 세금계산서 미수취 관련		
	구 분	가산세액(공급대가의)	
	세금계산서 발급의무가 있는 사업자로부터 세금계산서를 수취하지 않는 경우	0.5%	
	• 경정 시 공제받은 세금계산서 관련		
	구 분	가산세액(공급가액의)	
	세금계산서등을 발급받고 공제받지 않은 이후에 결정, 경정을 통해 매입세액공제를 받는 경우	0.5%	
신고불성실 가산세	일반과세자와 동일		
영세율과세표준 신고불성실 가산세			
납부불성실 가산세			

08 간이과세자의 신고·납부 등

① 예정신고·납부 : 간이과세자는 일반과세자와 같이 예정신고·납부 또는 예정고지에 의한 징수규정을 적용한다.
② 확정신고·납부 : 간이과세자는 각 과세기간의 과세표준과세액을 당해 과세기간 종료 후 25일 이내에 사업장 관할 세무서장에게 신고·납부하여야 한다.
③ 결정·경정·징수 : 결정·경정·징수는 일반과세자의 규정을 준용한다.

제8장 단원별 기출문제

01 다음 중 부가가치세법상 간이과세자에 대한 설명으로 옳지 않은 것은? [107회]

① 간이과세자는 의제매입세액공제를 적용받을 수 없다.
② 간이과세자는 해당 과세기간에 세금계산서 등을 발급받은 매입세액에 업종별 부가가치율을 곱한 금액을 납부세액에서 공제한다.
③ 간이과세자의 과세표준은 해당 과세기간의 공급대가의 합계액으로 한다.
④ 간이과세자도 영세율을 적용받을 수 있다.

해설
간이과세자는 해당 과세기간에 세금계산서 등을 발급받은 재화와 용역의공급대가에 0.5퍼센트를 곱한 금액을 납부세액에서 공제한다.

02 다음 중 부가가치세법상 간이과세자가 적용받을 수 없는 세액공제로 옳은 것은? [105회]

① 신용카드매출전표등 발행세액공제
② 의제매입세액공제
③ 전자신고세액공제
④ 매입자발행 세금계산서 세액공제

해설
간이과세자는 의제매입세액공제를 적용받을 수 없다.

03 다음 중 부가가치세법상 간이과세자에 대한 규정으로 가장 옳지 않은 것은? [104회]

① 제조업을 영위하는 사업자로서 직전 연도의 공급대가의 합계액이 4천800만원 이상인 사업자는 세금계산서를 발급할 수 있다.
② 세금계산서를 교부받은 경우 '매입세액 × 업종별부가율'의 금액을 납부세액에서 공제한다.
③ 간이과세자는 의제매입세액공제를 적용받을 수 없다.
④ 해당 과세기간에 대한 공급대가의 합계액이 4천800만원 미만인 경우 납부의무가 면제된다.

해설
간이과세자가 다른 사업자로부터 세금계산서 또는 신용카드매출전표 등을 발급받은 경우 해당 재화와 용역의 '공급대가에 0.5퍼센트를 곱한 금액을' 납부세액에서 공제한다.

정답 01 ② 02 ② 03 ②

04 다음 중 부가가치세법상 간이과세자에 대한 설명으로 옳지 않은 것은? [103회]

① 해당 과세기간에 공급대가의 합계액이 4천8백만원 미만인 간이과세자인 경우 그 과세기간의 납부세액의 납부의무를 면제한다.
② 직전연도 공급대가가 2천4백만원 이하의 법인은 간이과세자를 신청할 수 있으며, 이 경우 승인은 요하지 않는다.
③ 간이과세포기신고는 일반과세자에 대한 규정을 적용받으려는 달의 전 달의 마지막 날까지 하여야 한다.
④ 부동산매매업은 간이과세자가 될 수 없다.

해설
법인은 간이과세자가 될 수 없다.

05 다음 중 부가가치세법상 간이과세자의 신고와 납부에 대한 설명으로 틀린 것은? [102회]

① 간이과세자는 과세기간의 과세표준과 납부세액을 그 과세기간이 끝난 후 25일 이내에 신고 및 납부하여야 한다.
② 간이과세자는 예정부과가 존재하지 않는다.
③ 간이과세자는 확정신고 시 매출·매입처별 세금계산서합계표를 제출하여야 한다.
④ 폐업하는 경우에는 폐업일이 속한 달의 다음 달 25일까지 신고와 납부하여야 한다.

해설
사업장 관할 세무서장은 간이과세자에 대하여 직전 과세기간에 대한 납부세액의 50%를 1월 1일부터 6월 30일까지의 납부세액으로 결정하여 예정부과기간이 끝난 후 25일 이내까지 징수한다.

06 다음 중 부가가치세법상 간이과세를 적용받을 수 있는 업종은? [101회]

① 부동산매매업
② 도매업 및 상품중개업
③ 회계사업, 세무사업 등 전문자격사업
④ 음식점업

해설
나머지는 간이과세 배제업종이다.

정답 04 ② 05 ② 06 ④

07 다음 중 부가가치세법상 간이과세를 적용받을 수 있는 업종에 해당하는 것은? [100회]

① 변호사업, 공인회계사업, 세무사업 등의 사업서비스업
② 부동산매매업
③ 상품중개업
④ 최종소비자에게 직접 재화를 공급하는 과자점업

해설
최종소비자에게 직접 재화를 공급하는 과자점업, 도정업, 양복점업 등은 간이과세의 적용이 가능하다.

---

08 다음 중 부가가치세법상 간이과세포기에 대한 설명 중 가장 옳지 않은 것은? [99회]

① 간이과세포기는 간이과세자에 관한 규정의 적용을 포기하고 일반과세자에 관한 규정을 적용받는 것이다.
② 간이과세포기는 관할 세무서장의 승인을 요한다.
③ 간이과세포기는 일반과세를 적용받으려는 달의 전달 마지막 날까지 한다.
④ 신규로 사업을 시작하는 개인사업자도 간이과세포기를 할 수 있다.

해설
간이과세포기는 세무서장의 승인을 요하지 않는다.

---

09 다음 중 부가가치세법상 간이과세자가 될 수 있는 사업자는? [98회]

① 광 업
② 의류소매업
③ 부동산매매업
④ 수의사업

---

10 다음 중 부가가치세법상 과세유형의 변경에 대한 설명으로 잘못된 것은? [97회]

① 간이과세자가 일반과세자로 변경되는 경우 재고매입세액 공제 계산이 필요하다.
② 재고매입세액공제 계산은 감가상각자산뿐만 아니라 재고품도 해당된다.
③ 재고납부세액 계산 시 적용되는 부가가치율은 간이과세자로 변경되는 날이 속하는 과세기간에 적용되는 업종별 부가가치율로 계산한다.
④ 일반과세자가 간이과세자로 변경되는 경우 재고납부세액도 납부의무면제규정을 적용받을 수 있다.

해설
간이과세자의 해당 과세기간에 대한 공급대가의 합계액이 4,800만원 미만이면 납부의무를 면제한다. 다만, 재고품 등의 재고납부세액은 그러하지 아니하다.

11 다음 중 부가가치세법상 간이과세자에 대한 설명으로 옳지 않은 것은?(단, 부동산임대업 또는 과세유흥장소를 경영하는 사업자는 제외한다) [97회]

① 간이과세자란 직전 연도의 공급대가의 합계액이 1억 400만원에 미달하는 개인사업자로서, 간편한 절차로 부가가치세를 신고·납부하는 개인사업자를 말한다.
② 간이과세 배제업종을 영위하지 않는 신규 사업개시자로서 간이과세 적용신고를 한 개인사업자는 최초 과세기간에 간이과세 적용이 가능하다.
③ 해당 과세기간에 대한 공급대가의 합계액이 3천만원 미만인 경우에 한하여 그 과세기간의 납부세액의 납부의무를 면제한다.
④ 간이과세자도 일반과세자와 같이 영세율 적용이 가능하다.

> **해설**
> 간이과세자의 해당 과세기간에 대한 공급대가의 합계액이 4,800만원 미만이면 그 과세기간의 납부세액의 납부의무를 면제한다.

12 다음 중 부가가치세법상 간이과세의 포기신고는 언제까지 하여야 하는가? [97회]

① 일반과세를 적용받으려는 과세기간 개시일로부터 10일 이내
② 일반과세를 적용받으려는 과세기간 종료일로부터 30일 이내
③ 일반과세를 적용받으려는 달의 마지막 날로부터 10일 이내
④ 일반과세를 적용받으려는 달의 전달의 마지막 날까지

> **해설**
> 간이과세를 포기하고 일반과세를 적용받으려는 자는 일반과세에 관한 규정을 적용받으려는 달의 전달 마지막 날까지 납세지 관할 세무서장에게 간이과세 포기신고를 하여야 한다.

13 다음 중 부가가치세법에 대한 설명으로 잘못된 것은? [96회]

① 과세대상 사업자는 간이과세자와 일반과세자로 구분한다.
② 직전 연도 공급대가의 합계액이 4,000만원 이상인 간이과세자는 원칙적으로 세금계산서를 발급해야 한다.
③ 사업자단위과세는 본점 또는 주사무소에서 총괄하여 각 사업장을 대신하여 신고 및 납부한다.
④ 사업자등록은 원칙적으로 사업장마다 사업개시일부터 20일 내에 등록신청하여야 한다.

> **해설**
> 다음의 어느 하나에 해당하는 자가 재화 또는 용역을 공급하는 경우에는 재화 또는 용역의 공급시기에 그 공급을 받은 자에게 세금계산서를 발급하는 대신 영수증을 발급하여야 한다.
> • 주로 사업자가 아닌 자에게 재화 또는 용역을 공급하는 사업자로서 대통령령으로 정하는 사업자
> • 간이과세자 중 다음의 어느 하나에 해당하는 자
>   – 직전 연도의 공급대가의 합계액이 4,800만원 미만인 자
>   – 신규로 사업을 시작하는 개인사업자로서 간이과세자로 하는 최초의 과세기간 중에 있는 자

정답 11 ③ 12 ④ 13 ②

14 다음 중 부가가치세법상 간이과세자가 될 수 있는 사업자는? [93회]

① 광 업
② 재생용 재료수집 및 판매업
③ 부동산매매업
④ 개별소비세법에 따른 과세유흥장소를 경영하는 사업

15 다음 부가가치세법상 간이과세에 대한 설명 중 가장 옳지 않은 것은? [91회]

① 변호사업은 간이과세자 적용배제 업종이다.
② 간이과세자는 재고매입세액공제를 받을 수 없다.
③ 간이과세자는 환급세액이 발생하지 않는다.
④ 간이과세자 중 의제매입세액공제를 적용받을 수 있는 업종은 음식점만 가능하다.

> 해설
> 간이과세자의 의제매입세액공제는 폐지되었다.

16 부가가치세법상 간이과세자에 대한 설명으로 옳지 않은 것을 고르시오. [89회]

① 직전 과세기간 공급대가가 2,000만원인 법인사업자는 신고의무는 있으나, 납부의무는 면제된다.
② 2020년의 공급대가가 간이과세기준금액을 초과하는 개인사업자(간이과세자)의 경우 2021년 2기부터 2022년 1기까지는 일반과세자에 해당한다.
③ 예정부과세액이 50만원 미만 시에는 징수하지 않는다.
④ 간이과세를 포기하고 일반과세규정을 적용받으려는 경우 일반과세를 적용받으려는 전달 마지막 날까지 포기신고를 하여야 한다.

> 해설
> 법인사업자는 간이과세자의 정의를 충족하지 못하므로 납부의무면제규정을 적용받을 수 없다.

17 다음 중 부가가치세법상 간이과세에 대한 설명으로 옳지 않은 것은? [88회]

① 간이과세자의 과세기간은 1월 1일부터 12월 31일까지이다.
② 일반과세를 적용받는 다른 사업장을 보유한 사업자는 간이과세를 적용받을 수 없다.
③ 간이과세자가 적용되지 아니하게 되는 기간은 1역년의 공급대가가 1억 400만원 이상이 되는 해의 다음 1월 1일부터 12월 31일까지로 한다.
④ 계속사업자의 경우 간이과세의 적용범위는 직전 연도(1월 1일 ~ 12월 31일)의 재화와 용역의 공급대가의 합계액이 1억 400만원에 미달하는 개인사업자이다.

> **해설**
> 1역년의 공급대가가 1억 400만원 이상이 되는 해의 다음 해 7월 1일부터 그 다음 해의 6월 30일까지로 한다.

18 다음 중 부가가치세법상 간이과세에 관한 설명으로 옳지 않은 것은? [87회]

① 간이과세자란 직전 연도의 공급대가의 합계액이 1억 400만원에 미달하는 사업자이다.
② 개별소비세 과세유흥장소를 경영하는 사업은 간이과세를 적용할 수 없다.
③ 간이과세포기신고는 일반과세를 적용받으려는 달의 말일까지하여야 한다.
④ 해당 과세기간에 대한 공급대가의 합계액이 4,800만원(다만, 부동산임대업, 유흥주점업은 제외) 미만이면 납부의무를 면제한다.

> **해설**
> 간이과세를 포기하고 일반과세를 적용받으려는 자는 일반과세에 관한 규정을 적용받으려는 달의 전달 마지막 날까지 납세지 관할 세무서장에게 간이과세 포기신고를 하여야 한다.

19 부가가치세법상 간이과세자 적용배제 대상이 아닌 것은? [84회]

① 직전 과세기간 공급대가가 1억 400만원 미만인 부동산임대업(읍·면 소재지 부동산)
② 일반과세자로부터 양수한 사업
③ 일반과세를 적용받는 사업장을 보유하고 있는 사업자
④ 둘 이상의 사업장이 있는 사업자의 사업장으로서 해당 사업장의 공급대가 합계액이 1억 400만원 이상인 경우

> **해설**
> 부동산임대업자는 공급대가가 1억 400만원 미만인 경우 간이과세를 적용받을 수 있다.

정답 17 ③ 18 ③ 19 ①

20 다음 중 부가가치세법상 간이과세자에 대한 설명으로 가장 옳지 않은 것은? [81회]

① 연간공급대가 미달로 납부의무면제자도 신고불성실가산세가 적용된다.
② 간이과세 포기신고를 한 개인사업자는 3년이 되는 날이 속하는 과세기간까지는 간이과세자에 관한 규정을 적용받지 못한다.
③ 영세율적용 과세표준의 무신고, 미달신고로 인한 가산세는 간이과세자도 적용된다.
④ 간이과세자의 경우도 미등록가산세는 부과된다.

해설
공급대가가 4,800만원 미만으로 납부의무가 면제되는 간이과세자에 대하여는 무(과소)신고불성실 가산세, 영세율과세표준 불성실가산세와 허위등록 가산세를 적용하지 아니한다.

21 다음 중 부가가치세법상 설명으로 가장 잘못된 것은? [81회]

① 세금계산서를 발급 후 폐업을 한 경우 폐업 이후 수정세금계산서 발급이 불가능하다.
② 간이과세자는 영수증 발급이 가능하다.
③ 간이과세자는 영세율이 적용되지 않는다.
④ 법인사업자인 음식점도 의제매입세액 공제가 가능하다.

해설
간이과세자도 영세율 적용이 가능하다.

22 다음 중 부가가치세법상 간이과세를 적용할 수 있는 업종은? [80회]

① 광 업
② 변호사·세무사업
③ 양복점
④ 서울특별시지역에 소재하는 과세유흥장소

20 ① 21 ③ 22 ③ 정답

23 다음 중 부가가치세법상 일반과세자와 간이과세자의 비교설명으로 틀린 것은? [79회]

① 영세율 적용 사업자 이외의 부가가치세의 기본세율은 일반과세자 및 간이과세자 모두 10%이다.
② 미등록가산세(명의위장등록 제외)의 경우 일반과세자는 공급가액이 1%이고, 간이과세자는 공급대가의 0.5%이다.
③ 일반과세자는 납부의무면제가 없고 간이과세자는 해당 과세기간에 공급대가가 3천만원 미만 시 신고와 납부의무가 면제된다.
④ 간이과세자의 경우 예정부과 시 징수하여야 할 금액이 50만원 미만인 경우 이를 징수하지 아니한다.

[해설]
간이과세자가 해당 과세기간에 4,800만원 미만 시 신고해야 납부의무가 면제된다.

24 다음 중 부가가치세법상 간이과세자에 대한 설명으로 틀린 설명은? [78회]

① 개인사업자만 간이과세자가 될 수 있다.
② 도매업은 간이과세 배제업종이지만, 소매업을 겸영 시 간이과세자가 가능하다.
③ 직전 1역년분의 공급대가가 1억 400만원 미만이어야 한다.
④ 위 ③의 금액을 계산 시 직전 1역년 중 휴업한 사업자는 휴업기간을 제외한 잔여기간의 공급대가를 12월로 환산한 금액을 기준으로 한다.

[해설]
도매업과 소매업을 겸영하여도 간이과세 배제업종에 해당된다.

25 다음 중 부가가치세법상 간이과세자의 부가가치율이 틀린 것은? [73회]

① 숙박업 : 25%
② 소매업, 음식점업 : 20%
③ 건설업 : 30%
④ 금융 및 보험 관련 서비스업 : 40%

[해설]
소매업·음식점업은 15%이다.

정답 23 ③ 24 ② 25 ②

26 다음 중 부가가치세법상 간이과세자에 해당될 수 있는 자는? [66회]

① 부동산매매업을 하는 자로 직전 연도 공급대가가 3,000만원인 법인사업자
② 변호사를 하는 자로 직전 연도 공급대가가 3,500만원인 개인사업자
③ 약품도매업을 하는 자로 직전 연도 공급대가가 4,000만원인 개인사업자
④ 음식점을 하는 자로 직전 연도 공급대가가 4,500만원인 개인사업자

해설

간이과세 배제업종에 해당되지 아니하여야 하며, 직전 연도 공급대가가 1억 400만원 미만이어야 간이과세를 적용받을 수 있다.

26 ④ 정답

PART 3
국세기본법

제1장	국세기본법의 총칙
제2장	국세부과원칙과 세법적용원칙
제3장	납세의무의 성립·확정·소멸
제4장	조세채권의 확보
제5장	과 세
제6장	국세환급금과 국세환급가산금
제7장	조세불복제도
제8장	납세자의 권리
제9장	보 칙

많이 보고 많이 겪고 많이 공부하는 것은 배움의 세 기둥이다.

– 벤자민 디즈라엘리 –

PART 3 국세기본법

국세기본법의 총칙

01 국세기본법의 개요

1 국세기본법의 개념

(1) 국세기본법의 목적과 내용

국세기본법은 국세에 관한 기본적이고 공통적인 사항과 위법 또는 부당한 국세처분에 대한 불복절차를 규정함으로써 국세에 관한 법률관계를 확실하게 하고, 과세의 공정을 기하여, 국민의 납세의무의 원활한 이행에 기여함을 목적으로 한다. 따라서, 국세기본법은 상기의 목적을 달성하기 위하여 국세에 대한 ① 기본적인 사항 및 ② 공통적인 사항과 ③ 위법·부당한 국세처분에 대한 불복절차를 규정하고 있다.

(2) 국세기본법의 성격

국세기본법은 그 목적에 따라서 다음과 같은 성격을 갖게 된다.
① 국세기본법은 국세에 관한 기본적이고 공통적인 사항을 규정하는 총칙법이다.
② 국세기본법은 위법·부당한 국세처분에 대한 불복절차를 규정하는 불복절차법이다.
원래 1세목 1세법주의에 따라 세목마다 별도의 불복절차법을 두는 것이 보통이지만, 우리나라에서는 국세기본법(제7조)에서 일괄적으로 불복절차를 규정하고 있다.

2 국세기본법상 용어의 정의

(1) 국세와 세법

① **국세** : 국세란 국가가 부과하는 조세 중 소득세, 법인세, 상속세와 증여세, 종합부동산세, 부가가치세, 개별소비세, 주세, 인지세, 증권거래세, 교육세, 농어촌특별 및 교통·에너지·환경세를 말한다. 본래 관세도 넓은 의미에서는 국세에 속하지만, 국세기본법에 따른 '국세'라는 용어는 관세를 제외한 '내국세'만을 가리키는 것이다.

② **세법** : 세법이란 국세의 종목과 세율을 정하고 있는 법률(이를 개별세법이라고 함)과 국세징수법, 조세특례제한법, 국제조세조정에 관한 법률, 조세범 처벌법, 조세범 처벌절차법을 말한다. 본래 국세기본법, 지방세법, 관세법 등도 세법에 속하지만 국세기본법에 따른 '세법'이라는 용어는 이들을 포함하지 않는 것이다.

(2) 가산세와 가산금

① **가산세** : 세법에 규정하는 의무의 성실한 이행을 확보하기 위하여 그 세법에 의하여 산출한 세액에 가산하여 징수하는 금액을 가산세라 한다. 즉, 각종 의무의 불이행에 대해 가해지는 벌과금적 성격을 지닌다. 이때 가산세는 해당 세법이 정하는 국세의 세목에 속한다. 예를 들어 소득세에 관한 가산세는 그 자체가 소득세의 일부분인 것이다.

② **가산금** : 국세를 납부기한까지 납부하지 않은 경우에 국세징수법에 의하여 고지세액에 가산하여 징수하는 금액(= 국세징수법상의 '가산금')과 납부기한이 지난 후 일정기한까지 납부하지 아니한 때에 그 금액에 다시 가산하여 징수하는 금액(= 국세징수법상의 '중가산금')을 가산금이라 한다. 따라서 가산금은 일종의 연체이자적인 성격을 가지고 있으며 이러한 가산금은 국세에 속하지 않는다.

구 분	가산세	가산금	중가산금
성 격	성실한 의무이행 확보	연체이자	연체이자
국세해당여부	국 세	국세 아님	국세 아님
비용인정여부	비용 불인정	비용 불인정	비용 불인정
이 율	각 세부규정	체납된 국세의 3%	체납된 국세의 매월 1.2%, 최장 60개월

③ **강제징수비** : 국세징수법 중 강제징수에 관한 규정에 의한 재산의 압류·보관·운반과 매각에 든 비용(매각을 대행시키는 경우 그 수수료 포함)을 말한다. 이러한 강제징수비도 국세에 속하지 않는다.

(3) 지방세 및 공과금

① **지방세** : 지방세기본법에서 규정하는 과세를 말한다.
② **공과금** : 국세징수법에 규정하는 강제징수의 예에 따라 징수할 수 있는 채권 중 국세·관세·임시수입부가세 및 지방세와 이에 관계되는 가산금과 강제징수비를 제외한 것을 말한다.

(4) 납세의무자와 납세자

① **납세의무자** : 세법에 따라 국세를 납부할 의무(국세를 징수하여 납부할 의무 제외)가 있는 자를 말한다.
② **납세자** : 납세의무자와 세법에 의하여 국세를 징수하여 납부할 의무를 지는 자(원천징수의무자, 부가가치세법상 대리납부의무자)를 말한다.
③ **제2차 납세의무자** : 납세의무자가 납세의무를 이행할 수 없는 경우에 납세자에 갈음하여 납세의무를 지는 자를 말한다.
④ **납세보증인** : 납세자의 국세, 가산금 또는 강제징수비의 납부를 보증하는 자를 말한다.
⑤ **원천징수의무자** : 법인세법이나 소득세법에서 규정한 일정한 소득이나 수입금액을 법인이나 거주자에게 지급하는 자를 말하며, 이러한 원천징수의무자는 동법의 규정에 의한 원천징수액을 징수하여 과세당국에 납부해야 한다.

[납세의무자와 납세자의 관계]

납세자	납세의무자	본래의 납세의무자, 납세의무를 승계받은 자, 연대납세의무자, 제2차 납세의무자(물적납세의무자 포함), 납세보증인
	징수납부의무자	원천징수의무자, 부가가치세 대리납부의무자

(5) 과세표준과 과세표준신고서

① **과세표준**: 과세표준이란 세법에 의하여 직접적으로 세액산출의 기초가 되는 과세물건의 수량 또는 가액을 말한다. 과세표준이 금액으로 표시되는 경우의 세목을 종가세라 하고, 수량으로 표시되는 경우의 세목을 종량세라 한다.

② **과세표준신고서**: 과세표준신고서란 국세의 과세표준과 국세의 납부 또는 환급을 위하여 필요한 사항을 기재한 신고서를 말한다.

③ **과제표준수정신고서**: 당초에 제출한 과세표준신고서의 기재사항을 수정하는 신고서를 말한다.

④ **전자신고**: 과세표준신고서 등 국세기본법 또는 세법에 따른 신고 관련 서류를 국세청장이 정하여 고시하는 정보통신망을 이용하여 신고하는 것을 말한다.

⑤ **법정신고기한**: 세법에 따라 과세표준신고서를 제출할 기한을 말한다.

(6) 세무공무원

① 일반적으로 세무공무원이란 국세청장, 지방국세청장, 세무서장 또는 그 소속 공무원 등에 해당하는 사람을 말한다.

② 국세에 관한 사무를 세관장이 관장하는 경우에는 당해 세관장과 그 소속 공무원을 말한다.

③ 국세를 시장, 군수, 구청장에게 위탁징수하는 경우에는 당해 시장, 군수, 구청장 또는 그 소속 공무원을 말한다.

(7) 특수관계인

특수관계인이란 다음의 자들을 말한다.

① 본인과 친족관계에 있는 자(본인이 개인인 경우에만 해당)

구 분	특수관계인
구체적 친족관계	㉠ 4촌 이내의 혈족 ㉡ 3촌 이내의 인척 ㉢ 배우자(사실혼자 포함) ㉣ 친생자로서 다른 사람에게 친양자 입양된 자 및 그 배우자와 직계비속 ㉤ 혼외 출생자의 생부·생모

② 본인과 임원/사용인 등 경제적 연관관계에 있는 자

③ 본인과 주주/출자자 등 경영지배관계에 있는 자

이 경우 국세기본법 및 세법을 적용할 경우 본인도 그 특수관계인의 특수관계인으로 본다(즉, 쌍방관계를 통해 양자간 기준을 모두 적용한다는 뜻).

3 국세기본법과 세법과의 관계

(1) 국세기본법 우선적용 원칙
① 원칙 : 원칙적으로 국세기본법은 개별세법에 우선하여 적용한다. 즉, 국세기본법은 국세에 관한 기본적인 사항과 공통적인 사항을 규정한 총칙법이므로 세법에 우선한다.
② 예외 : 다만, 개별세법에서 국세기본법에 대한 특례규정(= 국세기본법과 다른 내용의 규정)을 두고 있는 경우에는 그 세법의 규정을 따른다. 즉, 개별세법의 별도규정이 국세기본법보다 우선한다.

(2) 국세기본법과 행정심판법·감사원법과의 관계
① 행정심판법과의 관계 : 일반적으로 행정청과의 분쟁이 있는 경우 행정소송법에 의한 사법부의 심판을 받기 위해서는 반드시 국세기본법에 의한 불복절차를 거쳐야만 한다. 따라서 국세기본법은 국세불복에 관하여 행정심판법에 대한 특별법적 지위에 있다고 볼 수 있다.
② 감사원법과의 관계 : 납세자가 감사원법에 따라 감사원에 심사청구를 제기하는 경우에는 국세기본법의 심사청구 또는 심판청구를 할 수 없다. 즉, 납세자는 국세기본법에 의한 심사청구 또는 심판청구와 감사원법의 심사청구를 선택적으로 적용할 수 있으나, 동일한 국세처분에 대하여 두 가지의 불복절차를 중복적용할 수는 없는 것이다.

02 기간과 기한

1 기간계산

(1) 기간계산의 의의
기간이란 두 시점 사이의 연속적인 시간의 사이를 말한다. 기간의 계산은 국세기본법 또는 세법에 특별한 규정이 있는 것을 제외하고 민법의 기간계산 규정을 따른다.

(2) 기간의 계산
① 기간의 기산점 : 기간을 일·주·월·연으로 정한 때에는 기간의 초일을 산입하지 않는다(초일불산입의 원칙). 단, 다음의 경우에는 초일을 산입한다.
  ㉠ 기간이 오전 0시부터 시작되는 경우
  ㉡ 소득세법상 종합소득공제시 연령계산의 경우. 즉, 출생일을 산입한다.

② 기간의 만료점
　㉠ 기간을 일·주·월·연으로 정한 경우에는 기간 말일의 종료로 기간이 만료한다.
　㉡ 기간을 주·월·연으로 정한 경우에는 역에 따라 계산한다. 이를 역법적 계산법이라 한다. 즉, 기간을 일수로 환산하지 않고 계산하며, 월이나 년의 장단을 문제 삼지 않는 것이다.
　㉢ 기간을 주·월·연으로 정하고 초일불산입에 의하여 기간계산을 하는 경우에는 최후의 주·월·연에서 그 기산일의 전날로 기간이 만료한다.
　㉣ 월 또는 연으로 기간을 정한 경우로서 최종월에 해당 일이 없는 때에는 그 월의 말일로 기간이 만료한다.
　㉤ 기간의 말일이 공휴일에 해당하는 경우 그 다음 날로 기간이 만료한다.

2 기 한

(1) 기한의 특례

기한이란 법률행위의 효력발생, 소멸이나 채무이행을 위하여 정해진 일정한 시점을 말하는데, 다음과 같은 특례가 있다.

① 신고기한 등이 공휴일 등인 경우 : 국세기본법 또는 기타 세법에서 정하는 납세의무자의 신고·신청·청구·기타 서류의 제출·통지·납부 등에 관한 기한이 공휴일·토요일 및 근로자의 날에 해당하는 때에는 그 공휴일·토요일 및 근로자의 날의 다음 날을 기한으로 한다.

② 국세정보통신망이 장애로 가동이 정지된 경우 : 그 장애가 복구되어 신고 또는 납부할 수 있게 된 날의 다음 날을 기한으로 한다.

(2) 서류의 제출

① 일반적인 경우 : 일반적으로 서류제출(납세자가 과세당국에 제출)이나 서류송달(과세당국이 납세자에게 송달)의 법률적 효력은 해당 서류가 상대방에게 도달한 날에 발생한다(도달주의).

② 우편 등에 의한 서류제출 시 적용특례
　㉠ 우편으로 과세표준신고서·과세표준수정신고서·경정청구서 또는 해당 신고·청구와 관련된 서류를 제출하는 경우에는 우편법에 의한 통신일부인이 찍힌 날에 신고된 것으로 본다(발신주의).
　㉡ 만약 통신일부인이 찍히지 않았거나 불분명한 경우에는 통상 소요되는 운송일수를 기준으로 발송한 날에 상당하다고 인정되는 날을 기준으로 발송일을 판단한다.

③ 전자신고
　㉠ 과세표준신고서·과세표준수정신고서 또는 해당 신고와 관련된 서류를 전자신고하는 경우에는 국세정보통신망에 전송된 때에 신고된 것으로 본다.
　㉡ 이렇게 전자신고된 경우 과세표준신고·과세표준수정신고와 관련된 서류 중 그 원본을 제출하기 곤란한 증명서 등 국세청장이 지정하는 서류는 제출기한을 연장할 수 있는데, 해당 서류에 대한 제출기한의 연장은 10일로 하되, 부가가치세법상 조기환급에 필요한 서류의 제출기한의 연장은 국세청장이 따로 정하여 고시한다.

3 기한의 연장

(1) 천재지변 등으로 인한 기한의 연장

① **기한연장사유** : 다음의 사유로 국세기본법상 또는 세법에서 규정하는 신고·신청·청구·기타 서류의 제출·통지·납부를 정해진 기한까지 할 수 없다고 인정되는 경우나 납세자가 기한연장을 신청한 경우에는 관할 세무서장은 그 기한을 연장할 수 있다. 이때 필요한 경우 관할 세무서장은 담보의 제공을 요구할 수 있다.
  ㉠ 천재지변
  ㉡ 납세자가 화재·전화·기타 재해를 입거나 도난을 당한 때
  ㉢ 납세자·그 동거가족이 질병으로 위중하거나 사망하여 상중인 때
  ㉣ 권한있는 기관에 장부·서류가 압수 또는 영치된 때
  ㉤ 정전, 프로그램의 오류, 기타 부득이한 사유로 한국은행(그 대리점 포함) 및 체신관서의 정보통신망의 정상적인 가동이 불가능한 때
  ㉥ 금융기관(한국은행 국고대리점 및 국고수납대리점인 금융기관에 한함) 또는 체신관서의 휴무 등으로 정상적인 세금납부가 곤란하다고 국세청장이 인정하는 경우
  ㉦ ㉡ ~ ㉣에 준하는 사유가 있는 때
  ㉧ 납세자가 그 사업에 심한 손해를 입거나 사업이 중대한 위기에 처한 때(납부의 경우만 해당)
  ㉨ 납세자의 형편, 경제적 사정 등을 고려하여 기한의 연장이 필요하다고 인정되는 경우로서 국세청장이 정하는 기준에 해당하는 때(납부의 경우만 해당)
  ㉩ 기장을 대리하는 세무사 등이 화재, 전화, 그 밖의 재해를 입거나 도난을 당한 경우

② **기한연장의 신청과 승인**
  ㉠ **신청방법**
    • 국세기본법상 기한연장 사유로 인한 기한연장은 납세자의 신청 또는 관할 세무서장의 직권에 의하여 연장할 수 있다.
    • 납세자가 신청에 의하여 기한연장을 받기 위해서는 해당 납세자가 기한 만료일 3일 전까지 문서로 신청하여야 하며, 관할 세무서장의 직권에 의하여 기한을 연장한 때에는 문서로 지체없이 관계인에게 통지해야 한다. 다만, 행정기관의 장은 기한연장을 신청하는 자가 기한 만료일 3일 전까지 신청할 수 없다고 인정하는 경우에는 기한 만료일까지 신청하게 할 수 있다.
  ㉡ **예외** : 그러나 다음에 해당하는 경우에는 관보 또는 일간신문에 공고하는 방법으로 통지에 갈음할 수 있다.
    • 정전, 프로그램의 오류, 기타 부득이한 사유로 한국은행(그 대리점 포함) 및 체신관서의 정보통신망의 정상적인 가동이 불가능한 상태가 전국적으로 일시에 발생하는 경우
    • 기한연장의 통지대상자가 불특정다수인인 경우
    • 기한연장의 사실을 그 대상자에게 개별적으로 통지할 시간적 여유가 없는 경우

③ **기한연장의 범위** : 천재지변 등의 사유에 의한 기한연장의 기간은 3개월 이내로 하되, 해당 기한연장사유가 그때까지 소멸되지 않는 경우에 관할 세무서장은 1개월의 범위 내에서 그 기한을 다시 연장할 수 있다. 다만, 신고 및 납부와 관련된 기한연장은 9개월을 넘지 않는 범위 내에서 관할 세무서장이 이를 연장할 수 있다.

④ **분할납부한도** : 기한연장 기간 중의 분납기한 및 분납금액은 관할 세무서장이 정할 수 있으며, 관할 세무서장은 기한연장의 기간이 6개월을 초과하는 경우에는 가능하면 6개월이 지난 날부터 3개월 이내에 균등액을 분납할 수 있도록 정해야 한다.

⑤ **기한연장에 따른 담보의 제공** : 관할 세무서장은 납부기한을 연장하는 경우에 납부할 금액에 상당하는 담보의 제공을 요구할 수 있다.

그러나 다음의 경우에는 담보의 제공을 요구할 수 없다.

㉠ 납세자가 그 사업에 심한 손해를 입거나 사업이 중대한 위기에 처한 경우로서 관할 세무서장이 납부하여야 할 금액, 연장되는 납부기한 및 납세자의 과거 납세 또는 체납액 납부내역 등을 고려하여 납세자가 그 연장된 납부기한까지 해당 국세를 납부할 수 있다고 인정하는 경우

㉡ 납세자가 천재지변·화재·전화, 기타 재해를 입거나 도난을 당한 경우

㉢ 정전, 프로그램의 오류, 기타 부득이한 사유로 한국은행(그 대리점 포함) 및 체신관서의 정보통신망의 정상적인 가동이 불가능한 경우

㉣ 금융기관(한국은행 국고대리점 및 국고수납대리점인 금융기관에 한함) 또는 체신관서의 휴무 등으로 정상적인 세금납부가 곤란하다고 국세청장이 인정하는 경우

㉤ 기타 ㉡ ~ ㉣에 준하는 사유에 해당하는 경우

(2) 송달지연에 따른 납부기한의 연장

① **적용대상** : 송달지연이란 국가의 책임유무에 불구하고 납부고지서 등이 해당 납세자에게 현실적으로 송달이 지연되는 것을 말한다. 송달지연 적용대상으로는 납부고지서, 독촉장, 납부최고서가 있다.

② **일반적인 경우** : 납부고지서 등이 다음 어느 하나에 해당하는 경우에는 도달한 날부터 14일이 지난 날을 납부기한으로 한다. 즉, 송달지연으로 인한 납부기한의 연장은 별도의 신청절차가 필요없이 자동으로 연장된다.

㉠ 도달한 날에 이미 납부기한이 지난 경우

㉡ 도달한 날부터 14일 이내에 납부기한이 되는 경우

③ **납기 전 징수를 위한 고지의 경우** : 국세기본법상 납기 전 징수를 위한 고지를 한 경우에는 다음의 날을 납부기한으로 한다.

㉠ 고지서가 도달한 날에 이미 납부기한이 지난 때에는 그 도달한 날

㉡ 고지서의 도달 후 납부기한이 도래하는 때에는 그 도래하는 날

(3) 납부기한연장의 취소

한편, 세무서장은 이처럼 납부기한을 연장해 준 후 납세자가 다음에 해당하는 때에는 그 납부기한의 연장을 취소하고, 납부기한의 연장이 취소된 국세를 즉시 징수할 수 있다.

① 담보의 제공 등 세무서장의 요구에 응하지 아니한 때

② 국세징수법상 납기 전 징수사유에 해당하여 그 연장한 납부기한까지 해당 연장된 국세 전액을 징수할 수 없다고 인정되는 때

③ 다음에 해당하는 사유로 인하여 납부기한이 연장된 경우에 해당 사유가 소멸되어 정상적인 세금납부가 가능한 경우
  ㉠ 금융기관(한국은행 국고대리점 및 국고수납대리점인 금융기관에 한함) 또는 체신관서의 휴무 등으로 정상적인 세금납부가 곤란하다고 국세청장이 인정하는 경우
  ㉡ 정전, 프로그램의 오류, 기타 부득이한 사유로 한국은행(그 대리점 포함) 및 체신관서의 정보통신망의 정상적인 가동이 불가능한 때

03 서류의 송달

1 서류의 송달장소

서류의 송달이란 과세당국이 국세에 관한 행정처분의 내용을 기재한 서류를 송부하여 납세자 또는 이해관계인에게 도달하게 하는 것을 말한다. 국세기본법에서는 서류의 송달장소, 서류의 송달방법(원칙 : 교부송달·우편송달·전자송달, 예외 : 공시송달)의 특징과 절차규정을 구체적으로 규정하고 있다.

(1) 일반적인 경우
서류는 그 명의인의 주소, 거소, 영업소 또는 사무소(전자송달인 경우에는 명의인의 전자우편 주소)에 송달한다.

(2) 상속이 개시된 경우
상속이 개시된 경우에 상속재산 관리인이 있는 때에는 그 상속재산 관리인의 주소 또는 영업소에 송달한다. 이를 변경한 때에도 또한 같다.

(3) 납세관리인이 있는 경우
납세관리인이 있는 때에는 납세의 고지와 독촉에 관한 서류는 납세관리인의 주소 또는 영업소에 송달한다. 단, 납세의 고지와 독촉에 관한 서류 이외의 서류는 해당 명의인의 주소, 거소, 영업소 또는 사무소(전자송달인 경우에는 명의인의 전자우편주소)에 송달하여야 한다.

(4) 송달장소를 신고한 경우
서류의 송달을 받을 자가 주소 또는 영업소 중 송달받을 장소를 신고한 때에는 그 신고된 장소에 송달해야 한다.

(5) 연대납세의무자에게 서류송달하는 경우
연대납세의무자에게 서류를 송달하는 경우에는 그 대표자를 명의인으로 하되, 대표자가 없는 때에는 연대납세의무자 중 국세징수상 유리한 자를 명의인으로 한다. 다만, 납부고지와 독촉에 관한 서류는 연대납세의무자 모두에게 각각 송달해야 한다.

(6) 구속된 사람 등에 대한 송달의 경우

송달받아야 할 사람이 교정시설 또는 국가경찰관서의 유치장에 체포 구속 또는 유치된 사실이 확인된 경우에는 해당 교정시설의 장 또는 국가경찰관서의 장에게 송달한다.

2 원칙적인 송달방법

서류의 송달은 교부송달·우편송달 또는 전자송달을 원칙으로 한다. 그러나 교부송달·우편송달 또는 전자송달이 불가능하거나 곤란한 경우에는 서류의 요지를 공고하는 방식인 공시송달에 의한다.

(1) 교부송달

① 교부송달방법 : 해당 행정기관의 소속공무원이 해당 서류를 송달할 장소에서 명의인에게 교부하는 것을 원칙으로 한다. 교부송달 시 명의인이 송달받기를 거부하지 아니하면 송달할 장소가 아닌 다른 장소에서 교부할 수 있다.

② 명의인을 그르친 경우 : 송달할 장소에서 명의인을 만나지 못한 때에는 사용인 또는 동거인으로서 사리를 판별할 수 있는 자에게 서류를 송달할 수 있다. 만약, 명의인 또는 그 사용인·동거인으로서 사리를 판별할 수 있는 자가 정당한 사유없이 서류의 수령을 거부하는 때에는 송달할 장소에 서류를 둘 수 있다. 이를 유치송달이라 한다.

※ 참고 : 송달장소와 명의인을 모두 그르친 경우에는 송달의 효력이 없음에 유의해야 한다.

③ 주소 또는 영업소를 이전한 경우 : 서류를 송달함에 있어서 송달을 받아야 할 자가 주소 또는 영업소를 이전한 때에는 주민등록표·법인등기부 등에 의하여 이를 확인하고, 그 이전한 장소에 송달해야 한다.

④ 송달서의 작성 : 교부송달에 의하여 서류를 교부한 때에는 송달서에 수령인으로 하여금 서명 날인을 하게 해야 한다. 이 경우 수령인이 서명 날인을 거부한 때에는 그 사실을 송달서에 부기해야 한다.

(2) 우편송달

① 일반적인 우편송달방법 : 우편에 의하여 서류를 송달할 때에는 통상우편 또는 등기우편에 의하여 할 수 있다. 그러나 다음의 경우에는 반드시 등기우편에 의해야 한다. 다만, 소득세 중간예납세액과 부가가치세 예정신고 고지세액의 납부고지서 및 신고납부세목에 대한 신고서를 법정신고기한까지 제출하였으나 세액의 전부 또는 일부를 납부하지 아니하여 발급하는 납부고지서로서 고지금액이 50만원 미만일 경우 통상우편으로 송달할 수 있다.

㉠ 납세의 고지·독촉·강제징수에 관계되는 서류의 송달
㉡ 세법에 의한 정부의 명령에 관계되는 서류의 송달
㉢ 국세환급금통지서(계좌이체 방식)의 송달

② 주소 또는 영업소를 이전한 경우 : 우편송달 시 송달을 받아야 할 자가 주소 또는 영업소를 이전한 때에는 주민등록표·법인등기부 등에 의하여 이를 확인하고, 그 이전한 장소에 송달해야 한다.

③ 유치송달 : 교부송달과 마찬가지로 등기우편에 의한 송달 시에도 명의인 또는 그 사용인·동거인으로서 사리를 판별할 수 있는 자가 정당한 사유없이 서류의 수령을 거부하는 때에는 송달할 장소에 서류를 둘 수 있다. 이를 유치송달이라 한다.

(3) 전자송달

① **전자송달의 신청**

㉠ 전자송달이란 과세당국이 정보통신망을 이용하여 납세자의 전자우편주소에 국세처분의 내용을 기재한 서류를 도달하게 하는 것을 말한다. 이때 전자송달은 서류의 송달을 받아야 할 자가 신청하는 경우에 한하여 적용한다. 다만, 납부고지서가 송달되기 전에 납세자가 국세정보통신망을 통해 소득세 중간예납세액과 부가가치세 예정고지세액·예정부과세액을 계좌이체의 방법으로 국세를 전액 자진납부한 경우의 납부한 세액에 대해서는 자진납부한 시점에 전자송달을 신청한 것으로 본다. 이는 과세관청의 행정부담을 줄이고 납세편의를 도모하기 위함이다.

㉡ 전자송달할 수 있는 서류와 내용은 다음과 같다.

전자송달할 수 있는 서류	내용
납부고지서	국세청장이 해당 납세자로 하여금 국세정보통신망에 접속하여 이를 열람할 수 있게 해야 한다.
국세환급금통지서	
독촉장	
신고안내문	국세청장은 해당 납세자가 지정한 전자우편주소로 이를 송달해야 한다.
기타 국세청장이 지정한 서류	

㉢ 전자송달의 개시 및 철회는 전자송달신청서를 접수한 다음 날부터 적용되며 철회한 자가 재신청하는 경우에는 철회신청일로부터 30일이 경과한 날 이후부터 신청할 수 있다.

② **전자송달이 불가능한 경우**: 다음의 사유로 전자송달이 불가능한 경우에는 교부송달 또는 우편송달에 의할 수 있다.

㉠ 국세정보통신망(HTS)의 장애로 전자송달이 불가능한 경우

㉡ 정보통신망의 장애로 전자송달이 불가능한 경우

㉢ 그 밖에 전자송달이 불가능한 경우로서 국세청장이 정하는 경우

③ **전자송달 서류의 철회 간주**: 납세자가 3회 연속으로 전자송달 서류를 아래 해당 기한까지 미열람한 경우 해당 기한의 다음 날에 전자송달 신청은 철회한 것으로 간주하며, 서류송달로 변경된다. 다만, 전자송달된 고지서 및 독촉장 납부기한까지 해당 국세를 전액 납부한 경우에는 열람한 것으로 간주한다.

㉠ 해당 서류에 납부기한이 정해진 경우 : 정해진 해당 기한

㉡ ㉠ 외의 경우 : 국세정보통신망에 해당 서류가 저장된 때부터 1개월이 되는 날

3 공시송달 : 예외적인 송달방법

(1) 공시송달의 사유

공시송달이란 다음의 일정한 사유로 교부송달·우편송달 또는 전자송달이 불가능하거나 곤란한 경우에 서류의 요지를 공고함으로써 송달에 갈음하는 효력을 발생시키는 법정절차를 말한다.

① 주소 또는 영업소가 국외에 있고 그 송달이 곤란한 경우

② 주소 또는 영업소가 분명하지 않은 경우. 여기서 주소 또는 영업소가 분명하지 않은 경우라 함은 주민등록표·법인등기부 등에 의하여도 확인할 수 없는 경우를 말한다.

③ 송달할 장소에 수취인이 부재 중인 경우로서 다음에 해당하는 경우
  ㉠ 서류를 등기우편으로 송달하였으나 수취인 부재로 반송되어 납부기한 내 송달이 곤란하다고 인정되는 경우
  ㉡ 세무공무원이 2회 이상 납세자를 방문(처음 방문과 마지막 방문의 기간이 3일[토요일, 공휴일 제외] 이상이어야 함)하여 교부송달 하고자 하였으나 부재 중인 것으로 확인되어 납부기한 내 송달이 곤란하다고 인정되는 경우

(2) 공시송달의 방법

다음 중 어느 한 가지 방법으로 서류의 요지를 공고한다.
① 국세정보통신망, 세무서 또는 해당 서류의 송달장소를 관할하는 시·군·구(자치구)의 게시판, 그 밖의 기타 적절한 장소에 게시하는 방법
② 관보 또는 일간신문에 게재

4 송달의 효력발생시기

(1) 교부송달·우편송달·전자송달의 경우 : 도달주의

송달의 방법에 따라 송달하는 서류는 송달받아야 할 자에게 도달한 때부터 효력이 발생한다. 다만, 전자송달의 경우에는 송달받을 자가 지정한 전자우편 주소에 입력된 때(국세정보통신망에 저장하는 경우에는 저장된 때)에 그 송달을 받아야 할 자에게 도달한 것으로 본다.

(2) 공시송달

공시송달의 경우에는 서류의 주요 내용을 공고한 날로부터 14일이 지나면 서류 송달이 된 것으로 본다.

04 인격

1 법인으로 보는 법인격 없는 단체

① 인격이란 권리·의무의 주체가 될 수 있는 자격 또는 지위를 말한다. 세법에서는 납세의무자로서 자연인과 법인으로 구분하여, 자연인의 소득에 대하여는 소득세법을 법인의 소득에 대하여는 법인세법을 적용하고 있다.
② 인격과 관련하여 자연인에 대해서는 민법에서 당연히 인격을 부여하고 있으나, 법인의 경우에는 설립등기를 하여야만 법인격을 부여하고 있다. 그런데, 설립등기를 하지 않아 법인격을 취득하지 못한 사단, 재단, 그 밖의 단체가 있을 때 이런 단체에 어떻게 과세할 것인가의 문제가 생긴다. 이에 따라 국세기본법에서는 이러한 단체를 법인으로 보는 단체와 법인으로 보지 아니하는 단체로 구분하고 있다.

2 법인으로 보는 단체

(1) 무조건 법인으로 보는 단체

법인이 아닌 단체 중 다음에 해당하는 경우로서 수익을 구성원에게 분배하지 않는 법인격 없는 단체는 이를 법인으로 보아 국세기본법과 세법을 적용한다.

① 주무관청의 허가 또는 인가를 받아 설립되거나 법령에 따라 주무관청에 등록한 사단·재단·기타 단체로서 등기되지 않은 것
② 공익을 목적으로 출연된 기본재산이 있는 재단으로서 등기되지 않은 것

(2) 신청·승인에 의하여 법인으로 보는 단체

관할 세무서장은 다음의 요건을 모두 갖춘 법인격 없는 단체의 신청이 있는 경우 과세당국의 승인에 의하여 법인으로 본다.

① 단체의 조직과 운영에 관한 규정을 가지고 대표자 또는 관리인을 선임하고 있을 것
② 단체 자신의 계산과 명의로 수익과 재산을 독립적으로 소유·관리할 것
③ 단체의 수익을 구성원에게 분배하지 않을 것

3 법인격 없는 단체에 대한 개별세법의 취급

(1) 법인세법

현행 법인세법은 법인으로 보는 법인격 없는 단체는 비영리법인으로 보아 법인세법을 적용한다.

(2) 소득세법

법인으로 보는 단체 외의 법인 아닌 단체는 거주자 또는 비거주자로 본다. 다만, 다음과 같이 1 거주자로 보는 경우와 공동사업으로 보는 경우로 구분하여 소득세법을 적용한다.

① 1거주자 : 단체의 대표자 또는 관리인이 선임되어 있으나 이익의 분배방법이나 분배비율이 정하여져 있지 않은 경우
② 공동사업 : 1거주자로 보는 법인격 없는 단체(①) 이외의 단체는 그 구성원들이 공동사업을 하는 것으로 본다.

(3) 상속세 및 증여세법

법인세법 또는 소득세법의 적용을 받는 모든 법인격 없는 단체는 비영리법인으로 보고 상속세 및 증여세법을 적용한다.

(4) 부가가치세법

부가가치세법에서는 법인격 없는 단체를 납세의무자로 규정하고 있으나, 법인사업자로 볼 것인지 개인사업자로 볼 것인지에 대한 명문 규정은 두지 않고 있다. 따라서, 법인으로 보는 법인격 없는 단체는 법인사업자로서 납세의무를 지고, 법인으로 보지 않는 법인격 없는 단체는 공동사업자로서 연대납세의무를 진다고 보아야 할 것이다.

제1장 단원별 기출문제

01 다음 중 국세기본법상 송달의 효력이 발생하는 경우는? [108회]

① 납세의 독촉에 관한 서류를 일반우편으로 송달한 경우
② 소득세법에 따른 중간예납세액(150만원)의 납세고지서를 일반우편으로 송달한 경우
③ 공시송달에 의하여 공고한 후 일주일이 경과한 때
④ 부가가치세 예정고지세액 납세고지서를 등기우편으로 송달한 경우

해설
납부의 고지·독촉·강제징수 또는 세법에 따른 정부의 명령과 관계되는 서류의 송달을 우편으로 할 때에는 등기우편으로 하여야 한다.

02 국세기본법상 법인격 없는 단체 중 신청에 의해 승인을 받아 법인으로 의제되는 단체의 요건으로 다음 중 옳지 않은 것은? [108회]

① 단체의 조직과 운영에 관한 규정을 가지고 있어야 한다.
② 대표자나 관리인을 선임하고 있어야 한다.
③ 단체 자신의 계산과 명의로 수익과 재산을 독립적으로 소유·관리하여야 한다.
④ 단체의 수익을 구성원에게 분배하여야 한다.

해설
법인으로 보는 사단, 재단, 그 밖의 단체 외의 법인 아닌 단체 중 다음의 요건을 모두 갖춘 것으로서 대표자나 관리인이 관할 세무서장에게 신청하여 승인을 받은 것도 법인으로 보아 이 법과 세법을 적용한다.
1. 사단, 재단, 그 밖의 단체의 조직과 운영에 관한 규정(規程)을 가지고 대표자나 관리인을 선임하고 있을 것
2. 사단, 재단, 그 밖의 단체 자신의 계산과 명의로 수익과 재산을 독립적으로 소유·관리할 것
3. 사단, 재단, 그 밖의 단체의 수익을 구성원에게 분배하지 아니할 것

03 다음 중 국세기본법상 세법에 따라 직접적으로 세액산출의 기초가 되는 과세대상의 수량 또는 가액을 무엇이라고 하는가? [107회]

① 원천징수
② 납세의무자
③ 과세기간
④ 과세표준

해설
과세표준이란 세법에 따라 직접적으로 세액산출의 기초가 되는 과세대상의 수량 또는 가액을 말한다.

정답 01 ④ 02 ④ 03 ④

04 다음 중 국세기본법상 기한연장의 사유로 옳지 않은 것은? [107회]

① 납세자가 화재, 전화(戰禍), 그 밖의 재해를 입거나 도난을 당한 경우
② 납세자 또는 그 동거가족이 질병이나 중상해로 6개월 이상의 치료가 필요하거나 사망하여 상중(喪中)인 경우
③ 권한 있는 기관에 장부나 서류가 압수 또는 영치된 경우
④ 납세자의 장부 작성을 대행하는 세무사가 단순 부재중이라 신고가 불가능한 경우

해설
납세자의 장부 작성을 대행하는 세무사가 화재, 전화, 그 밖의 재해를 입거나 도난을 당한 경우

05 다음 중 국세기본법상 우편으로 과세표준신고서 및 이와 관련된 서류를 제출한 경우의 효력발생일로 옳은 것은? [107회]

① 해당 서류가 상대방에게 도달한 날
② 우편날짜도장이 찍힌 날
③ 우편날짜도장이 분명하지 않은 경우 통상의 배송일수를 기준으로 도달한 날
④ 해당 서류가 상대방에게 도달한 날로부터 14일이 경과한 날

해설
우편으로 과세표준신고서, 과세표준수정신고서, 경정청구서 또는 과세표준신고·과세표준수정신고·경정청구와 관련된 서류를 제출한 경우 「우편법」에 따른 우편날짜도장이 찍힌 날(우편날짜도장이 찍히지 아니하였거나 분명하지 아니한 경우에는 통상 걸리는 배송일수를 기준으로 발송한 날로 인정되는 날)에 신고되거나 청구된 것으로 본다.

06 다음 중 국세기본법상 기한연장에 관한 설명으로 옳지 않은 것은? [106회]

① 기한연장은 6개월 이내로 하되, 해당 기한연장의 사유가 소멸되지 않는 경우 관할 세무서장은 1개월의 범위에서 그 기한을 다시 연장할 수 있다.
② 신고와 관련된 기한연장은 9개월을 넘지 않는 범위에서 관할 세무서장이 할 수 있다.
③ 기한의 연장을 받으려는 자는 기한 만료일 3일 전까지 해당 행정기관의 장에게 신청하여야 한다.
④ 기한연장의 통지대상자가 불특정 다수인 경우 관보 또는 일간신문에 공고하는 방법으로 통지를 갈음할 수 있다.

해설
기한연장은 3개월 이내로 하되, 해당 기한연장의 사유가 소멸되지 않는 경우 관할 세무서장은 1개월의 범위에서 그 기한을 다시 연장할 수 있다.

07 다음 중 국세기본법상 서류 송달의 효력 발생 시기에 관한 설명으로 옳지 않은 것은? [106회]

① 원칙적으로 송달하는 서류는 송달받아야 할 자에게 도달한 때부터 효력이 발생한다.
② 전자송달의 경우에는 송달받을 자가 지정한 전자우편주소에 입력된 때부터 효력이 발생한다.
③ 국세정보통신망에 저장하는 경우에는 저장된 때부터 효력이 발생한다.
④ 공시송달의 경우에는 서류의 주요 내용을 공고한 날부터 20일이 지나면 서류 송달이 된 것으로 본다.

> **해설**
> 공시송달의 경우에는 서류의 주요 내용을 공고한 날부터 14일이 지나면 서류 송달이 된 것으로 본다.

08 다음 중 국세기본법상 서류의 송달과 관련된 내용으로 옳지 않은 것은? [105회]

① 국세기본법 또는 세법에 따른 서류는 그 명의인에게 송달한다.
② 연대납세의무자에게 서류를 송달할 때에는 그 대표자를 명의인으로 하며, 대표자가 없을 때에는 연대납세의무자 중 국세를 징수하기에 유리한 자를 명의인으로 한다.
③ 납부의 고지와 독촉에 관한 서류는 연대납세의무자 모두에게 각각 송달하지 않고, 대표자를 명의인으로 하여 송달한다.
④ 송달을 받아야 할 자가 송달받기를 거부하지 아니하면 다른 장소에서 교부할 수 있다.

> **해설**
> 납부의 고지와 독촉에 관한 서류는 연대납세의무자 모두에게 각각 송달하여야 한다.

09 다음 중 국세기본법상 기간과 기한에 대한 설명으로 가장 잘못된 것은? [104회]

① 세법에서 규정하는 신고 등에 관한 기한이 공휴일인 경우에는 그 다음 날을 기한으로 한다.
② 세법에서 규정하는 신고기한 만료일에 국세정보통신망이 프로그램의 오류로 전자신고를 할 수 없는 경우에는 그 장애가 복구되어 신고할 수 있게 된 날의 다음 날을 기한으로 한다.
③ 우편으로 과세표준신고서를 제출한 경우 과세관청에 도달한 때에 신고된 것으로 본다.
④ 신고서 등을 전자신고하는 경우에는 해당 신고서 등이 국세청장에게 전송된 때에 신고된 것으로 본다.

> **해설**
> 우편으로 과세표준신고서 등과 관련된 서류를 제출한 경우 「우편법」에 따른 우편날짜도장이 찍힌 날에 신고되거나 청구된 것으로 본다.

정답 07 ④ 08 ③ 09 ③

10 다음 중 국세기본법상 서류의 송달에 관한 내용으로 잘못된 것은? [104회]

① 송달을 받아야 할 자가 송달받기를 거부하지 아니하면 다른 장소에서 교부할 수 있다.
② 송달받아야 할 자를 만나지 못하였을 때에는 그 사용인 등으로서 사리를 판별할 수 있는 사람에게 서류를 송달할 수 있다.
③ 납부의 고지와 관계되는 서류의 송달을 우편으로 할 때에는 원칙적으로 등기우편으로 하여야 한다.
④ 국세정보통신망의 장애로 전자송달을 할 수 없는 경우 공시송달의 방법으로 송달하여야 한다.

해설
국세정보통신망의 장애로 전자송달을 할 수 없는 경우에는 교부 또는 우편의 방법으로 송달할 수 있다.

11 다음 중 국세기본법상 공시송달 사유에 해당하지 않는 것은? [103회]

① 주소 또는 영업소가 국외에 있고 송달하기 곤란한 경우
② 주소 또는 영업소가 분명하지 아니한 경우
③ 수취인 부재중으로 반송됨으로써 납부기한 내에 송달이 곤란한 경우
④ 서류의 송달을 받아야 할 자 등 수취인이 정당한 사유 없이 서류의 송달을 거부하는 경우

해설
송달 거부 시에는 유치송달의 사유로 유치송달하여야 한다.

12 다음 중 국세기본법상 신고기한을 연장할 수 있는 사유가 아닌 것은? [103회]

① 천재지변이 발생한 경우
② 납세자가 화재, 전화 또는 그 밖의 재해를 입거나 도난을 당한 경우
③ 권한 있는 기관에 장부나 서류가 압수 또는 영치된 경우
④ 납세자가 그 사업이 중대한 위기에 처한 경우

해설
신고기한의 연장 사유에는 해당하지 않으며, 납부기한의 연장 사유에 해당한다.

13 다음 중 국세기본법상 기한과 기간에 대한 설명으로 틀린 것은? [102회]

① 국세의 신고기한이 근로자의 날에 해당하는 경우 근로자의 날의 다음 날을 기한으로 한다.
② 국세정보통신망을 이용하여 과세표준 신고를 하는 경우 해당 신고서가 전송된 때에 신고한 것으로 본다.
③ 사업에 현저한 손실이 발생하거나 부도의 우려가 있는 경우는 신고기한 연장 사유에 해당한다.
④ 기간의 계산은 세법에 특별한 규정이 있는 것을 제외하고는 민법에 따른다.

> **해설**
> 사업에 현저한 손실이 발생하거나 부도 또는 도산의 우려가 있는 경우는 신고기한 연장 사유에 해당하지 않는다.

14 다음 중 국세기본법상 요건을 갖춘 경우 전자송달을 할 수 있는 서류에 해당하지 않는 것은? [102회]

① 납부고지서
② 국세환급금통지서
③ 신고안내문
④ 과세예고통지서

> **해설**
> 전자송달할 수 있는 서류는 납부고지서, 국세환급금통지서, 신고안내문, 그 밖에 국세청장이 정하는 서류로 한다.

15 다음 중 국세기본법상 송달의 효력이 발생하는 경우는? [102회]

① 공시송달에 의하여 공고한 후 14일이 경과한 때
② 명의인의 송달장소가 아닌 관할 세무서에서 그 직계존속에게 전달한 때
③ 서류의 송달을 받은 자가 영업소 중에서 송달을 받을 장소를 정부에 신고했음에도 불구하고 주소지로 송달한 때
④ 100만원의 종합부동산세액의 납부고지서를 일반우편으로 송달한 때

> **해설**
> 공시송달한 경우 공고한 날부터 14일이 지나면 서류 송달이 된 것으로 본다.

정답 13 ③ 14 ④ 15 ①

16 다음 중 국세기본법상 기한 연장에 대한 설명으로 틀린 것은? [101회]

① 납세자의 동거가족이 질병이나 중상해로 6개월 이상의 치료가 필요할 때 기한 연장 사유로 인정된다.
② 기한연장을 받으려는 자는 기한 만료일까지 해당 행정기관의 장에게 신청해야 한다.
③ 행정기관의 장은 기한 연장의 신청이 있는 것에 대해 기한 만료 전까지 그 승인 여부를 통지하여야 한다.
④ 기한연장의 통지대상자가 불특정다수일 경우에는 행정기관장은 일간신문에 공고하는 방법으로 통지를 갈음할 수 있다.

해설
기한의 연장을 받으려는 자는 기한 만료일 3일 전까지 행정기관의 장에게 신청하여야 한다.

17 다음 중 국세기본법상 서류의 송달에 대한 설명으로 틀린 것은? [101회]

① 주소 또는 영업소가 분명하지 않은 경우에는 공시송달할 수 있다.
② 전자송달의 효력 발생 시기는 송달받을 자가 지정한 전자우편주소에 입력된 때의 다음 날에 도달한 것으로 본다.
③ 우편으로 송달하는 서류는 그 송달을 받아야 할 자에게 도달한 때로부터 효력이 발생한다.
④ 공시송달의 경우에는 그 내용을 공고한 날로부터 14일이 지나면 서류송달이 된 것으로 본다.

해설
전자송달의 경우에는 송달받을 자가 지정한 전자우편주소에 입력된 때에 그 송달을 받아야 할 자에게 도달한 것으로 본다.

18 국세기본법상 용어의 정의에 관한 설명으로 옳지 않은 것은? [100회]

① '납세의무자'는 세법에 따라 국세를 납부할 의무(국세를 징수하여 납부할 의무 포함)가 있는 자를 말한다.
② '지방세'는 국세에 해당하지 아니하고 지방세기본법에서 규정하는 세목을 말한다.
③ '세무공무원'은 국세청장, 지방국세청장, 세무서장 또는 그 소속 공무원을 말한다.
④ '과세표준'이란 세법에 따라 직접적으로 세액산출의 기초가 되는 과세대상의 수량 또는 가액을 말한다.

해설
납세의무자의 범위에 국세를 징수하여 납부할 의무가 있는 자는 제외한다.

정답 16 ② 17 ② 18 ①

19 다음 중 국세기본법상 기한의 연장에 대한 설명으로 잘못된 것은? [100회]

① 관할 세무서장은 천재지변이나 그 밖에 사유로 납세자가 기한 연장을 신청한 경우에만 그 기한을 연장할 수 있다.
② 기한의 연장을 받으려는 자는 기한 만료일 3일 전까지 문서로 관할 세무서장에게 신청하여야 한다.
③ 관할 세무서장은 그 승인 여부를 통지하여야 한다.
④ 기한연장은 3개월 이내로 하되, 해당 기한연장의 사유가 소멸되지 않는 경우 관할 세무서장은 1개월의 범위에서 그 기한을 다시 연장할 수 있다.

해설
관할 세무서장은 천재지변이나 그 밖에 사유로 국세기본법 또는 세법에서 규정하는 신고, 신청, 청구, 그 밖에 서류의 제출 또는 통지를 정하여진 기한까지 할 수 없다고 인정하는 경우에도 그 기한을 연장할 수 있다.

20 다음 중 국세기본법상 기간과 기한에 대한 설명으로 가장 잘못된 것은? [99회]

① 우편신고의 경우 우편법에 따른 통신날짜도장이 찍힌 날에 신고된 것으로 본다.
② 전자신고의 경우 해당 신고서가 전송된 날의 다음 날에 신고된 것으로 본다.
③ 납부기한이 공휴일인 경우 그 날의 다음 날을 기한으로 한다.
④ 기간을 일, 주, 월 또는 년으로 정한 때에는 원칙적으로 초일을 불산입한다.

해설
전자신고의 경우에는 전송된 때에 신고한 것으로 본다.

21 다음 중 국세기본법상 기간과 기한에 대한 설명으로 가장 옳지 않은 것은? [98회]

① 신고기한 등이 근로자의 날인 경우에는 그 날의 다음 날을 기한으로 한다.
② 우편으로 서류를 제출한 경우 상대방에게 도착한 날에 신고되거나 청구된 것으로 본다.
③ 신고와 관련된 기한연장은 9개월을 넘지 아니하는 범위에서 관할 세무서장이 할 수 있다.
④ 세무사법에 따라 납세자의 장부 작성을 대행하는 세무사 등이 재해를 입은 경우에 기한연장을 받고자 하는 자는 기한 만료일 3일 전까지 신청하여야 한다.

해설
우편으로 서류를 제출한 경우 「우편법」에 따른 우편날짜도장이 찍힌 날(우편날짜도장이 찍히지 아니하였거나 분명하지 아니한 경우에는 통상 걸리는 배송일수를 기준으로 발송한 날로 인정되는 날)에 신고되거나 청구된 것으로 본다.

정답 19 ① 20 ② 21 ②

22 다음 중 국세기본법상 공시송달 할 수 있는 경우에 해당하지 않는 것은? [98회]

① 주소 또는 영업소가 국외에 있고 송달하기 곤란한 경우
② 주소 또는 영업소가 분명하지 아니한 경우
③ 송달할 장소에서 서류를 송달받아야 할 자 또는 그 사용인이나 그 밖의 종업원 또는 동거인으로서 사리를 판별할 수 있는 사람이 정당한 사유 없이 서류 수령을 거부하는 경우
④ 송달받아야 할 자가 송달할 장소에 없는 경우로서 서류를 등기우편으로 송달하였으나 수취인이 부재중인 것으로 확인되어 반송됨으로써 납부기한 내에 송달이 곤란하다고 인정되는 경우

해설
송달할 장소에서 서류를 송달받아야 할 자를 만나지 못하였을 때에는 그 사용인이나 그 밖의 종업원 또는 동거인으로서 사리를 판별할 수 있는 사람에게 서류를 송달할 수 있으며, 서류를 송달받아야 할 자 또는 그 사용인이나 그 밖의 종업원 또는 동거인으로서 사리를 판별할 수 있는 사람이 정당한 사유 없이 서류 수령을 거부할 때에는 송달할 장소에 서류를 둘 수 있다.

23 다음 중 국세기본법상 서류의 송달에 대한 설명으로 옳지 않은 것은? [97회]

① 납세의 고지와 독촉에 관한 서류는 연대납세의무자 모두에게 각각 송달하여야 한다.
② 전자송달은 서류를 송달받아야 할 자가 신청한 경우에만 적용한다.
③ 서류를 송달받아야 할 자의 주소 또는 영업소가 분명하지 아니한 경우 서류의 주요 내용을 공고한 날부터 14일이 지나면 서류송달이 된 것으로 본다.
④ 납부의 고지·독촉·강제징수에 관계되는 서류의 송달을 우편으로 할 때에는 원칙적으로 일반우편으로 할 수 있다.

해설
납부의 고지·독촉·강제징수 또는 세법에 따른 정부의 명령과 관계되는 서류의 송달을 우편으로 할 때에는 등기우편으로 하여야 한다. 다만, 소득세법에 따른 중간예납세액의 납부고지서, 부가가치세법에 따른 납부고지서 및 국세에 대한 과세표준신고서를 법정신고기한까지 제출하였으나 과세표준신고액에 상당하는 세액의 전부 또는 일부를 납부하지 아니하여 발급하는 납부고지서로서 50만원 미만에 해당하는 납부고지서는 일반우편으로 송달할 수 있다.

24 다음 중 국세기본법상 기간과 기한에 대한 설명으로 잘못된 것은? [95회]

① 세법에서 규정하는 기간의 계산은 국세기본법 또는 세법에 특별한 규정이 있는 것을 제외하고는 민법에 따른다.
② 기간을 일, 주, 월 또는 년으로 정한 때에는 원칙적으로 기간의 초일을 산입한다.
③ 납부기한이 공휴일, 토요일인 때에는 그 날의 다음 날을 기한으로 한다.
④ 우편신고의 경우 우편 날짜 도장이 찍힌 날에 신고된 것으로 본다.

해설
초일 불산입의 원칙

정답 22 ③ 23 ④ 24 ②

25 다음 중 국세기본법상 국세에 해당하지 않는 것은? [94회]

① 종합부동산세　　　　　② 소득세
③ 부가가치세　　　　　　④ 재산세

해설
재산세는 지방세이다.

26 다음 중 국세기본법상 서류의 송달에 대한 설명으로 옳은 것은? [94회]

① 납부의 고지와 독촉에 관한 서류는 연대납세의무자 중 대표자에게 송달한다.
② 서류 송달은 반드시 교부, 우편 두 가지 방법으로 해야 한다.
③ 송달하는 서류는 등기우편을 발송한 때부터 효력이 발생한다.
④ 소득세법에 따른 중간예납세액의 납부고지서로서 50만원 미만인 경우 일반우편에 의해 송달할 수 있다.

27 다음 중 국세기본법상 용어에 대한 설명으로 가장 옳지 않은 것은? [93회]

① 가산세란 납세의무의 성실한 이행을 확보하기 위하여 세법에 따라 산출한 세액에 가산하여 징수하는 금액을 말한다.
② 과세표준이란 세액산출의 기초가 되는 과세대상의 수량 또는 가액을 의미한다.
③ 세무공무원이란 국세징수법에 따라 국세를 구청장에게 위탁하여 징수하는 경우 해당 구청장 또는 소속 공무원을 포함한다.
④ 임원, 사용인 등 경제적 연관관계가 있는 경우 세법상 특수관계인으로 본다.

해설
세무공무원에 해당하지 않는다.

28 다음 중 국세기본법상 관할 세무서장에게 신청 후 승인을 받는 법인으로 보는 단체에 대한 설명으로 틀린 것은? [93회]

① 단체의 조직과 운영에 관한 규정을 가지고 대표자 등을 선임할 것
② 단체 자신의 계산과 명의로 수익과 재산을 독립적으로 소유, 관리할 것
③ 단체의 수익을 구성원에게 분배하지 않을 것
④ 공익을 목적으로 출연된 기본재산이 있는 재단으로서 등기되지 아니한 경우

해설
공익을 목적으로 출연된 기본재산이 있는 재단으로서 등기되지 아니한 경우 관할 세무서장의 승인을 요하지 않는다.

정답　25 ④　26 ④　27 ③　28 ④

29 다음 중 국세기본법상 신고기한의 연장 사유로 옳지 않은 것은? [92회]

① 납세자가 화재 등의 재해를 입거나 도난을 당한 경우
② 납세자가 그 사업에 심한 손해를 입거나 중대한 위기에 처한 경우
③ 권한 있는 기관에 장부 또는 서류가 압수 또는 영치된 경우
④ 장부작성을 대행하는 세무사가 화재 등의 재해를 입거나 도난을 당한 경우

해설
납세자가 그 사업에 심한 손해를 입거나 중대한 위기에 처한 경우에는 납부기한의 연장만 가능하다.

30 다음 중 국세기본법상 서류의 송달에 대한 설명으로 옳지 않은 것은? [92회]

① 교부에 의한 서류송달의 경우 송달을 받아야 할 자가 송달받기를 거부하지 아니하면 다른 장소에서 교부할 수 있다.
② 소득세 중간예납세액 및 부가가치세 예정고지세액의 납부고지서로서 10만원 이상에 해당하는 납부고지서는 모두 등기우편으로 송달하여야 한다.
③ 납세의 고지와 독촉에 관한 서류는 연대납세의무자 모두에게 각각 송달하여야 한다.
④ 주소 또는 영업소가 국외에 있고 송달하기 곤란한 경우 공시송달을 할 수 있다.

해설
소득세 중간예납세액 및 부가가치세 예정고지세액의 납부고지서로서 50만원 미만에 해당하는 납부고지서는 일반우편으로 송달할 수 있다.

31 다음 중 국세기본법상 기간과 기한에 대한 설명으로 틀린 것은? [91회]

① 납부 또는 징수에 관한 기한이 공휴일, 토요일이거나 근로자의 날일 때에는 공휴일, 토요일 또는 근로자의 날의 다음 날을 기한으로 한다.
② 신고기한 만료일 또는 납부기한 만료일에 국세정보통신망이 대통령령으로 정하는 장애로 가동이 정지되어 전자신고 또는 전자납부를 할 수 없는 경우에는 그 장애가 복구되어 신고 또는 납부할 수 있게 된 날의 다음 날을 기한으로 한다.
③ 천재지변 등의 사유로 정해진 기한까지 신고, 납부를 할 수 없다고 인정하는 경우 관할 세무서장은 대통령령으로 정하는 바에 따라 그 기한을 연장할 수 있다.
④ 납세자가 신고·납부의 기한연장을 신청한 경우에 관할 세무서장은 무조건 그 기한을 연장하여야 한다.

32. 국세기본법상 서류의 송달에 대한 설명으로 옳지 않은 것은? [91회]

① 서류의 송달을 받을 자가 주소 또는 영업소 중에서 송달을 받을 장소를 신고한 때에는 그 신고된 장소에 송달하여야 한다.
② 송달할 장소에서 서류를 송달받아야 할 자를 만나지 못하였을 때에는 그 사용인이나 그 밖의 종업원 또는 동거인으로서 사리를 판별할 수 있는 사람에게 서류를 송달할 수 있다.
③ 연대납세의무자에게 납부의 고지와 독촉에 관한 서류를 송달할 때에는 그 대표자를 명의인으로 하며, 대표자가 없을 때에는 연대납세의무자 중 국세징수상 유리한 자를 명의인으로 하여 송달하여야 한다.
④ 서류를 송달받아야 할 자 또는 그 사용인이나 그 밖의 종업원 또는 동거인으로서 사리를 판결할 수 있는 사람이 정당한 사유 없이 서류 수령을 거부할 때에는 송달할 장소에 서류를 둘 수 있다.

해설
연대납세의무자에게 서류송달을 할 때에는 그 대표자를 명의인으로 하며, 대표자가 없는 때에는 연대납세의무자 중 국세를 징수하기에 유리한 자를 명의인으로 한다. 다만, 납부의 고지와 독촉에 대한 서류는 연대납세의무자 모두에게 각각 송달하여야 한다.

33. 다음 중 국세기본법에서 사용하고 있는 용어의 뜻이 잘못 기술된 것은? [90회]

① 세법(稅法)이란 국세에 관한 기본적이고 공통적인 사항이 규정되어 있는 「국세기본법」을 말한다.
② 원천징수(源泉徵收)란 세법에 따라 원천징수의무자가 국세를 징수하는 것을 말한다.
③ 납세의무자란 세법에 따라 국세를 납부할 의무가 있는 자를 말한다.
④ 제2차 납세의무자란 납세자가 납세의무를 이행할 수 없는 경우에 납세자를 갈음하여 납세의무를 지는 자를 말한다.

해설
세법(稅法)이란 국세의 종목과 세율을 정하고 있는 법률과 「국세징수법」, 「조세특례제한법」, 「국제조세조정에 관한 법률」, 「조세범 처벌법」 및 「조세범 처벌절차법」을 말한다.

34. 다음 중 국세기본법상 서류 송달의 방법을 설명한 내용으로 틀린 것은? [90회]

① 서류 송달은 교부, 우편 또는 전자송달의 방법으로 한다.
② 납세의 고지·독촉·강제징수 또는 세법에 따른 정부의 명령과 관계되는 서류의 송달을 우편으로 할 때에는 일반우편으로 하여야 한다.
③ 교부에 의한 서류 송달은 해당 행정기관의 소속 공무원이 서류를 송달할 장소에서 송달받아야 할 자에게 서류를 교부하는 방법으로 한다.
④ 송달하는 서류는 송달받아야 할 자에게 도달한 때부터 효력이 발생한다. 다만, 전자송달의 경우에는 송달받을 자가 지정한 전자우편주소에 입력된 때에 그 송달을 받아야 할 자에게 도달한 것으로 본다.

해설
일반우편이 아닌 등기우편으로 하여야 한다.

정답 32 ③ 33 ① 34 ②

35 국세기본법상 법인격 없는 단체 중 신청에 의해 법인으로 보는 단체에 대한 설명이다. 다음 중 옳지 않은 것은? [89회]

① 단체의 수익을 구성원에게 분배하지 않아야 한다.
② 단체의 조직과 운영에 관한 규정을 가지고 있어야 한다.
③ 단체의 대표자나 관리인이 선임되어야 한다.
④ 단체의 재산을 대표자 명의의 재산으로 관리해야 한다.

해설
단체 자신의 계산과 명의로 수익과 재산을 독립적으로 소유·관리하여야 한다.

36 국세기본법상 전자신고에 관한 설명으로서 옳지 않은 것은? [88회]

① 신고기한일이나 납부기한일에 국세정보통신망이 대통령령으로 정하는 장애로 가동이 정지되어 전자신고를 할 수 없는 경우에는 그 장애가 복구되어 신고 또는 납부할 수 있게 된 날의 다음 날을 기한으로 한다.
② 전자신고의 신고일은 해당 신고서 등이 국세청장에게 전송된 때로 한다.
③ 전자신고는 납세자의 신청에 대하여 관할 세무서장이 승인하는 경우에 한하여 적용할 수 있다.
④ 전자신고를 하는 경우 동 전자신고를 할 때 제출하여야 할 관련서류는 10일의 범위에서 제출기한을 연장할 수 있다.

해설
전자신고는 납세자의 신청 및 승인 절차를 요구하지 아니한다.

37 다음은 국세기본법상 법인으로 보는 단체를 설명한 것 중 가장 옳지 않은 것은? [87회]

① 수익을 구성원에게 분배하지 아니하여야 한다.
② 주무관청의 허가 또는 인가를 받아 설립된 단체로서 등기되지 아니하여야 한다.
③ 공익목적으로 출연된 재단으로 등기되어야 한다.
④ 조직과 운영에 관한 규정을 가지고 대표자나 관리인을 선임하고 있어야 한다.

해설
공익목적으로 출연된 재단으로 등기되지 아니하여야 한다.

38 국세기본법상 기한연장에 관한 내용으로 옳지 않은 것은? [87회]

① 납세자가 화재 기타 재해로 인하여 신고·납부를 정하여진 기한까지 할 수 없다고 인정되는 경우에는 관할 세무서장은 신고·납부기한을 연장할 수 있다.
② 납세자 동거가족의 사망으로 상중이어서 신고·납부를 정하여진 기한까지 할 수 없다고 인정되는 경우에는 관할 세무서장은 신고·납부기한을 연장할 수 있다.
③ 납세자의 부도발생으로 사업이 중대한 위기에 처하여 신고·납부를 정하여진 기한까지 할 수 없다고 인정되는 경우에는 관할 세무서장은 신고·납부기한을 연장할 수 있다.
④ 권한있는 기관에 장부·서류가 압수되어 신고·납부를 정하여진 기한까지 할 수 없다고 인정되는 경우에는 관할 세무서장은 신고·납부기한을 연장할 수 있다.

해설
납세자의 부도발생으로 사업이 중대한 위기에 처하여 신고·납부를 정하여진 기한까지 할 수 없다고 인정되는 경우에는 관할 세무서장은 납부기한만을 연장할 수 있다.

39 국세기본법상 용어에 대한 설명으로서 가장 틀린 것은? [87회]

① 원천징수란 세법에 따라 원천징수의무자가 국세(이에 관계되는 가산세는 제외한다)를 징수하는 것을 말한다.
② 가산세란 세법에서 규정하는 의무의 성실한 이행을 확보하기 위하여 세법에 따라 산출한 세액에 가산하여 징수하는 금액을 말한다. 다만, 가산금은 포함하지 아니한다.
③ 제2차 납세의무자란 납세의무자가 납세의무를 이행할 수 없는 경우에 납세자에 갈음하여 납세의무를 지는 자를 말한다.
④ 보증인이란 세법에 따라 국세를 납부할 의무(국세를 징수하여 납부할 의무를 포함한다)가 있는 자를 말한다.

해설
납세의무자란 세법에 따라 국세를 납부할 의무(국세를 징수하여 납부할 의무를 제외한다)가 있는 자를 말한다.

40 국세기본법상 서류의 송달에 관한 설명으로서 가장 틀린 것은? [85회]

① 세법에 의한 정부의 명령에 관계되는 서류의 송달을 우편으로 할 때에는 원칙적으로 일반우편으로 하여야 한다.
② 서류를 송달할 장소에서 송달을 받을 자가 정당한 사유 없이 그 수령을 거부하는 때에는 송달할 장소에 서류를 둘 수 있다.
③ 서류의 송달을 받아야 할 자의 사용인 또는 동거인으로서 사리를 판별할 수 있는 자에게 서류를 교부하더라도 적법한 송달에 해당한다.
④ 서류의 송달을 받아야 할 자가 송달 받기를 거부하지 않는다면 송달을 받을 장소 외의 다른 장소에서 서류를 교부하더라도 적법한 서류의 송달에 해당한다.

정답 38 ③ 39 ④ 40 ①

> **해설**
> 세법에 따른 정부의 명령에 관계되는 서류의 송달을 우편으로 할 때에는 등기우편으로 하여야 한다.

41 국세기본법상 신고와 납부 등에 설명으로서 틀린 것은? [85회]

① 전자신고란 과세표준신고서 등 세법에 따른 신고 관련 서류를 국세정보통신망을 이용하여 신고하는 것을 말한다.
② 전자신고를 하는 경우에는 과세표준신고서 등이 국세청장에게 전송된 때에 신고된 것으로 본다.
③ 국세기본법 또는 세법에서 정한 납부기한 만료일 10일 전에 납세자의 납부기한 연장 신청에 대하여 세무서장이 신청일로부터 10일 이내에 승인여부를 통지하지 아니한 때에는 그 10일이 되는 날에 납부기한의 연장을 승인한 것으로 본다.
④ 납부기한일에 권한 있는 기관에 장부나 서류가 압수된 경우에는 납부기한을 연장할 수 없다.

> **해설**
> 권한 있는 기관에 장부나 서류가 압수 또는 영치된 경우에는 납부기한을 연장할 수 있다.

42 다음 중 국세기본법상 천재지변 등으로 인하여 납세의무이행이 곤란한 사정을 고려해 주는 규정이 아닌 것은? [83회]

① 가산세의 감면
② 납부기한의 연장
③ 신청기한의 연장
④ 납세의무의 소멸

> **해설**
> 천재지변 등으로 납세의무가 소멸되지는 않음

43 다음 중 국세기본법상 서류송달 방법으로만 묶인 것이 아닌 것은? [82회]

① 공시송달, 우편송달
② 우편송달, 교부송달
③ 전자송달, 교부송달
④ 통보송달, 교부송달

정답 41 ④ 42 ④ 43 ④

44 다음 중 국세기본법 또는 세법에서 규정하는 신고, 신청, 청구, 그 밖에 서류의 제출, 통지, 납부를 정해진 기한까지 할 수 없다고 인정하는 경우에 해당하는 사유가 아닌 것은? [81회]

① 납세자가 화재, 전화, 그 밖의 재해를 입거나 도난을 당한 경우
② 납세자 또는 그 동거가족이 질병이나 중상해로 6개월 이상의 치료가 필요하거나 사망하여 상중인 경우
③ 납세자가 그 사업에서 심각한 손해를 입거나, 그 사업이 중대한 위기에 처한 경우
④ 정전, 프로그램의 오류, 그 밖의 부득이한 사유로 한국은행 및 체신관서의 정보통신망의 정상적인 가동이 불가능한 경우

해설
납세자가 그 사업에서 심각한 손해를 입거나, 그 사업이 중대한 위기에 처한 경우는 납부의 경우만 해당한다.

---

45 다음 중 국세기본법상 사용하는 용어에 대한 설명으로 틀린 것은? [80회]

① 국세 : 국세기본법에 따른 국세라는 용어는 관세를 포함하지 않는 내국세만을 가리키는 것이다.
② 세법 : 국세의 종목과 세율을 정하고 있는 법률과 국세징수법, 조세특례제한법, 국제조세조정에 관한 법률, 조세범 처벌법 및 조세범 처벌절차법을 말한다.
③ 원천징수 : 세법에 따라 원천징수의무자가 국세(이에 관계되는 가산세는 제외한다)를 징수하는 것을 말한다.
④ 가산세 : 세법에서 규정하는 의무의 성실한 이행을 확보하기 위하여 세법에 따라 산출한 세액에 가산하여 징수하는 금액을 말한다. 여기에는 가산금도 포함한다.

해설
가산금은 가산세에 포함하지 않는다.

---

46 다음 중 국세기본법상 기간과 기한에 대한 설명으로 틀린 것은? [80회]

① 신고, 신청, 청구, 그 밖에 서류의 제출, 통지, 납부 또는 징수에 대한 기한이 근로자의 날일 때에는 근로자의 날의 다음 날을 기한으로 한다.
② 기간을 일, 주, 월 또는 연으로 정한 때에는 초일은 산입하지 아니한다.
③ 정전으로 인해 국세정보통신망 가동 정지로 전자신고나 전자납부를 할 수 없는 경우에는 그 장애가 복구되어 신고 또는 납부할 수 있게 된 날의 다음 날을 기한으로 한다.
④ 전자신고 시 전자신고할 때 제출하여야하는 관련 서류는 8일의 범위에서 제출기한을 연장할 수 있다.

해설
전자신고 시 전자신고할 때 제출하여야하는 관련 서류는 10일의 범위에서 제출기한을 연장할 수 있다.

정답 44 ③ 45 ④ 46 ④

47 다음 중 국세기본법상 공시송달에 관한 내용으로 가장 틀린 것은? [80회]

① 주소 또는 영업소가 불분명한 경우 공시송달이 가능하다.
② 송달 받아야 할 자의 주소 또는 영업소가 국외에 있고, 송달이 곤란한 경우 공시송달이 가능하다.
③ 공시송달을 하는 경우 국세정보통신망을 이용 시 다른 공시송달방법은 함께하지 않아도 된다.
④ 서류를 등기우편으로 송달하였으나 수취인 부재 중인 것으로 확인되어 반송됨으로써 납부기한 내에 송달이 곤란하다고 인정되는 경우 공시송달이 가능하다.

48 다음은 국세기본법상 기한연장의 신청에 대한 설명이다. ( ) 안에 들어갈 것으로 알맞은 것은? [79회]

> 기한의 연장을 받으려는 자는 기한 만료일 ( ) 전까지 문서로 관할 세무서장에 신청하여야 한다. 이 경우 관할 세무서장은 기한연장을 신청하는 자가 만료일 ( ) 전까지 신청할 수 없다고 인정하는 경우에는 기한의 만료일까지 신청하게 할 수 있다.

① 1일 ② 3일
③ 5일 ④ 20일

49 다음 중 국세기본법상 법인이 아닌 단체에 관한 설명으로 옳지 않은 것은? [79회]

① 주무관청의 허가 또는 인가를 받아 설립된 단체로서 수익을 구성원에게 분배하지 않는 경우에는 대표자나 관리인이 관할 세무서장에게 신청하여 승인을 받아야 법인으로 본다.
② 법인으로 보는 법인이 아닌 단체의 국세에 관한 의무는 대표자 또는 관리인이 이행하여야 한다.
③ 종중도 조직과 운영에 관한 규정을 가지고 대표자를 선임하고, 종중 명의로 재산을 독립적으로 관리하면서 그 수익을 구성원에게 분배하지 아니하면 법인으로 신청할 수 있다.
④ 국세기본법상 법인으로 보는 법인이 아닌 단체는 법인세법상 비영리법인으로 구분한다.

해설
주무관청의 허가 또는 인가를 받아 설립된 단체로서 수익을 구성원에게 분배하지 않는 경우에는 무조건 법인으로 본다.

47 ③ 48 ② 49 ① **정답**

50 다음 중 국세기본법상 전자송달 신청 시 제출하는 자료가 아닌 것은? [79회]

① 납세자의 주민등록번호(뒷자리 포함)
② 전자송달 신청사유
③ 납세자의 가족관계증명
④ 납세자의 사업장 소재지

51 국세기본법 제3조 1항은 '국세기본법은 세법에 우선하여 적용한다.'라고 규정하고 있다. 여기서 말하는 세법에 해당하지 아니하는 것은? [77회]

① 법인세법
② 종합부동산세법
③ 관세법
④ 인지세법

해설
관세법은 특례적용 시 관세법이 우선된다고 정해져 있음

52 다음 중 국세기본법상 설명으로 틀린 것은? [77회]

① 세법을 해석, 적용할 때에는 과세의 형평과 해당 조항의 합목적성에 비추어 납세자의 재산권이 부당하게 침해되지 않도록 해야 한다.
② 송달 받아야 할 자의 주소 또는 영업소가 국외에 있고, 송달이 곤란한 경우 공시송달이 가능하다.
③ 세법의 해석이나 국세행정의 관행이 일반적으로 납세자에게 받아들여진 후라도 그 해석이나 관행이 부당하면 소급하여 과세할 수 있다.
④ 서류를 등기우편으로 송달하였으나 수취인 부재중인 것으로 확인되어 반송됨으로써 납부기한 내에 송달이 곤란하다고 인정되는 경우 공시송달이 가능하다.

해설
소급과세는 불가하다.

정답 50 ③ 51 ③ 52 ③

53 다음 중 국세기본법에 예외적으로 우선하는 세법의 특례규정이 아닌 것은? [76회]

① 연대납세의무
② 제2차 납세의무
③ 국세부과의 원칙
④ 납세의무의 성립과 확정

해설
납세의무의 성립과 확정은 개별세법의 특례규정이 아니다.

54 국세기본법상 공시송달사유에 해당되어 2월 2일에 그 요지를 세무서 게시판에 게시한 경우 그 납부고지서는 언제 송달된 것으로 보는가? 또한 납부기한을 송달한 날부터 14일이 지난 날로 정하는 경우 납부기한은 언제까지인가?(단, 2월은 28일임) [76회]

① 송달간주일 : 2월 15일, 납부기한 : 3월 1일
② 송달간주일 : 2월 16일, 납부기한 : 3월 2일
③ 송달간주일 : 2월 17일, 납부기한 : 3월 3일
④ 송달간주일 : 2월 17일, 납부기한 : 3월 2일

해설
공고한 날부터 14일이 지난 날, 2월 16일 오전 영시부터 기산, 초일 산입

55 다음 중 국세기본법상 기한 연장에 대한 설명으로 가장 옳지 않은 것은? [75회]

① 기한의 연장을 받으려는 자는 기한 만료일까지 문서로 해당 행정기관의 장에게 신청하여야 한다.
② 신고 및 납부와 관련된 기한연장은 9개월을 넘지 아니하는 범위에서 관할 세무서장이 할 수 있다.
③ 기한연장은 3개월 이내로 하되, 해당 기한연장의 사유가 소멸되지 아니하는 경우 관할 세무서장은 1개월의 범위에서 그 기한을 다시 연장할 수 있다.
④ 납세자가 사업에서 심각한 손해를 입거나, 그 사업이 중대한 위기에 처한 경우로 기한연장을 하는 경우 관할 세무서장은 납부할 금액에 상당하는 담보의 제공을 요구할 수 있다.

해설
기한의 연장을 받으려는 자는 기한 만료일 3일 전까지 문서로 해당 행정기관의 장에게 신청하여야 한다. 이 경우 해당 행정기관의 장은 기한연장을 신청하는 자가 기한 만료일 3일 전까지 신청할 수 없다고 인정하는 경우에는 기한의 만료일까지 신청하게 할 수 있다.

53 ④ 54 ② 55 ① 정답

PART 3 국세기본법

국세부과원칙과 세법적용원칙

01 국세부과의 원칙

국세부과란 국세에 관한 과세요건(납세의무자, 과세대상, 과세표준, 세율)이 충족되어 이미 성립한 납세의무를 확정하는 것을 말하며, 이러한 납세의무의 확정과정에서 지켜야 할 다음의 원칙을 국세부과의 원칙이라 한다.

구 분	세부내용
국세부과의 원칙	① 실질과세의 원칙 ② 신의성실의 원칙 ③ 근거과세의 원칙 ④ 조세감면의 사후관리

1 실질과세의 원칙

실질과세의 원칙이란 과세를 함에 있어서 법적 형식이나 외관에 불구하고 그 실질에 따라서 해석하고 과세요건 사실을 인정해서 과세해야 한다는 원칙을 말한다. 이는 실질에서 벗어난 법형식을 통해 조세부담을 회피하려는 행위를 방지하고, 부담능력에 따른 공평과세를 실현하고자 하는 조세평등주의의 구체화된 원칙으로 이해되고 있다.

(1) 귀속에 관한 실질주의 과세

과세의 대상이 되는 소득·수익·재산·행위 또는 거래의 귀속이 명의일 뿐이고 사실상 귀속되는 자가 따로 있는 때에는 사실상 귀속되는 자를 납세의무자로 하여 세법을 적용한다.

> 예 사업자명의등록자와는 별도로 사실상의 사업자가 있는 경우에는 사실상의 사업자를 납세의무자로 본다.

(2) 거래내용에 대한 실질주의 과세

세법 중 과세표준의 계산에 관한 규정은 소득·수익·재산·행위 또는 거래의 명칭이나 형식에 불구하고 그 실질내용에 따라 적용한다.

> 예 법인세법에 따른 '기업업무추진비'에 해당하는지의 여부는 형식상의 기록내용이나 거래명의에 불구하고 구체적인 증빙, 거래 당시의 정황 및 사회통념 등을 실질적인 내용에 따라 판단한다.

(3) 조세회피방지를 위한 경제적 실질주의 과세

제3자를 통한 간접적인 방법이나 2 이상의 행위 또는 거래를 거치는 방법에 의하여 국세기본법 또는 세법의 혜택을 부당하게 받기 위한 것으로 인정되는 경우에는 그 경제적 실질에 따라 당사자가 직접 거래를 한 것으로 보거나 연속된 하나의 행위 또는 거래를 한 것으로 보아 국세기본법 또는 세법을 적용한다.

(4) 실질과세원칙의 한계

실질과세의 원칙을 확대 해석하여 적용할 경우에는 납세자의 법적안정성과 예측가능성을 침해할 우려가 있으므로 실질과세의 원칙은 조세법률주의의 범위 내에서 제한적으로 적용되어야 할 것이다.

2 신의성실의 원칙

(1) 신의성실원칙의 의의

신의성실의 원칙이란 '신의칙'이라고도 하는데, 법률행위를 함에 있어서 권리의 행사자와 의무의 이행자는 권리행사와 의무이행에 있어 상대방의 신뢰와 기대가 무너지지 않도록 신의와 성실을 가지고 행동해야 한다는 원칙이다.

신의칙은 과세관청과 납세자 쌍방에 그 준수가 요구된다. 만약, 납세자가 신뢰를 배반할 경우에 과세관청은 각종혜택의 취소, 가산세의 부과, 조세범처벌 등과 같이 제재수단을 가지고 있어서 굳이 과세관청은 신의칙에 호소할 필요가 없다. 반면, 과세관청이 납세자의 신뢰를 배반할 경우에는 납세자가 이를 제재할 수단이 없으므로 곤경에 처할 수가 있어 신의칙에 호소하게 되는 것이다. 따라서, 신의칙은 과세관청측에 더 절실히 요구되고 있다고 볼 수 있다.

(2) 적용요건과 효과

① 적용요건 : 과세당국에 대한 신의성실원칙의 적용은 다음의 요건을 모두 갖춘 경우에 한한다.
  ㉠ 과세당국이 납세의무자에게 신뢰의 대상이 되는 공적인 견해를 표시하였고,
  ㉡ 과세당국의 견해표명이 정당하다고 신뢰한 데 대하여 납세의무자에게 귀책사유가 없으며,
  ㉢ 납세의무자가 해당 과세당국의 견해표명을 신뢰하고 그 신뢰를 기초로 특정 행위를 한 후,
  ㉣ 과세당국이 당초의 견해표명에 반하는 적법한 처분을 함으로써,
  ㉤ 납세의무자가 불이익을 받아야 한다.
② 효과 : 이상과 같은 요건이 충족되면 과세당국의 처분은 적법함에도 불구하고 신의성실의 원칙을 위반하였으므로 취소될 수 있는 행정처분이 된다.

(3) 신의성실원칙 한계

신의성실원칙은 조세법률주의라는 합법성을 포기함으로써 상실되는 일반적·포괄적 법익보다 신뢰이익을 보호할 가치가 더 크다고 인정되는 개별적·구체적 사안에 대해서만 제한적으로 적용해야 한다.

3 근거과세의 원칙

① 근거과세의 원칙은 국세의 과세표준의 조사와 결정은 납세의무자가 세법에 의하여 장부를 비치·기장한 경우 그 비치·기장한 장부와 이에 관계되는 증빙자료에 의해야 한다는 것을 말한다.
② 만약, 국세를 조사·결정함에 있어서 기장의 내용이 사실과 다르거나 기장에 누락된 것이 있는 때에는 그 부분에 한하여 과세당국이 조사한 사실에 따라 결정할 수 있다. 이 경우 과세당국은 조사한 사실과 결정의 근거를 결정서에 부기해야 한다.
③ 행정기관의 장은 해당 납세의무자 또는 그 대리인의 구술에 의한 요구가 있는 때에는 결정서를 열람 또는 등초하게 하거나 그 등본 또는 초본이 원본과 상위 없음을 확인해야 한다. 다만, 해당 행정기관의 장이 필요하다고 인정하는 때에는 그 열람 또는 등초한 자의 서명을 요구할 수 있다(임의적 규정).

4 조세감면의 사후관리

① 과세당국은 국세를 감면한 경우에 그 감면의 취지를 성취시키거나 국가정책을 수행하기 위하여 필요하다고 인정하는 때는 세법이 정하는 바에 의하여 감면한 세액에 상당하는 자금 또는 자산의 운용범위를 정할 수 있다.
② 납세의무자가 세액을 감면받은 후 과세당국은 세법이 정하는 운용범위에 따르지 아니한 자금 또는 자산에 상당하는 감면세액에 대하여 세법이 정하는 바에 의하여 감면을 취소하고 추징할 수 있다.
③ 그런데 납세의무의 확정주체는 납세의무자(신고납세제도세목의 경우)와 과세당국(부과과세제도세목의 경우)이므로 결국 국세부과의 원칙은 납세의무자와 과세당국 모두에게 적용되는 규정인 것이다. 반면 '세법적용의 원칙'은 과세당국에게만 적용되는 규정이라는 차이점이 있다.

02 세법적용의 원칙

세법의 적용이란 과세당국이 추상적으로 규정된 세법을 사전적으로 해석한 후, 납세의무자에게 실제로 발생하는 구체적인 과세사실에 결부시킴으로서 세법에서 의도한 효과를 실현시키는 과정을 말한다. '국세부과의 원칙'은 납세의무자와 과세당국 모두에게 적용되는 규정인 반면 '세법적용의 원칙'은 과세당국에게만 적용되는 규정이라는 차이점이 있다. 세법적용의 원칙에는 다음과 같은 세부 원칙이 있다.

구 분	세부내용
세법적용의 원칙	① 재산권 부당침해금지의 원칙 ② 소급과세금지의 원칙 ③ 세무공무원 재량한계의 원칙 ④ 기업회계 존중의 원칙

1 재산권 부당침해금지의 원칙

세법을 해석·적용함에 있어서는 과세의 형평과 해당 조항의 합목적성에 비추어 납세의무자의 재산권이 부당히 침해되지 아니하도록 해야 한다(=세법해석의 기준).

2 소급과세의 금지

(1) 의 의
① 소급과세의 금지란 조세법률관계에 있어 법적안정성과 예측가능성을 보장하기 위하여 개정된 세법이나 새로 제정된 법규의 소급적용을 금지하는 원칙을 말한다.
② 이러한 소급과세금지의 원칙은 납세의무자의 조세부담이 증가되는 경우에는 당연히 적용된다. 그러나 납세의무자의 조세부담이 감소되는 경우에는 이러한 취지에 반하지 않으므로 소급을 인정하는 것이 통설이다.

(2) 내 용
① 입법상 소급과세의 금지 : 국세를 납부할 의무가 성립한 소득·수익·재산·행위 또는 거래에 대하여는 그 성립 후의 새로운 세법에 의하여 소급과세하지 아니한다.
② 행정상 소급과세의 금지 : 세법의 해석 또는 국세행정의 관행이 일반적으로 납세자에게 받아들여진 후에는 그 해석 또는 관행에 의한 행위 또는 계산은 정당한 것으로 보며, 새로운 해석 또는 관행에 의하여 소급하여 과세하지 않는다. 즉, 새로운 세법 해석이 종전의 해석과 상이한 경우에는 새로운 해석이 있는 날 이후에 납세의무가 성립하는 분부터 새로운 해석을 적용한다.

(3) 주의사항
① 소급과세 여부의 판정기준일 : 소급과세 여부의 판정기준일은 납세의무 성립일이다.
② 진정소급과 부진정소급 : 납세의무가 이미 성립한 경우에는 새로운 세법이나 해석을 적용할 수 없으며(진정소급), 납세의무가 성립하지 않은 경우에는 새로운 세법이나 해석을 적용할 수 있다(부진정소급). 이때 부진정소급의 경우에는 소급과세금지의 원칙이 적용되지 않는다는 것이 통설이다.
　예 법인세·소득세·부가가치세 등 기간과세 세목의 경우에 과세기간 중에 세법을 개정하여 과세기간 개시일부터 소급적용할 수 있다.
③ '신의성실의 원칙'과 '행정상 소급과세의 금지'의 비교

구 분	내 용
공통점	행정상 소급과세의 금지원칙은 신의성실의 원칙을 보다 구체화한 원칙으로서 양자 모두 신뢰의 이익을 보호하기 위한 원칙이다.
차이점	신의성실의 원칙은 납세자와 과세당국의 권리행사나 의무이행 시 모두 적용되지만, 행정상 소급과세의 금지원칙은 과세당국의 세법해석이나 국세행정의 관행에 대해서만 적용되는 규정이다.

3 세무공무원의 재량의 한계

① 세무공무원이 그 재량에 의하여 직무를 수행함에 있어서는 과세의 형평과 해당 세법의 목적에 비추어 일반적으로 적당하다고 인정되는 한계를 엄수해야 한다.
② 이 규정은 불가피하게 주어진 과세관청의 재량권 행사는 엄격하게 한계를 엄수하여 국세의 부과·징수권을 행사하는 과정에서 납세자의 재산권을 부당하게 침해하는 것을 방지하기 위한 것이다.

4 기업회계의 존중

국세의 과세표준을 조사·결정함에 있어서 해당 납세의무자가 계속하여 적용하고 있는 기업회계의 기준 또는 관행으로서 일반적으로 공정·타당하다고 인정되는 것은 이를 존중해야 한다. 다만, 세법에 특별한 규정이 있는 것은 그렇지 않다.

제2장 단원별 기출문제

01 다음 중 국세기본법상 국세부과의 원칙 중 근거과세에 대한 설명에 해당하지 않는 것은?

[108회]

① 납세의무자가 세법에 따라 장부를 갖추어 기록하고 있는 경우에는 해당 국세 과세표준의 조사와 결정은 그 장부와 이와 관계되는 증거자료에 의하여야 한다.
② 국세를 조사·결정할 때 장부의 기록 내용이 사실과 다르거나 장부의 기록에 누락된 것이 있을 때에는 그 부분에 대해서만 정부가 조사한 사실에 따라 결정할 수 있다.
③ 세법 중 과세표준의 계산에 관한 규정은 소득, 수익, 재산, 행위 또는 거래의 명칭이나 형식과 관계없이 그 실질 내용에 따라 적용한다.
④ 정부는 장부의 기록내용과 다른 사실 또는 장부 기록에 누락된 것을 조사하여 결정하였을 때에는 정부가 조사한 사실과 결정의 근거를 결정서에 적어야 한다.

해설
실질과세의 원칙에 해당한다.

02 다음 중 국세기본법상 실질과세의 원칙에 대한 설명으로 옳지 않은 것은?

[107회]

① 거래의 실질은 증여이나 그 형식이 매매이면 매매로 보아 양도소득세 납세의무를 부과한다.
② 법인세법상 부당행위계산의 부인 규정은 실질과세의 원칙을 구체화한 것이다.
③ 실질과세의 원칙은 납세자의 재산권 보호를 위하여 조세법률주의의 범위에서 행사되어야 한다.
④ 세법 중 과세표준의 계산에 관한 규정은 소득, 수익, 재산, 행위 또는 거래의 명칭이나 형식과 관계없이 그 실질 내용에 따라 적용한다.

해설
실질인 증여로 보아 증여세를 부과한다.

정답 01 ③ 02 ①

03 다음 중 국세기본법상 근거과세의 원칙에 관한 설명으로 옳지 않은 것은? [106회]

① 납세의무자가 세법에 따라 장부를 갖추어 기록하고 있는 경우에는 해당 국세 과세표준의 조사와 결정은 그 장부와 이와 관계되는 증거자료에 의하여야 한다.
② 국세를 조사·결정할 때 장부의 기록 내용이 사실과 다르거나 장부의 기록에 누락된 것이 있을 때에는 그 부분에 대해서만 정부가 조사한 사실에 따라 결정할 수 있다.
③ 근거과세의 원칙은 세법의 해석과 적용을 할 때 따라야 할 기본적 지침 중 하나이다.
④ 행정기관의 장은 해당 납세의무자 또는 그 대리인이 요구하면 결정서를 열람 또는 복사하게 하거나 그 등본 또는 초본이 원본과 일치함을 확인하여야 한다.

해설
근거과세의 원칙은 국세 부과의 원칙 중 하나이다.

04 다음 중 국세기본법상의 세법적용의 원칙에 해당하지 않는 것은? [104회]

① 소급과세금지의 원칙 ② 실질과세의 원칙
③ 세무공무원의 재량과 한계 ④ 기업회계의 존중

해설
국세부과의 원칙에 해당한다.

05 다음 중 국세기본법상 세법 적용의 원칙에 관한 내용으로 틀린 것은? [103회]

① 세법을 해석할 때에는 납세자의 재산권이 부당하게 침해되지 아니하도록 하여야 한다.
② 세법의 해석이 일반적으로 납세자에게 받아들여진 후에는 그 해석은 정당한 것으로 보는 것이나 새로운 해석에 의하여 소급 과세할 수 있다.
③ 납세의무가 성립된 소득에 대해서는 그 후의 새로운 세법에 따라 소급하여 과세하지 아니한다.
④ 세법에 특별한 규정이 있는 경우를 제외하고는 기업회계기준을 존중해야 한다.

해설
세법의 해석이나 국세행정의 관행이 일반적으로 납세자에게 받아들여진 후에는 그 해석이나 관행에 의한 행위 또는 계산은 정당한 것으로 보며, 새로운 해석이나 관행에 의하여 소급하여 과세되지 아니한다.

정답 03 ③ 04 ② 05 ②

06 다음 중 국세기본법상 실질과세원칙에 대한 설명으로 가장 틀린 것은? [101회]

① 과세의 대상이 되는 소득, 수익, 재산, 행위 또는 거래의 귀속이 명의일 뿐이고 사실상 귀속되는 자가 따로 있을 때에는 사실상 귀속되는 자를 납세의무자로 하여 세법을 적용한다.
② 세법 중 과세표준의 계산에 관한 규정은 소득, 수익, 재산, 행위 또는 거래의 명칭이나 형식에 관계없이 그 실질 내용에 따라 적용한다.
③ 실질과세원칙은 세법적용의 원칙 중 하나이다.
④ 제3자를 통한 간접적인 방법이나 둘 이상의 행위 또는 거래를 거치는 방법으로 국세기본법 또는 세법의 혜택을 부당하게 받기 위한 것으로 인정되는 경우에는 그 경제적 실질 내용에 따라 당사자가 직접 거래한 것으로 보거나 연속된 하나의 행위 또는 거래를 한 것으로 보아 국세기본법 또는 세법을 적용한다.

해설
실질과세원칙은 국세부과의 원칙이다.

07 다음 중 국세기본법상 국세부과 및 세법적용의 원칙에 관한 설명으로 옳지 않은 것은? [99회]

① 과세의 대상이 되는 소득, 수익 등의 귀속이 명의일 뿐이고, 사실상 귀속되는 자가 따로 있을 때에는 사실상 귀속되는 자를 납세의무자로 하여 세법을 적용한다.
② 신의성실의 원칙은 세무공무원이 직무를 수행할 때 적용되는 것으로, 납세자에게 적용되는 것은 아니다.
③ 세법의 해석이나 국세행정의 관행이 일반적으로 납세자에게 받아들여진 후에는 그 해석이나 관행에 의한 행위 또는 계산은 정당한 것으로 보며, 새로운 해석이나 관행에 의하여 소급하여 과세하지 않는다.
④ 납세의무자가 세법에 따라 장부를 갖추어 기록하고 있는 경우에는 해당 국세 과세표준의 조사와 결정은 그 장부와 이에 관계되는 증거자료에 의해야 한다.

해설
납세자가 그 의무를 이행할 때에는 신의에 따라 성실하게 해야 한다. 세무공무원이 직무를 수행할 때에도 또한 같다.

08 다음 중 국세기본법상 국세부과 및 세법적용의 원칙에 대한 설명으로 옳지 않은 것은? [97회]

① 세법을 해석·적용할 때에는 과세의 형평(衡平)과 해당 조항의 합목적성에 비추어 납세자의 재산권이 부당하게 침해되지 아니하도록 하여야 한다.
② 세무공무원이 재량으로 직무를 수행할 때에는 과세의 형평과 해당 세법의 목적에 비추어 일반적으로 적당하다고 인정되는 한계를 엄수하여야 한다.
③ 납세자가 그 의무를 이행할 때에는 신의에 따라 성실하게 하여야 한다.
④ 근거과세의 원칙이란 과세의 대상이 되는 소득, 수익, 재산, 행위 또는 거래의 귀속이 명의(名義)일뿐이고 사실상 귀속되는 자가 따로 있을 때에는 사실상 귀속되는 자를 납세의무자로 한다.

해설
근거과세의 원칙이란 납세의무자가 세법에 따라 장부를 갖추어 기록하고 있는 경우에는 해당 국세 과세표준의 조사와 결정은 그 장부와 이와 관계되는 증거자료에 의하여야 한다는 원칙이다.

09 다음 중 국세기본법상 국세부과의 원칙과 세법적용의 원칙에 대한 설명으로 잘못된 것은? [96회]

① 납세의무가 성립된 후에는 그 성립 후의 새로운 세법에 따라 소급하여 과세하지 않는다.
② 신의성실의 원칙은 과세당국과 납세자 모두에게 적용된다.
③ 세무공무원이 재량으로 직무를 수행할 때에는 과세의 형평과 해당 세법의 목적에 비추어 일반적으로 적당하다고 인정되는 한계를 엄수해야 한다.
④ 명의신탁 부동산을 양도한 경우 납세의무자는 명의수탁자이다.

해설
과세의 대상이 되는 소득, 수익, 재산, 행위 또는 거래의 귀속이 명의일 뿐이고 사실상 귀속되는 자가 따로 있을 때에는 사실상 귀속되는 자를 납세의무자로 하여 세법을 적용한다. 따라서 명의신탁한 부동산을 양도한 경우 납세의무자는 명의신탁자이다.

10 다음 중 국세기본법상 세법 적용의 원칙에 대한 설명으로 옳지 않은 것은? [94회]

① 세법을 해석·적용할 때는 과세의 형평(衡平)과 해당 조항의 합목적성에 비추어 납세자의 재산권이 부당하게 침해되지 아니하도록 하여야 한다.
② 세법의 해석이나 국세행정의 관행이 일반적으로 납세자에게 받아들여진 후에는 그 해석이나 관행에 의한 행위 또는 계산은 정당한 것으로 보며, 새로운 해석이나 관행에 의하여 소급하여 과세되지 아니한다.
③ 세무공무원이 재량으로 직무를 수행할 때는 과세의 형평과 해당 세법의 목적에 비추어 일반적으로 적당하다고 인정되는 한계를 엄수하여야 한다.
④ 세무공무원이 국세의 과세표준을 조사·결정할 때는 해당 납세의무자가 계속하여 적용하고 있는 기업회계의 기준 또는 관행으로서 일반적으로 공정·타당하다고 인정되는 것은 세법에 특별한 규정이 있더라도 존중하여야 한다.

해설
세무공무원이 국세의 과세표준을 조사·결정할 때에는 해당 납세의무자가 계속하여 적용하고 있는 기업회계의 기준 또는 관행으로서 일반적으로 공정·타당하다고 인정되는 것은 존중하여야 한다. 다만, 세법에 특별한 규정이 있는 것은 그러하지 아니하다.

정답 09 ④ 10 ④

11 다음 중 국세기본법상 실질과세원칙에 대한 내용과 가장 거리가 먼 것은? [93회]

① 회사의 주주로 명부상 등재되어 있더라도 회사의 대표자가 임의로 등재한 것일 뿐 회사의 주주로서 권리행사를 한 사실이 없는 경우에는 그 명의자인 주주를 세법상 주주로 보지 않는다.
② 공부상 등기 등이 타인의 명의로 되어 있더라도 사실상 해당 사업자가 취득하여 사업에 공하였음이 확인되는 경우에는 이를 그 사실상 사업자의 사업용자산으로 본다.
③ 별도로 사실상의 사업자가 있는 경우에는 사실상의 사업자를 납세의무자로 본다.
④ 납세의무자가 세법에 따라 장부를 갖추어 기록하고 있는 경우에는 해당 국세 과세표준의 조사와 결정은 그 장부와 이에 관계되는 증거자료에 의하여야 한다.

> **해설**
> 근거과세원칙에 대한 설명이다. 납세의무자가 세법에 따라 장부를 갖추어 기록하고 있는 경우에는 해당 국세 과세표준의 조사와 결정은 그 장부와 이에 관계되는 증거자료에 의하여야 한다.

12 다음 중 국세기본법상 세법 해석의 기준 및 소급과세금지에 관한 설명으로 옳지 않은 것은? [92회]

① 새로운 해석이나 관행이 형성된 경우 소급하여 과세한다.
② 세법을 해석·적용할 때에는 과세의 형평과 해당 조항의 합목적성에 비추어 납세자의 재산권이 부당하게 침해되지 아니하도록 하여야 한다.
③ 국세를 납부할 의무가 성립한 소득, 수익, 재산, 행위 또는 거래에 대해서는 그 성립 후의 새로운 세법에 따라 소급하여 과세하지 아니한다.
④ 세법의 해석이나 국세행정의 관행이 일반적으로 납세자에게 받아들여진 후에는 그 해석이나 관행에 의한 행위 또는 계산은 정당한 것으로 본다.

> **해설**
> 소급과세를 금지한다.

13 다음 중 국세기본법상 소급과세에 관한 설명으로 옳지 않은 것은? [90회]

① 개별납세자에게 유리한 소급입법이라고 하더라도 그것이 전체적으로 조세공평을 침해할 수 있는 경우에는 허용하지 않을 수 있다.
② 국세기본법은 새로운 입법에 의한 과세가 소급과세인지 여부를 판단하는 기준시점을 납세의무의 확정시점으로 규정하고 있다.
③ 국세기본법은 입법에 의한 소급과세 이외에 해석에 의한 소급과세에 대해서도 규정하고 있다.
④ 국민의 기득권을 침해하지 않고 당사자의 법적 안정성 또는 신뢰보호에 위배되지 않는 일정한 경우에는 소급과세금지원칙의 예외가 인정될 수 있다.

> **해설**
> 새로운 입법에 의한 과세가 소급과세인지 여부를 판단하는 기준시점은 납세의무의 확정시점이 아니라 성립시점이다.

정답 11 ④ 12 ① 13 ②

14 다음은 국세기본법상 실질과세원칙에 대한 설명이다. 다음 중 틀린 것은? [88회]

① 소득의 귀속이 명의일뿐 사실상 귀속자가 따로 있을 때에는 사실상 귀속되는 자를 납세의무자로 한다.
② 과세표준을 계산할 때 거래의 형식에 관계없이 그 실질에 따라 적용한다.
③ 제3자를 통한 간접적인 방법을 거치는 경우 각 거래에 따라 세법을 적용한다.
④ 실질과세원칙에 따라 명의신탁부동산을 매각처분하는 경우에 양도주체 및 납세의무자는 명의신탁자이다.

해설
제3자를 통한 간접적인 방법이나 둘 이상의 행위 또는 거래를 거치는 방법으로 이 법 또는 세법의 혜택을 부당하게 받기 위한 것으로 인정되는 경우에는 그 경제적 실질 내용에 따라 당사자가 직접 거래를 한 것으로 보거나 연속된 하나의 행위 또는 거래를 한 것으로 보아 이 법 또는 세법을 적용한다.

15 다음 중 국세기본법상 국세부과의 원칙에 해당하지 않는 것은? [82회]

① 실질과세의 원칙
② 재산권 부당침해금지의 원칙
③ 근거과세의 원칙
④ 조세감면의 사후관리

해설
재산권의 부당침해금지의 원칙은 세법적용의 원칙이다.

16 다음 중 국세기본법상 국세부과의 원칙 중 근거과세에 관련된 내용으로 틀린 것은? [80회]

① 납세의무자가 세법에 따라 장부를 갖추어 기록하고 있는 경우에는 해당 국세 과세표준의 조사와 결정은 그 장부와 이에 관계되는 증거자료에 의하여야 한다.
② 국세를 조사·결정할 때 장부의 기록 내용이 사실과 다르거나 장부의 기록에 누락된 것이 있을 때에는 장부 전체에 대하여 정부가 조사한 사실에 따라 결정할 수 있다.
③ 정부는 장부의 기록 내용과 다른 사실 또는 장부 기록에 누락된 것을 조사하여 결정하였을 때에는 정부가 조사한 사실과 결정의 근거를 결정서에 적어야 한다.
④ 행정기관의 장은 해당 납세의무자 또는 그 대리인이 요구하면 결정서를 열람 또는 복사하게 하거나 그 등본 또는 초본이 원본과 일치함을 확인하여야 한다.

해설
장부의 기록 내용이 사실과 다르거나 장부의 기록에 누락된 것이 있을 때에는 그 부분에 대해서만 결정할 수 있다.

정답 14 ③ 15 ② 16 ②

17 다음 중 국세기본법상 근거과세의 내용으로 가장 옳지 않은 것은? [73회]

① 정부는 장부의 기록 내용과 다른 사실 또는 장부 기록에 누락된 것을 조사하여 정하였을 때에는 정부가 조사한 사실과 결정의 근거를 결정서에 적어야 한다.
② 행정기관의 장은 해당 납세의무자 또는 그 대리인에게 서면으로 결정서의 열람 및 복사를 신청하도록 하여야 하며, 그 등본 또는 초본이 원본과 일치함을 확인하여야 한다.
③ 납세의무자가 세법에 따라 장부를 갖추어 기록하고 있는 경우에는 해당 국세 과세표준의 조사와 결정은 그 장부와 이에 관계되는 증거자료에 의하여야 한다.
④ 국세를 조사·결정할 때 장부의 기록 내용이 사실과 다르거나 장부의 기록에 누락된 것이 있을 때에는 그 부분에 대해서만 정부가 조사한 사실에 따라 결정할 수 있다.

해설
행정기관의 장은 해당 납세의무자 또는 그 대리인의 구술에 의한 요구가 있는 때에는 결정서를 열람 또는 등초하게 하거나 그 등본 또는 초본이 원본과 상위 없음을 확인해야 한다. 다만, 해당 행정기관의 장이 필요하다고 인정하는 때에는 그 열람 또는 등초한 자의 서명을 요구할 수 있다(임의적 규정).

18 다음 중 국세기본법상 세법적용의 원칙에 해당하지 않는 것은? [72회]

① 세법해석의 기준 및 소급과세의 금지
② 세무공무원의 재량의 한계
③ 기업회계의 존중
④ 근거과세의 원칙

해설
근거과세의 원칙은 국세부과의 원칙

19 다음 중 국세기본법이 각 세법에 항상 우선하는 것은? [71회]

① 경정청구 특례
② 연대납세의무
③ 근거과세의 의무
④ 소급과세금지

PART 3 국세기본법
납세의무의 성립·확정·소멸

01 납세의무의 성립

1 납세의무성립의 의의

납세의무의 성립이란 각 세법이 규정하고 있는 과세요건이 충족됨으로써 납세의무가 자동적으로 생겨나는 것을 말하는데, 과세요건이 충족된 경우에 이를 추상적인 납세의무라 한다.

여기서 과세요건이란 조세채권·채무가 성립하기 위한 법률상의 요건으로서 과세권자, 납세의무자, 과세물건, 과세표준 및 세율을 말한다.

2 납세의무의 성립시기

국세기본법에서는 납세의무의 성립시기를 다음과 같이 규정하고 있다.

(1) 원칙적인 납세의무의 성립시기

유 형	세 목	성립시기
기간과세국세 (과세기간이 종료하는 때 성립)	법인세	과세기간이 종료하는 때 ※ 청산소득에 대한 법인세 : 법인이 해산하는 때 ※ 수입재화에 대한 부가가치세 : 세관장에게 수입신고를 하는 때
	소득세	
	부가가치세	
수시부과 (과세사실이 발생하는 때 성립)	상속세	상속이 개시되는 때
	증여세	증여에 의하여 재산을 취득하는 때
	종합부동산세	과세기준일(매년 6월 1일)
	개별소비세·주세 및 교통·에너지·환경세	과세물품을 제조장으로부터 반출하거나 판매장에서 판매하는 때 또는 과세장소에 입장하거나 과세유흥장소에서 유흥음식행위를 한 때
	인지세	과세문서를 작성하는 때
	증권거래세	당해 매매거래가 확정되는 때
기 타	교육세	• 국세에 부과되는 교육세 : 해당 국세의 납세의무가 성립되는 때 • 금융·보험업자의 수익금액에 부과되는 교육세 : 과세기간이 종료되는 때
	농어촌특별세	본세의 납세의무가 성립하는 때

가산세	국기법상 가산세	• 무신고가산세, 과소(초과환급)신고가산세 : 법정신고기한이 경과한 때 • 납부지연가산세, 원천징수등 납부지연가산세 : 법정납부기한 경과 후 1일마다 그 날이 경과하는 때
	그 밖의 개별세법상 가산세	가산할 국세의 납세의무가 성립하는 때

(2) 예외적인 납세의무 성립시기

원천징수세액 등은 위의 원칙적인 성립시기가 도래하기 전에 이미 납부하고 또한 소멸된다. 이런 성립되기 전에 소멸되는 모순을 피하기 위해 또는 세수의 안정적 확보차원에서 과세기간 중에도 예외적으로 여러 형태의 성립시기를 다음과 같이 두고 있다.

구 분	성립시기
원천징수하는 소득세 또는 법인세	소득금액 또는 수입금액을 지급하는 때
납세조합이 징수하는 소득세 또는 예정신고 납부하는 소득세	그 과세표준이 되는 금액이 발생한 달의 말일
중간예납하는 소득세·법인세	중간예납기간이 종료하는 때
예정신고기간·예정부과기간에 대한 부가가치세	예정신고기간·예정부과기간이 종료하는 때
수시부과에 의하여 징수하는 국세	수시부과할 사유가 발생하는 때

02 납세의무의 확정(= 구체적 납세의무)

1 의 의

① 납세의무의 확정이란 조세의 납부 또는 징수를 위하여 세법이 정하는 바에 따라 납세의무자 신고행위나 과세당국의 과세처분 등의 일정한 행위나 절차를 거쳐서 과세표준과 세액을 구체적으로 확정하는 절차를 말한다.
② 앞서 언급한 납세의무의 성립(= 추상적 납세의무)이 각 세법이 정한 다음의 방식에 의해 확정되므로 이를 '구체적 납세의무'라 한다.
  ㉠ 신고납세제도
  ㉡ 부과과세제도
  ㉢ 자동확정제도(납세의무의 성립과 동시에 확정되는 경우)

2 납세의무의 확정절차

(1) 신고납세제도와 부과과세제도

① 신고납세제도(자기부과과세)
  ㉠ 신고납세제도는 납세의무자가 과세표준과 세액을 과세당국에 신고함으로써 납세의무가 확정되는 것을 말한다. 다만, 납세의무자가 신고하지 않거나 신고내용에 오류나 누락이 있는 경우에는 과세당국이 2차적으로 확정권자가 되어 과세표준과 세액을 확정시키게 된다.
  ㉡ 납세의무자가 자기의 과세표준 및 세액을 과세당국에 신고하면 과세당국의 별다른 행정처분을 기다리지 않고 신고한 그대로 납세의무가 확정되는 방법이다.

② 부과과세제도(정부부과과세)
  ㉠ 부과과세제도는 과세관청의 결정에 의해서만 납세의무가 확정되는 제도를 말한다.
  ㉡ 부과과세제도하에서 납세의무자의 신고는 세액을 확정시키는 효력이 없고, 단지 과세관청의 부과처분을 하는 데 있어 필요한 과세자료를 제출하는 일종의 협력의무에 불과하다.
  ㉢ 부과과세제도의 세목으로는 상속세와 증여세, 종합부동산세가 있다.

③ 신고납세제도와 부과과세제도의 비교

구 분		신고납세제도		부과과세제도
의 의		납세의무자의 신고에 의하여 납부할 세액을 확정하는 제도		과세관청의 결정에 의하여 납부할 세액을 확정하는 제도
적용세목		소득세, 법인세, 부가가치세, 개별소비세, 주세, 증권거래세, 교육세, 교통·에너지·환경세, 종합부동산세(예외적으로 신고납부방식을 선택한 경우)		상속세, 증여세, 종합부동산세
확정의 절차	확정주체	원칙	예외	과세관청
		납세의무자	과세관청	
	확정방식	과세표준확정신고서의 제출		과세표준과 세액의 결정
	확정의 효력 발생 시기	과세표준신고서를 제출하는 때		결정통지서(고지서) 도달하는 때

(2) 신고납세제도와 부과과세제도가 혼합되어 있는 조세

종합부동산세는 원칙적으로 부과과세제도이지만, 납세의무자가 신고납부방식을 선택한 경우에는 신고납세제도를 인정해주고 있다. 이는 종합부동산세의 선행세목인 재산세가 부과징수방식으로 운영되는 점을 고려하여 납세의무자의 납세편의를 도모하고자 함이다.

- 원칙 : 부과과세제도
- 예외 : 신고납세제도 인정

(3) 자동확정제도 : 납세의무의 성립과 동시에 확정되는 경우

납세의무가 성립하는 때에 특별한 절차없이 세액이 확정되는 조세를 자동확정조세라 하며 다음과 같다.

세 목	확정시점(= 성립시점)
인지세	과세문서를 작성하는 때
원천징수하는 소득세 또는 법인세	소득금액 또는 수입금액을 지급하는 때
납세조합이 징수하는 소득세	그 과세표준이 되는 금액이 발생한 달의 말일
중간예납하는 법인세 (세법에 의하여 정부가 조사·결정하는 경우 제외)	중간예납기간이 종료하는 때
가산세 중 일부	납부지연가산세, 원천징수등 납부지연가산세(단, 납부고지서에 따른 납부기한 후의 가산세로 한정)

3 경정 등의 효력(= 국세기본법 입장 : 흡수설 + 병존설)

(1) 당초 확정된 세액의 증가 시

당초 확정된 세액을 증가시키는 경정은 당초 확정된 세액에 관한 이 법 또는 세법에서 규정하는 권리·의무관계에 영향을 미치지 않는다.

(2) 당초 확정된 세액의 감소 시

당초 확정된 세액을 감소시키는 경정은 그 경정에 의하여 감소되는 세액 외의 세액에 관한 이 법 또는 세법에서 규정하는 권리·의무관계에 영향을 미치지 않는다.

03 납세의무의 소멸

1 납세의무의 소멸사유

과세요건이 충족되어 성립·확정된 납세의무가 소멸되는 것을 납세의무의 소멸이라 한다. 납세의무의 소멸에는 크게 납세의무의 실현으로 소멸되는 경우와 납세의무가 미실현 상태에서 소멸되는 경우로 구분할 수 있다.

(1) 납세의무의 실현으로 소멸하는 경우

납 부	정해진 세액을 정부에 납부하는 것
충 당	• 납부할 국세 등을 국세환급금과 상계하는 것 • 국세징수법상 공매대금으로 체납액을 충당하는 것

(2) 납세의무의 미실현상태에서 소멸하는 경우

부과의 취소	유효하게 성립된 부과처분에 대해 그 성립의 하자가 있음을 이유로 그 처분의 효력을 부과한 날에 소급하여 효력을 상실시키는 것을 말하는 것으로, 예컨대 납세의무자체가 성립되지 않는 건에 대한 부과처분에 대해서 취소하는 것을 그 예로 들 수 있다. ※ 부과의 취소는 납세의무의 소멸사유이나, 부과의 철회는 납세의무의 소멸사유가 아니다.
제척기간만료	국세부과권의 권리행사기간이 경과되는 것
소멸시효완성	국세징수권을 일정기간 동안 행사하지 아니하여 납세의무가 소멸하는 것

이하에서 국세부과권 제척기간의 만료와 국세징수권 소멸시효의 완성에 대해 자세히 알아보도록 한다.

2 국세부과권 제척기간의 만료

(1) 의 의

'부과'란 국가가 납세의무를 확정하는 절차를 말하며, '제척기간'이란 일정한 권리의 법정존속기간을 말한다. 따라서 '국세부과권의 제척기간'이란 과세당국이 결정, 경정결정, 재경정결정 및 부과취소를 할 수 있는 기간을 의미한다.

만일, 이러한 제척기간이 없다면 국가는 영원히 언제든지 부과권을 행사할 수 있기 때문에 납세의무자는 장기간 불안정한 상태에 놓이므로, 법적안정성을 조속히 보장하기 위해 국세부과의 제척기간을 두고 있는 것이다.

(2) 제척기간의 유형

① 원칙적인 경우

세 목	구 분	제척기간
상속세, 증여세[주1]	㉠ 사기·기타 부정한 행위로 조세를 포탈하거나 환급·공제 시, 무신고·허위신고 또는 누락신고 시(허위·누락신고분에 한함), 국제거래나 국제거래를 이용한 증여를 통하여 국세를 포탈하거나 국세를 부정하게 환급·공제받은 경우[주2]	15년
	㉡ ㉠ 외의 경우	10년
일반적인 세목[주3]	㉠ 납세자의 사기·기타 부정한 행위로 조세포탈·환급·공제 시[주4]	10년
	㉡ 무신고의 경우[주5]	7년
	㉢ ㉠·㉡ 외의 경우(허위신고·누락신고 포함)[주5]	5년

*주1) 부담부증여의 부과제척기간 : 부담부증여는 채무부담을 조건으로 하는 증여이므로 증여로 인한 증여세와 양도소득세가 함께 부과되는 경우 부과제척기간을 증여세에 대하여 정한 부과제척기간(15년, 10년)과 일치시킴
*주2) 국제거래를 수반하는 부정행위에 대한 부과제척기간 연장과 신고불성실가산세의 상향 조정 : 역외탈세에 대한 적발 가능성을 높이고 동시에 납세자의 성실신고를 유도할 목적으로 신설됨. 국제거래나 국제거래를 이용한 증여를 통하여 국세를 포탈하거나 국세를 부정하게 환급·공제받은 경우의 부과제척기간을 15년으로 연장하고, 국제거래에서 발생한 부정행위로 국세의 과세표준 신고를 하지 아니하거나 과소신고하는 경우의 신고불성실가산세율을 100분의 60으로 한다.
*주3) 일반적인 세목의 경우 역외거래에 대한 국세부과 제척기간 연장 : 역외거래(기존 '국제거래'에 거래 당사자 양쪽이 거주자인 거래로서 국외에 있는 자산의 매매, 임대차 등을 포함한 개념)에 대해 과세기반 강화를 위해 제척기간을 다음과 같이 연장한다.

일반적인 세목	역외거래 제척기간
납세자가 역외거래에서 발생한 부정행위로 국세를 포탈하거나 환급·공제받은 경우	15년
납세자가 법정신고기한까지 과세표준신고서를 제출하지 않은 경우(무신고)	10년
그 밖의 경우	7년

*주4) 인정상여 등으로 소득처분된 금액에 대한 소득세 등 부과제척기간 : 부정한 행위로 세금을 포탈한 국세가 법인세라면 이에 따라 소득처분된 소득세(인정상여)에 대해서도 그 소득세(또는 법인세)를 부과할 수 있는 날부터 10년간으로 한다.
*주5) 이월결손금특례 : 일반적인 세목의 ⓒ 및 ⓒ의 경우, 해당 제척기간이 만료된 날이 속하는 과세기간 이후의 과세기간에 소득세법과 법인세법의 규정에 따라 10년 이내에 발생한 이월결손금을 공제하는 경우에는 위의 제척기간(7년 또는 5년)에도 불구하고 이월결손금을 공제한 과세기간의 법정신고기한으로부터 1년간을 제척기간으로 하여 결정 또는 경정할 수 있다.

② 제척기간의 특례

㉠ 조세쟁송 등으로 인한 제척기간의 특례 : 위의 제척기간에도 불구하고 다음에 해당하는 사유가 있는 경우에는 해당하는 기한 내에 해당 사유에 따른 경정결정이나 그 밖에 필요한 처분을 할 수 있다.

사 유	기 한	처 분
ⓐ 부과처분에 대한 **조세불복**(이의신청·심사청구·심판청구·감사원 심사청구·행정소송)의 결정 또는 판결이 있는 경우	결정 또는 판결이 확정된 날로부터 1년 이내	
위 ⓐ의 결정 또는 판결에서 **명의대여 사실이 확인된 경우**	결정 또는 판결이 확정된 날부터 1년 이내	명의대여자에 대한 부과처분을 취소하고 실제로 사업을 경영한 자에게 경정결정이나 그 밖에 필요한 처분을 할 수 있다.
ⓑ 조세의 이중과세방지를 위하여 체결한 조세조약에 부합하지 않는 과세의 원인이 되는 조치가 있는 경우에, 그 조치가 있음을 안 날부터 3년 이내(조세조약에 별도규정 시 그에 따른다)에 조세조약의 규정에 따른 **상호합의**가 있는 경우	상호합의가 종결된 날로부터 1년 이내	
ⓒ **경정청구**(= 후발적 사유의 발생으로 인한 경정청구)가 있는 경우 또는 경정청구·조정권고의 대상이 된 과세기간과 연동된 다른 과세기간분의 경우	경정청구일(조정권고일)로부터 2개월이 지나기 전까지	
ⓓ 과세표준 세액의 계산 근거가 된 거래/행위 등의 소송에 대한 **판결**로 변경되는 경우	확정판결일부터 1년	
ⓔ [불법소득에 대한 부과제척기간 특례] 뇌물·알선수재·배임수재로 인한 소득에 대한 형사판결이 확정된 경우	확정판결일부터 1년	
ⓕ 글로벌최저한세 실효세율 변경되는 경우	과세당국이 변경 사실을 알게 된 날부터 1년	

ⓒ 상속세·증여세의 특례제척기간 : 납세자가 사기나 기타 부정한 행위로 상속세·증여세를 포탈하는 경우로 다음에 해당하는 경우에는 상속 또는 증여가 있음을 안 날로부터 1년 이내에 상속세 및 증여세를 부과할 수 있다. 다만, 상속인이나 증여자 및 수증자가 사망한 경우와 포탈세액 산출의 기준이 되는 재산가액이 50억원 이하(아래 재산가액의 합)인 경우에는 그렇지 않다.
　　　ⓐ 제3자의 명의로 되어 있는 피상속인 또는 증여자의 재산을 상속·증여받아 취득한 경우(상속·증여 재산의 보유여부와 무관)
　　　ⓑ 계약에 따라 피상속인이 취득할 재산이 명의개서가 이루어지지 아니하고 상속된 경우
　　　ⓒ 국외재산을 상속·증여받은 경우
　　　ⓓ 유가증권, 서화, 골동품 등을 취득한 경우
　　　ⓔ 증여자의 금융자산을 수증자의 명의로 수증자가 보유하고 있거나 사용·수익한 경우(차명계좌를 통한 증여세포탈)
　　　ⓕ 비거주자인 피상속인의 국내재산을 상속인이 취득한 경우
　　　ⓖ 명의신탁재산의 증여의제에 해당하는 경우
　　　ⓗ 국내가상사업자를 통하지 않고 가상자산을 상속·증여받은 경우
　　ⓒ 이월세액공제에 대한 특례부과제척기간 : 세액공제액을 부과제척기간 만료 이후 이월하여 공제하는 경우 해당 세액공제액 관련 부과제척기간은 이월공제한 과세기간으로부터 1년

③ **제척기간의 기산일** : 국세부과권의 제척기간은 국세를 부과할 수 있는 날부터 기산되는데, 이것은 과세표준 신고의무가 있는가에 따라 달라지게 된다. 국세부과권의 제척기간 기산일은 다음과 같다.

구 분		제척기간의 기산일
원 칙	㉠ 과세표준과 세액을 신고하는 국세(신고하는 종합부동산세 제외)	과세표준 신고기한의 다음 날(단, 중간예납·예정신고 및 수정신고기한은 과세표준신고기한에서 제외함)
	㉡ 종합부동산세 및 인지세	납세의무 성립일
예 외	㉠ 원천징수의무자 또는 납세조합에 대하여 부과하는 국세	법정납부기한의 다음 날
	㉡ 공제, 면제, 낮은 세율 적용 등에 따른 세액을 의무불이행 등의 사유로 징수하는 경우	공제세액 등을 징수할 사유가 발생한 날
	㉢ 과세표준신고기한 또는 법정납부기한이 연장된 경우	연장된 기한의 다음 날

④ **제척기간 만료의 효과** : 국세부과의 제척기간이 만료되면 국세부과권은 장래를 향하여 소멸한다. 따라서 국가는 더 이상 결정, 경정결정, 재경정결정 부과취소를 할 수 없게 된다. 그리고 성립된 납세의무가 확정되지도 않은 상태에서 소멸되므로 다음 단계인 징수권은 발생할 여지가 없으며 결손처분도 불필요하다.

⑤ **제척기간의 중단과 정지** : 국세부과의 제척기간은 권리관계를 조속히 확정시키려는 것이므로 진행기간의 중단이나 정지가 있을 수 없다.

3 국세징수권 소멸시효의 완성

(1) 의 의
① 국세징수권이란 이미 확정된 납세의무에 대한 이행을 청구하고 강제할 수 있는 권리(이는 구체적으로 납부고지·독촉·강제징수 절차에 의함)를 말한다. 이러한 국세징수권은 일정기간 동안 행사하지 아니하면 그 권리가 소멸되는데, 이 기간을 '국세징수권의 소멸시효'라 한다.
② 권리의 행사를 게을리하는 자는 보호할 가치가 없다는 이유에서 그 권리를 소멸시키는 제도이다.
③ 제척기간은 국세부과에 관한 것이며, 소멸시효는 국세징수에 관한 것이다.

(2) 소멸시효기간과 기산일
① **소멸시효기간의 개념**: 국세(가산세는 제외)의 징수를 목적으로 하는 국가의 권리는 이를 행사할 수 있는 때로부터 5년간(5억원 이상의 국세는 10년) 행사하지 아니하면 소멸시효가 완성한다. 여기서 '소멸시효가 완성한다'라는 의미는 소멸시효기간이 완성하면 국세징수권이 자동적으로 소멸되는 것을 말한다.
② **소멸시효의 기산일**: 소멸시효는 국세징수권을 행사할 수 있는 때로부터 기산하며, 국세징수권을 행사할 수 있는 때 즉, 기산일은 다음의 날을 말한다.

구 분		소멸시효의 기산일
원칙적인 기산일	㉠ 과세표준과 세액의 신고에 의하여 납세의무가 확정되는 국세	그 법정신고납부기한의 다음 날
	㉡ 과세표준 또는 세액을 정부가 결정·경정 또는 수시부과결정하여 고지한 세액	그 납부고지에 의한 납부기한의 다음 날
예외적인 기산일	㉢ 원천징수의무자 또는 납세조합으로부터 징수하는 국세	그 납부고지에 의한 납부기한의 다음 날
	㉣ 납부고지한 인지세	
	㉤ 위 ㉠의 법정신고납부기한이 연장되는 경우	그 연장된 기한의 다음 날

(3) 소멸시효의 중단과 정지
① **시효의 중단**: 시효의 진행 중에 권리의 행사로 볼 수 있는 사유가 발생하면 그 때까지 진행되어 온 시효기간이 효력을 잃어버리게 되는데 이를 소멸시효의 중단이라 한다. 이러한 소멸시효가 중단된 경우에는 중단사유가 발생할 때까지 경과한 소멸시효기간은 효력을 상실하고 중단사유 종료시점부터 새로운 시효가 진행한다. 국세기본법은 소멸시효의 중단사유를 다음과 같이 규정하고 있다.

소멸시효 중단사유	새로운 시효의 기산일
납부고지	고지한 납부기간이 지난 때
독 촉	독촉에 의한 납부기간이 지난 때
교부청구	교부청구 중의 기간이 지난 때
압 류	압류해제까지의 기간이 지난 때

② **시효의 정지** : 시효의 진행 중에 권리자가 권리를 행사할 수 없는 사유가 발생하면 권리자에게 가혹하지 않도록 하기 위해 그 기간만큼의 시효완성을 유예하는데 이를 '시효의 정지'라 한다. 이러한 경우에는 소멸시효의 정지사유 종료 후 잔여기간이 경과하면 소멸시효가 완성된다. 즉, 새로이 시효가 진행되지 않고 잔여기간만의 진행으로 시효가 완성되므로 새로이 시효가 진행되는 중단과는 대조적이라 할 수 있다.

소멸시효의 정지사유는 다음과 같다.
㉠ 세법에 따른 분납기간
㉡ 징수 유예기간
㉢ 압류·매각의 유예기간
㉣ 연부연납기간
㉤ 세무공무원이 국세징수법에 따른 사해행위 취소소송이나 민법에 따른 채권자대위 소송을 제기하여 소송이 진행 중인 기간. 단, 소송이 각하, 기각 또는 취하된 경우에는 효력을 상실한다.
㉥ 체납자가 국외에 6개월 이상 계속 체류하는 경우 해당 국외 체류 기간

(4) 소멸시효 완성의 효과

① 국세징수권의 소멸시효가 완성되면 국세징수권은 기산일에 소급하여 국세징수권이 소멸한다. 즉, 국세의 소멸시효가 완성한 때에는 국세뿐만 아니라 해당 국세의 가산금, 강제징수비 및 이자상당세액도 함께 소멸하게 된다.
② 주된 납세자의 국세가 소멸시효의 완성에 의하여 소멸한 때에는 당연히 납세의무도 소멸하는 것이므로 제2차 납세의무자, 보증인과 물적납세의무자에도 그 효력이 미친다.
③ 소멸시효가 완성되면 이미 납세의무가 확정된 바 있으므로 형식상 결손처분 절차를 통하여 해당 조세채권을 소멸시켜야 한다.

(5) 국세부과의 제척기간과 국세징수권 소멸시효의 비교

구 분	국세부과 제척기간	국세징수권 소멸시효
개 념	국세의 부과권(형성권의 일종)	국세징수권(청구권의 일종)
성 격	권리의 존속기간	권리의 불행사기간
기 간	5년, 7년, 10년, 15년	5년, 10년
기산일	국세를 부과할 수 있는 날	국세징수권을 행사할 수 있는 날
중단과 정지	중단과 정지제도가 없음	중단과 정지제도가 있음
기간만료의 효과	장래를 향하여 부과권 소멸, 결손처분과정 불필요	기산일로 소급하여 징수권 소멸, 결손처분과정 필요

제3장 단원별 기출문제

01 다음 중 국세기본법상 납세의무의 성립시기에 대한 내용으로 가장 옳지 않은 것은? [108회]

① 상속세 : 상속이 개시되는 때
② 부가가치세 : 과세기간이 끝나는 때(수입재화의 경우 제외)
③ 원천징수하는 소득세 : 소득금액 또는 수입금액을 지급하는 때
④ 종합부동산세 : 과세기간이 끝나는 때

해설
과세기준일

02 다음 중 국세기본법상 국세징수권의 소멸시효에 대한 설명으로 옳지 않은 것은? [108회]

① 5억원 이상 국세의 소멸시효는 10년이다.
② 세법에 따른 분납기간은 소멸시효가 중단된다.
③ 신고납세제도세목으로서 신고한 경우의 소멸시효 기산일은 그 법정 신고납부기한의 다음 날이다.
④ 법정 신고납부기한이 연장되는 경우 소멸시효 기산일은 그 연장된 기한의 다음 날이다.

해설
분납기간은 소멸시효의 정지사유에 해당한다.

03 다음 중 국세기본법상 국세의 법정기일이 다른 하나는? [108회]

① 신고에 따라 납세의무가 확정되는 국세의 경우 신고한 해당 세액의 경우
② 세액을 정부가 결정을 하는 경우 고지한 해당 세액의 경우
③ 양도담보재산에서 국세를 징수하는 경우
④ 제2차 납세의무자의 재산에서 국세를 징수하는 경우

해설
신고납세하는 국세의 법정기일은 그 신고일이며, 나머지 보기의 법정기일은 납부고지서의 발송일이다.

정답: 01 ④ 02 ② 03 ①

04
다음 중 국세기본법상 국세의 부과제척기간(역외거래 제외)으로 올바르지 않은 것은? [107회]

① 법정신고기한까지 법인세 과세표준신고서를 제출하지 아니한 경우 : 7년
② 사기나 그 밖의 부정행위로 법인세를 포탈한 경우 : 10년
③ 부정행위로 상속세를 포탈한 경우 : 10년
④ 법정신고기한 내에 상속세 과세표준신고서를 제출하지 않은 경우 : 15년

해설
납세자가 부정행위로 상속세·증여세를 포탈하거나 환급·공제받은 경우 부과제척기간은 15년이다.

05
다음 중 국세기본법상 납세의무가 소멸되는 경우가 아닌 것은? [106회]

① 국세의 부과가 철회된 때
② 국세환급금으로 납부할 국세가 충당된 때
③ 국세의 부과제척기간 내에 국세가 부과되지 아니하고 부과제척기간이 끝난 때
④ 납세보증인에 의해 국세가 납부된 때

해설
부과가 취소된 때 납세의무가 소멸하고, 부과의 철회는 납세의무의 소멸사유가 아니다.

06
다음 중 국세기본법상 납세의무의 성립과 동시에 확정되는 국세가 아닌 것은? [106회]

① 원천징수하는 소득세
② 납세조합이 징수하는 소득세
③ 인지세
④ 정부가 조사·결정한 중간예납법인세

해설
중간예납하는 법인세는 원칙적으로 납세의무가 성립하는 때에 특별한 절차 없이 그 세액이 확정된다. 다만, 세법에 따라 정부가 조사·결정하는 경우는 제외한다.

07
다음 중 국세기본법상 납세의무자가 과세표준과 세액을 과세관청에 신고했을 때에 확정되지 않는 것은? [105회]

① 소득세
② 법인세
③ 부가가치세
④ 상속세

해설
납세의무자의 신고내용은 협력의무일 뿐이며, 과세관청에서 결정하는 때 확정된다.

정답 04 ③ 05 ① 06 ④ 07 ④

08 국세기본법상 부과제척기간의 기산일에 관한 연결이 옳지 않은 것은? [105회]

① 종합부동산세 : 납세의무 성립일
② 수정신고하는 소득세 : 수정신고기한의 다음 날
③ 원천징수의무자에게 부과하는 국세 : 원천징수액 납부기한의 다음 날
④ 과세표준 신고기한이 연장되는 경우 : 그 연장된 기한의 다음 날

해설
수정신고하는 소득세는 정기분 과세표준 신고기한의 다음 날이다.

09 다음 중 국세기본법상 납세의무의 확정에 대한 설명으로 옳지 않은 것은? [104회]

① 소득세와 법인세는 납세의무자가 과세표준과 세액을 정부에 신고했을 때 확정된다.
② 인지세는 납세의무가 성립하는 때에 특별한 절차 없이 그 세액이 확정된다.
③ 정부부과제도의 세목이라 하더라도 납세자가 과세표준과 세액을 정부에 신고하면 확정된다.
④ 납세의무자가 과세표준과 세액을 무신고하는 경우 정부가 결정 또는 경정하는 때에 확정된다.

해설
정부부과제도의 세목은 정부가 과세표준과 세액에 대하여 결정하여야 확정된다.

10 다음 중 국세기본법상 국세징수권에 관한 설명으로 옳지 않은 것은? [104회]

① 5억원 이상의 국세의 국세징수권 소멸시효기간은 7년이다.
② 5억원 미만의 국세의 국세징수권 소멸시효기간은 5년이다.
③ 과세표준과 세액의 신고에 의하여 납세의무가 확정되는 국세의 경우 신고한 세액에 대해서는 그 법정 신고납부기한의 다음 날 국세징수권을 행사할 수 있다.
④ 과세표준과 세액을 정부가 결정, 경정 또는 수시부과결정하는 경우 납부고지한 세액에 대해서는 그 고지에 따른 납부기한의 다음 날 국세징수권을 행사할 수 있다.

해설
5억원 이상의 국세 : 10년

11 다음 중 국세기본법상 납세의무의 성립시기에 관한 설명으로 틀린 것은? [103회]

① 청산소득에 대한 법인세 : 그 법인이 해산하는 때
② 원천징수하는 소득세 : 소득금액 또는 수입금액을 지급하는 때
③ 수입재화에 대한 부가가치세 : 재화를 인도하는 때
④ 종합부동산세 : 과세기준일(매년 6월 1일)

해설
세관장에게 수입신고를 하는 때에 납세의무가 성립한다.

12 다음 중 국세기본법상 납세의무의 확정과 소멸에 관한 설명으로 가장 틀린 것은? [103회]

① 납부고지의 사유로 중단된 소멸시효는 고지한 납부기간이 지난 때부터 새로 진행한다.
② 국세의 납세의무는 납부하는 경우 즉시 소멸한다.
③ 법인세는 해당 국세의 과세표준을 신고하는 때에 납세의무가 확정된다.
④ 10억원의 국세에 대한 징수권은 5년 동안 행사하지 아니하면 소멸시효가 완성된다.

해설
5억원 이상의 국세의 소멸시효 기간은 10년이다.

13 다음은 거주자 천지훈 씨의 국세 관련 자료이다. 국세기본법상 납세의무 성립시기가 빠른 순서대로 나열한 것은? [102회]

> 가. 천지훈 씨가 2022년 2월 15일에 취득한 부동산에 대한 종합부동산세
> 나. 내국법인인 ㈜마리가 2022년 3월 31일에 천지훈 씨에게 지급한 배당금에 대하여 원천징수한 소득세
> 다. 아버지로부터 2022년 4월 20일에 증여받은 주식에 대한 증여세

① 가 – 나 – 다
② 나 – 다 – 가
③ 가 – 다 – 나
④ 나 – 가 – 다

해설
가. 종합부동산세 : 과세기준일(2022년 6월 1일)
나. 원천징수하는 소득세 : 소득금액을 지급하는 때(2022년 3월 31일)
다. 증여세 : 증여에 의하여 재산을 취득하는 때(2022년 4월 20일)

정답 11 ③ 12 ④ 13 ②

14. 다음 중 국세기본법상 국세의 부과제척기간이 다른 경우는? [102회]

① 이중장부의 작성으로 소득세를 포탈한 경우
② 국제거래에서 발생한 부정행위로 법인세를 환급받은 경우
③ 증여세과세표준신고서를 제출하지 않은 경우
④ 상속재산가액에서 가공의 채무를 빼고 상속세를 신고한 경우 그 부분

해설
국세의 부과제척기간은 사기나 그 밖의 부정한 행위(이중장부 작성 등)로 국세를 포탈(逋脫)하거나 환급·공제를 받은 경우 10년으로 한다. 역외거래에서 발생한 부정행위로 국세를 포탈하거나 환급·공제받은 경우, 상속세 및 증여세과세표준신고서를 제출하지 아니한 경우, 상속세 및 증여세과세표준신고서를 제출한 자가 거짓신고 또는 누락신고를 한 경우로서 그 거짓신고 또는 누락신고를 한 부분의 부과제척기간은 15년으로 한다.

15. 다음 중 국세기본법상 소멸시효 중단 사유가 아닌 것은? [102회]

① 압류
② 교부청구
③ 납부고지
④ 세법에 따른 압류·매각의 유예기간

해설
소멸시효는 다음의 어느 하나에 해당하는 기간에는 진행되지 아니한다(소멸시효의 정지).
1. 세법에 따른 분납기간
2. 세법에 따른 납부고지의 유예, 지정납부기한·독촉장에서 정하는 기한의 연장, 징수 유예기간
3. 세법에 따른 압류·매각의 유예기간
4. 세법에 따른 연부연납기간
5. 세무공무원이 「국세징수법」에 따른 사해행위 취소소송이나 「민법」에 따른 채권자대위 소송을 제기하여 그 소송이 진행 중인 기간
6. 체납자가 국외에 6개월 이상 계속 체류하는 경우 해당 국외 체류 기간

16. 다음 중 국세기본법에 따른 소멸시효의 정지 사유가 아닌 것은? [101회]

① 세법에 따른 분납기간
② 세법에 따른 징수유예기간
③ 세법에 따른 연부연납기간
④ 체납자가 국외에 3개월 이상 계속 체류하는 경우 해당 국외 체류기간

해설
국외에 6개월 이상 체류하는 경우 해당 국외 체류기간

17 다음 중 국세기본법상 납세의무의 성립시기가 다른 세목은? [100회]

① 법인세(청산소득 제외)
② 종합소득세
③ 부가가치세(수입재화 제외)
④ 종합부동산세

해설
종합부동산세는 과세기준일에 납세의무가 성립한다.

18 다음 중 국세기본법상 제척기간 및 소멸시효에 관한 설명으로 가장 옳지 않은 것은? [100회]

① 소멸시효는 납부고지, 독촉, 교부청구, 압류의 사유로 중단된다.
② 국세징수권은 행사할 수 있는 날부터 5년(5억원 이상 10년) 동안 행사하지 않으면 소멸시효가 완성된다.
③ 내국법인이 역외거래에 의하여 이중장부 작성을 하고 법인세를 포탈한 경우 국세의 부과제척기간은 법인세를 부과할 수 있는 날부터 10년간이다.
④ 부과제척기간이 만료하면 부과권이 장래를 향하여 소멸한다.

해설
국제거래 등의 역외거래에 의하여 사기나 그 밖의 부정행위로 인한 국세를 포탈한 경우 부과제척기간은 15년이다.

19 다음 중 국세기본법상 납세의무의 성립시기에 관한 설명으로 옳지 않은 것은? [99회]

① 법인이 개인주주에게 지급하는 배당금에 대하여 원천징수하는 소득세의 납세의무는 배당금을 지급하는 때에 성립한다.
② 내국법인 ㈜한국의 제3기 사업연도(2022년 1월 1일 ~ 2022년 12월 31일)의 법인세 납세의무는 2022년 12월 31일에 성립한다.
③ 아버지가 아들에게 현금을 증여하는 경우 증여세 납세의무는 증여에 의한 재산을 취득하는 때에 성립한다.
④ 부가가치세의 납세의무 성립시기는 재화 또는 용역을 공급하는 때이다.

해설
부가가치세 : 과세기간이 끝나는 때. 다만, 수입재화의 경우에는 세관장에게 수입신고를 하는 때를 말한다.

정답 17 ④ 18 ③ 19 ④

20 다음 중 국세기본법상 소멸시효에 관한 내용으로 잘못된 것은? [99회]

① 5억원 이상의 국세는 10년, 그 외의 국세는 5년의 기간 동안 행사하지 아니하면 소멸시효가 완성된다.
② 소멸시효는 압류가 진행 중인 기간 동안에는 정지하며, 압류해제 후 잔여기간이 경과하면 시효가 완성된다.
③ 주된 납세자의 국세가 소멸시효의 완성에 의하여 소멸한 때에는 제2차 납세의무자, 납세보증인과 물적납세의무자에도 그 효력이 미친다.
④ 과세표준과 세액의 신고에 의해 납세의무가 확정되는 국세로서 그 신고한 세액에 대하여 국세징수권을 행사할 수 있는 때는 그 법정 신고납부기한의 다음 날이다.

해설
소멸시효는 압류로 중단되고 압류 해제까지의 기간이 지난 때부터 새로 진행한다.

21 다음 중 국세기본법상 납부의무의 소멸사유가 아닌 것은? [98회]

① 납 부
② 충 당
③ 부과철회
④ 국세부과권 제척기간의 만료

해설
아무런 하자없이 유효하게 성립된 부과처분이라는 행정행위의 효력을 그 성립 후에 발생된 새로운 사유로 인하여 장래에 그 부과처분의 효력을 소멸시키는 행정행위를 부과철회라 한다. 부과철회와 구별해야 할 개념으로 부과취소가 있는데, 부과취소는 부과처분의 성립에 관한 하자를 이유로 하여 그 행위의 효력을 원칙적으로 기왕에 소급하여 소멸시키는 독립된 행정처분이다.

22 다음 중 국세기본법상 국세 부과제척기간의 기산일로 틀린 것은? [98회]

① 종합부동산세 : 과세표준신고기한 다음 날
② 인지세 : 해당 국세의 납세의무가 성립한 날
③ 법인세 : 과세표준신고기한 다음 날
④ 과세표준신고기한 또는 법정 납부기한이 연장되는 경우 : 그 연장된 기한의 다음 날

해설
종합부동산세는 해당 국세의 납세의무가 성립한 날이다.

23 다음 중 국세기본법상 납부의무의 소멸에 대한 설명으로 가장 잘못된 것은? [97회]

① 국세 및 강제징수비를 납부할 의무는 납부·충당되거나 부과가 취소된 때에 소멸한다.
② 납부고지의 사유로 중단된 소멸시효는 고지한 납부기간이 지난 때로부터 새로 진행한다.
③ 국세의 징수를 목적으로 하는 국가의 권리는 이를 행사할 수 있는 때부터 5억원 이상의 국세는 5년 동안 행사하지 않으면 소멸시효가 완성된다.
④ 납세자가 부정한 행위로 소득세를 포탈한 경우(역외거래 제외한다) 소득세를 부과할 수 있는 날부터 10년 후에는 부과할 수 없다.

해설
국세의 징수를 목적으로 하는 국가의 권리는 이를 행사할 수 있는 때부터 5억원 이상의 국세는 10년 동안 행사하지 않으면 소멸시효가 완성된다.

24 다음 중 국세기본법상 납세의무자가 과세표준과 세액을 과세관청에 신고했을 때에 확정되는 국세가 아닌 것은? [97회]

① 소득세
② 법인세
③ 부가가치세
④ 원천징수하는 소득세

해설
원천징수하는 소득세는 납세의무가 성립하는 때(소득금액을 지급하는 때)에 특별한 절차없이 그 세액이 확정된다.

25 다음의 보기 중 국세기본법상 납세의무자가 과세표준과 세액을 정부에 신고했을 때 확정되는 세목끼리 짝지어진 것으로 옳은 것은? [96회]

① 소득세 – 상속세
② 법인세 – 증여세
③ 부가가치세 – 소득세
④ 상속세 – 종합부동산세

해설
법인세, 소득세, 종합부동산세(납세자가 신고하는 경우)는 신고했을 때 확정되며, 상속세, 증여세, 종합부동산세(납세자가 신고하는 경우 제외)는 정부가 결정하는 때에 확정된다.

정답 23 ③   24 ④   25 ③

26 다음 중 국세기본법상 상속세 및 증여세 외의 일반적인 국세의 부과제척기간에 대한 설명으로 옳지 않은 것은? [96회]

① 국가가 국세를 결정, 경정결정 및 부과취소를 할 수 있는 기간을 '국세의 부과제척기간'이라 한다.
② 과세표준과 세액을 신고하는 국세의 부과제척기간의 원칙적인 기산일은 과세기간 종료일이다.
③ 납세자가 사기나 그 밖의 부정한 행위로 국세를 포탈하거나 환급, 공제를 받은 경우 해당 국세를 부과할 수 있는 날부터 10년(역외거래 15년)이다.
④ 납세자가 법정신고기한까지 과세표준신고서를 제출하지 않은 경우 해당 국세를 부과할 수 있는 날부터 7년(역외거래 10년)이다.

해설
국세 부과제척기간의 기산일은 과세표준과 세액을 신고하는 국세의 경우 해당 국세의 과세표준과 세액에 대한 신고기한 또는 신고서 제출기한의 다음 날이다.

27 다음 중 국세기본법상 납세의무의 성립시기가 옳지 않은 것은? [95회]

① 상속세 : 상속이 개시되는 때
② 증여세 : 증여에 의해 재산을 취득하는 때
③ 부가가치세 : 재화 및 용역을 공급하는 때
④ 종합부동산세 : 과세기준일

해설
부가가치세는 기간 과세로 과세기간이 끝나는 때 납세의무가 성립한다.

28 국세기본법상 조세채권의 소멸사유 중 조세채권이 실현되면서 소멸하는 사유로 옳은 것은? [95회]

① 충당
② 부과취소
③ 국세부과권 제척기간의 만료
④ 국세징수권 소멸시효의 완성

해설
충당의 경우만 조세채권이 실현되어 소멸한다.

29 다음은 국세기본법상 국세징수권 소멸시효에 관하여 설명한 내용이다. 타당하지 않은 것은?

[95회]

① 국세징수권 소멸시효의 완성은 기산일로 소급하여 징수권이 소멸하며, 제2차 납세의무자 등에도 그 효력이 미친다.
② 국세징수권의 소멸시효가 완성되면 납세자의 원용(주장)이 없더라도 그 국세징수권은 당연히 소멸한다.
③ 납세자는 본인의 의사에 의하여 국세징수권의 소멸시효의 이익을 포기할 수 있다.
④ 5억원 이상의 국세에 대한 국세징수권 소멸시효는 10년으로 한다.

해설
납세자는 본인의 의사에 의하여 국세징수권의 소멸시효의 이익을 포기할 수 없다.

30 다음 중 국세기본법상 소멸시효 중단사유로 옳지 않은 것은?

[94회]

① 납부고지
② 독 촉
③ 교부청구
④ 징수유예

해설
징수유예는 소멸시효 중단사유가 아니다.

31 다음 중 국세기본법상 국세부과의 제척기간에 대한 설명으로 옳지 않은 것은?(단, 역외거래는 제외한다)

[94회]

① 납세자가 국세를 법정신고기한까지 과세표준신고서를 제출하지 아니한 경우엔 해당 국세를 부과할 수 있는 날부터 7년이다.
② 납세자가 부가가치세법상 부정행위를 하여 가산세 부과대상이 되는 경우 해당 가산세를 부과할 수 있는 날로부터 10년으로 한다.
③ 납세자가 부정행위로 상속세·증여세를 포탈한 경우 부과제척기간은 국세를 부과할 수 있는 날부터 10년으로 한다.
④ 국외에 있는 상속재산이나 증여재산을 상속인이나 수증자가 취득한 경우 과세관청은 상속 또는 증여가 있음을 안 날부터 1년 이내에 상속세 및 증여세를 부과할 수 있다.

해설
납세자가 부정행위로 상속세·증여세를 포탈하거나 환급·공제받은 경우에는 상속세·증여세의 부과제척기간은 국세를 부과할 수 있는 날부터 15년으로 한다.

정답 29 ③ 30 ④ 31 ③

32 다음 중 국세기본법상 납세의무소멸사유가 아닌 것은? [93회]

① 납 부
② 부과철회
③ 납부할 국세 및 강제징수비 상당액과 상계시키는 충당
④ 국세징수권 소멸시효의 완성

해설
부과철회는 납세의무 소멸사유가 아니다.

33 다음 중 국세기본법상 납세의무의 성립시기로 틀린 것은? [93회]

① 소득세·법인세 : 과세기간이 끝나는 때. 다만, 청산소득에 대한 법인세는 그 법인이 해산을 하는 때를 말한다.
② 부가가치세 : 과세기간이 끝나는 때. 다만, 수입재화의 경우에는 세관장에게 수입신고를 하는 때를 말한다.
③ 증여세 : 증여에 의하여 재산을 취득하는 때
④ 종합부동산세 : 해당 부동산을 취득하는 때

해설
과세기준일

34 다음 중 국세기본법상 납세의무의 성립시기로 옳지 않은 것은? [92회]

① 상속세 : 상속이 개시되는 때
② 증여세 : 증여에 의하여 재산을 취득하는 때
③ 원천징수하는 소득세 : 과세기간이 끝나는 때
④ 중간예납하는 소득세·법인세 : 중간예납기간이 끝나는 때

해설
원천징수하는 소득세·법인세는 소득금액 또는 수입금액을 지급하는 때를 납세의무의 성립시기로 본다.

35 다음 중 국세기본법상 제척기간에 대한 설명으로 틀린 것은?(단, 역외거래 아님) [92회]

① 소득세 법정신고기한까지 과세표준신고서를 제출하지 아니한 경우 : 국세를 부과할 수 있는 날부터 7년

② 부정행위로 상속세를 포탈하거나 환급받은 경우 : 국세를 부과할 수 있는 날부터 15년

③ 증여세신고서를 제출하지 아니한 경우 : 국세를 부과할 수 있는 날부터 15년

④ 사기나 그 밖의 부정한 행위로 법인세를 포탈한 경우 : 국세를 부과할 수 있는 날부터 15년

해설
10년으로 본다.

36 다음 중 국세기본법상 국세징수권의 소멸시효 중단 사유가 아닌 것은? [92회]

① 과세예고   ② 납부고지
③ 독 촉   ④ 압 류

37 국세기본법상 국세 부과제척기간이란 국가가 결정, 경정결정 등을 할 수 있는 기간을 의미한다. 다음 중 국세 부과제척기간이 잘못 연결된 것은 무엇인가?(단, 역외거래 제외) [91회]

① 일반적인 세목의 국세를 사기, 부정한 행위로 포탈한 경우 : 20년

② 상속세와 증여세의 일반적인 경우 : 10년

③ 일반적인 세목의 국세를 무신고한 경우 : 7년

④ 상속세와 증여세를 무신고한 경우 : 15년

해설
상속세·증여세·부담부증여에 따라 증여세와 함께 양도소득세가 과세되는 경우 이외의 국세를 납세자가 사기나 그 밖의 부정한 행위로 포탈하거나 환급·공제받은 경우 부과제척기간은 10년으로 한다.

정답 35 ④ 36 ① 37 ①

38
국세기본법상 납세의무 성립시기에 대하여 올바르게 설명한 항목은 몇 개인가? [91회]

- 원천징수하는 소득세·법인세 : 소득금액 또는 수입금액을 지급하는 때
- 수시부과하여 징수하는 국세 : 수시부과할 사유가 발생한 때
- 인지세 : 인지를 첨부할 때
- 종합부동산세 : 과세기준일
- 수입재화에 대한 부가가치세 : 세관장에게 수입신고를 하는 때

① 1개　　　　　　　　② 2개
③ 4개　　　　　　　　④ 5개

해설
인지세의 납세의무 성립시기는 과세문서를 작성한 때이다.

39
다음 중 국세기본법상 국세징수권의 소멸시효 중단 사유가 아닌 것은? [91회]

① 납부고지　　　　　　② 교부청구
③ 압류　　　　　　　　④ 연부연납기간

해설
소멸시효의 중단 사유는 납부고지, 독촉, 교부청구, 압류이다. 연부연납은 소멸시효의 정지 사유이다.

40
다음 중 국세기본법상 소멸시효 정지의 사유가 아닌 것은? [90회]

① 독촉　　　　　　　　② 연부연납기간
③ 징수유예기간　　　　④ 분납기간

해설
독촉은 소멸시효 중단의 사유이다.

41
다음 중 국세기본법상 국세부과 제척기간을 바르게 연결한 것은?(단, 역외거래 제외) [89회]

① 납세자가 소득세를 무신고한 경우 – 7년
② 납세자가 부가가치세를 사기나 그 밖의 부정한 행위로 환급받은 경우 – 15년
③ 납세자가 법인세를 과소신고한 경우 – 7년
④ 납세자가 상속세를 무신고한 경우 – 10년

해설
무신고한 경우 7년

38 ③　39 ④　40 ①　41 ①

42 국세기본법상 내용으로 가장 옳지 않은 것은? [88회]

① 세법에 따라 당초 확정된 세액을 감소시키는 경정은 그 경정으로 감소되는 세액 외의 세액에 관한 이 법 또는 세법에서 규정하는 권리·의무관계에 영향을 미친다.
② 원천징수하는 소득세 또는 법인세는 납세의무가 성립하는 때에 특별한 절차 없이 그 세액이 확정된다.
③ 중간예납하는 법인세는 납세의무가 성립하는 때에 특별한 절차 없이 그 세액이 확정된다.
④ 세법에 따라 당초 확정된 세액을 증가시키는 경정은 당초 확정된 세액에 관한 이 법 또는 세법에서 규정하는 권리·의무관계에 영향을 미치지 아니한다.

해설
세법에 따라 당초 확정된 세액을 감소시키는 경정은 그 경정으로 감소되는 세액 외의 세액에 관한 이 법 또는 세법에서 규정하는 권리·의무관계에 영향을 미치지 아니한다.

43 다음 중 국세기본법상 국세부과의 제척기간에 관한 설명으로 옳지 않은 것은? [88회]

① 국세부과의 제척기간이란 국가가 결정·경정결정·재경정결정 및 부과취소를 할 수 있는 기간을 의미한다.
② 사기나 그 밖의 부정한 행위로 국세를 포탈하거나 환급·공제받은 경우에 제척기간은 그 국세를 부과할 수 있는 날부터 10년(15년)이다.
③ 상속·증여세 외의 세목으로서 납세자가 법정신고기한까지 과세표준신고서를 제출하지 아니한 경우에 제척기간은 해당 국세를 부과할 수 있는 날부터 7년이다.
④ 조세쟁송에 대한 결정 또는 판결에서 명의대여 사실이 확인된 경우에는 원칙적인 제척기간에도 불구하고 그 결정 또는 판결이 확정된 날부터 2년 이내에 필요한 처분을 할 수 있다.

해설
조세쟁송에 대한 결정 또는 판결에서 명의대여 사실이 확인된 경우에는 원칙적인 제척기간에도 불구하고 그 결정 또는 판결이 확정된 날부터 1년 이내에 필요한 처분을 할 수 있다.

44 다음 중 국세기본법상 납세의무자가 과세표준과 세액을 정부에 신고했을 때에 확정되는 국세로 옳지 않은 것은? [87회]

① 개별소비세
② 부가가치세
③ 원천징수하는 소득세 또는 법인세
④ 증권거래세

해설
해당 세목은 납세의무가 성립하는 때에 특별한 절차 없이 그 세액이 확정된다.

정답 42 ① 43 ④ 44 ③

45 다음 중 국세기본법상 납부의무 등에 대한 설명으로 가장 옳지 않은 것은? [85회]

① 국세 및 강제징수비를 납부할 의무는 납부·충당되거나 부과가 취소된 때에 소멸한다.
② 납부고지의 사유로 중단된 소멸시효는 고지한 납부기간이 지난 때로부터 새로 진행한다.
③ 국세의 징수를 목적으로 하는 국가의 권리는 이를 행사할 수 있는 때부터 5억원 이상의 국세는 10년 그 외의 국세는 5년 기간 동안 행사하지 않으면 소멸시효가 완성된다.
④ 납세자가 부정한 행위로 법인세를 포탈한 경우에는 그 법인세의 납세의무가 성립한 날부터 10년이 지난 날 후에는 부과할 수 없다.

해설
과세표준과 세액을 신고하는 법인세의 제척기간은 납세의무가 성립한 날이 아니라 과세표준신고기한의 다음 날부터 기산한다.

46 다음 중 국세기본법상 납세의무의 성립과 동시에 확정되는 국세가 아닌 것은? [84회]

① 인지세
② 원천징수하는 소득세
③ 납세조합이 징수하는 소득세
④ 정부가 조사·결정하는 법인세 중간예납

해설
정부가 조사결정하는 법인세 중간예납은 성립과 동시에 확정되는 국세가 아니다.

PART 3 국세기본법
조세채권의 확보

조세채권의 확보란 납세보전제도로서 국세기본법에서는 다음과 같은 제도를 도입·운영하고 있다.

구 분	세부내용	
납세의무의 확장	① 납세의무의 승계	② 연대납세의무
	③ 제2차 납세의무	④ 양도담보권자의 물적납세의무
납세담보	–	
국세우선권	–	

01 납세의무의 확장제도

1 납세의무승계

(1) 납세의무승계의 의의

① 납세의무의 승계란 일정한 사유로 본래의 납세자로부터 다른 자에게로 납세의무가 이전되는 것을 말한다. 이는 조세채권의 확보를 위한 납세의무확장제도 중의 하나이다.
② 이러한 납세의무의 승계는 당사자의 의사에 관계없이 법정요건의 충족에 의해 강행적으로 이루어지며, 법정요건이 충족되면 어떠한 별도의 처분이나 행위도 필요 없이 당연히 납세의무가 승계된다.
③ 국세기본법상 납세의무의 승계는 합병과 상속의 경우에 한한다.
④ 납세의무의 승계는 개별 세법상 특례규정이 국세기본법에 우선하는 항목이다.

(2) 법인의 합병으로 인한 납세의무의 승계

① 법인의 합병 시 합병법인은 피합병법인에게 부과되거나 해당 피합병법인이 납부할 국세·가산금과 체납처분비를 납부할 의무를 진다. 이때 확정여부에 관계없이 성립된 국세는 모두 승계된다.
② 별도의 한도액이 규정되어 있지 않으므로 피합병법인의 국세 등을 전액 승계한다.

(3) 상속으로 인한 납세의무의 승계

① 납세의무의 승계
  ㉠ 상속이 개시된 때에 그 상속인(수유자와 사인증여자 포함) 또는 상속재산 관리인은 피상속인에게 부과되거나 그 피상속인이 납부할 국세·가산금과 강제징수비를 납부할 의무를 진다.
  ㉡ 이때 상속으로 인한 납세의무의 승계는 상속으로 인하여 얻은 재산*주)*을 한도로 한다.
  　*주) 상속으로 인하여 얻은 재산 = 자산총액 – 부채총액 – 상속세

② **상속인이 2인 이상인 경우** : 상속인이 2인 이상인 때에는 각 상속인은 피상속인에게 부과되거나 그 피상속인이 납부할 국세·가산금과 강제징수비를 상속으로 인하여 얻은 재산을 한도로 연대납세의무를 진다.

③ **상속인의 존부가 불분명한 경우**
㉠ 상속인이 있는지 없는지 존부가 분명하지 아니한 때에는 상속인에게 하여야 할 납세의 고지·독촉·기타 필요한 사항은 상속재산관리인에게 해야 한다.
㉡ 만일, 상속인의 존부가 분명하지 아니하고 상속재산관리인도 없는 경우에는 세무서장은 상속개시지를 관할하는 법원에 상속재산관리인의 선임을 청구할 수 있다.

④ **피상속인에게 한 처분 또는 절차의 효력** : 피상속인에게 행한 처분 또는 절차는 상속으로 납세의무를 승계하는 상속인 또는 상속재산관리인에 대하여도 효력이 있다.

2 연대납세의무

(1) 의 의

① 연대납세의무란 2인 이상이 하나의 납세의무에 대하여 각각 독립적으로 전액의 납부의무를 이행할 책임을 지고, 연대납세의무자 중 1인이 납세의무를 이행하면 다른 연대납세의무자의 납세의무도 소멸하는 납세의무를 말한다.

② 연대납세의무제도는 하나의 조세채권에 대해 납세의무자를 다수를 둠으로써 조세징수를 보다 확실하게 할 수 있으므로 조세채권 보전제도의 일종이라 볼 수 있다.

③ 이러한 연대납세의무는 개별 세법상 특례규정이 국세기본법에 우선하는 항목이다.

(2) 국세기본법의 규정

① **공유물·공동사업 등에 관한 연대납세의무**
㉠ 공유물·공동사업 또는 해당 공동사업에 속하는 재산에 관계되는 국세·가산금과 강제징수비는 공유자 또는 공동사업자가 연대하여 납부할 의무를 진다.
㉡ 국세기본법 규정에 대한 예외 : 소득세법의 규정 : 소득세법에 따른 공동사업에서 발생하는 소득금액은 약정된 손익분배비율(약정된 손익분배비율이 없는 경우에는 지분비율)에 따라 각 거주자별로 납세의무를 진다. 따라서 국세기본법의 공동사업 등에 관한 연대납세의무규정은 배제되고 개별세법인 소득세법의 규정에 따른다.

② **법인이 분할로 인한 연대납세의무**
㉠ 분할법인이 존속하는 경우 : 법인이 분할 또는 분할합병되는 경우 분할법인에 대하여 분할일 또는 분할합병일 이전에 부과되거나 납세의무가 성립한 국세·가산금 및 강제징수비는 다음의 법인이 연대하여 납부할 의무를 진다.

| • 분할법인 | • 분할신설법인 | • 존속하는 분할합병의 상대방 법인 |

ⓒ 분할법인이 소멸하는 경우 : 법인이 분할 또는 분할합병으로 인하여 해산하는 경우 해산하는 법인(=소멸한 분할합병의 상대방법인)에 부과되거나 그 법인이 납부할 국세·가산금 및 강제징수비는 다음의 법인이 연대하여 납부할 의무를 진다.

| • 분할신설법인 | • 존속하는 분할합병의 상대방 법인 |

ⓒ 채무자 회생 및 파산에 관한 신회사 설립으로 인한 연대납세의무 : 법인이 채무자 회생 및 파산에 관한 법률에 따라 신회사를 설립하는 경우 기존의 법인에 부과되거나 납세의무가 성립한 국세, 가산금, 강제징수비는 신회사가 연대하여 납부할 의무를 진다.

3 제2차 납세의무

(1) 개 요
제2차 납세의무란 주된 납세자가 강제징수를 해도 납세의무를 이행할 수 없는 경우에 해당 납세자에 갈음하여 동 납세자와 일정한 관계에 있는 자가 보충적으로 납세의무를 부담하도록 부여받은 법정의무를 말한다. 국세기본법상 제2차 납세의무의 유형은 다음과 같다.
① 청산인 등의 제2차 납세의무
② 출자자의 제2차 납세의무
③ 법인의 제2차 납세의무
④ 사업양수인의 제2차 납세의무

(2) 제2차 납세의무의 법적성격
제2차 납세의무는 본래의 납세의무와는 달리 부종성과 보충성의 특징을 갖고 있는데, 이를 살펴보면 다음과 같다.

구 분	내 용
부종성	부종성이란 주된 납세의무의 존재를 전제로 하여 보충적 납세의무가 성립하고, 본래의 납세의무에 대한 변경·소멸 등의 효력이 보충적 납세의무에도 그 효력이 미치는 것을 말한다.
보충성	보충성이란 주된 납세의무자의 재산에 대해서 강제징수를 집행하여도 징수할 금액에 부족한 경우 해당 부족액에 대하여 보충적으로 납세의무를 지는 것을 말한다.

(3) 청산인 등의 제2차 납세의무
① 의의 : 법인이 해산(합병에 의한 해산은 제외)한 경우에 해당 법인에게 부과되거나 해당 법인이 납부할 국세·가산금 또는 강제징수비를 납부하지 아니하고 잔여재산을 분배 또는 인도한 때에 해당 법인에 대하여 강제징수를 집행하여도 징수할 금액에 부족한 경우에는 청산인 또는 잔여재산의 분배·인도를 받은 자는 그 부족액에 대하여 제2차 납세의무를 진다.
② 한도액 : 청산인은 분배하거나 인도한 재산가액을 한도로 제2차 납세의무를 지며, 그 분배 또는 인도를 받은 자는 각자가 받은 재산가액을 한도로 제2차 납세의무를 진다. 이러한 재산가액은 청산 후 남은 재산을 분배 또는 인도한 날 현재의 시가로 한다.

(4) 출자자 등의 제2차 납세의무

① 의의 및 요건
   ㉠ 법인의 재산으로 해당 법인에게 부과되거나 법인이 납부할 국세·가산금·강제징수비에 충당하여도 부족한 경우에는 그 부족액에 대하여 그 법인의 무한책임사원과 일정한 과점주주가 제2차 납세의무를 진다.
   ㉡ 출자자 등에게 제2차 납세의무를 지우기 위한 요건은 다음과 같다.
      ⓐ 주된 납세의무자가 법인이어야 한다.
      ⓑ 법인의 재산으로 해당 법인에게 부과되거나 해당 법인이 납부할 국세·가산금·강제징수비에 충당하여도 징수할 금액에 부족해야 한다.

② 제2차 납세의무자의 범위 : 제2차 납세의무를 지는 자는 국세의 납세의무 성립일 현재 다음에 해당하는 자에 한한다.
   ㉠ 무한책임사원(합명회사 사원, 합자회사 무한책임사원)
   ㉡ 과점주주*주) 중 다음에 해당하는 자
      ⓐ 해당 법인의 발행주식총수 또는 출자총액의 50%를 초과하는 주식 또는 출자지분을 보유하는 자
      ⓑ 법인의 경영에 지배적인 영향력을 행사하는 자(임원 임면권 행사, 사업방침 결정 등)

   *주) 1. 과점주주란 주주 또는 유한책임사원(합자회사 유한책임사원, 유한책임회사 사원, 유한회사 사원, 영농·영어조합법인의 조합원) 1인과 그와 친족 기타 특수관계에 있는 자로서 그들의 소유주식수의 합계 또는 출자액의 합계가 해당 법인의 발행주식총수 또는 출자총액의 50%를 초과하는 자들을 말한다.
   2. 법인의 재산을 체납액에 충당하여도 부족한 경우 그 법인의 과점주주에게 납세의무를 부여하는 출자자의 제2차 납세의무 적용대상 법인의 범위에 코스피·코스닥 상장법인은 제외한다.

③ 한도액
   ㉠ 무한책임사원 : 한도 없이 부족액에 대해 전액 제2차 납세의무를 진다.
   ㉡ 과점주주 : 부족액에 과점주주가 소유하는 주식비율이나 출자비율만큼 곱한 금액을 한도로 제2차 납세의무를 진다.

> **더알아두기**
>
> **벤처기업 출자자의 제2차 납세의무 면제**
>
> | 대 상 | 요 건 | 한 도 | 적용기한 |
> | --- | --- | --- | --- |
> | 법인세 및 이에 부가되는 농특세·가산금·강제징수비 | 다음을 모두 충족하는 벤처기업
• 수입금액 대비 R&D 비중 5% 이상
• 업종별 매출액이 소기업 기준에 해당 | 출자자 1명당 2억원 | 2025년 12월 31일 |

(5) 법인의 제2차 납세의무

① 의의 및 요건

　㉠ 의의 : 법인의 무한책임사원 또는 과점주주 등의 재산으로 해당 출자자 등이 납부할 국세·가산금 또는 강제징수비에 충당하여도 부족한 경우에는 그 법인은 그 출자자의 소유주식 등을 환가할 수 없는 경우에만 그 부족액에 대하여 제2차 납세의무를 진다.

　㉡ 요건 : 법인에게 제2차 납세의무를 지우기 위한 요건은 다음과 같다.

　　ⓐ 주된 납세의무자가 법인의 무한책임사원 또는 과점주주이어야 한다. 이 경우 무한책임사원 또는 과점주주인지 여부는 국세의 납부기간 종료일 현재를 기준으로 판단한다.

　　ⓑ 무한책임사원 또는 과점주주의 재산(해당 법인의 발행주식 또는 출자지분 제외)으로 해당 무한책임사원 또는 과점주주가 납부할 국세·가산금·강제징수비에 충당하여도 부족한 경우이어야 한다.

　　ⓒ 소유주식 등이 다음과 같이 환가불능 상태이어야 한다.

　　　• 정부가 출자자 등의 소유주식 또는 출자지분을 재공매하거나 수의계약에 의하여 매각하려 하여도 매수희망자가 없는 경우
　　　• 출자자 등의 소유주식 또는 출자지분이 법률 또는 정관에 의하여 양도가 제한된 경우
　　　• 출자자의 소유주식 또는 출자지분이 외국법인이 발행한 것으로서, 외국에 있는 재산에 해당하여, 국세징수법에 따른 압류 등 강제징수가 제한된 경우

② 한도액 : 법인의 자산총액에서 부채총액을 공제한 가액에 출자자의 소유주식 비율이나 출자비율을 곱한 금액을 한도로 한다. 단, 지분비율의 계산 시 의결권 없는 주식도 포함된다.

(6) 사업양수인의 제2차 납세의무

① 의의 및 요건

　㉠ 의의 : 사업의 포괄적인 양수도가 있는 경우에 양도일 이전에 납세의무가 확정된 해당 사업에 관한 국세·가산금과 강제징수비를 양도인의 재산으로 충당하여도 부족한 때에는 사업의 양수인 중 일정한 자*[주)]가 그 부족액에 대하여 제2차 납세의무를 진다.

　　*주) 사업양수인으로서 다음 중 어느 하나에 해당하는 자가 제2차 납세의무를 진다.
　　　① 양도인과 특수관계인 자
　　　② 양도인의 조세회피를 목적으로 사업을 양수한 자

　㉡ 요건 : 사업양수인에게 제2차 납세의무를 지우기 위한 요건을 살펴보면 다음과 같다.

　　ⓐ 사업의 포괄적인 양도·양수가 있어야 한다. 여기서 사업의 포괄적인 양도·양수라 함은 사업장별로 그 사업에 관한 모든 권리(미수금은 제외시켜도 무방함)와 모든 의무(미지급금은 제외시켜도 무방함)를 포괄적으로 인계·인수하는 것을 말한다.
　　ⓑ 해당 사업에 관한 국세이어야 한다.
　　ⓒ 양도일 이전에 양도인의 납세의무가 확정된 국세이어야 한다.
　　ⓓ 양도인의 재산으로 체납액을 충당하여도 징수부족액이 있어야 한다.

② 한도액 : 사업양수인의 제2차 납세의무는 양수한 재산가액을 한도로 제2차 납세의무를 진다. 여기서 양수한 재산가액이란 다음의 가액을 말한다.

　㉠ 양도인에게 지급하였거나 지급하여야 할 금액이 있는 경우 : 해당 금액
　㉡ 지급할 금액이 없거나 불분명한 경우 또는 시가에 비하여 현저히 낮은 경우 : 양수한 자산총액에서 부채총액을 공제한 가액

[제2차 납세의무의 비교요약]

구 분	주된 납세자	제2차 납세의무자	납부책임의 한도
청산인 등	해산법인	청산인과 잔여재산을 분배, 인도받은 자	분배, 인도하였거나 분배, 인도받은 재산가액
출자자	비상장법인, 코스닥상장법인, 코넥스상장법인, 유가증권시장상장법인	무한책임사원 또는 일정한 과점주주	• 무한책임사원 : 한도 없음 • 일정한 과점주주 : 부족액 × 지분비율
법 인	무한책임사원, 과점주주	법 인	순자산가액 × 지분비율
사업양수인	사업양도인	사업양수인 중 일정한 자	양수한 재산가액

[출자자와 법인의 제2차 납세의무 차이점]

구 분	출자자의 제2차 납세의무	법인의 제2차 납세의무
과점주주의 범위	과점주주 중 특정한 자	모든 과점주주
과점주주의 판정시점	납세의무 성립일 현재	납부기간 종료일 현재
한도액 산식의 지분비율	지분비율 계산 시 의결권 없는 주식은 제외됨	지분비율 계산 시 의결권 없는 주식도 포함시킴

4 양도담보권자의 물적납세의무

(1) 양도담보의 개념

양도담보란 물건의 소유권을 채권자에게 이전시키고 해당 채무자가 채무를 변제한 때에 반환하는 형식에 의한 담보제도를 말한다. 이러한 양도담보의 경우 소유권은 형식적으로 채권자에게 이전되었으나 해당 채무의 변제약정 시점까지의 실질적 소유권은 채무자에게 있는 것이다.

※ 채무자를 '양도담보설정자', 채권자를 '양도담보권자'라 하며, 담보의 목적이 된 특정물건 또는 재산권을 '양도담보재산'이라 한다.

(2) 물적납세의무의 개념과 요건 등

① 물적납세의무의 개념 : 납세자가 국세·가산금 또는 강제징수비를 체납한 경우에 그 납세자에게 양도담보재산이 있는 때에는 그 납세자의 다른 재산에 대하여 강제징수를 집행하여도 징수할 금액에 부족한 경우에 한하여 그 양도담보재산으로써 납세자의 국세·가산금과 강제징수비를 징수할 수 있다. 이를 양도담보권자의 물적납세의무라 한다. 이때 양도담보권자의 물적납세의무는 양도담보재산을 한도로 한다.

② 물적납세의무의 요건
  ㉠ 양도담보 설정자가 국세 등을 체납하여야 한다.
  ㉡ 양도담보가 국세의 법정기일 후에 설정되어야 한다.
  ㉢ 양도담보 설정자의 재산으로 강제징수를 집행하여도 징수할 금액이 미치지 못하는 경우에 해당되어야 한다.
  ㉣ 양도담보권자에게 납부고지서가 송달되는 시점에 양도담보재산이 존재하고 있어야 한다.

(3) 징수절차

세무서장이 양도담보권자로부터 납세자(= 양도담보 설정자)의 국세·가산금·강제징수비를 징수하고자 할 경우에는 납부고지서에 의한 납부의 고지를 해야 한다.

02 납세담보

1 납세담보의 의의

① 납세담보란 조세채권을 보전하기 위하여 납세자 또는 제3자로부터 국가가 제공받는 담보를 말한다. 이러한 납세담보는 금전, 유가증권, 납세보증보험증권 등에 의한 물적담보와 보증인에 의한 인적담보로 구분된다.
② 각 세법상 납세담보에 대하여 특례규정을 둔 경우, 당해 세법규정이 국세기본법 규정에 우선한다.
③ 현행 세법상 납세담보를 제공하여야 하는 경우는 다음과 같다.
　㉠ 국세기본법에 의한 납부기한을 연장하는 경우
　㉡ 국세징수법상 징수유예를 하는 경우, 압류·매각의 유예를 하는 경우, 납세자가 확정 전 보전압류의 해제를 요구하는 경우
　㉢ 상속세 및 증여세법상 연부연납 또는 징수유예의 경우
　㉣ 개별소비세법상 수입면허전에 보세구역에서 반출할 때 또는 과세유흥장소의 경영자에 대하여 납세보전상 필요하다고 인정되는 경우
　㉤ 주세법상 수출주류 등에 대한 주세의 면제의 경우와 주류제조자에 대하여 주세보전상 필요하다고 인정하는 경우

2 납세담보의 종류·평가·제공방법

종 류	담보의 평가	담보제공금액	담보제공방법
금 전	금전액	110% 이상	공탁하고 공탁수령증 제출
국채 또는 지방채	시 가	120% 이상	• 등록된 경우 : 등록하고 등록필증 제출 • 미등록된 경우 : 공탁하고 공탁수령증 제출
세무서장이 확실하다고 인정하는 유가증권	① 유가증권시장 또는 코스닥시장에 상장된 유가증권 중 매매실적이 있는 것 : 담보제공일 전일의 최종 시세가격 ② ① 외의 유가증권 : 담보제공일 전일의 상속세 및 증여세법상 평가액	120% 이상	
납세보증보험증권	보험금액	110% 이상	납세보증보험증권 제출
토 지	상속세 및 증여세법상 평가액 → 개별공시지가	120% 이상	• 등기 또는 등록필증을 제시하고 세무서장은 저당권설정을 위한 등기·등록을 함 • 토지 외의 자산은 화재보험증권을 추가로 제출
등기·등록되고 보험에 가입한 건물, 공장재단, 광업재단, 선박, 항공기, 건설기계	① 건물 : 상속세 및 증여세법상평가액 → 국세청장이 산정·고시하는 가액 ② 공장재단 등 : 감정가액 또는 지방세 시가표준액	120% 이상	

| 납세보증인의 납세보증서 | 보증액 | 120% 이상 | 납세보증서 제출 |

※ 납세담보는 국세기본법에 열거된 것에 한하여 제공할 수 있으므로 보석, 자동차, 미등기 또는 보험미가입건물 등은 납세담보로 제공할 수 없다.

3 담보의 변경과 보충

(1) 담보의 변경

납세담보를 제공한 자는 세무서장의 승인을 얻어 담보를 변경할 수 있다. 이 경우 신청을 받은 세무서장은 다음에 해당하는 때에는 이를 승인해야 한다.

① 보증인의 납세보증서에 갈음하여 다른 담보재산을 제공한 때
② 제공한 납세담보가 가액의 변동으로 과다하게 된 때
③ 납세담보로 제공된 유가증권이 그 상환기에 이른 때

(2) 세무서장의 담보의 보충요구

세무서장은 납세담보물의 가액 또는 보증인의 자력감소, 기타 사유로 인하여 제공받은 담보물이 국세·가산금과 강제징수비의 납부를 담보할 수 없다고 인정하는 때에는 담보제공자에 대하여 담보물의 추가제공·보증인의 변경을 요구할 수 있다.

4 담보에 의한 납부와 징수

(1) 담보에 의한 납부

납세담보로서 금전을 제공한 자는 해당 금전으로 담보한 국세·가산금·강제징수비를 납부할 수 있다. 이에 반하여 금전 외의 담보를 제공한 경우에는 담보에 의한 납부가 허용되지 않는다.

(2) 담보에 의한 징수

세무서장은 납세담보의 제공을 받은 국세, 가산금과 강제징수비가 담보의 기간 내에 납부되지 아니한 때에는 다음과 같이 해당 담보로써 해당 국세, 가산금, 강제징수비를 징수한다.

① 금전 : 제공받은 금전을 해당 국세 등에 충당
② 납세보증보험증권 : 보험금 지급의 청구
③ 납세보증서 : 국세징수법에 따라 납세보증인으로부터 징수
④ 국채, 지방채, 그 밖의 유가증권 등 기타 : 국세징수법에 따라 매각절차에 의하여 매각

03 국세와 일반채권과의 관계

1 국세우선권

국세우선권이란 납세자의 재산에 대하여 국세채권과 다른 공과금, 기타의 채권에 우선하여 징수할 수 있는 것을 말한다.

2 국세우선권의 제한

(1) 공익비용의 우선(= 집행비용의 우선)

강제집행, 경매 또는 파산절차에 의한 재산의 매각에 있어서 해당 매각금액 중에서 국세·가산금·강제징수비를 징수하는 경우에는 그 강제집행·경매·파산절차에 소요된 비용인 공익비용이 국세·가산금·강제징수비보다 우선 변제된다.

> 강제집행, 경매 또는 파산절차 소요비용 > 강제징수비 > 국세 > 가산금

(2) 선집행 지방세 등의 가산금 등의 우선

지방세 또는 공과금의 강제징수에 있어서 그 강제징수금액 중에서 국세·가산금·강제징수비를 징수하는 경우 다음 항목은 국세·가산금·강제징수비에 우선한다.
① 선집행 지방세의 가산금과 강제징수비
② 선집행 공과금의 가산금과 강제징수비

(3) 피담보채권의 우선

① 저당권 등에 의하여 담보된 채권의 우선
  ㉠ 국세의 법정기일 전에 전세권·질권 또는 저당권의 설정을 등기·등록한 사실이 증명되는 재산의 매각에 있어서 해당 매각대금 중에서 국세 또는 가산금을 징수하는 경우에는 전세권·질권 또는 저당권에 의하여 담보된 채권이 국세·가산금보다 우선 변제된다.
  ㉡ 그러나 해당 재산에 대하여 부과된 국세(상속세·증여세·종합부동산세)·가산금은 전세권·질권 또는 저당권의 설정일자에 관계없이 항상 우선한다.
  ㉢ 법정기일(= 채권자 등이 국세의 존재를 파악할 수 있는 시점) : 법정기일이란 채권자 등이 국세의 존재를 파악할 수 있는 시점을 말하며, 국세·가산금과 저당권 등에 의하여 담보된 채권 간의 우선 여부를 결정하는 기준일을 말한다.
  그 내용은 다음과 같다.

구 분	법정기일
신고납세제도 국세(중간예납하는 법인세와 예정신고납부하는 부가가치세 포함)에 있어서 신고한 해당 세액	해당 신고일
과세표준과 세액을 정부가 결정·경정 또는 수시부과결정하는 경우에 고지한 해당 세액(상속세·증여세·종합부동산세 제외)	납부고지서 발송일

제4장 조세채권의 확보

	원천징수의무자 또는 납세조합으로부터 징수하는 국세와 인지세	납세의무의 확정일
예외적 법정기일	제2차 납세의무자(보증인 포함)의 재산·양도담보재산에서 국세를 징수하는 경우	납부고지서 발송일
	부가가치세법에 따른 신탁 관련 수탁자의 물적납세의무 규정에 따라 신탁재산에서 부가가치세 등을 징수하는 경우	
	종합부동산세법상 신탁 주택, 토지 관련 수탁자의 물적납세의무 규정에 따라 신탁재산에서 징수하는 종합부동산세	
	납세자의 재산을 확정 전 보전압류를 한 경우 해당 압류와 관련하여 확정된 세액	압류등기일 또는 등록일

② 확정일자를 갖춘 보증금의 우선 : 국세의 법정기일 전 주택임대차보호법 또는 상가건물 임대차보호법에 따른 대항요건과 확정일자를 갖춘 사실이 증명되는 재산을 매각할 때 그 매각금액 중에서 국세 또는 가산금을 징수하는 경우의 그 확정일자를 갖춘 임대차계약서 또는 임대차계약서상의 보증금은 국세 또는 가산금보다 우선변제된다.

(4) 소액임차보증금(주택·상가건물)과 특정임금채권의 우선

① 소액임차보증금(주택·상가건물)의 우선 : 주택임대차보호법 또는 상가건물임대차보호법이 적용되는 임대차관계에 있는 주택 또는 상가건물을 매각함에 있어서 그 매각금액 중에서 국세·가산금을 징수하는 경우 임차보증금 중 일정액인 소액임차보증금은 국세·가산금에 우선한다.

> 국세의 강제징수비 > 소액임차보증금 > 국세 > 국세의 가산금

② 특정임금채권의 우선 : 사용자의 재산을 매각하거나 추심함에 있어서 그 매각금액 또는 추심금액 중에서 국세·가산금을 징수하는 경우에 근로기준법 규정에 의하여 임금채권(최종 3월분 임금·최종 3년간 퇴직금·재해보상금)은 국세·가산금에 우선한다.

(5) 통정·허위 담보권계약의 취소청구

세무서장은 납세자가 제3자와 통정하여 허위로 그 재산에 ① 전세권·질권 또는 저당권의 설정계약, ② 가등기설정계약, ③ 양도담보계약을 하고 이를 등기 또는 등록하거나 주택임대차보호법, 상가건물 임대차보호법에 따른 대항요건과 확정일자를 갖춤으로써 해당 재산의 매각대금으로 국세·가산금을 징수하기 곤란하다고 인정하는 때에는 해당 행위의 취소(= 사해행위의 취소)를 법원에 청구할 수 있다. 이때 통정허위계약이라는 것은 세무서장이 입증해야 하며, 세무서장 직권으로 취소가 불가능하다.

사해행위의 취소에 있어 납세자가 국세의 법정기일 전 1년 내에 친족, 기타 특수관계인과 위의 담보권 설정계약을 하는 경우에는 통정한 허위계약으로 추정한다. 이 경우에는 통정한 허위계약이 아니라는 것을 납세자가 입증해야 한다.

(6) 채권의 우선순위 요약

구 분	국세·가산금 > 피담보채권	국세·가산금 < 피담보채권
1순위	공익비용(또는 강제징수비)	공익비용(또는 강제징수비)
2순위	소액임차보증금(주택·상가건물), 최종 3월분의 임금 등	소액임차보증금(주택·상가건물), 최종 3월분의 임금 등
3순위	국세·가산금	피담보채권
4순위	피담보채권	기타 임금채권
5순위	기타 임금채권	국세·가산금
6순위	일반채권(공과금과 기타의 채권)	일반채권(공과금과 기타의 채권)

3 조세채권 상호간의 우선권 조정

(1) 원 칙

국세와 국세, 국세와 지방세 간에는 원칙적으로 동 순위이다. 그러나 압류나 담보에 있어 우선순위가 바뀔 수 있다.

(2) 압류에 의한 우선주의

① 국세의 강제징수에 의하여 납세자의 재산을 압류한 경우에 다른 국세·가산금·강제징수비 또는 지방세의 교부청구가 있는 때에는 압류한 국세·가산금·강제징수비는 교부청구한 다른 국세·가산금·강제징수비와 지방세에 우선하여 징수한다.

② 지방세의 강제징수에 의하여 납세자의 재산을 압류한 경우에 국세·가산금·강제징수비의 교부청구를 하는 때에는 교부청구한 국세·가산금·강제징수비는 압류한 지방세의 다음 순위로 징수한다.

(3) 담보에 의한 우선주의

납세담보물을 매각한 때에는 압류에 의한 우선규정에 불구하고 매각대금 중 해당 담보된 국세·가산금·강제징수비를 다른 국세와 지방세에 우선하여 징수한다.

> ① 담보된 조세 > ② 압류한 국세, 가산금, 강제징수비 > ③ 교부청구(참가압류)된 국세, 가산금, 강제징수비

제4장 단원별 기출문제

01 다음 중 국세기본법상 보충적 납세의무를 부담하지 아니하는 자는? [108회]

① 사업양도인
② 법인의 과점주주
③ 청산법인의 청산인
④ 무한책임사원의 법인

해설
사업양수인이 보충적 납세의무를 진다.

02 다음 중 국세기본법상 제2차 납세의무의 한도에 대한 설명으로 옳지 않은 것은? [107회]

① 청산인 등의 제2차 납세의무 : 청산인은 분배하거나 인도한 재산의 가액을 한도로 제2차 납세의무를 진다.
② 출자자의 제2차 납세의무 : 무한책임사원은 징수부족액의 전액에 대하여 제2차 납세의무를 진다.
③ 법인의 제2차 납세의무 : 법인은 징수부족액의 전액에 대하여 제2차 납세의무를 진다.
④ 사업양수인의 제2차 납세의무 : 사업양수인은 양수한 재산의 가액을 한도로 제2차 납세의무를 진다.

해설
법인의 제2차 납세의무는 순자산가액에서 출자자의 지분비율을 곱한 금액을 한도로 한다.

03 다음 중 국세기본법상 상속으로 인한 납세의무 승계에 관한 내용으로 옳지 않은 것은? [105회]

① 상속인이 2명 이상인 경우 그 중 대표자를 신고해야 하며, 신고가 없는 경우 세무서장이 지정할 수 있다.
② 상속인은 피상속인이 납부할 국세 및 강제징수비를 한도 없이 납부할 의무를 진다.
③ 상속으로 인한 납세의무의 승계는 피상속인이 부담할 제2차 납세의무도 포함한다.
④ 피상속인에게 한 처분 또는 절차는 납세의무를 승계하는 상속재산관리인에 대해서도 효력이 있다.

해설
상속인은 상속으로 받은 재산의 한도에서 납부할 의무를 진다.

정답 01 ① 02 ③ 03 ②

04 다음 중 국세기본법상 제2차 납세의무자의 연결이 가장 옳지 않은 것은? [105회]

① 청산인 등의 제2차 납세의무 – 청산인 또는 무한책임사원
② 출자자의 제2차 납세의무 – 실질적으로 권리를 행사하는 과점주주
③ 법인의 제2차 납세의무 – 비상장법인
④ 사업양수인의 제2차 납세의무 – 사업장별로 그 사업에 관한 모든 권리와 의무를 포괄승계한 자

해설
청산인 등의 제2차 납세의무는 청산인 또는 잔여재산을 분배받거나 인도받은 자이다.

05 다음 중 국세기본법상 국세의 법정기일 이후 저당권에 의하여 담보된 채권이 있는 경우 국세에 우선하는 채권에 해당하는 것은? [105회]

① 재해보상금
② 최종 3개월분 임금 이외의 임금채권
③ 저당권에 의하여 담보된 채권
④ 일반채권

해설
압류재산에 국세의 법정기일 이후에 질권 또는 저당권에 의하여 담보된 채권이 있는 경우 우선순위는 다음과 같다.
• 1순위 : 임차인의 보증금 중 일정액, 최종 3월분의 임금과 최종 3년간의 퇴직금 및 재해보상금
• 2순위 : 국세
• 3순위 : 질권 또는 저당권에 의하여 담보된 채권
• 4순위 : 최종 3월분 이외의 임금 및 기타 근로관계로 인한 채권
• 5순위 : 일반채권

06 국세기본법상 제2차 납세의무에 대한 설명 중 옳은 것은? [104회]

① 제2차 납세의무를 지는 무한책임사원의 납부책임에는 한도가 없다.
② 청산인의 제2차 납세의무의 범위에는 한도가 없다.
③ 출자자의 제2차 납세의무자는 납부기간 종료일 현재의 무한책임사원 등이다.
④ 사업양수인은 양도인이 사업용 부동산을 양도함으로써 납부하여야 할 양도소득세에 대하여 제2차 납세의무를 진다.

해설
법인의 재산으로 그 법인에 부과되거나 그 법인이 납부할 국세 및 강제징수비에 충당하여도 부족한 경우에는 그 국세의 납세의무 성립일 현재 무한책임사원이 그 부족한 금액에 대하여 제2차 납세의무를 진다.

정답 04 ① 05 ① 06 ①

07 다음 중 국세기본법상 국세의 우선권에서 우선 여부를 판단하는 법정기일로 옳지 않은 것은? [104회]

① 과세표준과 세액의 신고에 따라 납세의무가 확정되는 국세로서 신고한 세액 : 그 신고일
② 과세표준과 세액을 정부가 결정하는 경우의 고지한 세액 : 해당 세액의 결정일
③ 원천징수의무자나 납세조합으로부터 징수하는 국세 : 그 납세의무 확정일
④ 제2차 납세의무자의 재산에서 징수하는 국세 : 그 납부고지서의 발송일

> **해설**
> 과세표준과 세액을 정부가 결정하는 경우의 고지한 세액의 법정기일은 그 납부고지의 발송일로 한다.

08 다음 중 국세기본법상 제2차 납세의무가 없는 자는? [103회]

① 사업양도인
② 비상장법인의 주식을 60% 소유하고 있는 주주
③ 비상장법인
④ 상장법인

> **해설**
> 사업양수인이 제2차 납세의무를 진다.

09 다음 중 국세기본법상 납세의무 승계에 대한 설명으로 틀린 것은? [102회]

① 피상속인에게 한 처분은 상속으로 납세의무를 승계하는 상속인에 대해서도 효력이 있다.
② 상속이 개시된 때에는 그 상속인은 피상속인이 납부할 국세 등을 납부할 의무를 진다.
③ 상속으로 인한 납세의무의 승계 시 피상속인에게 부과될 국세에 대하여 승계되는 납세의무는 한도가 없다.
④ 법인의 합병으로 인한 납세의무의 승계 시 피합병법인에 성립된 국세의 납세의무는 한도 없이 승계된다.

> **해설**
> 상속이 개시된 때에 그 상속인 또는 상속재산관리인은 피상속인에게 부과되거나 그 피상속인이 납부할 국세 및 강제징수비를 상속으로 받은 재산의 한도에서 납부할 의무를 진다.

07 ② 08 ① 09 ③ **정답**

10 다음 중 국세기본법상 제2차 납세의무에 대한 설명으로 가장 틀린 것은? [102회]

① 주된 납세의무의 내용에 변동이 생기면 제2차 납세의무 내용도 변경된다.
② 사업양수인은 양도인이 사업용 부동산을 양도함으로써 납부하여야 할 양도소득세에 대하여는 제2차 납세의무를 지지 않는다.
③ 사업양수인은 주된 납세자인 사업양도인의 재산으로 충당하여도 부족한 금액의 한도 내에서 양수한 재산의 가액을 한도로 제2차 납세의무를 진다.
④ 주된 납세자인 법인의 납세의무 확정일 현재 과점주주는 지분율만큼 제2차 납세의무가 있다.

해설
출자자의 제2차 납세의무는 납세의무 확정일이 아니라 그 국세의 납세의무 성립일을 기준으로 판단한다.

11 다음 중 국세기본법상 국세에 우선하는 채권이 아닌 것은? [102회]

① 법정기일 후에 설정한 담보채권
② 최종 3개월분의 임금채권
③ 소액주택 임차보증금
④ 강제집행, 경매에 든 비용

해설
법정기일 전에 설정한 담보채권이 국세 채권에 우선한다.

12 다음 중 국세기본법상 연대납세의무에 관한 내용으로 잘못된 것은? [101회]

① 연대납세의무자 1명에게 전액의 납세의무를 부과할 수 있다.
② 연대납세의무자 1명이 납세의무를 전부 이행하면 다른 연대납세의무자의 납세의무도 소멸한다.
③ 연대납세의무자 1명이 조세채무를 전액 납부한 경우 다른 연대채무자의 부담부분에 대하여 구상권을 행사할 수 있다.
④ 법인의 분할로 인한 연대납세의무를 지는 경우 한도 없이 전액에 대하여 연대납세의무가 있다.

해설
분할로 승계된 재산가액을 한도로 연대납세의무를 진다.

정답 10 ④ 11 ① 12 ④

13 다음은 국세기본법상 사업양수인의 제2차 납세의무에 대한 것이다. 가장 틀린 것은? [100회]

① 주된 납세의무자는 사업양수인이다.
② 사업양수인의 납세의무는 양수한 재산가액을 한도로 한다.
③ 사업양도인의 재산으로 징수가 부족한 경우이어야 한다.
④ 양도일 이전에 양도인의 납세의무가 확정된 그 사업에 관한 국세 및 강제징수비에 대해 제2차 납세의무를 진다.

> **해설**
> 주된 납세의무자는 사업양도인이다.

14 거주자 권민우 씨의 체납된 소득세를 징수하기 위하여 관할 세무서장은 권민우 씨 소유의 주택을 압류하였다. 다음 중 국세기본법상 국세와 다른 채권의 우선순위로 맞게 짝지은 것은? [100회]

> ㄱ. 소득세 체납액(2021년 5월 31일 신고)
> ㄴ. 강제징수비
> ㄷ. 압류주택에 대한 은행의 채권(저당권설정일 : 2021년 5월 20일)
> ㄹ. 일반채권

① ㄴ > ㄷ > ㄱ > ㄹ
② ㄱ > ㄴ > ㄷ > ㄹ
③ ㄴ > ㄱ > ㄷ > ㄹ
④ ㄱ > ㄷ > ㄴ > ㄹ

> **해설**
> 강제징수비, 법정기일 전 권리가 설정된 재산을 매각하여 그 매각금액에서 국세를 징수하는 경우 그 권리에 의하여 담보된 채권은 국세 등에 우선하여 징수한다.

15 다음 중 국세기본법상 제2차 납세의무에 관한 설명으로 가장 옳지 않은 것은? [99회]

① 주된 납세의무자에 관하여 생긴 사유는 제2차 납세의무에도 효력이 있다.
② 연대납세의무자 중 1인이 전액 납부했을 경우 다른 연대납세의무자의 납세의무는 소멸한다.
③ 법인의 재산으로 그 법인이 납부할 국세에 충당하여도 부족한 경우에는 그 국세의 납세의무 성립일 현재의 과점주주(60% 지분보유)가 부족액 전액에 대하여 제2차 납세의무를 부담한다.
④ 사업양수인은 양도일 이전에 양도인의 납세의무가 확정된 그 사업에 관한 국세에 대하여 제2차 납세의무를 진다.

> **해설**
> 무한책임사원은 부족액 전액에 대하여 한도액 없이 제2차 납세의무를 지지만, 과점주주는 부족액에 대하여 일정한 한도액 범위에서만 제2차 납세의무를 진다.

16 다음 자료는 국세기본법상 국세우선권에 관한 내용이다. 우선순위를 바르게 나열한 것은?

[99회]

> ㄱ. 소액임차보증금　　　　　　　ㄴ. 법정기일이 담보설정일 이후인 국세
> ㄷ. 법정기일 전에 설정된 피담보채권　ㄹ. 공익비용(경매비용 등)

① ㄹ > ㄷ > ㄱ > ㄴ　　　　　　② ㄱ > ㄴ > ㄷ > ㄹ
③ ㄱ > ㄷ > ㄴ > ㄹ　　　　　　④ ㄹ > ㄱ > ㄷ > ㄴ

17 다음 중 국세기본법상 납부책임의 한도가 없는 제2차 납세의무는?

[98회]

① 청산인의 제2차 납세의무
② 무한책임사원의 제2차 납세의무
③ 법인의 제2차 납세의무
④ 사업양수인의 제2차 납세의무

해설
① 분배인도하였거나 분배인도받은 재산가액을 한도로
③ (순자산가액 × 지분비율)을 한도로
④ 양수한 재산가액을 한도로

18 다음 중 국세기본법상 양도담보권자의 물적납세의무 성립요건에 대한 설명으로 잘못된 것은?

[97회]

① 양도담보가 국세의 법정기일 이전에 설정되어야 한다.
② 납부고지서가 송달되는 시점에 양도담보재산이 존재하고 있어야 한다.
③ 납세자의 다른 재산에 대하여 강제징수를 하여도 징수할 금액에 미치지 못하는 경우여야 한다.
④ 양도담보 설정자가 국세 등을 체납해야 한다.

해설
납세자가 국세 및 강제징수비를 체납한 경우에 그 납세자에게 양도담보재산이 있을 때에는 그 납세자의 다른 재산에 대하여 강제징수를 하여도 징수할 금액에 미치지 못하는 경우에만 그 양도담보재산으로써 납세자의 국세 및 강제징수비를 징수할 수 있다. 다만, 그 국세의 법정기일 전에 담보의 목적이 된 양도담보재산에 대해서는 그러하지 아니하다.

정답　16 ④　17 ②　18 ①

19 한세은행은 채무자 김웅돈에 대한 대출금을 회수하기 위하여 김웅돈이 소유한 주택의 경매 절차를 진행하였다. 다음은 김웅돈의 채무내역과 소유 주택의 경매 관련 자료이다. 국세기본법상 김웅돈이 체납한 소득세 중 해당 주택의 경매가격에서 징수할 수 있는 세액은 얼마인가? [97회]

> - 주택 경매가격 : 95,000,000원
> - 경매비용 : 5,000,000원
> - 주택에 대한 임대보증금 : 25,000,000원(이 중 주택임대차보호법에 의한 우선변제금액은 20,000,000원이고, 전세권 등기나 확정일자는 없음)
> - 한세은행 대출금 : 10,000,000원(2021년 6월 10일 주택에 저당권 설정)
> - 김웅돈의 2020년 귀속 소득세 미납액 : 75,000,000원(신고일 2021년 5월 31일)

① 60,000,000원 ② 65,000,000원
③ 70,000,000원 ④ 75,000,000원

해설
주택 경매가격 90,000,000원 − 경매비용 5,000,000원 − 우선변제보증금 15,000,000원 = 70,000,000원

20 다음 중 국세기본법상 제2차 납세의무에 대한 설명으로 옳지 않은 것은? [96회]

① 사업양수인은 양도인이 사업용 부동산을 양도함으로써 납부하여야 할 양도소득세에 대하여는 제2차 납세의무를 지지 않는다.
② 주된 납세의무에 관하여 생긴 사유는 제2차 납세의무에도 효력이 있다.
③ 법인의 재산으로 그 법인이 납부할 국세에 충당하여도 부족한 경우에는 그 법인의 무한책임사원이나 과점주주는 그 부족한 금액에 대하여 제2차 납세의무를 진다.
④ 출자자의 제2차 납세의무자는 과세기간 개시일 현재 무한책임사원이 부담한다.

해설
법인의 재산으로 그 법인에 부과되거나 그 법인이 납부할 국세 및 강제징수비에 충당하여도 부족한 경우에는 그 국세의 납세의무 성립일 현재 무한책임사원 또는 과점주주는 그 부족한 금액에 대하여 제2차 납세의무를 진다.

21
다음 중 국세기본법상 국세가 우선하는 채권은 무엇인가? [96회]

> 거주자 갑이 2018년 귀속 소득세를 납부하지 않음에 따라 관할 세무서장은 갑의 주택을 2020년 8월 31일에 압류하여 2021년 4월 30일에 매각하였다. 소득세 신고일은 2019년 5월 20일이다.

① 최우선변제 임차보증금
② 갑이 운영하는 기업체 종업원의 최종 3년간의 퇴직급여
③ 갑의 주택에 설정된 저당권(설정일 2020년 6월 30일)에 의해 담보되는 채권
④ 강제징수비

해설
강제징수비 > 최우선변제 임차보증금 및 임금채권 > 국세 > 담보권설정일이 국세의 법정기일보다 늦은 피담보채권

22
다음 중 국세기본법상 제2차 납세의무에 대한 설명으로 잘못된 것은? [95회]

① 해산한 법인의 청산인 등은 각자가 받은 재산의 가액을 한도로 제2차 납세의무가 있다.
② 합명회사의 무한책임사원은 무제한 납세의무를 진다.
③ 납세의무 성립일 현재 과점주주는 지분율만큼 제2차 납세의무가 있다.
④ 사업을 양수한 양수인은 해당 사업에 관한 양도 전후의 모든 국세에 대해 제2차 납세의무가 있다.

해설
사업양도일 전에 납세의무가 확정된 국세(양도세 제외)에 관해서만 제2차 납세의무가 있다.

23
다음 중 국세기본법상 국세우선권에 제한을 가져오는 것에 해당하지 않는 것은? [95회]

① 강제집행, 경매 또는 파산 절차에 든 비용
② 선집행 지방세와 공과금
③ 종업원의 최종 3월분의 임금
④ 소액주택임차보증금

해설
공과금 자체는 국세 등에 우선하지 못하며, 지방세의 우선 여부는 별도로 판정해야 한다.

정답 21 ③ 22 ④ 23 ②

24 다음 중 국세기본법상 공동사업에 대한 연대납세의무에 관한 설명으로 옳지 않은 것은? [95회]

① 공동사업에 관한 국세는 공동사업자가 연대하여 납부할 의무를 진다.
② 납부고지서는 연대납세의무자 모두에게 각각 송달하여야 한다.
③ 연대납세의무자 중 1인이 그 일부를 납부했을 경우 다른 연대납세의무자에게도 그 납부한 한도 내에서 납세의무는 소멸된다.
④ 연대납세의무에 관하여 다른 세법에 특례규정이 있는 경우에도 그 특례규정이 우선 적용되지 않는다.

해설
연대납세의무에 관하여 다른 세법에 특례규정이 있는 경우에는 그 특례규정을 우선하여 적용한다.

25 국세기본법상 제2차 납세의무에 대한 설명으로 옳지 않은 것은? [94회]

① 법인(상장법인 제외)의 재산으로 해당 법인이 납부할 국세에 충당하여도 부족할 경우 해당 법인의 무한책임사원은 제2차 납세의무를 진다.
② 무한책임사원 및 과점주주가 출자자의 제2차 납세의무를 질 때는 징수부족한 국세 및 강제징수비 전액에 대하여 납세의무를 진다.
③ 사업양수인은 주된 납세자인 사업양도인의 재산으로 징수부족한 금액의 한도 내에서 양수한 재산의 가액을 한도로 제2차 납세의무를 진다.
④ 주주 또는 유한책임사원 1명과 그 특수관계인으로서 그들의 소유주식 합계 또는 출자액 합계가 해당 법인의 발행주식총수 또는 출자총액의 50% 초과하면서 그에 관한 권리를 실질적으로 행사하는 자들은 제2차 납세의무를 지는 과점주주에 포함된다.

해설
과점주주는 징수부족액에 지분비율을 곱하여 산출한 금액을 한도로 제2차 납세의무를 진다.

26 국세기본법상 국세우선권에서 다음의 채권이 경합하는 경우 가장 우선이 되는 것은? [94회]

① 소액임차보증금
② 공익비용(강제집행 등에 든 비용)
③ 국 세
④ 지방세

정답 24 ④ 25 ② 26 ②

27 다음 중 국세기본법상 제2차 납세의무에 대한 설명으로 가장 옳지 않은 것은? [92회]

① 청산인이 제2차 납세의무를 지는 경우에는 분배하거나 인도한 재산의 가액을 한도로 납세의무를 진다.
② 사업양수인은 양도인의 양도일 이후에 납세의무가 확정된 그 사업에 관한 국세에 대하여도 납세의무를 진다.
③ 법인이 과점주주에 대한 제2차 납세의무를 지는 경우에는 법인의 자산총액에서 부채 총액을 차감한 금액에 해당 과점주주의 지분율을 곱한 금액을 한도로 납세의무를 진다.
④ 법인의 재산으로 해당 법인이 납부할 국세 등에 충당하여도 부족할 경우에 무한책임사원은 한도 없이 제2차 납세의무를 진다.

해설
양도일 이전에 확정된 국세 등에 대하여만 제2차 납세의무를 진다.

28 다음 중 국세기본법상 납세담보의 제공방법에 대한 설명으로 옳지 않은 것은? [91회]

① 납세보증서를 담보로 제공하려는 자는 그 보증서를 세무서장에게 제출하여야 한다.
② 미등록된 유가증권을 담보로 제공하려는 자는 그 유가증권을 공탁하고 공탁수령증을 제출하여야 한다.
③ 건물을 담보로 제공하려는 자는 담보제공금액이 조세의 110% 이상이 되도록 담보를 제공하여야 한다.
④ 토지를 담보로 제공하려는 자는 등기등록필증을 제시하여야 하며, 세무서장은 저당권설정을 위한 등기 또는 등록절차를 밟아야 한다.

해설
현금, 납세보증보험증권 또는 「은행법」에 따른 은행의 납세보증서 외의 납세담보를 제공하는 경우 담보제공금액은 조세의 120% 이상이 되어야 한다.

29 다음은 국세기본법상 사업양수인의 제2차 납세의무에 대한 설명이다. 가장 옳지 않은 것은? [91회]

① 사업양수인의 제2차 납세의무대상국세는 해당 사업에 관한 모든 국세로 양도소득세도 포함된다.
② 사업양수인의 제2차 납세의무대상국세는 사업양도일 이전에 양도인의 납세의무가 확정된 국세이다.
③ 사업양수인의 납세의무의 한도는 양수한 재산가액을 한도로 한다.
④ 사업에 관한 모든 권리와 의무를 승계할 때 미수금과 미지급금은 모든 권리와 의무에서 제외된다.

해설
사업용 부동산을 양도함으로써 납부하여야 할 양도소득세는 당해 사업에 관한 국세가 아니므로 양도소득세에 대해서는 사업양수인이 제2차 납세의무를 지지 않는다.

정답 27 ② 28 ③ 29 ①

30 다음 중 국세기본법상 공동사업에 대한 연대납세의무에 관한 설명으로 옳지 않은 것은? [90회]

① 납부고지서는 연대납세의무자 모두에게 각각 송달하여야 한다.
② 연대납세의무자 1인에게 조세채무 전액에 대해 부과처분할 수 있다.
③ 연대납세의무자 1인이 전액을 납부한 경우라도 다른 연대납세의무자의 부담부분에 대해 구상권을 가지게 되는 것은 아니다.
④ 연대납세의무자 1인에 대한 부과처분의 무효 또는 취소의 사유는 다른 연대납세의무자에게 그 효력이 미치지 않는다.

[해설]
다른 연대납세의무자들에게 구상권을 가진다.

---

31 다음 중 국세기본법상 납세담보로 제공할 수 없는 것은? [89회]

① 금 전
② 양도성 예금증서
③ 비상장주식
④ 법에서 정하는 자의 납세보증서

---

32 다음 중 국세기본법상 국세우선권에서 다음 보기의 국세 채권 등이 경합하는 경우 그 우선 순위를 바르게 나열한 것은? [88회]

> (1) 소액임차보증금
> (2) 국 세
> (3) 강제집행, 경매 또는 파산 절차에 든 비용

① (1) - (2) - (3)
② (1) - (3) - (2)
③ (2) - (3) - (1)
④ (3) - (1) - (2)

---

33 다음 중 국세기본법상 납세담보에 관한 설명으로 옳지 않은 것은? [88회]

① 보험에 든 건물 또는 건설기계를 납세담보로 제공하려는 자는 그 화재보험증권을 제출하여야 한다. 이 경우에 그 보험기간은 납세담보를 필요로 하는 기간에 30일 이상을 더한 것이어야 한다.
② 현금으로 납세담보를 제공할 때에는 담보할 국세의 120% 이상의 가액으로 제공하여야 한다.
③ 제공한 납세담보가 가액의 변동으로 과다하게 된 때에 납세담보를 제공한 자는 세무서장의 승인을 받아 그 담보를 변경할 수 있다.
④ 세무서장은 납세담보를 제공받은 국세 및 강제징수비가 납부되면 지체 없이 담보해제 절차를 밟아야 한다.

[해설]
현금으로 납세담보를 제공할 때에는 담보할 국세의 110% 이상의 가액으로 제공하여야 한다.

30 ③ 31 ③ 32 ④ 33 ② **정답**

34 다음 중 국세기본법상 제2차 납세의무에 관한 설명으로 가장 옳지 않은 것은? [85회]

① 주된 납세의무에 관하여 생긴 사유는 제2차 납세의무에도 효력이 있다.
② 법인의 재산으로 그 법인에게 부과되거나 그 법인이 납부할 국세 및 강제징수비에 충당하여도 부족한 경우에는 그 국세의 납세의무 성립일 현재의 무한책임사원과 과점주주가 그 부족액에 대해 별도의 한도액 없이 제2차 납세의무를 진다.
③ 주된 납세자에게 강제징수할 다른 재산이 있어 그 재산가액으로 체납된 국세 등에 충당할 수 있는 경우에는 제2차 납세의무를 지지 않는다.
④ 사업양수인은 사업양도일 이전에 성립되었으나 사업양도일까지 확정되지 않은 국세 등에 대해서는 제2차 납세의무를 지지 않는다.

해설
무한책임사원은 부족액 전액에 대하여 한도액 없이 제2차 납세의무를 지지만, 과점주주는 부족액에 대하여 일정한 한도액 범위 내에서만 제2차 납세의무를 진다.

35 국세기본법상 납세담보에 관한 설명으로 가장 틀린 것은? [85회]

① 납세보증보험증권이나 납세보증서를 납세담보로 제공하려는 자는 그 보험증권이나 보증서를 세무서장에게 제출하여야 한다.
② 납세담보로 상장유가증권을 제공한 자는 그 담보물로 담보한 국세 및 강제징수비를 납부할 수 있다.
③ 납세담보를 제공한 자는 세무서장의 승인을 받아 그 담보를 변경할 수 있다.
④ 세무서장은 납세담보를 제공받은 국세 및 강제징수비가 납부되면 지체없이 담보해제 절차를 밟아야 한다.

해설
납세담보로서 금전을 제공한 자는 그 금전으로 담보한 국세 및 강제징수비를 납부할 수 있다.

36 다음 중 국세기본법상 납세담보에 대한 설명으로 틀린 것은? [84회]

① 납세보증보험증권으로 제공한 납세담보의 가액은 보험금액이다.
② 유가증권을 납세담보로 제공하려는 자는 이를 공탁하고 그 공탁수령증을 세무서장에게 제출하여야 한다. 다만, 등록된 유가증권의 경우에는 담보 제공의 뜻을 등록하고 그 등록확인증을 제출하여야 한다.
③ 선박 또는 항공기는 담보로 제공할 수 없다.
④ 토지 또는 건물로 납세담보를 제공하려는 자는 그 등기필증을 세무서장에게 제시하여야 한다.

해설
선박 또는 항공기도 납세담보의 종류에 해당한다.

정답 34 ② 35 ② 36 ③

37 국세기본법상 납세의무의 승계에 관한 설명으로 틀린 것은? [84회]

① 법인이 합병한 경우 합병 후 존속하는 법인 또는 합병으로 설립된 법인은 합병으로 소멸된 법인에 부과되거나 그 법인이 납부할 국세 및 강제징수비를 납부할 의무를 진다.
② 피상속인에게 한 처분 또는 절차는 상속으로 인한 납세의무를 승계하는 상속인에 대해서도 효력이 있다.
③ 상속이 개시된 때에 그 상속인은 피상속인에게 부과되거나 그 피상속인이 납부할 국세 및 강제징수비를 별도의 한도 없이 납부할 의무를 진다.
④ 상속인이 있는지 분명하지 아니할 때에는 상속인에게 하여야 할 납세의 고지·독촉이나 그 밖에 필요한 사항은 상속재산관리인에게 하여야 한다.

해설
피상속인에게 부과되거나 그 피상속인이 납부할 국세 및 강제징수비를 상속으로 받은 재산의 한도에서 납부할 의무를 진다.

38 다음 중 국세기본법상 국세 우선권에 대한 설명으로 가장 틀린 것은? [83회]

① 사용자의 재산을 매각하거나 추심할 때 그 매각금액 또는 추심금액 중에서 국세를 징수하는 경우에 근로기준법 또는 근로자퇴직급여 보장법에 따라 국세에 우선하여 변제되는 임금, 퇴직금, 재해보상금, 그 밖에 근로관계로 인한 채권이 있다.
② 등기되지 않은 주택 임차보증금은 어떠한 경우에도 국세보다 우선하지 못한다.
③ 국세의 법정기일 후에 저당권 설정을 등록한 재산을 매각할 때 그 매각금액 중에서 저당권에 의하여 담보된 채권은 국세에 우선하지 못한다.
④ 강제집행, 경매 또는 파산 절차에 따라 재산을 매각할 때 그 매각금액 중에서 국세 및 강제징수비를 징수하는 경우 그 강제집행, 경매 또는 파산 절차에 든 비용이 국세 및 강제징수비보다 우선한다.

해설
소액주택임차보증금은 국세 및 강제징수비보다 우선한다.

39 다음 중 국세기본법상 납세담보로 제공할 수 없는 것은? [83회]

① 매출채권
② 토지
③ 보험에 든 등기·등록된 건설기계
④ 납세보증보험증권

정답 37 ③ 38 ② 39 ①

40 다음 중 국세기본법상 납세담보의 제공방법에 대한 설명으로 옳지 않은 것은? [82회]

① 토지를 납세담보로 제공하려는 자는 그 토지를 신탁회사에 신탁하고 그 신탁증명서를 세무서장에게 제출하여야 한다.
② 등록된 유가증권의 경우에는 담보 제공의 뜻을 등록하고 그 등록확인증을 제출하여야 한다.
③ 납세보증보험증권이나 납세보증서를 납세담보로 제공하려는 자는 100분의 110 이상의 가액에 상당하는 담보를 제공하여야 한다.
④ 금전이나 등록되지 않은 유가증권을 납세담보로 제공하려는 자는 이를 공탁하고 그 공탁수령증을 세무서장에게 제출하여야 한다.

해설
토지, 건물, 공장재단, 광업재단, 선박, 항공기 또는 건설기계를 납세담보로 제공하려는 자는 그 등기필증, 등기완료통지서 또는 등록필증을 세무서장에게 제시하여야 하며, 세무서장은 이에 의하여 저당권 설정을 위한 등기 또는 등록 절차를 밟아야 한다.

41 다음 중 국세기본법상 상속으로 인한 납세의무의 승계에 대한 설명으로 틀린 것은? [81회]

① 상속인은 피상속인이 납부할 국세를 상속으로 받은 재산의 한도에서 납부할 의무를 진다.
② 상속받은 재산은 납부할 상속세가 있을 경우 상속받은 자산총액에서 상속받은 부채총액만 차감하여 계산한다.
③ 상속포기자가 피상속인의 사망으로 인하여 보험금을 받는 때에는 상속포기자를 상속인으로, 보험금을 상속받은 재산으로 보아 납부할 의무를 진다.
④ 상속인이 2명 이상일 때에 각 상속인은 피상속인이 납부할 국세를 상속분에 따라 상속을 받은 재산의 한도에서 연대하여 납부할 의무를 진다.

해설
상속받은 재산은 상속받은 자산총액에서 상속받은 부채총액 및 납부할 상속세를 차감하여 계산한다.

42 다음 중 국세기본법상 양도담보권자의 물적납세의무에 대한 설명으로 가장 옳지 않은 것은? [80회]

① 주된 납세자가 국세·가산금 또는 강제징수비를 체납하여야 한다.
② 주된 납세자의 다른 재산에 대하여 강제징수를 집행하여도 징수할 금액에 미치지 못하는 경우이어야 한다.
③ 주된 납세자에게 양도담보된 재산이 있어야 한다.
④ 양도담보된 재산이 체납된 국세의 법정기일 전에 담보의 목적이 된 것이어야 한다.

해설
국세의 법정기일 이후 양도담보된 재산일 것

정답 40 ① 41 ② 42 ④

CHAPTER 05 과 세

PART 3 국세기본법

01 관할관청

1 관할관청의 의의

① 관할관청이란 국세와 관련된 사무를 관장하는 행정기관을 말하는데, 법인세법·소득세법·부가가치세법 등 각 개별 세법에서 규정된 납세지를 관할하는 세무서장이 바로 관할관청이 되는 것이다.
② 관할관청의 규정에 대하여 개별 세법상 특례규정이 있는 경우에는 해당 세법규정이 우선한다.
③ 국세기본법은 이러한 납세지가 변동되는 경우 관할관청을 어떻게 정하느냐에 대해 규정하고 있다.

2 과세표준신고의 관할

① 과세표준신고서는 그 신고 당시 해당 국세의 납세지를 관할하는 세무서장에게 제출해야 한다. 다만, 전자신고를 하는 경우에는 지방국세청장 또는 국세청장에게 제출할 수 있다.
② 그러나 관할 세무서장 외의 타 세무서장에게 제출된 경우에도 신고의 효력에는 영향이 없다. 다만, 이관작업으로 인해 처리기간이 좀 지연될 뿐이다.

3 결정 또는 경정결정의 관할

① 국세의 과세표준과 세액의 결정 또는 경정결정은 그 처분 당시 해당 국세의 납세지를 관할하는 세무서장이 행한다.
② 관할 세무서장 이외의 세무서장이 행한 결정 또는 경정결정은 그 효력이 없다.

02 수정신고와 경정 등의 청구

1 수정신고

① 의의 : 수정신고란 이미 신고한 과세표준 및 세액이 과소(또는 결손금액 또는 환급세액이 과대)하게 신고된 경우에 그 납세의무자가 당초 신고내용을 정정하여 수정하는 신고를 말한다.
② 수정신고 대상자
  ㉠ 법정신고기한 내에 과세표준신고서를 제출한 자
  ㉡ 기한 후 신고한 자
  ㉢ 원천징수대상자인 근로소득, 퇴직소득 등만 있는 자

③ 수정신고 사유
  ㉠ 과세표준신고서에 기재된 과세표준 및 세액이 세법에 의하여 신고하여야 할 과세표준 및 세액에 미달하는 경우
  ㉡ 과세표준신고서에 기재된 결손금액 또는 환급세액이 세법에 의하여 신고하여야 할 결손금액 또는 환급세액을 초과하는 경우
  ㉢ 세무조정 과정에서의 누락 또는 원천징수의무자의 정산과정에서의 누락 등의 사유로 인하여 불완전한 신고를 한 때(경정청구를 할 수 있는 경우는 제외)
  ㉣ 세무조정 과정에서 법인세법에 따른 국고보조금 및 공사부담금에 상당하는 금액을 익금과 손금에 동시에 산입하지 않는 경우와 이와 유사한 사유로서 기획재정부령으로 정하는 경우
④ 수정신고기한 : 관할 세무서장이 각 세법 규정에 의해 당해 국세의 과세표준과 세액을 결정하여 통지하기 전까지 수정신고가 가능하다.
⑤ 수정신고의 효력
  ㉠ 신고납세제도세목 : 수정신고에 의해 세액을 확정하는 효력이 있다.
  ㉡ 부과과세제도세목 : 당초의 신고 시 확정력이 없으므로 수정신고 또한 세액을 확정하는 효력이 없고, 단순히 과세관청 결정·경정의 참고자료에 불과하다.
⑥ 수정신고에 의한 가산세 감면
  ㉠ 가산세의 감면 : 관할 세무서장은 과세표준수정신고서를 다음의 기간 이내에 제출한 자에 대하여는 과소신고가산세와 초과환급신고가산세의 일정금액을 경감한다.

법정신고기한 경과 후	1개월 이내	90% 감면
	1개월 ~ 3개월 이내	75% 감면
	3개월 ~ 6개월 이내	50% 감면
	6개월 ~ 1년 이내	30% 감면
	1년 ~ 1년 6개월 이내	20% 감면
	1년 6개월 ~ 2년 이내	10% 감면

  ㉡ 가산세 감면의 배제 : 앞의 규정에 불구하고 다음의 경우에는 과소신고가산세 및 초과환급신고가산세를 감면하지 않는다.
    • 과세표준수정신고서를 제출한 과세표준과 세액에 관하여 경정이 있을 것을 미리 알고 제출한 경우
  ※ 세액납부 없이 수정신고만 한 경우에도 가산세 감면 적용 : 수정신고서의 제출과 동시에 세액을 납부하지 아니하고 신고서만 제출한 경우에도 신고불성실가산세를 감면받을 수 있다.

2 경정청구

① 의 의
  ㉠ 경정청구란 이미 신고한 과세표준 및 세액이 과다하게 신고된 경우 또는 결손금액 및 환급세액이 과소한 경우 관할 세무서장에게 이를 수정하여 결정 또는 경정하도록 촉구하는 납세의무자의 청구를 말한다.
  ㉡ 경정청구는 통상적인 경정청구와 후발적 사유로 인한 경정청구의 두 가지 종류가 있다.

② 경정청구 대상자
  ㉠ 일반적인 경우 : 과세표준신고서를 법정신고기한 내에 제출한 자와 기한 후 신고한 자
  ㉡ 후발적인 사유로 인한 경우 : 법정신고기한 내에 과세표준신고서를 제출하지 아니하여 국세의 과세표준 및 세액의 결정을 받은 자
③ 경정청구사유
  ㉠ 일반적인 경우의 청구사유
    ⓐ 과세표준신고서에 기재된 과세표준 및 세액이 세법에 의하여 신고하여야 할 과세표준 및 세액을 초과하는 때
    ⓑ 과세표준신고서에 기재된 결손금액 또는 환급세액이 세법에 의하여 신고하여야 할 결손금액 또는 환급세액에 미달하는 때
    ⓒ 세액공제 금액을 과소신고한 경우
  ㉡ 후발적인 사유로 인한 경정청구사유
    ⓐ 최초의 신고·결정·경정에 있어서 과세표준 및 세액의 계산근거가 된 거래·행위 등이 그에 관한 소송에 대한 판결(판결과 동일한 효력을 가지는 화해 기타 행위를 포함)에 의하여 다른 것으로 확정된 때
    ⓑ 소득 기타 과세물건의 귀속을 제3자에게로 변경시키는 결정 또는 경정이 있은 때
    ⓒ 조세조약의 규정에 의한 상호합의가 최초의 신고·결정·경정의 내용과 다르게 이루어진 때
    ⓓ 결정·경정으로 인하여 해당 결정·경정의 대상이 되는 과세기간 외의 과세기간에 대하여 최초에 신고한 국세의 과세표준 및 세액이 신고하여야 할 과세표준 및 세액을 초과하는 때
    ⓔ 경정 또는 결정으로 다른 세목의 과세표준 또는 세액이 과다납부된 경우
    ⓕ 위 ⓐ부터 ⓔ까지와 유사한 사유가 해당 국세의 법정신고기한 경과 후에 발생한 때
④ 경정청구기한
  ㉠ 일반적인 경우
    ⓐ 법정신고기한 경과 후 5년 이내에 청구해야 한다.
    ⓑ 다만, 각 세법에 따른 결정 또는 경정으로 인하여 증가된 과세표준 및 세액에 대해서는 해당 처분이 있는 것을 안 날(해당 처분의 통지를 받은 때에는 그 통지를 받은 날)로부터 3개월 이내에 청구해야 한다.
  ㉡ 후발적 사유의 경우 : 후발적 사유가 발생한 경우에는 해당 사유가 발생한 것을 안 날로부터 3개월 이내에 경정청구를 할 수 있다.
⑤ 경정청구의 효력 : 일반적인 경우의 경정청구나 후발적 사유로 인한 경정청구 모두 경정청구만으로는 당초 과다 신고한(과소 환급신고한) 금액을 감액시키는 확정적인 효력을 갖지는 못한다. 과세관청의 적극적인 의지를 통한 결정 또는 경정의 활동을 통해 감액확정력이 발생하는 것이다.
⑥ 경정청구에 대한 세무서장의 통지
  ㉠ 세무서장의 경정통지 : 경정청구를 받은 세무서장은 그 청구를 받은 날로부터 2개월 이내에 과세표준 및 세액을 결정 또는 경정하거나, 결정 또는 경정하여야 할 이유가 없다는 뜻을 그 청구자에게 통지해야 한다.
  ㉡ 불복청구의 제기 : 만일 경정청구를 한 납세의무자가 위의 통지를 받지 못하여 권리 또는 이익을 침해받는 경우에는 국세불복절차에 따라 불복할 수 있다.

3 기한 후 신고와 납부

(1) 기한 후 신고
① 개 요
　㉠ 법정신고기한 내에 과세표준신고서를 제출하지 아니한 자가 관할 세무서장이 해당 국세의 과세표준과 세액(국세기본법 및 세법에 다른 가산세를 포함함)을 결정하여 통지하기 전까지 기한 후 과세표준신고서를 제출할 수 있는 제도를 '기한 후 신고제도'라 한다.
　㉡ 기한후과세표준신고서를 제출한 자로서 세법에 따라 납부하여야 할 세액이 있는 자는 기한후과세표준신고서의 제출과 동시에 해당 세액을 납부해야 한다.
② 기한 후 신고의 효력 : 기한 후 신고는 신고납세제도세목·부과과세제도세목 모두 과세표준과 세액을 확정하는 효력이 없다. 따라서 과세관청이 결정 또는 경정하여야 한다.
③ 결정 : 따라서 납세의무자가 기한 후 과세표준신고서를 제출한 경우(납부할 세액이 있는 경우에는 해당 세액을 납부한 경우에 한함) 관할 세무서장은 3개월 이내에 해당 국세의 과세표준과 세액을 결정해야 한다.

(2) 기한 후 자진납부
과세표준신고서를 법정신고 기한 내에 제출하였으나 과세표준신고액에 상당하는 세액의 전부 또는 일부를 납부하지 아니한 자는 해당 세액과 국세기본법 및 세법이 정하는 가산세를 세무서장이 고지하기 전에 납부할 수 있다.

(3) 가산세의 감면
① 법정신고기한 경과 후 1개월 이내에 기한 후 신고 시 : 무신고가산세 50% 감면
② 법정신고기한 경과 후 1개월 ~ 3개월 이내에 기한 후 신고 시 : 무신고가산세 30% 감면
③ 법정신고기한 경과 후 3개월 ~ 6개월 이내에 기한 후 신고 시 : 무신고가산세 20% 감면
※ 세액납부 없이 기한 후 신고만 한 경우에도 가산세 감면 적용 : 기한후신고서의 제출과 동시에 세액을 납부하지 아니하고 신고서만 제출한 경우에도 신고불성실가산세를 감면받을 수 있음

4 신용카드 등에 의한 국세납부

① 납세자가 세법에 의하여 신고하거나 과세관청이 결정 또는 경정하여 고지한 세액 중 납부한도 없이[주](부가되는 농어촌특별세 및 교육세의 세액과 가산세 세액 포함) 국세납부대행기관을 통하여 신용카드, 직불카드, 통신과금서비스로 납부할 수 있다.

*주) 영세 사업자의 경우 일시적으로 유동성이 부족하여 국세 납부에 어려움을 겪는 경우가 많으므로 신용카드의 납부한도를 폐지함

② 납세의무자가 신용카드 등으로 국세를 납부한 경우에는 국세납부대행기관의 승인일을 납부일로 본다.
③ 국세납부대행기관은 국세납부 대행용역의 대가로 납부대행수수료를 지급받을 수 있다.

03 가산세의 부과와 감면

1 가산세의 개념

① 가산세란 세법에 규정하는 의무의 성실한 이행을 확보하기 위하여 세법에 따라 산출한 세액에 가산하여 징수하는 금액을 말한다.
② 가산세는 세법상의 각종 협력의무의 위반에 가해지는 행정벌적 성격을 띠고 있다.
③ 과세관청은 세법에서 규정하는 의무를 위반한 자에 대하여 가산세를 부과할 수 있다. 일반적인 가산세는 각 개별세법에서 규정하고 있으나 다음의 가산세는 모든 국세의 공통사항이므로 국세기본법에서 규정하고 있다.

> 무신고가산세, 과소신고가산세, 초과환급신고가산세, 납부지연가산세, 원천징수관련가산세

2 국세기본법상 가산세의 내용

다음의 가산세는 국세기본법에서 규정하고 있으며 모든 국세에 공통적으로 적용된다.

국세기본법상 가산세 종류	가산세율(세액기준)
무신고가산세*주1)	• 부정행위 : 40% • 일반무신고 : 20% ※ 역외거래에서 발생한 부정행위로 신고하지 않은 경우 : 60%
과소신고·초과환급신고가산세*주1)	• 부정행위 : 40% • 일반과소신고 : 10% ※ 역외거래에서 발생한 부정행위로 신고하지 않은 경우 : 60%
납부지연가산세	• 지연일수분 : 1일 2.2/10,000 • 체납분(납부고지서) : 3% ※ 단, 체납된 국세의 납부고지서별·세목별 체납세액이 150만원 미만인 경우에는 위의 지연일수분의 가산세를 적용하지 아니한다.
원천징수등*주2) 납부지연가산세	• 납부고지분 : 3% ~ 10%, 체납분 : 50% Min(①, ②) ① ㉠ 미납세액(과소납부분세액) × 3% + ㉡ 미납세액(과소납부분세액) × 기간 × $\frac{2.2}{10,000}$ ② 미납세액(과소납부분세액) × 50% ※ 위 ㉠과 ㉡ 중 법정납부기한의 다음 날부터 납부고지일까지의 기간에 해당하는 금액을 합한 금액은 10% ※ 단, 체납된 국세의 납부고지서별·세목별 체납세액이 150만원 미만인 경우에는 위의 ①의 ㉡ 가산세를 적용하지 아니한다.

*주1) 법정신고기한까지 농어촌특별세, 종합부동산세 및 교육세(금융/보험업자의 수입금액에 부과되는 교육세는 제외)의 과세표준을 무신고 또는 과소신고한 경우에는 무신고가산세와 과소신고가산세를 부과하지 아니한다.
*주2) ① 원천징수의무자의 소득세·법인세 원천징수납부, ② 납세조합의 소득세 징수납부, ③ 대리납부의무자의 부가가치세 대리납부

위의 4가지 가산세는 국세에 공통적으로 적용되는 가산세이므로 국세기본법에서 통일적으로 규정하고 있다. 각 세법별 구체적인 적용은 해당 세목의 가산세규정에서 살펴보도록 하고 여기에서는 자세한 내용을 생략하도록 한다.

3 가산세의 감면

(1) 천재지변 등으로 인한 가산세 감면(100% 감면)

과세관청은 다음의 사유가 있는 경우 가산세를 부과하지 아니한다(가산세 감면 신청서 제출의무 대상).

① 천재지변 등 기한연장사유
② 납세자가 의무를 불이행한 것에 대하여 정당한 사유가 있는 때
③ 그 밖에 위와 유사한 사유로서 다음 중 하나에 해당하는 경우
 ㉠ 세법해석에 관한 질의 회신 등에 따라 신고 납부하였으나 이후 다른 과세처분을 하는 경우
 ㉡ 토지 등의 수용 또는 사용에 따른 도시군 계획 또는 그 밖의 법령 등으로 인해 세법상 의무를 이행할 수 없게 된 경우
 ㉢ 의료비 지출연도와 실손의료보험금 수령연도가 달라 보험금 수령 후 종전 의료비세액공제를 수정신고하는 경우(보험금 수령연도 귀속 종합소득 확정신고시까지 수정신고하는 경우에 한함)

(2) 수정신고 등에 의한 감면

과세당국은 다음 중 어느 하나에 해당하는 경우에는 국세기본법 또는 세법에 다른 해당 가산세액의 50%를 감면한다.

① 법정신고기한이 지난 후 3개월 ~ 6개월 이내에 수정신고를 한 경우(과소신고가산세와 초과환급신고가산세에 한함)
② 법정신고기한이 지난 후 1개월 이내에 기한 후 신고를 한 경우(무신고가산세에 한함)
③ 과세전적부심사 결정·통지 지연 및 지연제출의 경우
④ 예정신고 누락분을 확정신고기한까지 신고한 경우

4 가산세의 한도

가산세는 다음의 의무위반의 종류별로 각각 1억원(중소기업은 5천만원)을 한도로 한다. 다만, 고의적으로 위반한 경우에는 한도없이 적용한다.

세 법	해당 가산세
법인세법	• 주주등명세서 제출불성실가산세 • 적격증명서류 관련 가산세 • 주식 등 변동상황명세서 제출불성실가산세 • 지급명세서 제출불성실 가산세 • 계산서 관련 가산세(미발급, 가공·허위수수분은 제외) • 기부금영수증 불성실가산세 • 유보소득 계산명세서 제출불성실가산세
소득세법	• 영수증수취명세서 미제출가산세 • 사업장현황신고 불성실가산세 • 적격증명서류 관련 가산세 • 지급명세서 제출불성실가산세 • 계산서 관련 가산세(미발급, 가공·허위수수분은 제외) • 기부금영수증 불성실가산세 • 유보소득 계산명세서 제출불성실가산세
부가가치세법	• 미등록, 허위등록가산세 • 세금계산서 관련 가산세(미발급, 가공·허위발급수취분 가산세 및 비사업자의 거짓 발급분은 제외) • 현금매출명세서 등 제출불성실가산세
상증세법	• 공익법인 보고서 제출불성실가산세 • 공익법인 세무확인 보고의무불성실가산세 • 지급명세서 제출불성실가산세
조세특례제한법	• 창업자금사용명세서 미제출가산세 • 세금우대자료 미제출가산세

제5장 단원별 기출문제

01 다음 중 국세기본법상 수정신고와 경정청구에 대한 설명으로 옳지 않은 것은? [108회]

① 당초 신고한 세액을 감액하는 경우에는 경정청구에 의한다.
② 신고납세제도를 채택한 국세의 수정신고는 과세표준과 세액을 확정하는 효력이 없다.
③ 경정청구는 세액을 확정하는 효력이 없다.
④ 기한후과세표준신고서를 제출한 자는 수정신고를 할 수 있다.

해설
확정하는 효력이 있다.

02 다음 중 국세기본법상 경정청구에 관한 내용으로 가장 잘못된 것은? [107회]

① 과세표준신고서를 법정신고기한까지 제출한 자는 세액의 경정을 법정신고기한이 지난 후 5년 이내에 청구할 수 있다.
② 기한후과세표준신고서를 제출한 자는 과세표준 및 세액의 경정을 청구할 수 없다.
③ 경정으로 증가된 세액에 대하여는 해당 처분이 있음을 안 날부터 3개월 이내에 경정을 청구할 수 있다.
④ 소득의 귀속을 제3자에게로 변경시키는 결정이 있을 때는 그 사유가 발생한 것을 안 날부터 3개월 이내에 경정을 청구할 수 있다.

해설
과세표준신고서를 법정신고기한까지 제출한 자 및 기한후과세표준신고서를 제출한 자는 최초신고 및 수정신고한 국세의 과세표준 및 세액의 결정 또는 경정을 법정신고기한이 지난 후 5년 이내에 관할 세무서장에게 청구할 수 있다.

03 다음 중 국세기본법상 수정신고 또는 기한 후 신고 시 가산세의 감면이 적용되지 않는 것은? [107회]

① 무신고가산세
② 납부지연가산세
③ 과소신고가산세
④ 초과환급신고가산세

해설
수정신고 또는 기한 후 신고 시 납부지연가산세는 감면 대상이 아니다.

정답 01 ② 02 ② 03 ②

04 다음 중 국세기본법상 수정신고의 요건으로 옳지 않은 것은? [106회]

① 과세표준신고서 또는 기한후과세표준신고서에 기재된 과세표준 및 세액이 세법에 따라 신고하여야 할 과세표준 및 세액에 미치지 못하는 경우
② 과세표준신고서 또는 기한후과세표준신고서에 기재된 결손금액 또는 환급세액이 세법에 따라 신고하여야 할 결손금액이나 환급세액에 미치지 못할 때
③ 원천징수의무자가 연말정산 과정에서 근로소득 등만 있는 자의 소득을 누락한 경우
④ 세무조정 과정에서 법인세법에 따른 국고보조금 및 공사부담금에 상당하는 금액을 익금과 손금에 동시에 산입하지 않은 경우

> **해설**
> 수정신고는 과세표준신고서 또는 기한후과세표준신고서에 기재된 결손금액 또는 환급세액이 세법에 따라 신고하여야 할 결손금액이나 환급세액을 초과할 때에 할 수 있다.

05 다음 중 국세기본법상 관할관청에 관한 내용으로 가장 옳지 않은 것은? [106회]

① 과세표준신고서는 신고 당시 해당 국세의 납세지를 관할하는 세무서장에게 제출하여야 한다.
② 전자신고를 하는 경우에는 지방국세청장이나 국세청장에게 제출할 수 있다.
③ 과세표준신고서가 관할 세무서장 외의 세무서장에게 제출된 경우 그 신고는 효력이 없다.
④ 국세의 세액을 결정하는 때에 관할 세무서장 이외의 세무서장이 행한 결정은 그 효력이 없다.

> **해설**
> 과세표준신고서가 관할 세무서장 외의 세무서장에게 제출된 경우에도 그 신고의 효력에는 영향이 없다.

06 다음 중 국세기본법상 가산세에 대한 설명으로 옳지 않은 것은? [106회]

① 가산세는 고의로 해당 의무를 위반한 경우 외에는 가산세 한도를 적용한다.
② 가산세는 해당 의무가 규정된 세법의 해당 국세의 세목으로 한다.
③ 가산세는 국세를 감면하는 경우에는 그 감면대상에 포함시키지 아니한다.
④ 가산세는 과세표준의 결손 또는 세액의 환급 시에는 부과하지 아니한다.

> **해설**
> 가산세는 과세표준의 결손 시에도 부과하며, 납부할 세액에 가산하거나 환급받을 세액에서 공제한다.

04 ② 05 ③ 06 ④

07 다음 중 국세기본법상 기한후신고 시 가산세의 감면율로 옳지 않은 것은? [105회]

① 법정신고기한이 지난 후 1개월 이내에 기한후신고를 한 경우 : 50%
② 법정신고기한이 지난 후 1개월 초과 3개월 이내에 기한후신고를 한 경우 : 30%
③ 법정신고기한이 지난 후 3개월 초과 6개월 이내에 기한후신고를 한 경우 : 20%
④ 법정신고기한이 지난 후 6개월 초과 1년 이내에 수정신고한 경우 : 10%

해설
가산세 감면 없음

08 국세기본법상 수정신고와 경정청구에 대한 설명으로 옳지 않은 것은? [105회]

① 당초 과세표준과 세액을 과소신고한 경우에는 수정신고한다.
② 당초 과세표준과 세액을 과대신고한 경우에는 경정청구한다.
③ 경정청구는 법정신고기한 경과 후 3년 이내에만 청구할 수 있다. 다만, 후발적 사유가 있는 경우 달리할 수 있다.
④ 소득세를 수정신고하는 경우에는 세액을 확정하는 효력이 있으나 경정청구 하는 경우에는 세액을 확정하는 효력이 없다.

해설
법정신고기한 경과 후 5년 이내 청구가능하다.

09 다음 중 국세기본법상 수정신고에 관한 내용으로 가장 잘못된 것은? [104회]

① 원천징수의무자의 정산 과정에서의 누락으로 불완전한 신고를 한 경우 수정신고를 할 수 있다.
② 과세표준신고서를 법정신고기한까지 제출한 자만 수정신고할 수 있다.
③ 법정신고기한까지 신고한 자가 신고기한이 지난 후 2년 이내에 수정신고한 경우 가산세가 감면된다.
④ 소득세를 법정신고기한까지 신고한 자의 수정신고는 당초 신고에 따라 확정된 세액을 증액하여 확정하는 효력을 가진다.

해설
기한후과세표준신고서를 제출한 자는 관할 세무서장이 각 세법에 따라 해당 국세의 과세표준과 세액을 결정 또는 경정하여 통지하기 전으로서 국세부과제척기간이 끝나기 전까지 과세표준수정신고서를 제출할 수 있다.

정답 07 ④ 08 ③ 09 ②

10 다음 중 국세기본법상 수정신고 사유에 해당하지 않는 것은? [103회]

① 과세표준신고서에 기재된 과세표준이 세법에 따라 신고하여야 할 과세표준에 미치지 못할 때
② 과세표준신고서에 기재된 환급세액이 세법에 따라 신고하여야 할 환급세액을 초과할 때
③ 최초의 신고에서 과세표준의 계산 근거가 된 거래 등이 그에 관한 소송에 대한 판결에 의하여 다른 것으로 확정되었을 때
④ 원천징수의무자의 정산 과정에서의 누락 등의 사유로 불완전한 신고를 하였을 때

> **해설**
> 경정 등의 청구 사유이다.

11 다음 중 국세기본법상 가산세에 대한 설명으로 잘못된 것은? [103회]

① 세법에서 규정한 의무를 위반한 자에게 세법에 따라 가산세를 부과할 수 있다.
② 가산세는 해당 국세의 세목으로 한다.
③ 해당 국세를 감면하는 경우에는 가산세도 감면된다.
④ 가산세는 납부할 세액에 가산하거나 환급받을 세액에서 공제한다.

> **해설**
> 해당 국세를 감면하는 경우에는 가산세는 그 감면대상에 포함시키지 아니하는 것으로 한다.

12 다음 중 국세기본법상 경정청구에 관한 설명으로 가장 틀린 것은? [102회]

① 후발적사유로 인한 경정 청구기한은 그 사유가 발생한 것을 안 날부터 3개월 이내이다.
② 정부부과제도를 택하고 있는 세목에 대하여는 경정청구가 불가능하다.
③ 신고납세제도를 택하고 있는 세목의 경우 과다신고한 경우에는 경정청구를 거친 후에 조세불복을 제기할 수 있다.
④ 원칙적인 경정청구의 기한은 법정신고기한이 지난 후 5년 이내이다.

> **해설**
> 정부부과제도를 택하고 있는 세목에 대하여도 경정청구가 가능하다.

정답 10 ③ 11 ③ 12 ②

13 다음 중 국세기본법상 경정청구에 관한 설명으로 옳지 않은 것은? [101회]

① 과세표준신고서를 법정 신고기한 이후에 제출한 경우에도 경정청구를 할 수 있다.
② 과세표준신고서에 기재된 과세표준 및 세액이 세법에 따라 신고하여야 할 과세표준 및 세액을 초과할 때 경정청구가 가능하다.
③ 경정청구만으로 세액의 감액확정력이 발생하는 것은 아니다.
④ 경정청구는 법정 신고기한이 지난 후 10년 이내에 청구할 수 있다. 다만, 후발적 사유가 있는 경우 달리할 수 있다.

해설
경정청구는 법정 신고기한이 지난 후 5년 이내에 청구할 수 있다.

14 국세기본법상 수정신고와 기한 후 신고에 대한 설명으로 틀린 것은? [101회]

① 기한 후 신고는 납세의무를 확정하는 효력이 있다.
② 기한 후 과세표준신고서를 제출하고 세액을 납부하는 경우 관할 세무서장은 세법에 따라 신고일부터 3개월 이내에 해당 국세의 과세표준과 세액을 결정하여야 한다.
③ 세무서장이 결정·경정하여 통지하기 전으로서 제척기간이 끝나기 전까지는 수정신고를 할 수 있다.
④ 신고납세세목, 정부부과세목에 관계없이 법정 신고기한 내에 과세표준 및 세액을 신고한 자는 수정신고를 할 수 있다.

해설
납세의무를 확정하는 효력이 없다.

15 다음 중 국세기본법상 수정신고 및 경정청구에 관한 설명으로 가장 옳지 않은 것은? [100회]

① 후발적 사유로 인한 경정청구는 그 사유가 발생한 것을 안 날부터 3개월 이내에 경정을 청구할 수 있다.
② 경정의 청구를 받은 세무서장은 그 청구를 받은 날부터 2개월 이내에 과세표준 및 세액을 결정 또는 경정하거나 할 이유가 없다는 뜻을 청구자에게 통지해야 한다.
③ 신고납세제도를 취하는 국세의 수정신고는 증액 확정력이 없다.
④ 법정신고기한이 지난 후 1개월 이내 수정신고한 경우 과소신고가산세의 90%를 감면한다.

해설
신고납세제도를 취하는 국세의 수정신고는 당초의 신고에 따라 확정된 과세표준과 세액을 증액하여 확정하는 효력을 가진다.

정답 13 ④ 14 ① 15 ③

16 다음 중 국세기본법상 가산세를 부과하는 경우는? [100회]

① 가산세 부과의 원인이 천재지변 등 기한연장사유에 해당하는 경우
② 세법해석에 관한 질의·회신 등에 따라 신고·납부하였으나 이후 다른 과세처분을 하는 경우
③ 「국토의 계획 및 이용에 관한 법률」에 따른 도시·군계획 또는 그 밖의 법령 등으로 인해 세법상 의무를 이행할 수 없게 된 경우
④ 법령의 부지·착오로 납세의무를 이행하지 않은 경우

> **해설**
> 법령의 부지·착오는 정당한 사유로 보지 아니한다.

17 다음 중 국세기본법에 대한 설명으로 가장 옳지 않은 것은? [99회]

① 신고납부세목의 수정신고는 당초 신고에 따라 확정된 과세표준과 세액을 증액하여 확정하는 효력을 지닌다.
② 과세표준신고서를 신고 당시 해당 국세의 납세지를 관할하는 세무서장 외의 세무서장에게 제출한 경우 그 신고는 효력이 없다.
③ 관할 세무서장이 세액을 결정 또는 경정하여 통지하기 전으로서 국세부과제척기간이 끝나기 전까지 수정신고를 할 수 있다.
④ 법정신고기한까지 과세표준신고서를 제출하지 아니한 자는 관할 세무서장이 세액을 결정통지하기 전까지 기한후과세표준신고서를 제출할 수 있다.

> **해설**
> 과세표준신고서가 신고 당시 해당 국세의 납세지를 관할하는 세무서장 외의 세무서장에게 제출된 경우에도 그 신고의 효력에는 영향이 없다.

18 다음 중 국세기본법상 가산세 감면에 대한 설명으로 가장 옳지 않은 것은? [99회]

① 천재지변에 따른 기한 연장 사유일 때는 가산세를 부과하지 아니한다.
② 납세자가 의무를 이행하지 아니한 데에 정당한 사유가 있다면 가산세를 부과하지 아니한다.
③ 법정신고기한이 지난 후 1개월 이내에 수정신고하는 경우 세액의 100분의 50을 감면한다.
④ 과세표준과 세액을 경정할 것을 미리 알고 수정신고하는 경우에는 감면 등을 배제한다.

> **해설**
> 1개월 이내 수정신고하는 경우에는 100분의 90을 감면한다.

19 다음 중 국세기본법상 기한후신고에 대한 설명으로 가장 옳지 않은 것은? [98회]

① 법정신고기한까지 과세표준신고서를 제출하지 아니한 자는 기한이 지난 후에 기한후과세표준신고서를 제출할 수 있다.
② 기한후신고는 과세표준과 세액을 확정하는 효력이 없다.
③ 기한후과세표준신고서를 제출한 자가 수정신고서를 제출할 경우 관할 세무서장은 신고일부터 3개월 이내에 해당 국세의 과세표준과 세액을 결정 또는 경정하여 신고인에게 통지하여야 한다.
④ 법정신고기한이 지난 후 1개월 이내에 기한후신고를 하는 경우 30%의 가산세액을 감면한다.

> **해설**
> 법정신고기한이 지난 후 1개월 이내에 기한후신고를 하는 경우 50%의 가산세액을 감면한다.

20 국세기본법상 후발적 사유에 의한 경정청구 사유가 아닌 것은? [98회]

① 소득이나 그 밖의 과세물건의 귀속을 제3자에게로 변경시키는 결정이 있을 때
② 경정으로 인하여 경정의 대상이 되는 과세기간 외의 과세기간에 대하여 최초에 신고한 국세의 세액이 세법에 따라 신고하여야 할 세액을 초과할 때
③ 최초의 신고·결정 또는 경정에서 과세표준 및 세액의 계산 근거가 된 거래 등이 그에 관한 소송에 대한 판결에 의하여 다른 것으로 확정되었을 때
④ 과세표준신고서에 기재된 환급세액이 세법에 따라 신고하여야 할 환급세액에 미치지 못할 때

> **해설**
> 과세표준신고서에 기재된 환급세액이 세법에 따라 신고하여야 할 환급세액에 미치지 못하는 경우에는 법정신고기한이 지난 후 5년 이내에 경정을 청구할 수 있다(통상적 경정사유).

21 다음 중 국세기본법상 법정신고기한까지 과세표준신고서를 제출한 자가 수정신고한 때에 따른 가산세의 감면율로 옳지 않은 것은? [97회]

① 법정신고기한이 지난 후 1개월 이내 : 90%
② 법정신고기한이 지난 후 1개월 초과 3개월 이내 : 70%
③ 법정신고기한이 지난 후 3개월 초과 6개월 이내 : 50%
④ 법정신고기한이 지난 후 6개월 초과 1년 이내 : 30%

> **해설**
> 법정신고기한이 지난 후 1개월 초과 3개월 이내에 수정신고한 경우 : 해당 가산세액의 100분의 75에 상당하는 금액

정답 19 ④ 20 ④ 21 ②

22
다음 중 국세기본법상 수정신고, 경정 등의 청구 및 기한 후 신고에 대한 설명으로 잘못된 것은?

[96회]

① 통상적인 경정청구는 법정신고기한 경과 후 10년 이내에 청구할 수 있다.
② 기한 후 신고는 납세의무 확정력이 없다.
③ 관할을 위반하여 신고서를 제출한 경우에도 그 신고의 효력에는 영향이 없다.
④ 경정청구의 경우 납세의무의 확정력이 없다.

해설
과세표준신고서를 법정신고기한까지 제출한 자 및 기한후과세표준신고서를 제출한 자는 최초신고 및 수정신고한 국세의 과세표준 및 세액의 결정 또는 경정을 법정신고기한이 지난 후 5년 이내에 관할 세무서장에게 청구할 수 있다.

23
다음 중 국세기본법상 과세 관할에 관한 설명으로 옳지 않은 것은?

[95회]

① 과세표준신고서는 신고 당시 해당 국세의 납세지를 관할하는 세무서장에게 제출하여야 한다.
② 과세표준신고서가 납세지 관할 세무서장 외의 세무서장에게 제출된 경우 그 신고는 효력이 없다.
③ 전자신고를 하는 경우 납세지 관할 세무서장이 아닌 지방국세청장이나 국세청장에게 과세표준신고서를 제출할 수 있다.
④ 국세의 과세표준과 세액의 결정 또는 경정결정은 그 처분 당시 그 국세의 납세지를 관할하는 세무서장이 한다.

해설
과세표준신고서가 납세지 관할 세무서장 외의 세무서장에게 제출된 경우에도 그 신고의 효력에는 영향이 없다.

24
다음 중 국세기본법상 수정신고 사유에 해당하는 것은?

[94회]

① 과세표준신고서에 기재된 환급세액이 세법에 따라 신고하여야 할 환급세액을 초과할 때
② 법정신고기한까지 과세표준신고서를 제출하지 아니한 때
③ 과세표준신고서에 기재된 결손금액이 세법에 따라 신고하여야 할 결손금액에 미치지 못한 때
④ 과세표준신고서에 기재된 세액이 세법에 따라 신고하여야 할 세액을 초과할 때

해설
세법상 환급액보다 과다하게 받은 경우에는 수정신고 하여야 한다.

25 다음 중 국세기본법상 수정신고와 경정 등의 청구에 대한 설명으로 옳지 않은 것은? [93회]

① 과세표준신고서에 기재된 과세표준 및 세액이 세법에 따라 신고하여야 할 과세표준 및 세액에 미치지 못할 때 수정신고를 할 수 있다.
② 기한후과세표준신고서에 기재된 과세표준 및 세액이 세법에 따라 신고하여야 할 과세표준 및 세액에 미치지 못할 때 수정신고를 할 수 있다.
③ 과세표준신고서를 법정신고기한까지 제출한 자는 최초 신고한 국세의 과세표준 및 세액의 결정 또는 경정을 법정신고기한이 지난 후 10년 이내에 관할 세무서장에게 청구할 수 있다.
④ 경정청구에 의하여 세액감액 효력이 발생하는 것은 아니다.

해설
5년 이내이다.

26 다음 중 국세기본법상 가산세의 감면사유 또는 부과하지 않는 경우에 해당하지 않는 것은? [93회]

① 납세의무자가 세법을 숙지하지 못하여 세법에 위반된 신고를 하고 과세관청도 이를 인정하여 시정지시 등을 하지 않은 경우
② 과세전적부심사 결정·통지기간 이내에 그 결과를 통지하지 아니한 경우
③ 세법에 따른 제출, 신고, 가입, 등록, 개설의 기한이 지난 후 1개월 이내에 해당 세법에 따른 제출 등의 의무를 이행하는 경우(제출 등의 의무위반에 대하여 세법에 따라 부과되는 가산세만 해당한다)
④ 과세표준신고서를 법정신고기한까지 제출한 자가 법정신고기한이 지난 후 2년 이내에 수정신고를 한 경우

해설
납세의무자가 세법을 숙지하지 못하여 세법에 위반된 신고를 하고 과세관청도 이를 인정하여 시정지시 등을 하지 않은 경우에는 가산세가 감면되지 않는다.

27 다음 중 국세기본법상 가산세에 관한 설명으로 틀린 것은? [92회]

① 가산세는 해당 의무가 규정된 세법의 해당 국세의 세목으로 하고, 해당 국세를 감면하는 경우에는 가산세도 감면대상에 포함한다.
② 가산세는 납부할 세액에 가산하거나 환급받을 세액에서 공제한다.
③ 신고불성실 가산세에는 무신고가산세와 과소신고가산세가 있다.
④ 정부는 세법에서 규정한 의무를 위반한 자에게 이 법 또는 세법에서 정하는 바에 따라 가산세를 부과할 수 있다.

해설
해당 국세를 감면하는 경우에는 가산세는 그 감면대상에 포함시키지 않는다.

정답 25 ③ 26 ① 27 ①

28 다음 중 국세기본법상 수정신고를 할 수 있는 때가 아닌 것은? [91회]

① 과세표준신고서에 기재된 과세표준이 세법에 따라 신고해야 할 과세표준에 미치지 못할 때
② 과세표준신고서에 기재된 결손금액이 세법에 따라 신고해야 할 결손금을 초과할 때
③ 세무조정 과정에서 국고보조금과 공사부담금을 익금과 손금에 동시에 산입하지 아니한 경우
④ 과세표준신고서에 기재된 세액이 세법에 따라 신고해야 할 세액을 초과할 때

해설
경정청구의 사유이다.

29 다음은 국세기본법상 과세 관할에 관한 설명이다. 옳지 않은 것은? [90회]

① 처분 당시의 해당 국세의 납세지를 관할하는 세무서장 이외의 세무서장이 행한 결정 또는 경정결정 처분은 그 효력이 없다. 다만, 세법 또는 다른 법령등에 의하여 권한 있는 세무서장이 결정 또는 경정결정하는 경우에는 그러하지 아니하다.
② 전자신고를 하는 경우에는 납세지 관할 세무서장이 아닌 지방국세청장이나 국세청장에게 과세표준신고서를 제출할 수 있다.
③ 과세표준신고서가 납세지 관할 세무서장 외의 세무서장에게 제출된 경우에는 그 신고의 효력이 없다.
④ 국세의 과세표준과 세액의 결정 또는 경정결정은 그 처분 당시 그 국세의 납세지를 관할하는 세무서장이 한다.

해설
납세지 관할 세무서장 외의 세무서장에게 제출된 경우에도 신고의 효력에는 영향이 없다.

30 다음 중 국세기본법상 수정신고의 사유에 해당하는 것은? [89회]

① 과세표준신고서 또는 기한후과세표준신고서에 기재된 과세표준 및 세액이 세법에 따라 신고하여야 할 과세표준 및 세액에 미치지 못할 때
② 과세표준신고서 또는 기한후과세표준신고서에 기재된 과세표준 및 세액이 세법에 따라 신고하여야 할 과세표준 및 세액을 초과할 때
③ 과세표준신고서 또는 기한후과세표준신고서에 기재된 결손금액 또는 환급세액이 세법에 따라 신고하여야 할 결손금액 또는 환급세액에 미치지 못할 때
④ 법정신고기한까지 과세표준신고서를 제출하지 아니한 때

31 다음 중 국세기본법상 경정청구에 대한 설명으로 틀린 것은? [89회]

① 법정신고기한이 지난 후 5년 이내에 관할 세무서장에게 청구할 수 있다.
② 후발적 사유가 발생한 경우 그 사유가 발생한 것을 안 날부터 6개월 이내에 결정 또는 경정을 청구할 수 있다.
③ 경정청구에 의하여 세액감액 효력이 발생하는 것은 아니다.
④ 경정청구를 받은 세무서장은 그 청구를 받은 날부터 2개월 이내에 청구한 자에게 결정 또는 경정 여부를 통지하여야 한다.

해설
3개월 이내에 청구할 수 있다.

32 다음 중 국세기본법상 기한후신고에 대한 설명으로 옳은 것은? [88회]

① 법정신고기한 경과 후 1개월 이내에 기한 후 신고 시 무신고 가산세 50% 감면이 있다.
② 기한 후 신고는 신고납세제도 세목의 경우 과세표준과 세액을 확정하는 효력이 있다.
③ 기한후과세표준신고서를 제출한 자로서 세법에 따라 납부하여야 할 세액이 있는 자는 기한후과세표준신고서 제출 이후에는 납부불성실 가산세가 면제된다.
④ 기한후과세표준신고서를 제출한 경우 관할 세무서장은 세법에 따라 신고일부터 1개월 이내에 해당 국세의 과세표준과 세액을 결정하여 신고인에게 통지하여야 한다.

해설
② 기한 후 신고는 신고납세제도세목, 부과과세제도세목 모두 과세표준과 세액을 확정하는 효력이 없다.
③ 기한후과세표준신고서를 제출하더라도 납부일까지 납부불성실가산세를 가산하여 납부하여야 한다.
④ 3개월 이내에 해당 국세의 과세표준과 세액을 결정하여 신고인에게 통지하여야 한다.

33 다음 중 국세기본법상 기한 후 신고와 수정신고 등에 관한 설명으로 옳지 않은 것은? [87회]

① 기한 후 신고에는 납세의무를 확정하는 효력이 없다.
② 법정신고기한이 지난 후 6개월 이내에 기한 후 신고를 하더라도 무신고가산세는 감면받을 수 없다.
③ 기한후과세표준신고서를 제출한 자로서 세법에 따라 납부하여야 할 세액이 있는 자는 그 세액을 납부하여야 한다.
④ 수정신고는 법정신고기한까지 과세표준신고서를 제출한 자에 대해서만 적용하나 기한 후 신고는 법정신고기한까지 과세표준신고서를 제출하지 않은 자에 대해서 적용한다.

해설
법정신고기한이 지난 후 3개월 초과 6개월 이내에 기한 후 신고를 한 경우에 무신고가산세의 20%를 감면한다.

정답 31 ② 32 ① 33 ②

34 다음 중 국세기본법상 경정청구 기간이 다른 것은? [85회]

① 조세조약에 따른 상호합의가 최초의 신고, 결정 또는 경정의 내용과 다르게 이루어졌을 때
② 소득이나 그 밖의 과세물건의 귀속을 제3자에게로 변경시키는 결정 또는 경정이 있을 때
③ 과세표준신고서에 기재된 과세표준 및 세액이 세법에 따라 신고하여야 할 과세표준 및 세액을 초과한 것을 안 때
④ 최초의 신고, 결정 또는 경정에서 과세표준 및 세액의 계산 근거가 된 거래 또는 행위 등이 그에 관한 소송에 대한 판결에 의하여 다른 것으로 확정되었을 때

해설
③은 일반적인 경정청구 기간으로 5년을 적용하고, ①, ②, ④는 사유가 발생한 것을 안 날부터 3개월 이내 경정청구할 수 있다.

35 국세기본법상 수정신고·경정청구·기한 후 신고에 대한 내용이다. 알맞은 것은? [84회]

구 분	납세자	과세관청
과소신고한 경우	㉠	증액결정
과대신고한 경우	㉡	감액결정
무신고한 경우	㉢	결 정

	㉠	㉡	㉢
①	경정청구	수정신고	기한 후 신고
②	수정신고	경정청구	기한 후 신고
③	수정신고	기한 후 신고	경정청구
④	기한 후 신고	수정신고	경정청구

36 다음 중 국세기본법상 가산세의 부과에 대한 설명으로 옳지 않은 것은? [84회]

① 정부는 세법에서 규정한 의무를 위반한 자에게 국세기본법 또는 세법에서 정하는 바에 따라 가산세를 부과할 수 있다.
② 가산세는 해당 의무가 규정된 세법의 해당 국세의 세목으로 한다.
③ 해당 국세를 감면하는 경우에 가산세는 그 감면대상에 포함된다.
④ 가산세는 납부할 세액에 가산하거나 환급받을 세액에서 공제한다.

해설
해당 국세를 감면하는 경우에는 가산세는 그 감면대상에 포함시키지 않는다.

37 국세기본법상 기한 후 신고와 수정신고 등에 관한 설명으로 틀린 것은? [83회]

① 수정신고는 법정신고기한까지 과세표준 신고서를 제출한 자에 대해서 적용하나 기한 후 신고는 법정신고기한까지 과세표준 신고서를 제출하지 않은 자에 대해서 적용한다.
② 기한후과세표준신고서를 제출한 자로서 세법에 따라 납부하여야 할 세액이 있는 자는 기한후과세표준신고서의 제출과 동시에 해당 세액을 납부하여야 한다.
③ 기한 후 신고는 납세의무를 확정하는 효력이 있다.
④ 과세표준신고서를 법정신고기한까지 제출하였으나 신고액에 상당하는 세액의 전부 또는 일부를 납부하지 않은 자는 해당 세액과 가산세를 세무서장이 고지하기 전에 납부할 수 있다.

해설
기한 후 신고는 납세의무를 확정하는 효력이 없다. 따라서, 관할 세무서장은 세법에 따라 신고일부터 3개월 이내에 해당 국세의 과세표준과 세액을 결정하여 신고인에게 통지하여야 한다.

38 다음 중 국세기본법상 과세와 환급에 관한 설명으로 가장 옳지 않은 것은? [83회]

① 납세자가 상속세를 물납한 후 해당 물납재산으로 환급받는 경우에는 국세환급가산금 규정이 적용되지 않는다.
② 납세자의 국세환급금과 국세환급가산금에 관한 권리는 행사할 수 있는 때부터 5년간 행사하지 않으면 소멸시효가 완성된다.
③ 기한후과세표준신고서를 제출만 하면 납부와 상관없이 무신고가산세 감면을 적용받을 수 있다.
④ 수정신고는 결정 또는 경정을 통지하기 전으로서 국세부과의 제척기간이 끝나기 전까지 할 수 있다.

해설
법정신고기한이 지난 후 1개월 내 기한 후 신고를 하는 경우 무신고가산세의 50%, 법정신고기한이 지난 후 1개월 초과 3개월 이내 기한 후 신고를 하는 경우 무신고가산세의 30%, 법정신고기한이 지난 후 3개월 초과 6개월 이내 기한 후 신고를 하는 경우 무신고가산세의 20%를 감면한다.

39 다음 중 국세기본법상 후발적 사유로 인한 경정 등의 청구의 요건이 아닌 것은? [81회]

① 과세표준신고서에 기재된 결손금액 또는 환급세액이 세법에 따라 신고하여야 할 결손금액 또는 환급세액에 미치지 못할 때
② 최초의 신고·결정 또는 경정에서 과세표준 및 세액의 계산 근거가 된 거래 또는 행위 등이 그에 관한 소송에 대한 판결에 의하여 다른 것으로 확정되었을 때
③ 소득이나 그 밖의 과세물건의 귀속을 제3자에게로 변경시키는 결정 또는 경정이 있을 때
④ 조세조약에 따른 상호합의가 최초의 신고·결정 또는 경정의 내용과 다르게 이루어졌을 때

해설
과세표준신고서에 기재된 결손금액 또는 환급세액이 세법에 따라 신고하여야 할 결손금액 또는 환급세액에 미치지 못할 때는 일반적인 경정 등의 청구 요건이다.

정답 37 ③ 38 ③ 39 ①

CHAPTER 06 국세환급금과 국세환급가산금

PART 3 국세기본법

01 국세환급금

1 국세환급금의 개념과 유형

(1) 개 념

세무서장은 납세의무자가 국세·가산금 또는 강제징수비로서 납부한 금액 중 과오납부한 금액이나 세법에 의하여 환급하여야 할 환급세액이 있는 경우에는 즉시 그 과오납부액 또는 환급세액을 납세의무자에게 반환해야 하는 바 이를 국세환급금이라 한다.

(2) 국세환급금의 유형

국세환급금에는 다음과 같은 두 가지의 유형으로 구분된다.
① 과오납금 : 과오납금이란 당초부터 법률상 이유 없이 세법적용의 오류로 인하여 납부한 금액으로서 착오납부·이중납부, 납부 후 감액경정결정, 조세불복으로 인한 결정 또는 판결에 의한 부과취소 등으로 발생한 것을 말한다.
② 환급세액 : 환급세액이란 세법의 규정에 따라 발생하는 국세환급금으로서 과세표준 및 세액의 신고 또는 결정 당시부터 세법의 규정에 의하여 당연히 되돌려 받는 금액을 말한다. 환급세액의 예는 다음과 같다.
  ㉠ 당초 법인세 또는 소득세의 기납부세액이 결정세액을 초과하는 경우
  ㉡ 적법한 납부 후 세법의 개정으로 인하여 세액이 감소되는 경우
  ㉢ 부가가치세 매입세액이 매출세액을 초과하는 경우

2 국세환급금의 환급대상자

국세환급금의 채권자는 과오납한 해당 납세자나 세법에 따라 환급받을 납세자이다.

3 국세환급금의 환급절차

국세환급금의 환급절차는 금전에 의한 환급과 당초에 물납한 경우의 환급으로 구분되어 다르게 처리되어진다.

(1) 금전에 의한 환급

금전에 의한 환급은 다음과 같은 순서에 의해 환급되어진다.

① **국세환급금의 결정** : 세무서장은 과오납금 또는 환급세액이 있는 때에는 즉시 국세환급금으로 결정해야 한다. 이 경우 착오납부·이중납부로 인한 환급청구는 국세환급금신청서에 의한다.

② **국세환급금의 충당** : 납세자의 신청 여부와 세무서장의 직권처리에 따라 다음과 같이 구분되어진다.

구 분	대 상	내 용
직권에 의한 충당 (= 필요적 충당)	㉠ 체납된 국세·가산금·강제징수비 (다른 세무서장이 충당을 요구하는 경우는 그 세무서에 체납된 국세·가산금·강제징수비 포함) ㉡ 납부고지에 의하여 납부하는 국세(납기 전 징수사유에 해당하는 경우에 한함)	납세자의 신청의사와 상관없이 세무서장이 반드시 충당한다.
	㉢ 장기 미수령 소액 국세환급금의 미체납 국세에 대하여 직권충당 허용	충당 후 잔액이 20만원 이하이고, 지급결정일부터 1년 이내 미수령 시(소액환급금, 납세자가 동의한 것을 간주)
신청에 의한 충당 (= 임의적 충당)	㉠ 납부고지에 의하여 납부하는 국세(납기 전 징수사유에 해당하는 경우는 제외) ㉡ 세법에 의하여 자진납부하는 국세	납세자가 세무서장에게 제출하는 계산서류에 충당받고자 하는 뜻을 부기한 경우에 한하여 충당한다.

③ **국세환급금의 지급** : 세무서장은 국세환급금을 충당한 후 잔여금이 있을 때에는 국세환급금의 결정을 한 날로부터 30일 이내에 납세자에게 환급해야 한다.

그 구체적인 지급방식은 다음과 같다.

㉠ **계좌이체 입금방식** : 세무서장은 금융기관 또는 체신관서에 계좌를 개설하고 세무서장에게 그 계좌를 신고한 자에게 계좌이체입금방식으로 국세환급금을 지급할 수 있다. 이 경우 세무서장은 한국은행 또는 체신관서에 국세환급금 계좌이체입금요구서를 송부해야 한다.

㉡ **현금 지급방식** : 세무서장은 국세환급금을 계좌이체입금방식으로 지급할 수 없는 납세자에 대하여는 현금지급방식으로 지급할 수 있다. 이 경우 세무서장은 국세환급금 현금지급요구서를 체신관서에 송부하여야 하며, 납세자에게는 국세환급금통지서를 송부해야 한다.

(2) 물납재산의 환급

① 납세자가 상속세·증여세, 소득세·법인세 또는 종합부동산세를 물납한 후 그 부과의 전부 또는 일부를 취소하거나 감액하는 경정결정에 의하여 환급하는 경우에는 해당 물납재산으로 환급해야 한다.

② 물납재산의 환급 시 환급순서에 관하여 납세자의 신청이 있는 때에는 해당 신청에 의하여 관할 세무서장이 환급하고, 납세자의 신청이 없는 때에는 다음의 방법에 의한다.

㉠ 상속세·증여세는 상속세 및 증여세법에서 정하는 물납충당재산의 허가순서의 역순으로 환급한다.

㉡ 법인세·소득세 및 종합부동산세는 해당 물납재산으로 환급한다.

> **더 알아두기**
>
> **물납허가순서와 물납충당순서**
> ※ 물납허가순서는 아래와 같으며, 물납충당순서는 역순인 것을 참고해 두자
> ① 공채 및 국채
> ② 상장된 유가증권
> ③ 국내 소재 부동산
> ④ 주택 및 부수토지

③ 다만, 다음에 해당하는 경우에는 물납재산으로 환급하지 않고 금전으로 환급한다.
  ㉠ 해당 물납재산이 매각된 경우
  ㉡ 해당 물납재산의 성질상 분할환급하는 것이 곤란한 경우
  ㉢ 해당 물납재산이 임대 중에 있거나 다른 행정용도로 사용되고 있는 경우
  ㉣ 사용계획이 수립되어 해당 물납재산으로 환급하는 것이 곤란하다고 인정되는 경우 등 국세청장이 정하는 경우
④ 물납재산으로 환급하는 경우에는 금전에 의한 환급처럼 국세환급가산금 규정을 적용하지 않는다.
⑤ 국가가 물납재산을 유지·관리하기 위하여 지출한 비용은 국가의 부담으로 하되, 국가가 물납재산에 대한 자본적 지출을 한 경우에는 이를 납세자의 부담으로 한다.

4 국세환급금에 관한 권리의 양도

① 납세자는 세무서장이 국세환급금통지서를 발급하기 전에 국세환급금에 관한 권리를 타인에게 양도할 수 있다.
② 이때 납세자는 국세환급금에 관한 권리의 양도를 문서(= 국세환급금양도요구서)로 요구하여야 하며, 요구를 받은 세무서장은 납세자(= 양도인)가 납부할 다른 국세·가산금 또는 강제징수비가 있는 때에는 그 국세·가산금 또는 강제징수비에 충당하고 잔여금에 대하여는 양도의 요구에 지체 없이 응해야 한다.

02 국세환급가산금

1 국세환급가산금의 의의

국세환급가산금이란 국세환급금이 발생했을 경우 그 환급금에 가산되는 법정이자로서, 납세자가 국세를 체납할 때 징수하는 가산금에 대응하는 것이다. 세무서장이 국세환급금을 충당 또는 지급하는 때에는 국세환급가산금을 국세환급금에 가산해야 한다. 단, 경정청구, 불복결정·판결 없이 국세 관련 고충민원의 처리를 위해 국세환급금을 충당, 지급하는 경우에는 국세환급가산금을 미지급한다.

2 국세환급가산금의 계산방식

국세환급가산금의 계산방식은 다음과 같다. 이 경우 국세환급금에는 본세, 가산금, 강제징수비 및 연부연납 이자세액이 포함된다.

$$\text{국세환급가산금} = \text{국세환급금} \times \text{이자율}^{*주1)} \times \text{이자계산기간}^{*주2)}$$

*주1) 국세청장이 정하여 고시하는 이자율이다.
*주2) 이자계산 기간은 국세환급가산금의 기산일부터 충당 또는 지급결정을 하는 날까지의 기간으로 한다.
　　※ 다만, 조세불복 인용 확정일로부터 40일 이후 국세환급금 지급 시 국세환급가산금 이자율 1.5배 적용

3 국세환급가산금의 이자지급 계산일

국세환급가산금은 다음에 정하는 날로부터 충당하는 날 또는 지급결정을 하는 날까지의 기간에 대해 계산한다.

구 분		국세환급가산금의 기산일
과오납금	착오납부·이중납부 또는 납부 후 그 납부의 기초가 된 신고 또는 부과를 경정하거나 취소함으로 인한 환급	국세 납부일의 다음 날(세법에 의한 중간예납액 또는 원천징수에 의한 납부액은 해당 세목의 법정신고기한 종료일에 납부한 것으로 본다.)
	근로소득 등의 원천징수의무자 또는 원천징수대상자의 경정청구에 의한 환급	연말정산세액 또는 원천징수세액의 납부기한으로부터 30일이 지난 날의 다음 날
환급세액	적법하게 납부된 국세에 대한 감면으로 인한 환급	감면 결정일의 다음 날
	적법하게 납부된 후 법률개정으로 인한 환급	개정된 법률 시행일의 다음 날
	소득세법, 법인세법, 부가가치세법, 개별소비세법, 주세법 또는 교통·에너지·환경세법에 의한 환급세액의 신고를 원인으로 하거나 잘못 신고함에 따른 경정을 원인으로 한 환급	신고한 날(신고한 날이 법정신고기일 전인 경우에는 해당 법정신고기일)로부터 30일이 지난 날의 다음 날
	세법에서 환급기한을 정한 경우	그 환급기한의 다음 날

4 소멸시효

납세자의 국세환급금과 국세환급가산금에 관한 권리는 이를 행사할 수 있는 날로부터 5년간 행사하지 아니하면 소멸시효가 완성한다. 여기서 '행사할 수 있는 날'이란 국세환급금의 기산일을 말한다. 그리고 국세환급금의 소멸시효가 완성되면 그 효력은 자동적으로 국세환급가산금에도 미친다.

제6장 단원별 기출문제

01 다음 중 국세기본법상 물납재산의 환급에 관한 내용으로 가장 잘못된 것은? [106회]

① 납세자가 상속세를 물납한 후 환급하는 경우 해당 물납재산으로 환급하여야 한다.
② 물납재산을 환급하는 경우 국세환급가산금은 지급하지 아니한다.
③ 해당 물납재산의 성질상 분할하여 환급하는 것이 곤란한 경우 금전으로 환급한다.
④ 물납재산이 수납된 이후 발생한 법정과실 및 천연과실은 납세자에게 환급하여야 한다.

해설
물납재산이 수납된 이후 발생한 법정과실 및 천연과실은 납세자에게 환급하지 아니하고 국가에 귀속된다.

02 다음 중 국세기본법상 국세환급금에 관한 설명으로 옳지 않은 것은? [104회]

① 세무서장은 납세의무자가 국세 및 강제징수비로서 납부한 금액 중 잘못 납부한 금액이 있을 때에는 즉시 그 잘못 납부한 금액을 국세환급금으로 결정하여야 한다.
② 국세환급금 중 충당한 후 남은 금액은 국세환급금의 결정을 한 날부터 20일 내에 대통령령으로 정하는 바에 따라 납세자에게 지급하여야 한다.
③ 납세자는 국세환급금에 관한 권리를 타인에게 양도할 수 있다.
④ 세무서장은 국세환급금에 관한 권리의 양도 요구가 있는 경우에 양도인 또는 양수인이 납부할 국세 및 강제징수비에 충당하고, 남은 금액에 대해서는 양도의 요구에 지체 없이 따라야 한다.

해설
국세환급금 중 충당한 후 남은 금액은 국세환급금의 결정을 한 날부터 30일 내에 대통령령으로 정하는 바에 따라 납세자에게 지급하여야 한다.

03 다음 중 국세기본법상 국세환급금으로 결정한 금액을 납세자가 동의하는 경우에만 충당할 수 있는 것은? [103회]

① 납부고지에 의해 납부하는 국세(납부기한 전 징수 사유에 해당하는 경우는 제외)
② 체납된 국세
③ 체납된 가산금
④ 강제징수비

해설
다음의 경우에는 신청에 의해서만 충당할 수 있다.
• 납부고지에 의하여 납부하는 국세(납기 전 징수사유에 해당하는 경우는 제외)
• 세법에 의하여 자진납부하는 국세

01 ④ 02 ② 03 ①

04 다음은 국세환급금에 대한 설명이다. 가장 옳지 않은 것은? [98회]

① 납세자의 국세환급금에 관한 권리는 행사할 수 있을 때부터 5년간 행사할 수 있다.
② 납세자는 국세환급금에 대한 권리를 타인에게 양도할 수 없다.
③ 국세환급금 중 충당한 후 남은 금액은 국세환급금의 결정을 한 날부터 30일 내 납세자에게 환급해야 한다.
④ 국세환급금의 소멸시효에 관하여는 세법에 특별한 규정이 있는 것을 제외하고는 민법을 따른다.

> **해설**
> 납세자는 국세환급금에 관한 권리를 대통령령으로 정하는 바에 따라 타인에게 양도할 수 있다.

05 다음 중 국세기본법상 국세환급금과 물납재산의 환급에 대한 설명으로 가장 옳지 않은 것은? [97회]

① 납세자는 국세환급금에 대한 권리를 타인에게 양도할 수 있다.
② 물납재산이 매각된 경우에는 금전으로 환급하여야 한다.
③ 납세자가 상속세를 물납한 후 부과를 취소하거나 감액 결정에 따라 해당 물납재산으로 환급하는 경우에는 국세환급가산금을 지급하여야 한다.
④ 물납한 재산을 환급하는 경우에 국가가 물납재산을 유지 또는 관리하기 위하여 지출한 비용은 국가의 부담으로 하되, 자본적 지출은 제외한다.

> **해설**
> 납세자가 상속세를 물납(物納)한 후 그 부과의 전부 또는 일부를 취소하거나 감액하는 경정 결정에 따라 환급하는 경우에는 해당 물납재산으로 환급하여야 한다. 이 경우 국세환급가산금은 지급하지 아니한다.

06 다음 중 국세기본법상 국세환급금에 대한 설명으로 옳지 않은 것은? [96회]

① 납부한 국세 중 잘못 납부하거나 초과하여 납부한 금액이 있는 납세의무자는 환급을 청구할 권리가 있다.
② 세무서장은 직권으로 납세자의 동의 없이 국세환급금을 세법에 따라 자진납부하는 국세에 충당할 수 있다.
③ 납세자의 국세환급금에 관한 권리는 행사할 수 있는 때부터 5년간 행사하지 않으면 소멸시효가 완성된다.
④ 납세자는 국세환급금에 관한 권리를 타인에게 양도할 수 있다.

> **해설**
> 세무서장은 국세환급금으로 결정한 금액을 납부기한 전 징수 사유에 해당하는 납부고지에 의한 국세와 체납된 국세 및 강제징수비에 충당하여야 한다. 다만, 세법에 따라 자진납부하는 국세에의 충당은 납세자가 그 충당에 동의하는 경우에만 한다.

정답 04 ② 05 ③ 06 ②

07 다음 중 국세기본법상 국세환급금에 관한 설명으로 가장 옳지 않은 것은? [92회]

① 세무서장은 국세환급금으로 결정한 금액을 납부고지에 의하여 납부하는 국세 및 세법에 의하여 자진납부하는 국세에 충당하고자 하는 경우 납세자의 동의를 얻어야 한다.
② 국세 및 강제징수비로서 납부한 금액 중 과오납부한 금액이 있는 납세의무자는 환급을 청구할 수 있다.
③ 납세자는 국세환급금에 관한 권리를 법령이 정하는 바에 의하여 이를 타인에게 양도할 수 있다.
④ 납세자의 국세환급금과 국세환급가산금에 관한 권리는 이를 행사할 수 있는 때로부터 3년간 행사하지 아니하면 소멸시효가 완성된다.

해설
납세자의 국세환급금과 국세환급가산금에 관한 권리는 이를 행사할 수 있는 때로부터 5년간 행사하지 아니하면 소멸시효가 완성된다.

08 국세기본법상 납세의무자가 국세 및 강제징수비로서 과오납금이 있거나 환급세액이 있을 때에 납세자에게 국세환급금으로 돌려주는 제도가 있다. 다음 중 국세환급금의 처리절차를 바르게 나열한 것은? [90회]

① 결정 → 충당 → 지급
② 충당 → 지급 → 결정
③ 지급 → 결정 → 충당
④ 결정 → 지급 → 충당

09 다음 중 국세기본법상 국세환급금에 대한 설명으로 옳지 않은 것은? [78회]

① 납세자의 국세환급금과 국세환급가산금에 관한 권리는 행사할 수 있는 때부터 5년간 행사하지 아니하면 소멸시효가 완성된다.
② 국세환급금으로 세법에 따라 자진납부하는 국세에 충당하는 경우에는 그 납세자에게 충당의 동의를 구하지 않아도 된다.
③ 납세자의 충당청구에 의해 국세환급금으로 충당된 세액은 충당청구를 한 날에 국세를 납부한 것으로 본다.
④ 납세자는 국세환급금에 관한 권리를 법령이 정하는 바에 따라 타인에게 양도할 수 있다.

해설
자진납부하는 국세는 동의가 필요함

정답 07 ④ 08 ① 09 ②

10 다음 중 국세기본법상 국세환급가산금을 계산할 때 적용하는 기산일의 적용시점으로 옳지 않은 것은? [77회]

① 착오납부, 이중납부를 경정함에 따라 발생한 국세환급금 : 그 국세 납부일
② 적법하게 납부된 국세의 감면으로 환급하는 경우 : 그 감면 결정일
③ 적법하게 납부된 후 법률이 개정되어 환급하는 경우 : 그 개정된 법률의 시행일
④ 근로장려금을 환급하는 경우 : 근로장려금의 신청일

해설
근로장려금을 환급하는 경우 : 근로장려금의 결정일

---

11 국세기본법상 국세환급금에 관한 설명이다. 다음 중 옳지 않은 것은? [71회]

① 국세환급금 중 체납된 국세 등에 충당한 후 남은 금액은 국세환급금의 결정을 한 날부터 30일 내에 대통령령으로 정하는 바에 따라 납세자에게 지급하여야 한다.
② 세법에 따라 자진납부하는 국세는 납세자가 동의하는 경우에만 국세환급금으로 충당할 수 있다.
③ 납세자는 국세환급금에 관한 권리를 타인에게 양도할 수 없다.
④ 세무서장은 국세환급금을 충당하거나 지급할 때에는 국세환급가산금을 국세환급금에 가산하여 지급한다.

해설
납세자는 국세환급금에 관한 권리를 타인에게 양도할 수 있다.

---

12 다음 중 국세기본법상 국세환급금에 관한 설명으로 옳지 않은 것은? [69회]

① 자진납부하는 국세의 경우 납세자가 동의하지 않더라도 국세·가산금 또는 강제징수비에 충당할 수 있다.
② 세무서장은 국세환급금을 국세 등에 충당하고자 할 때는 납세자에게 통지하여야 한다.
③ 세무서장은 국세환급금을 충당하고 잔액이 있을 경우 이를 납세자에게 지급하도록 한국은행에 통지하여야 한다.
④ 한국은행이 국세환급금 지급 통지를 받았을 때에는 지체 없이 환급에 필요한 절차를 밟아야 한다.

정답 10 ④ 11 ③ 12 ①

13 다음은 국세기본법상 국세환급금과 국세환급가산금에 대한 설명이다. 옳지 않은 것은? [41회]

① 국세환급금에 관한 권리는 이를 행사할 수 있는 때로부터 3년간 행사하지 아니하면 소멸시효가 완성한다.
② 국세환급금 중 충당한 후의 잔여금은 국세환급금의 결정을 한 날로부터 30일 내에 납세자에게 지급하여야 한다.
③ 납세자는 세무서장이 국세환급금통지서를 발송하기 전에 한하여 국세환급금에 대한 권리를 타인에게 양도할 수 있다.
④ 국세환급금으로 결정한 금액을 자진 납부하는 국세에 충당하여야 하는 경우에는 납세자가 그 충당에 동의하여야만 충당 가능하다.

14 다음은 국세기본법상 국세의 환급에 대한 설명이다. 옳지 않은 것은? [40회]

① 납세의무자가 법인세를 과오납부한 금액이 있는 경우 세무서장은 즉시 국세환급금으로 결정하여야 한다.
② 체납된 국세 등이 있는 경우 납세자의 의사에 관계없이 세무서장이 반드시 충당한 후 환급하여야 한다.
③ 국세환급금은 결정일로부터 20일 이내에 환급청구권자에게 지급하여야 한다.
④ 국세환급금이 발생하여 지급하는 경우 국세환급가산금을 함께 지급하여야 한다.

PART 3 국세기본법

조세불복제도

01 조세불복제도의 개요

국세기본법 또는 세법에 따른 처분으로서 위법 또는 부당한 처분을 받거나 필요한 처분을 받지 못함으로써 권리나 이익을 침해당한 자는 국세기본법에 따라 행정청에 그 처분의 취소 또는 변경을 청구하거나 필요한 처분을 청구할 수 있다.

02 불복청구대상

1 불복청구대상의 범위(= 개괄주의)

(1) 청구대상

국세기본법 또는 세법에 의하여 다음의 위법 또는 부당한 처분을 받은 경우이거나 필요한 처분을 받지 못한 경우으로써 권리나 이익을 침해당한 자는 불복청구를 제기할 수 있다.

위법 또는 부당한 처분을 받은 경우 (작위 처분)	예를 들어 세금의 부과 등
필요한 처분을 받지 못한 경우 (부작위 처분)	처분청이 다음 사항을 명시적 또는 묵시적으로 거부하는 것을 말한다. • 공제 · 감면신청에 대한 결정 • 국세의 환급 • 사업자등록신청에 대한 등록증 교부 • 허가 · 승인 • 압류해제 • 경정청구에 대한 결정 또는 경정

2 불복청구대상에서 제외되는 처분

다음의 처분은 국세기본법상 불복청구를 할 수 없다.
① 이의신청·심사청구 또는 심판청구에 대한 처분에 대하여는 불복청구를 할 수 없다. 다만, 이의신청에 대한 처분에 대하여 심사청구 또는 심판청구를 하는 경우는 예외로 한다. 그리고, 재조사 결정에 따른 처분청의 처분에 대해서는 해당 재조사 결정을 한 재결청에 대하여 심사청구 또는 심판청구를 제기할 수 있다.
② 조세범 처벌절차법에 의한 통고처분은 조세범칙사건의 처리에 있어서 형사절차에 선행하여 과세당국이 벌칙을 부과하는 행정처분이므로 불복대상에서 제외한다.
③ 감사원법에 의하여 심사청구를 한 처분이나 그 심사청구에 대한 처분
④ 국세기본법 및 세법에 따른 과태료 부과처분

03 불복청구인과 대리인

1 불복청구인

① 위법 또는 부당한 처분을 받거나 필요한 처분을 받지 못함으로써 권리 또는 이익을 침해당한 자
② 국세기본법 또는 세법상 처분에 의하여 권리나 이익을 침해받게 될 다음의 이해관계인
  ㉠ 제2차 납세의무자·물적납세의무자로서 납부고지서를 받은 자
  ㉡ 납세보증인
  ㉢ 기타 기획재정부령이 정하는 자

2 대리인

① 불복청구인과 처분청은 변호사 또는 세무사(세무사법에 의하여 등록한 세무사인 공인회계사 포함)를 대리인으로 선임할 수 있다. 그리고 불복청구금액이 5천만원 이하인 경우에는 그 배우자, 4촌 이내의 혈족 또는 그 배우자의 4촌 이내의 혈족을 대리인으로 선임할 수 있다. 대리인은 본인을 위하여 그 신청 또는 청구에 관한 모든 행위를 할 수 있다.
② 한편, 이러한 대리인의 권한은 서면으로 증명하여야 하며, 대리인을 해임한 때에는 그 뜻을 서면으로 해당 재결청에 신고해야 한다.
③ 국선대리인

3 국선대리인제도 도입

영세한 납세자가 세금 부과에 대하여 이의신청이나 심사청구, 과세전적부심사를 하는 경우 비용에 대한 부담 없이 무보수로 변호사, 세무사와 공인회계사를 세무대리인으로 활용할 수 있는 국선대리인제도를 법제화하였다.

> **더 알아두기**
>
> **국선대리인 선정 신청**
> 이의신청인, 심사청구인 또는 심판청구인은 다음의 요건을 모두 갖추어 국선대리인으로 선정하여 줄 것을 신청할 수 있다.
> ① 이의신청인 등의 종합소득금액과 소유재산의 가액이 다음 금액 이하일 것
>   ㉠ 종합소득금액 5천만원 이하 및 소유재산의 가액 5억원 이하인 개인
>   ㉡ 직전연도 수입금액 3억원 이하 및 자산가액 5억원 이하인 법인
> ② 5천만원 이하인 이의신청, 심사청구 또는 심판청구일 것
> ③ 상속세, 증여세 및 종합부동산세가 아닌 세목에 대한 이의신청 등일 것

04 불복청구의 종류(심급구조)

1 불복청구의 구분

국세기본법상 불복청구의 종류로는 임의적 절차에 해당하는 이의신청과 필수적 절차에 해당하는 심사청구 또는 심판청구가 있다.

구 분	내 용
임의적 절차	이의신청(세무서장·지방국세청장)
필수적 절차	심사청구(국세청장) 또는 심판청구(조세심판원장)

2 이의신청, 심사청구, 심판청구의 청구절차와 청구기간

(1) 이의신청

이의신청은 해당 처분을 하거나 하였어야 할 세무서장에게 하거나 세무서장을 거쳐 소관 지방국세청장에게 해야 한다. 다만, 다음의 경우에는 소관 지방국세청장에게 하여야 하며, 세무서장에게 한 이의신청은 소관 지방국세청장에게 한 것으로 본다.
① 지방국세청장의 조사에 따라 과세처분을 한 경우
② 지방국세청장의 관할에 속하는 경우로서 조사한 세무서장과 과세한 세무서장이 서로 다른 경우
③ 세무서장에게 과세 전 적부심사청구를 청구한 경우

> **더 알아두기**
>
> **이의신청이 배제되는 처분**
> 다음의 경우에는 이의신청이 배제되므로 처음부터 심사청구 또는 심판청구를 해야 한다.
> ① 국세청장의 과세표준 조사·결정에 의한 처분
> ② 국세청의 감사결과에 따른 시정지시에 의한 처분
> ③ 국세청의 세무사찰결과에 따른 처분
> ④ ① ~ ③ 이외에 국세청장의 특별한 지시에 의한 처분
> ⑤ 세법에 의하여 국세청장이 하여야 할 처분

한편, 이의신청기간은 불복대상처분이 있음을 안 날(처분의 통지를 받은 때에는 그 받은 날)부터 90일 이내에 제기하여야 한다. 이의신청에 대해 결정은 재결청에 접수한 날로부터 30일 이내에 결정해야 한다.

(2) 심사청구

심사청구는 해당 처분을 하거나 하였어야 할 세무서장을 거쳐 국세청장에게 해야 한다. 심사청구기간은 불복대상처분이 있음을 안 날(처분의 통지를 받은 때에는 그 받은 날)부터 90일 이내에 제기하여야 한다. 심사청구를 받은 날로부터 90일 이내에 결정해야 한다.

(3) 심판청구

심판청구는 해당 처분을 하거나 하였어야 할 세무서장을 거쳐 조세심판원장에게 해야 한다. 심판청구기간은 불복대상처분이 있음을 안 날(처분의 통지를 받은 때에는 그 받은 날)부터 90일 이내에 제기하여야 한다. 조세심판관회의의 의결에 따라 심판청구가 있는 날로부터 90일 이내에 결정한다.

05 불복청구절차

1 불복청구서의 접수기관 및 제출기관

국세기본법에 의한 불복청구시 각 청구절차별 불복청구서의 접수기관 및 제출기관은 다음과 같다.

구 분	이의신청서	심사청구서	심판청구서
접수기관	세무서장	세무서장	세무서장
제출기관	세무서장 또는 지방국세청장	국세청장	조세심판원장

2 불복청구 결정기관

국세기본법상 불복절차 적용과 감사원법에 따른 심사청구 납세자는 국세기본법에 의한 불복절차와 감사원법에 의한 심사청구 중 하나를 선택할 수 있다.

(1) 이의신청과 심사청구

① **이의신청** : 세무서장 또는 지방국세청장이 받은 이의신청으로서 세무서장 또는 지방국세청장이 조사·결정·처리하였어야 할 사항에 대한 불복청구는 국제심사위원회의 심의를 거쳐 세무서장 또는 지방국세청장이 결정한다.
② **심사청구** : 심사청구를 받은 국세청장은 국세심사위원회의 심의를 거쳐 결정한다.

(2) 심판청구

① **원칙** : 심판청구에 대한 결정은 조세심판관회의에서 그 심리를 거쳐 이를 결정한다. 이때 조세심판관회의에서 종전의 심판결정례를 변경하는 의결을 하거나 다음에 해당하는 경우에는 조세심판관합동회의가 그 심리를 거쳐 이를 결정한다.

㉠ 조세심판관회의 간에 결정의 일관성을 유지하기 위하여 조세심판원장이 조세심판관합동회의에서 심리·결정하는 것이 필요하다고 인정되는 경우
㉡ 해당 심판청구사건에 대한 결정이 국세행정에 중대한 영향을 미칠 것으로 예상되어 조세심판원장이 조세심판관합동 회의에서 심리·결정하는 것이 필요하다고 인정되는 경우
㉢ 기타 조세심판원장이 조세심판관합동 회의에서 심리·결정하는 것이 필요하다고 인정하는 경우

② 예외 : 그러나 다음의 경우에는 주심조세심판관이 이를 심리하여 결정할 수 있다.
㉠ 심판청구금액이 5천만원 미만의 것으로서 청구사항이 법령해석에 관한 것이 아닌 것 또는 청구사항이 법령해석에 관한 것으로서 유사한 청구에 대하여 이미 조세심판관 회의의 의결에 따라 결정된 사례가 있는 경우
㉡ 심판청구가 과세표준·세액의 결정에 관한 것 외의 것으로서 유사한 청구에 대해 이미 결정된 사례가 있는 것
㉢ 심판청구가 청구기간이 지난 후에 있는 것

3 보정기간 및 결정기간

불복청구에 대한 보정기간 및 결정기간은 다음과 같다. 이 경우 보정기간은 결정기간에 산입하지 아니하며 결정기간의 기산일은 세무서장에게 불복청구서를 제출하는 때로 한다.

구 분	이의신청	심사청구	심판청구
보정기간	20일 이내	20일 이내	상당한 기간
결정기간	30일	90일	90일

더알아두기

조세심판관회의

1. 조세심판관회의의 개요

회의의 구성	조세심판원장이 심판청구를 받은 때에는 이에 관한 조사와 심리를 담당하게 하기 위하여 주심조세심판관 1인과 배석조세심판관 2인 이상을 지정하여 조세심판관회의를 구성한다.
의결방법	이러한 조세심판관 회의는 담당조세심판관 3분의 2 이상의 출석으로 개의하고 출석조세심판관 과반수 이상의 찬성으로 의결한다.
비공개 원칙	한편, 조세심판관 회의는 공개하지 않는다. 다만, 조세심판관 회의의 의장이 필요하다고 인정하는 때에는 공개할 수 있다.

2. 심판청구의 심리원칙

사건의 병합분리	담당 조세심판관이 필요하다고 인정하는 때에는 수개의 심리사항을 병합하거나 병합된 심리사항을 수개의 심리사항으로 분리할 수 있다.
자유심증주의	조세심판관은 심판청구에 관한 조사 및 심리의 결과와 과세의 형평을 참작하여 자유심증으로 사실을 판단한다.
불고불리의 원칙	조세심판관 회의 또는 조세심판관합동 회의는 심판청구를 하게 한 처분 외의 처분에 대하여는 그 처분의 전부·일부를 취소·변경하거나 새로운 처분의 결정을 하지 못한다.
불이익변경의 금지	조세심판관 회의 또는 조세심판관합동 회의는 심판청구를 하게 한 처분보다 청구인에게 불이익이 되는 결정을 하지 못한다.

3. 조세심판관의 제척·회피 및 기피
   (1) 제척과 회피

제척	조세심판관은 다음에 해당하는 경우 심판관여로부터 제척된다. ① 심판청구인 또는 그 대리인의 친족 ② 심판청구인 또는 그 대리인의 사용인이거나 사용인이었던 자 ③ 기타 심판청구인 또는 그 대리인의 업무에 관여하거나 관여하였던 자
회피	따라서 조세심판관은 상기 제척의 원인이 있는 경우 주심조세심판관 또는 배석조세심판관의 지정에서 회피해야 한다.

   (2) 기피 : 한편, 심판청구인은 담당조세심판관에게 심판의 공정을 기대하기 어려운 사정이 있다고 인정되는 때에는 해당 조세심판관의 기피를 신청할 수 있다. 이 경우 기피신청은 담당조세심판관의 지정 또는 변경통지를 받은 날로부터 7일 내에 문서로써 한다.

06 불복청구가 처분집행에 미치는 효력

1 집행부정지의 효력(원칙)

세법에 특별한 규정이 있는 경우를 제외하고는 당해 처분의 집행에 효력을 미치지 아니함을 원칙으로 한다. 이는 처분의 집행을 일시 모면하고자 불복청구제도를 악용하는 것을 방지하기 위해서이다.

2 집행정지의 효력(예외)

(1) **불복청구인이 재해를 입은 경우**

이의신청인·심사청구인·심판청구인이 심한 재해를 입은 경우에 정부가 이를 조사하기 위하여 상당한 시일이 필요하다고 인정되는 때에 한하여 재결청이 그 처분의 집행을 중지하거나 중지하게 할 수 있다.

(2) **불복청구가 계류 중인 때**

이의신청·심사청구·심판청구가 계류 중인 때에는 그 신청 또는 청구에 대한 결정이 확정되기 전에는 국세체납으로 인하여 압류한 재산을 매각(공매)할 수 없다.

07 불복청구에 대한 결정

1 결정의 기관과 결정기간

① 이의신청을 받은 세무서장 또는 지방국세청장은 그 신청을 받은 날부터 30일 이내에 각 국세심사위원회의 심의를 거쳐 결정하여야 한다. 다만, 이의신청인이 세무서장(또는 지방국세청장)으로부터 송부 받은 이의신청의 대상이 된 처분에 대한 의견서에 대하여 그 결정기간(30일)내에 항변하는 경우에는 이의신청을 받은 날부터 60일 이내에 결정하여야 한다.
② 심사청구를 받은 국세청장은 그 청구를 받은 날로부터 90일 이내에 국세심사위원회의 심의를 거쳐 결정하여야 한다.
③ 조세심판원장이 심판청구를 받으면 그 청구를 받은 날로부터 90일 이내에 조세심판관회의가 심리를 거쳐 결정한다.

2 결정의 종류

결정의 종류	내 용
각하(却下)	요건심리의 결과 청구요건을 갖추지 못한 경우에 내용심리를 하지 아니하고 신청 자체를 배척하는 결정 예 청구기간이 지난 경우, 보정기간 내에 보정을 하지 않은 경우
기각(棄却)	본안심리의 결과 청구가 이유없다고 판단하여 청구인의 주장을 거부하는 결정
인용(認容)	본안심리의 결과 청구가 이유있다고 판단하여 청구인의 주장을 받아들이는 결정 ① 청구의 대상이 된 처분의 취소·변경결정 ② 필요한 처분의 결정(재조사 결정)

3 결정의 통지

(1) 결정기간 내 결정 시

재결청은 결정기간 내에 그 이유를 기재한 결정서를 청구인에게 통지해야 한다. 결정서에는 그 결정서를 받은 날로부터 90일 이내에 다음 단계의 청구 또는 행정소송을 제기할 수 있다는 뜻을 부기해야 한다.

(2) 결정기간 내 미결정 시

재결청은 해당 신청 또는 청구에 대한 결정기간 내에 그 결정을 하지 못한 경우에는 결정의 통지를 받기 전이라도 그 결정기간이 지난 날부터 다음 단계의 청구 또는 행정소송을 제기할 수 있다는 뜻을 지체 없이 서면으로 해당 신청인에게 통지해야 한다.

4 결정의 효력

불복청구에 대한 결정은 일반적인 행정처분 효력을 갖고 있지만, 다음과 같이 몇 가지의 고유한 효력을 가지고 있다.

효력	내용
불가변력	국세불복청구에 대한 결정은 쟁송절차에 따라 내려진 결정이므로 해당 결정을 한 재결청 자신도 이에 구속되며 스스로 결정을 취소하거나 변경할 수 없는데, 이를 불가변력이라 한다.
불가쟁력	불복청구에 대한 결정에 대하여 청구인 또는 처분청이 불복청구기간 내에 다음 단계의 불복청구를 하지 않거나 행정소송을 제기하지 않는 경우에는 그 결정은 형식적으로 확정된다. 따라서 그 이후로는 더 이상 해당 결정내용에 대하여 당연 무효가 아닌 이상 다툴 수 없게 되는데, 이를 불가쟁력이라 한다.
기속력	처분을 취소하는 결정은 같은 사정에서 동일한 내용의 처분을 다시 하지 못하게 하며, 필요한 처분의 결정은 그 처분의 이행을 강제한다. 이처럼 인용결정이 당사자와 관계행정청에 대하여 그 결정의 취지에 따르도록 구속하는 효력을 기속력이라 한다.

제7장 단원별 기출문제

01 다음 중 국세기본법상 불복에 대한 설명으로 옳지 않은 것은? [108회]

① 심사청구는 해당 처분이 있음을 안 날부터 90일 이내에 제기하여야 한다.
② 이의신청을 거친 후 심사청구를 하려면 이의신청에 대한 결정의 통지를 받은 날부터 90일 이내에 제기하여야 한다.
③ 국세청장은 심사청구의 내용이나 절차가 보정할 수 있다고 인정되면 20일 이내의 기간을 정하여 보정할 것을 요구할 수 있다.
④ 청구서의 보정기간은 심사청구기간에 산입하여 계산한다.

해설
청구서의 보정기간은 심사청구기간에 산입하지 아니한다.

02 다음 중 국세기본법상 조세불복에 관한 설명으로 옳지 않은 것은? [107회]

① 조세불복의 대상은 국세기본법에 열거된 것에 한하지 않는다.
② 세법에 따른 처분으로서 위법 또는 부당한 처분으로 인하여 권리와 이익을 침해당한 자는 조세불복을 청구할 수 있다.
③ 지방국세청의 세무조사 결과에 따른 처분에 대해서도 이의신청이 가능하다.
④ 동일한 처분에 대해서 심사청구와 심판청구를 선택하거나 중복하여 제기할 수 있다.

해설
동일한 처분에 대해서는 심사청구와 심판청구를 중복하여 제기할 수 없다.

03 다음 중 국세기본법상 불복청구에 대한 결정으로 옳지 않은 것은? [106회]

① 심사청구가 이유있다고 인정될 경우 : 인용
② 불복청구의 대상이 되는 처분으로 권리나 이익을 침해당하지 않는 경우 : 인용
③ 청구기간이 지난 후에 청구한 경우 : 각하
④ 심사청구가 이유 없다고 인정되는 경우 : 기각

해설
불복청구의 대상이 되는 처분으로 권리나 이익을 침해당하지 않는 경우는 각하 결정 사유에 해당한다.

정답 01 ④ 02 ④ 03 ②

04 다음 중 국세기본법에 따른 불복을 할 수 없는 처분으로 옳지 않은 것은? [105회]

① 「조세범 처벌절차법」에 따른 통고처분
② 「감사원법」에 따라 심사청구를 한 처분이나 그 심사청구에 대한 처분
③ 세법에 따른 과태료 부과 처분
④ 재조사 결정에 따른 처분청의 처분

해설
해당 재조사 결정을 한 재결청에 대하여는 심사청구 또는 심판청구를 제기할 수 있다.

05 다음 중 국세기본법상 조세불복제도에 대한 설명으로 옳지 않은 것은? [104회]

① 심사청구는 세무서장을 거쳐 국세청장에게 하여야 한다.
② 동일한 처분에 대해서는 심사청구와 심판청구를 중복하여 제기할 수 없다.
③ 종합소득금액이 5천만원을 초과하는 경우 신청 또는 청구 시 국선대리인의 선정을 신청할 수 없다.
④ 심사청구와 심판청구는 정보통신망을 이용하여 제출할 수 없다.

해설
이의신청, 심사청구, 심판청구는 모두 정보통신망에 의하여 제출할 수 있다.

06 다음 중 국세기본법상 불복청구에 대한 설명으로 옳지 않은 것은? [102회]

① 청구기간 및 결정기간에 보정기간은 산입하지 아니한다.
② 동일한 처분에 대해 심사청구와 심판청구를 중복하여 제기할 수 없다.
③ 국세기본법에 의한 불복절차와 감사원법에 의한 심사청구는 중복하여 청구가 불가능하다.
④ 지방국세청장의 조사에 따른 과세처분에 대해서 관할 세무서장에게 이의신청을 할 경우에는 효력이 없다.

해설
이의신청은 대통령령으로 정하는 바에 따라 불복의 사유를 갖추어 해당 처분을 하였거나 하였어야 할 세무서장에게 하거나 세무서장을 거쳐 관할 지방국세청장에게 하여야 한다. 다만, 다음의 경우에는 관할 지방국세청장에게 하여야 하며, 세무서장에게 한 이의신청은 관할 지방국세청장에게 한 것으로 본다.
1. 지방국세청장의 조사에 따라 과세처분을 한 경우
2. 세무서장에게 과세전적부심사를 청구한 경우

04 ④ 05 ④ 06 ④

07 다음 중 국세기본법상 원칙적으로 불복청구를 할 수 없는 자는? [101회]

① 불복청구금액이 2천만원인 경우 불복청구인이 선임한 세무사
② 불복청구금액이 7천만원인 경우 불복청구인의 배우자
③ 제2차 납세의무자로서 납부고지서를 받은 자
④ 물적납세의무를 지는 자로서 납부고지서를 받은 자

해설
이의신청인, 심사청구인 또는 심판청구인은 신청 또는 청구의 대상이 5천만원 미만인 경우에는 그 배우자, 4촌 이내의 혈족 또는 그 배우자의 4촌 이내의 혈족을 대리인으로 선임할 수 있다.

08 다음 중 국세기본법상 대리인에 대한 설명으로 옳지 않은 것은? [101회]

① 심사청구인은 세무사를 대리인으로 선임할 수 있다.
② 대리인의 권한은 서면으로 증명하여야 한다.
③ 대리인은 특별위임 없이도 청구의 취하를 포함한 청구에 관한 모든 행위를 할 수 있다.
④ 대리인을 해임하였을 때에는 그 사실을 서면으로 해당 재결청에 신고하여야 한다.

해설
대리인의 청구의 취하는 특별한 위임을 받은 경우에게만 할 수 있다.

09 다음 중 국세기본법상 불복대상과 불복청구인에 대한 설명으로 가장 옳지 않은 것은? [99회]

① 감사원법에 의한 심사청구의 처분에 대해서는 국세기본법에 따른 불복을 할 수 없다.
② 심사청구에 대한 처분에 대해서 다시 심판청구를 할 수 있다.
③ 조세범처벌절차법에 따른 통고처분의 경우 불복청구의 대상에서 제외한다.
④ 불복청구 시 세무사 등의 대리인을 선임할 수 있으며 그 대리인은 특별한 위임절차를 받은 경우 신청 또는 청구의 취하 등 모든 행위를 할 수 있다.

해설
동일한 처분에 대해서 심사청구와 심판청구를 중복하여 제기할 수 없다.

10 다음은 국세기본법상 국세불복제도에 대한 설명이다. 가장 옳지 않은 것은? [98회]

① 이의신청, 심사청구 및 과세전적부심사 청구사항을 심의 및 의결(심사청구에 한함)하기 위하여 세무서 등에 국세심사위원회를 둔다.
② 심사청구는 해당 처분을 하였거나 하였어야 할 세무서장을 거쳐 국세청장에게 하여야 한다.
③ 불복청구 금액이 5천만원 이하인 신청 또는 청구에 대해서는 국선대리인을 신청할 수 있다.
④ 심사청구는 해당 처분이 있음을 안 날부터 3개월 이내에 제기하여야 한다.

> **해설**
> 심사청구는 해당 처분이 있음을 안 날부터 90일 이내에 제기하여야 한다.

11 다음 중 국세기본법상 불복청구에 관한 내용으로 잘못된 것은? [97회]

① 세무서의 세무조사 결과에 따른 처분은 이의신청이 배제되는 처분이다.
② 보정기간은 청구기간 및 결정기간에 산입하지 아니한다.
③ 이의신청은 국세불복심급에서 임의적 심급이다.
④ 동일한 처분에 대해 심사청구와 심판청구를 할 수 없다.

> **해설**
> 세무서의 세무조사 결과에 따른 처분은 이의신청 대상처분이다.

12 다음 중 국세기본법상 불복대상과 불복청구인에 대한 설명으로 옳지 않은 것은? [96회]

① 이의신청에 대한 처분에 대해서는 심판청구를 할 수 있다.
② 이의신청은 임의적 절차이므로 이의신청을 제기하지 않고 심사청구를 제기할 수 있다.
③ 동일한 처분에 대하여 심사청구를 한 후 인용되지 않을 경우 심판청구를 제기할 수 있다.
④ 국세기본법에 의해 위법한 처분을 받음으로써 권리의 침해를 당한 자뿐만 아니라 이로 인해 이익의 침해를 받게 될 납세보증인 또한 위법한 처분을 받은 자의 처분에 대하여 불복청구를 할 수 있다.

> **해설**
> 동일한 처분에 대하여 심사청구를 한 후 인용되지 않을 경우에는 심판청구를 제기할 수 없다.

10 ④ 11 ① 12 ③ 정답

13 다음 중 국세기본법상 조세구제제도에 대한 설명으로 가장 틀린 것은? [93회]

① 심사청구는 처분이 있음을 안 날(처분통지를 받은 때에는 그 받은 날)부터 90일 이내 경정을 청구할 수 있다.
② 기한까지 우편으로 제출한 심사청구서가 청구기간 이내에 도달하여야 적법한 청구로 본다.
③ 국세청장의 과세표준 결정에 따른 처분은 이의신청이 배제된다.
④ 동일한 처분에 대해서는 심사청구와 심판청구를 중복하여 제기할 수 없다.

해설
기한 내에 우편으로 제출한 심사청구서가 청구기간을 지나서 도달한 경우에는 그 기간의 만료일에 적법한 청구를 한 것으로 본다.

14 다음 중 국세기본법상 조세불복제도에 대한 설명으로 가장 옳지 않은 것은? [91회]

① 이의신청은 세무서장·지방국세청장에게 할 수 있다.
② 동일한 처분에 대하여 심사청구를 한 후 인용되지 않을 경우 행정소송을 할 수 있다.
③ 행정소송은 심사청구·심판청구를 거치지 않고 제기할 수 있다.
④ 이의신청을 거친 후 심판청구를 하려면 이의신청 결정통지를 받은 날로부터 90일 이내에 제기하여야 한다.

해설
위법한 국세처분에 대한 행정소송은 행정소송법에도 불구하고 국세기본법에 따른 심사청구나 심판청구(감사원법에 따른 심사청구를 포함한다)와 그에 대한 결정을 거치지 아니하면 제기할 수 없다.

15 다음은 국세기본법상 조세구제제도인 이의신청, 심사청구, 심판청구에 대한 설명이다. 다음 중 틀린 설명은? [88회]

① 이의신청은 그 처분이 있은 것을 안 날(처분통지를 받은 때에는 그 받은 날)부터 90일 이내 제기하여야 한다.
② 이의신청을 거친 후에야 심사청구와 심판청구를 할 수 있다.
③ 심판청구를 하려는 자는 심판청구서를 그 처분을 하였거나 하였어야 할 세무서장이나 조세심판원장에게 제출하여야 한다.
④ 심판청구에 대한 결정을 할 때 심판청구를 한 처분보다 청구인에 불리한 결정을 하지 못한다.

해설
이의신청을 거치지 않고 심사청구를 할 수 있다.

정답 13 ② 14 ③ 15 ②

16 다음 중 국세기본법상 불복의 대상에서 제외되는 처분에 관한 설명으로 가장 옳지 않은 것은?

[87회]

① 조세범 처벌절차법에 따른 통고처분은 불복할 수 없다.
② 재조사 결정에 따른 처분청의 처분에 대해서는 해당 재조사 결정을 한 재결청에 대하여 심사청구 또는 심판청구를 제기할 수 없다.
③ 심사청구 또는 심판청구에 대한 처분에 대해서는 이의신청, 심사청구 또는 심판청구를 제기할 수 없다.
④ 이의신청에 대한 처분에 대해서는 이의신청을 할 수 없다.

> 해설
> 재조사 결정에 따른 처분청의 처분에 대해서는 해당 재조사 결정을 한 재결청에 대하여 심사청구 또는 심판청구를 제기할 수 있다.

17 다음 중 국세기본법상 심판청구는 해당 처분이 있음을 안 날(통지를 받은 때에는 그 받을 날)부터 ( )일 이내에 제기하여야 한다. 괄호 안에 들어갈 숫자로 옳은 것은?

[85회]

① 7
② 14
③ 30
④ 90

18 국세기본법상 이의신청, 심사청구 및 심판청구에 대한 설명으로 가장 틀린 것은?

[83회]

① 국세기본법 또는 세법에 따른 동일한 처분에 대해서는 심사청구와 심판청구를 중복하여 제기할 수 없다.
② 이의신청, 심사청구 및 심판청구는 세법에 특별한 규정이 있는 것을 제외하고는 해당 처분의 집행에 효력을 미치지 아니한다.
③ 심사청구 또는 심판청구에 대한 처분에 대해서는 이의신청, 심사청구 또는 심판청구를 제기할 수 없다. 다만, 재조사 결정에 따른 처분청의 처분에 대해서는 해당 재조사 결정을 한 재결청에 대하여 심사청구 또는 심판청구를 제기할 수 있다.
④ 이의신청에 대한 처분과 재조사 결정에 따른 처분청의 처분에 대해서는 이의신청을 할 수 있다.

> 해설
> 이의신청에 대한 처분과 재조사 결정에 따른 처분청의 처분에 대해서는 이의신청을 할 수 없다.

19 다음 중 국세기본법상 이의신청에 대한 설명으로 가장 옳은 것은? [82회]

① 이의신청은 처분이 있음을 안 날 또는 처분의 통지를 받은 날부터 60일 이내에 해당 처분을 하였거나 하였어야 할 세무서장에게 하거나 또는 세무서장을 거쳐 관할 지방국세청장에게 하여야 한다.
② 지방국세청장에게 하는 이의신청을 받은 세무서장은 이를 받은 날부터 14일 이내에 해당 신청서에 의견서를 첨부하여 지방국세청장에게 송부하여야 한다.
③ 이의신청은 이의신청을 받은 날부터 30일 이내에 결정하여야 한다. 다만, 납세자가 결정기간(30일) 내에 항변하는 경우에는 60일 이내에 결정하여야 한다.
④ 지방국세청장장이 조사·결정 또는 처리하였거나 하였어야 할 것인 경우에는 국세청장이 심리 결정할 수도 있다.

> **해설**
> ① 90일 이내, ② 7일 이내, ④ 법 제66조 제1항 단서

20 다음 중 국세기본법상 조세불복제도에 대한 설명으로 가장 옳지 않은 것은? [82회]

① 이의신청은 임의적 절차이므로 이의신청을 제기하지 않고 심사청구를 제기할 수 있다.
② 동일한 처분에 대하여 심사청구를 한 후 인용되지 않을 경우 심판청구를 제기할 수 있다.
③ 위법한 과세처분에 대한 행정소송은 국세기본법에 따른 심사청구 또는 심판청구, 「감사원법」에 따른 심사청구와 그에 따른 결정을 거치지 아니하면 제기할 수 없다.
④ 이의신청을 거친 후 심판청구를 하려면 이의신청 결정통지를 받은 날로부터 90일 이내에 제기하여야 한다.

21 다음은 국세기본법상 무엇에 대한 설명인가? [81회]

> 조세심판관 회의는 심판청구에 대한 결정을 할 때 심판청구를 한 처분 외의 처분에 대해서는 그 처분의 전부 또는 일부를 취소 또는 변경하거나 새로운 처분의 결정을 하지 못한다.

① 불이익변경의 원칙   ② 사건의 병합
③ 자유심증주의   ④ 불고불리의 원칙

정답 19 ③ 20 ② 21 ④

22 다음 중 국세기본법상 국선대리인 선정 신청 등과 관련한 설명으로 옳지 않은 것은? [80회]

① 종합소득금액 5천만원 이하이고 소유재산의 평가가액 합계가 5억원 이하인 개인일 경우 이의신청인 등은 재결청에 세무사 등의 국선대리인을 선정하여 줄 것을 신청할 수 있다.
② 재결청은 국선대리인 선정 신청이 요건을 충족한 경우 신청을 받은 날로부터 5일 이내에 그 결과를 이의신청인 등과 국선대리인에게 각각 통지하여야 한다.
③ 상속세, 증여세 및 종합부동산세에 대해서는 국선대리인 선정 신청을 할 수 없다.
④ 국선대리인 선정 신청을 원하는 이의신청인 등은 법인의 경우 모두 불가능하다.

해설
시행령에서 정하는 수입금액 및 자산가액 요건에 부합하는 영세법인의 경우에는 신청가능하다.

23 국세기본법상 국세불복은 이의신청과 심사청구 및 심판청구로 나누어진다. 다음 중 이의신청이 배제되는 처분이 아닌 것은 어느 것인가? [79회]

① 국세청장의 과세표준 조사·결정에 의한 처분
② 국세청의 감사결과에 따른 시정지시에 의한 처분
③ 국세청의 세무조사 결과에 따른 처분
④ 관할 세무서장의 전산분석결과에 따른 결정처분

해설
국세청장이 조사, 결정 또는 처리하여야 하는 처분이다.

24 다음 중 국세기본법상 국세불복절차의 순서로 맞는 것은? [78회]

① 이의신청 → 행정소송 → 감사원심사청구
② 이의신청 → 심판청구 → 행정소송
③ 심사청구 → 심판청구 → 행정소송
④ 감사원심사청구 → 심판청구 → 행정소송

해설
이의신청 → 심판청구 → 행정소송

25 다음 중 국세기본법상 심사청구에 관한 설명으로 옳지 않은 것은? [77회]

① 심사청구가 이유 없다고 인정될 때에는 그 청구를 기각하는 결정을 한다.
② 심사청구가 적법하지 아니한 경우에는 그 청구를 각하하는 결정을 한다.
③ 심사청구에 대한 결정을 하였을 때에는 그 이유를 기재한 결정서로 심사청구인에게 통지하여야 한다.
④ 심사청구에 대한 결정은 심사청구를 받은 날부터 30일 이내에 하여야 한다.

26 다음 중 국세기본법에 의한 조세불복의 대상이 되는 처분은? [77회]

① 세무서의 자료처리 결과에 따른 고지처분
② 감사원법에 의한 감사원 심사청구에 의한 처분
③ 조세범 처벌절차법에 따른 통고처분
④ 심판청구에 대한 처분

27 다음 중 국세기본법상 내용으로 틀린 것은? [76회]

① 심사청구인은 그 청구에 관계되는 서류를 열람할 수 있다.
② 심판청구는 세법에 특별한 규정이 있는 경우를 제외하고는 해당 처분의 집행에 효력을 미치지 아니한다.
③ 조세범 처벌절차법에 따른 통고처분을 받은 경우 불복을 할 수 없다.
④ 심사청구인의 경우 변호사, 세무사를 대리인으로 선임할 수 있으나 이의신청인은 변호사, 세무사를 대리인으로 선임할 수 없다.

해설
이의신청인도 대리인 선임이 가능하다.

정답 25 ④ 26 ① 27 ④

CHAPTER 08 납세자의 권리

PART 3 국세기본법

01 납세자권리헌장 제정 및 교부

국세청장은 납세자 권리보호에 관한 사항을 포함하는 '납세자권리헌장'을 제정·고시해야 한다. 세무공무원은 특히 다음에 해당하는 경우 납세자에게 납세자권리헌장이 수록된 문서를 교부해야 한다.
① 조세범 처벌절차법의 규정에 의한 범칙사건에 대한 조사를 하는 경우
② 법인세의 결정·경정을 위한 조사 등 부과처분을 위한 실지조사를 하는 경우
③ 사업자등록증을 교부하는 경우

02 납세자의 성실성 추정

세무공무원은 납세자가 다음에 해당하는 경우를 제외하고는 납세자가 성실하며 납세자가 제출한 신고서 등이 진실한 것으로 추정해야 한다. 따라서 과세당국은 납세자에 대한 구체적인 탈세제보 등이 있는 경우처럼 특별히 성실성이 깨어지는 경우가 아니면 원칙적으로 세무조사를 할 수 없다.
① 납세자가 세법이 정하는 신고, 세금계산서 또는 계산서의 작성·교부·제출·지급명세서의 작성·제출 등의 납세협력의무를 이행하지 않은 경우
② 무자료거래, 위장·가공거래 등 거래내용이 사실과 다른 혐의가 있는 경우
③ 납세자에 대한 구체적인 탈세제보가 있는 경우
④ 신고내용에 탈루나 오류의 혐의를 인정할 만한 명백한 자료가 있는 경우

03 세무조사권 남용금지

1 조사권 남용금지

세무공무원은 적정하고 공평한 과세의 실현을 위하여 필요한 최소한의 범위 내에서 세무조사를 행하여야 하며, 다른 목적 등을 위하여 조사권을 남용하여서는 안 된다.

2 중복조사의 금지

세무공무원은 같은 세목·같은 과세기간에 대하여 재조사를 할 수 없다. 이를 '중복조사의 금지' 또는 '1회 조사의 원칙'이라 한다. 다만, 다음의 경우에는 그렇지 않다.
① 조세탈루의 혐의를 인정할 만한 명백한 자료가 있는 경우
② 거래상대방에 대한 조사가 필요한 경우
③ 2 이상의 사업연도와 관련하여 잘못이 있는 경우
④ ㉠ 불복청구에 대한 인용결정 중 재조사 결정에 따른 조사를 하는 경우(결정서 주문(主文)에 기재된 범위의 조사에 한정한다)
　㉡ 과세전적부심사 청구의 채택결정 중 재조사 결정에 따라 조사를 하는 경우(결정서 주문(主文)에 기재된 범위의 조사에 한정한다)
⑤ 납세자가 세무공무원에게 직무와 관련하여 금품을 제공하거나 금품제공을 알선한 경우
⑥ 부동산투기 등 경제질서교란 등을 통한 탈세혐의가 있는 자에 대하여 일제조사를 하는 경우
⑦ 각종 과세자료의 처리를 위한 재조사나 국세환급금결정을 위한 확인조사 등의 경우
⑧ 조세범 처벌절차법에 따른 조세범칙행위의 혐의를 인정할 만한 명백한 자료가 있는 경우

04 세무조사에 있어서 조력을 받을 권리

납세자는 다음의 부과처분을 위한 실지조사를 받는 경우에 변호사·공인회계사·세무사 또는 조세에 관하여 전문지식을 갖춘 자로 하여금 조사에 입회하게 하거나 의견을 진술하게 할 수 있다.
① 범칙사건의 조사
② 국세의 과세표준과 세액을 결정하거나 경정하기 위한 조사

05 세무조사 대상자 선정

1 정기선정에 의한 세무조사

(1) 규 정

세무공무원은 다음의 어느 하나에 해당하는 경우에 정기적으로 신고의 적정성을 검증하기 위하여 대상을 선정(이하 정기선정이라 함)하여 세무조사를 할 수 있다. 이 경우 세무공무원은 객관적 기준에 따라 공정하게 그 대상을 선정해야 한다.
① 국세청장이 납세자의 신고내용에 대한 정기적인 성실도 분석결과 불성실혐의가 있다고 인정하는 경우
② 최근 4과세기간(또는 4사업연도) 이상 동일세목의 세무조사를 받지 아니한 납세자에 대하여 업종 및 규모 등을 고려하여 세법이 정하는 바에 따라 신고내용이 적정한지를 검증할 필요가 있는 경우
③ 무작위추출방식에 의하여 표본조사를 하려는 경우

(2) 예 외

법소정 요건을 충족하는 소규모 성실사업자에 대하여는 위의 규정에 따른 세무조사를 실시하지 아니할 수 있다. 다만, 객관적인 증빙자료에 의하여 과소신고한 것이 명백한 경우에는 그렇지 않다.

2 수시선정에 의한 세무조사

세무공무원은 정기선정에 의한 조사 외에 다음 어느 하나에 해당하는 경우에는 세무조사를 실시할 수 있다.

① 납세자가 세법이 정하는 신고, 세금계산서 또는 계산서의 작성·교부·제출, 지급명세서의 작성·제출 등의 납세협력의무를 이행하지 않은 경우
② 무자료거래, 위장·가공거래 등 거래내용이 사실과 다른 혐의가 있는 경우
③ 납세자에 대한 구체적인 탈세제보가 있는 경우
④ 신고내용에 탈루나 오류의 혐의를 인정할 만한 명백한 자료가 있는 경우
⑤ 납세자가 세무공무원에게 직무와 관련하여 금품을 제공하거나 금품제공을 알선한 경우(2016.1.1. 이후 적용)

3 결정을 위한 세무조사

한편, 세무공무원은 과세당국의 조사결정에 의하여 과세표준과 세액이 확정되는 세목(= 부과과세제도 세목을 말함)의 경우 과세표준과 세액을 결정하기 위하여 세무조사를 할 수 있다.

4 중소기업 사업자의 세무조사기간 제한

수입금액(양도가액) 100억 미만의 중소기업 사업자에 대한 세무조사기간을 20일 이내로 제한한다. 이는 조사로 인한 중소기업에 미치는 영향을 최소화하여 납세자로 하여금 사업에 전념할 수 있게 하기 위함이다.

06 세무조사의 사전통지와 연기신청 등

1 세무조사의 사전통지

① 세무공무원은 국세에 관한 조사를 위하여 해당 장부·서류·기타 물건 등을 조사하는 경우에 조사를 받을 납세자(납세자가 납세관리인을 정하여 관할 세무서장에게 신고한 경우에는 납세관리인)에게 조사개시 20일 전에 조사대상 세목, 조사기간, 조사사유 및 기타 사항을 통지해야 한다. 단, 불복청구 등의 재조사 결정에 따른 재조사의 경우에는 7일 전 통지해야 한다.
② 다만, 범칙사건조사 또는 사전통지 시 증거인멸 등으로 조사목적을 달성할 수 없다고 인정되는 경우에는 사전통지를 하지 않는다.

2 세무조사 연기신청 및 통지

세무조사의 사전통지를 받은 납세자는 조사를 받기 곤란한 다음의 사유가 있는 경우 관할 세무서장에게 조사를 연기하여 줄 것을 신청할 수 있다.
① 천재지변
② 화재·기타 재해로 사업상 심한 어려움이 있을 때
③ 권한 있는 기관에 장부·증빙서류가 압수·영치된 때
④ 기타 이에 준하는 사유가 있는 때

3 세무조사 연기중단 사유 및 조사재개 절차

연기 사유가 소멸되거나 조세채권 확보 등 긴급한 사유가 있는 경우에는 세무조사 연기를 중단한다. 재개하고자 하는 경우 조사재개 5일 전까지 사전통지를 실시한다(조세채권 확보 등 긴급한 필요가 있는 경우 사전통지 생략 가능).

4 결과통지

세무공무원은 '부과처분을 위한 실지조사'를 마친 때에는 그 조사결과를 서면으로 납세자에게 통지해야 한다(기한 : 세무조사를 마친 날부터 20일 이내).

※ 결과통지 사항
- 세무사 대상 세목 및 과세기간
- 과세표준·세액 및 산출근거
- 근거법령 및 조항, 과세표준 및 세액계산의 기초가 되는 구체적 사실 등 포함
- 과세전적부심사 청구 가능 사실
- 가산세 종류, 금액 및 산출근거

다만, 다음의 경우에는 세무조사 결과통지를 하지 않는다.
① 폐업한 경우
② 납세관리인을 정하지 아니하고 국내에 주소·거소를 두지 않은 경우
③ 불복 재조사 결정에 의한 조사 종결 시
④ 세무조사 결과통지의 수령을 회피하거나 거부하는 경우

07 세무공무원의 비밀유지의무

1 개념

세무공무원은 납세자가 세법상 의무를 이행하기 위하여 제출한 자료, 국세의 부과·징수를 목적으로 업무상 취득한 자료 등(이하 '과세정보'라 함)을 타인에게 제공·누설하거나 목적 외의 용도로 사용해서는 안 된다.

2 예외

다만, 다음 목적을 위하여 과세정보를 요구하는 경우에는 사용목적에 맞는 범위 안에서 납세자의 과세정보를 제공할 수 있다.
① 지방자치단체 등이 법률이 정하는 조세의 부과·징수 등에 사용할 목적
② 국가기관이 조세쟁송·조세범의 소추 목적으로 과세정보를 요구하는 경우
③ 법원의 제출명령·법관이 발부한 영장에 의하여 과세정보를 요구하는 경우
④ 세무공무원 상호 간의 국세부과·징수 또는 질문·검사상의 목적
⑤ 다른 법률의 규정에 의하여 과세정보를 요구하는 경우
⑥ 통계청장이 국가통계작성 목적으로 과세정보를 요구하는 경우
⑦ 사회보장기본법에 따른 사회보험의 운영을 목적으로 설립된 기관이 관계 법률에 따른 소관 업무를 수행하기 위하여 과세정보를 요구하는 경우
⑧ 국가행정기관, 지방자치단체 또는 「공공기관의 운영에 관한 법률」에 따른 공공기관이 급부·지원 등을 위한 자격의 조사·심사 등에 필요한 과세정보를 당사자의 동의를 받아 요구하는 경우
⑨ 「국정감사 및 조사에 관한 법률」에 따른 조사위원회가 조사위원회의 의결로 비공개회의에 요구하는 경우

08 과세전적부심사청구

1 과세전적부심사청구의 의의 및 결정의 유보, 청구배제

(1) 과세전적부심사청구의 개념

① 개념 : 과세전적부심사란 정식의 국세처분을 받기 전에 납세자의 청구에 의해 그 국세처분의 타당성을 미리 심사하는 제도를 말한다. 앞에서 살펴본 조세쟁송제도는 사후적 권리제도라고 볼 수 있지만, 과세전적부심사는 국세처분이 있기 전에 그 위법과 부당성을 미연에 방지하고자 하는 사전적 권리제도라 할 수 있다. 이는 국세불복절차의 남발을 가급적 억제하고 동 절차에 따른 납세자의 피해를 최소화하여 사전에 구제하고자 함이다.

다음에 해당하는 통지를 받은 자는 그 통지를 받은 날부터 30일 이내에 해당 통지를 한 세무서장이나 지방국세청장에게 통지내용에 대한 적법성 여부에 관하여 심사를 청구할 수 있다.
  ㉠ 세무조사결과에 대한 서면통지
  ㉡ 세무서 또는 지방국세청에 대한 지방국세청장 또는 국세청장의 업무감사결과(현지 시정분 포함)에 따라 세무서장 또는 지방국세청장이 행하는 과세예고통지
  ㉢ 부과처분을 위한 실지조사에서 확인된 해당 납세자 외의 자에 대한 과세자료 및 현지확인조사에 따라 세무서장 또는 지방국세청장이 행하는 과세예고통지
  ㉣ 납부고지하려는 세액이 100만원 이상인 과세예고통지
  ㉤ 법령과 관련하여 국세청장의 유권해석을 변경하여야 하거나 새로운 해석이 필요한 것(국세청장에게)
  ㉥ 청구금액이 5억원 이상인 것(국세청장에게)

② **주의할 사항** : 위 통지를 받은 자는 과세전적부심사청구를 하지 아니하고 그 통지를 한 세무서장이나 지방국세청장에게 통지받은 내용대로 과세표준 및 세액을 조기에 결정하거나 경정결정하여 줄 것을 신청할 수 있다. 이 경우 해당 세무서장이나 지방국세청장은 신청받은 내용대로 즉시 결정이나 경정결정을 해야 한다.

(2) 청구배제

다음에 해당하는 경우에는 과세전적부심사청구를 배제한다.
① 국세징수법상 납기 전 징수의 사유가 있거나 세법에 규정하는 수시부과의 사유가 있는 경우
② 조세범칙사건을 조사하는 경우
③ 세무조사결과통지 및 과세예고통지를 하는 날부터 국세부과제척기간의 만료일까지의 기간이 3월 이하인 경우
④ 국세조세 조정에 관한 법률 규정에 따라 조세조약을 체결한 상대국이 상호합의 절차의 개시요청을 한 경우

(3) 결정의 유보

과세전적부심사청구를 받은 세무서장·지방국세청장 또는 국세청장은 그 청구한 부분에 대한 결정이 있을 때까지 과세표준 및 세액의 결정이나 경정결정을 유보한다.

2 결과통지 및 결정

(1) 결과통지

과세전적부심사에 대한 청구를 받은 세무서장·지방국세청장 또는 국세청장은 각각 국세심사위원회의 심사를 거쳐 결정을 하고 그 결과를 청구를 받은 날부터 30일 이내에 청구인에게 통지해야 한다.

(2) 결 정

① 청구가 이유 없다고 인정되는 경우 : 채택하지 않는다는 결정
② 청구가 이유 있다고 인정되는 경우 : 채택하는 결정. 다만, 청구가 일부 이유 있다고 인정되는 경우에는 일부 채택하는 결정을 할 것
③ 청구기간을 지났거나 보정 기간 내에 보정을 하지 않는 경우 및 청구가 부적법한 경우 : 심사하지 않는다는 결정

제8장 단원별 기출문제

01 다음 중 국세기본법상 세무조사의 연기신청 사유에 해당하지 않는 것은? [108회]

① 납세자가 사업의 위기로 인하여 폐업한 때
② 화재, 그 밖의 재해로 사업상 심각한 어려움이 있을 때
③ 납세자의 장기출장으로 세무조사가 곤란하다고 판단될 때
④ 권한 있는 기관에 장부, 증거서류가 압수되거나 영치되었을 때

해설
세무조사 연기신청 사유에 해당하지 아니한다.

02 다음 중 국세기본법상 과세전적부심사에 관한 설명으로 옳지 않은 것은? [108회]

① 과세예고통지를 받은 자는 통지를 받은 날부터 30일 이내에 통지를 한 세무서장이나 지방국세청장에게 통지 내용의 적법성에 관한 심사를 청구할 수 있다.
② 세법에서 규정하는 수시부과의 사유가 있는 경우에는 과세전적부심사를 청구할 수 없다.
③ 과세전적부심사청구를 받은 세무서장·지방국세청장 또는 국세청장은 각각 국세심사위원회의 심사를 거쳐 결정을 하고 그 결과를 청구를 받은 날부터 30일 이내에 청구인에게 통지하여야 한다.
④ 세무조사 결과 통지를 하는 날부터 국세부과 제척기간의 만료일까지의 기간이 3개월 이하인 경우에도 과세전적부심사를 청구할 수 있다.

해설
세무조사 결과 통지 및 과세예고통지를 하는 날부터 국세부과 제척기간의 만료일까지의 기간이 3개월 이하인 경우 과세전적부심사를 청구할 수 없다.

03 다음 중 국세기본법상 납세자관리헌장에 포함된 내용으로 옳지 않은 것은? [107회]

① 통합조사 금지의 원칙
② 세무조사권 남용 금지
③ 세무조사 시 조력을 받을 권리
④ 납세자의 성실성 추정

해설
세무조사는 납세자의 사업과 관련하여 세법에 따라 신고·납부의무가 있는 세목을 통합하여 실시하는 것을 원칙으로 한다.

정답 01 ① 02 ④ 03 ①

04 다음 중 국세기본법상 납세자의 권리에 관한 내용으로 옳지 않은 것은? [106회]

① 사업자등록증을 발급하는 경우 세무공무원은 납세자권리헌장의 내용이 수록된 문서를 납세자에게 내주어야 한다.
② 세무공무원은 거래상대방에 대한 조사가 필요한 경우에도 같은 세목 및 같은 과세기간에 대하여 재조사할 수 없다.
③ 납세자가 장기출장 등으로 세무조사가 곤란하다고 판단되면 세무조사의 연기를 신청할 수 있다.
④ 증거인멸 등의 이유가 있는 경우 세무조사에 대한 사전통지를 하지 않을 수 있다.

해설
거래상대방에 대한 조사가 필요한 경우에는 같은 세목 및 같은 과세기간에 대하여 재조사할 수 있다.

05 다음 중 국세기본법상 세무공무원의 세무조사기간 연장 사유에 해당하지 않는 것은? [105회]

① 거래처 조사 또는 거래처 현지 확인 및 금융거래 현지확인이 필요한 경우
② 천재지변이나 노동쟁의로 조사가 중단된 경우
③ 납세자가 장부, 서류 등을 은닉하거나 제출을 지연하거나 거부하는 등 조사를 기피하는 행위가 명백한 경우
④ 권한 있는 기관에 장부, 증거서류가 압수되거나 영치된 경우

해설
납세자의 세무조사 연기신청사유이다.

06 다음 중 국세기본법상 납세자의 권리에 대한 설명으로 가장 틀린 것은? [103회]

① 세무공무원은 사업자등록증을 발급하는 경우 납세자권리헌장의 내용이 수록된 문서를 납세자에게 내주어야 한다.
② 사전통지를 받은 납세자가 질병으로 세무조사를 받기 곤란한 경우에는 관할 세무서장에게 세무조사를 연기해 줄 것을 신청할 수 있다.
③ 납세자는 세무사로 하여금 조세범칙조사를 제외한 세무조사에 대하여 의견을 진술하게 할 수 있다.
④ 세무공무원은 다른 목적 등을 위하여 조사권을 남용해서는 안 된다.

해설
납세자는 세무조사(「조세범 처벌절차법」에 따른 조세범칙조사를 포함)를 받는 경우에 변호사, 공인회계사, 세무사로 하여금 조사에 참여하거나 의견을 진술하게 할 수 있다.

[정답] 04 ② 05 ④ 06 ③

07 다음 중 국세기본법상 세무조사권에 대한 설명으로 잘못된 것은? [101회]

① 세무공무원은 공평한 과세를 위하여 필요한 최대한의 범위에서 세무조사를 하여야 한다.
② 일정한 경우가 아니면 같은 세목에 대하여 재조사를 할 수 없다.
③ 수시선정 세무조사 사유를 제외하고는 세무조사를 목적으로 납세자의 장부 등을 세무관서에 임의로 보관할 수 없다.
④ 누구든지 세무공무원으로 하여금 공정한 세무조사를 저해하는 행위를 하여서는 아니 된다.

해설
세무공무원은 적정하고 공평한 과세를 실현하기 위하여 필요한 최소한의 범위에서 세무조사를 하여야 하며, 다른 목적 등을 위하여 조사권을 남용해서는 아니 된다.

08 다음 중 국세기본법상 과세전적부심사 배제 사유가 아닌 것은? [101회]

① 납기 전 징수 사유가 존재할 경우
② 세법에서 규정하고 있는 수시부과의 사유가 있을 경우
③ 과세전적부심사 청구금액이 5백만원 이하인 경우
④ 조세범처벌법 위반으로 고발 또는 통고 처분하는 경우

해설
과세전적부심사 청구금액에 따른 적용금지 규정은 없다.

09 다음 중 국세기본법상 세무조사 정기선정사유에 해당하지 않는 것은? [100회]

① 납세자가 세법에서 정하는 신고, 성실신고확인서의 제출, 세금계산서 또는 계산서의 작성·교부·제출, 지급명세서의 작성·제출 등의 납세협력의무를 이행하지 아니한 경우
② 국세청장이 납세자의 신고내용에 대하여 과세자료, 세무정보 등 회계성실도 자료 등을 고려하여 정기적으로 성실도를 분석한 결과 불성실 혐의가 있다고 인정하는 경우
③ 최근 4과세기간 이상 같은 세목의 세무조사를 받지 아니한 납세자에 대하여 업종 등을 고려하여 신고내용이 적정한지를 검증할 필요가 있는 경우
④ 무작위추출방식으로 표본조사를 하려는 경우

해설
세무공무원은 정기선정에 의한 조사 외에 일정한 사유에 해당하는 경우에는 세무조사를 할 수 있다.

10 다음 중 국세기본법상 과세전적부심사의 청구에 대한 설명으로 가장 틀린 설명은? [100회]

① 청구기간이 지난 과세전적부심사에 대해서 과세관청은 채택하지 아니한다는 결정을 내린다.
② 과세전적부심사 청구를 받은 과세관청은 청구를 받은 날로부터 30일 이내에 청구인에게 통지해야 한다.
③ 과세전적부심사 청구가 이유가 있을 경우 채택하거나 일부 채택 결정할 수 있다.
④ 과세예고통지를 하는 날부터 국세부과 제척기간의 만료일까지의 기간이 3개월 이하인 경우에는 과세전적부심사를 청구할 수 없다.

[해설]
청구기간이 지난 과세전적부심사의 청구는 심사하지 아니한다는 결정을 내린다.

11 다음 중 국세기본법상 세무공무원이 재조사를 할 수 있는 경우가 아닌 것은? [99회]

① 거래상대방에 대해 조사가 필요한 경우
② 조세탈루의 혐의를 인정할 만한 명백한 자료가 있을 경우
③ 1개 이상의 과세기간과 관련하여 잘못이 있는 경우
④ 납세자가 세무공무원에게 금품제공을 알선한 경우

[해설]
2개 이상의 과세기간과 관련하여 잘못이 있는 경우에 재조사를 할 수 있다.

12 다음 중 국세기본법상 납세자의 권리에 대한 설명으로 가장 옳지 않은 것은? [99회]

① 세무조사를 하는 경우 납세자권리헌장의 제정 및 교부를 하여야 한다.
② 납세자에 대한 구체적인 탈세 제보가 있더라도 일단 납세자가 성실하며 납세자가 제출한 신고서 등이 진실한 것으로 추정하여야 한다.
③ 납세자는 세무조사 시 세무사 등으로 하여금 조사에 참여하게 할 수 있다.
④ 최근 4과세기간 이상 같은 세목의 세무조사를 받지 아니한 납세자에 대하여 신고내용의 적정 여부를 검증할 필요가 있을 시 세무조사의 정기선정 사유가 된다.

[해설]
납세자에 대한 구체적인 탈세제보가 있는 경우는 납세자의 성실성 추정의 제외 사유가 된다.

[정답] 10 ① 11 ③ 12 ②

13 국세기본법상 세무조사에 관한 설명으로 틀린 것은? [98회]

① 납세자가 납세관리인을 정하지 않고 국내에 주소 또는 거소를 두지 않은 경우 세무조사 결과통지를 생략할 수 있다.
② 세무조사는 납세자의 사업과 관련하여 세법에 따라 신고·납부의무가 있는 세목을 통합하여 실시하는 것을 원칙으로 한다.
③ 납세자가 2개 이상의 과세기간과 관련하여 잘못이 있는 경우 재조사가 가능하다.
④ 세무조사의 사전통지는 납세자의 권리이므로 어떠한 경우에도 서면으로 통지하여야 한다.

해설
사전통지를 하면 증거인멸 등으로 조사 목적을 달성할 수 없다고 인정되는 경우에는 통지를 하지 않을 수 있다.

14 다음 중 국세기본법상 세무공무원이 납세자권리헌장의 내용이 수록된 문서를 납세자에게 주는 경우가 아닌 것은? [98회]

① 종합소득세를 신고하는 경우
② 세무조사를 하는 경우
③ 사업자등록증을 발급하는 경우
④ 조세범칙조사를 하는 경우

해설
종합소득세 신고하는 경우는 열거되어 있지 않다.

15 다음 중 국세기본법상 과세전적부심사의 배제사유로 옳지 않은 것은? [97회]

① 납부기한 전 징수의 사유가 있거나 수시부과의 사유가 있는 경우
② 조세범처벌법 위반으로 고발 또는 통고처분하는 경우
③ 세무조사 결과통지 및 과세예고통지를 하는 날부터 국세부과제척기간의 만료일까지의 기간이 6개월 이하인 경우
④ 조세조약을 체결한 상대국이 상호합의절차의 개시를 요청한 경우

해설
세무조사 결과통지 및 과세예고통지를 하는 날부터 국세부과 제척기간의 만료일까지의 기간이 3개월 이하인 경우에는 과세전적부심사의 청구를 할 수 없다.

정답 13 ④ 14 ① 15 ③

16. 다음 중 국세기본법상 세무조사에 관한 설명으로 옳지 않은 것은? [97회]

① 세무공무원은 공평한 과세를 실현하기 위하여 최소한의 범위에서 세무조사를 실시하여야 하고, 다른 목적 등을 위하여 조사권을 남용해서는 아니 된다.
② 세무조사의 중지기간 중에는 납세자에 대하여 장부 등의 검사 또는 그 제출을 요구할 수 없다.
③ 세무조사는 납세자의 사업과 관련하여 세법에 따라 신고·납부의무가 있는 세목을 통합하여 실시하는 것을 원칙으로 한다.
④ 세무공무원은 어떠한 사유에도 세무조사의 기간을 연장할 수 없고, 정해진 기간 내에 완료하여야 한다.

해설
세무공무원은 조사대상 세목·업종·규모, 조사 난이도 등을 고려하여 세무조사 기간이 최소한이 되도록 하여야 한다. 다만, 납세자가 장부·서류 등을 은닉하거나 제출을 지연하거나 거부하는 등 조사를 기피하는 행위가 명백한 경우, 거래처 조사, 거래처 현지확인 또는 금융거래 현지확인이 필요한 경우 등 법정 사유에 해당하는 경우에는 세무조사 기간을 연장할 수 있다.

17. 다음 중 국세기본법상 납세자의 권리에 대한 설명으로 잘못된 것은? [96회]

① 납세자에 대한 구체적인 탈세 제보가 있는 경우 수시 세무조사 대상이 된다.
② 세무조사를 하는 경우(증거인멸 우려가 있는 경우 등 제외) 납세자에게 조사개시 30일 전에 통지하여야 한다.
③ 세무조사를 마친 날부터 20일(공시송달 사유에 해당하는 경우 40일) 이내에 조사결과를 통지하여야 한다.
④ 납세자의 질병으로 세무조사가 곤란할 때 세무조사 연기신청을 할 수 있다.

해설
세무공무원은 세무조사를 하는 경우에는 조사를 받을 납세자에게 조사를 시작하기 20일 전에 조사대상 세목, 조사기간 및 조사 사유, 그 밖에 대통령령으로 정하는 사항을 통지하여야 한다. 다만, 사전통지를 하면 증거인멸 등으로 조사 목적을 달성할 수 없다고 인정되는 경우에는 그러하지 아니하다.

정답 16 ④ 17 ②

18 다음은 국세기본법상 과세전적부심사에 대한 결정에 관한 내용이다. 빈칸에 들어갈 숫자로 옳은 것은? [95회]

> 과세전적부심사청구를 받은 세무서장, 지방국세청장 또는 국세청장은 각각 국세심사위원회의 심사를 거쳐 채택, 불채택 등의 결정을 하고 그 결과를 청구를 받은 날부터 (　　)일 이내에 청구인에게 통지해야 한다.

① 30　　　　　　　　　　　② 45
③ 60　　　　　　　　　　　④ 90

해설
결과를 청구를 받은 날부터 30일 이내에 청구인에게 통지해야 한다.

19 다음 중 국세기본법상 납세자권리헌장에 포함하여야 할 내용으로 옳지 않은 것은? [95회]

① 납세자의 성실성 추정　　　　② 세무조사권 남용의 금지
③ 세무조사의 사전통지와 연기신청　　④ 통합조사금지의 원칙

해설
세무조사는 납세자의 사업과 관련하여 세법에 따라 신고·납부의무가 있는 세목을 통합하여 실시하는 것을 원칙으로 한다.

20 다음 중 국세기본법상 납세자보호위원회가 심의할 내용으로 옳지 않은 것은? [94회]

① 세무조사 대상자가 세금탈루혐의에 대한 해명 등을 위하여 세무조사 기간의 연장을 신청한 경우
② 중소규모납세자 이외의 납세자에 대한 세무조사 범위의 확대
③ 위법·부당한 세무조사 및 세무조사 중 세무공무원의 위법·부당한 행위에 대한 납세자의 세무조사 일시 중지 및 중지 요청
④ 납세자의 권리보호를 위하여 납세자보호담당관이 심의가 필요하다고 인정하는 안건

21 다음 중 국세기본법상 국세청장에게 과세전적부심사를 청구할 수 없는 경우는? [94회]

① 법령과 관련하여 국세청장의 유권해석을 변경해야 하거나 새로운 해석이 필요한 것
② 국세청장의 예규 등과 관련하여 새로운 해석이 필요한 것
③ 세무서에 대한 국세청장의 업무감사 결과에 따라 세무서장이 하는 과세예고 통지에 관한 것
④ 과세전적부심사 청구금액이 5억원 미만인 것

해설
과세전적부심사 청구금액이 5억원 이상인 것에 대해 국세청장에게 청구할 수 있다.

22 다음 중 국세기본법상 세무조사에 관한 설명으로 옳지 않은 것은? [93회]

① 세무공무원은 거래상대방에 대한 조사가 필요한 경우에는 같은 세목 및 같은 과세기간에 대한 재조사를 할 수 있다.
② 세무공무원은 납세자가 장부 등의 제출거부 등 조사를 기피하는 행위가 명백한 경우 세무조사기간을 연장할 수 있다.
③ 납세자가 세법이 정하는 신고 등의 납세협력의무를 이행하지 아니한 경우 정기선정에 의한 조사 외에 세무조사를 실시할 수 있다.
④ 성실신고확인서를 제출하면 세무조사를 면제해 준다.

해설
성실신고확인서를 제출한다고 해서 세무조사를 면제해주는 것은 아니다.

23 다음 중 국세기본법상 납세자의 권리에 대한 설명으로 가장 옳지 않은 것은? [92회]

① 세무조사를 하는 경우 납세자권리헌장의 내용이 수록된 문서를 납세자에게 제시하여야 한다.
② 세무공무원은 특별한 경우를 제외하고는 납세자가 성실하며 납세자가 제출한 신고서 등이 진실한 것으로 추정하여야 한다.
③ 조세탈루 등의 혐의가 없는 경우 같은 세목 및 같은 과세기간에 재조사를 금지한다.
④ 세무공무원은 납세자의 재산권보호를 위하여 세무조사의 기간을 연장할 수 없다.

해설
천재지변 등 법 조항에 열거된 사유의 경우에 세무조사의 기간을 연장할 수 있다.

정답 21 ④ 22 ④ 23 ④

24 국세기본법상 세무공무원의 세무조사 기간에 대한 설명으로 가장 옳지 않은 것은? [91회]

① 세무조사 기간을 연장하는 경우에는 그 사유와 기간을 납세자에게 문서로 통지하여야 한다.
② 납세자가 장부·서류 등의 제출을 지연하는 등으로 인하여 세무조사를 정상적으로 진행하기 어려운 경우에는 세무조사를 중지할 수 있다. 이 경우 그 중지기간은 세무조사 기간에 산입한다.
③ 세무조사 기간을 정할 경우 조사대상 과세기간 중 연간 수입금액이 가장 큰 과세기간의 연간 수입금액이 100억원 미만인 납세자에 대한 세무조사 기간은 20일 이내로 한다.
④ 세무조사 기간은 최소한이 되도록 하여야 하나 거래처 조사, 금융거래 현지확인 등이 필요한 경우에는 세무조사 기간을 연장할 수 있다.

해설
납세자가 장부·서류 등을 은닉하거나 제출을 지연 또는 거부하는 등으로 세무조사를 진행하기 어려운 경우에는 세무조사를 중지할 수 있다. 이 경우 그 중지기간은 세무조사 기간 및 세무조사 연장기간에 산입

25 국세기본법상 세무조사에 관한 설명으로 옳지 않은 것은? [90회]

① 세무공무원은 납세자가 장부·서류 등의 제출거부 등 조사를 기피하는 행위가 명백한 경우 세무조사기간을 연장할 수 있다.
② 세무공무원은 거래상대방에 대한 조사가 필요한 경우에도 같은 세목 및 같은 과세기간에 대한 재조사를 할 수 없다.
③ 정기선정방식에 의한 세무조사를 실시함에 있어서 세무공무원은 객관적 기준에 따라 공정하게 그 대상을 선정하여야 한다.
④ 세무공무원은 무작위추출방식에 의하여 표본조사를 하려는 경우 정기적으로 신고의 적정성을 검증하기 위하여 대상을 선정하여 세무조사를 할 수 있다.

해설
거래상대방에 대한 조사가 필요한 경우에는 같은 세목 및 같은 과세기간에 대한 재조사를 할 수 있다.

26 다음 중 국세기본법상 과세전적부심사의 청구에 관한 설명으로 옳지 않은 것은? [90회]

① 세무조사 결과통지 및 과세예고통지를 하는 날부터 국세부과 제척기간의 만료일까지의 기간이 3개월 이하인 경우에는 과세전적부심사를 청구할 수 없다.
② 세무조사 결과에 대한 서면통지나 그 밖에 과세예고통지를 받은 자는 통지를 받은 날부터 30일 이내에 과세전적부심사를 청구할 수 있다.
③ 과세전적부심사의 결정은 심사거부, 불채택, 채택 등이 있다.
④ 과세전적부심사의 결정 후 그 결과를 청구를 받은 날부터 60일 이내에 청구인에게 통지해야 한다.

해설
30일 이내에 통지하여야 한다.

27 다음 중 국세기본법상 과세전적부심사에 대한 설명으로 옳지 않은 것은? [89회]

① 청구기간이 지났거나 보정기간에 보정하지 않은 경우에 심사하지 아니한다는 결정을 한다.
② 세무조사 과세예고통지를 한날로부터 국세부과제척기간의 만료일까지의 기간이 3개월 이하인 경우에 과세전적부심사를 청구할 수 없다.
③ 세법에 규정하는 수시부과사유가 있는 경우에는 국세청장에게 청구할 수 있다.
④ 과세전적부심사에 대한 결정은 불채택, 채택, 심사거부가 있다.

해설
수시부과사유가 있는 경우에는 과세전적부심사를 청구할 수 없다.

28 다음 중 국세기본법상 납세자권리헌장에 포함되어야 할 내용이 아닌 것은? [88회]

① 납세자의 성실성 추정
② 세무조사 시 조력받을 권리
③ 세무조사 기간
④ 부분조사의 원칙

해설
세무조사는 특정한 세목만을 조사할 필요가 있는 등의 경우를 제외하고는 납세자의 사업과 관련하여 세법에 따라 신고·납부의무가 있는 세목을 통합하여 실시하는 것을 원칙으로 한다.

29 다음 국세기본법상 납세자의 권리에 대한 설명 중 가장 틀린 것은? [87회]

① 세무공무원은 사업자등록증을 발급한 경우에 납세자 권리헌장의 내용이 수록된 문서를 내주어야 한다.
② 세무공무원은 2개 이상의 과세기간과 관련하여 잘못이 있는 경우는 같은 세목 및 같은 과세기간을 재조사할 수 있다.
③ 세무공무원은 세무조사를 하는 경우에는 조사를 받을 납세자에게 조사를 시작하기 30일 전에 조사대상 세목, 조사기간 및 조사사유, 그밖에 대통령으로 정하는 사항을 통지하여야 한다.
④ 납세자에 대한 구체적인 탈세제보가 있는 경우에는 정기선정 외에 수시선정으로 세무조사를 할 수 있다.

해설
20일 전

정답 27 ③ 28 ④ 29 ③

보 칙

PART 3 국세기본법

보칙은 개별세법의 특별규정이 국세기본법에 우선하여 적용한다.

01 납세관리인

① 납세자가 국내에 주소 또는 거소를 두지 아니하거나 국외로 주소 또는 거소를 이전하고자 하는 때에는 국세에 관한 사항을 처리하기 위하여 납세관리인을 정해야 한다. 또한, 납세자는 국세에 관한 사항을 처리하게 하기 위하여 변호사, 세무사 또는 공인회계사를 납세관리인으로 둘 수 있다.
② 세무서장은 납세관리인이 부적당하다고 인정하는 때에는 기한을 정하여 납세자에게 그 변경을 요구할 수 있다. 이러한 요구를 받은 납세자가 정하여진 기한 내에 납세관리인 변경의 신고를 하지 아니한 때에는 납세관리인의 설정은 없는 것으로 본다.
③ 세무서장 등은 상속세 및 증여세법에 따라 상속세를 부과할 때에 위 ①의 경우를 제외하고 상속인이 확정되지 아니하였거나 상속인이 상속재산에 대하여 처분의 권한이 없는 경우에는 특별한 규정이 없는 한 추정상속인·유언집행자 또는 상속재산 관리인에 대하여 상속세 및 증여세법 중 상속인 또는 수유자에 관한 규정을 적용할 수 있다.
④ 비거주자인 상속인 또는 수유자가 금융기관에 상속재산의 지급·명의개서 또는 변경을 청구하고자 하는 경우에는 위 ①의 규정에 의하여 납세관리인을 정하여 납세지 관할 세무서장에게 신고하고 그 사실에 관한 확인서를 교부받아 금융기관에 제출해야 한다.

02 고지금액의 최저한

고지할 국세(인지세를 제외한다)·가산금 또는 강제징수비의 합계액이 10,000원 미만인 때에는 그 금액은 없는 것으로 본다.

※ 개별세법상 과세최저한, 소액부징수 → 국세기본법에 우선하여 적용함

구 분	내 용
과세최저한	① 소득세 : 매건 5만원 이하인 기타소득금액 ② 상속세 및 증여세 : 과세표준 50만원 미만
소액부징수	① 법인세 : 1,000원 미만의 원천징수세액 ② 소득세 : 1,000원 미만의 원천징수세액·납세조합징수세액, 50만원 미만의 중간예납세액 ③ 부가가치세 : 공급대가 4,800만원 미만인 간이과세자

03 국세행정에 대한 협조

세무공무원은 그 직무를 수행함에 있어서 필요한 경우에는 국가기관, 지방자치단체 또는 그 소속공무원에게 협조를 요청할 수 있으며, 그 요청을 받은 자는 정당한 사유가 없는 한 이에 응하여야 한다.

04 장부 등의 비치 및 보존

납세자는 각 세법이 규정하는 바에 따라 모든 거래에 관한 장부 및 증빙서류를 성실하게 작성하여 비치해야 한다. 장부 및 증빙서류는 그 거래사실이 속하는 과세기간에 대한 해당 국세의 법정신고기한이 지난 날부터 5년간 보존해야 한다. 다만, 결손금 이월공제 연장 적용 시에는 연장 적용받는 해당 기간까지 보관하여야 한다.

05 서류접수증 교부

납세자 또는 세법에 의하여 과세자료를 제출할 의무가 있는 자로부터 과세표준신고서 등의 서류를 제출받은 세무공무원은 납세자 등에게 접수증을 교부해야 한다.
다만, 다음의 경우에는 접수증을 교부하지 아니할 수 있다.
① 신고서 등의 서류를 우편·모사전송으로 제출하는 경우
② 세무공무원을 경유하지 않고 지정된 신고함에 직접 투입하는 경우

06 포상금의 지급

① 국세청장은 조세를 탈루한 자에 대한 탈루세액 또는 부당하게 환급·공제받은 세액을 산정함에 있어서 중요한 자료를 제공한 자(포상금 40억원 한도), 체납자의 은닉재산을 신고한 자(포상금 30억원 한도) 등에 대하여 한도 범위 안에서 포상금을 지급할 수 있다.
다만, 탈루세액, 부당하게 환급·공제받은 세액 또는 은닉재산의 신고를 통하여 징수된 금액이 5천만원 미만인 때 또는 해외금융계좌 신고의무 불이행에 따른 과태료금액이 2천만원 미만인 때 또는 공무원이 그 직무와 관련하여 자료를 제공하거나 은닉재산을 신고한 때에는 포상금을 지급하지 않는다.
② 명의위장 사업자 신고자에 대한 포상금은 신고 건별로 200만원의 포상금을 지급할 수 있다. 다만, 동일 사안에 대하여 중복신고가 있으면 최초 신고한 자에게만 지급한다(포상금 20억원 한도).
③ 국제조세조정에 관한 법률에 따른 해외금융계좌 신고의무 위반행위를 적발하는 데 중요한 자료를 제공한 자(포상금 20억원 한도)

④ 타인명의로 되어 있는 법인사업자 또는 복식부기의무자에 해당하는 사업자의 「금융실명거래 및 비밀보장에 관한 법률」에 따른 차명계좌를 신고한 경우로 해당 금융자산을 통한 탈루세액 등이 1천만원 이상인 신고자에 대해 신고 건별로 100만원을 포상금으로 지급할 수 있다. 다만, 동일인이 지급받을 수 있는 포상금은 연간 5천만원을 한도로 한다.

07 고액상습체납자 명단 공개

국세청장은 체납발생일부터 1년이 지난 국세(결손처분한 국세로서 국세징수권 소멸시효가 완성되지 않은 것 포함)가 2억원 이상인 체납자 및 불성실기부금수령단체에 대하여는 그 인적사항·체납액 등을 '세무공무원의 비밀유지의무'에 관한 규정에 불구하고 공개할 수 있다.

제9장 단원별 기출문제

01 다음 중 국세기본법상의 내용으로 옳지 않은 것은? [107회]

① 과세예고통지를 받은 자는 통지를 받은 날부터 30일 이내에 통지를 한 세무서장이나 지방국세청장에게 통지 내용의 적법성에 관한 심사를 청구할 수 있다.
② 국세청장은 체납자의 은닉재산을 신고한 자에 대해서 10억원의 범위에서 포상금을 지급할 수 있다.
③ 납세자가 국내에 주소 또는 거소를 두지 아니하거나 국외로 주소 또는 거소를 이전할 때에는 납세관리인을 정하여야 한다.
④ 납세자가 과세표준신고서 등의 서류를 우편이나 팩스로 제출하는 경우에는 접수증을 발급하지 아니할 수 있다.

> **해설**
> 국세청장은 체납자의 은닉재산을 신고한 자에게 30억원의 범위에서 포상금을 지급할 수 있다.

02 다음 중 국세기본법에 대한 설명으로 옳지 않은 것은? [104회]

① 납세자가 작성・비치한 장부 및 증빙서류는 그 거래사실이 속하는 과세기간 종료일부터 10년간 보존하여야 한다.
② 납세자가 국내에 주소 또는 거소를 두지 않은 때에는 세무사를 납세관리인으로 둘 수 있다.
③ 국세청장은 국세기본법에 규정한 사항, 기타 납세자의 권리보호에 관한 사항을 포함하는 납세자권리헌장을 제정하여 고시하여야 한다.
④ 납세자가 과세표준신고서를 우편으로 제출하는 경우에는 접수증을 교부하지 않을 수 있다.

> **해설**
> 납세자는 각 세법에서 규정하는 바에 따라 작성・비치한 장부 및 증거서류를 그 거래사실이 속하는 과세기간에 대한 해당 국세의 법정신고기한이 지난 날부터 5년간(역외거래의 경우 7년간) 보존하여야 한다.

03 다음 중 국세기본법상 포상금의 지급대상에 관한 설명으로 옳지 않은 것은? [88회]

① 조세를 탈루한 자에 대한 탈루세액 또는 부당하게 환급・공제받은 세액을 산정하는 데 중요한 자료를 제공한 경우
② 타인의 명의를 사용하여 사업을 경영하는 자를 신고한 경우
③ 해외금융계좌 신고의무 위반행위를 적발하는데 중요한 자료를 제공한 경우
④ 공무원이 그 직무와 관련하여 자료를 제공하거나 은닉재산을 신고한 경우

> **해설**
> 탈세자료 제공한 자에게는 40억원의 범위에서 포상금을 지급할 수 있다.

정답 01 ② 02 ① 03 ④

04
다음 중 국세기본법상 현행 고액·상습체납자의 명단공개에 대한 설명으로 옳지 않은 것은?
[80회]

① 체납발생일부터 1년이 지난 국세가 2억원 이상인 체납자의 인적사항 등을 공개할 수 있다.
② 체납된 국세가 심판청구 등 불복청구 중에도 공개한다.
③ 체납자가 법인인 경우에는 법인의 대표자를 함께 공개한다.
④ 명단공개에 따른 사전안내 통지를 받고 체납액의 30% 이상을 납부한 경우에는 명단을 공개하지 않는다.

해설
체납된 국세가 이의신청·심사청구 등 불복청구 중에 있는 경우에는 공개하지 아니한다.

05
국세기본법상 납세관리인이 납세자를 대리할 수 있는 업무범위에 해당하지 않는 것은? [56회]

① 국세기본법 및 세법에 따른 신고, 신청, 청구, 그 밖의 서류의 작성 및 제출
② 납세자의 재산에 대한 임의 처분
③ 세무서장 등이 발급한 서류의 수령
④ 국세 등의 납부 또는 국세환급금의 수령

06
다음 중 국세기본법상 조세에 관한 신고에 의하여 포상금을 지급받을 수 없는 자는 누구인가?(단, 탈루세액, 부당하게 환급·공제받은 세액, 은닉재산의 신고를 통하여 징수된 금액 또는 해외금융계좌 신고의무 불이행에 따른 과태료가 대통령령으로 정하는 금액 이상이라고 가정한다) [50회]

① 조세를 탈루한 자에 대한 탈루세액 또는 부당하게 환급·공제받은 세액을 산정하는 데 중요한 자료를 제공한 회사의 경리인 김갑수씨
② 체납자의 은닉재산을 신고한 체납자의 친구인 김갑수씨
③ 타인의 명의를 사용하여 사업을 경영하는 것을 직무와 관련하여 알게 되어 신고한 공무원 김갑수씨
④ 고가의 골프채를 골프용품 매장에서 신용카드로 결제할 것을 요청하였으나 이를 거부하는 경우 소비자인 김갑수씨

해설
공무원이 직무와 관련하여 알게 된 내용은 포상금 지급대상이 아니다.

PART 4
소득세법

제1장　소득세법 총설
제2장　종합소득세
제3장　종합소득세 신고·납부
제4장　퇴직소득세
제5장　양도소득세

배우기만 하고 생각하지 않으면 얻는 것이 없고,
생각만 하고 배우지 않으면 위태롭다.

– 공자 –

 합격의 공식 시대에듀

자격증 · 공무원 · 금융/보험 · 면허증 · 언어/외국어 · 검정고시/독학사 · 기업체/취업
이 시대의 모든 합격! 시대에듀에서 합격하세요!
www.youtube.com → 시대에듀 → 구독

CHAPTER 01

PART 4 소득세법

소득세법 총설

01 소득세의 기본개념

1 우리나라 소득세의 특징

'소득세'란 자연인인 개인이 얻은 소득에 대해 자연인에게 부과하는 조세를 말한다. 엄밀히 말하면 '개인소득세'라 해야 하지만 현재 우리나라에서는 보통 '소득세'라 약칭하여 부르고 있다. 이에 비해 자연인이 아닌 법인이 얻은 소득에 대해서는 법인소득세를 부과하는데 이를 법인세라 부르고 있다.

우리나라 소득세는 다음과 같은 특징이 있다.

(1) 국세 & 직접세

소득세는 지방세가 아닌 중앙정부가 과세권자인 '국세'이며, 세금의 담세자와 납세의무자가 동일한 '직접세'에 해당한다.

(2) 신고납부제도

소득세는 과세표준과 세액을 납세자가 스스로 계산하여 과세당국에 신고·납부함으로써 소득세의 납세의무가 확정되며 정부의 결정과정을 원칙적으로 필요로 하지 않는 대표적인 신고납부조세이다.

(3) 열거주의과세

소득세법은 원칙적으로 소득원천설에 입각하여 구체적으로 열거하고 있는 소득만을 과세대상으로 하고 있다. 현재 8가지의 소득을 열거하고 있으며, 일부소득(이자소득과 배당소득)에 대해서는 신종소득을 법 개정 없이 포착하여 과세하기 위해 유형별포괄주의를 적용하고 있기도 한다.

(4) 초과누진세율과 인적공제

소득세는 개인에게 부과하는 조세이기 때문에 세금 부담능력의 차이와 소득재분배기능을 위해 6% ~ 45%의 초과누진세율제도를 채택하고 있으며, 부양가족 등의 사정을 고려하여 소득공제방식에 있어 인적공제제도를 두고 있다.

(5) 주소지 관할 과세제도

소득세는 납세자의 주소관할지역을 납세지로 채택하고 있다.

2 과세대상소득의 범위

(1) 과세대상소득의 범위

앞에서 말한 바와 같이 소득세법은 원칙적으로 소득원천설에 입각하여 종합소득 6가지, 퇴직소득, 양도소득 이렇게 8가지의 소득을 다음과 같이 열거하고 있다.

① **종합소득** : 현재 우리나라 소득세법상 종합소득에는 이자소득·배당소득·사업소득(부동산임대업소득 포함)·근로소득·연금소득·기타소득이 있다.
② **퇴직소득** : 퇴직소득은 근로자가 퇴직 시에 회사로부터 받는 소득을 말한다.
③ **양도소득** : 양도소득은 부동산(부동산상권리포함) 및 주식의 양도로 인하여 발생하는 소득에 대해 과세하는 소득이다.

현행 소득세법은 소득의 원천별로 계속·반복적으로 발생하는 것만을 과세대상으로 하여 제한적으로 열거하고 있다. 이는 기본적으로 소득원천설의 입장을 취하고 있기 때문이다.

> **더알아두기**
>
> **과세대상소득의 이론적 입장**
>
> | 소득원천설 | 순자산증가설 |
> | --- | --- |
> | 경상적이고 반복적으로 발생하는 소득만을 과세대상으로 한다는 견해 | 경상적이고 반복적으로 발생하는 소득뿐만 아니라 비경상적이고 비반복적으로 발생하는 소득도 과세대상으로 해야 한다는 견해 |
> | 열거주의 과세방식을 채택(∵경상적이고 반복적으로 발생하는 소득의 종류와 범위를 구체적으로 규정하여야 하므로) | 포괄주의 과세방식을 채택(∵굳이 소득의 종류와 범위를 열거할 필요가 없으므로) |
> | 소득세법의 원칙적 입장 | 법인세법의 원칙적 입장 |
>
> **현재 우리나라 소득세법상 과세소득의 산정**
> ① 우리나라의 소득세법은 소득원천설을 근간으로 하고 있으며 입법방식은 열거주의를 채택하고 있다.
> ② 8가지의 소득 중 '기타소득', '퇴직소득', '양도소득' 등과 같이 비경상적이고 비반복적인 소득도 과세소득으로 포함하고 있으므로 순자산증가설을 일부 수용하고 있다.
> ③ 특히, '이자소득', '배당소득'에 대하여는 유형별 포괄주의 과세방식을 도입하여 운용하고 있는데, 유형별 포괄주의(= 제한적 포괄주의)란 열거주의와 포괄주의를 절충한 방식으로써 법에 이미 열거된 소득과 유사한 소득이면 비록 법에 구체적으로 열거되지 않은 경우에도 과세대상으로 간주하는 방식을 말한다.

3 과세대상소득에서 제외 : 비열거소득

소득세법에 열거된 소득에 해당하지 않는 비열거소득(유형별 포괄주의 과세방식이 적용되는 이자소득·배당소득은 제외)에 대해서는 소득세가 과세되지 아니한다. 대표적인 예로 다음과 같은 것이 있다.

구 분	내 용
이중과세방지	농업소득 중 작물재배업소득 → 지방세법에 따른 농업소득세가 과세되기 때문
과세부적절	• 손해배상금 • 위자료
증권시장 안정 등	• 채권(국공채·회사채)의 매매차익 • 주권상장법인의 주식매매차익

4 소득세법의 과세방법

(1) 종합과세와 분류과세, 분리과세

현행 소득세법에서는 소득세의 과세방법으로 종합과세·분류과세 및 분리과세방법 모두를 채택하고 있으며, 이들 방법의 구체적 내용은 다음과 같다.

① 종합과세 : 종합과세란 소득을 그 종류에 관계없이 일정한 기간을 단위로 과세표준에 합산하여 과세하는 방법을 말한다. 현행 소득세법은 이러한 종합과세를 기본원칙으로 삼고 있다. 이자소득·배당소득·사업소득(부동산임대업소득 포함)·근로소득·연금소득·기타소득의 6가지 소득은 이를 합산하여 과세하고 있는데, 여기서 합산된 소득을 종합소득이라 한다.

② 분류과세 : 분류과세란 퇴직소득과 양도소득에 대해서 종합소득과는 별도의 과세표준으로 하여 과세하는 방법을 말한다. 퇴직소득·양도소득은 종합소득과 같이 매년 과세되는 것이 아니라 수년간의 누적된 소득이 퇴직 시(퇴직소득)·자산의 양도 시(양도소득) 일시에 과세되는 특징을 갖고 있다. 이때 종합소득에 합산하여 과세를 하게 되면 누진세율을 적용하고 있는 소득세법하에서는 높은 한계세율이 적용될 수 밖에 없으며, 이는 상대적으로 높은 세부담효과가 발생되게 되므로 소득세법은 이러한 세액의 결집효과를 완화하기 위하여 퇴직소득·양도소득을 각각 별도의 과세표준체계로 운용하는 분류과세방식을 채택하고 있다.

③ 분리과세 : 분리과세란 일정한 소득을 지급할 때 당해 소득의 지급자가 원천징수를 통하여 과세당국에 납부함으로써 납세의무를 종결시키는 과세방법을 말한다. 이는 기간별로 합산하지 않고 그 소득이 지급될 때 소득세를 원천징수함으로써 과세를 종결하게 되는데 이때의 분리과세 제도를 '완납적원천징수제도'라고 한다. 현행 소득세법은 이자소득·배당소득·근로소득·연금소득·기타소득 중 일정소득에 대하여는 원천징수로서 납세의무가 종결되는 분리과세방식을 채택하고 있다.

5 소득세의 과세기간

소득세법상 과세기간은 선택이 불가능한 역년주의를 원칙으로 하면서 예외적으로 납세의무자의 사망 또는 출국 시에는 예외적인 과세기간을 운용하고 있다. 따라서, 소득세의 과세기간은 부가가치세와 다르게 사업개시나 폐업 등에 영향을 받지 않으며, 법인세와 달리 과세기간을 임의로 정하는 것도 허용되지 않는다.

구 분	과세기간	확정신고납부기한
원 칙	1월 1일 ~ 12월 31일	다음 연도 5월 1일부터 5월 31일
거주자가 사망 시	1월 1일 ~ 사망한 날	상속개시일이 속하는 달의 말일부터 6개월이 되는 날
거주자가 출국 시	1월 1일 ~ 출국한 날	출국일 전일

① 법인은 1년을 초과하지 않은 범위 내에서 사업연도를 선택할 수 있으나, 개인은 과세기간을 선택할 수 없다.
② 개인은 연도 중에 사업을 개시하거나 폐업한 경우에도 1월 1일부터 12월 31일까지 과세기간으로 한다.

이는 소득세법은 사업소득뿐만 아니라 타소득도 포함해 종합과세하는 구조이기 때문에 개업 전이나 폐업 후에도 과세소득이 있을 수 있기 때문이다.

6 소득세의 과세단위

현행 소득세법은 개인단위주의를 취하고 있다. 원칙적으로 개인을 단위로 하여 소득세를 과세하며, 부부 또는 가족의 소득을 합산하여 과세하지 않고 있다. 다만, 가족구성원이 공동사업자에 포함되어 있는 경우로서 손익분배비율을 거짓으로 정하는 경우에는 예외적으로 공동사업 합산과세규정을 운용하고 있는데, 이 경우에는 세대단위과세를 적용한다.

02 납세의무자

1 납세의무자의 구분 : 거주자와 비거주자

소득세의 납세의무자는 원칙적으로 개인으로 거주자와 비거주자로 구분되지만, 예외적으로 법인으로 보지 않는 법인격 없는 사단·재단·기타 단체도 소득세 납세의무가 있다.

(1) 거주자와 비거주자의 구분

소득세법상 납세의무자인 개인은 거주자와 비거주자로 다음과 같이 구분하고 있다.

구 분	개 념	과세소득의 범위
거주자 (무제한 납세의무자)	국내에 주소를 두거나[주1] 183일 이상 거소를 둔 개인	국내외원천소득
비거주자 (제한 납세의무자)	거주자가 아닌 자로서 국내원천소득이 있는 개인	국내원천소득
	단기거주 외국인 거주자[주2]	국내원천소득 & 국내에서 지급되거나 송금된 국외원천소득

*주1) 국내주소를 가진 것으로 간주하는 경우
　① 183일 이상 국내거주 할 것을 필요로 하는 직업을 가진 때
　② 가족, 직업 등에 비추어 183일 이상 국내거주 할 것으로 인정되는 때
*주2) 외국인 단기 거주자에 대한 과세특례 : 10년 전부터 국내에 거소 등을 둔 기간의 합계가 5년 이하인 단기 거주 외국인에게는 과세대상 소득 중 국외원천소득의 경우 국내에서 지급되거나 국내로 송금된 소득에 대해서만 과세한다.

여기서 '거소'란 주소지 외의 장소 중 상당 기간에 걸쳐 거주하는 장소로서 주소와 같이 밀접한 생활관계가 형성되지 않는 장소를 말한다. 거소를 둔 기간의 계산은 입국하는 날의 다음 날부터 출국하는 날까지로 한다. 다만, 국내에 거소를 두고 있던 개인이 출국 후 다시 입국한 경우에 생계를 같이하는 가족의 거주지나 자산소재지 등에 비추어 그 출국목적이 명백하게 일시적인 것으로 인정되는 때에는 그 출국한 기간도 국내에 거소를 둔 기간으로 본다. 한편, 국내에 거소를 둔 기간이 1과세기간 동안 183일 이상인 경우에는 국내에 183일 이상 거소를 둔 것으로 한다(2026년 1월 1일 이후부터 두 과세기간을 걸쳐 계속하여 183일 이상 거소를 둔 경우 포함).

> **더알아두기**
>
> **재외동포가 일시적으로 입국한 경우**
> 재외동포가 입국한 경우 생계를 같이 하는 가족의 거주지나 자산소재지 등에 비추어 그 입국목적이 관광, 질병의 치료, 친지방문, 출장·연수 등 직업 관련 사유 등 일정한 사유에 해당하여 그 입국한 기간이 명백하게 일시적인 것으로 인정되는 때에는 해당 기간은 국내에 거소를 둔 기간으로 보지 아니한다.

(2) 주소의 판정기준

주소는 국내에서 생계를 같이 하는 가족 및 국내에 소재하는 자산의 유무 등 생활관계의 객관적 사실에 따라 판정한다. 현행 소득세법은 다음과 같이 거주자 여부를 구체적으로 판정하도록 규정하고 있다.

구 분	국내에 주소를 가진 것으로 보는 경우	국내에 주소가 없는 것으로 보는 경우
직업관계	계속하여 183일 이상 국내에 거주할 것을 통상 필요로 하는 직업을 가진 때	국외에 거주 또는 근무하는 자가 계속하여 183일 이상 국외에 거주할 것을 통상 필요로 하는 직업을 가진 때
생활관계	국내에 생계를 같이 하는 가족이 있고, 그 직업 및 자산상태에 비추어 계속하여 183일 이상 국내에 거주할 것으로 인정되는 때	국외에 거주 또는 근무하는 자가 외국국적을 가졌거나 영주권을 얻은 자로서 국내에 생계를 같이하는 가족이 없고, 직업 및 자산상태에 비추어 다시 입국하여 주로 국내에 거주하는 것으로 인정할 수 없는 때
외항항공기·선박의 승무원	외국을 항행하는 선박·항공기의 승무원과 생계를 같이하는 가족이 거주하는 장소 또는 당해 승무원이 근무기간 외의 기간 중 통상 체재하는 장소가 국내에 있는 때	외국을 항행하는 선박·항공기의 승무원과 생계를 같이하는 가족이 거주하는 장소 또는 당해 승무원이 근무기간 외의 기간 중 통상 체재하는 장소가 국외에 있는 때

2 소득세법상 납세의무가 있는 법인격 없는 단체

국세기본법의 규정에 의하여 법인으로 보는 단체 외의 단체는 거주자로 보아 소득세법을 적용한다. 즉, 소득세를 과세하는 납세의무자가 된다. 이 경우 그 단체는 다음과 같이 '1거주자로 보는 경우'와 '공동사업'으로 보는 경우로 구분된다.

구 분	내 용
1거주자로 보는 경우	① 단체의 대표자 또는 관리인이 선임되어 있으나 이익의 분배방법이나 분배비율이 정하여져 있지 않은 경우에는 당해 단체를 1거주자로 본다. ② 이 경우 단체는 구성원과 독립하여 별도의 소득세 납세의무를 지게 된다. 따라서, 단체의 구성원은 소득세 납세의무가 없고, 이 공동사업장에서 발생한 소득과 자기의 타소득을 합산하여 과세하지 아니한다.
공동사업으로 보는 경우	① 1거주자로 보는 법인격 없는 단체 이외의 단체는 그 구성원들이 공동사업을 하는 것으로 본다. ② 이 경우 구성원 각자가 받았거나 받을 소득금액에 따라 각자 소득세 납세의무를 진다.

3 납세의무의 특례

(1) 공동사업의 소득금액에 대한 납세의무

① 소득세법 원칙(거주자별 납세의무) : 공동사업에서 발생하는 사업소득의 소득세는 소득세법에 따라 거주자별로 납세의무를 진다. 따라서 연대납세의무가 배제되는데, 이는 국세기본법에 따른 공동사업에 관계되는 국세의 연대납세의무 규정에 대한 중대한 예외규정이다.

② 소득세법 예외(공동사업 합산과세) : 공동사업 합산과세의 특례규정(세대단위과세)에 따라 특수관계자의 소득금액이 주된 공동사업자(손익분배비율이 큰 공동사업자)에게 합산과세되는 경우 당해 합산과세되는 소득금액에 대해서는 주된 공동사업자의 특수관계자는 손익분배비율에 해당하는 그의 소득금액을 한도로 주된 공동사업자와 연대납세의무를 진다.

(2) 공동소유 자산의 양도소득금액에 대한 납세의무

공동으로 소유한 자산에 대한 양도소득금액을 계산하는 경우에는 해당 자산을 공동으로 소유하는 각 거주자가 납세의무를 진다. 따라서 연대납세의무가 배제되는데, 이는 국세기본법에 따른 공동사업에 관계되는 국세의 연대납세의무 규정에 대한 중대한 예외규정이다.

(3) 상속 시 납세의무의 승계

상속인은 피상속인의 소득세에 대하여 상속재산을 한도로 납세의무를 승계한다. 이 경우 피상속인과 상속인의 소득금액에 대한 소득세는 각각 구분하여 계산한다.

(4) 신탁재산에 귀속되는 소득에 대한 납세의무

신탁재산에 귀속되는 소득은 그 신탁의 이익을 받을 수익자에게 귀속되는 것으로 한다. 다만, 수탁자가 없거나 신탁을 통한 고의적 조세회피의 경우 위탁자에게 귀속되는 것으로 한다.

03 납세지

1 소득세의 납세지

소득세법에 따른 납세지는 소득세의 관할 세무서를 정하는 기준이 되는 장소를 말한다.

(1) 일반적인 소득세의 납세지

① 원 칙

구 분	납세지
거주자	주소지 또는 거소지(주소지가 없는 경우)
비거주자	㉠ 국내사업장(국내사업장이 2 이상인 경우에는 주된 국내사업장)의 소재지 ㉡ 국내사업장이 없는 경우에는 국내원천소득이 발생하는 장소 ㉢ 비거주자가 납세관리인을 둔 경우에는 국내사업장의 소재지 또는 납세관리인의 주소지나 거소지 중 납세관리인이 납세지로서 신고하는 장소

② 원천징수하는 소득세의 납세지 : 소득세법상 원천징수의무자가 소득을 지급하면서 원천징수한 소득세의 납세지는 다음과 같이 구분하여 납세지를 달리하고 있다.

원천징수 의무자의 유형	납세지
원천징수자가 거주자인 경우	거주자의 주된 사업장의 소재지 단, 사업장이 없는 경우 그 거주자의 주소지 또는 거소지
원천징수자가 비거주자인 경우	비거주자의 주된 국내사업장의 소재지 단, 국내사업장이 없는 경우 그 비거주자의 거류지 또는 체류지
원천징수자가 법인인 경우	• 원칙 : 법인의 본점 또는 주사무소의 소재지 • 지점 등이 독립적으로 회계사무를 처리하는 경우 : 그 사업장의 소재지. 다만, 법인이 국세청장의 승인을 얻은 경우 또는 부가가치세법에 따라 사업자단위로 등록한 경우에는 그 법인의 본점 또는 주사무소의 소재지를 소득세 원천징수세액의 납세지로 할 수 있다.
원천징수자가 납세조합인 경우	납세조합의 소재지

③ 상속이 개시된 경우와 거주자로 보는 국외근무공무원의 경우

구 분	납세지
상속이 개시된 경우	피상속인·상속인 또는 납세관리인의 주소지나 거소지 중 상속인 또는 납세관리인이 신고하는 장소
국외근무공무원 등	국내에 주소가 없는 공무원 또는 해외파견 임직원 등 중 거주자로 보는 자의 납세지는 그 가족의 생활근거지 또는 소속기관의 소재지

2 납세지의 지정

(1) 신청에 의한 납세지 지정

구 분	내 용
지정사유	사업소득이 있는 거주자가 사업장소재지를 납세지로 신청한 때에는 사업장소재지를 납세지로 지정할 수 있다.
신청서 제출	납세지 지정신청을 하고자 하는 사업소득이 있는 거주자는 당해 연도 10월 1일부터 12월 31일까지 납세지 지정신청서를 사업장 관할 세무서장에게 제출하여야 한다.
지정절차	납세지 지정신청이 있는 경우 관할 지방국세청장(새로 지정할 납세지와 종전 납세지의 관할 지방국세청장이 다를 때에는 국세청장)은 납세지 지정배제사유에 해당되지 않는 때에는 사업장을 납세지로 지정하여야 하며, 다음 연도 2월 말일까지 그 지정 여부를 납세의무자 등에게 서면으로 통지하여야 한다. 만일 기한 내에 통지를 하지 않은 때에는 지정신청한 납세지를 납세지로 한다.

(2) 직권에 의한 납세지 지정

구 분	내 용
지정사유	지방국세청장(또는 국세청장)은 납세지가 납세의무자의 소득상황으로 보아 부적당하거나 납세의무의 이행상 불편하다고 인정될 때에는 납세지를 지정할 수 있다.
지정절차	지방국세청장(또는 국세청장)은 당해 과세기간의 과세표준확정신고 또는 납부기간 개시일 전에 그 뜻을 납세의무자 등에게 서면으로 통지하여야 한다. 다만, 중간예납 또는 수시부과의 사유가 있는 때에는 그 납기개시 15일 전에 통지하여야 한다. 만일 기한 내에 통지를 하지 않은 때에는 종전의 납세지를 납세지로 한다.

※ 주의 : 관할 세무서장은 납세지 지정권자가 될 수 없음

3 납세지의 변경신고

거주자의 주소이전 등으로 납세지가 변경된 때에는 그 변경된 날부터 15일 이내에 변경 후의 납세지 관할 세무서장에게 납세지변경신고서를 제출(국세정보통신망에 의한 제출 포함)하여야 한다.
다만, 납세자의 주소지가 변경됨에 따라 부가가치세법의 규정에 따라 사업자등록정정을 한 경우에는 납세지의 변경신고를 한 것으로 본다.

04 소득세 계산구조

1 소득세의 계산구조

종합소득·퇴직소득·양도소득에 대한 세액계산구조는 다음과 같다.

```
        총수입금액    → 비과세소득, 분리과세소득 제외
(−)     필요경비      → 이월결손금공제포함(사업소득의 경우)
        소득금액
(−)     소득공제      → 종합소득공제, 퇴직소득공제, 양도소득기본공제
        과세표준      → 종합소득·퇴직소득·양도소득 과세표준
(×)     세 율
        산출세액
(−)     세액감면      → 소득세법, 조세특례제한법상 세액감면
(−)     세액공제      → 소득세법, 조세특례제한법상 세액공제
        결정세액
(+)     가산세
        총결정세액
(+)     감면분추가납부세액
        총부담세액
(−)     기납부세액    → 중간예납세액, 원천징수세액, 수시부과세액, 예정신고납부세액
        자진납부세액
```

2 소득금액의 계산구조

(1) 종합소득

종합소득금액의 계산구조는 다음과 같다.

(2) 퇴직소득·양도소득

퇴직소득·양도소득의 소득금액 계산구조를 살펴보면 다음과 같다.

제1장 단원별 기출문제

01 다음 중 소득세법상 납세의무에 대한 설명으로 옳은 것은? [108회]

① 우리나라 소득세는 원칙적으로 개인단위주의를 취하고 있다.
② 거주자가 사망한 경우에는 소득세의 납세의무가 없다.
③ 소득세 납세의무자는 대한민국 국적을 가진 자를 말한다.
④ 비거주자는 소득세 납세의무가 없다.

02 다음 중 소득세법상 납세지에 대한 설명으로 잘못된 것은? [108회]

① 거주자의 소득세 납세지는 그 주소지로 한다.
② 사업소득이 있는 거주자의 납세지는 사업장소재지로 한다.
③ 비거주자의 납세지는 국내사업장 소재지로 한다.
④ 국내에 주소가 없는 공무원의 경우 그 가족의 생활근거지 또는 소속기관의 소재지를 납세지로 한다.

> [해설]
> 거주자의 납세지는 그 주소지로 하며, 사업소득이 있는 거주자의 납세지도 원칙적으로 그 주소지로 한다.

03 다음 중 소득세법상 납세의무 등에 대한 설명으로 옳지 않은 것은? [107회]

① 비거주자의 소득세 납세지는 국내사업장의 소재지로 한다.
② 납세지가 변경된 경우 변경된 날부터 15일 이내에 그 변경 후의 납세지 관할 세무서장에게 신고해야 한다.
③ 거주자의 사업소득에 대한 소득세 납세지는 주된 사업장 소재지로 한다.
④ 거주기간을 계산할 때 국내에 거소를 둔 기간은 입국하는 날의 다음 날부터 출국하는 날까지로 한다.

> [해설]
> 거주자의 소득세 납세지는 그 주소지로 한다. 다만, 주소지가 없는 경우에는 그 거소지로 한다.

[정답] 01 ① 02 ② 03 ③

04 다음 중 소득세법상 과세기간 및 과세소득의 범위에 대한 설명으로 옳지 않은 것은? [107회]

① 거주기간을 계산할 때 국내에 거소를 둔 기간은 입국하는 날의 다음 날부터 출국하는 날까지로 한다.
② 비거주자에게는 국외원천소득에 대해서만 과세한다.
③ 해당 과세기간 종료일 10년 전부터 국내에 주소나 거소를 둔 기간의 합계가 5년 이하인 외국인 거주자의 국외원천소득은 국내에서 지급되거나 국내로 송금된 소득에 대해서만 과세한다.
④ 거주자가 사망한 경우의 과세기간은 1월 1일부터 사망한 날까지로 한다.

해설
비거주자에게는 국내원천소득에 대해서만 과세한다.

05 다음 중 소득세법상 납세의무자에 대한 설명으로 옳지 않은 것은? [106회]

① 거주자는 국내외원천소득 모두에 대하여 소득세 납세의무를 진다.
② 비거주자는 국내원천소득에 한하여 소득세 납세의무를 진다.
③ 현행 소득세법은 인별 과세제도를 채택하고 있으므로 공동사업에 대하여도 합산과세하는 경우는 없다.
④ 국세기본법에 따른 법인으로 보는 단체 외의 법인 아닌 국내 단체는 1 거주자로 보아 과세한다.

해설
거주자 1인과 그의 대통령령으로 정하는 특수관계인이 공동사업자에 포함되어 있는 경우로서 손익분배비율을 거짓으로 정하는 등 대통령령으로 정하는 사유가 있는 경우에는 그 특수관계인의 소득금액은 그 손익분배비율이 큰 공동사업자(손익분배비율이 같은 경우에는 주된 공동사업자로 한다)의 소득금액으로 본다.

06 다음 중 소득세법상 납세의무자 및 납세의무에 대한 설명으로 옳지 않은 것은? [105회]

① 거주자란 국내에 주소를 두거나 183일 이상 거소를 둔 개인을 말한다.
② 공동으로 소유한 자산에 대한 양도소득금액을 계산하는 경우에는 해당 자산을 공동으로 소유하는 각 거주자가 납세의무를 진다.
③ 비거주자로서 국외원천소득이 있는 개인은 소득세 납세의무를 진다.
④ 피상속인의 소득금액에 대해서 과세하는 경우에는 그 상속인이 납세의무를 진다.

해설
비거주자는 국내원천소득에 대하여 납세의무를 진다.

정답 04 ② 05 ③ 06 ③

07 다음 중 소득세법에 대한 설명으로 가장 옳은 것은? [104회]

① 외국 국적을 가진 자는 거주자가 될 수 없다.
② 거주자의 소득세 납세지는 그 주소지로 하며, 주소지가 없는 경우에는 그 사업장 소재지로 한다.
③ 신규사업자의 과세기간은 사업개시일부터 12월 31일까지이다.
④ 현행 종합소득세의 세율은 8단계 초과누진세율이 적용된다.

해설
① 거주자 여부의 판단은 국적과 무관하다.
② 거주자의 주소지가 없는 경우에는 그 거소지를 납세지로 한다.
③ 소득세의 과세기간은 1월 1일부터 12월 31일까지 1년으로 한다.

08 다음 중 소득세법상 국내원천소득에 대해서만 납세의무를 지는 자는? [104회]

① 계속하여 183일 이상 국내에 거주할 것을 통상 필요로 하는 직업을 가진 자
② 국내에 생계를 같이하는 가족이 있고, 그 직업 및 자산상태에 비추어 계속하여 183일 이상 국내에 거주할 것으로 인정되는 자
③ 외국을 항행하는 항공기의 승무원으로서 근무기간 외의 기간 중 통상 체재하는 장소가 국내에 있는 자
④ 국내에 주소를 둔 주한 외교관(대한민국 국민 아님)

해설
국내원천소득에 대하여만 납세의무를 부담하는 자는 비거주자이며, 주한외교관과 그 외교관의 세대에 속하는 가족은 국내에 주소가 있는지 여부 및 국내 거주기간에 불구하고 그 신분에 따라 비거주자로 본다.

09 다음 중 소득세법상 납세지의 설명으로 옳지 않은 것은? [103회]

① 거주자의 소득세 납세지는 그 주소지로 한다.
② 거주자의 주소지가 없는 경우에는 거소지로 한다.
③ 비거주자의 소득세 납세지는 국내사업장으로 한다.
④ 비거주자가 국내사업장이 둘 이상 있는 경우에는 비거주자가 선택한 사업장이 납세지가 된다.

해설
비거주자가 국내사업장이 둘 이상이 있는 경우에는 주된 국내사업장의 소재지로 하고, 국내사업장이 없는 경우에는 국내원천소득이 발생하는 장소로 한다.

정답 07 ④ 08 ④ 09 ④

10 다음 중 소득세법에 관한 설명으로 틀린 것은? [102회]

① 소득세법은 신고납세제도이다.
② 소득세법은 납세자와 담세자가 동일한 직접세이다.
③ 소득세는 종합과세제도이므로 거주자의 양도소득과 퇴직소득을 합산하여 과세한다.
④ 사업소득이 있는 거주자의 소득세 납세지는 원칙적으로 납세자의 주소지이다.

해설
거주자의 양도소득과 퇴직소득은 합산하지 않는다.

11 다음 중 소득세법상 과세기간에 관한 내용으로 틀린 것은? [101회]

① 소득세의 과세기간은 1월 1일부터 12월 31일까지 1년으로 한다.
② 비거주자가 국내에 주소를 둔 경우에는 그 주소를 둔 날에 거주자로 본다.
③ 거주자가 비거주자가 되는 경우의 과세기간은 1월 1일부터 출국한 날까지로 한다.
④ 거주자의 사망으로 과세기간이 1년에 미달하는 경우 소득금액을 1역년을 기준으로 환산한다.

해설
과세기간이 1년에 미달하는 경우에도 1역년을 기준으로 환산하거나 월할계산하지 않는다.

12 소득세법상 거주자와 비거주자에 대한 설명으로 가장 옳지 않은 것은? [100회]

① 비거주자는 거주자가 아닌 개인을 말한다.
② 거주자는 국외원천소득에 대하여 납세의무가 있다.
③ 거주자와 비거주자의 구분은 국적에 따라 판단한다.
④ 비거주자는 국내원천소득에 대해 납세의무가 있다.

해설
거주자 및 비거주자의 구분은 주소와 거소로 판단한다.

13 다음 중 소득세법에 관한 설명으로 가장 옳지 않은 것은? [99회]

① 종합소득세율은 최저 6%에서 최고 45%까지 초과누진세율구조로 이루어져 있다.
② 소득세법은 신고납세제도이다.
③ 사업소득이 있는 거주자의 소득세 납세지는 사업장 소재지로 한다.
④ 소득세의 과세기간은 사업의 개시나 폐업에 의하여 영향을 받지 아니한다.

해설
사업소득이 있는 거주자의 소득세 납세지는 거주자의 주소로 한다.

14 다음 중 소득세법상 납세의무자 및 과세소득의 범위에 관한 설명으로 가장 옳지 않은 것은?

[98회]

① 소득세법상 거주자란 국내에 주소를 두거나 183일 이상의 거소를 둔 개인을 말한다.
② 비거주자가 국내에 주소를 둔 경우에는 그 주소를 둔 날의 다음 날부터 거주자로 본다.
③ 공동으로 소유한 자산에 대한 양도소득금액을 계산하는 경우에는 해당 자산을 공동으로 소유하는 각 거주자가 납세의무를 진다.
④ 국외에 근무하는 공무원은 거주자로 본다.

해설
비거주자가 국내에 주소를 가지거나 국내에 주소가 있는 것으로 보는 사유가 발생한 날부터 거주자로 본다.

15 다음 중 소득세에 대한 설명으로 옳지 않은 것은?

[97회]

① 국외에서 근무하는 대한민국 공무원은 거주자로 본다.
② 거주자가 주소를 국외로 이전하여 비거주자가 되는 경우 과세기간은 1월 1일부터 출국한 날까지로 본다.
③ 국내에 거주하는 개인이 계속하여 183일 이상 국내에 거주할 것을 필요로 하는 직업을 가진 경우에는 국내에 주소를 가진 것으로 본다.
④ 개인이 사업을 영위하는 경우의 소득세 과세기간은 회사 사규에 의해 1년을 초과하지 않는 범위 내에서 정할 수 있다.

해설
소득세의 과세기간은 1월 1일부터 12월 31일까지 1년으로 한다. 다만, 거주자가 사망한 경우의 과세기간은 1월 1일부터 사망한 날까지, 거주자가 주소 또는 거소를 국외로 이전하여 비거주자가 되는 경우의 과세기간은 1월 1일부터 출국한 날까지로 한다.

16 다음 중 소득세법에 관한 설명으로 잘못된 것은?

[95회]

① 거주자는 국외원천소득에 대해서도 납세의무가 있다.
② 납세자와 담세자가 동일한 직접세이다.
③ 과세대상 소득은 소득원천설에 따른 열거주의만 적용한다.
④ 개인별 소득을 기준으로 과세하는 개인단위 과세제도를 원칙으로 하고 있다.

해설
예외적으로 금융소득(이자, 배당)은 유형별 포괄주의를 적용한다.

정답 14 ② 15 ④ 16 ③

17 다음 중 소득세법상 용어에 대한 정의로 가장 옳지 않은 것은? [94회]

① 거주자란 국내에 주소를 두거나 183일 이상 거소를 둔 개인을 말한다.
② 비거주자란 거주자가 아닌 개인을 말한다.
③ 주소는 국내에서 주민등록법에 의하여 등록된 곳을 의미하며 형식에 따라 판단한다.
④ 국내에 거주하는 개인이 국내에 생계를 같이하는 가족이 있고, 그 직업 및 자산 상태에 비추어 계속하여 183일 이상 국내에 거주할 것으로 인정되는 때 국내에 주소를 가진 것으로 본다.

18 다음 중 소득세법에 관한 설명으로 옳지 않은 것은? [93회]

① 소득세는 종합소득과 퇴직소득, 양도소득을 과세대상으로 하는 조세이다.
② 소득세의 과세기간은 1월 1일 ~ 12월 31일을 원칙으로 하며 사업자의 선택에 의하여 이를 변경할 수 없다.
③ 소득세법은 종합과세제도이므로 거주자의 모든 소득을 합산하여 과세한다.
④ 사업소득이 있는 거주자의 소득세 납세지는 납세자의 주소지(거소지)로 한다.

해설
분류과세와 분리과세 대상 소득은 합산하지 아니한다.

19 다음 중 소득세법상 납세의무에 대한 설명으로 가장 옳지 않은 것은? [92회]

① 비거주자로서 국내원천소득이 있는 개인은 소득세를 납부할 의무를 진다.
② 거주자로서 국외원천소득이 있는 개인은 소득세를 납부할 의무를 진다.
③ 신탁재산에 귀속되는 소득은 원칙적으로 수탁자에게 귀속된다.
④ 공동사업에서 발생하는 사업소득에 대하여는 공동사업자별로 납세의무를 진다.

해설
신탁재산의 귀속되는 소득은 수익자에게 귀속된다.

20 다음 중 소득세법상 종합소득과 합산하여 과세하지 않는 소득으로 옳은 것은? [92회]

① 퇴직소득 ② 이자소득
③ 배당소득 ④ 근로소득

해설
퇴직소득은 분류과세 소득에 해당하므로 종합소득에 합산하지 아니한다.

21 다음 중 소득세법에 관한 설명으로 옳은 것은? [89회]

① 소득세의 과세기간은 1.1 ~ 12.31을 원칙으로 하나 사업자의 선택에 의하여 이를 변경할 수 있다.
② 소득세법의 과세기간은 사업개시나 폐업에 영향을 받지 않는다.
③ 사업소득이 있는 거주자의 소득세 납세지는 사업장 소재지로 한다.
④ 납세지가 변경된 경우 변경된 날로부터 25일 이내에 변경 후 납세지 관할 세무서장에게 신고하여야 한다.

해설
① 사업자의 선택으로 변경할 수 없다.
③ 소득세의 납세지는 거주자의 주소지이다.
④ 변경된 날로부터 15일 이내에 변경 후 납세지 관할 세무서장에게 신고하여야 한다.

22 다음 중 소득세법상 거주자와 비거주자에 대한 설명으로 틀린 내용은? [89회]

① 거주자란 국내에 주소를 두거나 183일 이상의 거소(居所)를 둔 개인을 말한다.
② 국내에 생계를 같이하는 가족이 있고, 그 직업 및 자산상태에 비추어 계속하여 183일 이상 국내에 거주할 것으로 인정되는 때 국내에 주소를 가진 것으로 본다.
③ 비거주자가 국내에 주소를 둔 날 거주자가 된다.
④ 거주자가 주소 또는 거소의 국외 이전을 위해 출국한 날 비거주자가 된다.

해설
출국하는 날의 다음 날

정답 20 ① 21 ② 22 ④

23 다음 중 소득세법상 납세의무에 관한 설명으로 옳지 않은 것은? [88회]

① 공동사업자는 공동사업에서 생긴 소득에 대해서 소득세를 연대하여 납부할 의무를 진다.
② 거주자와 비거주자의 개념은 국적과 관련이 없으므로 외국인도 거주자로서 납세의무를 지는 경우가 있을 수 있다.
③ 이자소득과 배당소득의 경우에도 부부단위로 합산하여 과세하지 않고 개인별로 과세한다.
④ 법인으로 보는 단체 외의 법인이 아닌 단체로서 구성원 간 이익의 분배방법 및 비율이 정해져 있지 않는 단체는 1거주자(또는 1비거주자)로 취급되어 소득세 납세의무를 진다.

해설
공동사업에서 발생하는 소득금액은 공동사업자 간 손익분배비율에 의하여 분배되었거나 분배될 소득금액에 따라 해당 공동사업자별로 납세의무를 진다.

24 다음 중 소득세법상 납세의무에 관한 설명으로 가장 틀린 것은? [85회]

① 거주자는 소득세법에 따라 국내외원천소득에 대해 소득세 납부의무를 진다.
② 우리나라 소득세는 원칙적으로 개인단위주의를 취하고 있다.
③ 비거주자는 소득세법에 따라 국내원천소득에 대해 소득세 납부의무를 진다.
④ 거주자·비거주자의 판정은 국적에 따라 판단한다.

해설
거주자와 비거주자의 판단은 국적이 아닌 국내에 주소를 둔 날 등이다.

25 다음 중 소득세법상 납세지에 대한 설명으로 틀린 것은? [84회]

① 거주자의 소득세 납세지는 그 주소지로 한다. 다만, 주소지가 없는 경우에는 그 거소지로 한다.
② 원천징수하는 자가 거주자인 경우 납세지는 원칙적으로 그 거주자의 주소 또는 거소지로 한다.
③ 거주자나 비거주자는 납세지가 변경된 경우 변경된 날부터 15일 이내에 대통령으로 정하는 바에 따라 그 변경 후의 납세지 관할 세무서장에게 신고하여야 한다.
④ 비거주자가 납세관리인을 둔 경우 그 비거주자의 소득세 납세지는 그 국내사업장의 소재지 또는 그 납세관리인의 주소지나 거소지 중 납세관리인이 대통령령으로 정하는 바에 따라 그 관할 세무서장에게 납세지로서 신고하는 장소로 한다.

해설
원천징수하는 자가 거주자인 경우 그 거주자의 주된 사업장 소재지가 납세지가 된다. 다만 주된 사업장 외의 사업장에서 원천징수를 하는 경우에는 그 사업장의 소재지, 사업장이 없는 경우에는 그 거주자의 주소지 또는 거소지로 한다.

26 다음 중 소득세법상 용어에 대한 정의로 가장 옳지 않은 것은? [83회]

① 거주자란 국내에 주소를 두거나 183일 이상의 거소를 둔 개인을 말한다.
② 비거주자란 거주자가 아닌 개인을 말한다.
③ 사업자란 사업소득이 있는 거주자를 말한다.
④ 주소는 국내에서 주민등록법에 의하여 등록된 곳을 의미하며 형식에 따라 판단한다.

해설
주소는 국내에서 생계를 같이하는 가족 및 국내에 소재하는 자산의 유무 등 생활관계의 객관적 사실에 따라 판단한다.

27 다음 중 소득세법상 납세의무자에 관한 설명으로 옳지 않은 것은? [82회]

① 비거주자로서 국내원천소득이 있는 개인은 소득세를 납부할 의무를 진다.
② 국내에 주사무소를 둔 법인 아닌 단체는 거주자로 본다.
③ 2 과세기간 중 183일 이상 국내에 거소를 둔 경우 거주자로 본다.
④ 국내에 거소를 두고 있던 개인이 출국 후 다시 입국한 경우 출국목적이 관광 등 일시적인 것으로 인정되면 그 출국한 기간도 국내에 거소를 둔 기간으로 본다.

해설
해당 규정은 2026년 1월 1일 개시하는 과세기간부터 적용한다.

28 다음 중 소득세법상 납세지에 관한 것으로 옳은 것은? [81회]

① 주소지가 2 이상인 경우 주민등록법에 의하여 등록된 곳을 납세지로 한다.
② 국내에 2 이상의 사업장이 있는 비거주자의 경우 비거주자의 거소지를 납세지로 한다.
③ 공무원으로서 국내에 주소가 없는 사람의 소득세 납세지는 별도로 두지 아니한다.
④ 납세지의 경우 신고를 할 순 없고 사업장이나 주소지를 기준으로 결정된다.

29 다음 중 소득세법상 원천징수하는 소득세의 납세지에 대한 설명으로 틀린 것은? [78회]

① 원천징수하는 자가 거주자인 경우 : 그 거주자의 주된 사업장 소재지
② 원천징수하는 자가 비거주자인 경우 : 그 비거주자의 주된 사업장 소재지
③ 원천징수하는 자가 법인인 경우 : 법인 본점 소재지
④ 납세조합의 경우 : 대표자의 주소지

해설
납세조합이 징수하는 소득세의 납세지는 그 납세조합의 소재지로 한다.

정답 26 ④ 27 ③ 28 ① 29 ④

30
다음 중 소득세법상 납세지로 옳지 않은 것은? [77회]

① 주소가 있는 거주자의 납세지 : 주소지
② 주소지가 없는 거주자의 납세지 : 거소지
③ 국내사업장이 있는 비거주자의 납세지 : 국내사업장 소재지
④ 국내사업장이 없는 비거주자의 납세지 : 비거주자의 체류지

해설
국내원천소득이 발생하는 장소

31
다음 중 소득세법상 과세기간에 대한 설명으로 옳은 것은? [76회]

① 거주자는 소득세의 과세기간은 1월 1일부터 12월 31일까지 1년으로 하나, 비거주자의 경우는 선택할 수 있다.
② 7월 1일 신규로 사업을 개시한 거주자의 소득세 과세기간은 1월 1일부터 12월 31일까지이다.
③ 거주자가 주소 또는 거소를 국외로 이전(출국)하여 비거주자가 되는 경우의 과세기간은 1월 1일부터 출국신청일까지이다.
④ 거주자가 사망한 경우의 과세기간은 1월 1일부터 12월 31일까지이다.

해설
비거주자도 과세기간은 선택불가이며, 출국일까지이고, 사망한 날까지이다.

32
다음 중 소득세법상 소득세에 관한 설명으로 틀린 것은? [75회]

① 우리나라 소득세법에서는 종합과세를 원칙으로 하되 예외적으로 분리과세를 허용하고 있으며, 특정소득에 대하여는 분류과세방법을 채택하고 있다.
② 분류과세란 소득을 그 종류별로 구분하여 각 소득별로 합산하여 각각 별도로 과세하는 방식을 말하며, 퇴직소득 및 양도소득이 다른 소득과 합산하지 아니하고 분류하여 과세한다.
③ 분리과세대상소득만 있는 자는 원천징수로써 납세의무가 종결되므로 과세표준확정신고를 할 필요가 없다.
④ 이자·배당·기타소득에 대하여는 법에 열거되지 않더라도 유사한 유형의 소득인 경우에는 과세한다.

해설
기타소득은 유형별포괄주의과세에 해당되지 않는다.

33 다음 중 소득세법상 가장 옳지 않은 것은? [74회]

① 소득세는 지방세가 아닌 중앙정부가 과세권자인 국세이다.
② 원칙적으로 소득원천설에 입각하여 구체적으로 열거하고 있는 소득을 과세대상으로 하고 있다.
③ 이자소득 및 배당소득에 대해서는 유형별포괄주의를 적용한다.
④ 1년을 초과하지 않는 범위 내에서 사업연도를 선택할 수 있다.

해설
소득세법의 과세기간은 1월 1일부터 12월 31일까지이다.

34 다음 중 소득세법상 납세의무자에 대한 설명으로 잘못된 것은? [74회]

① 거주자와 비거주자의 개념은 국적과 관련이 없으므로 외국인도 거주자로서 납세의무를 지는 경우가 있을 수 있다.
② 거주자란 국내에 주소를 두거나 183일 이상의 거소를 둔 개인을 말한다.
③ 계속하여 183일 이상 국외에 거주하는 파견 국외근무공무원은 비거주자에 해당하므로 국내원천소득에 대해서만 납세의무를 진다.
④ 주소의 판단은 생활의 근거가 되는 곳, 국내에서 생계를 같이하는 가족 및 국내에 소재하는 자산의 유무 등 생활관계의 객관적 사실에 따라 판정한다.

해설
파견 국외근무공무원은 거주자로 본다.

35 소득세법상 다음의 설명 중 옳지 않은 것은? [73회]

① 거주자란 국내에 주소를 두거나 183일 이상의 거소(居所)를 둔 개인을 말한다.
② 거소는 주소지 외의 장소 중 상당기간에 걸쳐 거주하는 장소로서 주소와 같이 밀접한 일반적 생활관계가 형성되지 아니한 장소로 한다.
③ 내국법인의 국외사업장에 파견된 임원 또는 직원은 거주자로 본다.
④ 외국을 항행하는 선박 또는 항공기의 승무원의 경우에는 그 승무원과 생계를 같이하는 가족이 거주하는 장소 또는 그 승무원이 근무기간 외의 기간 중 통상 체재하는 장소가 국내에 있더라도 비거주자로 본다.

해설
외국을 항행하는 선박 또는 항공기의 승무원의 경우 그 승무원과 생계를 같이하는 가족이 거주하는 장소 또는 그 승무원이 근무기간 외의 기간 중 통상 체재하는 장소가 국내에 있는 때에는 당해 승무원의 주소는 국내에 있는 것으로 보고, 그 장소가 국외에 있는 때에는 당해 승무원의 주소가 국외에 있는 것으로 본다.

정답 33 ④ 34 ③ 35 ④

36 다음 중 소득세법상 납세의무의 특례에 관한 설명으로 옳지 않은 것은? [71회]

① 원천징수되는 소득으로서 종합소득과세표준에 합산되지 않는 소득이 있는 자는 그 원천징수 되는 소득세에 대해서 납세의무를 지지 않는다.
② 증여 후 양도행위 부인규정에 따라 증여자가 자산을 직접 양도한 것으로 보는 경우 그 양도소득에 대해서는 증여자와 증여받은 자가 연대하여 납세의무를 진다.
③ 상속의 경우에 상속인은 피상속인에게 과세되었거나 피상속인이 납부할 소득세에 대한 납세의무를 승계한다.
④ 공동사업에서 발생하는 소득금액은 원칙적으로 공동사업자 간 손익분배비율에 의하여 분배되었거나 분배될 소득금액에 따라 해당 공동사업자별로 납세의무를 진다.

해설
소득세에 대해서 납세의무를 진다.

37 다음 중 소득세법상 주소와 거소의 판정에 대한 설명으로 틀린 것은? [68회]

① 주소는 국내에서 생계를 같이 하는 가족 및 국내에 소재하는 자산의 유무 등 생활관계의 객관적 사실에 따라 판정한다.
② 거소는 주소지 외의 장소 중 상당기간에 걸쳐 거주하는 장소로서 주소와 같이 밀접한 일반적 생활관계가 형성되지 아니한 장소로 한다.
③ 국내에 거주하는 개인이 계속하여 90일 이상 국내에 거주할 것을 통상 필요로 하는 직업을 가진 때에는 국내에 주소를 가진 것으로 본다.
④ 국내에 생계를 같이하는 가족이 있고, 그 직업 및 자산상태에 비추어 계속하여 183일 이상 국내에 거주할 것으로 인정되는 때에는 국내에 주소를 가진 것으로 본다.

해설
국내에 거주하는 개인이 계속하여 183일 이상 국내에 거주할 것을 통상 필요로 하는 직업을 가진 때에는 국내에 주소를 가진 것으로 본다.

PART 4 소득세법
종합소득세

01 금융소득(이자소득과 배당소득)

1 이자소득

(1) 이자소득의 범위

이자소득이란 해당 과세기간에 발생한 다음의 소득을 말한다.

구 분	내 용
채권 또는 증권의 이자와 할인액	채권 등의 보유기간 이자상당액 포함
국내(또는 국외)에서 받는 예금의 이자와 할인액	국내·국외이자, 예탁금과 우편대체 포함, 상호신용계 또는 신용부금으로 인한 이익 포함
환매조건부 채권 또는 증권의 매매차익	시장가격에 의하지 않고 사전약정이율에 따라 결정된 가격으로 환매하는 채권(RP)이어야 함
저축성 보험의 보험차익	10년(2003년 12월 31일 이전 가입분은 7년) 미만인 보험차익에 한함
직장공제회 초과반환금	직장공제회로부터 받는 반환금에서 납입공제료를 차감한 금액을 말함. 1999년 1월 1일 이후 가입자에 한함
비영업대금의 이익	금전대여가 사업목적이 아닌 일시·우발적으로 금전을 대여함에 따라 지급받는 이자를 말함. 단, 사업성이 있는 경우에는 사업소득임
위 항목들과 유사한 소득으로서 금전의 사용에 따른 대가의 성격이 있는 것	상업어음할인료·신종펀드의 이자 등이 이에 해당함

이하에서 이자소득 중 중요한 부분을 항목별로 자세하게 살펴보자.
① **채권 또는 증권의 환매조건부매매차익**: 금융기관이 시장가격에 의하지 않고 환매기간에 따른 사전약정이율을 적용하여 환매수 또는 환매도하는 조건으로 매매하는 채권(RP)의 매매차익을 말한다(주식PR거래 보상액은 배당소득).
② **보험기간 10년 미만인 저축성 보험의 보험차익**: 보험은 사망·질병·사고 등에 대비하기 위한 보장성 보험과 만기에 납입보험료에 이자를 합한 금액을 보험금으로 지급받는 저축성 보험으로 구분되며, 저축성 보험 중 보험기간이 10년 미만(2003년 12월 31일 이전 가입분은 7년 미만)인 것에 대하여만 이자소득으로 보아 소득세를 과세하고 있다.

보험계약에 대해서는 다음의 경우에만 비과세하도록 한다.

구 분	요 건
일반저축성 보험계약	계약기간이 10년 이상이고, 납입보험료가 1억원 이하인 경우
월적립식 저축성보험계약	계약기간이 10년 이상이고, 보험료를 매월 납입하는(5년 이상 납입) 저축성보험인경우(한도 : 월 보험료 150만원 이하)
종신형 연금보험계약	종신형 연금보험인 경우(만 55세 이후부터 사망 시까지 연금으로 지급받을 것. 연금 이외의 형태 불가)
보장성 보험계약	피보험자의 신체상의 상해, 자산의 멸실로 받는 보험금

(2) 이자소득으로 보지 않는 소득

① 사업소득으로 보는 경우

구 분	비 고
외상매출금이나 미수금의 지급기일을 연장해 주고 추가로 지급받는 금액	다만, 외상매출금이나 미수금이 소비대차로 전환되어 발생하는 이자는 이자소득(비영업대금의 이익)임
물품을 판매하고 대금결제방법에 따라 추가로 지급받는 금액	-
장기할부판매조건으로 판매함으로써 현금거래 또는 통상적인 대금의 결제방식에 의한 거래의 경우보다 추가로 지급받는 금액	다만, 판매가액이 확정된 후 그 대금의 지급이 지연됨에 따라 실질적인 소비대차로 전환되어 발생되는 이자는 이자소득(비영업대금의 이익)임
물품을 매입할 때 대금의 결제방법에 따라 에누리되는 금액	-
외상매입금이나 미지급금을 약정기일 전에 지급함으로써 받는 할인액	-

② 손해배상금에 대한 법정이자 : 재산권과 관련한 계약의 위약 또는 해약을 원인으로 법원의 판결에 의해 지급받는 손해배상금에 대한 법정이자에 대해서 현행 소득세법에서는 기타소득으로 규정하고 있다. 다만, 기타의 원인에 의해 발생한 경우에는 과세대상에서 제외하고 있다.

구 분	내 용
계약의 위약 또는 해약으로 인하여 발생한 경우	기타소득
기타의 원인으로 인하여 발생한 경우	과세대상이 아님

비과세이자소득

- 신탁업법에 의한 공익신탁의 이익
- 노인(65세 이상), 장애인, 독립유공자 등에 해당하는 거주자의 비과세종합저축에서 발생하는 이자소득(1인당 저축원금 5천만원 한도)
- 농어가목돈마련저축에서 발생하는 이자소득
- 장기주택마련저축의 이자소득
- 개인종합자산관리계좌(ISA)에서 발생하는 이자소득의 합계액
- 장병내일준비적금에서 발생하는 이자소득
- 청년도약계좌에서 발생하는 이자소득

(3) 이자소득금액의 계산

현행 소득세법상 이자소득에 대해서는 필요경비를 인정하지 않고 있으므로 총수입금액 자체가 소득금액이 된다.

> 이자소득금액 = 이자소득 총수입금액(비과세소득과 분리과세소득은 제외)

(4) 총수입금액의 수입시기

이자소득의 수입시기는 다음과 같다.

구 분	수입시기
보통예금·정기예금·적금 또는 부금의 이자	① 실제로 이자지급일 ② 해약으로 인하여 지급되는 이자는 그 해약일 ③ 원본에 전입하는 뜻의 특약이 있는 이자는 그 특약에 의하여 원본에 전입하는 날 ④ 계약기간을 연장하는 경우에는 그 연장하는 날
저축성 보험의 보험차익	보험금 또는 환급금의 지급일(단, 기일 전에 해지 시 그 해지일)
통지예금의 이자	인출일
채권 등의 보유기간 등 이자 상당액	해당 채권 등의 매도일 또는 이자 등의 지급일
무기명의 공채 또는 사채의 이자와 할인액	그 지급을 받은 날
기명의 공채 또는 사채의 이자와 할인액	약정에 의한 이자지급 개시일
채권의 환매조건부 매매차익	약정에 의한 환매수입·환매도일(단, 기일 전에 환매수·환매도 시 그 환매수일·환매도일)
직장공제회 초과반환금	약정에 의한 공제회반환금의 지급일
비영업대금의 이익	약정에 의한 이자지급일(단, 약정이 없거나 약정에 의한 이자지급일전에 이자를 지급받는 경우 그 이자지급일)
이자소득이 발생하는 상속재산이 상속되거나 증여 시	상속개시일 또는 증여일
유형별포괄주의에 따른 이자소득	약정에 의한 상환일(단, 기일 전에 상환 시 그 상환일)

2 배당소득

(1) 배당소득의 범위

배당소득이란 해당 연도에 발생한 다음의 소득을 말한다.

구 분	내 용	비 고
실지배당	이익배당 또는 건설이자의 배당, 국내 또는 국외에서 받은 집합투자기구로부터의 이익을 포함함	• 이익이나 잉여금의 배당 또는 분배금 • 법인과세 신탁재산으로부터 받는 배당금, 분배금
의제배당	잉여금의 자본전입으로 인한 의제배당 등	-
인정배당	법인세법에 따라 배당으로 처분된 금액	-
특정외국법인의 유보소득에 대한 간주배당	조세피난처의 배당가능한 법인유보소득에 대한 과세조정액 간주배당	국제조세조정에 관한 법률 제17조의 규정에 따라 배당받은 것으로 간주된 금액
공동사업 손익분배	공동사업에서 발생한 소득금액 중 출자공동사업자에 대한 손익분배비율에 상당하는 금액	-
유형별포괄주의에 해당하는 배당	위 다섯 가지와 유사한 소득으로서 수익분배의 성격이 있는 것	주가연계증권, 파생결합증권, 상장지수증권으로부터 발생하는 수익
위의 경우와 파생상품이 결합된 경우	위의 배당소득을 발생시키는 거래, 행위와 파생상품이 결합된 경우 해당 파생상품의 거래, 행위로부터의 이익	-
동업기업과세특례에 따른 동업자의 배당소득	-	-

이하에서 배당소득 중 중요한 부분을 항목별로 자세하게 살펴보면 다음과 같다.

① **국내 또는 국외에서 받은 집합투자기구로부터의 이익** : 자본시장과 금융투자업에 관한 법률에 따른 집합투자기구(투자신탁회사, 투자회사, 투자조합 등)로부터 받는 이익을 말한다. 이때 집합투자기구로부터 받은 이익은 그 원천에 관계없이 모두 배당소득으로 본다(2025년 7월 1일 이후부터 조각투자상품에 해당하는 비금전신탁 수익증권으로부터의 이익, 투자계약증권으로부터의 이익도 배당소득에 포함한다).

② **의제배당**
  ⊙ 의제배당의 개념 : 형식적으로 배당은 아니지만 주주에게 그 경제적 이익이 귀속된 경우 실질배당과 유사한 효과가 있으므로 이를 배당으로 간주(의제)하여 과세하는 것을 말한다.
  ⓒ 의제배당의 유형 : 의제배당의 유형을 살펴보면 다음과 같다.

구 분		의제배당금액
감자·해산·합병 및 분할 시 의제배당	퇴사·탈퇴, 자본감소, 주식소각, 출자감소	감자 등으로 받는 재산가액 - 소멸하는 주식 등의 취득가액
	법인해산	잔여재산분배로 받는 재산가액 - 소멸하는 주식 등의 취득가액
	법인합병	합병대가 - 소멸하는 주식 등의 취득가액
	법인분할	분할대가 - 소멸하는 주식 등의 취득가액

잉여금의 자본전입으로 인한 무상주 교부 시 의제배당*주)	교부받은 주식수 × 액면가액

*주) 잉여금의 자본전입으로 인한 의제배당의 구체적인 범위

구 분			의제배당 여부
자본잉여금의 자본금 전입	법인세가 과세되지 않는 잉여금의 자본금 전입	일반적인 경우	×
		자기주식소각이익의 자본금 전입(소각당시 시가가 취득가액 초과하거나 소각일로부터 2년 이내 전입한 경우에만)	○
		자기주식 보유상태에의 자본금 전입으로 인한 지분비율 증가분	○
	법인세가 과세된 잉여금의 자본금 전입	주식발행액면초과액 중 출자전환 시 채무면제이익의 자본금 전입	○
		재평가적립금 중 토지 재평가차액 상당액의 자본금 전입	○
		기타자본잉여금의 자본금 전입	○
이익잉여금의 자본금 전입			○

③ 공동사업 소득금액 중 출자공동사업자에 대한 손익분배비율에 상당하는 금액 : 공동사업이란 둘 이상이 함께 출자하여 사업소득(부동산임대업소득 포함)이 발생하는 사업을 하는 것을 말한다. '출자공동사업자(익명조합원)'란 공동사업의 경영에 참여하지 않고 출자만 한 자를 말하며 '경영참가 공동사업자'란 그 외의 자를 말한다. 현행 소득세법에서는 위의 공동사업에서 발생한 소득금액 중 출자공동사업자에 대한 손익분배비율에 상당하는 금액을 배당소득으로 규정하고 있다.

구 분	경영참가 공동사업자	출자공동사업자
사업소득의 분배액	사업소득	배당소득
위 이외의 소득의 분배액	실제 발생된 소득별로 구분	실제 발생된 소득별로 구분

(2) 비과세 배당소득

비과세 배당소득
① 장기보유우리사주의 배당소득(1년 이상 예탁하고, 소액주주이면서, 자사주 액면가액의 개인별합계액이 1,800만원 이하인 경우)
② 농협, 수협 등의 조합에 대한 출자금의 배당소득(1인당 1천만원에 한함)
③ 생계형 배당소득(노인, 장애인)(1인당 저축원금 5천만원 한도)
④ 장기주택마련저축의 배당소득
⑤ 개인종합자산관리계좌(ISA)에서 발생하는 배당소득의 합계액

(3) 배당소득금액의 계산

① 배당소득도 이자소득과 마찬가지로 필요경비가 인정되지 않으므로 총수입금액 자체가 소득금액이 된다.

② 다만, 배당소득은 법인세와 소득세의 이중과세문제가 발생하므로 이중과세의 조정대상이 되는 배당소득의 경우에는 귀속법인세액(10%의 Gross-up금액)을 가산한 금액을 배당소득금액으로 한다. 이에 대해서는 뒤에서 자세하게 설명하도록 한다.

> 배당소득금액 = 배당소득 총수입금액*주) + 귀속법인세액(10%의 Gross-up금액)

*주) 배당소득 총수입금액 = 배당소득 − 비과세소득 − 분리과세소득

(4) 총수입금액의 수입시기

구 분		배당소득의 수입시기
일반배당	무기명 주식의 이익이나 배당	그 지급을 받은 날
	건설이자의 배당	당해 법인의 건설이자 배당 결의일
	잉여금처분에 의한 배당	당해 법인의 잉여금처분결의일
의제배당	해산으로 인한 의제배당	잔여재산가액 확정일
	주식의 소각, 자본의 감소, 퇴사·탈퇴로 인한 의제배당	자본전입결정일, 감자결의일, 퇴사·탈퇴일
	법인의 합병, 등기로 인한 의제배당	합병등기일·분할등기일
투자신탁수익의 분배금		투자신탁의 이익을 지급받는 날, 투자신탁의 해약일(환매일)
법인세법에 의하여 배당으로 소득처분된 배당(= 인정배당)		당해 법인의 결산확정일
집합투자기구로부터의 이익		집합투자기구로부터의 이익을 지급받는 날
출자공동사업자의 배당소득		해당 공동사업의 총수입금액과 필요경비가 확정된 날이 속하는 과세기간의 종료일
기타 수익분배의 성격이 있는 배당 또는 분배금		그 지급을 받은 날

3 이자소득과 배당소득의 과세방법

주주가 받은 배당소득 중 특정배당소득은 법인단계에서 이미 법인세가 과세된 후의 소득이므로 동일한 소득에 대해 법인세와 소득세가 이중과세되는 문제가 발생한다. 이를 조정하기 위해 현행 소득세법에서는 그로스업(이하 Gross-up) 제도를 채택하고 있다.

구 분	원천징수세율
비실명 금융소득	45%, 90%
직장공제회 초과반환금	기본세율
출자공동사업자의 배당소득	25%
비영업대금이익	25%
일반적인 이자소득, 배당소득, 법원보관금의 이자소득, 1거주자로 보는 법인격이 없는 단체의 금융소득, 개인투자용 국체 이자소득	14%
조세특례제한법에 의하여 분리과세되는 금융소득	9%, 14%

(1) 무조건 분리과세금융소득

다음의 금융소득은 당해 금융소득을 지급받을 때 원천징수의무자로부터 금융소득에 대한 원천징수세액을 징수당함으로써 동 금융소득에 대한 조세부담을 종결하게 된다.

① 비실명 금융소득

② 직장공제회 초과반환금

③ 일반적인 이자소득, 배당소득, 법원보관금의 이자소득, 1거주자로 보는 법인격이 없는 단체의 금융소득, 개인투자용 국채 이자소득(1인당 매입금액 2억원까지)

④ 조세특례제한법에 의하여 분리과세되는 금융소득

(2) 조건부 종합과세금융소득

앞의 '무조건 분리과세금융소득'과 '비과세 금융소득'을 제외한 이자배당소득이 즉, 무조건 종합과세금융소득(출자공동사업자에 대한 배당소득 제외)과 조건부 종합과세금융소득의 합계액(= 종합과세기준금액)이, ① 2천만원 이하라면 무조건 종합과세금융소득만 종합과세하고, ② 2천만원 초과라면 전부를 종합과세한다.

(3) 무조건 종합과세금융소득

① 소득세법상 원천징수되지 않은 국외금융소득 등은 종합과세기준금액(2천만원)을 초과하는지 여부와 관계없이 무조건 종합과세한다.

② 배당소득으로 분류되는 출자공동사업자에 대한 손익분배비율에 상당하는 금액(이하 출자공동사업자에 대한 배당소득이라 함)은 25%의 세율로 원천징수하고, 무조건 종합과세한다.

③ 다만, 출자공동사업자에 대한 배당소득은 금융소득이 2천만원을 초과하는지 여부를 판정하는 경우와 비교과세 적용 시에는 금융소득으로 보지 않는다.

(4) 금융소득종합과세의 구체적 적용방법

① 금융소득종합과세의 대상소득

구 분	내 용
금융소득[주] > 종합과세기준금액(2천만원)	무조건 종합과세금융소득과 조건부 종합과세금융소득 모두를 종합과세한다.
금융소득[주] ≤ 종합과세기준금액(2천만원)	무조건 종합과세금융소득만 종합과세한다.

*주) Gross-up금액을 가산하기 전의 금액을 말함

② 금융소득종합과세 시 세율의 적용

구 분	금 액	적용세율
금융소득	2천만원 이하분	원천징수세율(14%) 적용(비영업대금이익은 25%)
	2천만원 초과분	기본세율 적용(비영업대금이익은 25%)

02 사업소득

1 사업소득의 범위

(1) 개 요

사업소득이란 일정한 사업에서 발생하는 소득을 말한다. 여기서 사업이라 함은 영리를 목적으로 독립적·계속적으로 이루어지는 사회적 활동을 의미한다. 사업소득 중 부동산임대소득은 결손금(이월결손금포함) 보전방법에서 차이가 있기 때문에 일반 사업소득과는 구분하여 계산하여야 한다.

※ 같은 소득이라 하더라도 **일시·우발적**인 경우 기타소득 또는 양도소득(부동산)이 과세된다.

① 사업소득의 범위 : 현행 소득세법에서는 사업의 범위를 다음과 같이 규정하고 있다.

구 분	내 용
농업, 임업, 수렵업	농업 중 작물재배업(작물재배업 중 곡물 및 기타 식량작물 재배업 외의 그 밖에 작물재배업 중 10억원 초과분에 대해서만 과세함)
어업·광업·제조업	-
전기·가스 및 수도사업	-
도매업 및 소매업	주택신축판매업 포함
건설업	-
숙박 및 음식점업	-
운수, 창고업 및 통신업	-
금융·보험업	-
부동산업·임대업 및 사업서비스업	• 부동산업에는 아래에서 규정한 부동산매매업을 제외함 • **과세되는 사업서비스업에서 제외되는 것** : 한국표준사업분류상의 연구 및 개발업(그러나 계약 등에 의하여 그 대가를 받고 연구 및 개발용역을 제공하는 사업은 사업서비스업으로 보아 소득세를 과세) • 공익사업과 관련되지 아니한 지역권·지상권의 설정·대여소득
부동산매매업	부동산의 매매(건물의 신축판매 포함) 또는 그 중개를 사업목적으로 나타내어 부동산을 판매하거나 사업상의 목적으로 부가가치세법상 1과세기간 내에 1회 이상 부동산을 취득하고 2회 이상 판매하는 경우에는 부동산매매업으로 본다.
교육서비스업	다만, 다음의 것은 교육서비스업에서 제외함 • 초·중등교육법 및 고등교육법에 의한 학교 • 근로자직업능력 개발법에 의하여 사업주가 근로자의 직업능력의 개발·향상을 위하여 설치·운영하는 직업능력개발훈련시설 • 한국표준산업분류상의 달리 분류되지 않은 기타 교육기관 중 노인학교
보건 및 사회복지사업	단, 사회복지사업법에 의한 사회복지사업은 제외
오락, 문화 및 운동관련서비스업과 기타 공공, 수리 및 개인서비스업	• 연예인 및 직업운동선수 등이 사업활동과 관련하여 받는 전속계약금은 사업소득으로 한다. • 과세되는 오락, 문화 및 운도관련서비스업과 기타 공공, 수리 및 개인서비스업에서 제외되는 것 : 한국표준사업분류상의 회원단체
가사서비스업	-

	사업용 유형고정자산 양도소득	복식부기의무자가 사업용 유형고정자산을 양도함으로써 발생하는 소득. 다만, 양도소득에 해당하는 경우에는 제외
	기 타	그 밖에 위의 소득과 유사한 소득으로서 영리를 목적으로 자기의 계산과 책임하에 계속·반복적으로 행하는 활동으로 얻는 소득

(2) 부동산 양도 관련 사업

부동산을 매매함으로써 발생하는 소득은 계속 사업성 여부에 따라 일시우발적이면 양도소득으로, 계속반복적이면 사업소득(건설업 또는 부동산판매업)으로 분류한다. 사업성이 있는 경우에도 세분하여 부동산판매업은 '부동산매매업'으로, 주택신축판매업은 '건설업'으로 구분한다.

구 분		소득 구분	세부업종	비 고
사업성 있는 경우	부동산판매업	사업소득	부동산매매업	-
	주택신축판매업	사업소득	건설업	세제상 혜택 있음
사업성 없는 경우		양도소득	-	-

2 비과세 사업소득(부동산임대소득 포함)

사업소득 중 다음의 일정소득에 대해서는 소득세를 부과하지 아니한다.

(1) 주택임대소득

① 임대료 소득 : 1개의 주택(과세기간 종료일 현재 기준시가 12억원 초과하는 고가주택과 국외소재주택 제외)을 대여하고 월세를 받는 경우 비과세한다.

② 간주임대료 : 2주택 이하를 소유한 자의 보증금에 대한 간주임대료와, 3주택 이상 소유한 자라 하더라도 전세보증금의 합계가 3억원 이하인 경우 간주임대료는 비과세한다.

※ 소규모 주택임대소득의 한시적 비과세 및 분리과세 : 주거용 건물임대소득(받은 임대료와 간주임대료의 합계액)이 연간 2천만원 이하인 경우는 단일세율(14%) 분리과세와 종합과세를 선택하여 적용하도록 함

소유주택수 (부부단위 합산)	받은 월세등 임대료	간주임대료[주1]
1주택	• 일반주택 : 비과세 • 고가주택 & 국외주택 - 소규모임대소득자 : 과세(분리과세와 종합과세 선택) - 그 외의 경우 : 종합과세	비과세
2주택	• 소규모임대소득자 : 과세(분리과세와 종합과세 선택) • 그 외의 경우 : 종합과세	비과세[주2]
3주택		종합과세(단, 보증금등의 합계액이 3억원을 초과할 경우만)

[주1) 소형주택(전용면적 40m² 이하이면서 과세기간 기준시가가 2억원 이하인 주택)은 2026년 말까지 3주택 이상 소유 요건을 판단할 때 주택 수에 포함하지 아니한다.
[주2) 2026년부터 고가주택(기준시가 12억원 초과) 2주택자의 보증금 합계액이 12억원을 초과하는 경우에는 간주임대료를 계산하여 과세함

③ 임대주택등록자 분리과세 : 주택임대사업자 등록을 유도하기 위해 다음과 같이 분리과세 시 차등적으로 적용한다.
　㉠ 주택임대수입금액이 2천만원 이하인 경우 분리과세와 종합과세 중 선택 가능함

$$\text{분리과세 시 세액} = \{\text{수입금액} \times (1 - \text{필요경비율}) - \text{공제금액}\} \times 14\%$$

　㉡ 필요경비율 : 임대주택등록자 60%, 미등록자 50%
　㉢ 공제금액 : 임대주택등록자 400만원, 미등록자 200만원(단, 주택임대 외 종합소득금액이 2천만원 이하인 경우에만 적용)
　㉣ 세액감면 : 임대등록한 소형주택 임대사업자에 대해서 다음과 같이 세액을 감면한다.

구 분	감면세액
임대주택 1호 임대하는 경우	30%(장기일반민간임대주택 등 : 75%)
임대주택 2호 이상 임대하는 경우	20%(장기일반민간임대주택 등 : 50%)

(2) 농어가부업소득

① 농·어민이 경영하는 농가부업규모의 축산에서 발생하는 소득은 전액 비과세
② 농·어민이 경영하는 농가부업규모를 초과하는 축산과 민박·음식물판매·특산물제조·전통차제조·고공품제조 및 그 밖에 이와 유사한 활동에서 발생한 소득으로서 소득금액의 합계액 중 연간 3,000만원까지 비과세

(3) 어로어업·양식어업 소득

어로어업(내수면어업 및 연근해어업) 또는 양식어업에서 발생한 소득으로서 소득금액의 합계액 중 연간 5,000만원까지 비과세

(4) 전통주의 제조소득

법정요건을 충족하는 전통주를 수도권지역 외의 읍·면지역에서 제조함으로써 발생하는 소득으로서 소득금액의 합계액 중 연간 1,200만원까지 비과세

(5) 산림소득 : 조림기간이 5년 이상인 임목의 벌채 또는 양도로 인한 소득

조림기간이 5년 이상인 임지의 임목의 벌채 또는 양도로 발생하는 소득에 대해 연간 600만원까지 비과세

(6) 논/밭 임대소득, 작물재배업소득

논, 밭 임대소득	전·답을 작물재배에 사용할 경우 발생하는 소득에 대해서는 비과세
작물재배업소득	• 곡물 및 기타식량 작물재배업 : 과세 제외 • 기타 작물재배업 : 10억원 이하 비과세, 10억원 초과분 과세

3 사업소득의 과세방법

사업소득에는 분리과세대상소득이 없으므로 사업소득은 모두 종합소득에 합산하여 과세한다. 그리고 대부분의 사업소득에 대하여는 원천징수를 하지 않지만, 예외적으로 원천징수되는 사업소득과 납세조합징수대상이 되는 사업소득이 있다.

(1) 원천징수

① 특정사업소득에 대한 원천징수 : 국내에서 거주자나 비거주자에게 부가가치세법상 면세대상인 다음의 특정사업소득을 지급하는 자는 당해 수입금액의 3%(20%[주])를 원천징수하여 그 징수일이 속하는 달의 다음 달 10일까지 납부하여야 한다.

> - 의료보건용역(수의사의 용역을 포함)
>   ※ 약사가 제공하는 의약품 조제용역의 공급 중 의약품가격이 차지하는 비율 상당금액은 원천징수대상 사업소득에서 제외함
> - 저술가·작곡가 등 일정한 자가 직업상 제공하는 인적용역
>   ※ 접대부·댄서와 기타 이와 유사한 인적용역은 제외하는데 이는 봉사료수입금액에 대한 원천징수규정을 적용하여 별도로 원천징수하기 때문이다.

*주) 거주자인 외국인 직업운동가가 프로스포츠구단과의 계약 시

② 봉사료 수입금액에 대한 원천징수 : 부가가치세가 면제되는 접대부·댄서와 이와 유사한 용역을 제공하는 자에게 지급하는 일정한 봉사료 수입금액[주]에 대하여는 당해 수입금액의 5%를 원천징수하여야 한다.

*주) 일정한 봉사료 수입금액 : 일정한 봉사료 수입금액이란 다음 요건을 모두 충족하는 것을 말한다.
- 사업자(법인포함)가 다음의 용역을 제공하고 당해 공급가액(간이과세자는 공급대가)이 접대부 등의 봉사료를 세금계산서 등에 구분하여 기재할 것
  - 음식·숙박용역
  - 개별소비세가 과세되는 과세유흥장소에서 제공하는 용역
  - 안마시술소·이용원·스포츠마사지업소 및 기타 이와 유사한 장소에서 제공하는 용역
  - 개별소비세 과세유흥장소(유흥주점 등)에서 제공하는 용역
- 구분기재한 봉사료금액이 공급가액(간이과세자는 공급대가)의 20%를 초과할 것
- 사업자(법인포함)가 봉사료를 자기의 수입금액으로 계상하지 않을 것

(2) 사업소득세액의 연말정산 : 보험모집인, 방문판매원, 음료품배달원(간편장부대상자에 한함)

보험모집인, 방문판매원, 음료품배달원(간편장부대상자에 한함)처럼 모집수당 또는 판매수당 등의 사업소득을 지급하는 원천징수의무자는 당해 사업소득에 대한 소득세의 연말정산(익년 2월 급여 지급 시)을 하여야 한다. 이는 해당 사업소득만 있다고 가정할 때의 소득세 결정세액을 계산하여 이미 원천징수한 세액을 정산하는 과정이며, 만일 연말정산된 사업소득 외의 다른 소득이 없는 경우에는 따로 5월달에 종합소득과세표준 확정신고를 하지 않아도 된다.

4 사업소득금액의 계산

사업소득의 소득금액 계산구조는 다음과 같다.

```
                    당기순이익
    (+) 총수입금액산입·필요경비불산입  ┐
    (−) 필요경비산입·총수입금액불산입  │
                    차가감소득금액      │ 세무조정
    (+)           기부금한도초과액      │
         (−) 기부금한도초과이월액       ┘
                    필요경비산입
                    사업소득금액
```

그러나 실제로 사업소득금액의 계산은 손익계산서상의 당기순이익에서 일정한 세무조정 절차를 거쳐 위와 같이 계산하게 된다. 이는 법인세법에 따른 각 사업연도의 소득금액 계산구조와 거의 같으며, 총수입금액과 필요경비의 세부내용 또한 익금과 손금의 내용과 거의 같다. 따라서, 중복되는 부분은 법인세법을 참고하고, 다른 점들만 따로 정리하면 충분하리라 본다.

5 총수입금액 항목

(1) 총수입금액항목(대표적인 항목)

구 분	비 고
사업수입금액	매출에누리와 환입, 매출할인금액 제외
거래상대방으로부터 받은 장려금 기타 이와 유사한 성질의 금액	• 판매장려금 수령액 : 총수입금액항목 • 판매장려금 지급액 : 필요경비항목
필요경비로서 지출된 세액이 환입되었거나 환입될 금액	관세환급금 등
사업과 관련된 자산수증이익·채무면제이익	사업과 관련되지 않은 경우 : 증여세가 과세됨
사업과 관련하여 생긴 보험차익	사업과 관련되지 않은 보험차익 : 과세 제외
가사용으로 소비된 재고자산	시가를 총수입금액에 산입하고, 동 재고자산의 원가는 필요경비에 산입함
각종 분배금과 보험차익	• 퇴직일시금신탁의 이익 또는 분배금 • 퇴직보험계약의 보험차익 • 근로자퇴직급여보장법에 따른 보험계약의 보험차익 또는 신탁계약의 이익 또는 분배금
복식부기의무자의 사업용 유형 고정자산(부동산 제외) 처분소득	매각일이 속하는 과세기간의 총수입금액에 포함

(2) 총수입금액불산입 항목(대표적인 항목)

구 분	비 고
소득세 등의 환급액	환급받은 금액 중 다른 세액에 충당한 금액 포함
자산수증이익과 채무면제이익 중 이월결손금의 보전에 충당한 금액 ※ 사업과 무관한 경우 = 증여세 과세	동 규정은 강제규정이 아니라 사업자 임의의 선택사항임
전년도로부터 이월된 소득금액	이전 연도에 이미 과세된 소득을 다시 당해 연도의 소득에 가산한 금액을 말함
생산된 제품 등을 타제품 등의 원재료로 소비한 금액	만일 동 금액을 총수입금액항목으로 하면, 타제품의 입장에서는 필요경비항목이 되므로 계산만 복잡해질 뿐 아무런 실익이 없어 총수입금액불산입항목으로 한 것임
부가가치세 매출세액	부가가치세 매입세액 : 필요경비불산입항목
개별소비세 등의 수입금액	–
국세 등의 과오납금 환급이자	–
자산임의평가차익	소득세법에서는 법률규정에 의한 평가차익의 규정이 없음

(3) 금전 이외의 것을 받은 경우 총수입금액의 계산

총수입금액의 계산에 있어 일반적으로 금전 외의 것에 받는 경우에는 그 거래 당시의 가액에 의해 계산하는 그 내용은 다음과 같다.

구 분	가 액
① 제조업자·생산업자 또는 판매업자로부터 그 제조·생산 또는 판매하는 물품을 인도받은 때	그 제조업자·생산업자 또는 판매업자의 판매가액
② 제조업자·생산업자 또는 판매업자가 아닌 자로부터 물품을 인도받을 때	시 가
③ 법인으로부터 이익배당으로 받은 주식	액면가액
④ 주식발행법인으로부터 신주인수권을 받은 때(주주로서 받은 경우 제외)	신주인수권에 의하여 납입한 날의 신주가액에서 당해 신주의 발행가액을 공제한 금액
⑤ 위 '일반적인 경우' 내지 위 '①·②' 이외의 경우	상속세 및 증여세법의 규정을 준용하여 계산한 금액

6 필요경비

사업소득의 필요경비는 당해 연도의 총수입금액에 대응하는 비용으로서 일반적으로 용인되는 통상적인 것의 합계액으로 한다.

(1) 필요경비 항목(대표적인 항목)

구 분	비 고
판매한 상품·제품에 대한 원료의 매입가액과 그 부대비(특수관계자 외의 자에게 지급되는 판매장려금·판매수당 등을 포함)	매입에누리와 환입 및 매입할인금액 제외
판매한 상품 또는 제품의 보관료, 포장비, 운반비, 판매장려금 및 판매수당 등 판매와 관련된 부대비용	판매장려금 및 판매수당의 경우 사전약정 없이 지급하는 경우 포함
종업원의 급여	이 경우 당해 거주자의 배우자 또는 부양가족이라 하더라도 당해 거주자의 사업에 직접 종사하고 있는 경우에는 이들을 종업원으로 보아 필요경비로 인정한다.
사업용 자산에 대한 비용	• 사업용 자산의 현상유지를 위한 수선비 • 관리비와 유지비 • 사업용 자산에 대한 임차료
근로자퇴직급여보장법에 따라 사용자가 부담하는 부담금	종업원의 입장에서 동 금액은 비과세 근로소득에 해당
국민건강보험법·고용보험법·노인장기요양보험법에 의하여 사용자로서 부담하는 보험료 또는 부담금	종업원의 입장에서 동 금액은 비과세 근로소득에 해당
단체순수보장성보험 및 단체환급부보장성보험의 보험료	사업자의 입장에서는 전액 필요경비로 인정되지만, 종업원의 입장에서는 연간 70만원까지는 과세 제외, 연간 70만원을 초과하는 금액은 근로소득으로 봄
국민건강보험법·노인장기요양보험법에 의한 직장가입자로서 부담하는 사용자 본인의 보험료	국민건강보험법 및 노인장기요양보험법에 따른 지역가입자로서 부담하는 보험료 포함
자산의 평가차손	• 파손·부패 등으로 인한 재고자산평가차손 • 천재지변으로 인한 고정자산평가차손 • 화폐성 외화자산, 부채의 외환차손
대손금	부가가치세 매출세액의 미수금으로서 회수할 수 없는 것 중 대손세액공제를 받지 않은 것을 포함함
거래수량 또는 거래금액에 따라 상대편에게 지급하는 장려금 기타 이와 유사한 성질의 금액	• 판매장려금 수령액 : 총수입금액항목 • 판매장려금 지급액 : 필요경비항목
복식부기의무자의 사업용 유형 고정자산(부동산 제외) 처분소득에 대응하는 장부가액	양도 당시 장부가액을 필요경비로 산입함

(2) 필요경비불산입항목(대표적인 항목)

구 분	비 고
소득세와 소득할 지방소득세·농어촌특별세	-
벌금·과료와 과태료, 가산세와 가산금과 강제징수비	-

가사의 경비와 이에 관련되는 경비	• 초과인출금에 대한 지급이자 포함 • 직계존비속에게 주택을 무상으로 사용하게 하고 직계존·비속이 당해 주택에 실제로 거주하는 경우에는 부당행위계산부인규정을 적용하지 아니하나, 당해 주택에 관련된 경비는 가사와 관련하여 지출된 경비로 본다.
재고자산, 고정자산 등의 평가차손	–
개별소비세, 주세 및 교통·에너지·환경세의 미납액	제품가액에 그 세액상당액을 가산한 경우 제외
부가가치세 매입세액	매입세액공제를 받지 못한 경우의 취급은 법인세법과 같으며, 소득세법에서는 이외에 면세사업관련 매입세액과 간이과세자가 납부한 부가가치세액은 필요경비로 인정함
차입금 중 건설자금에 충당한 금액의 이자	–
채권자가 불분명한 차입금의 이자	–
선급비용	–
업무와 관련이 없는 경비	업무무관자산 관련 차입금이자가 포함
개인기업체의 사업주에 대한 급여	공동사업자의 경우 동일
업무용승용차의 업무용 사용금액 초과 금액 (복식부기의무자에 한함)	–

앞에서 언급한 내용 중 몇 가지 내용을 살펴보면 다음과 같다.

① 개인기업체의 사업주에 대한 급여

구 분	필요경비 산입
대표자에 대한 급여(퇴직급여 포함)	필요경비 불산입. 공동사업자 급여도 불산입
대표자의 건강보험료(지역가입자)	필요경비 산입
대표자 가족이 종업원인 경우 그 급여	실제 종사하고 있다면 필요경비 산입 가능

② 업무용승용차 관련 비용
  ㉠ 2016년부터 복식부기의무자에 한해 과도한 차량비용계상을 막기 위해 필요경비산입에 한도를 두게 되었다. 이때 업무용 사용금액 중 감가상각비해당금액[주]은 연간 800만원을 한도로 하며, 800만원을 초과하는 감가상각비해당금액은 이월하여 필요경비에 산입한다.
    또한, 복식부기의무자가 업무용승용차를 매각하는 경우 그 매각가액을 매각일이 속하는 과세기간의 총수입금액에 산입하며, 매각 당시 장부가액은 필요경비에 산입한다. 따라서 업무용승용차의 처분이익(또는 처분손실)은 사업소득에 가산(또는 차감)한다. 그 취지는 업무용승용차의 사용시 인정받았던 감가상각비를 매각 시에 그 처분이익이 과세되는 않는 이중혜택을 방지하기 위함이다.
    *주) 감가상각비 해당 금액 : 업무용승용차별 연간 감가상각비, 업무용승용차별 연간 임차료 중 일정한 감가상각비 상당액
  ㉡ 업무용승용차 관련 비용 등의 특례
    ⓐ 업무용승용차의 감가상각비 : 복식부기의무자의 업무용승용차 감가상각비는 정액법을 상각방법으로 하고 내용연수를 5년으로 하여 계산한 금액을 필요경비에 산입한다.
    ⓑ 업무용승용차의 처분손익 : 복식부기의무자가 업무용승용차를 매각하는 경우 그 매각금액을 매각일이 속하는 과세기간의 총수입금액에 산입하며, 매각 당시 장부가액은 필요경비에 산입한다.

ⓒ 업무용승용차 관련 비용 중 업무외사용금액의 필요경비불산입 : 복식부기의무자가 업무용승용차를 취득하거나 임차하여 해당 과세기간에 필요경비로 계상한 금액 중 운행일지(기록)을 통해 업무에 사용하지 않은 금액으로 판명된 금액은 필요경비 불산입한다. 단, 해당 과세기간의 업무용승용차 관련 비용이 1,500만원 이하인 경우에는 100% 필요경비 산입한다.

ⓓ 업무용자동차 전용보험 가입의무 : 다음 대상자의 경우 보유 업무용승용차 중 1대(공동사업장도 1사업자로 보아 1대)를 제외한 나머지 차량에 대해 사업자 또는 직원 등이 운전하는 경우만 보험보장을 받는 전용특약보험에 가입해야 하며, 미가입 시 필요경비는 50%만 인정
〈가입대상자〉 모든 복식부기의무자

> **더알아두기**
>
> **개인사업자의 업무전용자동차보험 가입의무 강화**
> - 2024년부터 전체 복식부기의무자 업무전용자동차보험 가입의무화
> - 미가입 시 필요경비 100% 불산입
> - 성실신고확인대상자, 전문직이 아닌 복식부기의무자의 경우
>   - 2024년, 2025년 : 50% 필요경비 불산입
>   - 2026년부터 : 100% 필요경비 불산입
>
> **개인사업자의 건설기계 처분에 따른 분할과세 특례**
> 건설기계 개인사업자가 건설장비를 1대만 보유하다가 양도 후 해당 과세기간에 다른 건설기계를 대체취득한 경우, 장부가액이 낮은 노후된 건설기계를 처분하여 일시적으로 세금이 급증한 경우 양도차익상당액 중 1천만원 초과 금액을 3년 분할하여 총수입금액에 산입하여 일시적 세부담을 완화시킴(2025년 1월 1일 이후 양도하는 분부터 적용)

7 부동산임대소득

부동산임대업에서 발생하는 소득은 2010년부터 사업소득으로 분류한다. 그런데, 일반건물 임대업에서 발생한 결손금은 결손금공제를 다른 소득금액에서 공제하지 않고 오로지 부동산임대소득에서 이월공제 하도록 규정하고 있으므로(주거용 건물 임대업의 결손금은 제외) 사업소득에 부동산임대업소득이 포함되어 있는 사업자는 그 소득별로 구분처리하여야 한다.

(1) 부동산임대소득의 범위

부동산임대소득이란 부동산임대업에서 당해 연도에 발생한 다음의 소득을 말한다.

부동산 또는 부동산상의 권리의 대여로 인하여 발생하는 소득	여기서 대여라 함은 전세권, 기타 권리를 설정하고 그 대가를 받는 것과 임대차계약 기타 방법에 의하여 물건 또는 권리를 사용 또는 수익하게 하고 그 대가를 받는 것을 말한다. 다만 부동산상의 권리에는 지역권·지상권을 포함하지 않는다. 이는 기타소득으로 포함시키기 때문이다.

공장재단 또는 광업재단의 대여로 인하여 발생하는 소득	공장재단이란 공장에 속하는 토지, 기계, 기구 등으로 구성된 기업재산의 총체를 의미하며, 광업재단이란 광업권과 광물을 채취하기 위한 제반설비 일체의 기업재산을 가리킨다. 소득세법에서는 이를 하나의 부동산으로 취급하여 그 재단의 대여로 인한 소득은 부동산 임대소득으로 보며, 전체재산과 분리하여 별도로 기계 등 시설의 임대로 인하여 발생하는 소득은 사업소득으로 본다.
지역권·지상권을 설정 또는 대여하고 받는 금품	공익사업과 관련되지 아니한 지역권·지상권의 설정·대여소득(공익사업과 관련되는 경우에는 기타소득으로 과세)
광업권자, 조광권자, 덕대가 채굴에 관한 권리를 대여함으로 인해 발생한 소득[주]	광업권자, 조광권자, 또는 덕대가 채굴을 할 수 있는 시설과 함께 광산을 대여함으로 인해 발생하는 소득은 부동산임대소득으로 본다.

*주) 광업권 : 등록을 한 광구에서 등록한 광물을 채굴 및 취득하는 권리
 조광권 : 타인(광업권자)의 광구에서 광물을 채굴 및 취득하는 권리
 덕대 : 타인(광업권자)의 광구에 조광권을 설정하여 광물을 채굴하고 조광료(분철료)를 지급하는 자

(2) 부동산임대소득금액의 계산

> 부동산임대소득금액 = 총수입금액(부동산임대소득 − 비과세소득) − 필요경비

이 경우 총수입금액과 필요경비의 범위는 일반적인 사업소득의 경우와 기본적으로 같다. 다만 차이나는 점을 살펴보면 다음과 같다.

(3) 임대보증금 등에 대한 총수입금액계산의 특례

개인이 부동산 등을 대여하고 전세금·보증금 등을 받은 경우에는 다음의 금액을 부동산임대소득의 총수입금액에 산입한다.

- 일반적인 경우
  간주임대료 = (당해 과세기간보증금 등의 적수 − 임대부동산건설비상당액적수) × $\dfrac{\text{국세청장 고시 정기예금이자율}}{365(366)}$ − 임대사업부문에서 발생한 금융수익

- 소득금액을 추계결정 또는 경정하는 경우
  간주임대료 = 당해 과세기간 보증금 등의 적수 × $\dfrac{\text{국세청장 고시 정기예금이자율}}{365(366)}$

 ※ 윤년의 경우 366일로 한다.

다만, 거주자가 3주택(단, 소형주택[주]은 2026년 12월 31일까지 주택수에 포함하지 않는다) 이상 소유하고 주택과 주택부수토지(주택부수토지만 임대하는 경우는 제외)를 임대하고 받은 보증금 등의 합계액이 3억원을 초과하는 경우에는 다음과 같이 계산한 금액을 사업소득 총수입금액에 산입한다.

- 일반적인 경우

  간주임대료 = (당해 과세기간보증금 등의 적수 − 3억원의 적수) × 60% × $\dfrac{\text{국세청장 고시 정기예금이자율}}{365(366)}$

  　　　　　− 임대사업부문에서 발생한 금융수익

- 소득금액을 추계결정 또는 경정하는 경우

  간주임대료 = (당해 과세기간보증금 등의 적수 − 3억원의 적수) × 60% × $\dfrac{\text{국세청장 고시 정기예금이자율}}{365(366)}$

*주) 소형주택이란 주거용도로만 쓰이며 면적이 1호 또는 1세대당 40m2 이하의 주택으로서 과세기간의 기준시가가 2억원 이하인 주택을 말한다.

8 사업소득의 수입시기

(1) 총수입금액과 필요경비의 귀속연도 : 권리의무확정주의

① 현행 소득세법에서는 '사업소득의 총수입금액과 필요경비의 귀속연도는 총수입금액과 필요경비가 확정된 날이 속하는 연도로 한다'라고 규정하고 있으므로, 권리의무확정주의를 채택하고 있다.

② 거래형태별 수입시기

구 분	수입시기
상품 등의 판매	그 상품 등을 인도한 날
시용판매	상대방이 구입의사를 표시한 날
위탁판매	수탁자가 그 위탁품을 판매하는 날
장기할부조건에 의한 상품 등의 판매	그 상품 등을 인도한 날. 다만, 당해 장기할부조건에 따라 수입하였거나 수입하기로 계약한 날이 속하는 과세기간의 당해 수입금액과 이에 대응하는 필요경비를 계상한 경우에는 그 장기할부조건에 따라 수입하였거나 수입하기로 약정한 날
부동산 양도	대금청산일, 소유권이전등기일, 사용수익일 중 빠른 날
건설·제조 기타용역의 제공	용역의 제공을 완료한 날(목적물을 인도하는 경우에는 목적물을 인도한 날). 다만, 계약기간이 1년 이상인 경우에는 작업진행률을 기준으로 하며, 계약기간이 1년 미만인 경우로서 사업자가 결산을 확정함에 있어 작업진행률을 적용한 경우에는 작업진행률을 기준으로 할 수 있다.
자판기에 의한 판매	현금을 인출하는 때
인적용역 제공	용역제공을 완료한 날. 다만, 연예인, 운동선수 등이 전속계약 대가를 일시에 수령하는 경우에는 계약기간에 따라 해당 대가를 균등하게 안분한 금액을 과세기간 종료일에 수입한 것으로 간주한다.
어음의 할인	그 어음의 만기일. 다만, 만기 전에 어음을 양도하는 때에는 그 양도일
부동산 임대업	• 계약 또는 관습에 따라 지급일이 정해진 것 : 그 정해진 날 • 계약 또는 관습에 따라 지급일이 정해지지 않은 것 : 그 지급을 받은 날

(2) 자산의 취득가액

거주자가 매입, 제작 등으로 취득한 자산의 취득가액은 그 자산의 매입가액이나 제작원가에 부대비용을 더한 금액으로 한다.

구 분	취득가액
타인으로부터 매입한 자산	매입가액 + 취득세 등의 부대비용
자기가 제조·취득·생산·건설 등에 의하여 취득한 자산	제조원가 또는 공사원가 등 + 부대비용
위 이외의 자산	취득 당시의 시가 + 부대비용

9 법인세법 각 사업연도 소득과 소득세법 사업소득의 차이점

구 분	법인세법	소득세법
결손금과 이월결손금	• 결손금 공제 : 없음 • 이월결손금 공제 : 있음(단, 타소득 공제는 있을 수 없음)	• 결손금 공제 : 있음 • 이월결손금 공제 : 있음(일반적인 사업소득의 이월결손금은 다른소득에서 공제할 수 있음)
유가증권처분손익과 고정자산처분손익	익금 또는 손금에 산입	총수입금액/필요경비에 불산입 (단, 복식부기의무자의 사업용 유형고정자산(부동산 제외)의 처분소득과 필요경비는 총수입금액과 필요경비에 산입됨)
대표자/사업주에 대한 급여	손금 인정	사업주에 대한 급여(퇴직급여 포함) : 필요경비 불산입
재고자산 등의 자가소비	규정 없음	자가소비액을 총수입금액에 포함
기업업무추진비	사업장의 구분을 무시하고 전체 사업장의 기업업무추진비한도액을 계산하여 적용	각 사업장별로 별도의 기업업무추진비 한도액을 계산하여 적용

03 근로소득

1 근로소득의 구분

(1) 근로소득의 의의

근로소득이란 근로계약에 의해 종속적 지위에서 근로를 제공하고 그 대가로서 지급받는 급료·봉급·세비·임금·수당·상여 등 명칭에 불구하고 그 실질이 근로의 대가인 경우의 모든 급여를 말한다. 따라서 독립적 지위에서 인적용역을 제공하고 받은 대가인 자유직업사업소득과는 구별된다.

(2) 근로소득의 범위

근로소득에는 크게 근로소득에 포함하는 것과 근로소득으로 보지 아니하는 것 그리고 비과세 근로소득으로 구분된다.

① 근로소득에 포함하는 것 : 다음에 해당하는 것은 근로소득에 포함하여 과세한다.

구 분	내 용
기밀비·교제비·여비	㉠ 기밀비(판공비 포함)·교제비 등의 명목으로 받는 것으로서 업무를 위하여 사용된 것이 분명하지 않은 급여 ㉡ 여비의 명목으로 받는 연액 또는 월액의 급여
공로금·위로금·장학금 등	종업원이 받는 공로금·위로금·학자금·장학금(종업원의 자녀가 사용자로부터 받는 학자금·장학금 포함) 등 이와 유사한 성질의 급여
각종 명목의 수당 등	㉠ 근로수당·가족수당·전시수당·물가수당·출납수당·직무수당·시간외근무수당 등 ㉡ 보험회사·자본시장과 금융투자업에 관한 법률에 따른 투자매매업자 또는 투자중개업자 등 금융기관의 내근사원이 받는 집금수당과 보험가입자의 모집·증권매매의 권유·저축의 권장으로 인한 대가·기타 이와 유사한 성질의 급여 ㉢ 기술수당·보건수당·연구수당 등 ㉣ 공무원에게 지급하는 직급보조비 ㉤ 국가·지자체 공무원이 공무수행에 따라 받는 포상금(모범공무원 수당 포함)
기타 회사로부터 받는 경제적 이익	㉠ 출자임원이 주택을 제공받음으로써 얻는 이익(인정상여의 일종) ㉡ 모든 임직원이 주택자금을 저리 또는 무상으로 대여받음으로써 얻는 이익(주택자금대여이익 : 인정상여의 일종) ㉢ 종업원이 보험계약자이거나 종업원 또는 그 배우자·가족을 보험수익자로 하는 보험과 관련하여 사용자가 부담하는 보험료 ㉣ 주식매수선택권 행사하여 얻은 이익(단, 2027년 12월 31일까지 벤처기업[또는 벤처기업의 자회사] 임직원이 부여받아 추후 행사하여 얻은 이익 중 2억원까지 비과세). 단, 퇴직 후 행사하여 얻는 이익은 기타소득으로 과세 ㉤ 임원의 퇴직소득으로서 법인세법에 따라 손금불산입된 임원퇴직급여 한도초과액 ㉥ 종업원의 자사·계열사의 재화·용역을 시가보다 할인하여 공급받은 경우 할인받은 금액

② 근로소득으로 보지 않는 것(= 과세 제외) : 다음에 해당하는 항목은 소득세법상 근로소득으로 보지 않는다.
㉠ 사업자가 근로자에게 지급하는 사회통념상 타당하다고 인정되는 경조금
㉡ 퇴직보험(퇴직일시금신탁, 퇴직연금 포함)의 보험료
㉢ 사내근로복지기금에서 근로자 또는 근로자의 자녀가 받는 장학금과 무주택근로자가 받는 주택보조금
㉣ 건설근로자 퇴직공제회에 납부한 공제부금
㉤ 소액주주[주](당해 법인의 지배주주와 특수관계에 있는 주주를 제외)의 기준에 해당하는 우리사주조합원이 당해 조합을 통하여 주식을 취득하는 경우 그 주식의 취득가액과 시가와의 차액(주택매입선택권 행사이익)

*주) 소액주주란 지분비율 1% 미달 요건과 액면가액 3억원 미만 요건을 충족한 주주를 말한다.

③ 비과세 근로소득
㉠ 근로자가 제공받는 식사 또는 식사대

구 분	비 고
근로자가 제공받는 식사(사내급식 등의 제공받는 현물식사 포함)	전 액
식사·음식물을 제공받지 않는 근로자가 받는 식사대*주)	월 20만원

*주) 식사와 식사대를 동시에 제공받는 경우에는 식사만 비과세하고, 식사대는 과세한다.

㉡ 실비변상적 성질의 급여

ⓐ 일직료·숙직료 또는 여비로서 실비변상정도의 금액(종업원이 직접 운전하여 사용자의 업무수행에 이용하고 받는 '차량유지비'로 월 20만원 이내의 금액을 포함)
ⓑ 초·중등교육법에 의한 교육기관의 교원이 받는 연구보조비 중 월 20만원 이내의 금액
ⓒ 방송·통신·신문사의 기자 등이 취재활동과 관련하여 받는 취재수당 중 월 20만원 이내의 금액
ⓓ 선원법의 규정에 의한 선원이 받는 월 20만원 이내의 승선수당과 경찰공무원이 받는 함정근무수당(유지항해훈련수당 포함)·항공수당(유지항해훈련수당 포함)·화재진화수당
ⓔ 근로자가 벽지에 근무함으로 인하여 받는 월 20만원 이내의 벽지수당
ⓕ 법령·조례에 의하여 제복을 착용하여야 하는 자가 받는 제복·제모 및 제화
ⓖ 근로자가 천재지변, 기타 재해로 인하여 받는 급여
ⓗ 광산근로자가 받는 입갱수당 및 발파수당
ⓘ 선원법에 의하여 지급하는 식료
ⓙ 병원·실험실·금융기관·공장·광산에서 근무하는 자 또는 특수한 작업이나 역무에 종사하는 자가 받는 작업복이나 그 직장에서만 착용하는 피복
ⓚ 공무원연금법·군인연금법·사립학교교직원연금법 또는 별정우체국법에 의하여 지급받는 요양비·요양일시금·장해보상금·사망조위금·사망보상금·유족보상금·유족일시금·유족연금일시금·유족연금부기금·유족연금특별부가금·재해부조금 및 재해보상금 또는 신체·정신상의 장해·질병으로 인한 휴직기간 중에 받는 급여
ⓛ 교육법에 의한 학교(외국에 있는 이와 유사한 교육기관을 포함) 및 직업훈련기본법에 의한 직업훈련시설의 입학금·수업료·수강료 기타 공납금 중 다음 요건을 갖춘 학자금(당해연도에 납입할 금액을 한도)
  ㉮ 사업체의 업무와 관련이 있는 교육·훈련을 위하여 받는 것일 것
  ㉯ 사업체의 규칙 등에 의하여 정하여진 지급기준에 따라 받는 것일 것
  ㉰ 교육·훈련기간이 6월 이상인 경우 교육·훈련 후 당해 교육기간을 초과하여 근무하지 아니하는 때에는 지급받는 금액을 반납할 것을 조건으로 하여 받는 것일 것

ⓒ 생산직근로자가 받는 연장근로수당 등

구 분	내 용
비과세 대상과 요건	ⓐ 공장·광산 근로자·어업·운전·청소, 경비 관련 종사자, 서비스 관련(돌봄, 미용, 숙박, 조리, 음식, 매장판매, 여가 및 관광서비스, 가사 관련 단순노무직 등) 종사자일 것 ⓑ 직전 연도 총급여가 3,000만원 이하로서 월정액급여[주]가 210만원 이하일 것 ⓒ 통상임금에 가산하여 받는 연장근로·휴일근로·야간근로수당일 것
비과세 금액	ⓐ 광산근로자·일용근로자 : 해당 급여총액을 비과세 ⓑ ⓐ 외의 생산직근로자(선원 포함) 등 : 연 240만원 비과세

*주) 월정액급여 = 매월 받는 급여총액 − 상여 등 비정기적 급여 − 실비변상적 성질의 급여 − 복리후생적 성질의 급여 − 연장·야간근로수당 등의 초과근로수당

ⓔ 기타의 비과세 근로소득

구 분	비 고
각종 법률에 의하여 받는 금액	ⓐ 산업재해보상보험법에 의하여 지급받는 요양급여·휴업급여·장해급여·유족급여 및 장의비 등 ⓑ 고용보험법에 의하여 받는 실업급여 등 ⓒ 복무 중인 병(兵)이 받는 급여 ⓓ 동원직장에서 받는 급여 ⓔ 종군한 군인·군무원이 전사(전상으로 인한 사망을 포함)한 경우 그 전사한 날이 속하는 연도의 급여 ⓕ 법규의 준수 등을 위하여 신고, 고발한 사람이 받는 포상금
출산·보육 관련 급여	ⓐ 근로자 또는 그 배우자의 출산과 관련하여 출생일 이후 2년 이내에 공통 지급 규정에 따라 사용자로부터 지급(2회 이내)받는 급여 전액(한도 없음). 단, 사용자와 친족인 특수관계자에게 지급하는 경우에는 제외 ⓑ 6세 이하의 자녀보육과 관련하여 사용자로부터 지급받는 급여로서 월 20만원 이내의 금액
국외근로 시 받은 급여	ⓐ 일반근로자 : 국외 등에서 근로를 제공하고 받는 보수 중 월 100만원(해외 건설근로자, 외항선원과 원양어선은 월 500만원) 이내의 금액 ⓑ 공무원 등 : 국외 등에서 근무하고 받는 수당 중 당해 근로자가 국내에서 근무할 경우에 지급받을 금액 상당액을 초과하여 받는 금액 중 '실비변상적 성격의 급여로서 외교부장관이 고시하는 금액에 한함
건강보험료 등의 사용자부담금	국민건강보험법·고용보험법·국민연금법·공무원연금법·사립학교교직원연금법·근로자퇴직급여보장법·과학기술인공제회법·노인장기요양보험법 등에 의하여 국가·지방자치단체 또는 사용자가 부담하는 부담금
복리후생적 성질의 급여	ⓐ 비출자 임원, 소액주주임원과 임원이 아닌 종업원, 국가 또는 지방자치단체로부터 근로소득을 지급받은 사람이 사택을 제공받음으로써 얻는 이익[주] ⓑ 중소기업 종원원의 주택 구입·임차자금을 저리 또는 무상으로 대여받음으로써 얻는 이익(단, 해당 종업원이 중소기업과 특수관계인 경우에는 제외) ⓒ 종업원이 보험계약자이거나 종업원 또는 그 배우자·가족을 보험수익자로 하는 보험·신탁 또는 공제와 관련하여 사용자가 부담하는 보험료·신탁부금 또는 공제부금

- 단체순수보장성 및 단체환급부보장성 보험 중 연 70만원 이하의 보험료
- 임직원의 고의(중과실 포함) 외의 업무상 행위로 인한 손해배상청구를 보험금 지급사유로 하고 임직원을 피보험자로 하는 보험의 보험료

ⓓ 공무원 포상금 중 일부 : 국가·지자체 공무원이 공무수행에 따라 받는 포상금 중 연간 240만원 이하의 금액

ⓔ 직무발명보상금 : 관련 법에 따라 종업원 등이 사용자 등으로부터 받는 보상금 중 연 700만원 이하의 금액(단, 보상금을 지급한 사용자 등과 특수관계인 경우에는 제외)

ⓕ 종업원의 자사·계열사의 재화·용역을 시가보다 할인하여 공급받은 경우 : 연간 비과세 한도 = Max[시가의 20%, 240만원]

*주) 사택제공이익과 주택자금대여이익

구 분	출자임원	비출자임원 (소액주주임원 포함)	임원이 아닌 종업원 등
사택제공이익	근로소득	–	–
주택자금대여이익	근로소득	근로소득	근로소득(중소기업 제외)

2 근로소득의 과세방법

(1) 근로소득의 구분

① 국내근로소득과 국외근로소득 : 국내에서 지급되는 모든 근로소득은 원천징수의 대상이 되는데 반해, 국외에서 지급되는 근로소득은 원천징수의 대상이 되지 아니한다.

국내 근로소득자는 매월 근로소득을 지급할 때 당해 소득의 지급자가 근로소득 간이세액표에 의하여 소득세를 원천징수하여 징수일이 속하는 달의 다음 달 10일까지 신고납부하여야 하며, 다음 연도 2월분 근로소득을 지급하는 때(퇴직자의 경우 퇴직하는 달의 근로소득을 지급하는 때)에 연말정산을 한다.

(2) 일용근로자의 근로소득

① 일용근로자의 과세방법 : 일용근로자라 함은 근로의 대가를 일당급·시간급·성과급으로 계산하여 받는 자로서 근로계약에 따라 동일한 고용주에게 계속하여 3월(건설공사에 종사하는 자는 1년) 이상 고용되지 않은 자를 말한다. 일용근로자의 급여액은 종합과세하지 않고 다음과 같이 원천징수함으로써 과세를 종결한다(완납적 분리과세).

> 원천징수세액 = {일급여 − 근로소득공제(일당 150,000원)} × 6%(원천징수세율) − 근로소득세액공제
> (산출세액의 55%)

※ 일용근로자는 종합소득공제를 적용하지 아니한다.
※ 원천징수세액이 1천원 미만인 경우에는 원천징수를 하지 아니한다(소액부징수).

② 일용근로자의 범위 : 일용근로자란 ⊙ 근로를 제공한 날 또는 시간에 따라 근로대가를 계산하거나 ⓒ 근로성과에 따라 급여를 계산하여 지급받는 다음의 자를 말한다.

구 분	내 용
원 칙	근로계약에 따라 동일한 고용주에게 3월 이상 계속하여 고용되어 있지 않은 자는 일용근로자로 한다.
건설 공사자	건설공사에 종사하는 자는 일용근로자로 하되, 다음은 일용근로자에서 제외한다. ⊙ 동일한 고용주에게 계속하여 1년 이상 고용된 자 ⓒ 다음 업무에 종사하기 위하여 통상 동일한 고용주에게 계속하여 고용되는 자 　ⓐ 작업준비를 하고 노무에 종사하는 자를 직접 지휘·감독하는 업무 　ⓑ 작업현장에서 필요한 기술적인 업무·사무·타자·취사·경비 등의 업무 　ⓒ 건설기계의 운전 또는 정비업무
항만, 하역 작업자	항만 또는 하역작업에 종사하는 자는 일용근로자로 하여 기간제한이 없이 적용하지만, 다음의 경우에는 제외한다. ⊙ 통상 근로를 제공한 날이 아닌 정기적으로 근로대가를 지급받는 자 ⓒ 다음 업무에 종사하기 위하여 통상 동일한 고용주에게 계속하여 고용되는 자 　ⓐ 작업준비를 하고 노무에 종사하는 자를 직접 지휘·감독하는 업무 　ⓑ 주된 기계의 운전 또는 정비업무

3 근로소득금액의 계산

(1) 계산구조

근로소득금액은 근로소득 총수입금액에서 당연 필요경비적 성격에 해당하는 근로소득공제액을 차감한 금액으로 한다.

(2) 근로소득공제

① 일반근로자

⊙ 근로소득공제액 : 근로소득이 있는 거주자에 대하여는 당해 연도의 총급여액(비과세근로소득 제외금액)에서 다음의 금액을 공제한다. 다만, 당해 연도의 총급여액이 공제액에 미달하는 경우에는 당해 연도 총급여액을 공제액으로 한다.

급여액	공제액
500만원 이하	총급여액의 70%
500만원 초과 ~ 1,500만원 이하	350만원 + 500만원을 초과하는 금액의 40%
1,500만원 초과 ~ 4,500만원 이하	750만원 + 1,500만원을 초과하는 금액의 15%
4,500만원 초과 ~ 1억원 이하	1,200만원 + 4,500만원을 초과하는 금액의 5%
1억원 초과	1,475만원 + 1억원을 초과하는 금액의 2%

ⓒ 유의점
- 한도 : 2,000만원을 한도로 근로소득공제액을 적용한다(에 총급여액이 362,500,000원 이상인 경우 한도 적용).

- 일반근로자가 2인 이상으로부터 급여를 받는 때에는 그 급여액의 합계액에 대한 근로소득공제액을 주된 근무지의 급여액에서 공제한다. 다만, 주된 근무지의 급여액이 근로소득공제액에 미달하는 때에는 그 급여액을 초과하는 부분의 근로소득 공제액은 종된 근무지의 급여액에서 공제한다.

② **일용근로자** : 일용근로자의 근로소득공제액은 일 15만원으로 한다.

4 근로소득의 수입시기

근로소득에 대한 수입할 시기는 다음에 정하는 날로 한다.

구 분	수입시기
급 여	근로를 제공한 날
잉여금처분에 의한 상여	당해 법인의 잉여금처분결의일
인정상여	당해 사업연도 중 근로를 제공한 날(만약, 2개 연도에 걸친 경우에는 월평균금액에 대해 각각 해당 연도 중 근로를 제공한 날로 한다)
퇴직위로금·퇴직공로금	지급받거나 지급받기로 한 날

04 연금소득

1 연금소득의 개요

(1) 연금소득의 범위

소득세법상 연금소득의 범위를 살펴보면 다음과 같다.

구 분	비 고
공적연금	① 국민연금법에 의하여 지급받는 각종 연금 ② **공무원연금 등** : 공무원연금법·군인연금법 등에 의한 각종연금
퇴직연금	① 근로자퇴직급여보장법에 따라 지급받는 연금. 다만, 중도인출시엔 인출금액을 퇴직금으로 본다. ② 근로자퇴직급여보장법에 의한 퇴직보험의 보험금을 연금형태로 지급받는 경우 당해 연금 또는 이와 유사한 것으로서 퇴직자가 지급받는 연금 ③ 근로자퇴직급여보장법에 따라 지급받는 중소기업퇴직연금 ④ 과학기술인공제회법에 따른 퇴직연금
개인연금(사적연금)	조세특례제한법의 규정에 의한 연금저축에 가입하고 연금형태로 지급받는 소득
기타연금	① 연금계좌의 운용실적에 따라 증가된 금액 ② 그 밖에 연금계좌에 이체 또는 입금되어 해당 금액에 대한 소득세가 이연된 소득으로서 대통령령으로 정하는 소득

※ 연금소득 과세체계 개선 : 과세이연 퇴직소득을 기초로 하는 연금계좌에서 연금형태로 인출되는 것은 '연금소득'으로, 일시금형태로 인출되는 것은 기타소득으로 과세하도록 개선함

(2) 연금소득의 과세체계

① **공적연금(국민연금과 공무원연금 등)** : 공적연금(국민연금과 공무원연금 등)은 2002년 1월 1일 이후에 납입된 연금기여금 및 사용자부담분(국가·지방자치단체의 부담금 포함) 또는 2002년 1월 1일 이후 근로의 제공을 기초로 하여 지급받는 금액을 연금소득으로 한다. 따라서, 2002년 1월 1일 이후에 연금을 수령하더라도 2001년 12월 31일 이전의 납입분에 대해서는 소득세를 과세하지 않는다.

공적연금의 과세체계는 다음과 같다.

구 분		내 용
연금 기여금 납입 시		• 2000년까지 불입분 : 연금보험료공제 불인정 • 2001년 불입분 : 납입액의 50%만 연금보험료 공제인정 • 2002년 이후 불입분 : 납입액의 전액 연금보험료공제
수령 시	연금 수령 시	• 2001년까지 불입분 : 과세대상이 아님 • 2002년 이후 불입분 : 연금소득
	일시금 수령 시	• 2001년까지 불입분 : 과세대상이 아님 • 2002년 이후 불입분 : 퇴직소득

② **퇴직연금**
  ⊙ 퇴직연금의 경우 연금형태로 수령 시에는 연금소득으로 과세하지만, 일시금 형태로 수령 시에는 퇴직소득으로 과세한다.
  ⓒ 퇴직연금은 근로자퇴직급여보장법 또는 「과학기술인공제회법」에 따라 받는 연금으로 운용실적에 따라 추가로 지급받는 금액을 포함한다. 현행 소득세법에서는 근로자 본인이 부담한 금액에 대하여 소득공제를 적용해 주고 있다.

③ **개인연금** : 2001년 1월 1일 이후에 조세특례제한법에 따른 연금저축에 최초로 가입하는 저축분부터 그 납입액을 한도로 세액에서 공제한다.

구 분	내 용
연금 불입 시	퇴직연금소득공제 : 불입액 전액
연금 수령 시	⊙ 연금으로 수령 시 : 연금소득(소득공제받은 수령액에 한함) ⓒ 일시금으로 수령 시(중도해지 포함) : 기타소득(소득공제받은 수령액에 한함) 단, 가입자의 사망 등을 원인으로 부득이하게 수령하는 경우 연금소득으로 과세

이때, 연금소득과 기타소득으로 과세하는 경우 당해 소득의 계산방법은 다음과 같다.

구 분	내 용
연금소득	연금수령액 $\times \left(1 - \dfrac{\text{실제소득공제받은 금액을 초과하여 불입한 금액의 누계액}}{\text{총연금지급액 또는 예상액}}\right)$
기타소득	해지 또는 연금 외의 형태로 지급받은 금액 $\times \left(1 - \dfrac{\text{실제소득공제받은 금액을 초과하여 불입한 금액의 누계액}}{\text{총연금지급액 또는 예상액}}\right)$

2 비과세 연금소득

연금소득 중 다음의 소득에 대해서는 소득세를 과세하지 아니한다.
① 국민연금법에 의하여 지급받는 유족연금·장애연금
② 공무원연금법·군인연금법 등에 의하여 지급받는 유족연금·장애연금·상이연금

③ 산업재해보상보험법에 의하여 지급받는 각종연금
④ 국군포로의 송환 및 대우 등에 관한 법률에 따른 국군포로가 지급받는 연금
⑤ 공적연금법에 의한 상이연금 추가

3 연금소득금액의 계산

(1) 계산구조

연금소득금액은 당해연도의 총연금액(연금합계액에서 비과세소득과 분리과세소득 제외금액)에서 연금소득공제를 차감한 금액으로 한다. 이를 산식으로 표시하면 다음과 같다.

> 연금소득금액 = 총연금액[주] − 연금소득공제

*주) 총연금액 = 연금합계액 − 비과세소득 − 분리과세소득

(2) 연금소득공제

연금소득금액의 계산 시 적용되는 연금소득공제는 다음과 같으며, 공제액이 900만원을 초과하는 경우에는 900만원을 한도로 공제한다.

총연금액	공제액
350만원 이하	총연금액 전액
350만원 초과 ~ 700만원 이하	350만원 + (총연금액 − 350만원) × 40%
700만원 초과 ~ 1,400만원 이하	490만원 + (총연금액 − 700만원) × 20%
1,400만원 초과	630만원 + (총연금액 − 1,400만원) × 10%

4 연금소득에 대한 과세방법

(1) 원천징수

국내에서 연금소득을 지급하는 자는 그에 대한 소득세를 원천징수하여 그 징수일이 속하는 달의 다음 달 10일까지 신고납부하여야 한다.

① 공적연금 : 원천징수의무자가 매월 공적연금소득을 지급하는 때에는 연금소득 간이세액표에 의하여 소득세를 원천징수하며, 다음 연도 1월분 연금소득 지급 시 연말정산을 하게 된다.

② 연금소득에 대한 연말정산
  ㉠ 개념 : 연금소득에 대한 연말정산이란 연금소득자에게 지급한 연간 연금소득에 대한 소득세액을 계산하여 연도 중에 원천징수한 세액과의 차액을 추가로 징수하거나 환급하는 절차를 말한다.

> 연금소득에 대한 소득세 결정세액 − 이미 원천징수한 세액 = (+)가 나오면 : 원천징수
> (−)가 나오면 : 환 급

이러한 연말정산은 원천징수의무자가 당해 연도의 다음 연도 1월분 연금소득을 지급하는 때에 하게 된다. 다만, 원천징수의무자가 지급한 연금소득이 연 1,500만원 이하인 경우에는 연말정산을 하지 않는다. 그러나 이 경우에도 과세표준확정신고 예외규정을 적용함에 있어서는 연말정산을 한 것으로 본다.

ⓒ 세액의 계산구조 : 연말정산 시 원천징수(또는 환급)할 세액의 계산구조는 다음과 같다.

> • 과세표준 = 연금소득금액 − 소득공제
> • 산출세액 = 과세표준 × 기본세율
> • 원천징수세액 또는 환급세액 = 산출세액 − 기중 원천징수세액 − 외국납부세액공제

ⓒ 신고서 제출 : 연금소득자가 배우자 또는 부양가족에 대한 기본공제와 추가공제를 받고자 할 때에는 해당 연도의 12월 31일까지 연금소득자 소득공제신고서를 제출하여야 한다. 만일 연금소득자 소득공제신고서를 제출하지 않은 경우에는 연금소득자 본인에 대한 기본공제와 표준공제만을 적용한다.

③ 퇴직연금·개인연금 : 퇴직연금과 개인연금은 지급액(연금소득공제를 하기 전의 금액)의 3% ~ 5%를 원천징수한다.

(2) 종합과세와 선택적 분리과세

① 종합과세(원칙) : 연금소득은 원칙적으로 종합소득에 합산하여 과세된다. 다만, 공적연금소득만이 있는 자는 다른 종합소득이 없는 경우 과세표준확정신고를 하지 않아도 된다. 즉, 연말정산만으로 과세를 종결시키는 것이다.

② 선택적 분리과세 : 연 1,500만원 이하의 총연금액이 있는 거주자는 당해 거주자의 선택에 의하여 분리과세하거나 종합과세한다(단, 연금계좌에서 연금 수령 시 1,500만원 초과 시에도 분리과세 선택 가능 : 1,500만원 초과 시 종합과세 또는 15% 분리과세).

5 연금소득의 수입시기

연금소득에 대한 수입시기는 연금을 지급받거나 받기로 한 날로 한다.

05 기타소득

1 기타소득의 범위

기타소득은 이자소득·배당소득·사업소득·근로소득·연금소득·퇴직소득·양도소득 외의 소득으로서 일시적, 우발적으로 발생하는 다음에 열거한 소득을 말한다. 기타소득에도 속하지 않는 소득에 대해서는 현행 소득세법상 과세하지 않고 있으므로 기타소득은 최후의 과세소득으로 볼 수 있다.

> ① 상금·현상금·포상금·보로금 또는 이에 준하는 금품
> ② 복권·경품권 기타 추첨권에 의하여 당첨금품
> ③ 사행행위 등 규제 및 처벌 특례법에 규정하는 행위에 참가하여 얻은 재산상의 이익
> ④ 「한국마사회법」에 의한 승마투표권 및 경륜·경정법에 의한 승자투표권, '전통소싸움 경기에 관한 법률'에 따른 소싸움경기투표권 및 국민체육진흥법에 따른 체육진흥투표권의 구매자가 받는 환급금
> ⑤ 저작자 또는 실연자·음반제작자·방송사업자 외의 자가 저작권 또는 저작인접권의 양도 또는 사용의 대가로 받는 금품(단, 저작권 등 사용료가 저작자 자신에게 귀속될 경우에는 사업소득으로 분류함)

⑥ 영화필름, 라디오·텔레비전 방송용 테이프 또는 필름 기타 이와 유사한 자산이나 권리의 양도·대여 또는 사용의 대가로 받는 금품
⑦ 광업권, 어업권·산업재산권, 산업정보, 산업상 비밀, 상표권, 영업권[주1], 점포임차권, 토사석의 채취허가에 따른 권리, 지하수의 개발이용권, 행정관청으로부터 허가 등을 받음으로써 얻는 경제적 이익, 기타 이와 유사한 자산이나 권리를 대여 또는 양도하고 그 대가로 받는 금품

*주1) 영업권에는 사업용고정자산(토지 및 건물 및 부동산에 관한 권리)과 함께 양도하는 영업권은 제외함

⑧ 물품 또는 장소를 일시적으로 대여하고 사용료로서 받는 금품, 통신판매중개를 하는 자를 통해 물품 또는 장소를 대여하고 연간 수입금액 500만원 이하의 사용료로서 받은 금품
⑨ 공익사업과 관련된 지역권·지상권을 설정 또는 대여하고 받는 금품(공익사업과 관련 없는 소득의 경우에는 사업소득)
⑩ 계약의 위약 또는 해약으로 인하여 받는 위약금과 배상금[선택적 분리과세 대상]
⑪ 유실물의 습득 또는 매장물의 발견으로 인하여 보상금을 받거나 새로 소유권을 취득하는 경우 그 보상금 또는 자산
⑫ 무주물의 점유로 소유권을 취득하는 자산
⑬ 거주자·비거주자 또는 법인과 특수관계에 있는 자가 그 특수관계로 인하여 당해 거주자·비거주자 또는 법인으로부터 받는 경제적 이익으로서 급여·배당 또는 증여로 보지 아니하는 금품
⑭ 슬롯머신 및 투전기 기타 이와 유사한 기구를 이용하는 행위를 참가하여 받는 당첨금품·배당금품 또는 이에 준하는 금품
⑮ 문예·학술·음악 또는 사진에 속하는 창작품에 대한 원작자로서 받는 원고료, 저작권사용료인 인세, 미술, 음악 또는 사진에 속하는 창작품에 대하여 받는 대가(일시적인 문예창작소득)
⑯ 재산권에 관한 알선수수료
⑰ 사례금
⑱ 전속계약금
⑲ 다음 중 어느 하나에 해당하는 인적용역을 일시적으로 제공하고 지급받는 대가
  ㉠ 고용관계 없이 다수인에게 강연을 하고 강연료 등의 대가를 받는 용역
  ㉡ 라디오·텔레비전 방송 등을 통하여 해설·계몽 또는 연기의 심사 등을 하고 보수 또는 이와 유사한 성질의 대가를 받는 용역
  ㉢ 변호사·공인회계사·세무사·건축사·측량사·변리사 기타 전문직 지식 또는 특별한 기능을 가진 자가 당해 지식 또는 기능을 활용하여 보수 또는 기타 대가를 받고 제공하는 용역
  ㉣ ㉠ ~ ㉢ 외의 용역으로서 고용관계 없이 수당 또는 이와 유사한 성질의 대가를 받고 제공하는 용역
⑳ 법인세법에 의하여 기타소득으로 처분된 소득
㉑ 뇌물, 알선수재 및 배임수재에 의해 받은 금품
㉒ 대학교수의 연구용역소득
㉓ 소기업·소상공인 공제부금(노란우산공제) 해지일시금[주2]

*주2) 가입시기에 따른 소득세법상 취급 비교

가입시기	취급
2015년 12월 31일 이전 가입분	• 폐업 등의 사유로 받는 경우 → 이자소득 • 공제부금 해지일시금의 경우 → 기타소득
2016년 1월 1일 이후 가입분	퇴직소득

㉔ 서화, 골동품의 양도로 발생하는 소득[주3]

*주3) 서화 등 기타소득 과세

(1) 계속적, 반복적 거래의 경우에도 기타소득으로 구분. 단, 다음 중 하나에 해당하는 경우에는 사업소득으로 과세
  ① 서화·골동품 거래를 위해 사업장 등 물적시설을 갖춘 경우

② 서화·골동품을 거래하기 위한 목적으로 사업자등록을 한 경우
(2) 개당·점당 또는 조(2개 이상이 함께 사용되는 물품으로서 통상 짝을 이루어 거래되는 것)당 양도가액이 6천만원 초과인 것을 말한다. 다만, 양도일 현재 생존해 있는 국내 원작자의 작품은 제외한다.
  ① 서화·골동품 중 다음의 어느 하나에 해당하는 것
    ㉠ 회화, 데생, 파스텔(손으로 그린 것에 한정하며, 도안과 장식한 가공품은 제외) 및 콜라주와 이와 유사한 장식판
    ㉡ 오리지널 판화·인쇄화 및 석판화
    ㉢ 골동품(제작 후 100년을 넘은 것에 한정)
    ㉣ 기타 역사상, 예술상 가치가 있는 서화·골동품으로서 기획재정부장관이 문체부장관과 협의하여 정하는 것
㉕ 연금저축 및 연금계좌 운용실적에 따라 지급 받는 연금 외 수령한 소득
㉖ 퇴직 전에 부여받은 주식매수선택권을 퇴직 후에 행사하거나 고용관계없이 주식매수선택권을 부여받아 이를 행사함으로써 얻은 이익(단, 벤처기업 임직원이 2020년 12월 31일까지 부여받아 추후 행사하여 얻는 3천만원까지의 이익은 비과세)[선택적 분리과세 대상]
㉗ 노조전임자 급여
㉘ 종교관련종사자가 종교의식을 집행하는 등 종교관련활동으로 종교단체로부터 받는 소득(종교인소득)
㉙ 가상자산을 양도·대여함으로써 발생하는 소득[주4]

*주4) 가상자산(비트코인 등) 소득에 대한 과세
- 과세방법
  - (거주자) 250만원 기본공제를 적용한 소득에 20% 세율로 분리과세
  - (비거주자·외국법인) 소득지급자가 소득지급 시 일정금*을 원천징수
    * Min[양도가액 × 10%, (양도가액 − 취득가액) × 20%]
- 시행시기 : 2027년 1월 1일 이후 양도·대여하는 분부터
- 자료제출 : 가상사업자에 대해 분기별 과세자료 제출의무 부과

2 비과세 기타소득

소득세법상 다음의 소득은 과세하지 아니한다.
① 국가유공자 등 예우 및 지원에 관한 법률에 의하여 받는 보상금·학자금 및 북한이탈주민의 보호 및 정착지원에 관한 법률에 의하여 받는 정착금·보로금 및 기타 금품
② 국가보안법에 의하여 받는 상금과 보로금
③ 상훈법에 의한 훈장과 관련하여 받는 부상과 세법에 열거된 각종 상금과 부상
④ 종업원 등 또는 대학의 교직원이 퇴직한 후에 지급받는 직무발명보상금으로서 대통령령으로 정하는 금액(연 700만원 한도, 보상금을 지급한 사용자 등과 특수관계인 경우에는 제외)
⑤ 국군포로의 송환 및 대우 등에 관한법률에 따라 국군포로가 지급받는 정착금 그 밖의 금품
⑥ 문화재보호법에 따라 국가지정문화재로 지정된 서화·골동품의 양도로 발생하는 소득과 서화·골동품을 박물관 또는 미술관에 양도함으로써 발생하는 소득
⑦ 공무원제안규정에 따라 채택제안으로 선발되어 받는 부상
⑧ 국가 또는 지자체로부터 받는 상금과 부상(공무원이 공무수행에 따라 받는 포상금 제외)
⑨ 법령·조례에 의한 위원회 등의 보수를 받지 아니하는 위원이 받는 수당

3 기타소득금액의 계산

(1) 기타소득금액의 계산구조

기타소득금액은 총수입금액에서 이에 사용된 필요경비를 차감한 금액으로 한다.

> 기타소득금액 = 기타소득 총수입금액 − 필요경비

(2) 필요경비

필요경비란 해당 과세기간의 기타소득을 얻기 위해 투입된 비용으로서 실제투입비용을 말한다. 다만, 몇 가지 경우 정확한 경비계산이 어렵고 납세자의 사정이 서로 다르므로 일정한 기준을 정하여 경비를 산출하기도 한다.

• 공익법인이 주무관청의 승인을 얻어 시상하는 상금과 부상(기타소득의 범위 ①) • 계약으로 인한 위약금과 배상금 중 주택입주지체상금(기타소득의 범위 ⑩)	필요경비산입액 = Max[①, ②] ① 해당 기타소득 수입금액의 80% ② 실제 발생된 필요경비 금액 (실제 발생된 필요경비가 수입금액의 80% 상당하는 금액을 초과하는 경우에는 그 초과하는 금액도 필요경비에 산입한다)
• 산업재산권 등 권리의 양도 또는 대여하고 그 대가로 받은 금품(기타소득의 범위 ⑦) • 인적용역을 일시적으로 제공하고 받는 대가(기타소득의 범위 ⑲) • 문예창작소득(기타소득의 범위 ⑮) • 공익사업과 관련된 지상권·지역권을 설정 또는 대여하고 받는 금품(기타소득의 범위 ⑨) • 통신판매중개를 하는 자를 통해 물품 또는 장소를 대여하고 연간 수입금액 500만원 이하의 사용료로서 받은 금품	필요경비산입액 = Max[①, ②] ① 해당 기타소득 수입금액의 60% ② 실제 발생된 필요경비 금액 (실제 발생된 필요경비가 수입금액의 60% 상당하는 금액을 초과하는 경우에는 그 초과하는 금액도 필요경비에 산입한다)
[참고] 지상권·지역권을 설정 또는 대여하고 받는 금품	기존 기타소득에서 사업소득으로 과세
• 승마투표권·승자투표권 구매자가 받는 환급금	당해 단위 투표금액 합계액
• 슬롯머신 등의 당첨금품 등	당첨 당시에 슬롯머신 등에 투입한 금액
• 서화, 골동품 양도차익	Max(해당 기타소득 수입금액의 80%(90%)[주], 실제 사용된 필요경비) [주] 10년 미만 : | 양도가액	필요경비율
1억원 이하	90%
1억원 초과	• 1억원까지 : 90% • 1억원 초과분 : 80% | 10년 이상 : 양도가액의 90%

4 기타소득의 과세방법

기타소득은 원칙적으로 종합소득과세표준에 합산하여 과세한다. 다만, 예외적으로 분리과세되는 기타소득도 있다. 그 내용은 다음과 같다.

무조건 분리과세	① 연금저축 해지소득 중 가입자의 사망 등 부득이한 원인으로 인하여 발생하는 소득(15%) ② 서화 골동품의 양도로 인한 소득(20%) ③ 복권당첨금과 유사한 것으로서 시행령이 정하는 것 　위와 같은 경우는 20%(당첨금품 등이 3억원을 초과하는 경우 당해 초과분에 대하여는 30%) 세율로 원천징수함으로써 납세의무가 종결된다.
무조건 종합과세	뇌물, 알선수재 및 배임수재에 의하여 받는 금품은 무조건 종합소득과세표준에 합산하여 과세한다.
선택적 분리과세	위 이외의 기타소득금액이 연 300만원 이하인 경우에는 거주자의 선택에 의하여 분리과세하거나 종합과세한다.
과세최저한	다음의 경우에는 과세하지 않는다. | 구 분	내 용
원 칙	기타소득금액이 매건마다 5만원 이하인 때
예 외	① 승마투표권·승자투표권·소싸움경기투표권·체육진흥투표권의 환급금으로서 매건마다 당해 권면에 표시된 금액의 합계액이 10만원 이하이고, 단위투표금액당 환급금이 단위투표금액의 100배 이하인 때 (단, 개별투표당 200만원을 넘으면 과세) ② 슬롯머신 등의 당첨금품 등이 매건마다 200만원 이하인 때 ③ 복권당첨금 등이 매건마다 200만원 이하인 때

5 기타소득의 수입시기

구 분	기타소득의 수입시기
일반적인 기타소득(원칙)	그 지급을 받은 날(현금주의)
법인세법에 의하여 처분된 기타소득	당해 법인의 당해 사업연도의 결산 확정일
광업권·어업권·산업재산권 등의 자산이나 권리를 양도하거나 대여하고 그 대가로 받은 기타소득(자산이나 권리를 대여한 경우 제외)	대금청산일과 인도일·사용수익일 중 빠른 날. 다만, 대금을 청산하기 전에 자산을 인도 또는 사용·수익하였으나 대금이 확정되지 않은 경우에는 그 대금지급일로 한다.
계약의 위약 또는 해약으로 계약금을 대체하여 받는 위약금과 배상금	계약의 위반 또는 해지가 확정된 날

06 소득금액계산의 특례

1 부당행위계산의 부인

(1) 부당행위계산부인의 의의
소득세법상 부당행위계산부인규정은 다음의 요건을 만족한 경우 적용한다.

구 분	내 용
대상소득	배당소득(출자공동사업자의 배당소득에 한함)·사업소득·기타소득 또는 양도소득이 있는 거주자의 행위 또는 계산 ※ 이자소득·배당소득(출자공동사업자의 배당소득 제외)·근로소득·연금소득·퇴직소득에 대하여는 부당행위계산부인규정을 적용하지 않는다.
거래 상대방	당해 거주자와 특수관계 있는 자와의 거래
거래내용	당해 소득에 대한 조세부담을 부당하게 감소시킨 것으로 인정되는 때에는 관할 세무서장 또는 지방국세청장은 그 거주자의 행위 또는 계산에 관계없이 당해연도 소득금액을 계산할 수 있다.

(2) 특수관계자의 범위
소득세법상 부당행위계산부인규정의 적용요건 중 하나에 해당하는 '특수관계자'의 범위는 다음과 같다.

구 분	내 용
당해 거주자의	① 친 족 ② 종업원 또는 그 종업원과 생계를 같이하는 친족 ③ 당해 거주자와 금전 등에 의하여 생계를 유지하는 자와 이들과 생계를 같이하는 친족
당해 거주자의 ① ~ ③에 해당하는 특수관계자가	④ 30% 이상을 출자하고 있거나 당해 거주자가 대표자인 법인 ⑤ 이사의 과반수이거나 설립을 위한 출연금의 50% 이상 출연하고 그 중 1인이 설립자로 되어 있는 비영리법인
④ 또는 ⑤가	⑥ 50% 이상을 출자하고 있는 다른 법인

(3) 부당거래의 유형
소득세법상 부당행위계산부인규정의 적용요건 중 하나에 해당하는 '조세의 부담을 부당하게 감소기킨 것으로 인정되는 때'의 유형을 살펴보면 다음과 같다.

다만, ① ~ ③ 및 이에 준하는 거래는 시가와 거래가액의 차액이 시가의 5% 상당하는 금액 이상인 경우이거나 3억원 이상인 경우에 한하여 적용한다.

① 특수관계자로부터 시가보다 높은 가격으로 자산을 매입하거나, 특수관계자에게 시가보다 낮은 가격으로 양도한 때
② 특수관계자에게 금전 기타 자산 또는 용역을 무상 또는 낮은 이율 등으로 대부하거나 제공한 때, 다만, 직계존·비속에게 주택을 무상으로 사용하게 하고 직계존·비속이 당해 주택에 실제로 거주한 경우에는 부당행위계산부인규정을 적용하지 않는다.

③ 특수관계자로부터 금전 기타 자산 또는 용역을 높은 이율 등으로 차용하거나 제공받은 때
④ 특수관계자로부터 무수익자산을 매입하여 그 자산에 대한 비용을 부담하는 때
⑤ 기타 특수관계자와의 거래로 인하여 당해 연도의 총수입금액 또는 필요경비의 계산에 있어서 조세부담을 부당하게 감소시킨 것으로 인정되는 때

2 공동사업에 대한 소득금액계산의 특례

(1) 공동사업의 개념

공동사업(출자공동사업자가 있는 공동사업 포함)이란 사업소득이 발생하는 사업을 공동으로 경영하고 그 손익을 분배하는 것을 말하는데, 이때 해당 사업을 경영하는 장소를 1거주자로 보아 공동사업장별로 그 소득금액을 계산한다. 이는 공동사업자 각각에 대해 소득금액을 계산하는 번거로움과 행정력 낭비를 막기 위함이다.

'출자공동사업자'란 공동사업의 경영에 참여하지 않고 출자만 하는 자를 말하며 다음에 해당하는 자는 제외한다.
① 공동사업에 성명 또는 상호를 사용하게 한 자
② 공동사업에서 발생한 채무에 대하여 무한책임을 부담하기로 약정한 자

(2) 공동사업의 소득분배

① **원칙(손익분배비율에 의한 소득분배)** : 공동사업에서 발생한 소득금액은 해당 공동사업을 경영하는 각 거주자(출자공동사업자 포함) 간에 손익분배비율에 의해 각 공동사업자별로 분배한다.

구 분	내 용
1단계	공동사업장을 1거주자로 보아 소득금액을 계산한다.
2단계	소득금액을 공동사업자 간에 약정된 손익분배비율(약정된 손익분배비율이 없는 경우에는 지분비율)에 의하여 분배되었거나 분배될 소득금액에 따라 각 공동사업자별로 분배한다.

② **결손금발생 시** : 만일 공동사업장에서 결손금이 발생한 경우에는 각 공동사업자별로 분배된 금액의 범위 내에서 각 공동사업자의 다른 사업장의 동일 소득 또는 다른 종합소득과 통산한다.

③ **공동사업 합산과세 특례**
  ㉠ 개념 : 거주자 1인과 그와 특수관계에 있는 자가 공동사업자(출자공동사업자 포함)에 포함되어 있는 경우로서 다음 사유에 해당하는 경우에는 위의 규정과 같이 분배하지 않고 전액 주된 공동사업자의 소득금액으로 본다. 이를 '공동사업 합산과세'라 한다. 이는 특수관계자 간에 손익분배비율을 위장분산하는 방법으로 소득세 부담을 회피하려는 것을 방지하기 위함이다.
  • 공동사업자가 소득세법에 의하여 제출한 신고서와 첨부서류에 기재한 사업의 종류, 소득금액 내역, 손익분배비율의 약정 및 공동사업자 간의 관계 등이 사실과 현저하게 다른 경우
  • 공동사업자가 경영참가, 거래관계, 손익분배비율 및 자산·부채 등의 재무상태 등을 감안할 때 조세를 회피하기 위하여 공동으로 사업을 경영하는 것이 확인되는 경우
  ㉡ 특수관계자의 범위 : 위에서 특수관계자란 당해 과세기간 종료일 현재 거주자 1인과 친족관계에 있는 자로서 생계를 같이하는 자를 말한다.

ⓒ 주된 공동사업자 : 주된 공동사업자의 판정은 다음 순서에 의한다.
- 공동사업에 대한 손익분배비율이 큰 공동사업자
- 공동사업소득 외의 종합소득금액이 많은 자
- 직전 연도의 종합소득금액이 많은 자
- 당해 사업에 대한 종합소득과세표준을 신고한 자. 다만, 무신고시는 관할 세무서장이 정하는 자

ⓓ 연대납세의무 : 이와 같이 주된 공동사업자에게 합산과세되는 경우 합산과세되는 소득금액에 대하여 주된 공동사업자 외의 특수관계자는 그의 손익분배비율에 해당하는 소득금액을 한도로 주된 공동사업자와 연대납세의무를 진다.

3 결손금과 이월결손금의 공제

(1) 결손금 및 이월결손금의 공제

① 결손금과 이월결손금 정의

㉠ 결손금이란 사업자가 비치 기장한 장부에 의해 사업소득금액계산 시 필요경비가 총수입금액을 초과하는 경우 동 금액을 말한다.

㉡ 이월결손금(자산수증이익 또는 채무면제이익으로 충당된 것은 제외)은 당해 이월결손금이 발생한 연도의 종료일부터 15년 이내(2020년 1월 1일 전 개시하는 사업연도 발생분은 10년 이내)에 종료하는 과세연도의 소득금액계산 시 먼저 발생한 이월결손금부터 순차로 공제한다.

※ 소득세법상 결손금과 이월결손금은 사업소득(부동산임대업소득 포함)에서만 발생한다. 다른 소득에서는 결손금이 발생할 수 없다.
※ 양도소득의 결손금은 양도차손이라 하며, 양도차손은 다른 소득과는 통산하지 않고, 다른 자산의 양도차익에서 공제하되 미공제액은 이월공제되지 아니하고 당해에 소멸한다.

② 사업소득의 결손금과 이월결손금 공제 : 사업소득의 결손금은 종합소득금액계산 시 다음 순서로 공제한다. 단, 사업소득 중 부동산임대업에서 발생하는 결손금은 종합소득 과세표준을 계산할 때 공제하지 않는다.

구 분	공제순서
결손금 공제	㉠ 근로소득금액 → ㉡ 연금소득금액 → ㉢ 기타소득금액 → ㉣ 이자소득금액 → ㉤ 배당소득금액
이월결손금 공제(15년 공제) (2020년 전 발생분은 10년 공제)	먼저, 해당 과세기간의 사업소득금액(부동산임대업의 소득금액 포함)을 계산할 때 먼저 공제한 후, 잔액이 있을 경우 위 결손금 공제 순서와 같이 순차적으로 공제한다.

③ 사업소득의 범위에 포함되는 부동산임대소득
   ㉠ 결손금공제 : 부동산임대소득의 결손금은 아래와 같이 임대부동산에 따라 달리 적용한다. 이는 주택임대사업을 지원하기 위함이다.

일반(비주거용) 부동산임대업의 결손금	해당 과세기간의 타 소득금액에서 공제하지 않고 다음 과세기간으로 이월시킨다.
주거용 건물임대업의 결손금	• 사업소득의 결손금 처리 방법과 동일 근로소득금액 → 연금소득금액 → 기타소득금액 → 이자소득금액 → 배당소득금액의 순서대로 공제 • 공제 후 남은 결손금은 다음 과세기간으로 이월

   ㉡ 이월결손금공제

일반(비주거용) 부동산임대업의 결손금	해당 과세기간의 부동산임대업의 소득금액에서만 공제한다.
주거용 건물임대업의 결손금	해당 과세기간의 사업소득금액(부동산임대업의 소득금액 포함)을 계산할 때 먼저 공제하고, 남은 금액은 위의 결손금 처리 방법과 동일 근로소득금액 → 연금소득금액 → 기타소득금액 → 이자소득금액 → 배당소득금액의 순서대로 공제

④ 결손금과 이월결손금공제의 순서 : 결손금과 이월결손금이 동시에 발생한 경우 다음의 순서대로 공제한다.
   [1단계] 일반사업소득과 주거용 건물임대소득의 결손금을 다른 종합소득에서 공제한다(일반 부동산임대업의 소득금액 → 근로·연금·기타·이자·배당소득금액의 순서대로 공제).
   [2단계] 일반사업소득의 이월결손금과 주거용건물임대소득의 이월결손금을 다른 종합소득(일반 사업소득 → 부동산임대업의 소득금액 → 근로·연금·기타·이자·배당소득금액의 순서대로)에서 공제한다.
   [3단계] 일반 부동산임대업의 이월결손금은 부동산임대소득의 소득금액(1단계와 2단계를 거친 후 남은 소득금액)에서만 공제한다.

⑤ 이월결손금공제의 배제
   ㉠ 소득금액을 추계신고(장부나 증빙서류에 의하지 않은 신고)·추계결정·경정하는 경우에는 이월결손금공제를 배제한다.
   ㉡ 다만, 천재지변, 기타 불가항력으로 인하여 장부·기타 증빙서류가 멸실되어 추계신고(장부나 증빙서류에 의하지 않은 신고)·추계결정·경정하는 경우에는 이월결손금공제를 적용한다.

⑥ 납세자에게 종합과세되는 금융소득이 있는 경우 : 결손금 및 이월결손금의 공제에 있어서 종합과세되는 금융소득이 있는 때에는 다음과 같이 어떤 세율을 적용하느냐에 따라 공제여부와 금액이 달라진다.

구 분	내 용
원천징수세율 적용분	결손금 또는 이월결손금의 공제대상에서 제외
기본세율 적용분	납세자가 그 소득금액의 범위 내에서 공제여부 및 공제금액을 결정할 수 있다.

07 종합소득과세표준의 계산

1 과세표준 기본구조

6가지의 종합과세 대상 소득이 각각 계산되면 이들을 합산하여 종합소득금액을 구하고, 여기에 종합소득공제를 적용하여 종합소득과세표준을 계산하게 된다.

> 종합소득과세표준 = 종합소득금액 − 종합소득공제(소득세법상 소득공제, 조세특례제한법상의 소득공제)

종합소득공제는 소득세법상의 종합소득공제와 조세특례제한법상의 소득공제로 다음과 같이 구분된다.

구 분	내 용
소득세법	① 인적공제(기본공제, 추가공제) ② 특별공제(건강보험료 등 소득공제, 주택자금소득공제) ③ 연금보험료 공제(종합소득자) ④ 주택담보노후연금이자비용소득공제(연금소득자)
조세특례 제한법	① 신용카드 등 사용금액에 대한 소득공제 ② 소기업·소상공인 공제부금(노란우산공제)에 대한 소득공제 ③ 우리사주조합 출연금에 대한 소득공제 ④ 중소기업창업투자조합출자 등에 대한 소득공제 ⑤ 우리사주조합 기부금 소득공제 ⑥ 고용유지중소기업 소득공제 ⑦ 청년형 장기펀드(장기집합투자증권저축)에 대한 소득공제

2 종합소득공제

종합소득공제는 크게 인적공제와 특별공제 그리고 조세특례제한법상의 소득공제로 구분한다. 여기서, 인적공제란 납세의무자의 최저생활을 보장하고 부양가족의 상황에 따라 세부담에 차별을 둠으로써 소득세 과세의 대원칙인 '부담능력에 따른 과세'를 실현하는데 있다. 따라서 실제 지출에 대한 공제가 아니라 법정사실에 따른 공제이므로 지출사실을 입증하지 않아도 된다. 이에 비해 물적공제는 납세의무자가 지출한 일정한 비용(보험료, 주택자금)을 과세표준상 공제하는 제도이다. 이는 사회보장제도를 세제측면에서 지원한다는 의의가 있으며, 세법상 한도 내의 금액을 공제받을 수 있다.

(1) 인적공제

인적공제는 크게 기본공제, 추가공제로 구분할 수 있다. 여기서 기본공제와 추가공제는 모든 종합소득자가 적용받을 수 있다. 인적공제의 합계액이 종합소득금액을 초과할 경우 그 초과하는 공제액은 없는 것으로 한다.

① 기본공제

㉠ **기본공제액** : 종합소득이 있는 거주자에 대하여 다음 해당하는 기본공제대상자 1인당 150만원을 곱하여 계산한 금액을 당해연도 종합소득금액에서 공제한다.

> 기본공제액 = 기본공제대상자의 수 × 150만원

㉡ **기본공제대상자** : 기본공제대상자의 요건은 다음과 같다.

> ⓐ 당해 거주자 → 무조건 기본공제대상임
> ⓑ 거주자의 배우자로서 연간 소득금액[주1]의 합계액이 100만원 이하인 자 → 연령요건은 없음
> ⓒ 거주자(배우자를 포함)와 생계를 같이하는 다음에 해당하는 부양가족으로서 연간 소득금액의 합계액이 100만원 이하인 자. 다만, 장애인에 해당되는 경우에는 연령의 제한을 받지 아니한다(즉, 당해 연도에 20세에 달하거나 사망하여도 공제 가능함).
> - 거주자의 직계존속으로서 60세 이상인 자 : 거주자의 직계존속과 혼인(사실혼을 제외) 중임이 증명되는 자를 포함(직계존속이 재혼한 배우자를 직계존속 사후에도 부양하는 경우 포함)
> - 거주자의 직계비속과 동거입양자로서 20세 이하(만 20세가 되는 날이 속하는 과세기간까지 기본공제대상자에 포함)인 자[주2] : 거주자의 배우자가 재혼한 경우로서 당해 배우자가 종전의 배우자와의 혼인(사실혼을 제외) 중에 출산한 자를 포함
> - 거주자의 형제자매로서 20세 이하 또는 60세 이상인 자
> - 국민기초생활보장법에 의한 수급자
> - 아동복지법에 따른 6개월 이상 양육한 위탁아동(18세 미만의 자만 해당. 단, 보호기간이 연장된 20세 이하 위탁아동 포함)

[주1] 위의 '소득금액'이라 함은, 종합소득금액(비과세소득, 분리과세소득 제외), 퇴직소득금액, 양도소득금액의 합계액을 말함. 단, 기본공제 대상자가 근로소득만 있는 경우로서 총급여 500만원(근로소득금액 150만원)까지는 소득금액기준을 만족하는 것으로 보아 기본공제 가능함
[주2] 해당 직계비속 또는 입양자와 그 배우자가 모두 장애인에 해당하는 경우에는 그 배우자를 포함한다.

㉢ **부양가족** : 기본공제를 적용할 때 배우자의 경우에는 생계를 같이 해야 한다는 요건이 없으나, 부양가족의 경우에는 생계를 같이 해야 공제대상이 될 수 있다. 여기서 '부양가족'이란 주민등록표상의 동거가족으로서 당해 과세기간 종료일 현재 당해 거주자의 주소・거소에서 현실적으로 생계를 같이하는 자를 말한다. 다만, 다음의 경우에는 주민등록표상 동거가족으로 되어 있지 않더라도 현실적으로 생계를 같이하는 부양가족으로 본다.

> - 직계비속・입양자(직계비속・입양자는 무조건 생계를 같이하는 자로 봄)
> - 직계비속・입양자를 제외한 동거가족의 경우에는 취학, 질병의 요양, 근무상・사업상 형편 등으로 본래의 주소・거소를 일시 퇴거한 경우
> - 부양가족 등 거주자(그 배우자 포함)의 직계존속이 주거의 형편에 따라 별거하고 있는 경우

② **추가공제** : 기본공제대상자가 다음의 사유에 해당하는 경우에는 거주자의 당해 연도의 종합소득금액에서 기본공제 외에 다음에 해당하는 인원수에 1인당 연 100만원(또는 200만원)(ⓒ의 경우 50만원)을 곱하여 계산한 금액을 추가로 공제한다.

구 분	요 건	공제금액
경로자우대공제	70세 이상인 경우	100만원
장애인공제	기본공제대상자가 장애인인 경우	200만원
부녀자공제	• 종합소득금액이 3천만원(총급여 4,000만원 수준) 이하인 다음의 부녀자로 한정 - 당해 근로자가 배우자가 없는 여성으로서 부양가족이 있는 세대주 - 배우자가 있는 여성	50만원
한부모세대공제	해당 거주자가 배우자가 없는 사람으로서 기본공제대상자인 직계비속 또는 입양자가 있는 경우(단, '부녀자공제'와 중복배제)*주)	100만원

*주) 배우자가 없고 기본공제 대상 자녀가 있는 세대에 대한 지원을 하기 위함

[인적공제 요약]

구 분	내 용
기본공제	기본공제대상자 1인당 150만원
추가공제	• 경로우대자공제 : 1인당 100만원 • 장애인공제 : 1인당 200만원 • 부녀자공제 : 50만원 • 한부모세대공제 : 1인당 100만원

> **더알아두기**
>
> **종합소득 공제대상자의 판정**
> ① 원칙 : 과세기간종료일(12월 31일) 현재 주민등록표상의 동거가족으로서 당해 거주자의 주소 또는 거소에서 현실적으로 생계를 같이하는 자로 한다. 다만 직계비속일 경우에는 예외로 한다.
> ② 거주자 또는 직계비속이 아닌 동거가족이 취학·질병의 요양·근무상 또는 사업상의 형편 등으로 본래의 주소 또는 거소를 일시 퇴거한 경우에도 생계를 같이 하는 자로 한다.
> ③ 거주자의 부양가족 중 거주자(그 배우자를 포함)의 직계존속이 주거의 형편에 따라 별거하고 있는 경우에는 생계를 같이하는 자로 본다.
> ④ 적용대상연령이 정하여진 경우에는 당해연도의 과세기간 중에 당해 연령에 해당되는 날이 있는 경우에는 공제대상자로 본다.
> ⑤ 과세기간 종료일 전에 사망한 사람 또는 장애가 치유된 사람에 대해서는 '사망일 전날' 또는 '치유일 전날'의 상황에 따른다.
> ⑥ 직계비속 또는 입양자의 배우자는 부양가족이 아니지만, 직계비속 또는 입양자가 장애인이고 그 배우자가 장애인에 해당하는 경우에는 그 배우자도 공제대상 부양가족으로 보고 추가공제도 적용한다.

(2) 물적공제

① **특별소득공제** : 소득세법상 소득공제

> 특별소득공제 = 보험료소득공제 + 주택자금소득공제

항목별 공제의 구체적 내용을 살펴보면 다음과 같다.

㉠ 보험료 소득공제 : 근로소득이 있는 거주자(일용근로자 제외)가 지출한 건강보험료와 고용보험료, 노인장기요양보험료의 근로자 부담액은 당해 연도의 근로소득금액에서 공제한다(근로자 부담분만 공제대상이며, 사용자 부담분은 비과세 근로소득에 해당함). 단, 보험료공제는 '연령요건'과 '소득금액요건'을 모두 충족한 기본공제대상자여야 공제 가능하다.

> 보험료소득공제액 = 건강보험료와 고용보험료, 노인장기요양보험료 근로자 부담액 전액

㉡ 주택자금소득공제 : 근로소득이 있는 거주자(일용근로자를 제외)로서, 주택을 소유하지 않는 세대주(세대주가 본 소득공제를 적용받지 않은 경우에는 세대의 구성원 중 근로소득이 있는 자), 거주자인 외국인 근로자가 해당 과세기간에 주택자금으로 지급한 경우 다음의 금액을 그 과세기간의 근로소득금액에서 공제한다.

> **주택자금 소득공제액 = Min[①, ②]**
> ① Min[{주택청약저축의 납입액(ⓐ) + 주택임차자금 원리금 상환액(ⓑ)} × 40%, 연 400만원 + 장기주택저당차입금 이자상환액(ⓒ)]
> ② 공제한도 : 연 800만원*주)
>
> *주) 장기주택저당차입금이 다음에 해당하는 경우 연 800만원 한도 대신 해당 금액을 공제한도로 한다.
>
> | 구 분 | 공제한도 |
> |---|---|
> | 상환기간 15년 이상 & (고정금리 이자지급방식 & 비거치식 분할상환) | 연 2,000만원 |
> | 상환기간 15년 이상 & (고정금리 이자지급방식 or 비거치식 분할상환) | 연 1,800만원 |
> | 상환기간 10년 이상 & (고정금리 이자지급방식 or 비거치식 분할상환) | 연 600만원 |

※ 주택자금 소득공제의 요건

구 분	공제요건
주택청약저축 불입액(ⓐ)	총급여액이 7천만원 이하이며, 해당 기간 중 주택을 소유하지 않은 세대의 세대주 및 배우자가 청약저축, 주택청약종합저축에 납입한 금액이 있는 경우로서 연 300만원까지 소득공제
주택임차자금 차입금 (전세보증금담보대출 또는 월세보증금담보대출)의 원리금상환액(ⓑ)	무주택자(세대원 가능)가 국민주택규모의 주택을 임차하기 위하여 차입한 차입금의 원리금을 상환하는 경우 - 금융기관에서 차입한 경우 : 총급여제한 없음 - 대부업 등을 경영하지 않은 거주자에게 차입한 경우 : 총급여 5천만원 이하인 사람만 가능
장기주택저당차입금 (주택담보대출) 이자상환액(ⓒ)	근로소득자로서 1주택을 보유한 세대의 세대주(실제거주 세대원 가능)가 취득 당시 기준시가 6억원 이하인 주택을(주택분양권 포함) 취득하기 위하여 금융기관 또는 국민주택기금으로부터 상환기간이 15년 이상 ~ 30년 미만인 차입금을 차입한자가 상환하는 장기주택저당차입금의 이자상환액을 전액 공제

② 조세특례제한법상 소득공제
　㉠ 신용카드 등 사용금액에 대한 소득공제
　　• 공제액 계산 : 근로소득이 있는 거주자(일용근로자를 제외하며, 배우자 또는 생계를 같이하는 직계존비속·배우자의 직계존속을 포함. 단, 연간 종합소득금액이 100만원 이하인 자. '연령요건'은 고려 안함. 단, 형제자매의 사용금액은 불가)가 법인 또는 사업자로부터 재화나 용역을 제공받고 신용카드 등*주)을 사용하는 경우 해당 과세기간의 근로소득금액에서 다음의 금액을 공제한다.

　　　*주) 신용카드 등의 범위 : 신용카드, 현금영수증, 직불카드, 기명식선불카드, 직불전자지급수단, 기명식 선불전자지급수단, 기명식 전자화폐사용액(단, 무기명식 선불카드, 외국에서 발행한 신용카드는 제외)

> **더알아두기**
>
> **신용카드 등 소득공제액**
> (1) 공제대상액 = (① + ② + ③ + ④ + ⑤) − ⑥(㉠ or ㉡ or ㉢) + ⑦
> 　① 전통시장 사용분 × 40%
> 　② 대중교통 이용분 × 40%
> 　③ (총급여액 7천만원 이하인 자만 적용) 도서·신문·공연·박물관·미술관·영화관람·수영장·체력단련장 사용분 × 30%
> 　④ 직불카드, 현금영수증 등 사용분 × 30%
> 　⑤ 신용카드 사용분 × 15%
> 　⑥ 최저사용분차감액 : (㉠ or ㉡ or ㉢)
> 　　㉠ 최저사용금액(= 총급여액의 25%) ≤ 신용카드 사용분인 경우 = 최저사용금액 × 15%
> 　　㉡ 최저사용금액 > 신용카드 사용분이면서 [(신용카드 사용분 + 직불카드·현금영수증 사용분 + 도서·신문·공연·박물관·미술관·영화관람·수영장·체력단련장 사용분] ≥ 최저사용금액]인 경우 = 신용카드 사용분 × 15% + (최저사용금액 − 신용카드 사용분) × 30%
> 　　㉢ 최저사용금액 > 신용카드 사용분이면서 [(신용카드 사용분 + 직불카드·현금영수증 사용분과 도서·신문·공연·박물관·미술관·영화관람·수영장·체력단련장 사용분) < 최저사용금액]인 경우 = (신용카드 사용분 × 15%) + (직불카드·현금영수증 사용분 + 도서·신문·공연·박물관·미술관·영화관람·수영장·체력단련장 사용분 × 30%) + [최저사용금액 − (신용카드 사용분 + 직불카드·현금영수증 사용분과 도서·공연·박물관·미술관·영화관람·수영장·체력단련장 사용분)] × 40%
> 　　※ 수영장 및 체력단련장 시설이용료 사용분은 2025년 7월 1일 이후 지출분부터 적용함
> 　⑦ 소비증가분 대상액 × 10%
> (2) 공제한도액
>
> | 해당 과세연도 총급여액 | 공제한도 |
> | --- | --- |
> | 7천만원 이하 | 연간 300만원 |
> | 7천만원 초과 | 연간 250만원 |
>
> ※ 만약, 한도초과액(= 공제대상액 − 공제한도액)이 발생한 경우 다음을 추가공제한다.
>
> | 총급여 | 공제한도 | 포함 여부 | | |
> | --- | --- | --- | --- | --- |
> | | | 전통시장 한도초과액 | 대중교통 한도초과액 | 도서공연등 한도초과액 |
> | 7천만원 이하 | 300만원 | O | O | O |
> | 7천만원 초과 | 200만원 | O | O | X |

- **공제배제 항목** : 다음에 해당하는 경우에는 이를 신용카드 등 사용금액에 포함하지 아니한다.
  - 사업소득과 관련된 비용 또는 법인의 비용
  - 물품의 판매 또는 용역의 제공을 가장하는 등의 비정상적인 사용행위로 인한 금액
  - 신규로 출고되는 자동차(중고차 포함. 단, 중고차 구입금액의 10%를 신용카드 등으로 포함한다), 선박, 항공기 구입
  - 각종 보험료, 공제금
  - 유치원, 초, 중, 고, 대학 및 대학원의 수업료, 등록금 등
  - 정부·지방자치단체에 납부하는 국세·지방세·전기료·수도료·전화료(전화료와 함께 고지되는 정보사용료 등을 포함)·가스료·텔레비전시청료 등 제세공과금
  - 지방세법에 의하여 취득세가 부과되는 재산의 구입비용
  - 리스료, 상품권 등 유가증권 구입비
  - 차입금 이자상환액, 증권거래수수료 등 금융, 보험용역과 관련한 지급액
  - 가상자산거래에 대해 가상자산사업자에게 지급하는 대가
  - 고향사랑기부금
  - 관세법에 따른 보세판매장, 조특법에 따른 지정면세점 등에서 구입한 면세물품의 구입비용
  ※ 의료비는 신용카드공제 배제액에 포함되어 있지 아니하다. 따라서, 의료비를 신용카드로 결제한 경우 '의료비'와 '신용카드사용에 대한 공제'를 중복해서 받을 수 있다.

ⓒ **우리사주조합 출자에 대한 소득공제** : 우리사주조합원이 자사주를 취득하기 위하여 우리사주조합에 출연하는 경우 400만원 한도에서 출연금액을 근로소득금액에 공제한다.

$$\text{소득공제액} = \text{Min}[\text{① 당해 연도의 출연금액, ② 400만원}(1,500\text{만원}^{*주})]$$

*주) 벤처기업의 우리사주조합회 경우

ⓒ **소기업·소상공인 공제부금에 대한 소득공제(노란우산공제)** : 거주자가 중소기업협동조합법에 따른 소기업·소상공인공제부금(노란우산공제)에 가입한 경우 다음 금액을 한도로 소득공제한다. 또한, 소기업·소상공인 공제에 가입한 법인대표자가 총급여액 8천만원 이하인 경우에도 소득공제를 허용한다.

$$\text{소득공제액} = \text{Min}[\text{① 당해 연도의 공제부금 납부액,}\\ \text{② (사업소득금액 − 부동산임대업의 소득금액)}]$$

공제한도액

해당 과세연도 사업소득금액	소득공제액
4천만원 이하	Min(해당 연도 공제부금 납부액, 600만원)
4천만원 초과 ~ 1억원 이하	Min(해당 연도 공제부금 납부액, 400만원)
1억원 초과	Min(해당 연도 공제부금 납부액, 200만원)

ⓔ **고용유지중소기업 소득공제** : 종업원의 임금을 삭감하는 방식으로 고용을 유지하는 고용유지중소기업과 소속 근로자에 대한 소득공제(임금감소액의 50%, 공제한도 : 1천만원)

ⓜ **청년형 장기펀드(장기집합투자증권저축)에 대한 소득공제** : 만 19세 ~ 34세이면서 총급여 5천만원(또는 종합소득금액 3,800만원) 이하인 자가 계약기간 3년 ~ 5년인 국내 상장주식에 40%

이상 투자하는 펀드에 가입한 경우, 납입금액(연 600만원 한도)의 40%를 종합소득금액에서 소득공제한다(2025년 12월 31일까지 가입분에 한함).

(3) 연금보험료 공제

종합소득이 있는 거주자가 다음에 해당하는 보험료를 납부한 경우 해당 연도 종합소득금액에서 다음의 금액을 전액 공제한다. 단, 연금보험료공제액이 종합소득소득금액을 초과하는 경우에는 그 초과액은 없는 것으로 본다.
① 국민연금법에 의해 납부하는 국민연금보험료
② 공무원연금법, 군인연금법 등에 의해 근로자가 부담하는 기여금 또는 부담금

> 공제액 = 공적연금(국민연금·공무원연금 등) : 납부한 보험료 전액

(4) 주택담보노후연금이자비용에 대한 소득공제

연금소득이 있는 거주자가 주택담보노후연금을 받은 경우에는 그 지급받은 연금에 대하여 해당 연도에 발생한 이자상당액을 해당 연도 연금소득금액에서 공제한다. 단, 주택담보노후연금 가입당시 주택의 기준시가 12억원 이하인 주택이어야 한다. 이 경우 공제할 이자상당액이 200만원을 초과하는 경우에는 200만원을 공제하고, 연금소득금액을 초과하는 경우 그 초과금액은 없는 것으로 한다.

> 주택담보노후연금 이자비용공제액 = Min[①, ②, ③]
> ① 받은 연금에 대하여 해당 과세기간에 발생한 이자비용 상당액
> ② 200만원
> ③ 연금소득금액

(5) 종합소득공제의 적용 시 유의사항

종합소득공제의 적용에 있어 유의할 사항은 다음과 같다.
① **분리과세소득만 있는 경우 – 종합소득공제의 배제** : 분리과세이자소득, 분리과세배당소득, 분리과세연금소득, 분리과세기타소득만이 있는 자는 종합소득공제를 하지 않는다.
② **증명서류를 미제출한 경우** : 과세표준확정신고를 하여야 할 자가 소득공제를 증명하는 서류를 제출하지 않는 경우에는 기본공제와 표준세액공제만을 적용한다. 다만, 과세표준확정신고 여부에 관계없이 종합소득공제 관련 서류를 나중에 제출한 경우에는 종합소득공제를 적용한다.
③ **수시부과결정 시** : 수시부과결정의 경우에는 거주자 본인에 대한 기본공제(150만원)만을 적용한다.

(6) 소득세 특별공제 소득한도

고소득자에 대한 과도한 소득공제 적용을 배제하기 위해 소득공제 종합한도를 두었다.
① 공제한도 : 2천 5백만원
② 한도포함 소득공제 항목 : 주택자금소득공제, 신용카드소득공제, 우리사주조합·창투조합, 소득공제, 청약저축 등에 대한 소득공제

08 종합소득 산출세액의 계산

1 일반적인 산출세액의 계산구조

```
        종합소득과세표준
             세 율   → 6% ~ 45% 8단계 초과누진세율
            산출세액
  (−)  세액감면, 세액공제  → 소득세법 및 조특법상 세액감면, 세액공제
            결정세액
  (+)      가산세
  (−)   감면추가납부세액
            총부담세액
  (−)      기납부세액   → 중간예납세액, 원천징수세액, 수시부과세액, 예정신고납부세액
            자진납부세액
```

일반적인 종합소득산출세액은 종합소득 과세표준에 다음의 세율을 적용하여 계산한다.

종합소득 과세표준	세 율
1,400만원 이하	과세표준의 6%
1,400만원 초과 ~ 5,000만원 이하	84만원 + 1,400만원을 초과하는 금액의 15%
5,000만원 초과 ~ 8,800만원 이하	624만원 + 5,000만원을 초과하는 금액의 24%
8,800만원 초과 ~ 1.5억원 이하	1,536만원 + 8,800만원을 초과하는 금액의 35%
1.5억원 초과 ~ 3억원 이하	3,706만원 + 1.5억원 초과하는 금액의 38%
3억원 초과 ~ 5억원 이하	9,406만원 + 3억원 초과하는 금액의 40%
5억원 초과 ~ 10억원 이하	1억 7,406만원 + 5억원 초과하는 금액의 42%
10억원 초과	3억 8,406만원 + 10억원 초과하는 금액의 45%

실무상으로는 위의 세율표보다 아래의 속산표를 애용하고 있다.

과세표준	산출세액
1,400만원 이하	과세표준 × 6%
5,000만원 이하	과세표준 × 15% − 126만원(누진공제액)
8,800만원 이하	과세표준 × 24% − 576만원(누진공제액)
1.5억원 이하	과세표준 × 35% − 1,544만원(누진공제액)
3억원 이하	과세표준 × 38% − 1,994만원(누진공제액)
5억원 이하	과세표준 × 40% − 2,594만원(누진공제액)
10억원 이하	과세표준 × 42% − 3,594만원(누진공제액)
10억원 초과	과세표준 × 45% − 6,594만원(누진공제액)

2 비교과세(= 금융소득 종합과세 시 세액계산 등 특례)

(1) 비교과세의 개요

종합소득과세표준에 이자소득 또는 배당소득(금융소득)이 포함되어 있는 경우에는 위와 같이 일반적인 방법으로 산출세액을 구하는 것이 아니라 다음과 산식을 사용하여 세액을 계산하여야 한다. 이를 비교과세라 한다.

비교과세의 산출세액 계산방법은 종합소득에 합산되는 금융소득이 2천만원을 초과하는 경우에는 다음의 종합과세 시 세액과 분리과세 시 세액 중 큰 금액을 종합소득 산출세액으로 하며(①의 경우), 2천만원 이하인 경우에는 분리과세 시 세액을 종합소득 산출세액으로 한다(②의 경우).

① 종합과세되는 금융소득이 2천만원을 초과하는 경우 : Max[㉠, ㉡]

> ㉠ (종합소득과세표준 − 2천만원) × 기본세율 + (2천만원 × 14%)
> ㉡ (종합소득과세표준 − 금융소득금액) × 기본세율 + (금융소득총수입[주] × 14%)
> (비영업대금이익은 25%)

*주) '금융소득총수입금액'에는 귀속법인세(Gross-up 금액)를 포함하지 않는다.

② 종합과세되는 금융소득이 2천만원 이하인 경우

> (종합소득과세표준 − 금융소득금액) × 기본세율 + (금융소득총수입금액 × 14%(비영업대금이익 25%))

다만, 거주자에게 배당소득으로 보는 출자공동사업자에 대한 손익분배비율에 상당하는 금액이 있는 경우에는 무조건 종합소득금액에 합산하지만, 종합소득에 합산되는 금융소득이 2천만원을 초과하는지 여부를 판정하는 경우와 비교과세를 적용함에 있어서는 금융소득으로 보지 않는다.

(2) 비교과세 시 결손금과 이월결손금의 공제

비교과세를 적용함에 있어서 당해 거주자에게 결손금 및 이월결손금이 있는 경우에는 다음과 같이 공제방식이 일반적인 방식과 달라지므로 유의하여야 한다.

종합과세되는 금융소득	결손금 또는 이월결손금 공제
원천징수세율 적용분	결손금 또는 이월결손금의 공제대상에서 제외된다(종합과세를 당하는 것이 분리과세로 부담하는 세액보다 유리하게 되는 경우가 발생하는 것을 방지하기 위해).
기본세율 적용분	납세자가 그 소득금액의 범위 내에서 공제여부 및 공제금액을 결정할 수 있다.

09 종합소득 자진납부세액의 계산

1 종합소득 자진납부세액의 계산구조

종합소득 산출세액이 계산되어지면 그 다음으로 세액감면과 세액공제, 그리고 가산세 등을 가감하여 종합소득 자진납부세액이 도출되게 된다. 계산구조를 살펴보면 다음과 같다.

	종합소득산출세액	
(−)	세액감면	→ 소득세법 및 조세특례제한법에서 규정
(−)	세액공제	→ 소득세법 및 조세특례제한법에서 규정
	종합소득결정세액	
(+)	가산세	
	종합소득총결정세액	
(+)	감면분추가납부세액	
	총부담세액	
(−)	기납부세액	→ 중간예납세액, 수시부과세액, 예정신고납부세액, 원천징수세액
	종합소득자진납부세액	

2 세액감면

세액감면은 소득세법상 세액감면과 조세특례제한법상 세액감면으로 구분되는데, 이를 살펴보면 다음과 같다.

구 분	내 용
소득세법	① 사업소득에 대한 세액감면 : 비거주자와 거주자 중 대한민국의 국적을 가지지 않은 자가 선박·항송기의 외국항행사업으로부터 얻은 소득이 있는 경우에는 세액감면을 적용한다. 다만, 그 비거주자 등의 국적지국에서 대한민국국민이 운용하는 선박과 항공기에 대하여 동일한 면제를 하는 경우에 한한다. ② 근로소득에 대한 세액감면 : 종합소득금액 중 정부간의 협약에 의하여 우리나라에 파견된 외국인이 그 쌍방 또는 일방 당사국의 정부로부터 받는 근로소득이 있는 경우에는 세액감면을 적용한다.
조세특례제한법	① 이자소득에 대한 감면 ② 배당소득에 대한 감면 ③ 사업소득에 대한 감면 ④ 근로소득에 대한 감면

$$감면세액 = 종합소득\ 산출세액 \times \frac{감면대상\ 소득금액}{종합소득금액} \times 감면율$$

3 세액공제

세액공제란 산출세액에서 일정액을 공제하는 제도인데, 다음과 같이 소득세법상 세액공제와 조세특례제한법상 세액공제로 구분된다.

구 분	내 용

소득세법	(1) 배당세액공제
	(2) 근로소득세액공제
	(3) 외국납부세액공제
	(4) 기장세액공제
	(5) 재해손실세액공제
	(6) 자녀세액공제
	(7) 연금계좌세액공제
	(8) 특별세액공제
	    ① 항목별 세액공제
	    ② 표준세액공제
	(9) 전자계산서 발급 세액공제
	(10) 납세조합 조합원 세액공제(조합원 1인당 100만원 공제)

조세특례제한법	(1) 근로소득자의 월세액공제 (2) 전자신고에 대한 세액공제(2만원) (3) 성실사업자 등의 의료비/교육비 세액공제 (4) 현금영수증가맹점에 대한 세액공제 (5) 연구및인력개발비세액공제 (6) 각종 투자세액공제 등

(1) 배당세액공제

① 배당세액공제의 의의 : 배당세액공제란 거주자의 종합소득금액에 조정대상 배당소득금액이 합산되어 있는 경우에는 당해 Gross-up금액을 종합소득 산출세액에서 공제하는 것을 말한다. 단, 종합소득산출세액에서 비교산출세액을 차감한 금액을 한도로 한다. 이 경우 한도액을 초과하는 금액은 이를 없는 것으로 한다.

② 배당세액공제액

구 분	내 용
세법상 규정	배당세액공제액 = Min[㉠, ㉡] ㉠ 귀속법인세 = 조정대상 배당소득 총수입금액 × 10% ㉡ 한도액 = 종합소득산출세액 − 비교산출세액

배당세액 공제액	• '종합과세 시 세액 > 분리과세 시 세액'의 경우
	    배당세액공제액 = Min[㉠ Gross-up금액, ㉡ 종합과세 시 세액 − 분리과세 시 세액]
	• '종합과세 시 세액 < 분리과세 시 세액'의 경우
	    배당세액공제액 없음

(2) 근로소득세액공제

① 일반근로자의 경우 : 당해 근로소득에 대한 종합소득산출세액에서 다음의 금액을 공제한다.

근로소득에 대한 종합소득산출세액*주)	공제액	한 도
130만원 이하	산출세액의 55%	–
130만원 초과	715,000원 + 130만원을 초과하는 금액의 30%	총급여별 한도금액 ㉠ 3,300만원 이하 = 74만원 ㉡ 3,300만원 초과 7천만원 이하 = Max [ⓐ 74만원 – (총급여 – 3,300만원) × 0.8%, ⓑ 66만원] ㉢ 7천만원 초과 1.2억원 이하 = Max[ⓐ 66만원 – (총급여액 – 7,000만원) × 50%, ⓑ 50만원] ㉣ 1.2억원 초과 = Max[ⓐ 50만원 – (총급여액 – 1.2억원) × 50%, ⓑ 20만원]

*주) 위의 근로소득에 대한 종합소득 산출세액은 다음 산식에 의하여 계산한 금액을 말한다.

$$근로소득에대한\ 종합소득산출세액 = 종합소득산출세액 \times \frac{근로소득금액}{종합소득금액}$$

② 일용근로자의 경우 : 일용근로자의 근로소득세액공제는 산출세액 × 55%의 금액으로 한다.

(3) 외국납부세액공제

① 외국납부세액공제의 의의
  ㉠ 개념 : 거주자의 종합소득금액에 국외원천소득이 포함되어 있는 경우 그 국외원천소득에 대한 외국납부세액을 종합소득 산출세액에서 공제한다. 이를 외국납부세액공제라 한다.
② 외국소득세액의 범위 : 외국소득세액이란 외국정부가 과세한 다음의 세액을 말한다.
  ㉠ 개인의 소득금액을 과세표준으로 하여 과세된 세액과 그 부가세액
  ㉡ 이와 유사한 세목에 해당하는 것으로서 소득 외의 수입금액 또는 그 밖에 이에 준하는 것을 과세표준으로 하여 과세된 세액
③ 외국납부세액 공제액 : 외국납부세액은 국외원천소득에 대한 종합소득 산출세액을 한도로 한다. 이 경우 국외사업장이 2개 이상의 국가에 있는 때의 공제한도는 국가별로 구분하여 이를 계산하는 방법(국별한도제)으로 적용한다.

$$공제한도액 = Min\ [\ ㉠\ 외국납부세액,\ ㉡\ 종합소득산출세액 \times \frac{국외원천소득금액}{종합소득금액}\ ]$$

또한, 조세조약에 따른 비과세·면제 및 제한세율의 규정에 따라 계산한 세액을 초과하는 세액은 공제대상에서 제외한다.

④ 이월공제 : 공제한도를 초과하는 외국납부세액은 당해 과세기간의 다음 과세기간부터 10년 이내에 종료하는 과세기간에 이월하여 그 이월된 과세기간의 공제한도 범위 안에서 공제받을 수 있다(미공제 이월액은 필요경비 산입).

(4) 기장세액공제

① 개요 : 간편장부대상자가 종합소득 과세표준확정신고를 함에 있어서 복식부기에 의하여 장부를 기장하고 그 장부에 따라 소득금액을 계산하는 경우에는 다음 산식에 의한 금액을 공제한다.

$$\text{종합소득 산출세액} \times \frac{\text{기장된 소득금액}}{\text{종합소득금액}} \times 20\%$$

※ 한도 : 100만원

② 공제배제 : 다음에 해당하는 경우에는 기장세액공제를 배제한다.
  ㉠ 비치·기장한 장부에 의하여 신고하여야 할 소득금액의 20% 이상을 누락하여 신고한 경우(누락신고)
  ㉡ 기장세액공제와 관련된 장부 및 증빙서류를 당해 과세표준확정신고기간 종료일부터 5년간 보관하지 않은 경우. 다만, 천재지변·화재·전화 등 부득이한 사유에 해당하는 경우에는 그러하지 아니하다(장부의 미보관).

> **더알아두기**
>
> **간편장부대상자**
> 부동산임대사업과 사업소득이 있는 사업자는 복식부기의무자와 간편장부대상자로 구분되는데, 간편장부대상자란 다음의 사업자를 말한다.
> ① 당해 연도에 신규로 사업을 개시한 사업자
> ② 직전 연도 수입금액(결정·경정에 의하여 증가된 수입금액 포함)의 합계액이 다음에 미달하는 사업자
>
> | 기준금액 | 구 분 |
> | --- | --- |
> | 3억원 | ㉠ 농업·수렵업 및 임업(산림소득 포함), 어업, 광업, 도·소매업, 부동산매매업 기타 ㉡ 및 ㉢에 해당하지 않는 사업 |
> | 1억 5천만원 | ㉡ 제조업, 숙박 및 음식점업, 전기·가스 및 수도사업, 건설업, 소비자용품수리업, 운수·창고 및 통신업, 금융 및 보험업 |
> | 7천 500만원 | ㉢ 부동산임대업, 사업서비스업, 교육서비스업, 보건 및 사회복지사업, 오락·문화·운동관련 서비스업과 기타 공공·수리 및 개인서비스업, 가사서비스업 |

(5) 재해손실세액공제

① 재해손실세액공제의 개요 : 사업자가 해당 과세기간에 천재지변 등 재해로 인하여 자산총액의 20% 이상에 상당하는 자산을 상실하여 납세가 곤란하다고 인정되는 경우에는 다음의 금액을 그 세액에서 공제한다. 이를 재해손실세액공제라 한다.

재해손실세액공제액 = Min[㉠, ㉡]
㉠ 공제세액 : 공제대상 소득세액 × 재해상실비율
㉡ 한도액 : 상실된 자산가액

② 재해손실세액공제액
　㉠ 대상소득세액 : 앞의 세액공제액 산식에서 '공제대상 소득세액'이란 사업소득에 대한 다음의 세액으로서 배당세액공제, 기장세액공제 및 외국납부세액공제를 적용한 후의 소득세액을 말한다.
　　ⓐ 재해발생일 현재 부과되지 않은 소득세와 부과된 소득세로서 미납된 소득세액(가산세 및 가산금 포함)
　　ⓑ 재해발생일이 속하는 과세기간의 소득에 대한 소득세액(가산세 포함)
　㉡ 재해상실비율

$$재해상실비율 = \frac{상실자산가액}{상실 전 자산가액(토지가액 제외)}$$

(6) 자녀세액공제제도

자녀세액공제	종합소득이 있는 거주자의 기본공제대상자에 해당하는 자녀(입양자 및 위탁아동을 포함) 및 손자녀가 있는 경우 다음의 금액을 세액공제한다.	
	기본공제대상자에 해당하는 자녀의 수	세액공제액
	1명	연 25만원
	2명	연 55만원
	2명을 초과	연 55만원 + 2명을 초과하는 1명당 연 40만원
	※ 8세 이상부터 적용	
출산입양 세액공제	당해 연도 자녀의 출산·입양이 있는 경우 첫째 30만원, 둘째 50만원, 셋째 70만원을 세액공제한다.	

(7) 연금계좌세액공제

① 종합소득이 있는 거주자가 연금계좌(연금저축계좌는 600만원까지, 퇴직연금계좌 납입금액 300만원 추가)에 납입액이 있는 경우 연간 900만원을 한도로 납입금액의 12%(15%)를 종합소득세 산출세액에서 세액공제. 단, 다음은 제외함

　㉠ 퇴직소득을 2개월 이내에 연금계좌에 예치하는 경우에 해당하여 소득세가 원천징수되지 아니한 퇴직소득 등 과세가 이연된 소득
　㉡ 연금계좌에서 다른 연금계좌로 계약을 이전함으로써 납입되는 금액

② 세액공제액 : Min[연금계좌 납입액, 연 900만원] × 12%(단, 종합소득금액이 4,500만원(근로소득만 있는 자는 총급여액 5,500만원) 이하인 거주자는 15% 적용)

총급여액(종합소득금액)	세액공제 대상 납입한도(연금저축 납입한도)	세액공제율
5,500만원(4천5백만원) 이하	900만원(600만원)	15%
5,500만원(4천5백만원) 초과		12%

③ 한도 : 연금계좌세액공제 ≤ 종합소득산출세액

(8) 특별세액공제

구 분	내 용
보장성보험료 지급에 대한 세액공제*주1)	근로소득이 있는 거주자(일용근로자 제외)가 기본공제대상자를 피보험자(장애인 전용보험의 경우 수익자로 하는 경우 포함)로 하는 보장성보험료 지급액의 12%(연 100만원 한도), 장애인전용보장성보험료는 지급액의 15%(연 100만원 한도)
의료비지급에 따른 세액공제*주2)	근로소득이 있는 거주자가 기본공제대상자(나이 및 소득 제한 없음)에 대한 의료비 지급액의 15%
교육비지급에 따른 세액공제*주3)	근로소득이 있는 거주자가 그 거주자와 기본공제대상자(나이 제한 없음)에 대한 교육비 지급액의 15%
기부금 세액공제*주4)	• 기부금 1천만원 이하분 : 지급액의 15% • 기부금 1천만원 초과분 : 지급액의 30%

※ 과세기간 종료일 이전에 혼인·이혼·별거·취업 등의 사유로 기본공제 대상자에 해당되지 아니하게 되는 경우에도 이미 지급한 금액이 있는 경우 세액공제 가능

*주1) 보장성보험료 세액공제
    다만, 다음의 보험료는 공제대상에 해당하지 않는다.

> • 국외에서 지출한 의료비
> • 미지급보험료
> • 타인의 기본공제대상자를 위해 지출한 보험료
> ※ 단, 보험을 중도해지한 경우 해지한 사업연도까지 납부한 보험료는 공제 가능함

*주2) 의료비공제액의 계산
① 공제대상 의료비로서 다음 '㉮'와 '㉯'의 합산한 금액을 공제한다. 의료비공제는 지출한 의료비가 총급여의 3%를 초과하지 아니하면 공제 받을 수 없으며, '신용카드사용에 대한 공제'와 중복공제 가능하다.

> 의료비 세액공제액 = (㉮ + ㉯) × 15%(난임시술 30%, 미숙아·선천성이상아의 의료비 20% 공제율 적용)
> ㉮ 특정대상 의료비*
> ㉯ Min[ⓐ 특정대상 의료비 외의 의료비 − (총급여 × 3%), ⓑ 700만원]
> ※ ㉯의 금액이 (−)마이너스인 경우 해당 금액을 ㉮에서 차감한다.

* 특정대상 의료비

구 분	내 용
규 정	다음에 해당하는 특정의료비 지출액이 있는 경우에는 당해 의료비 지출액 전액을 공제받을 수 있다. ① 본인의료비, ② 장애인의료비, ③ 6세 이하인 자의 의료비, ④ 65세 이상인 자의 의료비, ⑤ 난임시술비*, ⑥ 미숙아·선천성이상아 의료비, ⑦ 건강보험산정특례자(중증질환, 희귀난치성질환, 결핵으로 진단받아 등록한 자)

유의점	일반의료비 지출액이 총급여액의 3%에 미달하는 경우에는 당해 미달하는 금액 상당액은 특정의료비공제를 적용받을 수 없다. 따라서 특별의료비공제는 다음과 같이 적용하게 된다.
	① (일반의료비 지출액 − 총급여액 × 3% > 0)
	    이 경우에는 특정의료비 지출액 전액을 공제받는다.
	② (일반의료비 지출액 − 총급여액 × 3% < 0)
	    이 경우에는 '특정의료비 지출액 − 당해 미달금액'에 해당하는 금액을 공제받는다.

* 난임부부의 체외수정비 등에 대한 의료비 공제 한도 미적용 : 난임부부가 임신을 위하여 지출하는 배우자의 체외수정비 등에 대해서는 의료비 공제 한도를 적용하지 아니함

② 공제 가능 의료비 : 공제대상 의료비에는 미용, 성형수술을 위한 비용 및 건강증진을 위한 의약품 구입비용(보약구입비 포함), 간병비, 국외의료비, 보험회사로부터 지급받은 실손의료보험금은 포함하지 아니한다.

> - 진찰·진료·질병예방을 위하여 의료기관에 지급하는 비용
> - 치료·요양을 위한 의약품(한약을 포함) 구입비용
> - 장애인 보장구 및 의사·치과의사·한의사 등의 처방에 따라 의료기기를 직접 구입 또는 임차하기 위하여 지출한 비용
> - 시력보정용 안경 또는 콘택트렌즈 구입을 위해 지출한 비용으로 1인당 연 50만원 이내의 금액
> - 보청기 구입을 위하여 지출한 비용
> - 노인장기요양보험법에 따라 실제 지출한 본인부담금(장기요양급여비용의 15% 또는 20%)
> - 산후조리원에 대가로 지급하는 비용으로서 출산 1회당 200만원 이내의 금액
> - 장애인 활동지원급여에 대한 비용으로서 실제 지출한 본인부담금

*주3) 교육비 세액공제

교육비에는 수업료, 입학금, 보육비, 수강료, 공납금 등을 말하며, 초·중·고등학생의 급식비와 학교에서 구입한 교과서대와 방과 후 수업 수강료, 대학입학금, 수능응시료도 포함한다. 교육비 지출액은 다음과 같이 소득세 또는 증여세가 비과세되는 학자금을 차감한 금액으로 한다.

> 공제대상 교육비 = 수업료* 등 − 소득세·증여세가 비과세되는 장학금 등

* '취업후 상환 학자금 대출' 등 법에서 열거하는 학자금 대출의 원리금 상환액을 교육비 대상에 포함함

지급대상자	공제액
기본공제대상자인 배우자, 직계비속, 형제자매, 입양자, 위탁아동	학교 등에 지급한 수업료와 교육비로서 다음 한도 내의 금액(대학원 교육비는 공제 불가) • 대학생인 경우는 1인당 연 900만원 한도 • 초·중·고등학생인 경우에는 1인당 연 300만원 한도 • 취학 전 아동인 경우에는 1인당 연 300만원 한도 **예** 유치원의 수강료, 영유아보육시설의 보육비용, 취학 전 아동을 위한 학원의 수강료 ※ 중고생의 교복구입비용은 학생 1명당 50만원을 한도로 함 ※ 초·중·고등학생의 체험학습비는 학생 1명당 30만원을 공제함
당해 거주자 : 납부한 전액 공제	• 학교, 대학원 등에 지급한 교육비 • 대학(전공대학 명칭 사용하는 평생교육시설, 원격대학, 학위취득과정 포함) 또는 대학원의 1학기 이상에 해당하는 교육과정과 시간제과정에 지급하는 교육비 • 직업능력개발훈련 시설에서 실시하는 직업능력개발훈련을 위하여 지급한 수강료 전액(단, 고용보험법에 의해 지원되는 근로자수강지원금 등을 받는 경우에는 이를 차감한 금액으로 한다)
기본공제대상자인 장애인 (연령·소득금액 제한 없음)	장애인의 재활교육을 위한 사회복지시설 등에 지급하는 특수교육비는 한도액 없이 전액 공제된다(장애인 특수교육비 공제).

※ 국외교육비 : 기본공제대상자의 국외교육기관에 지출한 금액은 국내교육비 공제와 동일하게 공제가능하다. 여기서 국외교육기관이란 국외에 소재하는 교육기관으로서 우리나라의 유아교육법에 따른 유치원, 초·중등교육법과 고등교육법에 따른 학교(공적 교육기관)에 해당하는 것을 말한다. 즉, 외국인학교에 지급한 수업료·입학금 그 밖의 공납금 등을 말한다. 또한, 다음과 같은 경우 주의해야 한다.

중복공제 허용	① 거주자 본인에게 일반교육비와 직무관련 수강료 또는 장애인특수교육비가 함께 발생한 경우에도 이를 각각 적용받을 수 있다. ② 기본공제대상자에게 일반교육비와 장애인 특수교육비가 함께 발생한 경우에도 이를 각각 적용받을 수 있다. ③ 영유아보육비용에 대한 교육비공제와 자녀양육비공제가 동시에 해당하는 경우에도 모두 적용한다.
공제불능 교육비	① 직계존속의 교육비 지출액 ② 소득세 또는 증여세가 비과세되는 학자금(= 장학금) ③ 사설학원수강료(다만, 취학 전 아동은 제외)

*주4) 기부금세액공제

거주자가 해당 과세기간에 지급한 기부금(배우자와 기본공제대상자의 기부금 포함)이 있는 경우 세액공제한다(※ 사업소득만 있는 자는 '기부금세액공제방법'을 받을 수 없고, 당해 소득의 필요경비에만 산입할 수 있다).

(1) 기부금의 분류

구 분	내 용
특례기부금/ 정치자금 기부금	① 국가·지방자치단체에 부상으로 기증하는 금품의 가액 ② 국방헌금과 위문금품 ③ 천재지변 등으로 생긴 이재민구호물품 ④ 재난및안전관리기본법에 따른 특별재난지역의 복구를 위하여 자원봉사한 경우 그 용역의 가액 ⑤ 사회복지시설에 기부하는 금품의 가액 ⑥ 불우이웃돕기결연기관을 통하여 불우이웃에게 기부하는 금품의 가액 ⑦ 사립학교·비영리교육재단·기능대학·원격대학·산학협력단, 외국교육기관, 한국과학기술원·광주과학기술원·대구경북과학기술원에 시설비·교육비·연구비 또는 장학금으로 지출하는 기부금 ⑧ 국립대학교병원·서울대학교병원·서울대학교치과병원에 시설비, 교육비 또는 연구비로 지출하는 기부금 ⑨ 문화예술진흥기금으로 출연하는 금액 ⑩ 대한적십자사에 지출하는 기부금 ⑪ 사회복지공동모금회에 지출하는 기부금 ⑫ 정치자금(10만원 초과분에 한함)
우리사주 조합 기부금	우리사주조합에 지출하는 기부금(우리사주조합원이 지출하는 기부금은 제외)
일반 기부금	① 법인세법상 일반기부금(특례기부금 중 ⑩은 제외) ② 근로자가 노동조합에 납부한 노동조합비 ③ 교원단체에 가입한 자가 납부한 회비 ④ 공무원직장협의회에 가입한 자가 납부한 회비 ⑤ 위의 조합 및 협회 외의 임의로 조직한 조합, 협회에 지급한 회비

(2) 기부금의 한도액

구 분		내 용
산 식		기부금공제액 = 한도액 내의 특례·우리사주조합·일반기부금 지출액 − 필요경비에 산입한 기부금
한도액	특례기부금/ 정치자금기부금	기준소득금액* × 100% *(종합소득금액 + 필요경비에 산입한 기부금 − 원천징수세율 적용 금융소득금액)
	우리사주조합 기부금	(기준소득금액 − 특례기부금) × 30%
	일반 기부금	① 종교단체 기부금이 있는 경우 = [(기준소득금액 − 특례기부금) × 10%] + Min [종교단체 외의 기부금, (기준소득금액 − 특례기부금등공제액)의 20%] ② 종교단체 기부금이 없는 경우 = (기준소득금액 − 특례기부금) × 30%

(3) 기부금별 이월공제기간

구 분	이월공제기간
특례기부금 미공제액	10년
우리사주조합기부금 미공제액	이월공제 불가
일반기부금 미공제액	10년

[특별세액공제의 적용]

구 분		특별세액공제의 적용
근로소득 있는 거주자	항목별 특별세액공제 신청자	항목별 특별세액공제(보험료, 의료비, 교육비, 기부금)
	항목별 특별세액공제 및 특별소득공제를 신청하지 않는 자	표준세액공제(연 13만원)
근로소득 없는 거주자	소득법상 성실사업자 또는 소득세법에 따른 성실신고확인대상사업자	선택(① or ②) ① 표준세액공제(연 12만원) ② 기부금 세액공제 + 의료비, 교육비, 월세 세액공제 (단, 월세세액공제는 종합소득금액이 7천만원 이하인 경우에만 적용)
	위 외의 자	표준세액공제(연 7만원) + 기부금세액공제*주)

*주) 기부금세액공제 처리방법

소득구분	기부금 세무처리
① 사업소득만 있는 자	필요경비 산입
② 사업소득 외의 종합소득이 있거나 연말정산 대상 사업소득만 있는 자(보험판매, 방문판매원 등)	기부금 세액공제
③ 사업소득과 다른 종합소득이 함께 있는 자	필요경비산입 + 기부금 세액공제

더알아두기

항목별공제 등 대상자요건

구 분	연령요건	소득요건	비 고
보험료세액공제	○	○	
장애인전용보장성보험료세액공제	×	○	
의료비세액공제	×	×	국외의료비는 제외
교육비세액공제	×	○	국외교육비 가능, 직계존속은 제외
장애인특수 교육비세액공제	×	×	
기부금세액공제	○	○	직계존속·형제자매 가능
신용카드 등 사용액 소득공제	×	○	형제자매 제외

(9) 전자계산서 발급에 대한 세액공제

직전 연도 사업장별 재화·용역의 공급가액 합계액(총수입금액)이 3억원 미만인 개인사업자(면세사업자 등)가 전자계산서를 발급일의 다음 날까지 국세청장에게 전송한 경우, 발급 건당 200원으로 연간 100만원까지 소득세에서 세액공제한다(2027년 12월 31일까지).

(10) 조세특례제한법상 세액공제

① 전자신고에 대한 세액공제

㉠ 납세자에 대한 세액공제 : 납세자가 직접 전자신고방법에 의하여 소득세 과세표준신고를 하는 경우에는 당해 납부세액에서 2만원을 공제한다. 이때 납부할 세액이 없는 경우에는 공제를 하지 아니한다.

㉡ 세무대리인에 대한 세액공제 : 세무사가 납세자를 대리하여 전자신고방법에 의하여 직전 과세연도 동안 납세자의 소득세, 법인세 신고를 모두 한 경우에는 해당 세무사의 소득세 납부시 소득세 납부세액에서 다음의 금액을 공제한다.

> 세액공제액 = Min[ⓐ, ⓑ]
> ⓐ 2만원 × 신고건수
> ⓑ 연간공제 한도액 : 300만원(세무법인 등 750만원)

② 현금영수증 가맹점에 대한 세액공제 : 현금영수증 가맹점이 현금영수증을 발급하는 경우 다음의 금액을 산출세액에서 공제받을 수 있다.

> 공제세액 = 해당 과세기간별 건당 5천원 미만 현금영수증 발급건수 × 20원

③ 근로소득자의 월세 세액공제 : 과세기간 종료일 현재 무주택 세대주(외국인 포함)로서 해당 과세기간의 총급여액이 8,000만원 이하(종합소득금액 7,000만원 이하)인 근로소득이 있는 거주자, 성실사업자, 성실신고확인대상자 또는 기본공제대상자(배우자 등)가 계약을 체결하여 월세액을 지급하는 경우 다음의 금액을 산출세액에서 공제받을 수 있다. 이때 해당 주택은 국민주택규모 이하의 주택, 국민주택규모 초과 주택 중 기준시가 4억원 이하인 주택 및 준주택 중 오피스텔, 다중생활시설(고시원)을 말한다.

> 공제세액 = Min[주택을 임차하기 위해 지급한 월세액 × 15%(17%^{주}), 1,000만원]

*주) 총급여액 5,500만원 이하인 자(종합소득금액 4,500만원 이하인 자) : 월세액의 17%

④ 혼인세액공제 : 혼인신고를 한 거주자의 경우 혼인신고를 한 날이 속하는 과세기간에 50만원을 공제받을 수 있다(단, 생애 1회이며, 2024년 ~ 2026년 혼인신고분에 한함).

제2장 단원별 기출문제

금융소득(이자소득 & 배당소득)

01 다음 중 소득세법상 이자·배당소득에 대한 원천징수세율로 옳지 않은 것은? [107회]

① 비실명금융소득 : 45%
② 「민사집행법」에 의한 법원보증금과 경락대금이자 : 14%
③ 출자공동사업자의 배당소득 : 30%
④ 직장공제회 초과반환금 : 기본세율

해설
출자공동사업자의 배당소득에 대해서는 100분의 25

02 다음의 자료에서 소득세법상 2023년에 귀속되는 이자소득을 모두 고르시오. [106회]

> 가. 정기예금이자 : 약정일 2022년 12월 18일, 수령일 2023년 1월 25일
> 나. 비영업대금의 이자 : 약정일 2023년 1월 31일, 수령일 2022년 12월 25일
> 다. 계약의 위약으로 인한 법정이자 : 약정일 2022년 11월 30일, 수령일 2023년 1월 31일

① 가 ② 가, 나
③ 나, 다 ④ 가, 다

해설
- 보통예금·정기예금·적금 또는 부금의 이자 : 실제로 이자를 지급받는 날
- 비영업대금의 이익 : 약정에 의한 이자지급일. 다만, 약정에 의한 이자지급일 전에 이자를 받는 경우 그 이자지급일
- 위약을 원인으로 하는 손해배상금에 대한 법정이자 : 기타소득

03 다음 중 소득세법상 무조건 종합과세하는 금융소득으로 옳은 것은? [105회]

① 직장공제회 초과반환금
② 민사집행법에 따라 법원에 납부한 보증금 및 경락대금에서 발생하는 이자소득
③ 사채이자
④ 상장법인 소액주주가 국외에서 받은 배당

해설
소득세법상 원천징수되지 않은 국외금융소득은 무조건 종합과세한다.

정답 01 ③ 02 ① 03 ④

04 다음 중 소득세법상 배당가산(Gross-up) 대상이 되는 배당소득은? [104회]

① 법인으로 보는 단체로부터 받는 배당
② 출자공동사업자가 손익분배비율에 따라 받는 금액
③ 외국법인으로부터 받는 배당소득
④ 일반 집합투자기구로부터의 이익

해설
법인으로 보는 단체로부터 받는 배당 외의 나머지는 배당가산하지 않는 배당소득에 해당한다.

05 다음 중 소득세법상 이자소득으로 과세할 수 있는 것은? [103회]

① 대금업을 표방하지 아니하는 자가 금전을 대여하고 지급받은 이익
② 확정급여형퇴직연금제도의 보험차익
③ 외상매출금의 지급기일을 연장하여 주고 추가로 지급받은 금액
④ 미지급금을 약정기일 전에 지급함으로써 받는 할인액

해설
금전의 대여를 사업목적으로 하지 아니하는 자가 일시적·우발적으로 금전을 대여함에 따라 지급받는 이자 또는 수수료 등은 비영업대금의 이익으로 이자수익에 해당한다.

06 다음 중 소득세법상 배당소득의 수입시기에 관한 설명으로 잘못된 것은? [103회]

① 무기명주식의 이익이나 배당은 그 지급을 받은 날을 수입시기로 한다.
② 기명주식에 대한 잉여금 처분에 의한 배당은 당해 법인의 잉여금 처분결의일을 수입시기로 한다.
③ 합병으로 인한 의제배당은 합병등기일을 수입시기로 한다.
④ 「법인세법」에 의하여 처분된 배당은 당해 법인의 당해 사업연도의 종료일을 수입시기로 한다.

해설
「법인세법」에 의하여 처분된 배당은 당해 법인의 당해 사업연도의 결산확정일을 수입시기로 한다.

07 다음 중 소득세법상 이자소득에 대한 설명으로 옳지 않은 것은? [102회]

① 이자소득은 필요경비를 인정하지 않는다.
② 직장공제회 초과반환금은 소득세법상 이자소득이다.
③ 국내에서 이자소득을 지급하는 자는 소득세를 원천징수하여야 한다.
④ 계속·반복적으로 금전을 대여하고 사업적으로 이익을 얻는 사채업자의 소득도 이자소득이다.

해설
영리를 목적으로 자기의 계산과 책임하에 계속적·반복적으로 행하는 활동을 통하여 얻는 소득은 사업소득이다. 따라서 계속·반복적으로 금전을 대여하고 사업적으로 이익을 얻는 사채업에서 발생하는 사업소득이다.

정답 04 ① 05 ① 06 ④ 07 ④

08 다음 중 소득세법상 금융소득의 수입시기에 대한 설명으로 틀린 것은? [102회]

① 잉여금의 처분에 의한 배당 : 법인의 잉여금처분결의일
② 통지예금의 이자 : 인출일
③ 법인세법에 의하여 처분된 배당 : 법인의 해당 사업연도의 종료일
④ 내국법인이 발행한 무기명 채권의 이자 : 그 지급을 받은 날

해설
법인세법에 의하여 처분된 배당의 수입시기는 당해 법인의 당해 사업연도의 결산확정일이다.

09 다음 중 소득세법상 금융소득에 대한 설명으로 가장 틀린 것은? [101회]

① 경영에 참여하지 않는 출자공동사업자의 손익분배비율에 해당하는 금액은 배당소득으로 본다.
② 공익신탁법에 따른 공익신탁의 이익은 무조건 분리과세하는 이자소득이다.
③ 국내보통예금 이자의 원천징수세율은 14%이다.
④ 이자소득금액은 해당 과세기간의 총수입금액으로 한다.

해설
공익신탁법에 따른 공익신탁의 이익은 비과세소득이다.

10 다음은 소득세법상 이자소득의 수입시기에 대한 설명이다. 옳지 않은 것은? [101회]

① 저축성보험의 보험차익은 보험금 또는 환급금의 지급일을 수입시기로 한다. 다만 기일 전에 해지하는 경우에는 그 해지일로 한다.
② 통지예금의 이자는 인출일을 수입시기로 한다.
③ 직장공제회 초과반환금의 수입시기는 약정에 따른 공제회반환금의 지급일이다.
④ 이자소득이 발생하는 상속재산이 상속되거나 증여되는 경우는 그 예금의 만기일을 수입시기로 한다.

해설
이자소득이 발생하는 상속재산이 상속되거나 증여되는 경우 상속개시일 또는 증여일을 수입시기로 한다.

11 다음 중 소득세법상 배당소득에 대한 설명으로 가장 옳지 않은 것은? [100회]

① 잉여금처분에 의한 배당의 수입시기는 해당 법인의 잉여금처분결의일이다.
② 외국법인으로부터 받는 이익이나 잉여금의 배당은 배당소득에 해당하지 않는다.
③ 법인세법에 의하여 처분된 배당의 수입시기는 해당 법인의 해당 사업연도 결산확정일이다.
④ 법인으로 보는 단체로부터 받는 분배금은 배당소득에 해당한다.

해설
외국법인으로부터 받는 이익이나 잉여금의 배당 또는 분배금은 배당소득에 해당한다.

08 ③ 09 ② 10 ④ 11 ②

12 다음 중 소득세법상 금융소득에 관한 설명으로 가장 옳지 않은 것은? [99회]

① 금융소득 총수입금액의 연간 합계액이 기준금액을 초과하는 경우 그 초과분이 종합소득으로 과세된다.
② 분리과세 대상 이자소득은 금융소득의 연간 합계액이 기준금액을 초과하는 경우에도 분리과세된다.
③ 무기명채권 등의 이자와 할인액의 수입시기는 지급을 받은 날이다.
④ 현행 소득세법은 배당소득의 이중과세를 방지하기 위하여 Gross-up제도를 채택하고 있다.

해설
기준금액을 초과하는 경우에는 금융소득 전액에 대하여 종합소득과세표준에 합산하여 과세한다.

13 다음 중 소득세법상 이자소득에 해당하지 않는 것은? [98회]

① 국가나 지방자치단체가 발행한 채권 또는 증권의 이자와 할인액
② 채권의 환매조건부 매매차익
③ 비영업대금의 이익
④ 위약 또는 해약을 원인으로 법원의 판결에 의하여 지급받는 손해배상금에 대한 법정이자

해설
위약 또는 해약을 원인으로 법원의 판결에 의하여 지급받는 손해배상금에 대한 법정이자는 기타소득으로 본다.

14 다음 중 소득세법상 금융소득에 대한 설명으로 잘못된 것은? [97회]

① 재산을 공익목적에 사용하기 위해 신탁하는 이익은 비과세한다.
② 정기적금은 원칙적으로 실제로 이자를 지급받는 날을 수입시기로 본다.
③ 경영에 참여하지 않는 출자공동사업자의 공동사업의 이익은 배당소득으로 본다.
④ 금융소득이 2천만원 이상이 되는 경우 무조건 종합과세 한다.

해설
법원에 납부한 보증금 및 경락대금에서 발생하는 이자소득 등 분리과세이자소득과 분리과세배당소득은 종합소득에 합산하지 아니한다.

15 다음 중 소득세법상 금융소득에 대한 원천징수세율이 나머지 보기와 같지 않은 것은? [96회]

① 출자공동사업자의 배당소득
② 법원보관금 등의 이자
③ 보통예금의 이자
④ 기명주식의 이익배당

해설
출자공동사업자의 배당소득에 대해서는 25%, 나머지 보기들은 14%의 원천징수세율이 적용된다.

정답 12 ① 13 ④ 14 ④ 15 ①

16 다음 중 소득세법상 이자소득의 원칙적인 수입시기로 알맞지 않은 것은? [95회]

① 보통예금·정기예금의 이자 : 실제로 이자를 지급받는 날
② 저축성보험의 보험차익 : 보험금 환급금의 지급일
③ 비영업대금의 이익 : 실제로 이자를 지급받는 날
④ 환매조건부 채권의 매매차익 : 약정에 따른 해당 채권의 환매수일·환매도일

해설
비영업대금의 이익 : 약정에 따른 이자지급일

17 다음 중 소득세법상 과세대상 이자소득이 아닌 것은? [94회]

① 비영업대금의 이익
② 국외에서 받는 예금의 이자
③ 「공익신탁법」에 따른 공익신탁의 이익
④ 내국법인이 발행한 채권의 할인액

해설
공익신탁은 비과세소득으로 열거되어 있다.

18 다음 중 소득세법상 이자소득을 모두 포함한 것을 고르시오. [93회]

㉠ 채권의 환매조건부 매매차익
㉡ 국내 또는 국외에서 받는 집합투자기구로부터의 이익
㉢ 국외에서 받는 예금의 이자
㉣ 비영업대금(非營業貸金)의 이익

① ㉠, ㉡, ㉢
② ㉠, ㉡, ㉣
③ ㉠, ㉢, ㉣
④ ㉡, ㉢, ㉣

19 다음 중 소득세법상 필요경비를 인정해주는 소득에 해당하지 않는 것은? [92회]

① 이자소득
② 부동산 임대업에 대한 사업소득
③ 서화 및 골동품 양도에 대한 기타소득
④ 토지 양도에 대한 양도소득

해설
이자소득금액은 별도의 필요경비를 공제하지 아니한 해당 과세기간의 총수입금액으로 한다.

16 ③ 17 ③ 18 ③ 19 ①

20 다음 중 소득세법상 Gross-up(배당가산) 대상 배당소득에 대한 설명으로 옳지 않은 것은? [91회]

① 자기주식소각이익의 자본전입으로 인하여 발생한 의제배당은 대상이 아니다.
② 외국법인으로부터 받은 배당소득은 대상이 아니다.
③ 배당가산 적용 대상액은 해당 배당소득의 전액을 대상액으로 하여 계산한다.
④ 내국법인으로부터 받은 배당소득은 대상이다.

> **해설**
> Gross-up은 내국법인의 법인세 과세소득으로 지급된 배당소득금액 중 2천만원을 초과하여 기본세율로 종합과세되는 부분에 대하여만 적용된다.

21 다음 중 소득세법상 무조건 종합과세하여야 하는 금융소득은? [90회]

① 비실명 이자·배당소득
② 원천징수된 국내에서 지급한 이자·배당소득
③ 비영업대금의 이익
④ 출자공동사업자의 배당소득

22 소득세법상 의제배당에 해당되지 않는 것은? [88회]

① 이익잉여금을 자본전입하는 경우
② 감가상각자산에 대한 재평가적립금을 자본전입하는 경우
③ 법인의 해산으로 받은 대가가 주식의 취득가액을 넘어서는 경우
④ 토지에 대한 재평가적립금을 자본전입하는 경우

> **해설**
> 자산재평가법에 따른 재평가적립금(토지의 재평가차액에 상당하는 금액은 제외)은 의제배당에서 제외한다.

23 다음 중 소득세법상 금융소득 종합과세에 관한 설명으로 옳지 않은 것은? [88회]

① 외국법인으로부터 받는 배당소득은 Gross-Up 대상 배당소득에 해당하지 아니한다.
② 이자·배당소득 총수입금액의 연간 합계액이 기준금액을 초과하는 경우에는 그 초과분만 종합소득 과세표준에 합산한다.
③ 외국법인으로부터 받은 배당소득으로서 원천징수되지 않는 것은 기준금액 이하인 경우에도 종합과세한다.
④ 배당소득의 경우 Gross-Up을 하지 않은 금액을 기준으로 종합과세 여부를 판정한다.

> **해설**
> 기준금액을 초과하는 경우에 전액 종합소득과세표준에 합산한다.

정답 20 ③ 21 ④ 22 ② 23 ②

24 다음 중 소득세법상 이자소득이 아닌 것은? [87회]

① 비영업대금의 이익
② 채권의 환매조건부 매매차익
③ 국내 또는 국외에서 받는 집합투자기구로부터의 이익
④ 국외에서 받는 예금의 이자

해설
배당소득에 해당한다.

25 다음 중 소득세법상 이자 및 배당소득 수입시기로 가장 옳지 않은 것은? [84회]

① 잉여금의 처분에 의한 배당 : 당해 법인의 잉여금처분결의일
② 저축성보험의 보험차익 : 보험금 지급일
③ 법인세법에 의하여 처분된 배당 : 당해 법인의 당해 사업연도의 결산확정일
④ 통지예금의 이자 : 약정에 의한 이자지급일

해설
통지예금 이자의 수입시기는 인출일

26 다음 중 소득세법상 각 소득의 연결이 틀린 것은? [84회]

① 기타소득 – 계약의 해약으로 받는 위약금
② 배당소득 – 비영업대금의 이익
③ 사업소득 – 금융 및 보험업에서 발생하는 소득
④ 이자소득 – 국외에서 받는 이자소득

해설
비영업대금의 이익은 이자소득이다.

27 소득세법상 이자소득에 대한 설명으로 틀린 것은? [83회]

① 외상매출금 지급기일 연장이자가 소비대차로 전환된 경우 당해 이자는 비영업대금이익으로 보아 이자소득으로 과세한다.
② 공익신탁의 이익은 이자소득으로 과세한다.
③ 직장공제회 초과반환금은 1998년 12월 31일 이전 가입분은 비과세하고 1999년 1월 1일 이후 직장공제회에 가입하고 퇴직으로 받은 반환금부터 과세한다.
④ 상업어음할인료는 사업소득으로 과세한다.

해설
공익신탁의 이익은 이자소득은 비과세 이자소득이다.

24 ③ 25 ④ 26 ② 27 ② **정답**

28 다음 중 현행 소득세법상 비과세되는 이자소득에 해당하는 것은? [79회]

① 환매조건부 채권의 매매차익
② 공익신탁법에 의한 공익신탁의 이익
③ 비영업대금의 이익
④ 상호저축은행법에 의한 상호신용계 또는 신용부금으로 인한 이익

29 다음 중 소득세법상 금융소득의 수입시기로 가장 옳지 않은 것은 무엇인가? [76회]

① 일반적인 잉여금의 처분에 의한 배당은 당해 법인의 잉여금처분결의일의 수입시기로 본다.
② 무기명주식의 이익이나 배당은 그 지급을 받은 날을 기준으로 수입시기를 판단한다.
③ 기명채권의 이자 및 할인액은 이자를 지급받은 날을 기준으로 수입시기를 판단한다.
④ 저축성보험의 보험차익은 보험금 또는 환급금의 지급일을 기준으로 수입시기를 판단한다. 다만, 기일 전에 해지하는 경우에는 그 해지일로 한다.

> **해설**
> 기명채권의 이자 및 할인액은 약정에 의한 지급일을 기준으로 수입시기를 판단한다.

30 다음 중 소득세법상 이자소득에 해당하지 않는 것은 무엇인가? [76회]

① 외상매입금이나 미지급금을 약정기일 이전에 지급함으로 받는 할인액
② 외국법인의 국내지점 또는 국내영업소에서 발행한 채권 또는 증권의 이자와 할인액
③ 국외에서 받는 예금의 이자
④ 대외적으로 대금업을 표방하지 않는 거주자의 금전대여로 발생하는 이익

> **해설**
> 물품 매입 시 대금의 결제방법에 따라 에누리되는 금액 및 외상매입금이나 미지급금을 약정기일 전에 지급함으로써 받는 할인액은 사업과 관련한 것이므로 사업소득으로 본다.

31 다음 중 소득세법상 이자소득에 대한 설명으로 잘못된 것은? [75회]

① 원천징수대상이 아닌 국외에서 받은 이자는 종합과세 대상이다.
② 이자소득금액은 당해 과세연도의 총수입금액에서 필요경비를 공제하여 계산한다.
③ 법인의 대표이사가 당해 법인에게 운영자금을 빌려주고 받은 이자도 이자소득이 된다.
④ 대금업을 영위하는 자가 고객으로부터 받는 이자는 사업소득을 구성한다.

> **해설**
> 이자소득은 필요경비가 인정되지 않는다.

정답 28 ② 29 ③ 30 ① 31 ②

32 소득세법상 금융소득 종합과세 시 조정대상 배당소득을 기본세율이 적용되는 배당소득에 대하여 적용되는데, 아래 보기 중 종합과세되는 금융소득의 구성순서로 옳은 것은? [75회]

> ㉠ 이자소득과 배당소득이 함께 있는 경우에는 이자소득부터 먼저 합산
> ㉡ 배당가산(Gross-up)이 적용되지 않는 배당소득
> ㉢ 고배당기업으로부터 받는 배당소득
> ㉣ 배당가산(Gross-up)이 적용되는 배당소득을 합산

① ㉠ - ㉡ - ㉢ - ㉣
② ㉠ - ㉢ - ㉣ - ㉡
③ ㉡ - ㉢ - ㉣ - ㉠
④ ㉠ - ㉢ - ㉡ - ㉣

33 다음은 거주자 A씨의 금융소득자료이다. 소득세법상 A씨의 20x8년 귀속 금융소득 합계액은 얼마인가?(단, 종합과세 및 분리과세는 고려하지 않는다) [74회]

> ㄱ. 이자지급약정일이 20X7년 10월 31일인데 20X8년 2월 20일에 실제 수령한 비영업대금 이익 : 13,000,000원
> ㄴ. 20X8년 은행예금이자 : 25,000,000원
> ㄷ. 보험기간 10년인 저축성보험이 만기가 되어 20X7년에 수령함에 따른 보험차익 : 30,000,000원

① 25,000,000원
② 38,000,000원
③ 55,000,000원
④ 68,000,000원

해설
ㄱ. 20X7년 소득
ㄴ. 20X8년 소득
ㄷ. 비과세 소득

34 다음 중 소득세법상 비과세 이자소득이 아닌 것은? [73회]

① 장기주택마련저축의 이자소득
② 공익신탁의 이익
③ 농가목돈마련저축 발생 이자소득
④ 단기 저축성 보험의 보험차익

해설
단기 저축성 보험의 보험차익은 과세이다.

32 ① 33 ① 34 ④ **정답**

사업소득

01 다음 중 소득세법상 사업소득의 총수입금액에 산입하는 항목이 아닌 것은? [108회]

① 거래상대방으로부터 받은 장려금
② 사업과 관련하여 해당 사업용 자산의 손실로 취득하는 보험차익
③ 사업과 관련된 자산수증이익
④ 사업과 관련하여 사용 중인 건물의 처분이익

해설
사업과 관련하여 사용 중인 건물의 처분이익은 양도소득으로 과세한다.

02 다음 중 소득세법상 간편장부대상자가 될 수 없는 업종은 무엇인가? [108회]

① 제조업
② 음식점업
③ 교육서비스업
④ 의료업

해설
의료업, 수의업, 약사업과 간이과세 배제대상 사업자 중 일부업종은 간편장부대상자에서 제외한다.

03 다음 중 소득세법상 비과세 사업소득에 대한 설명으로 옳지 않은 것은? [107회]

① 논·밭을 작물 생산에 이용하게 함으로써 발생하는 소득은 비과세 사업소득이다.
② 1개의 주택(고가주택과 국외 소재 주택을 제외)을 소유하는 자의 주택임대소득은 비과세 사업소득이다.
③ 조림기간 3년 이상인 임지(林地)의 임목(林木)의 벌채 또는 양도로 발생한 소득으로서 연 600만원 이하의 금액은 비과세 사업소득이다.
④ 대통령령으로 정하는 전통주를 수도권 밖의 읍·면 지역에서 제조함으로써 발생하는 연 1천 200만원 이하인 소득은 비과세 사업소득이다.

해설
조림기간 5년 이상인 임지(林地)의 임목(林木)의 벌채 또는 양도로 발생하는 소득으로서 연 600만원 이하의 금액은 비과세한다.

정답 01 ④ 02 ④ 03 ③

04 다음 중 소득세법상 사업소득금액을 계산할 때 총수입금액에 산입하는 것은? [106회]

① 소득세를 환급받았거나 환급받을 금액 중 다른 세액에 충당한 금액
② 자산수증이익 중 이월결손금의 보전에 충당된 금액
③ 거주자의 사업소득금액을 계산할 때 이전 과세기간으로부터 이월된 소득금액
④ 관세환급금 등 필요경비로 지출된 세액이 환입되었거나 환입될 경우에 그 금액

05 다음 중 소득세법상 사업소득의 필요경비 불산입 항목에 해당하지 않는 것은? [106회]

① 업무와 관련하여 고의 또는 중대한 과실로 인하여 지급되는 손해배상금
② 사업자가 가사와 관련하여 지출하였음이 확인되는 경비
③ 채권자가 불분명한 차입금 이자
④ 단체순수보장성보험의 보험료

06 다음 중 소득세법상 사업소득으로 과세하는 경우에 해당하는 것은? [105회]

① 간편장부대상자가 건설기계를 양도함으로써 발생하는 소득
② 간편장부대상자가 건물을 양도함으로써 발생하는 소득
③ 복식부기의무자가 업무용승용차를 양도함으로써 발생하는 소득
④ 복식부기의무자가 지상권을 양도함으로써 발생하는 소득

해설
- 복식부기의무자가 사업용자산을 양도하는 경우, 그 양도가액은 사업소득 총수입금액에 포함한다.
- 복식부기의무자가 아닌 사업자가 사업용자산을 양도하는 경우, 그 양도가액은 과세제외이며, 건물 및 지상권의 양도로 인한 소득은 양도소득으로 과세된다.

정답 04 ④ 05 ④ 06 ③

07 다음 중 소득세법상 사업소득의 필요경비에 해당하지 않는 것은? [105회]

① 대표자의 지역건강보험료
② 외국납부세액공제를 적용한 외국소득세액
③ 사업장에서 실제 근무하고 있는 대표자의 배우자 인건비
④ 기업업무추진비로 지출한 부가가치세 불공제매입세액

해설
외국납부세액 공제액을 계산 시 외국소득세액을 고려한다.

08 다음 중 소득세법상 사업소득에 대한 총수입금액에 산입하지 않는 것은? [104회]

① 거래상대방으로부터 받는 장려금 기타 이와 유사한 성질의 금액
② 관세환급금 등 필요경비로 지출된 세액이 환입되었거나 환입될 금액
③ 사업과 관련하여 해당 사업용 자산의 손실로 취득하는 보험차익
④ 부가가치세의 매출세액

해설
부가가치세의 매출세액은 해당 과세기간의 소득금액을 계산할 때 총수입금액에 산입하지 아니한다.

09 다음 중 소득세법상 복식부기의무자의 업무용승용차 관련비용에 대한 설명으로 옳지 않은 것은? [104회]

① 업무용승용차의 감가상각비를 계산할 때에는 정액법으로 상각하여야 한다.
② 간편장부대상자는 업무용승용차 관련비용에 대한 규정을 적용받지 아니한다.
③ 업무전용자동차보험에 가입하지 않은 경우 업무용승용차 관련비용은 전액 필요경비 불산입된다.
④ 업무용승용차별 감가상각비는 일반적인 경우 800만원까지 인정된다.

해설
성실신고확인대상자와 전문직 업종 사업자가 업무전용자동차보험에 가입하지 않은 경우(사업자별 1대 제외) 업무사용 비율금액의 100분의 50에 상당하는 금액을 업무용 사용금액으로 인정한다.

정답 07 ② 08 ④ 09 ③

10 다음 중 소득세법상 사업소득에 대한 설명으로 옳지 않은 것은? [103회]

① 사업소득 중에서도 원천징수 대상 소득이 있다.
② 공익사업과 관련된 지상권의 설정으로 인한 소득은 사업소득이다.
③ 사업소득금액 계산 시 대표자 본인에 대한 급여는 필요경비로 인정하지 않는다.
④ 법에서 정하는 일정한 농가부업소득에 대해서는 비과세가 적용된다.

해설
공익사업과 관련된 지상권의 설정으로 인한 소득은 기타소득이다.

11 다음 중 소득세법상 소득금액을 추계결정 또는 경정하는 경우 증명서류에 의한 지출액으로서 수입금액에서 공제할 수 있는 항목이 아닌 것은? [103회]

① 사무실의 임차료
② 종업원의 급여
③ 종업원의 퇴직급여
④ 사업용 유형자산의 매입비용

해설
소득금액을 추계결정 또는 경정하는 경우 증빙서류에 의하여 지출하였거나 지출할 금액으로서 수입금액에서 공제하는 매입비용은 사업용 유형자산 및 무형자산의 매입비용을 제외한다. 다만, 사업용 유형자산과 무형자산에 대한 임차료는 공제할 수 있다.

12 다음 중 소득세법상 사업소득으로 과세하지 않는 것은? [102회]

① 해약을 원인으로 법원의 판결에 의하여 받는 손해배상금에 대한 법정이자
② 연예인이 받는 전속계약금
③ 부동산 또는 부동산의 권리를 대여하는 사업
④ 외상매출금의 회수 지연으로 인하여 받는 연체이자

해설
기타소득에 해당한다.

13 다음 중 소득세법상 사업소득금액 계산 시 총수입금액에 포함되지 않는 것은? [102회]

① 거래상대방으로부터 받는 장려금
② 이전 과세기간으로부터 이월된 소득금액
③ 사업용자산의 손실로 인한 보장성보험의 보험차익
④ 재고자산을 가사용으로 소비한 경우 그 가액

해설
거주자의 사업소득금액을 계산할 때 이전 과세기간으로부터 이월된 소득금액은 해당 과세기간의 소득금액을 계산할 때 총수입금액에 산입하지 아니한다.

14 다음 중 소득세법상 사업소득을 계산할 때 총수입금액에 산입되는 것은? [101회]

① 거주자의 사업소득금액을 계산할 때 이전 과세기간으로부터 이월된 소득금액
② 간편장부대상자가 사업용 유형자산을 처분함으로써 발생하는 유형자산처분이익
③ 거주자가 환급받은 소득세 또는 지방소득세
④ 거주자가 재고자산을 가사용으로 소비하거나 종업원에게 지급한 경우 그 시가

해설
나머지는 총수입금액 불산입대상이다.

15 다음은 거주자 갑(甲)의 주택임대소득에 대한 자료이다. 소득세법상 갑(甲)의 주택임대소득에 대한 소득세는 얼마인가? [101회]

(1) 주택 A(고가주택 아님) : 보증금 50,000,000원, 연 임대료 6,000,000원
(2) 다른 주택은 없으며, 지방자치단체에 등록되어 있지 않다.
(3) 주택임대소득 외에 다른 소득은 없다.

① 0원
② 140,000원
③ 420,000원
④ 840,000원

해설
1개의 주택을 소유하는 자의 주택임대소득은 소득세 과세대상이 아니다(고가주택 제외).

정답 13 ② 14 ④ 15 ①

16. 다음 중 소득세법상 주택임대소득에 대한 설명으로 옳지 않은 것은? [100회]

① 해당 과세기간에 주택임대수입금액의 합계액이 2천만원 이하인 자의 주택임대소득은 분리과세 특례의 적용이 가능하다.
② 주택 수를 계산할 때 다가구주택은 1개의 주택으로 보되, 구분 등기된 경우 각각을 1개의 주택으로 본다.
③ 주택 수를 계산할 때 본인과 자녀가 각각 주택을 소유하는 경우에는 이를 합산하지 아니한다.
④ 1개의 주택을 소유하는 자의 주택임대소득은 전액 비과세된다.

해설
1개의 주택을 소유하는 자의 주택이 고가주택(과세기간 종료일 기준시가 12억원 이상)에 해당하는 경우 그 주택임대소득은 과세된다.

17. 다음 중 소득세법상 사업소득에 대한 설명으로 틀린 것은? [100회]

① 복식부기의무자가 사업용 유형자산의 양도가액을 총수입금액에 산입한 경우 해당 사업용 유형자산의 양도 당시 장부가액은 필요경비이다.
② 업무와 관련하여 고의 또는 중대한 과실로 타인의 권리를 침해한 경우에 지급되는 손해배상금은 필요경비로 산입한다.
③ 거래상대방으로부터 받는 장려금 기타 이와 유사한 성질의 금액은 총수입금액에 이를 산입한다.
④ 작물재배업에서 발생하는 소득으로서 해당 과세기간의 수입금액의 합계액이 10억원 이하는 비과세이다.

해설
업무와 관련하여 고의 또는 중대한 과실로 타인의 권리를 침해한 경우에 지급되는 손해배상금은 필요경비에 산입하지 아니한다.

18. 다음 중 소득세법상 사업소득에 관한 설명으로 가장 옳지 않은 것은? [99회]

① 사업소득이 있는 거주자를 사업자라 한다.
② 복식부기의무자가 사업용 유형자산을 매각하는 경우 과세대상 사업소득에 해당한다.
③ 해당 과세기간에 신규로 사업을 개시한 사업자(음식점)는 간편장부대상자에 해당한다.
④ 복식부기의무자의 업무용승용차에 대한 감가상각비를 계산할 때 상각방법은 정률법으로 한다.

해설
업무용승용차의 감가상각방법은 정액법, 내용연수는 5년이다.

16 ④ 17 ② 18 ④

19 다음 중 소득세법상 총수입금액과 소득금액의 계산에 관한 설명으로 가장 옳지 않은 것은?

[99회]

① 이전 과세기간으로부터 이월된 소득금액은 해당 과세기간의 소득금액을 계산할 때 총수입금액에 산입하지 않는다.
② 부가가치세 매출세액은 총수입금액에 산입하지 아니한다.
③ 사업과 관련되지 않은 자산수증이익 또는 채무면제이익은 총수입금액에 산입한다.
④ 재고자산을 가사용으로 소비하거나 종업원에게 지급한 경우에도 이를 총수입금액에 산입한다.

해설
사업과 관련된 자산수증이익 또는 채무면제이익은 총수입금액에 산입한다. 단, 이월결손금보전에 충당하는 경우에는 총수입금액에 불산입한다.

20 다음 중 소득세법상 사업소득에 대한 설명으로 가장 옳지 않은 것은?

[98회]

① 연예인이 사업활동과 관련하여 받는 전속 계약금은 사업소득이다.
② 공익사업과 무관한 지상권의 설정으로 인한 소득은 사업소득이다.
③ 사업소득금액계산 시 매출에누리는 총수입금액에 포함한다.
④ 사업소득금액계산 시 소득세는 필요경비에 포함하지 않는다.

해설
매출에누리는 총수입금액에 산입하지 아니한다.

21 다음은 소득세법상 부동산임대소득 및 주택임대소득에 대한 설명이다. 가장 옳지 않은 것은?

[98회]

① 공장재단의 대여로 인하여 발생한 소득은 부동산임대업에서 발생한 사업소득이다.
② 주택 수를 계산함에 있어 다가구주택은 1개의 주택으로 보되, 구분등기 된 경우에는 각각을 1개의 주택으로 계산한다.
③ 주택 수 계산에 있어 본인과 아들이 각각 주택을 소유하는 경우에는 이를 합산한다.
④ 임대보증금 등에 대한 총수입금액 계산의 특례(간주임대료)가 적용될 수 있다.

해설
주택임대사업의 주택 수 계산은 본인과 배우자의 주택 수만 합산한다.

정답 19 ③ 20 ③ 21 ③

22 다음 중 소득세법상 사업소득의 원칙적인 수입시기에 관한 설명으로 옳지 않은 것은? [97회]

① 상품, 제품 또는 그 밖의 생산품의 판매 : 그 상품 등을 인도한 날
② 상품 등의 시용판매 : 상대방이 구입의 의사를 표시한 날
③ 무인판매기에 의한 판매 : 상품이 인도되는 때
④ 장기할부조건에 의한 상품 등의 판매 : 그 상품 등을 인도한 날

> 해설
> 무인판매기에 의한 판매의 수입시기는 당해 사업자가 무인판매기에서 현금을 인출하는 때로 한다.

23 다음 중 소득세법상 간주임대료에 대한 설명으로 옳지 않은 것은? [97회]

① 추계에 의한 간주임대료 계산 시 임대사업에서 발생한 금융수익은 차감하지 아니한다.
② 고가주택이 아닌 2주택 이하를 보유한 개인이 주택을 임대한 경우 간주임대료를 계산할 필요가 없다.
③ 간주임대료 대상 주택 수를 계산할 때 법에 정한 소형주택은 주택 수에 포함하지 않는다.
④ 보증금을 받은 주택이 2주택 이상인 경우 기준시가가 가장 큰 주택의 보증금부터 순서대로 3억원을 차감한다.

> 해설
> 보증금 등을 받은 주택이 2주택 이상인 경우에는 보증금 등의 적수가 가장 큰 주택의 보증금 등부터 순서대로 뺀다.

24 다음 중 소득세법상 사업소득금액계산 시 총수입금액에 산입하지 않는 것은? [96회]

① 거래상대방으로부터 받는 장려금 기타 이와 유사한 성질의 금액
② 사업용 유형자산인 상가 양도금액
③ 사업과 관련된 자산수증이익·채무면제이익
④ 사업과 관련하여 해당 사업용 자산의 손실로 인하여 취득하는 보험차익

> 해설
> 양도소득세 과세대상인 토지, 건축물을 양도함으로써 발생하는 소득은 양도소득으로 과세한다.

25 다음 중 소득세법상 주택임대소득에 관한 설명으로 옳지 않은 것은? [96회]

① 주택 수 계산에 있어 본인과 배우자가 각각 주택을 소유하는 경우 이를 합산한다.
② 주택 수 계산에 있어 다가구주택은 1개의 주택으로 보되, 구분 등기된 경우에는 각각을 1개의 주택으로 계산한다.
③ 국외소재주택의 임대소득은 1주택 소유자의 소득이라도 과세한다.
④ 비과세대상에서 제외하는 고가주택이라 함은 과세기간 종료일 또는 주택 양도일 현재 실지거래가액이 12억원을 초과하는 주택이다.

해설
비과세되는 주택임대소득에서 제외하는 고가주택이라 함은 과세기간 종료일 또는 해당 주택의 양도일 현재 기준시가가 12억원을 초과하는 주택이다.

26 다음 중 소득세법상 사업소득에 관한 설명으로 옳지 않은 것은? [95회]

① 사업소득금액계산 시 대표자 본인에 대한 급여는 필요경비로 인정하지 않는다.
② 은행예금 수입이자는 사업소득금액계산 시 총수입금액에 불산입한다.
③ 복식부기의무자가 사업용 차량운반구를 양도하는 경우 그 양도가액은 총수입금액에 불산입한다.
④ 사업소득 중에서도 원천징수대상이 되는 소득이 있다.

해설
복식부기의무자가 사업용 차량운반구 양도시 양도가액은 총수입금액에 산입한다.

27 다음 중 소득세법상 사업소득에 대한 설명으로 틀린 것은? [94회]

① 지상권을 양도하는 경우 사업소득으로 과세한다.
② 복식부기의무자의 사업용 차량 양도로 인한 소득은 사업소득으로 과세한다.
③ 사업소득은 영리를 목적으로 자기의 계산과 책임하에 계속적·반복적으로 행하는 활동을 통하여 얻는 소득을 말한다.
④ 해당 과세기간에 필요경비가 총수입금액을 초과하는 경우 그 금액을 결손금이라 한다.

해설
지상권의 양도는 양도소득세로 과세한다.

정답 25 ④ 26 ③ 27 ①

28
다음 중 소득세법상 총수입금액에 대응하는 필요경비에 해당하지 않은 것은? [94회]

① 판매한 상품 또는 제품에 대한 원료의 매입가격(매입에누리와 매입할인을 포함한다)
② 종업원의 급여
③ 사업과 관련이 있는 제세공과금
④ 단체순수보장성보험 및 단체환급부보장성보험의 보험료

해설
판매한 상품 또는 제품에 대한 원료의 매입가격(매입에누리 및 매입할인금액을 제외한다)과 그 부대비용. 이 경우 사업용 외의 목적으로 매입한 것을 사업용으로 사용한 것에 대하여는 당해 사업자가 당초에 매입한 때의 매입가액과 그 부대비용으로 한다.

29
다음 중 소득세법상 비과세 사업소득에 해당하지 않는 것은? [93회]

① 논·밭을 작물 생산에 이용하게 함으로써 발생하는 소득
② 기준시가 12억원을 초과하는 1개의 주택을 소유하는 자의 주택임대소득
③ 농어민이 부업으로 영위하는 민박, 음식물 판매 등 이와 유사한 활동에서 발생하는 연 3,000만원 이하의 소득
④ 조림기간 5년 이상인 임지(林地)의 임목(林木)의 벌채 또는 양도로 발생하는 소득으로서 연 600만원 이하의 금액

30
다음 중 소득세법상 사업소득에 대한 총수입금액의 계산에 대한 설명으로 옳지 않은 것은? [93회]

① 부동산을 임대하고 받은 선세금(先貰金)에 대한 총수입금액은 그 선세금을 계약기간의 월수로 나눈 금액의 각 과세기간의 합계액으로 한다.
② 환입된 물품의 가액과 매출에누리는 해당 과세기간의 총수입금액에 산입하지 아니한다.
③ 관세환급금 등 필요경비로 지출된 세액이 환입되었거나 환입될 경우에 그 금액은 총수입금액에 이를 산입한다.
④ 거래상대방으로부터 받는 장려금 기타 이와 유사한 성질의 금액은 총수입금액에 이를 산입하지 아니한다.

28 ① 29 ② 30 ④ **정답**

31 다음 중 소득세법상 사업소득에 관한 설명으로 가장 옳지 않은 것은? [92회]

① 사업소득금액 계산 시 대표자 본인에 대한 급여 및 가사 관련 경비는 필요경비로 인정되지 않는다.
② 연예인이 사업활동과 관련하여 받는 전속계약금은 사업소득이다.
③ 작물재배업 중 곡물 및 기타 식량 작물재배업에서 발생하는 소득은 사업소득으로 과세된다.
④ 거주자의 사업소득을 계산할 때 이전 과세기간의 소득금액은 총수입금액에 산입하지 않는다.

해설
작물재배업 중 곡물 및 기타 식량 작물재배업에서 발생하는 소득은 사업소득으로 과세되지 않는다.

32 다음 중 소득세법상 비과세소득이 아닌 것은? [92회]

① 기준시가가 12억원을 초과하는 1개의 주택을 소유하는 자의 주택임대소득
② 공익신탁법에 따른 공익신탁의 이익
③ 문화재보호법에 따라 국가지정문화재로 지정된 서화, 골동품의 양도로 발생한 소득
④ 법률에 따라 동원된 사람이 그 동원 직장에서 받는 급여

해설
12억원을 초과하는 주택을 소유하는 자의 주택임대소득은 과세대상이다.

33 다음 중 소득세법상 사업소득에 대한 설명으로 옳지 않은 것은? [91회]

① 사업자 본인의 국민연금은 필요경비로 인정되지 않는다.
② 수입이자와 수입배당금은 사업소득 총수입금액에 해당하지 않는다.
③ 자산수증이익과 채무면제이익 중 이월결손금 보전에 충당된 것은 사업소득 총수입금액에 산입한다.
④ 업무와 관련하여 고의 또는 중대한 과실로 타인의 권리를 침해한 경우에 지급되는 손해배상금은 사업소득 필요경비에 산입하지 않는다.

해설
자산수증이익과 채무면제이익 중 이월결손금보전에 충당한 것은 사업소득 총수입금액에 산입하지 않는다.

34 다음 중 소득세법상 사업소득금액계산 시 필요경비에 불산입하는 이자가 아닌 것은? [91회]

① 초과인출금 관련 이자
② 채권자불분명 사채이자
③ 장기할부이자
④ 업무무관자산 등 관련 이자

해설
장기할부이자는 필요경비에 산입한다.

정답 31 ③ 32 ① 33 ③ 34 ③

35 다음 중 소득세법상 사업소득의 수입시기로서 옳지 않은 것은? [90회]

① 상품등의 판매 : 인도일
② 시용판매 : 구입의사표시일
③ 무인판매기에 의한 판매 : 당해 사업자가 무인판매기에서 현금을 인출하는 때
④ 위탁판매 : 수탁자에게 위탁품을 위탁하는 때

해설
수탁자가 위탁품을 판매한 때

36 다음은 소득세법상 사업소득의 필요경비불산입과 관련된 내용이다. 옳지 않은 것은? [90회]

① 보험료의 선급비용은 필요경비로 산입하지 않는다.
② 초과인출금에 대한 지급이자는 필요경비대상이 아니다.
③ 복식부기의무자가 사업용 유형자산을 양도하는 경우 장부가액은 필요경비대상이 아니다.
④ 업무와 관련하여 중대한 과실로 타인의 권리를 침해한 경우에 지급되는 손해배상금은 필요경비대상이 아니다.

해설
장부가액은 필요경비로 산입한다.

37 다음 중 소득세법상 주택임대소득에 대한 과세요건 및 과세방법에 대한 설명으로 가장 옳지 않은 것은? [90회]

① 주택수계산 시 1개의 주택(기준시가 11억원)을 보유하고 그 주택임대소득으로 과세기간동안 4천 800만원 수입금액이 발생한 경우에는 비과세이다.
② 주택임대소득의 주택수를 산정하는 기준은 부부합산으로 산정한다.
③ 주택수 계산 시 2주택을 보유한 경우는 보증금에 대한 간주임대료 적용대상이다.
④ 주택임대소득이 2천만원을 초과하는 경우에는 무조건 종합과세대상이다.

해설
3주택을 보유한 경우부터 간주임대료 적용대상이다. 2026년부터 고가주택(기준시가 12억원 초과) 2주택 소유자의 전세보증금 합계액이 12억원을 초과하는 경우 간주임대료를 소득세로 과세한다.

35 ④ 36 ③ 37 ③ 정답

38
다음 중 소득세법상 사업소득과 관련된 설명 중 옳지 않은 것은? [89회]

① 사업용으로 사용하던 토지를 양도함으로써 발생하는 차익은 사업소득금액 계산 시 총수입금액에 산입하지 않는다.
② 대표자 본인에 대한 급여와 퇴직금은 사업소득금액 계산 시 필요경비로 인정되지 않는다.
③ 사업운영을 위해 차입한 자금을 은행에 예금함으로써 받는 이자는 사업소득금액 계산 시 총수입금액에 산입한다.
④ 부가가치세 면세대상인 의료보건용역과 일정한 인적용역은 원천징수대상 사업소득이다.

해설
은행예금이자는 소득세법상 이자소득으로 과세됨

39
다음 중 소득세법상 사업소득금액 계산 시 필요경비에 산입되는 항목은? [89회]

① 가사관련 경비
② 부가가치세의 가산세
③ 사전약정없이 지급하는 판매장려금
④ 간편장부대상자의 차량운반구 처분 시 장부가액

해설
판매장려금 및 판매수당(사전약정 없이 지급하는 경우 포함) 등 판매와 관련한 부대비용은 필요경비산입항목이다.

40
다음 중 소득세법상 자산의 취득가액에 대한 설명으로 옳지 않은 것은? [88회]

① 타인으로부터 매입한 자산은 매입가액에 취득세·등록면허세 기타 부대비용을 가산한 금액으로 한다.
② 자기가 행한 제조에 의하여 취득한 자산의 취득가액은 원재료비·노무비·운임·하역비·공과금·설치비 기타 부대비용의 합계액으로 한다.
③ 사업자가 자산을 장기할부조건으로 매입하는 경우에 발생한 채무를 기업회계기준에 따라 현재가치로 평가하여 현재가치할인차금으로 계상한 경우에 있어서의 당해 현재가치할인차금은 취득가액에 포함한다.
④ 특수관계인으로부터 시가보다 높은 가격으로 자산을 매입한 경우 시가 초과액은 취득가액에 포함하지 아니한다.

해설
현재가치할인차금은 취득가액에 포함하지 않는다.

정답 38 ③ 39 ③ 40 ③

41
다음 중 소득세법상 비과세 사업소득에 관한 설명으로 옳지 않은 것은? [87회]

① 일정한 전통주를 농어촌지역에서 제조함으로서 발생하는 소득으로 소득금액의 합계액이 연 1,200만원 이하인 것
② 주거용 건물 임대업에서 발생한 총수입금액의 합계액이 2천만원 이하인 것
③ 조림기간 5년 이상인 임지의 임목의 벌채 또는 양도로 발생하는 소득금액으로서 연 600만원 이하인 것
④ 식량작물재배업 외의 작물재배업에서 발생하는 소득으로서 해당 과세기간의 수입금액의 합계액이 10억원 이하인 것

해설
2019년 1월 1일 이후 발생하는 소득분부터는 14% 단일세율로 분리과세 또는 종합과세를 선택하여 적용한다.

42
다음 중 소득세법상 사업소득에 관한 설명으로 가장 옳지 않은 것은? [85회]

① 사업소득금액 계산 시 대표자 본인에 대한 급여 및 가사관련경비는 필요경비로 인정되지 않는다.
② 부동산임대업에서 발생한 이월결손금과는 달리 일반적인 사업소득의 이월결손금은 해당 과세기간의 다른 종합소득에서 공제될 수 있다.
③ 복식부기의무자가 업무용승용차를 매각하는 경우 그 매각가액을 매각일이 속하는 과세기간의 총수입금액에 산입한다.
④ 사업소득 중에서 원천징수대상이 되는 소득은 없다.

해설
대부분이 사업소득은 원천징수대상이 아니지만, 부가가치세 면세대상인 의료보건용역과 일정한 인적용역은 원천징수대상이 된다.

43
다음 중 소득세법상 감가상각에 대한 설명으로 가장 틀린 것은? [85회]

① 상표권은 무형자산으로서 감가상각대상 자산에 해당한다.
② 감가상각비 중 상각범위액을 초과하는 금액은 그 후의 과세기간에 있어서 시인부족액이 있더라도 필요경비로 추인할 수 없다.
③ 시간의 경과에 따라 그 가치가 감소되지 아니하는 사업용 고정자산은 감가상각자산이 되지 않는다.
④ 시인부족액은 그 후의 과세기간의 상각부인액에 충당하지 못한다.

해설
상각부인액은 그 후의 과세기간에 시인부족액을 한도로 하여 필요경비에 산입한다.

44 소득세법에 따른 ( )가 업무용승용차를 처분하여 발생하는 손실로서 업무용승용차별로 ( )원을 초과하는 금액은 대통령령으로 정하는 이월 등의 방법에 따라 필요경비에 산입한다. 위 괄호에 알맞은 것은? [84회]

① 간편장부대상자 - 8백만
② 간편장부대상자 - 10백만
③ 복식부기의무자 - 8백만
④ 복식부기의무자 - 10백만

45 다음 중 소득세법상 사업소득의 필요경비로 인정될 수 있는 것은? [83회]

① 법령에 따라 의무적으로 납부하는 공과금
② 사업자가 사업과 관련 없이 지출한 기업업무추진비
③ 국세징수법이나 그 밖에 조세에 관한 법률에 따른 가산금과 강제징수비
④ 사업자가 그 업무와 관련 없는 자산을 취득하기 위하여 차입한 금액에 대한 지급이자

해설
법령에 따라 의무적으로 납부하는 것이 아닌 공과금은 필요경비 불산입한다.

46 다음 중 소득세법상 사업소득금액의 총수입금액에 산입하는 것은 무엇인가? [82회]

① 관세 환급금 등 필요경비로서 지출된 세액이 환입되었거나 환입될 금액
② 소득세 또는 개인지방소득세를 환급받았거나 환급받은 금액 중 다른 세액에 충당한 금액
③ 자산수증이익·채무면제이익 중 이월결손금의 보전에 충당된 금액
④ 사업자가 자가생산한 제품 등을 다른 제품의 원재료 등으로 사용한 금액

해설
②, ③, ④ 총수입금액에 불산입한다.

47 다음 중 소득세법상 사업소득의 범위에 해당하지 않는 것은? [81회]

① 제조업에서 발생하는 소득
② 교육 서비스업을 영위해서 발생하는 소득
③ 금융 및 보험업에서 발생하는 소득
④ 무형고정자산을 양도함으로써 발생하는 소득

해설
무형고정자산을 양도함으로써 발생하는 소득은 기타소득이다.

정답 44 ③ 45 ① 46 ① 47 ④

48 거주자 B씨는 수년간 계속하여 TV광고출연을 하고 있는 유명 연예인으로서, 2020.1.10 연예인 자격으로 ㈜H사와 2년간 TV광고출연에 대한 일신전속계약을 체결함과 동시에 전속계약금 2억원을 일시에 현금으로 수령하였다. B씨의 TV광고출연과 관련하여 실제로 소요된 필요경비가 없을 때 소득세법상 B씨의 해당 전속계약금에 관한 설명으로 옳은 것은? [81회]

① 전속계약금은 기타소득으로서 2019년에 귀속되는 총수입금액은 2억원이다.
② 전속계약금은 사업소득으로서 2019년에 귀속되는 총수입금액은 1억원이다.
③ 전속계약금은 사업소득으로서 2019년에 귀속되는 총수입금액은 2억원이다.
④ 전속계약금은 기타소득으로서 수령한 금액의 80%는 필요경비로 인정된다.

해설
연예인이 사업활동과 관련하여 받는 전속계약금은 사업소득금액으로 계약기간이 1년을 초과하는 일신전속계약에 대한 대가를 일시에 받는 경우에는 계약기간에 따라 해당대가를 균등하게 안분한 금액을 각 과세기간 종료일에 수입한 것으로 하며, 월수의 계산은 해당 계약기간의 개시일이 속하는 날이 1개월 미만인 경우에는 1개월로 하고, 해당 계약기간의 종료일이 속하는 달이 1개월 미만인 경우에는 이를 산입하지 아니한다.

49 다음 자료를 이용하여 복식부기의무자인 거주자 B씨의 소득세법상 사업소득금액을 계산하면 얼마인가? [80회]

1. 손익계산서상 당기순이익 : 50,000,000원
2. 손익계산서에 반영되어 있는 금액
   - 대표자의 급여 : 10,000,000원
   - 기계장치처분손실 : 5,000,000원
   - 은행예금이자수익 : 3,000,000원

① 68,000,000원   ② 65,000,000원
③ 62,000,000원   ④ 57,000,000원

해설
50,000,000 + 10,000,000 − 3,000,000 = 57,000,000원
- 대표자의 급여는 개인사업자에서 비용처리할 수 없고, 복식부기의무자의 경우 사업용 유형고정자산 처분에 대한 손실은 그대로 인식하여야 한다.
- 은행예금이자수익은 2천만원 이하이므로 종합소득에 합산되지 않는다.

50 다음 중 소득세법상 기업업무추진비와 기부금에 대한 설명으로 틀린 것은? [80회]

① 종교단체에 지출한 기부금은 일반기부금에 속한다.
② 기부금이란 업무와 관련하여 특정인에게 지출하는 비용을 말한다.
③ 기업업무추진비를 금전 외의 자산으로 제공한 경우 시가와 장부가액 중 큰 금액으로 한다.
④ 국방헌금을 금전 외의 자산으로 제공한 경우 장부가액으로 한다.

해설
기업업무추진비에 관한 내용이다.

51 다음 중 소득세법상 사업소득금액 계산 시 총수입금액에 산입되지 않는 것은? [79회]

① 제조업을 경영하는 거주자가 자기가 생산한 제품을 자기가 생산하는 다른 제품의 원재료 또는 제조용 연료로 사용한 금액
② 세무사가 의뢰인으로부터 업무의 수행을 위하여 숙박비 등으로 지급받은 금품
③ 음식점을 위하는 사업자가 음식물의 대가와 구분하지 않고 함께 받은 종업원의 봉사료
④ 창고업자가 보관물품의 상·하차 대가로 보관료와 구분하여 계산하여 받은 금품

해설
제조업을 경영하는 거주자가 자기가 생산한 제품을 자기가 생산하는 다른 제품의 원재료 또는 제조용 연료로 사용한 경우 그 사용된 부분에 상당하는 금액은 수입금액 불산입 항목이다.

52 다음 중 소득세법상 필요경비 불산입하는 경우가 아닌 것은? [79회]

① 소득세와 개인지방소득세
② 채권자가 불분명한 차입금의 이자
③ 선급비용
④ 부가가치세법상 간이과세자가 납부한 부가가치세액

해설
간이과세자가 부담한 부가가치세액은 필요경비이다.

53 다음 중 소득세법상 사업소득금액 계산 시 필요경비로 인정되는 것은? [78회]

① 업무와 관련한 교통사고 벌과금
② 폐기물처리 분담금
③ 폐수배출부담금
④ 자산취득관련 세금(취득세 등)

정답 50 ② 51 ① 52 ④ 53 ②

근로소득

01 다음 중 소득세법상 비과세근로소득에 해당하지 않는 항목은? [108회]

① 지급받은 직장에서만 입는 피복
② 6세 이하의 자녀의 보육과 관련하여 사용자로부터 받는 월 30만원 이내의 금액
③ 식사대로 지급받는 월 20만원 이내의 금액
④ 벽지수당으로 지급받는 월 20만원 이내의 금액

해설
6세 이하 자녀의 보육과 관련하여 사용자로부터 받는 급여로서 월 20만원 이내의 금액

02 다음 중 소득세법상 근로소득의 수입시기로 옳지 않은 것은? [107회]

① 급여 : 급여를 지급받은 날
② 잉여금 처분에 의한 상여 : 해당 법인의 잉여금처분결의일
③ 인정상여 : 해당 사업연도 중의 근로를 제공한 날
④ 주식매수선택권 : 주식매수선택권을 행사한 날

해설
급여의 수입시기는 근로를 제공한 날이다.

03 다음 중 소득세법상 근로소득으로 과세하지 않는 것은? [106회]

① 출자임원이 주택을 제공받음으로써 얻는 이익
② 비출자임원이 주택의 구입에 소요되는 자금을 저리로 대여받음으로써 얻는 이익
③ 「국민건강보험법」 또는 「고용보험법」에 따라 사용자가 부담하는 보험료
④ 퇴직으로 인하여 받는 소득으로서 퇴직소득에 속하지 아니하는 소득

해설
「국민건강보험법」, 「고용보험법」 또는 「노인장기요양보험법」에 따라 국가, 지방자치단체 또는 사용자가 부담하는 보험료는 비과세소득에 해당한다.

정답 01 ② 02 ① 03 ③

04 다음 중 소득세법상 근로소득에 대한 설명으로 옳지 않은 것은? [105회]

① 근로자가 천재지변 또는 기타 재해로 받는 급여는 비과세 근로소득에 해당한다.
② 퇴직급여로 지급하기 위하여 적립하는 급여는 근로소득에 포함하지 않는다.
③ 당해 연도에 중도 입사한 근로자의 근로소득공제는 월할계산하여 적용한다.
④ 인정상여에 대한 근로소득 수입시기는 해당 사업연도 중 근로를 제공한 날로 한다.

> **해설**
> 근로소득공제는 해당 과세기간에 받는 총급여액에서 공제하는 것으로 월할계산하지 아니한다.

05 다음 중 소득세법상 근로소득으로 과세하는 것은? [104회]

① 비출자임원이 사택을 제공받음으로써 얻는 이익
② 사용자가 국민건강보험법에 따라 부담한 국민건강보험료
③ 임직원의 고의(중과실 포함) 외의 업무상 행위로 인한 손해배상청구를 지급 사유로 하고 임직원을 피보험자로 하여 사용자가 부담한 손해배상보험의 보험료
④ 총급여액 5천만원인 생산직근로자가 받는 연 240만원 이내의 시간외근무수당

> **해설**
> 월정액급여 210만원 이하로서 직전 과세기간의 총급여액이 3천만원 이하인 생산직근로자(일용근로자 포함)가 연장근로·야간근로 또는 휴일근로를 하여 통상임금에 더하여 받는 급여 중 연 240만원 이하의 금액은 소득세를 과세하지 아니한다.

06 다음 중 소득세법상 근로소득의 과세 방법에 대한 설명으로 옳지 않은 것은? [104회]

① 원천징수의무자는 매월분의 근로소득을 지급할 때 근로소득 간이세액표에 따라 소득세를 원천징수 한다.
② 일용근로소득은 원천징수로서 납세의무가 종결된다.
③ 원천징수의무자는 원천징수한 소득세를 그 징수일의 다음 달 10일까지 납부하여야 한다.
④ 일용근로소득자는 1일 15만원의 근로소득세액공제를 적용하며, 별도의 세액공제는 적용하지 아니한다.

> **해설**
> 일용근로자의 경우 근로소득공제는 1일 15만원으로 하고, 근로소득세액공제로 해당 근로소득에 대한 산출세액의 100분의 55에 해당하는 금액을 그 산출세액에서 공제한다.

정답 04 ③ 05 ④ 06 ④

07 다음 중 소득세법상 근로소득이 아닌 것은? [103회]

① 근로를 제공함으로써 받는 급료 및 상여와 이와 유사한 성질의 급여
② 법인의 주주총회 결의에 따라 상여로 받는 소득
③ 퇴직함으로써 받는 소득으로서 퇴직소득에 속하지 아니하는 소득
④ 「법인세법」에 따라 기타로 처분된 금액

해설
「법인세법」에 따라 상여로 처분된 금액이 근로소득이다.

08 다음 중 소득세법상 근로소득에 대한 설명으로 틀린 것은? [102회]

① 근로자가 천재지변이나 그 밖의 재해로 인하여 받는 급여는 비과세 근로소득이다.
② 근로소득만 있는 자가 연말정산을 한 경우에는 해당 소득에 대하여 과세표준확정신고를 하지 않을 수 있다.
③ 출자임원에 대한 사택 제공이익은 근로소득으로 과세한다.
④ 일용근로자란 동일한 고용주에게 2월 이상 계속하여 고용되어 있지 않은 자를 말한다.

해설
일용근로자란 동일한 고용주에게 3월(건설공사 1년)이상 고용되어 있지 않은 자를 말한다(하역종사자는 기간 제한이 없음).

09 다음 중 소득세법상 근로소득 연말정산에 대한 설명으로 잘못된 것은? [101회]

① 매월분의 근로소득을 지급할 때에는 근로소득 간이세액표에 따라 소득세를 원천징수한다.
② 다음 연도 2월분의 근로소득을 지급할 때 연말정산을 해야 한다.
③ 소득공제 등을 신고하지 아니한 자에 대하여 연말정산을 하는 경우 다른 소득공제, 세액공제 없이 표준세액공제만을 적용한다.
④ 근로소득 외 다른 종합소득이 없는 경우 확정신고를 하지 않을 수 있다.

해설
원천징수의무자가 소득공제 및 세액공제 신고를 하지 아니한 근로소득자에 대하여 추가 납부세액을 원천징수할 때에는 그 근로소득자 본인에 대한 기본공제와 표준세액공제만을 적용한다.

10 다음 중 소득세법상 비과세 대상 근로소득에 대한 설명으로 가장 옳지 않은 것은? [100회]

① 회사로부터 수령한 근로자 본인 또는 가족에 대한 학자금은 비과세된다.
② 요건을 충족한 자가운전보조금 중 월 20만원 이내의 금액은 비과세된다.
③ 사내 급식 등으로 제공받는 식사 기타 음식물은 비과세된다.
④ 종업원이 지급받는 직무발명보상금으로서 연 700만원 이하의 금액은 비과세된다.

> **해설**
> 회사로부터 수령한 근로자 본인에 대한 학자금은 법정 요건 충족 시 비과세되지만, 근로자 가족에 대한 학자금은 요건을 충족할 수 없으므로 비과세를 적용받을 수 없다.

11 다음 중 소득세법상 근로소득 원천징수 및 연말정산에 대한 설명으로 가장 옳지 않은 것은? [100회]

① 일용근로자의 근로소득은 원천징수로써 과세를 종결한다.
② 국외 근로소득은 원천징수의 대상이 되지 않는다.
③ 일반근로자의 경우 2월분 소득 지급 시 지급자가 연말정산을 행한다.
④ 원천징수의무자는 원천징수한 소득세를 그 징수일이 속하는 반기의 마지막 달의 다음 달 10일까지 납부해야 한다.

> **해설**
> 원천징수의무자는 원천징수한 소득세를 원칙적으로 그 징수일이 속하는 달의 다음 달 10일까지 납부해야 한다. 반기납부는 예외사항이다.

12 다음 중 소득세법상 근로소득에 대한 설명으로 가장 옳지 않은 것은? [99회]

① 근로소득만 있는 자가 연말정산을 한 경우에는 해당 소득에 대하여 과세표준확정신고를 하지 않을 수 있다.
② 총급여액에서 실제 필요경비를 차감하여 근로소득금액을 계산한다.
③ 연구활동에 직접 종사하는 자가 받는 연구보조비 중 월 20만원 이내의 금액은 비과세 근로소득이다.
④ 원천징수의무자는 근로소득을 지급할 때 근로소득 간이세액표에 따라 원천징수세액을 차감하고 지급한다.

> **해설**
> 근로소득금액은 총급여액에서 실제 필요경비를 차감하지 아니하고 산식에 따라 일괄적으로 공제한다.

정답 10 ① 11 ④ 12 ②

13
다음 중 소득세법상 근로소득에 해당하지 않는 것은? [98회]

① 법인의 종업원이 해당 법인 등으로부터 근로기간 중에 부여받은 주식매수선택권을 퇴사 후에 행사함으로써 얻은 이익
② 「법인세법」에 따라 상여로 처분된 금액
③ 벽지수당·해외근무수당, 기타 이와 유사한 성질의 급여
④ 공무원에게 지급되는 직급보조비

해설
퇴직 전에 부여받은 주식매수선택권을 퇴직 후에 행사하거나 고용관계 없이 주식매수선택권을 부여받아 이를 행사함으로써 얻는 이익은 기타소득이다.

14
다음 중 근로소득의 수입시기가 잘못 연결된 것은? [98회]

① 인정상여 : 근로를 제공한 날
② 급여 : 지급를 받기로 한 날
③ 잉여금처분에 의한 상여 : 당해 법인의 잉여금처분결의일
④ 임원 퇴직소득금액 한도초과액 : 지급받거나 지급받기로 한 날

해설
급여는 근로를 제공한 날을 수입시기로 한다.

15
다음 중 소득세법상 비과세 근로소득에 해당하지 않는 것은? [97회]

① 학교의 교원이나 연구활동에 직접 종사하는 자 등이 받는 연구보조비 중 월 20만원 이내의 금액
② 식사, 기타 음식물을 제공받지 않는 근로자가 받는 월 30만원 이하의 식사대
③ 근로자가 천재지변이나 그 밖의 재해로 인하여 받는 급여
④ 국민건강보험법, 고용보험법 또는 노인장기요양보험법에 따라 국가, 지방자치단체 또는 사용자가 부담하는 보험료

해설
식사, 기타 음식물을 제공받지 않는 근로자가 받는 월 20만원 이하의 식사대는 비과세한다.

13 ① 14 ② 15 ②

16 다음 중 소득세법상 근로소득에 대한 설명으로 잘못된 것은? [96회]

① 법인세법상 임원의 퇴직급여 한도초과액은 근로소득으로 과세한다.
② 일용근로자란 동일한 고용주에게 3월(건설공사 1년) 이상 계속하여 고용되어 있지 않은 자(하역종사자는 기간 제한 없음)를 말한다.
③ 중소기업의 종업원이 얻는 주택자금대여이익은 근로소득으로 과세한다.
④ 출자임원에 대한 사택제공이익은 근로소득으로 과세한다.

해설
중소기업의 종업원이 주택(주택에 부수된 토지를 포함한다)의 구입·임차에 소요되는 자금을 저리 또는 무상으로 대여받음으로써 얻는 이익은 비과세하는 근로소득이다.

17 소득세법상 근로소득에 대한 설명으로 옳지 않은 것은? [95회]

① 해당 사업연도의 소득금액을 법인이 신고함에 따라 발생한 그 법인의 임원에 대한 상여의 수입시기는 결산확정일이다.
② 근로소득만 있는 자로서 연말정산을 한 경우에는 해당 소득에 대하여 과세표준확정신고를 하지 아니할 수 있다.
③ 원천징수의무자는 해당 과세기간의 다음 연도 2월분의 근로소득을 지급할 때에 연말정산을 하여야 한다.
④ 잉여금처분에 의한 상여의 수입시기는 해당 법인의 잉여금처분결의일이다.

해설
해당 사업연도의 소득금액을 법인이 신고함에 따라 발생한 그 법인의 임원에 대한 상여의 수입시기는 근로를 제공한 날이다.

18 다음 중 소득세법상 근로소득에 대한 설명으로 가장 옳지 않은 것은? [94회]

① 근로소득이란 근로자가 종속적인 지위에서 근로를 제공하고 대가로 지급받는 모든 금품을 말한다.
② 법인세법에 따라 상여로 처리된 근로소득은 해당 법인의 결산확정일을 수입시기로 본다.
③ 퇴직함으로써 받는 소득으로서 퇴직소득에 속하지 아니하는 소득은 근로소득으로 본다.
④ 원천징수의무자가 근로소득을 지급할 때는 근로소득 간이세액표에 따라 원천징수액을 차감하고 지급한다.

해설
근로제공일을 수입시기로 본다.

정답 16 ③ 17 ① 18 ②

19 다음 중 소득세법상 비과세 근로소득에 대한 설명으로 옳지 않은 것은? [92회]

① 당해 근로자가 종사하는 사업체의 업무와 관련이 있는 교육·훈련을 위하여 받는 학자금
② 일직료·숙직료 또는 여비로서 실비변상 정도의 금액
③ 작전 임무를 수행하기 위하여 외국에 주둔 중인 군인·군무원이 받는 급여
④ 6세 이하 자녀의 보육과 관련하여 사용자로부터 받는 급여로서 월 10만원 이내의 금액

해설
6세 이하 자녀의 보육과 관련하여 사용자로부터 받는 급여로서 월 20만원 이내의 금액

20 다음 중 소득세법상 근로소득으로 과세되지 않는 것은? [91회]

① 퇴직함으로써 받는 소득으로서 퇴직소득에 속하지 않는 소득
② 근로기간 중에 받은 직무발명보상금으로써 연 700만원을 초과하는 금액
③ 회사로부터 받은 의료비 보조금
④ 근무기간 중에 부여받은 주식매수선택권으로써 퇴직 후에 행사하여 얻은 이익

해설
퇴직 전에 부여받은 주식매수선택권을 퇴직 후에 행사하거나 고용관계 없이 주식매수선택권을 부여받아 이를 행사함으로써 얻는 이익은 기타소득으로 구분한다.

21 다음 중 소득세법상 비과세소득에 해당하는 것은 무엇인가? [90회]

① 광업에서 발생하는 소득
② 종업원의 자녀가 사용자로부터 받는 학자금
③ 공익사업과 관련한 지역권, 지상권 대여소득
④ 국민건강보험법에 따라 사용자가 부담하는 보험료

22 다음은 소득세법상 근로소득의 비과세에 대한 설명이다. 옳지 않은 것은? [89회]

① 일직료로 실비변상정도의 금액은 비과세이다.
② 종업원 소유의 차량을 종업원이 직접 운전하여 업무에 사용하며, 월 50만원을 매달 추가로 받는 경우 전부 비과세이다.
③ 고용보험법에 의하여 지급받는 육아휴직급여는 비과세이다.
④ 고용보험법에 따라 받은 출산전후 휴가 급여는 비과세이다.

해설
근로소득에 포함된다.

19 ④ 20 ④ 21 ④ 22 ② 정답

23 다음 중 소득세법상 근로소득 비과세와 관련된 내용 중 가장 틀린 것은? [88회]

① 직원이 실제 여비 대신 지급받는 월 20만원 이내의 자가운전보조금은 비과세된다.
② 근로자의 6세 이하 자녀의 보육과 관련하여 사용자로부터 받는 월 20만원 이내의 자녀수당은 비과세한다.
③ 국민건강보험의 근로자 부담분을 사용자가 부담하는 경우의 부담분은 근로소득을 비과세한다.
④ 직원은 사내급식 대신 지급받는 월 20만원 이내의 식대는 비과세된다.

> [해설]
> 사용자가 부담하는 경우 사용자 부담분은 근로소득으로 과세한다.

24 다음 중 소득세법상 비과세 근로소득에 해당하지 않는 것은? [87회]

① 자가운전보조금 중 월 20만원 이내의 금액
② 학교의 교원이나 연구활동에 직접 종사하는 자 등이 받는 연구활동비 중 월 20만원 이내의 금액
③ 식사 등을 제공받지 않는 근로자가 받는 월 20만원 이하의 식사대
④ 직무발명으로 받는 보상금으로서 연 500만원 초과 1,000만원 이하의 금액

> [해설]
> 연 700만원 이하

25 다음 중 소득세법상 비과세 근로소득이 아닌 것은? [85회]

① 고용보험법에 따라 받는 실업급여
② 사내급식 등을 통하여 근로자가 제공받는 30만원 상당의 식사 기타 음식물
③ 광산근로자가 받는 입갱수당 및 발파수당
④ 사용인이 회사로부터 주식매수선택권을 부여받아 이를 행사함으로써 얻은 50만원 이익

> [해설]
> 벤처기업이 아닌 회사의 주식매수선택권을 부여받아 이를 행사함으로써 얻은 이익은 근로소득으로 모두 과세된다.

26 다음 중 소득세법상 비과세 근로소득에 대한 설명으로 가장 옳지 않은 것은? [84회]

① 6세 이하 자녀의 보육과 관련하여 받는 급여 월 20만원
② 자가운전보조금 중 월 30만원 이내의 금액
③ 식사를 별도 제공하지 않는 경우 식대 월 20만원
④ 고용보험법에 따라 받는 실업급여

> [해설]
> 자가운전보조금 중 월 20만원 이내의 금액

[정답] 23 ③ 24 ④ 25 ④ 26 ②

27 소득세법상 생산직근로자 등의 시간외근무수당에 대한 설명이다. ( )에 알맞은 것은? [83회]

> 생산직 및 그 관련직에 종사하는 근로자 중 월정급여가 210만원 이하이고 직전 과세기간의 총급여액이 ( ) 이하인 근로자(일용근로자를 포함)로서 일정요건을 충족한 사람이 연장근로·야간근로 또는 휴일근로를 하여 통상임금에 더하여 받는 급여 중 연 240만원 이하의 금액은 비과세된다.

① 2,100만원 ② 2,300만원
③ 2,500만원 ④ 3,000만원

28 다음 중 소득세법상 근로소득의 수입시기로 옳지 않은 것은? [79회]

① 급여 – 근로를 제공한 날
② 임원퇴직금 한도 – 지급받거나 지급받기로 한 날
③ 잉여금처분에 의한 상여 – 해당 법인의 잉여금처분결의일
④ 세무서장이 결정·경정함에 따라 발생한 그 법인의 임원에 대한 상여 – 세무서장이 결정한 날

해설
해당 사업연도의 소득금액을 법인이 신고하거나 세무서장이 결정·경정함에 따라 발생한 그 법인의 임원 또는 주주·사원, 그 밖의 출자자에 대한 상여 – 해당 사업연도 중의 근로를 제공한 날. 이 경우 월평균금액을 계산한 것이 2년도에 걸친 때에는 각각 해당 사업연도 중 근로를 제공한 날로 한다.

29 다음 중 소득세법상 과세되는 근로소득에 해당하지 않는 것은? [78회]

① 법인의 주주총회의 결의에 의하여 상여로 받는 소득
② 법인세법에 의하여 상여로 처분된 금액(인정상여)
③ 종업원이 계약자인 사용자가 부담하는 보험료 중 단체순수보장성보험료 중 연 70만원 이하의 금액
④ 퇴직으로 인하여 받는 소득으로서 퇴직소득에 속하지 않는 소득

해설
종업원이 계약자인 사용자가 부담하는 보험료 중 단체순수보장성보험료 중 연 70만원 이하의 금액은 근로소득에서 제외됨

30 아래의 자료에서 거주자 서씨의 소득세법상 과세되는 소득은 얼마인가?(소득금액 아님) [78회]

- 기본급여 : 200만원
- 자가운전보조금(父명의차량을 출퇴근용으로 사용) : 20만원
- 식대(식사제공 없음) : 20만원
- 1주택자로서 임대하는 주택(기준시가 2억원)임대소득 : 30만원

① 200만원 ② 220만원
③ 230만원 ④ 260만원

해설
기본급여 + 자가운전보조금만 해당한다.

연금소득

01 다음 중 소득세법상 연금소득에 대한 설명으로 옳지 않은 것은? [107회]

① 원칙적으로 연금 납입 시 소득공제 또는 세액공제를 인정하는 대신 연금을 받을 때에 연금소득에 대한 소득세를 과세한다.
② 공적연금납입액은 납입액 전액을 종합소득금액에서 공제한다.
③ 공적연금소득만 있고 다른 종합소득이 없는 경우에는 과세표준확정신고를 하지 않아도 된다.
④ 이연퇴직소득을 연금수령하는 연금소득이 1,500만원 이하인 경우 그 연금소득은 분리과세와 종합과세를 선택할 수 있다.

해설
이연퇴직소득을 연금수령하는 연금소득은 무조건 분리과세한다.

02 다음 중 소득세법상 연금소득에 대한 설명으로 옳지 않은 것은? [106회]

① 공적연금소득 외의 연금소득에 대해서는 원천징수하지 아니한다.
② 연금소득은 필요경비가 인정되지 아니한다.
③ 공적연금 관련법에 따라 받는 장애연금은 비과세 연금소득에 해당한다.
④ 연금소득공제의 한도액은 900만원으로 한다.

해설
공적연금소득 외 연금소득에 대해서도 원천징수한다.

정답 30 ② / 01 ④ 02 ①

03 다음 중 소득세법상 비과세 연금소득에 해당하지 않는 것은? [105회]

① 공적연금 관련 법에 따라 받는 유족연금
② 「산업재해보상보험법」에 따라 받는 각종 연금
③ 「국군포로 대우 등에 관한 법률」에 따라 국군포로가 받는 연금
④ 국민연금

해설
과세 연금소득이다.

04 다음 중 소득세법상 연금소득에 대한 설명으로 가장 틀린 것은? [101회]

① 공적연금 관련 법에 따라 받는 유족연금은 비과세 연금소득에 해당한다.
② 연금소득공제는 900만원을 최대한도로 한다.
③ 공적연금소득의 수입시기는 해당 연금을 지급받은 날로 한다.
④ 이연퇴직소득을 연금수령하는 연금소득은 무조건 분리과세 방식으로 과세한다.

해설
공적연금소득의 수입시기는 공적연금관련법에 따라 공적연금을 지급받기로 한 날로 한다.

05 소득세법상 연금소득에 대한 설명으로 옳지 않은 것은? [95회]

① 연금소득금액은 소득세법에서 정한 총연금액에서 실제 지출된 필요경비를 차감한 금액으로 한다.
② 산업재해보상보험법에 따라 받는 각종 연금은 비과세소득이다.
③ 공적 연금소득을 지급하는 자가 연금소득의 일부 또는 전부를 지연하여 지급하면서 지연지급에 따른 이자를 함께 지급하는 경우 해당 이자는 공적 연금소득으로 본다.
④ 납입 시에 소득공제 등을 적용받지 않은 연금불입액은 수령시에 과세되지 않는다.

해설
연금소득금액은 소득세법에서 정한 총연금액에서 연금소득공제를 적용한 금액으로 한다.

06 다음 중 소득세법상 연금소득에 해당하지 않는 것은? [90회]

① 연금계좌운용실적에 따라 증가된 금액을 연금형태로 수령한 금액
② 연금계좌세액공제를 받은 연금계좌 납입액을 연금형태로 수령한 금액
③ 퇴직연금계좌로 지급된 퇴직소득(원천징수되지 아니함)을 일시수령한 금액
④ 2002년 1월 1일 이후 납입된 공적연금소득

해설
퇴직연금계좌로 지급된 퇴직소득을 연금형태로 수령한 경우 연금소득에 해당함

07 다음은 소득세법상 연금소득에 대한 설명으로 가장 옳지 않은 것은? [89회]

① 국민연금을 2001년까지 납입한 금액을 연금으로 수령받은 경우는 과세되지 않는다.
② 산업재해 보상보험법에 의하여 지급받는 각종연금은 비과세이다.
③ 사적연금은 지급금액의 3%, 4%, 5%를 법령에 따라 소득세로 원천징수한다.
④ 다른 종합소득이 없고 공적연금소득만 있는 경우에 종합소득세 확정신고 대상이다.

해설
과세표준 확정신고를 하지 않아도 된다.

08 다음 중 소득세법상 연금소득에 대한 설명으로 옳지 않은 것은? [88회]

① 공적연금소득의 수입시기는 공적연금 관련 법에 따라 연금을 지급받기로 한 날이다.
② 연금계좌 연금수령소득은 연금수령한 날을 수입시기로 한다.
③ 연금소득은 총연금액으로 한다.
④ 공적연금소득만 있는 자로서 연말정산하고 다른 소득이 없는 경우에는 과세표준 확정신고의무가 배제된다.

해설
연금소득금액은 당해 연도의 총 연금액(연금합계액에서 비과세소득과 분리과세소득 제외 금액)에서 연금소득공제를 차감한 금액으로 한다.

09 다음 중 소득세법상 연금소득에 대한 설명으로 가장 틀린 것은? [87회]

① 연금소득금액은 총연금액(연금소득에서 제외하는 소득과 비과세소득의 금액은 제외)에서 연금소득공제를 적용한 금액으로 한다.
② 공적연금소득만 있는 자는 연말정산에 의하여 사실상 과세가 종결되므로 다른 소득이 없는 경우 과세표준 확정 신고를 하지 않아도 된다.
③ 사적연금소득의 합계액이 연 1,500만원 이하인 경우 무조건 분리과세를 해야 한다.
④ 국민연금법, 공무원 연금법에 따른 유족연금소득은 비과세이다.

해설
연 1,500만원 이하의 총연금액이 있는 거주자는 당해 거주자의 선택에 의하여 분리과세하거나 종합과세한다.

정답 07 ④ 08 ③ 09 ③

10 다음 중 소득세법상 연금소득에 대한 설명으로 가장 틀린 것은? [83회]

① 공적연금소득과 사업소득이 있는 경우 반드시 합산하여야 한다.
② 종합소득 합산과세되는 연금소득은 사업소득 결손금과 통산하지 않는다.
③ 연금소득금액은 총연금액에서 연금소득공제를 적용한 금액으로 한다.
④ 연금소득 공제액은 900만원을 초과할 수 없다.

해설
사업소득금액을 계산할 때 발생한 결손금은 근로소득금액, 연금소득금액, 기타소득금액, 이자소득금액, 배당소득금액에서 순서대로 공제한다.

11 다음 중 소득세법상 연금소득에 대한 설명으로 가장 옳지 않은 것은? [75회]

① 연금소득의 수입시기는 연금을 지급받거나 받기로 한 날이다.
② 공적연금소득만 있고 다른 소득이 없는 경우는 연말정산으로 납세의무가 종결된다.
③ 연금소득은 분리과세를 적용받을 수 없다.
④ 국민연금법에 따라 받는 유족연금은 비과세소득이다.

해설
일정한 요건 내에서 연금소득은 분리과세를 적용받을 수 있다.

12 다음 중 소득세법상 연금소득에 대한 설명으로 옳지 않은 것은? [66회]

① 연금소득에는 분리과세가 없다.
② 다른 소득이 없는 공적연금 수령자의 경우 매월 지급 시 간이세액표에 따라 원천징수하고 다음 연도 1월분 공적연금소득 지급 시 연말정산하여 과세를 종결한다.
③ 공적연금소득 외의 소득이 없는 경우 확정신고를 생략할 수 있다.
④ 현행 소득세법은 수령연도 과세방식을 채택하고 있다.

해설
이연퇴직소득을 연금수령하는 등의 일정한 사유의 경우 분리과세한다.

13 소득세법상 연금소득에 해당하지 않는 것은? [64회]

① 국민연금법에 의하여 지급받는 반환일시금
② 공무원연금법에 의하여 지급받는 각종 연금
③ 국민연금법에 의하여 지급받는 각종 연금
④ 근로자퇴직급여보장법에 따라 지급받는 연금

해설
국민연금법에 의하여 지급받는 반환일시금은 퇴직소득이다.

정답 10 ② 11 ③ 12 ① 13 ①

기타소득

01 다음 중 소득세법상 기타소득의 원천징수세율로 옳지 않은 것은? [108회]

① 3억을 초과하는 복권당첨금 : 기타소득금액 3억 초과분의 20%
② 소기업·소상공인 공제부금의 해지일시금 : 해당 기타소득금액의 15%
③ 고용관계 없이 일시적으로 수령한 강연료 : 해당 기타소득금액의 20%
④ 연금계좌에서 연금외수령한 기타소득 : 해당 기타소득금액의 15%

해설
3억 이하의 복권당첨금에 대하여 소득세를 원천징수할 때 적용하는 세율은 20%로 한다. 다만, 3억원을 초과하는 경우 그 초과하는 분에 대해서는 30%로 한다.

02 다음 중 소득세법상 기타소득에 해당하지 않는 것은? [107회]

① 복권, 경품권, 그 밖의 추첨권에 당첨되어 받는 금품
② 종업원 또는 대학의 교직원이 재직 중에 받는 직무발명보상금
③ 퇴직 전에 부여받은 주식매수 선택권을 퇴직 후에 행사하거나 고용관계 없이 주식매수선택권을 부여받아 이를 행사함으로써 얻는 이익
④ 소기업·소상공인 공제부금의 해지일시금

해설
종업원 등 또는 대학의 교직원이 퇴직한 후에 지급받는 직무발명보상금이 기타소득에 해당한다.

03 다음 중 소득세법상 기타소득의 필요경비로 실제 소요된 필요경비만 인정하는 것은? [106회]

① 주택입주지체상금
② 재산권에 관한 알선수수료
③ 공익법인이 주무관청의 승인을 받아 시상하는 상금
④ 광업권, 어업권, 산업재산권 등의 권리를 양도하거나 대여하고 그 대가로 받는 금품

해설
재산권에 관한 알선수수료는 의제필요경비가 적용되지 아니한다.

정답 01 ① 02 ② 03 ②

04 다음 중 소득세법에서 열거하는 기타소득에 해당하지 않은 것은? [105회]

① 계약의 위약 또는 해약으로 인하여 받는 위약금
② 소유자가 없는 물건의 점유로 소유권을 취득하는 자산
③ 종업원 등 또는 대학의 교직원이 퇴직한 후에 지급받는 직무발명보상금
④ 퇴직 전에 부여받은 주식매수선택권을 퇴직하기 전에 행사함으로써 얻는 이익

해설
퇴직 전에 부여받은 주식매수선택권을 퇴직 후에 행사하거나 고용관계 없이 주식매수선택권을 부여받아 이를 행사함으로써 얻는 이익은 기타소득이다.

05 다음 중 소득세법상 기타소득에 대한 설명으로 옳지 않은 것은? [104회]

① 저작자가 저작권법에 의한 저작권사용료로서 받는 금품은 사업성 유무와 관계없이 자유직업소득으로서 기타소득에 해당한다.
② 물품을 일시적으로 대여하고 사용료로서 받는 금품은 기타소득이다.
③ 일시적인 문예창작소득은 기타소득이지만 소설가가 소설을 쓰고 받는 인세의 경우는 사업소득이다.
④ 복권, 경품권, 그 밖에 추첨권에 당첨되어 받는 금품은 기타소득이다.

해설
사업소득에 해당한다.

06 다음은 거주자 문동은 씨의 2022년 귀속 소득자료이다. 소득세법상 기타소득으로 보아 원천징수 될 소득세액은 얼마인가?(단, 아래의 소득은 모두 국내에서 일시적·우발적으로 발생한 것으로 소득과 관련된 다른 경비는 확인되지 않는다) [103회]

> (1) 계약의 해약으로 인하여 계약금에서 대체된 손해배상금 : 5,000,000원
> (2) 고용관계 없이 받은 강연료 : 1,000,000원
> (3) 사업용 고정자산과 함께 양도하는 영업권의 양도 대가 : 10,000,000원

① 80,000원　　　　　　　　　　② 200,000원
③ 1,000,000원　　　　　　　　　④ 1,200,000원

해설
(1) 계약금에서 대체된 손해배상금은 원천징수 대상에 해당하지 않는다.
(3) 사업용 고정자산과 함께 양도하는 영업권의 양도로 지급받은 대가는 양도소득이다.
∴ 강연료 1,000,000원 × (1 − 60%) × 20% = 80,000원

07 다음 중 소득세법상 기타소득의 필요경비에 대한 설명으로 틀린 것은? [102회]

① 위약금과 배상금 중 주택입주 지체상금은 기타소득의 60%를 필요경비로 의제한다.
② 다수가 순위 경쟁하는 대회에서 입상자가 받는 상금은 수입금액의 80%를 필요경비로 인정받을 수 있다.
③ 일시적인 문예창작품의 원작자로서 받는 원고료는 받은 금액의 60%에 상당하는 금액을 필요경비로 한다.
④ 고용 관계없이 다수인에게 강연을 하고 강연료 등 대가를 받는 경우 받은 금액의 60%를 필요경비에 산입한다.

해설
주택입주 지체상금은 거주자가 받은 금액의 100분의 80에 상당하는 금액을 필요경비로 한다. 다만, 실제 소요된 필요경비가 100분의 80에 상당하는 금액을 초과하면 그 초과하는 금액도 필요경비에 산입한다.

08 다음 중 소득세법상 기타소득 필요경비 계산 시 적용될 수 있는 경비율이 나머지 항목과 다른 것은? [101회]

① 영업권을 양도하거나 대여하고 그 대가로 받는 금품
② 계약의 위약 또는 해약으로 인하여 받는 위약금과 배상금 중 주택입주지체상금
③ 보유기간이 5년인 골동품의 양도로 발생하는 소득 중 1억원 초과분
④ 「공익법인의 설립·운영에 관한 법률」의 적용을 받는 공익법인이 주무관청의 승인을 받아 시상하는 상금

해설
①은 60%, 나머지는 80%의 경비율이 적용된다.

09 다음 중 소득세법상 무조건 분리과세하는 기타소득에 해당하지 않는 것은? [101회]

① 연금계좌에서 연금외수령한 기타소득
② 서화의 양도로 발생하는 소득
③ 복권당첨소득
④ 알선수재 및 배임수재에 따라 받은 금품

해설
무조건 종합과세 대상이다.

정답 07 ① 08 ① 09 ④

10 다음 중 소득세법상 기타소득의 필요경비에 대한 설명으로 옳은 것은? [100회]

① 다수가 순위 경쟁하는 대회에서 입상자가 받는 상금은 수입금액의 80%를 필요경비로 인정받을 수 있다.
② 계약의 위약으로 인하여 받는 위약금과 배상금 중 주택입주 지체상금은 50%를 필요경비로 인정받을 수 있다.
③ 일시적인 문예창작소득에 대해서는 수입금액의 70%를 필요경비로 인정받는다.
④ 슬롯머신 등을 이용하여 받는 당첨금품은 필요경비를 인정받을 수 없다.

해설
② 80%
③ 60%
④ 슬롯머신 등에 투입한 금액을 필요경비로 인정받을 수 있다.

---

11 다음 중 소득세법상 기타소득의 과세최저한으로 소득세가 과세되지 않는 경우는? [100회]

① 슬롯머신 등 당첨금품이 건별 300만원인 경우
② 승마투표권 등에 따른 환급금으로서 건별로 권면에 표시된 금액의 합계액과 적중한 개별투표당 환급금이 각각 15만원인 경우
③ 일시적 인적용역 제공으로 인한 기타소득금액이 건별로 5만원인 경우
④ 연금계좌에서 연금외수령하는 기타소득금액이 건별로 5만원인 경우

해설
① 건별 200만원 이하
② 각각 10만원 이하
• 그 밖의 기타소득금액(세액공제 받은 연금계좌 납입액과 연금계좌 운용실적에 따라 증가된 금액을 연금외수령한 소득 제외)이 건별로 5만원 이하인 경우 소득세를 과세하지 아니한다.

---

12 다음 중 소득세법상 기타소득에 대한 설명으로 가장 옳지 않은 것은? [99회]

① 각종 무체재산권의 대여로 인한 대가의 수입시기는 현금주의이다.
② 기타소득금액(연금외 수령한 자기불입분 및 운용수익은 제외)이 건별로 5만원 이하인 경우 소득세를 과세하지 않는다.
③ 계약의 해약으로 인한 배상금 중 계약금이 배상금 등으로 대체되는 경우에는 기타소득금액의 20%를 원천징수한다.
④ 일시적인 인적용역 제공 대가의 경우 실제 소요된 필요경비와 총수입금액의 60%를 곱한 금액 중 큰 금액을 필요경비로 한다.

해설
계약의 해약으로 인한 배상금 중 계약금이 배상금 등으로 대체되는 경우에는 원천징수를 하지 않는다.

정답 10 ① 11 ③ 12 ③

13 다음 중 소득세법상 과세대상 기타소득에 해당하는 것은? [98회]

① 교통재해를 직접적인 원인으로 하는 신체상의 상해를 입었음을 이유로 보험회사로부터 수령한 보험금
② 사업용 토지·건물과 함께 양도하는 영업권
③ 서화·골동품을 박물관에 양도함으로써 발생하는 소득
④ 법인세법에 따라 처분된 기타소득

해설

④ 「법인세법」 제67조에 따라 기타소득으로 처분된 소득은 기타소득으로 과세한다.
① 교통재해를 직접적인 원인으로 하는 신체상의 상해를 입었음을 이유로 보험회사로부터 수령한 보험금은 비열거소득으로 과세제외한다.
② 사업용 토지·건물과 함께 양도하는 영업권은 양도소득으로 과세한다.
③ 서화·골동품을 박물관에 양도함으로써 발생하는 소득은 비과세 기타소득이다.

14 다음 중 소득세법상 기타소득의 수입시기로 옳지 않은 것은? [96회]

① 일반적인 기타소득 : 그 지급을 받은 날
② 법인세법에 따라 처분된 기타소득 : 기타소득 처분결의일
③ 산업재산권을 양도하고 받은 기타소득 : 대금청산일, 인도일, 사용·수익일 중 빠른 날
④ 연금계좌에서 연금외수령한 기타소득 : 연금외수령한 날

해설

법인세법에 따라 처분된 기타소득은 그 법인의 해당 사업연도의 결산확정일을 수입시기로 한다.

15 다음 중 소득세법상 종교인소득에 대한 설명으로 옳지 않은 것은? [96회]

① 종교인소득의 지급자는 소득 지급 시 원천징수 여부를 선택할 수 있다.
② 소득의 지급자가 기타소득으로 원천징수하여 지급하는 경우 해당 종교인소득은 무조건 종합과세대상이다.
③ 식사를 제공받지 않은 경우 식사대로 받는 월 20만원 이하의 수당은 비과세소득이다.
④ 종교인소득은 원칙적으로 기타소득으로 구분하나, 근로소득으로 원천징수하거나 과세표준확정신고를 한 경우에는 근로소득으로 구분한다.

해설

소득의 지급자가 기타소득으로 원천징수하지 아니한 경우 종교인소득을 지급받은 자는 종합소득과세표준을 신고하여야 한다. 기타소득으로 원천징수하여 지급한 종교인소득은 조건부 종합과세대상이다.

정답 13 ④ 14 ② 15 ②

16 다음 중 소득세법상 기타소득에 관한 설명으로 잘못된 것은? [95회]

① 산업재산권 등을 양도하거나 대여하고 그 대가로 받는 금품은 해당 기타소득의 수입금액의 60%를 필요경비로 인정받을 수 있다.
② 일시적인 문예창작소득으로 받는 기타소득은 수입금액의 60%를 필요경비로 인정받을 수 있다.
③ 일정한 인적용역을 일시적으로 제공하고 그 대가로 지급받는 기타소득은 수입금액의 60%를 필요경비로 인정받을 수 있다.
④ 슬롯머신 등을 이용하여 받는 당첨금품은 해당 수입금액의 60%를 필요경비로 인정받을 수 있다.

해설
슬롯머신 등을 이용하는 행위에 참가하여 받는 당첨금품 등은 슬롯머신 등에 투입한 금액을 필요경비로 인정한다.

17 다음 중 소득세법상 기타소득의 60% 필요경비 의제에 해당하지 않은 것은? [93회]

① 산업재산권 등을 양도하거나 대여하고 그 대가로 받는 금품
② 일시적인 문예창작소득으로 원작자로써 지급받은 원고료
③ 서화·골동품의 양도로 발생한 소득
④ 고용관계 없이 다수인에게 강연을 하고 강연료 등 대가를 받는 용역

18 다음 중 소득세법상 기타소득과 연금소득의 수입시기에 관한 설명으로 옳지 않은 것은? [92회]

① 법인세법에 따라 기타소득으로 처분된 소득 : 그 법인의 해당 사업연도의 결산확정일
② 공적연금소득 : 공적연금 관련법에 따라 연금을 지급받기로 한 날
③ 상표권, 영업권을 양도하고 받은 소득 : 그 대금을 청산한 날, 자산을 인도한 날 또는 사용수익일 중 빠른 날. 다만, 대금을 청산하기 전에 자산을 인도 또는 사용수익하였으나 대금이 확정되지 아니한 경우에는 그 대금지급일
④ 계약의 해약으로 계약금이 위약금으로 대체되어 받는 소득 : 위약금을 수령한 날

해설
계약의 위약 또는 해약이 확정된 날이 수입시기이다.

19 다음 중 소득세법상 기타소득으로 과세되는 것이 아닌 것은? [92회]

① 퇴직 전에 부여받은 주식매수선택권을 퇴직 후에 행사함으로써 얻는 이익
② 저작자가 저작권의 양도 또는 사용의 대가로 받는 금품
③ 계약의 위약 또는 해약으로 인하여 받는 위약금 등
④ 유실물의 습득으로 인하여 보상금을 받는 경우 그 보상금

해설
저작자가 저작권의 양도 또는 사용의 대가로 받는 금품은 사업소득으로 과세된다.

---

20 다음 중 소득세법상 기타소득에 대한 설명으로 옳지 않은 것은? [91회]

① 계약의 위약으로 인하여 받는 위약금 중 주택입주 지체상금은 지급받는 금액의 80%를 필요경비로 인정받을 수 있다.
② 저작자 외의 자가 저작권의 사용대가로 받는 소득은 지급받는 금액의 60%를 필요경비로 인정받을 수 있다.
③ 공익사업과 관련하여 지역권을 설정하여 받는 소득은 지급받는 금액의 60%를 필요경비로 인정받을 수 있다.
④ 공익사업과 관련하여 지상권을 설정하고 받는 소득 지급받는 금액의 60%를 필요경비로 인정받을 수 있다.

해설
저작자 외의 자가 저작권의 사용대가로 받는 소득은 실제 소요된 필요경비만 인정된다.

---

21 다음 중 소득세법상 기타소득에 해당하지 않는 것은? [89회]

① 고용관계없이 다수인에게 강연하고 받는 강연료
② 주식매수선택권을 부여받아 근무기간 중에 행사하여 얻는 이익
③ 재산권에 관한 알선 수수료
④ 사례금

해설
주식매수선택권을 근무기간 중에 행사하여 얻는 이익은 근로소득에 해당한다.

정답 19 ② 20 ② 21 ②

22 다음 중 소득세법상 기타소득의 원천징수세율에 관한 설명으로 옳지 않은 것은? [88회]

① 3억원 초과하는 복권당첨금 – 해당 기타소득금액의 20%
② 연금계좌에서 연금 외 수령한 기타소득 – 지급금액의 15%
③ 봉사료 지급액 – 지급금액의 5%
④ 계약의 위약 또는 해약으로 받은 위약금과 배상금은 원천징수하지 아니한다.

> **해설**
> 복권당첨금, 승파투표권 등의 구매자가 받는 환급금, 슬롯머신 등을 이용하는 행위에 참가하여 받는 당첨금품이 20%로 원천징수되지만, 3억원이 초과하는 경우에는 그 초과분은 30%이다.

23 다음 중 소득세법상 무조건 종합과세대상인 기타소득으로 옳은 것은? [88회]

① 연 300만원 이하의 기타소득
② 서화·골동품의 양도로 인한 소득
③ 복권당첨금
④ 뇌물, 알선수재 및 배임수재에 의하여 받는 금품

> **해설**
> ① 선택적 분리과세, ②, ③ 무조건 분리과세

24 다음 중 소득세법상 거주자의 소득구분에 관한 설명으로 옳지 않은 것은? [87회]

① 직장공제회 초과반환금은 이자소득으로 과세한다.
② 공익사업과 관련된 지역권과 지상권을 대여함으로써 발생하는 소득은 기타소득으로 과세한다.
③ 고용관계 없이 주식매수선택권을 부여받아 이를 행사함으로써 얻는 이익은 기타소득으로 과세한다.
④ 소기업·소상공인 공제부금의 해지일시금은 사업소득으로 과세한다.

> **해설**
> 소기업·소상공인 공제부금의 해지일시금은 기타소득으로 과세한다.

25 다음 중 소득세법상 기타소득에 대한 설명으로 가장 틀린 것은? [87회]

① 사원이 업무와 관계없이 사보 등에 원고를 게재하고 받는 대가는 기타소득이다.
② 저작자 외의 자가 저작권 양도로 받는 대가는 기타소득이다.
③ 사업용 고정자산과 함께 양도하는 영업권은 기타소득이다.
④ 3억원 이하의 복권당첨금 소득의 원천징수세율은 20%이다.

> **해설**
> 사업용 고정자산과 함께 양도하는 영업권은 양도소득이다.

26 다음 중 소득세법상 필요경비가 인정되는 소득은? [85회]

① 기타소득
② 이자소득
③ 연금소득
④ 배당소득

해설
기타소득금액은 해당 과세기간의 총수입금액에서 이에 사용된 필요경비를 공제한 금액으로 한다.

27 다음 중 소득세법상 기타소득에 해당하지 않는 것은? [84회]

① 재산권에 관한 알선 수수료
② 가구 내 고용활동에서 발생하는 소득
③ 저작자 외의 자가 저작권 양도 또는 사용의 대가로 받는 금품
④ 알선수재 및 배임수재에 따라 받은 금품

해설
가구 내 고용활동에서 발생하는 소득은 사업소득이다.

28 다음 중 소득세법상 기타소득에 해당하지 않는 것은? [83회]

① 소기업·소상공인 공제부금의 해지일시금
② 문예창작소득
③ 종업원 등이 퇴직한 후에 지급받은 직무발명보상금으로서 연 700만원 이하의 금액
④ 법인세법에 따라 처분된 기타소득

해설
종업원 등이 퇴직한 후에 지급받은 직무발명보상금으로서 연 700만원 이하의 금액은 비과세 소득이다.

정답 26 ① 27 ② 28 ③

29
아래의 자료에서 거주자 A씨의 소득세법상 과세되는 소득은 얼마인가?(소득금액 아님) [82회]

- 공익신탁법에 따른 공익신탁의 이익 : 100만원
- 고용보험법에 따라 받은 실업급여 : 50만원
- 발명진흥법에 따른 직무발명으로 받는 직무발명보상금 : 150만원

① 0원
② 50만원
③ 100만원
④ 150만원

해설
모두 비과세소득이다.

30
다음 중 소득세법상 기타소득 중 최소 60% 필요경비를 인정하는 소득은 무엇인가? [80회]

① 승마투표권 등의 구매자가 받는 환급금
② 서화·골동품의 양도로 발생하는 소득
③ 산업재산권 등을 양도하거나 대여하고 그 대가로 받는 금품
④ 위약금과 배상금 중 주택입주 지체상금

해설
① 구매자가 구입한 적중된 투표권의 단위투표금액을 필요경비로 한다.
② 최소 80(90)%에 상당하는 금액을 필요경비로 한다.
④ 최소 80%를 필요경비로 한다.

31
다음 자료는 거주자 A씨의 소득내역이다. 이 경우 소득세법상 원천징수되는 세액의 합계액은?(단, 거주자 A씨는 아래의 소득이 전부인 것으로 가정하고, 지방세는 제외하고 계산한다) [79회]

- 국내은행에서 발생한 예금이자 : 10,000,000원
- 스승의 날에 고등학교에서 특강을 하고 얻은 기타소득 : 300,000원
- 보험모집인(사업소득자) 업무로 받은 수당 : 1,000,000원

① 1,400,000원
② 1,418,000원
③ 1,454,000원
④ 1,498,000원

해설
(10,000,000 × 14%) + {300,000 × (1 − 60%) × 20%} + (1,000,000 × 3%) = 1,454,000

29 ① 30 ③ 31 ③

소득금액계산의 특례

01 다음 중 소득세법상 상속에 관한 설명으로 가장 옳지 않은 것은? [108회]

① 상속인은 그 상속개시일이 속하는 달의 말일부터 6개월 이내에 과세표준확정신고를 하여야 한다.
② 피상속인의 소득세는 그 상속인이 상속으로 인하여 얻은 재산을 한도로 하여 납세의무를 진다.
③ 확정신고 시 피상속인과 상속인의 소득금액을 합산하여 세액을 계산한다.
④ 피상속인의 사업소득에서 발생한 이월결손금은 상속인의 소득금액에서 공제할 수 없다.

해설
피상속인의 소득금액에 대한 소득세와 상속인의 소득금액에 대한 소득세는 각각 구분하여 별도로 세액을 계산한다.

02 다음 중 소득세법상 결손금 및 이월결손금에 관한 설명으로 가장 옳지 않은 것은? [107회]

① 종합소득 중 사업소득에서 발생한 결손금만 공제할 수 있다.
② 부동산임대업(주거용 건물임대업 제외)에서 발생한 이월결손금은 부동산임대업의 소득금액에서 공제한다.
③ 해당 과세기간에 결손금이 발생하고 이월결손금이 있는 경우에는 이월결손금을 먼저 공제한다.
④ 이자소득 중 원천징수세율을 적용받는 부분은 결손금 또는 이월결손금의 공제대상에서 제외한다.

해설
결손금 및 이월결손금을 공제할 때 해당 과세기간에 결손금이 발생하고 이월결손금이 있는 경우에는 그 과세기간의 결손금을 먼저 소득금액에서 공제한다.

03 다음 중 소득세법상 부당행위계산 부인에 대한 설명으로 옳지 않은 것은? [106회]

① 부당행위계산의 부인은 해당 거주자와 특수관계인과의 거래 시 적용할 수 있다.
② 조세를 부당히 감소시킨 것으로 인정되는 경우에 적용된다.
③ 부당행위계산 부인의 대상이 되는 소득은 사업소득, 양도소득에 한한다.
④ 특수관계인으로부터 금전이나 기타 자산 또는 용역을 높은 이율 등으로 차용하거나 제공받는 경우 부당행위계산 부인이 적용될 수 있다.

해설
부당행위계산의 부인은 출자공동사업자의 배당소득, 사업소득, 기타소득, 양도소득에 대해서 적용한다.

정답 01 ③ 02 ③ 03 ③

04
다음 중 소득세법상 부당행위계산부인 규정이 적용되는 소득이 아닌 것은? [105회]

① 출자공동사업자의 배당소득
② 이자소득
③ 사업소득
④ 양도소득

해설
이자소득, 배당소득(출자공동사업자의 배당소득 제외), 근로소득, 연금소득, 퇴직소득은 부당행위계산부인 규정을 적용하지 아니한다.

05
다음 중 소득세법상 당해 발생한 일반 사업소득(부동산임대업 제외)의 결손금 공제 순서로 올바른 것은? [105회]

① 근로소득 > 연금소득 > 기타소득 > 이자소득 > 배당소득
② 연금소득 > 근로소득 > 기타소득 > 이자소득 > 배당소득
③ 근로소득 > 기타소득 > 연금소득 > 이자소득 > 배당소득
④ 연금소득 > 근로소득 > 기타소득 > 배당소득 > 이자소득

06
다음 중 소득세법상 결손금에 관한 내용으로 옳지 않은 것은? [104회]

① 사업소득에서 발생하는 결손금은 근로·연금·기타·이자·배당소득금액에서 순서대로 공제한다.
② 부동산임대업(주거용 건물 임대업 제외)에서 발생한 결손금은 부동산임대업의 소득금액에서만 공제한다.
③ 해당 과세기간의 소득금액을 추계조사결정하는 경우에는 결손금을 공제할 수 없다.
④ 배당소득 또는 이자소득 중 원천징수세율을 적용받는 부분은 결손금의 공제대상에서 제외한다.

해설
해당 과세기간의 소득금액에 대해서 추계조사결정하는 경우에는 이월결손금 공제를 적용하지 아니하나, 당해 연도에 발생한 결손금은 공제가 가능하다.

07
다음은 거주자 백마리 씨가 특수관계인과 거래한 내용이다. 소득세법상 부당행위계산 대상거래가 될 수 없는 것은? [102회]

① 부친으로부터 무수익자산을 매입하여 그 자산에 대한 재산세를 부담하는 경우
② 자신의 회사 제품(시가 200만원)을 동생에게 160만원에 판매한 경우
③ 모친에게 토지(시가 12억원)를 8억원에 양도한 경우
④ 아들에게 주택을 무상으로 사용하게 하고 아들이 현재 그 주택에 거주하는 경우

해설
직계존비속에게 주택을 무상으로 사용하게 하고 직계존비속이 그 주택에 실제 거주하는 경우는 조세 부담을 부당하게 감소시킨 경우에서 제외된다.

정답 04 ② 05 ① 06 ③ 07 ④

08 다음 중 소득세법상 결손금 및 이월결손금에 대한 설명으로 가장 틀린 것은? [101회]

① 근로소득과 연금소득은 결손금이 발생하지 않는다.
② 부동산임대업에서 발생한 이월결손금은 15년간 이월하여 공제가능하다.
③ 주거용건물임대업에서 발생한 결손금은 근로소득에서 공제할 수 없다.
④ 추계신고하는 경우 원칙적으로 이월결손금 공제 규정을 적용하지 아니한다.

해설
소득세법상 주거용건물임대업에서 발생한 결손금은 다른 종합소득에서 공제가 가능하다.

09 다음 중 소득세법상 공동사업의 소득금액계산 특례에 대한 설명으로 가장 옳지 않은 것은? [100회]

① 출자공동사업자의 배당소득 수입시기는 그 배당을 지급받는 날이다.
② 공동사업의 소득분배는 손익분배비율에 따라 각 공동사업자별로 분배한다.
③ 공동사업장에서 발생한 채무에 대하여 무한책임을 부담하기로 약정한 자는 출자공동사업자에 해당하지 아니한다.
④ 출자공동사업자의 배당소득 원천징수세율은 25%이다.

해설
출자공동사업자의 배당소득 수입시기는 과세기간 종료일이다.

10 다음 중 소득세법상 부당행위계산부인 적용대상이 되는 소득끼리 묶인 것은? [99회]

> 가. 사업소득   나. 기타소득
> 다. 양도소득   라. 근로소득
> 마. 연금소득   바. 퇴직소득

① 가, 나, 다
② 가, 나, 바
③ 가, 다, 라
④ 가, 마, 바

해설
사업소득, 기타소득, 양도소득, 출자공동사업자의 배당소득이 있는 자에게만 부당행위계산부인 규정을 적용한다.

정답 08 ③ 09 ① 10 ①

11 다음 중 소득세법상 결손금 및 이월결손금 공제에 대한 설명으로 가장 옳지 않은 것은? [99회]

① 소득금액 추계 시에는 천재지변이나 기타 불가항력 사유인 경우를 제외하고는 이월결손금을 공제하지 않는다.
② 당기 발생한 이자 및 배당소득 전액에 대하여 결손금 및 이월결손금 공제가 가능하다.
③ 결손금 소급공제는 중소기업만 적용할 수 있다.
④ 부동산임대업(주거용 건물 임대 제외)에서 발생한 사업소득 결손금은 타 소득에서 공제하지 않는다.

[해설]
금융소득 중 기본세율 적용분이 결손금 및 이월결손금 공제를 할 수 있다.

12 다음은 소득세법상 공동사업장에 대한 설명이다. 가장 옳지 않은 것은? [99회]

① 공동사업장에서 발생한 소득금액에 대하여 원천징수된 세액은 각 공동사업자의 손익분배비율에 따라 배분한다.
② 공동사업장에 대해서는 그 공동사업장을 1거주자로 보아서 공동사업장별로 그 소득금액을 계산한다.
③ 공동사업자의 구성원의 변동이 있을 경우에는 대표공동사업자는 그 변동내용을 관할 세무서장에게 신고하여야 한다.
④ 특수관계인간 주된 공동사업자에게 합산과세되는 경우에도 연대납세의무는 지지 않는다.

[해설]
원칙적으로는 연대납세의무가 없지만 공동사업합산과세가 적용될 경우에는 주된 공동사업자와 특수관계인은 연대하여 납세의무를 진다.

13 다음 중 소득세법상 결손금 및 이월결손금 공제에 관한 설명으로 옳지 않은 것은? [97회]

① 사업소득의 이월결손금은 해당 이월결손금이 발생한 과세기간의 종료일부터 15년 이내에 끝나는 과세기간의 소득금액에서 공제한다.
② 과세기간의 소득금액 계산할 때 먼저 발생한 과세기간의 이월결손금부터 순서대로 공제한다.
③ 상가부동산임대업에서 발생한 소득의 결손금은 해당 과세기간의 근로소득금액에서 공제할 수 없다.
④ 사업소득의 결손금(도매업)은 해당 과세기간의 종합소득 과세표준의 계산에 있어서 근로소득금액, 기타소득금액, 연금소득금액, 이자소득금액, 배당소득금액에서 순차로 공제한다.

[해설]
사업자가 비치·기록한 장부에 의하여 해당 과세기간의 사업소득금액을 계산할 때 발생한 결손금은 그 과세기간의 종합소득과세표준을 계산할 때 근로소득금액·연금소득금액·기타소득금액·이자소득금액·배당소득금액에서 순서대로 공제한다.

14 다음 중 소득세법상 소득금액 계산과 관련된 설명으로 잘못된 것은? [96회]

① 직계존속에게 주택을 무상으로 사용하게 하고 직계존속이 그 주택에 실제 거주하는 경우 부당행위계산의 부인 대상이 아니다.
② 공동사업자의 구성원 변동이 있는 경우 기장의무는 직전 연도 당해 공동사업장의 수입금액에 의해 판정한다.
③ 이자소득, 연금소득에 대해서는 부당행위계산 부인이 적용되지 않는다.
④ 피상속인의 소득금액은 상속인에게 승계되며 상속인의 소득금액과 합산된다.

> **해설**
> 피상속인의 소득금액에 대한 소득세로서 상속인에게 과세할 것과 상속인의 소득금액에 대한 소득세는 구분하여 계산하여야 한다.

15 다음 중 소득세법상 소득금액 계산의 특례에 대한 설명으로 옳지 않은 것은? [95회]

① 종합소득금액 중 이자소득은 부당행위계산 부인규정을 적용받지 않는다.
② 거주자가 비(非)특수관계인과 부동산임대사업을 공동으로 경영하는 경우 각자 소득세 납세의무를 진다.
③ 거주자가 특수관계인에게 부동산을 무상으로 임대한 경우 부당행위계산 부인규정이 적용될 수 있다.
④ 종합과세되는 배당소득은 전액이 결손금 또는 이월결손금의 공제대상에 해당한다.

> **해설**
> 결손금 및 이월결손금을 공제할 때 금융소득 종합과세시 세액계산특례에 따라 산출세액을 계산을 하는 경우 종합과세되는 배당소득 또는 이자소득 중 원천징수세율을 적용받는 부분은 결손금 또는 이월결손금의 공제대상에서 제외한다.

16 다음은 거주자 정바름씨의 소득 관련 자료이다. 정바름씨의 소득세법상 2021년 귀속 종합소득금액은 얼마인가? [95회]

구 분	2020년 귀속분	2021년 귀속분
근로소득금액	21,000,000원	20,000,000원
(상가)부동산임대사업소득금액	(−)3,000,000원	5,000,000원
사업소득금액	(−)5,000,000원	1,000,000원

① 13,000,000원 ② 16,000,000원
③ 23,000,000원 ④ 26,000,000원

정답 14 ④ 15 ④ 16 ③

> 해설
> - 2020년 귀속 종합소득금액 = 근로소득금액 21,000,000원 − 사업소득금액 5,000,000원 = 18,000,000원
> - 2020년 이월결손금 : 부동산임대사업소득금액 (−)3,000,000원
> - 2021년 사업소득금액 = 1,000,000원 − 2020년 부동산임대사업소득 이월결손금 1,000,000원 = 0원
> - 2021년 부동산임대사업소득금액 = 5,000,000원 − 2020년 부동산임대사업소득 이월결손금 2,000,000원 = 3,000,000원
> - ∴ 2021년 귀속 종합소득금액 = 근로소득금액 20,000,000원 + 부동산임대사업소득금액 3,000,000원 = 23,000,000원

17 다음 중 소득세법상 부당행위계산부인에 대한 설명으로 가장 옳지 않은 것은? [94회]

① 특수관계인으로부터 무수익자산을 매입하여 그 자산에 대한 비용을 부담하는 경우 부당행위계산부인을 적용한다.
② 직계존비속에게 주택을 무상으로 대여하고 직계존비속이 실제 거주하는 경우 사용자가 대신 부담하는 주택 관련 경비도 필요경비로 인정된다.
③ 출자공동사업자의 배당소득은 부당행위부인 적용 대상 소득이다.
④ 특수관계인으로부터 자산을 고가로 매입한 때는 그 매입가액과 시가와의 차액이 시가의 5% 이상이거나 3억원 이상인 경우에만 부당행위계산부인을 적용한다.

> 해설
> 주택 관련 경비는 가사관련경비이므로 필요경비불산입한다.

18 다음 중 소득세법상 공동사업장에 대한 설명으로 옳지 않은 것은? [94회]

① 사업소득이 발생하는 사업을 공동으로 경영하고 그 손익을 분배하는 공동사업의 경우에는 해당 사업을 경영하는 장소를 1 거주자로 보아 공동사업장별로 그 소득금액을 계산한다.
② 공동사업장에서 발생한 소득금액에 대하여 원천징수된 세액은 공동사업자 중 대표공동사업자에게 배분한다.
③ 공동사업장의 구성원 변동이 있는 경우에도 기장의무는 당해 공동사업장의 직전 연도 수입금액에 의하여 판정한다.
④ 대표공동사업자란 출자공동사업자 외의 자로서 공동사업자 중에서 선임된 자로 하며, 선임되어 있지 아니한 경우에는 손익분배비율이 가장 큰 자이다.

> 해설
> 공동사업장에서 발생한 소득금액에 대하여 원천징수된 세액은 각 공동사업자의 손익분배비율에 따라 배분한다.

19 다음 중 소득세법상 공동사업의 소득금액계산 특례에 대한 설명으로 가장 옳지 않은 것은?

[92회]

① 사업소득이 발생하는 공동사업의 경우 공동사업장을 1거주자로 보아 공동사업장별로 그 소득금액을 계산한다.
② 공동사업에서 발생한 소득금액은 공동사업자 간에 약정된 손익분배비율에 의하여 분배되었거나 분배될 소득금액에 따라 공동사업자별로 분배한다.
③ 합산대상소득은 공동사업장에서 발생하는 사업소득, 이자소득, 배당소득에 한정한다.
④ 주된 공동사업자는 손익분배비율이 가장 큰 공동사업자로 한다.

> **해설**
> 공동사업합산과세의 합산대상소득은 공동사업장에서 발생한 사업소득에 한한다.

20 다음 중 소득세법상 부당행위계산이 적용되지 않는 소득은 무엇인가?

[91회]

① 비상장법인으로부터 지급받은 배당소득
② 부동산의 양도소득
③ 산업재산권을 대여하고 그 사용대가로 지급받은 소득
④ 연금저축 해지 일시금

> **해설**
> 소득세법상 부당행위계산은 출자공동사업자의 배당소득, 사업소득, 기타소득, 양도소득에 한하여 적용한다.

21 다음은 소득세법상 소득금액 특례에 대한 설명이다. 옳은 것은?

[89회]

① 아들에게 금전을 무상으로 대여하는 경우 이는 부당행위계산부인 적용대상이다.
② 조카에게 주택을 무상으로 대여하고 조카가 그 주택에 실제 거주하는 경우 부당행위계산부인규정을 적용하지 않는다.
③ 공동사업장의 경우 공동사업장을 1거주자로 보아 공동사업장별로 소득금액을 계산한다.
④ 공동사업에서 발생한 소득금액은 지분비율 또는 손익분배비율 중 유리한 쪽으로 각 공동사업자별로 분배할 수 있다.

> **해설**
> ① 금전의 무상대여는 이자소득이므로 부당행위계산적용대상 소득에 해당하지 않는다.
> ② 직계존비속에게 주택을 무상으로 대여하고 직계존비속이 실제 거주하는 경우 부당행위부인규정을 적용하지 않는다.
> ④ 공동사업에서 발생한 소득금액은 약정된 손익분배비율(없으면 지분비율)에 따라 분배한다.

정답 19 ③ 20 ① 21 ③

22 다음 중 소득세법상 결손금 및 이월결손금 등에 대한 설명으로 가장 잘못된 것은? [89회]

① 사업자가 비치·기록한 장부에 의하여 해당 과세기간의 사업소득금액을 계산할 때 발생한 결손금은 그 과세기간의 종합소득과세표준을 계산할 때 근로소득금액·연금소득금액·기타소득금액·이자소득금액·배당소득금액에서 순서대로 공제한다.
② 부동산임대업에서 발생한 이월결손금은 부동산임대업의 소득금액에서 공제한다.
③ 이월결손금이 발생한 과세기간의 종료일부터 15년 이내에 끝나는 과세기간의 소득금액을 계산할 때 먼저 발생한 과세기간의 이월결손금부터 순서대로 공제한다.
④ 중소기업의 경우 환급신청을 하지 아니하여도 결손금소급공제에 따른 환급을 받을 수 있다.

해설
신청을 하지 않으면 환급받지 못한다.

23 다음 중 소득세법상 소득금액계산과 관련된 설명으로 가장 옳지 않은 것은? [88회]

① 부동산임대업의 해당 과세기간의 이월결손금은 중소기업의 결손금 소급공제에 따른 환급을 받을 수 없다.
② 피상속인의 소득금액은 상속인에게 승계되며 상속인의 소득금액과 합산하여 계산한다.
③ 부동산임대업에서 발생한 결손금은 종합소득 과세표준을 계산할 때 기타소득금액에서 공제하지 아니한다.
④ 이자소득, 연금소득에 대해서는 부당행위계산부인 규정이 적용되지 아니한다.

해설
피상속인의 소득금액에 대한 소득세로서 상속인에게 과세할 것과 상속인의 소득금액에 대한 소득세는 구분하여 계산하여야 한다.

24 다음 중 소득세법상 공동사업자에 대한 설명으로 틀린 것은? [88회]

① 기장의무 판정의 경우 단독사업장 수입금액을 제외한 공동사업자의 수입금액만으로 판단한다.
② 성실신고확인서 세액공제는 공동사업장에서 부담하는 비용의 60%를 한도로 100만원을 적용하여 지분에 따라 안분한다.
③ 사업장 전체 결손금을 각자 지분에 따라 안분 후 개인의 다른 소득과 합산 신고 및 이월한다.
④ 기업업무추진비 한도액 계산 시 공동사업장만 별도로 계산한다.

해설
각자가 부담하는 비용의 60%를 각각 한도액 100만원을 적용하여 공제한다.

25. 다음 중 소득세법상 결손금 및 이월결손금공제에 대한 설명으로 가장 틀린 것은? [87회]

① 부동산임대업에서 발생한 이월결손금은 부동산임대업 소득금액에서 공제한다.
② 2개의 사업장 중 1개의 사업장에서 결손금이 발생된 경우 결손금 중 일부만 공제한 후 남은 결손금을 이월할 수 있다.
③ 해당 과세기간의 소득금액에 대해서 추계신고를 하는 경우에는 이월결손금을 공제하지 아니한다.
④ 2020년 1월 1일 전에 개시하는 사업연도에서 발생하는 이월결손금은 10년 동안 이월공제가 가능하다.

해설
이월하는 것이 아니라 발생된 결손금 전체를 다른 사업장의 소득금액과 통산하는 것이다.

26. 다음 중 소득세법상 소득금액 계산에 관한 설명으로 가장 틀린 것은? [85회]

① 사업소득 또는 근로소득이 있는 거주자의 행위 또는 계산이 그 거주자와 특수관계인과의 거래로 인하여 그 소득에 대한 조세 부담을 부당하게 감소시킨 것으로 인정되는 경우 그 거주자의 행위 또는 계산과 관계없이 해당 과세기간의 소득금액을 계산할 수 있다.
② 우리나라가 조세의 이중과세 방지를 위하여 체결한 조세조약의 상대국과 당국 간에 합의를 하는 경우에는 그 합의에 따라 그 거주자의 각 과세기간의 소득금액을 조정하여 계산할 수 있다.
③ 피상속인의 소득금액에 대한 소득세로서 상속인에게 과세할 것과 상속인의 소득금액에 대한 소득세는 구분하여 계산하여야 한다.
④ 사업소득이 발생하는 사업을 공동으로 경영하고 그 손익을 분배하는 공동사업의 경우에는 공동사업장을 1거주자로 보아 공동사업장별로 그 소득금액을 계산한다.

해설
근로소득 있는 자는 부당행위계산부인의 대상요건이 아니다.

27. 다음 중 소득세법상 소득금액 계산의 특례와 관련된 설명으로 가장 옳지 않은 것은? [85회]

① 사업소득, 기타소득, 출자공동사업자의 배당소득 그리고 양도소득은 부당행위계산부인의 대상이 된다.
② 사업소득이 발생하는 사업을 공동으로 경영하고 그 손익을 분배하는 공동사업의 경우에는 공동사업장을 1거주자로 보아 공동사업장별로 그 소득금액을 계산한다.
③ 주된 공동사업자와 특수관계인의 소득금액이 주된 공동사업자에게 합산되는 경우 그 합산과세되는 소득금액에 대해서는 주된 공동사업자의 특수관계인은 각각 납부의무를 진다.
④ 중소기업을 경영하는 거주자가 그 중소기업의 사업소득금액을 계산할 때 해당 과세기간의 이월결손금이 발생한 경우에는 직전 과세기간의 그 중소기업의 사업소득에 부과된 소득세액을 한도로 하여 결손금소급공제세액을 환급신청할 수 있다. 다만, 부동산임대업에서 발생한 이월결손금의 경우 그러하지 아니한다.

정답 25 ② 26 ① 27 ③

> **해설**
> 주된 공동사업자와 특수관계인의 소득금액이 주된 공동사업자에게 합산되는 경우 그 합산과세되는 소득금액에 대해서는 주된 공동사업자의 특수관계인은 그의 손익분배비율에 해당하는 그의 소득금액을 한도로 주된 공동사업자와 연대하여 납세의무를 진다.

28. 다음 중 소득세법상 공동사업장에 대한 특례에 대한 설명으로 틀린 것은? [84회]

① 공동사업장에서 발생한 소득금액에 대하여 원천징수된 세액은 각 공동사업자의 손익분배비율에 따라 배분한다.
② 공동사업장에 대해서는 그 공동사업장을 1사업자로 보아 소득금액을 계산할 수 있도록 증명서류 등을 갖춰 놓아야 한다.
③ 공동사업장의 구성원의 변동이 있는 경우에도 기장의무는 직전 연도 당해 공동사업장의 수입금액에 의하여 판정한다.
④ 공동사업장을 1거주자로 보아 공동사업장별로 그 소득금액을 계산하므로 각 공동사업자별로 분배한 소득금액은 각 공동사업자의 다른 사업소득금액과 합산하여 종합소득 과세표준을 계산하지 아니한다.

> **해설**
> 거주자의 사업소득금액과 각 공동사업자별로 분배한 소득금액은 합산하여 종합소득금액을 계산한다.

29. 다음 중 소득세법상 부동산임대업을 제외한 사업소득에서 발생한 결손금을 공제할 수 없는 것은? [83회]

① 이자소득
② 배당소득
③ 퇴직소득
④ 기타소득

30. 다음 중 소득세법상 결손금에 대한 설명으로 틀린 것은? [81회]

① 일반 사업소득의 경우 해당 과세기간의 사업소득금액을 계산할 때 먼저 공제하고, 남은 금액은 근로, 연금, 기타, 이자, 배당소득금액에서 순서대로 공제한다.
② 일반 부동산임대업의 이월결손금은 해당 과세기간의 부동산임대업의 소득에서만 공제한다.
③ 국세기본법에 따른 국세부과의 제척기간이 지난 후에 그 제척기간 이전 과세기간의 이월결손금이 확인된 경우 그 이월결손금은 공제하지 않는다.
④ 결손금 및 이월결손금을 공제할 때 해당 과세기간에 결손금이 발생하고 이월결손금이 있는 경우에는 이월결손금을 먼저 소득금액에서 공제한다.

> **해설**
> 그 과세기간의 결손금을 먼저 소득금액에서 공제한다.

31 다음 중 소득세법상 부당행위계산의 부인 대상이 아닌 것은? [80회]

① 특수관계인으로부터 시가보다 높은 가격으로 자산을 매입하거나 특수관계인에게 시가보다 낮은 가격으로 자산을 양도한 경우
② 특수관계인에게 금전이나 그 밖의 자산 또는 용역을 무상 또는 낮은 이율 등으로 대부하거나 제공한 경우 직계존비속에게 주택을 무상으로 사용하게 하고 직계존비속이 그 주택에 실제 거주하는 경우도 포함한다.
③ 특수관계인으로부터 금전이나 그 밖의 자산 또는 용역을 높은 이율 등으로 차용하거나 제공받는 경우
④ 특수관계인으로부터 무수익자산을 매입하여 그 자산에 대한 비용을 부담하는 경우

해설
직계존비속에게 주택을 무상으로 사용하게 하고 직계존비속이 해당 주택에 실제 거주하는 경우는 제외한다.

종합소득공제

01 다음 중 소득세법상 종합소득공제에 대한 설명으로 옳지 않은 것은? [108회]

① 연 100만원 이하의 소득이 있는 배우자는 연령에 상관없이 기본공제를 적용받을 수 있다.
② 해당 거주자가 배우자가 없는 사람으로서 기본공제대상자인 직계비속 또는 입양자가 있는 경우 연 200만원을 추가공제한다.
③ 경로우대자공제를 받기 위한 최소한의 나이는 70세이다.
④ 기본공제대상자가 장애인인 경우 1인당 연 200만원을 추가공제한다.

해설
해당 거주자가 배우자가 없는 사람으로서 기본공제대상자인 직계비속 또는 입양자가 있는 경우 연 100만원을 추가공제한다.

02 다음 중 소득세법상 거주자의 기본공제에 대한 설명으로 잘못된 것은? [107회]

① 총급여액 500만원 이하의 근로소득만 있는 배우자는 기본공제대상자에 해당한다.
② 과세기간 종료일 현재 사망한 사람 또는 장애가 치유된 사람에 대해서는 사망일 전날 또는 치유일 전날의 상황에 따른다.
③ 해외에 거주 중인 미성년자녀도 기본공제대상자에 해당한다.
④ 해당 거주자가 배우자가 있는 여성의 경우로서 종합소득금액이 4천만원 이하인 경우 부녀자공제가 가능하다.

해설
해당 거주자가 배우자가 있는 경우로서 종합소득금액이 3천만원 이하인 경우 부녀자공제가 가능하다.

정답 31 ② / 01 ② 02 ④

03 다음 중 소득세법상 사업소득만 있는 거주자도 적용받을 수 있는 공제에 해당하는 것은?

[106회]

① 연금계좌세액공제
② 건강보험료 등 소득공제
③ 주택임차차입금 원리금 상환액 공제
④ 보험료세액공제

해설
종합소득이 있는 거주자가 연금계좌에 납입한 금액이 있는 경우 해당 과세기간의 종합소득산출세액에서 공제한다.

04 소득세법상 추가공제 중 건당 공제액이 가장 큰 항목에 해당하는 것은?

[106회]

① 경로우대자공제
② 장애인공제
③ 부녀자공제
④ 한부모공제

해설
경로우대자공제 1명당 연 100만원, 장애인공제 1명당 연 200만원, 부녀자공제 연 50만원, 한부모공제 연 100만원

05 다음 중 소득세법상 종합소득금액의 인적공제 대상 여부 판정 시기에 대한 설명으로 옳지 않은 것은?

[105회]

① 인적공제를 적용할 때 공제대상자에 해당하는지 여부의 원칙적인 판정은 해당 과세기간 종료일 현재의 상황에 따른다.
② 과세기간 종료일 전에 사망한 사람에 대해서는 사망일 전날의 상황에 따른다.
③ 과세기간 종료일 전에 장애가 치유된 사람에 대해서는 과세기간 종료일 현재의 상황에 따른다.
④ 공제 대상 부양가족을 판정할 때 적용 대상 나이가 정해진 경우에는 해당 과세기간의 과세기간 중에 해당 나이에 해당되는 날이 있는 경우에 공제대상자로 본다.

해설
과세기간 종료일 전에 장애가 치유된 사람에 대해서는 치유일의 전날의 상황에 따른다.

06 다음 중 소득세법상 부양가족의 연령 및 소득금액의 제한 없이 적용받을 수 있는 공제항목으로 옳은 것은? [104회]

① 특별세액공제 – 장애인전용보장성보험료세액공제
② 특별세액공제 – 의료비세액공제
③ 기본공제 – 직계비속
④ 추가공제 – 장애인

해설
근로소득이 있는 거주자가 기본공제대상자(나이 및 소득 제한 없음)를 위하여 세액공제 대상 의료비를 지급한 경우 의료비세액공제를 적용받을 수 있다.

07 다음 중 소득세법상 소득공제에 대한 설명으로 틀린 것은? [103회]

① 장애인에 대한 기본공제는 나이의 제한을 받지 않는다.
② 부녀자공제와 한부모공제는 중복하여 적용할 수 있다.
③ 기본공제 대상 해당 여부의 판정은 원칙적으로 과세기간 종료일 현재 상황을 따른다.
④ 배우자는 거주자와 생계를 같이 하지 않아도 소득 요건 충족 시 기본공제 적용 대상이 된다.

해설
해당 거주자가 부녀자공제와 한부모공제에 모두 해당하는 경우에는 한부모공제를 적용한다.

08 다음 중 소득세법상 인적공제에 대한 설명으로 틀린 것은? [102회]

① 나이요건 또는 연간소득금액요건의 충족 여부 판정은 해당 과세기간종료일의 상황에 따른다.
② 기본공제대상자가 장애인인 경우 200만원을 추가로 공제한다.
③ 인적공제액의 합계액이 종합소득금액을 초과하는 경우 그 금액은 다음 연도로 이월하여 공제가능하다.
④ 과세기간 중 배우자가 사망한 경우에도 배우자에 대한 인적공제가 가능하다.

해설
인적공제의 합계액이 종합소득금액을 초과하는 경우 그 초과하는 공제액은 없는 것으로 한다.

정답 06 ② 07 ② 08 ③

09

다음 중 소득세법상 거주자 갑(甲)의 기본공제대상자에 해당하지 않는 자는?(단, 제시된 소득 외에 다른 소득은 없으며, 다른 기본공제요건은 충족한다) [101회]

① 총급여액 5백만원인 배우자
② 식량작물재배업소득 1천만원인 아버지
③ 퇴직소득 7백만원인 어머니
④ 국내은행예금이자 1천 5백만원인 자녀

해설
부양가족의 연간 소득금액 합계액이 100만원 이하여야 한다. 연간 소득금액 합계액은 종합소득, 퇴직소득, 양도소득의 소득금액을 합하여 계산한다. 비과세소득이나 분리과세소득만 있는 경우 소득금액 요건을 충족한 것으로 본다.

10

다음 중 소득세법상 거주자의 인적공제에 대한 설명으로 옳지 않은 것은? [100회]

① 부양가족이 장애인에 해당하는 경우에는 나이의 제한을 받지 않는다.
② 본인이 배우자가 없는 사람으로서 기본공제대상자인 직계비속이 있는 경우 연 100만원의 추가공제가 가능하다.
③ 본인은 나이의 제한은 없으나 소득금액이 1억원을 초과할 경우 기본공제가 적용되지 않는다.
④ 인적공제를 할 때 공제대상자에 해당하는지 여부의 판정은 원칙적으로 해당 과세기간 종료일 현재의 상황에 따른다.

해설
본인 기본공제를 적용할 경우 나이와 소득에 제한을 받지 않는다.

11

소득세법상 인적공제 중 추가공제금액이 틀린 것은? [99회]

① 장애인인 경우 : 연 200만원
② 경로우대자인 경우 : 연 150만원
③ 종합소득금액이 3천만원 이하인 거주자로서 배우자가 있는 여성인 경우 : 연 50만원
④ 해당 거주자가 배우자가 없는 사람으로서 기본공제대상자인 직계비속 또는 입양자가 있는 경우 : 연 100만원

해설
경로우대자인 경우 연 100만원 공제된다.

12 다음은 소득세법상 소득공제에 대한 설명이다. 가장 옳지 않은 것은? [98회]

① 종합소득이 있는 거주자(자연인만 해당)는 기본공제 적용이 가능하다.
② 배우자에 대한 기본공제는 나이요건이 없다.
③ 기본공제대상자에 해당하지 않더라도 부양가족의 나이가 만 70세 이상인 경우 추가공제는 적용할 수 있다.
④ 기본공제대상자 해당 여부의 판정은 원칙적으로 과세기간 종료일 현재 상황을 따른다.

해설
기본공제대상자가 만 70세 이상인 사람인 경우에 추가공제를 적용한다.

13 다음 중 소득세법상 종합소득공제에 대한 설명으로 옳지 않은 것은? [97회]

① 거주자의 배우자에게 양도소득금액만 5백만원이 있는 경우 해당 거주자는 배우자에 대한 기본공제를 적용받을 수 없다.
② 연금보험료공제는 근로자가 아니어도 소득공제를 적용받을 수 있다.
③ 거주자와 생계를 같이 하는 자녀(장애인)는 소득요건과 관계없이 기본공제 및 장애인추가공제 대상이다.
④ 기본공제대상자가 과세기간 종료일 전에 사망한 경우에도 공제대상자로 본다.

해설
생계를 같이하는 자녀(장애인)에 대한 기본공제와 장애인추가공제는 나이의 제한을 받지 않으나 소득금액의 제한을 받는다.

14 다음 중 소득세법상 종합소득공제에 대한 설명으로 옳지 않은 것은? [96회]

① 100만원 이하의 소득이 있는 배우자는 연령에 상관없이 기본공제가 가능하다.
② 기본공제대상자가 아닌 자는 추가공제대상자가 될 수 없다.
③ 경로우대자공제를 받기 위한 최소한의 나이는 65세이다.
④ 기본공제대상자가 장애인인 경우 1명당 연 200만원을 추가공제한다.

해설
기본공제대상자 중 70세 이상인 사람에 대하여는 경로우대자추가공제를 적용한다.

15 소득세법상 종합소득공제에 대한 설명으로 옳지 않은 것은? [95회]

① 비거주자에 대하여 종합과세하는 경우 종합소득공제는 본인 및 배우자에 대한 인적공제만 적용된다.
② 배우자가 없는 거주자로서 기본공제대상자인 직계비속이 있는 경우 연 100만원의 추가공제가 가능하다.
③ 인적공제의 합계액이 종합소득금액을 초과하는 경우 그 초과하는 공제액은 없는 것으로 한다.
④ 거주자의 기본공제대상자 중 장애인복지법에 따른 장애인이 있는 경우 연 200만원의 추가공제가 가능하다.

> **해설**
> 비거주자에 대하여 종합과세하는 경우 종합소득공제는 본인에 대한 공제만 가능하다.

16 다음 중 소득세법상 소득공제에 대한 설명으로 옳지 않은 것은? [94회]

① 배우자에 대한 기본공제는 배우자의 나이가 만 30세 이상인 경우에 적용이 가능하다.
② 기본공제대상자의 나이가 만 70세 이상인 경우 연 100만원의 추가공제를 적용한다.
③ 기본공제대상자 해당 여부의 판정은 원칙적으로 과세기간 종료일 현재 상황에 따른다.
④ 기본공제대상자가 장애인에 해당하는 경우 연 200만원의 추가공제를 적용한다.

> **해설**
> 배우자의 경우 나이요건이 없다.

17 다음의 부양가족 중 소득세법상 인적공제 중 기본공제를 적용받을 수 없는 경우는? [92회]

① 50세의 배우자 : 소득 없음
② 19세의 직계비속 : 총 급여액 1,500만원
③ 65세의 직계존속 : 은행예금이자 1,000만원
④ 70세의 직계존속 : 양도소득금액 70만원

> **해설**
> ② 연간 총급여액이 500만원을 초과하므로 기본공제를 적용할 수 없다.
> ① 배우자는 나이요건을 적용하지 않으므로 기본공제를 적용받을 수 있다.
> ③ 은행예금이자는 분리과세되므로 나이요건을 만족한 직계존속은 기본공제를 적용할 수 있다.
> ④ 식량작물재배업소득은 과세 제외되는 사업소득이므로 기본공제를 적용받을 수 있다.

18 다음 중 소득세법상 종합소득공제에 대한 설명으로 옳은 것은? [90회]

① 분리과세이자소득, 분리과세배당소득, 분리과세연금소득과 분리과세기타소득만이 있는 자에 대해서는 종합소득공제를 적용하지 아니한다.
② 부녀자공제와 한부모공제 모두에 해당되는 경우에는 둘 모두 적용한다.
③ 5세 자녀가 기본공제대상자에 해당하는 경우 자녀세액공제도 적용할 수 있다.
④ 거주자의 배우자 또는 부양가족이 다른 거주자의 부양가족에 해당되는 경우에는 다른 거주자의 종합소득금액에서도 공제할 수 있다.

해설
② 둘 중 하나만 적용된다.
③ 8세 이상
④ 공제할 수 없다.

19 다음 중 소득세법상 추가공제에 대한 설명으로 틀린 것은? [87회]

① 70세 이상인 사람의 경우 1명당 연 100만원 추가공제한다.
② 해당 거주자가 배우자가 없는 사람으로서 기본공제 대상자인 직계비속 또는 입양자가 있는 경우 연 100만원 추가공제한다.
③ 장애인인 경우 1명당 연 100만원 추가공제한다.
④ 종합소득금액이 3천만원 이하인 거주자가 배우자가 없는 여성으로서 부양가족이 있는 세대주이거나 배우자가 있는 여성인 경우 연 50만원 추가공제한다.

해설
장애인의 경우에는 연 200만원 추가공제한다.

20 다음 중 소득세법상 소득공제에 해당하지 않는 것은? [85회]

① 연금보험료공제
② 주택담보노후연금 이자비용공제
③ 주택임차차입금 원리금상환액 소득공제
④ 신용카드등 사용금액에 대한 소득공제

해설
신용카드등 사용금액에 대한 소득공제는 조세특례제한법상의 소득공제이다.

정답 18 ① 19 ③ 20 ④

21
소득세법상 다음 보기를 근거로 거주자의 종합소득금액은 얼마인가?(단, 분리과세 가능한 경우 분리과세하는 것으로 가정한다) [85회]

> 가. 총급여액 : 500만원
> 나. 사업소득금액 : 3,000만원
> 다. 내국법인으로부터 받은 원천징수된 이자소득금액 : 1,900만원
> 라. 원천징수된 기타소득금액 : 250만원

① 3,150만원 ② 3,400만원
③ 3,500만원 ④ 5,400만원

해설
- 근로소득금액 = 500만원 − 350만원(근로소득공제) = 150만원
- 종합소득금액 = 150만원(근로소득금액) + 3,000만원(사업소득금액) = 3,150만원
- 이자소득금액이 2천만원 이하인 경우, 기타소득금액이 300만원 이하인 경우 분리과세한다.

22
소득세법상 종합소득공제에 대한 설명으로 틀린 것은? [84회]

① 부녀자공제 1명당 금액 : 연 50만원
② 한부모공제 1명당 금액 : 연 100만원
③ 경로우대자공제 1명당 금액 : 연 150만원
④ 장애인 공제 1명당 금액 : 연 200만원

해설
경로우대자공제 1명당 금액은 연 100만원이다.

23
㈜세무 직원인 홍길동씨가 다음 자료에 의해 공제받을 수 있는 기본공제 금액은 얼마인가? [83회]

> - 배우자
> - 유치원 자녀
> - 57세 장모님
> - 초등학생 자녀
> - 30세 여동생(동거중)
> ※ 모든 대상자는 소득이 없으며, 장애인이 아니다.

① 600만원 ② 750만원
③ 900만원 ④ 1,050만원

해설
소득자 본인을 포함 포함하여 배우자, 초등학생 자녀, 유치원 자녀가 기본공제 대상자로 인당 150만원 기본공제 600만원 공제이다.

정답 21 ① 22 ③ 23 ①

24 다음 중 소득세법상 인적공제에 관한 설명으로 가장 옳지 않은 것은? [82회]

① 소득세의 납세의무자 중 1거주자로 보는 법인 아닌 단체에 대하여는 인적공제를 적용하지 아니한다.
② 부녀자공제와 한부모공제가 동시에 적용되는 경우에는 한부모공제를 적용한다.
③ 거주자의 배우자(소득 없음)로서 연령이 75세인 자가 3월 1일 사망하였다면 그 사망일이 속하는 연도에 있어 기본공제 및 경로우대공제의 전액을 공제한다.
④ 공제대상 부양가족에 해당하는지 여부의 판정은 해당 연도 과세기간 종료일 현재의 상황에 따른다. 따라서 과세기간 종료일 전에 사망한 자에 대하여는 인적공제 등을 받을 수 없다.

해설
공제대상 배우자, 공제대상 부양가족, 공제대상 장애인 또는 공제대상 경로우대자에 해당하는지 여부의 판정은 해당 과세기간의 과세기간 종료일 현재의 상황에 따른다. 다만, 과세기간 종료일 전에 사망한 사람 또는 장애가 치유된 사람에 대해서는 사망일 전날 또는 치유일 전날의 상황에 따른다.

25 다음 중 소득세법상 소득공제금액이 가장 큰 것은?(모두 공제가능하다고 가정) [82회]

① 기본공제 중 본인공제
② 한부모소득공제
③ 장애인공제
④ 경로우대공제

해설
장애인공제(200만원), 본인공제(150만원), 한부모소득공제(50만원), 경로우대공제(100만원)

26 다음 중 소득세법상 기본공제에 관한 설명으로 옳지 않은 것은? [80회]

① 종합소득이 있는 거주자의 경우 거주자 본인은 연간 150만원을 공제한다.
② 거주자의 형제자매의 경우 소득금액 합계액이 100만원 이하이면 모두 공제할 수 있다.
③ 장애인인 직계존속의 경우 나이의 제한 없이 소득금액 합계액이 100만원 이하이면 공제할 수 있다.
④ 거주자의 부양가족이 다른 거주자의 부양가족에 해당되는 경우에는 한 거주자의 종합소득금액에서 공제한다.

해설
거주자의 형제자매의 경우 소득금액 합계액이 100만원 이하이더라도 20세 이하 또는 60세 이상이어야 공제받을 수 있다.

정답 24 ④ 25 ③ 26 ②

종합소득 산출세액

01 다음 중 소득세법 및 조세특례제한법상 근로소득자 및 사업소득자 모두 적용받을 수 있는 공제가 아닌 것은? [96회]

① 표준세액공제
② 신용카드등소득공제
③ 연금계좌세액공제
④ 연금보험료공제

해설
근로소득이 있는 거주자(일용근로자 제외)의 신용카드등사용금액의 연간 합계액이 해당 과세연도 총급여액의 100분의 25를 초과하는 경우 신용카드등소득공제를 적용한다.

02 다음 중 소득세법상 종합소득 과세표준금액으로 옳은 것은? [88회]

가. 사업소득금액 : 500만원
나. 퇴직소득금액 : 1,000만원
다. 양도소득금액 : 2,000만원
라. 사업소득에서 발생한 이월결손금 : 300만원

① 1,500만원
② 500만원
③ 200만원
④ 3,200만원

해설
사업소득금액 500만원 – 이월결손금 300만원 = 200만원

03 다음 중 소득세법상 세율에 대한 설명으로 가장 틀린 것은? [83회]

① 종합소득과세표준이 5억원 초과 10억원 이하 금액에 대하여 적용하는 세율은 42퍼센트이다.
② 보유기간이 1년 이상 2년 미만인 부동산(상가)을 취득할 수 있는 권리를 양도한 경우 40퍼센트의 세율을 적용한다.
③ 종합소득과세표준에 적용하는 세율과 퇴직소득과세표준에 적용하는 세율은 다르다.
④ 미등기 양도자산에 해당하는 경우 70퍼센트의 세율을 적용한다.

01 ② 02 ③ 03 ③ **정답**

04 다음 자료는 L회사에 근무하는 거주자 A씨의 소득내역이다. 거주자 A씨의 연간 소득내역이 다음과 같을 때, 소득세법상 거주자 A씨가 익년 5월 말까지 합산신고해야 할 종합소득금액에 해당되지 않은 것은? [70회]

① 1년간 급여 50,000,000원
② 외부 강연료 20,000,000원
③ 상가임대료 수익 20,000,000원
④ 국내은행 예금이자 10,000,000원

해설
금융소득의 경우 2천만원 이하의 경우 분리과세로 종결된다.

05 소득세법상 과세표준과 세율이 다르게 짝지어진 것은? [61회]

① 1,400만원 이하 : 6%
② 1,400만원 초과 5,000만원 이하 : 15%
③ 5,000만원 초과 8,800만원 이하 : 24%
④ 8,800만원 초과 15,000만원 이하 : 38%

해설
8,800만원 초과 15,000만원 이하 : 35%, 15,000만원 초과 3억원 이하 : 38%

06 다음은 거주자 A씨의 현행 소득세법상 소득과 관련된 자료이다. 해당 자료를 토대로 소득세법상 종합소득금액을 계산하면 얼마인가? [54회]

- 정기적금이자 : 12,000,000원
- 국내 주권상장법인의 주식보유에 따른 현금배당금 : 8,000,000원
- 고용관계 없는 일시적 강연료 수입액 : 20,000,000원

① 8,000,000원
② 24,220,000원
③ 40,000,000원
④ 44,000,000원

해설

구 분	금 액
이자, 배당소득금액	금융소득합계가 2,000만원 이하이므로 종합과세되지 않음
기타소득금액	8,000,000원[= 20,000,000원 × (1 − 60%)]
종합소득금액	8,000,000원

정답 04 ④ 05 ④ 06 ①

07 소득세법상 종합소득산출세액 계산과 그 특례에 관한 설명으로 옳은 것은? [53회]

① 금융소득에 대해서는 무조건 14%의 세율로 과세한다.
② 2,000만원 이하의 일반금융소득은 14%의 세율로 과세한다.
③ 비영업대금이익은 무조건 20%의 세율로 과세된다.
④ 국외에서 받는 금융소득도 국내 금융소득과 동일하게 2,000만원을 초과하는 경우에만 종합과세된다.

자진납부세액

01 다음 중 소득세법상 종합소득세액의 계산에 대한 설명으로 잘못된 것은? [108회]

① 기장세액공제가 100만원을 초과하는 경우 100만원을 공제하며, 그 초과액은 이월공제한다.
② 자녀세액공제는 사업소득만 있는 자도 적용받을 수 있다.
③ 부동산임대업에 대한 소득만 있는 자도 기장세액공제를 적용받을 수 있다.
④ 연령이 55세인 부친(연간 사업소득금액 2억원)을 위하여 지출한 의료비도 의료비세액공제 대상이 된다.

> **해설**
> 기장세액공제는 이월공제가 허용되지 아니한다.

02 다음 중 소득세법상 세액감면 및 세액공제가 아래와 같이 동시에 적용되는 경우의 적용 순서로 옳은 것은? [108회]

> 가. 이월공제가 되지 아니하는 세액공제
> 나. 해당 과세기간의 소득에 대한 소득세의 감면
> 다. 이월공제가 인정되는 세액공제

① 가 → 나 → 다
② 나 → 가 → 다
③ 다 → 나 → 가
④ 다 → 가 → 나

> **해설**
> 조세에 관한 법률을 적용할 때 소득세의 감면에 관한 규정과 세액공제에 관한 규정이 동시에 적용되는 경우 그 적용순위는 다음의 순서로 한다.
> 1. 해당 과세기간의 소득에 대한 소득세의 감면
> 2. 이월공제가 인정되지 아니하는 세액공제
> 3. 이월공제가 인정되는 세액공제. 이 경우 해당 과세기간 중에 발생한 세액공제액과 이전 과세기간에서 이월된 미공제액이 함께 있을 때에는 이월된 미공제액을 먼저 공제한다.

07 ② / 01 ① 02 ② **정답**

03 다음 중 소득세법상 기장세액공제를 받을 수 없는 경우에 해당하는 것은? [107회]

① 당해 연도에 음식점을 신규로 개시한 사업자가 복식부기에 따라 기장하는 경우
② 전문직 사업자가 복식부기에 따라 기장하는 경우
③ 미용실을 운영하는 직전연도 수입금액 3천만원인 사업자가 복식부기에 따라 기장하는 경우
④ 간편장부대상자인 보험모집인이 복식부기에 따라 기장하는 경우

해설
전문직 사업자는 신규개업 또는 수입금액의 규모에 관계 없이 간편장부대상자의 적용을 배제한다.

04 다음 중 소득세법상 근로소득이 있는 거주자에 대한 소득·세액공제 대한 설명으로 옳지 않은 것은? [105회]

① 총급여액이 3,300만원 이하인 경우 근로소득세액공제 한도는 74만원이다.
② 인적공제의 합계액이 종합소득금액을 초과하는 경우 그 초과하는 공제액은 이월한다.
③ 「국민건강보험법」에 따라 근로자가 부담하는 건강보험료는 전액 공제 대상이다.
④ 근로자 본인의 대학원 등록금은 전액 공제 대상에 해당한다.

해설
초과하는 공제액은 없는 것으로 한다.

05 다음 중 소득세법상 세액공제에 대한 설명으로 옳지 않은 것은? [105회]

① 복식부기의무자는 기장세액공제를 적용받을 수 없다.
② 연금계좌세액공제는 사업소득만 있는 자도 적용받을 수 있다.
③ 재해손실세액공제의 경우 대상 자산에 토지는 포함하지 아니한다.
④ 외국납부세액공제와 재해손실세액공제는 이월이 가능하다.

해설
재해손실세액공제는 이월공제가 허용되지 않는다.

정답 03 ② 04 ② 05 ④

06
다음 중 소득세법상 세액공제 금액이 가장 큰 것으로 옳은 것은?(단, 공제요건은 모두 충족한 것으로 가정한다) [104회]

① 기본공제대상자에 해당하는 8세 이상의 자녀가 4명인 경우
② 장애인전용보장성보험료로 200만원을 지출한 경우
③ 대학생인 아들의 대학교 등록금으로 500만원을 지출한 경우
④ 당해 과세기간에 출산한 공제대상자녀가 넷째인 경우

해설
① 550,000원 + (4명 − 2명) × 400,000원 = 1,350,000원
② 보험료세액공제 : Min(지출액 2,000,000원, 한도액 1,000,000원) × 15/100 = 150,000원
③ 교육비세액공제 : Min(지출액 5,000,000원, 한도액 9,000,000원) × 15/100 = 750,000원
④ 출산입양공제 : 700,000원

07
다음 중 소득세법상 자녀세액공제에 관한 내용으로 잘못된 것은? [103회]

① 기본공제대상자에 해당하는 자녀로서 7세 이상의 사람에 대해서 적용한다.
② 공제대상자녀는 손자 및 손녀를 포함한다.
③ 공제대상자녀가 1명인 경우 연 25만원을 공제한다.
④ 해당 과세기간에 출산한 공제대상자녀가 첫째인 경우 연 30만원을 공제한다.

해설
자녀세액공제는 기본공제대상자에 해당하는 자녀(입양자 및 위탁아동을 포함)로서 8세 이상의 사람에 대하여 적용하며, 손자녀도 공제대상자녀에 포함한다.

08
다음 중 소득세법상 세액공제에 대한 설명으로 옳지 않은 것은? [103회]

① 외국납부세액공제는 이월공제가 가능하다.
② 천재지변으로 인하여 사업용 자산총액(토지 가액은 제외)의 100분의 20 이상에 해당하는 자산을 상실하여 납세가 곤란하다고 인정되는 경우 재해손실공제가 가능하다.
③ 재해손실세액공제는 상실된 자산의 가액을 한도로 한다.
④ 거주자의 국외근로소득에 대하여는 근로소득세액공제를 적용하지 않는다.

해설
근로소득이 있는 거주자에 대하여 근로소득세액공제를 적용하며, 국외근로소득을 구분하여 제외하지 않는다.

06 ① 07 ① 08 ④ 정답

09 다음 중 소득세법상 세액공제에 해당하지 않는 것은? [102회]

① 기부정치자금세액공제
② 자녀세액공제
③ 전자계산서 발급 전송에 대한 세액공제
④ 표준세액공제

해설
기부정치자금세액공제는 조세특례제한법상 세액공제이다.

10 다음 중 소득세법상 기장세액공제에 대한 설명으로 가장 틀린 것은? [102회]

① 기장세액공제의 공제세액은 100만원을 한도로 한다.
② 간편장부대상자가 복식부기에 따라 기장하여 과세표준확정신고를 한 경우 기장세액공제를 적용받을 수 있다.
③ 기장한 장부에 의하여 신고하여야 할 소득금액의 100분의 20 이상을 누락하여 신고한 경우에는 기장세액공제를 허용하지 아니한다.
④ 기장세액공제는 최대 10년간 이월하여 적용받을 수 있다.

해설
기장세액공제는 공제세액이 100만원을 초과하는 경우에는 100만원을 공제하고, 이월하여 공제하지 않는다.

11 다음 중 소득세법상 세액공제에 대한 설명으로 가장 옳지 않은 것은? [101회]

① 해당 과세기간에 출산한 공제대상 자녀가 첫째인 경우 자녀세액공제액은 30만원이다.
② 일용근로자의 근로소득세액공제액은 산출세액의 55%로 한다.
③ 시력 보정용 안경을 구입하기 위하여 지출한 비용으로서 1명당 연 50만원 이내 금액은 의료비세액공제 대상에 해당한다.
④ 국민건강보험법에 따라 납부한 국민건강보험료는 보험료세액공제 대상이 된다.

해설
국민건강보험법에 따라 납부한 국민건강보험료는 특별소득공제 중 보험료공제액으로써 소득공제 대상이다.

정답 09 ① 10 ④ 11 ④

12 다음 중 소득세법상 세액공제에 대한 설명으로 잘못된 것은? [100회]

① 비치·기록한 장부에 의하여 신고하여야 할 소득금액의 100분의 20 이상을 누락하여 신고한 경우 기장세액공제를 적용하지 않는다.
② 일용근로자의 근로소득에 대해서 원천징수를 하는 경우에는 해당 근로소득에 대한 산출세액의 100분의 55에 해당하는 금액을 그 산출세액에서 공제한다.
③ 해당 과세기간에 출산하거나 입양 신고한 공제대상자녀가 첫째인 경우 연 15만원을 종합소득산출세액에서 공제한다.
④ 외국소득세액이 해당 과세기간의 공제한도금액을 초과하는 경우 그 초과하는 금액은 이월하여 그 이월된 과세기간의 공제한도금액 내에서 공제받을 수 있다.

해설
해당 과세기간에 출산하거나 입양 신고한 공제대상자녀가 첫째인 경우 연 30만원을 종합소득산출세액에서 공제한다.

13 다음 중 소득세법상 근로소득이 있는 거주자만 공제받을 수 있는 것으로 옳은 것은? [99회]

① 연 13만원의 표준세액공제
② 연금계좌세액공제
③ 자녀세액공제
④ 기장세액공제

14 다음 중 소득세법상 의료비세액공제 대상 의료비에 해당하지 않는 것은? [98회]

① 보청기 구입비용
② 진찰을 위해 의료법에 의한 의료기관에 지급하는 비용
③ 건강증진을 위한 의약품 구입비용
④ 시력보정용 안경(1명당 연 50만원 한도)

해설
건강증진을 위한 의약품 구입비용은 공제대상 의료비가 아니다.

정답: 12 ③ 13 ① 14 ③

15 다음 중 소득세법상 이월공제가 가능한 것은? [97회]

① 재해손실세액공제
② 외국납부세액공제
③ 배당세액공제
④ 자녀세액공제

> **해설**
> 외국소득세액을 종합소득산출세액에서 공제하는 경우 외국정부에 납부하였거나 납부할 외국소득세액이 해당 과세기간의 공제한도금액을 초과하는 경우 그 초과하는 금액은 해당 과세기간의 다음 과세기간부터 10년 이내에 끝나는 과세기간으로 이월하여 그 이월된 과세기간의 공제한도금액 내에서 공제받을 수 있다.

16 다음 중 소득세법상 교육비세액공제 대상 교육비에 해당하지 않는 것은? [97회]

① 기본공제대상자인 배우자의 대학원에 지급하는 교육비
② 기본공제대상자인 형제자매의 대학교에 지급하는 교육비
③ 기본공제대상자인 직계비속의 고등학교에 지급하는 교육비
④ 본인의 법에 정한 학자금 대출의 원리금 상환에 지출한 교육비

> **해설**
> 근로소득이 있는 거주자가 그 거주자와 기본공제대상자(나이의 제한을 받지 않는다)를 위하여 해당 과세기간에 교육비를 지급한 경우 교육비 세액공제를 적용한다. 다만, 기본공제대상자인 배우자, 직계비속, 형제자매, 입양자 및 위탁아동의 대학원에 지급하는 교육비는 교육비 세액공제 대상 교육비에 해당하지 않는다.

17 다음 중 소득세법에 대한 설명으로 잘못된 것은? [97회]

① 복식부기의무자는 사업용 계좌를 해당 사업자의 사업장 관할 세무서장 또는 납세지 관할 세무서장에게 신고하여야 한다.
② 일반보장성 보험료에 대한 특별세액공제율은 20%이다.
③ 재해상실세액공제의 자산상실비율의 계산은 사업자 단위로 계산한다.
④ 근로소득이 있는 사업소득자도 근로소득세액공제를 받을 수 있다.

> **해설**
> 근로소득이 있는 거주자가 해당 과세기간에 만기에 환급되는 금액이 납입보험료를 초과하지 아니하는 보험의 보험계약에 따라 지급하는 보험료를 지급한 경우 그 금액의 12%에 해당하는 금액을 해당 과세기간의 종합소득산출세액에서 공제한다.

정답 15 ② 16 ① 17 ②

18 다음 중 소득세법상 기장세액공제에 대한 설명으로 옳지 않은 것은? [95회]

① 간편장부대상자가 복식부기에 따라 비치·기장한 장부에 의하여 소득금액을 계산하고 세법이 규정한 과세표준확정신고서류를 제출하는 경우에 적용한다.
② 복식부기에 의하여 계산한 세액의 20%에 해당하는 금액을 공제한다. 다만, 공제세액이 100만원을 초과하는 경우에는 100만원을 공제한다.
③ 기장세액공제와 관련된 장부 및 증명서류를 해당 과세표준 확정신고기간 종료일부터 5년간 보관하지 않는 경우에는 기장세액공제를 적용하지 않는다.
④ 비치·기록한 장부에 의하여 신고하여야 할 소득금액의 10% 이상을 누락하여 신고한 경우 기장세액공제를 적용하지 않는다.

해설
비치·기록한 장부에 의하여 신고하여야 할 소득금액의 20% 이상을 누락하여 신고한 경우 기장세액공제를 적용하지 않는다.

19 다음 중 소득세법상 특별세액공제에 대한 설명으로 옳지 않은 것은? [94회]

① 근로소득이 있는 거주자가 기본공제대상자 중 장애인을 피보험자 또는 수익자로 하는 장애인전용보장성보험료를 지급한 경우 그 금액의 100분의 12에 해당하는 금액을 세액공제한다.
② 근로소득이 있는 거주자가 대학생인 기본공제대상자를 위하여 교육비를 지급한 경우 1명당 연간 900만원을 한도로 그 금액의 100분의 15에 해당하는 금액을 세액공제한다.
③ 근로소득이 있는 거주자가 기본공제대상자인 중·고등학생의 교복구입비용을 지출한 경우 1명당 연간 50만원을 한도로 교육비세액공제 대상 금액으로 한다.
④ 근로소득이 있는 거주자가 기본공제대상자를 위하여 의료비를 지급하는 경우 보험회사 등으로부터 지급받은 실손의료보험금을 제외하고 의료비세액공제액을 계산하여야 한다.

해설
기본공제대상자 중 장애인을 피보험자 또는 수익자로 하는 장애인전용보장성보험료를 지급한 경우 그 금액의 100분의 15에 해당하는 금액을 세액공제한다.

20 다음 중 소득세법상 기장세액공제에 대한 설명으로 옳지 않은 것은? [94회]

① 복식부기대상자가 과세표준확정신고를 할 때 복식부기에 따라 장부를 작성하여 소득금액을 계산하고 관련 서류를 제출한 경우 기장세액공제를 적용한다.
② 비치·기록한 장부에 의하여 신고하여야 할 소득금액의 100분의 20 이상을 누락하여 신고한 경우 기장세액공제를 배제한다.
③ 기장세액공제와 관련된 장부를 해당 과세표준 확정신고기간 종료일로부터 5년간 보관하여야 기장세액공제 적용이 가능하다.
④ 기장세액공제의 한도액은 100만원이다.

해설
간편장부대상자가 복식부기에 따라 기장한 경우에만 기장세액공제가 적용된다.

21 다음 중 소득세법상 기장세액공제에 대한 설명으로 옳지 않은 것은? [93회]

① 장부에 의하여 계산한 사업소득금액이 종합소득금액에서 차지하는 비율을 종합소득 산출세액에 곱하여 계산한 금액의 100분의 20에 해당하는 금액을 종합소득 산출세액에서 공제한다.
② 공제세액이 100만원을 초과하는 경우에는 100만원을 공제한다.
③ 비치·기록한 장부에 의하여 신고하여야 할 소득금액의 100분의 10 이상을 누락하여 신고한 경우 기장세액공제를 적용하지 아니한다.
④ 천재지변 등 부득이한 사유를 제외하고 기장세액공제와 관련된 장부 및 증명서류를 해당 과세표준확정신고기간 종료일부터 5년간 보관하지 아니한 경우 적용하지 아니한다.

해설
비치·기록한 장부에 의하여 신고하여야 할 소득금액의 100분의 20 이상을 누락하여 신고한 경우

22 다음 중 소득세법상 의료비 세액공제 대상에 해당하지 않는 것은? [92회]

① 시력보정용 안경을 구입하기 위하여 지출한 비용(1명당 연 50만원 이내의 금액)
② 치료·요양을 위하여 「약사법」 제2조에 따른 의약품을 구입하기 위하여 지출한 비용
③ 의사 등의 처방에 따라 의료기기를 임차하기 위하여 지급한 비용
④ 미용 목적의 성형수술을 위하여 지급한 비용

해설
미용 목적의 성형수술은 의료비 세액공제 대상에 해당하지 아니한다.

23 다음 중 소득세법상 기부금에 대한 설명으로 가장 틀린 것은? [91회]

① 비지정기부금은 전액 필요경비에 불산입한다.
② 현물로 기부한 특례기부금의 경우 시가와 장부가액 중 큰 금액으로 평가한다.
③ 정치기부금의 경우 10만원까지는 그 기부금액의 110분의 100을 세액공제한다.
④ 특례기부금과 일반기부금은 사업자 본인 명의로 지출한 것이 아니면 공제를 받을 수 없다.

해설
사업자의 기본공제대상자에 해당하는 배우자 및 생계를 같이하는 부양가족이 지급한 특례기부금과 일반기부금은 해당 사업자의 기부금에 포함한다.

정답 21 ③ 22 ④ 23 ④

24
다음 중 소득세법상 특별세액공제 중 교육비세액공제를 받을 수 있는 내용으로 잘못된 것은? [91회]

① 수업료·입학금·보육비용·수강료 및 그 밖의 공납금
② 교복구입비용(중·고등학교의 학생만 해당하며, 학생 1명당 연 50만원 한도)
③ 법에서 정하는 국외교육기관에 지급한 교육비
④ 법에서 정하는 학자금 대출의 원리금 상환의 연체로 인한 추가지급액

해설
학자금 대출의 원리금 상환의 연체로 인하여 추가로 지급하는 금액은 학자금 대출의 원리금 상환에 지출한 교육비에서 제외한다.

25
다음 중 소득세법상 세액공제가 아닌 것은? [91회]

① 배당세액공제
② 월세액에 대한 세액공제
③ 기장세액공제
④ 자녀세액공제

26
다음 중 소득세법상 장부의 비치·기록과 관련된 설명으로 잘못된 것은? [90회]

① 복식부기의무자는 소득금액을 계산할 수 있도록 증명서류 등을 갖춰 놓고 그 사업에 관한 모든 거래 사실이 객관적으로 파악될 수 있도록 복식부기에 따라 장부에 기록·관리하여야 한다.
② 업종별 일정 규모 미만의 사업자인 간편장부대상자가 간편장부를 갖춰 놓고 그 사업에 관한 거래 사실을 성실히 기재한 경우에는 장부를 비치·기록한 것으로 본다.
③ 사업소득에 부동산임대소득이 포함되어 있는 사업자는 사업소득과 부동산임대소득을 합산하여 회계처리하여야 한다.
④ 둘 이상의 사업장을 가진 사업자가 「조세특례제한법」에 따라 사업장별로 감면을 달리 적용받는 경우에는 사업장별 거래 내용이 구분될 수 있도록 장부에 기록하여야 한다.

해설
사업소득에 부동산임대업에서 발생한 소득이 포함되어 있는 사업자는 그 소득별로 구분하여 회계처리하여야 한다.

24 ④ 25 ② 26 ③ **정답**

27 다음은 소득세법상 세액공제에 관한 설명이다. 옳은 것은? [89회]

① 사업자가 해당 과세기간에 천재지변이나 그 밖의 재해로 자산총액의 15%에 상당하는 자산을 상실한 경우 재해손실세액공제를 적용한다.
② 복식부기의무자가 복식부기에 의하여 신고한 경우 기장세액공제를 적용한다.
③ 장애인전용보장성보험료는 연 200만원을 한도로 한다.
④ 사업소득만 있는 거주자는 기부금세액공제를 적용받을 수 없다.

> **해설**
> 재해손실세액공제를 받기 위해서는 자산총액의 20%에 상당하는 자산을 상실해야 한다. 간편장부대상자가 복식부기에 의하여 신고한 경우 기장세액공제를 적용한다. 장애인전용보장성보험료는 연 100만원을 한도로 공제한다.

28 소득세법상 근로소득만 있는 자가 적용받을 수 없는 종합소득공제 및 세액공제인 것은? [88회]

① 월세액 세액공제
② 주택차입금이자 세액공제
③ 성실신고확인비용 세액공제
④ 신용카드 등 사용금액 소득공제

> **해설**
> 성실신고확인비용 세액공제(사업소득자 대상 세액공제이다)

29 다음 중 소득세법상 기본공제대상자 중 연령요건과 소득요건 모두 제한 없이 공제 가능한 특별세액공제 대상으로 옳은 것은? [87회]

① 의료비 세액공제(국외 의료비는 제외)
② 보험료 세액공제
③ 교육비 세액공제
④ 기부금 세액공제

> **해설**
> ②, ④ 연령요건, 소득요건 모두 제한 있음
> ③ 소득요건 제한 있음

정답 27 ④ 28 ③ 29 ①

30 다음 중 소득세법상 기장세액공제에 대한 설명 중 가장 옳지 않는 것은? [85회]

① 간편장부대상자가 비치·기장한 장부에 의하여 소득금액을 계산하고 세법이 규정한 과세표준확정신고 서류를 제출하는 경우에 해당한다.
② 비치·기록한 장부에 의하여 신고하여야 할 소득금액의 20% 이상을 누락하여 신고한 경우 기장세액공제를 적용하지 않는다.
③ 천재지변 등으로 인하여 기장세액공제와 관련된 장부 및 증명서류를 해당 과세표준 확정신고기간 종료일부터 5년간 보관하지 않는 경우에 기장세액공제를 적용하지 아니한다.
④ 복식부기에 의하여 계산한 금액의 20%에 해당하는 금액을 공제한다. 다만, 공제세액이 100만원을 초과하는 경우에는 100만원을 공제한다.

해설
천재지변 등 부득이한 사유에 해당하는 경우에는 5년 동안 보관할 의무는 없다.

31 소득세법상 의료비 세액공제에 해당하지 않는 것은? [84회]

① 진찰·치료·질병예방을 위하여 의료법에 따른 의료기관에 지급한 비용
② 보청기를 구입하기 위하여 지출한 비용
③ 국외소재 의료기관에 지급한 의료비
④ 의사의 처방에 따라 의료기기를 구입한 비용

해설
국외소재 의료기관에 지급한 의료비는 세액공제 대상이 아니다.

32 다음 중 소득세법상 세액공제가 아닌 것은? [84회]

① 외국납부세액공제
② 재해손실세액공제
③ 자녀세액공제
④ 전자신고세액공제

해설
전자세액공제는 조세특례제한법상 세액공제이다.

30 ③　31 ③　32 ④

33 다음 중 소득세법상 표준세액공제가 적용되는 경우 ㉠ 근로소득이 있는 자와 ㉡ 근로소득이 없는 사업자(성실사업자 아님)의 표준세액공제 금액으로 맞게 짝지어진 것은? [83회]

① ㉠ 12만원, ㉡ 7만원
② ㉠ 13만원, ㉡ 7만원
③ ㉠ 12만원, ㉡ 12만원
④ ㉠ 13만원, ㉡ 12만원

해설

근로소득이 있는 경우 13만원, 근로소득이 없는 성실사업자가 아닌 경우 1만원을 적용한다.

---

34 다음 중 소득세법상 소득세 감면에 관한 규정과 세액공제에 관한 규정이 동시에 적용되는 경우의 그 적용순서로 옳은 것은? [82회]

> 가. 해당 과세기간의 소득에 대한 소득세의 감면
> 나. 이월공제가 인정되지 아니하는 세액공제
> 다. 이월공제가 인정되는 해당 과세기간의 세액공제
> 라. 이월공제가 인정되는 직전 과세기간의 이월 세액공제

① 가 - 나 - 다 - 라
② 가 - 나 - 라 - 다
③ 가 - 다 - 라 - 나
④ 라 - 다 - 나 - 가

해설

조세에 관한 법률을 적용할 때 소득세의 감면에 관한 규정과 세액공제에 관한 규정이 동시에 적용되는 경우 그 적용순위는 다음의 순서로 한다.
1. 해당 과세기간의 소득에 대한 소득세의 감면
2. 이월공제가 인정되지 아니하는 세액공제
3. 이월공제가 인정되는 세액공제. 이 경우 해당 과세기간 중에 발생한 세액공제액과 이전 과세기간에서 이월된 미공제액이 함께 있을 때에는 이월된 미공제액을 먼저 공제한다.

---

35 소득세법상 근로소득이 있는 거주자의 근로소득에 대한 종합소득산출세액이 120만원일 경우 근로소득세액공제액은 얼마인가? [82회]

① 825,000원
② 775,000원
③ 660,000원
④ 580,000원

해설

- 근로소득 세액공제액 : 1,200,000 × 55% = 660,000원
- 근로소득이 있는 거주자에 대해서는 그 근로소득에 대한 종합소득산출세액에서 다음의 금액을 공제한다.

근로소득에 대한 종합소득 산출세액	공제액
130만원 이하	산출세액의 100분의 55
130만원 초과	71만 5천원 + (130만원을 초과하는 금액의 100분의 30)

정답 33 ② 34 ② 35 ③

36 다음 자료에서 소득세법상 의료비세액공제 계산 시 포함되는 의료비 합계액은? [82회]

- 시력보정용 안경 구입비용 : 100만원
- 장애인 보장구 임차비용 : 50만원
- 국외의료기관에 지출한 의료비용 : 70만원
- 보청기 구입비용 : 50만원
  ※ 의료비세액공제가 가능한 근로소득자임

① 100만원　　　　　　　　② 150만원
③ 200만원　　　　　　　　④ 270만원

해설
시력보정용안경 50만원 + 장애인보장구 50만원 + 보청기 50만원 = 150만원

37 다음 중 소득세법상 세액공제 중 이월공제가 가능한 세액공제로만 모은 것으로 옳은 것은? [81회]

① 배당세액공제, 기장세액공제
② 기장세액공제, 연금계좌 세액공제
③ 연금계좌 세액공제, 외국납부세액공제
④ 외국납부세액공제, 기부금세액공제

해설
외국납부세액공제와 기부금세액공제는 당해 과세기간의 공제한도를 초과하는 경우 10년간 이월공제한다.

38 다음 중 소득세법상 세액공제에 대한 설명으로 잘못된 것은? [79회]

① 외국납부세액공제는 10년간의 이월공제가 인정되고 있다.
② 배당세액공제는 법인으로 보는 단체로부터 받은 배당소득에 대하여도 적용된다.
③ 근로소득세액공제는 일용근로자에게는 적용하지 않는다.
④ 기장세액공제는 간편장부대상자가 복식부기에 따라 기장·신고하는 경우에 적용한다.

해설
일용근로자는 산출세액의 55%를 공제한다.

PART 4 소득세법
종합소득세 신고·납부

01 중간예납·예정신고·기납부세액

1 중간예납

(1) 개 념

중간예납이란 1월 1일부터 6월 30일까지의 기간(중간예납기간)에 대한 중간예납세액을 11월 30일까지 미리 납부하는 제도를 말한다. 이렇게 미리 납부한 중간예납세액은 확정신고 시 기납부세액으로 차감하게 된다.

(2) 중간예납의무자

중간예납의무자는 종합소득 중 부동산임대소득 또는 사업소득이 있는 거주자이다. 다만, 부동산임대소득 또는 사업소득이 있더라도 다음의 자는 중간예납의무가 없다.

① 신규사업자
② 사업소득 중 속기·타자 등 한국산업분류표상 사무관련 서비스업에서 발생하는 소득만 있는 자
③ 보험모집인, 방문판매원, 저술가·화가·배우·가수·영화감독·연출가·촬영사 등 자영예술가, 자영경기업(직업선수·코치·심판 등)
④ 부동산임대소득 및 사업소득 중 수시부과하는 소득만 있는 자[주]

*주) 수시부과란 사업장 관할 세무서장이 조세수입의 확보를 위하여 소득세 포탈이 우려되는 일정한 사유가 있는 경우 당해 연도의 사업개시일로부터 그 사유 발생일까지를 수시부과기간으로 하여 수시로 소득세를 부과하는 제도를 말한다.

(3) 유의점

① 다음의 소득만 있는 자의 경우 중간예납의무가 없다.
  ㉠ 이자, 배당, 근로, 연금, 또는 기타소득
  ㉡ 사업소득 중 사무지원서비스업에서 발생하는 소득
  ㉢ 분리과세 주택임대소득
  ㉣ 분류과세소득인 퇴직소득·양도소득
② 법인세법상 중간예납은 당해 법인이 직전 사업연도 실적기준과 당해 중간예납기간의 가결산방법 중 선택을 하여 신고·납부하는 것을 원칙으로 하는 반면, 소득세법에서는 관할 세무서장이 직전 연도 실적기준에 의하여 계산된 금액을 납부고지서에 의하여 징수하는 것을 원칙으로 한다(예외적으로, 일정요건을 충족한 경우에는 가결산방법에 의해 계산할 수 있다 : 중간예납추계액).

(4) 중간예납세액의 계산 및 절차

① **계산 및 납부절차** : 중간예납세액은 직전 연도 납부세액의 1/2로 계산하여 세무서장이 11월 1일부터 11월 15일까지 납부고지서를 발부하여 11월 30까지 징수하는 것을 원칙으로 한다. 예외적으로 전년도의 납부세액이 없거나 중간예납기간의 실적이 저조(중간예납기준액의 30% 미달)한 경우에는 당해 중간예납기간의 실적을 기준으로 자진신고납부하거나 할 수 있다. 단 중간예납세액이 50만원 미만인 때에는 그 세액을 징수하지 아니한다.

② **중간예납세액** : 직전 연도 실적기준에 의한 중간예납세액을 산식으로 표시하면 다음과 같다.

$$중간예납세액 = 중간예납\ 기준액^{*주)} \times 50\%$$

*주) 중간예납기준액 = 직전 연도 중간예납세액 + 확정신고 자진납부세액 + 기한 후 신고납부세액 및 추가납부세액 − 환급세액

③ **부동산매매업자의 중간예납세액** : 부동산매매업자가 중간예납기간 중에 매도한 토지 또는 건물에 대하여 토지 등 매매차익예정신고·납부를 한 경우에는 그 신고·납부한 금액을 중간예납세액에서 차감한다. 이 경우 토지 등 매매차익예정신고·납부세액이 중간예납기준액의 1/2을 초과하는 경우에는 중간예납세액이 없는 것으로 한다.

(5) 중간예납세액의 신고·납부

① **강제적 규정** : 전년도에 납부하였거나 납부할 세액(중간예납기준액)이 없는 거주자 중 복식부기의무자가 당해 연도의 중간예납기간 중 종합소득이 있는 경우에는 11월 1일부터 11월 30일까지의 기간 내에 중간예납추계액을 중간예납세액으로 하여 신고·납부하여야 한다.

② **임의적 규정** : 당해 연도의 중간예납기간의 종료일 현재 중간예납추계액$^{*주)}$이 중간예납기준액의 30%에 미달하는 경우에는 11월 1일부터 11월 30일까지의 기간 내에 중간예납추계액을 중간예납세액으로 하여 신고·납부할 수 있다.

*주) 중간예납추계액의 계산구조
  ① 종합소득 과세표준 = 중간예납기간의 종합소득금액 × 2 − 이월결손금 − 종합소득공제
  ② 종합소득 산출세액 = 종합소득 과세표준 × 기본세율
  ③ 중간예납추계액 = (종합소득 산출세액 × 1/2) − (중간예납기간 종료일까지의 종합소득에 대한 공제·감면세액, 수시부과세액, 원천징수세액, 토지 등 매매차익 예정신고 산출세액)

③ **징수** : 납세지 관할 세무서장은 위 규정에 의해 중간예납세액을 신고·납부하여야 할 자가 당해 세액의 전부 또는 일부를 납부하지 않은 때에는 그 미납된 부분의 소득세액을 그 납부기한이 경과한 날부터 3개월 이내에 징수한다.

2 기납부세액

기납부세액이란 과세기간 중에 예납적으로 납부한 소득세액을 말하며, 기납부세액의 유형으로는 다음과 같은 것이 있다.

① 중간예납세액
② 수시부과세액
③ 원천징수세액$^{*주)}$
④ 부동산매매업자의 토지 등 매매차익 예정신고납부세액

*주) 소득자가 개인인 경우 원천징수 소득과 세율

근로소득	갑종근로소득(간이세액표를 매월 적용한 후 연말정산)	기본세율
	일용자의 근로소득	6%
사업소득	부가가치세가 면세되는 의료보건용역의 공급에서 발생한 소득	3%(20%)
	부가가치세가 면세되는 인적용역의 공급에서 발생한 소득	
	접대부 등의 봉사료 소득	5%
기타소득	일반적인 기타소득	소득금액의 20%
	복권당첨소득	소득금액의 20%(3억원 초과분 30%)
	소기업·소상공인 공제부금의 해지일시금	15%
	연금계좌에서 연금 외 수령한 기타소득 연금 외 수령 소득 중 사망 등 부득이한 사유로 인한 수령의 경우	15%
이자소득	일반적인 이자소득	14%
	비영업대금이익	25%(14%)
	직장공제회 초과반환금	기본세율(연분연승법)
	비실명 이자소득	45%(또는 90%)
배당소득	일반적인 배당소득	14%
	비실명 배당소득	45%(또는 90%)
연금소득	국민연금, 공무원연금 등	간이세액표 적용 후 연말정산(기본세율)
	개인연금, 퇴직연금	3%, 4%, 5%(나이와 연금수령 형태에 따라)
퇴직소득	갑종퇴직소득(원천징수대상 근로소득 있는 근로자만)	기본세율(연분연승법)

02 과세표준 확정신고와 납부

1 과세표준 확정신고

(1) 원 칙

당해 연도의 종합소득금액·퇴직소득금액이 있는 거주자는 그 과세표준을 당해 연도의 다음 연도 5월 1일부터 5월 31일까지 납세지 관할 세무서장에게 신고하여야 한다.

과세표준 확정신고는 당해 연도의 과세표준이 없거나 결손금액인 경우에도 반드시 하여야 한다.

(2) 확정신고의 면제

이처럼 당해 연도의 종합소득·퇴직소득·양도소득이 있는 거주자는 과세표준 확정신고를 하여야 하지만, 다음에 해당하는 거주자는 당해 소득에 대하여 과세표준 확정신고를 하지 않아도 된다.

① 근로소득만 있는 자 → 연말정산으로 종결
② 퇴직소득만 있는 자 → 퇴직금 지급 시 원천징수로 종결
③ 공적연금소득만 있는 자 → 연말정산으로 종결
④ 연말정산되는 사업소득만 있는 자(보험모집인, 방문판매원) → 연말정산으로 종결
⑤ 퇴직소득과 근로소득만 있는 자

⑥ 퇴직소득과 공적연금소득만 있는 자
⑦ 퇴직소득 및 연말정산되는 사업소득만 있는 자
⑧ 분리과세되는 이자·배당·연금·기타소득만 있는 자 → 원천징수로 종결
⑨ 위 ① ~ ⑦에 해당하는 자로서 ⑧ 분리과세되는 이자·배당·연금·기타소득만 있는 자
⑩ 소득세를 수시부과한 후 추가로 발생한 소득이 없는 경우
⑪ 양도소득세 과세표준 예정신고를 한 자*주) → 예정신고로 종결

*주) 양도소득과세표준 예정신고란 양도소득세 과세대상 자산을 양도한 거주자가 양도소득과세표준을 다음의 기간 이내에 납세지 관할 세무서장에게 신고하는 것을 말한다.
  • 토지·건물, 부동산에 관한 권리, 기타자산 : 그 자산의 양도일이 속하는 달의 말일부터 2개월 이내
  • 특정한 주식 : 그 자산의 양도일이 속하는 분기의 말일부터 2개월 이내

(3) 특 례

① 거주자가 사망한 경우 : 상속인은 그 상속개시일이 속하는 달의 말일부터 6개월이 되는 날까지 거주자의 사망일이 속하는 과세기간에 대한 과세표준을 신고해야 한다(상속세의 신고기한과 일치시킴).
② 거주자가 출국한 경우 : 과세표준확정신고를 하여야 할 거주자가 주소·거소의 국외이전을 위하여 출국하는 경우에는 출국일이 속하는 과세기간의 과세표준을 출국일 전일까지 신고해야 한다.

2 분 납

(1) 분납의 개요

납부할 세액(가산세 및 감면분 추가납부세액은 제외)이 1천만원을 초과하는 거주자는 다음의 세액을 납부기한 경과 후 2개월 이내에 분납할 수 있다.
① 납부할 세액이 2천만원 이하인 때에는 1천만원을 초과하는 금액
② 납부할 세액이 2천만원을 초과하는 때에는 그 세액의 50% 이하의 금액

(2) 분납의 사례

사례1) 납부할 세액이 1,600만원(가산세 100만원 포함)인 경우
① 납부기한 내 납부할 세액 : 1,100만원 이상
② 분납할 수 있는 세액 : 500만원 이하

사례2) 납부할 세액에 3,000만원(가산세 100만원 포함)인 경우
① 납부기한 내 납부할 세액 : 1,550만원 이상
② 분납할 수 있는 세액 : 1,450만원 이하

3 성실신고확인제도

과세당국은 개인사업자의 성실신고를 유도하고 과세표준 양성화하며, 세무조사에 따른 행정력 낭비를 방지하고자 2011년부터 성실신고확인제도를 시행하고 있다.

(1) 성실신고확인대상사업자

성실신고확인제도란 수입금액이 일정규모 이상인 사업자에 대해서 세무사, 세무법인 등에게 기장한 장부의 정확성 여부를 확인받아 종합소득세 확정신고하는 제도를 말하는데, 이때 성실신고확인대상사업자의 업종별 수입금액 합계기준금액은 다음과 같다.

구 분	기준수입금액[주]
① 농업·수렵업 및 임업(산림소득 포함), 어업, 광업, 도·소매업, 부동산매매업 기타, ② 및 ③에 해당하지 않는 사업	15억원
② 제조업, 숙박 및 음식점업, 전기·가스 및 수도사업, 건설업, 소비자용품수리업, 운수·창고 및 통신업, 금융 및 보험업	7.5억원
③ 부동산임대업, 사업서비스업, 교육서비스업, 보건 및 사회복지사업, 오락·문화·운동 관련 서비스업과 기타 공공·수리 및 개인서비스업, 가사서비스업	5억원

[주] 수입금액에 사업용 유형자산 처분에 따른 수입금액 제외

> **더알아두기**
>
> **여러 업종을 겸영하는 경우 성실신고확인대상 여부 판단**
> Q. 거주자 甲씨의 A사업장은 도매업(수입금액 5억원), B사업장은 제조업(수입금액 4억원), C사업장은 부동산임대업(수입금액 2억원)인 경우 성실신고확인대상 여부는?
>
> A. 다음과 같이 판단한다.
> 주업종의 수입금액(수입금액이 가장 큰 업종) + {주업종 외의 업종의 수입금액 × (주업종에 대한 기준금액/주업종 외의 업종의 기준금액)}
> = 도매 5억 + {제조 4억 × (15억/7.5억)} + {부동산임대 2억 × (15억/5억)} = 19억
>
> ∴ 수입금액 환산 전의 단순합산금액으로는 11억(5억 + 4억 + 2억)으로 주업종 도매업의 수입기준금액인 15억원에 미만이지만, 수입금액 환산 후에는 위와 같이 19억원으로서 15억원을 초과하여 거주자 甲씨는 성실신고확인대상자에 해당된다.

(2) 성실신고확인서 제출

성실신고확인대상사업자는 종합소득과세표준 확정신고를 할 때에 사업소득금액의 적정성을 세무사 등이 확인한 확인서(성실신고확인서)를 납세지 관할 세무서장에게 제출하여야 한다.

(3) 성실신고 시 혜택 및 제재

① **확정신고기한의 연장** : 종합소득과세표준 확정신고를 그 과세기간의 다음 연도 5월 1일부터 6월 30일까지하여야 한다.[주]

*주) 성실신고확인서 제출 사업자의 확정신고기간 명시

② **의료비 등 세액공제** : '성실사업자'와 동일하게 의료비, 교육비를 소득공제 받을 수 있다.

③ **성실신고 확인비용에 대한 세액공제** : 다음의 금액을 소득세에서 공제한다.

> 세액공제액 = Min(성실신고 확인에 직접 사용한 비용 × 60%, 공제한도 120만원)

이러한 세액공제를 적용받은 사업자가 해당 과세연도의 사업소득금액을 과소신고한 경우로서 그 과소신고한 사업소득금액이 경정된 사업소득금액의 10% 이상인 경우에는 세액공제받은 금액 전액을 추징한다. 이처럼 추징당한 사업자는 향후 3년간 '성실신고확인비용에 대한 세액공제'를 받지 못한다.

④ **성실신고확인서 미제출가산세(추계 시)** : 성실신고확인서를 다음 연도 6월 30일까지 미제출 시 다음의 가산세를 부과한다.

> 미제출가산세
> = {종합소득산출세액 × $\dfrac{\text{사업소득금액}}{\text{종합소득금액}}$ × 5%} + Max[① 무신고가산세, ② 무기장가산세]

⑤ **수시선정 세무조사** : 성실신고확인서를 제출하지 않은 경우 세무조사를 할 수 있다.

03 결정·경정 및 징수·환급

1 세액의 결정과 경정

(1) 세액의 결정과 경정의 개요

① **결정** : 소득세는 납세의무자의 신고, 납부로 세액이 확정되는 신고납부확정제도인데, 납세의무자의 과세표준 신고가 없거나 오류, 탈루가 있는 경우에는 과세당국이 납세의무를 확정하거나(결정), 당초에 확정된 납세의무를 변경시키게 된다(경정). 이러한 과세표준과 세액의 결정은 과세표준확정신고일로부터 1년 내에 완료하여야 한다. 다만, 국세청장이 조사기간을 따로 정하거나 부득이한 사유로 인하여 국세청장의 승인을 얻은 경우에는 그러하지 아니하다.

② **경정** : 납세지 관할 세무서장 또는 지방국세청장은 과세표준확정신고를 한 자가 다음에 해당하는 경우에는 당해 연도의 과세표준과 세액을 경정한다.

㉠ 신고내용에 탈루 또는 오류가 있는 때
㉡ 근로소득 등의 연말정산 내용에 탈루 또는 오류가 있는 경우로서 원천징수의무자의 폐업·행방불명 등으로 원천징수의무자로부터 징수하기 어렵거나 근로소득자의 퇴사로 원천징수의무자의 원천징수이행이 어렵다고 인정되는 때
㉢ 근로소득자소득공제신고서를 제출한 자가 사실과 다르게 기재된 영수증을 수취하는 등의 부당한 방법으로 종합소득공제를 받은 경우로서 원천징수의무자가 부당공제 여부를 확인하기 어렵다고 인정되는 때
㉣ 매출·매입처별 계산서합계표 또는 지급명세서의 전부 또는 일부를 제출하지 않은 때
㉤ 다음의 어느 하나에 해당하는 경우로서 시설규모나 영업 상황으로 보아 신고내용이 불성실하다고 판단되는 경우
 - 사업용계좌를 이용하여야 할 사업자가 이를 이행하지 않은 경우
 - 사업용계좌를 개설·신고하여야 할 사업자가 이를 이행하지 않은 경우
 - 신용카드가맹점 가입요건에 해당하는 사업자가 정당한 사유없이 신용카드가맹점으로 가입하지 않은 경우
 - 신용카드가맹점 가입요건에 해당하여 가맹한 신용카드가맹점이 정당한 사유 없이 신용카드에 의한 거래를 거래하거나 신용카드매출전표를 사실과 다르게 발급한 경우
 - 현금영수증가맹점 가입대상자로 지정받은 사업자가 정당한 사유없이 현금영수증가맹점으로 가입하지 않은 경우
 - 현금영수증가맹점이 정당한 사유 없이 현금영수증의 발급을 거부하거나 사실과 다르게 발급한 경우

(2) 결정 또는 경정의 방법

① 원칙(실지조사결정 또는 경정): 과세표준과 세액의 결정·경정의 경우 장부 기타 증빙서류를 근거로 하여야 한다. 즉, 과세표준과 세액의 결정 또는 경정은 원칙적으로 과세표준확정신고서 및 그 첨부서류에 의하거나 이것이 없을 경우 실지조사에 의한다. 다만, 일정사유에 해당하는 경우 추계조사에 의한다.

2 징수와 환급

(1) 징 수

① 미납세액의 징수: 납세지 관할 세무서장은 거주자가 당해 연도의 종합소득·퇴직소득에 대한 과세표준 및 세액의 확정신고 시 납부하여야 할 세액의 전부 또는 일부를 납부하지 않은 때에는 그 미납된 부분의 소득세액을 당해 납부기한이 지난 날부터 3개월 이내에 징수한다.

② 소액부징수: 현행 소득세법상 소액부징수의 내용을 정리하면 다음과 같다.
 ㉠ 원천징수세액이 1,000원 미만인 때
 ㉡ 납세조합의 징수세액이 1,000원 미만인 때
 ㉢ 중간예납세액이 50만원 미만인 때

(2) 결손금 소급공제에 의한 환급

① 개요 : 중소기업을 영위하는 거주자가 당해 중소기업의 사업소득금액을 계산함에 있어서 발생한 결손금을 근로소득금액·연금소득금액·기타소득금액·이자소득금액·배당소득금액에서 공제하고도 결손금이 있는 경우에는 결손금 소급공제에 의한 환급을 받을 수 있다(2021년 발생한 결손금에 대해서는 소급공제기간을 직전 2년으로 확대하며, 소급공제 순서는 직전 전 과세연도에서 먼저 공제하는 것으로 한다). 이와같이 결손금 소급공제에 의한 환급을 받은 경우 당해 결손금에 대하여는 이월결손금공제 받은 것으로 본다.

② 환급세액의 추징 : 소득세를 환급한 후 결손금이 발생한 연도에 대한 소득세의 과세표준과 세액을 결정함으로써 결손금이 감소한 경우에는 환급세액 중 그 감소된 결손금에 상당하는 세액과 이자상당액을 당해 결손금이 발생한 연도의 소득세로서 추징한다. 이 경우 결손금 중 일부금액만을 소급공제받은 때에는 소급공제받지 않은 결손금이 먼저 감소된 것으로 본다.

04 수시부과

1 수시부과

과세당국은 다음의 수시부과사유에 해당하는 경우에는 그 거주자에 대한 소득세를 수시부과할 수 있다.

① 사업부진 그 밖의 사유로 장기간 휴·폐업상태에 있는 때로서 소득세 포탈의 우려가 있다고 인정되는 경우
② ① 외에 조세포탈우려가 있다고 인정되는 상당한 이유가 있는 경우
③ 주소·거소 또는 사업장의 이동이 빈번하다고 인정되는 지역의 납세의무있는 자
④ 사업자가 주한국제연합군 또는 외국기관으로부터 수입금액을 외국환은행을 통하여 외환증서 또는 원화로 영수할 때

> 종합소득에 대한 수시부과세액
> = (수시부과기간의 종합소득금액 − 거주자 본인에 대한 기본공제) × 기본세율

※ 수시부과기간은 당해 연도의 사업개시일부터 수시부과사유가 발생한 날까지로 한다.

2 유의점

위의 수시부과 시 해당 세액 및 수입금액에 대하여는 국세기본법의 무신고가산세와 과소신고가산세를 적용하지 않는다.

05 사업장현황신고

1 사업장현황신고

사업장현황신고란 부가가치세가 면제되는 개인사업자가 직전 연도 연간 수입금액 및 사업장 기본상황을 사업장 관할 세무서에 신고하는 것을 말한다.

2 신고대상자

① 병, 의원, 치과, 한의원 등 의료업자
② 예체능계열 학원, 입시학원, 외국어학원 등 학원사업자
③ 법정 도매시장, 중도매인 등 농·축·수산물 도소매업자
④ 가수, 모델, 배우 등 연예인
⑤ 사립학교법상 학교를 제외한 교육용역을 제공하는 면세사업자
⑥ 극작가, 만화가, 저술가 등 인적용역제공 면세사업자
⑦ 기타 부가가치세가 면제되는 재화 또는 용역을 제공하는 사업자

> **더알아두기**
>
> **사업장현황신고의 예외**
> 부가가치세가 면제되는 사업자 중에서 영세사업자 등 아래의 경우에는 납세편의 등을 위해서 사업장현황신고 대상자에서 제외한다.
> - 복권, 담배, 연탄, 우표, 인지 등 소매업자
> - 부가가치세가 면제되는 보험모집인(과세자료에 의해 수입금액 결정 가능함)
> - 납세조합 가입자(납세조합에서 일인별 수입금액명세서를 제출하는 것으로 갈음함)

3 신고대상기간과 신고기한

① 신고대상 기간 : 매년 1월 1일에서 12월 31일까지
② 신고기간 : 익년 1월 1일에서 2월 10일까지

4 사업장현황신고 불성실 신고시 제재사항

① 복식부기의무자가 계산서를 교부하지 않거나 가공(위장)으로 주고받은 경우 보고불성실가산세(공급가액의 2%)가 부과된다.
② 의료업, 수의업 및 약사업을 행하는 사업자로서 사업장현황신고를 하지 아니하거나 미달하게 신고한 경우 사업장현황신고불성실가산세(수입금액의 0.5%)가 부과된다.

06 가산세

1 가산세

(1) 가산세의 종류

납세자가 성실한 신고와 납부를 하지 않을 경우 또는 보고의무 등을 성실히 이행하지 않았을 경우 제재의 일종으로 각종 가산세를 부담하게 된다. 소득세법상 주요 가산세는 다음과 같다. 법인세법과 유사한 가산세도 있지만 세부적으로 많은 차이가 있으므로 비교해서 살펴보아야 한다.

가산세 종류	내 용	가산세액
신고불성실 가산세	과세표준 확정신고를 하지 아니하였거나 미달하게 신고하였을 경우	[무신고 시] 복식부기의무자 • 부당무신고가산세액 　= Max(① 산출세액 × 40%, 　　　　② 수입금액 × 14/10,000) • 일반무신고가산세액 　= Max(① 산출세액 × 20%, 　　　　② 수입금액 × 7/10,000) [무신고 시] 일반 개인 • 부당무신고가산세액 = 산출세액 × 40% • 일반무신고가산세액 = 산출세액 × 20% [과소신고 시] 복식부기의무자 • 부당과소신고가산세액 　= Max(① 산출세액 × 40%, 　　　　② 과소신고수입금액 × 14/10,000) • 일반과소신고가산세액 = 경정산출세액 × 10% [과소신고 시] 일반 개인 • 부당무신고가산세액 = 산출세액 × 40% • 일반무신고가산세액 = 산출세액 × 10%
지출증빙 미수취가산세 (증빙불비가산세)	사업자가 건당 3만원 초과분의 경비를 지출하고 영수증 등을 수취한 경우	영수증 등 수취금액 × 2% 단, 소규모사업자[주1]인 경우는 제외
원천징수등 납부지연가산세	원천징수의무자가 원천징수세액의 미납부·과소납부 시	Min(①, ②) ① 미납세액·과소납부분 세액 × 3% + 미납세액·과소납부부분 세액 × 기간 × 0.022% ② 미납세액·과소납부분 세액 × 10%
영수증수취명세서 미제출가산세	사업자가 영수증수취명세서를 미제출하거나 제출한 영수증수취명세서가 불분명한 경우	미제출, 불분명기재한 지급액 × 1%
사업장현황신고 불성실가산세	사업장현황신고를 무신고하거나, 수입금액을 미달하여 신고 시	미신고, 미달신고 수입금액 × 0.5%

구분	사유	가산세액
지급명세서 제출불성실가산세	근로소득간이지급명세서 기한까지 미제출 시	미제출분 지급금액 × 0.25%
	지급명세서를 제출하여야 하는 그 기한까지 미제출하거나, 기재된 지급금액이 사실과 다른 경우	미제출분·불분명·사실과 다른분 지급금액 × 1%
무기장가산세	간편장부대상자나 복식부기의무자가 장부를 기장하지 않거나 허위로 기장할 경우	소득별 산출세액 × (무기장금액 ÷ 소득금액) × 20% (단, 소규모사업자*주1)인 경우는 제외)
사업용계좌 미사용가산세*주2)	사업용계좌를 사용하지 않은 경우	미사용금액 × 0.2%
	사업용계좌를 신고하지 않은 경우	Max(①, ②) ① 미신고기간의 수입금액 × 0.2% ② 미사용거래금액의 합계액 × 0.2%
신용카드 거부가산세	신용카드에 의한 거래를 거부하거나 사실과 다른 신용카드매출전표를 발급한 경우	Max(①, ②) ① 건별 거부금액, 불분명금액 × 5% ② 건별 5천원
기부금영수증 불성실가산세	기부금영수증 발급자가 기부금영수증을 사실과 다르게 기재하거나 기부자별 발급명세를 작성·보관하지 않은 경우	① 기부금영수증의 경우 : 사실과 다르게 발급된 영수증에 기재된 금액 × 5% ② 기부자별 발급내역의 경우 : 그 작성·보관하지 않은 금액의 0.2%
업무용승용차 관련 비용명세서 제출불성실가산세	업무용승용차 관련 비용을 손금산입하여 신고한 사업자가 해당 명세서 미제출·불성실 제출한 경우	• 미제출한 경우 : 업무용승용차 관련 비용 손금산입액(신고액) × 1% • 불성실 제출한 경우 : 업무용승용차 관련 비용 손금산입액(신고액) 중 명세서상 사실과 다르게 제출한 금액 × 1%
현금영수증 관련 가산세	현금영수증가맹점으로 가입하지 않은 경우	수입금액 × 미가입기간/365 × 1%
	현금영수증을 발급하지 않거나 사실과 다르게 발급한 경우	Max(①, ②) ① 건별 미발급금액, 불분명금액 × 5% ② 건별 5천원

*주1) 소규모 사업자의 범위 : ① 신규로 사업을 개시한 자, ② 사업소득의 수입금액 합계액이 4,800만원에 미달하는 자, ③ 연말정산되는 사업소득만 있는 자

*주2) 복식부기의무자는 복식부기의무자에 해당하는 과세기간의 개시일(사업개시와 동시에 복식부기의무자에 해당되는 경우에는 다음 과세기간 개시일)부터 6개월 이내에 사업용계좌를 해당 사업장 관할 세무서장에게 신고해야 한다.

(2) 가산세의 한도

다음의 어느 하나에 해당하는 가산세는 그 의무위반의 종류별로 각각 1억원을 한도로 한다. 다만, 당해 의무를 고의적으로 위반한 경우에는 그러하지 아니하다.

> 지급명세서제출불성실가산세, 계산서불성실가산세, 매출·매입처별 계산서합계표가산세, 매입처별세금계산서합계표미제출가산세, 지출증빙미수취가산세, 영수증수취명세서불성실가산세, 사업자현황신고불성실가산세, 기부금영수증불성실가산세

제3장 단원별 기출문제

01 다음 중 소득세법상 분리과세 대상 소득에 해당하지 않는 것은? [108회]

① 일용근로자의 근로소득
② 직장공제회 초과반환금
③ 총급여액이 500만원 이하인 일반근로자의 근로소득
④ 총수입금액의 합계액이 2천만원 이하인 자의 주택임대소득

해설
총급여액이 500만원 이하인 자의 근로소득은 분리과세 대상에 해당하지 않는다.

02 다음 중 소득세법상 원천징수세액의 반기별 납부에 대한 설명으로 가장 잘못된 것은? [108회]

① 직전연도 상시고용인원이 20명 이하인 원천징수의무자는 반기별로 원천징수세액을 납부할 수 있다.
② 반기별로 납부하고자 하는 반기의 직전월의 1일부터 말일까지 관할 세무서장에게 신청해야 한다.
③ 반기별로 납부할 원천징수세액은 법인세법에 따라 처분된 상여에 대한 원천징수세액도 포함한다.
④ 세적을 변경하는 경우 변경 전 납세지 관할 세무서장의 승인은 납세지 변경 후에도 유효한 것으로 본다.

해설
법인세법에 의한 소득처분(상여·배당 및 기타소득)으로 인해 원천징수한 세액은 반기납부세액 대상에서 제외됨으로 그 징수일이 속하는 달의 다음 달 10일까지 납부하여야 한다.

03 다음 중 소득세법상 중간예납에 대한 설명으로 옳지 않은 것은? [107회]

① 사업소득이 있는 거주자는 중간예납의무가 있다.
② 중간예납기간은 1월 1일부터 6월 30일까지이며, 당해연도의 11월 30일까지 납부하여야 한다.
③ 신규로 사업을 시작한 자는 중간예납의무를 지지 않는다.
④ 중간예납추계액이 중간예납기준액의 50%에 미달하는 경우 중간예납추계액을 납세지 관할 세무서장에게 신고·납부할 수 있다.

해설
종합소득이 있는 거주자가 중간예납기간의 종료일 현재 그 중간예납기간 종료일까지의 종합소득금액에 대한 소득세액이 중간예납기준액의 100분의 30에 미달하는 경우에는 11월 1일부터 11월 30일까지의 기간에 중간예납추계액을 중간예납세액으로 하여 납세지 관할 세무서장에게 신고할 수 있다.

04 다음 중 소득세법상 성실신고확인서 제출과 관련한 설명으로 옳지 않은 것은? [107회]

① 종합소득과세표준 확정신고기한이 연장된다.
② 종합소득세액의 분납기한이 3개월로 연장된다.
③ 성실신고확인서 미제출 시 가산세가 있다.
④ 세무사가 성실신고확인대상사업자인 경우에는 자신의 사업소득금액의 적정성에 대하여 해당 세무사가 성실신고확인서를 작성·제출할 수 없다.

> **해설**
> 분납기한은 연장되지 않는다.

05 다음 중 소득세법상 사업용계좌에 관한 내용으로 가장 잘못된 것은? [107회]

① 복식부기의무자는 사업장별로 실제 사업용계좌를 사용한 금액 등을 구분하여 관리하여야 한다.
② 복식부기의무자는 사업용계좌를 추가개설하는 경우 추가개설일로부터 6개월 이내에 신고하여야 한다.
③ 사업용계좌는 사업장별로 2 이상 신고할 수 있다.
④ 계속사업자인 복식부기의무자는 복식부기의무자에 해당하는 과세기간 개시일부터 6개월 이내에 사업용계좌를 신고하여야 한다.

> **해설**
> 복식부기의무자는 사업용계좌를 변경하거나 추가하는 경우 확정신고기한까지 이를 신고하여야 한다.

06 다음 중 소득세법상 반드시 과세표준확정신고를 해야 하는 경우는 무엇인가? [106회]

① 근로소득만 있는 자
② 공적연금소득만 있는 자
③ 원천징수되는 연말정산 대상 사업소득만 있는 자
④ 도매 사업소득만 있는 자

> **해설**
> 근로소득만 있는 자와 공적연금소득만 있는 자, 원천징수되는 연말정산 대상 사업소득만 있는 자는 과세표준확정신고를 하지 아니할 수 있다.

정답 04 ② 05 ② 06 ④

07 다음 중 소득세법상 복식부기의무자의 사업용 계좌에 관한 내용으로 가장 옳지 않은 것은? [106회]

① 복식부기의무자에 해당하는 과세기간의 개시일부터 6개월 이내에 신고하여야 한다.
② 1개의 계좌를 2 이상의 사업장에 대한 사업용계좌로 신고할 수 없다.
③ 사업용계좌를 변경하는 경우 종합소득과세표준 확정신고기한까지 신고하여야 한다.
④ 사업용계좌 미신고·미사용가산세는 소득세 산출세액이 없는 경우에도 적용한다.

해설
1개의 계좌를 2 이상의 사업장에 대한 사업용계좌로 신고할 수 있다.

08 다음 중 소득세법상 지급명세서 제출기한으로 옳지 않은 것은? [105회]

① 퇴직소득 : 지급일이 속하는 과세기간의 다음연도 3월 10일까지
② 일용근로자 : 지급일이 속하는 달의 다음 달 말일까지
③ 이자·배당소득 : 지급일이 속하는 과세기간의 다음연도 2월 말까지
④ 폐업하는 경우 : 폐업일이 속하는 달의 말일까지

해설
폐업의 경우 폐업일이 속하는 달의 다음다음 달 말일까지 지급명세서를 제출하여야 한다.

09 다음 중 소득세법상 성실신고확인서 관련 혜택 및 제재에 관한 설명으로 옳지 않은 것은? [105회]

① 성실신고확인서 제출 시 확정신고기한을 3개월 연장한다.
② 성실신고확인서 제출 시 성실신고확인비용에 대한 세액공제를 적용받을 수 있다.
③ 성실신고확인서 미제출 시 성실신고확인서 제출 불성실 가산세를 적용한다.
④ 성실신고확인서 미제출 시 수시 선정 세무조사 대상에 포함된다.

해설
1개월 연장

10 다음 중 소득세법상 중간예납 신고를 할 수 있는 자는? [104회]

① 해당 과세기간의 개시일 현재 사업자가 아닌 자로서 해당 과세기간 중에 사업을 개시한 자
② 종합소득이 있는 거주자 중 중간예납추계액이 중간예납기준액의 30%에 미달하는 자
③ 이자·배당·근로·연금소득 또는 기타소득만 있는 자
④ 사업소득자로서 휴·폐업 등으로 수시부과 소득만 있는 자

> **해설**
> • 종합소득이 있는 거주자가 중간예납기간종료일까지 중간예납추계액이 중간예납기준액의 30%에 미달하는 경우에는 11월 1일부터 11월 30일까지의 기간에 중간예납추계액을 중간예납세액으로 하여 납세지 관할 세무서장에게 신고할 수 있다.
> • 이자·배당·근로·연금소득 또는 기타소득만 있는 자와 사업소득 중 수시부과하는 소득만 있는 자, 해당 과세기간의 개시일 현재 사업자가 아닌 자로서 그 과세기간 중 신규로 사업을 시작한 자는 중간예납의무가 없다.

11 다음 중 소득세법상 사업장현황신고를 반드시 해야 하는 경우는? [104회]

① 해당 과세기간 중 폐업한 면세사업자의 경우
② 사업자가 사망함으로써 과세표준확정신고 특례가 적용되는 경우
③ 부가가치세 과세·면세사업 겸영하는 사업자가 면세사업 수입금액 등을 신고하는 경우
④ 독립된 자격으로 보험모집 용역을 제공하고 그 실적에 따라 모집수당을 받는 자의 경우

> **해설**
> 사업자(해당 과세기간 중 사업을 폐업 또는 휴업한 사업자를 포함한다)는 해당 사업장의 현황을 해당 과세기간의 다음 연도 2월 10일까지 사업장 소재지 관할 세무서장에게 신고하여야 한다.

12 다음 중 소득세법상 중간예납에 관한 설명으로 옳지 않은 것은? [103회]

① 해당 과세기간 중 신규로 사업을 시작한 자는 중간예납의무를 지지 않는다.
② 중간예납세액 계산 시 1천원 미만의 단수가 있을 때에는 그 단수금액은 버린다.
③ 중간예납세액이 100만원 미만인 경우 소득세를 징수하지 아니한다.
④ 중간예납의 납부기한은 원칙적으로 11월 30일까지이다.

> **해설**
> 중간예납세액이 50만원 미만인 경우에는 해당 소득세를 징수하지 아니한다.

정답 10 ② 11 ① 12 ③

13 다음 중 소득세법상 성실신고확인제도에 대한 내용으로 잘못된 것은? [103회]

① 성실신고확인대상사업자는 종합소득과세표준 확정신고를 할 때에 성실신고확인서를 제출하여야 한다.
② 종합소득과세표준 확정신고를 5월 1일부터 6월 30일까지 하여야 한다.
③ 세무사는 자신의 사업소득금액의 적정성에 대하여 해당 세무사가 성실신고확인서를 작성·제출할 수 있다.
④ 6월 30일까지 성실신고확인서를 제출하지 아니한 경우 성실신고확인서 제출 불성실 가산세가 적용된다.

> **해설**
> 세무사가 성실신고확인대상사업자에 해당하는 경우에는 자신의 사업소득금액의 적정성에 대하여 해당 세무사가 성실신고확인서를 작성·제출해서는 아니 된다.

14 다음 중 소득세법상 신고 및 납부에 대한 설명으로 옳지 않은 것은? [102회]

① 이자소득에 대한 원천징수세액이 1천원 미만인 경우에도 소득세 원천징수의무가 있다.
② 양도소득세는 예정신고 및 납부를 하여야 한다.
③ 종합소득세 납부금액이 5백만원을 초과할 경우 분할납부가 가능하다.
④ 세액을 분할납부하는 경우 그 납부할 세액의 일부를 납부기한이 지난 후 2개월 이내에 분할납부할 수 있다.

> **해설**
> 납부할 세액이 1천만원을 초과하는 자는 그 납부할 세액의 일부를 납부기한이 지난 후 2개월 이내에 분할납부할 수 있다.

15 다음 중 소득세법상 거주자가 반드시 과세표준 확정신고를 해야 하는 경우는? [100회]

① 사업소득(도매업)과 근로소득(일용직 아님)이 있는 경우
② 분리과세 이자소득과 양도소득이 있는 경우
③ 양도소득과 퇴직소득이 있는 경우
④ 100만원의 기타소득금액과 근로소득(일용직 아님)이 있는 경우

> **해설**
> 근로소득만 있는 자, 공적연금소득만 있는 자, 연말정산되는 사업소득만 있는 자 및 원천징수되는 기타소득으로서 종교인소득만 있는 자 중 두 가지 이상의 소득이 있는 자는 과세표준확정신고를 해야 한다.

13 ③ 14 ③ 15 ①

16
다음 중 소득세법상 종합소득세의 납세절차에 대한 설명으로 옳지 않은 것은? [100회]

① 소득세의 중간예납세액은 고지서의 발급으로 징수하는 것이 원칙이다.
② 해당 과세기간 중 신규로 사업을 시작하는 자는 중간예납의무를 지지 않는다.
③ 부가가치세가 면세되는 개인사업자는 사업장 현황신고의무가 있다.
④ 성실신고확인대상사업자가 성실신고확인서를 제출하는 경우에는 종합소득과세표준 확정신고를 그 과세기간의 다음 연도 6월 1일부터 6월 30일까지 해야 한다.

해설
성실신고확인대상사업자가 성실신고확인서를 제출하는 경우에는 종합소득과세표준 확정신고를 그 과세기간의 다음 연도 5월 1일부터 6월 30일까지 해야 한다.

17
다음 중 소득세법상 무기장가산세가 적용되는 경우는?(단, 신고불성실가산세는 고려하지 않는다) [99회]

① 복식부기의무자가 복식장부로 신고한 경우
② 소규모사업자가 추계신고한 경우
③ 복식부기의무자가 간편장부로 신고한 경우
④ 간편장부대상자가 복식장부로 신고한 경우

해설
사업자(소규모사업자는 제외)가 장부를 비치·기록하지 아니하였거나 비치·기록한 장부에 따른 소득금액이 기장하여야 할 금액에 미달한 경우에는 장부의 기록·보관 불성실 가산세를 해당 과세기간의 종합소득결정세액에 더하여 납부하여야 한다.

18
다음 중 소득세법상 신고 및 납부절차에 대한 설명으로 가장 옳지 않은 것은? [98회]

① 과세표준이 없거나 결손금이 있는 거주자도 종합소득신고는 하여야 한다.
② 분리과세 기타소득만 있는 자는 확정신고를 하지 않을 수 있다.
③ 거주자로서 납부할 세액을 분납할 경우에는 납부기한이 지난 후 3개월 이내에 분할납부할 수 있다.
④ 사업장 현황신고는 해당 과세기간의 다음 연도 2월 10일까지 관할 세무서장에게 신고하여야 한다.

해설
분납할 경우 납부기한이 지난 후 2개월(1개월) 이내에 분할납부할 수 있다.

정답 16 ④ 17 ③ 18 ③

19 다음은 소득세법상 원천징수에 대한 설명이다. 가장 옳지 않은 것은? [98회]

① 공동사업장에서 발생한 소득금액에 대하여 원천징수된 세액은 각 공동사업자의 손익분배비율에 따라 배분한다.
② 국내근로소득으로서 발생 후 지급되지 아니함으로써 소득세가 원천징수되지 아니한 소득이 종합소득에 합산되어 종합소득에 대한 소득세가 과세된 경우에 그 소득을 지급하는 때에는 소득세를 원천징수하지 아니한다.
③ 근로소득에 대한 원천징수의무자가 12월분의 급여액을 다음 연도 1월 말일까지 지급하지 아니한 경우 다음 연도 1월 말일에 지급한 것으로 보아 소득세를 원천징수한다.
④ 출자공동사업자의 배당소득에 대해서는 25%의 세율을 적용한다.

> **해설**
> 원천징수의무자가 12월분의 근로소득을 다음 연도 2월 말일까지 지급하지 아니한 경우에는 그 근로소득을 다음 연도 2월 말일에 지급한 것으로 보아 소득세를 원천징수한다.

20 다음 중 소득세법상 분리과세될 수 있는 소득이 아닌 것은? [98회]

① 2천만원 이하 주택임대소득
② 뇌물로 인하여 받는 금품
③ 일용근로소득
④ 원천징수되지 않은 퇴직소득을 연금수령하는 연금소득

> **해설**
> 뇌물 및 알선수재 등에 의하여 받는 금품은 종합소득세신고 시 종합소득과세표준에 합산하여 신고하여야 한다.

21 다음 중 소득세법상 원천징수세율이 가장 높은 것은? [97회]

① 비영업대금의 이자
② 복권당첨금
③ 봉사료 사업소득
④ 비실명채권이자

> **해설**
> 원천징수의무자가 소득을 지급하여 소득세를 원천징수할 때 적용하는 세율은 실지명의가 확인되지 아니하는 소득에 대해서는 45%, 비영업대금의 이익에 대해서는 25%, 복권당첨금에 대해서는 20%, 다만, 3억원을 초과하는 분에 대해서는 30%, 봉사료에 대해서는 5%로 한다.

22 다음 중 소득세법상 결정, 경정, 징수, 환급에 대한 설명으로 잘못된 것은? [97회]

① 직전 사업연도 수입금액이 4,800만원 이상이면 추계신고 시 무기장가산세를 부담할 수 있다.
② 과세표준확정신고는 과세표준이 없는 경우 신고를 생략할 수 있으므로 확정신고 의무가 없다.
③ 기준경비율에 의한 소득금액의 추계결정 또는 경정을 하는 경우 사업용 고정자산의 매입비용은 매입비용에서 제외한다.
④ 전문직 사업자는 반드시 복식장부를 기록해야 한다.

해설
해당 과세기간의 종합소득금액이 있는 거주자(종합소득과세표준이 없거나 결손금이 있는 거주자를 포함한다)는 그 종합소득과세표준을 그 과세기간의 다음 연도 5월 1일부터 5월 31일까지 납세지 관할 세무서장에게 신고하여야 한다.

23 다음 중 소득세법상 중간예납에 대한 설명으로 옳지 않은 것은? [96회]

① 원칙적으로 사업소득이 있는 거주자가 중간예납의무를 지며, 퇴직소득 및 양도소득에 대해서는 중간예납을 하지 않는다.
② 중간예납기간은 1월 1일부터 6월 30일까지이며, 당해 연도의 10월 31일까지 납부하여야 한다.
③ 신규로 사업을 시작한 자는 중간예납의무를 지지 않는다.
④ 중간예납추계액이 중간예납기준액의 30%에 미달하는 경우 중간예납추계액을 신고·납부할 수 있다.

해설
사업소득이 있는 거주자는 1월 1일부터 6월 30일까지의 기간을 중간예납기간으로 하여 11월 30일까지 중간예납세액을 징수하여야 한다.

24 다음 중 소득세법상 납부에 관한 설명으로 잘못된 것은? [96회]

① 종합소득세 납부세액이 1천만원을 초과하는 경우 분할납부가 가능하다.
② 양도소득세는 예정신고 및 납부를 하여야 한다.
③ 세액을 분할납부하는 경우 분납기한은 납부기한 경과 후 45일 이내이다.
④ 이자소득에 대한 원천징수세액이 1천원 미만인 경우에도 소득세 원천징수의무가 있다.

해설
납부할 세액이 각각 1천만원을 초과하는 자는 그 납부할 세액의 일부를 납부기한이 지난 후 2개월 이내에 분할납부할 수 있다.

정답 22 ② 23 ② 24 ③

25 다음 중 소득세법상 소규모사업자도 적용대상이 되는 가산세는 무엇인가? [95회]

① 계산서발급불성실가산세
② 영수증수취명세서미제출가산세
③ 지급명세서제출불성실가산세
④ 증명서류수취불성실가산세

해설
소규모사업자도 지급명세서제출불성실가산세가 적용된다.

26 다음 중 소득세법상 신고 및 납부절차에 대한 설명으로 옳지 않은 것은? [95회]

① 분리과세 대상 이자소득 또는 기타소득만 있는 거주자는 과세표준 확정신고를 하지 않을 수 있다.
② 사업장현황신고는 해당 과세기간의 다음 연도 1월 25일까지 사업장 소재지 관할 세무서장에게 신고하여야 한다.
③ 사업소득 중 수시부과하는 소득에 대하여는 중간예납의무를 부과하지 않는다.
④ 성실신고확인 대상 사업자가 기한 내에 성실신고확인서를 제출하지 않은 경우 5% 가산세를 적용한다.

해설
사업장현황신고는 해당 과세기간의 다음 연도 2월 10일까지 사업장 소재지 관할 세무서장에게 신고하여야 한다.

27 다음 중 소득세법상 지급명세서 제출시기가 다른 소득은?(단, 휴업·폐업한 경우가 아님) [94회]

① 배당소득
② 퇴직소득
③ 원천징수 대상 사업소득
④ 근로소득(일용근로소득 제외)

해설
배당소득은 2월 말이며 나머지 소득은 다음연도 3월 10일이다.

28 다음 중 소득세법상 사업을 폐업하는 경우 종합소득세 신고기한으로 옳은 것은? [93회]

① 폐업일이 속하는 달의 다음 달 31일까지
② 폐업일이 속하는 분기의 다음 달 31일까지
③ 폐업일이 속하는 과세기간의 다음 달 31일까지
④ 폐업일이 속하는 과세기간의 다음 과세기간 5월 31일까지

정답 25 ③ 26 ② 27 ① 28 ④

29 다음 중 소득세법상 성실신고확인제도에 대한 설명으로 옳지 않은 것은? [93회]

① 성실신고확인대상사업자가 성실신고확인서를 제출하는 경우에는 종합소득과세표준 확정신고를 그 과세기간의 다음 연도 6월 1일부터 6월 30일까지 하여야 한다.
② 세무사가 성실신고확인대상사업자에 해당하는 경우에는 자신의 사업소득금액의 적정성에 대하여 해당 세무사가 성실신고확인서를 작성·제출해서는 아니 된다.
③ 성실신고확인대상 개인사업자가 성실신고 확인서를 제출하는 경우에는 성실신고 확인에 직접 사용한 비용의 100분의 60에 해당하는 금액을 해당 과세연도의 소득세에서 공제한다.
④ 성실신고확인대상 개인사업자의 공제세액의 한도는 120만원이다.

해설
성실신고확인대상사업자가 성실신고확인서를 제출하는 경우에는 종합소득과세표준 확정신고를 그 과세기간의 다음 연도 5월 1일부터 6월 30일까지 하여야 한다.

30 다음 중 소득세법상 종합소득공제가 배제되는 경우에 대한 설명으로 가장 틀린 것은? [93회]

① 분리과세 대상 기타소득만 있는 자에 대해서는 종합소득공제를 적용하지 아니한다.
② 수시부과 결정의 경우에는 거주자 본인과 배우자에 대한 기본공제만 적용한다.
③ 비거주자의 경우 인적공제 중 비거주자 본인 외의 자에 대한 공제는 적용하지 않는다.
④ 소득공제대상임을 증명하는 서류를 제출하지 아니한 경우에는 기본공제 중 본인에 대한 공제와 표준세액공제만 적용한다.

해설
수시부과 결정의 경우에는 본인에 대한 기본공제만 적용한다.

31 다음 중 소득세법상 중간예납에 관한 설명으로 옳지 않은 것은? [93회]

① 거주자는 퇴직소득·양도소득에 대해서도 중간예납을 한다.
② 속기·타자 등 사무지원 서비스업의 사업소득은 중간예납의무를 지지 않는다.
③ 해당 과세기간 중 신규로 사업을 시작한 자는 중간예납의무를 지지 않는다.
④ 관할 세무서장은 11월 1일부터 11월 15일까지의 기간에 중간예납세액의 납부고지서를 발급하여야 하며, 거주자는 그 중간예납세액을 11월 30일까지 납부하여야 한다.

해설
종합소득이 있는 거주자만 중간예납의무를 부담하며, 퇴직소득·양도소득에 대해서는 중간예납을 하지 않는다.

정답 29 ① 30 ② 31 ①

32 다음 중 소득세법상 과세표준확정신고를 반드시 해야 하는 경우에 해당하는 것은? [93회]

① 근로소득 및 퇴직소득만 있는 자
② 연말정산되는 사업소득만 있는 자
③ 분리과세 이자소득 및 근로소득이 있는 자
④ 사업소득 및 근로소득이 있는 자

33 다음 중 소득세법상 소득을 지급하는 자에게 원천징수 의무가 없는 경우는? [92회]

① 거주자에게 지급하는 이자
② 비거주자에게 지급하는 배당
③ 거주자에게 계약의 해약으로 인하여 계약금이 위약금으로 대체되어 지급하는 경우
④ 사업자가 서비스용역을 공급하고 해당 대가를 받을 때 봉사료를 함께 받아 해당 소득자에게 지급한 경우

34 다음 중 소득세법상 원천징수와 관련한 설명으로 옳지 않은 것은? [91회]

① 원천징수의무자가 소득세가 과세되지 아니하거나 면제되는 소득을 지급할 때에는 소득세를 원천징수하지 아니한다.
② 국가나 지방자치단체의 장이 법에서 정하는 소득을 지급하는 때에 소득세를 원천징수하여야 한다.
③ 법에서 정하는 소득이 발생 후 지급되지 아니함으로써 소득세가 원천징수 되지 아니한 소득이 종합소득에 합산되어 종합소득에 대한 소득세가 과세된 경우에 그 소득을 지급할 때에는 소득세를 원천징수하지 아니한다.
④ 원천징수의무자가 기타소득을 지급할 때에는 지급한 총수입금액에 원천징수세율을 적용하여 계산한 소득세를 원천징수한다.

> **해설**
> 기타소득을 원천징수하는 경우 기타소득금액에 원천징수세율을 적용하여 계산한 소득세를 원천징수한다.

32 ④ 33 ③ 34 ④ 정답

35 다음 중 소득세법상 중간예납 및 분납에 대한 설명으로 옳지 않은 것은? [91회]

① 신규사업자는 중간예납의무가 없다.
② 납부할 세액이 1천만원을 초과하면서 2천만원 이하인 때에는 그 세액의 50% 이하의 금액을 납부기한이 지난 후 2개월 이내에 분납할 수 있다.
③ 중간예납은 고지납부가 원칙이지만 전년도 수입금액이 일정 금액에 미달하는 때에는 납세자가 관할 세무서장에게 신고납부할 수 있다.
④ 중간예납에 대한 고지를 받은 자는 11월 30일까지 고지세액을 납부하여야 한다.

해설
납부할 세액이 1천만원을 초과하면서 2천만원 이하인 때에는 1천만원을 초과하는 금액을 납부기한이 지난 후 2개월 이내에 분납할 수 있다.

36 다음은 소득세법상 성실신고 확인제도에 관한 설명이다. 가장 옳지 않은 것은? [90회]

① 성실신고 확인 비용에 대한 세액공제는 연 120만원을 한도로 한다.
② 성실신고사업자인지 여부 기준의 수입금액을 산정할 때 사업용 유형자산을 양도함으로써 발생한 수익금액도 포함한다.
③ 성실신고확인서를 제출한 경우 의료비 및 교육비의 세액공제가 가능하다.
④ 성실신고사업자의 확정신고기한은 익년 6월 30일까지이다.

해설
제외한다.

37 다음 중 소득세법상 사업장현황신고에 대한 규정으로 틀린 것은? [90회]

① 면세사업자는 사업장의 현황을 해당 과세기간의 다음 연도 2월 10일까지 신고하여야 한다.
② 겸영사업자의 경우 부가가치세 신고 시 면세사업의 수입금액을 신고한 경우에도 사업장 현황신고는 별도로 하여야 한다.
③ 2 이상의 사업장이 있는 사업자는 각 사업장 별로 사업장현황신고를 하여야 한다.
④ 사업자가 휴업한 경우 관할 세무서장은 사업장 현황을 조사할 수 있다.

해설
부가가치세 신고 시 면세사업 수입금액을 신고한 경우에는 사업장현황신고를 한 것으로 본다.

정답 35 ② 36 ② 37 ②

38 다음 중 소득세법상 과세표준확정신고를 하지 않는 경우는? [89회]

① 김이자는 비영업대금이익 3천만원이 발생하였다.
② 이실업은 원천징수된 퇴직소득금액 1억원이 발생하였다.
③ 박기타는 원천징수되지 않은 기타소득금액 5백만원이 있다.
④ 최근로는 9월 1일에 A사에서 B사로 이전하였고 B사 연말정산 시에 합산신고하지 않았다.

해설
퇴직소득은 완납적 원천징수대상이므로 퇴직소득만 있는 경우 확정신고를 생략할 수 있다.

39 다음 중 소득세법상 사업용 계좌에 대한 설명으로 틀린 것은? [88회]

① 사업장에 신고한 사업용 계좌를 다른 사업장에서 사용하는 경우 그 사업용 계좌를 신고할 수 없다.
② 복식부기의무자가 공급받은 사업용 계좌 거래대상의 대금을 무통장 입금할 경우에는 사업용 계좌 미사용가산세가 적용된다.
③ 신용불량자등 사업용 계좌를 사용하기 어려운 경우의 인건비는 사업용 계좌를 사용하지 아니할 수 있다.
④ 사업용 계좌를 개설하였으나 관할 세무서장에게 신고하지 아니한 경우 조세특례제한법상의 각종 감면을 배제한다.

해설
여러 사업장에서 한 개의 사업용 계좌를 신고하여 사용하는 것이 가능하다.

40 다음 소득세법상 사업소득의 원천징수에 대한 설명 중 가장 틀린 것은? [87회]

① 원천징수의무자는 봉사료 전체금액의 3%를 원천징수한다.
② 외국인 직업운동가가 용역을 제공하고 받는 소득에 대해서 20%를 원천징수한다(계약기간이 3년 이하인 경우).
③ 원천징수 의무자는 사업소득을 원천징수한 경우 다음 달 10일까지 신고납부하여야 한다.
④ 인적용역의 사업소득 원천징수 세율은 3%이다.

해설
5%를 원천징수하여야 한다.

38 ② 39 ① 40 ① 정답

41 다음 중 소득세법상 중간예납에 관한 설명으로 옳지 않은 것은? [87회]

① 종합소득이 있는 거주자만 중간예납의무를 지며, 퇴직소득·양도소득에 대해서는 중간예납을 하지 않는다.
② 보험모집인의 사업소득은 중간예납의무를 지지 않는다.
③ 해당 과세기간 중 신규로 사업을 시작한다 할지라도 중간예납의무를 진다.
④ 관할 세무서장은 11월 1일부터 11월 15일까지의 기간에 중간예납세액의 납부고지를 발급하여야 하며, 거주자는 그 중간예납세액을 11월 30일까지 납부하여야 한다.

해설
해당 과세기간의 개시일 현재 사업자가 아닌 자로서 그 과세기간 중 신규로 사업을 시작한 자는 중간예납의무를 지지 않는다.

42 다음 중 소득세법상 중간예납 납부의무가 있는 자는? [85회]

① 근로소득만 있는 거주자
② 보험모집인의 사업소득만 있는 거주자
③ 부동산임대업에서 발생한 사업소득만 있는 거주자
④ 직업운동선수의 사업소득만 있는 거주자

43 소득세법상 납부할 세액이 일정금액 이상인 경우 다음과 같이 분납할 수 있다. ( )에 알맞은 것은? [85회]

• 납부할 세액이 ( ) 이하인 때에는 1천만원을 초과하는 금액을 분납할 수 있다.
• 납부할 세액이 ( )을 초과하는 때에는 그 세액의 100분의 50 이하의 금액을 분납할 수 있다.

① 500만원 ② 1,000만원
③ 1,500만원 ④ 2,000만원

44 다음 중 소득세법상 사업을 폐업하는 경우 종합소득세 신고기한으로 알맞은 것은? [84회]

① 사업의 폐업일이 속하는 달의 다음 달 25일까지
② 폐업일이 속하는 분기의 다음 달 25일까지
③ 폐업일이 속하는 해의 말일의 다음 달 25일까지
④ 폐업일이 속하는 해의 다음 해 5월 31일까지

해설
종합소득세는 과세기간의 다음 연도 5월 31일까지 신고기한이다.

정답 41 ③ 42 ③ 43 ④ 44 ④

45 소득세법상 원천징수의무가 없는 소득은? [83회]

① 배당소득
② 연금소득
③ 기타소득
④ 외국기관으로부터 받는 근로소득

해설
외국기관 또는 우리나라에 주둔하는 국제연합군(미군은 제외)으로부터 받는 근로소득은 제외한다.

46 다음 중 소득세법상 장부의 기장의무 판정에 관한 설명으로 가장 옳지 않은 것은? [82회]

① 해당 과세기간에 신규로 사업을 개시한 사업자는 업종에 관계없이 모두 간편장부대상자로 본다.
② 사업장이 2 이상인 경우에는 사업장별로 직전 과세기간의 각각의 수입금액을 기준으로 기장의무를 판정하는 것은 아니다.
③ 직전 과세기간 중에 개업한 사업자도 연환산하지 아니하며, 실제 발생한 수입금액을 기준으로 기장의무를 판정한다.
④ 2 이상의 업종을 겸영하는 경우에는 주 업종에 대한 업종별 기준금액으로 환산한 직전 과세기간의 수입금액을 기준으로 기장의무를 판단한다.

해설
신규로 사업을 개시하였어도 해당 과세기간의 수입금액이 업종별 간편장부대상자 수입금액기준에 미달하여야 한다.

47 다음 중 소득세법상 납부에 관한 설명으로 옳은 것은? [81회]

① 거주자가 납부할 세액이 500만원을 초과하는 경우 세금을 분납할 수 있다.
② 세액을 분납할 경우 분납기한은 납부기한 경과 후 45일 이내이다.
③ 양도소득세는 예정신고납부를 하지 않아도 된다.
④ 확정신고 시 납부할 세액이 3천만원인 경우 최대로 분할납부할 수 있는 세액은 1,500만원이다.

해설
① 납부세액 1,000만원 초과 시 분납가능
② 2개월 이내
③ 양도세는 예정신고납부를 반드시 하여야 한다.

45 ④ 46 ① 47 ④ 정답

48 다음 중 소득세법상 종합소득세 과세표준과 세액의 추계결정 및 경정에 관한 설명으로 가장 옳지 않은 것은? [81회]

① 기장의 내용이 시설규모, 종업원 수, 원자재·상품 또는 제품의 시가, 각종 요금 등에 비추어 허위임이 명백한 경우 추계결정(결정)할 수 있다.
② 수입금액을 추계결정한 때에는 장부를 비치·기록하지 않은 것으로 보아 소득금액도 반드시 추계결정하여야 한다.
③ 과세표준을 계산함에 있어서 필요한 장부와 증빙서류가 없거나 중요한 부분이 미비 또는 허위인 경우 추계결정(경정)할 수 있다.
④ 기장의 내용이 원자재사용량, 전력사용량, 기타 조업상황에 비추어 허위임이 명백한 경우 추계결정(경정)할 수 있다.

> 해설
> 수입금액을 추계조사결정하였다고 하더라도 필요경비에 관한 장부 또는 증빙에 의하여 소득금액을 결정할 수 있는 경우에는 소득금액은 실지조사결정할 수 있다.

49 다음 중 소득세법상 사업장 현황신고에 대한 설명으로 가장 옳지 않은 것은? [81회]

① 둘 이상의 사업장이 있는 경우라도 사업자는 각 사업자별로 사업장현황신고를 하여야 한다.
② 사업자가 부가가치세법의 규정에 의한 예정신고와 확정신고를 한 때에는 사업장 현황신고에서 제외된다.
③ 사업장 현황신고 대상자는 해당 과세기간의 다음 연도 2월 10일까지 사업장 현황신고서를 제출하여야 한다.
④ 공동으로 사업을 경영하는 경우에는 대표공동사업자가 해당 공동사업장의 사업장현황 신고서를 작성하여 제출한다.

> 해설
> 2 이상의 사업장이 있는 사업자는 각 사업장별로 사업장현황신고를 하여야 한다.

정답 48 ② 49 ①

50 다음 중 소득세법상 지급명세서 제출에 관한 설명으로 가장 옳지 않은 것은? [81회]

① 음식·숙박, 안마시술소·이용원·스포츠맛사지업소 및 그 밖에 이와 유사한 장소에서 용역을 제공하고 용역제공자의 봉사료를 공급가액과 구분하여 기재하는 경우로서 그 구분 기재한 봉사료 금액이 공급가액의 20/100을 초과하는 경우 지급명세서 제출의무가 있다.
② 직전 과세기간에 제출한 지급명세서의 매수가 50매 미만인 자 또는 상시 근무하는 근로자의 수(매월 말일의 현황에 따른 평균인원수를 말한다)가 10명 이하인 자(단, 한국표준산업분류상의 금융보험업자, 국가·지방자치단체 또는 지방자치단체조합, 법인, 복식부기의무자는 제외)는 지급명세서를 문서로 제출할 수 있다.
③ 지급명세서는 지급일이 속하는 연도의 종료일까지 제출하여야 한다.
④ 기타소득 중 복권·경품권 기타 추첨권에 의하여 받는 당첨금품 중 1건당 당첨금품의 가액이 10만원 이하인 경우

51 소득세법상 농·축·수산물 판매업자 등 일정한 사업자는 납세조합을 조직할 수 있다. 이 경우 납세조합은 그 조합원에 대한 매월분의 소득세를 원천징수할 때에는 그 세액의 100분의 (㉠)에 해당하는 금액을 공제하고 징수한다. 여기서 (㉠)에 들어갈 숫자는 무엇인가? [81회]

① 3　　　　　　　　　　　　　② 5
③ 7　　　　　　　　　　　　　④ 10

해설
5%에 해당하는 금액을 공제하고 징수한다.
일정한 사업자의 납세조합은 다음의 금액을 징수납부할 세액으로 한다.

> 매월분 소득세액 − 납세조합공제액(매월분의 소득세액 × 5%) = 징수납부할 세액

퇴직소득세

PART 4 소득세법

01 퇴직소득의 구분

퇴직소득이란 퇴직으로 발생하는 소득과 국민연금법 또는 공무원연금법 등에 따라 지급받은 일시금(부가금, 수당 등 연금이 아닌 형태로 일시에 받는 것을 포함)을 말한다.

퇴직소득은 상당기간 집적된 소득이 일시에 실현되므로, 종합소득세의 누진세율을 동일하게 적용하게 되면 부당하게 높은 세율을 적용받게 되는 문제점이 있다. 이러한 점을 고려하여 현행 소득세법은 퇴직소득을 종합소득에서 제외하여 별도로 분류과세하고 있다.

1 퇴직소득의 범위

퇴직소득이란 해당 과세기간에 발생한 다음의 소득을 말한다.
① 공적연금 관련법에 따라 받는 일시금
② 사용자 부담금을 기초로 하여 현실적인 퇴직을 원인으로 지급받는 소득
③ 그 밖에 제1호 및 제2호와 유사한 소득으로서 대통령령으로 정하는 소득

(1) 퇴직위로금 등

퇴직자에게 적용되는 퇴직급여지급규정, 취업규칙 또는 노사합의에 따라 지급받는 퇴직수당, 퇴직위로금 기타 이와 유사한 성질의 급여는 퇴직소득으로 분류한다. 그러나 퇴직급여지급규정 등에 의하지 아니하고 지급하는 퇴직위로금, 퇴직공로금 등은 퇴직소득이 아닌 근로소득으로 과세된다.

2 현실적인 퇴직과 특수한 경우의 퇴직소득

(1) 현실적 퇴직

퇴직소득은 거주자 등이 현실적으로 퇴직함으로 인해 받는 것을 말하는데, 여기서 '현실적인 퇴직'이란 일반적으로 고용관계 내지 근로관계가 종료됨으로써 퇴직하는 것을 말하는데, 다음과 같이 현실적인 퇴직으로 인정하는 경우가 있다.

현실적인 퇴직으로 보는 경우	현실적인 퇴직으로 보지 않는 경우
① 종업원이 임원으로 취임한 경우 ② 법인의 상근임원이 비상근임원으로 된 경우 ③ 합병, 분할, 사업양수도, 법인의 조직변경이 이루어진 경우 ④ 퇴직금의 중간정산 ⑤ 임원에 대한 급여를 연봉제로 전환함에 따라 향후 퇴직금을 지급하지 않는 조건으로 그때까지의 퇴직금을 정산하여 지급받는 경우	① 임원이 연임된 경우 ② 기업의 사정에 따라 퇴직금을 1년단위로 매년 지급하는 경우 ③ 비거주자의 국내사업장 또는 외국법인의 국내지점의 근로자가 본점으로 전출하는 경우 ④ 법인의 대주주 변동으로 인해 계산의 편의를 위해 전 근로자에게 퇴직금을 지급한 경우 ⑤ 2 이상의 사업장이 있는 사용자의 근로자가 한 사업장에서 다른 사업장으로 전출하는 경우

※ 현실적인 퇴직이 아닌 경우에 퇴직급여 명목으로 지급한 금액은 업무와 관련 없는 가지급금으로 간주한다.

(2) 특수한 경우의 퇴직소득 – 해고예고수당

사용자가 30일 전에 예고하지 아니하고 근로자를 해고하는 경우 근로기준법에 의하여 지급되는 해고예고수당은 퇴직소득으로 본다.

사용자는 근로자를 해고(경영상 이유에 의한 해고를 포함한다)하고자 할 때에는 적어도 30일 전에 그 예고를 하여야 하며 30일 전에 예고를 하지 않은 때에는 30일분 이상의 통상임금을 지급하여야 한다. 다만, 천재지변, 기타 부득이한 사업계속이 불가능한 경우 또는 근로자가 고의로 사업에 막대한 지장을 초래하거나 재산상 손해를 끼친 경우에는 그러하지 아니하다.

3 비과세 퇴직소득

비과세 퇴직소득으로 볼 수 있는 대표적 사례를 열거하면 다음과 같다.
① 국민연금법, 고용보험법 등 각종 법률에 의하여 받는 노령연금·장해연금·유족연금
② 근로의 제공으로 인한 부상·질병 또는 사망과 관련하여 근로자나 그 유가족이 받는 연금과 위자의 성질이 있는 급여

02 퇴직소득세의 계산

1 계산구조

퇴직소득세의 세액계산구조는 다음과 같다.

```
    퇴직급여(= 퇴직소득금액) → 비과세 퇴직소득 제외
(−)      퇴직소득공제    → 근속연수공제 + 환산급여공제
         퇴직소득과세표준
(×)           세 율
         퇴직소득산출세액  → 종전규정에 따른 퇴직소득산출세액 × 20%
                          + 개정규정에 따른 퇴직소득산출세액 × 80%
(−)      외국납부세액공제
         퇴직소득결정세액  → 원천징수
```

2 퇴직소득금액

(1) 퇴직소득금액 계산식

퇴직소득에서는 퇴직소득 총수입금액 자체가 소득금액이 된다.

> 퇴직소득금액 = 퇴직소득 = 퇴직소득 총수입금액

(2) 임원퇴직소득에 대한 퇴직소득 한도 규정

임원은 퇴직소득 중 ①의 금액이 ②를 초과하는 경우에는 그 초과액은 근로소득으로 간주한다. 이는 근로소득에 비해 조세부담이 적은 퇴직소득을 과도하게 적립/지급하여 조세회피하는 사례를 방지하기 위함이다.

① 임원에 대한 퇴직소득금액 – 2011년 12월 31일 기준 퇴직금 중간정산액
② [2019년 12월 31일부터 소급하여 3년 동안 받은 총급여의 연환산액 × 1/10 × (2012년 1월 1일부터 2019년 12월 31일까지 근무기간/12) × 3] + [퇴직일부터 소급하여 3년 동안 받은 총급여의 연환산액 × 1/10 × (2020년 1월 1일 이후의 근무기간/12) × 2]

3 퇴직소득 산출세액

(1) 종전규정에 따른 퇴직소득산출세액

2015년 12월 31일 당시 시행되는 소득세법 규정에 따른 퇴직소득과세표준과 퇴직소득산출세액은 다음과 같다.

① 종전규정에 따른 퇴직소득과세표준

> 퇴직소득과세표준 = 퇴직소득금액 – 퇴직소득금액 × 40% – 근속연수에 따른 공제액[주]

*주) 근속연수공제

근속연수	공제액
5년 이하	30만원 × 근속연수
5년 초과 ~ 10년 이하	150만원 + 50만원 × (근속연수 – 5년)
10년 초과 ~ 20년 이하	400만원 + 80만원 × (근속연수 – 10년)
20년 초과	1,200만원 + 120만원 × (근속연수 – 20년)

※ 근속연수는 역에 따라 계산하되, 1년 미만은 1년으로 본다.

② 종전규정에 따른 퇴직소득산출세액

2013년 1월 1일 이전과 이후로 나누어 계산한다.

㉠ 2012년 12월 31일 이전에 근무를 시작하여 2013년 1월 1일 이후에 퇴직한 경우

$$\text{퇴직소득산출세액} = 2012\text{년 } 12\text{월 } 31\text{일 이전}\left[\left(\text{과세표준} \times \frac{1}{\text{근속연수}}\right) \times \text{기본세율}\right] \times \text{근속연수}$$

$$+ \ 2013\text{년 } 1\text{월 } 1\text{일 이후}\left[\left(\text{과세표준} \times \frac{5\text{배}}{\text{근속연수}}\right) \times \text{기본세율}\right] \times \frac{\text{근속연수}}{5\text{배}}$$

ⓒ 2013년 1월 1일 이후 근무를 시작하여 퇴직한 경우

$$\text{퇴직소득산출세액} = \left[(\text{과세표준} \times \frac{5\text{배}}{\text{근속연수}}) \times \text{기본세율}\right] \times \frac{\text{근속연수}}{5\text{배}}$$

(2) 개정규정에 따른 퇴직소득산출세액

2016년 1월 1일 이후 시행되는 소득세법 규정에 따른 퇴직소득과세표준과 퇴직소득산출세액은 다음 순서에 따라 계산한 금액으로 한다.

- 환산급여 = (해당 과세기간의 퇴직소득금액 - 근속연수에 따른 공제액[주1]) × 12배/근속연수
- 퇴직소득과세표준 = 환산급여 - 환산급여에 따른 차등공제액[주2]
- 퇴직소득산출세액 = 퇴직소득과세표준 × 기본세율 × 근속연수/12배

*주1) 근속연수에 따른 공제액(근속연수를 계산할 때 1년 미만의 기간이 있는 경우 이를 1년으로 본다)

근속연수	공제금액
5년 이하	100만원 × 근속연수
5년 초과 ~ 10년 이하	500만원 + {200만원 × (근속연수 - 5년)}
10년 초과 ~ 20년 이하	1,500만원 + {250만원 × (근속연수 - 10년)}
20년 초과	4,000만원 + {300만원 × (근속연수 - 20년)}

*주2) 환산급여에 따른 차등공제액

환산급여	공제액
800만원 이하	환산급여 × 100%
800만원 초과 ~ 7,000만원 이하	800만원 + (800만원 초과분 × 60%)
7,000만원 초과 ~ 1억원 이하	4,520만원 + (7,000만원 초과분 × 55%)
1억원 초과 ~ 3억원 이하	6,170만원 + (1억원 초과분 × 45%)
3억원 초과	1억 5,170만원 + (3억원 초과분 × 35%)

4 퇴직소득 결정세액

(1) 퇴직소득 결정세액

퇴직소득 결정세액은 다음과 같다. 이때 거주자의 퇴직소득금액에 외국납부세액이 있다면 이를 산출세액에서 공제한다.

$$\text{퇴직소득 결정세액} = \text{퇴직소득 산출세액} - \text{외국납부세액공제액}$$

(2) 외국납부세액공제

거주자의 퇴직소득금액에 국외원천소득이 합산되어 있는 경우에는 외국에서 외국소득세액을 납부하였거나 납부할 것이 있는 때에는 외국소득세액을 공제받을 수 있다.

$$\text{외국납부세액공제액} = \text{Min}\left[\text{① 외국납부세액, ② 퇴직소득 산출세액} \times \frac{\text{국외원천소득금액}}{\text{퇴직소득금액}}(= \text{공제한도액})\right]$$

5 퇴직소득의 과세방법

(1) 원천징수 : 원칙

① 국내에서 퇴직소득을 지급하는 자는 그 거주자에 대한 소득세를 원천징수하여 그 징수일이 속하는 달의 다음 달 10일까지 정부에 납부하여야 한다.
② 소득의 귀속자는 종합소득에 합산하지 않고 별도로 분류과세한다. 만약, 다른 퇴직소득이 없는 경우에는 퇴직소득 과세표준 확정신고를 하지 않아도 되며, 원천징수로써 납세의무가 종결된다.

03 퇴직소득세의 신고와 납부

1 퇴직소득세의 원천징수시기

(1) 원 칙

퇴직소득을 지급하는 경우 : 퇴직소득을 지급한 때 원천징수한다.

(2) 퇴직소득을 지급하지 아니한 때(의제시기)

① 1월 ~ 11월까지 퇴직한 경우 : 당해 12월 31일까지 미지급 시에는 당해 12월 31일에 퇴직소득을 지급한 것으로 간주한다.
② 12월에 퇴직한 경우 : 다음해 2월 말까지 미지급 시에는 다음해 2월 말일에 퇴직소득을 지급한 것으로 간주한다.

04 퇴직소득의 수입시기

1 원 칙

퇴직소득에 대한 총수입금액의 수입시기는 퇴직을 한 날로 한다.

2 퇴직소득을 지급받는 때로 하는 경우

다만, 다음의 어느 하나에 해당되는 경우에는 당해 소득을 지급받은 날로 한다.
① 확정기여형퇴직연금 및 개인퇴직계좌에서 중도인출금을 지급받는 경우
② 연금을 수급하던 자가 연금계약의 중도해지 등을 통하여 지급받는 일시금
③ 거주자가 퇴직으로 인하여 지급받은 퇴직급여액의 80%에 해당하는 금액 이상을 퇴직한 날부터 60일 이내에 확정기여형퇴직연금 또는 개인퇴직계좌로 이체 또는 입금된 퇴직급여액을 다시 지급받는 경우

제4장 단원별 기출문제

01 다음 중 소득세법상 퇴직소득에 대한 설명으로 가장 잘못된 것은? [108회]

① 퇴직소득은 종합소득에 합산하지 않고 별도로 분류과세한다.
② 퇴직소득이 있는 거주자는 퇴직소득공제를 받을 수 있으며 해당 거주자가 신청한 경우에 적용한다.
③ 퇴직소득의 수입시기는 현실적인 퇴직으로 인하여 퇴직한 날로 한다.
④ 퇴직소득은 그 지급자가 원천징수를 함으로써 퇴직소득에 대한 소득세의 납세의무가 종결된다.

해설
퇴직소득이 있는 거주자는 누구든지 퇴직소득공제를 받을 수 있으며 별도의 신청이 없어도 당연히 공제한다.

02 다음 중 소득세법상 퇴직소득에 관한 내용으로 옳지 않은 것은? [99회]

① 퇴직소득의 일반적인 수입시기는 퇴직금을 지급한 날로 한다.
② 비정규직 근로자가 정규직 근로자로 전환되었으나 퇴직급여를 실제로 받지 아니한 경우는 퇴직으로 보지 아니할 수 있다.
③ 공적연금 관련 법에 따라 받는 일시금은 퇴직소득에 해당한다.
④ 임원의 퇴직소득금액이 한도를 초과하는 경우에는 그 초과하는 금액은 근로소득으로 본다.

해설
퇴직소득의 수입시기는 퇴직한 날로 한다.

03 다음 중 소득세법상 퇴직소득에 대한 설명으로 옳지 않은 것은? [97회]

① 퇴직소득은 다른 소득과 합산하지 않는 분류과세방식으로 과세하고 있다.
② 퇴직소득의 원칙적인 수입시기는 현실적으로 퇴직한 날로 본다.
③ 퇴직소득 지급 시에는 원천징수의무가 없다.
④ 임원의 퇴직소득 중 법인세법에 따른 임원 퇴직급여 한도초과액으로 손금불산입된 금액은 근로소득에 해당한다.

해설
국내에서 거주자에게 퇴직소득을 지급하는 자는 그 거주자에 대한 소득세를 원천징수하여 그 징수일이 속하는 달의 다음 달 10일까지 납부해야 한다.

01 ② 02 ① 03 ③ **정답**

04 다음 중 소득세법상 퇴직소득에 대한 설명으로 옳은 것은? [93회]

① 종업원이 연임이 된 경우에는 무조건 퇴직으로 본다.
② 공무원연금법에 따라 받은 일시금은 기타소득에 해당한다.
③ 임원의 퇴직소득 중 법인세법에 따른 임원 퇴직급여 한도초과액으로 손금불산입된 금액은 근로소득에 해당한다.
④ 퇴직소득에 대한 총수입금액의 수입시기는 원칙적으로 퇴직급여를 실지로 지급받는 날로 한다.

해설
① 현실적인 퇴직으로 보지 않는다.
② 퇴직소득에 해당한다.
④ 원칙적 수입시기는 퇴직한 날이다.

05 다음 중 소득세법상 퇴직소득에 대한 설명으로 가장 옳지 않은 것은? [90회]

① 퇴직소득은 현실적으로 퇴직한 날을 수입시기로 보는 것이 원칙이다.
② 사용자부담금을 기초로 하여 현실적인 퇴직을 원인으로 지급받는 소득은 퇴직소득이다.
③ 종업원이 임원이 되어 퇴직금을 지급받는 경우 퇴직으로 보지 아니한다.
④ 임원의 퇴직소득 중 법인세법에 따른 임원 퇴직급여 한도초과액으로 손금불산입된 금액은 근로소득에 해당한다.

해설
임원이 연임된 경우를 현실적 퇴직으로 보지 아니한다.

06 다음 중 소득세법상 내용으로 가장 옳은 것은? [85회]

① 종합소득금액과 퇴직소득금액을 합산하여 산출세액을 계산한다.
② 조세특례제한법에 따라 분리과세되는 소득은 종합소득 과세표준을 계산할 때 합산하지 아니한다.
③ 대통령령으로 정하는 일용근로자의 근로소득은 종합소득 합산과세대상이다.
④ 주택임대소득은 무조건 분리과세대상이다.

해설
퇴직소득은 분류과세한다. 일용근로자의 근로소득은 원천징수로 종결된다.

정답 04 ③ 05 ③ 06 ②

07 다음 중 소득세법상 「퇴직판정의 특례」에 관한 설명으로 가장 옳지 않은 것은? [82회]

① 종업원이 임원이 된 경우로서 퇴직급여를 실제로 지급받은 경우에 퇴직으로 보지 않을 수 있다.
② 「근로자퇴직급여 보장법 시행령」 제3조 제1항 [퇴직금의 중간정산 사유]에 해당하는 경우로서 퇴직급여를 미리 지급받은 경우에는 퇴직한 것으로 본다.
③ 법인의 상근임원이 비상근임원이 된 경우로서 퇴직급여를 실제로 받지 아니한 경우에는 퇴직으로 보지 않을 수 있다.
④ 「근로자퇴직급여 보장법」 제38조에 따라 퇴직연금제도가 폐지되어 퇴직급여를 미리 지급받은 경우에는 퇴직한 것으로 본다.

해설
소득세법 시행령 제43조 [퇴직판정의 특례]
① 법 제22조 제1항 제2호를 적용할 때 다음 각 호의 어느 하나에 해당하는 사유가 발생하였으나 퇴직급여를 실제로 받지 아니한 경우는 퇴직으로 보지 아니할 수 있다.
  1. 종업원이 임원이 된 경우
  2. 합병·분할 등 조직변경, 사업양도, 직·간접으로 출자관계에 있는 법인으로의 전출 또는 동일한 사업자가 경영하는 다른 사업장으로의 전출이 이루어진 경우
  3. 법인의 상근임원이 비상근임원이 된 경우
② 계속근로기간 중에 다음 각 호의 어느 하나에 해당하는 사유로 퇴직급여를 미리 지급받은 경우(임원인 근로소득자를 포함하며, 이하 '퇴직소득중간지급'이라 한다)에는 그 지급받은 날에 퇴직한 것으로 본다.
  1. 「근로자퇴직급여 보장법 시행령」 제3조 제1항 각 호의 어느 하나에 해당하는 경우
  2. 삭제
  3. 「근로자퇴직급여 보장법」 제38조에 따라 퇴직연금제도가 폐지되는 경우

08 다음 중 소득세법상 퇴직소득에 해당하지 않는 것은? [80회]

① 공적연금 관련법에 따라 받는 일시금
② 사용자 부담금을 기초로 하여 현실적인 퇴직을 원인으로 지급받는 소득
③ 「건설근로자의 고용개선 등에 관한 법률」 제14조에 따라 받는 퇴직공제금
④ 「한국교직원공제회법」에 따라 설립된 한국교직원공제회로부터 받는 초과반환금

해설
한국교직원공제회는 교원공제제도에 기초한 특별법에 의하여 설립된 교직원 복지기관으로 거주자가 한국교직원공제회로부터 지급받는 초과반환금은 이자소득에 해당한다.

09 다음 중 소득세법상 퇴직소득에 대한 설명으로 가장 옳지 않은 것은? [76회]

① 국민연금법에 따라 사망으로 인하여 받는 반환일시금은 비과세된다.
② 퇴직연금 일시금은 퇴직소득으로 본다.
③ 퇴직급여지급규정 등에 의하지 않은 명예퇴직금은 퇴직소득으로 본다.
④ 원칙적으로 퇴직소득의 수입시기는 현실적 퇴직을 한 날로 본다.

해설
퇴직급여지급규정 등에 의하지 않은 것은 근로소득으로 본다.

10 다음 중 소득세법상 퇴직소득에 해당하지 않는 것은? [67회]

① 공적연금 관련법에 따라 받는 일시금
② 사용자 부담금을 기초로 하여 현실적인 퇴직을 원인으로 지급받는 소득
③ 과학기술인공제회법에 따라 지급받는 과학기술발전장려금
④ 이연퇴직소득을 연금계좌에서 연금수령하는 경우

해설
이연퇴직소득을 연금계좌에서 연금수령하는 경우 연금소득으로 본다.

11 다음 중 소득세법상 퇴직소득과 근로소득의 구분에 대한 설명으로 옳지 않은 것은? [66회]

① 국민연금법에 따라 받는 일시금은 퇴직소득으로 구분한다.
② 법인의 퇴직급여 규정이 정관에 규정된 경우 임원에게 지급한 퇴직급여 중 정관에 규정한 금액을 초과하여 지급하는 금액은 근로소득으로 구분한다.
③ 법인의 퇴직급여 규정이 정관 등에 규정되지 않은 경우 임원에게 지급한 퇴직급여는 전액 근로소득으로 구분한다.
④ 공적연금 관련법에 따라 받는 일시금 퇴직소득을 지급하는 자가 퇴직소득의 일부 또는 전부를 지연하여 지급하면서 지연지급에 대한 이자를 함께 지급하는 경우 해당 이자는 퇴직소득으로 구분한다.

해설
임원의 퇴직급여 규정이 정관에 규정되지 않은 경우 법인세법상 법정산식 한도까지만 퇴직소득으로 보고 이를 초과하여 지급한 퇴직급여는 근로소득으로 구분한다.

정답 09 ③ 10 ④ 11 ③

12 소득세법상 퇴직소득의 수입시기이다. 옳지 않은 것은? [55회]

① 잉여금처분에 따른 퇴직급여의 경우에는 해당 법인의 잉여금처분결의일
② 과세이연계좌로 이체 또는 입금된 퇴직급여액을 다시 지급받는 경우는 퇴직한 날
③ 확정기여형 퇴직연금 및 개인퇴직계좌에서 중도인출금을 지급받는 경우에는 소득을 지급받는 날
④ 연금을 수급하던 자가 연금계약의 중도해지 등으로 일시금을 지급받는 경우에는 소득을 지급받는 날

13 소득세법상 퇴직소득에 관한 설명으로 틀린 것은? [52회]

① 퇴직위로금이나 퇴직공로금도 퇴직금지급규정에 의한 경우에는 퇴직소득으로 본다.
② 원칙적으로 퇴직소득에 대한 총수입금액의 수입시기는 퇴직을 한 날로 한다.
③ 연금형태로 받는 퇴직보험의 보험금은 연금소득에 해당한다.
④ 거주자의 퇴직소득금액에 외국소득세를 납부한 국외원천소득이 합산되어 있는 경우라도 외국납부세액공제를 받을 수 없다.

14 소득세법상 현실적인 퇴직으로 보지 아니하는 경우는? [50회]

① 법인의 상근임원이 비상근임원이 된 경우
② 사용자의 사망으로 상속인이 사업을 승계한 경우
③ 법인의 임원이 급여의 연봉제 전환에 따라 향후 퇴직금을 지급받지 아니하는 조건으로 그 때까지의 퇴직금을 정산하여 받은 경우
④ 기업의 제도, 기타 사정 등을 이유로 퇴직급여를 1년 기준으로 매년 지급하는 경우

15 다음 중 소득세법상 퇴직소득에 해당하지 않는 것은? [49회]

① 각종 공무원 및 사립학교 교직원에게 지급되는 명예퇴직수당
② 근로기준법에 의한 해고예고수당
③ 2005년 1월 1일 이후 퇴직 시 근로자퇴직급여 보장법에 의하여 근로자가 연금형태로 지급받는 퇴직연금
④ 퇴직함으로써 받는 퇴직보험금 중 일시금

해설
근로자퇴직급여 보장법에 의하여 근로자가 연금형태로 지급받는 퇴직연금은 연금소득으로 과세됨

16 다음 소득세법상 퇴직소득 중 과세되는 것은? [45회]

① 국민연금법에 따라 받는 유족연금
② 사립학교교직원연금법에 따라 사망자의 유족이 받는 급여
③ 근로제공으로 인한 부상과 관련하여 근로자가 받는 위자료 성질이 있는 급여
④ 교육공무원에게 지급되는 명예퇴직수당

17 다음은 소득세법상 퇴직소득에 대한 설명이다. 옳지 않은 것은? [43회]

① 퇴직소득은 종합소득과 별도로 분류과세하고 있다.
② 사용인이 퇴직급여지급규정 등에 의하지 않고 지급받는 퇴직위로금·퇴직공로금은 퇴직소득으로 본다.
③ 퇴직소득세 산출세액을 계산은 연분연승법에 의한다.
④ 퇴직소득을 지급하는 자는 퇴직소득세 결정세액을 원천징수하여 징수일 속하는 달의 다음 달 10일까지 납부하여야 한다.

정답 15 ③ 16 ④ 17 ②

PART 4 소득세법
양도소득세

01 양도소득의 개념과 범위

1 양도소득의 개념

개인이 당해연도에 부동산, 주식 등을 유상으로 양도하는 경우 양도시점과 취득시점의 가격을 비교하여 가치상승으로 인해 발생하는 차익, 즉 '자본이득'을 양도소득이라 한다.

※ 사업소득과 양도소득의 비교
① 부동산 등의 양도소득 : 사업활동인 경우 → 사업소득으로 보아 종합소득세 과세
② 부동산 등의 양도소득 : 사업활동이 아닌 경우 → 양도소득으로 보아 양도소득세 과세

2 양도소득세 과세대상자산

구 분	내 용	비 고
부동산 및 이에 준하는 것	토지 · 건물	–

	부동산에 관한 권리	• 지상권(등기 여부 불문)
		• 전세권(등기 여부 불문)
		• 등기된 부동산임차권
		• 부동산을 취득할 수 있는 권리
		  – 아파트분양권
		  – 토지상환채권
		  – 주택상환채권 등

	기타자산	• 특정주식 • 특정법인의 주식 • 특정시설물이용권 • 사업용 고정자산과 함께 양도하는 영업권
유가증권	주식 출자지분	• 신주인수권 포함 • 상장법인의 주식 중 대주주 양도분과 장외거래분[주] • 비상장법인의 주식 [주] 주식과세 비교 <table><tr><th>구 분</th><th>장내거래</th><th>장외거래</th></tr><tr><td>대주주</td><td>과세 O</td><td>과세 O</td></tr><tr><td>소액주주</td><td>과세 ×</td><td>과세 O</td></tr></table>

파생상품	① 국내외 주가지수를 기초자산으로 하는 장내 파생상품 ② 국외 장내 파생상품 ③ 주식워런트증권(ELW) ④ 차액결제거래(CFD) ⑤ 위와 유사한 장외 파생상품	–
신탁수익권	신탁수익권	신탁재산의 통제권이 사실상 이전되는 양도

(1) 토지와 건물

토지란 지적법상 지적공부에 등록하여야 할 지목에 해당하는 것을 말하며, 건물에는 건물에 부속된 시설물과 구축물이 포함된다.

(2) 부동산에 관한 권리

① 지상권·전세권·등기된 부동산임차권 : 지상권과 전세권은 민법상 물권으로서 이의 필요적 성립 요건으로는 등기를 요한다. 따라서 등기하지 않은 지상권 또는 전세권은 처음부터 물권으로 존재할 수가 없는 것이다. 한편, 부동산임차권은 민법상 채권으로서 본래 양도의 대상이 아니지만 등기를 하게 되면 채권의 물권화가 진행되어 양도의 대상이 될 수 있으므로 현행 소득세법은 등기된 부동산임차권을 과세대상자산으로 규정하고 있는 것이다.

② 부동산을 취득할 수 있는 권리
  ㉠ 아파트분양권
  ㉡ 지방자치단체·한국토지주택공사가 발행하는 토지상환채권
  ㉢ 대한주택공사가 발행하는 주택상환채권
  ㉣ 부동산매매계약자가 계약금만 지급한 상태에서 양도하는 권리

(3) 기타자산

① 사업용 고정자산과 함께 양도하는 영업권 : 여기서 사업용 고정자산이란 토지·건물·부동산에 관한 권리를 말하며, 영업권에는 다음의 것을 포함한다.
  ㉠ 영업권을 별도로 평가하지 않았으나 사회통념상 영업권이 포함되어 양도된 것으로 인정되는 것
  ㉡ 행정관청으로부터 인가·허가·면허 등을 받음으로써 얻는 경제적 이익

② 특정시설물이용권 : 특정시설물이용권이란 다음에 해당되는 것을 말하며, 골프회원권·콘도미니엄 회원권·헬스클럽이용권 등이 이에 해당한다.
  ㉠ 특정시설물을 배타적으로 이용하거나 일반이용자에 비하여 유리한 조건으로 이용할 수 있도록 약정한 단체의 일원이 된 자에게 부여되는 시설물이용권
  ㉡ 특정법인의 주식 등을 소유하는 것만으로 특정시설물을 배타적으로 이용하거나 일반이용자에 비하여 유리한 조건으로 시설물이용권을 부여받는 경우 당해 주식 등

(4) 주식 또는 출자지분

구 분	내 용
주권상장주식	주권상장법인(자본시장과 금융투자업에 관한 법률 시행령의 규정에 따라 거래되는 벤처기업육성에 관한 특별조치법에 의한 벤처기업 포함)의 대주주가 양도하는 것과 대주주 이외의 자가 장외에서 거래하는 경우에는 양도소득세를 과세한다. 여기서 대주주의 범위는 다음과 같다. ① 주식의 양도일이 속하는 사업연도의 직전 사업연도말 현재 1%(코스닥시장상장법인의 주식은 2%, 코넥스상장법인의 주식은 4%) 이상 소유한 주주 ② 주식의 양도일이 속하는 사업연도의 직전 사업연도말 현재 종목별 보유액이 코스피시장, 코스닥시장, 코넥스시장 동일하게 50억원 이상인 주식을 소유한 주주
주권비상장주식	주식의 양도일이 속하는 사업연도의 직전 사업연도말 현재 4% 이상 또는 종목별 보유액 50(40)억원 이상 소유한 주주

(5) 신탁재산에 대한 양도소득세 과세

① 과세기준 : 원칙적으로 신탁설정 시 양도로 보지 않고 신탁재산 양도 시 위탁자를 양도자로 보아 과세한다. 하지만 예외적으로 위탁자의 지배를 벗어난 경우[주]에 한해 신탁설정 시에 양도소득세를 과세한다.

*주) 신탁계약 해지권, 수익자변경권, 해지 시 신탁재산 귀속권 등이 위탁자에게 부여되지 않아 신탁재산이 수탁자에게 실질적으로 이전된 경우

3 양도의 개념

(1) 양도의 개념

소득세법상 양도란 자산에 대한 등기·등록에 관계없이 매도·교환·대물변제·법인에 대한 현물출자 등으로 인하여 그 자산이 유상으로 사실상 이전되는 것을 말한다. 이때 민법과는 다르게 등기, 등록과는 관계없이 그 자산이 사실상 이전하기만 하면 양도된 것으로 본다(실질주의).

(2) 양도로 보지 않는 경우

일정한 경우에는 비록 자산이 유상으로 사실상 이전되었다 하더라도 양도로 보지 않는다. 그 구체적인 내용은 다음과 같다.

① 환지처분, 체비지 충당의 경우 : 도시개발법 기타 법률 규정에 의한 환지처분으로 지목 또는 지번이 변경되거나 체비지로 충당되는 경우에는 양도로 보지 않는다.
② 양도담보 : 채무의 변제를 담보하기 위하여 양도담보계약을 체결한 경우에는 형식적인 소유권 이전에 불과하므로 양도로 보지 않는다. 그러나 당해 자산이 채무의 변제에 충당된 경우에는 그 충당된 때에 양도한 것으로 본다.
③ 형식상 소유권 이전 : 다음에 해당하는 사례는 형식적인 소유권 이전에 불과하므로 양도로 보지 않는다.
  ㉠ 법원의 확정판결에 의한 신탁해지를 원인으로 소유권 이전등기를 하는 경우
  ㉡ 매매원인무효의 소에 의하여 그 매매사실이 원인무효로 판시되어 환원된 경우
  ㉢ 공동소유의 토지를 소유자 지분별로 단순히 분할만 하는 경우

> **더알아두기**
>
> **부담부증여**
> 부담부증여(배우자 간 또는 직계존비속 간의 부담부증여는 제외)란 수증자가 증여가의 채무를 부담하는 조건으로 증여받는 것을 말한다. 이 경우에는 증여가액 중 수증자가 부담하는 채무액에 상당하는 부분은 그 자산이 유상으로 사실상 이전되는 것이므로 양도로 본다.

02 비과세 양도소득

① 1세대 1주택의 양도로 인하여 발생하는 소득
② 파산선고에 의한 처분으로 인하여 발생하는 소득 : 채권자를 위한 규정임
③ 농지의 교환 또는 분합으로 인하여 발생하는 소득 : 일정한 요건을 충족시켜야 함

이하에서는 이 가운데 '1세대 1주택 양도소득 비과세'에 대해 구체적으로 살펴보도록 한다.

1 1세대 1주택의 양도로 인한 양도소득세 비과세

(1) 개 요

양도일 현재 국내에 2년 이상 보유하면서 거주한 고가주택이 아닌 1세대 1주택의 양도에 대하여 양도소득세를 과세하지 아니한다.

구 분	내 용
1세대	거주자 및 그 배우자가 그들과 동일한 주소·거소에서 생계를 같이하는 가족과 함께 구성하는 것을 말함
1주택	양도일 현재 국내에 1주택을 보유하고 있는 경우를 말함
보유 요건	당해 주택의 보유기간이 2년 이상인 경우에 한함(조정대상지역에 있는 주택의 경우 2년 이상 거주 요건 추가 필요)
판정기준일	양도일 현재를 기준으로 한다. 이때 보유기간은 취득일로부터 양도일까지로 한다. 거주기간의 계산은 주민등록표 등본에 따른 전입일부터 전출일까지의 기간으로 한다.

(2) 1세대

1세대란 거주자 및 그 배우자가 그들과 동일한 주소·거소에서 생계를 같이하는 가족과 함께 구성하는 집단을 말한다. 결국, 1세대는 배우자를 필요적 요건으로 한다.
그러나 다음의 경우에는 배우자 없는 경우에도 1세대로 본다.

① 당해 거주자의 연령이 30세 이상인 경우
② 배우자가 사망하였거나 이혼한 경우
③ 30세 미만인 경우 12개월간 경상적 반복적 소득이 기준 중위소득을 12개월로 환산한 금액의 40% 이상으로서 소유하고 있는 주택 또는 토지를 관리·유지하면서 독립된 생계를 유지할 수 있는 경

우. 다만, 미성년자의 경우를 제외하되, 미성년자의 결혼·가족의 사망 등의 사유로 1세대의 구성이 불가피한 경우에는 그러하지 아니하다.

(3) 1주택

① **주택의 개념** : 1세대 1주택 비과세 규정의 주택이란 국내에 주소나 거소가 있는 거주자가 독립된 주거생활을 할 수 있는 구조를 갖춘 건물을 말하며, 이때 부수토지를 포함한다. 이 경우 용도의 구분은 공부상 용도가 아닌 사실상의 용도에 따라 판단하며, 건축법상 허가여부·등기여부와는 무관하다.
다만, 실제 용도가 불분명한 경우에는 공부상의 용도로 판단한다.

② **조합원입주권의 양도** : 조합원입주권을 1개 소유한 1세대가 당해 조합원입주권을 양도하는 경우 다음 어느 하나에 해당하는 경우에는 소득세법상 '부동산을 취득할 수 있는 권리의 과세규정'에 불구하고 이를 1세대 1주택으로 본다.
㉠ 양도일 현재 다른 주택 또는 분양권을 보유하지 아니할 것
㉡ 양도일 현재 1조합원입주권 외에 1주택을 보유한 경우(분양권을 보유하지 아니하는 경우로 한정한다)로서 해당 1주택을 취득한 날부터 3년 이내에 해당 조합원입주권을 양도할 것(3년 이내에 양도하지 못하는 경우로서 다른 주택을 취득한 날부터 3년이 되는 날 현재 법원에 경매가 진행 중인 경우 등 포함한다)

위의 조합원입주권 1개를 보유한 1세대는 관리처분계획의 인가일(인가일 이전에 기존주택이 철거되는 경우에는 기존주택의 철거일) 현재 '1세대 1주택 비과세요건'에 해당하는 기존주택을 소유하는 세대에 한한다.

③ **고가주택의 범위** : 고가주택은 1세대 1주택에 해당하는 경우에도 양도소득세의 비과세규정을 적용하지 않는다. 여기서 '고가주택'이란 주택 및 이에 부수되는 토지의 양도 당시의 실지거래가액의 합계액이 12억원을 초과하는 것을 말한다.

④ **1세대 2주택의 비과세특례** : 다음의 경우에는 1세대 2주택인 경우에도 1세대 1주택으로 보아 양도소득세를 비과세한다.
㉠ 거주이전을 위한 일시적인 2주택 : 주택 소재지 구분없이 종전주택 구입 후 1년 이후에 신규주택을 구입하고, 그 신규 주택을 취득한 날로부터 3년 이내에 종전주택을 양도하여야 함
㉡ 상속에 의한 2주택 : 상속받은 주택과 그 밖의 일반주택을 각각 소유한 1세대가 일반주택을 먼저 양도하는 경우에는 국내에 1개의 주택을 소유하고 있는 것으로 보아 비과세 여부를 판정함(단, 상속개시일부터 소급하여 2년 이내에 피상속인으로부터 증여받은 주택은 비과세 배제)
㉢ 직계존속의 동거봉양 : 세대를 합친 날로부터 10년 이내 먼저 양도하는 주택을 비과세함
㉣ 혼인으로 인한 일시적 2주택 : 세대를 합친 날로부터 10년 이내 먼저 양도하는 주택을 비과세함
㉤ 지정문화재·농어촌주택(기회발전특구 포함)·고향주택의 보유로 인한 2주택 : 일반주택의 양도 시 비과세함
㉥ 근무상의 형편 등으로 취득한 주택 : 취학, 근무상의 형편, 질병의 요양 및 그 밖의 부득이한 사유로 수도권 밖의 주택과 일반주택을 각각 1개씩 소유하고 있는 경우 부득이한 사유가 해소된 날로부터 3년 이내에 일반주택을 양도하는 경우
㉦ 상생임대주택

(4) 보유기간 및 거주기간 요건

양도일 현재 보유기간이 2년 이상인 경우에 한한다. 다만, 2017년 8월 3일 이후 법정 '조정대상지역' 내 주택을 취득하는 경우 2년 이상 거주요건을 만족하여야 한다(등록임대주택도 거주 요건 적용함). 다만, 양도일로부터 소급하여 10년 이내에 배우자 또는 직계존비속으로부터 증여받은 경우에는 증여한 배우자 또는 직계존비속의 당초 취득일부터 양도일까지로 한다.

03 자산의 취득시기 및 양도시기

1 일반적인 경우

구 분	취득시기 또는 양도시기
① 원칙	대금청산일
② 대금청산일이 불분명한 경우	등기부, 등록부, 명부 등에 기재된 등기접수일 또는 명의개서일
③ 대금청산 전에 소유권이전 등기, 등록, 명의개서를 한 경우	등기부, 등록부, 명부 등에 기재된 등기접수일
④ 장기할부조건의 경우[주]	소유권 이전등기일(등록명의개서) 접수일, 인도일 또는 사용수익일 중 빠른 날

[주] 장기할부란 당해 자산의 양도대금을 2회 이상 분할하여 받고, 소유권이전등기 접수일 인도일 또는 사용수익일 중 가장 빠른 날의 다음 날부터 최종 할부금의 지급기일까지의 기간이 1년 이상인 것을 말한다.

2 기타의 경우

① 상속·증여에 의하여 취득한 자산 : 상속개시일 또는 증여를 받은 날
② 자기가 건설한 건축물의 취득시기 : 사용검사필증 교부일(사용승인서 교부일 전에 사실상 사용하거나 임시사용승인을 받은 경우 그 사실상 사용일 또는 임시사용승인을 받은 날 중 빠른 날)

04 양도소득세의 계산

1 양도소득세의 계산구조

양도소득세의 계산구조를 살펴보면 다음과 같다.

	양도가액	→ 실지거래가액(또는 매매사례가액 등)
(−)	취득가액	→ 실지거래가액(또는 매매사례가액 등)
(−)	기타필요경비	→ 자본적 지출액 등 및 양도비 등(또는 필요경비개산공제)
	양도차익	→ △양도차손
(−)	장기보유특별공제	→ 보유기간이 3년 이상인 토지·건물의 양도차익 × (6%~30%, 24%~80%)
	양도소득금액	→ 2개의 그룹별로 구분계산
(−)	양도소득기본공제	→ 2개의 그룹별로 연 250만원(단, 미등기 양도자산은 적용배제)
	양도소득과세표준	
(×)	양도소득세율	→ 자산별·보유기간별·등기여부에 따라 구분 적용
	양도소득산출세액	
(−)	세액감면	→ 조세특례제한법상 세액감면
(−)	세액공제	
	결정세액	
(+)	가산세	
(−)	기납부세액	
	자진납부세액	

2 양도차익

(1) 양도차익의 계산 시 적용기준

① 원칙(= 실지거래가액기준) : 양도소득세의 계산에 있어 양도차익을 실지거래가액에 의한다. 다만, 실지거래가액이 불분명한 경우에는 추계결정된다.

② 신고가액이 사실과 다른 경우 : 양도가액 및 취득가액을 실지거래가액에 의하여 양도소득과세표준 예정신고 또는 확정신고를 한 경우로서 당해 신고가액이 사실과 달라 납세지 관할 세무서장 또는 지방국세청장이 실지거래가액을 확인한 때에는 그 확인된 가액을 양도가액 또는 취득가액으로 하여 양도소득과세표준과 세액을 경정한다.

③ 실질거래가액을 인정 또는 확인할 수 없는 경우의 추계조사결정 특례 : 양도 또는 취득 당시의 실지거래가액의 확인을 위하여 필요한 장부·매매계약서·영수증 기타 증빙서류가 없거나 그 중요한 부분이 미비된 경우 또는 장부·매매계약서·영수증 기타 증빙서류의 내용이 매매사례가액, 감정평가법인의 감정가액 등에 비추어 허위임이 명백하여 추계조사결정을 하는 경우에는 다음의 가액을 순차로 적용하여 산정한 가액을 양도차익으로 한다.

구 분	적용순서
양도가액	매매사례가액 → 감정가액 → 기준시가
취득가액	매매사례가액 → 감정가액 → 환산취득가액[주] → 기준시가

*주) 환산취득가액을 적용할 경우 : 건물을 신축하여 취득한 후 5년 이내 양도한 경우 환산취득가액을 적용할 경우 환산취득가액의 5%의 가산세를 부담하여야 한다.

(2) 양도차익의 계산

양도차익의 계산구조를 살펴보면 다음과 같다.

    양도가액 → 양도 당시 실지거래가액
(−) 취득가액 → 취득 당시 실지거래가액
(−) 기타필요경비^{*주)} → 자본적 지출액 등, 양도비, 필요경비개산공제 등
    양도차익 → △ 양도차손

*주) **필요경비개산공제** : 양도차익을 실지거래가액에 의한 방법이 아닌 추계방법(매매사례가액, 환산가액, 기준시가 등으로 취득가액을 정할 경우)에 의할 경우 다음의 금액을 일괄적으로 기타의 필요경비로 개산공제한다.

구 분		개산공제액
토지와 건물		취득 당시의 기준시가 × 3%(미등기양도자산은 0.3%)
부동산에 관한 권리	지상권, 전세권, 등기된 부동산임차권	취득 당시의 기준시가 × 7%
	부동산을 취득할 수 있는 권리	취득 당시의 기준시가 × 1%
기타자산 주식, 출자지분		

3 양도소득금액

양도소득금액의 계산구조를 살펴보면 다음과 같다.

    양도차익
(−) 장기보유특별공제
    양도소득금액

(1) 장기보유특별공제

장기보유특별공제는 보유기간이 3년 이상인 등기된 토지·건물 그리고 부동산을 취득할 수 있는 권리 중 조합원입주권에 한하며, 다음에 해당하는 자산은 장기보유특별공제를 적용받을 수 없다.

- 미등기 토지·건물
- 3년 미만 보유한 토지·건물
- 조합원으로부터 취득한 조합원입주권(관리처분 인가계획 후 양도차익을 말함)
- 1세대 2주택 이상 다주택자(조합원입주권, 분양권 포함)가 법정 조정대상지역 내 소재하는 주택을 양도할 경우(단, 다주택자 양도소득세 중과 한시적 배제로 인해 2026년 5월 9일까지 양도하는 주택에 대해서는 장기보유특별공제를 적용함)

① 일반적인 경우

보유기간	공제율	보유기간	공제율
3년 이상 ~ 4년 미만	양도차익 × 6%	10년 이상 ~ 11년 미만	양도차익 × 20%
4년 이상 ~ 5년 미만	양도차익 × 8%	11년 이상 ~ 12년 미만	양도차익 × 22%
5년 이상 ~ 6년 미만	양도차익 × 10%	12년 이상 ~ 13년 미만	양도차익 × 24%
6년 이상 ~ 7년 미만	양도차익 × 12%	13년 이상 ~ 14년 미만	양도차익 × 26%
7년 이상 ~ 8년 미만	양도차익 × 14%	14년 이상 ~ 15년 미만	양도차익 × 28%
8년 이상 ~ 9년 미만	양도차익 × 16%	15년 이상	양도차익 × 30%
9년 이상 ~ 10년 미만	양도차익 × 18%		

② 1세대 1주택자

> 공제액 = 양도차익 × (보유기간별 공제율 + 거주기간별 공제율)

보유기간	공제율	거주기간	공제율
3년 이상 ~ 4년 미만	양도차익 × 12%	2년 이상 ~ 3년 미만 (단, 보유기간 3년 이상인 경우)	양도차익 × 8%
		3년 이상 ~ 4년 미만	양도차익 × 12%
4년 이상 ~ 5년 미만	양도차익 × 16%	4년 이상 ~ 5년 미만	양도차익 × 16%
5년 이상 ~ 6년 미만	양도차익 × 20%	5년 이상 ~ 6년 미만	양도차익 × 20%
6년 이상 ~ 7년 미만	양도차익 × 24%	6년 이상 ~ 7년 미만	양도차익 × 24%
7년 이상 ~ 8년 미만	양도차익 × 28%	7년 이상 ~ 8년 미만	양도차익 × 28%
8년 이상 ~ 9년 미만	양도차익 × 32%	8년 이상 ~ 9년 미만	양도차익 × 32%
9년 이상 ~ 10년 미만	양도차익 × 36%	9년 이상 ~ 10년 미만	양도차익 × 36%
10년 이상	양도차익 × 40%	10년 이상	양도차익 × 40%

더알아두기

미등기양도자산에 대한 규제 요약

구 분	내 용
필요경비개산공제	• 일반적 : 3% • 미등기양도자산의 경우 : 0.3%
장기보유특별공제와 양도소득기본공제	배제
세 율	70%
비과세와 감면	배제

(2) 양도소득금액 계산의 특례 – 배우자·직계존비속 간 증여재산에 대한 이월과세

거주자가 양도세 과세대상 물건을 양도하는 경우 소급하여 10년 이내에 배우자 또는 직계존비속으로부터 증여받은 토지, 건물, 부동산에 관한 권리(분양권, 조합원입주권 등) 및 특정시설물이용권, 증여받은 주식(양도일 전 1년 이내 증여받은 경우)의 양도차익을 계산할 때 취득가액은 각각 그 배우자 또는 직계존비속의 취득 당시를 기준으로 한다. 이때, 취득 당시의 가액은 실지거래가액(이 경우 거주자가 증여받은 자산에 대하여 납부하였거나 납부할 증여세 상당액이 있는 경우 필요경비에 산입함)으로 한다.

4 양도소득 과세표준

(1) 양도소득세 과세표준의 계산구조

양도소득세 과세표준의 계산구조를 살펴보면 다음과 같다.

　　　　양도소득금액
(−)　양도소득기본공제 → 양도차손익이 통산되는 자산그룹별로 각각 연 250만원
　　　　양도소득과세표준

(2) 양도소득세율

양도소득 산출세액 계산 시 적용되는 양도소득세율을 살펴보면 다음과 같다.

구 분	비 고
1그룹 : 토지·건물, 부동산에 관한 권리, 기타자산	미등기자산 제외
2그룹 : 주식 또는 출자지분	−

5 양도소득 산출세액

(1) 계산구조

양도소득 산출세액의 계산구조를 살펴보면 다음과 같다.

　　　　양도소득과세표준
(×)　　　양도소득세율
　　　　양도소득산출세액

(2) 양도소득세율

양도소득 산출세액 계산 시 적용되는 양도소득세율을 살펴보면 다음과 같다.

구 분	과세대상		양도소득세율 (2021년 6월 1일 이후 양도)
1그룹	토지와 건물, 부동산에 관한 권리	미등기자산	70%
		1년 미만 보유자산	50% (주택, 조합원입주권, 분양권은 70%)
		1년 이상 2년 미만 보유자산	40% (주택, 조합원입주권, 분양권은 60%)
		비사업용 토지	기본세율 + 10%
		위 외의 자산	기본세율 (분양권은 60%)
		조정대상지역 내 주택으로 1세대 2주택에 해당하는 주택	기본세율 + 20%^{*주)}
		조정대상지역 내 주택으로 1세대 3주택에 해당하는 주택	기본세율 + 30%^{*주)}
		조정대상지역 내 주택의 입주자로 선정된 지위(조합원입주권 제외)	위의 분양권 관련 규정 적용
	기타자산	영업권, 특정시설물이용권, 특정주식	기본세율
		비사업용토지과다보유법인의 주식	기본세율 + 10%
2그룹	주식 등	중소기업 주식	10%(대주주 20%)
		중소기업외 주식 — 일반주주	20%
		중소기업외 주식 — 대주주 1년 미만 보유	30%
		중소기업외 주식 — 대주주 1년 이상 보유	20% (3억원 초과분은 25%)
3그룹	파생상품의 거래 또는 양도로 인한 소득		10%(탄력세율)
4그룹	신탁수익권		20% (3억원 초과액은 25%)

*주) 보유기간 2년 이상으로서 2026년 5월 9일까지 양도하는 다주택자의 주택은 한시적으로 중과세율 적용을 배제한다.

6 양도소득세 자진납부세액

(1) 계산구조

양도소득세 자진납부세액의 계산구조를 살펴보면 다음과 같다.

```
       양도소득산출세액
(-)      세액감면     → 조세특례제한법상 세액감면
(-)      세액공제     → 전자신고 세액공제(예정신고 건당 2만원)
         결정세액
(+)      가산세
(-)      기납부세액
         자진납부세액
```

(2) 예정·확정신고납부

① 예정신고대상자와 신고기한 : 양도소득세 과세대상자산을 양도한 거주자는 양도자산과세표준을 다음의 기간 이내에 납세지 관할 세무서장에게 신고하여야 한다. 이때, 주의해야 할 것은 양도차익이 없거나 결손금이 발생한 경우에도 이러한 신고는 하여야 한다.

구 분	내 용
토지·건물, 부동산에 관한 권리, 기타자산	그 양도일이 속하는 달의 말일부터 2개월[주]
주식 또는 출자지분	그 양도일이 속하는 반기의 말일부터 2개월

*주) • 다만, 국토이용관리법에 의한 거래계약허가구역안에 있는 토지를 양도함에 있어서 토지거래계약허가를 받기 전에 대금을 청산한 경우에는 그 허가일이 속하는 달의 말일부터 2개월
• 부담부증여시 양도소득과세표준 예정신고기한을 증여세과세표준 신고기한과 동일하게 양도일이 속하는 달의 말일부터 3개월 이내로 연장함

② 확정신고 : 당해 연도의 양도소득금액이 있는 거주자는 당해 소득의 과세표준을 당해 연도의 다음 연도 5월 1일부터 5월 31일까지 납세지 관할 세무서장에게 신고하여야 한다. 이를 과세표준 확정신고라 한다. 그러나 예정신고를 한 자의 경우는 확정신고를 하지 않아도 된다. 다만, 다음의 경우에는 비록 예정신고를 하였다 하더라도 예정신고를 하여야 한다.

㉠ 해당 과세기간에 누진세율 적용대상자산에 대한 예정신고를 2회 이상 한 자가 이미 신고한 양도소득금액과 합산하여 예정신고를 하지 않은 경우

㉡ 주식 또는 출자지분을 2회 이상 양도한 경우로서 양도소득기본공제의 적용순서의 변동으로 당초 신고한 양도소득 산출세액이 달라지는 경우

㉢ 토지와 건물, 부동산에 관한 권리, 기타자산을 2회 이상 양도한 경우로서 양도소득 기본 공제의 적용순서의 변동으로 당초 신고한 양도소득 산출세액이 달라지는 경우

㉣ 토지, 건물, 부동산의 관한 권리 및 기타자산을 둘 이상 양도한 경우로서 양도소득산출세액 계산특례(비교과세)를 적용할 경우 당초 신고한 양도소득산출세액이 달라지는 경우

(3) 세액공제

부동산 연금화를 통해 노후생활 안정을 지원하기 위해 부동산 양도금액을 연금계좌에 납입 시 양도소득세액에서 연금계좌납입액의 10%를 세액공제한다.

① **적용요건** : 다음 요건을 모두 충족하는 거주자의 경우 공제받을 수 있다.
  ㉠ 기초연금 수급자
  ㉡ 부동산 양도 당시 1주택 또는 무주택 세대
  ㉢ 양도 부동산을 10년 이상 보유
  ㉣ 부동산 양도금액을 연금계좌에 납입

② **사후관리** : 연금 수령 외의 방식으로 전부 또는 일부 인출 시 세액공제액 추징

(4) 가산세

양도소득세 관련 가산세는 다음과 같다.

① **감정가액·환산취득가액 적용에 따른 가산세** : 거주자가 건물을 신축·증축(증축의 경우 바닥면적 $85m^2$ 초과 시에만)하고 그 신축한 건물의 취득일부터 5년 이내에 해당 건물을 양도하는 경우로서 환산가액을 그 취득가액으로 하는 경우

> 감정가액·환산취득가액 적용에 따른 가산세 = 해당 건물의 감정가액·환산취득가액 × 5%

제5장 단원별 기출문제

01 다음 중 소득세법상 양도소득의 장기보유특별공제에 대한 설명으로 잘못된 것은? [107회]

① 미등기양도자산은 장기보유특별공제를 적용받을 수 없다.
② 비상장주식을 3년 이상 보유하는 경우 장기보유특별공제가 적용된다.
③ 비사업용토지에 대해서도 장기보유특별공제가 적용된다.
④ 1세대 1주택 외의 양도자산에 대한 장기보유특별공제의 최대 적용한도는 30%이다.

해설
비상장주식에 대해서는 장기보유특별공제가 허용되지 아니한다.

02 다음 중 소득세법상 양도소득에 대한 설명으로 틀린 것은? [106회]

① 양도소득세는 납부세액이 1천만원을 초과하는 경우 분납이 가능하다.
② 양도소득기본공제는 200만원을 적용한다.
③ 상가를 양도하는 경우 장기보유특별공제를 최대 30%까지 적용받을 수 있다.
④ 미등기 양도자산에 대해서는 70%의 세율이 적용된다.

해설
양도소득기본공제는 소득별로 각각 250만원을 적용한다.

03 다음 중 소득세법상 양도소득세 과세 대상에 해당하는 것은? [104회]

① 토지소유권의 무상 이전
② 골프장 회원권의 유상 양도
③ 사업용 기계장치의 양도
④ 이혼 시 재산분할

해설
② 시설물을 배타적으로 이용하거나 일반이용자보다 유리한 조건으로 이용할 수 있도록 약정한 단체의 구성원이 된 자에게 부여되는 시설물 이용권의 양도로 발생하는 소득은 양도소득에 해당한다.
① 양도란 자산에 대한 등기 또는 등록과 관계없이 매도, 교환, 법인에 대한 현물출자 등을 통하여 그 자산을 유상으로 사실상 이전하는 것을 말한다. 따라서 소득세법상 양도는 유상이전에 국한한다.
③ 기계장치는 양도소득세 과세 대상 자산에 해당하지 않는다.
④ 사실상 공유물의 분할과 같다.

정답 01 ② 02 ② 03 ②

04 다음 중 소득세법상 양도소득세 비과세 대상인 것은? [103회]

① 지상권의 양도로 발생하는 소득
② 토지의 양도로 발생하는 소득
③ 파산선고에 의한 처분으로 발생하는 소득
④ 상가의 양도로 발생하는 소득

해설
파산선고에 의한 처분으로 발생하는 소득은 비과세 양도소득이다.

05 다음 중 소득세법상 양도소득세 과세 대상에 해당하지 않는 것은? [102회]

① 지상권 양도로 인한 소득
② 사업에 사용하는 건물과 함께 양도하는 영업권의 양도로 발생하는 소득
③ 골프회원권의 양도로 인한 소득
④ 저작자 외의 자가 저작권 등의 양도로 얻은 소득

해설
저작자 또는 실연자(實演者)·음반제작자·방송사업자 외의 자가 저작권 또는 저작인접권의 양도 또는 사용의 대가로 받는 금품은 기타소득으로 본다.

06 다음 중 소득세법상 1세대 1주택 양도소득세 비과세 판정 시 배우자가 없는 경우에도 1세대로 보는 경우가 아닌 것은? [101회]

① 소득이 법에 따른 기준 중위소득의 40% 이상으로 독립된 생계유지가 가능한 성인인 경우
② 배우자가 사망한 경우
③ 거주자(미혼)의 나이가 29세인 경우
④ 배우자와 이혼한 경우

해설
해당 거주자의 나이가 30세 이상인 경우 배우자가 없어도 1세대로 본다.

04 ③ 05 ④ 06 ③

07 다음 중 소득세법상 거주자의 양도소득에 대한 설명으로 옳지 않은 것은? [100회]

① 양도소득의 비과세 대상에서 제외되는 고가주택은 양도 당시 실지거래가액의 합계액이 9억원을 초과하는 것을 말한다.
② 양도담보는 그 실질이 채권담보에 해당하므로 양도로 보지 않는다.
③ 부동산의 양도시기는 원칙적으로 대금청산일이다.
④ 토지의 양도소득이 있는 거주자에 대해서는 해당 과세기간의 양도소득금액에서 연 250만원을 공제한다.

해설
고가주택은 양도 당시 실지거래가액의 합계액이 12억원을 초과하는 것을 말한다.

08 다음 중 소득세법상 양도소득세 과세대상에 해당하는 것은? [99회]

① 사업용 기계장치의 양도
② 광업권의 양도
③ 토지소유권 무상이전
④ 건물의 현물출자

해설
사업용 기계장치의 양도는 양도소득세 대상이 아니다. 광업권의 양도소득은 기타소득이다. 토지소유권의 무상이전은 증여에 해당한다.

09 다음 중 소득세법상 양도소득세가 과세되는 경우는? [98회]

① 「도시개발법」 등에 따른 환지처분으로 지목 또는 지번이 변경되는 경우
② 채무불이행으로 인하여 당해 자산을 변제에 충당한 경우
③ 이혼으로 인하여 혼인 중에 형성된 부부공동재산을 재산분할하는 경우
④ 자녀에게 토지의 소유권을 무상으로 이전하는 경우

해설
채무불이행으로 인하여 당해 자산을 변제에 충당한 때에는 그 때에 이를 양도한 것으로 본다.

정답 07 ① 08 ④ 09 ②

10 다음 중 소득세법상 양도소득에 관한 설명으로 옳지 않은 것은? [96회]

① 양도란 자산에 대한 등기 또는 등록과 관계없이 매도 등을 통하여 그 자산을 유상으로 사실상 이전하는 것을 말한다.
② 골프회원권을 양도하는 경우 양도소득세 과세 대상에 해당한다.
③ 양도자산의 원칙적인 취득시기 및 양도시기는 해당 자산의 대금청산일로 한다.
④ 양도소득은 부당행위계산의 부인 특례규정을 적용받지 아니한다.

> **해설**
> 납세지 관할 세무서장 또는 지방국세청장은 양도소득이 있는 거주자의 행위 또는 계산이 그 거주자의 특수관계인과의 거래로 인하여 그 소득에 대한 조세 부담을 부당하게 감소시킨 것으로 인정되는 경우에는 그 거주자의 행위 또는 계산과 관계 없이 해당 과세기간의 소득금액을 계산할 수 있다. 특수관계인으로부터 시가보다 높은 가격으로 자산을 매입하거나 특수관계인에게 시가보다 낮은 가격으로 자산을 양도한 경우에는 그 취득가액 또는 양도가액을 시가에 따라 계산한다.

11 다음 중 소득세법상 미등기양도자산에 대한 설명으로 잘못된 것은? [95회]

① 양도소득세 비과세 적용이 배제된다.
② 필요경비 개산공제를 배제한다.
③ 장기보유특별공제를 배제한다.
④ 70%의 양도소득세율이 적용된다.

> **해설**
> 일반적인 개산공제 필요경비율은 3%이지만, 미등기자산은 0.3%를 적용한다.

12 다음 중 소득세법상 양도소득세 과세대상이 아닌 것은? [94회]

① 개인이 보유하고 있는 토지의 도시개발법에 따른 환지처분으로 인한 지목 변경
② 개인이 보유하고 있는 골프회원권의 양도
③ 개인이 보유하고 있는 토지의 양도
④ 개인이 보유하고 있는 주택을 법인에 현물출자

> **해설**
> 「도시개발법」이나 그 밖의 법률에 따른 환지처분으로 지목 또는 지번이 변경되거나 보류지로 충당되는 경우는 과세대상이 아니다.

정답 10 ④ 11 ② 12 ①

13 다음은 소득세법상 양도소득에 대한 설명이다. 옳지 않은 것은? [91회]

① 거주자가 국내 건물과 비상장주식을 동일한 과세기간에 양도한 경우 양도소득금액에서 국내 건물과 비상장주식 각각 양도소득기본공제 250만원이 적용된다.
② 1세대 1주택의 요건을 충족하는 경우 장기보유특별공제율은 최대 80%까지 받을 수 있다.
③ 등기된 토지를 15년 이상 보유하여야 장기보유특별공제율 30% 적용이 가능하다.
④ 미등기양도자산은 필요경비개산공제를 적용받을 수 없다.

> **해설**
> 미등기양도자산의 필요경비개산공제액은 기준시가에 0.3%를 곱한 금액으로 한다.

14 다음은 소득세법상 양도소득에 대한 설명이다. 옳지 않은 것은? [90회]

① 양도소득은 장기간에 걸쳐 형성된 소득이 일시에 실현되는 것이기 때문에 다른 소득과 합산하여 과세하지 아니한다.
② 미등기양도자산의 양도소득금액에 대하여도 양도소득 기본공제는 적용된다.
③ 미등기양도자산의 경우 양도소득 과세표준의 100분의 70의 세율이 적용된다.
④ 거주자로서 양도소득 예정신고 및 확정신고에 따라 납부할 세액이 1천만원을 초과하는 자는 납부기한이 지난 후 2개월 이내에 분할납부할 수 있다.

> **해설**
> 미등기양도자산에 대해서는 양도소득 기본공제가 적용되지 않는다.

15 다음 중 소득세법상 양도소득금액을 계산하기 위한 장기보유특별공제에 대한 설명으로 틀린 것은? [89회]

① 양도소득금액은 양도가액에서 필요경비를 공제하고 그 금액에서 장기보유특별공제액을 공제한 금액으로 한다.
② 미등기양도자산은 보유기간이 10년 이상인 경우에만 장기보유특별공제를 적용한다.
③ 1세대 1주택을 양도하는 경우에도 그 자산의 양도차익에 보유기간과 거주기간별 공제율을 곱하여 계산한 장기보유특별공제를 적용한다.
④ 장기보유특별공제를 적용하기 위한 자산의 보유기간은 그 자산의 취득일부터 양도일까지로 한다.

> **해설**
> 미등기양도자산은 장기보유특별공제 제외함

정답 13 ④ 14 ② 15 ②

16 다음 중 소득세법상 양도소득세 과세대상이 아닌 것은? [88회]

① 골프회원권의 양도
② 법인에 대한 자산의 현물출자
③ 토지로 이혼 위자료 변제
④ 업무용 차량의 양도

17 다음 중 소득세법상 양도소득의 세율로 가장 옳지 않은 것은? [87회]

① 1년 이상 2년 미만 보유한 토지 : 40%
② 보유기간이 1년 미만인 상가 건물 : 50%
③ 보유기간이 1년 미만인 부동산을 취득할 수 있는 권리(분양권) : 40%
④ 비사업용 토지 : 소득세법상 누진세율 + 10%

해설
70%

18 다음 중 소득세법상 양도소득 과세대상에 해당되는 것은? [87회]

① 거주자 갑은 배우자에게 본인 소유의 아파트를 무상으로 이전하였다.
② 거주자 을은 건설업을 영위하고 있으며 주택을 신축하여 판매하였다.
③ 거주자 병은 토지를 채권자에게 양도담보로 제공하였다.
④ 거주자 정은 이혼위자료로 아파트의 소유권을 이전하였다.

19 다음 중 소득세법상 주택으로서 보유기간이 1년 미만인 경우 적용하는 양도소득 세율로 알맞은 것은? [84회]

① 누진세율
② 40%
③ 50%
④ 70%

16 ④　17 ③　18 ④　19 ④　정답

20 다음 중 소득세법상 양도소득에 대한 설명으로 옳은 것은? [83회]

① 거주자가 건물을 신축하고 그 신축한 건물의 취득일부터 5년 이내에 해당 건물을 양도하는 경우로서 환산가액을 그 취득가액으로 하는 경우에는 해당 건물 환산가액의 100분의 5에 해당하는 금액을 양도소득 결정세액에 더한다.
② 비거주자는 국내 부동산을 양도하는 경우에도 양도소득에 대한 납세의무가 없다.
③ 토지를 양도하는 경우 양도소득 기본공제를 적용하지 않는다.
④ 해당 과세기간에 누진세율 적용대상 자산에 대한 예정신고를 2회 한 경우 각각 예정신고를 했으므로 확정신고를 하지 아니할 수 있다.

21 다음 중 소득세법상 각 소득에 대한 소득구분이 틀린 것은? [82회]

① 공익사업과 관련하여 지역권을 설정 또는 대여하고 받는 금품 : 기타소득
② 사업용 고정자산과 함께 양도하는 영업권 : 기타소득
③ 소유자가 없는 물건의 점유로 소유권을 취득하는 자산 : 기타소득
④ 혼인을 알선하고 지급받는 금품 : 기타소득

해설
사업용 고정자산과 함께 양도하는 영업권 : 양도소득

22 다음 중 소득세법상 양도소득세에 대한 설명으로 틀린 것은? [81회]

① 거주자가 양도소득세 과세대상인 국내 토지와 비상장주식을 해당 과세기간 중에 처분한 경우 적용받는 양도소득 기본공제액은 최대 250만원이다.
② 장기보유특별공제를 적용받기 위한 최소한의 보유기간요건은 3년이다.
③ 양도소득금액은 양도차익에서 장기보유특별공제를 차감하여 산출한다.
④ 양도소득세의 세율 중 미등기된 건물의 세율은 70%이다.

해설
500만원임(부동산 250만원, 주식 250만원)

정답 20 ① 21 ② 22 ①

23 다음 보기의 양도자산(투기지역 및 조정대상지역이 아님) 양도 시 소득세법상 양도소득세율은 얼마인가? [79회]

> (가) 보유기간이 1년 이상 2년 미만인 등기된 상가
> (나) 미등기한 주택

① (가) 40%, (나) 70%
② (가), (나) 모두 60%
③ (가), (나) 모두 50%
④ (가) 40%, (나) 50%

해설
보유기간 1년 이상 2년 미만 상가는 40%이고 미등기주택의 경우 70% 양도세율이 적용된다.

24 다음 중 소득세법상 비과세 양도소득이 아닌 것은? [78회]
① 파산선고에 의한 처분으로 발생하는 소득
② 법정의 농지의 교환 또는 분합으로 발생하는 소득
③ 공익사업에 수용으로 인하여 발생하는 소득
④ 1세대가 1주택을 보유하는 경우(고가주택 아님)로서 해당 주택과 이에 딸린 토지의 양도로 발생하는 소득

25 다음 중 소득세법상 일정한 경우 종합소득세와 양도소득세를 비교과세할 수 있는 업종은? [77회]
① 주택신축판매업
② 부동산매매업
③ 부동산중개업
④ 부동산임대업

26 다음 중 소득세법상 자본적 지출에 해당하는 것이 아닌 것의 금액 합계액은? [77회]

> (가) 본래의 용도 변경을 위한 건물 개조비용 : 400만원
> (나) 상가 건물의 피난시설 설치비용 : 400만원
> (다) 재해로 인해 훼손되어 작동이 안되는 승강기의 복구비용 : 400만원
> (라) 건물 내부를 1년마다 수선을 하기 위해 지출하는 비용 : 400만원

① 1,600만원
② 1,200만원
③ 800만원
④ 400만원

해설
(라)만 수익적 지출에 해당된다.

정답 23 ① 24 ③ 25 ② 26 ④

27 다음 중 소득세법상 양도소득세 과세대상이 아닌 것은? [77회]

① 사업용고정자산과 함께 양도하는 영업권
② 등기된 부동산임차권
③ 비상장법인의 주식
④ 산업재산권의 양도

해설
산업재산권의 양도는 기타소득으로 과세됨

28 거주자 A씨가 다음과 같이 상가를 양도했을 때 소득세법상 양도소득세 양도차익을 계산하면 얼마인가? [76회]

- 양도가액 : 300,000,000원
- 취득가액 : 100,000,000원
- 취득세 : 10,000,000원(단, 납부영수증을 분실함)
- 토지 양도를 위해 지출한 소개비 : 1,000,000원(단, 세금계산서를 받았으며 부가가치세 포함 금액이다)

① 200,000,000원
② 199,000,000원
③ 190,000,000원
④ 189,000,000원

해설
300,000,000 − 100,000,000 − 10,000,000 − 1,000,000 = 189,000,000원

29 다음 중 소득세법상 양도소득세 과세대상에 해당하는 것은? [75회]

ㄱ. 공유물 분할
ㄴ. 이혼 시 재산분할 소유권 이전
ㄷ. 대물변제에 의한 소유권 이전
ㄹ. 경매로 인한 소유권 이전

① ㄱ, ㄴ
② ㄴ, ㄷ
③ ㄷ, ㄹ
④ ㄱ, ㄹ

해설
ㄱ, ㄴ은 자산이 사실상 유상이전 되는 것이 아님

정답 27 ④ 28 ④ 29 ③

30 다음 중 소득세법상 양도소득 계산 시 양도 또는 취득시기에 대한 내용으로 옳지 않은 것은?

[74회]

① 장기할부조건으로 양도하는 경우는 첫회 불입금의 지급일
② 대금을 청산하기 전에 소유권이전등기를 한 경우에는 등기접수일
③ 토지구획정리사업법에 의한 환지처분으로 취득한 토지의 취득시기는 환지 전의토지 취득일
④ 상속·증여에 의하여 취득한 자산에 대해서는 그 상속이 시작된 날 또는 증여를 받은 날

해설
장기할부조건의 경우는 소유권이전등기접수일·인도일 또는 사용수익일 중 빠른 날을 양도 또는 취득시기로 한다.

31 다음 중 소득세법상 양도소득에 대한 설명으로 옳지 않은 것은?

[73회]

① 양도소득세 과세대상 건물을 양도한 경우에는 그 양도일이 속하는 달의 말일부터 2개월 이내에 예정신고를 하여야 한다.
② 주권상장법인의 대주주가 주식을 양도한 경우에는 그 양도일이 속하는 반기(半期)의 말일부터 2개월 이내에 양도소득 예정신고를 하여야 한다.
③ 토지거래계약에 관한 허가구역에 있는 토지를 양도할 때 토지거래계약허가를 받기 전에 대금을 청산한 경우에는 그 허가일이 속하는 달의 말일부터 2개월 이내에 양도소득 예정신고를 하여야 한다.
④ 양도소득과세표준 예정신고는 양도차익이 없거나 양도차손이 발생한 경우에는 적용하지 아니한다.

해설
양도차익이 없거나 양도차손이 발생한 경우에도 양도소득 예정신고를 하여야 한다.

32 다음 중 소득세법상 양도소득세에 관한 설명으로 옳지 않은 것은?

[69회]

① 양도란 등기 또는 등록과 관계없이 자산이 무상으로 사실상 이전되는 것을 말한다.
② 건물의 보유기간이 1년 미만인 경우 양도소득세의 세율은 100분의 50이다.
③ 납부할 세액이 1천만원을 초과하는 경우 법령에 따라 2개월 이내에 분할납부할 수 있다.
④ 납세지 관할 세무서장은 양도소득이 있는 거주자의 행위 또는 계산이 그 거주자의 특수관계인과의 거래로 인하여 그 소득에 대한 조세 부담을 부당하게 감소시킨 것으로 인정되는 경우에는 그 거주자의 행위 또는 계산과 관계없이 해당 과세기간의 소득금액을 계산할 수 있다.

해설
자산이 유상으로 이전되는 것을 양도라 한다.

PART 5
실전모의고사

제1회 실전모의고사
제2회 실전모의고사
제3회 실전모의고사

우리가 해야 할 일은 끊임없이 호기심을 갖고
새로운 생각을 시험해보고 새로운 인상을 받는 것이다.
– 월터 페이터 –

자격증 · 공무원 · 금융/보험 · 면허증 · 언어/외국어 · 검정고시/독학사 · 기업체/취업
이 시대의 모든 합격! 시대에듀에서 합격하세요!
www.youtube.com → 시대에듀 → 구독

제1회 실전모의고사

세법1부 : 법인세법, 부가가치세법

01 법인세법상 법인의 최초 사업연도 개시일에 관한 내용이다. 틀린 것은?

① 내국법인의 원칙상 최초 사업연도 개시일은 설립등기일이다.
② 법인으로 보는 단체 중 주무관청의 설립허가·인가·등록된 단체의 최초 사업연도 개시일은 허가·인가·등록일이다.
③ 국내사업장이 있는 외국법인의 최초 사업연도 개시일은 국내사업장을 가지게 된 날이다.
④ 법인격이 없는 단체 중 관할 세무서에 법인으로 신청하여 승인을 얻은 단체는 신청일이다.

해설
법인격이 없는 단체 중 법인으로 신청하여 승인을 얻은 단체는 승인일이다.

02 세무조정사항 중 결산조정과 신고조정사항에 대한 구분이 틀린 것은?

① 대손충당금의 손금산입 - 결산조정
② 법인세법상 감가상각비의 손금산입 - 결산조정
③ 일시상각충당금의 손금산입 - 결산조정, 신고조정 모두 허용
④ 법인세법상의 준비금 손금산입 - 신고조정

해설
법인세법상 준비금은 결산조정사항이다.

03 다음은 ㈜세민건설의 제3기 사업연도(20X5년 1월 1일 ~ 20X5년 12월 31일)의 도급공사와 관련된 세무조정하여야 할 자료이다. ㈜세민건설의 제3기 결산상 법인세비용차감전순이익이 3,000,000원이며 아래의 자료 외의 세무조정사항이 없다고 가정할 때 각 사업연도소득금액은 얼마인가?(단, ㈜세민건설은 공사완성기준에 의해 도급공사를 회계처리한다)

구 분	A현장
공사기간	20X5년 2월 1일 ~ 20X8년 6월 30일
도급금액	12,000,000원
총공사예정원가	10,000,000원
당기공사원가	4,000,000원

① 3,300,000원
② 3,800,000원
③ 4,200,000원
④ 5,000,000원

정답 01 ④ 02 ④ 03 ②

해설
- 공사수익 : 12,000,000 × 4,000,000/10,000,000 = 4,800,000원(익금산입(유보))
- 공사원가 : 4,000,000원 (손금산입(△유보))
- 각 사업연도 소득금액 : 3,000,000 + (4,800,000 − 4,000,000) = 3,800,000원

04 법인세법상 부가가치세의 매입세액 중 매입세액불공제분의 세무상 처리에 대한 설명으로 틀린 것은?

① 사업과 관련이 없는 매입세액은 손금불산입한다.
② 기업업무추진비 관련 매입세액은 기업업무추진비에 포함하되 기업업무추진비시부인계산 대상이 된다.
③ 비영업용소형승용차의 구입·유지 관련분 중 수익적 지출 관련분 매입세액은 손금불산입이 된다.
④ 토지 조성과 관련된 매입세액이 당기 비용으로 계상되었다면 손금불산입하고 유보처리한다.

해설
비영업용소형승용차의 구입·유지 관련분 중 수익적 지출 관련분 매입세액은 손금산입된다.

05 다음의 익금산입액 중 법인이 귀속자에게 소득세액을 원천징수하여야 하는 것은?

① 임원퇴직금의 한도초과액
② 지정기부금 한도초과액
③ 감가상각비 한도초과액
④ 퇴직급여충당금 한도초과액

해설
임원퇴직금의 한도초과액은 사외유출 중 상여에 해당되므로 세무상 자기자본에 영향이 없고, 법인에게 원천징수의무가 있다.

06 현행 세법상 중소기업에 대한 조세지원 내용이 아닌 것은?

① 법인세 분납기한의 연장
② 결손금 소급공제에 의한 환급
③ 낮은 최저한세율의 적용
④ 낮은 적격증빙불비가산세율

해설
중소기업은 법인세 분납기한의 연장(2개월), 결손금 소급공제 적용, 낮은 최저한세(7%) 등의 중소기업조세지원제도를 두고 있다.

07 다음은 법인세법상 기부금과 기업업무추진비에 관한 설명이다. 다음 중 옳지 않은 것은?

① 특례기부금은 시가로 평가한다.
② 기업업무추진비의 한도는 수입금액을 기준으로 하나, 기부금의 한도는 소득금액을 기준으로 한다.
③ 기업업무추진비는 발생주의, 기부금은 현금주의에 의하여 손금 처리한다.
④ 기업업무추진비는 업무와 관련 있는 지출이지만 기부금은 업무와 관련 없는 지출이다.

해설
특례기부금은 장부가액으로 평가한다.

08 다음 중 법인세법상 재고자산의 신고 및 변경신고에 대한 설명으로 틀린 것은?

① 신설법인은 설립일이 속하는 사업연도의 과세표준신고기한 내에 재고자산평가방법을 신고하여야 한다.
② 매매목적용 부동산에 대한 평가방법을 신고기한 내에 신고하지 아니한 경우에는 개별법으로 평가한다.
③ 재고자산평가방법의 변경에 대해서는 세무서장의 승인이 필요하다.
④ 재고자산평가방법은 법인이 원가법과 저가법 중 선택하여 적용받을 수가 있다.

해설
세무서장에 대한 신고사항이다.

09 다음 자료에 의하여 20X5년도 감가상각비 손금추인액은 얼마인가?

구 분	20X4년	20X5년
회사계상감가상각비	30,000,000원	20,000,000원
세법상 상각범위액	23,000,000원	25,000,000원
상각부인액	?	?
시인부족액	?	?

① 3,000,000원
② 4,000,000원
③ 5,000,000원
④ 6,000,000원

해설
- 20X4년 상각부인액 7,000,000원
- 20X5년 시인부족액 5,000,000원
- 당기에 손금으로 추인할 금액은 5,000,000원이다.

정답 07 ① 08 ③ 09 ③

10 다음은 법인세법상 부당행위계산부인제도의 설명이다. 옳지 않은 것은?

① 부당행위계산부인이 적용되려면 특수관계자와의 거래이어야 하며, 특수관계자 이외의 거래는 법인의 조세부담을 부당하게 감소시킨 거래이어도 적용하지 아니한다.
② 부당행위계산의 부인규정을 적용함에 있어서는 건전한 사회통념 및 상관행과 시가를 기준으로 한다.
③ 부당행위계산의 부인규정은 세법뿐 아니라 사법상의 효과도 부인한다.
④ 부당행위계산부인에 따른 부인금액은 조세법처벌법상 이를 사기 기타 부정한 행위로 인한 포탈세액으로 보지 않는다.

해설
부당행위계산부인 규정은 사법상 적법·유효한 것으로서, 세법상의 부인에도 불구하고 여전히 사법상의 그 효력이 유지된다.

11 법인세법상 대손금에 대한 대손사유 중 신고조정으로 손금산입이 가능한 사항은?

① 소멸시효 완성채권
② 채무자의 파산, 강제집행 등으로 인하여 회수할 수 없는 채권
③ 국세징수법의 규정에 의하여 세무서장으로부터 국세 결손처분을 받은 채무자에 대한 채권(저당권이 설정되어 있는 채권은 제외)
④ 회수기일을 6월 이상 경과한 채권 중 회수비용이 당해 채권가액을 초과하여 회수 실익이 없다고 인정되는 채권으로서 30만원 이하의 채권

해설
소멸시효 완성채권은 세무조정사항 중 신고조정사항이다.

12 다음 중 법인세법상 청산소득에 대한 법인세 과세내용으로 틀린 것은?

① 법인이 해산하는 경우 청산소득에 대한 법인세의 확정신고납부기한은 잔여재산가액 확정일로부터 3월 이내이다.
② 청산소득에 대한 법인세의 징수에 있어서 국세징수법상의 가산금과 중 가산금에 규정을 준용하지 아니한다.
③ 내국법인이 청산소득에 대한 법인세의 전부 또는 일부를 납부하지 아니한 경우에는 납부기한이 경과한 날로부터 2월 이내에 미납된 법인세를 징수하여야 한다.
④ 청산소득이 없거나 결손금이 있는 경우에는 청산소득에 대한 법인세의 신고의무가 없다.

해설
청산소득이 없거나 결손금이 있는 경우에도 청산소득에 대한 법인세의 신고의무가 있다.

13 부가가치세법상 주사업장 총괄납부와 사업자단위 과세에 대한 비교이다. 옳지 않은 것은?

	구 분	주사업장 총괄납부	사업자단위 과세
①	주된 사업장	법인은 본점 또는 지점	법인은 본점만 가능
②	승인신청	과세기간 개시 20일 전	과세기간 개시 20일 전
③	승인효력	주된 사업장에서 총괄 신고 및 납부 가능	사업자단위로 신고 및 납부 가능
④	포기신고	포기 시기에 제한이 없다	포기 시기에 제한이 없다

해설
주사업장 총괄납부 신고는 각 사업장별로 한다.

14 다음 중 부가가치세법상 수출재화의 공급시기에 대한 설명이다. 가장 옳지 않은 것은?

① 내국물품을 외국으로 반출하거나 중계무역방식으로 수출하는 경우 : 수출재화가 인도되는 때
② 위탁가공무역 방식으로 수출하거나 외국인도 수출의 경우 : 외국에서 당해 재화가 인도되는 때
③ 내국신용장에 의하여 공급하는 재화 : 재화가 인도되는 때
④ 원양어업 및 위탁판매수출의 경우 : 수출재화의 공급가액이 확정되는 때

15 과세사업과 면세사업을 겸영하는 ㈜엘지의 대표자인 김길성씨는 다음의 내용에 대해 간주공급에 해당하는지 궁금해 하고 있다. 다음의 내용 중 부가가치세법상 간주공급으로 볼 수 없는 것은?

① 과세사업을 위하여 취득한 재화(매입세액공제 받음)를 면세사업에 직접 사용·소비하였다.
② 과세사업을 위하여 취득한 재화(매입세액공제 받음)를 대표자인 김길성씨가 사용·소비하였다.
③ 과세사업을 위하여 취득한 견본품을 광고선전 목적으로 불특정다수인에게 제공하였다.
④ 주사업장총괄납부승인을 얻지 않은 사업자 또는 사업자단위 과세승인을 얻지 않은 사업자가 과세사업을 위하여 취득한 재화를 판매목적으로 타사업장에 반출하였다.

해설
견본품을 불특정다수인에게 광고선전 목적으로 제공하는 것은 사업상 증여로 보지 아니한다.

정답 13 ③ 14 ① 15 ③

16 다음은 부가가치세법상 거래유형별 과세표준을 설명한 것이다. 다음 중 옳지 않은 것은?

① 외상판매 및 할부판매인 경우 – 공급한 재화의 총가액
② 위탁가공무역 방식으로 수출하는 경우 – 위탁가공계약에 의하여 수출한 가공비
③ 장기할부판매의 경우 – 계약에 따라 받기로 한 대가의 각 부분
④ 완성도기준지급, 중간지급조건부의 경우 – 계약에 따라 받기로 한 대가의 각 부분

해설
위탁가공무역 방식으로 수출하는 경우에는 완성된 제품의 인도가액을 과세표준으로 한다.

17 다음은 부가가치세법상 면세규정에 관한 설명이다. 다음 중 면세에 해당하지 아니하는 것은?

① 주무관청에 허가·인가 또는 승인을 얻어 설립하거나 주무관청에 등록 또는 신고한 학원
② 개인이 물적시설 없이 근로자를 고용하고 독립된 자격으로 용역을 공급하고 대가를 받는 인적용역
③ 김치·두부 등 단순 가공식료품
④ 수의사가 제공하는 동물(가축)병원의 용역

해설
개인이 물적시설 없이 근로자를 고용하지 아니하고 독립된 자격으로 용역을 공급하고 대가를 받는 인적용역만이 면세가 됨

18 다음은 부가가치세법상 의제매입세액공제에 대한 설명이다. 옳지 않은 것은?

① 의제매입세액으로 공제받기 위해서는 면세농산물 등을 원재료로 하여 제조·가공한 재화가 과세되어야 한다.
② 의제매입세액공제는 누적효과와 환수효과를 제거 또는 완화시켜주기 위한 제도이다.
③ 면세농산물 등을 그대로 양도하는 경우 공제받은 매입세액은 납부세액에 가산하여야 한다.
④ 연매출 4억 이하의 음식점업을 영위하는 개인사업자의 제매입세액공제율은 106분의 6이다.

해설
연매출 4억 이하의 음식점업을 영위하는 개인사업자는 2026년까지 의제매입세액 공제율이 109분의 9이다.

19 다음은 세금계산서 교부의무가 없는 경우이다. 가장 부적절한 설명은 어느 것인가?

① 면세사업으로 전용되는 자가공급
② 부동산 임대용역 중에서 간주임대료
③ 영세율 적용을 받는 모든 재화의 공급
④ 사업상 증여

> **해설**
> 영세율대상인 경우에는 부가가치세법에 세금계산서 교부의무 면제로 열거된 경우에 한하여 교부의무가 없다.

20 ㈜세민운수는 관광버스 운수사업에 사용하던 건물을 20X5년 12월 1일부터 시내버스 운수사업에 사용하게 되었다. 다음 자료에 의하여 건물의 면세전용에 따른 부가가치세 과세표준을 계산하면 얼마인가?

> ㉠ 건물의 취득일자 : 20X4년 10월 8일
> ㉡ 건물의 장부상 취득가액 : 500,000,000원
> ㉢ 건물의 감가상각비 : 150,000,000원
> ㉣ 면세전용일 현재의 시가 : 480,000,000원

① 440,000,000원 ② 350,000,000원
③ 480,000,000원 ④ 450,000,000원

> **해설**
> 간주시가 = 500,000,000 × [1 − (5% × 2)] = 450,000,000

21 다음은 부가가치세법상 신고불성실가산세를 설명한 것이다. 잘못 설명된 것은?

① 무신고가산세 = (부당무신고납부세액 × 40%) + (일반무신고납부세액 × 20%)
② 과소신고가산세 = (부당과소신고납부세액 × 40%) + (일반과소신고납부세액 × 10%)
③ 초과환급신고가산세 = (부당초과환급신고세액 × 40%) + (일반초과환급신고세액 × 10%)
④ 영세율과세표준신고불성실가산세 = 무신고, 미달신고한 영세율과세표준 × 2%

> **해설**
> 2% → 0.5%

정답 19 ③ 20 ④ 21 ④

22 다음 중 간이과세자에 대한 설명으로 잘못된 것은?

① 간이과세자의 해당 여부를 판단 시 직전 1역년의 공급대가는 부가가치세가 포함된 대가를 말한다.
② 간이과세자가 일반과세자에 관한 규정을 적용받고자 할 경우 사업장 관할 세무서장에게 포기신고를 하여야 한다.
③ 납부세액은 공급대가에 해당 업종별 부가가치율과 세율을 곱하여 계산한다.
④ 일반과세자가 간이과세자로 변경되는 경우 재고매입세액을 납부세액에서 차감한다.

해설
일반과세자가 간이과세자로 변경되는 경우 재고매입세액을 납부세액에 가산한다.

23 다음 중 부가가치세법상 영세율에 대한 설명으로 가장 옳은 것은?

① 면세사업자는 어떠한 경우에도 영세율을 적용받을 수 없다.
② 영세율적용사업자는 재화의 매입에 따른 매입세액을 공제받지 못한다.
③ 내국물품을 외국으로 반출하는 것은 영세율적용대상이다.
④ 영세율적용대상이 되는 재화를 공급하는 경우 세금계산서를 발행하여야 한다.

해설
① 면세사업자는 면세포기 후 영세율을 적용받을 수 있다.
② 영세율 적용사업자는 매입세액공제를 받을 수 있다.
④ 영세율 적용대상 재화를 공급하는 경우 세금계산서의 발행여부는 각각 다르다.

24 재화 또는 용역이 다음과 같이 공급된 경우, 세금계산서 교부의무 대상에 해당하는 공급가액의 합계액은 얼마인가?

> ㉠ 내국신용장에 의한 수출액 : 10,000,000원
> ㉡ 직수출액 : 20,000,000원
> ㉢ 국내사업자에게 증여한 견본품의 가액 : 2,000,000원
> ㉣ 직접도급계약에 의한 수출재화임가공용역금액 : 20,000,000원
> ㉤ 양도담보로 제공한 제품금액 : 80,000,000원
> ㉥ 위탁판매를 받아 수탁자로서 판매한 제품금액 : 20,000,000원
> (단, 위의 금액에는 부가가치세가 포함되지 아니함)

① 50,000,000원　　　　② 33,000,000원
③ 30,000,000원　　　　④ 32,000,000원

해설
직수출액, 견본품공급, 양도 담보로 제공제품은 세금계산서 교부대상이 아니다. 그리고 위탁판매의 경우는 위탁자 명의로 교부해야 한다.
10,000,000 + 20,000,000 + 20,000,000 = 50,000,000원

25 현행 부가가치세법은 과세방법으로 전단계세액공제법을 사용하고 있다. 다음 중 전단계세액공제법에 대한 설명으로 옳지 않은 것은?

① 전단계세액공제법은 매출세액에서 매입세액을 차감하여 산출세액을 계산한다.
② 전단계세액공제법은 거래가 있을 때마다 부가가치세의 전가가 명확하게 인식된다.
③ 재화의 수출입에 대한 국경세조정이 어려운 단점이 있다.
④ 품목별로 면세를 설정하는데 용이하다.

[해설]
전단계세액공제법은 국경세조정이 용이하다.

세법2부 : 국세기본법, 소득세법

01 다음 중 국세기본법상 기한과 기간에 대한 설명 중 틀린 것은?

① 납세자가 화재·전화 기타 재해를 입거나 도난으로 인하여 기한을 연장할 경우 관할 세무서장은 납세담보를 요구할 수가 있다.
② 납부 또는 징수기한이 공휴일에 해당될 때는 그 다음 날을 기한으로 한다.
③ 우편으로 과세표준신고서와 관련된 서류를 제출한 경우에는 통신일부인이 찍힌 날에 신고된 것으로 본다.
④ 기한이 근로자의 날에 해당되는 때에는 그 다음 날을 기한으로 한다.

[해설]
납세담보를 요구할 수 없다.

02 국세기본법상 국세우선권에 대한 설명 중 옳지 않은 것은?

① 국세는 지방세보다 우선하여 징수한다.
② 국세우선권이란 납세자의 재산에 대하여 국세채권과 다른 공과금, 기타의 채권이 경합하는 경우에 국세채권이 다른 채권보다 우선하여 변제받는 것을 말한다.
③ 주택임대차보호법에 의한 임차인의 소액보증금은 국세보다 우선하여 변제된다.
④ 사용자의 재산을 매각·추심한 경우 근로자의 최종 3개월분 임금채권은 공익비용을 제외한 다른 채권에 우선 변제된다.

[해설]
국세와 지방세는 압류선착주의이다.

[정답] 25 ③ / 01 ① 02 ①

03 다음 중 국세기본법상 공시송달의 사유에 해당하지 않는 것은?

① 주소 또는 영업소가 국외에 있고 그 송달이 곤란한 경우
② 송달받을 자가 정당한 이유 없이 서류 수령을 거부할 경우
③ 주소 또는 영업소가 분명하지 않은 경우
④ 세무공무원이 2회 이상 납세지를 방문하여 서류를 교부하고자 하였으나 부재중인 것으로 확인되어 납부기한 내 송달이 곤란하다고 인정되는 경우

해설
공시송달의 사유 중 수령거부는 공시송달 사유가 아니고, 유치송달의 사유이다.

04 다음은 국세기본법상 납세의무의 성립과 확정에 관한 설명이다. 옳지 않은 것은?

① 납세의무의 성립이란 세법이 정하는 과세요건을 충족하여 구체적인 납세의무가 발생되어진 상태를 말한다.
② 기간과세 되는 세목은 원칙적으로 그 과세기간이 종료하는 때에 납세의무가 성립된다.
③ 납세의무의 확정은 크게 정부부과고지제도와 신고납부제도로 나누어지며, 예외적으로 납세의무가 성립하는 때에 확정되는 세목이 있다.
④ 인지세의 경우 특별한 절차없이 납세의무가 성립하는 국세이다.

해설
납세의무의 성립이란 세법이 정하는 과세요건이 충족하여 추상적 납세의무가 발생된 상태를 말하며, 납세의무가 확정됨으로써 구체적인 납세의무가 발생하는 것이다.

05 다음 중 국세기본법에서 규정하고 있는 것이다. 설명이 옳지 않은 것은?

① 국세기본법에서 규정하고 있는 실질과세의 원칙에 반하는 규정을 다른 세법에서 규정하는 경우, 국세기본법 우선의 원칙에 의해 당해 규정은 효력이 없다.
② 제3자를 통한 간접적인 방법으로 세법의 혜택을 부당하게 받은 것으로 인정되는 경우에는 그 경제적 실질내용에 따라 당사자가 직접 거래한 것으로 본다.
③ 과세의 대상이 되는 소득의 귀속이 명의일 뿐이고 사실상 귀속자가 따로 있는 때에는 사실상 귀속되는 자를 납세의무자로 본다.
④ 세법 중 과세표준의 계산에 관한 규정은 거래의 명칭이나 형식에 불구하고 그 실질 내용에 따라 적용한다.

06 다음 중 국세기본법상 상속세·증여세의 경우 중 그 부과권의 제척기간이 15년에 해당하는 경우가 아닌 것은?

① 상속세 및 증여세의 경우로 납세자가 사기, 기타 부정한 행위로써 상속세·증여세를 포탈하거나 환급·공제받는 경우
② 상속세 및 증여세법 규정에 의하여 신고서를 제출하지 아니한 경우
③ 상속세 및 증여세법 규정에 의하여 신고서를 제출한 자가 대통령령이 정하는 허위신고 또는 누락신고를 한 경우(그 허위신고 또는 누락신고를 한 부분에 한함)
④ 상속세 및 증여세법 규정에 의하여 상속신고의 부속서류를 미제출한 경우

07 다음은 국세기본법상 심사청구 등 국세불복절차에 관한 설명이다. 이 중 가장 옳지 않은 것은?

① 제2차 납세의무자로서 납부통지서를 받은 자도 세법에 의한 처분으로 권리 또는 이익의 침해를 당한 경우에는 불복청구를 할 수 있다.
② 납세보증인도 세법에 의한 처분으로 권리 또는 이익의 침해를 당한 경우에는 불복청구를 할 수 있다.
③ 행정소송은 심사청구 또는 심판청구에 대한 결정의 통지를 받은 날부터 60일 이내에 제기하여야 한다.
④ 불복청구를 하더라도 집행은 정지되지 아니함이 원칙이다.

08 다음은 국세기본법상 제2차 납세의무자의 납부책임에 대한 내용이다. 다음 중 납부책임에 있어서 그 한도가 없는 제2차 납세의무자가 있는 제2차 납세의무에 해당하는 것은 무엇인가?

① 청산인 등의 제2차 납세의무
② 출자자의 제2차 납세의무
③ 법인의 제2차 납세의무
④ 사업양수인의 제2차 납세의무

해설
출자자의 제2차 납세의무 중 무한책임사원(합명회사 사원, 합자회사 무한책임사원)에게만 제2차 납세의무가 한도없이 적용되며, 나머지는 납부책임의 한도가 있다.

정답 06 ④ 07 ③ 08 ②

09 국세기본법은 연대납세의무에 관한 규정을 두고 있다. 다음 중 국세기본법상 연대납세의무를 지는 사유가 아닌 것은?

① 공유물·공동사업 등에 관한 연대납세의무
② 법인의 분할로 인한 연대납세의무
③ 채무자 회생 및 파산에 관한 법률에 의한 신회사 설립 시 연대납세의무
④ 법인의 합병으로 인한 연대납세의무

> **해설**
> 법인의 합병은 납세의무의 승계이다.

10 국세기본법상 납세담보를 제공한 자가 문서로 납세담보변경신청을 할 때 세무서장이 승인하여야 하는 경우가 아닌 것은?

① 보증인의 납세보증서에 갈음하여 다른 담보재산을 제공한 때
② 제공한 납세담보가 가액의 변동으로 과다하게 된 때
③ 납세보증보험증권회사가 그 변경을 요청할 때
④ 납세담보로서 제공한 유가증권 중 상환기간이 정해진 것이 그 상환기간에 이른 때

11 다음 중 국세기본법상 경정 등의 청구에 대한 설명 중 틀린 것은?

① 과세표준신고서를 법정신고 기한 내에 제출하지 아니한 자는 경정 등의 청구를 할 수가 없다.
② 소득, 기타 과세물건의 귀속을 제3자에게로 변경시키는 결정 또는 경정이 있을 때에는 그 사유가 발생한 날부터 3월 이내에 경정 등의 청구를 할 수가 있다.
③ 경정 등의 청구는 법정신고기한 경과 후 5년 이내에 관할 세무서장에게 청구할 수 있다.
④ 경정청구만으로는 세액이 확정되는 효과는 없고 경정청구를 받은 세무서장이 그 청구를 받은 날로부터 2월 이내에 결정 또는 경정여부를 통지하여야 한다.

> **해설**
> 법정신고기한 내에 신고하지 아니한 자도 기한 후 신고의 경우나 후발적 사유가 발생 시(3개월 이내) 경정청구가 가능하다.

12 국세기본법상 가산세 규정에 관한 설명이다. 부당무신고나 부당과소신고에 해당하기 위한 '부당한 방법'에 해당하지 않는 것은?

① 이중장부의 작성 등 장부의 허위기장
② 허위증빙 등의 수취. 단, 허위증빙의 수취는 허위임을 알고 수취하였는지 여부를 불문
③ 허위증빙 또는 허위문서의 작성
④ 장부와 기록의 파기

13 다음은 국세기본법상 국세환급금에 관한 설명이다. 다음 중 옳지 않은 것은?

① 국세환급가산금이란 국세환급금에 붙는 법정이자로서, 납세자가 국세를 체납할 때 징수하는 가산금에 대응되는 것이다.
② 납세자의 국세환급금에 관한 권리는 행사할 수 있는 때로부터 5년간 행사하지 않으면 소멸된다.
③ 국세환급금은 고지에 의해 납부하는 국세가 있는 경우 이에 충당하여야 한다.
④ 국세환급금의 채권자는 국세환급금에 관한 권리를 제3자에게 양도할 수 없다.

> **해설**
> 양도할 수 있다.

14 다음은 소득세 납세의무에 관한 설명이다. 옳지 않은 것은?

① 거주자는 국내원천소득과 국외원천소득 모두에 대하여 소득세 납세의무를 진다.
② 비거주자는 국내원천소득에 대하여만 소득세 납세의무를 진다.
③ 법인격 없는 사단 등은 국세기본법 규정에 의하여 법인으로 보는 단체 이외에는 거주자로 보아 소득세법을 적용한다.
④ 공동사업자는 공동사업에서 생긴 소득에 대하여 소득세를 연대하여 납부할 의무를 지닌다.

> **해설**
> 본 규정은 국세기본법상의 연대납세의무 규정에 대한 중대한 특례이며 당해 거주자 별로 납세의무를 지닌다.

정답 12 ② 13 ④ 14 ④

15 다음은 근로소득의 총수입금액의 수입시기에 관한 설명이다. 옳지 않은 것은?

① 급여 – 근로를 제공한 날
② 잉여금 처분에 의한 상여 – 당해 법인의 잉여금 처분 결의일
③ 인정상여 – 인정상여 결정일
④ 주식매수선택권 – 주식매수선택권을 행사한 날

해설
인정상여는 당해 사업연도 중의 근로를 제공한 날이 총수입금액의 수입시기이다.

16 소득세법상 부동산임대소득에 관한 설명이다. 옳은 내용은 어느 것인가?

① 공익사업과 관련된 지상권·지역권의 대여료에 대하여는 부동산임대소득으로 과세할 수 없다.
② 부동산임대소득 중 전답을 작물생산에 이용하여 발생하는 소득을 과세할 수 있다.
③ 부동산임대소득을 기준경비율 또는 단순경비율로 계산 시 결손금이 발생할 수 있다.
④ 부동산임대소득이 있는 자가 해당 업무와 관련하여 해당 사업용자산의 손실로 인하여 취득하는 보험차익은 총수입금액에 산입할 수 없다.

해설
공익사업과 관련된 지상권·지역권의 대여료는 기타소득이다.

17 다음 자료를 이용하여 사업소득금액을 계산하시오.

(1) 손익계산서상 당기순이익 : 50,000,000원
(2) 손익계산서상 반영되어 있는 금액
 – 대표자의 급여 : 10,000,000원
 – 개인부동산처분손실 : 5,000,000원
 – 은행예금이자소득 : 3,000,000원

① 62,000,000원 ② 59,000,000원
③ 61,000,000원 ④ 60,000,000원

해설
50,000,000 + 10,000,000 + 5,000,000(∵ 양도소득세로 분류과세) − 3,000,000 = 62,000,000원

18 소득세법상 연금소득에 대한 설명 중 틀린 것은?

① 연금소득의 수입시기는 연금의 지급이 확정된 날로 한다.
② 퇴직소득과 연말정산대상 연금소득만 있는 자는 과세표준 확정신고를 하지 아니할 수가 있다.
③ 공적연금(2002년 1월 1일 이후 불입분을 기초로 지급받는 부분)을 일시금으로 수령하는 경우에는 퇴직소득으로 분류한다.
④ 퇴직연금을 일시금으로 수령하는 경우에는 퇴직소득으로 분류한다.

해설
지급받거나 받기로 한 날

19 다음은 소득세법상 기타소득을 설명한 것이다. 다음 중 기타소득에 해당하지 않는 것은?

① 복권 등 추첨권에 의하여 받는 당첨금품
② 저작자 자신에게 귀속되는 저작권 등의 사용료
③ 물품 또는 장소를 일시적으로 대여하고 사용료로 받는 금품
④ 뇌 물

해설
저작자 자신에게 귀속되는 저작권 등의 사용료는 사업소득이며, 저작자 외의 자에게 귀속되는 저작권 등의 사용료만이 기타소득이다.

20 소득세법상 공동사업에 대한 소득금액 계산의 특례에 대한 설명 중 옳지 않은 것은?

① 공동사업장에 대하여는 각 공동사업자별로 구분하여 장부를 비치·기장하여 각 공동사업자별로 분배한다.
② 공동사업에서 발생한 소득금액은 해당 공동사업을 경영하는 각 거주자 간에 약정된 손익분배비율에 의하여 분배되었거나 분배될 소득금액에 따라 각 공동사업자별로 분배한다.
③ 부동산임대소득 또는 사업소득이 발생하는 사업을 공동으로 경영하고 그 손익을 분배하는 공동사업의 경우에는 해당 사업을 경영하는 장소를 1거주자로 보아 공동사업장별로 그 소득금액을 계산한다.
④ 거주자 1인과 그와 특수관계에 있는 자가 공동사업자에 포함되어 있는 경우로서 손익분배비율을 허위로 정하는 사유가 있는 때에는 당해 특수관계자의 소득금액은 그 손익분배비율이 큰 공동사업자의 소득금액으로 본다.

정답 18 ① 19 ② 20 ①

21 다음은 소득세법상 종합소득공제에 대한 설명이다. 가장 옳지 않은 것은?

① 장애인은 연령에 제한 없이 기본공제대상자가 될 수 있다.
② 기본공제 대상에 해당하는지의 여부의 판정은 원칙적으로 과세기간종료일 현재의 상황에 따른다.
③ 근로소득이 없는 자로서 성실사업자가 아닌 자는 특별공제를 받지 못하고 10만원의 표준세액공제를 적용받는다.
④ 거주자의 직계존속이 있는 경우 주거형편상 별거하고 있는 경우 부양가족으로 볼 수 있다.

> **해설**
> 근로소득이 없는 자는 7만원의 표준세액공제를 적용받는다. 단, 성실사업자의 경우 12만원의 표준세액공제를 적용받는다.

22 다음 중 소득세법상 양도소득세에 대한 설명으로 틀린 것은?

① 일시적 2주택자로서 조정대상지역 내 주택을 추가로 취득한 경우, 종전주택을 신규주택 취득 후 2년 이내 양도하면 비과세를 적용받을 수 있다.
② 이혼 위자료로 부동산을 배우자에게 양도하는 경우 양도소득세는 비과세이다.
③ 비사업용토지에 적용하는 세율은 기본세율에 과세표준구간별로 10% 할증과세된 세율을 적용한다.
④ 토지와 건물 등을 함께 취득하거나 양도한 경우로서 그 토지와 건물 등을 구분 기장한 가액이 자산별 기준시가 등에 따른 안분계산한 가액과 100분의 30 이상 차이가 있는 경우에는 토지와 건물 등의 가액 구분이 불분명한 때로 본다.

> **해설**
> 주택 소재지 구분없이 종전주택 구입 후 1년 이후에 신규 주택을 구입하고, 그 신규 주택을 취득한 날로부터 3년 이내 양도하면 비과세 적용받을 수 있다.

23 다음은 소득세 중간예납에 대한 소득세법상 설명이다. 틀린 것은?

① 중간예납세액은 원칙적으로 직전 연도 중간예납기준액의 2분의 1에 상당하는 세액을 납부한다.
② 근로소득과 부동산임대소득만 있는 거주자는 중간예납의무가 없다.
③ 중간예납기간은 1월 1일부터 6월 30일까지이며, 당해연도의 11월 30일까지 납부하여야 한다.
④ 중간예납추계액이 중간예납기준액의 30%에 미달하는 경우에는 중간예납추계액을 신고·납부할 수가 있다.

> **해설**
> 부동산임대소득은 사업소득과 같이 중간예납 의무가 있다.

24 다음은 종합소득세 계산 시 소득공제에 관한 것이다. 다음 중 근로자가 아닌 사업자도 적용받을 수 있는 소득공제는 어느 것인가?

① 보험료세액공제
② 신용카드 등 사용금액에 대한 소득공제
③ 주택자금 소득공제
④ 연금보험료 소득공제

25 소득세법상 1세대 1주택 비과세 요건 중 배우자가 없어도 1세대가 되는 경우가 아닌 경우는 어느 것인가?

① 당해 거주자의 연령이 30세 이상인 경우
② 당해 거주자의 배우자가 사망하거나 이혼한 경우
③ 당해 거주자가 미성년자로서 가족의 사망으로 1세대의 구성이 불가피한 경우
④ 당해 거주자가 소득이 없는 대학생으로서 조부로부터 주택을 상속받는 경우

정답 24 ④   25 ④

제2회 실전모의고사

세법1부 : 법인세법, 부가가치세법

01 다음 중 법인세법상 납세의무에 관한 설명으로 가장 잘못된 것은?

① 법 소정 주택 및 비사업용 토지 등 양도소득에 대한 법인세는 내국법인뿐만 아니라 외국법인도 납세의무를 진다.
② 법인 아닌 단체도 법인세 납세의무를 지는 경우가 있다.
③ 외국의 지방자치단체가 국내에서 수익사업을 영위하는 경우 법인세 납세의무를 진다.
④ 비영리내국법인은 청산소득과 미환류소득에 대해서는 법인세 납세의무가 있다.

해설
비영리내국법인은 청산소득과 미환류소득에 대해 법인세 납세의무가 없다.

02 법인이 사업연도 기간 중에 해산한 후 청산절차를 거쳐 잔여재산을 분배한 경우 법인세법상 다음의 기간을 각각의 사업연도로 보는 내용이다. 아래 설명 중에서 가장 옳지 않은 것은?

① 해산등기일이 속하는 사업연도개시일부터 해산등기일까지의 기간
② 잔여재산가액이 확정된 날의 다음 날부터 그 해의 사업연도 종료일까지의 기간
③ 해산등기일의 다음 날부터 그 사업연도종료일까지의 기간
④ 잔여재산가액이 확정된 사업연도개시일부터 잔여재산의 가액이 확정된 날까지의 기간

해설
잔여재산가액이 확정된 이후에는 사업연도가 존재하지 아니한다.

03 법인세법상 법인의 각 사업연도소득과 기업회계이익의 차이는 세법과 기업회계의 목적이 다르기 때문에 차이가 발생한다. 다음 중 차이 발생의 요인에 대한 설명이 틀린 것은?

① 자본거래의 손익의 경우 세법상은 소득계산 시 일부산입한다.
② 유가증권의 평가기준에서 세법상은 원가법이 원칙이다.
③ 주식배당의 경우 기업회계기준은 이익에 불산입한다.
④ 비용의 제한에 있어서 세법과 기업회계기준에 차이가 없다.

해설
비용의 제한의 경우 세법상은 한도에 의하여 규제하고, 기업회계기준상은 제한 없이 비용에 산입한다.

01 ④ 02 ② 03 ④ **정답**

04 다음 중 법인세를 계산함에 있어서 세무조정이 필요한 경우는?

① 토지를 처분, 인도하고 잔금을 수령하지 않았으나 처분이익을 인식하였다.
② 장기할부조건으로 판매한 제품에 대하여 당기에 회수하기로 약정된 금액과 이에 대응하는 비용을 각각 수익과 비용으로 계상하였다.
③ 위탁판매한 제품의 매출은 수탁자가 판매한 시점에, 시용판매한 제품의 매출은 상대방이 구입의사를 표시한 날에 수익을 인식하였다.
④ 전기에 누락한 매출액을 당기에 발견하여 전기오류수정이익(수익)으로 처리하였다.

해설
① 재고자산 이외의 자산의 양도손익은 대금청산일, 소유권이전등기(등록)일, 인도일, 사용수익일 중 가장 빠른 날을 귀속시기로 한다. 따라서 토지의 처분이익은 당기의 익금에 산입되어야 하므로 세무조정은 필요없다.
② 법인이 회수기일도래기준에 따라 매출액과 매출원가를 결산에 반영한 경우에는 이를 특례로써 인정한다. 따라서 세무조정은 필요없다.
③ 위탁판매한 제품의 매출은 수탁자가 판매한 시점에, 시용판매한 제품의 매출은 상대방이 구입의사를 표시한 날에 인식하여야 하므로 세무조정은 없다.
④ 전기오류수정손익을 당기 수익·비용으로 처리한 경우 전기오류수정손익이 당기의 익금과 손금에 해당하는 경우에는 세무조정이 필요없지만, 전기의 익금과 손금인 경우에는 익금불산입 또는 손금불산입하고 전기 이전의 법인세에 대한 수정신고·경정청구 또는 경정시에 해당 사업연도의 익금과 손금에 산입하여야 한다.

05 다음 자료를 기초로 세무상 자기자본금액(자본금과 적립금조정명세서 (갑)의 차가감계)을 계산하면 얼마인가?

- 해당 사업연도말 현재 장부상 자기자본 : 200,000,000원
- 해당 사업연도말 현재 유보소득 합계 : 20,000,000원
- 해당 사업연도에 손익계산서상 비용계상한 법인세 등 : 8,000,000원
- 해당 사업연도의 법인세액 및 소득할주민세액 : 13,000,000원
- 전기로부터 이월된 손익미계상 법인세 등의 누적액 : 15,000,000원

① 200,000,000원 ② 210,000,000원
③ 220,000,000원 ④ 225,000,000원

해설
200,000,000 + 20,000,000 − (15,000,000 + 13,000,000 − 8,000,000) = 200,000,000

정답 04 ④ 05 ①

06 다음은 법인세법상 업무무관비용의 손금불산입에 관한 내용이다. 다음 중 옳지 않은 것은?

① 업무무관자산을 취득·관리함으로써 생기는 비용이다.
② 해당법인의 사용인 또는 소액주주 등이 사용하는 사택의 유지비·관리비·사용료도 해당한다.
③ 업무무관자산을 취득하기 위하여 지출한 자금의 차입과 관련된 비용도 포함된다.
④ 형법 등에 의해 뇌물에 해당하는 비용도 포함된다.

> **해설**
> 소액주주와 사용인에게 사택을 제공한 경우에는 부당행위계산부인으로 보지 않으므로 손금에 산입한다.

07 법인세법상 업무무관가지급금에 대한 규제를 설명한 것이다. 규제 내용이 옳지 않은 것은?

① 업무무관가지급금에 대하여 가지급금인정이자의 익금산입
② 업무무관가지급금에 대한 가산세 적용
③ 업무무관자산 등에 대한 지급이자 손금불산입
④ 업무무관가지급금에 대한 대손금 부인

> **해설**
> 업무무관가지급금에 대한 가산세 규정은 없다.

08 다음은 법인세법상 기업업무추진비에 대한 설명이다. 다음 중 기업업무추진비 부인액에 대한 소득처분이 옳지 않은 것은?

① 증빙누락분 – 대표자상여
② 건당 3만원 초과 적격증빙 미수취분 – 기타사외유출
③ 법인명의 신용카드가 아닌 종업원카드 사용분 – 유보
④ 직접부인분을 제외한 기업업무추진비 중 기업업무추진비 한도초과액 – 기타사외유출

> **해설**
> 종업원카드 사용분은 신용카드 사용분에 포함하지 않으므로 직접부인한다. 따라서 기타사외유출 등으로 소득처분한다.

09 부동산매매업을 영위하는 ㈜평화는 상가를 신축하여 판매하는 사업을 하고 있다. 다음 자료를 기초로 할 때 법인세법상 판매손익의 귀속시기는 언제인가?

> • 계약일 : 20X4년 4월 13일
> • 잔금청산일 : 20X4년 10월 6일
> • 준공검사필증교부일 : 20X4년 9월 25일
> • 사용수익개시일 : 20X4년 9월 30일
> • 소유권이전등기일 : 20X5년 1월 6일

① 잔금청산일 ② 준공검사필증교부일
③ 사용수익개시일 ④ 소유권이전등기일

해설
인도 또는 사용수익개시일과 등기이전일 및 잔금청산일 중 가장 빠른 날이 손익귀속시기이다.

10 다음은 법인이 취득한 자산의 취득가액에 대한 설명이다. 다음 중 그 취득가액이 법인세법상 옳지 않은 것은?

	구 분	취득가액
①	타인으로부터 매입한 자산	매입가액 + 부대비용
②	자기가 제조한 자산	제작원가 + 부대비용
③	현물출자에 의하여 취득한 자산	장부에 계산한 출자가액 또는 승계가액(시가초과액은 제외)
④	합병에 의하여 취득한 자산	장부가액 + 의제배당금

11 법인세법상 기준내용연수에 기준내용연수의 100분의 50을 가감한 범위 안에서 사업장별로 납세지 관할지방국세청장의 승인을 얻어 내용연수 범위와 달리 내용연수를 적용하거나 적용하던 내용연수를 변경할 수 있는 특례사유에 해당하지 않는 것은?

① 사업장의 특성으로 자산의 부식, 마모 및 훼손의 정도가 현저한 경우
② 영업개시 후 2년이 경과한 법인으로서 당해 사업연도의 생산설비의 기획재정부령이 정하는 가동률이 직전 2개 사업연도의 평균가동률보다 현저히 증가한 경우
③ 새로운 생산기술 및 신제품의 개발·보급 등으로 기존 생산설비의 가속상각이 필요한 경우
④ 경제적 여건의 변동으로 조업을 중단하거나 생산설비의 가동률이 감소한 경우

정답 09 ③ 10 ④ 11 ②

12 다음은 법인세법상 부당행위계산부인 규정에 대한 설명이다. 다음 중 옳은 것은?

① 부당행위계산부인규정은 일반 규정이므로 특수관계자와의 거래가 아니라도 이익의 분여가 있으면 동 규정이 적용될 수 있다.
② 부당행위계산의 유형 중 손익거래는 시가와 거래가액의 차액이 시가의 5%에 상당하는 금액 이상이거나 3억원 이상인 경우에 한하여 동 규정을 적용한다.
③ 부당행위계산부인이 적용되면 사법상의 효력 또한 부인된다.
④ 부당행위계산부인의 요건에 해당하여 동 규정을 적용받을 경우 부인된 금액은 조세범처벌법상의 포탈세액으로 본다.

13 법인세법상 최저한세에 미달하여 정부가 경정하는 경우에 감면 등을 적용배제하는 순서가 잘 나열된 것은?

① 손금산입 – 세액공제 – 세액면제·감면 – 소득공제
② 세액공제 – 손금산입 – 소득공제 – 세액면제·감면
③ 소득공제 – 세액공제 – 손금산입 – 세액면제·감면
④ 세액면제·감면 – 손금산입 – 소득공제 – 세액공제

해설
'손금산입 – 세액공제 – 세액면제·감면 – 소득공제'의 순서이다.

14 다음은 우리나라의 부가가치세법에 관한 설명이다. 다음 중 옳지 않은 것은?

① 부가가치세의 납세의무자는 사업자이다.
② 부가가치세법상 사업자란 영리목적으로 사업상 독립적으로 재화 또는 용역을 공급하는 자이다.
③ 부가가치세의 과세물건은 재화·용역의 공급 또는 재화의 수입이다.
④ 부가가치세는 그 세부담의 전가를 예정하는 간접세이다.

해설
영리목적 유무는 부가세법상 사업자와 관련 없다.

15 다음은 부가가치세법상 사업자의 분류에 따라 규정하고 있는 내용을 설명하고 있다. 옳지 않은 것은?

① 과세사업자 중 영세율적용사업자는 조기 환급을 받을 수 있다.
② 간이과세자는 원칙적으로 세금계산서를 발행할 수 있다.
③ 면세사업자는 매입세액공제를 받을 수 없다.
④ 간이과세자는 법인 및 개인 모두 가능하다.

해설
법인은 간이과세자가 될 수 없다.

16 부가가치세법상 다음 재화와 용역의 공급 중 세금계산서 교부의무가 면제되는 경우가 아닌 것은?

① 영수증교부대상사업자가 신용카드매출전표 등을 교부한 경우
② 목욕, 이발, 미용업
③ 총괄납부 미승인의 직매장 반출의 경우
④ 부동산임대용역 중 간주임대료

해설
총괄납부 미승인시 세금계산서를 교부하여야 한다.

17 다음 사람들 중 세금계산서에 관한 설명으로 잘못 말한 사람은?

> 김선생 : 세금계산서는 필요적 기재사항과 임의적 기재사항이 있는데 공급받는 자의 사업자등록번호는 필요적 기재사항이다.
> 이선생 : 사업자는 재화를 공급할 때 그 재화가 과세 또는 면세에 관계없이 세금계산서를 발행하여야 한다.
> 강선생 : 세금계산서는 원칙적으로 재화와 용역의 공급시기에 발행하여야 한다.
> 최선생 : 세금계산서를 교부한 후 그 기재사항에 착오나 정정사항이 있는 경우 이를 수정하여 세금계산서를 교부할 수 있다.
> 유선생 : 세금계산서는 재화를 공급하는 사업자가 발행하는 것이므로 어떠한 경우에도 재화 등을 공급받는 자는 세금계산서를 발행할 수 없다.

① 김선생, 유선생 ② 이선생, 유선생
③ 이선생, 강선생 ④ 최선생, 유선생

해설
- 세금계산서는 과세재화를 공급하는 경우 발행한다.
- 세금계산서는 일정한 요건을 갖춘 경우 매입자가 세금계산서를 발행할 수 있다.

18 부가가치세법상 간이과세자에 대한 설명이다. 틀린 설명은?

① 개인사업자만 간이과세자가 될 수 있다.
② 도매업은 간이과세배제업종이지만, 소매업을 겸업시 간이과세자가 가능하다.
③ 직전 1역년분의 공급대가가 1억 400만원 미만이어야 한다.
④ 위 ③의 금액을 계산 시 직전 1역년 중 휴업한 사업자는 휴업기간을 제외한 잔여기간의 공급대가를 12월로 환산한 금액을 기준으로 한다.

해설
도매업과 소매업을 겸업하여도 간이과세배제업종에 해당된다.

19 부가가치세법은 미가공 식료품에 대하여 면세로 규정하고 있다. 이러한 미가공 식료품에 해당되지 않는 것은?

① 우유에 바나나향을 배합한 바나나맛 우유
② 원생산물 본래의 성질이 변하지 아니하는 정도로 1차 가공을 하는 과정에서 필수적으로 발생하는 부산물
③ 김치, 두부 등 단순 가공식료품
④ 미가공 식료품을 단순히 혼합한 것

20 다음 자료에 의하여 부가가치세 매출세액을 계산하면 얼마인가?

- 과세되는 공급가액 : 52,000,000원
- 매출환입 : 2,000,000원
- 매출할인 : 3,000,000원
- 대손처리된 채권 : 7,700,000원(이 중 세법상 대손요건을 충족하지 못한 채권 2,200,000원을 포함하고 있으며, 채권금액은 공급대가이다)

① 4,300,000원 ② 4,200,000원
③ 4,100,000원 ④ 4,000,000원

해설
- 과세표준 = 52,000,000원 − (2,000,000원 + 3,000,000원) = 47,000,000원
- 매출세액 = 47,000,000원 × 10% = 4,700,000원
- 대손세액공제 = 5,500,000원 × 10/110 = 500,000원
- 대손세액공제 후 매출세액 = 4,700,000원 − 500,000원 = 4,200,000원

21 다음은 부가가치세법상 의제매입세액공제에 관한 내용이다. 옳지 않은 것은?

① 사업자가 면세농산물 등을 원재료로 하여 제조·가공한 재화 등이 과세되는 경우에 적용한다.
② 개인음식점의 경우 1년 과세표준(매출액)이 4억원 이하인 경우에는 과세표준의 70%까지 의제매입세액공제를 받을 수 있다.
③ 의제매입세액공제를 받은 자가 그 농산물을 면세사업의 목적으로 사용하는 경우 공제한 의제매입세액을 추징당한다.
④ 음식점업을 영위하는 간이과세자도 의제매입세액공제를 받을 수 있다.

해설
2021년 7월 1일 이후 공급받거나 수입하는 분부터 간이과세자에 대한 의제매입세액공제 적용을 배제한다.

22 다음 중 일반개인사업자 중 부가가치세법상 예정신고 & 납부를 할 수 있는 경우는 어느 것인가?

① 직전 과세기간에 대한 납부세액이 없는 자
② 각 예정신고기간분에 대해 조기환급을 받고자 하는 자
③ 각 예정신고기간에 신규로 사업을 개시한 자
④ 주사업장총괄납부 승인을 얻은 자

23 부가가치세법상 과세사업을 영위하던 ㈜세민은 20X5년 11월 4일 당해 사업을 폐업하였다. 폐업할 당시의 잔존재화가 다음과 같다면 부가가치세 과세표준은 얼마인가?(단, 모든 매입거래는 매입 시 매입세액 공제된 것이다)

종 류	취득일	취득원가	시 가
제 품	20X5.2.8	30,000,000원	32,000,000원
기계장치	20X4.8.16	50,000,000원	10,000,000원

① 42,000,000원
② 40,000,000원
③ 48,000,000원
④ 57,000,000원

해설
32,000,000 + [50,000,000 × {1 − (25% × 2)}] = 57,000,000

정답 21 ④ 22 ② 23 ④

24 다음은 부가가치세법상 재화의 공급시기에 대한 설명이다. 옳지 않은 것은?

	구 분	재화의 공급시기
①	장기할부판매의 경우	대가의 각 부분을 받기로 한 때
②	현금판매의 경우	그 대가를 받은 때
③	재화의 공급으로 보는 가공의 경우	가공된 재화를 인도하는 때
④	무인판매기의 경우	무인판매기에서 현금을 인취하는 때

25 다음은 부가가치세법상 공통매입세액 안분계산의 배제에 대한 설명이다. 다음 중 공통매입세액 안분계산의 배제사유가 아닌 것은?

① 사업의 특성상 당해 과세기간의 면세공급가액을 구분하기 곤란한 경우
② 당해 과세기간의 총 공급가액 중 면세공급가액이 5% 미만인 경우
③ 당해 과세기간에 신규로 사업을 개시한 사업자가 당해 과세기간에 공급한 공통사용 재화인 경우
④ 당해 과세기간 중의 공통매입세액이 5만원 미만인 경우

세법2부 : 국세기본법, 소득세법

01 다음은 국세기본법상 용어에 대한 설명이다. 옳지 않은 것은?
① 세법이란 국세의 종목과 세율을 정하고 있는 법률과 「국세징수법」·「조세특례제한법」·「국제조세조정에 관한 법률」·「조세범처벌법」 및 「조세범처벌절차법」을 말한다.
② 가산금이란 「국세징수법」 중 강제징수에 관한 규정에 의한 재산의 압류·보관·운반과 매각에 소요된 비용(매각을 대행시키는 경우 그 수수료를 포함한다)을 말한다.
③ 원천징수란 세법에 의하여 원천징수의무자가 국세(이에 관계되는 가산세를 제외한다)를 징수함을 말한다.
④ 가산세란 세법에 규정하는 의무의 성실한 이행을 확보하기 위하여 그 세법에 의하여 산출한 세액에 가산하여 징수하는 금액을 말한다.

해설
강제징수비에 대한 설명이다.

02 국세기본법상 국세부과의 원칙을 설명한 내용이다. 다음 보기는 어느 내용에 해당하는가?

> 국세를 조사, 결정함에 있어서 기장의 내용이 사실과 다르거나 기장이 누락된 것이 있는 때에는 그 부분에 한하여 정부가 조사한 사실에 따라 결정할 수 있다. 이 경우 정부가 조사한 사실과 결정의 근거를 결정서에 부기하여야 하며, 납세의무자 또는 그 대리인의 요구가 있는 때에는 해당 결정서를 열람 또는 등초하게 하거나 그 등본 또는 초본이 원본과 상위 없음을 확인하여야 한다.

① 근거과세의 원칙
② 실질과세의 원칙
③ 신의성실의 원칙
④ 조세감면의 사후관리

03 다음은 송달지연으로 인한 납부기한의 연장에 관한 내용이다. 연장된 납부기한은 국세기본법상 언제인가?

> 통상의 납부기한 경우 납부기한이 10월 20일인 고지서의 송달이 10월 23일에 도달했다.

① 10월 29일
② 11월 6일
③ 10월 23일
④ 10월 20일

해설
도달 후 14일 내 납부기한이 도래한다.

04 다음은 국세기본법상 제척기간에 대한 설명이다. 다음 중 제척기간이 옳게 표시되지 않은 것은?

	구 분	제척기간
①	일반세목의 경우로 법정신고 기한 내에 과세표준신고서를 제출하지 않은 경우	7년
②	상속·증여세로 법정신고 기한 내에 과세표준신고서를 제출하지 않은 경우	10년
③	일반세목의 경우로 사기 기타 부정한 행위로써 국세를 포탈하거나 환급·공제받은 경우	10년
④	상속·증여세로 사기 기타 부정한 행위로써 국세를 포탈하거나 환급·공제받은 경우	15년

해설
10년 → 15년

정답 02 ① 03 ② 04 ②

05 다음은 국세기본법상 기간과 기한에 관한 설명이다. 옳지 않은 것은?

① 국세기본법 또는 세법에 규정하는 기간의 계산은 국세기본법 또는 그 세법에 특별한 규정이 있는 것을 제외하고는 민법에 따른다.
② 국세기본법 또는 세법에 규정하는 신고·신청·청구 기타 서류의 제출·통지·납부 또는 징수에 관한 기한이 공휴일·토요일 또는 근로자의 날에 해당하는 때에는 그 다음 날을 기한으로 한다.
③ 국세기본법 또는 세법에서 규정하는 신고 또는 납부 기한 일에 정전, 통신상의 장애, 프로그램의 오류 및 그 밖에 부득이한 사유에 따라 국세정보통신망의 가동이 정지되어 전자신고를 할 수 없는 경우에는 그 장애가 복구되어 신고 또는 납부할 수 있게 된 날을 기한으로 한다.
④ 과세표준신고서·과세표준수정신고서 등을 국세정보통신망에 의해 제출하는 경우에는 국세정보통신망에 입력된 때에 신고된 것으로 본다.

해설
그 장애가 복구되어 신고 또는 납부할 수 있게 된 날의 다음 날을 기한으로 한다.

06 다음 중 국세기본법상 공시송달의 사유가 될 수 없는 것은?

① 주소 또는 영업소가 국외에 있고 그 송달이 곤란한 경우
② 주소 또는 영업소가 분명하지 않은 경우
③ 서류를 등기우편으로 송달하였으나 수취인이 부재로 반송되는 경우로 납부기한 내 송달이 곤란한 경우
④ 세무공무원이 1회 이상 납세자를 방문(처음 방문과 마지막 방문의 기간이 3일(토요일, 공휴일 제외) 이상이어야 함)하여 서류를 교부하고자 하였으나 부재 중인 경우로 납부기한 내 송달이 곤란한 경우

해설
2회 이상

07 다음은 국세기본법상 납세담보에 관한 설명이다. 옳은 것은?

① 세법규정에 근거하지 않고 임의로 제공받은 납세담보도 효력이 있다.
② 담보로 제공하여야 할 가액은 현금 또는 납세보증보험증권의 경우 담보할 국세의 100% 이상의 가액이다.
③ 세무서장은 납세담보의 제공을 받은 국세 등이 기간 내에 납부되지 않으면 당해 담보로써 그 국세 등을 징수한다.
④ 한 번 담보가 설정되면 세무서장은 담보의 보충을 요구할 수 없다.

08 다음은 국세기본법상 과세관할에 관한 설명이다. 다음 중 옳지 않은 것은?

① 과세표준신고서는 그 신고 당시 당해 국세의 납세지를 관할하는 세무서장에게 제출하여야 한다. 다만, 전자신고를 하는 경우에는 지방국세청장 또는 국세청장에게 제출할 수 있다.
② 관할을 위배하여 신고서가 제출된 경우에는 당해 신고의 효력이 없다.
③ 국세의 과세표준과 세액의 결정 또는 경정결정은 그 처분 당시 당해 국세의 납세지를 관할하는 세무서장이 행한다.
④ 관할 세무서장 이외의 세무서장이 행한 결정 또는 경정결정 처분은 그 효력이 없다.

09 국세기본법상 국세불복은 이의신청과 심사청구 및 심판청구로 나누어진다. 다음 중 이의신청이 배제되는 처분이 아닌 것은 어느 것인가?

① 국세청장의 과세표준 조사·결정에 의한 처분
② 국세청의 감사 결과에 따른 시정지시에 의한 처분
③ 국세청의 세무조사 결과에 따른 처분
④ 관할 세무서장의 전산분석 결과에 따른 결정처분

10 다음 중 국세기본법상 납세자에게 납세자권리헌장의 내용이 수록된 문서를 교부하여야 하는 사유가 아닌 것은?

① 범칙사건에 대한 조사를 하는 경우
② 과세예고통지서를 발송하는 경우
③ 법인세의 결정 또는 경정을 위한 조사 등 부과처분을 위한 실지조사를 하는 경우
④ 사업자등록증을 교부하는 경우

정답 08 ② 09 ④ 10 ②

11 다음은 국세기본법상 납세자의 재산을 강제환가 절차에 의해 매각하는 경우에 그 매각대금 중에 국세우선권에 제한을 가져오는 것이다. 이에 해당하지 않는 것은?

① 국세의 법정기일 전에 전세권·질권·저당권의 설정을 등기·등록한 사실이 증명되는 재산
② 선집행 지방세·공과금
③ 소액주택임차보증금
④ 최종 3월분의 임금채권

해설
선집행 지방세·공과금의 가산금과 강제징수비는 우선하나 선집행 지방세·공과금은 별도 판정해야 한다.

12 다음은 갑과 을이 공동으로 도소매업을 운영하면서 발생한 공동사업장에 대한 자료이다. 다음의 자료를 근거로 하여 소득세법상 공동사업 합산과세(갑과 을이 특수관계자이며 손익분배비율이 허위) 되는 경우와 거주자별로 과세되는 경우 갑과 을의 사업소득금액으로 맞는 것은?

업　　종 : 도·소매업
지 분 율 : 갑(60%), 을(40%)
총수입금액 : 150,000,000원
필요경비 : 95,000,000원(대표자급여 5,000,000원 포함)

	합산과세		거주자별 과세	
	갑	을	갑	을
①	0	60,000,000	24,000,000	36,000,000
②	60,000,000	0	36,000,000	24,000,000
③	55,000,000	0	33,000,000	22,000,000
④	0	55,000,000	36,000,000	24,000,000

해설
- 합산과세의 경우
 갑 : (150,000,000 − 95,000,000 + 5,000,000) × 100% = 60,000,000원
 을 : 0원
- 거주자별 과세의 경우
 갑 : (150,000,000 − 95,000,000 + 5,000,000) × 60% = 36,000,000원
 을 : (150,000,000 − 95,000,000 + 5,000,000) × 40% = 24,000,000원

13 다음 소득세법상 과세방법에 대한 설명 중 옳은 것끼리 묶은 것은?

> 가. 현행 소득세법은 종합과세방법을 원칙으로 하고 있다.
> 나. 분류과세 대상소득은 퇴직소득 한 가지이다.
> 다. 분류과세 대상소득은 장기간에 미실현된 소득이 일시에 실현된다는 특징이 있다.
> 라. 분리과세와 분류과세는 동일한 개념이다.

① 가, 나
② 나, 라
③ 가, 다
④ 다, 라

해설
양도소득과 퇴직소득은 분류과세한다.

14 소득세법상 단체의 납세의무에 대한 다음 설명 중 맞는 것은?

① 법인격 없는 사단, 재단, 기타 단체는 모두 거주자로 본다.
② 도시및주거환경정비에 의한 정비사업조합의 단체는 거주자로 본다.
③ 1거주자로 보는 단체의 소득은 그 대표자나 관리인의 다른 소득과 합산과세 한다.
④ 대표자 또는 관리인이 선임되고 이익의 분배방법이 비율이 정해져 있다면 그 단체를 공동사업을 경영하는 것으로 본다.

해설
① 법인과 거주자는 구분된다.
② 비영리내국법인으로 본다.
③ 다른 소득과 합산과세 하지 아니한다.
④ 대표자 등이 선임되고 분배비율 등이 정해지면 공동사업을 경영하는 것으로 본다.

15 다음 중 소득세법상 사업소득 중 부동산임대소득에 해당하지 않는 것은?

① 부동산상 권리의 대여소득
② 공장재단 대여소득
③ 주택신축 판매소득
④ 광업재단의 대여소득

16 다음 중 소득세법상 필요경비가 인정되지 않는 것은?

① 양도소득
② 부동산임대소득
③ 기타소득
④ 퇴직소득

해설
퇴직소득은 필요경비가 인정되지 않는다.

정답 13 ③ 14 ④ 15 ③ 16 ④

17 다음은 우리나라 소득세법상 사업소득에 대한 설명이다. 사업소득의 계산에 있어서 법인세와 다르게 계산되는 부분을 설명한 것으로 부적절한 것은?

① 간편장부대상자의 고정자산처분이익은 사업소득 계산 시 총수입금액에 산입하지 아니한다.
② 사업소득(금융업제외) 계산 시의 대여금에 대하여도 대손충당금을 설정할 수 있다.
③ 양도자산의 상각부인액은 세무조정 없이 유보금액을 소멸시킨다.
④ 퇴직연금의 부담금은 필요경비로 계상할 때에 소득금액 계산에 있어 필요경비에 산입한다.

해설
대여금(금융업 제외)은 대손충당금설정 제외 자산이다.

18 다음 중 소득세법상 비과세 급여에 해당하지 않는 것은?

① 복무 중인 병이 받는 급여
② 법률에 의하여 동원된 자가 동원직장에서 받는 급여
③ 기술수당·보건수당 기타 이와 유사한 성질의 급여
④ 고용보험법에 의하여 받는 실업급여·육아휴직급여·산전후휴가급여

19 다음 중 소득세법의 사업소득금액과 법인세법상 각 사업연도 소득금액의 차이에 관한 설명으로 가장 올바르지 않은 것은?

① 개인사업의 대표자에게 지급하는 퇴직급여는 필요경비에 산입하지 않지만, 법인의 대표자에게 지급하는 퇴직급여는 법인의 손금에 산입한다.
② 법인세법에 따르면 소득의 종류를 구분하지 않고 모든 소득을 각 사업연도 소득에 포함하여 종합과세하므로 분리과세나 분류과세가 없다.
③ 각 사업연도 소득금액계산에 있어서 건물의 양도금액은 익금으로, 장부가액은 손금으로 보지만, 소득세법상 사업소득금액계산에 있어 건물의 양도는 분류과세되어 양도소득세 과세대상이 된다.
④ 법인의 대표자급여와 개인기업의 대표자급여는 모두 손금과 필요경비로 각각 인정된다.

해설
소득세법상 대표자의 급여는 사업소득금액계산 시 필요경비에 산입하지 아니한다.

20 소득세법상 양도소득 과세대상이 아닌 것은?

① 사업용 고정자산과 함께 양도하는 영업권
② 등기된 부동산임차권
③ 주권상장법인 또는 코스닥상장법인이 아닌 법인의 주식
④ 산업재산권의 양도

해설
산업재산권의 양도는 기타소득이다.

21 다음은 소득세법상 종합소득에 대한 원천징수세율에 관한 설명이다. 옳지 않은 것은?

① 부가가치세 면세대상인 의료보건용역에 대한 원천징수세율은 수입금액의 3%이다.
② 부가가치세 면세대상인 접대부·댄서와 같은 용역에 대한 원천징수세율은 봉사료 수입금액의 5%이다.
③ 보험모집인에게 사업소득을 지급하는 경우 원천징수세율은 5%이다.
④ 복권당첨 소득금액이 3억원을 초과하는 경우 그 초과분의 원천징수세율은 30%이다.

해설
3%이다.

22 다음 보기의 양도자산을 양도 시 소득세법상 양도소득세율은 얼마인가?

- 2021년 6월 1일 이후 양도하는 보유기간이 1년 미만인 상가가 아닌 주택
- 미등기한 주택

① 모두 70% ② 모두 60%
③ 모두 50% ④ 40%와 50%

해설
2021년 6월 1일 이후 양도하는 보유기간 1년 미만인 상가가 아닌 주택은 70%이고, 미등기주택의 경우에도 70% 양도세율이 적용된다.

23 다음 중 소득세법상 비과세연금소득에 해당하지 않는 것은?

① 국민연금법에 의하여 지급받는 유족연금·장애연금
② 2002년 1월 1일 이후 불입분(또는 근로제공분)을 기초로 지급받는 군인연금
③ 산업재해보상보험법에 의하여 지급받는 각종 연금
④ 국군포로 대우 등에 관한 법률에 따른 국군포로가 지급받는 연금

정답 20 ④ 21 ③ 22 ① 23 ②

24 근로자인 김만수씨의 해당 연도 중 의료비 지출액이 다음과 같다. 현행 소득세법상 김만수씨의 의료비세액공제액은 얼마인가?

> - 근로자 김만수씨의 해당 연도 총급여액은 60,000,000원이고, 아들의 당해 사업소득금액이 2,000,000원이 있다.
> - 근로자 본인의 수술비용 : 2,000,000원
> - 21세인 아들의 수술비 : 1,000,000원
> - 67세인 장모의 관절염치료 의약구입비 : 2,900,000원
> - 단, 근로자 김만수씨의 세부담최소화를 가정하며, 실손의료보험금 수령액은 없는 것으로 한다.

① 720,000원 ② 615,000원
③ 750,000원 ④ 885,000원

해설
1. 본인과 경로우대자의 의료비공제액 : 2,000,000원 + 2,900,000원 = 4,900,000원
2. 본인과 경로우대자 이외의 기본공제대상자의 의료비공제액 :
    - 의료비지출액 : 1,000,000원
    - 총급여액의 3% : 60,000,000 × 3% = 1,800,000원
    - 공제액 : 1,000,000원 − 1,800,000원 = (−) 800,000원
3. 의료비공제액 : 4,900,000원 − 800,000원 = 4,100,000원
∴ 4,100,000원 × 15% = 615,000원

25 다음은 소득세법상 사업장현황 신고에 대한 설명이다. 틀린 것은?
① 사업자는 원칙상 당해 사업장의 현황을 과세기간 종료 후 다음다음달 10일까지(2월 10일) 사업장 소재지 관할 세무서장에게 신고하여야 한다.
② 사업자가 사망하거나 출국으로 소득세법상 과세표준확정신고특례 적용시 신고를 아니한다.
③ 부가가치세법상 사업자가 예정신고 또는 확정신고한 경우는 신고를 하지 아니한다.
④ 2 이상의 사업장이 있는 사업자는 주된사업장에서 사업장현황신고를 하여야 한다.

해설
각 사업장별로 신고하여야 한다.

제3회 실전모의고사

세법1부 : 법인세법, 부가가치세법

01 다음 중에서 법인세법상 법인세가 과세되지 아니한 경우는 어느 것인가?
① 국가 또는 지방자치단체의 기관들이 사업을 영위하여 소득이 발생하였다.
② 비영리 목적으로 설립된 법인이 고유목적 사업이 아닌 수익사업에서 소득이 발생하였다.
③ 외국에 본점을 둔 외국법인이 국내에 있는 부동산의 양도로 소득이 발생하였다.
④ 국내에 본점을 둔 영리내국법인이 외국에서 사업소득이 발생하였다.

[해설]
국가 또는 지방자치단체의 기관들이 사업을 영위하여 발생한 소득에 대하여는 법인세를 과세하지 않는다.

02 사업연도가 매년 1월 1일부터 12월 31일까지인 ㈜평화는 사업연도를 매년 5월 1일부터 그 다음 해 4월 30일로 변경하기로 결정하고, 20X5년 9월 20일(3기) 관할 세무서장에게 사업연도를 변경 신고를 하였다. 이 경우 법인세법상 각각의 사업연도는 어떻게 되는가?
① 20X5년 1월 1일 ~ 20X5년 12월 31일, 20X6년 1월 1일 ~ 20X7년 4월 30일
② 20X5년 1월 1일 ~ 20X5년 4월 30일, 20X6년 5월 1일 ~ 20X7년 4월 30일
③ 20X5년 1월 1일 ~ 20X5년 12월 31일, 20X6년 1월 1일 ~ 20X6년 4월 30일, 20X6년 5월 1일 ~ 20X7년 4월 30일
④ 20X5년 1월 1일 ~ 20X5년 12월 31일, 20X6년 1월 1일 ~ 20X6년 12월 31일

[해설]
직전 사업연도종료일부터 3월 이내에 납세지관할 세무서장에게 변경신고하여야 한다. 그리고 사업연도가 변경된 경우에는 종전의 사업연도의 개시일부터 변경된 사업연도의 개시일 전일까지를 1사업연도로 본다. 이 경우에 그 기간이 1월 미만인 경우에는 변경된 사업연도에 포함한다.

03 법인세법상 세무조정방법은 결산조정과 신고조정으로 구분된다. 다음 중 결산조정 사항에 관한 설명 중 틀린 것은?
① 퇴직급여충당금의 손금산입은 결산조정 사항이다.
② 압축기장충당금의 손금산입은 결산조정 사항이나 신고조정도 가능하다.
③ 세법상 결산조정이란 익금 또는 손금을 결산서에 수익 또는 비용으로 계상하여 과세소득에 반영한 경우를 말한다.
④ 결산조정사항은 경정청구를 통하여 결산서를 변경할 수 있다.

[정답] 01 ① 02 ③ 03 ④

> **해설**
> 결산이 확정되어 재무제표가 공시된 이후에는 수정신고 및 경정청구를 통해 결산서를 소급하여 변경할 수 없다.

04 법인세법상 인건비 내용 중에서 손금불산입이 되는 인건비가 아닌 것은?

① 이익처분에 의한 우리사주조합을 통하여 자기주식으로 지급하는 성과급
② 임원상여금의 급여지급기준 초과액
③ 지배주주 임직원에 대한 정당한 사유 없는 불평등 보수액 중 동일 직급 임직원의 급여를 초과하는 금액
④ 임원퇴직급여 한도초과액

> **해설**
> 손금산입된다.

05 법인세법상 고정자산의 평가차손은 원칙상 손금불산입이다. 다만, 일정한 사유로 인하여 파손 또는 멸실된 고정자산의 사업연도종료일 현재 시가와 장부가액과의 평가차손에 대하여 손금에 산입된다. 그 사유가 아닌 것은?

① 현저한 시가의 하락의 경우
② 천재지변·화재의 경우
③ 법령에 의한 수용 등의 경우
④ 채굴예정량의 채진으로 인한 폐광의 경우

> **해설**
> 현저한 시가하락의 경우는 해당사항이 아니다.

06 다음은 법인세법상 지급이자손금불산입에 관한 내용이다. 다음 중 소득처분이 잘못된 것은?

	종류	소득처분
①	채권자 불분명 사채이자의 당해 이자분(원천징수세액 상당액)	기타사외유출
②	비실명 채권·증권이자의 당해 이자분	기 타
③	건설자금이자	유 보
④	업무무관자산 등에 대한 지급이자	기타사외유출

> **해설**
> 비실명 채권·증권이자의 소득처분은 대표자상여이다.

07 다음 중 법인세법상 법정기부금이 아닌 것은?

① 사회복지법인
② 국군장병 위문금품
③ 천재지변으로 생기는 이재민을 위한 구호금품
④ 국가에 무상으로 기증하는 기부금

해설
사회복지법인 기부금은 지정기부금임

08 법인세법상 장부에 의한 간주임대료의 적용대상법인에 대한 설명으로 틀린 것은?

① 영리법인이어야 한다.
② 차입금이 자기자본의 2배를 초과하여야 한다.
③ 간주임대료는 익금산입하고 소득처분은 기타소득으로 처분한다.
④ 법인의 사업연도종료일 현재 자산총액 중 임대사업에 사용된 자산가액이 50% 이상이어야 한다.

해설
소득처분은 기타사외유출로 처분한다.

09 법인세법상 자산·부채의 취득 및 평가에서 자산의 취득가액에 가감하는 내용이다. 틀린 것은?

① 고정자산에 대한 자본적 지출액은 취득가액에 가산한다.
② 유형고정자산의 취득과 함께 국공채를 매입하는 경우 기업회계기준에 따라 매입가액과 현재가치의 차액을 취득가액으로 계상한 금액도 취득가액에 가산한다.
③ 자산의 장기할부 취득시 발생한 채무를 현재가치로 평가하여 계상한 현재가치할인차금은 취득가액에 포함하지 아니한다.
④ 부가가치세법상 의제매입세액과 재활용폐자원 등에 대한 매입세액은 원재료에 가산한다.

해설
원재료에서 차감하여야 한다.

10 법인세법상 대손금의 손금산입 여부에 있어서 성격이 다른 하나를 고르시오.

① 6월 이상 지난 부도수표 및 어음
② 채무자의 파산 등으로 회수가 불가능한 채권
③ 상법상 소멸시효가 완성된 채권
④ 감독기관의 대손처리 승인 등을 받은 채권

해설
소멸시효가 완성된 채권은 신고조정 사항이며 나머지는 결산조정 사항이다.

정답 07 ① 08 ③ 09 ④ 10 ③

11 다음은 법인세법상 용역제공 등에 의한 손익의 귀속사업연도 내용이다. 해당 법인이 1차년도말에 익금산입할 금액은?

- 대금수령방법은 매년말 1억원씩 지급약정함
- 건설기간은 올해 초 1월부터 3년간이다.
- 총대금수령액을 현재가치로 환산하면 267,567,321원으로 가정한다.
- 매년 작업진행율은 1차년도는 40%, 2차년도는 80%, 3차년도는 100%이다.

① 익금산입 100,000,000원 ② 익금산입 107,026,928원
③ 익금산입 120,000,000원 ④ 익금산입 89,189,100원

해설
장기도급계약은 공사진행기준에 따라 익금과 손금을 계산하여야 한다.
300,000,000원 × 40% = 120,000,000원

12 다음은 법인세법상 이월결손금에 대한 세무처리에 관한 설명이다. 이월결손금 중에 발생연도의 기간에 상관없이 이월결손금 세무처리를 인정해 주는 것은 다음 중 어느 것인가?

① 채무면제이익에 의한 보전 ② 과세표준 계산상 공제
③ 기부금 한도액 계산상 공제 ④ 고유목적사업준비금 한도액 계산상 공제

13 부가가치세매입세액에 대한 법인세법상 처리에 대한 설명으로 옳지 않은 것은?

① 면세사업과 관련된 부가가치세 매입세액 불공제액은 그 성격에 따라 자산의 취득원가 또는 당기 손비로 처리한다.
② 면세농산물과 관련하여 의제매입세액공제를 받은 경우 이를 원재료의 매입가액에서 차감한다.
③ 비영업용 소형승용차의 취득에 따른 매입세액은 손금불산입한다.
④ 기업업무추진비와 관련된 매입세액은 법인세법상 기업업무추진비로 본다.

해설
비영업용 소형승용차의 취득에 따른 매입세액은 취득원가에 포함한다.

14 ㈜호성은 20X5년 7월 23일에 사업을 개시하였다. 다음 자료를 근거로 하여 법인세 산출세액을 계산하면?

> • 정관에 기재한 사업연도 : 1월 1일 ~ 12월 31일
> • 당기순이익 : 200,000,000원
> • 익금산입액 : 10,000,000원
> • 익금불산입액 : 40,000,000원
> • 손금불산입액 : 15,000,000원
> • 비과세소득 : 5,000,000원
> 단, 세율은 2억원 이하는 9%이고, 200억원 이하는 19%이다.

① 21,000,000 ② 24,200,000
③ 30,800,000 ④ 19,800,000

해설
- 각 사업연도소득금액 : 200,000,000 + 10,000,000 − 40,000,000 + 15,000,000
  = 185,000,000
- 과세표준 : 185,000,000 − 5,000,000 = 180,000,000
- 산출세액 : (180,000,000 × 12/6 × 세율) × 6/12 = 24,200,000

15 다음은 부가가치세법상 주사업장총괄납부제도에 대한 설명이다. 옳은 것은?

① 주된 사업장에서 총괄하여 납부하고자 하는 자는 그 총괄납부를 하고자 하는 과세기간 개시 25일 전에 관할 세무서장에게 신고하여야 한다.
② 주사업장총괄납부승인을 받은 자는 주사업장 사업자등록번호로 일괄하여 세금계산서를 작성 교부할 수 있다.
③ 주사업장총괄납부승인을 받은 자는 부가가치세에 관한 결정·경정을 주사업장 관할 세무서장이 행한다.
④ 주사업장총괄납부승인을 받은 자는 납부세액 또는 환급세액을 통산하여 주된 사업장에서 납부하거나 환급받을 수 있다.

16 우리나라 부가가치세법은 비례세율이기 때문에 저소득자의 조세부담률이 고소득자의 조세부담률보다 높다. 부가가치세법에서 이러한 역진성을 완화하기 위해서 면세제도를 두고 있는데 이와 관련이 적은 것은?

① 면세는 매출세액이 없어서 상대방으로부터 거래징수할 수가 없다.
② 면세사업자는 원칙적으로 납부세액뿐만 아니라 환급세액도 발생하지 않는다.
③ 주택과 부수토지의 임대에 대하여는 면세를 하고 있다.
④ 면세제도는 사업자의 조세부담을 경감시키기 위한 제도이다.

해설
면세제도는 사업자가 아니라 소비자의 조세부담을 경감시키기 위한 제도이다.

정답 14 ② 15 ④ 16 ④

17 부가가치세법상 과세표준에 가감하는 내용이다. 잘못 설명된 것은?

① 장기할부판매 및 할부판매의 이자상당액은 과세표준에 포함한다.
② 에누리액 및 환입된 재화가액은 과세표준에서 제외한다.
③ 공급대가의 지급지연으로 인하여 지급받는 연체이자는 과세표준에 포함한다.
④ 공급 후 공급가액에 대한 대손금 및 장려금은 과세표준에서 공제하지 않는다.

해설
지연대가로 받는 연체이자는 과세표준에서 제외한다.

18 우리나라의 부가가치세제도의 특징이 아닌 것은?

① 조세가 납세의무자로부터 소비자에게 전가되도록 입법하였다.
② 납세의무자의 신고에 의하여 납세의무가 확정된다.
③ 사업자별 과세가 원칙이다.
④ 물세이다.

해설
우리나라 부가가치세는 사업장단위로 과세하고 있다.

19 다음은 사업자등록에 관련된 내용이다. 옳지 않은 것은?

① 신규로 사업을 개시하는 자는 사업개시일로부터 20일 이내에 사업장 관할 세무서장에게 등록하여야 한다.
② 사업자등록의 신청을 받은 사업장 관할 세무서장은 신청일로부터 5일 이내에 등록번호가 부여된 사업자등록증을 교부하여야 한다.
③ 관할 세무서장은 사업개시 전 등록신청을 받은 경우에 신청자가 사업을 사실상 개시하지 않을 것으로 인정되는 때에는 등록을 거부할 수 있다.
④ 세무서장은 사업자가 신청에 의해 등록하지 않는 경우에는 이를 조사하여 직권으로 등록시킬 수 있다.

해설
신청일로부터 2일 이내에 발급하여야 한다.

20 부가가치세법상 간이과세사업자가 일반과세자의 규정을 받기 위해서 간이과세 포기는 언제까지 하여야 하는가?

① 적용받고자 하는 달의 전 달의 마지막 날까지
② 과세기간개시 30일 전까지
③ 과세기간종료일 30일 후까지
④ 과세기간종료일 10일 전까지

해설
간이과세자가 일반과세자 적용을 받으려고 하면 적용받으려는 달의 전달의 마지막 날까지 대통령령으로 정하는 바에 따라 납세지 관할 세무서장에게 신고하여야 한다.

21 부가가치세법상 영세율 적용대상 중 세금계산서 교부의무가 있는 경우는?

① 내국물품의 외국반출
② 내국신용장이나 구매확인서에 의한 재화공급
③ 국외에서 제공하는 용역의 제공
④ 항공기의 외국항행용역

해설
내국신용장과 구매확인서에 의한 재화공급은 공급시기가 속하는 과세기간이 끝난 후 25일 이내에 세금계산서를 교부하여야 한다.

22 다음 사업자는 영수증교부대상사업의 사업자이다. 이 사업자가 일반과세자라는 가정하에서 그 사업자의 업무에 관한 거래 중(고정자산 매각 등이 아니라고 가정한다) 거래상대방이 세금계산서 교부를 요구하는 경우 세금계산서를 발행하여야 하는 사업자는 누구인가?

① 목욕, 이발, 미용업
② 여객운송업
③ 입장권을 발행하여 영위하는 사업
④ 소매업

정답 20 ① 21 ② 22 ④

23. 부가가치세법상 매입세액불공제 사유가 아닌 것은?

① 토지 관련 매입세액
② 사업자등록 신청 전 매입세액으로서 사업개시일이 속하는 과세기간 종료일로부터 20일 이내에 사업자등록을 신청한 경우 해당 과세기간의 매입세액
③ 면세사업에 관련된 매입세액
④ 기업업무추진비 관련 매입세액

해설
사업개시일이 속하는 과세기간 종료일로부터 20일 이내 사업자등록을 신청한 경우 해당 과세기간의 매입세액은 공제 가능하다.

24. 작년 2월 1억원에 취득한 기계설비는 과세사업에 사용하여 왔으나 올해 4월부터 과세사업에의 사용을 중지하고 면세사업에 전용하였다. 이와 관련된 올해 제1기 부가가치세의 과세표준은?(해당 기계설비의 전용 당시 장부가액은 8천만원이고 시가는 9천만원)

① 25,000,000원
② 30,000,000원
③ 50,000,000원
④ 65,000,000원

해설
$100,000,000 \times [1 - (25\% \times 2)] = 50,000,000$원

25. 현행 부가가치세법은 주된 거래에 부수하여 공급되는 재화 또는 용역은 별도의 독립된 거래로 보지 않고 주된 거래인 재화 또는 용역의 공급에 포함되는 것으로 본다. 이러한 예에 해당하여 부수재화 또는 용역의 공급이 면세가 되는 것은?

① 피아노를 공급하면서 피아노용 의자를 제공하고 이를 운반해 주는 것
② 에어컨을 판매하면서 에어컨을 설치해 주는 것
③ 허가된 미술학원에서 교육용역을 공급하면서 실습자재를 제공하는 것
④ 조경공사업체가 조경공사에 포함하여 수목을 공급하는 것

정답 23 ② 24 ③ 25 ③

세법2부 : 국세기본법, 소득세법

01 다음은 국세기본법상 서류의 송달에 대한 설명이다. 옳지 않은 것은?

① 납부고지를 하고자 하는 경우의 서류의 송달은 등기우편으로 하여야 한다.
② 납부고지서를 전자송달 받고자 하는 경우는 서류의 송달을 받아야 할 자가 신청한 경우에 한한다.
③ 교부송달을 하고자 하는 경우 서류를 교부한 때에 수령인의 서명날인을 받아야 한다.
④ 우편송달의 효력은 송달을 받아야 할 자에게 도달한 때 발생하며 공시송달의 효력은 공고한 때로부터 발생한다.

> **해설**
> 공시송달의 효력은 공고일로부터 14일이 지나야 효력이 있다.

02 법인격이 없는 단체 중 다음 요건을 갖춘 것으로서 대표자 또는 관리인이 관할 세무서장에게 신청하여 승인을 얻은 것에 대하여도 이를 법인으로 보아 세법을 적용한다. 보기 중 다음 요건에 해당하지 않는 것은?

① 단체의 조직과 운영에 관한 규정을 가지고 대표자 또는 관리인을 선임하고 있을 것
② 단체의 목적이 공익 등 공공의 이익을 위할 것
③ 단체 자신의 계산과 명의로 수익과 재산을 독립적으로 소유·관리할 것
④ 단체의 수익을 구성원에게 분배하지 아니할 것

03 다음 중 국세기본법상 국세부과권에 대한 제척기간이 가장 긴 것은?

① 법정신고 기한 내 과세표준신고서를 제출하지 아니한 소득세
② 사기행위에 의하여 포탈한 증권거래세
③ 신고에서 누락한 금융자산에 대한 상속세
④ 법정신고 기한 내 과세표준신고서를 제출한 허위·누락신고 이외의 증여세

> **해설**
> ① 7년, ② 10년, ③ 15년, ④ 10년

정답 01 ④ 02 ② 03 ③

04 다음 중 국세기본법상 납세의무가 성립하는 때에 별도의 확정을 위한 절차없이 자동적으로 확정되는 것이 아닌 것은?

① 인지세
② 원천징수하는 소득세 또는 법인세
③ 납세조합이 징수하는 소득세
④ 세법에 의하여 정부가 조사결정하는 경우의 중간예납하는 법인세

해설
납부고지서 도달일이다.

05 다음은 국세기본법상 국세징수권의 소멸시효에 관한 설명이다. 옳지 않은 것은?

① 국세징수권은 이를 행사할 수 있는 때부터 5년(5억원 이상의 국세는 10년)간 행사하지 않으면 소멸시효가 완성된다.
② 소멸시효의 중단사유로서 납부고지, 독촉, 교부청구 및 압류가 있다.
③ 소멸시효의 정지사유로는 세법에 의한 분납기간, 징수 유예기간, 압류·매각의 유예기간, 연부연납기간 등이다.
④ 국세징수권 소멸시효는 국가가 국세를 부과할 수 있는 기간이다.

06 다음은 국세기본법상 연대납세의무에 대한 설명이다. 옳지 않은 것은?

① 연대납세의무란 수인이 동일한 납세의무에 관하여 각각 자신의 지분만큼 납부할 의무를 부담하는 것을 말한다.
② 국세기본법상 연대납세의무는 개별세법에 특례규정을 둘 수 있다.
③ 국세기본법에는 법인의 분할로 인한 연대납세의무가 규정되어 있다.
④ 법인이 「채무자 회생 및 파산에 관한 법률」에 따라 신회사를 설립하는 경우 기존의 법인에 대하여 부과되거나 납세의무가 성립한 국세 등은 신회사에 연대납세의무가 있다.

해설
연대납세의무란 수인이 동일한 납세의무에 관하여 각각 독립하여 전액의 납부의무를 부담하는 것을 말한다.

07 국세기본법상 국세우선권에서 소액보증금, 피담보채권 및 국세채권 등이 경합하는 경우 다음 보기에서 그 우선순위를 바르게 나열한 것은?

> ㉠ 소액보증금
> ㉡ 강제징수비
> ㉢ 법정기일이 담보설정 후인 조세와 가산금
> ㉣ 피담보채권
> ㉤ 법정기일이 담보설정 전인 조세와 가산금

① ㉡ - ㉠ - ㉤ - ㉣ - ㉢
② ㉢ - ㉣ - ㉤ - ㉠ - ㉡
③ ㉣ - ㉠ - ㉤ - ㉡ - ㉢
④ ㉤ - ㉢ - ㉣ - ㉡ - ㉠

08 국세기본법상 수정신고와 경정청구에 대한 설명으로 옳지 않은 것은?

① 당초 과세표준과 세액의 과소신고의 경우에는 수정신고한다.
② 결정 또는 경정의 청구를 받은 세무서장은 그 청구를 받은 날부터 3월 이내에 결과를 청구한 자에게 통지하여야 한다.
③ 경정청구는 법정신고기한 경과 후 5년 이내에만 청구할 수 있다. 다만, 후발적 사유가 있는 경우 달리할 수 있다.
④ 소득세를 수정신고하는 경우에는 세액을 확정하는 효력이 있으나, 경정청구하는 경우에는 세액을 확정하는 효력이 없다.

해설
2월 이내에 통지하여야 한다.

09 다음 중 국세기본법상 국세에 관한 국세불복절차의 진행 순서이다. 국세불복 절차의 순서가 가능한 것은?

① 이의신청 - 행정소송 - 감사원심사청구
② 이의신청 - 심판청구 - 행정소송
③ 심사청구 - 심판청구 - 행정소송
④ 감사원심사청구 - 심판청구 - 행정소송

해설
이의신청 - 심판청구 - 행정소송

정답 07 ① 08 ② 09 ②

10 다음은 국세기본법상 제2차 납세의무자가 될 수 없는 자는?

① 법인이 해산(합병에 의한 해산 아님)한 경우 청산인 또는 잔여재산을 분배받은 자
② 비상장법인인 ㈜인명의 과점주주인 대표이사
③ 건설업을 영위하는 개인사업자 갑(양도인)이 을(양수인)과 사업의 양도 및 양수가 있는 경우 개인사업자 갑
④ 납부기간 종료일 현재 과점주주가 있는 상장법인

해설
사업의 포괄적인 양도·양수가 있는 경우 납세의무 확정된 국세에 대해 양도인의 재산으로 충당하여도 부족한 때 양수인 중 특수관계 등이 있는 일정한 자가 그 부족액에 대해 제2차 납세의무를 진다.

11 다음은 국세기본법상 불복청구의 대리인에 관한 사항이다. 옳지 않은 것은?

① 불복청구인과 처분청은 변호사, 세무사 또는 세무사법 규정에 의하여 등록한 공인회계사를 대리인으로 선임할 수 있다.
② 대리인의 권한은 서면 또는 구두로써 이를 증명하여야 한다.
③ 대리인은 본인을 위하여 그 신청 또는 청구에 관한 모든 행위를 할 수 있다. 다만, 그 신청 또는 청구의 취하는 특별한 위임을 받은 경우에 한한다.
④ 대리인을 해임한 때에는 그 뜻을 서면으로 당해 재결청에 신고하여야 한다.

해설
대리인의 권한은 서면으로만 증명된다.

12 국세기본법상 납세자가 법정신고기한 내에 세법에 따른 과세표준신고서를 제출하지 아니한 경우 무신고가산세 중 부당무신고가산세에 대한 부당한 방법에 해당되지 아니한 것은?

① 이중장부의 작성 등 장부의 허위기장 또는 장부와 기록의 파기의 경우
② 허위증빙 또는 허위문서를 작성하거나 또는 허위임을 알고 수취한 경우
③ 재산을 은닉하거나 소득·수익·행위·거래의 조작 또는 은폐의 경우
④ 특수관계자에게 시중의 이율보다 낮게 대여한 경우

해설
부당행위계산부인 적용의 경우임

13 다음 자료를 보고 각각의 관할 세무서장이 올바르게 짝지어진 경우는 어느 것인가?

> 의정부에 사는 김철수 사장은 종로구에서 개인사업을 하며, 용산구에 사는 이만수씨를 종업원으로 고용하고 월급을 지급하고 있다. 단, 종업원 이만수씨는 종합합산 되는 기타소득이 있다.
>
> | 지역별 | 관할 세무서 |
> |---|---|
> | 의정부 | 의정부세무서 |
> | 종로구 | 종로세무서 |
> | 용산구 | 용산세무서 |

	김철수의 소득세	김철수의 부가가치세	원천징수한 갑근세	이만수의 소득세
①	의정부세무서	종로세무서	용산세무서	종로세무서
②	의정부세무서	종로세무서	종로세무서	용산세무서
③	종로세무서	의정부세무서	용산세무서	종로세무서
④	종로세무서	의정부세무서	종로세무서	용산세무서

해설
소득세는 주소지, 부가가치세와 원천징수한 국세는 사업장소재지가 납세지이다.

14 다음은 우리나라 소득세법상 납세의무자에 대한 설명이다. 옳지 않은 것은?
① 거주자는 국내·외 원천소득 모두에 대하여 소득세 납세의무를 진다.
② 비거주자는 국내원천소득에 한하여 소득세 납세의무를 진다.
③ 현행 소득세법은 인별과세이기 때문에 공동사업합산과세되는 경우는 없다.
④ 원천징수 되는 소득으로서 종합소득과세표준에 합산되지 않는 소득이 있는 자는 그 원천징수되는 소득세에 대하여 납세의무를 진다.

15 소득세법상 다음 중에서 당해연도 사업소득에서 발생한 결손금을 타 소득에서 공제 시 순서가 맞는 것은?
① 근로소득 – 기타소득 – 연금소득 – 이자소득 – 배당소득
② 연금소득 – 근로소득 – 이자소득 – 기타소득 – 배당소득
③ 근로소득 – 연금소득 – 이자소득 – 기타소득 – 배당소득
④ 근로소득 – 연금소득 – 기타소득 – 이자소득 – 배당소득

정답 13 ② 14 ③ 15 ④

16 다음은 소득세법상 소득세의 과세기간에 관한 설명이다. 다음 중 옳지 않은 것은?

① 과세기간은 원칙적으로 1월 1일부터 12월 31일이다.
② 거주자가 사망한 경우 과세기간은 1월 1일부터 사망한 날까지이다.
③ 사업을 폐업한 경우 과세기간은 1월 1일부터 폐업일까지이다.
④ 거주자가 출국으로 인하여 비거주자가 되는 경우 과세기간은 1월 1일부터 출국한 날까지이다.

> **해설**
> 소득세 과세기간은 사업개시나 폐업에 영향을 받지 않으며, 과세기간을 임의로 설정하는 것은 허용되지 않는다.

17 다음은 소득세법상 사업소득의 총수입금액과 필요경비의 귀속연도를 설명한 것이다. 옳지 않은 것은?

① 상품의 위탁판매 – 수탁자가 그 위탁품을 판매하는 날
② 인적용역의 제공 – 용역대가를 지급받기로 한 날 또는 용역제공을 완료한 날 중 빠른 날
③ 어음의 할인 – 그 어음의 만기일, 단, 만기 전에 어음을 양도한 경우 양도일
④ 금융보험업에서 발생하는 이자 및 할인액 – 약정에 의하여 지급받기로 한날

18 소득세법상 미등기 주택에 대하여 일정한 경우는 미등기 주택을 양도하여도 1세대 1주택 비과세 규정을 적용하는 경우가 있다. 이에 해당되지 않는 것은?

① 장기할부조건으로 취득하였으나 계약조건상 등기가 불가능한 주택
② 법률의 규정 또는 법원의 결정에 의하여 등기가 불가능한 주택
③ 상속에 의한 소유권이전등기를 하지 아니한 주택으로 공익사업을 위한 토지 등의 취득 및 보상에 관한 법률과 무관하게 양도한 주택
④ 무허가 주택

> **해설**
> 상속에 의한 소유권이전등기를 하지 아니한 주택의 경우는 공익사업을 위한 토지 등의 취득 및 보상에 관한 법률에 의하여 사업시행자에게 양도하는 것이어야 한다.

19 소득세법상 근로자에 대한 종합소득공제에 대한 설명 중 틀린 것은?

① 교육비세액공제는 근로자 본인은 물론 배우자, 직계비속, 동거입양자에 대하여 인원 제한 없이 적용받을 수가 있다.
② 종합소득공제에서 공제받지 못한 소득공제액은 퇴직소득에서 공제한다.
③ 공제대상자의 판정은 원칙적으로 당해연도 과세기간종료일 현재의 상황에 의한다.
④ 의료비세액공제는 소득과 연령에 제한을 받지 않는다.

해설
종합소득공제에서 공제받지 못한 소득공제액은 당해연도에 소멸한다.

20 소득세법상 기장세액공제에 대한 설명이다. 틀린 것은?

① 사업소득이 있는 간편장부대상자가 비치·기장한 장부에 의하여 신고하여야 할 소득금액의 20% 이상을 누락시 기장세액공제를 적용하지 않는다.
② 기장세액공제는 한도가 1,000,000원이다.
③ 간편장부대상자가 복식부기에 의하여 장부를 기장하고 그 장부에 따라 소득금액을 계산하는 경우는 20%의 공제율을 적용한다.
④ 직전 연도 수입금액이 1억 5천만원인 세무사사업자는 간편장부대상자가 될 수 있다.

해설
세무사 사업자는 수입금액에 관계없이 복식부기에 의한 장부를 작성해야 한다.

21 다음은 소득세법상 배당소득의 총수입금액의 시기에 관한 문제이다. 다음 중 일반배당의 배당소득 총수입금액의 수익시기가 옳지 않은 것은?

구 분	총수입금액의 수입시기
① 무기명주식의 이익·배당	그 지급을 받은 날
② 잉여금 처분에 의한 배당	법인의 잉여금처분결의일
③ 해산하는 경우 의제배당	해산등기일
④ 건설이자의 배당	법인의 건설이자배당결의일

해설
해산의 경우 의제배당수입금액시기는 잔여재산가액 확정일이다.

정답 19 ② 20 ④ 21 ③

22 소득세법상 미등기자산의 양도에 대하여는 과세표준 또는 세액계산상 불이익이 있다. 해당되지 않는 것은?

① 장기보유특별공제가 적용되지 않는다.
② 필요경비의 개산공제가 적용되지 않는다.
③ 양도소득 기본공제가 적용되지 않는다.
④ 높은 양도소득세율 70%가 적용된다.

> **해설**
> 필요경비개산공제는 적용하며 이때 0.3%의 공제율이 적용된다.

23 다음 중 현행 소득세법상 비과세 되는 이자소득에 해당하는 것은?

① 환매조건부 채권의 매매차익
② 신탁업법에 의한 공익신탁의 이익
③ 비영업대금의 이익
④ 상호저축은행법에 의한 상호신용계 또는 신용부금으로 인한 이익

24 소득세법상 소득금액결정 시 단순경비율 적용대상자에 해당되는 것은?

① 의사, 변호사, 공인회계사, 세무사 등의 사업자
② 직전 과세기간의 수입금액이 3,400만원인 제조업자
③ 신용카드가맹점으로 가맹한 사업자가 신용카드매출전표의 발급을 해당 과세기간에 5회 이상 거부한 경우
④ 현금영수증가맹점 대상자가 가맹점으로 가입하지 아니한 경우

> **해설**
> 제조업은 직전 과세기간의 수입금액이 3,600만원에 미달 시 단순경비율 적용대상자에 해당된다.

25 소득세법상 일정한 경우 종합소득세와 양도소득세를 비교과세 하는 업종은?

① 주택신축판매업　　② 부동산매매업
③ 부동산중개업　　　④ 부동산임대업

> **해설**
> 부동산매매업은 종합소득세와 양도소득세를 비교하여 큰 금액으로 과세한다.

22 ②　23 ②　24 ②　25 ②　**정답**

PART 6
기출문제

제114회   기출문제
제113회   기출문제
제112회   기출문제
제111회   기출문제
제110회   기출문제
제109회   기출문제
기출문제 정답 및 해설

성공한 사람은 대개 지난번 성취한 것보다 다소 높게,
그러나 과하지 않게 다음 목표를 세운다.
이렇게 꾸준히 자신의 포부를 키워 간다.

– 커트 르윈 –

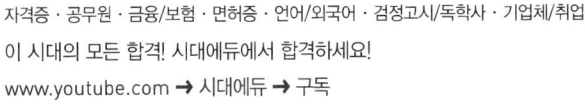

제114회 기출문제

세법1부 : 법인세법 · 부가가치세법

01 다음 중 법인세법에 대한 설명으로 가장 옳지 않은 것은?

① 외국법인이란 외국의 법률에 따라 설립된 법인을 말한다.
② 주무관청의 인가를 받아 설립한 사단으로서 등기되지 않은 단체도 법인세 납세의무를 진다.
③ 외국의 정부·지방자치단체는 비영리외국법인으로서 법인세 납세의무를 진다.
④ 영리 아닌 사업을 목적으로 설립된 비영리내국법인이라 하더라도 수익사업에서 발생하는 소득에 대한 납세의무를 진다.

02 다음 중 법인세법상 결산서에 계상하지 않은 경우로서 추후 경정청구가 가능한 것은?

① 파손·부패 등의 사유로 정상가액으로 판매할 수 없는 재고자산평가손
② 생산설비의 폐기손
③ 주식을 발행한 법인이 파산한 경우 주식평가손
④ 상법에 따른 소멸시효가 완성된 외상매출금

03 다음 중 법인세법상 반드시 기타사외유출로 처분하지 않는 것은?

① 임대보증금 등의 간주익금
② 기업업무추진비의 한도초과액
③ 업무용승용차 처분손실 중 한도초과액
④ 대손충당금 한도초과액

04 다음 중 법인세법상 세금과 공과금에 대한 설명으로 가장 옳지 않은 것은?

① 각 세법에 규정된 의무 불이행으로 인하여 납부하였거나 납부할 세액(가산세를 포함)은 손금에 산입하지 아니한다.
② 비영업용 소형자동차의 구입·임차·유지관리에 관한 매입세액은 손금에 산입하지 아니한다.
③ 과태료(과료와 과태금을 포함)는 손금에 산입하지 아니한다.
④ 가산금 및 강제징수비는 손금에 산입하지 아니한다.

05 다음 중 법인세법상 손금불산입 항목에 해당하지 않는 것은?

① 업무무관자산을 취득·관리함으로써 생기는 비용
② 법인세 공제세액에 대한 농어촌특별세
③ 소액주주 임원에 대한 사택 유지비
④ 주식할인발행차금

06 다음 중 법인세법상 지출증명서류에 해당하지 않는 것은?

① 신용카드 매출전표
② 현금영수증
③ 세금계산서
④ 계약서

07 다음 중 법인세법상의 기부금에 대한 설명으로 옳지 않은 것은?

① 기부금은 그 지출한 날이 속하는 사업연도에 귀속한다.
② 기부금이란 내국법인이 사업과 직접적인 관계없이 무상으로 지출하는 금액을 말한다.
③ 특례기부금을 금전 외의 자산으로 제공한 경우 장부가액과 시가 중 큰 금액으로 한다.
④ 당해 연도에 발생한 기부금과 이월기부금이 있는 경우 발생순서가 오래된 기부금부터 먼저 공제한다.

08 다음 중 법인세법상 퇴직급여가 손금불산입 되는 경우는?

① 법인의 직원이 해당 법인의 임원으로 취임한 때
② 법인의 임직원이 그 법인의 조직변경에 의하여 퇴직한 때
③ 법인의 임원이 연임된 경우
④ 「근로자퇴직급여 보장법」에 따라 퇴직급여를 중간정산하여 임원에게 지급한 때

09 다음 중 법인세법상 자산·부채의 평가에 대한 설명으로 옳지 않은 것은?

① 「보험업법」이나 그 밖의 법률에 따른 유형자산 및 무형자산 등의 평가(장부가액을 감액한 경우만 해당) 시에는 평가 후의 금액을 법인세법에서 인정한다.
② 유형자산으로서 천재지변·화재 등의 사유로 파손되거나 멸실된 것은 그 장부가액을 감액할 수 있다.
③ 재고자산으로서 파손·부패 등의 사유로 정상가격으로 판매할 수 없는 것은 그 장부가액을 감액할 수 있다.
④ 가상자산은 선입선출법에 따라 평가해야 한다.

10 다음 중 법인세법상 손비로 계상한 수선비를 감가상각자산의 자본적 지출로 보지 않는 것은?

① 개별자산별로 600만원 미만으로 지출한 수선비
② 빌딩 등에 있어서 피난시설 등의 설치
③ 재해 등으로 인하여 멸실 또는 훼손되어 본래의 용도에 이용할 가치가 없는 건축물·기계·설비 등의 복구
④ 본래의 용도를 변경하기 위한 개조

11 다음 중 법인세법상 세액공제에 대한 설명으로 옳지 않은 것은?

① 법인이 재해로 인하여 자산총액의 30% 이상을 상실하여 납세가 곤란하다고 인정되는 경우 재해손실세액공제가 적용된다.
② 재해손실세액공제 계산 중 타인 소유의 자산으로서 상실로 인한 변상책임이 법인에게 있는 것은 상실된 자산가액에 포함한다.
③ 사실과 다른 회계처리로 인한 경정에 따른 세액공제는 이월공제가 가능하다.
④ 외국납부세액공제는 국외원천소득에 대한 이중과세를 조정하기 위한 제도이다.

12 다음 중 법인세법상 과세표준의 신고에 대한 설명으로 옳지 않은 것은?

① 성실신고 확인대상 내국법인이 성실신고확인서를 제출하는 경우에는 각 사업연도 종료일이 속하는 달의 말일부터 4개월 이내에 과세표준과 세액을 신고하여야 한다.
② 내국법인으로서 각 사업연도의 소득금액이 없거나 결손금이 있는 법인의 경우에도 과세표준과 세액을 신고하여야 한다.
③ 관할 지방국세청장은 신고서 또는 그 밖의 서류에 미비한 점이 있거나 오류가 있을 때는 신고기한을 연장할 수 있다.
④ 과세표준 신고 시 세무조정계산서를 첨부하지 아니한 경우 무신고로 본다.

13 다음 중 법인세법상 가산세에 대한 설명으로 가장 옳지 않은 것은?

① 업무용승용차 관련비용 명세서를 제출하지 아니한 경우 : 업무용승용차 관련비용 등으로 손금에 산입한 금액의 100분 1
② 주주 등의 명세서를 제출하지 아니한 경우 : 주식 등의 액면금액 또는 출자가액의 1천분의 5
③ 성실신고 확인대상 법인이 성실신고확인서를 제출하지 아니한 경우 : 수입금액의 1만분의 20
④ 증명서류 수취 불성실 가산세 : 증명서류를 받지 아니한 금액의 100분의 2

14 다음 중 부가가치세법에 대한 설명으로 옳지 않은 것은?

① 수익사업을 하지 않는 비영리법인은 사업자에 해당하지 아니한다.
② 재화를 수입하는 자는 부가가치세를 납부할 의무가 있다.
③ 사업자가 재화의 공급 시 부가가치세를 거래징수하지 못한 경우에도 부가가치세를 납부할 의무가 있다.
④ 법인격 없는 사단·재단도 부가가치세를 납부할 의무가 있다.

15 다음 중 부가가치세법상 사업장에 대한 설명으로 옳지 않은 것은?

① 부동산매매업을 영위하는 개인은 업무를 총괄하는 장소를 사업장으로 한다.
② 사업자가 사업장을 두지 아니하면 사업자의 주소 또는 거소를 사업장으로 한다.
③ 재화를 보관하고 관리할 수 있는 시설만 갖춘 장소로서 하치장으로 신고된 장소는 사업장으로 본다.
④ 재화를 수입하는 자의 부가가치세 납세지는 「관세법」에 따라 수입을 신고하는 세관의 소재지로 한다.

16 다음 중 부가가치세법상 재화의 공급에 해당하지 않는 것은?

① 상표권의 양도
② 상품권의 양도
③ 건물의 현물출자
④ 전기의 공급

17 다음 중 부가가치세법상 사업자단위과세에 대한 설명으로 옳지 않은 것은?

① 사업자단위로 등록신청을 한 경우에는 사업자단위과세 적용 사업장에 한 개의 등록번호를 부여한다.
② 사업장 단위로 등록한 사업자가 사업자단위과세 사업자로 변경하려면 사업자단위과세 사업자로 적용받으려는 과세기간 개시 20일 전까지 사업자의 본점 또는 주사무소 관할 세무서장에게 변경등록을 신청하여야 한다.
③ 사업자 단위로 등록하는 법인사업자는 지점 관할세무서장에게 등록을 신청할 수 있다.
④ 사업자단위과세 사업자가 각 사업장별로 신고·납부하려는 경우에는 그 납부하려는 과세기간 개시 20일 전에 사업자단위과세 포기신고서를 사업자단위과세 적용 사업장 관할 세무서장에게 제출하여야 한다.

18 다음 중 부가가치세법상 용역의 공급시기에 대한 설명으로 옳지 않은 것은?

① 장기할부조건부로 용역을 공급하는 경우 : 대가의 각 부분을 받기로 한 때
② 공급단위를 구획할 수 없는 용역을 계속적으로 공급하는 경우 : 대가의 각 부분을 받기로 한 때
③ 사업자가 폐업 전에 공급한 용역의 공급시기가 폐업일 이후에 도래하는 경우 : 폐업일
④ 부동산 임대용역을 공급하는 경우에 임대보증금에 대한 간주임대료가 발생한 경우 : 역무의 제공이 완료되고 그 공급가액이 확정되는 때

19 다음 중 부가가치세법상 영세율에 대한 설명으로 옳지 않은 것은?

① 국외에서 공급하는 용역에 대해서는 영세율을 적용한다.
② 수출하는 물품에 대해서는 영세율을 포기할 수 있다.
③ 영세율은 비거주자 또는 외국법인에 대해서는 상호주의를 적용한다.
④ 부가가치세 신고 시 영세율첨부서류를 제출하지 않는 경우 가산세가 부과된다.

20 다음 중 부가가치세법상 과세표준에 포함되는 것은?

① 환입된 재화의 가액
② 재화 또는 용역의 공급과 직접 관련되지 아니하는 국고보조금과 공공보조금
③ 장기할부판매의 경우 할부이자 상당액
④ 공급에 대한 대가를 약정기일 전에 받았다는 이유로 사업자가 당초의 공급가액에서 할인해 준 금액

21 다음 중 부가가치세법상 불공제되는 매입세액에 해당하지 않는 것은?

① 면세사업 등에 관련된 매입세액
② 사업과 직접 관련이 없는 지출에 대한 매입세액
③ 기업업무추진비 및 이와 유사한 비용과 관련된 매입세액
④ 운수업 등에 직접 영업용으로 사용되는 자동차의 구입과 관련된 매입세액

22 다음 중 부가가치세법상 의제매입세액공제율로 옳지 않은 것은?

① 음식점을 경영하는 법인사업자 : 8/108
② 음식점을 경영하는 해당 과세기간 과세표준 2억 이하인 개인사업자 : 9/109
③ 음식점을 경영하는 해당 과세기간 과세표준 2억 초과인 개인사업자 : 8/108
④ 개별소비세법에 따른 과세유흥장소의 경영자 : 2/102

23 다음 중 부가가치세법상 세금계산서 발급 의무가 면제되는 경우가 아닌 것은?

① 내국신용장에 의하여 수출업자에게 공급하는 재화
② 부동산임대용역 중 간주임대료
③ 공급받는 자에게 신용카드매출전표 등을 발급한 경우
④ 간편사업자등록을 한 사업자가 국내에 공급하는 전자적 용역

24 다음 중 부가가치세법상 예정신고를 반드시 해야 하는 사업자는?

① 예정부과기간에 세금계산서를 발급하지 아니한 세금계산서 발급대상인 간이과세자
② 직전 과세기간의 공급가액의 합계액이 2억원인 법인사업자
③ 사업부진으로 각 예정신고기간의 공급가액 또는 납부세액이 직전 과세기간의 공급가액 또는 납부세액의 3분의 1에 미달하는 자
④ 간이과세자에서 해당 과세기간 개시일 현재 일반과세자로 변경된 경우

25 다음 중 부가가치세법상 조기환급에 대한 설명으로 옳은 것은?

① 영세율 적용대상 사업자는 예정신고 시까지 영세율 적용대상 과세표준이 없는 경우에도 예정신고기간분에 대한 조기환급을 받을 수 있다.
② 사업설비를 신설·취득하는 경우에는 감가상각자산이 아니라 하더라도 조기환급을 받을 수 있다.
③ 관할 세무서장은 조기환급세액을 각 예정신고기간별로 그 예정신고기한이 지난 후 15일 이내에 예정신고한 사업자에게 환급하여야 한다.
④ 수출과 내수를 겸영하는 경우에는 수출 부분에 상당하는 매입세액만을 조기환급 받을 수도 있다.

세법2부 : 국세기본법·소득세법(조세특례제한법)

01 다음 중 국세기본법상 특수관계인의 범위에 해당하지 않는 것은?

① 3촌 이내의 인척
② 6촌 이내의 혈족
③ 배우자(사실상의 혼인관계에 있는 자 포함)
④ 친생자로서 다른 사람에게 친양자 입양된 자

02 다음 중 국세기본법상 기한연장에 대한 설명으로 옳지 않은 것은?

① 기한연장은 3개월 이내로 하되, 해당 기한연장의 사유가 소멸되지 않는 경우 관할 세무서장은 1개월의 범위에서 그 기한을 다시 연장할 수 있다.
② 신고와 관련된 기한연장은 3개월을 넘지 않는 범위에서 관할 세무서장이 할 수 있다.
③ 기한의 연장을 받으려는 자는 기한 만료일 3일 전까지 해당 행정기관의 장에게 신청하여야 한다.
④ 납세자가 화재 및 도난을 당한 경우 기한연장이 가능하다.

03 다음 중 국세기본법상 서류의 송달에 대한 설명으로 가장 옳지 않은 것은?

① 공시송달은 서류의 주요 내용을 공고한 날로부터 30일이 지나면 송달의 효력이 발생한다.
② 서류를 교부하였을 때에는 송달서에 수령인이 서명 또는 날인하게 하여야 하고, 수령인이 서명 또는 날인을 거부하면 그 사실을 송달서에 적어야 한다.
③ 납세의 고지와 독촉에 관한 서류를 연대납세의무자에게 송달하는 경우에는 연대납세의무자 모두에게 각각 송달하여야 한다.
④ 납세의 고지·독촉·강제징수 또는 세법에 따른 정부의 명령과 관계되는 서류의 송달을 우편으로 할 때에는 등기우편으로 하여야 한다.

04 다음 중 국세기본법상 국세 부과의 원칙과 세법 적용의 원칙에 대한 설명으로 옳지 않은 것은?

① 국세를 납부할 의무가 성립한 경우에는 그 후 개정된 새로운 세법에 따라 소급하여 과세할 수 없다.
② 신의성실원칙은 과세관청에만 그 준수가 요구된다.
③ 납세의무자가 세법에 따라 장부를 갖추어 기록하고 있는 경우에는 해당 국세 과세표준의 조사와 결정은 그 장부와 이에 관계되는 증거자료에 의하여야 한다.
④ 사업자등록명의자와는 별도로 사실상의 사업자가 있는 경우에는 사실상의 사업자를 납세의무자로 본다.

05 다음 중 국세기본법상 납세의무자가 과세표준과 세액을 정부에 신고했을 때 납세의무가 확정되는 국세에 해당하지 않는 것은?

① 소득세
② 인지세
③ 증권거래세
④ 개별소비세

06 다음 중 국세기본법상 원칙적인 부과제척기간에 대한 설명으로 가장 옳지 않은 것은?

① 법인세·소득세·부가가치세의 부과제척기간은 원칙적으로 5년이다.
② 납세자가 법정신고기한까지 상속세 과세표준신고서를 제출하지 않은 경우의 부과제척기간은 7년이다.
③ 납세자가 부정행위로 소득세를 포탈한 경우 부과제척기간은 10년이다.
④ 부정행위란 조세의 부과와 징수를 불가능하게 하거나 현저히 곤란하게 하는 적극적 행위를 말한다.

07 다음 중 국세기본법상 제2차 납세의무에 대한 설명으로 옳지 않은 것은?

① 법인의 청산 시 청산인의 제2차 납세의무의 한도는 분배하거나 인도한 재산의 가액으로 한다.
② 법인의 청산 시 잔여재산을 분배받거나 인도받은 자의 제2차 납세의무의 한도는 각자가 받은 재산의 가액으로 한다.
③ 출자자의 제2차 납세의무에서 주된 납세자인 법인은 증권시장에 주권이 상장된 법인을 포함한다.
④ 주된 납세자인 법인의 납세의무 성립일 현재 무한책임사원과 과점주주가 출자자의 제2차 납세의무를 진다.

08 다음 중 국세기본법상 물적납세의무의 성립요건에 대한 설명으로 옳지 않은 것은?

① 양도담보설정자가 국세 등을 체납해야 한다.
② 양도담보가 국세의 법정기일 이전에 설정되어야 한다.
③ 양도담보설정자의 재산(양도담보재산은 제외)에 대하여 강제징수를 집행하여도 징수할 금액에 미치지 못하는 경우에 해당해야 한다.
④ 양도담보권자에게 납부고지서가 송달되는 시점에 양도담보재산이 존재하고 있어야 한다.

09 다음 중 국세기본법상 기한 후 신고 시 가산세 감면율로 옳지 않은 것은?

① 법정신고기한이 지난 후 1개월 이내에 기한 후 신고를 한 경우 : 50%
② 법정신고기한이 지난 후 1개월 초과 3개월 이내에 기한 후 신고를 한 경우 : 30%
③ 법정신고기한이 지난 후 3개월 초과 6개월 이내에 기한 후 신고를 한 경우 : 20%
④ 법정신고기한이 지난 후 6개월 초과 1년 이내에 기한 후 신고를 한 경우 : 10%

10 다음 중 국세기본법상 경정청구에 대한 설명으로 옳지 않은 것은?

① 기한후과세표준신고를 한 경우에도 경정 등의 청구를 할 수 있다.
② 경정 등의 청구를 받은 세무서장은 그 청구를 받은 날부터 2개월 이내에 결정 또는 경정 여부를 통지하여야 한다.
③ 경정 등의 청구를 한 자가 세무서장으로부터 결정 또는 경정 여부의 통지를 받지 못한 경우에는 심사청구를 할 수 없다.
④ 소득이나 그 밖의 과세물건의 귀속을 제3자에게로 변경시키는 결정 또는 경정이 있을 때에는 그 사유가 발생한 것을 안 날로부터 3개월 이내에 결정 또는 경정을 청구할 수 있다.

11 다음 중 국세기본법상 세무조사 수시선정 사유에 해당하지 않는 경우는?

① 납세자에 대한 구체적인 탈세 제보가 있는 경우
② 납세자가 1과세기간에 2회 이상 경정청구를 하는 경우
③ 무자료거래, 위장·가공거래 등 거래 내용이 사실과 다른 혐의가 있는 경우
④ 납세자가 세무공무원에게 직무와 관련하여 금품을 제공하거나 금품제공을 알선한 경우

12 다음 중 소득세법상 납세의무자에 대한 설명으로 가장 옳지 않은 것은?

① 거주자는 국내외 원천소득 모두에 대해서 소득세 납세의무를 진다.
② 외국국적이나 외국영주권자인 경우 거주기간에 상관없이 비거주자로 본다.
③ 국내에 거소를 둔 기간은 입국한 날의 다음 날부터 출국한 날까지로 한다.
④ 국외에서 직업을 갖고 183일 이상 계속하여 거주하는 때에도 국내에 가족 및 자산의 유무 등과 관련하여 생활의 근거가 국내에 있는 것으로 보는 때에는 거주자로 본다.

13 다음 중 소득세법상 이자소득과 배당소득의 과세방법에 대한 설명으로 옳지 않은 것은?

① 외국법인이 발행한 채권 또는 증권에서 발생하는 이자소득·배당소득을 거주자에게 지급하는 경우에는 국내에서 그 지급을 대리하거나 그 지급 권한을 위임 또는 위탁받은 자가 그 소득에 대한 소득세를 원천징수할 필요가 없다.
② 원천징수의무자가 이자소득 또는 배당소득을 지급할 때에는 그 지급금액에 원천징수세율을 적용하여 계산한 소득세를 원천징수한다.
③ 비영업대금 이익의 원천징수세율은 25% 또는 14%이다.
④ 이자소득·배당소득에 대해서 외국에서 외국소득세액을 납부한 경우에는 원천징수세액에서 그 외국소득세액을 뺀 금액을 원천징수세액으로 한다.

14 다음 중 소득세법상 사업소득 총수입금액에 산입하는 금액으로 옳지 않은 것은?

① 관세환급금 등 필요경비로 지출된 세액이 환입되었거나 환입될 경우
② 거래 상대방으로부터 받은 장려금
③ 사업과 관련하여 해당 사업용 자산의 손실로 취득하는 보험차익
④ 자산수증이익 중 이월결손금의 보전에 충당된 금액

15 다음 중 소득세법상 업무용승용차 관련비용에 대한 설명으로 가장 옳지 않은 것은?

① 성실신고대상자는 업무용승용차 전부를 업무전용자동차보험에 가입해야만 비용으로 인정받을 수 있다.
② 종업원 명의의 차량을 업무수행에 이용한 경우에는 해당 규정을 적용받지 않는다.
③ 업무용승용차의 감가상각은 내용연수 5년의 정액법으로 강제상각하여야 한다.
④ 간편장부대상자는 업무용승용차에 대한 규정을 적용받지 않는다.

16 다음 중 소득세법상 간편장부대상자에 대한 설명으로 옳지 않은 것은?

① 해당 과세기간에 신규로 사업을 개시한 사업자는 간편장부대상자이다.
② 제조업을 영위하는 개인사업자로서 직전 과세기간의 수입금액의 합계액이 1억 5천만원에 미달하는 경우에는 당해 과세기간에 복식부기의무자가 된다.
③ 사업장이 둘 이상인 개인사업자의 경우 겸업의 수입금액을 주업종(수입금액이 가장 큰 업종)의 수입금액으로 환산한 금액을 주업종의 수입금액에 합하여 복식부기의무자 여부를 판정한다.
④ 세무사업을 영위하는 개인사업자는 간편장부대상자에서 제외한다.

17 다음 중 소득세법상 근로소득에 포함되지 않는 것은?

① 기획재정부령이 정하는 방법에 따라 퇴직급여로 지급되기 위하여 적립되는 급여
② 실비변상적 급여에 해당하지 아니하는 벽지수당
③ 임원이 지급받는 퇴직소득으로서 법인세법에 따라 손금불산입된 임원 퇴직급여 한도초과액
④ 휴가비

18 일반인 김씨는 방송사 오디션프로그램에 참여하여 우승상금으로 5억원을 받게 되었다. 그는 5억원 전액을 받을 수 있을 것으로 기대하였으나, 세금을 원천징수 한다는 사실을 알게 되었다. 김씨에게 원천징수할 세액은 얼마인가?(단, 지방소득세는 제외한다)

① 15,000,000원
② 20,000,000원
③ 30,000,000원
④ 40,000,000원

19 다음 중 소득세법상 소득금액계산의 특례에 대한 설명으로 옳지 않은 것은?

① 부당행위계산은 사업소득, 기타소득, 출자공동사업자의 배당소득, 양도소득에 대해서만 계산한다.
② 공동사업에서 발생한 소득금액을 계산할 때 공동사업을 경영하는 각 거주자 간에 약정된 손익분배비율이 없는 경우에는 실제 분배된 금액에 따라 소득세를 계산한다.
③ 피상속인의 소득금액에 대한 소득세로서 상속인에게 과세할 것과 상속인의 소득금액에 대한 소득세는 구분하여 계산하여야 한다.
④ 연금계좌의 가입자가 사망하였으나 그 배우자가 연금외수령 없이 해당 연금계좌를 상속으로 승계하는 경우에는 연금계좌에 있는 피상속인의 소득금액은 상속인의 소득금액으로 보아 소득세를 계산한다.

20 다음 중 소득세법상 종합소득에 반드시 합산되는 소득에 해당하는 것은?

① 직장공제회 초과반환금
② 총수입금액의 합계액이 2천만원 이하인 자의 주택임대소득
③ 가구 내 고용활동에서 발생하는 소득
④ 일용근로자의 근로소득

21 다음 중 소득세법상 추가공제에 대한 설명으로 옳지 않은 것은?

① 기본공제대상자가 70세 이상인 경우 : 1명당 연 100만원(경로우대자 공제)
② 해당 거주자가 배우자가 없는 사람으로서 기본공제대상자인 직계비속 또는 입양자가 있는 경우 : 연 100만원(한부모공제)
③ 해당 과세기간에 종합소득과세표준을 계산할 때 합산하는 종합소득금액이 3천만원 이하인 거주자가 배우자가 없는 여성으로서 부양가족이 있는 세대주이거나 배우자가 있는 여성인 경우 : 연 50만원(부녀자공제)
④ 한부모공제와 부녀자공제 모두 해당되는 경우에는 부녀자공제를 적용한다.

22 다음 중 소득세법상 기본공제대상자에 해당하는 8세 이상의 자녀 수에 따른 세액공제액으로 옳지 않은 것은?

① 1명인 경우 : 연 25만원
② 2명인 경우 : 연 50만원
③ 3명인 경우 : 연 95만원
④ 4명인 경우 : 연 135만원

23 다음 중 소득세법상 퇴직소득에 대한 설명으로 가장 옳지 않은 것은?

① 무주택자인 근로자가 본인 명의로 주택을 구입하고자 퇴직급여를 미리 지급받은 경우 그 지급받은 날 퇴직한 것으로 본다.
② 「공무원연금법」에 따라 받은 일시금은 기타소득에 해당한다.
③ 퇴직소득에 대한 총수입금액의 수입시기는 원칙적으로 퇴직하는 날로 한다.
④ 퇴직소득은 종합소득에 합산하지 않고 별도로 과세한다.

24 다음 중 소득세법상 종합소득과세표준 확정신고에 대한 설명으로 옳지 않은 것은?

① 퇴직소득과 공적연금소득만 있는 자는 과세표준 확정신고를 하지 아니할 수 있다.
② 해당 과세기간에 분리과세 주택임대만 있는 경우에는 과세표준 확정신고를 하지 아니할 수 있다.
③ 복식부기의무자가 합계잔액시산표를 제출하지 아니한 경우 과세표준 확정신고를 하지 아니한 것으로 본다.
④ 수시부과를 한 경우 수시부과 후 추가로 발생한 소득이 없을 경우에는 과세표준 확정신고를 하지 아니할 수 있다.

25 다음 중 소득세법상 중간예납에 대한 설명으로 옳지 않은 것은?

① 거주자는 중간예납세액을 11월 30일까지 납부해야 한다.
② 중간예납세액이 1천만원을 초과하는 경우 분할납부할 수 있다.
③ 중간예납 추계액이 중간예납 기준액의 30%에 미달하는 경우 중간예납 추계액을 중간예납세액으로 할 수 있다.
④ 해당 과세기간 중 신규로 사업을 시작한 자(해당 과세기간 개시일 현재 사업자가 아님)로서 당해 수입금액이 1억 5천만원 이상인 경우에는 중간예납대상이 될 수 있다.

제113회 기출문제

세법1부 : 법인세법 · 부가가치세법

01 다음 중 법인세법에 대한 설명으로 옳지 않은 것은?

① 영리외국법인은 청산소득에 대한 법인세 납세의무가 있다.
② 내국법인 중 국가와 지방자치단체는 그 소득에 대한 법인세를 납부할 의무가 없다.
③ 외국의 정부 및 지방자치단체는 각 사업연도의 국내원천소득에 대하여 법인세 납세의무가 있다.
④ 비영리외국법인은 국외원천소득에 대하여 법인세 납세의무가 없다.

02 다음 중 법인세법상 사업연도에 대한 설명으로 옳지 않은 것은?

① 내국법인이 사업연도 중에 합병한 경우 사업연도의 의제가 적용된다.
② 외국법인의 최초 사업연도 개시일은 설립등기일로 한다.
③ 내국법인이 사업연도 중에 연결납세방식을 적용받는 경우에는 그 사업연도 개시일부터 연결사업연도 개시일 전날까지의 기간을 1사업연도로 본다.
④ 사업연도는 법령이나 정관 등에서 정하는 1회계기간으로 하며, 그 기간은 1년을 초과하지 못한다.

03 다음 중 법인세법상 익금에 대한 설명으로 가장 옳지 않은 것은?

① 익금은 자본 또는 출자의 납입 등을 제외하고 해당 법인의 순자산을 증가시키는 거래로 인하여 발생하는 이익 또는 수입의 금액으로 한다.
② 지방세의 과오납금의 환급금에 대한 이자는 익금에 산입한다.
③ 무상으로 받은 자산의 가액은 익금에 포함한다.
④ 채무의 면제 또는 소멸로 인하여 생기는 부채의 감소액은 익금에 포함한다.

04 다음 중 법인세법상 업무용승용차 관련비용에 대한 설명으로 옳은 것은?

① 렌트차량의 경우 임차료(렌트비용)의 80%에 해당하는 금액을 감가상각비 상당액으로 간주한다.
② 업무용승용차를 해당 사업연도 중에 취득한 경우 월할계산하지 않고 1,500만원 한도는 동일하게 적용한다.
③ 업무용승용차 관련 비용으로는 감가상각비, 임차료, 유류비, 운전기사의 급여 등 승용차의 취득 및 유지를 위한 비용 일체를 말한다.
④ 운수업, 자동차판매업, 운전학원 등에서 사업상 수익창출을 위해 직접 사용하는 승용자동차는 업무용승용차 관련비용 손금불산입 규정을 적용받지 않는다.

05 다음 중 법인세법상 의제배당의 귀속시기로 옳지 않은 것은?

① 자본금 감소 등으로 인한 의제배당 : 주주총회 등에서 주식소각, 자본금 감소를 결의한 날
② 잉여금의 자본금 전입으로 인한 의제배당 : 주주총회 등에서 잉여금의 자본금 전입을 결의한 날
③ 합병으로 인한 의제배당 : 주주총회 등에서 합병을 결의한 날
④ 해산으로 인한 의제배당 : 잔여재산가액 확정일

06 다음 중 법인세법상 기업업무추진비에 대한 설명으로 옳지 않은 것은?

① 법인이 그 직원이 조직한 조합 또는 단체에 복리시설비를 지출한 경우 해당 단체가 법인인 때에는 이를 기업업무추진비로 본다.
② 중소기업이 아닌 내국법인의 기업업무추진비 기본한도는 1,200만원 × 해당 사업연도의 개월 수 × 1/12로 계산한 금액으로 한다.
③ 기업업무추진비의 수입금액별 한도를 계산할 때 수입금액이란 기업회계기준에 따라 계산한 매출 액을 말한다.
④ 수입금액이 100억원 이하인 경우 기업업무추진비의 수입금액별 한도는 수입금액에 0.03퍼센트 를 곱한 금액으로 한다.

07 다음 중 법인세법상 신고조정으로 손금에 산입할 수 있는 대손금에 해당하는 것은?

① 채무자의 파산, 강제집행, 사업의 폐지로 회수할 수 없는 채권
② 「채무자 회생 및 파산에 관한 법률」에 따른 회생계획인가의 결정 또는 법원의 면책결정에 따라 회수불능으로 확정된 채권
③ 중소기업의 외상매출금 및 미수금으로서 회수기일이 2년 이상 지난 외상매출금
④ 회수기일이 6개월 이상 지난 채권 중 채권가액이 30만원 이하인 채권

08 다음 중 법인세법상 재고자산의 평가방법에 대한 설명으로 옳지 않은 것은?

① 매출가격환원법 : 재고자산을 품종별로 당해 사업연도종료일에 있어서 판매될 예정가격에서 판매예정차익금을 공제하여 산출한 취득가액을 그 자산의 평가액으로 하는 방법
② 선입선출법 : 먼저 입고된 것부터 출고되고 그 재고자산은 사업연도 종료일부터 가장 가까운 날에 취득한 것이 재고로 되어 있는 것으로 하여 산출한 취득가액을 그 자산의 평가액으로 하는 방법
③ 총평균법 : 자산을 품종별·종목별로 당해 사업연도 개시일 현재의 자산에 대한 취득가액의 합계액과 당해 사업연도 중에 취득한 자산의 취득가액의 합계액의 총액을 그 자산의 총수량으로 나눈 평균단가에 따라 산출한 취득가액을 그 자산의 평가액으로 하는 방법
④ 개별법 : 자산을 취득할 때마다 장부시재금액을 장부시재수량으로 나누어 평균단가를 산출하고 그 평균단가에 의하여 산출한 취득가액을 그 자산의 평가액으로 하는 방법

09 다음 중 법인세법상 제조업을 영위하는 법인에 적용되는 감가상각방법에 대한 설명으로 가장 옳지 않은 것은?

① 건축물의 경우 정액법으로 신고해야 한다.
② 기계장치는 정액법 또는 정률법을 선택할 수 있다.
③ 기계장치에 대한 상각방법의 신고를 하지 아니한 경우 정액법을 적용한다.
④ 법인이 신고한 상각방법은 그 후의 사업연도에도 계속하여 그 상각방법을 적용하여야 한다.

10 다음 중 법인세법상 중간예납세액에 대한 설명으로 옳지 않은 것은?

① 전년도에 법인세 산출세액이 있는 법인은 당해 중간예납 기간의 실적을 중간결산하여 예납할 수 있다.
② 중간예납세액이 1천만원을 초과하는 경우에는 분납할 수 있다.
③ 「산업교육진흥 및 산학연협력촉진에 관한 법률」에 따른 산학협력단은 중간예납의무를 지지 않는다.
④ 당해 사업연도 중 신설법인(합병, 분할에 의한 신설법인 제외)은 전년도 산출세액이 없으므로 당해 중간예납 기간의 실적을 기준으로 중간예납하여야 한다.

11 다음 중 법인세법상 세무조정에 따른 유보의 변동액을 알 수 있는 서식에 해당하는 것은?

① 자본금과 적립금조정명세서(갑)
② 자본금과 적립금조정명세서(을)
③ 소득금액조정합계표
④ 조정후총수입금액명세서

12 다음 중 법인세법상 중소기업에만 적용되는 조세지원으로 옳지 않은 것은?

① 법인세 분납세액 기한 연장
② 사실과 다른 회계처리로 인한 경정에 따른 세액공제 적용
③ 이월결손금 공제 한도 제한 배제
④ 결손금 소급공제에 따른 환급

13 다음 중 법인세법상 과세표준 신고 시 제출해야 할 서류로, 미제출 시 무신고로 보지 아니하는 것은?

① 재무상태표
② 이익잉여금처분계산서
③ 세무조정계산서
④ 현금흐름표

14 다음 중 부가가치세법상 납세지에 대한 설명으로 옳지 않은 것은?

① 사업자의 부가가치세 납세지는 각 사업장의 소재지로 한다.
② 부동산임대업의 납세지는 부동산의 등기부상의 소재지이다.
③ 사업자가 자기의 사업과 관련하여 생산하거나 취득한 재화를 직접 판매하기 위하여 특별히 판매시설을 갖춘 장소는 사업장으로 본다.
④ 무인자동판매기를 통하여 재화·용역을 공급하는 사업의 경우 사업자의 신청에 따라 추가로 사업장 등록이 가능하다.

15 다음 중 부가가치세법상 사업자등록에 대한 설명으로 옳지 않은 것은?

① 사업장 관할 세무서장은 사업개시일 전 사업자등록을 한 사업자가 사업자등록을 한 후 정당한 사유 없이 12개월 이상 사업을 시작하지 아니하는 경우 지체없이 사업자등록을 말소하여야 한다.
② 사업장 관할 세무서장은 사업자가 정당한 사유 없이 계속하여 둘 이상의 과세기간에 걸쳐 부가가치세를 신고하지 아니하고 사실상 폐업 상태에 있는 경우 지체없이 사업자등록을 말소하여야 한다.
③ 사업장 관할 세무서장은 사업자가 부도발생, 고액체납 등으로 도산하여 소재 불명인 경우 지체없이 사업자등록을 말소하여야 한다.
④ 사업자는 사업장마다 사업개시일부터 20일 이내에 사업장 관할 세무서장에게 사업자등록을 신청하여야 한다.

16 다음 중 부가가치세법상 과세기간에 대한 설명으로 옳지 않은 것은?

① 신규사업자의 최초 과세기간은 사업개시일부터 그 날이 속하는 과세기간의 종료일까지로 한다.
② 사업자가 폐업하는 경우의 과세기간은 폐업일이 속하는 과세기간의 개시일부터 폐업일까지로 한다.
③ 사업개시일 전에 사업자등록을 신청한 경우에는 그 사업개시일부터 개시일이 속하는 과세기간 종료일까지를 과세기간으로 한다.
④ 간이과세자의 과세기간은 1월 1일부터 12월 31일까지로 한다.

17 다음 중 부가가치세법상 재화의 공급에 해당하는 것은?

① 주식의 양도
② 특허권의 대여
③ 상표권의 양도
④ 상품권의 양도

18 다음 중 부가가치세법상 공급시기로 옳지 않은 것은?

① 내국물품을 외국으로 수출하는 경우 : 수출재화의 선적일
② 할부판매(4월 1일 재화 인도, 4월 말부터 매 3개월마다 3회에 걸쳐 지급하기로 함) : 대가의 각 부분을 받기로 한 때
③ 사업자가 폐업 전에 공급한 재화의 공급시기가 폐업일 이후에 도래하는 경우 : 폐업일
④ 부동산임대용역의 간주임대료 : 예정신고기간 또는 과세기간의 종료일

19 다음 중 부가가치세법상 면세가 적용되지 않는 것은?

① 「은행법」에 따른 은행업무 및 부수업무로서 전자상거래와 관련한 지급대행에 해당하는 금융용역
② 주무관청의 허가 또는 인가 등을 받은 수학학원에서 제공하는 교육용역
③ 고속철도에 의한 여객운송용역
④ 「잡지 등 정기간행물의 진흥에 관한 법률」에 따른 정기간행물(광고는 제외)

20 다음 중 부가가치세법상 과세표준으로 옳지 않은 것은?

① 금전으로 대가를 받는 경우 : 그 대가
② 금전 외의 대가를 받는 경우 : 자기가 공급받은 재화 또는 용역의 시가
③ 폐업하는 경우 : 폐업 시 남아 있는 재화의 시가
④ 특수관계인에게 재화를 공급하면서 부당하게 낮은 대가를 받는 경우 : 공급한 재화의 시가

21 다음 중 부가가치세법상 매출세액에서 공제할 수 있는 매입세액으로 옳은 것은?

① 재화 또는 용역의 공급시기 이후 발급받은 세금계산서로 해당 공급시기가 속한 과세기간에 대한 확정신고기한까지 발급받은 경우의 매입세액
② 면세사업 등에 관련된 매입세액
③ 비영업용 소형승용자동차의 구입과 임차 및 유지에 관한 매입세액
④ 건축물이 있는 토지를 취득하여 그 건축물을 철거하고 토지만 사용하는 경우의 철거비용과 관련된 매입세액

22 다음 중 부가가치세법상 의제매입세액공제 특례가 적용되는 과세표준 한도율로 옳지 않은 것은?

① 음식점을 경영하는 해당 과세기간의 과세표준이 1억 이하인 개인사업자 : 100분의 80
② 음식점을 경영하는 해당 과세기간의 과세표준이 1억 초과, 2억 이하인 개인사업자 : 100분의 70
③ 음식점을 경영하는 해당 과세기간의 과세표준이 2억 초과인 개인사업자 : 100분의 60
④ 음식점을 경영하는 법인사업자 : 100분의 50

23 다음 중 부가가치세법상 세금계산서에 대한 설명으로 가장 옳지 않은 것은?

① 임의적 기재 사항의 기재 누락은 세금계산서 효력에 영향을 미치지 아니한다.
② 법인사업자는 전자세금계산서를 발급하여야 한다.
③ 전자세금계산서 의무발급 개인사업자가 전자세금계산서를 발급하여야 하는 기간은 사업장별 공급가액 합계액이 의무발급 기준액 이상이 되는 해의 다음 해 1년 동안으로 한다.
④ 직전 연도의 공급대가 합계액이 4,800만원 이상인 간이과세자는 세금계산서를 발급할 수 있다.

24 다음 중 부가가치세법상 신용카드 등의 사용에 따른 세액공제에 대한 설명으로 옳지 않은 것은?

① 직전 연도의 재화 또는 용역의 공급가액의 합계액이 10억원을 초과하는 개인사업자는 적용받을 수 없다.
② 연간 공제한도는 1천만원으로 한다.
③ 공제받을 금액이 납부세액을 초과하면 환급이 가능하다.
④ 발급금액 또는 결제금액의 1.3퍼센트로 한다.

25 다음 중 부가가치세법상 간이과세에 대한 설명으로 옳지 않은 것은?

① 간이과세자는 해당 과세기간의 공급대가의 합계액이 4,800만원 미만이면 납부의무를 면제한다.
② 간이과세자에서 일반과세자로 변경되는 직전연도 공급대가의 기준은 8천만원이다.
③ 간이과세자는 의제매입세액공제가 적용되지 않는다.
④ 간이과세자가 간이과세 배제되는 사업을 신규로 겸영하는 경우에는 해당 사업의 개시일이 속하는 과세기간의 다음 과세기간부터 간이과세자에 관한 규정을 적용하지 아니한다.

세법2부 : 국세기본법 · 소득세법(조세특례제한법)

01 다음 중 국세기본법상 용어의 정의로 가장 옳지 않은 것은?

① 과세표준이란 세법에 따라 직접적으로 세액산출의 기초가 되는 과세대상의 수량 또는 가액을 말한다.
② 가산세란 세법에서 규정하는 의무의 성실한 이행을 확보하기 위하여 세법에 따라 산출한 세액에 가산하여 징수하는 금액을 말한다.
③ 국세란 국가가 부과하는 조세로 가산세, 체납처분비도 국세에 속한다.
④ 제2차 납세의무자란 납세자가 납세의무를 이행할 수 없는 경우에 납세자를 갈음하여 납세의무를 지는 자를 말한다.

02 다음 중 국세기본법상 기간에 대한 설명으로 옳지 않은 것은?

① 기간을 일·주·월·년으로 정한 때에는 기간의 초일은 산입하지 않는다.
② 연령 계산 시 출생일을 산입하지 아니한다.
③ 기간을 일·주·월·년으로 정한 때에는 기간 말일의 종료로 기간이 만료한다.
④ 기간을 주·월·년으로 정한 때에는 역에 따라 계산한다.

03 다음 중 국세기본법상 전자송달에 대한 설명으로 옳지 않은 것은?

① 전자송달은 서류를 송달받아야 할 자가 신청한 경우에만 한다.
② 전자송달의 개시 및 철회는 신청서를 접수한 날의 다음 날부터 적용한다.
③ 전자송달의 신청을 철회한 자가 전자송달을 재신청하는 경우에는 철회 신청일부터 20일이 지난 날 이후에 신청할 수 있다.
④ 국세정보통신망의 장애로 전자송달을 할 수 없는 경우에는 교부 또는 우편의 방법으로 송달할 수 있다.

04 다음 중 국세기본법상 국세부과의 원칙에 해당하지 않는 것은?

① 재산권 부당침해금지의 원칙
② 실질과세의 원칙
③ 신의성실의 원칙
④ 근거과세의 원칙

05 다음 중 국세기본법상 납세의무의 성립시기로 옳지 않은 것은?

① 상속세 : 상속이 개시되는 때
② 인지세 : 과세문서를 작성한 때
③ 종합부동산세 : 과세기간이 끝나는 때
④ 가산세 : 가산할 국세의 납세의무가 성립하는 때

06 다음 중 국세기본법상 소멸시효의 중단사유에 해당하지 않는 것은?

① 납부고지
② 독 촉
③ 교부청구
④ 납부고지 유예

07 다음 중 국세기본법상 연대납세의무에 대한 설명으로 가장 옳지 않은 것은?

① 납세고지서는 연대납세자 모두에게 각각 송달하여야 한다.
② 연대납세의무자 중 1인이 그 일부를 납부한 경우 다른 연대납세의무자에게도 그 납부한 한도 내에서 납세의무는 소멸된다.
③ 상속인이 2명 이상일 때 각 상속인은 상속으로 받은 재산을 한도로 피상속인이 납부할 국세에 대한 연대납세의무를 진다.
④ 연대납세의무자 1인에 대한 과세처분의 무효 또는 취소 사유는 다른 연대납세의무자에게 그 효력이 미친다.

08 다음 중 국세기본법상 국세와 공과금이나 그 밖의 채권의 우선여부를 판정하는 법정기일로 옳지 않은 것은?

① 과세표준과 세액의 신고에 따라 납세의무가 확정되는 국세의 경우 신고한 해당 세액 : 그 신고일
② 과세표준과 세액을 정부가 결정·경정하는 경우 고지한 해당 세액 : 그 납부고지서의 발송일
③ 원천징수의무자나 납세조합으로부터 징수하는 소득세 : 그 납부고지서의 발송일
④ 인지세 : 그 납세의무의 확정일

09 다음 중 국세기본법에 따른 수정신고에 대한 설명으로 가장 옳지 않은 것은?

① 적격한 수정신고자 : 과세표준신고서를 법정신고기한까지 제출한 자이다.
② 수정신고 사유 : 신고기한 내에 신고한 세액이 과소한 경우이다.
③ 수정신고 기한 : 해당 국세의 과세표준과 세액을 결정 또는 경정하여 통지하기 전으로서 국세부과제척기간이 끝나기 전까지가 수정신고 기한이다.
④ 수정신고의 효력 : 정부부과세목(상속세 및 증여세)에 대해서 수정신고하는 경우에도 증액확정력이 있다.

10 다음 중 국세기본법상 국세환급금에 대한 설명으로 옳지 않은 것은?

① 납세자는 국세환급금에 관한 권리를 타인에게 양도할 수 없다.
② 국세환급금 중 충당한 후 남은 금액은 국세환급금의 결정을 한 날부터 30일 내에 납세자에게 지급하여야 한다.
③ 세무서장은 국세환급금으로 결정한 금액을 체납된 국세 및 강제징수비에 충당하여야 한다.
④ 납세자의 국세환급금과 국세환급가산금에 관한 권리는 행사할 수 있는 때부터 5년간 행사하지 아니하면 소멸시효가 완성된다.

11 다음 중 국세기본법상 국선대리인을 신청할 수 있는 세목은?

① 상속세
② 증여세
③ 양도소득세
④ 종합부동산세

12 다음 중 소득세법상 납세의무자에 대한 설명으로 옳지 않은 것은?

① 거주자란 국내에 주소를 두거나 183일 이상의 거소를 둔 개인을 말한다.
② 주소는 국내에서 생계를 같이 하는 가족 및 국내에 소재하는 자산의 유무 등 생활관계의 객관적 사실에 따라 판정한다.
③ 외국 항행 항공기의 승무원의 경우 그 승무원과 생계를 같이 하는 가족이 거주하는 장소 또는 그 승무원이 근무기간 외의 기간 중 통상 체재하는 장소가 국내에 있는 때에는 당해 승무원의 주소는 국내에 있는 것으로 본다.
④ 국내에 주소가 없는 것으로 보는 사유가 발생한 날에 거주자에서 비거주자로 된다.

13 다음 중 소득세법상 이자소득의 수입시기로 가장 옳지 않은 것은?

① 보통예금의 이자 : 실제로 이자를 지급받는 날
② 저축성보험의 보험차익 : 해지일 또는 만기일
③ 직장공제회 초과반환금 : 약정에 따른 납입금 초과이익 및 반환금 추가이익의 지급일
④ 비영업대금의 이익 : 약정에 의한 이자 지급일

14 다음 중 소득세법상 사업소득의 범위에 포함되지 않는 것은?

① 농업(작물재배업 중 곡물 및 기타 식량작물 재배업은 제외)
② 연예인이 사업활동과 관련하여 받는 전속계약금
③ 간편장부대상자가 사업용 유형자산을 양도함으로써 발생하는 소득
④ 교육서비스업에서 발생하는 소득

15 다음 중 소득세법상 사업소득의 필요경비에 산입되는 것은?

① 기업업무추진비와 관련된 부가가치세 매입세액
② 건설 중인 자산에 대한 감가상각비 계상액
③ 차입금 중 건설자금에 충당한 금액의 이자
④ 업무와 관련하여 중대한 과실로 타인의 권리를 침해한 경우에 지급되는 손해배상금

16 다음 중 소득세법상 비과세 근로소득에 해당하지 않는 것은?

① 육아휴직수당으로서 월 150만원 이하의 금액
② 근로자가 천재지변 기타 재해로 인하여 받는 급여
③ 근로자가 종사하는 사업체의 업무와 무관한 교육훈련을 위한 학자금
④ 근로자가 사내급식이나 이와 유사한 방법으로 제공받는 식사 기타 음식물 또는 근로자(식사 기타 음식물을 제공받지 아니하는 자에 한정한다)가 받는 월 20만원 이하의 식사대

17 다음 중 소득세법상 기타소득의 범위에 포함되지 않는 것은?

① 저작권 사용료가 저작자 자신에게 귀속되는 경우
② 영업권을 양도하거나 대여하고 그 대가로 받는 금품
③ 장소를 일시적으로 대여하고 사용료로서 받는 금품
④ 통신판매중개를 하는 자를 통하여 물품을 대여하고 연간 수입금액 500만원 이하의 사용료로서 받은 금품

18 다음 중 소득세법상 부당행위계산의 부인 규정이 적용되는 소득에 해당하는 것은?

① 이자소득
② 근로소득
③ 퇴직소득
④ 출자공동사업자의 배당소득

19 다음 중 소득세법상 결손금 또는 이월결손금에 대한 설명으로 옳지 않은 것은?

① 사업소득금액을 계산할 때 발생한 결손금은 근로소득, 연금소득, 기타소득, 이자소득, 배당소득 순서대로 공제한다.
② 부동산임대업(주거용 건물임대업 포함)에서 발생한 결손금은 해당 과세기간의 다른 소득금액에서 공제하지 않는다.
③ 해당 과세기간 중 발생한 결손금과 이월결손금이 모두 있는 경우 결손금을 먼저 소득금액에서 공제한다.
④ 소득금액을 추계신고하는 경우에는 이월결손금 공제 규정을 적용하지 않는다. 다만, 천재지변으로 장부가 멸실되어 추계신고를 하는 경우라면 이월결손금 공제 규정을 적용한다.

20 다음 중 소득세법상 부양가족공제 적용대상자에 포함되지 않는 것은? (단, 연간소득금액 요건은 충족했다고 가정함)

① 과세기간 종료일 현재 60세 이상의 직계존속
② 과세기간 종료일 현재 20세 이하의 직계비속
③ 과세기간 종료일 현재 50세인 형제자매
④ 과세기간 종료일 현재 40세인 배우자

21 다음 중 소득세법상 근로소득공제에 대한 설명으로 옳지 않은 것은?

① 근로소득공제액이 2천만원을 초과하는 경우에는 2천만원을 공제한다.
② 총급여액이 500만원 이하인 경우 근로소득공제액은 총급여액의 100분의 70으로 한다.
③ 일용근로자의 대한 공제액은 1일 15만원으로 한다.
④ 2인 이상으로부터 근로소득을 받는 경우 각각의 총급여액에서 근로소득공제 및 공제한도를 적용한다.

22 다음 중 소득세법상 기장세액공제에 대한 설명으로 옳지 않은 것은?

① 기장세액공제는 간편장부대상자가 복식부기에 따라 기장을 한 경우 공제받을 수 있는 제도이다.
② 기장세액공제는 공제한도가 100만원이다.
③ 비치·기록한 장부에 의하여 신고하여야 할 소득금액의 100분의 20 이상을 누락하여 신고한 경우에는 기장세액공제를 적용하지 않는다.
④ 기장세액공제와 관련된 장부 및 증명서류를 해당 과세표준확정신고기간 종료일부터 10년간 보관하지 아니한 경우에는 기장세액공제를 적용하지 않는다.

23 다음 중 소득세법상 양도소득의 장기보유특별공제가 적용되는 것은?

① 비상장주식
② 미등기양도자산
③ 비사업용토지
④ 보유기간이 3년 미만인 상가건물

24 다음 중 소득세법상 원천징수에 대한 설명으로 옳은 것은?

① 발생된 소득을 미지급하여 소득세가 원천징수되지 않은 소득이 종합소득에 합산되어 소득세가 과세된 경우 해당 소득을 지급하는 때에는 소득세를 원천징수하지 않는다.
② 원천징수대상 사업소득을 지급하는 개인은 사업자가 아닌 경우에도 원천징수의무를 진다.
③ 법인세법에 따라 처분되는 배당·상여 및 기타소득에 대해서는 소득세를 원천징수하지 않는다.
④ 일용근로소득을 지급할 때에는 매 지급 시마다 근로소득간이세액표에 따라 소득세를 원천징수한다.

25 다음 중 소득세법상 현금영수증 발급의무자의 불성실에 대한 가산세율로 옳지 않은 것은?

① 현금영수증가맹점으로 가입하지 않은 경우 : 1%
② 발급요청 거래분에 대한 현금영수증 발급을 거부한 경우 : 5%
③ 건당 거래금액 10만원 이상인 거래분에 대한 현금영수증을 발급하지 아니한 경우 : 20%
④ 건당 거래금액 10만원 이상인 거래분에 대한 현금영수증을 착오로 발급하지 아니하여 10일 이내에 자진발급한 경우 : 5%

제112회 기출문제

세법1부 : 법인세법, 부가가치세법

01 다음 중 법인세법상 납세의무자에 대한 설명으로 옳은 것은?

① 외국법인이란 외국의 법률에 따라 설립된 법인을 말한다.
② 영리외국법인은 청산소득에 대한 법인세 납세의무가 없다.
③ 외국정부와 지방자치단체는 각 사업연도의 소득 및 청산소득에 대하여 납세의무를 지지 않는다.
④ 외국에서 주된 영업을 하는 영리법인은 국내에 본점이나 주사무소 또는 사업의 실질적 관리장소를 두고 있다고 하더라도 내국법인으로 분류될 수 없다.

02 다음 중 법인세법상 사업연도에 대한 설명으로 옳은 것은?

① 사업연도는 법령이나 법인의 정관 등에서 정하는 1회계기간으로 하되, 그 기간을 1년 미만으로 할 수 없다.
② 내국법인의 최초 사업연도의 개시일은 사실상의 사업개시일로 한다.
③ 법령이나 정관 등에 사업연도에 관한 규정이 없는 내국법인이 사업연도에 대하여 신고하지 않은 경우 매년 1월 1일부터 12월 31일까지를 사업연도로 한다.
④ 내국법인이 폐업하는 경우 사업연도는 그 사업연도 개시일부터 폐업일까지로 한다.

03 다음 중 법인세법상 법인에서 사외유출된 금액이 발생한 경우에 대한 설명으로 옳지 않은 것은?

① 사외유출된 금액의 귀속자가 주주인 경우 배당으로 소득처분한다.
② 사외유출된 금액의 귀속자가 임원 또는 직원인 경우 상여로 소득처분한다.
③ 사외유출된 금액의 귀속자가 사업을 영위하는 거주자인 경우 기타소득으로 소득처분한다.
④ 사외유출된 금액의 귀속자가 분명하지 않은 경우 법인 대표자에 대한 상여로 소득처분한다.

04 다음 중 법인세법상 익금에 대한 설명으로 옳지 않은 것은?

① 법인의 자산수증이익과 채무면제이익은 익금에 해당한다.
② 지출 당시 손금에 산입된 재산세는 추후 환입 시 익금에 해당한다.
③ 자기주식처분이익은 익금에 해당한다.
④ 법인이 특수관계 없는 개인으로부터 유가증권을 저가매입하는 경우에는 매입시점에 시가와 그 매입가액의 차액을 익금으로 본다.

05 다음 중 법인세법상 손금불산입되는 벌금 등의 사례로 옳지 않은 것은?

① 전기요금의 납부지연으로 인한 연체가산금
② 업무와 관련하여 발생한 교통사고 벌과금
③ 국민건강보험법에 따라 징수하는 연체금
④ 법인의 임원 또는 직원이 관세법을 위반하고 지급한 벌과금

06 다음 중 법인세법상 대손충당금을 설정할 수 없는 채권이 아닌 것은?

① 업무와 관련하여 특수관계 없는 자에게 대여한 금액
② 할인어음, 배서양도한 어음
③ 채무보증으로 인하여 발생한 구상채권
④ 특수관계인에게 업무와 관련 없이 지급한 가지급금

07 다음 중 법인세법상 재고자산 및 유가증권의 평가에 대한 설명으로 틀린 것은?

① 법인의 재고자산평가는 원가법과 저가법 중 법인이 납세지 관할 세무서장에게 신고한 방법에 의한다.
② 법인의 재고자산은 종류별, 영업장별로 각각 다른 방법으로 평가할 수 있다.
③ 법인이 보유한 채권의 평가는 선입선출법, 총평균법, 이동평균법 중 선택할 수 있다.
④ 법인이 평가방법을 신고하고 신고한 방법에 따라 평가하였으나 계산상 착오인 경우는 임의 변경으로 보지 않는다.

08 다음 중 법인세법상 유형자산의 감가상각에 대한 설명으로 옳지 않은 것은?

① 건설중인자산은 감가상각자산에 포함되지 아니한다.
② 상각부인액은 그 이후 사업연도에 시인부족액을 한도로 손금에 산입한다.
③ 시인부족액은 그 후 사업연도의 상각부인액에 충당된다.
④ 감가상각자산을 양도한 경우 당해 자산의 상각부인액은 양도일이 속하는 사업연도의 손금에 이를 산입한다.

09 다음 중 법인세법상 기업업무추진비에 대한 설명으로 가장 잘못된 것은?

① 기업업무추진비는 접대행위가 일어난 사업연도에 귀속한다.
② 기업업무추진비를 금전 외의 자산으로 제공한 경우 해당 자산의 가액은 이를 제공할 때의 시가가 장부가액보다 낮다면 장부가액으로 평가한다.
③ 법인이 직접 생산한 제품 등으로 제공한 경우는 적격증빙불비 기업업무추진비 시부인 규정을 적용받지 아니한다.
④ 3만원을 초과하는 기업업무추진비를 임직원 개인명의의 신용카드로 결제한 경우 법인의 손금에 산입할 수 있다.

10 다음 중 법인세법상 부당행위계산의 유형에 해당하지 않는 것은?

① 자산을 시가보다 높은 가액으로 매입한 경우
② 무수익 자산을 매입한 경우
③ 출연금을 대신 부담한 경우
④ 주주나 출연자가 아닌 임원에게 사택을 제공하는 경우

11 다음 중 법인세법상 결손금 및 이월결손금에 대한 설명으로 옳지 않은 것은?

① 결손금 소급공제는 중소기업에 해당하는 내국법인이 신청할 수 있다.
② 이월결손금을 공제할 때에는 최근에 발생한 사업연도의 결손금부터 차례대로 공제한다.
③ 이월결손금에 대한 공제는 중소기업의 경우 100분의 100을 한도로 한다.
④ 결손금 소급공제로 법인세를 환급받으려는 법인은 결손금이 발생한 사업연도의 법인세 신고기한까지 환급을 신청해야 한다.

12 다음 중 법인세법상 중간예납에 대한 설명으로 가장 옳지 않은 것은?

① 원칙적으로 중간예납의무자는 각 사업연도의 기간이 6개월을 초과하는 내국법인이다.
② 중간예납기간은 해당 사업연도의 개시일부터 6개월이 되는 날까지로 한다.
③ 중간예납기간이 지난 날부터 2개월 이내에 중간예납세액을 납세지 관할 세무서, 한국은행 또는 체신관서에 납부하여야 한다.
④ 납부할 중간예납세액이 5백만원을 초과하는 경우에는 분납할 수 있다.

13 다음 중 법인세법상 지급명세서 등 제출 불성실가산세에 대한 설명으로 옳지 않은 것은?(단, 일용근로소득은 제외한다)

① 지급명세서를 기한까지 제출하지 아니한 경우 가산세는 지급금액의 100분의 1로 한다.
② 간이지급명세서를 기한까지 제출하지 아니한 경우 가산세는 지급금액의 1만분의 25로 한다.
③ 지급명세서를 제출기한이 지난 후 3개월 이내에 제출하는 경우에 가산세는 지급금액의 1천분의 1로 한다.
④ 간이지급명세서가 불분명하거나 사실과 다른 경우 가산세는 지급금액의 1만분의 25로 한다.

14 다음 중 부가가치세법상 사업장에 대한 설명으로 옳지 않은 것은?

① 건설업 개인사업자 : 사업에 관한 업무를 총괄하는 장소
② 제조업 : 최종제품을 완성하는 장소(따로 제품의 포장만을 하거나 용기에 충전만을 하는 장소는 제외)
③ 부동산매매업 법인 : 부동산의 등기부상 소재지
④ 무인자동판매기를 통하여 재화를 공급하는 사업 : 사업에 관한 업무를 총괄하는 장소

15 다음 중 부가가치세법상 사업자등록에 대한 설명으로 옳지 않은 것은?

① 사업장이 둘 이상인 사업자는 사업자 단위로 해당 사업자의 본점 또는 주사무소의 관할 세무서장에게 등록을 신청할 수 있다.
② 사업자는 사업자등록의 신청을 사업장 관할 세무서장이 아닌 다른 세무서장에게도 할 수 있다.
③ 신규로 사업을 시작하려는 자는 사업개시일 이전에는 사업자등록을 신청할 수 없다.
④ 사업장 단위로 등록한 사업자가 사업자단위 과세사업자로 변경하려면 사업자단위 과세사업자로 적용받으려는 과세기간 개시 20일 전까지 변경등록을 신청해야 한다.

16 다음 중 부가가치세법상 재화의 공급에 해당하지 않는 것은?

① 건물의 현물출자
② 특허권의 양도
③ 상표권의 양도
④ 채권의 양도

17 다음 중 부가가치세법상 재화 또는 용역의 공급시기에 대한 설명으로 가장 옳지 않은 것은?

① 전력이나 그 밖에 공급단위를 구획할 수 없는 재화를 계속적으로 공급하는 경우에는 대가의 각 부분을 받기로 한 때를 공급시기로 본다.
② 완성도기준지급조건부로 재화를 공급하는 경우에는 재화를 인도하는 때를 공급시기로 본다.
③ 수출재화의 경우 해당 수출재화의 선(기)적일을 공급시기로 본다.
④ 무인판매기를 이용하여 재화를 공급하는 경우 해당 사업자가 무인판매기에서 현금을 꺼내는 때를 공급시기로 본다.

18 다음 중 부가가치세법상 용역의 공급 중 면세가 적용되는 것을 모두 고른 것은?

> 가. 국가 또는 지방자치단체에 무상으로 공급하는 용역
> 나. 고속버스, 전세버스, 시내버스 등의 여객운송용역
> 다. 주무관청에 등록된 미술학원에서 제공하는 교육용역
> 라. 약사법에 따른 약사가 제공하는 의약품의 조제용역

① 가, 나, 다   ② 가, 나, 라
③ 가, 다, 라   ④ 나, 다, 라

19 다음 중 부가가치세법상 공급가액에 대한 설명으로 옳지 않은 것은?

① 대가를 외화로 받은 경우로서 공급시기가 되기 전에 원화로 환가한 경우에는 공급시기의 기준환율 또는 재정환율에 따라 계산한 금액을 공급가액으로 한다.
② 금전 외의 대가를 받는 경우 자기가 공급한 재화 또는 용역의 시가를 공급가액으로 한다.
③ 폐업 시 남아있는 재화는 시가를 공급가액으로 한다.
④ 공급에 대한 대가의 지급이 지체되었음을 이유로 받는 연체이자는 공급가액에 포함하지 아니한다.

20 다음 중 부가가치세법상 대손세액공제에 대한 설명으로 가장 옳지 않은 것은?

① 채무자의 행방불명은 대손사유에 해당한다.
② 사업자가 대손금액을 회수한 경우 회수한 대손세액을 회수한 날이 속하는 과세기간의 매입세액에서 차감한다.
③ 대손세액은 대손금액의 110분의 10으로 한다.
④ 대손세액공제를 적용받으려는 사업자는 대손금액이 발생한 사실을 증명하는 서류를 제출하여야 한다.

21 다음 중 부가가치세법상 매입세액 공제대상이 아닌 것은?

① 건설업의 화물자동차로 유료도로를 이용하고 해당 도로 사업자에게 통행료를 신용카드로 결제한 경우
② 기존 과세사업에 사용하던 노후건물을 철거하고 건물을 신축하는 경우 철거 관련 매입세액
③ 종업원의 교통사고 병원 치료비를 신용카드로 결제한 경우
④ 세금계산서 발급 대상 간이과세자로부터 소모품을 매입하고 현금영수증을 발급받은 경우

22 다음 중 부가가치세법상 의제매입세액 공제율의 연결이 옳지 않은 것은?

① 개별소비세법상 과세유흥장소의 경영자 : 4/104
② 음식점을 경영하는 법인사업자 : 6/106
③ 음식점을 경영하는 개인사업자(해당 과세기간의 과세표준 2억원 초과) : 8/108
④ 제조업을 경영하는 법인사업자 : 2/102

23 다음 중 부가가치세법상 수정세금계산서를 발급하는 경우 수정세금계산서의 작성연월일로 옳지 않은 것은?

① 처음 공급한 재화가 환입된 경우 : 재화가 환입된 날
② 계약의 해제로 재화 또는 용역이 공급되지 아니한 경우 : 계약해제일
③ 계약의 해지 등에 따라 공급가액에 추가되거나 차감되는 금액이 발생한 경우 : 증감 사유가 발생한 날
④ 착오로 전자세금계산서를 이중으로 발급한 경우 : 착오를 인식한 날

24 다음 중 부가가치세법상 간이과세자에 대한 설명으로 옳지 않은 것은?

① 간이과세자는 휴업 또는 사업부진 등의 사유가 있더라도 예정부과기간의 과세표준과 납부세액을 신고할 수 없다.
② 간이과세가 적용되지 아니하는 다른 사업장을 보유하고 있는 사업자는 간이과세자로 보지 아니한다.
③ 부동산매매업을 경영하는 자는 간이과세자가 될 수 없다.
④ 간이과세자가 일반과세자에 관한 규정을 적용받으려는 경우 간이과세의 포기가 가능하다.

25 다음 중 부가가치세법상 예정신고와 확정신고에 대한 설명으로 옳지 않은 것은?

① 각 예정신고기간분에 대하여 조기환급을 받으려는 경우 예정신고를 할 수 있다.
② 예정신고를 한 사업자는 확정신고 시 이미 신고한 과세표준과 납부세액은 신고하지 않는다.
③ 사업자가 폐업하는 경우 폐업일이 속한 달의 다음 달 25일까지 확정신고를 하여야 한다.
④ 예정고지세액이 100만원 미만인 경우 징수하지 아니한다.

세법2부 : 국세기본법, 소득세법(조세특례제한법)

01 다음 중 국세기본법상 기간과 기한에 대한 내용으로 틀린 것은?

① 납세자가 과세표준신고서를 우편으로 제출한 경우 그 청구기간이 지나서 도달하더라도 우편날짜 도장이 찍힌 날을 기준으로 신고된 것으로 본다.
② 과세표준신고서를 국세정보통신망을 이용하여 제출하는 경우에는 해당 신고서가 국세청장에게 전송된 때 신고된 것으로 본다.
③ 신고기한 만료일에 정전, 프로그램의 오류 등으로 국세정보통신망의 가동이 정지되는 경우 그 장애가 복구된 날을 기한으로 한다.
④ 국세기본법 또는 세법에 규정하는 징수에 관한 기한이 공휴일에 해당하는 때에는 그 공휴일의 다음 날을 기한으로 한다.

02 다음 중 국세기본법상 공시송달의 사유로 가장 옳지 않은 것은?

① 주소 또는 영업소가 국외에 있고 송달하기 곤란한 경우
② 주소 또는 영업소가 분명하지 아니한 경우
③ 등기우편으로 송달하였으나 수취인 부재로 반송되어 납부기한까지 송달이 곤란하다고 인정되는 경우
④ 세무공무원이 1회 이상 납세자를 방문해 서류를 교부하려고 하였으나 수취인이 부재 중인 것으로 확인되어 납부기한까지 송달이 곤란하다고 인정되는 경우

03 다음 중 국세기본법상 법인으로 보는 단체에 대한 설명으로 가장 옳지 않은 것은?

① 주무관청의 허가를 받아 요건을 갖춰 설립된 법인은 관할 세무서장에게 신청하여 승인을 받지 않아도 법인으로 본다.
② 등기되지 않고 공익을 목적으로 출연된 기본재산이 있는 재단은 요건을 갖춘 경우 법인으로 본다.
③ 단체의 수익을 구성원에게 분배하더라도 법인으로 보는 단체에 해당한다.
④ 법인으로 보는 단체의 국세에 관한 의무는 그 대표자나 관리인이 이행해야 한다.

04 다음 중 국세기본법상 납세의무의 성립시기 연결이 옳지 않은 것은?

① 소득세·법인세 : 과세기간이 끝나는 때
② 부가가치세 : 부가가치세 신고기간이 끝나는 때
③ 상속세 : 상속이 개시되는 때
④ 증여세 : 증여에 의하여 재산을 취득하는 때

05 다음 중 국세기본법상 국세의 부과제척기간과 국세징수권의 소멸시효의 비교에 대한 설명으로 가장 옳지 않은 것은?

구 분	국세의 부과제척기간	국세징수권의 소멸시효
① 대상	국가의 부과권(형성권의 일종)	국가의 징수권(청구권의 일종)
② 기간	일반 국세 : 5년, 7년, 10년 등	5억원 미만의 국세 : 5년
③ 중단과 정지제도	존재함	존재하지 않음
④ 기간만료의 효과	장래를 향해 부과권 소멸	기산일로 소급하여 징수권 소멸

06 다음 중 국세기본법상 수정신고와 경정청구에 대한 설명으로 옳지 않은 것은?

① 과세표준신고서를 법정신고기한까지 제출한 자는 수정신고를 할 수 있다.
② 과세표준수정신고서를 제출하는 납세자가 추가자진납부하는 경우 자진납부하는 국세와 함께 가산세를 추가하여 납부하여야 한다.
③ 기한후과세표준신고를 한 경우에도 경정청구의 대상이 된다.
④ 경정의 청구를 받은 세무서장은 그 청구를 받은 날부터 3개월 이내에 결정 또는 경정여부를 통지하여야 한다.

07 다음 중 국세기본법상 납세의무의 승계와 연대납세의무에 대한 설명으로 가장 틀린 것은?

① 상속인은 피상속인의 국세 및 강제징수비를 상속으로 받은 재산의 한도 내에서 납부할 의무를 진다.
② 피상속인에게 한 처분 또는 절차는 납세의무를 승계한 상속인에 대해서도 동일한 효력이 있다.
③ 연대납세의무자 중 1인이 전액을 납부했을 경우 타 연대납세의무자의 납부의무는 소멸된다.
④ 납세고지에 관한 서류를 송달할 때에는 수인의 연대납세의무자 중 그 대표자 1인에게만 하여도 송달의 효력이 있다.

08 사업을 영위하는 김토지씨가 종합소득세를 신고하지 않아 관할 세무서장이 고지서를 발송하였는데, 김토지씨가 이를 체납하여 소득세 관할 세무서장이 김토지씨의 소유토지를 압류하여 매각하였다. 국세기본법상 우선순위를 바르게 나열한 것은?

> 가. 소득세 등(고지서 발송일 : 2024년 4월 10일, 고지세액의 납부기한이 지난 날 : 2024년 5월 10일)
> 나. 해당 토지에 설정된 저당권에 의해 담보되는 채권 (저당권 설정일 : 2024년 3월 10일)
> 다. 김토지씨의 사업체에 종사하는 근로자들의 임금채권 (최종 3월분 임금)

① 다 → 나 → 가
② 다 → 가 → 나
③ 나 → 가 → 다
④ 나 → 다 → 가

09 다음 중 국세기본법상 가산세의 50% 감면을 적용하지 않는 경우는?

① 법정신고기한이 지난 후 3개월 초과 6개월 이내에 수정신고한 경우
② 법정신고기한이 지난 후 3개월 초과 6개월 이내에 기한 후 신고를 한 경우
③ 세법에 따른 제출, 신고, 가입, 등록, 개설의 기한이 지난 후 1개월 이내에 해당 세법에 따른 제출 등의 의무를 이행하는 경우
④ 과세전적부심사의 결정·통지기간에 그 결과를 통지하지 아니한 경우

10 다음 중 국세기본법상 조세불복에 대한 설명으로 옳지 않은 것은?

① 감사원법에 따라 심사청구를 한 처분에 대해서는 불복을 청구할 수 없다.
② 상속세 및 증여세 세목에 대해서는 국선대리인의 선정을 신청할 수 없다.
③ 청구서의 보정기간은 심사청구기간에 산입하지 아니한다.
④ 제2차 납세의무자로서 납부고지서를 받은 자는 이해관계인으로서 불복을 청구할 수 없다.

11 다음 중 국세기본법상 납세자의 권리에 대한 설명으로 가장 옳지 않은 것은?

① 세무공무원은 조사대상 세목·업종·규모, 조사 난이도 등을 고려하여 세무조사기간이 최소한이 되도록 하여야 한다.
② 세무공무원은 납세자의 자료 제출 지연 등의 사유로 세무조사를 중지할 수 있으며, 중지기간 중에도 납세자에 대하여 국세의 과세표준과 세액을 결정 또는 경정하기 위한 질문을 하거나 장부 등의 검사 또는 제출을 요구할 수 있다.
③ 세무조사결과에 대한 서면통지를 받은 자는 과세전적부심사를 청구할 수 있는데, 납기전징수 사유가 있는 경우는 과세전적부심사를 청구할 수 없다.
④ 세무조사의 사전통지를 받은 납세자가 납세자의 장기출장 등으로 세무조사를 받기가 곤란한 경우 세무조사를 연기해 줄 것을 신청할 수 있다.

12 다음 중 소득세법상 납세의무자와 납세지에 대한 설명으로 가장 옳지 않은 것은?

① 국외에서 근무하는 대한민국 공무원은 거주자로 본다.
② 피상속인의 소득금액에 대한 소득세는 그 상속인이 납세의무를 진다.
③ 국내에서 거소를 둔 기간이 1과세기간 중에 183일 이상인 경우에는 거주자로 본다.
④ 국내사업장이 없는 경우 비거주자의 소득세 납세지는 거소지로 한다.

13 다음 중 소득세법상 이자소득에 해당하지 않는 것은?

① 외국법인이 발행한 채권·증권의 이자와 할인액
② 환매조건부 채권의 매매차익
③ 직장공제회 초과반환금
④ 국외에서 받는 집합투자기구로부터의 이익

14 다음 중 소득세법상 주택임대소득에 대한 설명으로 가장 옳지 않은 것은?

① 국외에 소재한 1주택 소유자의 주택임대소득은 비과세 대상에 해당한다.
② 소유주택이 2주택인 경우 주택의 간주임대료는 총수입금액 산입 대상이 아니다.
③ 주택수를 계산할 때 본인과 배우자가 각각 주택을 소유하는 경우에는 이를 합산한다.
④ 주택임대 총수입금액의 합계액이 2천만원 이하인 경우 분리과세가 가능하다.

15 다음 중 소득세법상 사업소득의 필요경비에 산입하지 않는 것은?

① 판매장려금 및 판매수당 등 판매와 관련한 부대비용
② 사업에 직접 종사하고 있는 그 사업자의 배우자 급여
③ 면세사업 관련 부가가치세 매입세액
④ 소득세와 개인지방소득세

16 다음 중 소득세법상 과세되는 근로소득의 범위에 해당하지 않는 것은?

① 법인세법에 따라 상여로 처분된 금액
② 일정기간 동안 회사에 근무하기로 계약을 체결하고 당해 계약에 따라 지급받는 추가급여
③ 중소기업의 종업원이 주택의 구입·임차에 소요되는 자금을 저리 또는 무상으로 대여 받음으로써 얻는 이익
④ 근로자 자녀의 학자금

17 다음 중 소득세법상 각각의 소득금액을 계산하는 경우 필요경비로 인정받을 수 있는 경우는?

① 이자소득금액을 계산하는 경우 : 차입금에 대한 지급이자
② 배당소득금액을 계산하는 경우 : 금융기관에 지급한 수수료
③ 기타소득금액(문예창작소득)을 계산하는 경우 : 실제로 사용한 경비
④ 근로소득금액을 계산하는 경우 : 업무상 출장비용

18 다음 중 소득세법상 연금소득공제에 대한 설명으로 옳지 않은 것은?

① 연금소득은 실제 필요경비가 인정되지 아니한다.
② 연금소득공제를 계산할 때 총연금액에는 분리과세 연금소득은 제외한다.
③ 총연금액이 350만원 이하인 경우 총연금액 전액이 공제된다.
④ 연금소득공제액의 한도는 1,000만원으로 한다.

19 다음 중 소득세법상 열거하는 기타소득에 해당하지 않는 것은?

① 소기업·소상공인 공제부금의 해지일시금
② 알선수재 및 배임수재에 의하여 받는 금품
③ 고용관계 없이 다수인에게 강연을 하고 강연료 등 대가를 받는 용역을 일시적으로 제공하고 받는 대가
④ 퇴직 전에 부여받은 주식매수선택권을 퇴직 전에 행사함으로써 얻는 이익

20 다음 중 소득세법상 종합소득공제에 대한 설명으로 가장 옳지 않은 것은?

① 종합소득이 있는 거주자와 따로 사는 부모님은 소득요건과 나이요건을 충족할 경우 생계를 같이 하는 사람으로 보아 기본공제를 받을 수 있다.
② 기본공제대상자가 아닌 자는 추가공제대상자가 될 수 없다.
③ 거주자 갑의 배우자에게 일용근로소득이 200만원 있는 경우 종합소득금액이 2,000만원인 거주자 갑은 배우자공제를 받을 수 없다.
④ 경로우대자공제를 받기 위한 최소한의 나이는 70세이다.

21 다음 중 소득세법상 사업소득만 있는 거주자가 적용받을 수 없는 세액공제는 무엇인가?

① 보험료세액공제
② 자녀세액공제
③ 연금계좌세액공제
④ 기장세액공제

22 다음 중 소득세법상 양도소득세에 대한 설명으로 옳지 않은 것은?

① 미등기양도자산은 기본공제를 적용받을 수 없다.
② 양도소득 예정신고와 함께 자진납부하는 경우 산출세액의 100분의 10을 공제한다.
③ 고가주택이란 양도 당시 실지거래가액의 합계액이 12억원을 초과하는 주택을 말한다.
④ 원칙적으로 장기보유특별공제는 보유 기간이 3년 이상인 경우에 적용한다.

23 다음 중 소득세법상 원천징수와 관련된 설명으로 옳은 것은?

① 발생된 소득을 미지급하여 소득세가 원천징수되지 않은 소득이 종합소득에 합산되어 소득세가 과세된 경우 해당 소득을 지급하는 때에는 소득세를 원천징수하지 않는다.
② 원천징수대상 사업소득을 지급하는 개인은 사업자가 아닌 경우에도 원천징수의무를 진다.
③ 소득세가 과세되지 아니하거나 면제되는 소득을 지급할 때도 소득세를 원천징수한다.
④ 일용근로소득을 지급할 때에는 매 지급 시마다 근로소득간이세액표에 따라 소득세를 원천징수한다.

24 다음 중 소득세법상 소액부징수로 규정된 금액으로 옳지 않은 것은?

① 중간예납세액 : 50만원 미만인 경우
② 배당소득의 원천징수세액 : 1천원 미만인 경우
③ 납세조합의 징수세액 : 1천원 미만인 경우
④ 수시부과세액 : 50만원 미만인 경우

25 다음 중 소득세법상 성실신고확인제도에 대한 설명으로 옳지 않은 것은?

① 성실신고확인대상사업자 판단은 직전 과세기간의 수입금액에 의해 결정된다.
② 성실신고확인대상사업자가 성실신고확인서를 제출하는 경우에는 종합소득과세표준 확정신고를 그 과세기간의 다음 연도 5월 1일부터 6월 30일까지 해야 한다.
③ 성실신고확인대상사업자가 그 과세기간의 다음 연도 6월 30일까지 성실신고확인서를 관할 세무서장에게 제출하지 않은 경우에는 성실신고확인서 제출 불성실 가산세를 적용한다.
④ 세무공무원은 정기선정에 의한 조사 외에 납세자가 성실신고확인서의 제출의무를 이행하지 않은 경우에는 세무조사를 할 수 있다.

제111회 기출문제

세법1부 : 법인세법, 부가가치세법

01 다음 중 법인세법에 대한 설명으로 옳은 것은?

① 청산소득에 대한 법인세는 영리외국법인에 한하여 납세의무를 진다.
② 내국법인의 각 사업연도 소득에 대한 법인세는 과세표준에 따라 4단계 누진세율을 적용한다.
③ 외국법인의 법인세 납세지는 관할 세무서장이 지정하는 장소로 한다.
④ 각 사업연도 소득에 대한 법인세는 사업연도 종료일이 속하는 달의 말일부터 2개월 이내 신고·납부해야 한다.

02 다음 중 법인세법상 최초 사업연도의 개시일에 대한 설명으로 가장 옳지 않은 것은?

① 내국법인의 최초 사업연도의 개시일은 설립등기일이다.
② 국내사업장이 있는 외국법인의 최초 사업연도의 개시일은 국내사업장을 가지게 된 날이다.
③ 최초 사업연도의 개시일 전에 생긴 손익을 사실상 그 법인에 귀속시킨 것이 있는 경우 최초 사업연도의 개시일은 해당 법인에 귀속시킨 손익이 최초로 발생한 날이다.
④ 국내사업장이 없는 외국법인의 경우 최초 사업연도의 개시일은 대표자나 납세관리인이 신고한 날이다.

03 다음 중 법인세법상 익금항목에 해당하지 않는 것은?

① 사업수입금액
② 자산의 양도금액
③ 자기주식소각이익
④ 손금에 산입된 비용 중 환입된 금액

04 다음 중 법인세법상 업무용승용차 관련 비용에 대한 설명으로 옳지 않은 것은?

① 운전학원업에서 사업상 수익을 얻기 위하여 직접 사용하는 승용자동차는 업무용승용차에 포함되지 않는다.
② 연구개발을 목적으로 사용하는 승용자동차로서 국토교통부장관의 임시운행허가를 받은 자율주행자동차는 업무용승용차에 포함되지 않는다.
③ 업무용승용차의 감가상각방법은 정액법 또는 정률법 중 선택할 수 있다.
④ 업무용승용차 관련비용이란 업무용승용차에 대한 감가상각비, 유류비, 통행료 등 업무용승용차의 취득, 유지를 위하여 지출한 비용을 말한다.

05 다음 중 법인세법상 의제배당의 귀속시기에 대한 설명으로 옳지 않은 것은?

① 자본금 감소 등으로 인한 의제배당 : 주주총회 등에서 자본금 감소를 결의한 날
② 합병으로 인한 의제배당 : 주주총회 등에서 합병을 결의한 날
③ 해산으로 인한 의제배당 : 잔여재산가액 확정일
④ 잉여금의 자본금 전입으로 인한 의제배당 : 주주총회 등에서 잉여금의 자본금 전입을 결의한 날

06 다음 중 법인세법상 기업업무추진비에 관한 설명으로 옳지 않은 것은?

① 주주 또는 출자자가 부담해야 할 성질의 기업업무추진비를 법인이 지출한 것은 기업업무추진비로 보지 않는다.
② 법인이 그 직원이 조직한 조합 또는 단체에 복리시설비를 지출한 경우 해당 조합이나 단체가 법인일 때에는 이를 기업업무추진비로 본다.
③ 법인이 기업업무추진비를 금전 외의 자산으로 제공한 경우 해당 자산의 가액은 제공한 때의 장부가액과 시가 중 큰 금액으로 산정한다.
④ 내국법인이 한 차례 접대에 지출한 기업업무추진비 중 3만원(경조금 20만원)을 초과하는 기업업무추진비로서 증명서류를 수취하지 않은 것은 전액 손금불산입하고 소득귀속자에 관계없이 기타사외유출로 처분한다.

07 다음 중 법인세법상 세무조정사항 중에서 자본금과 적립금조정명세서(을)에 나타나는 항목으로 옳은 것은?

① 건설자금이자 손금불산입액
② 특례기부금 한도초과액
③ 대표자에 대한 가지급금 인정이자
④ 임원퇴직금 한도초과액

08 다음 중 법인세법상 손금에 산입할 수 없는 대손금으로 옳은 것은?

① 상법에 따른 소멸시효가 완성된 외상매출금 및 미수금
② 회수기일이 6개월 이상 지난 채권 중 채무자별 채권가액의 합계액이 30만원 이하인 채권
③ 부도발생일로부터 3개월 이상 지난 중소기업의 외상매출금
④ 채무자의 파산, 강제집행, 사업의 폐지로 회수할 수 없는 채권

09 다음 중 법인세법상 신설법인의 재고자산 평가방법의 신고기한으로 옳은 것은?

① 사업개시일로부터 3개월 이내
② 최초 사업연도 종료일로부터 1개월 이내
③ 최초 재고자산을 취득한 날이 속하는 사업연도 종료일
④ 법인의 설립일이 속하는 사업연도의 법인세 과세표준 신고기한

10 다음 중 법인세법상 감가상각자산에 대한 지출을 손비로 계상 시 손금으로 인정하는 경우에 해당하지 않는 것은?

① 전화기 및 개인용 컴퓨터 취득가액
② 대여사업용 비디오테이프 및 음악용 콤팩트디스크로서 개별자산의 취득가액이 30만원 미만인 것
③ 개별자산별로 수선비로 지출한 금액이 600만원 미만인 경우
④ 5년의 기간마다 주기적인 수선을 위하여 지출하는 경우

11 다음은 ㈜갑의 직전 사업연도(2023.1.1 ~ 2023.12.31)의 법인세 자료이다. 법인세법상 직전 사업연도의 실적에 따라 ㈜갑이 당해 사업연도(2024.1.1 ~ 2024.12.31)에 납부할 중간예납세액은 얼마인가?

- 법인세 산출세액 : 37,000,000원
- 기납부세액 : 10,000,000원(중간예납세액 8,000,000원, 원천징수납부세액 2,000,000원)
- 자진납부세액 : 27,000,000원

① 13,500,000원
② 14,500,000원
③ 17,500,000원
④ 18,500,000원

12 다음 중 법인세법상 이월결손금에 대한 설명으로 틀린 것은?

① 이월결손금은 공제기한 내에 임의로 선택하여 공제받을 수 있다.
② 2024년도에 발생한 결손금은 15년간 이월결손금 공제가 가능하다.
③ 공제대상 이월결손금은 공제 한도의 범위에서 공제한다.
④ 법인세 과세표준을 추계결정 또는 경정하는 경우에는 원칙적으로 이월결손금 공제규정을 적용하지 않는다.

13 다음 중 법인세법상 수시부과 결정사유에 해당하지 않는 것은?

① 신고를 하지 아니하고 본점 등을 이전한 경우
② 사업부진 기타의 사유로 인하여 휴업 또는 폐업상태에 있는 경우
③ 조세를 포탈할 우려가 있다고 인정되는 상당한 이유가 있는 경우
④ 납부할 세액이 없고 결손금이 있는 경우

14 다음 중 부가가치세법상 납세지에 관한 설명으로 옳지 않은 것은?

① 사업자단위 과세사업자는 각 사업장을 대신하여 그 사업자의 본점 또는 주사무소의 소재지를 부가가치세 납세지로 한다.
② 사업자가 자기의 사업과 관련하여 생산하거나 취득한 재화를 직접 판매하기 위하여 특별히 판매시설을 갖춘 장소를 직매장이라고 하는데 이는 사업장으로 본다.
③ 재화를 보관하고 관리할 수 있는 시설만 갖춘 장소를 하치장이라 하는데 이는 사업장으로 보지 않는다.
④ 재화를 수입하는 자의 부가가치세 납세지는 각 사업장의 소재지로 한다.

15 다음 중 부가가치세법상 사업자등록 정정사유에 해당하지 않는 것은?

① 상호를 변경하는 경우
② 법인의 최대주주가 변경되는 경우
③ 상속으로 사업자의 명의가 변경되는 경우
④ 사업의 종류에 변경이 있는 경우

16 다음 중 부가가치세법상 재화의 공급에 해당하는 것은 몇 개인지 고르시오.

> 가. 상품권의 양도
> 나. 담보의 제공
> 다. 건물의 현물출자
> 라. 저작권의 대여
> 마. 특허권의 양도
> 바. 주식의 양도

① 1개
② 2개
③ 3개
④ 4개

17 다음 중 부가가치세법상 재화·용역의 공급에 대한 면세를 적용할 수 있는 사례가 아닌 것은?

① 저술가·작곡가나 그 밖에 일정한 직업상 제공하는 인적용역
② 국가가 공급하는 재화·용역
③ 자동차운전학원의 교육용역
④ 주택과 이에 부수되는 토지의 임대용역

18 다음 중 부가가치세의 과세표준에 포함되는 공급가액에 관한 설명으로 옳지 않은 것은?

① 계약 등에 의해 확정된 공급대가의 지급지연으로 인하여 받는 연체이자는 소비대차로 전환하지 않은 경우에는 공급가액에 포함한다.
② 재화를 공급한 후에 그 공급가액과 관련하여 지급한 장려금은 과세표준에서 공제하지 않는다.
③ 대가를 외국통화나 그 밖의 외국환으로 받는 경우로서 공급시기가 되기 전에 원화로 환가한 경우에는 그 환가금액을 공급가액으로 한다.
④ 임차인이 부담하여야 할 수도료 및 공공요금 등을 별도로 구분징수하여 납입을 대행하는 경우 해당 금액은 부동산임대관리에 따른 대가에 포함하지 않는다.

19 다음 중 부가가치세법상 세금계산서에 대한 설명으로 옳지 않은 것은?

① 모든 법인사업자는 전자세금계산서를 의무적으로 발행하여야 한다.
② 직전 연도의 사업장별 재화 및 용역의 공급가액의 합계액이 기준금액 이상인 경우 개인사업자도 전자세금계산서 의무발급대상이 된다.
③ 전자세금계산서 의무발급대상자가 종이세금계산서를 발급하는 경우에는 효력이 없다.
④ 관할 세무서장은 개인사업자가 전자세금계산서 의무발급대상자에 해당하는 경우 그 사실을 통지하여야 한다.

20 다음 중 부가가치세법상 공통매입세액 등에 관한 설명으로 옳지 않은 것은?

① 사업자가 과세사업과 면세사업 등을 겸영하는 경우에 과세사업과 면세사업 등에 관련된 매입세액의 계산은 실지귀속에 따라 구분한다.
② 동일 과세기간 내에 공통매입세액의 합계액이 10만원 미만인 경우 전액 공제되는 매입세액으로 한다.
③ 해당 과세기간의 총공급가액 중 면세공급가액이 5% 미만인 경우의 공통매입세액(5백만원 미만)은 전액 공제되는 매입세액으로 한다.
④ 공통매입세액은 공급가액비율 등으로 안분하여 계산하되 예정신고를 할 때에는 예정신고기간의 공급가액비율 등에 의하고 확정신고를 할 때에는 과세기간 전체의 공급가액비율 등에 의하여 정산한다.

21 다음 중 부가가치세법상 의제매입세액공제에 관한 설명으로 옳지 않은 것은?

① 의제매입세액의 공제대상이 되는 면세농산물 등의 매입가액은 운임 등의 부대비용을 포함하지 않는다.
② 사업자가 예정신고 시 공제받지 아니한 의제매입세액은 확정신고 시에 공제할 수 있다.
③ 음식점을 운영하는 간이과세자도 의제매입세액공제를 적용받을 수 있다.
④ 일반과세자인 음식점은 정규증빙 없이 농어민으로부터 면세농산물 등을 구입 시 의제매입세액공제를 받을 수 없다.

22 다음 중 부가가치세법상 일반과세자로서 납부세액을 한도로 적용받을 수 있는 세액공제로 옳은 것은?(단, 매출가액과 매입가액이 모두 있는 것으로 본다)

① 신용카드매출전표등 발급세액공제
② 과세사업 전환 매입세액공제
③ 대손세액공제
④ 재고매입세액공제

23 다음 중 부가가치세법상 환급에 관한 설명으로 옳지 않은 것은?

① 사업자가 영세율을 적용받는 경우 조기 환급신청이 가능하다.
② 조기 환급을 신청하는 경우 납세지 관할 세무서장은 그 예정신고 기한이 지난 후 20일 이내에 환급하여야 한다.
③ 사업자가 재무구조개선계획을 이행 중인 경우 조기 환급신청이 가능하다.
④ 일반적인 환급의 경우 납세지 관할 세무서장은 각 과세기간별로 그 과세기간에 대한 환급세액을 확정신고한 사업자에게 그 확정신고기한이 지난 후 30일 이내 환급하여야 한다.

24 다음 중 부가가치세법상 가산세에 대한 설명으로 옳지 않은 것은?

① 사업자가 재화 또는 용역을 공급받지 아니하고 세금계산서를 발급받은 경우 공급가액의 3%의 가산세가 적용된다.
② 사업자의 배우자 명의로 사업자등록을 하는 경우 타인명의등록 가산세가 적용된다.
③ 부동산임대업자가 부동산임대공급가액명세서를 제출하지 아니한 경우 1%의 가산세가 적용된다.
④ 사업자미등록가산세가 적용되는 경우 매출처별 세금계산서합계표 불성실 가산세는 배제된다.

25 다음 중 부가가치세법상 간이과세에 대한 설명으로 가장 옳지 않은 것은?

① 간이과세가 적용되지 아니한 다른 사업장을 보유하고 있는 사업자는 간이과세자로 보지 아니한다.
② 간이과세자가 수출하는 재화의 경우에는 영세율을 적용 받을 수 없다.
③ 해당 사업자의 관할 세무서장은 간이과세자에 관한 규정이 적용되거나 적용되지 아니하게 되는 과세기간 개시 20일 전까지 그 사실을 통지하여야 한다.
④ 간이과세를 포기하고자 하는 경우에는 일반과세자에 관한 규정을 적용받으려는 달의 전달 마지막 날까지 간이과세 포기신고서를 제출하여야 한다.

세법2부 : 국세기본법, 소득세법(조세특례제한법)

01 다음 중 국세기본법상 기한연장에 대한 설명으로 옳지 않은 것은?

① 정전으로 인하여 체신관서의 정보통신망의 정상적인 가동이 불가능한 경우 기한연장을 신청할 수 있다.
② 신고, 신청, 청구, 그 밖에 서류의 제출, 통지, 납부 또는 징수에 관한 기한이 공휴일일 때에는 공휴일의 다음 날을 기한으로 한다.
③ 기한의 연장을 받으려는 자는 기한 만료일의 5일전까지 신청하여야 한다.
④ 기한연장의 통지대상자가 불특정 다수인 경우 관보 또는 일간신문에 공고하는 방법으로 통지를 갈음할 수 있다.

02 다음 중 국세기본법상 공시송달 시 게시해야 할 장소로 옳지 않은 것은?

① 인터넷 포털사이트
② 세무서의 게시판
③ 해당 서류의 송달 장소를 관할하는 특별자치시·특별자치도·시·군·구의 홈페이지, 게시판
④ 관보 또는 일간신문

03 다음 중 국세기본법상 국세부과의 원칙에 관한 설명으로 가장 옳지 않은 것은?

① 명의신탁 부동산을 매각처분한 경우 양도의 주체 및 납세의무자를 명의수탁자가 아닌 명의신탁자로 규정한 것은 실질과세원칙을 적용한 예로 볼 수 있다.
② 국세를 조사·결정할 때 장부의 기록에 누락된 것이 있을 때에는 그 부분에 대해서만 정부가 조사한 사실에 따라 결정할 수 있다.
③ 신의성실원칙은 납세자에게는 의무 위반 시 각종 제재가 있으므로 과세관청에만 그 준수가 요구된다.
④ 과세관청이 예전의 견해표명에 반하는 처분으로 납세자의 이익을 침해하지 않는다면 신의성실원칙의 적용은 불필요하다.

04 다음 중 국세기본법상 납세의무의 성립에 대한 설명으로 옳지 않은 것은?

① 국세기본법 및 각 세법이 정하는 과세요건이 충족되면 국세를 납부할 의무가 성립한다.
② 과세요건은 납세의무자, 과세대상, 과세표준, 세율로 구성된다.
③ 소득세의 납세의무 성립시기는 과세기간이 끝나는 때이다.
④ 무신고 가산세의 납세의무 성립시기는 과세기간이 끝나는 때이다.

05 다음 중 국세기본법상 납세의무가 소멸되는 경우가 아닌 것은?

① 국세환급금으로 납부할 국세가 충당된 때
② 5억원의 종합소득세가 무신고인 상태로 종합소득세 과세표준 신고기한 다음 날부터 5년이 지났을 때
③ 연대납세의무자에 의해 국세가 납부된 때
④ 3억원의 종합소득세가 신고납부기한의 다음 날부터 5년이 지났을 때

06 한국상사는 중간예납세액을 차감하지 않고 종합소득세를 신고하여 소득세가 과오납부된 사실을 신고 직후 알게 되었다. 다음 중 국세기본법상 과오납부한 세금을 환급받기 위한 설명으로 타당한 것은?

① 당초의 신고가 불성실하게 이루어졌으므로 신고불성실가산세를 추가로 부담하여야 한다.
② 소득세는 신고납부제도이므로 당초의 신고를 정정하기 위하여 수정신고를 하여야 한다.
③ 이미 신고기한이 지났으므로 이의신청, 심사청구 또는 심판청구를 통해서만 환급받을 수 있다.
④ 당초에 신고한 과세표준과 세액의 경정을 청구하여 환급받을 수 있다.

07 다음 중 국세기본법상 소멸시효의 정지 기간으로 옳지 않은 것은?

① 분납 기간
② 압류해제까지의 기간
③ 징수유예기간
④ 연부연납기간

08 다음 중 국세기본법상 과세표준신고서를 법정신고기한까지 제출하지 아니한 자가 법정신고기한이 지난 후 1개월 이내에 기한 후 신고를 할 경우에 감면되는 가산세로 옳은 것은?

① 해당 가산세액의 100분의 90에 상당하는 금액
② 해당 가산세액의 100분의 50에 상당하는 금액
③ 해당 가산세액의 100분의 30에 상당하는 금액
④ 감면 없음

09 다음 중 국세기본법상 사업양수인의 제2차 납세의무에 대한 설명으로 옳지 않은 것은?

① 사업의 양수란 사업장별로 그 사업에 관한 모든 권리(미수금에 관한 것을 포함)와 모든 의무(미지급금에 관한 것을 포함)를 포괄적으로 승계하는 것을 말한다.
② 사업양수인으로서 사업양도인의 조세회피를 목적으로 사업을 양수한 자는 제2차 납세의무를 진다.
③ 사업양수인은 양도일 이전에 양도인의 납세의무가 확정된 그 사업에 관한 국세 및 강제징수비에 대하여 제2차 납세의무를 진다.
④ 사업양수인은 양수한 재산가액을 한도로 제2차 납세의무를 진다.

10 다음 중 국세기본법상 조세불복에 관한 설명으로 잘못된 것은?

① 동일한 처분에 대하여 심사청구와 심판청구를 중복하여 제기할 수 없다.
② 조세심판관회의는 심판청구에 대한 결정을 할 때 심판청구를 한 처분보다 청구인에게 불리한 결정을 하지 못한다.
③ 이의신청, 심사청구 및 심판청구는 세법에 특별한 규정이 있는 것을 제외하고는 해당 처분의 집행에 효력을 미치지 아니한다.
④ 불복청구의 기간이 지난 후 불복을 제기하는 경우 기각 결정을 한다.

11 다음 중 국세기본법상 납세자권리헌장에 포함해야 할 내용으로 가장 옳지 않은 것은?

① 세무공무원이 세무관서에 납세자의 장부 등을 보관할 의무가 있다.
② 납세자는 세무사 등으로부터 세무조사 시 조력을 받을 권리가 있다.
③ 세무공무원은 특별한 경우를 제외하고는 세무조사 범위를 확대할 수 없다.
④ 세무공무원은 납세자가 성실하다고 추정해야 한다.

12 다음 중 소득세법상 납세의무자에 대한 설명으로 옳지 않은 것은?

① 거주자는 국내에 주소를 두거나 183일 이상 거소를 둔 개인을 말한다.
② 거주자는 국내원천소득과 국외원천소득 모두에 대해서 납세의무를 진다.
③ 비거주자는 국내원천소득에 대해서만 납세의무를 진다.
④ 외국국적이나 외국영주권자인 경우 거주기간에 상관없이 비거주자로 본다.

13 다음 중 소득세법상 금융소득에 대한 설명으로 가장 옳지 않은 것은?

① 종합과세대상 금융소득의 총수입금액 연간 합계액이 2천만원을 초과하는 경우, 그 합계액 전액에 대해서 종합소득 과세표준에 합산한다.
② 무조건 분리과세대상 금융소득은 총수입금액 연간 합계액이 2천만원을 초과하는 경우에도 분리과세를 한다.
③ 외국법인으로부터 받은 배당소득으로서 원천징수 되지 않은 것은 2천만원 이하인 경우에도 종합과세한다.
④ 비실명 배당소득의 경우 25%의 세율로 원천징수하고 종합과세한다.

14 다음 중 소득세법상 사업소득에 대한 총수입금액에 산입하지 않는 것은?

① 거래상대방으로부터 받는 장려금 기타 이와 유사한 성질의 금액
② 사업과 관련하여 해당 사업용 자산의 손실로 인하여 취득하는 보험차익
③ 자산수증이익 중 이월결손금의 보전에 충당된 금액
④ 사업과 관련된 채무면제이익

15 다음 중 소득세법상 사업소득에 대한 설명으로 옳지 않은 것은?

① 사업소득 중에서 원천징수대상이 되는 소득은 없다.
② 사업소득금액 계산 시 대표자 본인에 대한 급여 및 가사관련경비는 필요경비로 인정되지 않는다.
③ 사업자금을 은행에 예금함으로써 발생된 이자는 사업소득금액 계산 시 총수입금액에 산입하지 않는다.
④ 주택임대업에서 발생한 이월결손금은 해당 과세기간의 다른 소득금액에서 공제될 수 있다.

16 다음 중 소득세법상 비과세 근로소득에 해당하지 않는 것은?

① 임원이 지급받는 퇴직소득으로서 법인세법에 따라 손금불산입된 임원 퇴직급여 한도초과액
② 중소기업의 종업원이 주택의 구입·임차에 소요되는 자금을 저리 또는 무상으로 대여 받음으로써 얻는 이익
③ 공무원이 국가 또는 지방자치단체로부터 공무 수행과 관련하여 받는 상금과 부상 중 연 240만원 이내의 금액
④ 소액주주인 임원이 사택을 제공받음으로써 얻는 이익

17 다음 중 소득세법상 기타소득의 과세방법이 다른 것은?

① 연금계좌에서 연금 외 수령한 기타소득
② 서화·골동품의 양도로 발생하는 소득
③ 알선수재 및 배임수재에 따라 받은 금품
④ 복권당첨소득

18 ㈜배팅은 부동산투자의 귀재로 소문난 김대박씨를 외부강사로 초빙하여 특강을 진행하고 300만원의 강사료를 지급하였다. 소득세법상 그 대가를 지급하면서 원천징수할 세액은 얼마인가?(단, 해당 소득은 기타소득으로 본다)

① 120,000원
② 240,000원
③ 360,000원
④ 600,000원

19 다음 중 소득세법상 종합소득과세표준을 계산하기 위한 종합소득공제에 대한 설명으로 가장 옳지 않은 것은?

① 인적공제를 할 때 공제대상자에 해당하는지 여부의 판정은 해당 과세기간 종료일의 현재의 상황에 따른다.
② 과세기간 종료일 전에 사망한 사람에 대해서는 사망일의 전날의 상황에 따른다.
③ 거주자의 부양가족 중 거주자(그 배우자를 포함한다)의 직계존속이 주거 형편에 따라 별거하고 있는 경우에는 생계를 같이 하는 사람으로 보지 않는다.
④ 공제대상 부양가족을 판정할 때 적용대상 나이가 정해진 경우에는 해당 과세기간 중에 해당 나이에 해당되는 날이 있는 경우에 공제대상자로 본다.

20 다음 중 소득세법상 양도소득세 과세대상에 해당하는 것은?

① 주권상장주식 중 소액주주의 장내시장 양도분
② 건설업을 영위하는 자의 주택 신축판매
③ 자녀에게 토지의 소유권을 무상으로 이전
④ 이혼 위자료로 배우자에게 토지의 소유권 이전

21 다음 중 소득세법상 해당 과세기간의 사업소득금액 계산 시 발생한 결손금의 공제 순서로 올바른 것은?

① 근로소득 → 연금소득 → 기타소득 → 이자소득 → 배당소득
② 연금소득 → 근로소득 → 기타소득 → 이자소득 → 배당소득
③ 근로소득 → 기타소득 → 연금소득 → 이자소득 → 배당소득
④ 근로소득 → 연금소득 → 기타소득 → 배당소득 → 이자소득

22 다음 중 소득세법상 과세표준 확정신고에 대한 설명으로 옳지 않은 것은?

① 공적연금소득만 있는 자는 과세표준 확정신고를 하지 아니할 수 있다.
② 수시부과 후 추가로 발생한 소득이 없을 경우에는 과세표준 확정신고를 하지 않아도 된다.
③ 근로소득만 있는 자의 경우 그 원천징수의무자가 연말정산 등에 따라 소득세를 원천징수하지 않은 때에도 확정신고의무가 면제된다.
④ 성실신고확인대상사업자가 성실신고확인서를 제출하는 경우에는 그 과세기간의 다음 연도 5월 1일부터 6월 30일까지 과세표준확정신고를 하여야 한다.

23 다음 중 소득세법상 간이지급명세서의 제출대상 소득으로 옳은 것은?

① 연금소득
② 퇴직소득
③ 원천징수대상 사업소득
④ 이자소득

24 다음 중 소득세법상 간편장부대상자에 대한 설명으로 가장 옳지 않은 것은?

① 차량운반구 등 사업용 유형자산의 양도소득은 간편장부대상자의 사업소득에 포함된다.
② 업무용승용차 관련비용 등의 특례규정은 간편장부대상자에게 적용되지 않는다.
③ 기장세액공제는 간편장부대상자에게 적용된다.
④ 재무상태표 등을 미제출한 경우에도 종합소득세 과세표준 확정신고 시 무신고로 간주되지 않는다.

25 다음 중 소득세법상 종합소득세의 신고납부 절차에 대한 설명으로 가장 옳은 것은?

① 중간예납의무자는 중간예납세액을 중간예납기간 종료일부터 2개월 이내에 자진납부하여야 한다.
② 이자소득에 대한 원천징수세액이 1,000원 미만인 때에는 해당 소득세를 징수하지 않는다.
③ 부가가치세가 면제되는 재화 또는 용역을 공급하는 개인사업자는 사업장현황신고의무가 있다.
④ 해당 과세기간의 종합소득금액이 있는 거주자가 종합소득과세표준이 없는 경우에는 종합소득과세표준 확정신고의무가 없다.

제110회 기출문제

세법1부 : 법인세법, 부가가치세법

01 다음 중 법인세법상 각 사업연도의 소득에 대한 법인세 납세의무에 관한 설명으로 옳지 않은 것은?

① 영리내국법인은 국내외 원천의 모든 각 사업연도 소득에 대해서 납세의무를 진다.
② 국세기본법상 법인으로 보는 단체는 국내외 원천소득 중 일정한 수익사업에서 생기는 각 사업연도 소득에 대해서 납세의무를 진다.
③ 내국법인 중 국가와 지방자치단체(지방자치단체조합 포함)는 각 사업연도 소득에 대한 납세의무가 있다.
④ 외국정부는 비영리외국법인으로서 국내원천소득 중 일정한 수익사업에서 생기는 각 사업연도 소득에 대해서 납세의무를 진다.

02 다음 중 법인세법상 사업연도의 의제에 관한 내용으로 옳지 않은 것은?

① 내국법인이 사업연도 중에 합병에 따라 해산한 경우에는 그 사업연도 개시일부터 합병등기일까지의 기간을 그 해산한 법인의 1사업연도로 본다.
② 내국법인이 사업연도 중에 조직변경을 한 경우 그 사업연도 개시일부터 조직변경일 전까지의 기간을 법인의 1사업연도로 본다.
③ 내국법인이 사업연도 중에 연결납세방식을 적용받는 경우에는 그 사업연도 개시일부터 연결사업연도 개시일 전날까지의 기간을 1사업연도로 본다.
④ 국내사업장이 있는 외국법인이 사업연도 중에 그 국내사업장을 가지지 아니하게 된 경우에는 그 사업연도 개시일부터 그 사업장을 가지지 아니하게 된 날까지의 기간을 1사업연도로 본다. 다만, 국내에 다른 사업장을 계속하여 가지고 있는 경우에는 그러하지 아니하다.

03 다음 중 법인세법상 소득처분의 유형이 다른 것은?

① 새로 취득한 토지에 대한 취득세를 지출하고 당기비용으로 계상하였다.
② 국세의 과오납금을 환급받으면서 그에 대한 환급금이자를 함께 받고 이를 수익으로 계상하였다.
③ 당기 대손상각비를 법인세법에 따른 대손충당금 한도액을 초과하여 계상하였다.
④ 당기 말 현재 건설 중인 공장 건물의 취득에 소요되는 자금 조달을 위한 특정차입금에 대한 지급이자를 이자비용으로 계상하였다.

04 다음 중 법인세법상 익금불산입 항목에 해당하지 않는 것은?

① 자산수증이익 중 이월결손금을 보전하는데 충당한 금액
② 부가가치세 매출세액
③ 감자차익
④ 추계에 의해 소득 금액을 계산하는 경우의 임대보증금 등에 대한 간주익금

05 다음 중 법인세법상 인건비에 대한 설명으로 옳지 않은 것은?

① 법인이 그 임원 또는 직원에게 이익처분에 의하여 지급하는 상여금은 손금에 산입하지 아니한다.
② 법인이 정관에 의하여 결정된 급여지급기준에 의하여 임원에게 지급하는 상여금은 손금에 산입한다.
③ 법인이 해산에 의하여 퇴직하는 임원에게 지급하는 해산수당은 손금에 산입하지 아니한다.
④ 합명회사의 노무출자사원에게 지급하는 보수는 손금에 산입하지 아니한다.

06 다음 중 법인세법상 기부금 중 손금산입한도액이 다른 것은?

① 국방헌금과 국군장병 위문금품의 가액
② 천재지변으로 생기는 이재민을 위한 구호금품의 가액
③ 사회복지사업법에 따른 사회복지법인에 고유목적사업비로 지출하는 기부금
④ 사립학교법에 따른 사립학교에 시설비로 지출하는 기부금

07 다음 중 법인세법상 업무용승용차 관련비용의 손금불산입 등 특례에 대한 설명으로 옳은 것은?

① 종업원 명의의 차량을 업무수행에 이용한 경우에는 해당 규정을 적용받지 않는다.
② 업무용승용차 관련 운행기록을 작성하지 않은 경우 임직원 전용보험에 가입하여도 관련비용 전액이 손금으로 인정되지 않는다.
③ 업무용승용차의 감가상각은 내용연수 5년의 정률법으로 강제상각하여야 한다.
④ 업무용승용차를 해당 사업연도 중에 취득한 경우에도 손금인정한도를 월할계산하지 않는다.

08 다음 중 법인세법상 손익 귀속시기를 잘못 설명한 것은?

① 상품 판매 : 해당 상품의 인도일
② 상품 시용 판매 : 거래상대방이 해당 상품의 구입 의사를 표시한 날
③ 상품 외의 자산 양도(단, 대금 청산 전에 소유권 이전등기를 진행함) : 대금 청산일
④ 자산의 위탁 판매 : 수탁자의 해당 위탁 자산 매매일

09 다음 중 법인세법상 감가상각방법의 변경에 관한 설명으로 옳지 않은 것은?

① 상각방법이 서로 다른 법인이 합병(분할합병을 포함)한 경우 변경이 가능하다.
② 상각방법이 서로 다른 사업자의 사업을 인수 또는 승계한 경우 변경이 가능하다.
③ 한국채택국제회계기준을 최초로 적용한 사업연도에 결산상각방법을 변경하는 경우 변경이 가능하다.
④ 상각방법의 변경승인을 얻고자 하는 법인은 그 변경할 상각방법을 적용하고자 하는 최초 사업연도의 종료일로부터 3개월 이내에 신청하여야 한다.

10 다음 중 법인세법상 퇴직금에 대한 설명으로 옳지 않은 것은?

① 확정기여형 퇴직연금제도에서 법인이 각 사업연도에 납부하는 부담금은 전액 손금에 산입한다.
② 임원 및 직원에 대한 퇴직급여의 경우에는 퇴직급여 한도초과액에 대하여 손금불산입 규정을 적용한다.
③ 확정기여형 퇴직연금이 설정된 임원 또는 직원은 퇴직급여 충당금 설정 대상자에서 제외한다.
④ 임원이 연임될 경우 현실적인 퇴직으로 보지 아니한다.

11 다음 중 법인세법상 업무무관 가지급금에서 제외하는 대상으로 옳지 않은 것은?

① 직원에 대한 월정급여액의 2배수 범위에서의 일시적인 급료의 가불금
② 직원에 대한 경조사비 대여액
③ 직원과 그 자녀에 대한 학자금 대여액
④ 국민연금법에 의하여 근로자가 지급받은 것으로 보는 퇴직금전환금

12 다음 중 법인세법의 부당행위계산 부인에 관한 설명으로 가장 옳지 않은 것은?

① 부당행위계산의 부인 규정의 적용은 원칙적으로 시가를 기준으로 한다.
② 조세부담을 부당하게 감소시킨 것으로 인정되는 경우로서 반드시 조세부담을 회피하거나 경감시킬 의도가 있어야 한다.
③ 부당행위계산의 부인 규정은 그 행위 당시를 기준으로 특수관계가 있는 자 간의 거래에 한하여 적용한다.
④ 부당행위계산의 부인 규정은 세법상 과세소득 계산상의 범위 내에서만 변동을 초래할 뿐 당사자 간에 약정한 사법상 법률행위의 효과와는 무관하다.

13 다음 중 법인세법상 법인세 납부 시 산출세액에서 공제하지 아니하는 것은?

① 해당 사업연도의 감면세액 및 세액공제액
② 해당 사업연도의 가산세액
③ 해당 사업연도에 원천징수된 세액
④ 해당 사업연도의 중간예납세액

14 다음 중 부가가치세법상 사업자에 대한 설명으로 가장 옳지 않은 것은?

① 일반과세자란 간이과세자가 아닌 과세사업자를 말한다.
② 사업자란 사업목적이 영리이든 비영리이든 관계없이 사업상 독립적으로 재화 또는 용역을 공급하는 자를 말한다.
③ 면세사업이란 부가가치세가 면제되는 재화 또는 용역을 공급하는 사업을 말한다.
④ 사업자가 아닌 자가 재화를 수입하는 경우에는 부가가치세 납세의무가 없다.

15 다음 중 부가가치세법상 사업자등록에 대한 설명으로 옳지 않은 것은?

① 관할 세무서장은 부가가치세의 업무를 효율적으로 처리하기 위하여 필요하다고 인정되더라도 임의로 사업자등록증을 갱신하여 발급할 수 없다.
② 신규로 사업을 시작하려는 자는 사업개시일 이전이라도 사업자등록을 신청할 수 있다.
③ 사업자는 사업자등록의 신청을 사업장 관할 세무서장이 아닌 다른 세무서장에게도 할 수 있다.
④ 사업장 관할 세무서장은 사업자가 폐업하는 경우 지체 없이 사업자등록을 말소하여야 한다.

16 다음 중 부가가치세법상 납세지에 대한 설명으로 옳지 않은 것은?

① 사업자의 부가가치세 납세지는 각 사업장의 소재지이다.
② 사업장이란 사업자가 사업을 하기 위하여 거래의 전부 또는 일부를 하는 고정된 장소를 의미한다.
③ 부동산매매업을 영위하는 법인의 사업장은 법인의 등기부상 소재지(등기부상의 지점소재지 포함)이다.
④ 부동산임대업을 영위하는 개인사업자의 사업장은 사업에 관한 업무를 총괄하는 장소이다.

17 다음 중 부가가치세법상 재화의 공급으로 보는 특례에 해당하는 것은?

① 사용인에게 사업을 위해 착용하는 작업복을 제공하는 경우
② 사업자가 자기의 고객 중 추첨을 통하여 당첨된 자에게 자기생산·취득재화를 경품으로 제공하는 경우
③ 사용인에게 직장 연예 및 직장 문화와 관련된 재화를 제공하는 경우
④ 사용인에게 경조사와 관련된 재화를 사용인 1명당 연간 10만원 미만으로 제공하는 경우

18 다음 중 부가가치세법상 용역의 공급에 해당하지 않는 것은?

① 스포츠센터를 운영하는 사업자가 연회비를 받고 회원에게 시설을 이용하게 하는 것
② 고용관계에 따라 근로를 제공하는 것
③ 상대방으로부터 인도받은 재화를 단순히 가공만 하여 주는 것
④ 건설업자가 건설자재의 전부 또는 일부를 부담하여 건물을 신축하는 것

19 다음 중 부가가치세법상 영세율과 면세에 대한 설명으로 옳지 않은 것은?

① 영세율을 적용받는 경우라도 세금계산서를 발급해야 하는 거래가 있다.
② 면세의 포기를 신고한 사업자는 신고한 날부터 3년간 부가가치세를 면제받지 못한다.
③ 수입하는 미가공식료품에 대해서는 면세를 적용하지 아니한다.
④ 면세사업자의 매입세액은 공제 또는 환급받을 수 없다.

20 다음 중 부가가치세법상 상가건물임대업을 영위하는 사업자의 과세표준에 대한 설명으로 틀린 것은?

① 2 이상의 과세기간에 걸쳐 부동산 임대용역을 공급하고 그 대가를 선불로 받는 경우에는 해당 금액을 계약기간의 개월 수로 나눈 금액의 각 과세대상기간의 합계액을 공급가액으로 한다.
② 특수관계자에게 대가를 받지 않고 임대를 제공하는 경우 용역의 시가를 공급가액으로 본다.
③ 임차인이 부담하여야 할 보험료·수도료 및 공공요금 등을 별도로 구분징수하여 납입을 대행하는 경우 해당 금액은 과세표준에 포함하지 않는다.
④ 임대보증금에 대한 간주임대료 계산 시 임대부동산의 건설비상당액은 과세표준에서 공제한다.

21 다음 중 부가가치세법상 매입세액 불공제 대상에 해당하지 않는 것은?

① 토지에 관련된 매입세액
② 사업과 직접 관련이 없는 지출에 대한 매입세액
③ 기업업무추진비 및 이와 유사한 비용과 관련된 매입세액
④ 공급시기가 속하는 과세기간이 끝난 후 20일 이내에 등록을 신청한 경우 등록신청일부터 공급시기가 속하는 과세기간 기산일까지 역산한 기간 내의 매입세액

22 다음 중 부가가치세법상 확정신고 시에만 공제가 가능한 것은?

① 의제매입세액공제
② 대손세액공제
③ 전자세금계산서 발급 전송에 대한 세액공제
④ 신용카드 등의 사용에 따른 세액공제

23 다음 중 부가가치세법의 조기환급에 관한 설명으로 틀린 것은?

① 영세율 적용 대상 사업자는 예정신고 시까지 영세율 적용대상 과세표준이 있는 경우에 한하여 예정신고기간분에 대한 조기환급을 받을 수 있다.
② 각 예정신고기간의 조기환급세액은 원칙적으로 예정신고기한 경과 후 30일 이내에 사업자에게 환급하여야 한다.
③ 사업자가 어느 한 사업장에서 조기환급사유가 발생하는 경우에는 해당 사업장의 거래분만을 조기환급신고할 수 있다(총괄납부적용대상자 제외).
④ 조기환급신고를 할 때 이미 신고한 과세표준과 환급받은 환급세액은 예정신고 및 확정신고 대상에서 제외한다.

24 다음 중 부가가치세법상 세금계산서 발급 의무가 면제되는 경우로만 짝지어진 것은?

> 가. 입장권을 발행하여 영위하는 사업
> 나. 국내사업장이 있는 비거주자 또는 외국법인에게 용역을 제공하는 경우
> 다. 사업자가 내국신용장 또는 구매확인서에 의해 공급하는 재화
> 라. 사업자가 폐업할 때 자기생산·취득재화 중 남아 있는 재화

① 가, 나
② 가, 라
③ 나, 다
④ 다, 라

25 다음 중 부가가치세법상 간이과세에 대한 설명으로 가장 옳지 않은 것은?
① 음식점업을 영위하는 간이과세자의 해당 과세기간에 대한 공급대가의 합계액이 4,800만원 미만인 경우 부가가치세 납부의무를 면제한다.
② 간이과세를 포기하고 일반과세를 적용받으려는 자는 일반과세자에 관한 규정을 적용받으려는 달의 전달의 마지막 날까지 납세지 관할 세무서장에게 간이과세 포기신고를 해야 한다.
③ 직전 연도의 공급대가의 합계액이 1억 400만원 미만인 개인 및 법인사업자는 간이과세 규정이 적용된다.
④ 간이과세자는 신용카드매출전표 발급 등에 대한 세액공제가 가능하다.

세법2부 : 국세기본법, 소득세법(조세특례제한법)

01 다음 중 국세기본법상 기간 및 기한에 대한 설명으로 옳지 않은 것은?
① 국세기본법상 기간의 계산은 국세기본법 또는 그 세법에 특별한 규정이 있는 것을 제외하고는 민법에 따른다.
② 기간을 일, 주, 월 또는 연으로 정한 때에는 초일은 산입하지 않는다.
③ 국세정보통신망이 장애로 가동이 정지되어 전자신고나 전자납부를 할 수 없는 경우에는 그 장애가 복구되어 신고 또는 납부할 수 있게 된 날의 다음 날을 기한으로 한다.
④ 우편으로 과세표준신고서를 제출한 경우 그 서류가 과세관청에 도달한 날에 신고된 것으로 본다.

02 다음 중 국세기본법상 서류의 송달에 대한 설명으로 가장 옳지 않은 것은?

① 연대납세의무자에게 납부의 고지와 독촉에 관한 서류를 송달할 때에는 그 대표자에게 송달한다.
② 상속이 개시된 경우 상속재산관리인이 있을 때에는 그 상속재산관리인의 주소 또는 영업소에 송달한다.
③ 송달받아야 할 사람이 교정시설 또는 국가경찰관서의 유치장에 체포·구속 또는 유치된 사실이 확인된 경우에는 해당 교정시설의 장 또는 국가경찰관서의 장에게 송달한다.
④ 납세관리인이 있을 때에는 납세의 고지와 독촉에 관한 서류는 그 납세관리인의 주소 또는 영업소에 송달한다.

03 다음 중 국세기본법상 과세의 대상이 되는 소득, 수익, 재산, 행위 또는 거래의 귀속이 명의일 뿐이고 사실상 귀속되는 자가 따로 있을 때에는 사실상 귀속되는 자를 납세의무자로 하여 세법을 적용하는 원칙은 무엇인가?

① 근거과세의 원칙
② 신의성실의 원칙
③ 실질과세의 원칙
④ 조세감면의 사후관리

04 다음 중 국세기본법상 납세의무의 확정에 대한 설명으로 옳지 않은 것은?

① 정부부과제도는 국세의 과세표준과 세액을 정부가 '결정'하는 때가 아닌 납세의무자가 과세표준 신고 의무를 이행한 때에 1차 확정이 된다.
② 신고납세제도에서 납세의무자가 과세표준과 세액의 신고를 하지 않은 경우에는 정부가 과세표준과 세액을 결정하거나 경정하는 때에 확정된다.
③ 정부부과제도가 적용되는 대표적인 세목은 상속세·증여세이다.
④ 신고납세제도가 적용되는 대표적인 세목은 소득세, 법인세, 부가가치세이다.

05 다음 중 국세기본법상 국세징수권에 관한 설명으로 옳지 않은 것은?

① 국세징수권의 소멸시효는 납부고지, 독촉, 교부청구, 압류의 사유로 정지된다.
② 5억원 미만인 국세의 국세징수권 소멸시효기간은 5년이다.
③ 과세표준과 세액의 신고에 의하여 납세의무가 확정되는 국세의 경우 신고한 세액에 대해서는 그 법정 신고납부기한의 다음 날부터 국세징수권을 행사할 수 있다.
④ 소멸시효에 관하여는 세법에 특별한 규정이 있는 것을 제외하고는 민법에 따른다.

06 다음 중 국세기본법상 출자자의 제2차 납세의무에 대한 설명으로 가장 옳지 않은 것은?

① 주된 납세의무자인 법인에는 유가증권시장 및 코스닥시장에 상장된 법인은 제외한다.
② 합명회사의 무한책임사원은 법인의 납부부족액 전액에 대하여 제2차 납세의무를 진다.
③ 과점주주란 주주 1인과 그의 특수관계인의 소유주식의 합계가 해당 법인의 발행주식 총수의 100분의 30을 초과하는 주주를 말한다.
④ 과점주주의 경우 법인의 납부부족액 중 출자비율을 한도로 제2차 납세의무를 진다.

07 다음 중 국세기본법상 경정청구에 대한 설명으로 옳지 않은 것은?

① 과세표준신고서를 법정신고기한까지 제출한 자 및 기한후과세표준신고서를 제출한 자는 경정청구를 할 수 있다.
② 당초 신고한 과세표준 및 세액이 세법에 따라 신고해야 할 과세표준 및 세액을 초과할 때 경정을 청구할 수 있다.
③ 당초 신고한 결손금액 또는 환급세액이 세법에 따라 신고해야 할 결손금액 또는 환급세액을 초과할 때 경정을 청구할 수 있다.
④ 경정 등의 청구 시 감액의 확정력은 없으나 청구를 받은 세무서장으로 하여금 결정 또는 경정하거나 그럴 이유가 없다는 뜻을 통지할 법률상 의무를 지운다.

08 다음 중 국세기본법상 법정신고기한 내에 제출한 과세표준신고서를 법정신고기한이 지난 후에 수정신고하는 경우에 적용받는 가산세의 감면율로 옳지 않은 것은?(단, 과세관청에 의한 경정이 있을 것을 미리 알고 수정신고하는 경우에 해당하지 않는다)

① 법정신고기한이 지난 후 1개월 이내 수정신고한 경우 : 90%
② 법정신고기한이 지난 후 1개월 초과 3개월 이내에 수정신고한 경우 : 70%
③ 법정신고기한이 지난 후 3개월 초과 6개월 이내에 수정신고한 경우 : 50%
④ 법정신고기한이 지난 후 6개월 초과 1년 이내에 수정신고한 경우 : 30%

09 다음 중 국세기본법상 국세환급금에 관한 설명으로 잘못된 것은?

① 국세환급금 중 충당한 후 남은 금액은 국세환급금의 결정을 한 날부터 20일 이내에 납세자에게 지급하여야 한다.
② 납세자가 상속세를 물납한 후 해당 물납재산으로 환급하는 경우 물납재산이 수납된 이후 발생한 법정과실 또는 천연과실은 납세자에게 환급하지 아니하고 국가에 귀속된다.
③ 물납한 상속세의 감액 결정에 따라 환급하는 경우로서 해당 물납재산이 임대 중에 있는 경우는 물납재산으로 환급하지 않고 금전으로 환급한다.
④ 납세자의 신청에 의해 국세환급금을 충당하는 경우 충당된 세액의 충당청구를 한 날에 해당 국세를 납부한 것으로 본다.

10 다음 중 국세기본법상 심사청구에 대한 각하결정 사유에 해당하지 않는 것은?

① 심판청구를 제기한 후 심사청구를 제기한 경우
② 청구기간이 지난 후에 청구된 경우
③ 심사청구가 이유 없다고 인정되는 경우
④ 심사청구가 적법하지 아니한 경우

11 다음 중 국세기본법상 세무조사의 통지와 연기에 대한 설명으로 옳은 것은?

① 세무공무원은 세무조사를 하는 경우에는 조사를 받을 납세자에게 조사를 시작하기 25일 전에 조사에 관한 사항을 통지하여야 한다.
② 사전통지를 하면 증거인멸 등으로 조사 목적을 달성할 수 없다고 인정되는 경우에도 세무조사에 관한 통지는 하여야 한다.
③ 사전통지를 받은 납세자가 납세관리인의 장기출장으로 세무조사가 곤란하다고 판단될 때에는 조사를 연기해 줄 것을 신청할 수 있다.
④ 연기신청을 받은 관할 세무관서의 장은 연기신청 승인 여부를 결정하고 그 결과를 조사 개시 3일 전까지 통지하여야 한다.

12 다음 중 소득세법에 관한 설명으로 옳은 것은?

① 소득세의 과세기간은 사업자의 선택에 의하여 이를 변경할 수 있다.
② 소득세법은 종합과세제도이므로 거주자의 모든 소득(양도소득, 퇴직소득 포함)을 합산하여 과세한다.
③ 사업자가 10월 중에 폐업한 경우 소득세 과세기간은 1월 1일부터 10월 31일까지로 한다.
④ 소득세법은 열거주의 과세 방식이나 이자소득이나 배당소득은 유형별 포괄주의를 채택하고 있다.

13 다음 중 소득세법상 배당소득의 수입시기로 옳지 않은 것은?

① 잉여금 처분에 의한 배당 : 당해 법인의 잉여금 처분결의일
② 무기명주식의 이익이나 배당 : 그 지급을 받은 날
③ 해산에 의한 의제배당 : 해산등기일
④ 법인세법에 의하여 처분된 배당 : 당해 법인의 당해 사업연도의 결산확정일

14 다음 중 소득세법상 사업소득에 관한 설명으로 가장 틀린 것은?

① 2개 이상의 사업장이 있는 경우 기업업무추진비 계산 시 각 사업장별로 한도액을 계산한다.
② 이자수익과 배당금수익은 사업소득의 총수입금액에 산입하지 않는다.
③ 재고자산을 가사용으로 소비한 경우 그 시가를 총수입금액에 산입한다.
④ 모든 사업자가 업무용승용차 관련비용의 규제를 적용받는다.

15 다음 중 소득세법상 사업소득에 대한 필요경비 불산입 항목으로 옳지 않은 것은?

① 사업주에 대한 급여
② 업무와 관련하여 중대한 과실로 타인의 권리를 침해하는 경우에 지급되는 손해배상금
③ 사전약정 없이 지급하는 판매장려금
④ 법령에 따라 의무적으로 납부하는 것이 아닌 공과금

16 다음 중 소득세법상 비과세 근로소득에 포함되지 않는 것은?

① 비출자임원(소액주주인 임원 포함)이 사택을 제공받음으로써 얻은 이익
② 종업원이 사택을 제공받음으로써 얻은 이익
③ 중소기업 종업원이 주택의 구입·임차 자금을 저리 또는 무상으로 대여받음으로써 얻은 이익
④ 대기업 종업원이 주택의 구입·임차 자금을 저리 또는 무상으로 대여받음으로써 얻은 이익

17 다음 중 소득세법상 기타소득으로 분류될 수 없는 것은?

① 사업장 등 물적시설을 갖춘 상태에서 서화·골동품의 양도로 발생하는 소득
② 저작자 외의 자가 저작권의 양도 또는 사용의 대가로 받는 금품
③ 법률에 따라 통신판매중개를 하는 자를 통하여 물품 또는 장소를 대여하고 연간 수입금액 500만원 이하의 사용료로서 받은 금품
④ 공익사업과 관련하여 지역권을 설정하거나 대여함으로써 발생하는 소득

18 거주자 갑(甲)의 소득이 다음과 같을 경우, 소득세법상 종합소득금액은 얼마인가?(단, 종합소득금액 최소화를 가정한다)

- 상가임대소득금액 : 3,000,000원
- 주택임대소득금액 : 12,000,000원
- 일용근로소득금액 : 1,300,000원
- 근로소득금액 : 25,000,000원

① 25,000,000원
② 26,300,000원
③ 28,000,000원
④ 29,300,000원

19 다음 중 소득세법상 추가공제에 대한 설명으로 가장 옳지 않은 것은?

① 항시 치료를 요하는 중증환자도 장애인공제의 적용 대상이 된다.
② 기본공제대상자 중 70세 이상인 사람의 경우 1명당 연 100만원을 공제한다.
③ 부녀자공제와 한부모공제 모두 해당되는 경우에는 중복 적용이 가능하다.
④ 부녀자공제는 종합소득금액이 3천만원 이하인 거주자로 한정한다.

20 다음 중 소득세법상 장기보유특별공제에 대한 설명으로 옳지 않은 것은?

① 원칙적으로 보유기간이 3년 이상인 토지 및 건물이 장기보유특별공제 대상 자산이다.
② 미등기양도자산은 장기보유특별공제를 적용하지 않는다.
③ 보유기간은 그 자산의 취득일부터 양도일까지로 한다.
④ 1세대 1주택자에 대한 장기보유특별공제는 최고 30%까지 적용한다.

21 다음 중 소득세법상 과세표준확정신고에 대한 설명으로 가장 옳지 않은 것은?

① 해당 과세기간의 종합소득금액(사업소득 아님)이 있는 거주자는 그 종합소득 과세표준을 그 과세기간의 다음 연도 5월 1일부터 5월 31일까지 관할 세무서장에 신고해야 한다.
② 퇴직소득만 있는 거주자는 퇴직소득에 대해서 과세표준 확정신고를 하지 않아도 된다.
③ 과세표준확정신고를 해야 할 거주자가 주소 또는 거소의 국외 이전을 위하여 출국하는 경우에는 출국일이 속하는 과세기간의 과세표준을 출국일 전날까지 신고해야 한다.
④ 거주자가 사망하는 경우 그 상속인은 그 상속개시일이 속하는 달의 말일로부터 3개월이 되는 날까지 사망일이 속하는 과세기간에 대한 그 거주자의 과세표준을 신고해야 한다.

22 다음 중 소득세법상 원천징수와 관련된 설명으로 가장 잘못된 것은?

① 원천징수대상 사업소득을 지급하는 개인은 사업자가 아닌 경우에도 원천징수의무를 진다.
② 직전연도 상시고용인원이 20인 이하인 원천징수의무자는 승인 및 신청에 의하여 원천징수한 세액을 매 반기별로 납부할 수 있다.
③ 12월분의 급여를 다음 연도 2월 말일까지 지급하지 않은 경우 2월 말일에 지급한 것으로 본다.
④ 뇌물 및 알선수재, 배임수재로 받는 금품 등에 대하여는 원천징수하지 않는다.

23 다음 중 소득세법상 중간예납에 대한 설명으로 옳지 않은 것은?

① 거주자는 종합소득·퇴직소득·양도소득에 대해서 중간예납 의무가 있다.
② 이자소득·배당소득·근로소득·연금소득 또는 기타소득만 있는 자는 중간예납의무를 지지 않는다.
③ 신규사업자는 중간예납의무를 지지 않는다.
④ 종합소득이 있는 거주자가 중간예납추계액을 신고한 경우에는 이미 이루어진 중간예납세액의 결정은 없었던 것으로 본다.

24 다음 중 소득세법상 가산세에 대한 설명으로 가장 옳지 않은 것은?

① 복식부기의무자가 재무상태표 등을 과세표준확정신고서에 미첨부하여 제출한 경우 무신고가산세가 적용된다.
② 장부의 기록·보관 불성실 가산세는 소규모 사업자에게도 적용된다.
③ 사업장 현황신고 불성실 가산세는 무신고·미달신고 수입금액에 0.5%를 곱한 금액이다.
④ 사업용 계좌 신고·사용 불성실 가산세는 복식부기의무자에게 적용한다.

25 다음 중 소득세법상 납부할 소득세액이 3천만원인 경우 분납할 수 있는 최대금액과 분납 기간으로 옳은 것은?

① 2,000만원, 1개월
② 1,500만원, 1개월
③ 2,000만원, 2개월
④ 1,500만원, 2개월

제109회 기출문제

세법1부 : 법인세법, 부가가치세법

01 다음 중 법인세법상 납세의무에 관한 내용으로 가장 옳지 않은 것은?

① 영리내국법인은 국내·외 모든 소득에 대하여 법인세 납세의무가 있다.
② 비영리내국법인은 청산소득에 대한 법인세 납세의무를 진다.
③ 영리외국법인은 국내원천소득에 대하여 법인세 납세의무가 있다.
④ 비영리외국법인은 국내 토지 등의 양도소득에 대한 법인세 납세의무를 진다.

02 다음 중 법인세법상 납세지에 관한 내용으로 옳지 않은 것은?

① 내국법인의 법인세 납세지는 그 법인의 등기부에 따른 본점이나 주사무소의 소재지로 한다.
② 관할 지방국세청장은 납세지가 그 법인의 납세지로 적당하지 아니하다고 인정되는 경우에 그 납세지를 지정할 수 있다.
③ 법인은 납세지가 변경된 경우에는 그 변경된 날부터 30일 이내에 변경 후의 납세지 관할 세무서장에게 이를 신고하여야 한다.
④ 납세지 변경신고를 기한 내에 하지 않은 경우에는 종전의 납세지를 그 법인의 납세지로 한다.

03 다음 중 법인세법상 원천징수의무가 없는 소득처분에 해당하는 것은?

① 상 여
② 기타사외유출
③ 기타소득
④ 배 당

04 다음 중 법인세법상 자본금과 적립금조정명세서(을) 서식에 기재되는 항목으로 옳은 것은?

① 접대비 한도초과액
② 대손충당금 한도초과액
③ 비지정기부금
④ 렌트한 업무용승용차에 대한 감가상각비 한도초과액

05 다음 중 법인세법상 자산의 양도 등으로 인한 익금의 귀속시기가 가장 옳지 않은 것은?

① 제품의 판매 : 그 제품 등을 인도한 날
② 부동산의 양도 : 대금청산일, 소유권이전등기일, 사용수익일 중 빠른 날
③ 상품의 시용판매 : 상대방이 그 상품에 대한 구입대금을 지급한 날
④ 자산의 위탁매매 : 수탁자가 그 자산을 매매한 날

06 다음 중 법인세법상 업무와 관련 없는 비용 등의 손금불산입에 관한 설명으로 가장 옳지 않은 것은?

① 업무무관자산을 취득하기 위하여 지출한 자금의 차입과 관련된 비용은 손금불산입한다.
② 해당 법인이 직접 사용하지 아니하고 소액주주인 임원이 주로 사용하고 있는 건물 등 관련된 지출금은 손금불산입한다.
③ 노동조합 및 노동관계조정법을 위반하여 노조전임자에게 지급하는 급여는 손금불산입한다.
④ 환경미화 등의 목적으로 사무실 등에 비치한 서화 및 골동품은 업무무관자산에서 제외한다.

07 다음 중 법인세법상 업무용승용차에 대한 설명으로 옳은 것은?

① 업무용승용차에 해당하는 승용차로서 업무전용자동차보험에 가입하지 아니한 경우 해당 업무용승용차 관련비용은 전액 손금불산입한다.
② 업무용승용차의 운행기록 등을 작성·비치하지 않은 경우 해당 업무용승용차 관련비용은 연간 1,200만원까지 인정된다.
③ 부동산임대업을 주된 사업으로 하는 내국법인의 업무용승용차의 감가상각비 상당액의 한도액은 800만원으로 한다.
④ 업무용승용차의 감가상각방법은 정액법과 정률법 중 해당 법인이 선택하여 신고한 방법으로 하며, 감가상각방법을 무신고한 경우 정액법에 의한다.

08 다음은 ㈜한국이 2023년에 임·직원에게 지급한 인건비 내역이다. ㈜한국의 정관에 의한 급여지급기준상 상여금이 급여의 30%로 규정된 경우, 법인세법상 손금불산입되는 인건비 금액은 얼마인가?

구 분	급 여	상여금
대표이사	100,000,000원	50,000,000원
사용인	40,000,000원	20,000,000원

① 0원
② 20,000,000원
③ 32,000,000원
④ 70,000,000원

09 다음 중 법인세법상 감가상각자산의 자본적 지출에 해당하지 않는 것은?

① 엘리베이터 또는 냉난방장치의 설치
② 빌딩 등에 있어서 피난시설 등의 설치
③ 3년 미만의 기간마다 주기적인 수선을 위하여 지출하는 경우
④ 본래의 용도를 변경하기 위한 개조

10 다음 중 법인세법상 재고자산의 평가방법 중 원가법의 종류에 대한 설명으로 옳지 않은 것은?

① 개별법 : 재고자산을 개별적으로 각각 그 취득한 가액에 따라 산출한 것을 그 자산의 평가액으로 하는 방법
② 선입선출법 : 먼저 입고된 것부터 출고되고 그 재고자산은 사업연도종료일부터 가장 가까운 날에 취득한 것이 재고로 되어 있는 것으로 하여 산출한 취득가액을 그 자산의 평가액으로 하는 방법
③ 후입선출법 : 가장 가까운 날에 입고된 것부터 출고되고 그 재고자산은 사업연도종료일부터 가장 먼 날에 취득한 것이 재고로 되어 있는 것으로 하여 산출한 취득가액을 그 자산의 평가액으로 하는 방법
④ 총평균법 : 자산을 취득할 때마다 장부시재금액을 장부시재수량으로 나누어 평균단가를 산출하고 그 평균단가에 의하여 산출한 취득가액을 그 자산의 평가액으로 하는 방법

11 다음 중 법인세법상 인정되지 않는 충당금은 무엇인가?

① 퇴직급여충당금
② 하자보수충당금
③ 압축기장충당금
④ 대손충당금

12 다음 중 법인세법상 중간예납에 관한 내용으로 가장 잘못된 것은?

① 사업연도의 기간이 6개월을 초과하는 법인은 중간예납세액을 납부할 의무가 있다.
② 중간예납기간은 해당 사업연도의 개시일부터 6개월이 되는 날까지로 한다.
③ 새로 설립된 법인의 경우라도 각 사업연도의 소득이 있는 경우 중간예납세액을 납부하여야 한다.
④ 중간예납세액이 1천만원을 초과하는 경우에는 분납할 수 있다.

13 다음 중 법인세법상 과세표준을 추계 결정 또는 경정할 수 있는 사유로 옳지 않은 것은?

① 소득금액을 계산할 때 필요한 장부 또는 증명서류가 없는 경우
② 기장의 내용이 시설규모, 종업원수, 원자재·상품·제품 또는 각종 요금의 시가 등에 비추어 허위임이 명백한 경우
③ 기장의 내용이 원자재사용량·전력사용량 기타 조업상황에 비추어 허위임이 명백한 경우
④ 신고를 하지 아니하고 본점 등을 이전한 경우

14 다음 중 부가가치세법상 사업장의 범위로 옳지 않은 것은?

① 부동산임대업 : 부동산의 등기부상 소재지
② 제조업 : 사업에 관한 업무를 총괄하는 장소
③ 건설업 : 개인사업자의 경우 사업에 관한 업무를 총괄하는 장소
④ 무인자동판매기를 통하여 재화를 공급하는 사업 : 사업에 관한 업무를 총괄하는 장소

15 다음 중 부가가치세법상 사업자등록에 대한 설명으로 옳지 않은 것은?

① 신규로 사업을 시작하려는 자는 사업 개시일 이전에는 사업자등록을 신청할 수 없다.
② 사업자는 사업장마다 사업 개시일부터 20일 이내에 사업장 관할 세무서장에게 사업자등록을 신청하여야 한다.
③ 사업자는 사업자등록의 신청을 사업장 관할 세무서장이 아닌 다른 세무서장에게도 할 수 있다.
④ 사업장 관할 세무서장은 사업자가 폐업하는 경우 지체 없이 사업자등록을 말소하여야 한다.

16 다음 중 부가가치세법상 과세대상 거래에 해당하는 것은?

① 국민주택의 공급　　　　　② 상가의 임대
③ 주택의 임대　　　　　　　④ 토지의 공급

17 다음 중 부가가치세법상 과세표준에 포함되는 것은?

① 공급에 대한 대가의 지급이 지체되었음을 이유로 받는 연체이자
② 반환조건부 용기대금과 포장비용
③ 할부판매의 이자상당액
④ 재화의 공급과 직접 관련되지 아니하는 국고보조금

18 다음 중 부가가치세법상 매출세액에서 공제하는 매입세액에 해당하는 것은?

① 업무와 관련된 접대비 및 그와 유사한 비용에 대한 매입세액
② 사업과 직접 관련이 없는 지출에 대한 매입세액
③ 자사 직원에게 지급할 명절 선물용으로 구입한 물품의 매입세액
④ 비영업용 승용자동차(2,000cc 초과)의 구입과 임차 및 유지에 관한 매입세액

19 다음 중 부가가치세법상 영세율과 면세에 관한 설명으로 옳지 않은 것은?

① 비거주자 또는 외국법인에 대한 영세율 적용은 상호주의에 의한다.
② 영세율 적용 대상이 되는 재화를 수출하는 면세사업자는 면세 포기가 가능하다.
③ 면세사업자는 세금계산서를 발급할 수 없다.
④ 면세사업자도 부가가치세법상 사업자등록을 하여야 한다.

20 다음 중 부가가치세법상 재화 공급의 특례에 해당하는 것은?(단, 모두 매입세액공제를 받은 것으로 가정한다)

① 자기생산·취득재화를 그 사용인에게 근무복으로 지급한 경우
② 과세사업을 위하여 구입한 과세재화를 자기의 면세사업에 사용한 경우
③ 자기생산·취득재화를 대가를 받지 아니하고 다른 사업자에게 견본품으로 양도하는 경우
④ 주사업장 총괄납부의 적용을 받는 사업자가 세금계산서를 발급하지 아니하고 자기의 다른 사업장에 반출하는 경우

21 다음 중 부가가치세법상 세금계산서 발급 대상에 해당하는 것은?

① 미용업을 경영하는 자가 공급하는 용역
② 무인자동판매기를 통하여 공급하는 재화
③ 부동산임대용역 중 간주임대료
④ 내국신용장 또는 구매확인서에 의하여 공급하는 재화(금지금 제외)

22 다음 중 부가가치세법상 간이과세에 대한 설명으로 옳지 않은 것은?

① 간이과세가 적용되지 아니하는 다른 사업장을 보유하고 있는 사업자는 간이과세자로 보지 아니한다.
② 과세유흥장소를 경영하는 사업자는 간이과세를 적용받지 아니한다.
③ 간이과세자도 의제매입세액공제가 적용된다.
④ 간이과세자에 관한 규정을 적용받게 되는 일반과세자는 일반과세자에 관한 규정을 적용받으려는 달의 전달의 마지막 날까지 납세지 관할 세무서장에게 간이과세 포기신고를 하여야 한다.

23 다음 중 부가가치세법상 신용카드 등의 사용에 따른 세액공제에 대한 설명으로 가장 옳지 않은 것은?

① 직전 연도의 재화 또는 용역의 공급가액 합계액이 10억원을 초과하는 개인사업자는 제외한다.
② 법인사업자와 간이과세자는 적용받을 수 없다.
③ 연간 공제한도는 1천만원으로 한다.
④ 공제금액은 발급금액 또는 결제금액의 1.3퍼센트로 한다.

24 다음 중 부가가치세법상 신고와 납부에 대한 설명으로 옳지 않은 것은?

① 중소기업에 해당하는 사업자는 1천만원을 초과하는 금액에 대하여 분납할 수 있다.
② 사업자는 확정신고 시 예정신고 및 조기환급신고를 한 경우에는 이미 신고한 과세표준과 납부세액을 제외한다.
③ 주사업장 총괄납부 사업자는 주된 사업장에서 총괄하여 납부할 수 있다.
④ 사업자가 사업설비를 신설·취득·확장 또는 증축하는 경우 조기환급이 가능하다.

25 다음 중 부가가치세법상 가산세에 대한 내용으로 가장 잘못된 것은?

① 공급시기가 속하는 과세기간에 대한 확정신고기한 이후 발급하는 경우 : 공급가액의 2%
② 공급시기가 속하는 과세기간에 대한 확정신고기한까지 발급하는 경우 : 공급가액의 1%
③ 세금계산서의 필요적 기재사항의 일부가 착오로 사실과 다른 경우 : 그 공급가액의 1%
④ 전자세금계산서 발급 의무 사업자가 종이 세금계산서 발급하는 경우 : 공급가액의 2%

세법2부 : 국세기본법, 소득세법(조세특례제한법)

01 다음 중 국세기본법상 납세의무자에 해당하지 않는 것은?

① 연대납세의무자
② 제2차 납세의무자
③ 원천징수의무자
④ 납세보증인

02 다음 중 국세기본법상 기한의 연장에 관한 내용으로 가장 옳지 않은 것은?

① 납세자가 재해를 입은 경우로서 기한 연장을 신청한 경우 관할 세무서장은 그 기한을 연장할 수 있다.
② 기한연장은 3개월 이내로 하되, 기한연장의 사유가 소멸되지 않는 경우 관할 세무서장은 1개월의 범위에서 그 기한을 다시 연장할 수 있다.
③ 기한의 연장을 받으려는 자는 기한 만료일 3일 전까지 신청하여야 한다.
④ 기한의 연장은 납세자의 신청으로만 가능하다.

03 다음 중 국세기본법상 서류송달의 방법에 관한 설명으로 가장 옳지 않은 것은?

① 서류 송달은 교부, 우편 또는 전자송달의 방법으로 한다.
② 정보통신망의 장애로 전자송달이 불가능한 경우 교부 또는 우편의 방법으로 송달할 수 있다.
③ 납부의 고지·독촉·강제징수와 관계되는 서류의 송달을 우편으로 할 때에는 일반우편으로 할 수 있다.
④ 전자송달은 대통령령으로 정하는 바에 따라 서류를 송달받아야 할 자가 신청한 경우에만 한다.

04 다음 중 국세기본법상 실질과세에 대한 내용으로 잘못된 것은?

① 사업자등록을 한 명의자와 별도로 사실상의 사업자가 있는 경우에는 사실상의 사업자를 납세의무자로 본다.
② 명부상 주주가 임의로 등재한 것일 뿐 주주로서 권리행사를 한 사실이 없는 경우 명의자인 주주를 세법상 주주로 보지 않는다.
③ 1인의 명의로 사업자등록을 하였을지라도 2인 이상이 동업하여 수익을 분배하는 경우 실질에 따라 국세를 부과한다.
④ 명의신탁부동산을 매각처분한 경우 납세의무자는 명의수탁자이다.

05 다음 중 국세기본법상 소멸시효의 정지 사유가 아닌 것은?

① 교부청구 중의 기간
② 세무공무원이 사해행위 취소소송을 제기하여 그 소송이 진행 중인 기간
③ 세법에 따른 연부연납기간
④ 체납자가 국외에 6개월 이상 계속 체류하는 경우 해당 국외 체류 기간

06 다음 중 국세기본법상 납세의무의 승계에 대한 설명으로 가장 잘못된 것은?

① 상속인은 피상속인에게 부과되거나 납부할 국세 등을 상속받은 재산의 한도에서 납부할 의무를 진다.
② 피상속인이 부담할 제2차 납세의무는 상속으로 인하여 승계되는 납세의무의 범위에서 제외된다.
③ 피상속인에게 한 처분은 상속으로 인하여 납세의무를 승계하는 상속인에 대해서도 효력이 있다.
④ 상속인이 있는지 분명하지 아니한 경우 상속인에게 하여야 할 납부의 고지 등 필요한 사항은 상속재산관리인에게 하여야 한다.

07 다음 중 국세기본법상 청산인 등의 제2차 납세의무에 대한 내용으로 가장 잘못된 것은?

① 청산인 등의 제2차 납세의무는 해산한 법인의 확정된 국세 뿐만 아니라 부과될 국세도 포함한다.
② 청산인은 그 해산한 법인에게 부과되거나 그 법인이 납부할 국세 등의 부족액 전액에 대하여 제2차 납세의무를 진다.
③ 재산을 분배받은 자의 경우 각자가 받은 재산의 가액을 한도로 제2차 납세의무를 진다.
④ 제2차 납세의무의 한도로 하는 재산가액은 청산 후 남은 재산을 분배한 날 현재의 시가로 한다.

08 다음 중 국세기본법상 국세환급금에 대한 내용으로 가장 잘못된 것은?

① 세무서장은 국세환급금을 자진납부하는 국세에 충당할 때 직권으로 할 수 있다.
② 상속세를 물납한 후 감액하는 경정 결정에 따라 환급하는 경우 해당 물납재산으로 환급하여야 한다.
③ 납세자는 국세환급금에 관한 권리를 타인에게 양도할 수 있다.
④ 국세환급금에 관한 권리는 행사할 수 있는 때부터 5년간 행사하지 아니하면 소멸시효가 완성된다.

09 다음 중 국세기본법상 심사청구 시 각하 결정의 사유로 옳지 않은?

① 심판청구를 제기한 후 심사청구를 제기(같은 날 제기한 경우도 포함한다)한 경우
② 심사청구를 해당 처분이 있음을 안 날(처분의 통지를 받은 때에는 그 받은 날)부터 90일 이내에 제기한 경우
③ 심사청구의 대상이 되는 처분으로 권리나 이익을 침해당하지 않는 경우
④ 국세기본법에 따른 대리인이 아닌 자가 대리인으로서 불복을 청구하는 경우

10 다음 중 국세기본법상 과세전적부심사를 청구할 수 있는 경우로 옳은 것은?

① 국세징수법에 규정된 납부기한 전 징수의 사유가 있는 경우
② 세법에서 규정하는 수시부과의 사유가 있는 경우
③ 조세범 처벌법 위반으로 고발 또는 통고처분한 경우
④ 법령과 관련하여 국세청장의 유권해석을 변경하여야 하는 경우

11 다음 중 국세기본법상 세무공무원이 같은 세목 및 같은 과세기간에 대하여 재조사를 할 수 없는 사유로 옳은 것은?

① 조세탈루의 혐의를 인정할 만한 명백한 자료가 있는 경우
② 거래상대방에 대한 조사가 필요한 경우
③ 2개 이상의 과세기간과 관련하여 잘못이 있는 경우
④ 단순 탈세 제보에 의한 경우

12 다음 중 소득세법상 소득세의 과세기간에 관한 설명으로 옳지 않은 것은?

① 과세기간은 원칙적으로 1월 1일부터 12월 31일까지 1년으로 한다.
② 거주자가 사망한 경우 과세기간은 1월 1일에서 사망한 날까지로 한다.
③ 사업을 폐업한 경우 과세기간은 1월 1일에서 폐업일까지로 한다.
④ 거주자가 출국하여 비거주자가 되는 경우의 과세기간은 1월 1일부터 출국한 날까지로 한다.

13 다음 중 소득세법상 이자소득에 대한 설명으로 옳지 않은 것은?

① 이자소득금액의 필요경비는 인정하지 않는다.
② 직장공제회 초과반환금은 소득세법상 이자소득이다.
③ 신탁업법에 따른 공익신탁의 이익은 소득세법상 비과세 이자소득이다.
④ 사업용자산에 대한 보장성보험의 보험차익은 이자소득이다.

14 다음 중 소득세법상 필요경비에 산입할 수 없는 것은?

① 판매한 상품 또는 제품에 대한 원료의 매입가격과 그 부대비용
② 선급비용
③ 사업과 관련이 있는 재산세
④ 종업원의 급여

15 다음 중 소득세법상 비과세소득에 해당하지 않는 것은?

① 서화를 박물관에 양도함으로써 발생하는 소득
② 논·밭을 작물 생산에 이용하게 함으로써 발생하는 소득
③ 국외에 소재하는 1개의 주택을 소유하는 자의 국외주택임대소득
④ 복무 중인 병이 받는 급여

16 소득세법상 기타소득의 실제 발생한 필요경비가 없는 경우, 다음 중 가장 높은 필요경비가 인정되는 것은?

① 광업권·어업권 등의 권리를 양도하거나 대여하고 그 대가로 받는 금품
② 계약의 위약 또는 해약으로 받는 위약금과 배상금 중 주택입주 지체상금
③ 공익사업과 관련하여 지역권·지상권을 설정하거나 대여함으로써 발생하는 소득
④ 고용관계 없이 다수인에게 강연을 하고 강연료 등의 대가를 받는 용역

17 다음 중 소득세법상 공동사업에 관한 설명으로 가장 옳지 않은 것은?

① 해당 공동사업장을 1거주자로 보아 장부기장 및 비치의무를 적용한다.
② 공동사업장에서 발생한 결손금은 손익분배비율에 따라 배분한다.
③ 공동사업합산과세 시 주된 공동사업자의 판정은 공동사업소득 외의 종합소득금액이 많은 자를 우선으로 한다.
④ 공동사업장과 관련한 각종 가산세는 각 공동사업자의 손익분배비율에 따라 배분한다.

18 다음 중 소득세법상 결손금 및 이월결손금에 대한 설명으로 잘못된 것은?

① 결손금은 근로·연금·기타·이자·배당소득금액에서 순서대로 공제한다.
② 천재지변 등의 사유로 추계신고 하는 경우에는 결손금 및 이월결손금을 공제할 수 있다.
③ 상가건물의 부동산임대업에서 발생하는 결손금 및 이월결손금은 다른 소득에서 공제할 수 있다.
④ 결손금 및 이월결손금을 공제할 때 종합과세 되는 금융소득이 있으면 그 금융소득 중 원천징수세율을 적용받는 부분은 공제대상에서 제외한다.

19 다음 중 소득세법상 인적공제 중 기본공제대상자의 추가공제에 대한 설명으로 옳지 않은 것은?

① 70세 이상인 사람의 경우 1명당 연 100만원
② 장애인인 경우 1명당 연 200만원
③ 거주자 본인이 배우자가 없는 사람으로서 기본공제대상자인 직계비속 또는 입양자가 있는 경우 연 100만원
④ 종합소득금액이 3천만원 이하인 거주자 본인이 배우자가 없는 여성으로서 부양가족(직계존속)이 있는 세대주이거나 배우자가 있는 여성인 경우 연 100만원

20 다음 중 소득세법상 세액공제를 적용받을 수 있는 것은?

① 도매업을 영위하는 거주자로서 사업소득만 있는 자의 기부금에 대한 기부금세액공제
② 사업소득금액이 4,500만원을 초과하는 자의 연금계좌납입액에 대한 연금계좌세액공제
③ 신규사업자가 간편장부로 신고한 경우의 기장세액공제
④ 사업소득만 있는 자의 본인을 피보험자로 하는 보장성보험의 납입보험료에 대한 보험료세액공제

21 다음 중 소득세법상 자녀세액공제에 대한 설명으로 옳지 않은 것은?

① 거주자의 기본공제대상자에 해당하는 자녀로서 입양자 및 위탁아동을 포함한다.
② 7세 이상의 자녀에 대하여 적용한다.
③ 자녀 수에 따라 공제금액이 달라진다.
④ 해당 과세기간에 출산하거나 입양 신고한 자녀가 있는 경우 출산·입양에 따른 자녀세액공제가 가능하다.

22 다음 중 소득세법상 소득의 구분이 옳은 것은?

① 내국법인으로부터 받는 배당금 또는 분배금 : 이자소득
② 비영업대금의 이익 : 기타소득
③ 복식부기의무자가 사업용 기계장치를 양도함으로써 발생하는 소득 : 사업소득
④ 퇴직 전에 부여받은 주식매수선택권을 퇴직 후 행사함으로써 얻는 이익 : 퇴직소득

23 다음 중 소득세법상 신고와 납부에 대한 설명으로 옳지 않은 것은?

① 부동산매매업자는 토지 또는 건물의 매매차익과 세액에 대하여 토지 등 매매차익예정신고를 하여야 한다.
② 근로소득과 기타소득만 있는 자는 중간예납의무가 없다.
③ 사업용계좌 신고·사용 불성실 가산세는 종합소득산출세액이 없는 경우에는 적용하지 아니한다.
④ 성실신고확인대상사업자가 성실신고확인서를 제출하는 경우에는 해당 과세기간의 다음 연도 5월 1일부터 6월 30일까지 확정 신고를 하여야 한다.

24 다음 중 소득세법상 원천징수세율이 잘못된 것은?

① 비영업대금의 이익 : 100분의 25
② 공적연금소득 : 기본세율
③ 일용근로자의 근로소득 : 100분의 6
④ 원천징수대상 사업소득(봉사료 제외) : 100분의 5

25 다음 중 소득세법상 종합과세 대상 소득에 해당하는 것은?

① 공적연금관련법에 따라 받는 유족연금
② 출자공동사업자의 배당소득
③ 복권 당첨금
④ 일용근로자의 급여

기출문제 정답 및 해설

제114회 세법1부

01	①	02	④	03	④	04	②	05	③	06	④	07	③	08	③	09	①	10	①
11	①	12	③	13	③	14	①	15	③	16	②	17	③	18	④	19	②	20	③
21	④	22	①	23	①	24	②	25	③										

01 외국법인이란 외국에 본점 또는 주사무소를 둔 법인을 말하며, 설립준거법에 따르는 것이 아니다.

02 상법에 따른 소멸시효가 완성된 외상매출금은 신고조정 사항이다.

04 비영업용 소형자동차의 구입·임차·유지관리에 관한 매입세액은 손금에 산입한다.

05 소액주주 임원에 대한 사택 유지비는 손금으로 인정된다.

06 계약서는 법인세법상 지출증명서류에 열거하지 않고 있다.

07 특례기부금을 금전 외의 자산으로 제공한 경우 장부가액으로 한다.

08 현실적인 퇴직에 해당하지 않아 손금불산입된다.

09 「보험업법」이나 그 밖의 법률에 따른 유형자산 및 무형자산 등의 평가(장부가액을 증액한 경우만 해당) 시에는 평가 후의 금액을 법인세법에서 인정한다.

10 자본적 지출에 포함하지 아니한다.

11 자산총액의 20% 이상을 상실한 경우 재해손실세액공제가 적용된다.

12 관할 지방국세청장은 신고서 또는 그 밖의 서류에 미비한 점이 있거나 오류가 있을 때는 보정할 것을 요구할 수 있다.

13 성실신고 확인대상 법인이 성실신고확인서를 제출하지 아니한 경우에는 법인세 산출세액의 100분의 5와 수입금액의 1만 분의 2 중 큰 금액을 가산세로 한다.

14 사업자란 사업목적이 영리이든 비영리이든 관계없이 사업상 독립적으로 재화 또는 용역을 공급하는 자를 말한다.

15 재화를 보관하고 관리할 수 있는 시설만 갖춘 장소로서 하치장으로 신고된 장소는 사업장으로 보지 아니한다.

16 상품권은 화폐대용증권으로 재화의 범위에서 제외된다.

17 사업자단위로 등록하는 법인사업자는 본점 관할 세무서장에게 등록을 신청할 수 있다.

18 부동산 임대용역을 공급하는 경우에 임대보증금에 대한 간주임대료가 발생한 경우 : 예정신고기간 또는 과세기간의 종료일

19 영세율은 포기 제도가 없다.

20 장기할부판매의 할부이자는 과세표준에 포함한다.

21 운수업, 자동차판매업 등 직접 영업용으로 사용되는 자동차의 구입과 임차 및 유지에 관한 매입세액은 공제가능하다.

22 음식점을 경영하는 법인사업자의 의제매입세액공제율은 6/106이다.

23 내국신용장 또는 구매확인서에 의하여 공급하는 재화는 영세율이 적용되더라도 국내거래이므로 세금계산서 발급대상 거래이다.

24 직전 과세기간의 공급가액의 합계액이 1억 5천만원 이상인 법인사업자는 예정신고를 하여야 한다.

25 감가상각자산을 신설, 취득하여야 하며, 영세율 적용대상이 되는 과세표준이 있는 경우에 한하여 조기환급받을 수 있다.

제114회 세법2부

```
01  ②    02  ②    03  ①    04  ②    05  ②    06  ②    07  ③    08  ②    09  ④    10  ③
11  ②    12  ②    13  ①    14  ④    15  ①    16  ②    17  ①    18  ②    19  ②    20  ③
21  ④    22  ②    23  ②    24  ②    25  ④
```

01 4촌 이내의 혈족이 특수관계인에 해당한다.

02 신고와 관련된 기한연장은 9개월을 넘지 않는 범위에서 관할 세무서장이 할 수 있다.

03 공시송달은 서류의 주요 내용을 공고한 날로부터 14일이 지나면 송달의 효력이 발생한다.

04 신의성실의 원칙은 납세자가 그 의무를 이행할 때에도 적용된다.

05 인지세는 납세의무가 성립하는 때인 과세문서를 작성한 때에 특별한 절차 없이 그 세액이 확정된다.

06 납세자가 법정신고기한까지 상속세 과세표준신고서를 제출하지 않은 경우 부과제척기간은 15년이다.

07 출자자의 제2차 납세의무에서 주된 납세자인 법인은 증권시장에 주권이 상장된 법인을 제외한 법인으로 한다.

08 물적납세의무가 성립하기 위해서는 양도담보가 국세의 법정기일 이후에 설정되어야 한다.

09 법정신고기한이 지난 후 6개월을 초과하여 기한 후 신고를 한 경우 가산세 감면은 없다.

10 경정 등의 청구를 한 자가 세무서장으로부터 결정 또는 경정 여부의 통지를 받지 못한 경우에는 통지를 받기 전이라도 그 2개월이 되는 날의 다음 날부터 심사청구를 할 수 있다.

11 납세자가 동일 과세기간에 재차 경정청구를 하는 것은 세무조사 사유에 해당하지 않는다.

12 외국국적이나 영주권의 취득 여부와는 관련이 없으며 거주기간, 직업, 국내에 생계를 같이하는 가족 및 국내 소재 자산의 유무 등 생활관계의 객관적인 사실에 따라 구분한다.

13 외국법인이 발행한 채권 또는 증권에서 발생하는 이자소득·배당소득을 거주자에게 지급하는 경우에는 국내에서 그 지급을 대리하거나 그 지급 권한을 위임 또는 위탁받은 자가 그 소득에 대한 소득세를 원천징수하여야 한다.

14 자산수증이익 중 이월결손금의 보전에 충당된 금액은 총수입금액 불산입한다.

15 성실신고대상자는 1대 외에 추가하는 승용차에 대하여 업무전용자동차 보험에 가입하여야 하며, 전용 보험 미가입 시 전액 비용으로 인정되지 않는다.

16 제조업을 영위하는 개인사업자로서 직전 과세기간의 수입금액의 합계액이 1억 5천만원에 미달하는 경우에는 당해 과세기간에 간편장부대상자가 된다.

17 기획재정부령이 정하는 방법에 따라 퇴직급여로 지급되기 위하여 적립되는 급여는 근로소득에 포함되지 않는다.

18 원천징수세액 = 500,000,000원 × (1 − 80%) × 20% = 20,000,000원

19 공동사업에서 발생한 소득금액을 계산할 때 공동사업을 경영하는 각 거주자 간에 약정된 손익분배비율이 없는 경우에는 지분비율에 의한다.

20
- 가구 내 고용활동에서 발생하는 소득은 사업소득으로 종합소득에 반드시 합산된다.
- ①, ④는 무조건 분리과세이고, ②는 분리과세 선택이 가능하다.

21 한부모공제와 부녀자공제 모두 해당되는 경우에는 한부모공제를 적용한다.

22 2명인 경우 : 연 55만원

23 공적연금 관련법에 따라 받는 일시금은 퇴직소득에 해당한다.

24 해당 과세기간에 분리과세 주택임대소득만 있는 경우에도 종합소득과세표준 확정신고를 하여야 한다.

25 과세기간 중에 신규로 사업을 시작한 자는 중간예납의무를 지지 않는다.

제113회 세법1부

01	①	02	②	03	②	04	④	05	③	06	④	07	②	08	④	09	③	10	④
11	②	12	②	13	④	14	④	15	①	16	③	17	③	18	②	19	③	20	②
21	①	22	①	23	③	24	③	25	②												

01 영리외국법인은 청산소득에 대한 법인세 납세의무가 없다.

02 외국법인의 경우에는 국내사업장을 가지게 된 날(국내사업장이 없는 경우에는 소득이 최초로 발생한 날)을 최초 사업연도의 개시일로 한다.

03 국세 및 지방세의 과오납금의 환급금에 대한 이자는 익금에 산입하지 아니한다.

04 ① 렌트차량은 임차료의 70%를 감가상각비로 간주한다.
② 연도 중 취득하는 경우 1,500만원의 월수에 의하여 안분한다.
③ 운전기사의 급여는 인건비로 업무용승용차 관련비용에서 제외한다.

05 합병으로 인한 의제배당의 귀속시기는 합병등기일이다.

06 수입금액이 100억원 이하인 경우 기업업무추진비의 수입금액별 한도는 수입금액에 0.3%를 곱한 금액으로 한다.

07 「채무자 회생 및 파산에 관한 법률」에 따른 회생계획인가의 결정 또는 법원의 면책결정에 따라 회수불능으로 확정된 채권은 신고조정사항으로 해당 사유가 발생한 날에 손금에 산입할 수 있다.

08 이동평균법에 대한 설명이다.

09 건축물 외의 유형자산에 대한 상각방법의 신고를 하지 아니한 경우 상각범위액은 정률법에 의하여 계산한다.

10 당해 사업연도 중 신설법인은 법인세 중간예납 의무가 없다.

11 세무조정사항 중 유보는 자본금과 적립금조정명세서(을)표에서 관리한다.

12 사실과 다른 회계처리로 인한 경정에 따른 세액공제는 중소기업 외의 기업도 적용 가능하다.

13 현금흐름표는 필수적 첨부서류가 아니다.

14 무인자동판매기를 통하여 재화·용역을 공급하는 사업의 경우 사업자의 신청에 따라 추가로 사업장 등록을 할 수 없다.

15 사업장 관할 세무서장은 사업자가 사업자등록을 한 후 정당한 사유 없이 6개월 이상 사업을 시작하지 아니하는 경우 지체없이 사업자등록을 말소하여야 한다.

16 사업개시일 이전에 사업자등록을 신청한 경우에는 그 신청한 날부터 그 신청일이 속하는 과세기간의 종료일까지를 과세기간으로 한다.

17
- 상표권 등 권리도 재화에 해당하므로 양도하는 것은 재화의 공급이다.
- ②는 용역의 공급이며, ①과 ④는 부가가치세 과세대상이 아니다.

18 재화의 인도일의 다음 날부터 최종 할부금 지급기일까지의 기간이 1년 미만인 경우 단기할부판매에 해당하여 재화를 인도하는 때를 공급시기로 한다.

19 고속철도에 의한 여객운송용역은 면세대상에서 제외한다.

20 금전 외의 대가를 받는 경우 : 자기가 공급한 재화 또는 용역의 시가

21 매입세액공제가 가능하다.

22 100분의 75

23 의무발급 기준액 이상인 해의 다음 해 제2기 과세기간부터 전자세금계산서를 발급하여야 하며, 한번 의무발급 사업자가 되면 공급가액 합계액이 의무발급 기준액에 미달하더라도 계속하여 전자세금계산서 의무발급 개인사업자로 본다.

24 공제받는 금액이 납부세액을 초과하면 그 초과하는 부분은 없는 것으로 본다.

25 간이과세자에서 일반과세자로 변경되는 직전연도 공급대가 합계액의 기준은 1억 4백만원이다.

제113회 세법2부

01	③	02	②	03	③	04	①	05	③	06	④	07	④	08	③	09	④	10	①
11	③	12	④	13	②	14	③	15	①	16	③	17	①	18	④	19	②	20	③
21	④	22	④	23	③	24	①	25	④										

01 국세는 소득세, 법인세 등 법령으로 열거하고 있으며, 가산세나 체납처분비는 국세에 속하지 않는다.

02 나이는 출생일을 산입하여 만 나이로 계산하고, 연수로 표시한다.

03 전자송달의 신청을 철회한 자가 전자송달을 재신청하는 경우에는 철회 신청일부터 30일이 지난 날 이후에 신청할 수 있다.

04 재산권 부당침해금지의 원칙은 세법적용의 원칙 중 하나이다.

05 종합부동산세의 납세의무 성립시기는 과세기준일인 6월 1일이다.

06 납부고지 유예는 소멸시효의 정지사유에 해당한다.

07 연대납세의무자에 대한 법률행위의 무효나 취소의 원인은 다른 연대납세의무자의 납세의무에 영향을 미치지 아니한다.

08 원천징수의무자나 납세조합으로부터 징수하는 소득세 : 그 납세의무의 확정일

09 수정신고의 효력 : 정부부과세목에 대해서 수정신고하는 경우에는 증액확정력이 없다.

10 납세자는 국세환급금에 관한 권리를 타인에게 양도할 수 있다.

11 상속세, 증여세 및 종합부동산세가 아닌 세목에 대하여 신청가능하다.

12 국내에 주소가 없는 것으로 보는 사유가 발생한 날의 다음 날에 거주자에서 비거주자로 된다.

13 저축성보험의 보험차익 : 보험금 또는 환급금의 지급일

14 복식부기의무자가 사업용 유형자산을 양도함으로써 발생하는 소득(단, 양도소득에 해당하는 경우는 제외)이 사업소득에 해당한다.

15 기업업무추진비와 관련된 부가가치세 매입세액은 공제하지 아니하는 매입세액으로 필요경비에 산입된다.

16 사업체의 업무와 관련된 교육훈련을 위한 학자금이 근로소득에 해당한다.

17 저작권 사용료가 저작자 자신에게 귀속되는 경우 이는 사업소득에 해당한다.

18 출자공동사업자의 배당소득, 사업소득, 기타소득, 양도소득에 부당행위계산의 부인 규정이 적용된다.

19 주거용 건물임대업의 결손금은 다른 종합소득금액에서 공제가능하다.

20 과세기간 종료일 현재 20세 이하 또는 60세 이상인 형제자매가 부양가족공제 대상자에 해당한다.

21 2인 이상으로부터 근로소득을 받는 경우 그 근로소득의 합계액을 총급여액으로 하여 근로소득공제 및 공제한도를 적용한다.

22 기장세액공제와 관련된 장부 및 증명서류를 해당 과세표준확정신고기간 종료일부터 5년간 보관하지 아니한 경우에는 기장세액공제를 적용하지 않는다.

23 비사업용토지는 장기보유특별공제가 적용된다.

24 원천징수대상 사업소득을 지급하는 개인은 사업자인 경우에만 원천징수의무를 진다. 일용근로소득을 지급할 때에는 그 근로소득에 근로소득공제를 적용한 금액에 원천징수세율을 적용하여 계산한 산출세액에서 근로소득세액공제를 적용한 소득세를 원천징수한다.

25 10%

제112회 세법1부

01	②	02	③	03	③	04	④	05	①	06	①	07	③	08	③	09	④	10	④
11	②	12	④	13	③	14	③	15	③	16	④	17	②	18	③	19	①	20	②
21	③	22	①	23	④	24	①	25	④										

01 ② 영리외국법인은 각 사업연도의 국내원천소득과 토지등 양도소득에 대한 납세의무가 있다. 청산소득에 대한 법인세 납세의무는 없다.
① 외국법인이란 외국에 본점 또는 주사무소를 둔 법인으로 설립준거법에 따르는 것이 아니다.
③ 외국정부와 지방자치단체도 수익사업에서 생긴 소득에 대하여 납세의무를 진다.
④ 국내에 본점이나 사업의 실질적 관리장소를 두고 있는 경우 내국법인으로 분류한다.

02 ① 1년 미만은 허용된다.
② 최초 사업연도의 개시일은 설립등기일이다.
④ 법인세법상 폐업의 경우는 사업연도가 달라지지 않는다.

03 사외유출된 금액의 귀속자가 사업을 영위하는 거주자인 경우에는 기타사외유출로 소득처분한다.

04 법인이 특수관계인인 개인으로부터 유가증권을 저가매입하는 경우에는 매입시점의 시가와 그 매입가액의 차액을 익금으로 본다.

05 전기요금의 납부지연으로 인한 연체가산금은 손금불산입되는 벌금에 해당하지 않는다.

06 특수관계 없는 자에게 대여한 금액은 대손충당금을 설정할 수 있는 채권에 해당한다.

07 채권의 경우 개별법, 총평균법, 이동평균법 중 선택할 수 있다.

08 시인부족액은 그 후 사업연도의 상각부인액에 이를 충당하지 못한다.

09 법인 명의로 발급받은 신용카드로 결제한 경우에 손금에 산입할 수 있다.

10 주주 등이나 출연자가 아닌 임원 및 직원에게 사택을 제공하는 경우는 부당행위계산을 적용하지 아니한다.

11 결손금을 공제할 때에는 먼저 발생한 사업연도의 결손금부터 차례대로 공제한다.

12 납부할 중간예납세액이 1천만원을 초과하는 경우에는 분납할 수 있다.

13 지급명세서를 제출기한이 지난 후 3개월 이내에 제출하는 경우에 가산세는 지급금액의 1천분의 5로 한다.

14 건설업, 운수업, 부동산매매업 법인의 경우 법인의 등기부상 소재지가 사업장이다.

15 신규로 사업을 시작하려는 자는 사업개시일 이전이라도 사업자등록을 신청할 수 있다.

16 채권은 재화의 범위에서 제외된다.

17 완성도기준지급조건부로 재화를 공급하는 경우에는 대가의 각 부분을 받기로 한 때를 재화의 공급시기로 본다.

18 고속버스, 전세버스의 여객운송 용역은 부가가치세가 면제되지 아니한다.

19 공급시기가 되기 전에 원화로 환가한 경우에는 그 환가한 금액을 공급가액으로 한다.

20 사업자가 대손금액을 회수한 경우 회수한 대손세액을 회수한 날이 속하는 과세기간의 매출세액에 더한다.

21 종업원의 교통사고 병원 치료비는 면세에 해당하여 매출세액에서 공제하지 아니한다.

22 개별소비세법에 따른 과세유흥장소의 경영자에게 적용되는 의제매입세액 공제율은 102분의 2이다.

23 착오로 전자세금계산서를 이중으로 발급한 경우 처음에 발급한 세금계산서의 내용대로 음의 표시를 하여 발급한다.

24 간이과세자도 휴업 또는 사업부진 등의 사유가 있는 경우 예정부과기간의 과세표준과 납부세액을 예정부과 기한까지 신고할 수 있다.

25 예정고지세액이 50만원 미만인 경우 징수하지 아니한다.

제112회 세법2부

01	③	02	④	03	③	04	②	05	③	06	④	07	④	08	①	09	②	10	④
11	②	12	④	13	④	14	①	15	④	16	③	17	③	18	④	19	④	20	③
21	①	22	②	23	①	24	④	25	①										

01 국세정보통신망의 가동이 정지되는 경우 그 장애가 복구되어 신고할 수 있게 된 날의 다음 날을 기한으로 한다.

02 세무공무원이 2회 이상 납세자를 방문해 서류를 교부하려고 하였으나 수취인이 부재중인 것으로 확인되어 납부기한까지 송달이 곤란하다고 인정되는 경우

03 관할 세무서장에게 신청하여 승인을 받아 법인으로 보는 단체가 되기 위한 요건 중의 하나는 단체의 수익을 구성원에게 분배하지 않는 것이다.

04 부가가치세의 납세의무 성립시기는 과세기간이 끝나는 때이다. 다만, 수입재화의 경우에는 세관장에게 수입신고를 하는 때를 말한다.

05 중단과 정지제도는 국세징수권의 소멸시효에 존재하는 제도이다.

06 경정의 청구를 받은 세무서장은 그 청구를 받은 날부터 2개월 이내에 결정 또는 경정여부를 통지하여야 한다.

07 납세고지와 독촉에 관한 서류는 연대납세의무자 모두에게 각각 송달하여야 한다.

08 소득세의 법정기일은 4월 10일이다.

09 법정신고기한이 지난 후 3개월 초과 6개월 이내에 기한 후 신고를 한 경우 해당 가산세액의 100분의 20에 상당하는 금액을 감면한다.

10 제2차 납세의무자로서 납부고지서를 받은 자는 이해관계인으로서 불복을 청구할 수 있다.

11 세무조사 중지기간 중에는 납세자에 대하여 국세의 과세표준과 세액을 결정 또는 경정하기 위한 질문을 하거나 장부 등의 검사 또는 그 제출을 요구할 수 없다.

12 국내사업장이 없는 경우 비거주자의 소득세 납세지는 국내원천소득이 발생하는 장소로 한다.

13 국외에서 받는 집합투자기구로부터의 이익은 배당소득에 해당한다.

14 국외에 소재한 주택의 임대소득은 비과세 대상에서 제외한다.

15 소득세와 개인지방소득세는 필요경비에 산입하지 않는다.

16 중소기업의 종업원이 주택의 구입·임차 자금을 저리 또는 무상으로 대여 받음으로써 얻는 이익은 비과세한다.

17 나머지 항목은 필요경비가 없거나 근로소득공제로 소득금액을 계산한다.

18 연금소득공제액의 한도는 900만원으로 한다.

19 퇴직 전에 부여받은 주식매수선택권을 퇴직 후에 행사하거나 고용관계 없이 주식매수선택권을 부여받아 이를 행사함으로써 얻는 이익은 기타소득에 해당한다.

20 기본공제 대상자의 소득요건을 판단할 경우 비과세, 분리과세 소득은 제외하므로 일용근로소득의 크기에 상관없이 배우자공제가 가능하다.

21 보험료세액공제는 근로소득이 있는 거주자가 적용받을 수 있다.

22 양도소득 예정신고 시 별도의 세액공제는 없다.

23 ② 원천징수대상 사업소득을 지급하는 개인은 사업자인 경우에만 원천징수의무를 진다.
④ 일용근로소득을 지급할 때에는 그 근로소득에 근로소득공제를 적용한 후의 금액에 원천징수세율을 적용하여 계산한 산출세액에서 근로소득세액공제를 적용한 소득세를 원천징수한다.

24 수시부과세액에 대해서는 소액부징수 규정이 없다.

25 해당 과세기간의 수입금액에 따라 성실신고확인대상사업자 여부를 판단한다.

제111회 세법1부

01	②	02	④	03	③	04	③	05	②	06	④	07	①	08	③	09	④	10	④
11	③	12	①	13	④	14	④	15	②	16	②	17	③	18	①	19	③	20	②
21	③	22	①	23	②	24	②	25	②										

01 ① 청산소득에 대한 법인세는 영리내국법인에 한하여 납세의무를 진다.
③ 외국법인의 법인세 납세지는 원칙적으로 국내사업장 소재지로 한다.
④ 각 사업연도 소득에 대한 법인세는 사업연도 종료일이 속하는 달의 말일부터 3개월 이내 신고·납부해야 한다.

02 국내사업장이 없는 외국법인의 경우 최초 사업연도의 개시일은 국내원천 부동산소득 또는 국내원천 부동산 등 양도소득이 최초로 발생한 날이다.

03 자기주식소각이익은 감자차익에 해당하므로 익금으로 보지 않는다.

04 업무용승용차의 감가상각방법은 정액법(강제상각제도)이다.

05 합병으로 인한 의제배당의 귀속시기는 합병등기일이다.

06 기업업무추진비 중 3만원을 초과하는 기업업무추진비로서 증명서류를 수취하지 않은 것은 전액 손금불산입하고 대표자 상여로 처분한다.

07 건설자금이자 손금불산입액은 유보로 소득처분되므로 [자본금과 적립금조정명세서(을)]에 작성된다.

08 부도발생일로부터 6개월 이상 지난 외상매출금은 중소기업의 외상매출금에 한하여 손금에 산입한다.

09 신설법인은 당해 법인의 설립일이 속하는 사업연도의 법인세 과세표준의 신고기한까지 재고자산의 평가방법을 신고하여야 한다.

10 3년 미만의 기간마다 주기적인 수선을 위하여 지출하는 비용을 손비로 계상 시 손금으로 인정한다.

11 당해 사업연도 법인세 중간예납세액 = (직전 사업연도 법인세 산출세액 37,000,000원 − 직전 사업연도 원천납부세액 2,000,000원) × 6/12 = 17,500,000원

12 공제기한 내에 임의로 선택하여 공제받을 수 없다. 결손금을 공제할 때에는 먼저 발생한 사업연도의 결손금부터 차례대로 공제한다.

13 수시부과 결정사유로 대통령령으로 정하는 사유란 다음의 어느 하나에 해당하는 경우를 말한다.
- 신고를 하지 아니하고 본점 등을 이전한 경우
- 사업부진 기타의 사유로 인하여 휴업 또는 폐업상태에 있는 경우
- 기타 조세를 포탈할 우려가 있다고 인정되는 상당한 이유가 있는 경우

14 재화를 수입하는 자의 부가가치세 납세지는 관세법에 따라 수입을 신고하는 세관의 소재지로 한다.

15 법인의 최대주주가 변경되는 경우는 사업자등록 정정사유에 해당하지 아니한다.

16
- 다, 마 : 재화의 공급에 해당한다.
- 가, 바 : 상품권과 주식은 재화에 해당하지 않는다.
- 나 : 재화의 공급으로 보지 않는다.
- 라 : 용역의 공급에 해당한다.

17 자동차운전학원의 교육용역은 과세된다.

18 공급에 대한 대가의 지급이 지체되었음을 이유로 받는 연체이자는 소비대차로 전환하였는지 여부에 관계없이 공급가액에 포함하지 않는다.

19 전자세금계산서 의무발급 사업자가 전자세금계산서 외의 세금계산서를 발급한 경우에는 세금계산서의 효력에는 영향이 없으나 가산세의 대상이 된다.

20 해당 과세기간 중의 공통매입세액의 합계액이 5만원 미만인 경우 전액 공제되는 매입세액으로 한다.

21 간이과세자의 의제매입세액 공제 조항이 삭제됨에 따라 간이과세자는 의제매입세액공제를 적용받을 수 없다.

22 공제받는 금액이 그 금액을 차감하기 전의 납부할 세액을 초과하면 그 초과하는 부분은 없는 것으로 본다.

23 관할 세무서장은 조기 환급 신청에 따른 환급세액을 각 예정신고기간별로 그 예정신고 기한이 지난 후 15일 이내에 예정신고한 사업자에게 환급하여야 한다.

24 사업자가 타인의 명의로 사업자등록을 하는 경우 공급가액 합계액의 2%를 타인명의등록 가산세로 부과한다. 다만, 사업자의 배우자는 대통령령으로 정하는 타인에서 제외한다.

25 간이과세자도 영세율 적용이 가능하다.

제111회 세법2부

01	③	02	①	03	③	04	④	05	②	06	④	07	②	08	②	09	①	10	④
11	①	12	④	13	④	14	③	15	①	16	①	17	③	18	②	19	③	20	④
21	①	22	③	23	③	24	①	25	③										

01 기한의 연장을 받으려는 자는 기한 만료일의 3일전까지 신청하여야 한다.

02 인터넷 포털사이트는 법에 열거하고 있지 아니하다.

03 신의성실원칙은 납세자와 과세관청 모두에게 적용된다.

04 무신고가산세의 납세의무 성립시기는 법정신고기한이 경과하는 때이다.

05
- 납세자가 법정신고기한까지 과세표준신고서를 제출하지 아니한 경우, 해당 국세를 부과할 수 있는 날부터 7년을 부과제척기간으로 한다.
- 무신고한 종합소득세의 부과제척기간은 과세표준 신고기한의 다음 날부터 7년이고, 그 기간이 지났을 때 납세의무는 소멸된다.

06 과세표준신고서에 기재된 과세표준 및 세액이 세법에 따라 신고하여야 할 과세표준 및 세액을 초과할 때 국세의 과세표준 및 세액의 결정 또는 경정을 관할 세무서장에게 청구할 수 있다.

07 압류는 소멸시효 중단 사유에 해당하며 압류해제까지의 기간이 지난 때부터 새로 시효가 진행된다.

08 과세표준신고서를 법정신고기한까지 제출하지 아니한 자가 법정신고기한이 지난 후 1개월 이내에 기한 후 신고를 하는 경우 해당 가산세액의 100분의 50에 상당하는 금액을 감면한다.

09 미수금에 관한 권리 및 미지급금에 관한 의무는 제외한다.

10 요건심리 결과 신청 요건이 미비한 경우 본안심리를 하지 않고 청구 자체를 물리치는 '각하' 결정을 한다. 규정한 청구기간이 지난 후에 청구된 경우 그 청구를 각하하는 결정을 한다.

11 세무공무원은 세무조사의 목적으로 납세자의 장부등을 세무관서에 임의로 보관할 수 없다.

12 거주 여부의 판단은 외국국적이나 영주권의 취득 여부와는 관련이 없으며 거주기간, 직업, 국내에 생계를 같이하는 가족 및 국내 소재 자산의 유무 등 생활관계의 객관적인 사실에 따른다.

13   비실명 배당소득의 경우 45% 또는 90%의 세율로 원천징수하고 분리과세한다.

14   자산수증이익 중 이월결손금의 보전에 충당된 금액은 총수입금액에 산입하지 아니한다.

15   부가가치세가 면제되는 의료보건 용역 및 저술가, 작곡가나 그 밖의 자가 직업상 제공하는 인적용역 등은 원천징수대상이 되는 사업소득이다.

16   법인세법에 따라 손금에 산입되지 아니하고 지급받는 퇴직급여는 근로소득으로 과세한다.

17   알선수재 및 배임수재에 따라 받은 금품은 무조건 종합과세 대상에 해당한다. 나머지는 무조건 분리과세에 해당한다.

18   3,000,000 × (1 − 60%) × 20% = 240,000원

19   거주자의 부양가족 중 거주자(그 배우자를 포함한다)의 직계존속이 주거 형편에 따라 별거하고 있는 경우에는 생계를 같이 하는 사람으로 본다.

20
- 주권상장법인의 대주주에 해당하지 아니하는 자가 증권시장에서의 거래에 의하지 아니하고 양도하는 주식 등은 양도소득의 범위에 해당한다.
- 토지로 이혼 위자료를 변제한 경우는 대물변제이므로 양도에 해당한다.

21   해당 과세기간의 사업소득금액을 계산할 때 발생한 결손금은 그 과세기간의 종합소득과세표준을 계산할 때 [근로소득금액 → 연금소득금액 → 기타소득금액 → 이자소득금액 → 배당소득금액]에서 순서대로 공제한다.

22   근로소득만 있는 자의 경우 그 원천징수의무자가 연말정산 등에 따라 소득세를 원천징수하지 않은 때에는 확정신고의무가 면제되지 않는다.

23   원천징수대상 사업소득은 간이지급명세서 제출대상소득에 해당한다.

24   사업용 유형자산의 양도소득은 간편장부대상자의 사업소득에서 제외된다. 복식부기의무자가 차량 및 운반구 등 대통령령으로 정하는 사업용 유형자산을 양도함으로써 발생하는 소득은 사업소득에 해당한다.

25
- 중간예납세액은 고지서의 발급이 원칙이다.
- 이자소득에 대한 원천징수세액은 1,000원 미만이더라도 소득세를 징수한다.
- 종합소득과세표준이 없는 경우에도 확정신고 의무가 있다.

제110회 세법1부

01	③	02	②	03	②	04	④	05	③	06	③	07	①	08	③	09	④	10	②
11	①	12	②	13	②	14	④	15	①	16	④	17	②	18	②	19	③	20	④
21	④	22	②	23	②	24	②	25	③										

01 내국법인 중 국가와 지방자치단체(지방자치단체조합 포함)는 그 소득에 대한 법인세를 납부할 의무가 없다.

02 내국법인이 사업연도 중에 조직변경을 한 경우에는 조직변경 전의 사업연도가 계속되는 것으로 본다.

03 국세 또는 지방세의 과오납금의 환급금에 대한 이자는 익금불산입하고 기타로 처분한다. 나머지 항목은 유보로 처분한다.

04 추계하는 경우 간주임대료는 익금에 포함한다.

05 법인의 해산에 의하여 퇴직하는 임원 또는 직원에게 지급하는 해산수당 또는 퇴직위로금 등은 최종사업연도의 손금으로 한다.

06 ①, ②, ④는 특례기부금에 해당하며, ③은 일반기부금에 해당한다.

07 적용 대상이 되는 업무용승용차는 해당 법인의 사업용자산에 속하거나 임차한 승용차로 종업원 소유 차량은 적용 대상이 아니다.

08 상품 외의 자산을 양도하면서 대금 청산 전에 소유권 이전 등기를 하는 경우 손익의 귀속시기는 소유권 이전등기일이다.

09 상각방법의 변경승인을 얻고자 하는 법인은 그 변경할 상각방법을 적용하고자 하는 최초 사업연도의 종료일까지 신청하여야 한다.

10 임원에 대한 퇴직급여의 경우에는 퇴직급여 한도초과액에 대하여 손금불산입 규정을 적용한다. 직원에게 지급하는 퇴직급여는 금액의 제한 없이 손금에 산입하므로 이러한 규정을 적용하지 않는다.

11 직원에 대한 월정급여액의 범위에서의 일시적인 급료의 가불금은 업무무관 가지급금에서 제외한다.

12 조세의 부담을 부당하게 감소시킨 것으로 인정되면 족한 것이지 당사자에게 조세회피의 목적이 있거나 경제적 손실이 있어야 하는 것은 아니다.

13 내국법인은 각 사업연도의 소득에 대한 법인세 산출세액에서 다음의 법인세액(가산세는 제외한다)을 공제한 금액을 각 사업연도의 소득에 대한 법인세로서 신고기한까지 납세지 관할 세무서등에 납부하여야 한다.
- 해당 사업연도의 감면세액·세액공제액
- 해당 사업연도의 중간예납세액
- 해당 사업연도의 수시부과세액
- 해당 사업연도에 원천징수된 세액

14 재화를 수입하는 자는 사업자 여부와 관계없이 납세의무가 있다.

15 관할 세무서장은 부가가치세의 업무를 효율적으로 처리하기 위하여 필요하다고 인정되면 사업자등록증을 갱신하여 발급할 수 있다.

16 부동산임대업의 사업장은 부동산의 등기부상의 소재지이다.

17 사업자가 자기의 고객 중 추첨을 통하여 당첨된 자에게 자기생산·취득재화를 경품으로 제공하는 경우에는 사업자가 자기생산·취득재화를 불특정 다수에게 증여하는 경우에 해당하므로 과세되는 재화의 공급으로 본다.

18 고용관계에 따라 근로를 제공하는 것은 용역의 공급으로 보지 아니한다.

19 가공되지 아니한 식료품은 일정한 것은 부가가치세를 면제한다.

20 부가가치세법상 간주임대료 계산 시 건설비상당액은 고려하지 않는다.

21 사업자등록을 신청하기 전의 매입세액은 공제하지 아니한다. 다만, 공급시기가 속하는 과세기간이 끝난 후 20일 이내에 등록을 신청한 경우 등록신청일부터 공급시기가 속하는 과세기간 기산일까지 역산한 기간 내의 것은 제외한다.

22 대손세액공제는 확정신고 시 가능하다.

23 조기환급기간에 대한 환급세액을 각 조기환급기간별로 해당 조기환급신고기한이 지난 후 15일 이내에 사업자에게 환급하여야 한다.

24 (나), (다)는 세금계산서 발급의무가 면제되지 않는다.

25 개인사업자만 간이과세 규정이 적용된다.

제110회 세법2부

01	④	02	①	03	③	04	①	05	①	06	③	07	③	08	②	09	①	10	③
11	③	12	④	13	③	14	④	15	③	16	④	17	①	18	③	19	③	20	④
21	④	22	①	23	①	24	②	25	④										

01 우편으로 과세표준신고서를 제출한 경우 우편법에 따른 우편날짜도장이 찍힌 날에 신고된 것으로 본다.

02 연대납세의무자에게 서류를 송달할 때에는 그 대표자를 명의인으로 하며, 대표자가 없을 때에는 연대납세의무자 중 국세를 징수하기에 유리한 자를 명의인으로 한다. 다만, 납부의 고지와 독촉에 관한 서류는 연대납세의무자 모두에게 각각 송달하여야 한다.

03 실질과세의 원칙에 대한 설명이다.

04 정부부과제도는 확정의 권한을 과세권자에게만 부여하고 있는 제도이다. 따라서 정부부과세목은 해당 국세의 과세표준과 세액을 정부가 '결정'하는 때에 확정된다.

05 국세징수권의 소멸시효는 납부고지, 독촉, 교부청구, 압류의 사유로 중단된다.

06 과점주주란 주주 1인과 그의 특수관계인의 소유주식의 합계가 해당 법인의 발행주식 총수의 100분의 50을 초과하면서 그 법인의 경영에 대하여 지배적인 영향력을 행사하는 자들을 말한다.

07 과세표준신고서 또는 기한후과세표준신고서에 기재된 결손금액 또는 환급세액(각 세법에 따라 결정 또는 경정이 있는 경우에는 해당 결정 또는 경정 후의 결손금액 또는 환급세액을 말한다)이 세법에 따라 신고하여야 할 결손금액 또는 환급세액에 미치지 못할 때 경정을 청구할 수 있다.

08 75%

09 국세환급금 중 국세 및 강제징수비에 충당한 후 남은 금액은 국세환급금의 결정을 한 날부터 30일 내에 대통령령으로 정하는 바에 따라 납세자에게 지급하여야 한다.

10 심사청구가 이유 없다고 인정될 때에는 그 청구를 기각하는 결정을 한다.

11 • 사전통지를 받은 납세자가 천재지변이나 그 밖에 대통령령으로 정하는 사유로 조사를 받기 곤란한 경우에는 대통령령으로 정하는 바에 따라 관할 세무서의 장에게 조사를 연기해 줄 것을 신청할 수 있다. 대통령령으로 정하는 사유란 다음의 어느 하나에 해당하는 사유를 말한다.
  – 화재, 그 밖의 재해로 사업상 심각한 어려움이 있을 때
  – 납세자 또는 납세관리인의 질병, 장기출장 등으로 세무조사가 곤란하다고 판단될 때
  – 권한 있는 기관에 장부, 증거서류가 압수되거나 영치되었을 때
  – 위의 규정에 준하는 사유가 있을 때

- 세무공무원은 세무조사를 하는 경우에는 조사를 받을 납세자에게 조사를 시작하기 20일 전에 조사대상 세목, 조사기간 및 조사 사유, 그 밖에 대통령령으로 정하는 사항을 통지하여야 한다. 다만, 사전통지를 하면 증거인멸 등으로 조사목적을 달성할 수 없다고 인정되는 경우에는 그러하지 아니하다.
- 연기신청을 받은 관할 세무관서의 장은 연기신청 승인 여부를 결정하고 그 결과(연기 결정 시 연기한 기간을 포함한다)를 조사 개시 전까지 통지하여야 한다.

12 양도소득과 퇴직소득은 분류과세하는 소득으로 종합소득에 해당하지 않으며, 소득세의 과세기간은 사업자가 임의로 선택할 수 없고 1월 1일부터 12월 31일까지 1년으로 한다.

13 법인이 해산으로 인하여 소멸한 경우에는 잔여재산의 가액이 확정된 날

14 업무용승용차 관련 비용 등의 필요경비 불산입 특례 규정은 복식부기의무자만 적용된다.

15 사전약정 없이 지급하는 판매장려금은 필요경비에 산입한다.

16 중소기업의 종업원이 주택(주택에 부수된 토지를 포함한다)의 구입·임차에 소요되는 자금을 저리 또는 무상으로 대여받음으로써 얻는 이익만 비과세한다.

17 사업장 등 물적시설을 갖춘 상태에서 서화·골동품의 양도로 발생하는 소득은 사업소득으로 구분된다.

18
- 종합소득금액 = 3,000,000원 + 25,000,000원 = 28,000,000원
- 상가임대소득과 근로소득을 종합소득금액으로 과세한다. 주택임대소득은 분리과세 선택이 가능하고 일용근로소득은 분리과세한다.

19 부녀자공제와 한부모공제 모두 해당되는 경우에는 한부모공제를 적용한다.

20 1세대 1주택자에 대한 장기보유특별공제는 최고 80%까지 적용한다.

21 거주자가 사망한 경우 그 상속인은 그 상속 개시일이 속하는 달의 말일부터 6개월이 되는 날까지 사망일이 속하는 과세기간에 대한 그 거주자의 과세표준을 신고하여야 한다.

22 사업소득은 지급하는 자가 사업자가 아닌 개인인 경우 원천징수의무는 없다.

23 거주자는 종합소득에 대해서만 중간예납 의무가 있으며, 퇴직소득과 양도소득에 대해서는 중간예납의무가 없다.

24 장부의 기록·보관 불성실 가산세는 소규모 사업자에게는 적용되지 않는다.

25 납부할 세액이 2천만원을 초과하는 때에는 그 세액의 100분의 50 이하의 금액을 납부기한이 지난 후 2개월 이내에 분할납부할 수 있다.

제109회 세법1부

01	②	02	③	03	②	04	②	05	③	06	②	07	①	08	②	09	③	10	④
11	②	12	③	13	④	14	②	15	①	16	②	17	③	18	③	19	④	20	②
21	④	22	③	23	②	24	①	25	④										

01 비영리내국법인의 경우에는 각 사업연도의 소득과 토지 등 양도소득에 한정하여 법인세 납세의무를 부담한다.

02 법인은 납세지가 변경된 경우에는 그 변경된 날부터 15일 이내에 변경 후의 납세지 관할 세무서장에게 이를 신고하여야 한다.

03 소득처분이 기타사외유출인 경우 법인의 원천징수의무가 없다.

04 대손충당금 한도초과액은 유보로 처분되므로 자본금과 적립금 조정명세서(을) 서식에 기재된다.

05 상대방이 그 상품에 대한 구입의 의사를 표시한 날

06 해당 법인이 직접 사용하지 아니하고 다른 사람(주주 등이 아닌 임원과 소액주주 등인 임원 및 직원은 제외한다)이 주로 사용하고 있는 장소·건축물·물건 등의 유지비·관리비·사용료와 이와 관련되는 지출금은 각 사업연도의 소득금액을 계산할 때 손금에 산입하지 아니한다.

07 • 업무전용자동차보험에 가입하지 아니한 경우 전액을 손금으로 인정하지 아니한다.
② 1,200만원 → 1,500만원
③ 800만원 → 400만원
④ 업무용승용차는 정액법으로 상각한다.

08 • 임원상여금한도초과액 = 임원 상여금 50,000,000원 − (급여 100,000,000원 × 30%) = 20,000,000원
• 법인이 임원에게 지급하는 상여금 중 정관·주주총회·사원총회 또는 이사회의 결의에 의하여 결정된 급여지급기준에 의하여 지급하는 금액을 초과하여 지급한 경우 그 초과금액은 이를 손금에 산입하지 아니한다.

09 3년 미만의 기간마다 주기적인 수선을 위하여 지출하는 경우 자본적 지출에 해당하지 않는다.

10 총평균법 : 자산을 품종별·종목별로 당해 사업연도개시일 현재의 자산에 대한 취득가액의 합계액과 당해 사업연도 중에 취득한 자산의 취득가액의 합계액의 총액을 그 자산의 총수량으로 나눈 평균단가에 따라 산출한 취득가액을 그 자산의 평가액으로 하는 방법

11 하자보수충당금은 법인세법상 인정되지 아니하는 충당금에 해당한다.

12 사업연도의 기간이 6개월을 초과하는 내국법인은 각 사업연도(합병이나 분할에 의하지 아니하고 새로 설립된 법인의 최초 사업연도는 제외한다) 중 중간예납기간에 대한 법인세액을 납부할 의무가 있다.

13 신고를 하지 아니하고 본점 등을 이전한 경우는 수시부과결정 사유에 해당한다.

14 제조업 : 최종제품을 완성하는 장소. 다만, 따로 제품 포장만을 하거나 용기에 충전만을 하는 장소는 제외한다.

15 신규로 사업을 시작하려는 자는 사업 개시일 이전이라도 사업자등록을 신청할 수 있다.

16 주택 임대 용역을 제외한 건물의 임대 용역은 부가가치세가 면제되지 아니한다.

17 할부판매의 경우 공급형태를 고려하여 정하는 가액을 과세표준에 포함한다.

18 직원에게 지급할 명절 선물용으로 구입한 물품의 매입세액은 공제대상이다.

19 면세사업자는 부가가치세법상 사업자가 아니므로 부가가치세법상 사업자등록의무는 없다. 단, 개인은 소득세법상 법인은 법인세법상 사업자등록은 하여야 한다.

20 사업자가 자기의 과세사업과 관련하여 생산하거나 취득한 재화를 자기의 면세사업을 위하여 직접 사용하거나 소비하는 것은 재화의 공급으로 본다.

21 미용업, 무인자판기, 간주임대료는 세금계산서를 발급하지 아니할 수 있다.

22 2021년 7월 1일부터 간이과세자에 대한 의제매입세액공제가 폐지되었다.

23 법인사업자와 직전 연도의 재화 또는 용역의 공급가액의 합계액이 10억원을 초과하는 개인사업자는 제외하나, 간이과세자는 공제가 가능하다.

24 부가가치세는 분납이 허용되지 아니한다.

25 전자세금계산서를 발급하여야 할 의무가 있는 자가 전자세금계산서를 발급하지 아니하고 전자세금계산서 외의 세금계산서를 발급한 경우 공급가액의 1% 가산세를 적용한다.

제109회 세법2부

01	③	02	④	03	③	04	④	05	①	06	②	07	②	08	①	09	②	10	④
11	④	12	③	13	④	14	②	15	③	16	②	17	③	18	③	19	④	20	②
21	②	22	③	23	③	24	④	25	②										

01 납세의무자란 세법에 따라 국세를 납부할 의무(국세를 징수하여 납부할 의무는 제외한다)가 있는 자를 말한다.

02 관할 세무서장은 천재지변 등의 사유로 세법에서 규정하는 신고 등을 정하여진 기한까지 할 수 없다고 인정하는 경우에도 그 기한을 연장할 수 있다.

03 납부의 고지·독촉·강제징수 또는 세법에 따른 정부의 명령과 관계되는 서류의 송달을 우편으로 할 때에는 등기우편으로 하여야 한다.

04 명의신탁부동산을 매각처분한 경우 양도의 주체 및 납세의무자는 명의수탁자가 아닌 명의신탁자이다.

05 교부청구는 소멸시효의 중단 사유에 해당한다.

06 상속으로 인한 납세의무의 승계는 피상속인이 부담할 제2차 납세의무도 포함하며, 이러한 제2차 납세의무의 승계에는 반드시 피상속인의 생전에 납부고지가 있어야 하는 것은 아니다.

07 청산인의 경우 분배하거나 인도한 재산의 가액을 한도로 제2차 납세의무를 진다.

08 세무서장은 국세환급금으로 결정한 금액을 국세 및 강제징수비에 충당하여야 한다. 다만, 세법에 따라 자진납부하는 국세의 충당은 납세자가 그 충당에 동의하는 경우에만 한다.

09 청구기간(심사청구는 해당 처분이 있음을 안 날(처분의 통지를 받은 때에는 그 받은 날)부터 90일 이내)이 지난 후에 청구된 경우에는 그 청구를 각하하는 결정을 한다.

10 법령과 관련하여 국세청장의 유권해석을 변경하여야 하거나 새로운 해석이 필요한 경우 등 대통령령으로 정하는 사항에 대해서는 국세청장에게 과세전적부심사를 청구할 수 있다.

11 세무공무원은 다음의 어느 하나에 해당하는 경우가 아니면 같은 세목 및 같은 과세기간에 대하여 재조사를 할 수 없다.
- 조세탈루의 혐의를 인정할 만한 명백한 자료가 있는 경우
- 거래상대방에 대한 조사가 필요한 경우
- 2개 이상의 과세기간과 관련하여 잘못이 있는 경우

12 폐업한 자라 하더라도 1월 1일부터 12월 31일까지를 과세기간으로 한다.

13 사업과 관련하여 해당 사업용 자산의 손실로 취득하는 보험차익은 사업소득의 총수입금액에 산입하고, 그 외의 경우에는 소득세 과세대상이 아니다.

14 선급비용에 대해서는 거주자의 사업소득금액을 계산할 때 필요경비에 산입하지 아니한다.

15 국외에 소재하는 주택의 임대소득은 비과세소득에서 제외한다.

16
- 위약금과 배상금 중 주택입주 지체상금에 대해서는 거주자가 받은 금액의 100분의 80에 상당하는 금액을 필요경비로 한다(다만, 실제 소요된 필요경비가 100분의 80에 상당하는 금액을 초과하면 그 초과하는 금액도 필요경비에 산입한다).
- 광업권 등의 권리를 양도하거나 대여하고 그 대가로 받는 금품, 공익사업과 관련하여 지역권·지상권을 설정하거나 대여함으로써 발생하는 소득, 고용관계 없이 다수인에게 강연을 하고 강연료 등 대가를 받는 용역을 일시적으로 제공하고 받는 대가에 대해서는 거주자가 받은 금액의 100분의 60에 상당하는 금액을 필요경비로 한다(다만, 실제 소요된 필요경비가 거주자가 받은 금액의 100분의 60에 상당하는 금액을 초과하면 그 초과하는 금액도 필요경비에 산입한다).

17 거주자 1인과 그의 대통령령으로 정하는 특수관계인이 공동사업자에 포함되어 있는 경우로서 손익분배비율을 거짓으로 정하는 등 대통령령으로 정하는 사유가 있는 경우에는 그 특수관계인의 소득금액은 그 손익분배비율이 큰 공동사업자(손익분배비율이 같은 경우에는 대통령령으로 정하는 자로 한다. 이하 '주된 공동사업자'라 한다)의 소득금액으로 본다.

18 부동산임대업(주거용 건물 임대업 제외)에서 발생한 결손금은 종합소득 과세표준을 계산할 때 공제하지 아니한다.

19 해당 거주자(해당 과세기간에 종합소득과세표준을 계산할 때 합산하는 종합소득금액이 3천만원 이하인 거주자로 한정한다)가 배우자가 없는 여성으로서 부양가족이 있는 세대주이거나 배우자가 있는 여성인 경우 연 50만원

20
- 종합소득이 있는 거주자가 연금계좌에 납입한 금액 중 다음에 해당하는 금액을 제외한 금액(이하 '연금계좌 납입액'이라 한다)의 100분의 12[해당 과세기간에 종합소득과세표준을 계산할 때 합산하는 종합소득금액이 4,500만원 이하(근로소득만 있는 경우에는 총급여액 5,500만원 이하)인 거주자에 대해서는 100분의 15]에 해당하는 금액을 해당 과세기간의 종합소득산출세액에서 공제한다.
  - 소득세가 원천징수되지 아니한 퇴직소득 등 과세가 이연된 소득
  - 연금계좌에서 다른 연금계좌로 계약을 이전함으로써 납입되는 금액
- 사업소득만 있는 자는 기부금세액공제를 적용받을 수 없다.
- 기장세액공제는 간편장부대상자가 복식부기에 따라 기장하여 신고한 경우에 적용한다.
- 보장성보험료에 보험료세액공제는 근로소득이 있는 거주자가 적용받을 수 있다.

21 8세 이상인 기본공제대상자에 대하여 적용한다.

22
- 사업소득에는 복식부기의무자가 사업용 유형자산을 양도함으로써 발생하는 소득을 포함한다.
- 내국법인으로부터 받는 배당금 또는 분배금 : 배당소득
- 비영업대금의 이익 : 이자소득
- 퇴직 전에 부여받은 주식매수선택권을 퇴직 후 행사함으로써 얻는 이익 : 기타소득

23 사업용계좌 신고·사용 불성실 가산세는 종합소득산출세액이 없는 경우에도 적용한다.

24 원천징수대상 사업소득에 대해서는 100분의 3의 세율로 원천징수한다.

25
- 비과세소득과 분리과세 소득은 종합소득과세표준을 계산할 때 합산하지 아니한다.
- 공적연금관련법에 따라 받는 유족연금은 비과세한다.
- 복권 당첨금은 분리과세하는 기타소득이다.
- 일용근로자의 근로소득은 분리과세한다.

세무회계 2 · 3급 한권으로 끝내기

개정20판1쇄 발행	2025년 04월 10일 (인쇄 2025년 03월 18일)
초 판 발 행	2012년 04월 05일 (인쇄 2012년 02월 29일)
발 행 인	박영일
책 임 편 집	이해욱
저 자	김경태
편 집 진 행	김준일 · 백한강 · 권민협
표지디자인	김도연
편집디자인	차성미 · 고현준
발 행 처	(주)시대고시기획
출 판 등 록	제10-1521호
주 소	서울시 마포구 큰우물로 75 [도화동 538 성지 B/D] 9F
전 화	1600-3600
팩 스	02-701-8823
홈 페 이 지	www.sdedu.co.kr
I S B N	979-11-383-9061-3(13320)
정 가	36,000원

※ 이 책은 저작권법의 보호를 받는 저작물이므로 동영상 제작 및 무단전재와 배포를 금합니다.
※ 잘못된 책은 구입하신 서점에서 바꾸어 드립니다.

시대에듀
회계·세무 관련 수험서 시리즈

한국 세무사회	전산회계 1급 이론 + 실무 + 기출문제 한권으로 끝내기	4×6배판	25,000원
	전산세무 2급 이론 + 실무 + 기출문제 한권으로 끝내기	4×6배판	26,000원
	hoa 기업회계 2·3급 한권으로 끝내기	4×6배판	34,000원
	hoa 세무회계 2·3급 전과목 이론 + 모의고사 + 기출문제 한권으로 끝내기	4×6배판	36,000원
	전산회계 1급 엄선기출 20회 기출문제해설집	4×6배판	20,000원
삼일 회계법인	hoa 재경관리사 전과목 핵심이론 + 적중문제 + 기출 동형문제 한권으로 끝내기	4×6배판	37,000원
	hoa 재경관리사 3주 완성	4×6배판	28,000원
	hoa 회계관리 1급 전과목 핵심이론 + 적중문제 + 기출문제 한권으로 끝내기	4×6배판	27,000원
	hoa 회계관리 2급 핵심이론 + 최신 기출문제 한권으로 끝내기	4×6배판	23,000원
한국공인 회계사회	TAT 2급 기출문제해설집 7회	4×6배판	19,000원
	FAT 1급 기출문제해설 10회 + 핵심요약집	4×6배판	20,000원
	FAT 2급 기출문제해설 10회 + 핵심요약집	4×6배판	18,000원
대한상공 회의소	무료 동영상 강의를 제공하는 전산회계운용사 2급 필기	4×6배판	20,000원
	무료 동영상 강의를 제공하는 전산회계운용사 2급 실기	4×6배판	22,000원
	무료 동영상 강의를 제공하는 전산회계운용사 3급 필기	4×6배판	19,000원
	무료 동영상 강의를 제공하는 전산회계운용사 3급 실기	4×6배판	19,000원
한국생산성 본부	ERP 정보관리사 회계 2급 기출문제해설집 14회	4×6배판	17,000원
	ERP 정보관리사 인사 2급 기출문제해설집 14회	4×6배판	18,000원
	ERP 정보관리사 생산 2급 기출문제해설집 10회	4×6배판	17,000원
	ERP 정보관리사 물류 2급 기출문제해설집 10회	4×6배판	17,000원
한국산업 인력공단	세무사 1차 회계학개론 기출문제해설집 10개년	4×6배판	24,000원
	세무사 1차 세법학개론 기출문제해설집 9개년	4×6배판	23,000원
	세무사 1차 재정학 기출문제해설집 10개년	4×6배판	23,000원

※ 도서의 제목 및 가격은 변동될 수 있습니다.

시대에듀와 함께하는 합격의 STEP

Step. 1 회계를 처음 접하는 당신을 위한 도서

★☆☆☆☆
회계 입문자

무료 동영상 + 기출 24회
**전산회계운용사
3급 필기**

전강 무료강의 제공
**hoa 전산회계운용사
3급 실기**

핵심이론+기출 600제
**hoa 회계관리 2급
한권으로 끝내기**

자격증, 취업, 실무를 위한
회계 입문서
왕초보 회계원리

Step. 2 회계의 기초를 이해한 당신을 위한 도서

★★☆☆☆
회계 초급자

무료 동영상 + 기출 23회
**전산회계운용사
2급 필기**

전강 무료강의 제공
**hoa 전산회계운용사
2급 실기**

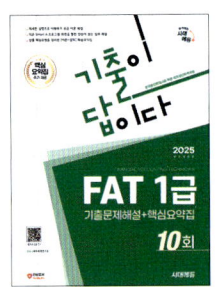
기출 핵심요약집을 제공하는
**[기출이 답이다]
FAT 1급**

무료 동영상으로 학습하는
**[기출이 답이다]
전산회계 1급**